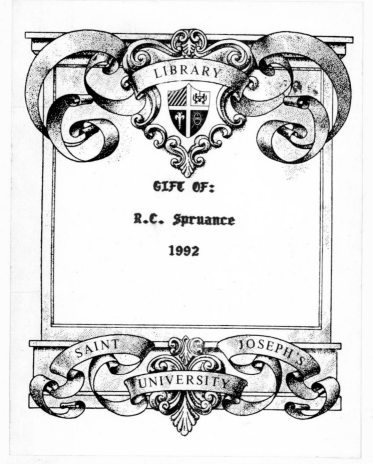

Peter Hoffmann   Widerstand · Staatsstreich · Attentat

Peter Hoffmann

Widerstand · Staatsstreich Attentat

Der Kampf der Opposition gegen Hitler

R. Piper & Co. Verlag München

Karten und Skizzen gezeichnet von Walter Preiss

Titelnummer 1739
© R. Piper & Co. Verlag, München 1969
Gesetzt aus der Linotype Trump-Mediäval
Gesamtherstellung: Graphische Werkstätten Kösel, Kempten
Printed in Germany

Den Opfern der Tyrannei

Inhaltsverzeichnis

Vorwort

Widerstand gegen die Obrigkeit hat es gegeben, seit es die Obrigkeit gibt. Wenn der Inhaber der Macht, die auf traditionell oder schriftlich gesetztem Recht beruht, seine Befugnisse mißbraucht, wenn er die Verpflichtung, die von jeher im Bewußtsein der Menschen mit der Macht verbunden war, nicht erfüllt, so kann sich der den Mißbrauch Erleidende auch als seiner eigenen Verpflichtung entbunden betrachten. Das Feudalrecht des Mittelalters beruhte auf solcher Gegenseitigkeit von Leistungen – Schutz und Lebensunterhalt auf der einen und Gehorsam und Gefolgschaft auf der anderen Seite. Selbst die lutherische Kirche nahm um 1530 das Recht des Widerstandes gegen die Maßnahmen des Kaisers für sich in Anspruch, unbeschadet ihrer Lehre von der gottgewollten Obrigkeit.

Freilich ist das Recht zum Widerstand nie unbestritten gewesen. Der von den römischen Rechtsgelehrten entwickelte Gedanke der Majestas des Herrschers und der Souveränität des Staates, der im 19. Jahrhundert besonders in Deutschland eine ungemeine Stärkung erfahren hat, ließ kaum noch Raum für einen legalen Widerstand. Schon manche Naturrechtlehrer des siebzehnten Jahrhunderts, wie etwa Thomas Hobbes, haben ein Recht zum Widerstand sogar rundweg geleugnet. Aber andere haben gerade aus dem Naturrecht, aus dem postulierten rechtlichen Urzustand der Freiheit, das Recht zu einem Widerstand, der praktisch immer wieder geübt worden ist, auch theoretisch abgeleitet. So läßt Schiller 1804, am Beginn des napoleonischen Sturmes und am Ende des alten Römischen Reiches, im *Wilhelm Tell* den Stauffacher sagen:

> Wenn der Gedrückte nirgends Recht kann finden,
> Wenn unerträglich wird die Last – greift er
> Hinauf getrosten Mutes in den Himmel
> Und holt herunter seine ewgen Rechte,
> Die droben hangen unveräußerlich
> Und unzerbrechlich wie die Sterne selbst –
> Der alte Urstand der Natur kehrt wieder,

Wo Mensch dem Menschen gegenübersteht –
Zum letzten Mittel, wenn kein andres mehr
Verfangen will, ist ihm das Schwert gegeben – ...

Die Verfechter des Naturrechts und die Aufklärer des achtzehnten Jahrhunderts haben der Souveränität des Staates die Souveränität des Volkes
entgegengesetzt, welche wiederum das Recht des Widerstandes gegen die
bestehende Obrigkeit in sich trug.

Es fehlt auch nicht an Beispielen für die Ausübung des Widerstands-
rechtes. Die Engländer zogen 1649 aus der Lehre der Volkssouveränität
die blutige Konsequenz und enthaupteten ihren König, Karl I.; 1688 verweigerten sie einem seiner Nachfolger den Thron. Die Franzosen suchten
dem Gedanken der Volkssouveränität von 1789 bis 1795 mit fürchter-
licher Folgerichtigkeit Geltung zu verschaffen, und im Laufe des neun-
zehnten Jahrhunderts haben fast alle europäischen Völker versucht, mit
Hilfe eines mehr oder minder geordneten Widerstandes gegen die gegebene Staatsgewalt die Errungenschaften der Französischen Revolution
– Rechtssicherheit, Freiheit und Sicherheit der Wirtschaft, die »Menschen-
rechte«, kurz eine Konstitution und die rechtliche Sicherung der Existenz
der Nation – auch für sich zu erlangen. Widerstand gegen einen als unerträglich empfundenen, aber von Staats wegen aufrechterhaltenen Zustand
ist also in der europäischen und auch in der deutschen Geschichte nichts
Unerhörtes.

Der Widerstand, von dem hier zu handeln ist, gehört in diese Tradi-
tionsreihe. Er begann im weiteren Sinne schon vor der Machtergreifung
Hitlers, aber im eigentlichen Sinne setzte er erst 1933 ein und ist selbst
dann noch 5 Jahre lang nicht zu dem vorgedrungen, was ihn eigentlich
ausmacht, nämlich zum Staatsstreichversuch. Es bedurfte dazu des Anstoßes der akuten Gefahr eines großen Krieges. Mit Widerstand ist also
hier die Tätigkeit gemeint, die auf den Sturz der nationalsozialistischen
Regierung von innen gerichtet war und die im großen und ganzen von denjenigen Gruppen getragen wurde, die an dem Versuch des 20. Juli 1944
direkt oder indirekt beteiligt waren.

Von den Massen des Volkes darf nur der tätigen Widerstand gegen einen
Unrechtsstaat fordern, der sie zu organisieren und zu führen bereit
und fähig ist. In dem von Hitler errichteten Staat mit seiner gefürchteten,
scheinbar allgegenwärtigen Polizei, mit seinen sozialen Errungenschaften
und seinen scheinbar glänzenden Erfolgen war das praktisch nicht möglich, und als die Katastrophe sichtbar wurde, wollten die meisten Menschen einfach nur noch ihr Leben retten. Nur wenige hochgestellte Funk-

tionäre einer solchen Gesellschaft haben rechtzeitig den nötigen Einblick in die Realitäten der Lage und zugleich die Macht, um der Situation entsprechend gegen die Regierung zu handeln. Nur wenige können jeweils zweifelsfrei beurteilen, ob und wann ein geleisteter Eid, wann Treue sinnlos werden und nur noch das zerstören helfen, was sie schützen sollen. Die Verurteilung und das Verächtlichmachen der Eidtreuen ist gleichwohl pharisäerhaft. Die Verurteilung der Verschwörer, die das nur auf der Gewalt beruhende »Recht« nicht anerkennen wollten, wenn es das Leben zerstörte statt es zu schützen, ist aber ebenso abzulehnen. Sie erhebt die Form über den Sinn und Inhalt des Rechts. Vielmehr war die Haltung der Verschwörer die geistig schöpferische und die eigentlich humane, da sie dem Prinzip des Lebens und der Lebenserhaltung entsprach.

In den zwanzig Jahren seit dem Ende des Zweiten Weltkriegs haben sich ungezählte Autoren mit der jüngsten Vergangenheit Deutschlands auseinandergesetzt. Man hat zu erklären versucht, wie die Entfesselung eines Weltbrandes möglich war, in dem vierzig Millionen Menschen sterben mußten und der mit der Zerreißung Deutschlands und Europas und mit der militärischen Vorherrschaft Rußlands auf dem Kontinent endete. Zugleich ist eine Literatur von Tausenden von Titeln entstanden, die darstellen wollte, was in Deutschland von innen heraus zunächst gegen die zerstörerische Politik des nationalsozialistischen Regimes und ihre Folgen, schließlich auf die völlige Beseitigung des Regimes hin getan wurde. Unter den Veröffentlichungen ist eine beträchtliche Anzahl hervorragender Werke, aber eine noch größere von Darstellungen, die den Anforderungen der historischen Wissenschaft nicht genügen. Alle haben eines gemeinsam: eine nicht ausreichende Quellengrundlage für die Darstellung der konkreten Versuche, das nationalsozialistische Regime zu stürzen und Hitler zu beseitigen.

Die Gründe dafür sind zahlreich. Vielen Autoren ging es und geht es noch heute mehr um die Darstellung der Motive des Widerstandes, als um seine Taten. Viele Verfasser von Erlebnisberichten kannten und sahen nur einen kleinen Ausschnitt; anderen Darstellern waren viele wichtige Quellen noch verschlossen, als sie schrieben. Zwanzig Jahre nach dem Ende des Krieges ist die Quellenlage in mancher Hinsicht ungünstiger als 1945. Zahlreiche Zeugen der Vorgänge sind gestorben, andere haben die Erinnerung an die Einzelheiten verloren oder verdrängt. Andererseits sind inzwischen die meisten für die Erforschung des Widerstandes relevanten Aktenstücke der Behörden des ehemaligen Deutschen Reiches von den

westlichen Kriegsgegnern an die Bundesrepublik zurückgegeben worden
(was an wesentlichem Material noch im Osten lagert, läßt sich freilich kaum
beurteilen), und die Kontroversen über die Berechtigung des Widerstandes
verlaufen in ruhigeren Bahnen als in den Jahren unmittelbar nach dem
Kriege, die unter dem Zeichen der Suche nach den Schuldigen und der »Ent-
nazifizierung« standen. So sind heute viele Zeugen bereit, ihre Erlebnisse
sachlich zu schildern, die vor zehn Jahren noch geschwiegen hätten.

Von der Erwägung ausgehend, daß die Widerstandsbewegung des
20. Juli 1944 und ihr tragischer Mißerfolg nur wirklich verstanden werden
können, wenn man ihre Vorgeschichte und ihren Verlauf im einzelnen
kennt, hat sich der Verfasser um die Klärung der Vorgänge bei denjenigen
Umsturz- und Attentatversuchen bemüht, die über bloße Einfälle und
gesprächsweise Erörterungen hinausgegangen sind. Sie finden ihren Höhepunkt in der Erhebung des 20. Juli 1944, dem letzten Versuch der langen
Reihe. Für die Charakteristik der Persönlichkeiten, für ihre Motive, für
das Verständnis des Gesamtphänomens der Widerstandsbewegung wie
für die Tätigkeit einzelner sind nach wie vor die bekannten Werke von
Hans Rothfels, Eberhard Zeller, Gerhard Ritter, Annedore Leber u. a.
grundlegend.

An dieser Stelle dankt der Verfasser allen, die ihm bei seinen umfangreichen Nachforschungen geholfen haben. Es ist nicht möglich, sie einzeln
zu nennen, aber wenigstens summarisch sei der Damen und Herren des
Bundesarchivs in Koblenz gedacht, ferner der Württembergischen Landes-
bibliothek in Stuttgart, des Instituts für Zeitgeschichte in München, der Zentralnachweisstelle des Bundesarchivs in Kornelimünster, der Zentralen
Stelle der Landesjustizverwaltungen in Ludwigsburg, des Berlin Document
Center, der National Archives (hier waren die Herren Wolfe und Bauer besonders hilfreich) und der Library of Congress, beide in Washington, D. C.,
der Hoover Institution in Stanford, California, der Bibliothek der University of Northern Iowa in Cedar Falls, Iowa, und es sei der vielen gedacht, die bei den Ereignissen beteiligt gewesen und zur Mitteilung ihrer
Beobachtungen bereit waren (ihre Namen erscheinen in den Anmerkungen
und Quellennachweisen). Auch dem Militärgeschichtlichen Forschungsamt
in Freiburg verdankt der Verfasser die Kenntnis einzelner wichtiger Aktenstücke, jedoch ist es ihm nicht gelungen, in alle seinerzeit dort aufbewahrten relevanten Dokumente Einblick zu erhalten.

Ein Forscher, der sich dem Verfasser mit außerordentlicher Selbstlosigkeit
zur Verfügung gestellt hat, muß hier besonders genannt werden: Peter
Dietz, Schaffhausen, war als Schweizer in der Lage, ein Einreisevisum für
Polen zu erhalten, das dem Verfasser von der polnischen Regierung trotz

jahrelanger Bemühungen verweigert wurde. Herr Dietz hat bei Rastenburg (Ketrczyn) im ehemaligen Ostpreußen Hitlers ehemaliges Hauptquartier »Wolfschanze« besucht, in dem der Anschlag des 20. Juli 1944
von Stauffenberg ausgeführt worden war, und er hat durch möglichst
genaue kartographische Aufnahmen der wichtigsten Gebäude, Zäune,
Straßen usw. eine Skizze, die dem Verfasser von Hitlers ehemaligem Ma-
rineadjutanten, Herrn Konteradmiral von Puttkamer, zur Verfügung
gestellt worden war, so verbessert und überprüft, daß sie zur Herstellung
einer zuverlässigen Skizze des Hauptquartiers mit herangezogen werden
konnte. Entsprechend einer Vereinbarung mit Herrn Dietz wird hier die
von ihm gefertigte Skizze zum ersten Male verwertet. Dafür und für die so
ermöglichte genauere Darstellung der Vorgänge im Hauptquartier, sowie
für andere wichtige Beiträge sei Herrn Dietz hier besonders gedankt. Für
unentbehrliche Hilfeleistung beim Zusammenstellen und Zeichnen der
Skizze des Hauptquartiers dankt der Verfasser seinen Kollegen, Professor
John Kirby und Professor Lowell Goodman, beide an der University of
Northern Iowa.

Ohne die Anregung und die großzügige Finanzierung des Projektes
durch die Stiftung »Hilfswerk 20. Juli 1944« von 1962 bis 1964, im Jahre
1965 durch die Stiftung »Volkswagenwerk« und 1966 bis 1968 durch die
University of Northern Iowa in Cedar Falls, Iowa, wäre die vorliegende
Arbeit, für die u. a. zahlreiche Reisen unternommen werden mußten,
nicht möglich gewesen. Diesen Institutionen gebührt daher ebenfalls ganz
besonderer Dank.

Schließlich und nicht zuletzt verdanke ich die Vollendung der Arbeit
der Geduld, dem Verständnis und der tätigen Mithilfe meiner Frau, der
Sorgfalt meiner Schreibhilfen, Fräulein Doris Bommert, Frau Eleonore
Knott und Frau Ingeborg Führer. Meinem Vater, Professor Dr. Wilhelm
Hoffmann, und Herrn Professor Dr. Hans Rothfels danke ich besonders für
das Lesen des Manuskriptes und für ihre ermutigende Kritik.

University of Northern Iowa, Cedar Falls   P. H.

I. Das Jahr 1933

Am 30. Januar 1933 wurde Adolf Hitler vom Reichspräsidenten Paul von
Hindenburg zum Reichskanzler ernannt und mit der Bildung einer Regierung beauftragt, für die er später im Reichstag eine Mehrheit finden
sollte. Er ist auf Grund der Bestimmungen der geltenden Verfassung des
Deutschen Reiches an die Macht gekommen – obwohl er jahrelang verkündet hatte, er werde eben den Staat und die Verfassung, welche ihm
den Weg zu diesem Ziel offenhielten, nach nationalsozialistischen und
autoritären Grundsätzen umformen und also zerstören.

Der Weimarer Staat, Nachfolger des im Ersten Weltkrieg besiegten
preußisch-deutschen Kaiserreiches, hatte seine äußeren und inneren Schwächen und Widersprüche nicht zu überwinden vermocht. Vor allem hatte
er nicht den unermüdlichen und verantwortungslosen Angriffen seiner
linksgerichteten und seiner »nationalen«, Deutschnationalen, reaktionä-
ren, militaristischen und extrem-konservativen Gegner standhalten können, die schon in den ersten Jahren mit rechts- und linksextremen
Putschen, mit Aufruhr und Separatismus begonnen hatten, mit der Weigerung besonders des nationalistischen Teils der Nationalversammlung, seine
Unterschrift unter den Versailler Vertrag zu setzen und durch Bildung einer
Regierung für diese Weigerung die Verantwortung zu übernehmen. In den
folgenden Jahren erlaubten auch die Sieger dem neuen Staat nicht, sich
vom Kriege zu erholen; Gesellschaft und Wirtschaft wurden von der Last
der Reparationen und der Inflation zerrüttet und zermürbt. Als schließlich
der Haß doch der Vernunft zu weichen begann und zur wirtschaftlichen
Konsolidierung gute Ansätze gemacht waren, wurde die gerade auflebende
Republik im Jahre 1929, wie alle Industrienationen, von der katastrophal-
sten Wirtschaftskrise geschüttelt, die die Welt bisher gesehen hatte.

Am geschicktesten in der Ausnützung der vorhandenen und noch eigens
wachgerufenen Ressentiments gegen das »System von Weimar«, das man
weithin für alles verantwortlich machte, war der österreichische, 1924–1932
staatenlose, dämonische Demagoge Adolf Hitler gewesen, so daß er
schließlich mit Hilfe seiner zu einer Massenpartei angewachsenen Ge-

folgschaft in die Lage kam, der Weimarer Republik den Todesstoß zu versetzen.

Nun hatte er die Macht keineswegs völlig aus eigener Initiative heraus »ergriffen«, wie er sagte und wie es eigentlich auch der von ihm seit dem kläglich mißlungenen Putsch von 1923 angeblich so geschätzten Legalität widersprochen hätte; vielmehr war sie ihm in einer innenpolitischen und verfassungsmäßig wie auch wirtschaftlich ausweglos scheinenden Lage zugespielt worden. Hinter den Kulissen intrigierten und wirkten politische Abenteurer und politisch Ratlose und Verblendete; das »Volk« aber hatte auch einen nicht geringen Anteil an Hitlers Aufstieg. Wie stark der Rückhalt Hitlers im Volk gewesen ist, wird sich kaum je genau ermitteln lassen, aber es gibt Anhaltspunkte, um ihn einzuschätzen. In den Juli-Wahlen des Jahres 1932 gaben 37,4 % aller an der Wahl beteiligten Wähler gültige Stimmen für die Nationalsozialistische Deutsche Arbeiter-Partei (NSDAP) ab, im November 1932 immerhin noch 33,1 %, bei Wahlbeteiligungen von 84 % bzw. 80,6 %. Andererseits erhielt die NSDAP im März 1933, als sie schon einen ganzen Monat lang über das Reichs- und das preußische Innenministerium praktisch die gesamte Polizei kontrollierte, als sie die Bevölkerung mit Hilfe der SA mehr als vier Wochen offen terrorisiert hatte, bei einer Wahlbeteiligung von 88,7 % noch immer lediglich 43,9 % der abgegebenen gültigen Stimmen [1].

Zwar spiegeln die Ergebnisse dieser drei Wahlen nur sehr bedingt die Stimmung im Jahre 1933. Hunderttausende haben ihren politischen Standpunkt nie, jedenfalls nicht durch Beteiligung an der Wahl dokumentiert. Gewiß müssen die Zahlen interpretiert und vor dem Hintergrund der damaligen Situation gesehen werden.

Man wird mit Recht sagen, daß dreißig bis vierzig Prozent Stimmen für einen gesetzlosen Demagogen wie Hitler, der aus seiner Einstellung gar kein Hehl machte, doch zu viel seien, d. h. mehr an radikalem und gewalttätigem Nationalismus, als ein so junger Staat wie der damalige deutsche zu ertragen vermochte. Für die offene Identifizierung Hitlers und des Nationalsozialismus mit dem Gewaltverbrechen mag der »Fall Potempa« stellvertretend stehen. Als einige SA-Leute im August 1932 in dem schlesischen Dorfe Potempa einen auf der Seite der Kommunistischen Partei stehenden Arbeitskameraden, Konrad Pietzuch, vor den Augen seiner Mutter zu Tode geprügelt und getrampelt hatten, wurden sie zu Todes- und lebenslangen Zuchthausstrafen verurteilt. Darauf erklärten sich Hitler und die übrige Führerschaft der NSDAP ausdrücklich und öffentlich in der Parteizeitung *Völkischer Beobachter* mit ihren »Kameraden« solidarisch und schworen Rache und Befreiung der »Kameraden« [2].

Eindeutig ist das offene Bekenntnis zu Gewalttat, Verbrechen und Gesetzlosigkeit. Die Täter wurden am 23. März 1933 alle amnestiert.

Mit ebensolchem Recht wie auf den »Fall Potempa« als typisches Beispiel für die Methoden der NSDAP wird man zu seiner Erklärung auf die allgemein brutalisierte und radikalisierte politische Atmosphäre der Jahre 1929 bis 1933 hinweisen. Unruhen und Gewaltakte, politische wie kriminelle Mordtaten waren an der Tagesordnung. Wilde Streiks brachen hier und da aus und wurden manchmal einfach von den Radikalen schlechthin geschürt, die aus dem Chaos nur Gewinn ziehen konnten. So wurde 1932 der wilde Streik der Transportarbeiter in Berlin sowohl von den Kommunisten als auch von den Nationalsozialisten unterstützt[3].

Ferner war da die ungeheure Arbeitslosigkeit, die bis Februar 1932 zu der erschreckenden Zahl von über sechs Millionen Erwerbslosen geführt hatte und die zwischen dem Winter 1931/32 und dem Winter 1932/33 praktisch nicht zurückgegangen war. Erst im Jahre 1933 sank die Arbeitslosenziffer bedeutend ab, von Januar bis Juli 1933 allein um mehr als eineinhalb Millionen[4].

Die Not war im Jahre 1932 trotz leichter Besserung noch ungeheuer groß, in vielen einzelnen Fällen fast unvorstellbar. Es gab Arbeiterehepaare, die monatlich RM 10,– Miete bezahlen mußten, aber wöchentlich nur RM 3,20 Unterstützung erhielten, also theoretisch von etwa RM 2,80 leben mußten. Wenn sie nicht Hungers starben, dann waren Gaben von Verwandten oder Freunden, vielleicht auch Kredit beim Krämer ihre Rettung. Ein anderer Arbeiter mit Frau und zwei Kindern erhielt wöchentlich RM 9,– Unterstützung und bezahlte jede Woche RM 4,50 Miete, so daß in der Familie RM 0,16 pro Tag und Person zur Verfügung standen[5]. In dieser Lage versprachen die Kommunisten Klassenkampf und eine bessere, doch ferne Zukunft; die Nationalsozialisten aber versprachen Arbeit und Brot und Ordnung, und da sie sich patriotisch gaben, glaubten viele ihnen eher als den Kommunisten, von denen man Revolution und Bürgerkrieg befürchtete.

Läßt sich der Umfang der Anhängerschaft Hitlers weitgehend erklären durch die allgemeine wirtschaftliche Lage, durch Ressentiments gegen die Sieger des Weltkriegs und gegen die eigene Staatsführung, die sich mit den Mächten arrangieren wollte, so ist auf der anderen Seite auch ein sehr großer Teil der Wählerschaft, nämlich über die Hälfte der am politischen Leben überhaupt teilnehmenden erwachsenen Bevölkerung, für Hitler und den Nationalsozialismus nicht zu haben gewesen. Hunderttausende, wenn nicht Millionen Wähler standen in unversöhnlicher Opposition gegen den Nationalsozialismus. Erst später, mit dem wachsen-

den Erfolg der neuen Regierung, entwickelte sich in den Massen eine
breitere Anhängerschaft, zur gleichen Zeit, als der neue »gleichgeschaltete«
Führerstaat die Organisationen seiner Gegner systematisch zerschlug und
dabei den »SS-Staat« aufrichtete, in welchem der Führer einer Elite-
Parteiarmee, Heinrich Himmler, als »Reichsführer SS und Chef der deutschen Polizei« das Instrument totaler Herrschaft handhabte. Da schien es
dann ratsam, sich ruhig zu verhalten, die neue Regierung wie die bisherigen über sich ergehen zu lassen, dem Erwerb nachzugehen, da es doch
nun aufwärts ging und den Massen Arbeit und Brot winkten, Belästigungen von seiten des Regimes aber, bei entsprechendem Wohlverhalten und
sofern man nicht zu irgendeiner Kategorie von »Staatsfeinden« gehörte,
nicht zu befürchten waren.

Noch gab es in den ersten Monaten des Jahres 1933 eine Art legaler
Opposition. Ein unaufhörlicher Hagel von Versammlungs- und Veröffent-
lichungsverboten und anderen Repressalien fiel auf sie hernieder, aber als
organisierte politische Parteien waren zunächst weder die SPD noch die
KPD verboten. Gleichwohl haben sie keinen massiven Widerstand gegen
die Übergriffe der von den Nationalsozialisten kontrollierten Regierung
geleistet, trotz allen Ankündigungen und Parolen der Jahre und Monate
vorher.

Vor allen hatte sich die KPD lange auf den Bürgerkrieg gegen den »Faschismus« vorbereitet und gerüstet. Aber der »Faschismus« kam zur Macht,
und es wurde nichts Ernsthaftes unternommen [6]. Die Kommunistische
Partei Deutschlands wurde vom Zentralkomitee der Kommunistischen
Partei der Sowjetunion geführt, und dort herrschte die Überzeugung, ein
faschistisches Regime könne die innere Selbstzerstörung Deutschlands nur
fördern und den Boden für die kommunistische Machtübernahme bereiten. Bekanntlich hat Stalin den Grundsatz des »Sozialismus in einem
Lande« gegen denjenigen Trotzkis von der kontinuierlichen Weltrevolution und gegen den Versuch, die russische Revolution mit Hilfe von
Revolutionen in angrenzenden Ländern zu stützen, durchgesetzt. Allerdings ist hier Stalins Interesse an der Ausschaltung Trotzkis schwer von
seiner wirklichen politischen Überzeugung zu trennen. Verfolgung durch
das Regime und ideologische Zerwürfnisse und Streitigkeiten zwischen
der KPD und den anderen linksgerichteten politischen Gruppen machten
jedenfalls eine wirkliche und wirksame Zusammenarbeit zwischen ihnen
unmöglich, selbst in der Stunde der größten Gefahr. Ein Aufruf vom 25. Februar 1933 zu einem gemeinsam mit der SPD zu organisierenden Generalstreik verhallte so gut wie unbeachtet.

Drei Tage später überschattete ohnedies der Reichstagsbrand alles an politischen Aktionen bisher Dagewesene. Er erlaubte den Machthabern schon jetzt ein weit schärferes Vorgehen gegen die Kommunisten, als sie es für diesen frühen Zeitpunkt ihrer Herrschaft geplant haben mochten[7]. Hilflos, aber um taktische Auswege nie verlegen, beschloß das Exekutivkomitee der Komintern (Kommunistische Internationale, das Koordinationsgremium für die Arbeit der nicht-russischen kommunistischen Parteien) am 1. April, nach dem Verbot der KPD, die Errichtung der offenen faschistischen Diktatur müsse dazu dienen, die Massen von allen demokratischen Illusionen zu heilen, somit sie vom Einfluß der Sozialdemokraten zu befreien und das Tempo der Entwicklung Deutschlands zur proletarischen Revolution zu beschleunigen. Das Heldentum einzelner Parteimitglieder, die Widerstand leisteten, wird von solchem Opportunismus nicht berührt. Aber die KPD als revolutionäre und antifaschistische Organisation hatte versagt. Viele ihrer führenden Funktionäre gingen in die Emigration und ließen untergeordnete Funktionäre und Mitglieder den lebensgefährlichen illegalen Kampf kämpfen.

War die Haltung der KPD auch weit von ihren Ansprüchen und Proklamationen entfernt, so entsprach sie doch noch eher ihrem wirklichen Einfluß auf die Massen als die Haltung der beiden größten Organisationen der politischen Linken, der SPD und der Gewerkschaften. Diese aber verhielten sich ebenso passiv, und ihre Passivität war weder neu noch ungewöhnlich. Seit 1930, in einem weiteren und allgemeineren Sinne schon seit den frühen zwanziger Jahren, seit dem Kapp-Putsch, ja seit der Abstimmung über die Kriegsanleihen im Sommer 1914, war die SPD der Anwendung revolutionärer Mittel entwöhnt. Legalistisches Denken war in der Partei verbreitet und verwurzelt; die Nichtanerkennung der neuen Regierung des 30. Januar 1933 war kaum möglich; es war auch alles verwirrend und staatspolitisch undeutlich und undefiniert, man wußte nicht, was da zu tun sei[8]. Man war der Solidarität der Arbeitermassen nicht sicher und glaubte, einen Generalstreik nicht wagen zu können. Stillhalten schien die einzige Überlebenschance zu bieten. Reichstagsauflösung (1. Februar 1933) und Wahlkampf, die Notverordnung vom 4. Februar 1933, der Terror des Ministerpräsidenten Hermann Göring in Preußen, und die rasche, weitgehende Knebelung der Presse hatten die wahren Machtverhältnisse innerhalb weniger Wochen grundlegend verwandelt.

Die Notverordnung vom 4. Februar 1933, die sich auf den Artikel 48 der Weimarer Verfassung stützte, untersagte alle politischen Versammlungen und Aufzüge unter freiem Himmel, durch die die öffentliche Sicherheit gefährdet würde[9]. Verbote aller gegnerischen Demonstrationen und Zusammenrottungen waren nun ein leichtes, ebenso die Beschlagnahme aller Druckschriften, von denen man behaupten konnte, daß sie die öffentliche Sicherheit und Ordnung gefährdeten. Wer gegen die Verordnung verstieß, wer etwa eine vorher oder auch hinterher als verboten definierte Versammlung leitete oder eine Druckschrift herausgab, sei es eine Zeitung, ein Plakat, eine Flugschrift, ein Inserat, welches den neuen Machthabern verbotswürdig erschien, ja sogar, wer von solchen Vorgängen wußte und sie nicht anzeigte, der konnte mit Gefängnis bestraft und also verhaftet werden. So konnte man alle Gegner ausschalten, ohne die Legalität verlassen zu müssen. Es war nur noch eine Frage der Taktik, welchen Zeitpunkt man für die verschiedenen Maßnahmen wählte, sicher war es richtig, nicht alle gegnerischen Gruppen auf einmal zerschlagen zu wollen. Je mehr man sie voneinander absonderte, sie isoliert behandelte und womöglich einzeln anprangerte, die übrigen aber noch hoffen ließ, desto hilfloser waren sie den Machthabern ausgeliefert.

Alles Weitere diente mehr dem Ausbau der Macht als ihrer Ergreifung. Der Brand des Reichstagsgebäudes am 27. Februar 1933 überraschte die Nationalsozialisten ebenso wie die Kommunisten. Viele Maßnahmen der Regierung waren durchaus ungeplant und unbedacht[10], aber diese nahm die Gelegenheit wahr, um nun, nur fünf Tage vor der Wahl des neuen Reichstages, die Gewalt im Innern vollends in den Griff zu bekommen. Die Notverordnung vom 28. Februar 1933 hob also die Grundrechte und Garantien der persönlichen Freiheit der Weimarer Verfassung auf. Es konnte nun fast unbegrenzt, ohne richterlichen Haftbefehl für den Einzelfall und auch ohne nachträgliche richterliche Kontrolle verhaftet und ebenso unbegrenzt inhaftiert werden, man konnte theoretisch und weitgehend auch praktisch jede menschliche Äußerung, jeden Austausch von Nachrichten, jede Veröffentlichung von Worten oder Bildern zensieren, Zeitschriften und Bücher verbieten, Parteien und Vereine auflösen, Versammlungen verhindern, Eigentum beschlagnahmen[11]. Die Grundlagen des Rechtsstaates waren damit zerstört, und zwar mit dem Mittel, das für seine Rettung bereitgestellt war, nämlich mit dem Notverordnungsrecht.

Das Ermächtigungsgesetz vom 23. März 1933, das der Regierung volle Handlungsfreiheit ohne Rücksicht auf parlamentarische und verfassungsmäßige Grenzen gab, war nur noch der »legale« Schlußpunkt. Ausdrücklich war der Regierung nun gestattet, nicht nur überhaupt Gesetze ohne Mitwirkung des Reichstages zu beschließen, sondern auch solche, die mit der Verfassung nicht im Einklang standen[12]. Die kommunistischen Abgeordneten waren kurz nach der Reichstagswahl vom 5. März aus dem Reichstag ausgeschlossen und ihre Partei verboten worden; so konnten sie gegen das Gesetz nichts tun. Die SPD hat sich tapfer, freilich auch vergeblich, dagegen gewehrt. Das Zentrum, die Bayerische Volkspartei und die übrigen zwischen der deutschnational-nationalsozialistischen Koalition und der SPD stehenden Splittergruppen haben selbst ihrer Entmachtung zugestimmt, paradoxerweise in der Hoffnung, dadurch ihre Existenz zu retten[13].

Die herkömmlichen Oppositionsträger waren nun, mit dem treffenden Wort aus der Technologie, »ausgeschaltet«. Bald würden die »Gleichschaltung«, d. h. die Ausdehnung der herrschenden politischen Zustände von der Reichs- auf die Länderebene, die Beseitigung der Länderparlamente, die Machtübernahme in den Ländern durch nationalsozialistische Reichsstatthalter, die Durchsetzung aller Staatsorgane und Behörden mit Nationalsozialisten und schließlich die Abschaffung aller Parteien außer der NSDAP und die Proklamation der »Einheit von Partei und Staat« am 1. Dezember 1933 die völlige Kontrolle aller Lebensgebiete durch die Nationalsozialisten sichern[14].

Man hat immer wieder gefragt, wie das möglich war, warum es keinerlei Gegenbewegung oder auch nur hartnäckige Verteidigung erworbener Rechte gegeben habe.

Es gibt keine kurze und zufriedenstellende Antwort darauf. Wer mit der Frage bedrängt wird, verweist gewöhnlich und nicht ohne gewisse Berechtigung auf »die damalige Situation«, die man verstehen müsse. Die Errichtung eines totalitären Staates war ganz neu, es gab dafür keine früheren Erfahrungen, auf die man hätte zurückgreifen können. Deutschland hatte sich seine Regierungsform nicht in Jahrhunderten erkämpft und erworben, sondern sie war ihm 1919 zugleich mit der militärischen Niederlage und dem Zusammenbruch des einst so glänzenden Kaiserreichs zugefallen. Deutschland war dann durch schwere wirtschaftliche und politische Krisen hindurchgegangen, für die das Volk und die meisten seiner Repräsentanten den ehemaligen Kriegsgegnern, aber auch der jeweiligen eigenen Regierung große Verantwortung zuschrieben. Nun war das Land durch die seit 1930 anhaltende politische, wirtschaftliche und soziale Dauerkrise politisch ermüdet. Demokratisches Bewußtsein und republikanische Wachsamkeit wären da ein glücklicher Zufall gewesen, nicht das Selbstverständliche. Wohl wußte man von Gewalttaten, Brutalität und Rechtsfeindlichkeit der Nationalsozialisten vor dem 30. Januar 1933, auch vor den Juli- und Novemberwahlen des Jahres 1932. Aber Gewalt und Brutalität verlockten und überzeugten viele, die sie mit Stärke verwechselten. Andererseits hatten zwischen 1919 und 1934 in freien Wahlen immer nur Minderheiten für die NSDAP gestimmt. Auf die Vorgänge des 30. Januar, des 4. Februar, des 28. Februar und des

23. März hatte der einzelne keinerlei Einfluß, sofern er sie überhaupt verstand. Selbst viele, denen alle erforderlichen Informationen und Kenntnisse zur Verfügung standen, glaubten nicht an die Ernsthaftigkeit der von Hitler und seinen Gefolgsleuten immer wieder ausgestoßenen Drohungen und hofften aufrichtig, die Nationalsozialisten durch die Mehrheit im Kabinett und durch ihre Hereinnahme in die Verantwortung zähmen zu können.

Es handelt sich also nicht nur um einen Mangel an Widerstandswillen, sondern ebensosehr um einen Mangel an Verständnis für das Wesen des Nationalsozialismus. Unsicherheit und Verlust der absoluten Werte, dazu Unwissenheit, gebaren Verständnislosigkeit und Hilflosigkeit gegenüber dem Auftreten des totalitären, an kein Gebot der Menschlichkeit und des Rechtes sich gebunden fühlenden Leviathan. Solange man noch glauben konnte, die Nationalsozialisten würden in dem am 5. März zu wählenden Reichstag nicht die absolute Mehrheit erringen, was ihnen ja auch tatsächlich nicht gelungen ist, solange man also naiverweise noch hoffen konnte, durch parlamentarische Mittel, durch die in der Verfassung verankerten Gegengewichte die Regierung im Zaume zu halten und zur Rückkehr zu verfassungsmäßiger Verfahrensweise zu zwingen, obwohl sie diese von Anfang an verlassen hatte, solange war an einen außergesetzlichen »illegalen« Widerstand nicht zu denken [15]. Besonders der SPD war das Festhalten an der »Legalität« zur fixen Idee geworden. Es nützte nichts, daß die militante Organisation der Sozialisten, das »Reichsbanner«, daß auch andere ähnliche Organisationen und viele Arbeiter zum Kampf mit den Mitteln des Streiks, der Demonstration, der Unruhen und selbst des bewaffneten Aufstandes bereit waren und dazu drängten. Die Führung der Sozialdemokratie blieb unbeweglich, hoffnungsvoll, verständnislos. Subjektive Gründe für das Stillhalten gab es genug: das scheinbare Mitmachen der Reichswehr auf der Seite der Regierung, jedenfalls ihr Nichteingreifen; die formale Legalität der Hitlerregierung und ihrer Maßnahmen; die Gefahr der völligen Vernichtung der Partei. Den späteren Betrachter wird am ehesten die Erklärung durch Verständnislosigkeit gegenüber dem Nationalsozialismus und seinem wahren Wesen überzeugen, wiewohl es genug Warner gegeben hat. Es sei erinnert an die mutige Rede des Parteivorsitzenden der SPD, Otto Wels, die er im Reichstag gegen das Ermächtigungsgesetz gehalten hat.

Der in vielen Köpfen rumorende »legale Widerstand« war Illusion. Schon der Wahlkampf vor dem 5. März zeigte, daß die Nationalsozialisten ihre Macht »mit allen Mitteln« festzuhalten gewillt waren. Die Presse wurde zensiert und mit Verboten überschüttet, der Rundfunk geriet fast völlig unter die Kontrolle der NSDAP. Mehr als vier Millionen erwachsene Deutsche ließ man ruhig kommunistisch wählen; dann wurden die gewählten Abgeordneten verhaftet oder zum Untertauchen und zur Emigration gezwungen, so daß sich die relative Stärke der NSDAP im Reichstag erhöhte. Schließlich wurde die KPD ganz verboten. Die SPD konnte noch eine Weile ein Stillhaltedasein fristen, aber am 22. Juni 1933 schlug auch für sie die Stunde der Auflösung und des Verbots. Ehe noch drei weitere Wochen um waren, gab es überhaupt keine deutschen politischen Parteien mehr außer der NSDAP[16].

Inzwischen steigerte sich der Terror, alles Oppositionelle und Mißliebige wurde im wörtlichen Sinne niedergeknüppelt. Schon im Laufe des Februar 1933 gingen die Nationalsozialisten dazu über, die Polizei als Macht- und Terrorinstrument zu mißbrauchen und den uniformierten Partei- und SA-Mitgliedern Hilfspolizeifunktionen zu übertragen[17]. Damit waren der Willkür und dem Terror »legal« Tür und Tor geöffnet. Eine Parteiuniform und eine weiße Armbinde berechtigten zur Handhabung von Gummiknüppel und Pistole, es wurde nach Belieben verhaftet, Mißliebige wurden auf offener Straße zusammengeschlagen, von hemmungslosen Uniformierten mißhandelt und getreten oder »auf der Flucht erschossen«. »Wilde Konzentrationslager« der SA nahmen Tausende auf, die die ersten Mißhandlungen überlebt hatten. Plünderung, Diebstahl, Freiheitsberaubung, Körperverletzung, Totschlag, Mord – das waren jetzt nur etwas veraltete Begriffe für Maßnahmen, die »polizeilich« und also »legal« waren. Wen kann es wundern, daß weite Kreise sich von solchem Terror einschüchtern ließen?

Trotz allem, oft auch nur so lange, als der Terror seine volle Wirkung noch nicht getan hatte, regte sich mancherorts amtlicher und individueller Widerstand gegen einzelne Maßnahmen der neuen Regierung. Weite Kreise in Bayern etwa wehrten sich mit Energie gegen die Gleichschaltungspolitik, wobei sich monarchistisch-restaurative und sogar separatistische mit föderalistischen und antinationalsozialistischen Motiven und Bestrebungen vermischten und verbanden. Besonders die Repräsentanten der Bayerischen Volkspartei traten energisch auf. Sie richteten Anfragen an den Reichspräsidenten, holten Zusicherungen von ihm und von Vizekanzler von Papen ein, und der Führer der Partei, Heinrich Held, verkündete im Februar mehrfach, kein Reichskommissar werde ungestraft die Mainlinie überschreiten, und wenn entgegen Hindenburgs Versprechungen doch ein Reichskommissar nach Bayern käme, so werde man ihn unverzüglich verhaften lassen. Die Notverordnung vom 28. Februar gab der Regierung dann aber »legale« Handhaben zur Übernahme der Gewalt

in den Ländern einschließlich Bayerns, sofern dort nicht »›die zur Wiederherstellung der öffentlichen Sicherheit und Ordnung nötigen Maßnahmen‹« getroffen wurden[18]. Der Entscheid darüber war dem nationals-
zialistischen Innenminister Dr. Wilhelm Frick anheimgestellt. Weitere
Proteste nützten da nichts mehr, mit rechtsstaatlichen Mitteln und Verfahrensweisen war gegen die scheinbare Legalität und tatsächliche ver-
fassungs- und rechtswidrige Diktatur nicht mehr anzukommen. Auch hier
zeigte sich nicht nur die völlige Umwandlung der Machtverhältnisse,
sondern auch die völlige Verkennung dieser Lage durch die Betroffenen
und die Protestierenden.

Nach den Wahlen, aus denen die NSDAP in Bayern mit einem Stim-
menanteil von 43 % hervorgegangen war, wurde die Gleichschaltung
Bayerns, des letzten deutschen Landes ohne nationalsozialistische Regierung, mit allen zu Gebote stehenden Mitteln forciert[19]. Bewaffnete Abteilungen der SA und SS beherrschten am 9. März 1933 die Straßen
Münchens, auf dem Rathausturm wurde die Hakenkreuzfahne gehißt,
SA-Führer in Uniform verlangten die sofortige Einsetzung des Generals
Ritter von Epp als Generalstaatskommissar. Die bayerische Regierung
blieb noch immer standhaft und verhandelte mit der Reichswehr über
Maßnahmen gegen die Revolution der Straße. Aber das Reichswehrministerium in Berlin winkte ab: In Bayern handle es sich um rein innenpolitische Vorgänge, aus denen sich die Reichswehr herauszuhalten habe,
sie werde Gewehr bei Fuß stehen. Immer noch blieb der bayerische Ministerpräsident Heinrich Held standhaft; der Stabschef der SA Ernst Röhm,
der General von Epp, der bayerische Gauleiter Adolf Wagner und der
Führer der SS Heinrich Himmler wurden von ihm unverrichteterdinge
weggeschickt.

Was wäre zu tun gewesen? Irgend wirksamer Widerstand war technisch
kaum denkbar. Wie lange würde die Polizei dem Kommando der rechtmäßigen bayerischen Regierung gehorchen, wie lange konnte sie durchhalten gegen SA und SS? Wem würde die Reichswehr folgen, wenn sie
nicht mehr Gewehr bei Fuß stand? Sollte gar die Bevölkerung zum Bürgerkrieg oder zum Aufstand gegen die uniformierte Autorität und »Obrigkeit« aufgerufen werden? Solcher Widerstand hätte zudem die öffentliche
Ordnung gestört und also der Reichsregierung gerade die Handhabe gegeben, auf die sie schon die ganze Zeit wartete.

Mit dem »legalen« Widerstand erreichte man aber auf die Dauer auch
nichts. Die SA beherrschte die Straße, die Unordnung war groß und die
Regierung weitgehend ohnmächtig. So geschah, was geschehen mußte:
Die Reichsregierung griff auf der Basis der Notverordnung vom 28. Fe-

bruar ein und ernannte Ritter von Epp zu ihrem Beauftragten in Bayern. Proteste und Telegramme nützten nichts mehr, der Reichspräsident bzw. sein Staatssekretär Hans Otto Meißner gaben den Bescheid, man möge sich direkt an Hitler wenden. Der Reichspräsident dokumentierte seine eigene Machtlosigkeit.

Es gab in anderen Ländern nicht weniger mutige Männer als in Bayern. Viele von ihnen sind nach dem 20. Juli 1944 von den Nationalsozialisten umgebracht worden. Dr. Carl Goerdeler, Oberbürgermeister von Leipzig, hinderte das Hissen der Hakenkreuzfahne, die noch nicht Reichsflagge war, auf dem Rathaus und griff persönlich ein, als es galt, jüdische Geschäftsleute gegen Übergriffe der SA zu schützen [20]. Oft war solcher Widerstand von kurzer Dauer, er wurde geleistet in Unkenntnis der damit verbundenen Gefahren und in der Meinung, es handle sich bei dem jeweiligen Vorgang nur um einen vereinzelten oder wenigstens vorübergehenden Übergriff, nicht um absichtvolle Politik. Aber es erging in jenen Tagen allen ähnlich, denn mit ungehemmter Brutalität rissen die Nationalsozialisten überall die Macht an sich. Mit Diskussionen und parlamentarischen Methoden, mit denen vor allem die Sozialdemokraten noch das »Ermächtigungsgesetz« verhindern wollten, war nichts mehr zu machen.

Man wird auch fragen, inwiefern sich denn die Koalitionspartner der Nationalsozialisten in der Reichsregierung gegen das Fortschreiten der totalitären Machtergreifung zur Wehr setzten; waren sie doch von vornherein mit dem Plan in die Koalition eingetreten, Hitler und seine Partei zu »zähmen« und auf legal-gesittetes Verhalten festzulegen.

Hugenberg vor allen machte wenigstens Anstalten, die Mitwirkung des Reichspräsidenten von Hindenburg auch bei denjenigen Gesetzen zu verlangen, die auf Grund des Ermächtigungsgesetzes erlassen werden würden [21]. Aber Hindenburgs Staatssekretär Meißner versicherte sogleich, das sei weder nötig noch werde es Hindenburg verlangen. Allerdings müsse man erwägen, ob bei besonders bedeutsamen Gesetzen die Autorität Hindenburgs nicht irgendwie »einzuschalten« sei, und übrigens habe der Herr Reichspräsident in der Tat »unüberwindliche Bedenken« gegen eine beabsichtigte Verordnung, nach welcher die Reichstagsbrandstiftung mit dem Tode zu bestrafen sei, einer Strafe, die nicht angedroht war, als der Brand gelegt wurde.

Der Widerstand der politischen Partner der Nationalsozialisten war also sehr gering, ja unerheblich. Praktisch gaben sie ihren Rückhalt am Reichspräsidenten, der die Grundlage ihres ganzen noch übrigen Einflusses darstellte, kampflos auf. Auf einen Eklat durch offene Opposition im Kabinett wollte man es gar nicht erst ankommen lassen.

Schließlich hat sich dann, allerdings gegen den entschiedenen Widerstand der SPD-Fraktion, durch die Annahme des Ermächtigungsgesetzes
am 23. März 1933 auch der Reichstag ausgeschaltet. Das Schauspiel des
Opportunismus, des krampfhaften Versuches, die Existenz der eigenen Partei noch zu retten, sie in Wirklichkeit nur um wenige Wochen zu verlängern, dieses Schauspiel der Schwäche der Reste einer nie sehr kräftigen Demokratie ist gewiß desillusionierend und verbitternd. Praktisch hätte die
Weigerung, dem Ermächtigungsgesetz zuzustimmen, nichts bewirkt außer
dem ehrenvolleren Abgang von der politischen Bühne. Die Schwäche aber
war allgemein und im ganzen politischen Leben des Volkes wirksam.

Ganz freiwillig war die Zustimmung des Parlaments zum Ermächtigungsgesetz freilich nicht. Der Reichstag tagte unter dem offenen Druck
der nationalsozialistischen Privatarmeen SA und SS und unter Druck und
Drohung der Straße. Sprechchöre, die bis in den Sitzungssaal drangen,
kündeten Gewalt an, im Sitzungssaal der nach dem Brand des Reichstagsgebäudes benützten Kroll-Oper dominierten SA- und SS-Uniformen, SA-
und SS-»Schutzwachen« standen drohend bei den Bänken der Opposition,
Heilrufe und donnernder Applaus für Hitler, Hakenkreuzfahnen, das
Absingen des Deutschlandliedes am Ende der Rede Hitlers sorgten für die
gewünschte Massenversammlungsstimmung[22]. Nachdem der sozialdemokratische Parteivorsitzende Otto Wels in seiner berühmten Rede das Ermächtigungsgesetz abgelehnt und die Freiheit und die Demokratie verteidigt hatte, antwortete Hitler, man habe den Reichstag nur »des Rechtes wegen« um etwas ersucht, »was wir auch ohnedem hätten nehmen
können«. Das Ermächtigungsgesetz, das den Nationalsozialisten fast in
allem freie Hand gab, wurde also durchgepeitscht. Aber schließlich haben
die Nationalsozialisten nicht einmal dieses schon auf rechts- und verfassungswidrige Weise zustande gekommene Gesetz eingehalten und respek-
tiert, sondern es ebenso unbedenklich gebrochen wie alle anderen Verpflichtungen und Versprechungen. Mit seinem offenen Hohn auf das Verfahren »des Rechtes wegen« hatte Hitler seine wirklichen Absichten,
wie immer, im voraus angekündigt.

Neben der Ausschaltung der Parteien einher ging die Entmachtung der
pontentiell so starken Gewerkschaften, in großem Stile allerdings erst
ab Anfang April 1933. Gegenüber der unvermeidlich erscheinenden
Gleich- oder Ausschaltung erwies sich die Führung der Gewerkschaften
trotz allen Kampfparolen früherer Zeiten und sogar noch gelegentlichen
militanten Äußerungen im Februar 1933 ebenso hilflos wie die Führung
der Sozialdemokraten. Ein Historiker charakterisiert sie als ratlos, furcht-
sam, resigniert, brüchig[23].

Nach der Wahl im März 1933 begannen SA und Mitglieder von nationalsozialistischen Betriebszellen einzelne Gewerkschaftshäuser zu besetzen. Die Antwort darauf war nicht Widerstand, sondern Anpassung: Der Erste Vorsitzende der Freien Gewerkschaften, Theodor Leipart, erklärte in einer vom Bundesvorstand des Allgemeinen Deutschen Gewerkschaftsbundes (ADGB) beschlossenen Denkschrift an Hitler, er wolle die Gewerkschaften aus der Politik heraushalten und jegliches Regime, »gleichviel welcher Art«, akzeptieren. Nachdem dann die Nationalsozialisten die gewerkschaftlich organisierten Arbeiter in großen Massen zur Teilnahme an den Maifeiern – den Tag hatte man zum bezahlten Feiertag erklärt, womit man den Gewerkschaften einen Schritt voraus war – hatten bewegen können, folgte der Rest »Schlag auf Schlag«: Am 2. Mai begann die Gleichschaltungsaktion gegen die Gewerkschaften mit Verhaftung der Gewerkschaftsführer, Besetzung der Gewerkschaftsbüros durch SA und SS, Beschlagnahme der Gewerkschaftsbanken und der Gewerkschaftspresse. Die Funktionäre warf man in Konzentrationslager, verhöhnte ihre bisherige Kompromißbereitschaft als Ergebenheitsheuchelei und verkündete am selben Tag die Gründung der nationalsozialistischen Deutschen Arbeitsfront. Alles dies ging vonstatten ohne den Schein einer legalen Sanktion durch die Regierung; es war eine reine Parteiaktion.

Ebenso erging es in den folgenden Monaten den noch nicht in die Emigration verlegten Teilen der SPD-Hierarchie. Die Proklamation des illegalen Widerstandes und der Untergrundarbeit durch die Prager Parteizentrale am 29. Mai war in Wirklichkeit nur der Ausdruck des Verlustes fast jeglicher Handlungsfreiheit in Deutschland[24]. Schließlich kam es zum Bruch zwischen der Berliner und der Prager Führung der SPD, die Partei zerfiel und wurde Ende Juni von der Regierung praktisch verboten.

Endlich wurden selbst die Teilhaber Hitlers, die Deutschnationalen, verfolgt, ausgeschaltet, terrorisiert, und zwar nicht erst, als sie sich gegen Übergriffe und Bevormundung zu verwahren suchten. Verhaftungen, Verbote, Verprügelungen, SA-Überfälle waren auch hier an der Tagesordnung[25].

Gab es andere Bereiche, etwa des Geistes, wo die Nationalsozialisten auf mehr und entschlosseneren Widerstand stießen? Das allgemeine Bild ist auch hier Anpassung, Schwäche, Opportunismus, Verblendung und Irrtum. Hunderte deutscher Professoren hatten nichts Eiligeres zu tun, als Hitler und dem Nationalsozialismus zu huldigen, die berüchtigte Rektoratsrede von Martin Heidegger am 27. Mai 1933 in Freiburg ist wohl nur ein besonders prominentes, nicht aber vereinzeltes Beispiel[26]. Selbst die Kirchen waren nicht frei von dieser Anfälligkeit, obwohl es

ihnen wenigstens ebensosehr um ihre Lebenssubstanz zu tun sein mußte
wie der Wissenschaft. Tatsächlich haben sie als einzige Organisationen
so etwas wie eine Volksbewegung gegen das nationalsozialistische Regime
hervorgebracht.

In den Anfängen des Regimes war von Kampf oder Kirchenkampf
freilich kaum die Rede. Niemand darf bestreiten, daß Martin Niemöller
unter den Führern des kirchlichen Widerstandes gegen den Nationalsozialismus hervorragte und daß er während langer Jahre im Konzentrationslager für seine mutige Haltung schwer gelitten hat. Aber im Herbst
1933 sprach er in einer Erntedankpredigt noch von »Beruf und Stand,
Rasse und Volkstum« als Forderungen, denen man sich nicht entziehen
könne, und von dem erwachenden deutschen Volk[27]. Das nationalsozialistische Regime kam den Kirchen zunächst mit größter Behutsamkeit
entgegen, der Kampf um die Herrschaft einer neuen Weltanschauung
sollte nicht schon in den ersten Monaten in vollen Gang kommen, Beschwichtigung war die Parole. Auf der anderen Seite haben viele evangelische, einst königlich und kaiserlich, jedenfalls noch immer vaterländisch
gesinnte Pfarrer deutschen Luther-Geist, heldische Frömmigkeit und sogar
einen »artgemäßen« Christus-Glauben begrüßt und bejaht, viele auch
unterstützten die »Glaubensbewegung Deutsche Christen« in deren Stellungnahme gegen Marxismus, Judentum, Weltbürgertum und Frei-
maurerei.

Aber der NS-Reichsbischof Ludwig Müller wurde von der evangelischen
Kirche nicht akzeptiert, trotz der offenen Erklärung des preußischen
Kommissars für Wissenschaft, Kunst und Volksbildung, Bernhard Rust,
man könne nicht dulden, daß sich hier »»eine erste Zentrale des Widerstandes«« bilde. Es bildete sich trotzdem allmählich, zunächst im Kampf
gegen den »Arierparagraphen« in der neuen deutschen Kirchenverfassung
vom 11. Juni 1933 der Pfarrernotbund und die »Bekennende Kirche«. Sie
wandten sich unter Führung des Dahlemer Pfarrers Martin Niemöller
und des jungen Theologen Dietrich Bonhoeffer gegen jede germanisie-
rende und sonstige unchristliche Verfälschung des evangelischen Glaubens.
Tausende von Pfarrern waren und blieben nun einem Glaubenswider-
stand gegen den Nationalsozialismus verpflichtet, während freilich ebenso
viele sich duckten, schwiegen und mehr oder minder weitgehende Lippen-
bekenntnisse der Loyalität gegenüber dem Regime und »unserem Führer«
abgaben. Gleichwohl war geschehen, was die Nationalsozialisten befürchtet hatten: Es hatte sich eine »erste Zentrale des Widerstandes« gebildet.
Die Versuche der Gleichschaltung und Kontrolle der evangelischen Kirchen von innen mußten aufgegeben werden, und man verlegte sich auf

die allerdings brutale Kontrolle von außen durch Polizei, Verwaltung, Verordnungen. Der Reichsbischof wurde fallengelassen, weigerte sich aber, zurückzutreten. Bei Kriegsende beging er in Königsberg Selbstmord.

Auf seiten der katholischen Kirche hatte man, ebenso wie in der protestantischen, zunächst weitgehend mit Anerkennung des neuen Regimes auf die Machtübernahme reagiert[28]. So glaubte die Fuldaer Bischofskonferenz nach der Verabschiedung des Ermächtigungsgesetzes Ende März 1933 unter Vorbehalten gegenüber einigen »religiös-sittlichen Irrtümern« der neuen Regierung gewissermaßen das Vertrauen aussprechen zu können. Im Juli, wenige Tage nach der Auflösung der katholischen Zentrumspartei, wurde sogar zwischen dem Vatikan und der deutschen Reichsregierung ein Konkordat abgeschlossen – der erste große internationale Erfolg Hitlers. Die Regierung verbürgte ausdrücklich einige kirchliche Freiheiten und Rechte, auf die man von katholischer Seite gegebenenfalls zu pochen gedachte. Die katholischen Schulen sollten nicht angetastet, dafür aber alle katholischen Organisationen politischer, sozialer und berufsständischer Art aufgegeben werden.

Aber auch die katholische Kirche wurde noch im Laufe des Jahres 1933 zum Widerstand geradezu gezwungen. Weder Verfolgung, Gleichschaltung und Unterdrückung im allgemeinen, noch etwa das Sterilisierungsgesetz vom Sommer 1933 im besonderen konnte sie unwidersprochen hinnehmen. Im Lauf der Jahre bis zum Kriegsausbruch verstärkte sich ihre Widerstandshaltung immer mehr und fand den prominentesten Sprecher schließlich im Papste selbst und ihren Ausdruck in seiner Enzyklika »Mit brennender Sorge« vom 14. März 1937, die von allen katholischen deutschen Kanzeln verlesen wurde. Der Name des Bischofs von Münster, Clemens August Graf von Galen, mag unter den unerschrockenen Sprechern stellvertretend für viele stehen[29].

Waren die Kirchen die einzigen großen Organisationen, die in weitem Umfang verhältnismäßig früh und offen Widerstand leisteten, so blieben sie es auch im Lauf der späteren Jahre. Ein gewisser Erfolg ist nicht ausgeblieben, weil die Machthaber während des Krieges die völlige Zerschlagung der Kirchen sich nicht leisten zu können glaubten. Hier stießen sie an Grenzen, die ihnen unverständlich waren – an die Kraft und die Integrität religiöser Überzeugung, Gewissensentscheidung und Verantwortung für den Nächsten, die mit Verordnungen und Verboten nicht auszulöschen waren.

Es waren aber eigentlich »innere Grenzen«, vor denen die Machthaber zunächst haltmachen mußten. Äußerlich war das geistliche wie das geistige Leben geknebelt und kontrolliert, alle Äußerungen des Geistes unterlagen der Zensur. Presse, Film, Rundfunk, Schrifttum, Theater, Massendemonstrationen seien organisatorisch in einer Hand zusammenzufassen, und es müsse »›ihr einheitlicher Einsatz absolut gewährleistet‹« werden, erklärte der Reichsminister für Volksaufklärung und Propaganda, Dr. Joseph Goebbels; denn die Propaganda sei eine der wichtigsten Künste, mit denen man ein Volk regiere, und die gesamte Kultur müsse nun in den Dienst der nationalsozialistischen Idee gestellt werden[30]. Die zur wirklichen Herrschaft nötige Kontrolle über die Seelen war nur möglich, wenn es gelang, sie ganz mit den Denkschemen der Herrscher zu füllen und alles andere aus ihnen zu vertreiben. Das ist schließlich nicht (und bis heute nirgends) gelungen.

Es wurden aber im Laufe des Jahres 1933 eine Reichsschrifttumskammer geschaffen, eine Reichspressekammer, eine Reichsrundfunkkammer, eine Reichstheaterkammer, eine Reichsmusikkammer und eine Reichskammer der bildenden Künste. Das Ganze hieß Reichskulturkammer und unterstand dem Propagandaministerium. Wer nun auf einem der »erfaßten« Gebiete tätig sein wollte, mußte der entsprechenden Kammer angehören. In den Ausführungsverordnungen, die zum Beispiel nur »arische« Schriftleiter duldeten, wurde das System der Kontrolle und der uniformen Ausrichtung bis in alle Einzelheiten festgelegt. Brecht, Döblin, Kaiser, Mann, Tucholsky, Zweig, Bergengruen, Borchardt, Hofmannsthal, Lasker-Schüler, Werfel, Hesse, Heine, Kästner und Kafka waren zu Verfassern »entarteten Schrifttums« erklärt, am 10. Mai 1933 waren auf dem Opernplatz in Berlin und zugleich auf öffentlichen Plätzen anderer deutscher Städte Tausende von Werken der »Zersetzungsliteratur« verbrannt worden, wobei Studenten Fackelzüge abhielten und Professoren das Ganze mit passenden Ansprachen begleiteten. Viele im Geistes- und Kulturleben Deutschlands führende Persönlichkeiten wurden im Laufe des Jahres 1933 ausgebürgert[31].

Alle diese Vorgänge waren von unberechenbarem, brutalem Terror begleitet, ohne den die innerdeutsche Situation unverständlich wäre. Terror war nichts Neues, er war im Parteienkampf der unruhigen Krisenzeit der letzten Jahre von vielen politischen Gruppen angewandt worden. Jetzt aber war er zum Instrument der Regierungspolitik erhoben. Die Regierung hätte sich ihrer Gegner leicht mit den inzwischen geschaffenen »gesetzlichen« Mitteln erwehren können. Aber Hitler hat überhaupt nicht daran gedacht, den Terror einzuschränken, im Gegenteil. Er war überzeugt, hartnäckig Andersdenkende nicht bekehren zu können, also blieb nur ihre gewaltsame Unterdrückung[32]. Terror und gewaltsame Aktion überhaupt, gleich gegen wen, hielten die »Bewegung« in Gang, ohne Be-

wegung würden die Massen womöglich zur Besinnung kommen, die
Gegner, die Hitler mit Recht in allen Schichten vermutete, würden sich
zur Opposition sammeln.

Der Wahlkampf für die Wahlen des 5. März 1933 hatte schon siebzig
oder mehr Menschen das Leben gekostet. Göring hatte die Polizei aufgefordert, jede politische Neutralität aufzugeben und getrost »von der
Schußwaffe Gebrauch« zu machen, wenn es sich um die Bekämpfung
»staatsfeindlicher«, also linksgerichteter Organisationen und um die Unterstützung der »nationalen« Verbände, also der SA, SS und des Stahlhelm, handelte[33]. Diese drei Verbände wurden zur »Hilfspolizei« ernannt;
Hitler drohte am 20. Februar, »der Gegner« werde entweder durch die
bevorstehende Wahl auf dem Boden der Verfassung oder aber in einem
Kampf mit anderen Waffen besiegt werden, der dann freilich größere
Opfer kosten könne. Bis Mitte Oktober 1933 kostete dieser ungleiche
Kampf fünf- bis sechshundert Menschen das Leben, und über sechsund-
zwanzigtausend verloren als »Polizeigefangene« ihre Freiheit. Gefangenenmißhandlungen in den berüchtigten SA-Kellern, Sadismus und Ge-
winnsucht bestimmten den Lauf von »Aktionen« oft viel mehr als der
Kampf gegen die »Feinde«. Wohnungseinbrüche, Raub, Plünderung, Gewalttat, Menschenraub und Erpressung von Lösegeldern wurden von den
SA-Rollkommandos bei der Jagd auf Kommunisten, Juden und »Feinde«
im allgemeinen nicht für unter ihrer nationalen Würde befunden. Die
Morde des 30. Juni und 1. Juli 1934 waren wohl ein schrecklicher Höhepunkt des offenen Terrors, aber unvergleichlich schrecklicher war, was
sich hunderttausendfach hinter Gefängnismauern und hinter dem vielfachen Stacheldraht der Konzentrationslager abspielte, und was nicht
bekannt war, wurde wenigstens von den möglicherweise Betroffenen dunkel geahnt. Das Volk war nun gleichgeschaltet, die Furcht ließ kaum
mehr einen aus den gleichförmigen Reihen treten.

Einige Zahlen können vielleicht eine vage Vorstellung von dem Ausmaß des Terrors geben, zugleich aber auch von der Verbreitung des Widerstandes dagegen. Die ordentlichen Gerichte allein verurteilten in nur
sechs Jahren in politischen Verfahren 225 000 Menschen zu Freiheits-
strafen von insgesamt etwa 600 000 Jahren. Dazu wären die viel zahl-
reicheren, aber kaum berechenbaren Fälle zu zählen, in denen Verhaftete
ohne Urteil in ein Konzentrationslager geworfen oder vorher schon durch
polizeiliche Maßnahmen ums Leben gebracht wurden[34]. Nach offiziellen
Angaben sind zwischen 1933 und 1945 etwa 3 Millionen Deutsche
zu irgendeiner Zeit, sei es für wenige Wochen, sei es während der ganzen
zwölf Jahre, aus politischen Gründen in Konzentrationslagern oder Zucht-

häusern gefangengehalten worden, etwa 800 000 wegen aktiver Widerstandstätigkeit[35].

Nach einem Gestapo-Bericht vom April 1939 gab es damals 162 734
aus politischen Gründen in Haft gehaltene »Schutzhäftlinge«, 27 369
politischer Vergehen Angeklagte und 112 432 wegen politischer Vergehen
Verurteilte[36]. Nach einer Zusammenstellung der SS gab es bei Kriegsausbruch allein in sechs Lagern 21 400 Konzentrationslagerhäftlinge. Ende
April 1942 befanden sich in denselben sechs Lagern 44 700 Häftlinge.
Insgesamt waren die Konzentrationslager im Dezember 1942 mit 88 000
Personen belegt, im August 1943 waren es schon 224 000. Für August 1944
ist die Gesamtzahl 524 286, wovon die Mehrzahl Juden und Zwangsar-
beiter waren. Die Höchstzahl wurde erst im Januar 1945 erreicht, mit
714 211 Konzentrationslagerhäftlingen im Reichsgebiet[37].

In Berlin wurden 1935 und 1936 innerhalb von 14 Monaten 2197
Personen aus linksgerichteten Kreisen verhaftet[38]. 1936 wurden wegen
illegaler sozialistischer Tätigkeit in Deutschland 11 687 Personen verhaftet. Im Jahr 1936 erfaßte die Gestapo 1 643 200 illegale Flugblätter der
KPD und der SPD allein, im Jahre 1937 waren es 927 430.

Wer das Glück hatte, aus der Konzentrationslagerhaft entlassen zu
werden, trug ungewollt noch zur Errichtung eines verfeinerten Terror-
systems bei; denn der entlassene Häftling durfte über seine grauenhaften
Erlebnisse nicht sprechen. Die Tatsache allein mußte Furcht und Schrecken
vor dem Lager in unheimlicher Weise erhöhen. Aber häufig berichteten
die Entlassenen dennoch in ihrer Umgebung über Mißhandlung, Hunger,
Vergewaltigung, Mord und Totschlag, wie sie in den Konzentrationslagern an der Tagesordnung waren, und so standen dann die, die davon
erfuhren, auch unter dem Druck des Wissens und Schweigenmüssens,
unter der ständigen Drohung des Lagers.

Das im Reichsjustizministerium von 1871 bis 1945 geführte Register
der Hinrichtungen nannte man dort »Mordregister«, weil die Todesstrafe bis 1933 nur für gemeine Mordtaten verhängt wurde. Nach 1933
aber erfüllte es auch die eigentliche Bedeutung seines Namens; denn
nach rechtsstaatlichen Grundsätzen waren nun viele der Hingerichteten
Opfer befohlener Justizmorde. Man schätzt, daß etwa 32 600 Menschen
zwischen 1933 und 1945 in Deutschland auf Grund von Todesurteilen
hingerichtet wurden, von denen jedoch im »Mordregister« nicht einmal
die Hälfte verzeichnet ist[39]. Die mehr als 20 000 von Militärgerichten
zum Tode Verurteilten fehlen in der Liste, die nur 11 881 Namen enthält. Unvollständig ist die Zahl ferner, weil besonders in den letzten
Wochen die Hinrichtungen nicht mehr zentral erfaßt werden konnten.

Andererseits enthält sie auch die Namen Krimineller. Schätzungen zufolge waren davon »nur« 6927 aus politischen Gründen Verurteilte, wovon wiederum 3137 Deutsche gewesen sein sollen[40]. Dagegen steht die von den Engländern nach dem Kriege auf Grund der von ihnen erbeuteten deutschen Akten zusammengestellte Zahl von 4980, die allein wegen Beteiligung an der Verschwörung des 20. Juli 1944 hingerichtet worden sein sollten[41]. In dieser Zahl sind aber viele mit dem 20. Juli nicht zusammenhängende Hinrichtungen enthalten.

Wahrscheinlich sind alle die genannten Zahlen viel zu niedrig. Die zahllosen »auf der Flucht« Erschossenen sind darin nicht berücksichtigt, die in den Konzentrationslagern Verhungerten, zu Tode Geprügelten, an bestialischen Experimenten Zugrundegegangenen, die im Rahmen der Lager-»Justiz« Erschossenen und Erhängten sind alle nicht in den Zahlen enthalten. Dennoch vermitteln die Angaben ein nur zu deutliches Bild der Zustände, und sie beweisen, daß es nicht nur Unterdrückung, Verfolgung und Terror, sondern auch einen weitverbreiteten Widerstand gegen das Regime gegeben hat.

Ein Blick auf die Selbstmordstatistik für das Deutsche Reich mag das Bild abrunden. Von jeweils Juli bis Dezember 1942 und 1943 allein haben sich 7862 bzw. 7379 Menschen das Leben genommen; obgleich die Bevölkerung durch Verluste an den Fronten und durch die Bombardierung der Städte nicht unbeträchtlich abnahm, sind diese Zahlen fast konstant geblieben[42]. Besonders aufschlußreich sind die Zahlen der Juden, die Selbstmord begingen. 1942 waren es von Juli bis Dezember 1158; 1943 waren es im gleichen Zeitraum – immer nach den amtlichen Zahlen – nur noch 49.

Das also war der Hintergrund, vor welchem die Widerstandsbewegung im allgemeinen, d. h. alle die tapferen und mutigen Menschen, die gegen den Nationalsozialismus tätig waren, ob sie sich kannten und miteinander in Verbindung standen oder nicht, und derjenige Teil der Bewegung, der die hier zu berichtenden Umsturz- und Attentatversuche unternahm, konspirierte und handelte.

II. Formen des Widerstandes

Während die Nationalsozialisten in Deutschland ihre Revolution voran-
trieben, konnten sie außenpolitische Erfolge und Ansehen in einem Umfang einheimsen, wie es ihren demokratischen Vorgängern niemals be-
schieden gewesen war. Scheinbar unaufhaltsam trotzten sie den ehemaligen Kriegsgegnern Stück um Stück Revisionen des verhaßten Versailler
Vertrages ab, womit Hitler eines seiner zugkräftigsten Versprechen erfüllen
konnte. Niemand rührte sich 1935, als Hitler die allgemeine Wehrpflicht
wieder einführte, im Gegenteil. Während Hitler Seite um Seite des Versailler Vertrages zerriß, pilgerten ständig prominente ausländische Besucher nach Deutschland und ließen sich von Hitler Audienzen gewähren.
1934 kam Jean Goy, der Präsident der französischen Frontkämpfervereini-
gung, 1935 kam eine Abordnung des britischen Frontkämpferbundes zu
einem Besuch und wurde ebenfalls von Hitler empfangen. Im März 1935
kamen Sir John Simon und Anthony Eden, im Juni desselben Jahres wurde ein deutsch-britisches Flottenabkommen geschlossen, das Deutschland
den Bau von Kriegsschiffen bis zu 35 % der Stärke der britischen Marine
sowie den Bau von ebenso vielen Unterseebooten, wie die Briten besaßen,
zugestand [1]. Großbritannien gab also seine Zustimmung zur teilweisen
Wiederaufrüstung Deutschlands, um eine Wiederholung des Wettrüstens
vor dem Ersten Weltkrieg zu verhindern. Aber wie sehr täuschte man
sich über den Machtwillen Hitlers! Schon am 2. Februar 1933, nur drei
Tage nach seiner Ernennung zum Reichskanzler, hatte er in einer Ansprache vor den höchsten Wehrmachtführern gesagt: Wenn Frankreich Staatsmänner habe, dann werde es Deutschland nicht die Zeit zur Wiederaufrüstung lassen, sondern beizeiten über das Reich herfallen [2].

Im Dezember 1935 kam dann der amerikanische Unterstaatssekretär
William Philips nach Deutschland; im Februar des folgenden Jahres er-
schien der Lordsiegelbewahrer Lord Londonderry bei Hitler zu Besuch.
Wenige Tage darauf marschierten deutsche Truppen in das gemäß dem
Versailler Vertrag entmilitarisierte Rheinland ein, worauf bekanntlich
außer leeren Protesten gar nichts erfolgte. Hitler aber hatte nun die er-

wünschte Möglichkeit, im Westen Befestigungen zu bauen, die ihm bei einem Vorgehen gegen Osten den Rücken freihalten konnten[3], und er hatte gezeigt, daß Frankreich und England vor entschlossenem Auftreten zurückweichen. Es folgte die ungestrafte Unterstützung Italiens, als dieses Abessinien überfiel. Noch tatkräftiger unterstützten deutsche Truppen Oberst Franco und seine Bürgerkriegspartei in Spanien, wobei neue Waffen und neue Taktiken geprobt wurden und zugleich die Konstellation des zukünftigen Weltkrieges sichtbar wurde: Deutsche und Italiener unterstützten den Rechtsradikalen Franco, Sowjetrußland und viele französische, englische und amerikanische Freiwillige kämpften mit den Republikanern und Kommunisten.

Im Juli 1936 empfing Hitler den berühmten Ozeanflieger Charles Lindbergh; im selben Jahre wurden die Olympischen Spiele mit unerhörtem Pomp und Glanz gefeiert und von zahlreichen hervorragenden ausländischen Gästen besucht. Am 4. September kam einer der Großen Vier von Versailles, Lloyd George, nach Deutschland, im Oktober desselben Jahres der Gouverneur der Bank von Frankreich und der französische Handelsminister. Im Mai 1937 machte der Marquess of Lothian, ehemals Kanzler des Herzogtums Lancaster und später britischer Botschafter in Washington, der schon 1934 bei Hitler gewesen war, seinen zweiten Besuch, und im Herbst 1937 wollten sich auch der abgedankte König von England, der Herzog von Windsor, und der damalige President of the Privy Council und spätere Außenminister, Lord Halifax, nicht mehr von dem allgemeinen Reigen der Prominenten ausschließen, von denen hier längst nicht alle, sondern nur die Prominentesten genannt sind[4]. Ihr Auftreten wirkte, wenn es auch nicht so gemeint war, für Hitlers äußeres und inneres Regime als Sanktion und entmutigte seine Gegner[5]. Brachte Hitler nicht Erfolg um Erfolg ein? Der verhaßte Versailler Vertrag galt nicht mehr; deutschsprachige Gebiete – wie die Saar – kamen zum Deutschen Reich zurück, dazu sogar Gebiete, die wohl einmal zum Heiligen Römischen Reich Deutscher Nation, niemals aber zu dem kleindeutschen Bismarckreich gehört hatten und auch von diesem bzw. dessen Nachfolger, der Weimarer Republik, niemals reklamiert worden waren. War also Hitler nicht trotz allen Mängeln seines Regimes ein großer Deutscher? Wer wollte, wer konnte da »Widerstand« leisten und sich unweigerlich dem Vorwurf des Vaterlandsverrats aussetzen?

Dennoch gab es Menschen, die genau das taten, und viele von ihnen haben schon vor 1933 damit angefangen. Ernst Niekisch zählte zu ihnen, der 1926 die »Blätter für sozialistische und nationalrevolutionäre Politik« unter dem Titel *Der Widerstand* gründete, der gegen die Deutschland

auferlegten Reparationen als Erpressungsmaßnahmen kapitalistischer
Mächte zu Felde zog, eine Weltrevolution gegen den Weltkapitalismus
forderte und sich damit die Bezeichnung »Nationalbolschewist« zuzog[6].
1932 veröffentlichte er die Broschüre: Hitler – ein deutsches Verhängnis
(Berlin 1932), und auch nach dem 30. Januar 1933 setzte er seinen publi-
zistischen Kampf gegen das Regime in der Zeitschrift Der Widerstand
unbeirrt fort. Erst Ende 1934 wurde Der Widerstand verboten, die Gestapo beschlagnahmte die noch vorhandenen Hefte der November-Num-
mer[7]. Niekisch selbst blieb noch in Freiheit, wurde dann aber 1937 des
Hochverrats angeklagt, zu lebenslanger Zuchthausstrafe verurteilt und
erst 1945 aus dem Zuchthaus Brandenburg befreit[8].

Da Niekisch eine »Ostorientierung« der deutschen Politik befürwortet
hatte – ein Zusammengehen mit Rußland, das gleich Deutschland seit
dem Weltkriege isoliert war und das auf deutsche Reparationszahlungen
verzichtet hatte –, war eine Verbindung zwischen ihm und den Kommunisten ganz zwanglos zustande gekommen. Er konspirierte seit 1932 mit
Funktionären der KPD, und zwar durch Vermittlung des ehemaligen
Freikorps-Hauptmanns Dr. Josef (»Beppo«) Römer, der Mitglied der KPD
geworden war.

Niekischs Verbindungen und Kontakte nach 1933 erstreckten sich jedoch
auch bis zu extrem konservativen und deutschnationalen Kreisen[9]. Durch
die Beschäftigung mit Ostfragen entstand eine Beziehung zu Ewald von
Kleist-Schmenzin, einem hochkonservativen, preußisch-monarchistisch ein-
gestellten Gutsbesitzer und Politiker, der zu den entschiedensten und kom-
promißlosesten Hitlergegnern gehörte und in dem Mitteilungsblatt der
konservativen Hauptvereinigung, das er herausgab, die Dinge mutig
beim Namen nannte, bis die Zeitschrift 1933 wegen eines darin veröffentlichten Aufsatzes von Fabian von Schlabrendorff verboten wurde[10]. Seit
März 1933 pflegte Kleist immer auch Niekisch zu besuchen, wenn er nach
Berlin kam, wobei Informationen ausgetauscht wurden und wobei Kleist
seiner Verachtung für Reichswehrführer wie Rundstedt und Blomberg
Ausdruck zu geben pflegte, weil sie Hitler nicht davonjagten. In einem
Flugblattentwurf schrieb Kleist: »»In Zukunft wird es heißen: Charakterlos wie ein deutscher Beamter, gottlos wie ein protestantischer Pfaffe, ehr-
los wie ein preußischer Offizier.‹« [11]

Im Laufe der Massenmordaktion des 30. Juni 1934 sollte auch Ewald
von Kleist erschossen werden; er hatte sich standhaft geweigert, die Hakenkreuzfahne zu hissen und auch nur einen Pfennig – der Kreisleiter
ging tatsächlich bis auf den Vorschlag herunter, wenigstens 10 Pfennige
zu geben – für die NSDAP zu spenden. Er wurde aber gewarnt, entkam

rechtzeitig und wurde von dem Linksradikalen Niekisch in dessen Berliner Wohnung versteckt gehalten [12]. Das ist kein Kuriosum, sondern ein sehr charakteristisches Symptom für den Widerstand gegen Hitler [13]. Der Nationalsozialismus war nicht einfach eine Partei wie andere auch, sondern verkörperte mit seinem totalen Verbrechertum das Böse schlechthin, so daß sich alle, die demokratisch, christlich, freiheitlich, menschlich oder auch nur rechtlich dachten, auf dieselbe Seite gedrängt fanden. So trafen sich nun in Niekischs Wohnung, seit Kleist am 1. Juli 1934 dort Zuflucht gefunden hatte, beider politischer Freunde, Wand an Wand tagten »linke« und »rechte« Verschwörergruppen. Kleist ist nach dem 20. Juli für seine Beteiligung am Staatsstreichversuch hingerichtet worden.

So heldenhaft der Widerstand vieler tapferer Menschen gewesen ist und so oft er mit dem Leben bezahlt wurde, erfolgversprechend war er selten. Wohl ist es etwa dem alten Kammerherrn Elard von Oldenburg-Januschau, einem Freund des Reichspräsidenten von Hindenburg, mit Hilfe seines hohen Alters, seiner Unerschrockenheit und seines grandseigneuralen Auftretens gelungen, kurz nach dem 30. Juni 1934 an allen Wachen vorbei zu Hindenburgs Krankenlager vorzudringen und ihm von den Mordtaten der Nationalsozialisten zu berichten. Hindenburg war aber schon zu alt und zu krank, um auch nur den Versuch zur Entlassung Hitlers zu unternehmen. Immerhin wurden einige der am 30. Juni Verhafteten auf Befehl Hindenburgs befreit [14].

Viele leisteten Widerstand, indem sie nur an den vorgeschriebenen Tagen keine Hakenkreuzfahne an ihre Fahnenstangen hängten, indem sie plötzlich fleißige Kirchgänger wurden oder indem sie jedes »Heil Hitler« geflissentlich überhörten. Viele verzichteten ausdrücklich auf Beförderung, um nicht der NSDAP beitreten zu müssen, oder sie versteckten Juden und andere Bedrängte, oder sie sprachen als Richter in politischen Fällen milde Urteile. Andere traten in die Armee ein, um vor den Zudringlichkeiten oder Verfolgungen der Nationalsozialisten sicher zu sein und der Gestapo zu entgehen. Journalisten und Schriftsteller schrieben über Themen, in denen jedermann die Parallele zur zeitgenössischen Situation erkennen konnte, und übten dabei indirekte, meist unfaßbare Kritik. Man hat diese Methoden des Widerstands treffend »innere Emigration« genannt [15]. Ebenso zahllose Möglichkeiten und Varianten wie bei der »inneren Emigration« gab es bei den Formen des mehr angreifenden, nach Ergebnissen drängenden Widerstandes.

Zum Beispiel bildete sich aus der Enttäuschung über die ideologische und organisatorische Erstarrung und Abhängigkeit der KPD eine Gruppe unter Führung von Walter Löwenheim, die sich »Leninistische Organisation« nannte[16]. Löwenheim suchte schon seit dem Jahre 1929 in der SPD und KPD Mitglieder für seine Organisation zu werben, welche die sozialistischen Kräfte aus ihrer dogmatischen Unbeweglichkeit lösen sollte. Er mußte im geheimen vorgehen; denn er wollte alle sozialistischen Organisationen mit seinen Anhängern durchsetzen und schließlich kontrollieren, zumindest aber zum wahren sozialistischen Weg zurückführen. So war für diese Gruppe von vornherein die Illegalität selbstverständlich.

Aber die wirkliche Bedeutung der nationalsozialistischen Machtergreifung und der ihr folgenden Revolution hat Löwenheim erst ziemlich spät erkannt. Erst der Reichstagsbrand und die anschließende Verhaftungswelle überzeugten seine Gruppe, die sich kurz nur »die O.« nannte, vom Ernst der Lage[17].

Plötzlich verflogen viele konspirative Illusionen. Man konnte nicht insgeheim auf Arbeiterorganisationen von innen her einwirken, die es gar nicht mehr gab, die verboten und zerschlagen waren. So hoffte man in der »O.« auf eine Krise des Regimes. Man konzentrierte sich auf »Schulung«, auf geheime Agitation in den Fabriken – man nannte das Betriebsarbeit –, suchte mit anderen klassenkämpferischen, ja sogar mit »bürgerlich-demokratischen Kreisen« eine »Einheitsfront« zu bilden[18]. Man schmuggelte verbotene Schriften ein, so z. B. das von Walter Löwenheim verfaßte Traktat »Neu Beginnen«, das im Oktober 1933 vom emigrierten SPD-Parteivorstand veröffentlicht worden war. Im November wurde das im Karlsbader Graphia-Verlag unter dem Pseudonym »Miles« verlegte Bändchen in Reklamformat, das noch mit dem Decktitel »Schopenhauer: *Über die Religion*« getarnt war, in 5000 Exemplaren nach Deutschland gebracht[19]. Seitdem wurde die Leninistische Organisation häufig »Miles-Gruppe« oder »Gruppe Neu Beginnen« genannt. Im Jahre 1934 erschienen englische, amerikanische und französische Ausgaben der Schrift, und die Widerstandsgruppe wurde eine der bekanntesten überhaupt. Zu ihrem Ansehen trug vor allem im Ausland sehr der Umstand bei, daß sich ihre Mitglieder in Deutschland und nicht in der Emigration aufhielten[20].

Dennoch: auch diese konspirativ sehr geschickt und lange Zeit ohne Verluste arbeitende Organisation kam irgendeiner umstürzlerischen Tätigkeit nicht näher als die Sozialdemokraten oder die Kommunisten, die die Konspiration erst wieder lernen mußten. Unter den Bedingungen des totalitären Staates war eben die Voraussetzung für den Umsturz von unten, nämlich eine Massenbewegung, nicht zu schaffen[21]. Die Leninistische Organisation ging sogar so weit, die Bildung einer Massenbewegung für erst nach dem Sturz des Nationalsozialismus möglich zu erklären, wenn demokratische politische Formen wieder genügend »Spielraum« bieten würden [22]. Unter den herrschenden Umständen konnte eine Massenbewegung nicht in Gang gebracht werden, daran konnte keine noch so geschickt arbeitende Organisation etwas ändern.

1935 war das große Jahr der Verhaftungen und der Zerschlagung der illegalen Organisationen der Kommunisten, der Sozialdemokraten und der Gewerkschaften. Eine Zeitlang war eine Flut illegaler Broschüren und Flugblätter in geheimen Druckereien oder im benachbarten Ausland hergestellt und in Deutschland verteilt worden, meist unter harmlosen Einbänden und Titelblättern, die den Inhalt für ein klassisches Drama oder ein Kochbuch ausgaben [23]. Aber die Gestapo wurde in diesen Jahren erst aufgebaut, allmählich verbesserte sie ihre Methoden, und Spitzeldienste und Infiltration der gegnerischen Organisationen taten ihre Wirkung. Nun kam es zu Massenverhaftungen und Massenprozessen, z. B. einmal gegen 400 Sozialdemokraten, ein anderes Mal gegen 628 Gewerkschafter, und in Köln gab es einen Prozeß gegen 232 Sozialdemokraten. Fünfunddreißig Mitglieder der kleinen Gruppe »Neu Beginnen« wurden 1935 und 1936 verhaftet; die meisten erhielten Zuchthausstrafen zwischen zwei und fünf Jahren. Den Rest ereilte 1938 das Schicksal, fast alle noch übrigen Mitglieder von »Neu Beginnen« wurden 1939 zu langen Zuchthausstrafen verurteilt und erst 1945 wieder befreit [24].

Ähnlich erging es den meisten Gruppen. In Mannheim etwa hatte Jakob Ott die alte SPD nach dem Verbot illegal organisiert, illegale Zeitungen verteilt und an die tausend Mitglieder auf diese Weise zusammengehalten, freilich ohne einen Plan für den Umsturz oder sonstige Aktionen zu entwickeln. Eine weitere, von Emil Henk gegründete sozialistische Gruppe bestand ebenfalls in Mannheim. Sie suchte Wege zum Umsturz und nahm Verbindungen zu anderen Gruppen auf in Mannheim, Eberbach, Stuttgart, Frankfurt, Offenbach, Darmstadt, Worms, Landau und zum emigrierten Parteivorstand in Paris, konnte aber im Grunde auch nicht mehr tun als informieren, beratschlagen und allgemeine Konspiration treiben [25]. Im Spätsommer 1934 flog die Organisation auf, als ein Mitglied mit dem Motorrad verunglückte und das mitgeführte Propagandamaterial dabei auf der Straße verstreut wurde. Funktionäre wurden verhaftet, und dann wurde die bald wieder aufgebaute Führung 1935 erneut zerschlagen. Die Zeit der Massenillegalität war 1935 vorbei, die Gestapo hatte die Organisationen vernichtet. Als dann 1939 der Krieg begann, gab es keine nennenswerte illegale Opposition der deutschen Arbeiterschaft mehr, von isolierten Gruppen und Zellen abgesehen [26]. Dem noch übrigen Widerstandswillen vieler kommunistischer Gruppen machte der deutsch-sowjetische Pakt vom 23. August 1939 wenigstens vorläufig den Garaus.

Der Krieg und die Verbrechen, die Hitler unter seinem Deckmantel ausführen ließ, haben zu neuen Formen eines opferwilligen, aber doch meist machtlosen und aussichtslosen Widerstandes geführt. Eine auch nur annähernd vollständige Darstellung dieses Widerstandes müßte viele Bände füllen, aber einige hervorragende Beispiele können wenigstens stellvertretend darauf hinweisen.

Insbesondere kommunistische Zellen und Gruppen hatten sich die allgemeine Agitation gegen den Krieg und gegen das Regime zur Aufgabe gesetzt. Sie scheuten sich aber oft nicht, auch die Grenze zwischen Hoch- und Landesverrat zu überschreiten und etwa mit Kriegsgefangenen zu konspirieren. Hier wäre die Gruppe um den ehemaligen Reichstagsabgeordneten der KPD, Dr. Theodor Neubauer, zu erwähnen. Zwischen 1933 und 1939 verbrachte Neubauer fünfeinhalb Jahre im Konzentrationslager Buchenwald. Nach seiner Entlassung nahm er sogleich die illegale Arbeit wieder auf, stellte Flugblätter her und knüpfte Verbindungen von Jena nach Berlin, nach Leipzig, Eisenach, Gotha, Erfurt, Weimar und ins Ruhrgebiet. Er wurde wieder verhaftet und am 5. Februar 1945 im Zuchthaus Brandenburg hingerichtet[27]. Ähnlich betätigte sich die Saefkow-Jacob-Bästlein-Gruppe, die von der Sowjetunion aus gelenkt wurde, während die als Rote Kapelle bekannt gewordene Gruppe um Harro Schulze-Boysen in der Hauptsache als Spionageorganisation arbeitete[28]. Die Brüder Schlotterbeck und wenige Freunde bildeten eine kleinere, aber ebenso überzeugungstreue Organisation, die gleichfalls Spionage für die Sowjetunion betrieb, und zwar aus politischen Grundsätzen, nicht um Geldes willen. Ihr russischer Kontaktmann, der mit dem Fallschirm abgesprungen war, fiel jedoch der Gestapo in die Hände und wurde zum Funken von »Spielmaterial«, d. h. von falschen Nachrichten, gezwungen. Durch ihn wurde die Gruppe aufgerieben. Nur Friedrich Schlotterbeck konnte in die Schweiz entkommen, neun Mitglieder seiner Familie wurden am 30. November 1944 hingerichtet[29].

Die Gruppe der Geschwister Scholl und ihrer Freunde, die 1942 und 1943 in München Flugblätter herstellten und verteilten, die zum Kampf gegen Regierung und Krieg aufriefen, war eine von vielen dem Geiste und der Tätigkeit nach ähnlichen Gruppen. Sie haben sich zum Opfer gebracht, obwohl sie wußten, daß ihr Handeln zu bedeutsamer Schwächung des Regimes kaum führen konnte[30]. Insgeheim mochten sie auf größere Wirkung gehofft haben, aber zum Opfer waren sie doch vor allem bereit.

Auch die Brandstiftung von Marinus van der Lubbe ist so zu verstehen –
als Versuch, die Arbeiterschaft aufzurütteln, und als selbstloses Opfer.

Auch Kurt Gerstein gehört hierher. Mit der Bekennenden Kirche verbunden, wurde er zweimal, zuletzt 1938, wegen christlicher Widerstandstätigkeit ins Konzentrationslager gebracht und auch aus der NSDAP ausgeschlossen [31]. Aus der Überzeugung, als einzelner nur von innen her
wirken zu können, trat der wohlhabende, tiefreligiöse Bergassessor und Industrielle, der auch Medizin studiert hatte, am 10. März 1941 in die SS
ein, als er vom Beginn des Euthanasieverfahrens gehört hatte. Das Un-
wahrscheinliche gelang. Im Januar 1942 wurde Gerstein Leiter der Abteilung Gesundheitstechnik im SS-Führungshauptamt, wurde vom Reichssicherheitshauptamt (RSHA) mit der Beschaffung von Blausäure beauftragt
und bekam so Einblick in den ganzen furchtbaren Vernichtungsapparat
der Lager. Er beabsichtigte, die von ihm zu veranlassenden Blausäuresen-
dungen durch chemische Manipulation unschädlich zu machen, vor allem
aber verbreitete er sein Wissen, wo er nur konnte, und unterrichtete über
hundert Personen von dem, was er erfuhr. Im August 1942 berichtete er,
nachdem er selbst Zeuge einer Massenvergasung mit dem wenig wirksamen Abgas eines Dieselmotors geworden war, einem Angehörigen der
schwedischen Botschaft in Berlin mit der Bitte, für Weitergabe der Nachrichten nach London zu sorgen, was auch geschah. Gerstein glaubte, das
deutsche Volk werde diesem Regime ein Ende machen, sobald es von dessen Verbrechen erfahren würde. Diese Hoffnung trog jedoch, teils weil sie
»das Volk« überschätzte, teils weil die Verbreitung der Nachrichten von
den Todeslagern nicht ausreichte oder wegen der Ungeheuerlichkeit einfach auf Unglauben stieß. Das besondere Opfer Gersteins aber war, sich in
das Verbrechen bewußt mitverstrickt zu haben, schuldig geworden zu sein,
um das Geheimste und Grauenhafteste zu erfahren, bekanntzumachen
und nach Möglichkeit zu sabotieren. Dies ist nur begrenzt gelungen.

Anders stand es mit der Aktion zur Tötung angeblich unheilbar Kranker, die sich auf eine viel geringere Zahl potentieller Opfer erstreckte als
die »Endlösung«, d. h. Ermordung der Juden; diese wurde im wesentlichen auf polnischem Boden »durchgeführt«, während die Euthanasie-
Aktion im Reichsgebiet stattfand und unmittelbar in karitative Anstalten
eingriff, die fast alle mit einer der beiden großen Kirchen eng verbunden
waren. So war das Wissen von der von Hitler am 1. September 1939 befohlenen Mordaktion in der Öffentlichkeit weit verbreitet, und führende
Persönlichkeiten der kirchlichen Opposition konnten auf Rückhalt rechnen. Namentlich der württembergische Landesbischof D. Theophil Wurm
und der Bischof von Münster, Graf von Galen, nannten die Aktion das,

was sie war, nämlich Mord. Mit ihren Eingaben und mutigen öffentlichen Protesten haben sie und andere Kirchenmänner erreicht, daß die Aktion Ende 1941 im wesentlichen angehalten wurde [32].

Aussichtsreicher Widerstand mußte näher am Zentrum der Macht, z. B. in der Führung der Reichswehr, ansetzen. Hindenburg war längst zur Seite gedrängt. Putschgerüchte sind wohl in den letzten Januartagen des Jahres 1933 schon hier und da im Umlauf gewesen. Es wurde gemunkelt, die Reichswehr wolle mit Gewalt die Einsetzung einer Regierung unter Hitler als Kanzler verhindern. Tatsächlich hat Generaloberst Kurt Freiherr von Hammerstein, der Chef der Heeresleitung, zusammen mit dem Chef des Heerespersonalamtes, Generalleutnant Erich Freiherr von dem Bussche-Ippenburg, in einer persönlichen Unterredung bei Hindenburg am 26. Januar den Versuch gemacht, den Reichspräsidenten von der Ernennung Hitlers durch Darstellung der Gefahren abzubringen [33]. In dieser Unterredung tat Hindenburg die Äußerung von dem »österreichischen Gefreiten«, den er niemals zum Kanzler machen werde [34]. Aber Hammerstein und Schleicher waren sich am 29. Januar dann doch einig, daß nur noch Hitler als Kanzler in Frage komme, weil eine Regierung Papen-Hugenberg gewissermaßen auf der Basis von 7 % gegen 93 % des deutschen Volkes hätte regieren müssen. Allerdings dachten sie nur an eine Regierung Hitler unter der Voraussetzung, daß Schleicher darin Wehrminister wäre. Von Putschabsichten waren beide weit entfernt [35]. Es kam Hammerstein vielmehr gerade darauf an, Generalstreik und Bürgerkrieg, also den Einsatz der Reichswehr gegen die Nationalsozialisten und die politische Linke, zu vermeiden. Die Putschgerüchte, die sich in der Richtung einer angeblich beabsichtigten Erklärung des Staatsnotstandes und der Bemächtigung der Person des Reichspräsidenten bewegten, scheinen von interessierten Kreisen erfunden worden zu sein, um die Bildung der Regierung Hitler-Papen-Hugenberg zu rechtfertigen und Hindenburg die Zustimmung dazu abzuringen [36]. »Die Reichswehr« jedenfalls hat bei der Ernennung Hitlers zum Reichskanzler »stillgehalten«.

Nach der »Machtübernahme« jedoch begannen schon bald die Überlegungen, wie die Hitlerregierung zu stürzen sei; der ehemalige Reichskanzler Dr. Heinrich Brüning sowie Schleicher und Hammerstein waren daran beteiligt [37]. Die wahre Natur des neuen Regimes war natürlich rasch deutlich geworden, aus einer »Gegenaktion« wurde aber nichts. Ein wesentliches Hindernis war dabei der neue Reichswehrminister Werner von Blomberg, der, leider naiv und etwas wirklichkeitsfremd, den Nationalsozialisten freundlich gesinnt und dabei noch charakterschwach war. Zugleich sah sich Hammerstein im Juli 1933 seines Einflusses, ja seiner Kommandogewalt im Heer beraubt[38]. Ende 1933 reichte er seinen Abschied ein, und zum 1. Februar 1934 folgte ihm General der Artillerie Werner Freiherr von Fritsch[39].

Als Hammerstein verabschiedet war und im Frühjahr 1934 der Konflikt zwischen SA und Reichswehr sich mehr und mehr zuspitzte, kamen Persönlichkeiten in der Umgebung Papens auf den Gedanken, die von vielen erwartete SA-Revolte zum Anlaß zu nehmen, um Hindenburg zur Verhängung des Ausnahmezustandes zu veranlassen[40]. Damit es dazu komme, sollten die Generale von Witzleben, von Bock und von Rundstedt, die offenbar dazu bereit waren, mit ihren Truppen gegen die SA vorgehen, und Hitler sollte zum »Mitgehen« gezwungen werden. Die große Rede, die von dem Münchner Rechtsanwalt und »Jungkonservativen« Edgar J. Jung vorbereitet worden war und die Papen dann auch wirklich am 17. Mai 1934 in Marburg hielt, die eine einzige Anklage gegen die Entwicklung seit Januar 1933 darstellte, sollte die Spannung bis zur Auslösung treiben[41]. Man hoffte nun auf Fritsch; vor allem Hitlers Vorgänger als Reichskanzler, der General von Schleicher, meinte, Fritsch müsse »»unbedingt losschlagen«, sobald Hindenburg sterbe[42]. Fritsch aber hatte Schleichers politische Tätigkeit schon vor 1933 scharf abgelehnt, und später erklärte er von sich selbst: »»Zur Politik fehlt mir alles.«« [43] Nicht nur dienstlich legte er sich diese Zurückhaltung auf, sie entsprach auch seinem Charakter und seinem Mangel an Verständnis für das Verbrechertum der ganzen NS-Bewegung einschließlich ihres Führers.

Damals, vor dem Blutbad des 30. Juni 1934, hat also niemand »losgeschlagen«, auch nicht die SA-Führer, die es vielleicht geplant hatten. Hitler tat es selbst und ließ dabei auch zwei Generale erschießen, was von der Reichswehr ohne nennenswertes Aufbegehren hingenommen wurde[44]. Inwieweit man sagen kann, »die Reichswehr« hatte gegen die Ermordung der SA-Führer um Röhm nichts einzuwenden und war vielleicht gar froh, auf diese Weise die Konkurrenzarmee entmachtet und die Gefahr ihres Eindringens in die Reichswehr gebannt zu sehen – es hätte sich sicherlich um mehrere Hunderttausend, also ein Vielfaches der Nominalstärke der Reichswehr gehandelt –, läßt sich nur vermuten[45]. Sicher ist, daß Hammerstein und mit ihm viele andere höhere Führer der Reichswehr über die Ausschaltung Röhms und seiner Freunde befriedigt waren und an den Methoden wenigstens zunächst keinen Anstoß nahmen. Hammerstein zeigte sich erst dann »sehr betroffen«, als er hörte, auch Schleicher sei ermordet worden, und sagte auf die Nachricht: »»Also jetzt fangen sie an, auch Gentlemen zu ermorden.«« [46] Er ging zum Reichswehrminister von Blomberg, seinem unmittelbaren Vorgesetzten, um

»über ihn eine Opposition der Reichswehr zu bewirken«. An einen
wirklichen Umsturzversuch war aber auch jetzt nicht gedacht. Blomberg
»tat nichts«, war also nicht einmal für so etwas wie eine drohende Haltung oder einen gewichtigen Protest zu haben. Das ist kein Wunder;
denn er war im voraus von der geplanten Aktion gegen die SA unterrichtet und damit einverstanden [47]. Auch der Chef des Ministeramtes im
Reichswehrministerium (seit 1. Februar 1934), Generalleutnant Walter
von Reichenau, war im voraus von einer gegen die SA geplanten präven-
tiven Aktion unterrichtet, befand sich also ebensowenig wie Blomberg
im Glauben, es werde ein Putsch in seinem Anfangsstadium niedergeschlagen. Vielmehr mußte beiden klar sein, daß die Bewaffnungsversuche
und die Bereitschaftsmaßnahmen der SA defensive Reaktionen auf die
von Hitler unter dem Vorwand einer drohenden SA-Revolte veranlaßten
Maßnahmen der Reichswehr darstellten [48]. Es ist sogar anzunehmen, daß
beide, besonders der klügere Reichenau, zu den Regisseuren gehörten, die
auf die Verschärfung der Konfliktsituation hingearbeitet haben [49].

Tatsächlich war also die indirekte Beteiligung von Blomberg und Reichenau, d. h. die Führung der Reichswehr durch sie, von entscheidender
Bedeutung für Hitlers Erfolg am 30. Juni 1934. Blomberg hatte seine Zustimmung zur Verhaftung Schleichers gegeben, und Reichenau entwarf
den Text der offiziellen Verlautbarung, wonach Schleicher erschossen
worden sei, als er sich seiner Verhaftung widersetzte [50].

Es ist nachträglich leicht, der Reichswehrführung für ihre Haltung am
30. Juni und danach Vorwürfe zu machen. Zweifellos muß man, wie Helmut Krausnick schreibt, Umstände und Lage der Reichswehr in ihrer Gesamtheit betrachten [51]. Ebenso richtig ist aber auch Krausnicks Feststellung:
»In Wahrheit hat der 30. Juni die Führer des Heeres zum ersten Mal
akut vor die Entscheidung zwischen Gehorsam und Mitverantwortung,
zwischen Befehl und Gewissen gestellt.« [52]

Der Chef der Heeresleitung, General der Artillerie Werner Freiherr von
Fritsch, und sein Chef des Generalstabes, Generalleutnant Ludwig Beck,
dürften Hitlers wahre Absichten kaum im voraus durchschaut haben [53].
Aber danach? Das Morden dauerte zwei Tage, es ist doch wohl als sicher
anzunehmen, daß Fritsch und Beck darüber zuverlässige Informationen
erhalten haben. Auch bei Berücksichtigung aller Umstände findet man
keine ganz befriedigende Erklärung für das Ausbleiben einer entschiedenen Reaktion nicht nur auf die willkürlichen Morde überhaupt, sondern
besonders auf die Erschießung der Generale von Schleicher und von Bredow.

Schon am Nachmittag des 30. Juni war der ehemalige Staatssekretär in der Reichskanzlei, Erwin Planck, zu Fritsch gegangen, um ihn angesichts des Versagens von Blomberg zum Handeln zu bewegen. Andere, darunter Generalmajor von Witzleben, dessen Chef des Stabes Oberst von Lewinski, genannt von Manstein, General der Artillerie Ritter von Leeb, General der Infanterie von Rundstedt, verlangten von Blomberg eine kriegsgerichtliche Untersuchung, aber Blomberg erklärte eine Untersuchung für unmöglich. Dabei blieb es. »Zu einer Aktion von politischem Gewicht, geschweige denn mit politischem Ziel, wie es dem Charakter des ungeheuerlichen Vorgangs entsprochen hätte, konnte man sich jedenfalls auch jetzt nicht durchringen.« [54]

So verlor die »unpolitische Armee« in Wirklichkeit ihre Neutralität und wurde Teil und Diener des nationalsozialistischen Herrschaftssystems. Zugleich wurde durch den 30. Juni 1934 eine schon existente bürgerliche Verschwörung gegen Hitler vorläufig beendet. Erst 1937 bis 1938 formierte sie sich neu zu einer richtigen Aufstandsbewegung [55].

Zunächst war der Weg frei für einen Staatsstreich eigener Art, für den nur noch eine einzige Voraussetzung fehlte, nämlich der täglich erwartete Tod des alten Reichspräsidenten Paul von Hindenburg. Am 2. August 1934 trat sie ein, der Reichspräsident starb auf seinem Gut Neudeck. Am Tage vorher schon hatte die Reichsregierung ein Gesetz beschlossen, wonach beim Tode Hindenburgs das Amt des Reichspräsidenten mit dem des Reichskanzlers vereinigt werden sollte. Hitler gewann so auf verfassungswidrige Weise die verfassungsrechtliche Kontrolle über die Reichswehr [56]. Im Januar 1934 hatte man sich ein »Gesetz« gemacht, wonach die Reichsregierung »neues Verfassungsrecht setzen« konnte [57]. Scheinbar war die Reichswehr durch Hitler von der Drohung der SA befreit worden, geriet jedoch erst recht und erst jetzt völlig unter die Kontrolle Hitlers und der NSDAP.

Noch am Tage von Hindenburgs Tod tat Hitler einen weiteren Schritt zur Festigung seiner Befehlsgewalt über die militärischen Kräfte des Reiches. Er ließ noch am 2. August befehlen, daß die gesamte Reichswehr neu zu vereidigen sei, und zwar nicht auf Volk, Vaterland und Verfassung, sondern allein auf seine namentlich genannte Person. Nach einem nur wenige Monate vorher, am 1. Dezember 1933, von den Nationalsozialisten verkündeten Gesetz hatte die Eidesformel gelautet: »»Ich schwöre bei Gott diesen heiligen Eid, daß ich meinem Volk und Vaterland allzeit treu und redlich dienen und als tapferer Soldat bereit sein will, jederzeit für diesen Eid mein Leben einzusetzen.«« [58] Jetzt aber lautete sie: »»Ich schwöre bei Gott diesen heiligen Eid, daß ich dem Führer des Deutschen Reiches und Volkes Adolf Hitler, dem Oberbefehlshaber der Wehrmacht, unbedingten Gehorsam leisten und als tapferer Soldat bereit sein will, jederzeit für diesen Eid mein Leben einzusetzen.«« [59] Für Soldaten gab es nun keine Verfassungs- oder Vaterlandstreue mehr, nur noch »Führertreue«. Jetzt herrschte einzig und allein der Befehl und der Befehlsweg, was vom »Führer« sanktioniert war, das war auch Rechtens. Der neue Rechtszustand ließ sich durchsetzen, und so hatte Hitler die Reichswehr aus jeglicher bisher traditionellen Verpflichtung herausgelöst und sie allein an seine Person gebunden.

Bei der neuen und überaus eilig vollzogenen Eidesleistung handelte es sich aber nicht nur um ein staatsstreichartiges Vorgehen Hitlers, um einen Überraschungsschlag gegen die Reichswehr, in dieser Hinsicht der Fritsch-Krise von 1938 vergleichbar, sondern auch um die Aufrichtung eines mächtigen Hindernisses für jegliche Art von Widerstand gegen den geheiligten »Befehl«. Gewiß haben sich später viele Generale nur hinter dem Eid verschanzt, wenn sie um Mitwirkung bei einem Umsturzversuch angegangen wurden. In Wirklichkeit wußten sie genau, daß ein solcher Eid nur Sinn hat, wenn er eine sittliche und politische Verpflichtung und Treueleistung desjenigen voraussetzt, dem er geleistet wird, und sie wußten ferner, daß dieser, nämlich Hitler, seine Verpflichtung gegenüber dem deutschen Volk tausendfach gebrochen und die ihm mit dem Eid geschworene Gefolgschaft tausendfach mißbraucht hat. Für viele andere aber war der Eid ein Problem, sie fühlten sich auch dann noch gebunden, als das Unsittliche und Unrechtmäßige des ganzen Verhältnisses längst deutlich geworden war. Viele meinten, der Inhalt müsse gelten, da ja die Form existierte und bestand. Die Form wurde über den Sinn erhoben und der Sinn dabei zerstört. Aber Befehlsempfänger hatten über solche Dinge gar nicht oder nur im Sinne der »Führung« nachzudenken.

Nachdem Hitler nun alle wesentlichen Machtpositionen im Reiche in die Hand bekommen hatte – erst später merkte er, daß ihm das Instrument des Heeres nicht recht gehorchen wollte, und er half dem ab, indem er den Chef der Heeresleitung beseitigte –, konnte er getrost das Ende der nationalsozialistischen Revolution verkünden. Auf dem Reichsparteitag 1934 ließ er am 5. September durch den Gauleiter Adolf Wagner in Nürnberg eine Proklamation verlesen, in der es hieß: »»Die nationalsozialistische Revolution ist als revolutionärer, machtmäßiger Vorgang abgeschlossen! Sie hat als Revolution restlos erfüllt, was von ihr erhofft werden konnte.«« [60] Alle weiteren Schwierigkeiten ließen sich als Personalfragen behandeln.

Gleichwohl wurde die erhoffte Harmonie zwischen Partei und Wehrmacht nicht erreicht. Hitler hatte der Reichswehr versprochen, sie werde der einzige Waffenträger der Nation sein, aber auch und gerade nach dem 30. Juni 1934 wurde die SS weiter ausgebaut, und die Reibungen zwischen Reichswehr einerseits und Partei und SA andererseits hörten auch nicht auf. Schließlich hat die Erkenntnis, daß der 30. Juni 1934 nicht nur isolierter Exzeß einer revolutionären Wandlung war, sondern sich jederzeit wiederholen konnte, vielen Soldaten zur Klärung ihrer eigenen Haltung verholfen. Dazu kam das immer deutlichere Hintreiben zu einem sinnlosen und angesichts der außenpolitischen Erfolge offenbar »unnötigen« Krieg.

Es bedurfte der vier Jahre von 1934 bis 1938, um die Gegner des Nationalsozialismus aus Gewissensgründen von den Mittuenden, Gleichgültigen und Unentschlossenen allmählich zu sondern. In der Verwaltung, in der Justiz, unter den Gelehrten, in den Kirchen, in den Fabriken und Büros, in der Reichswehr und unter den Gebildeten schlechthin, unter Künstlern und Literaten, kurz, in allen nur denkbaren Schichten der Nation bildeten sich Gruppen und Zirkel von Gleichgesinnten, die allmählich lernten, sich nicht ohne weiteres entdecken zu lassen, aber doch für andere Regimegegner erkennbar zu sein. Auch dafür war Zeit erforderlich, und die Jahre bis 1938 gingen damit hin. Größere Aktivität der verschiedenen Gruppen konnte offenbar ohnehin erst erwartet werden, wenn der Anstoß dazu stark genug wurde. Die allgemeine Unterdrückung genügte nicht, es bedurfte auch der Greuel gegen die Juden im November 1938 und der aggressiven Kriegspolitik Hitlers während der Sudetenkrise, um intensivere Anstrengungen zum Sturze des Regimes hervorzurufen. Aber es gab, außer den erwähnten Überlegungen in Kreisen der Reichswehr, auch eine Anzahl sehr ernsthafter Bemühungen vor 1938.

Dazu zählt die Tätigkeit des schon genannten Münchner Rechtsanwaltes Edgar J. Jung, der gewöhnlich als zu einer Gruppe von »Jungkonservativen« gehörig bezeichnet wird und schon vor 1933 kompromißloser Gegner des Nationalsozialismus war[61]. Seit der Ernennung Hitlers zum Reichskanzler suchte er jede denkbare Möglichkeit zum Sturz der Regierung zu nützen. Im November 1933 wollte er mit dem Pressereferenten des Vizekanzlers von Papen, Oberregierungsrat Herbert von Bose, durch Vermittlung Papens und Hindenburgs etwa achtzig Nichtnationalsozialisten für den neu zu wählenden Reichstag lancieren, um so die nationalsozialistische Machtstellung zu untergraben. Nach dem Mißerfolg dieser Bemühung beschäftigte er sich fieberhaft mit dem Versuch, verschiedene oppositionelle Kreise zusammenzubringen und zu koordinieren[62]. Die berühmte Rede, die Papen am 17. Juni 1934 vor dem Uni-

versitätsbund in Marburg gehalten hat, wird auf Jung als ihren hauptsächlichen Verfasser zurückgeführt; sie sollte das Signal sein für eine Erhebung und allgemeine Umwälzung, wobei man Hoffnungen vor allem
auf Hindenburg, Papen und die Reichswehr setzte [63].

Papen trat in der Rede für das freie Christentum ein und lehnte jeden
auf religiösem Gebiet »widernatürlichen Totalitätsanspruch« ab; er warnte vor Gewaltanwendung und vor der Reglementierung der Lebensberei-
che des Volkes über das Politische hinaus, also vor dem Versuch der
Errichtung des totalen Staates [64]. Hitler überhörte die Warnung nicht, die
Verbreitung der Rede, die dennoch dank vieler beiseite geschaffter Exemplare im In- und Ausland Sensation machte, wurde verboten [65]. Papen
protestierte und bot seinen Rücktritt an, ließ sich aber von Hitler beschwichtigen.

Dann folgten innerhalb weniger Tage die Morde des 30. Juni und des
1. und 2. Juli 1934. Wohl wurde die SA als mögliche Konkurrenz der
Reichswehr ausgeschaltet, wohl wurde die gewaltsame Neuordnung der
Gesellschaft im Sinne Röhms, die »Zweite Revolution«, dadurch verhindert [66]. Zugleich aber wurde jedem Deutschen unmißverständlich klargemacht, was ihn erwartete, sollte er sich etwa der »nationalsozialistischen
Erneuerung« widersetzen wollen. Die Warnung war deutlich; denn außer
den SA-Führern wurden hundert oder mehr wirkliche und potentielle
Gegner erschossen, darunter auch Jung und Bose. Möglicherweise sollte
auch Papen ermordet werden [67]. An den Umsturzplänen hatte er sich
jedoch über seine Rede hinaus nicht mehr beteiligen wollen [68], und er
arrangierte sich immer wieder mit den Nationalsozialisten. Gegen Jungs
Verhaftung am 25. Juni hatte er wieder protestiert und sich wieder beruhigen lassen [69]; als Jung und Bose gar ermordet wurden, protestierte er
von neuem, ging aber dann trotzdem als Sonderbeauftragter Hitlers nach
Wien. Auch als 1938 sein Persönlicher Referent, Legationsrat Freiherr von
Ketteler, von der Gestapo ermordet wurde, ließ sich Papen wieder beruhigen (wenn er sich überhaupt noch aufgeregt hat) und arrangierte sich
mit dem Führer, um als Botschafter nach Ankara zu gehen [70]. Von diesem
Manne hatte man sich also umsonst Opposition oder auch nur charakter-
volle Haltung gegen Hitler erwartet. Jung und Bose aber waren ihrer
Illusion über Papen zum Opfer gefallen.

Trotz der brutalen und unverhüllten totalitären Drohung, welche die
Mordaktion für alle darstellte, die mit dem herrschenden Regime nicht
zufrieden waren, arbeiteten viele weiterhin gegen System und Regierung.
Im nächsten Jahr, am 16. April 1935, hielt der Dichter Ernst Wiechert
im Auditorium maximum der Münchner Universität eine Rede gegen

die Politik der Regierung gegenüber den bildenden und anderen Künsten, gegen Dichterzüchtung in Dichter-Schulungslagern, was der »Ermordung der Seele« gleichkomme, gegen politische Kunstkritik und für Wahrheit, Freiheit, Recht, Güte, Liebe und Ehrfurcht. Die Jugend dürfe sich nicht zum Schweigen verführen lassen, sagte Wiechert, wenn das Gewissen ihr befehle, zu reden; denn nichts zerfresse so das Mark des Mannes und Volkes wie die Feigheit [71]. Wiechert kam sofort ins KZ nach Dachau.

Dreizehn Jahre später gingen die Geschwister Scholl, Professor Huber und ihre Freunde für dieselben Ideale in den Tod, aber Mitte der dreißiger Jahre war es noch Sache der älteren Generation, ihre Stimme zu erheben. Ernst Niekisch war noch tätig. Er hatte Verbindung zu Otto Strasser, dem nach Röhm bedeutendsten einstigen Rivalen Hitlers in der NSDAP, und zu dessen von Wien aus geleiteter Schwarzen Front, die auch innerhalb Deutschlands Anhänger hatte, in der Hauptsache aber von außen Hitlers Politik zu sabotieren suchte [72]. Rudolf Pechel berichtet von dem »Kreis Markwitz«, der sich hauptsächlich aus Sozialdemokraten zusammensetzte und mit der Verteilung verbotener Literatur sowie der Rettung von Verhaftung bedrohter Regimegegner befaßt war. Im Mai 1935 wurde der ganze Kreis von der Gestapo verhaftet, nachdem sich ein Spitzel in seinen Kurierdienst eingeschlichen hatte. Einige Mitglieder kamen um, andere konnten fliehen oder sich durch geschickte Verteidigung den Gerichten entwinden. Unter ihnen war Dr. Mischler, der verhaftet, mangels Beweises freigesprochen und ausgewiesen wurde, nach Prag emigrierte, dort 1938 wieder verhaftet, wieder freigesprochen, nun aber bis 1942 in ein Konzentrationslager gebracht wurde. Kaum war er entlassen, so nahm er über den sozialdemokratischen Journalisten Theodor Haubach zu dem Sozialdemokraten Wilhelm Leuschner Verbindung auf, so daß er schließlich zu den an der Verschwörung des 20. Juli 1944 Beteiligten gehörte [73].

Eine andere Gruppe wurde von einem Haudegen des Ersten Weltkrieges und Führer des Freikorps »Oberland«, Dr. Joseph (»Beppo«) Römer geleitet [74]. Es liegt ein gewisses und sehr begreifliches Dunkel über der Tätigkeit dieses Mannes; nur wenige Einzelheiten sind bekannt. Römer war mehrfach verhaftet, zunächst Anfang 1933, dann wieder nach dem 30. Juni 1934, worauf er im Dachauer Konzentrationslager festgehalten wurde [75]. Nach seiner Entlassung im Juli 1939, die er seinem Regimentskameraden General Robert Ritter von Greim verdankt haben soll, begann er sogleich wieder, auf Umsturz und Attentat zu sinnen [76]. Am 4. Februar 1942 wurde Römer zum letztenmal verhaftet und schließlich am 25. September hingerichtet [77].

Die Verflechtung der Römer-Gruppe mit anderen Widerstandszentren

vor und während des Krieges ist kaum vorstellbar. In Römers Verfahren
vor dem Volksgerichtshof waren etwa einhundertfünfzig Kameraden mit-
verwickelt, die in der Mehrzahl zu kommunistischen oder doch hauptsächlich in der Arbeiterschaft wurzelnden Gruppen gehörten[78]. Die bedeutendste war wohl die von dem Berliner Arbeiter Robert Uhrig geführte »Robby-Gruppe« in den Osram-Werken. Sie schloß sich während
des Krieges mit dem Römer-Kreis und einer weiteren von dem Maschi-
nenschlosser Walter Budeus geführten Arbeitergruppe zu einer größeren
Organisation zusammen, wurde aber 1942 und 1943 von der Gestapo mit
Hilfe von eingeschleusten Spitzeln großenteils zerschlagen. Ihre Reste
schlossen sich der kommunistischen Gruppe unter Anton Saefkow, Franz
Jacob und Bernhard Bästlein an, die von der Sowjetunion aus gelenkt
wurde[79].

Auf der anderen Seite stand Römer auch in Verbindung mit einer
Gruppe im Auswärtigen Amt, mit einem Industriellen und mit dem be-
rühmten Solf-Kreis, sowie seit 1941 mit Kreisen der Heeresführung[80]. Zu
dieser Seite des Kreises gehörte der Industrielle und Kaufmann Nikolaus
Christoph von Halem, der schon vor 1937 durch Schlabrendorff mit
Niekisch in Verbindung war, und der seinerseits viele Auslandkontakte
für die Widerstandsbewegung schuf und den Gauleiter von Schlesien,
Josef Wagner, weitgehend gegen Hitler einnehmen konnte[81]. Überdies
hatte er Verbindungen zu Generalfeldmarschall von Bock, zu Adam von
Trott zu Solz, zu Karl Ludwig Freiherr von und zu Guttenberg und damit
zu katholischen Kreisen und zu Justus Delbrück, sowie während des
Krieges über Schlabrendorff zu der Gruppe im Hauptquartier der Heeresgruppe Mitte[82]. Während des Krieges arbeitete Halem in dem oberschle-
sischen Kohlekonzern Ballestrem, in dessen Berliner Büro er Römer eine
Scheinstellung verschaffen konnte[83]. Über Gertrud von Heimerdinger
hatte Römer eine Verbindung zur Berliner Stadtkommandantur, über die
er 1939 und 1940 Nachrichten von Reisen und Ausfahrten Hitlers bezog.
Lieferant der Nachrichten war Oberstleutnant Dr. Holm Erttel, Adjutant
des Wehrmachtstandortkommandanten Generalleutnant Ernst Seifert[84].

Ebenfalls über Gertrud von Heimerdinger unterhielt Römer eine Verbindung zum Auswärtigen Amt. Zu seinen Kontakten gehörte Legationsrat i. R. Dr. Richard Kuenzer, der nach dem 20. Juli verhaftet und im
April 1945 von der SS ermordet wurde[85]. Von Kuenzer wiederum liefen
Fäden zu dem Botschaftsrat i. R. Albrecht Graf von Bernstorff, der zusammen mit Kuenzer ermordet wurde, und zum Solf-Kreis[86]. Bernstorff
war einer der mutigsten Gegner Hitlers und bemühte sich vor allem,
Emigranten und Juden bei der Flucht und bei der Rettung ihres Besitzes

zu helfen. Zu diesem Zwecke war er auch nach 1933 in eine ehemals jüdische Bank, die Firma A. E. Wassermann, eingetreten [87].

Der Solf-Kreis bestand aus einer Gruppe Gleichgesinnter, die einfach der Unterdrückung, Verfolgung, Erniedrigung und Entwürdigung der Menschen durch das Regime entgegentreten und entgegenwirken wollten, wo sie es irgend vermochten. Beteiligt waren Halem, Graf von Bernstorff, Kuenzer, Fanny von Kurowsky, Irmgard Zarden, Legationssekretär i. R. Dr. Herbert Mumm von Schwarzenstein, Gesandter Dr. Otto Kiep, Legationsrat Dr. Hilger van Scherpenberg, Elisabeth von Thadden, die sich bei Frau Hanna Solf, der Witwe des 1936 verstorbenen deutschen Botschafters in Tokio Dr. Wilhelm Solf, zusammenfanden und teils als Teilnehmer einer Teegesellschaft bei Fräulein von Thadden am 10. September 1943, bei welcher regimefeindliche Äußerungen fielen, teils eben als Angehörige des Kreises 1944 verhaftet und zum Teil später hingerichtet wurden, einfach weil sie für die Menschlichkeit eingetreten waren [88]. Wegen mehrfacher Verschiebung ihres Gerichtstermins überlebten den Zusammenbruch Frau Solf, ihre Tochter Lagi Gräfin von Ballestrem, Legationsrat Dr. Hilger van Scherpenberg (Schwiegersohn Schachts) und Elisabeth Zarden; hingerichtet wurden unter anderen Fräulein von Thadden, Kiep, Mumm, Halem; von der SS ermordet wurden Kuenzer, Bernstorff und Guttenberg [89]. Zu dem Tee hatte sich, mit Hilfe einer gutgläubig gegebenen Empfehlung, ein Gestapo-Spitzel eingeschlichen, der unter dem Namen Dr. Reckzeh als Arzt der Charité in Berlin auftrat [90]. Von diesem nicht eigentlich umstürzlerischen Kreis führten die Fäden zu den noch im Auswärtigen Amt verbliebenen Gegnern des Nationalsozialismus und zu anderen Machtzentren des Dritten Reiches.

Kiep war seit 1939 als Major der Reserve Referent für Außenpolitik im Oberkommando der Wehrmacht [91]. Er blieb eines der wichtigen Bindeglieder zum Auswärtigen Amt und der darin bestehenden Widerstandsgruppe. Hier sind auch Staatssekretär Ernst Freiherr von Weizsäcker und Botschafter Ulrich von Hassell zu nennen, ferner Dr. Fritz von Twardowski, Dr. Theo und Dr. Erich Kordt, Dr. Hasso von Etzdorf, Bernhard von Bülow und Dr. Paul Schmidt [92]. Auch Dr. Eugen Gerstenmaier, Georg Federer, Gottfried von Nostitz, Albrecht von Kessel, Hans-Bernd von Haeften und Dr. Adam von Trott zu Solz gehörten dazu, und noch sind längst nicht alle genannt. Es führten weiter Verbindungen zum sogenannten Kreisauer Kreis, der zumindest als Freundesgruppe schon 1937 bestand und zu dem Helmuth James Graf von Moltke, Peter Graf Yorck von Wartenburg, Horst von Einsiedel, Carl Dietrich von Trotha, Adolf Reichwein, Hans Peters, Hans Lukaschek, Carlo Mierendorff, Theo-

dor Steltzer, Adam von Trott zu Solz, Hans Bernd von Haeften, Harald
Poelchau, Augustin Rösch SJ, Alfred Delp SJ, Theo Haubach, Eugen Gerstenmaier, Paulus van Husen, Lothar König SJ, Julius Leber, Hans Schönfeld, und in weniger enger und ständiger Weise noch viele andere gehörten [93]. Es gab weitere Querverbindungen zu manchen Sozialisten und
Gewerkschaftern.

Ebenfalls mit dem Auswärtigen Amt ist der Name Albrecht Haushofer
verbunden, der über seine enge Beziehung zum »Stellvertreter« Hitlers,
Rudolf Heß, vieles lindern und hindern konnte [94]. Er wiederum, konservativ und in mancher Hinsicht zur Gruppe um Popitz und Langbehn gehörend, hatte über seinen Schüler Horst Heilmann Verbindung zu der im
wesentlichen kommunistisch orientierten Roten Kapelle, welche unter
Führung des im Luftfahrtministerium tätigen Oberleutnants Harro Schulze-Boysen und des Oberregierungsrats im Reichswirtschaftsministerium
Dr. Arvid Harnack als Kriegsorganisation des sowjetischen Nachrichtendienstes aufgebaut war. Sie trat mit dem Beginn des Krieges gegen Rußland im Juni 1941 in Tätigkeit und umfaßte vor ihrer Zerschlagung im
Jahre 1942 zahlreiche über ganz Westeuropa verstreute Gruppen und
Zellen. Die Funker dieser Organisation gaben ihre Nachrichten, darunter
den Entschluß Hitlers zu einer Südoffensive gegen Rußland im Frühjahr
1942, nach Moskau durch [95].

Es ist nicht möglich, alle Namen zu nennen; die bedeutsame Verflechtung und Weitläufigkeit der in der zweiten Hälfte der dreißiger Jahre
beginnenden Verschwörung liegt auf der Hand.

Alle die Genannten und Ungenannten »taten« etwas, um die Politik
der Regierung zu sabotieren, um den Sturz des Regimes herbeiführen zu
helfen. Es darf auch nicht vergessen werden, daß viele spätere Teilnehmer der Verschwörungen, gewissermaßen stellvertretend für die draußen,
jahrelang in den Gefängnissen und Konzentrationslagern saßen. Wilhelm
Leuschner war 1933 bis Juni 1934 monatelang in Polizei- und Konzentrationslagerhaft, zuletzt im Konzentrationslager Börgermoor. Sofort nach
seiner Entlassung begann er, mit dem ehemaligen Führer der christlichen
Gewerkschaften, Jakob Kaiser, zusammenzuarbeiten. Das Ziel war die Beseitigung Hitlers und danach die Errichtung einer Einheitsgewerkschaft,
und damit die Überwindung der Spaltung in marxistische und christliche
Gewerkschaften. Max Habermann, der Führer des Deutschen Handlungs-
gehilfenverbandes, kam auch dazu, und zusammen verfaßte man in den
Jahren 1936 und 1937 Denkschriften für Generaloberst von Fritsch, in
denen auf die entwürdigende und brutale Behandlung der Arbeiterschaft
und der Juden hingewiesen wurde. Leuschner starb am 29. September

1944 als Beteiligter der Verschwörung des 20. Juli von Henkershand mit dem Ruf »›Einigkeit!‹« Habermann wurde ebenfalls hingerichtet. Kaiser, der zum Zentrum vieler Oppositionskreise und zu einem der bedeutendsten Partner Goerdelers wurde, konnte sich nach dem 20. Juli in Berlin verbergen. Er hat 1945 bei der Gründung der CDU, dann bei den Auseinandersetzungen mit den Russen und deren deutschen Freunden, und schließlich als Bundesminister für gesamtdeutsche Fragen noch eine wichtige politische Rolle gespielt [96].

Carlo Mierendorff war ebenfalls 1933 verhaftet und dann bis 1938 in einem Konzentrationslager festgehalten worden [97]. Theodor Haubach war von 1933 bis 1939 wiederholt gefangen und verbrachte zwei Jahre im Konzentrationslager Esterwegen [98]. Der frühere sozialdemokratische Reichstagsabgeordnete Dr. Julius Leber hatte ebenfalls schwere Jahre der Haft in Gefängnissen und Konzentrationslagern (von 1933 bis 1937) zu erleiden, nachdem er, schon vorher verhaftet, mißhandelt und freigelassen, am 23. März 1933 vor dem Eingang zum Reichstag wieder verhaftet und noch an Ort und Stelle gefesselt worden war [99].

»Draußen« aber versuchten Gruppen und einzelne, wie die oben schon genannten, alles Erdenkliche, um die Herrschaft der Nationalsozialisten zu untergraben. Pechel nennt noch eine »Gruppe Stuermer« unter Dr. Paul Joseph Stuermer, der seit 1932 zu den aktiven Hitlergegnern gehörte und dann in engen Beziehungen zu dem Kreis um Edgar Jung und Dr. Römer stand, und der auch in dessen Attentatpläne eingeweiht war. Zu der Gruppe gehörten Mitglieder des Stahlhelm, ein Universitätsprofessor, ein Jesuitenpater, ein Sozialdemokrat und mehrere Offiziere, es bestanden Verbindungen besonders nach Süddeutschland, wo die Gruppe mit den Namen Dr. Arnulf Klett, Theodor Bäuerle, Baurat Albrecht Fischer und Robert Bosch verknüpft war [100].

Gewiß, zum Teil taten diese Menschen nichts als »nur« über ihren Abscheu gegen das Regime zu sprechen und in Gesprächen nach Wegen und Auswegen zu suchen. Aber das allein erfüllte schon, im Sinne der Machthaber, den Tatbestand der Verschwörung, also nach dem berüchtigten »Heimtückegesetz« einen durchaus straf- und sogar todeswürdigen Tatbestand [101]. Um das Wagnis zu verstehen, muß man sich also immer wieder deutlich machen, was es hieß, in einem Diktaturstaat zu leben, in dem der einzelne praktisch rechtlos und stets von staatlich sanktionierter und praktizierter seelischer und körperlicher Mißhandlung, von Erpressung, Existenzvernichtung, Freiheitsberaubung und qualvollem Tod bedroht war. Es ist selbstverständlich unsinnig, heute von jedem Gegner des Regimes und des Nationalsozialismus verlangen zu wollen, er müsse allzeit ein fanatischer potentieller Attentäter gewesen sein, um für seine Gegnerschaft Glauben zu finden. Die Fähigkeit zu solch tatkräftiger Konsequenz haben immer nur wenige. Endlich gab es wohl schon vor 1938 so manchen Verschwörer, der die physische Beseitigung als die einzig brauchbare Lösung ansah, aber die meisten hofften doch immer noch auf einen Sturz Hitlers mit Hilfe weniger gewaltsamer Methoden, auf die allmähliche Aushöhlung der nationalsozialistischen Herrschaft, oder auch nur auf ihre Milderung und heimliche Entschärfung. Doch nach und nach rückte eine riesige Gefahr in den Vordergrund: der Krieg. Immer mehr konzentrierten sich daher die Kräfte des Widerstandes darauf, den drohenden Krieg zu verhindern, und später, ihn zu beenden. Es entsprach den Gegebenheiten, daß bei diesen Bemühungen die Gegner im Bereiche der Außenpolitik die bedeutendste Rolle spielten. Freilich konnten auch die militärischen Kräfte den Dingen, selbst vor dem Ausbruch des Krieges, nicht lange fernbleiben.

III. Führungskrise

Im Jahre 1937 bereiteten sich in Deutschland tiefgreifende Wandlungen vor, die in den nächsten Jahren die Welt erschüttern sollten. Hitlers Zielstrebigkeit in der Herbeiführung eines Krieges ist auf Grund seiner eigenen Äußerungen zwischen 1920 und 1945 mit überzeugender Eindringlichkeit nachgewiesen worden [1]. Wesentlich ist hier, daß Hitler gegen Ende 1937 konkret mit Nennung der Etappen des Weges zum Kriege, mit Nennung der Nahziele und der zu ihrer Erreichung anzuwendenden Methoden sich auf eine aggressive und gewalttätige Außenpolitik festlegte, die, wie er selbst ausdrücklich betonte, zu einem Kriege führen mußte.

Am 5. November 1937 fand in der Reichskanzlei in Berlin von 16.15 bis 20.30 Uhr bei Hitler eine Besprechung mit den höchsten Wehrmachtführern statt, bei welcher auch der Reichsaußenminister Freiherr von Neurath anwesend war. Die militärischen Teilnehmer waren der Reichskriegsminister Generalfeldmarschall von Blomberg und die Oberbefehlshaber des Heeres, der Kriegsmarine und der Luftwaffe, Generaloberst Werner Freiherr von Fritsch, Generaladmiral Dr. h. c. Erich Raeder und Generaloberst Hermann Göring, ferner der »Adjutant der Wehrmacht beim Führer und Reichskanzler«, Oberst Friedrich Hoßbach, der zugleich noch Chef der Zentralabteilung (Personalgruppe) des Generalstabes des Heeres war. Oberst Hoßbach hat fünf Tage später seine während der Sitzung gemachten stichwortartigen Notizen in einer Niederschrift ausgearbeitet, die dann zu den Akten des Reichskriegsministeriums genommen wurde [2]. Hitler hatte in den ersten fünf Jahren seiner Regierung nicht die Gewohnheit, vor seiner militärischen Umgebung oder gar vor den eigens herbeigerufenen Oberbefehlshabern der Wehrmachtteile Träume oder phantastische Vorstellungen auszubreiten. Vielmehr übte er in militärischen Dingen gegenüber den Fachleuten große Zurückhaltung. Selten äußerte er bei Vorträgen und Besprechungen eigene Ansichten, gewöhnlich beschränkte er sich auf das Zuhören und auf mehr oder minder stillschweigende Zustimmung [3]. Wichtige Entschlüsse in militärischen Ange-

legenheiten faßte er bis 1937 selten ohne vorherige Besprechung mit
seinen Beratern. Nun aber hatte er die höchste Wehrmachtführung zusammengerufen, um zu verkünden, daß er das Deutsche Reich demnächst in
einen Krieg führen werde.

Der Lebensraum des deutschen Volkes, sagte Hitler, sei zu klein,
Autarkie sei auf wichtigen Gebieten, insbesondere auf dem der Ernährung,
nicht zu erreichen. Folglich müsse der Lebensraum erweitert werden, und
zwar am besten »im unmittelbaren Anschluß an das Reich in Europa und
nicht in Übersee«. Diese Raumerweiterung sei nur »durch Brechen von
Widerstand« möglich, herrenlosen Raum gebe es nicht, der Angreifer
stoße stets auf den Besitzer. Gegen solche Absichten werden England und
Frankreich auftreten, man müsse also zum Handeln einen Zeitpunkt
wählen, zu dem England und Frankreich wegen anderweitiger – innerer
und äußerer – Schwierigkeiten am Eingreifen verhindert sein würden,
jedoch dürfe man keinesfalls länger als etwa bis 1943/1945 warten, danach
würden die potentiellen Gegner die deutschen Absichten erkannt und
sich zu deren Verhinderung ebenfalls gerüstet haben. Man müsse, wenn
man etwa 1943 so weit vorbereitet sei, Österreich und die Tschechei blitzartig ausschalten, um dann zum Antreten gegen den gefährlichsten Gegner, Frankreich, bereit zu sein, ohne daß die Flanken bedroht wären.
Wäre Frankreich aber etwa durch einen Bürgerkrieg lahmgelegt, so müsse
man die Lage jederzeit »zum Schlag gegen die Tschechei« ausnützen. Wie
sich die anderen Mächte – Polen, Rußland, England zumal – zu einem
solchen deutschen Vorgehen verhalten würden, war natürlich nicht mit
Bestimmtheit vorauszusagen; doch versuchte Hitler die Auffassung zu
suggerieren, daß diese Mächte schon nicht eingreifen würden, ehe
Deutschland bereit wäre, auch sie niederzuwerfen.

Der Niederschrift Hoßbachs zufolge reagierten die Oberbefehlshaber
auf Hitlers Auslassungen eher ablehnend und kühl. Blomberg und Fritsch
wiesen darauf hin, daß Frankreich und England nicht Gegner des Deutschen Reiches sein dürften, da man diesen beiden Mächten, selbst Frankreich allein, zur Zeit keineswegs gewachsen sei, und sie wiesen weiter darauf hin, wie stark die tschechischen Befestigungen seien. Hitler begegnete
diesen Einwänden mit dem Ausdruck seiner Überzeugung, daß England
nicht eingreifen werde, ferner mit der Bemerkung, eine Zuspitzung der
Lage erwarte er erst etwa im Sommer 1938. Die Auseinandersetzung
nahm, wie sich Hoßbach erinnert, »zeitweilig sehr scharfe Formen an«,
vor allem zwischen Blomberg und Fritsch auf der einen und Göring auf
der anderen Seite, und Hitler, der dabei aufmerksam zuhörte, war sichtlich beeindruckt. Er sah, »daß seine politischen Gedankengänge nur

nüchterne, sachliche Gegenäußerungen anstatt Beifall und Zustimmung gefunden hatten. Und er wußte zur Genüge, daß die beiden Generale jeder unsererseits herausgeforderten kriegerischen Verwicklung ablehnend gegenüberstanden.«[4] Niemand aber weigerte sich, die Pläne Hitlers auszuführen, niemand bezeichnete sie als unrecht oder gar verbrecherisch. Zweifellos fühlten sich die Soldaten für eine solche Beurteilung nicht kompetent[5].

Später hat Hitler seine Pläne für Überfälle auf Deutschlands Nachbarn noch wenigstens zweimal vor einem ähnlichen und sogar erweiterten militärischen Gremium dargelegt, am 23. Mai 1939 in der Neuen Reichskanzlei in Berlin und am 22. August 1939 auf dem »Berghof« bei Berchtesgaden[6]. An Deutlichkeit ließ er dabei noch weniger zu wünschen übrig als am 5. November 1937. Es waren am 23. Mai 1939 Sätze zu hören wie: »Weitere Erfolge können ohne Blutvergießen nicht mehr errungen werden.« »Danzig ist nicht das Objekt, um das es geht. Es handelt sich für uns um die Erweiterung des Lebensraumes im Osten..« »Auf Neutralitätserklärungen kann nichts gegeben werden.« »Jede Wehrmacht bzw. Staatsführung hat den kurzen Krieg anzustreben. Die Staatsführung hat sich dagegen jedoch auch auf den Krieg von 10- bis 15jähriger Dauer einzurichten.« »Wir werden nicht in einen Krieg hineingezwungen werden, aber um ihn herum kommen wir nicht.« Und am 22. August: »»Eine Auseinandersetzung, die man nicht mit Sicherheit auf 4–5 Jahre verschieben kann, findet besser jetzt statt.‹« »Zeitpunkt zur Lösung [der Polenfrage] jetzt günstig, daher schlagen!« »Ziel: Vernichtung Polens... Auslösung: Mittel gleichgültig. Der Sieger wird nie interpelliert, ob seine Gründe berechtigt waren. Es handelt sich nicht darum, das Recht auf unserer Seite zu haben, sondern ausschließlich um den Sieg.« »Durchführung: Hart und rücksichtslos! Gegen alle Erwägungen des Mitleids hart machen!« Auch angesichts solcher ungeheuerlicher Selbstenthüllung gab es keinen Widerspruch, geschweige denn Rücktritt und Aufkündigung der Gefolgschaft.

Außerhalb des Kreises der Teilnehmer an diesen Besprechungen wurden die von Hitler dargelegten Gedanken und Absichten nur wenigen bekannt. Aber dem Chef des Generalstabes des Heeres, Generaloberst Ludwig Beck, hat Hoßbach seine Niederschrift über den 5. November 1937 in pflichtgemäßem Ermessen zur Einsichtnahme vorgelegt und ihm auch mündlich von dem Verlauf der Besprechung berichtet. Hoßbachs Bericht hat nach seiner Erinnerung auf Beck einen niederschmetternden Eindruck gemacht[7]. Beck tat, was in solchen Fällen seine Gewohnheit war: er griff zur Feder, um sich durch Niederschrift seiner Gedanken Klarheit zu verschaffen.

Unter dem 12. November notierte er, daß in der Tat für Deutschland
ein Raumproblem bestehe, und zwar unter strategischen Gesichtspunkten,
und daß »geringe Veränderungen« möglich erscheinen, etwa gewisse
Revisionen des Versailler Vertrages. Es dürfe aber nicht um solcher Veränderungen willen »die Einheitlichkeit des deutschen Volkes, des deutschen Rassekerns erneut gefährdet« werden[8]. Im übrigen zerpflückte Beck
die Begründungen und Argumente Hitlers nach sachlichen Gesichtspunkten – der Schluß, daß die deutsche Raumfrage spätestens 1943/45 gelöst
werden müsse, wirke »in seiner mangelnden Fundierung niederschmetternd«; Frankreich werde immer ausreichende Verteidigungskräfte gegen
Deutschland haben; weder ernährungswirtschaftlich noch militärpolitisch
werde sich Deutschlands Lage durch Einverleibung Österreichs und der
Tschechei erheblich verbessern lassen. Ferner: »»Die Zweckmäßigkeit, den
Fall Tschechei (evtl. auch Österreich) bei sich bietender Gelegenheit zu
bereinigen und dafür Überlegungen anzustellen und Vorbereitungen im
Rahmen des Möglichen zu treffen, wird nicht bestritten.'« Nur müssen
erst die Voraussetzungen einer solchen Gelegenheit gründlicher und um-
fassender untersucht werden. Nach Becks eben angedeuteter Auffassung
würden diese »Voraussetzungen« aber nicht eintreffen. Schon am 3. Mai
1935 hat Beck in einer schriftlichen Stellungnahme gegenüber Fritsch
seinen Rücktritt angedroht für den Fall, daß ein Angriffskrieg gegen die
Tschechoslowakei vorbereitet würde[9].

Inzwischen aber wurde der Sturz von Blomberg und Fritsch inszeniert,
wesentlich veranlaßt durch ihr ablehnendes Verhalten gegenüber Hitlers
Darlegungen vom 5. November 1937[10]. Intrigen gegen Fritsch waren schon
lange im Gang, wie er in einer Niederschrift vom 1. Februar 1938 im
Rückblick auf genau vier Jahre Amtszeit als Nachfolger des Generalobersten Freiherr von Hammerstein feststellte[11]. Görings Ehrgeiz, Oberbefehlshaber der Wehrmacht zu werden, war notorisch[12]. Der Kriegsminister
hatte eine zu unabhängige Stellung, welche Hitler das ungehinderte Vorgehen erschwerte, außerdem hatte er ebenfalls Einwände gegen Hitlers
Politik erhoben. Später gab Hitler selbst eine indirekte Begründung für
seinen Schritt[13]: Ein politischer Führer könne keinen Oberbefehlshaber
brauchen, der bei allen Unternehmungen nicht nur militärische, sondern
auch politische Einwände erhebe und sich also der Staatsführung versage[14].

Anlaß und Gelegenheit zur Ersetzung der den Plänen Hitlers so skeptisch gegenüberstehenden militärischen Führer durch gefügigere Männer
waren bald gegeben. Am 22. Dezember 1937 bat Blomberg Hitler bei-
läufig, während der Beisetzungsfeierlichkeiten für General Ludendorff,

um die Genehmigung zu einer Heirat. Hitler gab die Erlaubnis, erschien auch selbst mit Göring als Trauzeuge bei der Vermählung am 12. Januar 1938. Zur gleichen Zeit aber tauchten Gerüchte und dann auch Akten auf: die Vergangenheit der gewesenen Erna Gruhn, jetzigen Frau Feldmarschall von Blomberg, war anrüchig, sie hatte früher als Prostituierte und als Modell für unzüchtige Photos die Sittenpolizei beschäftigt[15]. Göring hat bei der Affäre eine besonders unerfreuliche Rolle gespielt, indem er in Kenntnis der Umstände und im Bewußtsein der zu erwartenden Folgen sein möglichstes tat, um die Heirat Blombergs zustande zu bringen[16]. Sofort nach der Vermählung aber war die Wehrmacht von Gerüchten über die Gemahlin Blombergs erfüllt, mysteriöse Telephonanrufe in der Adjutantur der Wehrmacht zwangen zum Handeln, Blomberg selbst bat um Audienz bei Hitler. Der Diktator gab sich enttäuscht und fühlte sich hinters Licht geführt. Vielleicht war er es wirklich, jedenfalls handelte er entsprechend. Blomberg mußte gehen, und das war die Gelegenheit, auch Fritsch kaltzustellen.

Inwieweit Hitler nur die gebotene Gelegenheit ergriff und das von Göring und Himmler rasch neu herbeigeschaffte Material gegen Fritsch als willkommenes Instrument benützte – Material, das er längst kannte, das schon zwei Jahre alt war, und zu dessen Vernichtung er selbst schon bei seinem ersten Auftauchen Befehl gegeben hatte[17], inwieweit er einen Anlaß dieser Art gesucht hat, ist nicht festzustellen. Falsche Zeugenaussagen sollten nun beweisen, daß Fritsch homosexuell und daher als Chef der Heeresleitung und als Kandidat für die Nachfolge Blombergs untragbar sei.

Der »Zeuge« gegen Fritsch war ein asozialer Berufsverbrecher namens Otto Schmidt. Er war das Haupt einer Erpressergruppe und knüpfte jahrelang gewerbsmäßig zu Homosexuellen Beziehungen an, um sie später zu erpressen. Erst am 28. Dezember 1936 war er wegen Erpressung in 14 Fällen und wegen Vergehens gegen § 175 RStGB in 9 Fällen zu 7 Jahren Gefängnis und 10 Jahren Ehrverlust verurteilt worden. Im Sommer 1942, als Schmidt »Schutzhäftling« im Konzentrationslager Sachsenhausen war, wurde er schließlich beseitigt. Himmler schrieb unter dem 29. Juli 1942 an Göring zum Abschluß eines Berichtes über Schmidt: »Ich bitte, sehr verehrter Herr Reichsmarschall, um Ihr Einverständnis, daß ich Schmidt dem Führer zur Genehmigung der Exekution vorschlage.« Randbemerkung von Göring: »Der sollte ja schon *längst* erschossen werden!«[18] Hitlers früheres Verhalten gegenüber Röhm, dessen Homosexualität lange vor 1934 notorisch war, die Tatsache, daß der notorische Homosexuelle Dr. Walter Funk ausgerechnet am 5. Februar 1938 Reichswirtschaftsminister wurde, Hitlers Gleichgültigkeit, als die Vorwürfe gegen

Fritsch zum erstenmal erhoben worden waren, sein damaliger Befehl, die
Akten zu vernichten – all das zeigte deutlich genug, daß es Hitler im
Grunde einerlei war, ob sich unter seinen Gefolgsleuten Homosexuelle
befanden oder nicht[19]. Jetzt aber konnte er auf verhältnismäßig bequeme
Art, wenn auch mit sehr üblen Methoden, die er jedoch nicht scheute,
zwei Gefolgsleute loswerden, die nicht in erster Linie ihm, sondern ihrem
Vaterlande dienen wollten; denn Hitler konnte nicht hoffen, Fritschs
Gegnerschaft gegen seine Pläne zu überwinden[20]. Zugleich hatte er die
Gelegenheit, die er auch sofort ergriff, nicht etwa einen treueren Gefolgsmann, sondern sich selbst zum Nachfolger des Kriegsministers zu machen
und dadurch seine Kontrolle über das Militär ganz erheblich zu vermehren und zu konzentrieren. Einige Erfolge in der Handhabung des militärischen Oberbefehls bestärkten Hitler dann im Laufe der Jahre 1938 und
1939 in seiner wachsenden Überzeugung, daß er mit dem Instrument
der bewaffneten Macht ebenso gut und noch besser umzugehen verstehe
wie die Fachleute.

So wurde denn unter dem Datum des 4. Februar 1938 das große Revire-
ment vorgenommen: Blomberg und Fritsch wurden, beide »wegen ange-
griffener Gesundheit«, ihrer Dienststellungen enthoben, das Reichskriegs-
ministerium wurde praktisch in das »Oberkommando der Wehrmacht«
umgewandelt, das fortan als Hitlers militärischer Stab unter dem »Chef
des Oberkommandos der Wehrmacht«, der im Range den Reichsministern
gleichgestellt wurde, zu fungieren hatte. Den Oberbefehl über die gesamte Wehrmacht übernahm Hitler selbst, zum Oberbefehlshaber des
Heeres ernannte er den zugleich zum Generaloberst beförderten General
der Artillerie Walther von Brauchitsch. Göring, bisher Generaloberst und
schon Oberbefehlshaber der Luftwaffe, wurde zum Generalfeldmarschall
befördert, General der Artillerie Wilhelm Keitel wurde Chef des Oberkommandos der Wehrmacht (OKW)[21]. Ferner wurden im Laufe des Februar, März und April über vierzig Kommandostellen umbesetzt, und
etwa 14 Generale[22] sahen sich unvermittelt in den Ruhestand versetzt.
So konnte das Ungeheuerliche des Vorganges weitgehend getarnt werden. Schließlich wurden auch die Botschafter des Deutschen Reiches in
London (Ribbentrop), Rom (Hassell), Tokio (Dirksen) und Wien (Papen)
abberufen. Ribbentrop wurde Nachfolger des ebenfalls von seinem Amt
entbundenen bisherigen Reichsaußenministers Freiherr von Neurath. In
dem Wechsel des Außenministers war der Übergang von willfährigen
Mitarbeitern Hitlers zu bloßen Handlangern besonders deutlich; denn
hier hatte Hitler gründlichere Personenkenntnisse als sie ihm für das
Militär damals zu Gebote standen.

Man wird mit Recht fragen, warum das Heer die seinem Oberbefehlshaber angetane Schmach fast ohne Widerspruch hingenommen hat. Es fehlte aber zur Gegenwehr die Hauptvoraussetzung, nämlich die nötige Einmütigkeit im Offizierkorps[23]. Das Offizierkorps war seit 1933 gewaltig angewachsen; hatte es 1932 im Reichsheer noch 44 Offiziere mit Rängen vom Generalmajor an aufwärts gegeben, so gab es 1938 deren (Stand vom 1. Oktober) schon 275, dazu noch 22 Sanitäts- und 8 Veterinäroffiziere im Generalsrang. Im Mai 1943 waren es dann schon weit über tausend Offiziere im Generalsrang[24]. So waren die Voraussetzungen für die allein möglich erscheinende Methode der Gegenwehr, nämlich die gemeinsame Niederlegung der Ämter durch alle Generale – legale Mittel gab es sonst nicht –, einfach nicht gegeben, es fehlte die innere Geschlossenheit des Offizierkorps. Ohne die Gemeinsamkeit, ohne die Teilnahme wenigstens der Mehrheit der höheren Offiziere müßte ein Protestschritt wirkungslos bleiben und könnte sogar als eine Art Meuterei hingestellt werden. Zudem war nicht damit zu rechnen, daß die Offizierkorps der seit dem Ende des Ersten Weltkrieges mit einer Art Trauma belasteten Marine und der von Göring und unter dem nationalsozialistischen Regime erst eigentlich aufgebauten Luftwaffe sich in irgend bedeutsamer Zahl dem Offizierkorps des Heeres anschließen würden[25]. All das setzte schließlich voraus, daß die Offizierkorps, besonders das des Heeres, unterrichtet waren über die Vorgänge, über die Anschuldigungen gegen den Oberbefehlshaber und über die niederträchtige Behandlung, die ihm zuteil geworden war. An solcher Unterrichtung fehlte es aber fast völlig, und die höheren Führer und ihre Stäbe waren auf Vermutungen und gelegentlich durchsickernde Nachrichten und Gerüchte angewiesen[26]. Als dann ein Ehrengericht die völlige Unschuld Fritschs und die Verlogenheit der Zeugenaussagen am 18. März 1938 unter dem Vorsitz Görings feststellte, war inzwischen Österreich besetzt und also scheinbar ein gewaltiger Erfolg mit Hilfe der Wehrmacht errungen worden. Wie könnte man gerade jetzt gegen den obersten Kriegsherrn meutern, dem man sich außerdem durch einen persönlichen Eid verpflichtet fühlte? Ehrbegriffe, Loyalität und Moralauffassungen waren verwirrt, zweideutig, durch eine skrupellose, aber erfolgreiche und glanzvolle Regierung korrumpiert.

Generaloberst Freiherr von Fritsch selbst hat ernsthaft erwogen, wie er sich zur Wehr setzen könnte – im Interesse des Heeres, der Ehre des Offizierkorps, und im Interesse seiner eigenen Ehre. Doch gegen wen hätte ein Schritt Fritschs, etwa zusammen mit den höheren Führern des Heeres, sich richten sollen? Göring und Himmler agierten im Hintergrund und waren unfaßbar, solange Hitler vor ihnen stand und sich selbst nicht entschied. Es war ja immer noch möglich und denkbar, daß Hitler sich von der Haltlosigkeit der primitiv und liederlich zurechtgemachten Anklage gegen Fritsch überzeugen würde[27]. Aber er kannte die Akten nach seinem eigenen Eingeständnis gegenüber Hoßbach am 25. Januar 1938 schon lange. Es ging nicht darum, ob er Göring, Himmler und den Akten glaubte oder nicht, sondern darum, warum er gerade jetzt so bereit war, ihnen zu glauben: die Gelegenheit, den unbequemen Oberbefehlshaber des Heeres loszuwerden, war günstig. Wahrscheinlich hat Fritsch das gefühlt, aber er war nicht fähig, es sich wirklich klarzumachen. Er glaubte an den Führer und seine Aufrichtigkeit – »bis auf diesen Fall«, wie er sich ausdrückte[28]. Das war schon mehr als vornehme Zurückhaltung, das war Naivität. Fritsch meinte, seine Person hinter die Sache zurückstellen zu müssen, und erkannte erst wesentlich später, daß Hitler ihn bewußt und mit voller Absicht auf die niederträchtigste Weise beseitigen wollte. Aber da blieb immer noch die Befürchtung, die Anwendung von Gewalt zur Verteidigung seiner und des Heeres Ehre könnte zu Blutvergießen und Bürgerkrieg führen. Das wollte Fritsch nicht[29]. Hat es schon lange gedauert, bis Fritsch Hitlers Gemeinheit begriffen hat – die Weigerung, sein Ehrenwort als wenigstens vorläufigen Beweis seiner Schuldlosigkeit und gegen die Aussage des Kriminellen Schmidt anzunehmen, hätte dazu eigentlich schon reichen müssen –, so dauerte es noch länger, bis er erkannte, daß in Wirklichkeit seine Person in der Krise mit dem Schicksal des Heeres und Deutschlands weitgehend identisch gewesen war. Das war Ende Februar, aber da war es zu spät.

Am 13. Juni 1938 hielt Hitler auf dem Flugplatz Barth bei Stralsund eine Ansprache an dieselben Offiziere, denen er am 4. Februar die »Verfehlungen« Fritschs mitgeteilt hatte. Nun erklärte er Fritsch für rehabilitiert und ihn und sich selbst für Opfer eines tragischen Irrtums. Freilich könne Fritsch nicht mehr in seine Stellung zurückkehren, da er, Hitler, Fritsch nicht zumuten könne, wieder Vertrauen zu ihm, Hitler, zu haben, und weil er, der Führer, sich doch auch nicht vor der Nation desavouieren könne[30]. So wurde Fritsch am 15. Juni lediglich zum »Chef« des Artillerieregiments 12 ernannt[31]. Im September 1939 begleitete er sein Regiment nach Polen und suchte und fand dort bei einem Spähtruppunternehmen den Tod[32].

Es hat wohl hier und da Bemühungen gegeben, anläßlich der Intrige gegen Fritsch eine Gegenaktion in Gang zu bringen. Aber es fehlte an der Bereitschaft des Hauptbeteiligten, mit Energie tätig zu werden. Gewiß hat Fritsch den hinter der ganzen Gemeinheit als Drahtzieher vermuteten Himmler zum Zweikampf auf Pistolen gefordert, aber diese Forderung

hat Himmler nicht einmal erreicht. Fritsch wurde bewogen, sie selbst zu-
rückzuziehen, da sie der Armee vielleicht noch mehr schaden könnte als
die ganze Krise bisher [33].

Der damalige Kommandeur des XI. Armeekorps, General der Artillerie
Wilhelm Ulex, berichtete nach dem Kriege von einer Begegnung mit dem
Stabschef der SA, Viktor Lutze, im Mai 1938, wobei dieser für den Fall
eines Vorgehens des Heeres gegen Himmler und die SS die volle Unterstützung der SA versprochen habe; wenn Hitler sich hinter Himmler
stellen sollte, müsse er allerdings nach Möglichkeit (aber nicht unbedingt) geschont werden. Ulex habe dann konkrete Beweise dafür verlangt, daß der »Zeuge« Schmidt unter Zwang von Himmler zu seinen
falschen Aussagen veranlaßt worden sei, ohne die er, Ulex, nichts unternehmen könne. Lutze habe die Beweise auch zwei Wochen später geliefert, Ulex sei damit zu Fritsch nach Achterberg gefahren, doch habe
dieser abgewinkt mit dem Bemerken, daß Hitler über die ganze Sache
genau Bescheid wisse und also alles Vorgehen gegen Himmler zwecklos
sei. Schließlich sei Ulex noch zu Brauchitsch gegangen, wo er jedoch nur
den Bescheid erhalten habe, wenn »›die Herren das wollen, sollen sie es
doch alleine machen.‹« [34]

Als nach der völlig ungenügenden Rehabilitierung Fritschs durch Hitler
im Juni 1938 noch einige Generale Abschiedsgesuche einreichen wollten,
sahen sie auf Bitten Brauchitschs davon ab: es werde in den nächsten
Wochen wegen der Sudetenfrage unweigerlich zu einem Kriege kommen,
und da könne man doch nicht seinen Posten verlassen. Fritsch selbst
habe – wie nicht anders zu erwarten – diese Auffassung geteilt, so berichtet General Ulex.

Unter dem Eindruck der Gerüchte und der auf den verschiedensten
Wegen, durch Canaris und Oster im OKW/Amt Ausland/Abwehr, durch
Reichskriminaldirektor Nebe und durch den früher bei der Gestapo und
im Reichsministerium des Innern tätigen Regierungsrat Dr. Gisevius, oder
durch den persönlichen Referenten des Reichsjustizministers Gürtner,
Oberregierungsrat Dr. Hans von Dohnanyi, durchsickernden Nachrichten
über die Krise in der Wehrmachtführung hatten auch mehrere später in der
Widerstandsbewegung führende Persönlichkeiten versucht, eine Gegenaktion in Gang zu setzen, freilich ohne Erfolg. Sie waren der Ansicht, es
sei jetzt nur »von außen« etwas zu erreichen, da eine wirkliche Führung
des Heeres in diesen Tagen (Ende Januar 1938) gar nicht existiere. So
suchte Goerdeler in Dresden, wie er dort sagte, im Einvernehmen mit
Schacht, den Kommandeur des IV. Armee-Korps, General der Infanterie
Wilhelm List, auf, dessen Chef des Stabes damals Generalmajor Friedrich

Olbricht war, und forderte ihn nach einer kurzen Schilderung der Berliner Vorgänge auf, sofort in Berlin einzugreifen [35]. Vor allem sollte die Gestapo »ausgeräuchert« und Hitler vor eine vollendete Tatsache gestellt werden, welche die Beseitigung Görings, Himmlers und Heydrichs einschloß, damit er so dem Einfluß oder gar der Kontrolle dieser gefährlichen Paladine entzogen werde. Oberstleutnant Oster, der direkt oder über Gisevius mit Goerdeler in Verbindung stand und ebenfalls für das Ausräuchern der Gestapo und die Ausschaltung Himmlers als erste Maßnahme eintrat, meinte, Hitler werde am ehesten vollendete Tatsachen anerkennen und akzeptieren, die Gauleiter tuen ja auch, was sie wollten, und seien damit erfolgreich [36].

Goerdeler wird wirkliches Einschreiten von seiten des IV. A. K. tatsächlich für möglich gehalten haben. In gewissem Sinne hatte er, wie auch bei seinen späteren Bemühungen bis hin zum Sommer 1944, nicht völlig unrecht: ganz so schwierig, wie es den meisten der angesprochenen Generale stets vorkam, war ein Militärputsch nicht. Aber so einfach, wie der von Tatendrang beseelte Dr. Goerdeler es sich vorstellte, war das Instrument Heer doch nicht zu handhaben. Persönliche und sachliche Gründe machten irgendein Eingreifen von Leipzig aus mehr als unwahrscheinlich: Olbricht war kein Draufgänger, sondern bei seiner großen und von denen, die ihn kannten, stets hervorgehobenen Klugheit eher ratlos, wenn rasche und ungewöhnliche Entschlüsse von ihm gefordert wurden [37]. General List fand sich nicht in der Lage, lediglich auf den Bericht Goerdelers hin, den dieser ja auch nur aus zweiter Hand hatte, Stellung zu beziehen oder gar revolutionäre Tätigkeit zu entfalten. Olbricht meinte, als Goerdeler erneut auf das »Ausräuchern« der Gestapo drängte, da kämen doch zunächst einmal die Truppen um Berlin, in Potsdam, Spandau und Döberitz in Frage. Goerdeler konnte darauf nur erwidern, es gebe aber in Berlin zur Zeit keine Führung. General von Witzleben, der Befehlshaber der um Berlin liegenden Truppen (III. A. K.), lag damals krank in Dresden [38]. Praktisch war es fast undenkbar, von Dresden aus die Gestapo in Berlin anzugreifen, selbst wenn List dazu bereit gewesen wäre. Abgesehen davon, daß das Heer damals längst kein einheitliches, festgefügtes und verläßliches Instrument mehr war, sondern verwässert und durchsetzt mit Reserve-, Polizei- und sogenannten Ergänzungsoffizieren sowie mit aus der HJ hervorgegangenen Leutnants, konnte der Transport der Truppen nach Berlin praktisch gar nicht bewerkstelligt werden, ohne daß alles herauskam. Der Bahntransport einer Division würde, wie der Ia des IV. A. K., Oberstleutnant Röhricht, feststellte, mindestens drei Tage dauern, und überhaupt müßte er in Berlin zuerst angemeldet und genehmigt werden [39]!

Schließlich beschloß List, mit seinem Ia nach Berlin zu fahren und dort unmittelbar Erkundigungen einzuziehen [40]. Das Hauptergebnis war, daß man nichts Genaues feststellen konnte; man war sich nur einig, daß man »völlig im Dunkeln« tappe. Fritsch habe selbstverständlich ein Verfahren gegen sich beantragt, das Ganze war offenbar ein gemeines Spiel, aber Beck war der Verdacht »unbegreiflich«, Göring und Himmler konnten im Hintergrund lediglich vermutet werden, Hitlers Haltung war unbekannt, und für seine Beteiligung an dem Angriff auf Fritsch ließ sich auch kein Motiv entdecken. So fuhr man denn wieder nach Dresden zurück.

Zur gleichen Zeit liefen in den Tagen nach dem 25. Januar 1938 noch andere Bemühungen zu einer Gegenaktion. Nach dem Bericht von Gisevius waren daran Schacht, Goerdeler, Nebe, der Berliner Polizeipräsident Graf von Helldorf, Gisevius selbst, sowie auf der militärischen Seite Beck, Canaris und Oster beteiligt. Diese kleine Gruppe, von der nur Schacht und Gisevius dem Henker bzw. im Falle Becks dem Tod von eigener Hand entgingen, war sich – folgt man weiter dem Bericht von Gisevius und einer von Oberst Jodl, dem Chef des Wehrmachtführungsamtes im OKW, berichteten Äußerung Schachts – völlig klar, was gespielt wurde und was zu geschehen habe: die SS versuchte die Armee in die Hand zu bekommen, also müsse nun die Wehrmacht der Gestapo zuvorkommen und die Zentrale in der Berliner Prinz-Albrecht-Straße 8 besetzen [41]. Aber wie war das zu bewerkstelligen?

Wer damals alles auf Brauchitsch einzuwirken versucht hat, läßt sich kaum noch ahnen. Gisevius hat wenigstens einen von vielen Versuchen unternommen [42]. Gelegentlich hieß es, Brauchitsch sei zum Handeln bereit, wenn es sich durch ein Gutachten des Justizministers fundieren lasse. Er wollte sich auch später immer gerne »erst vergewissern«. Natürlich wurde nichts aus der Sache. Nach Gisevius' Bericht versuchte Schacht den Oberbefehlshaber der Kriegsmarine für eine Aktion zu gewinnen, doch der habe sich für unzuständig erklärt; beim Oberbefehlshaber des Gruppenkommando I (Berlin), General der Infanterie Gerd von Rundstedt, habe Schacht lediglich erfahren, man wisse schon, was man zu tun habe. Man habe (immer nach Gisevius) allmählich den Eindruck bekommen, die Führung der Wehrmacht verpasse den Augenblick zum Handeln. Dennoch habe Goerdeler seinen schon berichteten Vorstoß bei General List unternommen, während Gisevius selbst nach Münster zu General der Artillerie Günther von Kluge, dem Kommandierenden General des VI. Armee-Korps, und zum Oberpräsidenten von Westfalen, Ferdinand Freiherr von Lüninck, gefahren sei. Diesen und den Regierungspräsidenten Carl Christian Schmid in Düsseldorf habe Gisevius veranlaßt, gleichfalls auf Kluge einzuwirken [43]. Das Ziel war wohl eine gemeinsame Démarche der Wehrkreisbefehlshaber [44].

Aus allen diesen Versuchen und Bemühungen ist nichts geworden. Ob es zulässig ist, in diesem Zusammenhang von Umsturzplänen zu sprechen, erscheint fraglich, wenn auch die Gestapo selbst in ihren Vernehmungsberichten nach dem 20. Juli dafür diesen Ausdruck gebrauchte [45]. Fritz-Dietlof Graf von der Schulenburg, damals schon Polizeivizepräsident in Berlin, hat im Februar 1938 mit Witzleben über ein Eingreifen der Wehrmacht verhandelt [46]. Ferner war Generalmajor Paul von Hase, damals Kommandeur des Infanterieregiments 50 in Landsberg an der Warthe, bereit, dieses in Berlin gegen die Regierung oder wenigstens gegen Gestapo und SS einzusetzen [47].

Angesichts der Unsicherheit aller Beteiligten, was Tatsache und was Verleumdung sei, angesichts des Mangels an Unterrichtung selbst über das wenige, was bekannt war, und angesichts der mehrfachen Ungeschicklichkeiten Fritschs in der Behandlung der Angelegenheit konnte es wirklich zu brauchbaren und praktisch ausführbaren Plänen gar nicht kommen. Als am 4. Februar 1938 durch Hitler vollendete Tatsachen geschaffen waren, meinte der neue Oberbefehlshaber des Heeres, Generaloberst von Brauchitsch, jetzt müsse man erst die Klärung durch das kriegsgerichtliche Verfahren gegen Fritsch abwarten.

Für die Verschwörer erwies er sich als recht unzugänglich [48]. Brauchitsch galt wohl zunächst als entschlossener und »starker« Mann [49], aber die Hoffnungen, die man seitens der Opposition in ihn setzte, konnten nur zu Enttäuschungen führen, eigentlich hätte man sich darüber klar sein müssen. Unentschlossenheit, Schwäche, Haltlosigkeit und Korruption werden ihm von Standesgenossen und Historikern nachgesagt [50]. Brauchitsch hatte vielleicht »mit gemischten Gefühlen«, aber doch bereitwillig die Nachfolge Fritschs angetreten, ohne etwa wenigstens anfangs ein solches Ansinnen entrüstet abzulehnen oder seine Entscheidung von dem Ausgang des Verfahrens gegen Fritsch abhängig zu machen. Am 29. Januar 1938 notierte Jodl in seinem Tagebuch, Brauchitsch habe sich Hitler gegenüber »zu allem bereit« erklärt [51]. Sodann ließ Brauchitsch sich ja auch noch von Göring und Hitler helfen, seine Frau zur Einwilligung in eine Scheidung zu bewegen, damit er Frau Charlotte Schmidt, eine gläubige Nationalsozialistin, heiraten konnte [52].

Während der kritischen Tage zwischen dem 24. Januar und 4. Februar war die Wehrmacht, besonders aber das Heer, gewissermaßen führerlos. Der Chef des Generalstabes des Heeres, General der Artillerie Ludwig Beck, dessen Sessel damals noch nicht wankte, hatte immer noch eine wichtige Schlüsselstellung. Sein Verhalten konnte richtungweisend sein. Was Beck jedoch in dieser Situation unternahm, ist charakteristisch sowohl für die Ungewißheit, in der sich die höchsten Offiziere des Heeres über ihren Oberbefehlshaber befanden, als auch für die Persönlichkeit des Generalstabschefs selbst.

Nachdem es Fritsch nicht gelungen war, Hitler in der Unterredung vom 26. Januar von seiner Unschuld zu überzeugen, hatte Hoßbach mit Erlaubnis Hitlers Beck noch in der Nacht hinzugezogen und aus seiner Wohnung in Lichterfelde in die Reichskanzlei gebeten[53]. Dort wurde Beck zunächst durch Hitler von dem unterrichtet, was dieser für erwiesen hielt und was Beck höchst unwahrscheinlich vorkam. Darauf fuhr Beck zu Fritsch, der auch ihm gegenüber alle Anschuldigungen mit Entrüstung zurückwies. Noch in derselben Nacht kehrte Beck in die Reichskanzlei zurück und berichtete Hitler. Aber dieser blieb bei seiner Auffassung und erklärte, er wolle Beck zu Fritschs Nachfolger machen. Beck lehnte das ab und bestand auf einer kriegsgerichtlichen Untersuchung, die unbedingt vor einer Amtsenthebung Fritschs stattfinden müsse[54].

Beck pflegte nicht nach seinem Gefühl zu handeln. Sicher war er Hitler gegenüber, vor allen aber Göring, Himmler und Heydrich gegenüber, äußerst mißtrauisch. Aber so sehr er dazu neigte, den Beteuerungen Fritschs zu glauben – die im Offizierkorps geltenden Ehrauffassungen ließen ihm eigentlich gar keine andere Wahl –, so wenig konnte er sich zu der Erkenntnis durchringen, daß Menschen einer solch niederen Gemeinheit wie der gegen Fritsch inszenierten Intrige überhaupt fähig waren. Zudem kannten damals weder Hoßbach noch Fritsch, ja vielleicht nicht einmal Hitler selbst alle Einzelheiten der Intrige und des mit Hilfe und Wissen der Gestapo gesponnenen Lügengewebes. Um so schwerer mußte es Beck fallen, sich ein genaues Bild der Vorgänge zu machen. Da er nun einmal abwägend und mit großer Vorsicht zu folgern pflegte, konnte er anhand der zur Verfügung stehenden Anhaltspunkte schlechterdings nicht zu dem Ergebnis gelangen, daß alles nur aufgelegter Schwindel ohne den geringsten Bodensatz von Wahrem sei. War er denn nicht geradezu gezwungen, angesichts der unbezweifelbaren Ehrenhaftigkeit Fritschs und der nicht vorstellbaren Unehrenhaftigkeit Hitlers irgendein Mißverständnis anzunehmen? Selbst später, als er endlich die Rolle Görings und Himmlers durchschaute, wollte er Hitler noch guten Glauben zugestehen[55].

Damit sind die Versuche Becks, im Zusammenhang mit der Fritsch-Krise einzugreifen, im wesentlichen beendet. In den folgenden Wochen hat er sich zurückgehalten und in der Hauptsache auf das Stattfinden des

kriegsgerichtlichen Prozesses hingearbeitet, wenn er auch mit Canaris
und besonders Oster in immer enger werdende Beziehungen trat[56]. Von
Staatsstreichplänen aber konnte bei Beck damals keine Rede sein. Der
damalige Oberquartiermeister I (Operation) im Generalstab des Heeres,
Generalleutnant Franz Halder, wurde von Oster und anderen gebeten,
auf Fritsch und auch auf Beck in dem Sinne einzuwirken, daß gegenüber
Hitler und den Nationalsozialisten zur Verhütung einer Katastrophe
andere Mittel angewandt werden müßten, als nur die Darlegung eines
sachlichen Standpunktes und das vornehme Abwarten und Vertrauen auf
die Macht der Argumente und der Vernunft. Beck hat das offenbar zur
Zeit der Fritsch-Krise noch gar nicht verstanden[57]. Als Halder, zugleich
im Namen von Kameraden, um Aufklärung über die Vorgänge während
der Krise bat, so berichtete er, habe Beck erklärt: man habe zu warten und zu schweigen, bis man von ihm unterrichtet werden werde.
Halder widersprach und meinte, jetzt müsse die Führerschaft des Heeres
versammelt werden, und das zu tun sei nach Fritsch Beck der berufene
Mann. Schließlich endete der Zusammenstoß mit Becks berühmt gewor-
denem Ausspruch: »»Meuterei und Revolution sind Worte, die es im
Lexikon eines deutschen Offiziers nicht gibt.«« [58] Alle Bemühungen um
Beck und um die Bildung einer Gruppe, die gegen Hitler, oder wenigstens
gegen Göring und Himmler handeln wollte, scheiterten also damals. Beck
hat seine Haltung bis zum Beginn der Sudetenkrise nicht aufgegeben.

IV. Sudetenkrise und Staatsstreichversuch 1938

1. Fall »Grün«

Der kriegsgerichtliche Prozeß gegen Fritsch hat beinahe gleichzeitig mit dem Einmarsch deutscher Truppen in Österreich stattgefunden. Unter Drohungen hatte Hitler am 12. Februar 1938 den österreichischen Bundeskanzler Dr. Kurt Schuschnigg bei dessen Besuch auf dem Obersalzberg veranlaßt, verurteilten österreichischen Nationalsozialisten eine Amnestie und dem Nationalsozialismus in Österreich überhaupt größere Betätigungsfreiheit zu gewähren sowie einen Nationalsozialisten, Dr. Artur Seyß-Inquart, zum Innenminister zu machen [1]. Damit glaubte Hitler, die nationalsozialistische Machtergreifung in Österreich von innen gesichert zu haben. Schuschnigg aber hatte keine Wahl, als Hitlers Forderungen anzunehmen. Gegenüber der deutschen Wehrmacht war Österreich praktisch hilflos; England war schon seit 1937 entschlossen, sich einem deutsch-österreichischen Zusammenschluß nicht in den Weg zu stellen, und Frankreich war von Regierungskrisen geschüttelt.

Schuschnigg versuchte trotz der verzweifelten Lage, die Annexion noch zu verhindern, indem er am 9. März kurzfristig und überraschend eine Volksabstimmung ansetzte, in der sich die Österreicher für ein unabhängiges, soziales und christliches Österreich entscheiden sollten. Damit wäre bei einer »Machtübernahme« oder gar bei einem deutschen Einmarsch die Vergewaltigung Österreichs vor aller Welt sichtbar gewesen; denn an einem im Sinne Schuschniggs positiven Ausgang der Abstimmung war nicht zu zweifeln. Aber unter erneutem massivem Druck von innen und außen gab Schuschnigg das Vorhaben auf. Österreich konnte nicht mehr vor der Annexion bewahrt werden.

Am 11. März wurde der Wiener Regierung das Ultimatum übermittelt, anstelle Schuschniggs müsse sofort Seyß-Inquart die Regierung übernehmen, andernfalls würden deutsche Truppen in Österreich einmarschieren. Nach wie vor war Schuschnigg isoliert. Auch der traditionelle Gegner Österreichs, Italien, dem eigentlich die Erweiterung des von einem Österreicher geführten Deutschen Reiches gar nicht geheuer war, wollte diesmal stillhalten; später erhielt Italien dafür das deutschsprachige Südtirol. So konnte Schuschnigg nur nachgeben, wenn er nicht einen hoffnungslosen Krieg riskieren wollte, der von vielen als Bruderkrieg aufgefaßt worden wäre und durch die Verwirrung der Loyalitäten zweifellos zu grausamen Exzessen geführt hätte. Noch am selben Abend übernahm Seyß-Inquart die Regierung in Wien, aber unter dem Vorwand eines Hilferufes der neuen österreichischen Regierung rückten dennoch am nächsten Tage deutsche Truppen ein[2].

Gewaltiger Jubel begrüßte die deutschen Truppen, das Gefühl der Zusammengehörigkeit überwog und löste auf scheinbar glückliche Weise alle inneren und äußeren Schwierigkeiten. Am 14. März wurde die Vereinigung der beiden Länder verkündet und am 10. April noch durch eine Volksabstimmung in Deutschland und Österreich bestätigt. Die Enttäuschung für Österreich kam bald, aber zu spät. Zunächst hatte Hitler einen unerhörten Erfolg errungen, und die Wehrmacht hatte sich ganz glänzend bewährt. Wer wollte da noch Konsequenzen aus dem Freispruch für Fritsch ziehen, der schließlich am 18. März erfolgte?

Hitler hatte eine »Lösung« auch der tschechischen Frage schon längst ins Auge gefaßt. Sie war ein Erbe aus dem Zusammenbruch der österreichisch-ungarischen Monarchie und der Friedenskonferenzen von 1919. Durch den »Anschluß« Österreichs wurde sie nun akut, die Sudetendeutschen und ihre von Konrad Henlein geführte Sudetendeutsche Partei verlangten den »Anschluß« des vorwiegend deutschsprechenden Sudetenlandes[3]. Überall in Europa rechnete man damit, daß Hitler nun zur Lösung dieser Frage drängen würde, und es fand sich keine Großmacht, die dem bedrängten tschechoslowakischen Staat zu Hilfe kommen konnte oder wollte. Besonders England erkannte das deutsche Verlangen nach Revision des Versailler Vertrages weitgehend an, und auch aus anderen Gründen – wirtschaftlichen, innenpolitischen, rüstungstechnischen, strategischen – war man dort zu einem Krieg für den unversehrten Fortbestand des unharmonischen Vielvölkerstaates nicht bereit. Frankreich war Bundesgenosse der Tschechoslowakei, jedoch ohne Unterstützung Englands zur Erfüllung seiner Bündnispflicht nicht in der Lage. Sie hätte in einem Angriff gegen Deutschland bestehen müssen, falls Deutschland die territoriale Integrität der Tschechoslowakei verletzt hätte, und dazu fühlte sich Frankreich zu schwach und war auch innenpolitisch viel zu uneinig und eigentlich handlungsunfähig. Auch die Sowjetunion hatte der Tschechoslowakei 1935 in einem Pakt Beistand versprochen, allerdings nur unter der Bedingung, daß Frankreich zu seinen Verpflichtungen stehen würde. Polen wollte die polnische Minderheit samt einem tüchtigen Stück Territorium aus der Tschechoslowakei herausholen und würde überdies

die Rote Armee, gegen die es schon 1920 gekämpft hatte, keinesfalls freiwillig durch polnisches Gebiet marschieren lassen. So war die Tschechoslowakei ebenso isoliert, wie es Österreich vor dem Anschluß gewesen
war, und dazu noch von feindseligen Nachbarn eingekreist.

Sofort nach der Besetzung und Einverleibung Österreichs begann Hitler
mit den Vorbereitungen zur Zerschlagung des tschechischen Staates. Was
mit den Sudetendeutschen geschah, war ihm dabei weniger wichtig, ihre
in der Tat bestehende Bedrängnis, aber ebenso die Hetzerei ihrer extremen
Nationalisten, gaben lediglich einen bequemen Vorwand ab. Am 28. März
schon wurde Konrad Henlein von Hitler persönlich angewiesen, an die
tschechoslowakische Regierung unannehmbare Forderungen zu stellen[4].
Am 24. April forderte die Sudetendeutsche Partei in ihrem »Karlsbader
Programm« die volle Autonomie des Sudetenlandes, freie Agitationsmög-
lichkeit und Wiedergutmachung für seit 1919 erlittene wirtschaftliche
Schäden.

Bald darauf glaubte die tschechoslowakische Regierung irrtümlich, ein
deutscher Angriff stehe unmittelbar bevor, und mobilisierte am 20. Mai
die Armee. Hitler tobte, und die Welt gab den Tschechen unrecht. Hitler
mochte in den tschechischen Maßnahmen eine Herausforderung gesehen
haben, oder auch nur ein ihm zusätzlich in den Schoß gefallenes Argument, der Beginn der konkreten Planungen zum »Fall Grün«, dem Überfall auf die Tschechoslowakei, liegt jedenfalls lange vor dem 20. Mai 1938.
Unter dem 22. April 1938 schon wurden die Grundzüge mit aller wün-
schenswerten Klarheit schriftlich festgelegt, und unter dem 20. Mai 1938
legte General Keitel Hitler bereits einen ausgearbeiteten Entwurf für die
zu erteilenden strategischen Weisungen vor[5]. Die tschechische Regierung
war also einigermaßen zutreffend unterrichtet. Unter dem 30. Mai schließlich verkündete Hitler den Oberbefehlshabern des Heeres, der Marine und
der Luftwaffe schriftlich: »Es ist mein unabänderlicher Entschluß, die
Tschechoslowakei in absehbarer Zeit durch eine militärische Aktion zu
zerschlagen.« Termin: Zum »politisch und militärisch geeigneten Zeitpunkt«. Spätestens ab 1. Oktober 1938 müßten die Grundlagen für die
Ausführung des Planes geschaffen sein[6].

Im Laufe des Sommers verschärfte sich die Krise ständig. Ende Juni
wurden im Beisein Hitlers Manöver auf dem fränkischen Truppenübungsplatz bei Grafenwöhr, nahe der tschechoslowakischen Grenze, abgehalten[7]. Befestigungsarbeiten im Westen wurden beschleunigt vorangetrieben, schon am 22. Juni wurde die zivile Dienstpflicht eingeführt, die
Presse war ganz auf das Anheizen einer Kriegsstimmung eingestellt[8].
Am 10. August, nachdem er eine Denkschrift Becks gegen den Kriegsplan

zur Kenntnis genommen hatte, hielt Hitler wieder eine Konferenz mit
seinen obersten Befehlshabern ab, diesmal auf dem »Berghof« [9]. Einzelne
Generale wagten es, als Hitler seine Absicht erneut kundtat, Zweifel an
dem Durchhaltevermögen der Wehrmacht gegen ein zu erwartendes Eingreifen Frankreichs und gar Englands zu äußern, aber da kamen sie bei
Hitler schlecht an. Er antwortete mit einem Wutausbruch gegen diese
»Miesmacherei«, die er vor allem dem Generalstab vorwarf. Jodl erklärte
sie sich damit, daß der Generalstab »letzten Endes an das Genie des
Führers nicht glaubt« [10].

Vom 21. bis 26. August hielt sich der ungarische Reichsverweser Admiral Horthy mit Außenminister Kania von Kanya und Kriegsminister Rácz
von Nagylak zu einem Staatsbesuch in Deutschland auf und erfuhr
hier, daß Deutschland keinesfalls eine zweite Provokation von der Tschechei hinnehmen werde, und »wenn es morgen sein sollte. Ob sie sich
dann beteiligen wollen oder nicht liege bei ihnen.« [11]

Ende August wurden weitere Einzelheiten für die »Aktion Grün« festgelegt und zum Teil mit Übungen und Manövern getarnt [12]. Militärische
Notwendigkeiten ließen es geboten erscheinen, daß der »Zwischenfall«,
»der Deutschland den Anlaß zum militärischen Eingreifen gibt«, am Tage
vor dem Eingreifen, »am X–1 Tage mittags authentisch bei uns bekannt
wird«. Denn, so notierte Jodl am 26. August: »Sollte man aus technischen
Gründen den Zwischenfall in den *Abendstunden* wünschen, so kann der
nächste Tag *nicht* der X–Tag sein, sondern erst der übernächste Tag.« Das
aber würde die Überraschung gefährlich vermindern. Auf alle Fälle, heißt
es am Schluß dieses Schriftstückes, müsse die Wehrmacht die Absichten
des Führers rechtzeitig erfahren »– sofern nicht ohnehin die Abw[ehr-]
Abt[eilung] [des OKW] mit der Organisation des Zwischenfalls beauftragt
wird.« [13] Am folgenden Tag erklärte Beck seinen Rücktritt.

Aber solche Rückschläge konnten Hitler nicht aufhalten, zumal die
übrigen Generale seine Befehle mit großer Bereitwilligkeit ausführten.
Am 3. September besprach er sich auf dem »Berghof« mit Brauchitsch und
Keitel und legte sich erneut für Ende September bzw. Anfang Oktober als
Zeit zum Angriff fest. In einer weiteren Besprechung in Nürnberg während der Nacht vom 9. zum 10. September mit Hitler, Brauchitsch, Halder,
Keitel und den Adjutanten Schmundt, Engel und Below erläuterte der
neue Generalstabschef Halder den Operationsplan »Grün« und äußerte
die Erwartung, daß der Plan zum Erfolg führen werde [14]. Zahlreiche weitere Maßnahmen folgten und mußten den militärischen Nachrichten-
diensten des Auslandes die Entschlossenheit Hitlers vor Augen führen.
Am 15. September wurde der Reichsarbeitsdienst (RAD) der Wehrmacht

unterstellt, die Reichsbahn wurde angewiesen, »große Mengen Leermaterial bereitzustellen«, ein sudetendeutsches Freikorps unter Konrad Henlein wurde aufgestellt zwecks »Schutz der Sudetendeutschen und Aufrechterhaltung weiterer Unruhen und Zusammenstöße«[15]. Hitler hielt im
Laufe des September etliche anfeuernde Reden und sprach mehr als sonst
vom Kampf, und schließlich verkündete er vor dem Nürnberger Parteitag
am 12. September, Deutschland werde die »Unterdrückung und Verfolgung dieser dreieinhalb Millionen Deutschen« in der Tschechoslowakei
nicht mehr dulden, und die Staatsmänner der anderen europäischen
Länder mögen zur Kenntnis nehmen, daß für die Sudetendeutschen anstelle der Unterdrückung durch die Tschechen »das freie Recht der Selbstbestimmung« zu treten habe[16]. In einer Rede im Sportpalast in Berlin am
26. September bekräftigte er seine Entschlossenheit in unmäßigen Haßausbrüchen, aber auch mit der Behauptung, bei dem Anspruch auf das
Sudetengebiet handle es sich um »die letzte territoriale Forderung, die ich
Europa zu stellen habe«[17].

Angesichts der so verschärften Krise gab sich insbesondere der britische
Premierminister Chamberlain alle erdenkliche Mühe, eine friedliche Lösung herbeizuführen. Er schlug Hitler kurzfristig vor, ihn am 15. September zu einer Besprechung zu empfangen, die auch an diesem Tag auf dem
Obersalzberg stattfand[18]. Das Recht der Selbstbestimmung für die Sudetendeutschen, genauer das Recht der Annexion des Sudetenlandes für
das Deutsche Reich, wurde von Chamberlain im allgemeinen anerkannt,
und Frankreich, der Bündnispartner der Tschechoslowakei, schloß sich
dem englischen Vorschlag an. Was blieb den Tschechen anderes übrig, als
sich zu unterwerfen? Vom 22. bis 24. September war Chamberlain wieder
in Deutschland, um das Problem vollends zu regeln, da die Tschechen zu
sehr weitgehenden Zugeständnissen bereit waren. Aber die Godesberger
Konferenz endete ohne Übereinstimmung, als Hitler seine Entschlossenheit zum sofortigen Einmarsch mit nachfolgender Abstimmung in einem
noch festzulegenden Gebiet bekundete, am 28. September würde ein
deutsches Ultimatum in diesem Sinne ablaufen. Die Tschechen machten
mobil, Frankreich rief die Reservisten auf, und England setzte seine
Flotte in Kriegsbereitschaft: der Weltkrieg stand vor der Tür.

Schließlich kam es aber zur Münchner Konferenz am 29. September,
bei der Hitler, Chamberlain und Daladier einen »Vermittlungsvorschlag«
Mussolinis annahmen, wonach deutsche Truppen zwischen dem 1. und
10. Oktober etappenweise in das geforderte Gebiet einmarschieren sollten.
Der tschechischen Delegation wurde lediglich das Ergebnis der Beratungen mitgeteilt.

Die Begeisterung über die Rettung des Friedens war allenthalben groß, in Deutschland ebenso wie in England und Frankreich. Die meisten übersahen, daß es sich nicht um einen friedlichen Vergleich auf Grund beiderseitiger Kompromißbereitschaft handelte, sondern um eine internationale Erpressung erster Ordnung. England und auch Frankreich waren neben der Tschechoslowakei die Opfer der Erpressung geworden, weil sie nicht glaubten, sie verhindern zu können, weil es ihnen bis zu einem gewissen Grade in der Tat an den Mitteln dazu fehlte, und weil sie nicht den Willen zum Widerstand besaßen. Diesen Willen würden sie jedoch notgedrungen sich aneignen, sobald sie erkennen müßten, daß der »letzten territorialen Forderung« immer wieder eine neue folgen würde, daß die Reihe endlich auch an sie kommen und Hitler versuchen würde, sich zum Diktator von Europa zu machen.

Zwar hatten diejenigen zunächst unrecht, die in Deutschland ihre warnenden Stimmen gegen Hitlers abenteuerliche Politik erhoben hatten. Aber da sie weiter sehen konnten, als Hitler zu sehen willens oder imstande war, behielten sie auf die Dauer in schrecklicher Weise recht. Denn der nächste Punkt in Hitlers Programm war die »Erledigung der Resttschechei«, wie er sich ausdrückte, und danach wollte er weiteren »Lebensraum« fordern [19]. Der große Krieg war also nur aufgeschoben.

2. Außenpolitik und Widerstand

Die Drohung eines Krieges, der, von Hitler ohne Notwendigkeit begonnen oder provoziert, den Umsturz der europäischen Ordnung bezweckte und also spätestens dann zu einem Weltkrieg werden mußte, wenn England sich einer Niederlage näherte – diese schreckliche Drohung hat eigentlich die deutsche Widerstandsbewegung hervorgebracht, die darauf abzielte, durch staatsstreichartige und revolutionäre Maßnahmen das Regime zu stürzen und danach seine Führer für ihre Verbrechen zur Verantwortung zu ziehen [20]. Vor allen waren es Politiker, hohe Beamte in mehreren Reichsministerien und an zahlreichen anderen Stellen, hohe Offiziere des Heeres und Wirtschaftsführer, die nun ihren ganzen Einfluß einsetzten, um Hitlers Außenpolitik – der Widerstand gegen seine Innenpolitik ging natürlich auch weiter – zu dämpfen und zu bremsen, sowohl von innen als auch indirekt von außen. Es bedarf kaum der Erwähnung, daß alle diese Bemühungen wegen der in Hitlers SS-Staat geltenden Voraussetzungen mit akuter Gefahr für Leib und Leben verbunden waren.

Die intensivste und ausgedehnteste Tätigkeit entfaltete Dr. Carl Goerdeler, der auch nachher während des Krieges weithin als Führer der Widerstandsbewegung anerkannt war. Er stammte aus einer Beamtenfamilie, seine engere Heimat war das Westpreußen, das 1919 an Polen gefallen war. Goerdeler wurde Jurist und Verwaltungsbeamter, 1930 wurde er zum Oberbürgermeister von Leipzig ernannt[21]. Im Dezember 1931 gewann der Kanzler Brüning Goerdeler als Reichskommissar für die Preisüberwachung, und weil die Deutschnationale Volkspartei, der Goerdeler angehörte, wie bisher fortfuhr, gegen Brüning zu opponieren und seinen notwendigen Maßnahmen zur Besserung der wirtschaftlichen Lage die Unterstützung zu versagen, trat Goerdeler mit einer öffentlichen Erklärung aus der Partei Hugenbergs aus. Im Mai 1932 wurde Goerdeler aufgefordert, in das Kabinett Papen als Wirtschafts- und Arbeitsminister einzutreten, lehnte aber ab aus Empörung über den Sturz Brünings und über die Hintermänner Papens, und auch wegen seiner Einschätzung Papens selbst als eines gescheiterten Diplomaten ohne Anhang, Sachkenntnis und politische Verdienste. Als dann Hitler Reichskanzler geworden war, geriet Goerdeler bald in Konflikte mit den Nationalsozialisten, so etwa, als er sich weigerte, auf dem Leipziger Rathaus die Hakenkreuzfahne zu hissen, die damals noch nicht Reichsflagge war, oder als er persönlich jüdische Geschäftsleute gegen plündernde SA-Männer schützte[22].

Noch schien es aber möglich, zwischen Hitler selbst und seinem Anhang zu unterscheiden, noch konnte mancher glauben, verschiedene Erscheinungen des Regimes, die sich später als sein wahrer Inhalt herausstellten, seien Auswüchse, die Hitler keinesfalls zu dulden gewillt sei. So auch Goerdeler; denn er besaß nicht nur einen unstillbaren Tätigkeitsdrang, sondern auch einen nahezu unausrottbaren Optimismus, der an Blindheit gegenüber der dämonischen Bosheit und Verderbtheit des Nationalsozialismus grenzte. Immer und bis zum gewaltsamen Ende seines Lebens von Henkershand glaubte er, daß er fähig sei, durch vernünftiges Zureden und Erklären alles oder doch vieles zum Guten zu wenden[23]. Nur diese überaus starke Charaktereigenschaft Goerdelers macht es begreiflich, daß er sich im November 1934, also nach den Morden des 30. Juni, erneut zum Reichskommissar für die Preisüberwachung machen ließ, in welcher Stellung er bis zum 1. Juli 1935 blieb[24]. In persönlichen Aussprachen mit Hitler gelang es Goerdeler tatsächlich mehrfach, seine Absichten gegen die der Parteigrößen und sogar gegen Hitlers Auffassungen durchzusetzen und bei Hitler Unterstützung zu finden[25]. Solche Erfahrungen gaben Goerdelers Optimismus bis ans Ende die rationale Rechtfertigung, sogar wenn er sich in seinen letzten Lebensjahren dazu verstieg, Hitler die Fortsetzung des Krieges ausreden zu wollen.

Praktisch erwies sich die Zusammenarbeit mit den Nationalsozialisten gleichwohl schon bald als unmöglich. Als Goerdeler 1936 nach Ablauf seiner ersten Amtszeit als Oberbürgermeister auf zwölf Jahre wiedergewählt wurde, und zwar mit Unterstützung der NSDAP, da glaubte er an den Sieg des vernünftigen und logischen Denkens[26]. Als aber sein Stellvertreter, Bürgermeister Haake, in seiner Abwesenheit hinter seinem Rükken und gegen sein ausdrückliches Verbot das Denkmal Mendelssohns vor dem Leipziger Gewandhaus entfernen ließ, und als die Partei sich weigerte, die von ihr veranlaßte Maßnahme rückgängig zu machen, obgleich Goerdeler mit Rücktritt drohte, da nahm er seinen Abschied und trat zum 1. April 1937 in den Ruhestand[27].

Nun widmete sich Goerdeler ganz seinen Bemühungen zur Verhinderung des Krieges, zunächst in enger Verbindung mit süddeutschen Industriellen und Regimegegnern, die sich insbesondere um Robert Bosch gesammelt hatten[28]. Hier fand er auch die finanzielle Unterstützung, ohne die er seine zahlreichen und für seine Rolle in der Opposition so wichtigen Reisen nicht hätte ausführen können. Schon im Juni 1937 trat Goerdeler eine solche Reise an; sie führte ihn nach Belgien und England, dann wieder nach Berlin, darauf nach Holland, Frankreich, Kanada und nach den Vereinigten Staaten. Im März und April 1938 führten ihn weitere Reisen nach Frankreich und England, im Spätsommer und Herbst nach der Schweiz, nach Italien, Jugoslawien, Rumänien, Bulgarien, sodann 1939 nach Frankreich und Algerien, nach England, Libyen, Ägypten, Palästina, Syrien, der Türkei und wieder der Schweiz[29].

Stets bemühte sich Goerdeler, den entscheidenden Staatsmännern des Westens die drohenden Gefahren und seine Gedanken für ihre Abwendung nahe zu bringen. Er argumentierte gern mit wirtschaftlichen Belegen, weil sie am ehesten die »natürlichen« Gegebenheiten aufzeigten, also die Vernunftgründe, in welche Goerdeler so viel Vertrauen setzte. Aber der Erfolg blieb ihm versagt.

In Deutschland dienten seine Berichte dazu, Bekehrte noch mehr von ihrem Standpunkt zu überzeugen, lieferten ihnen freilich auch Material für ihre eigenen Vorstöße. Auf die Politik der an der Macht befindlichen Regierung aber hatten sie keinen Einfluß, und den Umsturz haben sie auch nicht bewirkt.

Im Ausland wurde Goerdeler wohl von erstaunlich vielen Staatsmännern empfangen und angehört. In den Jahren vor dem Ausbruch des Krieges sprach er in Paris u. a. mit Daladier und Reynaud, in London mit dem Gouverneur der Bank von England, Montagu Norman, mit dem Secretary of State im Foreign Office, Anthony Eden, mit dem Permanent

Undersecretary of State im Foreign Office, Sir Robert Vansittart, mit dem Counsellor im Foreign Office (Chef der Wirtschaftsabteilung), Frank Ashton-Gwatkin, ferner mit Lord Halifax und Winston Churchill. In den Vereinigten Staaten hatte er Unterredungen mit dem Secretary of State Cordell Hull, mit dem Secretary for Agriculture Henry A. Wallace, mit dem Undersecretary of State Sumner Welles, mit dem Assistant Secretary of State, G. S. Messersmith, dem ehemaligen Präsidenten Herbert Hoover, mit dem späteren Secretary for War Henry Lewis Stimson, mit dem Secretary of the Treasury Henry Morgenthau Jr., mit dem Industriellen Owen D. Young, und in Kanada mit dem Ministerpräsidenten William Lyon Mackenzie King [30].

Goerdeler wurde aber nie als Vertreter einer wirklichen, wahrscheinlichen oder erwünschten Politik angesehen. Weder französische noch englische oder amerikanische Regierungsstellen sahen sich in der Lage, seinen Vorschlägen irgendwie Folge zu leisten. Bezeichnend ist dafür die Aufnahme, die Goerdeler im Frühjahr 1938 in Paris zuteil wurde [31]. Der deutsche Pädagoge Dr. Reinhold Schairer, der seit 1933 in London lebte und auch in Frankreich und in der Schweiz über mancherlei Verbindungen verfügte, vermittelte Goerdeler in Paris die wichtigsten Kontakte. Er empfahl ihn an den Professor für Germanistik Pierre Bertaux, der damals Chef de Cabinet in der Abteilung Éducation Nationale im französischen Kultusministerium war. Goerdeler war Anfang März in Paris mit Schairer bei Bertaux zu Gast [32]. Bertaux hörte sich Goerdelers Darlegungen an, weshalb die französische Regierung in der tschechoslowakischen Frage und überhaupt in Fragen deutscher Gebietsforderungen unbedingt eine feste und unnachgiebige Haltung einnehmen müsse, konnte ihm aber keinerlei Hoffnung auf eine solche Haltung machen, noch weniger darauf, daß man seine – Goerdelers – Warnungen überhaupt ernst nehmen würde. Im übrigen waren sich beide über die Europa drohenden Gefahren durchaus einig.

Am 5. April erschien Goerdeler noch einmal bei Bertaux, diesmal ganz unerwartet, und bat dringend, mit französischen Regierungsstellen in Verbindung gebracht zu werden. Bertaux verschaffte ihm darauf am selben Tag bei dem höchsten Beamten des französischen Außenministeriums, dem Secrétaire Général du Ministère des Affaires Étrangères M. Alexis Léger (als Dichter unter dem Namen Saint-John Perse bekannt), eine Unterredung, bei der er selbst auch zugegen war und die zwei Stunden dauerte. Goerdeler brachte wieder sein dringendes Anraten einer möglichst unnachgiebigen Haltung gegenüber Hitler vor. Er erklärte, vielleicht auf die deutsche Politik Einfluß nehmen zu können, jedoch nur, wenn er dazu Unterstützung und Rückendeckung im Ausland habe. Aber Léger ließ sich auf gar nichts ein, er sprach, so erinnert sich Bertaux, wie ein Radikalsozialist des Midi, nicht bramarbasierend, aber doch nur in allgemeinen und unverbindlichen Phrasen. Goerdeler erhielt nicht die geringste Zusicherung. Bertaux und Léger bezweifelten nicht den guten Willen Schairers, aber von Goerdeler wußten sie doch recht wenig. Es mochte ja sein, daß er zur deutschen Widerstandsbewegung gehörte, aber es konnte ebenso gut sein, daß er nur die französische Regierung aushorchen und alles in Erfahrung Gebrachte sofort der deutschen Regierung berichten wollte. Dazu kam das Problem, ob man die Verantwortung für einen großen europäischen Krieg überhaupt auf sich nehmen könnte, obwohl Frankreich dafür 1938 relativ besser gerüstet war als 1939, dabei aber hoffte, die deutschen Rüstungen bald noch zu übertreffen.

Am 7. April aßen Goerdeler und Bertaux noch zusammen zu Abend, und Goerdeler wiederholte seine dringende Bitte um feste Haltung wegen der tschechischen Frage. Aber am nächsten Tage trat das Kabinett Léon Blum zurück, das erst seit 13. März im Amt gewesen war, am 10. April wurde die Regierung Édouard Daladier gebildet, und Bertaux ging an die Universität Toulouse. Damit war Goerdelers ohnehin nicht sehr wirkungsvoller Draht zur französischen Regierung wieder abgerissen.

In London ist es Goerdeler nicht viel besser ergangen. Zwar fand er hier wenigstens einen vorbereiteten Boden; denn Vansittart hatte nicht das geringste Vertrauen zur Politik der Hitler-Regierung. Auch hatte er viel Vertrauen zu Goerdeler, den er für zuverlässig, ehrlich, patriotisch, ja für den einzigen echten Hitler-Gegner unter den vielen hielt, die sich als solche bekannten[33]. Aber wenn Goerdeler Vansittart gegenüber im April 1938 die Abtretung des Sudetenlandes an Deutschland forderte, nachdem soeben Österreich auf wenig feine Weise einverleibt worden war, und wenn er gleichzeitig der englischen Regierung zu klarer, gleichbleibender Politik riet, weil sonst die Begierde nach unberechtigtem Besitz gefördert würde, so arbeitete er, ohne es zu wollen, geradezu gegen die Bestrebungen der Widerstandsbewegung und gab Anlaß zu noch größerem Mißtrauen gegenüber dem »anderen Deutschland«, als es in ausländischen Regierungen ohnehin schon vorhanden war[34].

Auf englischer Seite entstand der Eindruck, daß Goerdeler sehr wohl die Auffassungen der führenden Kreise der deutschen Opposition wiedergab, nicht nur seine eigenen. Denn die im Laufe der Sudetenkrise auftauchenden Sendboten vertraten alle ähnliche Revisionswünsche oder gehörten mit ihren politischen Anschauungen in das gleiche Lager wie Goerdeler[35]. Zwischen Konservativen, Preußen, Monarchisten einerseits und der Wilhelminischen Zeit (besonders 1900 bis 1914), dem Überfall auf Belgien und dem Ersten Weltkrieg andererseits, ferner zwischen diesen Stichworten und Hitlers »Neupreußentum« waren die Unterschiede im Deutschlandbild führender und entscheidender Kreise in England nicht klar, sondern fließend. Auch das ist hier doch in Rechnung zu stellen.[36]

Schließlich lag in Goerdelers Forderung nach Abtretung des Sudetenlandes noch in anderem Sinn eine Schwäche der Position der deutschen Opposition gegenüber der französischen und der englischen Regierung: am Schutz des Sudetenlandes und der Tschechoslowakei überhaupt waren diese gar nicht brennend interessiert, der »völkisch« argumentierende Hitler aber könnte ja wirklich mit dem deutschsprechenden Sudetenland zufrieden sein, Kolonien und »Weltpolitik« mit einer großen Flotte wollte er doch auch nicht. Warum sollten da Frankreich und England unnötig das wilhelminisch-kaiserliche Deutschland und »1914« wiedererwecken? Hitler schien vielen westlichen Staatsmännern sogar das geringere Übel zu sein. Wenn schon Konzessionen, so dachten sie, warum dann nicht an Hitler? Warum erst helfen, seine Regierung zu stürzen und dann die von ihm verlangten Konzessionen einer neuen machen? Das war doch umständlich und scheinbar sinnlos. An der Erzeugung eines derartigen Deutschland- und Hitler-Bildes in London hatte der britische Botschafter in Berlin, also ein höchst glaubwürdiger Berichterstatter, einen nicht unbeträchtlichen Anteil.[37]

Davon völlig abgesehen: der Gedanke, England könnte von außen her, mitten im Frieden, die Regierung eines großen europäischen Staates zu stürzen versuchen, war unerhört. Selbst bei größter Entschlossenheit konnte man in England kaum auf eine so abenteuerliche Politik verfallen, gehörte es doch vielmehr zum festen Bestand der englischen Tradition, die Freiheit der Wahl der Regierungsform auch den anderen Völkern zuzugestehen.[38] Im internationalen Verkehr, selbst mit Diktatoren, gab es so etwas wie guten Glauben. Eine Regierung, die mit einer anderen auf der Basis gegenseitiger Anerkennung verhandelte und verkehrte, konnte nicht zugleich heimlich den Sturz des Partners betreiben, ohne sich selbst allenthalben jeden Kredits und Vertrauens zu berauben. Das wußte man in London sehr genau.[39] Von einem solchen Standpunkt aus ist es also auch sehr begreiflich, wenn Vansittart Goerdeler erwiderte, was er da sage, das sei ja Landesverrat.[40] Der ethische Antrieb, das Höherstellen der Humanität über die Loyalität dem Staate gegenüber, ist damit gründlich verkannt. Aber die Revisionsforderungen Goerdelers, so wohlmeinend auch sie gewesen sein mögen, haben vor dem Verständnis ein schier unüberwindliches Hindernis aufgerichtet.

Wenn freilich Chamberlain den Eindruck hatte, die deutsche Opposition verfahre ähnlich wie die Jakobiten, die Anhänger des 1688 vertriebenen Stuart-Königs Jakob II., die diesem durch den Sturz des kalvinistischen Oraniers Wilhelm II. wieder auf den Thron helfen und zu diesem Zwecke Frankreich gegen England aufhetzen wollten, so traf er natürlich den Kern der Sache gar nicht[41]. Die deutsche Opposition war nicht zuerst an ihrer eigenen Stellung und Macht, sondern an der Erhaltung des Friedens interessiert. Zu diesem Zwecke machte sie diejenigen Vorschläge, die ihr geeignet erschienen: sie wünschte ein klares »Nein« Englands zu Hitlers erpresserischen Eroberungsplänen. Über die Unrechtmäßigkeit von Hitlers Vorgehen bestand ja Einigkeit, England war nicht wesentlich schlechter gerüstet als Deutschland, und über die Unfähigkeit Deutschlands zu einem erfolgreichen Zweifrontenkrieg, überhaupt zu einem erfolgreichen Krieg gegen England und Frankreich, war man sich ebenfalls im klaren.

Von der deutschen Opposition aus gesehen wurde also keineswegs die Bereitschaft Englands zu einem vielleicht durch Vernunft und Kompromißbereitschaft vermeidbaren Weltkrieg gefordert, aber in England konnte dieser Eindruck entstehen. Dort wußte man nicht so genau wie in Deutschland, daß Hitler in dämonischer Weise zum Kriege trieb, von Anfang an und unaufhaltsam. Ein entscheidender Unterschied zwischen der nationalsozialistischen und einer vielleicht durch die Opposition gebildeten deutschen Regierung wurde in London jedenfalls nicht gesehen. Beide würden »nationalistisch« und revisionistisch sein. Die englische Regierung wollte also mit der deutschen Opposition nichts zu schaffen haben, sie wollte sich mit der legalen deutschen Regierung arrangieren[42].

Auf englischer und französischer Seite fehlte es also am Verständnis für die Lage, in der sich deutsche Oppositionspolitiker befanden, wenn sie nicht in den Geruch kommen wollten, Erfüllungspolitik zu treiben und nationale Interessen zu verraten. Goerdeler wurde sich dieses Zwiespaltes durchaus und schmerzlich bewußt; denn am 11. Oktober 1938, nach der Besetzung des Sudetenlandes, schrieb er an einen amerikanischen Freund: »»Eigentlich könnte ich nun sagen: Immerhin vergrößert diese Entwicklung die Macht und den Lebensraum meines Landes. Als Deutscher sollte ich an sich sehr zufrieden sein. Ich weiß jedoch, daß diese Diktatoren nichts als Verbrecher sind und daß ihre Wirtschaftspolitik zum Bolschewismus führt, der Hitlerismus ist Gift für die deutsche Seele. Hitler ist entschlossen, das Christentum zu zerstören ... Nicht Gerechtigkeit, Vernunft und Anstand, sondern brutale Gewalt werden die Zukunft der Welt formen.‹« [43] Eine solche Haltung war freilich im Auslande schwer verständlich, wo man an dem Konflikt zwischen ethischem und patriotischem Bewußtsein natürlicherweise unbeteiligt blieb.

Andererseits muß auch erwähnt werden, daß Vansittart auf frühere Gespräche mit Goerdeler im Jahre 1937 hin sowie unter dem Eindruck von Memoranden des Deutschen Verbandes der Schwerindustrie und des Oberst Thomas aus dem Wehrwirtschaftsamt im Oberkommando des Heeres erneut, wie er es schon seit 1930 ständig getan hatte, zu einer festen Haltung Londons gegenüber Hitler riet [44]. Aber der damalige britische Premierminister Neville Chamberlain und sein Kabinett, erst seit Ende Mai 1937 im Amt, also bei Goerdelers erstem Besuch in London nur wenige Tage, haben den von Vansittart verfaßten und für sie bestimmten Bericht über die Schwäche des deutschen wirtschaftlichen und militärischen Potentials, über das Scheitern des Vierjahresplans, über den Mangel an Rohstoffen und über den Friedenswillen der militärischen Umgebung Hitlers, den man von außen her unterstützen müsse, überhaupt nicht erhalten. Der Außenminister Anthony Eden unterdrückte schon den ihm vorgelegten Entwurf und untersagte die Ausarbeitung und Vorlage an das Kabinett [45]. Chamberlain war zu seiner Kompromißpolitik hinsichtlich Österreichs und der Tschechoslowakei damals schon entschlossen, Mitteilungen der britischen Stabschefs, daß England für einen Krieg gegen Deutschland ganz und gar unvorbereitet sei, bestärkten ihn später in seiner Auffassung [46]. Diskussionen über die englische Außenpolitik vor seiner eigenen Entscheidung schätzte er nicht, er allein wollte bestimmen, was zu geschehen habe [47]. So blieben die Warnungen Vansittarts, der die Regierung des Reichskanzlers Hitler sehr zutreffend einschätzte, unbeachtet [48].

Trotz allem, was auf beiden Seiten das Verständnis für die Lage der anderen behinderte, erschien es vielen nicht sinnlos, die englische Regierung vor Hitlers Absichten so oft und eindringlich wie möglich zu warnen, in der Hoffnung, eine unnachgiebige Haltung könnte doch den Krieg verhindern. Ein ständiger Strom von Nachrichten und Warnungen erreichte die englische Regierung durch ihre eigenen Kanäle, durch ihre Botschaft in Berlin zumal und durch ihre Nachrichtendienste [49]. Zugleich gab es zahlreiche Kontakte mit deutschen Emissären.

Im Juli 1938 schon war Hitlers persönlicher Adjutant, Hauptmann Fritz Wiedemann, mit Hitlers Wissen nach London gereist und hatte dort mit Lord Halifax gesprochen. Halifax ließ Hitler durch Wiedemann ausrichten, eine Lösung der sudetendeutschen Frage mit Gewalt werde das englische Volk nicht ruhig hinnehmen. Als äußersten Termin für die Lösung

der Frage nannte Wiedemann nach seinem eigenen Bericht weisungsge-
mäß – er hatte sich den von Hitler angegebenen Zeitpunkt noch im OKW
bestätigen lassen – März 1939 [50].

Nach seiner Rückkehr von London kam Wiedemann nicht einmal
dazu, Hitler ausführlich zu berichten. Dafür ließ er im August die englische Regierung »durch Dritte« wissen, Hitler sei nun entschlossen, die
Sudetenfrage »in kürzester Zeit mit Gewalt zu lösen«.

Weitere Vorstöße in die Londoner Richtung wurden von dem Rittmeister a. D. und Journalisten Victor von Koerber im Laufe des August
unternommen [51]. Wenigstens dreimal, das erstemal am 6. August, trat er
mit dem Militärattaché der britischen Botschaft in Berlin in Verbindung,
worüber dieser auch an seine Vorgesetzten berichtete [52]. Er sprach von
den Farben Schwarz-Weiß-Rot als den einzigen revolutionären Farben und
von einer Restauration der Monarchie, und er deutete an, der Umsturz
des Regimes müsse zwar von innen geschehen, könne aber von außen
unterstützt werden. Der Militärattaché lehnte diesen Gedanken in seinem
Bericht ab; denn wenn ein solcher Versuch fehlschlage, dann sei alles
noch viel schlimmer als vorher, und die Stellung Hitlers werde gerade
gestärkt. Übrigens befürwortete Koerber als Kandidaten für einen erneuer-
ten deutschen Thron den Kronprinzen, der 1932 bei den Reichspräsiden-
tenwahlen für Hitler eingetreten war und auch jetzt im Ausland gar keine
gute Presse hatte [53].

Der englische Journalist Ian Colvin hatte als Mitglied des exklusiven
Kasino-Klubs in Berlin die Bekanntschaft des Gutsbesitzers und monar-
chistisch-konservativen Politikers Ewald von Kleist-Schmenzin gemacht,
der ihn schon Ende März oder Anfang April 1938, kurz nach dem deutschen Einmarsch in Österreich angesprochen hatte, mit dem Ersuchen,
die englische Regierung vor Hitlers Eroberungsplänen zu warnen: Hitler
werde mit Österreich nicht zufrieden sein, er strebe die Weltherrschaft
an; wohl sei er wahnsinnig, aber im Vollbesitz seiner geistigen Kräfte.
Es gebe zunächst nur eine Möglichkeit, den nächsten, gegen die Tschechoslowakei geplanten Schlag zu verhindern: ein klares, festes Nein von
England. Hitler habe zur Zeit nicht die Machtmittel für einen Kampf
gegen England, er wisse es und habe es selbst zugegeben. Auch der Generalstab des Heeres wolle den Krieg verhindern, brauche aber einen »See-
anker«, einen wirksamen Widerstand von außen, um Hitler zurückhalten
zu können.

Colvin hat die Warnung Kleists noch im Mai an den in der britischen
Botschaft in Berlin tätigen Botschaftsrat Sir Ogilvie-Forbes weitergegeben
und ist überzeugt, daß Vansittart sie noch vor Mitte Mai erhalten habe [54].

Ende Juli 1938 wurde Colvin durch einen Mittelsmann von »einem
der drei höchsten Generale im deutschen Oberkommando« mitgeteilt,
eine militärische Aktion gegen die Tschechoslowakei werde am 28. September beginnen[55]. Er berichtete darüber unter dem 3. August 1938 in
einem Brief an seinen Freund Lord Lloyd, den Vorsitzenden des British
Council, der in vielen Dingen das Ohr Chamberlains und Lord Halifax'
besaß; Lord Lloyd soll den Bericht Colvins an Vansittart und einige Mitglieder des Kabinetts weitergeleitet haben[56]. In einem Begleitbrief kündigte Colvin zugleich den Besuch von Ewald von Kleist-Schmenzin in London an, und zwar im Auftrag der Abwehr und mit dem Zweck, womöglich
englische Zusagen hinsichtlich einer Intervention gegen Deutschland zu
erwirken für den Fall eines deutschen Angriffes gegen die Tschechoslowakei.

Kleist reiste tatsächlich im Einvernehmen mit Canaris und Oster und
mit deren Unterstützung nach London[57]. Am 16. August wurde Kleist
auch noch vom britischen Botschafter Sir Nevile Henderson selbst als
Abgesandter »der Gemäßigten im deutschen Generalstab« angekündigt[58].
Wie Kleist im November 1938 Colvin berichtete, war der spezifische
Zweck der Mission von General Ludwig Beck so umrissen worden: »»Bringen Sie mir den sicheren Beweis, daß England kämpfen wird, wenn die
Tschechoslowakei angegriffen wird, und ich will diesem Regime ein Ende
machen.‹« [59] Als »Beweis« wären eine öffentliche Beistandserklärung Englands für die Tschechoslowakei und eine militärische Demonstration anzusehen gewesen.

Kleist flog also am 18. August nach London und stieg im Park Lane
Hotel ab[60]. Am Spätnachmittag des 18. August sprach Kleist mit Vansittart
und erklärte ihm, der Krieg sei unvermeidlich, wenn England, das allein
dazu in der Lage sei, ihn nicht verhindere[61]. Es handle sich, wie Vansittart in seinem Bericht für den Außenminister mit großer Genauigkeit
festhielt, zufolge der Erklärung Kleists nicht etwa um die Gefahr eines
Krieges, sondern um dessen völlige Gewißheit, da Hitler ganz und gar
dazu entschlossen sei. Auf die Frage Vansittarts, für wann denn der
Angriff geplant sei, habe Kleist gelacht und gemeint, das wisse die
englische Regierung doch längst. Kleist wußte natürlich von den durch
Colvin über Ogilvie-Forbes an Lord Lloyd und damit doch wohl an die
englische Regierung gelangten Nachrichten, die ja zum Teil von ihm
selbst stammten[62]. Kleist sagte Vansittart dann, nach dem 27. September
werde es jedenfalls zu spät sein, und Vansittart erinnerte in seinem Bericht an Lord Halifax an den Brief, den dieser von Lord Lloyd erhalten
habe und in dem der 28. September als Termin genannt worden sei[63].

Als Mittel zur Abschreckung Hitlers nannte Kleist: Beweise, die Hitler
überzeugen würden, daß England und Frankreich nicht bluffen, und
womöglich eine öffentliche Rede eines führenden englischen Staats-
mannes mit einem Appell an alle Deutschen, die den Krieg nicht wollten.
Vansittart fügte dem in seinem Bericht hinzu, besonders der erste Vorschlag sei, wie ja Lord Halifax aus seinen Berichten wisse, in den letzten
Wochen des öfteren von deutschen Kriegsgegnern an ihn herangetragen
worden. Überhaupt seien auch die allgemeinen politischen Auffassungen,
die Kleist vorgetragen habe, im wesentlichen vernünftig. Es sei aber von
Deutschland nach der Auffassung Kleists solange keine vernünftige Politik zu erwarten, als Hitler regiere. Wenn Hitler jetzt eine Niederlage
erleide, so werde sie das Vorspiel zum Ende seines Regimes sein – eine
Auffassung, die auch der britische Militärattaché in Berlin bekräftigte[64].

Halifax schickte den Bericht Vansittarts an Chamberlain, und der Premierminister äußerte sich am 19. August schriftlich dazu[65]: Er habe auch
schon, und gerade am selben Morgen, über Generalmajor Lord Hutchin-
son of Montrose aus deutschen militärischen Kreisen die Mitteilung erhalten, Hitler bluffe diesmal nicht und müsse daher durch irgendeine Übereinkunft vom Äußersten abgehalten werden. Diese Auffassung müsse
man einmal mit Kleists Vorschlägen vergleichen! Der Premierminister
suchte sich also, da er die Wirklichkeit nicht sehen konnte oder wollte,
dem offenbar doch starken Eindruck der Kleistschen Mission, der durch
ihre ungeheure Gefährlichkeit für Kleist selbst – er sagte, er sei praktisch
mit dem Strick um den Hals hergekommen – nur noch unterstrichen
wurde, zu entziehen. Er verglich Kleist und seine Freunde damals, wie
schon berichtet, mit den Anhängern des 1688 aus England vertriebenen
Königs Jakob II.: offenbar wolle der doch seine Freunde in Deutschland
zu einem Umsturzversuch anstacheln, sei also voreingenommen, und da
müsse man eine ganze Menge Abstriche machen von dem, was er jetzt
vorbringe.

Das Äußerste, wozu sich Chamberlain schließlich bereit erklärte, war
die Geste, den britischen Botschafter in Berlin, Sir Nevile Henderson, zu
Besprechungen über die Sudetenfrage nach London zu berufen. Kurz und
gut: der Vorstoß Kleists war bei Chamberlain ins Leere gegangen.
Henderson aber, dessen Pflicht es gewesen wäre, seine Regierung mit
schonungslosem Realismus zu unterrichten, war eher ein Bewunderer der
Nationalsozialisten und ihrer beachtlichen organisatorischen Leistungen
als ein vorsichtiger Skeptiker[66]. Allerdings hat er unter dem 19. August
1938 seinem Vorgesetzten geschrieben, wenn England in einem Kriege
irgendwelchen Nutzen sehen könnte, dann wäre eher jetzt als später

der Augenblick dazu[67]. Aber er kannte ja Chamberlains Einstellung und wollte sicher nicht zu Entschlossenheit und Festigkeit raten. Am Nachmittag des 19. August bedrängte er sogar telephonisch von Berlin aus seinen Außenminister, man solle Hitler ja nicht unnötig irritieren und ihn nicht noch mehr den »Extremisten« in seinen eigenen Reihen ausliefern; schließlich habe er objektiv im Falle des Sudetenlandes einen sehr starken Anspruch (a strong case)[68]. Nach dem Kriege sagte er: »Nothing but the direct and immediate threat of war would have stopped Hitler at that stage.«[69] Aber eben den Krieg wollte man ja möglichst vermeiden.

Kleist sah am Abend des 18. August noch Lord Lloyd und am nächsten Tag Mr. Churchill. Die Zusammenkunft mit Lord Lloyd scheint nicht zu der erhofften Übereinstimmung der Auffassungen geführt zu haben. Gegenüber Churchill sprach Kleist offen von seinen Vorstellungen, welche auch die seiner Freunde seien: Wiederherstellung der Monarchie, Beseitigung des polnischen Korridors. Churchill hielt die Behandlung der Korridorfrage für inopportun, da ja Hitler selbst sie offiziell beiseite gelegt habe, aber er versprach, seine – allerdings inoffiziellen – Auffassungen über die durch einen drohenden deutschen Angriff gegen die Tschechoslowakei heraufbeschworene Kriegsgefahr in einem an Kleist gerichteten Brief niederzulegen[70].

Churchill konnte natürlich als Oppositionsführer keinerlei bindende Zusagen geben. In seinem Brief sagte er, für eine Demokratie wie England sei es schwierig, im voraus und auf Grund hypothetischer Situationen sich auf eine bestimmte Politik festzulegen (wie das ja auch 1914 nicht möglich gewesen war). Man müsse aber nicht nur daran denken, so fuhr Churchill fort, was in den ersten Monaten eines Konfliktes geschehen würde, sondern vielmehr daran, in welcher Lage man sich im dritten oder vierten Jahr befinden werde. Auch Luftangriffe auf die Zivilbevölkerung, selbst wenn sie viele Tote fordern sollten, würden gegebenenfalls das Empire nicht hindern, seine volle Kraft zu entfalten. Alle großen Nationen, die in einen solchen Krieg verwickelt würden – und das Überschreiten der tschechischen Grenze durch deutsche Truppen werde zweifellos einen neuen Weltkrieg bedeuten –, würden ihn bis zum bitteren Ende durchkämpfen, und England werde die Unterstützung des größeren Teils der Welt haben. Im übrigen sei für den Augenblick die Stellung der britischen Regierung, wie Lord Halifax Churchill gegenüber soeben erst noch bestätigt habe, diejenige, die Chamberlain in seiner Rede am 24. März dargelegt habe.

Mehr konnte Churchill beim besten Willen nicht sagen. Immerhin war Vansittart noch zu der Erklärung ermächtigt worden, England werde

eine Flottendemonstration vornehmen, wenn sich die Lage weiter ver-
schärfen sollte, und auf alle Fälle werde der Schatzkanzler Sir John Simon
in den nächsten Tagen eine warnende Rede halten (in welcher dieser
am 27. August ebenfalls sagte, die Rede Chamberlains vom 24. März
sei ihrem Inhalt nach immer noch gültig) [71].

Insgesamt war also die Mission Kleists nicht erfolgreich; Kleist selbst
bestätigte dies [72]. Canaris und Oster, denen Kleist nach seiner Rückkehr
am 24. August [73] berichtete, konnten kaum hoffen, damit die Generale
vom englischen Kampfwillen zu überzeugen, wenn auch derjenige Churchills glaubhaft genug war. Churchills Brief fand seinen Weg in die engere Umgebung Hitlers und hat also, sei es durch Canaris oder durch das
Auswärtige Amt, seine Bestimmung erreicht [74]. Weizsäcker ließ einen
Auszug ohne Angabe des Empfängers, wohl aber des Verfassers, unter
dem 6. September in ein Memorandum über ausländische Stimmen zu
einem möglichen Konflikt zwischen Deutschland und der Tschechoslowakei aufnehmen.

Mittlerweile wurden die Versuche der Opposition, England zu unnachgiebiger Haltung zu veranlassen, fortgesetzt. Der Chef des Generalstabes
des Heeres, General Beck, hatte am 18. August aus Protest gegen Hitlers
Politik sein Rücktrittsgesuch eingereicht, das von Hitler am 21. August
angenommen worden war [75]. Aber sein Nachfolger, General der Artillerie
Franz Halder, setzte die Bemühungen zur Verhinderung des Krieges
fort. Am 1. September hatte Halder die Amtsgeschäfte übernommen, und
schon am 2. September, der Gedanke dazu scheint noch auf Becks Amtszeit, auf die Zeit um den 15. August, zurückzugehen, fuhr Oberstleutnant
a. D. Hans Böhm-Tettelbach nach London, um einen weiteren Versuch
zur Beeinflussung der britischen Regierung zu unternehmen [76]. Halder
und Oster gaben Böhm-Tettelbach den Auftrag, die englische Regierung
auf die eindringlichste Weise zur Unnachgiebigkeit gegenüber allen weiteren Forderungen Hitlers zu drängen. Vansittart war der von Halder und
Oster ausersehene unmittelbare Adressat der Botschaft. Von der Mission
Kleists wußte Böhm-Tettelbach nichts [77]. Nur sehr selten wußten Mitglieder der Opposition von anderen als ihren eigenen Aktionen, das war
eine der elementarsten Sicherheitsmaßnahmen.

In London gelang es Böhm-Tettelbach freilich nicht, bis zum innersten
Kreis der Einflußreichen vorzudringen. Er konnte lediglich mit dem ihm
aus der Zeit nach dem Ersten Weltkrieg und später als Geschäftsmann bekannten Mr. Julian Pigott und mit einem Major des Intelligence Service
sprechen. Mr. Pigott war 1920 Rheinlandkommissar gewesen und hatte
noch einige wichtige Verbindungen, aber die Botschaft, die ihrem Inhalt

nach im wesentlichen der Kleistschen Botschaft entsprach, erreichte Vansittart über den erwähnten Major[78]. Es versteht sich von selbst, daß diese »Mahnung« nicht erfolgreicher war als die vorhergehenden und nachfolgenden; denn Chamberlains Haltung und Absichten lagen so ziemlich fest. Nach seiner Rückkehr berichtete Böhm-Tettelbach an Oster, den er in Wuppertal traf. Oster gab den Bericht an Halder weiter[79].

Böhm-Tettelbach war kaum von seiner Mission zurückgekehrt, da erfolgte schon wieder ein neuer Vorstoß in London, der diesmal vom Auswärtigen Amt ausging, aber wieder in Verbindung mit der Gruppe um Canaris und Oster. Halder scheint von der Unternehmung nichts gewußt zu haben[80]. Ebenso wie in der Abwehr gab es im Auswärtigen Amt eine Gruppe junger und älterer Mitarbeiter, die konspirativ tätig waren und von ihren Vorgesetzten, in jenem Falle Canaris, in diesem Weizsäcker, geduldet und weitgehend gefördert wurden[81]. Zu der Gruppe im Auswärtigen Amt gehörten u. a. Adam von Trott zu Solz, Otto Kiep, Hans-Bernd von Haeften, Eduard Brücklmeier, Albrecht Graf von Bernstorff, Albrecht von Kessel, und die Gebrüder Kordt. Dr. Erich Kordt war als Legationsrat Mitarbeiter Ribbentrops, zunächst im »Büro Ribbentrop«, dann in der Botschaft in London, und seit Frühjahr 1938 im Auswärtigen Amt in Berlin, wo er »Chef des Ministerbüros« war[82]. Eine enge Zusammenarbeit mit Staatssekretär Freiherr von Weizsäcker ergab sich sowohl dienstlich als auch aus der Gemeinsamkeit der Einschätzung Hitlers und seiner abenteuerlichen Politik, wie auch Weizsäcker selbst in entsprechenden Beziehungen zu Beck, nach dessen Rücktritt zu Halder, und zu Canaris stand[83]. Theo Kordt war Botschaftsrat in London und fungierte zeitenweise dort als Geschäftsträger.

Bei den vielfältigen Überlegungen, Kontakten und Besprechungen entwickelte sich der Gedanke, den Einfluß des Auswärtigen Amtes zu nützen, um den Ausbruch eines Krieges zu verhindern, und man verfiel auf zweierlei Möglichkeiten: Einwirkung von innen und Beeinflussung von außen.

Einmal sollte auf Hitler über den Oberbefehlshaber des Heeres, Generaloberst von Brauchitsch, ein Einfluß geübt werden. Oster bat Erich Kordt Ende August, sich bei Brauchitsch anzumelden und ihm die außenpolitische Lage zu schildern; Brauchitsch sei kein politischer Mensch, aber die Darlegungen eines Fachmannes würden ihn vielleicht beeindrucken[84]. Weizsäcker, den Kordt um Rat fragte, riet ebenfalls dazu, mit Brauchitsch zu sprechen. Er selbst konnte es nicht mehr, ohne daß sich in diesen spannungsgeladenen Tagen die gefährlichsten und womöglich zutreffenden Vermutungen seitens der Machthaber und auch der Öffentlichkeit daran geknüpft hätten.

Kordt ging also ins Kriegsministerium am Tirpitzufer, wo offenbar auf Veranlassung Osters dafür gesorgt war, daß ein Eintrag im Besucherbuch unterblieb; denn Kordt wurde von einem Bekannten schon am Eingang erwartet und dann hineingeleitet. Kordt erklärte dem Oberbefehlshaber des Heeres, Deutschland sei durchaus isoliert, und die Erwartung, Großbritannien und Frankreich werden nicht eingreifen, wenn die Wehrmacht in die Tschechoslowakei einfalle, sei durch nichts zu rechtfertigen. Er kenne wohl die These und habe ihre Entstehung selbst verfolgen können, aber er kenne auch das Material, auf dem sie angeblich beruhe, und auf der Grundlage dieses Materials müsse er zu dem gegenteiligen Schluß gelangen. Brauchitsch ließ sich Dokumente vorlegen und stellte einige Fragen, insbesondere wollte er wissen, worauf denn Ribbentrop und Hitler ihre Siegeshoffnungen gründen. Kordt zitierte darauf aus einem Runderlaß Ribbentrops, in dem es hieß, wenn die Westmächte so verblendet sein sollten, eingreifen zu wollen, so würden sich 75 Millionen Deutsche wie ein Mann auf sie stürzen und sie vernichten.

Getreu dem Rat Osters, nur ja keine unerbetenen Ratschläge zu erteilen, sondern lediglich die Lage zu schildern, überließ es Kordt Brauchitsch selbst, daraus die Schlußfolgerungen zu ziehen. Als Brauchitsch fragte, welche Hoffnungen Kordt an seinen Besuch bei ihm knüpfe, sagte er nur, jetzt liege das Schicksal der Armee und Deutschlands und folglich die ganze Verantwortung für dieses Schicksal in Brauchitschs Hand. Der General war betroffen.

Die zweite Möglichkeit, welche die Gruppe im Auswärtigen Amt zur Verhinderung des Krieges sah, bestand in einer massiven Einwirkung von außen, am besten in Gestalt unzweideutiger Drohungen und Warnungen seitens Englands. Mehrere Ersuchen um solche Warnungen waren schon nach London ergangen. Trotz den negativen Reaktionen gab man die Bemühungen nicht auf.

Am 1. September suchte der damalige Hohe Kommissar des Völkerbundes für Danzig, Professor Carl Jacob Burckhardt, den Staatssekretär Freiherrn von Weizsäcker auf dem Wege von Danzig nach Bern in Berlin auf, um ihm zu berichten und die Lage mit ihm zu besprechen. Weizsäcker erzählte Burckhardt von der Absicht, Theo Kordt insgeheim zu Chamberlain und Lord Halifax zu entsenden, und bat ihn dringend, so rasch wie möglich im selben Sinne tätig zu werden. Burckhardt solle dem Foreign Office von der Schweiz aus mitteilen, so berichtet er in seinen

Erinnerungen über das Ansinnen Weizsäckers, »man müsse Hitler gegenüber eine unzweideutige Sprache führen, nur davor würde er zurückweichen. Er [Weizsäcker] sprach von einem ›unbefangenen, undiplomatischen Engländer, etwa einem General mit dem Reitstock‹, der bei Hitler auftauchen sollte, nur so würde dieser vielleicht aufhorchen.« Weizsäcker betrieb also, wie Burckhardt hervorhob, »Konspiration mit dem potentiellen Gegner zum Zweck der Friedenssicherung, ein doppeltes Spiel von äußerster Gefährlichkeit... Schon damals machte Weizsäcker kein Hehl daraus, daß er eine Rettung des allgemeinen Friedens und eine Rettung Deutschlands nur für möglich halte, wenn die eine verderbliche Figur, auf die sich alle Macht konzentrierte, verschwinde.« [85]

Burckhardt fuhr ohne Unterbrechung über die Autobahn nach Karlsruhe und weiter nach Bern, wo er sogleich, noch am Vormittag, den englischen Gesandten Sir George Warner aufsuchte und telephonisch mit dem parlamentarischen Sekretär Lord Halifax' in Verbindung trat, um diesem Weizsäckers Wunsch auszurichten. Ein paar Tage später konnte Burckhardt dasselbe in allen Einzelheiten dem Sachbearbeiter für Völkerbundsfragen im Foreign Office, Ralph Skrine Stevenson, berichten, der es wiederum unter dem 8. September in einem Brief an William Strang, den Leiter der Zentralabteilung im Foreign Office, mitteilte [86]. Hier heißt es, die einzige Möglichkeit, Hitler die Augen zu öffnen, wäre ein Brief des britischen Premierministers [87] an Hitler, der von einem Kurier direkt überbracht werden müßte; auch wäre darauf zu achten, daß Hitler eine genaue Übersetzung vorgelegt bekomme. Natürlich könne er, so habe Weizsäcker seinem Vorschlag hinzugesetzt, nicht selbst dem britischen Botschafter in Berlin ein solches Ansinnen unterbreiten, weshalb er Burckhardt um die Vermittlung gebeten habe. Es sei von größter Bedeutung, daß der Brief Hitler so schnell wie möglich, noch vor dem Ende des Nürnberger Parteitages, erreiche.

Schließlich gab Stevenson in seinem Brief an Strang auch den Eindruck Burckhardts von der ganzen Sache wieder. Burckhardt wisse von vielen Gelegenheiten, daß sein Gesprächspartner unter normalen Umständen seinem Vorgesetzten gegenüber die strikteste Loyalität beobachte. Deshalb habe ihn die Unterredung so außerordentlich beeindruckt, daß er sofort danach mit dem Auto die 900 km nach Bern in einem Tag ohne Unterbrechung gefahren sei, um unverzüglich Sir George Warner zu berichten. Seinem Bericht und der Übermittlung der Botschaft Weizsäckers fügte Burckhardt hinzu, die Führung der deutschen Wehrmacht und alle Regierungsmitglieder, mit denen er gesprochen habe, einschließlich Görings, seien gegen einen Krieg gegen die Tschechoslowakei. Zwar werde die

Armee auf Befehl Hitlers marschieren, aber die erste Niederlage werde zum Zusammenbruch des Regimes führen.

Noch ehe die über Professor Burckhardt eingeleitete Aktion ihr Ziel erreicht hatte, war ein anderer Vorstoß aus dem Auswärtigen Amt in Gang gesetzt worden, der ganz ähnliche Züge aufwies: Wieder warnten hohe Beamte im Außenministerium eines Landes die Regierung eines möglichen Gegners vor der Politik der eigenen Regierung und gaben Informationen preis, die einer unnachgiebigen Haltung des möglichen Gegners gegenüber den aggressiven Forderungen der eigenen Regierung großenteils das Risiko nahmen.

Oberstleutnant Oster bedrängte Dr. Erich Kordt, von den Engländern irgendwie unmißverständliche Äußerungen zu beschaffen, solche, die nicht nur ein in den Feinheiten der diplomatischen Sprache geschultes Ohr verstand, sondern solche, die auch einen halbgebildeten und kraftmeierischen Diktator beeindruckten [88]. Wenn man sie habe, so werde die militärische Opposition in der Lage sein, einen Kriegsausbruch zu verhindern. »»Dann wird es keinen Hitler mehr geben. Verstehen Sie mich?«« So kühn glaubte Oster auf Grund seiner Kenntnisse sprechen zu können.

Kordt kannte natürlich die Lage der englischen Regierung, er kannte die englische Sitte, nicht mit großen Worten aufzutrumpfen, sondern zur rechten Zeit, aber nie zu früh, zur Tat zu schreiten, er kannte die grundsätzlich friedliche und defensive Haltung Englands, und er wußte, daß sich eine vom Parlament und vom Wählerwillen abhängige Regierung nicht leicht festlegen konnte, was es auch sein möge. Kordt und Oster sahen auch die Bereitschaft Halders und seiner Mitverschwörer zum Staatsstreich, sie waren jedenfalls überzeugt, daß Halder handeln würde. Kannte denn die britische Regierung nicht die Stimmung in Deutschland und unter den Wehrmachtführern? Wußte sie denn nicht, wie wenig der Westwall wert war? Wußte sie nicht, daß dort allenfalls sechs bis acht Divisionen bereitstehen konnten, gegen etwa fünfzig französische [89]? Die deutschen Generale hatten also 1938 nur die Wahl, den Krieg zu verlieren und schrecklich zu unterliegen, oder Hitler zu stürzen, im eigenen Interesse. Konnte man sich also auf die Bereitschaft der Generale zum Staatsstreich verlassen? Die Antwort hieß »ja« in der Argumentation der Opposition; denn die Generale hatten gar keine andere Wahl.

Kordt selbst wollte möglichst nahe am Zentrum der Geschehnisse bleiben, um hier notfalls lenkend eingreifen zu können. Er bat deshalb seine Cousine Susanne Simonis, die für die englische Regierung bestimmte Botschaft auswendig zu lernen und seinem Bruder mündlich nach London zu überbringen [90]. Sie traf am Abend des 5. September in London ein.

Theo Kordt hatte schon am 23. August in der Wohnung von Philip Conwell Evans mit dem Hauptberater für Industriefragen der englischen Regierung, Sir Horace Wilson, tatsächlich einem der wichtigsten außenpolitischen Berater Chamberlains, gesprochen und ihn gebeten, Chamberlain zu einer konsequenten Politik gegenüber Deutschland zu drängen, der einzigen Möglichkeit, den Ausbruch des von Hitler so rücksichtslos angestrebten Krieges zu verhindern [91]. Conwell Evans, der an der Universität Königsberg tätig gewesen war, stand dem nationalsozialistischen Regime nicht ohne Wohlwollen gegenüber, spielte aber gleichwohl eine wichtige Mittlerrolle zwischen der deutschen Widerstandsbewegung und englischen Regierungskreisen [92].

Nun wandte er sich sofort wieder an Wilson und vereinbarte mit ihm eine Unterredung, die am folgenden Tag, dem 6. September, stattfand. Wilson schienen die Mitteilungen Kordts wichtig genug, um diesen zu bitten, sie am nächsten Tag dem Außenminister gegenüber zu wiederholen. Um möglichst unnötiges Aufsehen zu vermeiden, fand die Besprechung, bei der nur Kordt und Halifax zugegen waren (Wilson entfernte sich, nachdem alles arrangiert war), nicht im Außenministerium, sondern im Amtszimmer Wilsons in der Downing Street 10 statt, wohin Kordt unbeobachtet durch einen Garteneingang gelangte [93].

Kordt erklärte Halifax, er sei der Abgesandte einer einflußreichen Gruppe in militärischen und politischen Kreisen Deutschlands, die den von Hitler beabsichtigten Krieg gegen die Tschechoslowakei verhindern wolle und dafür unter bestimmten Voraussetzungen die nötigen Machtmittel besitze [94]. Hitler plane seinen Angriff in der Auffassung, Frankreich werde seine Pflichten aus dem Bündnisvertrag mit der Tschechoslowakei vom 25. Januar 1924 nicht erfüllen. Wenn man aber jetzt Hitlers Gewaltpolitik freie Bahn lasse, so werden vernünftige, auf Treu und Glauben beruhende internationale Beziehungen in Europa nicht mehr möglich sein. Die Gruppe, für welche Kordt hier spreche, glaube, daß die internationale Lage im Juli 1914 nicht so ausweglos gewesen wäre, wenn Sir Edward Grey damals deutlich erklärt hätte, England werde im Falle eines deutsch-französischen Krieges nicht abseits stehen. Es sei nun eine ähnliche Lage entstanden und Chamberlain habe schon erklärt, England werde im Ernstfall nicht beiseite stehen können. Wenn dies aber wirklich die Haltung des Premierministers sei, so müsse er es völlig offen und unzweideutig erklären, so daß jedermann die Entschlossenheit Großbritanniens begreife. Es müsse ganz klar sein, daß ein Krieg gegen die Tschechoslowakei zugleich Krieg gegen England bedeuten werde. Wenn dann Hitler trotzdem an seiner Politik festhalten sollte, so werde die Armee-

führung mit Waffengewalt dagegen auftreten – die deutschen Patrioten
sehen keinen anderen Weg, um das Verbrechen eines Krieges zu hindern. Eine außenpolitische Niederlage Hitlers, die durch die erbetene
Erklärung herbeigeführt werden könne, sei die Voraussetzung für einen
solchen Schritt und würde praktisch das Ende des nationalsozialistischen
Regimes bedeuten.[95]

Halifax versprach, den Premierminister und einen oder zwei Kollegen
im Kabinett zu unterrichten; das Ansinnen werde mit größter Sorgfalt
und Diskretion geprüft werden. Kordt verließ Downing Street 10 wieder
durch die Gartenpforte und hatte das Gefühl, daß in Kürze eine unzweideutige britische Stellungnahme erfolgen werde. Auch als Chamberlain
am 15. September nach Berchtesgaden flog, dachte Kordt noch, Chamberlain werde Hitler reinen Wein einschenken. Aber nach der Münchner
Konferenz sagte Halifax zu Theo Kordt: »»Wir sind nicht imstande gewesen, so freimütig zu Ihnen zu sein, wie Sie zu uns waren. Zu der Zeit,
als Sie uns Ihre Botschaft übermittelten, erwogen wir bereits die Entsendung Chamberlains nach Deutschland.'«[96]

Was tat die englische Regierung auf alle diese und noch andere Schritte
der deutschen Opposition hin, darunter auch eine weitere Mahnung
Goerdelers[97], dem Vansittart sogar noch 1948 bescheinigte, Widerstand
betrieben zu haben, als er das den Brüdern Kordt ebenso entschieden
absprach?

Nun, sie gab in der Tat eine Warnung heraus, deren Sprache nicht
mißverständlich war. Am 9. September, spät am Abend, traf in der Botschaft in Berlin eine Mitteilung der englischen Regierung an den deutschen Außenminister ein, die sofort nach Nürnberg weitergeleitet werden
sollte. Dort fand gerade der große Parteitag statt, und Botschafter Henderson, der sich ebenfalls in Nürnberg aufhielt, war schon im voraus angewiesen worden, Ribbentrop um eine Audienz zu ersuchen[98]. Henderson
sollte Ribbentrop sagen, wenn man zur Lösung der Sudetenfrage zur
Gewalt greife und wenn dann auf tschechisches Verlangen hin Frankreich
seine Bündnispflicht erfüllen werde, so müsse ein allgemeiner Konflikt
entstehen, dem Großbritannien nicht fernbleiben könnte. Ribbentrop
sollte ersucht werden, diese Botschaft sofort an Hitler weiterzugeben.

Henderson erhielt die Botschaft, wehrte sich aber in einer Mitteilung
an Halifax energisch, sie abzuliefern: mit so etwas könne man Hitler
nicht zur Mäßigung, sondern nur zu unüberlegten Schritten treiben[99].
Er behauptete weiter, schon mit Göring, Goebbels und Ribbentrop gesprochen und die Unvermeidbarkeit englischer Beteiligung an einem allgemeinen Konflikt erwähnt zu haben, wollte aber beileibe keine formelle

Warnung abliefern, die Hitler etwa an die Demarche des 21. Mai erinnern könnte. Halifax gab sich zufrieden: wenn Henderson, wie er schreibe, den britischen Standpunkt Ribbentrop gegenüber schon so eindeutig vertreten habe, brauche er die Warnung vom 9. September nicht mehr abzuliefern [100]. Am 10. September dementierte die englische Regierung sogar in einer Mitteilung an die Presse alle Berichte, wonach die Absendung einer diplomatischen Note an die deutsche Regierung beabsichtigt sei [101].

Es war dann noch gelegentlich die Rede von einem geheimen Brief Chamberlains an Hitler, zu dem es aber auch nicht kam. Die »Warnung« der englischen an die deutsche Regierung bestand schließlich in einer Mitteilung Chamberlains an die Presse, deren Inhalt Chamberlain ausdrücklich als nicht offiziell bezeichnete [102]. Nach dieser weiteren Abschwächung sprach der Premierminister sein großes Vertrauen in das Mittel der Verhandlung und des Gesprächs über Differenzen aus und wies danach auf die englische Warnung vom 24. März hin, die in Simons Rede in Lanark am 27. August wiederholt worden sei: wenn die Tschechoslowakei angegriffen und Frankreich durch die Erfüllung seiner Bündnispflicht in einen Krieg mit Deutschland verwickelt werde, so werde England in einem allgemeinen Konflikt nicht beiseite stehen können. Die englische Sicherheit sei mit der französischen eng verbunden.

Erich Kordt hielt sich in Nürnberg beim Parteitag auf, als er am 12. September diese Presseerklärung Chamberlains erhielt. Er ließ sofort eine Übersetzung und Abschriften anfertigen, zugleich auch von einem in schärferer Sprache gehaltenen Kommentar eines Pressebeamten des Foreign Office. Abschriften beider Schriftstücke wurden sofort unter den im Grandhotel sich aufhaltenden Würdenträgern verteilt. Aber schon in diesem Durcheinander bemerkte ein Beamter des Auswärtigen Amtes den halboffiziellen Charakter der Presseerklärung und wies die Anwesenden darauf hin, und Hitler selbst erklärte das ganze Manöver kurzerhand für leeren Bluff [103]. In seiner Rede, die den Nürnberger Parteitag abschloß, gab er sich so aggressiv wie je, wenn er es auch vermied, sich völlig festzulegen [104].

Die britische Regierung blieb weiterhin konziliant und machte (wie oben schon angedeutet wurde) ständig neue Konzessionen, Chamberlain flog am 15. September nach Berchtesgaden, England und Frankreich erboten sich, die Tschechoslowakei zur Abtretung des Sudetenlandes zu zwingen, worauf Hitler seine Forderungen noch erhöhte und die Zustimmung zum sofortigen Einmarsch der Wehrmacht in das beanspruchte Gebiet verlangte. Chamberlain kam darauf noch einmal nach Deutschland, zur Godesberger Konferenz vom 22. bis 24. September, die jedoch ohne Ergebnis endete. Die Westmächte waren schon zufrieden, wenn Hitler nicht gegen ihren Willen, sondern mit ihrer Zustimmung in das Sudetenland einmarschierte und wenn die Tschechen auf Gegenwehr verzichteten, damit es keinen Krieg gab.

3. Ein Umsturzplan

Während sich beamtete und nicht-beamtete Angehörige der deutschen Opposition bemühten, die außenpolitischen Voraussetzungen zum Sturze Hitlers zu schaffen, entwickelten die militärischen Verschwörer die Pläne für den Staatsstreich. Überlegungen in dieser Richtung gab es schon lange. Während der Fritsch-Krise waren Oster, Gisevius, Schacht, Witzleben, Halder u. a. mit ihnen beschäftigt. Ohne die Mitwirkung des Oberbefehlshabers des Heeres und seines Chefs des Generalstabes schien kein militärischer Staatsstreich durchführbar, und ohne das Militär überhaupt kein Staatsstreich. Über die zwielichtige Stellung Brauchitschs wurde schon berichtet, die Hoffnungen auf seine Mitwirkung waren nicht groß.

Aber Beck versuchte noch, den Krieg wenigstens mit Hilfe von Denkschriften zu verhindern; denn bis auf eine einzige zufällige Unterredung von fünf Minuten Dauer im März 1938 hatte er nie Gelegenheit, Hitler seine Ansichten persönlich vorzutragen [105]. Nicht einmal zur Abmeldung nach seinem Rücktritt wollte Hitler Beck empfangen [106].

Die erste einer Reihe von Denkschriften, die dartun sollten, warum ein Krieg zur Katastrophe für Deutschland und für ganz Europa führen müsse, überreichte Beck seinem Oberbefehlshaber, Generaloberst von Brauchitsch, am 5. Mai 1938. Zum Verständnis dieser und der folgenden Denkschrift müssen die Voraussetzungen kurz erläutert werden.

Beck hoffte zunächst, auf Hitler Einfluß auszuüben und ihn zur Mäßigung zu bewegen. Das konnte er allenfalls als Chef des Generalstabes des Heeres, nicht als Privatmann. Auch aus diesem Grunde ist er während der Fritsch-Krise nicht zurückgetreten, als Brauchitsch so bereitwillig die Stelle Fritschs übernahm und Becks neuer Vorgesetzter wurde, während gegen seinen bisherigen Vorgesetzten unbewiesene Beschuldigungen erhoben waren. Brauchitsch hatte damals, wie oben schon berichtet wurde, keinerlei Bedingungen hinsichtlich der Wiedereinsetzung Fritschs nach seiner Rehabilitierung gestellt (Brauchitsch hätte ja dann wieder gehen müssen), und Beck hätte nur loyal gehandelt, wenn er seinen Abschied genommen hätte. Andererseits war aber Fritschs Rehabilitierung nur von innen, nicht von außen durchzusetzen, und Beck war damals auch über-

zeugt, bleiben zu müssen, um die weitere Machtergreifung der Nationalsozialisten im Heer zu verhindern, und schließlich blieb er, um soweit es
in seiner Macht stand den Krieg zu verhindern, den Hitler am 5. November 1937 angekündigt hatte [107].

Becks Charakter spielte natürlich für seine Haltung keine geringe
Rolle. Es war seine Art, zu wägen, zu prüfen, zu überlegen, und schließlich sorgfältig zu entscheiden. Seine äußerst bedächtige und abwägende
Art hat ihm sogar den Beinamen eines Cunctators eingebracht [108]. Das ist
ungerecht, wenn es im Sinne eines Mangels an Tätigkeit aufgefaßt wird,
aber das rasche, kurzentschlossene und unorthodoxe Handeln war Beck
nicht gemäß. Der Verteidiger des Generalobersten von Fritsch, Graf von
der Goltz, sagte über Becks Haltung während der Fritsch-Krise: »»Was
seine Bereitschaft zu einem Schlage anlangt, so weiß jeder, der ihn kannte,
daß er für einen ›Husarenritt‹ nicht zu haben war.«« [109]

Sodann ist hier ein Wort über die Position des hohen militärischen
Führers im allgemeinen zu sagen. Man hat der Führung der Wehrmacht
später, besonders im Zusammenhang mit den Nürnberger Prozessen, oft
vorgeworfen, sie habe es versäumt, mit Hilfe der Truppen das nationalsozialistische Regime wie einen Spuk einfach davonzujagen oder zumindest
ihm den Gehorsam zu verweigern. Dieser Vorwurf setzt aber eine klare
rechtliche und moralische Gegensätzlichkeit zwischen Staatsführung und
Armeeführung voraus, die nur einzelne Persönlichkeiten wirklich als
gegeben ansahen, und sie setzt nicht allein eine rechtliche und moralische,
sondern auch eine formale und unüberbrückbar erscheinende Verfeindung
zwischen Staatsführung und Armeeführung voraus. Beck hat 1938 während der Sudetenkrise eine solche Verfeindung als gegeben angesehen,
sein Vorgesetzter Generaloberst von Brauchitsch aber nicht. Brauchitsch
wollte keinen Streik der Generale, und Beck hat ihm deshalb und wegen
der Art und Weise, in der er sich seinem Ansinnen entzog, Charakter-
schwäche vorgeworfen. Brauchitsch hatte in der Tat keinen starken Charakter, aber die Absage an den Gedanken eines Streiks der Soldaten ist
erst in zweiter Linie eine Frage des Charakters [110].

Es war praktisch möglich, den Krieg durch einen Streik aller Kommandierenden Generale zu verhindern, wenigstens für den Augenblick.
Aber: es hätte keinen Streik *aller* Kommandierenden Generale gegeben.
Luftwaffe und Marine kamen für einen solchen Schritt ohnehin kaum in
Frage, und »die Führung« des Heeres war nicht so monolithisch, daß er
hier durchführbar gewesen wäre. Bei genügend unvollständiger Beteiligung der Kommandierenden Generale am »Streik« wäre es für Hitler ein
leichtes gewesen, die unbotmäßigen Führer zu ersetzen. Strebsame, tüch-

tige und nicht sehr von Skrupeln geplagte Kandidaten gab es genug, Reichenau und Jodl wären gerne aufgerückt. Überdies hatte sich Brauchitsch
schon im Januar 1938 bereit erklärt, notfalls einen anderen Chef des
Generalstabes zu nehmen [111]. Beck und gleichgesinnte Generale galten
von vornherein als ersetzbar, sie wußten das und hatten es in Rechnung
zu stellen.

Selbst wenn die nötigen Voraussetzungen bestanden hätten, so wäre
doch die bloße Gehorsamsverweigerung nur ein halber Schritt gewesen.
Ein Diktator könne sich nicht zwingen lassen, weil sonst seine Diktatur
zu Ende sei, hat Generalfeldmarschall von Manstein im Nürnberger
Prozeß sehr treffend gesagt [112]. Über die Mittel, die Hitler zu seiner
Befreiung von dem durch die Generale ausgeübten Zwang angewandt
hätte, mag man verschiedener Meinung sein. Er war aber in der Wahl
seiner Methoden nie zimperlich, und die Armeeführung mußte durchaus
mit ihrem »30. Juni« rechnen. Also mußten die Generale auf alle Fälle
zu mehr als zu einem Streik bereit sein, nämlich zu einem Staatsstreich.
Nur als Signal für den Umsturz konnte ein Kollektivschritt der militärischen Führer sinnvoll sein. Da hierfür die Voraussetzungen im Heer
fehlten, war dieser Weg nicht wirklich gangbar.

Die Frage, warum die Voraussetzungen für einen Streik der Militärs
fehlten, führt zu der Frage nach der politischen und moralischen Verantwortlichkeit der Soldaten. Zweifellos gibt es eine Pflicht zur Gehorsamsverweigerung, wenn die Ausführung widerrechtlicher oder gar verbrecherischer Befehle verlangt wird, wie etwa die Erschießung von durch die
Genfer Konvention geschützten Kriegsgefangenen. Hier läge das Unrechtmäßige klar und eindeutig zutage für den, der die Umstände kannte.
Sollten sich die Generale aber auch ein Urteil über die politische Führung
zutrauen? Sollten sie entscheiden, was in der Außenpolitik rechtmäßig
sei und was nicht, was ein gerechter und was ein ungerechter Krieg sei?
Auf das unbestimmte Gefühl hin, daß Hitler im Unrecht sei, konnte kein
Offizier gegen ihn rebellieren. Wer das Ganze nicht übersehen konnte,
hatte keine Wahl als zu gehorchen – sofern man die Existenz militärischer Macht und Machtmittel überhaupt als sinnvoll und notwendig
anerkannte. Generale, die klar sahen und Einblick in die Zusammenhänge
hatten, trugen gewiß auch Verantwortung, in dem Sinne, in dem Beck
sie auf sich nahm. Aber selbst in diesem Zwiespalt zwischen Gehorsam
und moralischer Verantwortung waren sie noch nicht charakterlos, wenn
sie sich für den Gehorsam entschieden.

Der Gehorsam ist die Grundlage der soldatischen Organisation und der
Beziehung zwischen moderner Staatsführung und Armee [113]. In Jahrhun-

derten der historischen Entwicklung Europas ist entschieden worden, daß nicht Generale und putschierende Frondeure die Politik zu bestimmen haben, sondern die Staatsregierung. Ohne die Unterordnung des Militärs unter die Staatsführung gibt es nur Chaos im Innern und Handlungsunfähigkeit nach außen. Das gilt in allen demokratischen Staatswesen ebenso wie in den autoritär geführten, einschließlich des Preußen des 18. und 19. Jahrhunderts.

Es soll nicht behauptet werden, es habe keine opportunistischen, verantwortungslosen, charakterschwachen Generale in der deutschen Armee gegeben. Die Prozesse nach dem Kriege haben deutlich genug gezeigt, daß ihrer viele waren. Im Militär dürften menschliche Qualitäten und menschliche Mängel ähnlich verteilt sein, wie in anderen Gruppierungen der menschlichen Gesellschaft. Man sollte also auch die sogenannte Generalität nicht überfordern. 1938 war noch nicht so eindeutig wie 1944, daß der eingeschlagene Weg unweigerlich in eine Katastrophe führte, es war keineswegs klar, daß jeder weitere Schritt sinnlos Tausende, Hunderttausende oder Millionen von Menschenleben kosten konnte.

Deutlich war dagegen, daß die Gefahr eines Krieges gegen England und Frankreich und, falls diese in Bedrängnis gerieten, auch gegen die Vereinigten Staaten groß war, und daß Deutschland einer solchen Eventualität militärisch nicht gewachsen war. Mit politischen Mitteln ließ sich die Gefahr bannen, mit militärischen nicht. Es war die Pflicht der militärischen Führung, darauf hinzuweisen, und das hat sie auch getan. Hitler hat sich erstaunt und gereizt über die Friedfertigkeit des Generalstabes beschwert [114]. Nicht nur Beck hat auf die Aussichtslosigkeit eines Krieges gegen die Westmächte hingewiesen, er wurde darin vielfach unterstützt. Aber Brauchitsch und andere hohe Führer überließen es der politischen Führung, ob sie ihren pflichtgemäß erhobenen Bedenken folgen wollte, während Beck sich gezwungen sah, noch einen Schritt weiter zu gehen.

In einer Denkschrift vom 5. Mai 1938 legte Beck dar, daß England und Rußland durch die fortschreitende Schwächung Japans in dessen fernöstlichen Feldzügen in Europa zunehmend freie Hand erhalten, daß England und Italien in mancher Hinsicht zusammenarbeiten und daß England und Frankreich sich politisch und militärisch verständigen und schon die Möglichkeit eines Weltkrieges in Rechnung stellen; sie seien dabei, ihre Aufrüstung zu beschleunigen [115]. Überhaupt sei Deutschland fast nur von potentiellen Gegnern umgeben, insbesondere werden England und Frankreich bei aller Abneigung gegen einen neuen Krieg und bei allen Bemühungen, seinen Ausbruch zu verhindern, eine weitere Machtverschiebung zugunsten Deutschlands in Europa nicht zulassen. Deutschland

aber fehlen die Voraussetzungen, die für das Durchhalten eines langen
Krieges nötig sind: die Wehrmacht sei noch auf Jahre hinaus unfertig,
es fehle die kontinentale Basis für einen langen Krieg, Rohstoff, Material
und Lebensmittel seien nur in ungenügenden Mengen vorhanden bzw.
zu beschaffen. Eine kriegerische Lösung der tschechischen Frage sei also
abzulehnen, es komme nur eine Lösung in Frage, mit der England einverstanden sei.

Brauchitsch erhielt die Denkschrift von Beck am Nachmittag des 7. Mai
zugeleitet; was er damit gemacht hat, ist nicht bekannt [116]. Dagegen gab
Hitler, wie schon in anderem Zusammenhang berichtet wurde, am
28. Mai den Führern der Wehrmacht, darunter auch Beck, der Partei und
des Staates bekannt, es sei sein »unabänderlicher Entschluß, die Tschechoslowakei in absehbarer Zeit durch eine militärische Aktion zu zerschlagen« [117]. Er sprach von Lebensraum und schloß auch einen Krieg im
Westen nicht aus, um Deutschlands Küstenbasis zu erweitern. Beck reagierte sofort, am 29. Mai, mit einer neuen Denkschrift für Brauchitsch [118].
Noch wollte er es nicht zum völligen Bruch treiben, noch hoffte er,
Hitler zu überzeugen und umzustimmen. Beck kämpfte noch *um* Hitler,
noch nicht *gegen* Hitler, und so kam er dem Diktator weit entgegen, um
seine notwendigerweise militärischen Argumente glaubwürdig zu machen.
Sehr treffend formulierte Wolfgang Foerster, der Biograph Becks, dieser
habe versucht, »das Gewicht des *militärischen Urteils* in die Waagschale
der *politischen Entschlußbildung* zu werfen« [119].

In der neuen Denkschrift, die Beck dem Generalobersten von Brauchitsch am 30. Mai selbst vorlas, erklärte er, es sei richtig, daß Deutschland einen größeren Lebensraum brauche, und zwar (wie auch Hitler am
Tage vorher gesagt hatte) sowohl in Europa wie in den Kolonialgebieten.
Weiterer Raum in Europa könne von Deutschland nur durch Krieg erworben werden. Richtig sei auch, daß die Tschechoslowakei so, wie sie
jetzt bestehe, für Deutschland unerträglich sei und »›notfalls auch durch
eine kriegerische Lösung‹« als Gefahrenherd für Deutschland ausgeschaltet
werden müsse. Jedoch müsse »›bei letzterer [der kriegerischen Lösung] den
Einsatz auch der Erfolg lohnen.‹« Nicht richtig sei aber, daß Deutschland,
wie Hitler behauptet habe, heute stärker als 1914 und einem Kampf
gegen Frankreich – einem sicheren Feind jeder deutschen Machterweiterung – und gegen England gewachsen sei. Denn die Wehrmacht
sei im Vergleich zu der Armee von 1914 »›personell, materiell und
ideell‹« geringwertiger, für einen Mehrfrontenkrieg sei der zur Verfügung
stehende Raum unzureichend, die Finanz-, Ernährungs- und Rohstoff-
lage habe einen tieferen Stand erreicht als sogar 1917/18, und das Volk

lehne einen nicht zwingend erscheinenden Krieg ab. Während Deutschland so von innen her schon nicht sehr stark sei, sehe es sich nach außen einer Koalition der Tschechei, Frankreichs, Englands und der Vereinigten Staaten gegenüber. In dieser Lage könne Deutschland wohl den Feldzug gegen die Tschechoslowakei gewinnen, den Krieg werde es verlieren. England und Frankreich seien auch schon 1914 unterschätzt worden, allerdings nicht vom Generalstab. Der Soldat wisse, daß das Frankreich und England zur Verfügung stehende Hinterland (Kolonien, Dominien, Flottenverbindungen und Flottenstützpunkte, im Ernstfall auch die Vereinigten Staaten) und ihre Operationsbasis mit dem, was Deutschland aufzuweisen habe, gar nicht zu vergleichen sei. Etwa »blitzartig« errungene Anfangserfolge seien ja gar nicht ausgeschlossen, für kriegsentscheidend dürfe man sie aber nicht halten. An solchen Auffassungen sehe man, wie sehr es dem Obersten Befehlshaber der Wehrmacht an sachverständiger Beratung fehle, und wenn das nicht geändert werde, so könne man das Schicksal der Wehrmacht und »»damit aber auch das Schicksal Deutschlands«« nur in den schwärzesten Farben sehen.

Am selben Tag, dem 30. Mai, ließ Hitler den Oberbefehlshabern der drei Wehrmachtteile seinen unabänderlichen Entschluß zur Zerschlagung der Tschechoslowakei auch schriftlich zugehen und wies sie an, die Vorbereitungen für die Durchführung des Entschlusses bis Ende September abzuschließen, so daß von da an gehandelt werden könne [120].

Sogleich verfaßte Beck eine neue Denkschrift, in der er sich hauptsächlich auf militärtechnische Argumente beschränkte, um die Unausführbarkeit der militärischen Weisung des Obersten Befehlshabers nachzuweisen [121]. Am 3. Juni erhielt Brauchitsch das Dokument, in dem Beck sich darüber beschwerte, daß die Weisung Hitlers ohne Fühlungnahme mit dem Chef des Generalstabes des Heeres entstanden sei, und in dem er nachwies, daß eine auf den in der Weisung enthaltenen militärischen Grundlagen aufgebaute Aktion gegen die Tschechoslowakei nur verhängnisvoll sein könne. Der Generalstab des Heeres müsse die Mitverantwortung für alle auf diesen Grundlagen fußenden Maßnahmen ablehnen. Das war deutlich. Es ging um Dinge, in denen Beck durchaus Fachmann und kraft seiner Stellung zuständig war, da brauchte er nicht fürchten, auf seinen Kompetenzbereich verwiesen zu werden, wodurch sein Protest die Wirkung verloren hätte.

Sodann ergriff Beck eine Maßnahme, welche die ganze höhere Heeresführung mit Hitlers Absichten und zugleich mit deren Gefährlichkeit und Unausführbarkeit vertraut machen mußte. Statt der alljährlichen Generalstabsreise ordnete Beck ein schriftlich auszuarbeitendes Kriegsspiel an,

in welchem der Ablauf eines deutschen Angriffes gegen die Tschechoslowakei unter der Voraussetzung französischen Eingreifens zu untersuchen
war[122]. Bei der Schlußbesprechung erläuterte Beck, wie die Tschechei von
den deutschen Truppen niedergeworfen worden, wie aber die französische
Armee inzwischen weit in deutsches Gebiet eingebrochen und eine Niederlage nicht mehr abzuwenden sei[123]. Beck folgerte daraus, die politische
Führung habe sich bei ihren Entschlüssen nach der militärischen und
wirtschaftlichen Leistungsfähigkeit zu richten, sonst werde man in eine
Katastrophe schlittern.

Brauchitsch widersprach Beck nicht, stimmte ihm aber auch nicht
ausdrücklich zu[124]. Es zeigte sich auch bei dem Abendessen im Berliner Hotel »Esplanade«, das Beck den Teilnehmern der Schlußbesprechung gab, daß seine Ansichten durchaus nicht allgemeine Anerkennung fanden. Namentlich Major Schmundt, als Adjutant der Wehrmacht
beim Führer Nachfolger Hoßbachs, und Oberstleutnant Hans Jeschonnek,
der spätere Chef des Generalstabes der Luftwaffe, bezeichneten Becks
Anschauungen als überholt und rückständig, er könne wie seinerzeit Graf
von Schlieffen mit der Technik nicht Schritt halten[125]. Doch scheinen
die warnenden Stimmen in der Mehrzahl gewesen zu sein, die darauf
hinwiesen, daß die Welt eine deutsche Kontinentalhegemonie niemals erlauben werde, daß Rußland eine ungeheure und gewaltig
unterschätzte Drohung darstelle, und daß Beck wahrscheinlich wegen
seiner vernünftigen Haltung bald das Schicksal Fritschs werde teilen
müssen[126].

Unter dem 15. Juli griff Beck erneut zur Feder. In einer weiteren
Denkschrift für Brauchitsch, deren endgültige Fassung das Datum des
16. Juli trägt, wies Beck noch eindringlicher als bisher auf die Gefahr
eines allgemeinen europäischen und wahrscheinlich weltweiten Krieges
hin[127]. Die jüngste Rede Daladiers vom 12. Juli müsse alle Zweifler an
der Entschlossenheit Frankreichs belehrt haben. Das Volk wolle nach
allen vorliegenden Nachrichten keinen Krieg und verstehe auch nicht
seinen Sinn, das Heer sei wieder ein Volksheer geworden und habe kein
Vertrauen zu einer Führung, die sich auf das Risiko eines neuen allgemeinen Krieges einlasse. Diese Stimmung aber könne gefährliche Folgen
sowohl für den Kampfwert der Truppe als auch für ihre Moral schon vor
Kriegsbeginn haben. Wenn andererseits England und Frankreich einmal
zum Schutz der Tschechoslowakei eingegriffen haben werden, dann
werden sie mit einer eventuellen Bereitschaft zur Wiederherstellung des
tschechischen Territoriums nicht mehr zufrieden sein; dann werde es
sich »*um einen Krieg auf Leben und Tod mit Deutschland* handeln««. Für

eine hinhaltende Verteidigung im Westen fehlen Deutschland die Mittel und die Voraussetzungen.

Beck schloß seine militärpolitischen Ausführungen mit den Sätzen: »»Auf Grund meiner vorausgegangenen Darlegungen halte ich mich heute für verpflichtet – im Bewußtsein der Tragweite eines derartigen Schrittes, aber unter Berufung auf die mir nach meiner Dienstanweisung für die Vorbereitung und Ausführung eines Krieges erwachsende Verantwortung –, die dringende Bitte auszusprechen, *den Obersten Befehlshaber der Wehrmacht zu veranlassen, die von ihm befohlenen Kriegsvorbereitungen einzustellen* und die Absicht der gewaltsamen Lösung der tschechischen Frage so lange zurückzustellen, bis sich die militärischen Voraussetzungen dafür grundlegend geändert haben. Zur Zeit halte ich sie für aussichtslos, und diese meine Auffassung wird von allen mir unterstellten Oberquartiermeistern und Abteilungschefs des Generalstabes, soweit sie mit der Frage der Vorbereitung und Ausführung des Krieges gegen die Tschechoslowakei dienstlich befaßt sind, geteilt.«« [128]

Das tiefe ethische Verantwortungsbewußtsein Becks geht aus diesen Sätzen deutlich hervor. Wohl gehörte es nicht zu seinen dienstlichen Aufgaben, die moralische Berechtigung strategischer Pläne und militärischer Operationen zu beurteilen, deshalb sah er sich auch immer auf militärische Argumente angewiesen. Daher auch die Begründung, Deutschland sei für einen Krieg »zur Zeit« noch nicht bereit. Diese Beurteilung militärischer Kräfte jedoch beruhte auf einer politischen, die im engeren Sinne nicht seines Amtes war, wie er selbst andeutet mit der Bemerkung, er sei sich der Tragweite seines Vorgehens bewußt: Beck setzte voraus, daß Frankreich und England, wahrscheinlich auch die Vereinigten Staaten eingreifen würden. Deutschland würde unter solchen Voraussetzungen niemals zum Kriege »bereit« sein in dem Sinne, daß seine Niederlage nicht schon von vornherein feststand.

Endlich forderte Beck seinen Vorgesetzten auf, durch Besprechungen und Abstimmung der Auffassungen mit den Oberbefehlshabern und Kommandierenden Generalen des Heeres und auch mit den Oberbefehlshabern der beiden anderen Wehrmachtteile eine gleichmäßige, einheitliche Lagebeurteilung herbeizuführen. Demnächst werde Hitler eine Besprechung mit den Kommandierenden Generalen abhalten, man müsse sich schon vorher über die Auffassung einig sein, die man dabei vertreten wolle. Das wäre dann der berühmte »Kollektivschritt«: die Generale sollten sich Hitler gegenüber gegen den Krieg erklären. Der Oberbefehlshaber des Heeres und sein Chef des Generalstabes allein konnten nicht hoffen, beim Obersten Befehlshaber der Wehrmacht Gehör zu finden. In den

Augen Hitlers waren sie ersetzbar. Müßte er aber seine Pläne nicht aufgeben, wenn er fände, daß weitaus die meisten militärischen Führer ebenfalls den Krieg ablehnten?

An demselben Tage, an dem Beck seinem Oberbefehlshaber die Denkschrift vom 15. Juli vorlegte, hielt er ihm auch mündlich Vortrag. Dabei konnte er natürlich seinen Vorschlag eines Kollektivschrittes viel deutlicher aussprechen: die höchsten Führer der Wehrmacht sollten Hitler zur Einstellung seiner Kriegsvorbereitungen *zwingen*, und falls Hitler sich nicht zwingen lasse, sollten sie alle geschlossen von ihren Ämtern zurücktreten. In seinen Papieren hinterließ Beck eine Niederschrift seines Vortrages [129]. Noch schärfer und klarer sprach er hier die sittliche Verantwortung des hohen Soldaten aus: *»»Es stehen hier letzte Entscheidungen über den Bestand der Nation auf dem Spiele. Die Geschichte wird diese Führer [der Wehrmacht] mit einer Blutschuld belasten, wenn sie nicht nach ihrem fachlichen und staatspolitischen Wissen und Gewissen handeln. Ihr soldatischer Gehorsam hat dort eine Grenze, wo ihr Wissen, ihr Gewissen und ihre Verantwortung die Ausführung eines Befehls verbietet.*«« [130] Finden die militärischen Führer aber kein Gehör für ihre Warnungen und Ratschläge, dann haben sie vor dem Volk und vor der Geschichte das Recht und die Pflicht, von ihren Ämtern zurückzutreten. Tun sie das geschlossen, so ist ein Krieg unmöglich und das Vaterland ist vor dem Untergang bewahrt. Soldaten in den höchsten Stellungen dürfen ihren Blick nicht auf den rein militärischen Auftrag beschränken, sondern müssen sich zugleich der höchsten Verantwortung vor dem gesamten Volk bewußt sein: *»»Außergewöhnliche Zeiten verlangen außergewöhnliche Handlungen!«*«

Beck war sich wohl bewußt, daß der vorgeschlagene Kollektivschritt nicht ohne innenpolitische Erschütterungen bleiben könne, selbst im Falle des Erfolges. Er meinte, es werde sogar zu *»»erheblichen innerpolitischen Spannungen«*« kommen, und da Hitler wohl ohnehin die Absicht habe, die alten, d. h. die von der nationalsozialistischen Ideologie bisher unberührten Generale möglichst bald loszuwerden – er solle gesagt haben, den Krieg gegen die Tschechei werde er noch mit ihnen führen, den gegen Frankreich und England aber mit einer neuen Führerschicht –, so werde man sich *»»daher entschließen müssen, in unmittelbarer oder nachfolgender Verbindung mit einem Einspruch nunmehr eine klärende Auseinandersetzung zwischen Wehrmacht und SS herbeizuführen.«*« Mit anderen Worten: Der kollektive Protestschritt kann nur erfolgreich sein, wenn man zur gleichen Zeit oder sofort anschließend den Nationalsozialisten ihr eigenes Machtinstrument aus der Hand schlägt, wenn man also zum Staatsstreich weiterschreitet. Denn Hitler war, selbst wenn er Kanzler blieb, kein Diktator mehr, wenn ihm die Wehrmacht nicht gehorchte und wenn seine Parteiarmee entwaffnet war.

Schon drei Tage später wiederholte Beck seinen Vorschlag eines Kollektivschrittes in drängender Form. Noch mehr betonte er die »Folgen« eines solchen Schrittes und die Gelegenheit zu der »›Auseinandersetzung mit der SS und der Bonzokratie‹«, die für die »›Wiederherstellung geordneter Rechtszustände‹« unausbleiblich sei. In der Niederschrift, die Beck auch über diesen Vortrag bei Brauchitsch angefertigt hat, findet sich jedoch noch der Satz: »›Es kann und darf kein Zweifel darüber aufkommen, daß dieser Kampf für den Führer geführt wird.‹« [131] Wohl zum letzten Male biete hier das Schicksal die Gelegenheit an, »›das deutsche Volk und den Führer selbst zu befreien von dem Alpdruck einer Tscheka und von den Erscheinungen eines Bonzentums, die den Bestand und das Wohl des Reichs durch die Stimmung im Volke zerstören und den Kommunismus wiederaufleben lassen.‹«

Der Hinweis auf den Kommunismus, der damals gar nicht im Wiederaufleben begriffen war, und die Situation, in welcher Beck sich so äußerte, liefern den Schlüssel zum Verständnis seiner Worte. Zweifellos wußte er, daß Hitler nicht das Opfer irgendwelcher teuflischer Ratgeber war. Aber er dachte auch daran, daß Hitler als dem Obersten Kriegsherrn von allen Soldaten ein persönlicher Eid geschworen war, und er wußte, daß die meisten von ihnen, einschließlich Brauchitschs, nicht bereit waren, sich über diesen Eid hinwegzusetzen. Wenn Brauchitsch zu irgendeiner Aktion überredet werden sollte, so konnte es nur unter der Fiktion der Befreiung Hitlers von den üblen Einflüssen der SS und der korrupten Parteibonzen geschehen. Die Erwähnung des dem Militär verhaßten Bonzentums, der anmaßenden Konkurrenzarmee der SS, und gar das Gespenst des Kommunismus sollten auf Brauchitschs militärische Mentalität wirken.

Es ist nun leicht zu sagen, mit solchen Argumenten sei nichts auszurichten gewesen; denn heute weiß man es ja. Damals aber waren einem Manne wie Beck, der als Chef des Generalstabes nicht über eigene Befehlsgewalt verfügte, keine anderen Wege offen. Beck kannte die Offiziere des Heeres wohl. Er wußte, daß sie für eine direkte Auflehnung gegen das Staatsoberhaupt bei noch so großer Ablehnung der Person und der Handlungen desselben nicht zu haben waren: »›Auch nur die leiseste Vermutung etwa eines Komplottes darf nicht aufkommen‹«. [132] Ebenso aber sah Beck die Lage voraus, in der sich Hitler gegenüber einem Kollektivprotest seiner Generale finden würde: also »›muß die Geschlossenheit der höchsten militärischen Führer *für alle Fälle hinter diesem Schritte*

stehen.'« »Für alle Fälle« schloß den vorauszusehenden Fall ein, daß Hitler
nicht einfach nachgeben würde. Aber dann würde man weitersehen,
wenn nur erst einmal der Anstoß gegeben war. Deshalb: »›Kurze, klare
Parolen: Für den Führer, gegen den Krieg, gegen die Bonzokratie, Friede
mit der Kirche, freie Meinungsäußerung. Schluß mit den Tschekametho-
den, wieder Recht im Reich, Senkung aller Beiträge um die Hälfte, kein
Bau von Palästen, Wohnungsbau für Volksgenossen, preußische Sauber-
keit und Einfachheit!‹« [133] Das war sein Programm. Es besagte nichts anderes als die Beseitigung der NS-Herrschaft mit allem, was an ihr charakteristisch war [134].

Es ist merkwürdig und in den Zusammenhängen noch ungeklärt, daß
zur gleichen Zeit wie Beck auch der Chef des Stabes der Seekriegsleitung,
Vizeadmiral Günther Guse, in einer Denkschrift oder Vortragsnotiz unter
dem 17. Juli ganz ähnliche Gedanken niedergelegt hat: In einem Krieg
europäischen Ausmaßes müsse Deutschland unterliegen, es sei aber zu
befürchten, daß sich aus einem Überfall auf die Tschechoslowakei ein
solcher Konflikt entwickeln würde. Deshalb haben die verantwortlichen
Berater Hitlers nicht nur die Pflicht, seine Befehle auszuführen, »›sondern
zugleich die Pflicht, sich mit der ganzen Kraft ihrer Person bis zur letzten
Konsequenz dafür einzusetzen, daß eine Entwicklung, die den Bestand
des Reiches bedroht, rechtzeitig gebremst wird.‹« [135] Als Mittel dazu schlug
auch Guse vor: »›gemeinsame Vorstellungen aller drei Wehrmachtchefs‹«
oder wenigstens derjenigen des Heeres und der Marine, wenn Göring
sich nicht beteiligen würde. Ebenso wie Beck wollte auch Guse nicht gegen, sondern für und um den Führer kämpfen und verhindern, daß Ratgeber, die seinem Ohr näher standen, als die Oberbefehlshaber, die Oberhand behalten. Ebenso wie Beck wollte er aber »bis zur letzten Konsequenz« gehen, also in Wirklichkeit nicht bloß protestieren, sondern
nötigenfalls entschlossen gegen Hitler handeln.

Auch der Erste Operationsoffizier (Ia) Guses, der damalige Fregattenkapitän Helmut Heye, äußerte sich ähnlich und drang, wiederum ähnlich
wie Beck, auf die Wiederherstellung innerer Rechtszustände, auf Beendigung der Kirchen- und Judenverfolgung. Es gebe schon jetzt in Europa so
etwas wie eine Kreuzzugstimmung, jedenfalls aber einen Abscheu gegen
Deutschland. Ein Überfall auf die Tschechoslowakei müßte als Fanal
wirken, und ein Eingreifen der Westmächte würde für Deutschland den
Verlust des Krieges bedeuten [136].

Nur allmählich ging der vorgebliche Kampf *um* Hitler dann doch in den
offenen Kampf *gegen* Hitler über. Für Beck wurde der 28. Juli ein Wendepunkt in dieser Entwicklung; denn an diesem Tage erhielt er ins einzelne

gehende Nachrichten über Hitlers Reaktion auf den Bericht Wiedemanns von dessen Londoner Mission [137]. Beck schloß aus Hitlers gleichbleibender Entschlossenheit zu kriegerischem Vorgehen, wie er in einer Aufzeichnung vom 28. Juli festhielt: »›Der Zeitpunkt scheint vorüber oder zum mindesten scheint es erheblich erschwert zu sein, ihn durch sachliche Begründungen und Warnungen von dieser Auffassung abzubringen.‹« [138]

Am folgenden Tag, dem 29. Juli, hielt Beck erneut Vortrag bei Brauchitsch und drängte ihn noch mehr als zuvor: es sei jetzt dringend zu prüfen, »›ob und zu welchem Zeitpunkt der Oberbefehlshaber des Heeres, mit den Generalen des Heeres (Heeresgruppenbefehlshaber und Kommandierende Generale) geschlossen hinter sich, vor den Führer tritt‹«. Brauchitsch müsse Hitler nun sagen: »›*Der Oberbefehlshaber des Heeres mit seinen höchsten führenden Generalen bedauert, die Verantwortung für die Führung eines derartigen Krieges nicht übernehmen zu können, ohne sich vor dem Volk und der Geschichte mitschuldig zu machen. Sie treten daher von ihren Ämtern zurück für den Fall, daß der Führer auf der Durchführung des Krieges besteht.*‹« [139] Gar nicht hart und brutal genug könne diese Erklärung gefaßt werden, für die der rechte Zeitpunkt wahrscheinlich die zweite Septemberhälfte wäre [140]. Dann werde der Rausch des nächsten Parteitages verklungen sein, und dann würden auch voraussichtlich Noten der französischen und englischen Regierung eingehen, »›die noch größere Klarheit über die Lage bringen werden‹«. Auch der Finanzminister werde bei Hitler zu diesem Zeitpunkt gegen die Fortsetzung seiner Politik protestieren müssen, weil ihn die Kassenlage dann dazu zwingen werde [141]. Wenige Tage später war Beck überzeugt, keine Zeit mehr verlieren zu dürfen und vor dem Parteitag, am besten am 15. August anläßlich der von Hitler befohlenen Versammlung der höheren Generale auf dem Truppenübungsplatz Jüterbog, handeln zu müssen [142].

Deutlich wurde Beck nun auch hinsichtlich der zu erwartenden »›inneren Spannungen‹«. Mit solchen sei »›in jedem Falle‹« zu rechnen, gleichgültig also, ob Hitler nachgebe oder nicht. Man sieht, daß er realistisch die Lage beurteilte, die durch die Streikdrohung der Generale entstehen mußte. Auch die Konsequenz daraus ist nun klar ausgesprochen: »›Es wird hiernach notwendig sein, daß das Heer sich nicht nur auf einen möglichen Krieg, sondern auch auf eine innere Auseinandersetzung, die sich nur in Berlin abzuspielen braucht, vorbereitet. Entsprechenden Auftrag erteilen. Witzleben mit Helldorf zusammenbringen.‹«

Hiernach bedarf es keiner weiteren Belege mehr für Becks Bereitschaft zu einem Staatsstreich »in jedem Falle«: Witzleben war damals Kommandierender General des III. Armeekorps und des Wehrkreises III (Berlin)

und Graf von Helldorf war Polizeipräsident von Berlin. Beide zusammen
verfügten über genügend Macht, um Berlin mit seinen Schlüsselpositionen
in die Hand zu bekommen. Der Schritt vom bloßen Protest, sei es auch
unter der Drohung des Rücktritts, zum konkreten Staatsstreichplan war
also getan. Generalleutnant Karl-Heinrich von Stülpnagel, Oberquartiermeister II im Generalstab des Heeres, war im Auftrage Becks und in
Zusammenarbeit mit Witzleben schon mit der Ausarbeitung der Einzelpläne beschäftigt [143].

In diesen Tagen schrieb Beck den Entwurf nieder für die Ansprache, die
Brauchitsch den Gruppenbefehlshabern und den Kommandierenden Generalen halten sollte, um sie zu unterrichten und zur Beteiligung an dem
Protestschritt aufzufordern [144]. Im wesentlichen enthielt der Entwurf die
schon aus Becks Denkschriften und aus seinen eigenen Vorträgen bei
Brauchitsch bekannten Argumente und Auffassungen. Für den 15. August
hatte Hitler beabsichtigt, die Oberbefehlshaber der Heeresgruppen, die
Kommandierenden Generale und die übrigen Generale gleicher Rangstufe
in Jüterbog zu versammeln. Dort sollten die Generale Brauchitsch in seiner
Haltung unterstützen, wenn Hitler ihnen seine Gedankengänge darlegen
werde, und sie sollten auch die anderen Offiziere ihrer Befehlsbereiche,
die in den kommenden Wochen von Hitler nach dem Obersalzberg oder
an Bord der Jacht »Grille« eingeladen würden, entsprechend unterrichten
und anweisen [145].

Nun war es an Brauchitsch, sich zu entschließen. Aber der Oberbefehlshaber des Heeres konnte sich zu keiner eindeutigen Haltung durchringen.
Er gab beiden, Hitler und Beck, recht. Er wußte, daß Beck mit seinen Anschauungen zumindest auf lange Sicht recht behalten würde, aber zur
Konsequenz aus diesem Wissen war er nicht fähig.

Entsprechend dem Vorschlage Becks berief Brauchitsch die Oberbefehlshaber der Heeresgruppen und die Kommandierenden Generale zum
4. August zu einer Besprechung nach Berlin [146]. In der Versammlung
wurde zunächst Becks große Juli-Denkschrift verlesen [147]. General Adam
schilderte dann, von Brauchitsch dazu aufgefordert, den völlig ungenügenden Zustand und Verteidigungswert des Westwalles und seiner Beman-
nung. Brauchitsch stimmte zu und befahl Adam, das genau so auch Hitler
zu sagen [148].

Darauf wurden die anderen Herren aufgefordert, etwa abweichende
Auffassungen zur Sprache zu bringen. Es herrschte aber fast einstimmige
Billigung der vom Oberkommando des Heeres vorgebrachten Beurteilung.
Nur zwei Generale, der Oberbefehlshaber der Heeresgruppe 4, General
von Reichenau, und der Kommandierende General des VIII. A. K., Gene-

ral der Infanterie Ernst Busch, äußerten sich abweichend: der Führer werde sicher das Richtige tun, man müsse Vertrauen zu ihm haben und Gefolgschaftstreue bewahren. Der Widerspruch war so schwach, daß Brauchitsch zum Schluß der Besprechung Einstimmigkeit der Auffassungen feststellte. Die von Beck eigens ausgearbeitete Ansprache aber hat er nicht gehalten. So hörten die versammelten Generale kein Wort über den gemeinsamen Protestschritt und seine voraussehbaren Folgen, niemand forderte sie auf, sich zum »Kampf um Hitler« bereit zu erklären.

Allerdings hat Brauchitsch Hitler einige Tage nach der Besprechung vom 4. August Becks Denkschrift vorgelegt, er hat auch später, als sich die Krise gegen Mitte September zuspitzte, die Kommandierenden Generale gebeten, »ihn zu unterstützen, um dem Führer die Augen zu öffnen über das Abenteuer, in das zu stürzen er sich entschlossen hat«, da er selber keinen Einfluß mehr auf Hitler habe – so notierte sich Jodl am 13. September[149]. Aber schon vor Becks Rücktritt hat er immer mehr mit dem Oberquartiermeister General Halder und immer weniger mit Beck zusammengearbeitet, und schließlich ist er ruhig auf seinem Posten geblieben, als sein erster Berater, der Chef des Generalstabes des Heeres, General Ludwig Beck, zurücktrat[150].

Hitler jedoch ließ Beck durch Brauchitsch ausrichten, er verbäte sich die politischen Ausführungen, er wisse allein, was er zu tun habe. Dies und das unaufrichtige, unentschlossene Verhalten Brauchitschs, von dem Beck sich desavouiert fühlen mußte, ließen ihm nun keine andere Wahl mehr, als zurückzutreten. »›Brauchitsch hat mich sitzen lassen!‹« sagte er später noch oft voll Zorn und Empörung. Seine Vorschläge und Vorkehrungen für die Maßnahmen nach dem Protestschritt, sein Drängen auf Kollektivität, aber auch seine Äußerungen vor seinem endlichen Rücktritt, zeigen, daß Beck in die Möglichkeit, sein Rücktritt könnte den Krieg verhindern, nicht viel Hoffnung setzte[151]. Es kam ihm aber auch darauf an, nicht mitschuldig zu werden; verhindern konnte er nichts mehr. Kameraden und Mitstreiter, so der Staatssekretär von Weizsäcker, rieten Beck vergeblich zum Bleiben.

Nachdem Beck am 15. August in Jüterbog Hitlers Ansprache und seine wiederholte Ankündigung gehört hatte, er werde noch in diesem Herbst die sudetendeutsche Frage mit Gewalt lösen, ersuchte er am 18. August seinen unmittelbaren Vorgesetzten, seine Enthebung von seinem Amte herbeizuführen. Drei Tage später, am 21. August, erhielt er die Nachricht von Hitlers Einverständnis[152]. Am 24. und 26. August hatte Beck noch Besprechungen mit Brauchitsch, und dieser sagte ihm, Hitler wolle aus außenpolitischen Gründen den Rücktritt vorerst nicht öffentlich bekanntwerden lassen. Beck fügte sich. Am 27. August übergab er die Dienstgeschäfte an seinen Nachfolger General Halder und verabschiedete sich nur von seinen nächsten Mitarbeitern, den Oberquartiermeistern und den Abteilungschefs.

Zunächst wurde Beck zum Oberbefehlshaber der 1. Armee ernannt, die im Kriegsfalle im Westen aufmarschieren sollte; nach dem Ende der Krise bat er auf Hitlers Verlangen am 19. Oktober um seinen Abschied, den er zum 31. Oktober unter Beförderung zum Generaloberst erhielt [153]. Während der Krise war er an den Staatsstreichplänen Halders, Witzlebens und Osters nicht intensiv beteiligt.

Von Hitlers Erfolg in der Sudetenfrage ließ Beck sich nicht in seiner Auffassung beirren, daß ein Krieg gegen die Westmächte bei der Fortsetzung der Politik Hitlers unvermeidlich sein werde. Im November legte er seine Gedanken, nun in größerer Ruhe als vor dem Rücktritt, von neuem schriftlich nieder. Große Kriege seien seit 1914 totale Kriege, d. h. Kriege, welche die gesamten Kräfte eines Volkes in Anspruch nehmen – Menschen, Rohstoffe, Wirtschaftskraft, Arbeits- und Erfindertüchtigkeit, Beharrungsvermögen und innere Überzeugung. »›Die geeinte seelische, physische und wirtschaftliche Kraft eines Volkes ist seine Wehrkraft. Die Wehrmacht ist nur ein Teil derselben und wird von ihr getragen für den Sieg über den Feind. Die Vertreter der jungen Wehrmacht müssen die Zusammenhänge zwischen Wehrkraft und Wehrmacht erkennen und für jene ebenso sorgen wie für diese. Das ist in wenigen Worten die gewaltige Lehre des Weltkrieges.‹« [154] So schrieb Ludendorff 1935 an Beck, der derselben Auffassung war. Beck zog aus seinen Überlegungen – nicht anders als bisher – den Schluß, daß Deutschland bei einem Vergleich seiner gesamten Kräfte mit denen der sicheren Gegner keinerlei Aussicht habe, einen Krieg zu gewinnen. Die erforderliche Ausgangslage müßte dazu erst einmal durch eine entsprechende Wirtschafts- und vor allem Bündnispolitik geschaffen werden, damit sowohl strategisch wie kriegswirtschaftlich eine ausreichende Basis zur Verfügung stünde. Das habe im Frieden zu geschehen. Andererseits sei aber Deutschland durch seine neue Wehrmacht schon so stark, daß ein Angriff nicht zu befürchten sei, das Risiko wäre für den Angreifer zu groß [155].

Daß Kriege überhaupt vermieden werden könnten, hat der Soldat Beck nicht geglaubt. Gegner gebe es allzumal, ein Volk und seine Staatsführung müssen die Politik seiner (wohlverstandenen) Lebensinteressen durchsetzen, und wenn alle anderen Mittel versagt haben, bleibe eben der Krieg als letztes Mittel. So sei zwar mit Moltke der Krieg als Teil der göttlichen Weltordnung, aber auch selbst im Falle des Sieges als nationales

Unglück anzusehen [156]. »Den Krieg können wir nicht abschaffen. Jedes Nachdenken über die von Gott gewollte Unvollkommenheit der Menschen muß immer wieder zu diesem Resultat kommen.« [157] Aber: ein neuer sittlicher Idealismus vermöge, »sollte das Ziel auch nie vollständig erreicht werden, wie dies vom ewigen Frieden angenommen werden muß, es doch zu ermöglichen, ihm in einer ins Unendliche fortschreitenden Annäherung immer näher zu kommen.« [158] Grundsätzlich hatte also Beck für Krieg jeder Art nur Ablehnung.

Nachfolger Becks wurde der bisherige Oberquartiermeister I im Generalstab des Heeres, General der Artillerie Franz Halder. Die ihn kannten, beschreiben ihn ziemlich übereinstimmend als religiös und konservativ, als hervorragenden Generalstäbler bester Schule und von »unverwüstlicher Arbeitskraft«, als korrekt, nüchtern, aber auch sensibel, voll Verantwortungsbewußtsein und in den Traditionen soldatischen Gehorsams wurzelnd [159]. Obwohl niemand für Halder so lobende Worte findet wie für Beck, gibt es doch auch nirgends einen ernsthaften Zweifel an seiner Gegnerschaft gegenüber Hitler. Trotzdem ist seine Haltung im Widerstand umstritten und wird es bleiben.

Halder hat die Nachfolge Becks im Einvernehmen mit diesem angetreten, und er ließ Brauchitsch gegenüber keinen Zweifel daran, daß er zur weiteren Bekämpfung der Kriegspolitik Hitlers fest entschlossen sei [160]. Dennoch werfen die Umstände ein Zwielicht auf Halder.

Die Frage, warum er auch nach dem fehlgeschlagenen Staatsstreichversuch vom Herbst 1938, nach dem Vertragsbruch Hitlers durch den Einmarsch in die »Resttschechei«, und selbst dann noch blieb, als er wissen mußte, daß Hitler Polen angreifen würde, warum er Hitlers Krieg vorbereiten half – diese Frage läßt sich nicht eindeutig beantworten [161]. Halder mußte nach der Sudetenkrise wissen, daß England kampfbereit, wenn auch noch nicht militärisch gerüstet war für den Fall, daß eine Übereinkunft nicht erzielt worden wäre, und er mußte wissen, daß auch Hitler an das Ende seiner Erfolge gelangen mußte, besonders da er seine Methode nicht ändern wollte. Halder war auch zu jeder Zeit gut unterrichtet, sowohl über die Zustände zu Hause, über die Gestapo-Herrschaft, später über die Morde in Polen, wie auch über Hitlers wahnsinnige strategische Absichten; sein eigenes Tagebuch weist es aus [162]. Niemand kann ernsthaft behaupten, Hitler habe seine Drohungen gewöhnlich nicht ausgeführt; spätestens nach dem Einmarsch in Prag war das Gegenteil klar. Die Auffassung, das Weggehen *im Kriege* sei eine Art Fahnenflucht und Pflichtvergessenheit, wird man einem Soldaten als aufrichtig anerkennen müssen. Aber den Gedanken, der Weizsäcker im Amte gehalten hat, nämlich zu bleiben, um möglichst viel zu hindern und zu mildern, kann man Halder kaum zu-gute halten. Die Ausrottungsaktionen in Polen und Rußland konnte er weder vorhersehen noch hindern, und die strategischen und taktischen Fehler, die mit dem Namen Stalingrad verknüpft sind, auch nicht. Doch gab das Schicksal Becks einen deutlichen Begriff der Erfolgsaussichten von Protesten, und wenn einmal geschossen wurde, gab es wohl nicht mehr viel zu verhindern [163].

Das alles soll nicht heißen, daß es Halder mit seiner Opposition 1938 nicht ernst gewesen sei: Er hat sich so tief in die Staatsstreichvorbereitun-gen eingelassen, daß an seinem Ernst und an seinem Mut gar nicht ge-zweifelt werden kann. Die Gründe für sein Versagen werden auch nur teilweise in seinem Charakter zu finden sein.

Schon vor seiner Amtsübernahme stand Halder mit dem Staatssekretär von Weizsäcker im Auswärtigen Amt in Verbindung; Beck hatte sie ver-mittelt und vorbereitet, und Halder intensivierte sie seit Ende August 1938, obgleich jeder unmittelbare Verkehr zwischen den beiden Dienst-stellen ausdrücklich verboten war [164]. Zum großen Teil gingen jedoch Mit-teilungen, Verständigungen und Verabredungen zwischen Halder und Weizsäcker über das Amt Ausland/Abwehr im OKW, das Admiral Cana-ris unterstand. So vermied man jedes Aufsehen, da der Verkehr zwischen dem Auswärtigen Amt und der Dienststelle Canaris' damals noch ebenso selbstverständlich war, wie der zwischen dem Chef der Abwehr und dem Chef des Generalstabes des Heeres. Bei Canaris' häufigen Abwesenheiten übernahm Oster seine Rolle. Halder kannte Oster schon seit der Zeit, als er Chef des Stabes im Wehrkreis-Kommando VI in Münster und Oster im selben Stabe tätig war [165].

Oster spielte die zentrale und die aktivste Rolle zwischen allen Grup-pen, er war treibende Kraft und Mittler zugleich [166]. Gisevius war eben-falls bei den Vorbereitungen zum Umsturz sehr rührig, und auch der Reichsbankpräsident Dr. Hjalmar Schacht nahm an wichtigen Bespre-chungen teil und stellte sich für politische Aufgaben zur Verfügung [167].

Es scheint, daß die ersten Besprechungen der Einzelheiten eines Um-sturzes in den letzten Augusttagen in Gang gekommen sind, wenn auch ein genau bestimmbarer Anfang nicht mehr festzustellen ist. Die Bemü-hungen Becks und Halders gingen ineinander über, diejenigen Osters und seiner unmittelbaren Mitarbeiter sowie die Sondierungen von Gise-vius können als kontinuierlich angesehen werden [168]. Halder war über Becks Absichten im Bilde, als er am 27. August, einem Samstag, dessen Amt übernahm. Oster war vorher und nachher mit gleicher Stetigkeit bemüht, den Kriegsausbruch zu verhindern. Ende August taten sich

Schacht und Gisevius zusammen, um nach Inhabern militärischer Gewalt
zu suchen, die zu einer »Aktion« bereit wären. Zur selben Zeit wandte
sich Halder auf den Rat Becks hin an Oster mit der Frage, welche technischen und politischen Vorbereitungen schon für einen Staatsstreich
getroffen seien [169]. Oster konnte damals nur allgemein auf die Bereitschaft
einiger Persönlichkeiten wie Schacht und Goerdeler zu politischer Mitarbeit und Beteiligung verweisen [170].

Mit Goerdeler wollte Halder keine Verbindung haben; er kannte ihn
nicht, und Goerdeler galt auch schon zu sehr als »Gegner«. Eine Verbin-
dung mit dem gewissermaßen seriöseren Schacht, der noch in Amt und
Würden war, schien ungefährlicher und unverfänglicher, auch kannte
Halder den Reichsbankpräsidenten schon von einer Veranstaltung der
Reichsbank im Winter 1937/38 her, anscheinend durch Vermittlung des
Chefs der 6. (Quartiermeister-) Abteilung des Generalstabes des Heeres,
des damaligen Oberst i. G. Eduard Wagner [171]. Ganz kurz nach dem ersten
Gespräch mit Oster besuchte Halder Schacht in dessen Wohnung [172].

Halder war sehr daran gelegen, durch einen Umsturz nicht lediglich
ein Chaos oder gar einen blutigen Bürgerkrieg herbeizuführen, sondern
politisch stabile Verhältnisse möglichst rasch wieder herzustellen. So
fragte er Schacht in dieser ersten Unterredung geradezu – es war nichts
Geringeres als Hochverrat –, ob er bereit wäre, nach einem durch das
Heer bewirkten Umsturz sich an einer neu zu bildenden Regierung führend zu beteiligen. Ein Umsturz sei nämlich unumgänglich, wenn Hitler
die Dinge bis zum Krieg treiben sollte [173]. Schacht gab eine allgemeine
Zusage, ohne daß jedoch ein politisches Programm schon in seinen Einzelheiten besprochen worden wäre [174].

Zur Klärung der Fragen des Einsatzes der Polizei im Falle eines Putsches verwiesen sowohl Oster als auch nunmehr Schacht den Generalstabschef an Dr. Gisevius: den Regierungsrat aus dem Innenministerium,
1933–1936 nacheinander in der Gestapo, im Preußischen Ministerium
des Innern, im Reichsministerium des Innern und im Reichskriminalpolizeiamt, zuletzt und bis Mitte 1937 beim Regierungspräsidium in
Münster in der Preisüberwachung tätig, seitdem im unbezahlten Urlaub
und in formloser Verbindung zum Amt Ausland/Abwehr stehend [175]. Es
wurde also ein Besuch Gisevius' bei Halder in dessen Wohnung in Berlin-
Zehlendorf vereinbart, der kurz nach Halders Besuch bei Schacht stattfand [176].

Halder erklärte dabei offen seine Gegnerschaft gegenüber Hitler: ein
Blutsäufer und Verbrecher sei er und daher zu beseitigen. Nur sei es eben
sehr, sehr schwierig, dies und die offensichtliche Absicht Hitlers, einen

Krieg vom Zaune zu brechen, den anderen Generalen zu erklären und plausibel zu machen[177]. Unter den Generalen herrsche weithin die Meinung vor, Hitler bereite lediglich einen ungeheuren Bluff vor, keineswegs einen Krieg. Hitler wisse ganz genau, so meinen sie, wie gefährlich ein Krieg für den Erfolg der deutschen Politik und vielleicht gar für den Bestand des Reiches sein könne, es gebe aber, so glauben sie, eine Art Arrangement zwischen Hitler und den Westmächten, die ihm im Osten freie Hand lassen wollten[178]. Auch der Volksmassen könne man nicht sicher sein. Solange diesen nicht handgreiflich klargemacht sei, daß es bei der Fortsetzung der gegenwärtigen Politik zum Blutvergießen kommen müsse, solange stehen sie und die Masse des Heeres zu Hitler und also müsse man bei einem Umsturzversuch mit Bürgerkrieg rechnen. Dem sei vielleicht am besten abzuhelfen, wenn man bis zum tatsächlichen Beginn der Feindseligkeiten, wenigstens aber bis zur Kriegserklärung durch die Westmächte warte[179].

Auch Halder war eben in diesem Punkte skeptisch. In der Tat konnte niemand mit völliger Sicherheit genau den Punkt angeben, an welchem die Westmächte zum Krieg schreiten würden, obwohl die Wahrscheinlichkeit an Sicherheit grenzte, sobald es zur kriegerischen und nicht bloß »friedlichen« Besetzung eines Landes – wie im Falle Österreichs – kommen würde. Man konnte nur mit Sicherheit voraussagen, daß sie sehr bald jeder ferneren Machterweiterung und Eroberung Hitlers entgegentreten würden. Aber Halder wollte es sicher wissen, und am sichersten wußte man es, wenn der Krieg schon begonnen hatte. Halder suchte, wie Schacht es ausdrückt, in seiner Umwelt die Sicherheit, die er in sich selbst nicht finden konnte. Wohl fehlte es ihm nicht an Erkenntnis des Notwendigen, nicht an Entschlossenheit; aber den Schritt vom Entschluß zur Tat verhinderten seine Schwäche und innere Unsicherheit[180]. Über die ungeheuerliche Gefährlichkeit solchen Abwartens mußte sich auch Halder im klaren gewesen sein. Ebenso wie Gisevius rechnete er bei einem Kriegsausbruch nicht nur mit sofortigen Bombenangriffen auf die Industriegebiete, sonders sogar, wie auch Beck, mit einem strategischen Einbruch der Westmächte[181]. Wer an den Ersten Weltkrieg dachte und wer wie Beck und Halder die französischen und englischen Armeen den deutschen überlegen glaubte, der konnte nicht den »Sitzkrieg« von 1939 voraussehen.

Gisevius hatte begreiflicherweise von Halder nicht gerade den Eindruck eines Draufgängers. Man würde sich auf diesen etwas pedantischen und übervorsichtigen, wenngleich sehr klugen Mann kaum fest verlassen können. Halder war andererseits von Gisevius auch nicht sonderlich angetan[182]. Dies erklärt sich aber auch aus den Vorschlägen, die Gisevius dem

Chef des Generalstabes unterbreitete und die dieser nicht ohne Berechtigung für abenteuerlich hielt: man müsse das Regime von seiner kriminellen Seite her anfassen, also die Gestapo, die SS überhaupt und die Konzentrationslager zum Ansatzpunkt machen. Die Kriminalität dieser Einrichtungen war in der Tat offensichtlich, das Vorgehen gegen sie bedurfte keiner besonderen Rechtfertigung. Man könnte so gewissermaßen an Hitler vorbeigehen. Wer wolle, meinte Gisevius, könnte dann denken, Hitler werde gegen seine schlimmsten Rabauken in Schutz genommen, und vor allem umginge man damit das Problem des von den Soldaten ihrem Obersten Kriegsherrn geleisteten Eides. So würde jedenfalls eine Situation geschaffen, in der dann die Wehrmacht die Ordnung wiederherstellen müßte [183].

Ein derartiges Vorgehen also hielt Halder für bedenklich. Was wäre, wenn nachher der Wehrmacht vorgeworfen würde, sie habe sich des Rechtsbruches schuldig gemacht, da doch ihr Ideal das Gegenteil war? Gisevius wußte da Abhilfe: die nötigen Beweise und Unterlagen für die Verbrechen der Heydrich, Himmler und Göring werde man innerhalb weniger Stunden nach der Besetzung des Gestapo-Hauptquartiers in Händen haben und damit die Rechtmäßigkeit der Säuberungsaktion belegen [184]. Vorher waren eben die Dokumente nicht zu beschaffen. Aber Halder war das auch zu unsicher; lieber wollte er erst einen außenpolitischen oder gar einen militärischen Rückschlag haben.

Selbst dann noch wollte Halder nicht eigentlich die Armee gegen das Regime einsetzen, wenigstens gab er das Gisevius bei dessen Besuch zu verstehen. Er dachte, nach dem Bericht Gisevius', an einen Sprengstoffanschlag auf Hitlers Eisenbahnzug, den man aber als feindlichen Bombenangriff kaschieren könnte [185]. Halder hatte gegen ein Attentat, mit dem das Heer belastet würde, gewisse Bedenken [186].

Nach diesem unbefriedigenden Abendgespräch traf sich Gisevius noch in derselben Nacht mit Oster und berichtete ihm von seinen für Halder nicht schmeichelhaften Eindrücken, über die der Abwehroffizier recht bestürzt war. Aber schon am nächsten Tag gab es Anlaß zu neuen Hoffnungen: Halder beauftragte Oster, zur Vorbereitung aller polizeilichen Maßnahmen für den Staatsstreich Gisevius zuzuziehen [187].

Nun sahen Gisevius, Oster und Schacht im wesentlichen vier Aufgaben vor sich: Erstens war sofort und in allen Einzelheiten ein Staatsstreichplan auszuarbeiten; zweitens mußte unverzüglich versucht werden, weitere führende Militärs zu gewinnen, insbesondere Truppenkommandeure; drittens waren alle Anstrengungen zu machen, um Halder zu einer früheren Ausgabe des von ihm erwarteten Stichwortes zu bewegen, das er erst im Kriegsfalle geben wollte; und viertens mußte Halder, um ihm für seine Entscheidung auch abgesehen von Hitlers Angriffsbefehl eine Grundlage zu geben, ständig über alle wichtigen außenpolitischen Vorgänge unterrichtet werden. Die zuletzt genannte Aufgabe erfüllten hauptsächlich Oster, gelegentlich Schacht und Weizsäcker. Für den ersten Punkt konnte Oster aus Halders Anweisung, in polizeilichen Fragen mit Gisevius zusammenzuarbeiten, einen Auftrag ableiten. Ehe es aber dazu kam, daß man die anderen Punkte in Angriff nahm, verging eine ganze Reihe von Tagen.

Am 5. September hatte in Nürnberg der Parteitag unter dem Motto »Großdeutschland« begonnen, und sieben Tage lang wartete man mit Spannung auf Hitlers Schlußrede, die er am 12. September halten und in der er mit der Tschechoslowakei wohl »abrechnen« wollte [188]. Tatsächlich drohte Hitler mit Intervention gegen die Tschechoslowakei, um die Erfüllung seiner und der sudetendeutschen Forderungen »so oder so« zu erzwingen [189]. Aber er legte sich nicht ausdrücklich auf eine bestimmte Linie fest.

Es verging einige Zeit, ehe die Vorbereitungen für den Umsturz recht in Gang kamen. Schacht und Gisevius wurden unruhig und ungeduldig. Sie wollten feststellen, ob Halder zu seinem Wort stehen würde und ob er die nötigen Vorbereitungen treffe, und vor allem wollten sie, nun da ein Krieg immer wahrscheinlicher wurde, darauf dringen, daß das Signal zum Putsch schon vor Ausbruch von Feindseligkeiten gegeben werde. Schacht sagte sich daher zu einem Besuch bei Halder an, den Oster vermittelte. Gisevius ging uneingeladen und unangekündigt mit, was Halder nicht sehr behagte [190].

Als Schacht und Gisevius dann bei Halder in dessen Wohnung erschienen, fanden sie den Chef des Generalstabes tatsächlich nicht mehr so entschlossen wie zuvor [191]. Auch Oster konnte damals seinen anderen Mitverschworenen nur berichten, Halder sei »nahezu entschlossen« [192]. Halder hoffte anscheinend, die Westmächte würden Hitler trotz allen Befürchtungen freie Hand lassen zur Annexion des Sudetenlandes, sofern es auf friedlichem Wege, d. h. ohne Blutvergießen geschah [193]. Andererseits schien Halder nun doch bereit, einen Krieg zu verhindern, und zwar vor dem Ausbruch der Feindseligkeiten. Sobald Hitler den Marschbefehl gab, wollte Halder das Signal zum Aufstand geben [194].

Er konnte Schacht und Gisevius auch in einem anderen wichtigen Punkt beruhigen: einen Überraschungsschlag, der der Opposition keine Zeit zum Eingreifen mehr ließe, könne Hitler nicht führen; denn die militärischen Pläne seien so angelegt, daß der Chef des Generalstabes mindestens drei mal vierundzwanzig Stunden vor dem Angriff »»merke, ob er [Hitler] etwas plant‹« [195]. Vierundzwanzig Stunden vor dem Angriffstermin müsse der Befehl unwiderruflich erteilt werden, danach könne der Angriff nicht mehr gestoppt werden [196].

Tatsächlich hatte der Oberquartiermeister I, Generalleutnant Karl-Heinrich von Stülpnagel, der in die Staatsstreichpläne eingeweiht und bei ihrer Ausarbeitung beteiligt war, am 8. September beim OKW die schriftliche Zusicherung erbeten, daß dem OKW fünf Tage im voraus mitgeteilt werde, wann eine »Aktion« stattfinden würde [197]. Der Chef des Wehrmachtführungsamtes im OKW, Oberst Jodl, gab die entsprechende Zusage mit der Einschränkung, daß wegen einer möglichen Änderung der Großwetterlage die Absicht und der Marschbefehl bis zwei Tage vor dem Marschzeitpunkt, also bis X–2 Tage, sich noch ändern können. In der Nacht vom 9. auf den 10. September hielt Halder Hitler in Nürnberg Vortrag über die Mobilisierungsvorbereitungen. Es kam dabei offenbar zu stürmischen Aussprachen, und General Keitel sprach ein paar Tage darauf Jodl gegenüber seine Enttäuschung über die Haltung einiger Generale aus. Berichte der Abwehr und eine Denkschrift des Wehrwirtschaftsstabes über die unangreifbare Stärke der englischen Rüstungsindustrie, Mangel an Zuversicht in der Luftwaffe, von Brauchitsch und Halder vorgebrachte Bedenken wegen der Gefährlichkeit der strategischen Gesamtlage, besonders hinsichtlich des Eingreifens der Westmächte – Bedenken, die übrigens auch Jodl damals teilte –, all das muß Hitler in große Wut versetzt haben [198]. Hitler wollte sich insbesondere nicht durch militärische Argumente die Hände binden lassen hinsichtlich des Zeitabstandes zwischen »X« (Angriff) und dem unwiderruflichen Befehl dazu. Noch am 28. September legte er fest, die Entscheidung über den endgültigen Befehl müsse »ein Tag vorher bis 12.00 Uhr« fallen, obwohl er bis dahin die Argumente Halders anerkannt zu haben scheint.

Schacht war dagegen, mit dem Staatsstreich so bis zum letzten Moment zu warten, aber Halder bestand darauf. Noch mehr als bisher gewannen Schacht und Gisevius den Eindruck, daß auf Halder eventuell kein Verlaß sein werde [199].

Dieses enttäuschende Ergebnis bestimmte Gisevius und Schacht sowie Oster, dem sie berichteten, die Bemühungen um andere militärische Persönlichkeiten zu intensivieren. Es lag nahe, sich zunächst an denjenigen Befehlshaber zu wenden, der vor allen die von Halder erhofften Weisungen würde auszuführen haben: an den Kommandierenden General im Wehrkreis III, General von Witzleben [200]. Witzleben war eine Zeitlang der Vorgesetzte von Oster gewesen, und jetzt hatte er als Kommandierender General des III. Armeekorps (Wehrkreis III) seinen Sitz am Hohenzollerndamm 144 in Berlin[201]. Von Politik wollte er nicht viel wissen und pflegte zu erklären, davon verstehe er nichts. Es genügte ihm zu wissen, daß hier das Unrechtsregime Hitlers zu beseitigen war und daß er dazu entscheidend beitragen konnte. Allerseits wird Witzleben als der Inbegriff des aufrechten, unbürokratischen und unkomplizierten, tatkräftigen, in den besten Traditionen des Soldatentums wurzelnden Truppenführers geschildert, als ein gerader Mann, der stets zu seinem Wort stand[202].

Nun wandte sich also Oster in der ersten Septemberhälfte an Witzleben mit der Frage, ob er eventuell an einem Staatsstreich teilnehmen würde, und Witzleben war sofort dabei, allerdings nicht ohne gewisse Bedingungen zu stellen. Erst einmal wollte Witzleben wissen, ob es wirklich zu einem Krieg kommen würde, wenn Hitler die Tschechoslowakei angriffe; immerhin dachte er so weit politisch, daß er Hitler nicht glaubte entgegentreten zu können, wenn dieser dabei war, einen großen und unblutigen Sieg zu erringen, wie etwa beim Einmarsch in Österreich[203]. Ein Risiko war unvermeidlich, ein Abenteuer aber nicht, und den Truppen durfte nichts Undurchführbares zugemutet werden. Oster und Gisevius nannten Schacht als denjenigen Politiker, der am besten über die außenpolitische Lage Auskunft geben könnte. So kam es zu einem Besuch Witzlebens bei Schacht auf dessen Landsitz Gühlen[204].

Witzleben ließ sich von dem Kommandeur der Potsdamer (23.) Division, Generalmajor Walter Graf von Brockdorff-Ahlefeldt, begleiten, und Gisevius war ebenfalls dabei. Soweit sich noch feststellen läßt, fand diese Besprechung bei Schacht zwischen Halders Besuch bei Schacht und dessen Gegenbesuch statt, also zwischen dem 4. und 14. September[205]. Die Generale und Schacht wurden sich rasch einig, Schacht wußte mit großer Überzeugungskraft von der außenpolitischen Situation und dem bevorstehenden Eingreifen der Westmächte zu sprechen, und Witzleben und Brockdorff stimmten zu, daß ein Krieg mit allen Mitteln verhindert werden müsse. Witzleben gab sein Wort, mit oder notfalls auch ohne Halders Zustimmung zu handeln[206].

Nun wurde die Vorbereitung der Einzelheiten forciert. Schacht sollte sich eine Liste von Mitgliedern des zu bildenden politischen Direktoriums überlegen, Graf von Brockdorff-Ahlefeldt sollte die militärischen Maßnahmen ausarbeiten und vorbereiten, und die Einzelplanungen für den Einsatz der Berliner Polizei sowie die Neutralisierung der Polizei- und SS-Einheiten im Reich sollte Gisevius entwerfen[207].

Darüber, was nach gelungenem Putsch auf politischem Gebiete zu tun sei, gab es natürlicherweise nur undeutliche und uneinheitliche Vorstellungen. Niemand konnte genau wissen, welche politischen Kräfte nach einem Putsch hervortreten würden, wie rasch sich Gewerkschaften und Parteien wieder formieren könnten, wer zur Mitarbeit unter welchen Voraussetzungen bereit sein würde, wer eventuell von den bisherigen Funktionären in Kauf genommen werden müßte. Halder und nach ihm so mancher andere General haben diese Unsicherheit bitter beklagt. Immer nur sei er zum Handeln gedrängt worden, meinte Halder später, aber weder Goerdeler noch Beck, Canaris, Oster oder Schacht hätten »einen klaren Plan, eine befriedigende Konzeption« gehabt von dem, was nach dem Umsturz kommen sollte [208]. Nach dem Kriege schob Halder das Scheitern der Widerstandsbewegung auf diesen angeblichen Mangel: »Der Putsch, das Attentat, das Hitler beseitigte, ist nur die negative Seite. Wem es um das Schicksal seines Volkes geht, der muß nach der positiven Seite sehen. Was kommt dann? Und diese positive Seite habe ich nie zu sehen bekommen. Man hat von dem Soldaten wie vom Hausknecht verlangt: ›Mach die Stube sauber!‹ Was aber dann serviert wird in dieser Stube, darüber habe ich nie etwas gehört, weder von Beck noch von Goerdeler. Darin liegt die entscheidende Schwäche dieser ganzen Widerstandsbewegung.« [209] Das stimmte aber nur insofern, als niemand wissen konnte, ob ein Bürgerkrieg ausbrechen würde; über die *Ziele* des Umsturzes war Halder natürlich unterrichtet.

Soweit war man sich schon im September 1938 einig: zunächst würde man eine Militärdiktatur bzw. einen militärischen Ausnahmezustand von möglichst kurzer Dauer errichten [210]. Danach sollte eine vorläufige Zivilregierung gebildet werden, die Neuwahlen auf Grund der alten Weimarer Verfassung auszuschreiben hätte [211]. Schacht erwähnt sogar noch eine Art Vorparlament, das »aus den Arbeitsobmännern der Betriebe« zu wählen sei.

Über die Frage, ob einer der NS-Funktionäre wenigstens zunächst zu beteiligen sei, gab es keine Einigkeit. Aber viele hohe Offiziere und mancher Bürger glaubten in Göring einen konservativen Gemäßigten sehen zu sollen, den man irgendwie als Mittler und zur Erleichterung des Übergangs gebrauchen könnte [212]. Doch gerade die Beteiligung Görings, von dessen stark schillernder Persönlichkeit mancher so fasziniert wurde, hielt Gisevius für besonders gefährlich; eher noch müsse man gegenüber Hitler in den ersten Stunden geschmeidig taktieren. Eine möglichst unklare politische Situation, etwa unter der Parole »Putsch der SS, die Wehrmacht schafft Ordnung«, somit Vermeidung von Gewissenskonflikten wegen Beseitigung Hitlers, dagegen klare militärische Befehle – das hielt

Gisevius für das richtige[213]. Im übrigen würde es nicht schwer sein, meinte er weiter, die Führungsstellen im Apparat der Staatsverwaltung rasch mit unbelasteten Leuten neu zu besetzen. Ohnehin konnte man das der kommenden Regierung überlassen[214].

Bedeutend schwieriger war es, die nötigen militärischen Kräfte frei zu machen und ihren Einsatz vorzubereiten. Zunächst wurde klar, daß entgegen landläufigen Vorstellungen durchaus nicht jeder General in der Lage war, bewaffneten Truppeneinheiten Marschbefehle zu erteilen. Selbst der Chef des Generalstabes des Heeres konnte das nicht ohne die Autorität und Deckung durch seinen Befehlshaber – er selbst war kein »Befehlshaber«, er war nur der Berater des Oberbefehlshabers des Heeres[215]. Wenn ein wirklicher »Befehlshaber« gefunden war, so mußten seiner geplanten Aktion die Wege so weit wie möglich geebnet werden: Er durfte keine Gegenbefehle erhalten von den Gegnern, er durfte nicht auf den Widerstand gleichartiger Truppenverbände, also von Heereseinheiten, im Gegensatz zu SS und SA, stoßen, und es durfte auch nicht zu einem Zusammenstoß mit der Polizei kommen. Sonst könnte die Aktion allzufrüh den Anschein des Unrechtmäßigen erhalten, den so viele Offiziere so sehr fürchteten und der so leicht die Loyalität der Truppe kosten konnte, ehe das Ziel erreicht war. Es war bedenklich genug, daß man wahrscheinlich hier und da einen Zusammenstoß mit uniformierten »Hoheitsträgern« nicht würde vermeiden können. Schon um das durchzustehen war besonders große soldatische und moralische Autorität erforderlich, wie sie durchaus nicht jeder General besaß[216]. Auf alle Fälle mußte unter diesen Umständen alles sehr schnell vor sich gehen, dem Gegner mußten alle Möglichkeiten zu Gegenbefehlen genommen werden. Man konnte keinesfalls hoffen, die Mehrheit des Heeres gegen das Regime führen zu können, konnte man doch nicht einmal eine Division unbemerkt in Marschbereitschaft versetzen. Ohne Beteiligung des Kriegsministeriums konnte der Führer des Militärputsches nicht einmal hoffen, während der ersten paar Stunden ungestört vorgehen zu können[217]. Nach dem Bericht von Gisevius war aber Witzleben entschlossen, zum gegebenen Zeitpunkt auch ohne das Signal Halders zu handeln, wenn dieser es nicht geben sollte; er wollte eventuell das Kriegsministerium besetzen und die höchsten Führer des Heeres verhaften lassen[218].

Witzleben war, wie berichtet, seit spätestens Anfang September zu gewaltsamem Vorgehen bereit. Auf den Kommandeur der Potsdamer Division, Generalmajor Graf von Brockdorff-Ahlefeldt, konnte er sich völlig verlassen[219]. Anfang September war Witzleben selbst zu Halder gegangen, um ihn davon zu unterrichten, daß er einen Staatsstreich plane, der

selbstverständlich, so beruhigte er den Chef des Generalstabes, nur vom
Oberbefehlshaber des Heeres oder vom Chef des Generalstabes des Heeres
auszulösen wäre [220]. Welche Rolle Generaloberst von Brauchitsch beim
»Startbefehl« und dem nachfolgenden Umsturz spielen sollte, blieb bis
zum letzten Augenblick ungeklärt. Niemand konnte wissen, wie er sich
im entscheidenden Moment entschließen würde [221]. Halder hat seinen
Oberbefehlshaber, von Andeutungen abgesehen, gar nicht erst eingeweiht. Später berichtete er, er habe »die Person des Oberbefehlshabers
herauslassen« wollen aus den »in Frage kommenden Handlungen« [222].
»»Man kann seinen eigenen Hals riskieren, aber nicht den von jemand
anderem.«« [223] Erst im allerletzten Moment wollte Halder Brauchitsch
»einschalten« – aber das Wie und Wozu blieben unklar [224].

Im Einvernehmen mit Schacht planten nun Witzleben, Brockdorff-Ahlefeldt und Gisevius das Vorgehen im einzelnen, Reichskriminaldirektor
Nebe und Oberstleutnant Oster lieferten ständig die benötigten Unterlagen [225]. Gisevius erhielt im Wehrkreiskommando ein an Witzlebens
Zimmer angrenzendes Konferenzzimmer als Arbeitsraum zugewiesen;
zur Tarnung erklärte der Kommandeur den Adjutanten, Gisevius sei ein
Verwandter und ordne Familienpapiere [226].

Gisevius stellte zunächst fest, wo die Verbände der SS im Reichsgebiet
stationiert waren, wozu Oster und Nebe die Unterlagen lieferten. Es
zeigte sich, daß sie nicht nur auf das raffinierteste versteckt und getarnt,
sondern auch, daß die reguläre Schutzpolizei und die Kriminalpolizei
meist nicht zusammen mit der Gestapo untergebracht waren [227]. Es war
wesentlich, die Polizeidienststellen möglichst schlagartig und möglichst
vollständig gleich zu Anfang in die Hand zu bekommen. Ebenso wichtig
war die sofortige Besetzung der Rundfunksender und der Fernsprech- und
Fernschreibanlagen mit sämtlichen Verstärkerämtern der Reichspost, über
die auch die Fernsprech- und Fernschreibverbindungen der Polizei geschaltet waren [228]. Erst danach, frühestens gleichzeitig, konnte man zur Besetzung der Reichskanzlei und der wichtigsten Ministerien und, wie
Halder es ausdrückte, der »wesentlichen von Parteileuten geleiteten Berliner Ämter« schreiten [229]. Zugleich mußten auch die Provinzen unter
Kontrolle gebracht werden. Jeder Wehrkreiskommandeur war anzuweisen, welche Dienststellen zu besetzen und welche Personen zu verhaften
seien, Standrechtsverordnungen waren zur Durchführung des Ausnahmezustandes durchzugeben [230]. Dabei machte Gisevius eine erstaunliche
Feststellung: Seit 1934 gab es keine gültigen Dienstvorschriften mehr für
die Verhängung und Ausführung des Belagerungszustandes [231]. So mußte
jeder einzelne Befehl neu ausgearbeitet werden.

Nachdem Halder gegen Mitte September für den Staatsstreichplan gewonnen war, ergaben sich Möglichkeiten, außer der von Brockdorff-Ahlefeldt kommandierten Division weitere Truppenverbände einzusetzen bzw. ihre Verwendung im voraus zu planen. Die von Generalleutnant Erich Hoepner befehligte 1. Leichte Division sollte Witzleben noch unterstellt werden, und zwar auf Halders Veranlassung [232]. Die Division war seit dem 5. September in Bewegungen begriffen, die bis zum 23. September noch als Herbstübung galten, die jedoch eigentlich darauf abzielten, die Division im Raume Greiz–Plauen–Chemnitz zum Angriff gegen die Tschechoslowakei in Stellung zu bringen [233]. Von hier aus konnte sie nötigenfalls der in München liegenden SS-Leibstandarte »Adolf Hitler« den Weg nach Berlin verlegen [234]. Weitere Einheiten wollte Halder im Zuge der Verschiebungen so nahe an Berlin heranführen, daß sie dort eingreifen konnten [235].

Auch der Gruppenkommandeure und Korpskommandeure der gegen Südosten und Westen aufmarschierenden Verbände glaubte sich Halder sicher. Generaloberst Fedor von Bock führte die 8. Armee im Bayerischen Wald, Generaloberst Gerd von Rundstedt stand mit der 2. Armee in Schlesien, und im Westen war General Adam Oberbefehlshaber der Armeegruppe 2 mit dem Sitz in Frankfurt, wo General Beck die 1. Armee unter sich hatte und schon am 2. September, wenige Tage nach seinem Rücktritt, an Besprechungen teilnahm [236]. Halder war überzeugt, mit der Unterstützung dieser Kommandeure rechnen zu können, sobald der Staatsstreich beginnen würde; nur aus Vorsicht hatte er sie nicht im voraus eingeweiht [237].

Außer dem Kommandeur der Potsdamer Division konnte Witzleben auch auf den Kommandeur des Infanterie-Regiments 50 in Landsberg an der Warthe, Generalmajor Paul von Hase, in besonderer Weise zählen. Witzleben ließ ihn im Laufe des September zu sich kommen, und da Hase schon während der Fritsch-Krise zu bewaffnetem Vorgehen gegen das Regime bereit gewesen war, brauchte er auch jetzt nicht lange zur Teilnahme an einem Putsch überredet zu werden und hielt sich fortan in Bereitschaft [238].

Der Hauptanteil an den für Berlin vorgesehenen Maßnahmen sollte Generalmajor Graf von Brockdorff-Ahlefeldt zufallen. In den ersten Tagen des September schon fuhr er mit Gisevius zur Wilhelmstraße, zum Palais Görings, zur Kaserne der SS-Leibstandarte »Adolf Hitler« in Berlin-Lichterfelde, zum Konzentrationslager Sachsenhausen und zur Sendeanlage des Deutschlandsenders in Königswusterhausen, um sich eine genaue Vorstellung von den für die Besetzung dieser Objekte benötigten Truppen zu verschaffen[239]. Um Aufsehen zu vermeiden, ließen sich die beiden Herren von Frau Strünck, deren Mann im Kriege in der Abwehr tätig war, in deren eigenem Auto chauffieren. Witzleben erklärte Hoßbach gegenüber noch vor dem 15. September die militärischen Staatsstreichvorbereitungen für abgeschlossen[240].

Eine besonders schwierige Frage war die Haltung der Berliner Polizei. Gisevius hatte dort zwar mancherlei Verbindungen, aber natürlich keine Verfügungsgewalt. Auch der Reichskriminaldirektor Nebe hatte nur Einfluß auf die Kriminalpolizei, nicht auf die Schutzpolizei und die Gestapo. Seit Sommer 1937 war aber Fritz-Dietlof Graf von der Schulenburg Polizeivizepräsident in Berlin[241].

Schon als er noch Landrat in Ostpreußen war, hatte Schulenburg, der 1933 in der Hoffnung auf das Wort »sozialistisch« und auf eine revolutionäre Erneuerung und Sammlung, im Glauben an die Ideale des Nationalsozialismus in die NSDAP eingetreten war, sich gegen all das gewandt, was er als Entartungserscheinungen der Bewegung ansah[242]. Im Februar 1938, unter dem Eindruck der Fritsch-Krise, brach Schulenburg endgültig mit dem Nationalsozialismus und begann den Kampf gegen das Regime[243]. Er stand nun in Verbindung mit Oppositionellen wie seinem alten Freunde Caesar von Hofacker, den Grafen von Uxküll, Yorck von Wartenburg, Berthold von Stauffenberg und Ulrich Wilhelm Schwerin von Schwanenfeld, ferner dem im Vorzimmer des Freiherrn von Weizsäcker tätigen Legationsrat Albrecht von Kessel, mit der Gruppe um Halder und Witzleben, sowie mit Friedrich Wilhelm Heinz und Hans Oster im Amt Ausland/Abwehr des OKW[244].

Die Bereitschaft Schulenburgs genügte freilich nicht, wenn nicht auch der Polizeipräsident selbst, Wolf Heinrich Graf von Helldorf, sich beteiligte. In den letzten Tagen vor der vorgesehenen Auslösung des Putsches wurde er noch für die Verschwörung gewonnen. Zumindest wollten Helldorf und Schulenburg für die Neutralität der Berliner Polizei sorgen[245].

Weiter erhob sich die Frage, was mit Hitler selbst geschehen solle. Gisevius wollte, daß man wenigstens in den ersten Stunden des Staatsstreiches hinsichtlich der Person Hitlers geschmeidig taktiere, wogegen Göring unbedingt zu beseitigen sei. Notfalls, meinte Gisevius, könne man Hitler als ahnungslos hinstellen, womit man der damaligen Volksstimmung wohl am weitesten entgegengekommen wäre[246]. Sobald aber dann Hitler ergriffen wäre, müsse man ihn auch töten. Tyrannenmord sei in der gegebenen Lage ein sittliches Gebot.

Halder war zwar gegen ein offenes Attentat, aber nicht gegen die Beseitigung Hitlers. Er zog sogar eine unauffällige Methode der Ermordung

einer Verhaftung vor, weil er dann seine und des Heeres Beteiligung am
Sturz Hitlers verbergen und so das von ihm befürchtete Entstehen eines
gefährlichen Hitler-Mythos verhindern könnte [247]. Er hielt es daher für
am besten, Hitler mit seinem Eisenbahnzug in die Luft zu sprengen und
vorzugeben, er sei bei einem Bombenangriff umgekommen. Zur Durchführung dieses Planes war es freilich nach Halders Auffassung unerläßlich,
den Beginn der Feindseligkeiten abzuwarten [248]. Für konkrete Planungen
in dieser Richtung sind keine Anhaltspunkte vorhanden.

Viele Verschwörer, Beck zumal, waren der Überzeugung, man müsse
Hitler lebend fangen und vor Gericht stellen, damit seine Verbrechen
dem ganzen Volke offenbar würden. So hofften sie am ehesten der Entstehung einer neuen »Dolchstoßlegende« vorzubeugen. Der an der Verschwörung beteiligte Reichsgerichtsrat Dr. Hans von Dohnanyi z. B. wollte
Hitler nach dessen Verhaftung durch ein Ärztegremium für geisteskrank
erklären lassen. Der Vorsitzende des Gremiums war in Gestalt des
Schwiegervaters Dohnanyis, des Psychiaters Professor Karl Bonhoeffer,
schon gefunden, und Dohnanyi betrieb zugleich die Vorbereitung eines
Prozesses gegen Hitler, für welchen er schon seit 1933 in einer besonders
angelegten geheimen Kartei Material sammelte [249].

Es gab aber auch noch eine Gruppe jüngerer Verschwörer, die keineswegs bereit waren, zunächst an Hitler »vorbeizugehen«, ihn als ahnungslos hinzustellen oder in bezug auf seine Person geschmeidig zu taktieren.
Die treibende Kraft in dieser Gruppe und ihrer besonderen Zielrichtung
war der frühere Stahlhelmführer und damalige Major Friedrich Wilhelm
Heinz [250]. Bewußt im Gegensatz zu Beck, Canaris und sogar Witzleben
wurde hier von einigen Offizieren des Amtes Ausland/Abwehr ein Attentatplan entwickelt – der früheste, der aus den Kreisen bekannt ist,
die später die Verschwörung des 20. Juli hervorgebracht haben.

Schon seit einiger Zeit, besonders intensiv seit etwa Anfang August,
war eine Gruppe von Gegnern des NS-Regimes, zu der Heinz, Oster und
Schulenburg, zeitweise auch Goerdeler, gehörten, mit der Entwicklung
von Verfassungsplänen und mit Überlegungen für die Regierungsneubil-
dung nach dem Sturze Hitlers beschäftigt. Es waren Hitler-Gegner der
ersten Stunde, die schon lange vor dem Offenbarwerden der Kriegsgefahr,
aus ganz ursprünglicher politischer Überzeugung also, für den Sturz
Hitlers arbeiteten. Die Kriegsgefahr war für sie Antrieb, aber nicht erstes
Motiv. Sie waren zu besonders weitreichenden Handlungen bereit, hatten
dafür aber auch ihre besonderen Auffassungen über die Neuordnung
Deutschlands. Man war in dieser Gruppe der Meinung, es sei nötig, für
eine neue Regierung Symbole größerer Kraft zu gewinnen, als lediglich

die Figuren von Präsident und Kanzler einer wiederhergestellten Weimarer parlamentarischen Demokratie. Hier wie auch in anderen Gruppen
gab man sich Mühe, aus den Fehlern und Schwächen der Zeit vor 1933
zu lernen und Konsequenzen zu ziehen. Heinz und seine Freunde wollten als Ersatz für Embleme, Massenorganisationen, Massenaufmärsche,
Flaggenmeere und sonstige Machtdemonstrationen eine moderne Demokratie gründen, die zugleich organisch mit den Elementen der Tradition
verbunden war, nämlich nach englischem Vorbild eine »entschiedene
Demokratie unter einem über den Parteien stehenden monarchischen
Staatsoberhaupt«[251]. Goerdeler wurde nach dem Bericht Heinz' in diese
Absicht eingeweiht und stimmte zu – er hatte selbst schon 1937 gegenüber
Sir John W. Wheeler-Bennett eine monarchische Restauration befürwortet –[252], nur schlug er als Kandidaten für den neu zu schaffenden deutschen Königsthron den zweiten Sohn des ehemaligen Kronprinzen, den
Prinzen Louis Ferdinand von Preußen, vor, während Heinz und seine enge-
ren Freunde lieber den Prinzen Wilhelm von Preußen, den ältesten Sohn
des ehemaligen Kronprinzen, haben wollten. Sie fanden, Prinz Louis
Ferdinand gleiche in seinem Charakter zu sehr seinem Großvater, dem
ehemaligen Kaiser Wilhelm II., während Prinz Wilhelm genau die Persönlichkeit sei, die Deutschland an seiner Spitze brauche: gerecht, vor-
nehm, gütig, menschlich, Abenteuern abhold und bereit, der Demokratie
Spielraum zu gewähren. Auf keinen Fall wollte die Gruppe SchmidNoerr–
Liedig–Heinz das Kaisertum der Zeit zwischen 1871 und 1918 wiederherstellen[253]. Dem Argument der größeren Symbolkraft und Verwurzelung
im Heer – Vorteile, die für den Prinzen Wilhelm ins Feld geführt wurden – hat sich Goerdeler dann auch nicht mehr verschließen mögen, er
bestand nicht weiter auf seinem Kandidaten, der gleichwohl in späteren
Überlegungen wiederholt wieder auftauchte. Prinz Wilhelm glaubte nach
dem Ausbruch des Krieges nicht mehr an die Möglichkeit der Errichtung
einer deutschen Monarchie, und im Jahre 1940 ist er als Soldat gefallen[254].

Mitte September oder einige Tage später, um den 20. September, fand
in der Wohnung Osters eine Besprechung statt, an der auch Heinz, Kapitänleutnant Liedig sowie General von Witzleben und auch Goerdeler
teilnahmen[255]. Witzleben erklärte dabei seine Absicht, umgeben von
Offizieren seines Generalkommandos und mit einer weiteren Schar zuverlässiger Offiziere Hitler in der Reichskanzlei aufzusuchen und ihn zum
Rücktritt aufzufordern. Direkt im Anschluß daran sollten Einheiten des
zuvor alarmierten III. Armeekorps Berlin besetzen und den zu erwartenden Widerstand der SS niederschlagen. Witzleben würde nicht so ohne
weiteres Zugang zu Hitler finden, der Sinn der Begleitung war also klar.

Es würde zu irgendwelchen Handgreiflichkeiten, womöglich zu einer Schießerei kommen, allerlei Unvorhergesehenes konnte geschehen. Witzleben und Goerdeler, auch Canaris, hielten daran fest, Hitler verhaften zu wollen. Aber Heinz hielt das für naiv und bereitete im stillen weit drastischere Maßnahmen vor.

Von Witzleben und Oster hatte Heinz den Auftrag, einen Stoßtrupp als Begleittruppe für General von Witzleben zusammenzustellen. Heinz war früher Angehöriger der Freikorpsbrigade Ehrhardt und dann Stahlhelmführer gewesen, und er hatte noch immer gute Beziehungen zum sogenannten Jungstahlhelm, der Jugendorganisation des ehemaligen Stahlhelm, und zu der ehemaligen Stahlhelmorganisation »Studentenring Langemarck« [256]. So wurde ihm die Ausführung des Auftrages nicht schwer, besonders da die Abwehr unauffällig Angehörige der Wehrmacht unter dem Vorwand von »Sonderlehrgängen« zusammenziehen konnte. Es kamen 20 bis 30 junge Offiziere zusammen, aber auch Arbeiter und oppositionelle Studenten waren dabei. Die Gewerkschaftsführer Wilhelm Leuschner und Hermann Maaß waren zumindest an den Besprechungen beteiligt; nach der Fritsch-Krise hatte Heinz sie mit Oster in Verbindung gebracht [257]. Von hier aus bestand auch Verbindung zu Kreisen, die an den Planungen und Überlegungen vom Herbst 1938 nur mittelbar beteiligt waren, z. B. zu dem ehemaligen Reichswehrminister Gustav Noske, zu Julius Leber, Klaus Bonhoeffer, Otto John, dem Legationsrat Richard Künzer und zu Ernst von Harnack [258]. Zu den Führern des Stoßtrupps gehörte der damalige Oberleutnant Dr. Hans-Albrecht Herzner, der später bei Beginn des Feldzuges gegen Polen ein »Kommando« der Abwehr führte, welches den Jablunka-Paß zu nehmen und für die nachrückenden deutschen Truppen freizuhalten hatte; der ebenfalls der Abwehr angehörende Oberleutnant Wolfgang Knaak, der 1941 beim Handstreich auf eine Dünabrücke gefallen ist; und Kapitänleutnant Liedig, der schon erwähnt wurde [259]. Die Vorbereitungen für die Aufstellung des Stoßtrupps reichen noch in die erste Septemberhälfte zurück, nach dem 15. September wurde er zusammengezogen und in einigen Berliner Wohnungen, darunter Eisenachstraße 118, in Bereitschaft gehalten [260].

Die Zusammensetzung des Stoßtrupps und die vorangegangenen Verfassungsbesprechungen lassen besondere Zielrichtungen erkennen, die keineswegs den Vorstellungen von Beck, Schacht und Goerdeler entsprachen, aber auch das aktive Vorgehen stellten sich Heinz und Liedig anders vor als Witzleben. Es entstand also, wie Heinz treffend feststellte, in jeder Hinsicht eine Verschwörung in der Verschwörung [261]. Der Stoßtrupp sollte nämlich nicht lediglich Witzleben auf seinem entscheidenden Gang zu Hitler »begleiten« und nötigenfalls den Zugang zur Reichskanzlei erzwingen, worauf Witzleben dann Hitler mit der Forderung, abzudanken, gegenübertreten wollte. Vielmehr waren seine Mitglieder entschlossen, einen Zwischenfall zu provozieren und dabei Hitler zu erschießen. Für diesen Plan war auch Oster gewonnen. Admiral Canaris beauftragte den Abwehroffizier Major d. G. Groscurth mit der Beschaffung und Bereitstellung von Waffen und Explosivstoffen [262]. Es wurde die Parole ausgegeben, Hitler sei unbedingt zu erschießen, selbst wenn wider Erwarten die SS keinen Widerstand leisten sollte [263]. Nur so konnten von vornherein klare Verhältnisse geschaffen werden, und nur dann brauchte sich niemand mehr um einen dem Staatsoberhaupt geleisteten Eid zu kümmern. Zweifellos dachte die Gruppe um Heinz und Liedig in diesem Punkte realistischer als die zum Konservatismus neigenden älteren Verschwörer in den höheren Stellungen. Daß auch Oster sich anschloß, ist ein Beweis für seinen außerordentlichen revolutionären Elan.

Es war alles vorbereitet, so gründlich und mit so guten Erfolgsaussichten wie wohl zu keinem späteren Zeitpunkt wieder. Die Teilnehmer des Stoßtrupps waren von der Abwehr mit Waffen ausgestattet und lagen auf Abruf in ihren Quartieren, Aufrufe waren vorbereitet, für die Besetzung der Rundfunkstationen war Sorge getragen [264]. Witzleben, Brockdorff-Ahlefeldt und Gisevius hatten die militärischen und polizeilichen Maßnahmen, mit denen die Hauptstadt unter Kontrolle gebracht werden sollte, ausgearbeitet. Den »Startbefehl« behielt Halder sich selbst vor [265]. Ihm mußte ja Hitlers Marschbefehl gegen die Tschechoslowakei zuerst zur Kenntnis gelangen. Auf den Marschbefehl würden die Kriegserklärungen Frankreichs und Englands folgen. Jetzt wartete man nur noch auf das Eintreten dieser Voraussetzungen – auf den Augenblick, in dem der Krieg ohne den Sturz Hitlers unvermeidlich wäre.

Der überraschende Besuch Chamberlains bei Hitler in Berchtesgaden am 15. September und das damit so offenkundig dokumentierte englische Nachgeben wirkten verwirrend und teilweise niederschmetternd auf die Verschwörer [266]. Subjektiv fühlten sie sich von dem britischen Staatsmann, der, wie sie es sahen, einen Bittgang zu einem Gangster tat, im Stich gelassen – zu Recht, sofern sie darin eine Überschätzung der deutschen Kriegsmacht und eine Verkennung des Wesens der Politik Hitlers erblickten; zu Unrecht jedoch insofern, als sie glaubten, die englische Regierung sei irgendwie verpflichtet gewesen, auf Vorschläge und Zusicherungen der deutschen Opposition einzugehen [267]. Es schien nun, als werde die Voraussetzung für einen Umsturz nicht eintreten [268]. Aber dann zeigte sich, daß die Spannung gar nicht nachließ, sondern sich erst recht verschärfte; denn Hitler wurde nur noch herausfordernder, anstatt sich, da die Erfüllung seiner angeblich letzten territorialen Wünsche bevorstand, zu mäßigen [269]. Er wollte immer noch oder nun erst recht die ganze Tschechoslowakei erobern [270]. Als Chamberlain vom 22. bis 24. September in Bad Godesberg nach Konsultationen im Kabinett und mit Frankreich das Weitere regeln wollte, erhöhte Hitler seine Forderungen: nicht nur, vor allem nicht zuerst Volksabstimmung im Sudetenland und in gemischten Gebieten, nicht zuerst Verhandlungen über den künftigen Grenzverlauf, sondern zuerst und sofort Einmarsch der Wehrmacht in die geforderten Gebiete. Wenn das nicht zugestanden werde, beginne am 1. Oktober der Krieg gegen die Tschechoslowakei [271].

Endlich begann man in Frankreich und England zu begreifen, daß Hitler offenbar weit mehr wollte als die Erfüllung seiner »letzten territorialen Forderung«. Die Haltung der englischen und der französischen Regierung versteifte sich, Mobilmachungsmaßnahmen wurden befohlen. Frankreich befahl die Reservisten in die Kasernen, England setzte am 25. September seine Flotte in Kriegsbereitschaft, und auch die Tschechoslowakei machte mobil [272]. Hitler wurde immer ausfallender, die Westmächte immer unnachgiebiger.

Schließlich geschah, worum sich die deutsche Opposition schon so lange bemüht hatte: die englische Regierung gab am 26. September der Presse eine Erklärung des Inhalts, wenn Hitler trotz der Erfüllung seiner ursprünglichen Forderungen gegen die Tschechoslowakei den Krieg beginne, so werde Frankreich seine Bündnispflicht erfüllen und England und Rußland werden sicherlich auf seiner Seite stehen [273]. Das war nun endlich die »feste Haltung«.

Aber Hitler betrieb seine Kriegsmaßnahmen weiter. Vieles läßt darauf schließen, daß er auch den Krieg gegen Frankreich und England zu diesem Zeitpunkt gar nicht ernstlich zu vermeiden suchte. Manches läßt aber auch vermuten, daß er allmählich doch schwankend wurde und schließlich nachgab, als er den völligen Mangel an Kriegsbereitschaft auch in der Bevölkerung erkannte, die einen Propagandamarsch motorisierter Truppen durch das Regierungsviertel von Berlin am Abend des 27. September mit eisigem Schweigen verfolgte [274]; als Sir Horace Wilson ihm am 27. September um die Mittagszeit sagte, es werde zu aktiven Feindseligkeiten seitens Frankreichs und Englands kommen, falls er nicht von seinem Kriegsvorhaben ablasse [275]; als er am Vormittag des 28. September die Nachricht von der Mobilisierung der britischen Flotte erhielt [276]; als schließlich Mussolini sich einschaltete und zum Entgegenkommen riet [277]. Manche sahen in Mussolinis Intervention die entscheidende Wende von der Kriegsentschlossenheit zum – vorübergehenden – Verzicht auf den Krieg, manche schreiben die Wende der Wirkung der englisch-französischen Drohungen zu. Von entscheidender Bedeutung ist dabei immer, ob von einem Krieg gegen die Tschechoslowakei allein die Rede ist, zu dem Hitler völlig bereit war, oder auch von einem gleichzeitigen Krieg mit den Westmächten[278].

Im Lichte von Hitlers Äußerung am 22. August 1939, hoffentlich komme ihm nicht wieder irgendein Schweinehund mit einem Vermittlungsvorschlag, könnte man der Version zuneigen, Mussolinis Absage an einen Krieg habe den Umschwung bewirkt[279]. Aber die erwähnte Äußerung erklärt keineswegs die Vorgänge in Hitlers Denken und Fühlen: Warum sollte ihn ein Vermittlungsvorschlag schwankender machen und in ihm Skrupel erwecken, die handfeste und offenbar diesmal ernstgemeinte Drohungen nicht hatten hervorrufen können? Rationale Erklärungen werden der Hitlerschen Psyche sicher nicht gerecht. Die Wahrscheinlichkeit, daß er nach seinem wochenlangen Toben schwankend wurde und zu diesem Zeitpunkt eine Flut von Hindernissen auftauchte, von denen er dann dasjenige als Ausweg ergriff, das ihm erlaubte, das Gesicht zu wahren und zugleich einen Triumph einzuheimsen, ist ebenso groß, wie die Wahrscheinlichkeit, daß er die Wirklichkeit erkannte und deshalb nach einer Methode des Nachgebens suchte. Vieles spricht für die erste Erklärung.

In den Kreisen der Opposition, wo man von der Voraussetzung ausging, daß Hitler auch vor der Gefahr des Weltkrieges nicht zurückschrecken würde, wußte man freilich bis zum Mittag des 28. September nichts von einem Nachgeben Hitlers, wohl aber, daß die Angriffsvorbereitungen weiterliefen[280]. Man war überzeugt, daß am 28. September der endgültige Marschbefehl gegeben werden würde[281]. Am 27. September notierte sich Jodl für 13.20 Uhr: »Führer genehmigt Vorführen der 1. Angriffswelle derart, daß sie 30. 9. in Bereitstellungsräumen eingetroffen sein kann.«[282] Und für 13.30 Uhr: »telefonisch an Grl Halder übermittelt.« Am Abend genehmigte Hitler die Mobilisierung »der 5 akt. Westdivisionen (26., 34., 36., 33. u. 35.) sowie der 14 Landwehr-Div.«[283] Am 28. September erwartete man für 14 Uhr die Verkündigung der allgemeinen Mobilmachung[284].

Was davon in Hitlers geheimsten Gedanken als Bluff gedacht war, läßt sich allenfalls vermuten. Es ist schwer vorstellbar, daß ihm, dem Veteranen des Ersten Weltkriegs, das Ungenügende der deutschen Vorbereitungen im Vergleich zu den Möglichkeiten der Westmächte keine Sorge machte. Aber Hitlers Gleichgültigkeit gegenüber den Erfolgsaussichten seiner Politik sollte sich noch mehrmals erweisen. General Halder und

die Opposition jedenfalls rechneten damit, daß Hitler auch vor dem Krieg
mit den Westmächten nicht zurückschrecken würde. Halder sagte zu
Generaloberst von Hammerstein an dessen 60. Geburtstag, dem 26. September: »›Es wird jetzt gehandelt, wenn Hitler seine Pläne nicht aufgibt.‹«
Hammerstein hatte freilich schon damals Zweifel an Halders Entschlossenheit [285].

Noch spät am Abend des 27. September war es Oster gelungen, eine
Kopie der von Weizsäcker entworfenen, leicht gemäßigten, aber doch ab-
lehnenden Antwort Hitlers vom selben Nachmittag auf den letzten Vermittlungsvorschlag Chamberlains zu beschaffen [286]. Am Vormittag des
28. September brachte Gisevius die Kopie zu Witzleben in das Wehrkreiskommando am Hohenzollerndamm; Witzleben ging damit sofort zu
Halder in das OKH am Tirpitzufer und legte ihm das Schriftstück als
»Beweis« für Hitlers Entschlossenheit zum Kriege vor. Halder schien
überzeugt; er eilte mit dem Papier zu Brauchitsch, während Witzleben
in Halders Dienstzimmer wartete. Nach wenigen Minuten war Halder
wieder bei Witzleben und meldete, Brauchitsch sei gewonnen, er befür-
worte nun auch eine »Aktion« [287].

Die englischen Teilmobilmachungsmaßnahmen hatten ihn in der Tat
aufs höchste beunruhigt [288]. Freilich besagte es noch nicht viel, wenn
Brauchitsch meinte, der Zeitpunkt für eine »Aktion« sei nunmehr gekommen. Witzleben hatte noch von Halders Zimmer aus mit Brauchitsch
telephoniert und ihm gesagt, alles sei vorbereitet, er solle doch um Himmels
willen jetzt den Befehl erteilen, aber Brauchitsch wollte sich auch erst noch
selbst davon überzeugen, daß Halder und Witzleben recht hatten: daß
der Krieg beschlossene Sache sei. Um das herauszufinden, begab er sich
in die Reichskanzlei [289]. Außerdem wurde Schulenburg in das Auswärtige
Amt entsandt, um einen außenpolitischen Lagebericht für Brauchitsch
zu beschaffen [290].

Inzwischen lagen die Stoßtrupps bereit zum Handstreich auf die
Reichskanzlei. Kordt wollte mit Hilfe Schulenburgs dafür sorgen, daß
hinter dem Posten am Eingang die große Doppeltür geöffnet und so dem
Stoßtrupp der Weg gebahnt würde, und er hatte Oster auch noch einen
Grundriß der Reichskanzlei besorgt. Dort waren anscheinend noch keine
der Lage entsprechenden außerordentlichen Sicherheitsmaßnahmen getroffen worden [291]. Halder wartete nur noch auf die Rückkunft Brauchitschs, Witzleben war wieder in sein Wehrkreiskommando geeilt, wo
auch Gisevius sich aufhielt [292]. Nun mußte es jeden Augenblick soweit
sein.

Da kam am Nachmittag die Meldung von der für den nächsten Tag in

München anberaumten und von Mussolini vermittelten Konferenz, zu
der Daladier und Chamberlain persönlich erscheinen wollten [293]. Sowohl
die Westmächte als auch Hitler lenkten ein. Die Westmächte gestanden
Hitler sein brutales Einmarschbegehren zu, Hitler aber verzichtete für
den Augenblick darauf, durch tschechische Gegenwehr oder auch durch
inszenierte Zwischenfälle [294] Gelegenheit zur »Zerschlagung« der ganzen
Tschechoslowakei zu erhalten. Die Kriegsgefahr jedenfalls war für diesmal beseitigt. Dem aussichtsreichsten Versuch, Hitler zu stürzen, war
damit die Grundlage entzogen, die vorbereiteten Maßnahmen konnten
nicht ausgeführt werden. Der britische Botschafter Henderson schrieb
unter dem 6. Oktober 1938 an den Secretary of State, Anthony Eden:
».. by keeping the peace, we have saved Hitler and his regime..« [295]
Das erlaubt freilich nicht den Schluß, die Westmächte seien der deutschen
Widerstandsbewegung in den Rücken gefallen, wenn es deren Teilnehmern auch subjektiv so scheinen mochte [296].

V. Staatsstreichpläne 1939-1940

1. Vor Kriegsausbruch

Die Opposition gegen Hitler hat durch die Münchner Konferenz und die Preisgabe der Tschechoslowakei durch die Westmächte einen Schlag erlitten, von dem sie sich nicht erholen konnte. Die Öffentlichkeit kannte die wirklichen Vorgänge nicht, und die Führer des Widerstandes konnten aus ihrer Lage heraus in diesem Punkte schwerlich realistisch urteilen. Hitler hatte recht behalten, die Westmächte wollten nicht kämpfen: jede andere Auffassung der Lage mußte wirklichkeitsfremd erscheinen. Konnte er künftig nicht in ähnlicher Weise recht behalten? Wer wollte ihm widerlegen, daß ihm dies dank seiner besseren Einsicht, dank seinem außenpolitischen und militärpolitischen Geschick gelungen sei? Erst heute weiß man, wann die Geduld der Westmächte endgültig erschöpft war, damals konnte es niemand wissen.

Zunächst schritt Hitler auf der Bahn seiner Eroberungen fast ungehindert weiter. England forcierte seine Rüstungen, aber Hitler konnte doch ausführen, was er zynisch die »Erledigung der Resttschechei« nannte. Schon am 21. Oktober 1938 hatte er die militärische Vorbereitung dieses Schlages befohlen. Im Frühjahr 1939 zerbrach der tschechoslowakische Staat unter Hitlers Druck an seiner Schwäche und an den Unabhängigkeitsbestrebungen der Slowaken. Unter Drohungen, man werde die Slowakei den Ungarn überlassen, falls sie sich nicht von Prag lossage, erklärte am 14. März 1939 der slowakische Landtag die Souveränität der Slowakei und stellte sie unter den Schutz des Deutschen Reiches[1]. Am selben Tag noch rief man den Staatspräsidenten der Tschechoslowakei, Emil Hácha, nach Berlin. Am 15. März spät abends kam er an und erfuhr, daß deutsche Truppen bereits auf Prag marschierten und daß Prag bombardiert werden würde, falls die tschechische Armee Widerstand leiste. Ähnlich wie Schuschnigg ein Jahr zuvor hatte nun Hácha die Wahl zwischen ehrenvollem, aber blutigem Untergang einerseits und der kampflosen Preisgabe des von einem übermächtigen Gegner erpreßten und von seinen Freunden verlassenen Landes andererseits, wobei es dann wenigstens nicht physisch zerstört werden würde. Er wählte das zweite.

Am 16. März konnte Hitler von der Prager Burg aus die Errichtung des Protektorates Böhmen und Mähren verkünden. Nach noch nicht einmal sechs Monaten hatte Hitler das Münchner Abkommen gebrochen. Die Westmächte blieben, von Protesten abgesehen, untätig. Polen würde das nächste Opfer sein.

Die englische Regierung aber versprach nun Polen am 31. März 1939 ihren uneingeschränkten Beistand für den Fall, daß es seine nationale Integrität und Unabhängigkeit werde verteidigen müssen. Ähnliche Zusicherungen erhielten Griechenland, Rumänien und die Türkei[2]. Hitler sollte wissen, daß er bei seinem nächsten Schritt auf den bewaffneten Widerstand Englands stoßen würde. Hatte er aber einen Grund, daran zu glauben? Hatte ihm England nicht aus Schwäche seine eigentliche Absicht im Herbst 1938, die Eroberung der Tschechoslowakei, abgekauft um den Preis des unblutigen Einmarsches in das Sudetenland und um den Preis der Teilentwaffnung der Tschechoslowakei durch Verlust ihrer Westbefestigungen? So schien es wenigstens, und Hitler wußte auch, daß England Monate brauchen würde, um Polen militärisch beizuspringen, und daß es kaum denkbar war, ein britisches Expeditionskorps durch die Ostsee nach Polen zu schaffen, daß also ohne ein englisch-russisches Bündnis wirksame Hilfe für Polen nicht möglich war. Tatsächlich brachten Frankreich und England später, im Herbst 1939, nicht einmal einen Entlastungsangriff im Westen zustande, von wirksamer Unterstützung ganz zu schweigen.

Die Schlüsselrolle der Sowjetunion wurde von den Westmächten ebenso erkannt wie von Hitler, der sich um die Neutralisierung Rußlands bemühte. Inzwischen zog Deutschland Italien durch ein formelles Bündnis vom Mai 1939 auf seine Seite, Rumäniens Wirtschaft kam durch einen Handelsvertrag schon im März unter weitgehende deutsche Kontrolle, Dänemark, Estland und Lettland wurden durch Nichtangriffspakte neutralisiert. Seit April verhandelten andererseits die Westmächte in Moskau, wobei sich als größtes Hindernis für ein Übereinkommen die polnische Weigerung erwies, im Bündnisfall sowjetische Truppen durch polnisches Gebiet marschieren zu lassen. Im Hinblick auf die Geschichte Polens und seine Beziehungen zu Rußland ist diese Haltung völlig begreiflich. Polen hatte doch offenbar nur die Wahl, sich zwischen den Blöcken vielleicht neutral oder aber durch die Hilfe eines englisch-französischen Angriffes auf die deutschen Westgrenzen gegen Deutschland zu halten. Russische »Hilfe« bedeutete fast mit Sicherheit Verlust der Unabhängigkeit.

Am 23. August 1939 erfuhr die Welt von dem Abschluß eines Paktes zwischen Hitler und Stalin, den Ribbentrop in Moskau unterzeichnet hatte. Schon seit April hatte Stalin zugleich mit den Westmächten und mit

Deutschland verhandelt, und Hitler hatte keine Skrupel, den Preis zu zahlen, mit dem die Sowjetunion zu gewinnen war: außer dem offiziellen
Nichtangriffspakt wurde ein geheimes Zusatzprotokoll unterzeichnet, in
welchem die Teilung Polens zwischen den beiden Staaten sowie die Ab-
grenzung von »Interessengebieten« im Baltikum vereinbart wurde. Nun
konnte Hitler am 1. September 1939 – nach einer auf die Intervention
Mussolinis hin erfolgten Verschiebung des Termins um wenige Tage –
zum Angriff auf Polen schreiten. Nun griffen England und Frankreich ein
und erklärten Deutschland am 3. September den Krieg. Der Zweite Weltkrieg war entfesselt.

Während Hitler sich nach dem Münchner Abkommen so stark fühlte,
daß er nach der Besetzung des Sudetenlandes, noch im November des
Jahres, ein ungeheuerliches und in solchem Ausmaß seit dem Mittelalter
nicht mehr gesehenes Juden-Pogrom vom Zaune brach, bei dem jüdische
Geschäfte und Synagogen zu Tausenden geplündert, zerstört und in Brand
gesetzt wurden, war die Widerstandsbewegung zu nahezu hilflosem Zusehen verurteilt. Wohl taten viele Mitglieder der Opposition alles in ihrer
Macht Stehende, um den Juden und überhaupt den Verfolgten des Regimes zu helfen – durch Ermöglichung der Auswanderung, durch Sicherung
von Vermögenswerten, durch Gewährung von Unterschlupf und Zuflucht,
durch geistige und materielle Unterstützung aller Art[3]. Aber einen Ansatzpunkt zum Sturze Hitlers sah man nirgends.

Man hatte die Westmächte als natürliche Verbündete im Kampf gegen
Hitler angesehen. Nun fühlte man sich, objektiv zu Unrecht, von ihnen
verraten. Die Opposition zerbröckelte, die Verbindung zwischen zivilen
und militärischen Widerstandsgruppen lockerte sich oder riß ab[4]. Freilich
blieb der Kern der Opposition zusammen: Beck, Oster, Schulenburg, Gisevius, Witzleben, Schacht, Halder, Goerdeler, um nur einige zu nennen,
hatten ihr Ziel, den Sturz Hitlers, nicht aufgegeben. Aber sie sahen keine
Möglichkeit, es in der Atmosphäre und Situation nach München zu erreichen. Ohne Machtmittel war jeder Versuch aussichtslos, niemand
glaubte damals, daß die Macht des Diktators allein auf zwei Augen stand;
also mußte man bei einem Umsturzversuch immer mit bürgerkriegartigen
Kämpfen rechnen, und folglich konnte die Beseitigung Hitlers allein damals das Problem nicht lösen. Die militärischen Kräfte aber waren nun,
nach München, nicht mehr für einen Staatsstreich zu haben. Keiner der
Führer der Opposition glaubte, etwa anläßlich der Besetzung Prags, im
Heer genügend Unterstützung für einen neuen Umsturzversuch finden zu
können. Die »Zerschlagung der Resttschechei« hat ja nicht einmal eine
ernste Krise, geschweige denn eine der Sudetenkrise ähnliche gefährliche

Lage gezeitigt. Die Lähmung der Opposition wurde durch Hitlers ungestrafte Gewaltaktion, durch seinen neuen »unblutigen Erfolg« nur noch größer[5].

Selbst wenn die an den Vorbereitungen des September 1938 beteiligt gewesenen Schlüsselpersonen im Frühjahr 1939 noch in ihren alten Stellungen gewesen wären, hätten sie angesichts des Mangels jeder akuten Kriegsgefahr kaum ernsthaft neue Pläne geschmiedet. Aber eine ganze Reihe von ihnen stand gar nicht mehr oder doch nicht in Berlin zur Verfügung. Der wichtigste Befehlshaber, General von Witzleben, hatte im November 1938 Berlin verlassen, um das Gruppenkommando 2 im Westen zu übernehmen[6]. Auf dem Höhepunkt der Polenkrise bat er Oster um den Besuch von Gisevius, um wenigstens zu erfahren, was in Berlin vor sich ging, so isoliert war er auf seinem Frankfurter Posten, an irgendeine Aktion konnte er da nicht denken[7]. Der noch als Divisionskommandeur in Potsdam verbliebene Generalleutnant Graf von Brockdorff-Ahlefeldt glaubte nicht, allein einen Streich ausführen zu können[8]. Der Nachfolger Witzlebens als Kommandierender General des Wehrkreises III in Berlin, General der Artillerie Curt Haase (nicht zu verwechseln mit dem späteren Stadtkommandanten von Berlin, Generalleutnant Paul von Hase), wurde von Halder als »nicht verschwörungsfähig« angesehen[9]. Der damalige Chef des Allgemeinen Heeresamtes, Generalleutnant Fritz Fromm, der am 20. Juli 1944 eine für die Verschwörung verhängnisvolle Schlüsselrolle spielte, wurde wohl von Halder auf seine etwaige Bereitschaft zur Teilnahme an Staatsstreichvorbereitungen angesprochen, versagte sich aber[10]. Halder selbst war für das Abwarten, nicht einmal vage Zusagen waren Anfang des Jahres 1939 noch von ihm zu bekommen[11]. Als der deutsche Einmarsch in Prag bevorstand, wie viele Eingeweihte wußten, war er nicht einmal für Besprechungen über eventuelle Maßnahmen zu haben, weil er – mit Recht – überzeugt war, daß die Westmächte die Tschechoslowakei längst aufgegeben hatten[12]. Er war zu keinerlei konspirativer Tätigkeit zu bewegen, wie sehr sich auch Gisevius, Oster, Beck und Canaris bemühten, ihn dazu zu drängen[13]. Schwierigkeiten für künftige Umsturzpläne entstanden auch durch die Einführung der sogenannten Zeittafeln gegen Ende des Jahres 1938[14]. Hitler befahl die Aufstellung dieser Zeittafeln, um jederzeit genaue Angaben über den Zeitpunkt zu haben, zu welchem etwaige Marschbefehle und Befehle für den Übergang von Anmarsch zu Angriff unwiderruflich gegeben werden mußten[15]. Hitlers Strategie der Überraschungsangriffe und des »schlagartigen« Vorgehens, des Blitzkrieges, machte derart minutiöse Vorausdispositionen erforderlich, noch mehr aber sein Verfahren, mit der endgültigen Entscheidung über kriegerische Maßnahmen bis zum allerletzten Augenblick zu warten. Zum Beispiel wollte er, wenn er einen Überfall plante, von einem bestimmten Tage an jederzeit die Möglichkeit haben, bei Vermeidung der traditionellen Mobilmachungsmethoden deutsche Truppen möglichst innerhalb von 12 Stunden nach einem von ihm gegebenen Befehl in das zu besetzende Land einmarschieren zu lassen [16].

Es war nun zwar der militärischen Führung möglich, im voraus zu wissen, welche Einheiten für einen eventuellen Angriff eingesetzt und welche wo im Reichsgebiet stationiert bleiben sollten. Solches Vorauswissen mußte nicht nur eine Erschwerung für die Pläne der Opposition bedeuten. Andererseits aber wurde die Spanne zwischen Marschbefehl und tatsächlichem Beginn der kriegerischen Operationen im großen derart verkürzt, daß es für die im geheimen arbeitende Verschwörung doch schwieriger wurde, ihre Kräfte zum Schlage zu sammeln und in Bewegung zu setzen. Erst 1943 fand sie ein Mittel, mit unverdächtigen, aber gründlichen Plänen ein Instrument für den Umsturz zu schmieden. Das waren die berühmten »Walküre«-Pläne [17]. Zudem konnte man nicht einmal sicher sein, ob ein Angriffsbefehl von Hitler auch wirklich den Krieg bedeutete. Am 25. August 1939 nahm er den am Mittag gegebenen Befehl am Abend wieder zurück, alles, was schon in Bewegung gesetzt war, mußte mit Einsatz sämtlicher Nachrichtenmittel und ungeheurem Arbeitsaufwand wieder angehalten und im wahrsten Sinn des Wortes rückgängig gemacht werden. Brauchitsch bestärkte Hitler darin noch; als er von diesem gefragt wurde, welche Folgen die Zurücknahme des Marschbefehls haben würde, antwortete er, das mache gar nichts. Man verliere zwar das Überraschungsmoment, gewinne aber dafür den Vorteil um so umfassenderer Mobilmachungsvorbereitungen. Brauchitsch hätte diesen Moment gut benützen können, um Hitler mit militärischen Argumenten zu mäßigen, aber er tat es nicht [18].

So verkürzte sich also die Spanne, in welcher der Befehl zum Krieg gegeben war, der Krieg selbst aber noch nicht eigentlich begonnen hatte, praktisch auf Null [19]. Es war ja denkbar, daß Hitler einen Angriffsbefehl auch nur ein paar Stunden vor dem ersten Schuß widerrief. Für etwa nicht mehr zu verhindernde Einzelaktionen und Grenzüberschreitungen konnte er sich entschuldigen oder Wiedergutmachung anbieten. Die »Feinde« waren ja nicht so kriegerisch. Das jedenfalls war 1939 die Lage für den bewaffneten Arm der Verschwörung, also die Heereseinheiten, die eventuell zur Beteiligung gewonnen werden konnten, wie sie der ranghöchste militärische Verschwörer, der Chef des Generalstabes des Heeres, ansah.

Nachdem der Polenfeldzug beendet war, stand man zwar nicht mehr vor der Frage, ob nun Krieg sein werde oder nicht, wohl aber, ob der Angriff gegen Frankreich (den der Generalstab für selbstmörderisch hielt) nun wirklich stattfinden werde oder nicht. Also im Grunde dasselbe Problem.

Die entschiedenen Gegner Hitlers waren längst von der zerstörerischen Dämonie Hitlers überzeugt und rechneten mit dem Fortgang des Krieges. Auf der Suche nach neuen Ansatzpunkten kamen einzelne Gruppen von ihnen immer wieder zusammen, wobei jedoch kaum je positive Ergebnisse erzielt werden konnten. Trotzdem ist eine Zusammenkunft im Winter 1938/39 bei dem 1933 entlassenen sozialdemokratischen Regierungspräsidenten von Merseburg, Ernst von Harnack, der nun in Berlin mit Tuchen handelte, erwähnenswert, die am Anfang einer Entwicklung steht, die erst mit dem 20. Juli 1944 ein Ende gefunden hat. An dieser Besprechung nahmen die Sozialisten Leuschner, Leber, Noske sowie Legationsrat i. R. Dr. Richard Künzer, ferner Klaus Bonhoeffer und Otto John teil. Sie berieten die Möglichkeiten der Widerstandstätigkeit mit dem Ziel des Umsturzes und glaubten, die Dinge durch Bildung einer »Einheitsfront«, d. h. durch Zusammenfassung aller zivilen und militärischen Oppositionsrichtungen, gleich welcher parteipolitischen Orientierung, wieder in Bewegung bringen zu können [20]. Das war für eine solche Gruppe immerhin ein bedeutender Schritt aus der Tradition heraus, es bedeutete Bereitschaft zur Zusammenarbeit mit Kräften, die man sonst als nationalkonservativ und reaktionär bekämpfte. Leuschner erklärte sich nach langem Zögern zu jeder Zusammenarbeit bereit, wenn die Generale einen konkreten Vorschlag machten. Im Frühherbst 1939 wurde dann durch den Rechtsanwalt Dr. Josef Wirmer, einen leidenschaftlichen Gegner der Nationalsozialisten, eine ständige Verbindung der Gruppe Kaiser-Leuschner-Habermann zu der Gruppe um Oster im Amt Ausland/Abwehr des OKW hergestellt.

Aber daran krankte eben das ganze Beginnen, es fehlte die Machtmittel und die Bereitschaft von Generalen in Schlüsselstellungen, gegen die Regierung vorzugehen. Albrecht von Kessel berichtet von einem mit dem Legationsrat im Auswärtigen Amt Adam von Trott zu Solz gemeinsam unternommenen Versuch, den Kommandierenden General des IV. Armeekorps in Dresden, Generalleutnant Alexander von Falkenhausen, zu einer Aktion zu gewinnen (den späteren Militärbefehlshaber von Belgien und Nordfrankreich, den Trott schon von China her kannte, wo Falkenhausen Militärberater bei Tschiang Kai-schek gewesen war) [21]. Im Juli oder August fuhren beide nach Dresden, und Kessel unterbreitete Falkenhausen seinen Plan: Hitler solle zur Besichtigung der an der böhmischen

Grenze verspätet fertiggestellten Befestigungen eingeladen, in einem Bunker von seiner Begleitung isoliert und vor die Wahl gestellt werden, sofort Selbstmord zu begehen oder getötet zu werden, ein Testament sei schon zur Unterzeichnung bereit. Diesen immerhin ungewöhnlichen Vorschlag hörte sich Falkenhausen mit Wohlwollen an. Aber den Versuch zu seiner Ausführung unterließ er. Über seine Motive ist nichts bekannt, aber einen erfolgreichen Hitler zu beseitigen war ja selbst dem Draufgänger Witzleben zu riskant gewesen. Bürgerkrieg wollte keiner der Generale.

Deshalb bemühte sich die Opposition zunächst wieder, vor allem den Ausbruch des Krieges selbst zu verhindern. Der Mangel an Gefolgschaft unter den Generalen war, wie gesagt, weit größer als 1938, und so blieb nichts anderes übrig, als im wesentlichen außenpolitisch zu wirken: zum einen durch die Suche nach Unterstützung der Bewegung im Innern mit Hilfe von vorläufigen Zusagen an eine eventuell zu schaffende nicht-nationalsozialistische Regierung, zum andern durch die Bemühung, besonders die Westmächte zu klaren Demonstrationen ihrer Entschlossenheit, nicht weiter zurückzuweichen und keine ferneren Erpressungen und Eroberungen Hitlers mehr zuzulassen, ja auch zu unverblümten Drohungen für solche Fälle zu bewegen.

Dr. Carl Goerdeler war nach seinem Rücktritt als Oberbürgermeister von Leipzig in ein freies Dienstverhältnis zur Firma Bosch getreten. Er hatte die Aufgabe, die Oppositionsgruppen möglichst zusammenzufassen, zu erweitern und zu stärken, einzelne Mitglieder auch finanziell zu unterstützen[22]. Nach außen hin trat er als Geschäftsbeauftragter der Firma Bosch auf. Er bemühte sich, dem amerikanischen Außenminister, Cordell Hull, über einen Vertrauensmann klarzumachen, daß Hitler in den deutlichsten Worten vor einem Weltkrieg gewarnt werden müsse, an dem die Vereinigten Staaten sicherlich teilnehmen würden, wenn es zum Konflikt zwischen Deutschland einerseits und Frankreich und England andererseits kommen sollte[23]. Zugleich versuchte er auf Grund der auf seinen Reisen im Ausland erlangten Kenntnisse und Eindrücke über Göring auf die Außenpolitik Hitlers einzuwirken, indem er diesen vor dem bevorstehenden Ende der englischen Geduld und vor der Macht Rußlands warnte, die sich zweifellos zu der der Westmächte gesellen werde[24].

Im Winter 1938/39 übermittelte er seinen amerikanischen Freunden ein »Friedensprogramm« für internationale Zusammenarbeit auf der Basis liberaler Wirtschafts- und Sozialpolitik, Toleranz und rechtsstaatlicher Freiheit des einzelnen, bei Ablehnung des Bolschewismus, des Marxismus und des Faschismus jeder Schattierung[25]. Als unverbesserlicher Optimist

konnte Goerdeler nicht anders, als eine Wirkung seiner Friedensvor-
schläge sowohl als auch einer genügend scharfen Drohung gegenüber
Hitler für möglich zu halten. Aber seit der Münchner Konferenz wußte er
auch, daß solchem Glauben die Grundlage fehlte. So hoffte er nun, da er
einen Krieg für fast unvermeidlich hielt, auf dessen rasches Ende durch
Deutschlands unweigerlich nach spätestens einem Jahr eintretende Erschöpfung. Ebenso wie Beck überschätzte Goerdeler bei weitem die Kampfkraft und den Kampfwillen Frankreichs und täuschte sich zugleich gründlich über die Fähigkeit der nationalsozialistischen Regierung, die Kräfte
des deutschen Volkes für ihre Zwecke zu aktivieren.

Nach der Besetzung der »Resttschechei« entfaltete Goerdeler, durch das
Stillhalten der Westmächte eher noch angespornt als entmutigt, sogleich
wieder fieberhafte Tätigkeit, eine wahre Flut von Denkschriften aus
seiner Feder ergoß sich über Paris, London, Rom und Washington [26]. Immer wieder forderte er die öffentliche und internationale Entlarvung und
Anprangerung Hitlers als des großen Friedensstörers. Die deutsche Nation
müsse von aller Welt, so meinte er, zur Entscheidung zwischen dem
Friedensstörer und den Friedensmächten aufgerufen werden. Er hoffte,
der Papst könnte mit einem entsprechenden Aufruf den Anfang machen
und dem deutschen und auch dem italienischen Volk den Sturz ihrer
Diktatoren nahelegen. Zugleich sollte ein Embargo für kriegswichtige
Rohstoffe den Diktatoren den Krieg unmöglich machen, und bis der Frieden gesichert sein werde, müsse Hitler diplomatisch isoliert und von den
auswärtigen Botschaftern persönlich gemieden werden, einschließlich der
Unterlassung aller Glückwünsche zu Hitlers 50. Geburtstag am 20. April
1939 [27].

Als Optimist glaubte Goerdeler unter anderem auch, daß seine Offenheit und Aufrichtigkeit erkannt und richtig eingeschätzt werden würden.
Nur so ist die stete Wiederholung territorialer Revisionswünsche begreiflich. Wenn er die Regelung der Korridorfrage vorschlug, ferner die Herausgabe eines großen überseeischen Kolonialgebietes an Deutschland,
Einwanderungsmöglichkeiten für deutsche Siedler in englische und französische Kolonialgebiete, Wiederherstellung und Neutralisierung der
Tschechoslowakei, jedoch ohne das Sudetengebiet, so wollte er mit solchen
Maßnahmen zur Entspannung beitragen. Die Beseitigung der Ungerech-
tigkeiten des Versailler Vertrages würden dem deutschen Revisionismus
und Nationalismus den Wind aus den Segeln nehmen und die schwelen-
den Ressentiments beseitigen, so meinte er [28]. Aber solche Zugeständnisse müßten einer rechtmäßigen, friedlichen deutschen Regierung gemacht werden, nicht dem Erpresser Hitler. Nur dann könnten sie der

Sicherung des Friedens dienen – darin lag der Sinn der Forderungen Goerdelers. Als Gegenleistung würde Deutschland seine Vormachtbestrebungen in Südosteuropa aufgeben, den Status quo im Mittelmeer mitgarantieren, mit militärischen, wirtschaftlichen und politischen Mitteln den Westmächten bei der Wiederherstellung ihres Einflusses in Ostasien beistehen und an der internationalen Stabilisierung der Währungen, an Rüstungsbeschränkungen und Abrüstungsabkommen mit internationaler Kontrolle teilnehmen. So sollte ein Bündnis zwischen Deutschland, England und Frankreich entstehen und den Anfang eines späteren allgemeinen europäischen Staatenbundes bilden. Kriege sollten für alle Zukunft durch freiwillige Zusammenarbeit ausgeschlossen werden [29].

Es wurde versucht, im Kreise der Opposition zu einer gemeinsamen Darlegung ihres Standpunktes gegenüber den westlichen Regierungen zu gelangen, aber besonders Schacht distanzierte sich von Goerdelers Ideen, die er für Illusionen hielt [30]. Auch wollte Schacht die Westmächte nicht durch Mitteilungen über die Schwäche der deutschen Wirtschaft und der deutschen Armee zu unnachgiebiger Haltung bewegen, sondern durch das Gegenteil, nämlich durch Warnung vor den Gefahren der wachsenden deutschen Kräfte [31]. Die mangelnde Gemeinsamkeit des Standpunktes der Opposition hat ihre Wirksamkeit im Ausland sicher nicht erhöht, aber ebenso sicher an der bekannten Haltung der Westmächte nichts geändert [32].

Kurz nach dem deutschen Einmarsch in Prag kamen in Ouchy bei Genf Schacht, Gisevius und wohl auch Goerdeler mit Dr. Reinhold Schairer zusammen, der als einer der hauptsächlichsten Mittler zwischen Paris und London einerseits und den Gedanken des Kreises um Schacht und Goerdeler andererseits zu gelten hat [33]. Er hatte ja schon die Zusammenkunft Goerdelers mit Bertaux und Léger vermittelt. Das Gespräch drehte sich um die alte Frage: nicht wie Hitler zu stürzen sei (das wußte man längst), sondern wie »die Generale« dazu zu bringen seien, es endlich zu tun [34]. Man kam immerhin zu dem Ergebnis, daß eine Revolte in Deutschland nur möglich sei, wenn vom Ausland her wirklich jeder Zweifel daran beseitigt werde, daß Hitlers nächster Eroberungsversuch den großen Krieg einleiten würde [35].

Es gehörte viel Optimismus dazu, nach den Erfahrungen von München und Prag das noch für möglich zu halten. In Deutschland selbst war man mehr und mehr der Meinung, Hitler habe eben Glück oder das richtige Gespür, und er werde schon auch weiterhin Erfolg haben. Aber im Ausland hatten Hitlers »Erfolge« die gegenteilige Wirkung: Jeder weitere »Erfolg« machte das Maß voller und rückte den Zeitpunkt des Überlaufens näher.

Die Situation war eigentlich ausweglos, auch die stärksten Drohungen hatten wenig Aussicht, durchzudringen, wenn sie auch viele Deutsche und manche Generale wieder bedenklicher stimmten [36]. Doch wurden die Versuche der Einwirkung fortgesetzt.

Schacht traf in der Schweiz seinen Freund Montagu Norman, den Gouverneur der Bank von England, der zugleich mit dem britischen Premierminister Chamberlain eng befreundet war, und drängte auf Warnungen an die Adresse Hitlers [37]. Schairer fuhr schließlich nach London und wahrscheinlich auch nach Paris mit dem allgemeinen Auftrag, vor dem hemmungslosen Ehrgeiz und dem Kampfwillen des Diktators zu warnen; denn diesem gehe es gar nicht um Danzig und den Korridor, sondern um ganz Polen und noch mehr [38].

Im Mai 1939 reiste Goerdeler selbst nach London und wurde dort von Churchill empfangen, doch war die Unterhaltung ziemlich belanglos [39]. Es konnte kaum anders sein; denn Goerdeler hatte nichts zu bieten außer seiner aufrechten Gesinnung. Der Reigen der besorgten Verschwörer, die die englische Regierung über Hitlers finstere Absichten unterrichten und dadurch zu geeigneten Gegenmaßnahmen veranlassen wollten, riß bis zur Unterzeichnung des deutsch-russischen Paktes nicht mehr ab [40].

Der nächste Sendbote war Adam von Trott zu Solz [41]. Sein Gedanke war, daß England Hitler klarmachen solle, ein zweites München sei ausgeschlossen. Vom 1. bis 8. Juni hielt er sich in London auf. Er hatte vom Auswärtigen Amt den offiziellen Auftrag, mit Hilfe seiner mehr privaten Verbindungen als ehemaliger Rhodes Scholar die englische Haltung gegenüber Deutschland zu erkunden. Trott führte Gespräche mit Lord Astor, dem Eigentümer des *Observer* und Vorsitzenden des Royal Institute of International Affairs, den er seit seiner Studienzeit in Oxford kannte, ferner mit Lord Halifax, Lord Lothian und Neville Chamberlain.

Trott war damals vor der Frage gestanden, ob er Deutschland für die Dauer des nationalsozialistischen Regimes verlassen sollte, da er es verabscheute, oder ob er das Regime irgendwie bekämpfen könnte. Das zweite war nur möglich, so fand er, wenn er sich eine geeignete Position im Innern des Systems schuf. Ohnehin sah er in der Außenpolitik seine Berufung, und so trat er im Jahre 1940 endgültig in das Auswärtige Amt ein mit der Absicht, für die Widerstandsbewegung zu wirken. Selbstverständlich hatte er nach außen hin die Anordnungen seiner Vorgesetzten zu befolgen und mußte sich bemühen, ihnen als Mann mit nützlichen Kontakten zu erscheinen. In dieser Doppelrolle war Trott schon im Juni 1939 in London. Daraus erklärt sich sehr einfach der Tenor seines offiziellen Berichtes. Zugleich aber steckt der Bericht voller Warnungen an die Adresse Hitlers über die englische Entschlossenheit zum Kampf, über die englisch-amerikanische Interessengemeinschaft und Verbundenheit; es fehlt nicht an deutlichen Anspielungen auf die strikte Ablehnung gewaltsamen Vorgehens gegen fremde Nationen und auf die Verletzung der Neutralität Belgiens im Jahre 1914. Beides – Belgien 1914 und Prag 1939 – sei für den Engländer von derselben Bedeutung, habe Lord Lothian gesagt, und zweifellos habe er damit recht. Andererseits, so habe Lord Lothian noch in einer besonderen vertraulichen Unterredung gesagt, würde die Wiederherstellung der böhmisch-mährischen Unabhängigkeit durch Deutschland die Engländer vollständig entwaffnen. Hitler müßte das nicht allzu schwerfallen, da ja der strategische und zweifellos unbedingt notwendige Zweck der Zerschlagung der Tschechoslowakei erreicht sei und da andererseits nicht bestritten werde, daß der deutsche Lebensraum *wirtschaftlich* weit über seine gegenwärtigen Grenzen hinausreichen müsse. Wenn dieses Prinzip in Ost- und Südeuropa allgemein anerkannt und von Großbritannien unterstützt sein werde, dann werden auch die Probleme um Danzig und den Korridor ihre Lösung finden. Ähnlich habe sich auch Chamberlain in seiner Unterredung mit Trott am 8. Juni ausgesprochen.

So hat Trott in seinem Bericht das Gegenteil getan von dem, was ihm später von gewissen Kreisen vorgeworfen wurde. Er hat nicht England zu beruhigen und zu beschwichtigen gesucht, sondern er benützte jedes nur denkbare Argument, um Hitler von weiteren Eroberungen abzubringen. In der Hoffnung, Hitlers Psychologie am richtigen Punkt zu fassen, legte Trott sogar dar, daß sich England zwar jetzt durch das deutsche Vorgehen im März, dem es tatenlos hatte zusehen müssen, so erniedrigt fühle, daß es zum Kampfe bereit sei, daß aber andererseits England erst richtig erniedrigt sein werde, wenn den Tschechen ihre nationale Unabhängigkeit zurückgegeben werde, weil dann die von England usurpierte Protektorrolle kläglich in sich zusammenbrechen werde.

Es versteht sich, daß die Mission Trotts nicht den von ihm beabsichtigten Erfolg hatte. Weder wirkte sie in der gewünschten Weise auf Hitler, noch führte sie zur Bereitschaft der britischen Regierung, mit der deutschen Widerstandsbewegung zusammenzuarbeiten. Gleichwohl wurden die Bemühungen fortgesetzt.

Aus demselben Kreis wie Trott kamen im Laufe des Sommers noch die Rechtsanwälte Fabian von Schlabrendorff und Helmuth James Graf von Moltke nach London [42]. Auch Schlabrendorff riet, in einem Gespräch mit Lord Lloyd, zur größten und klarsten Kampfentschlossenheit auf englischer Seite und warnte vor dem bevorstehenden Abschluß eines

Paktes zwischen Hitler und Stalin. Lord Lloyd gab die Mitteilungen mit Schlabrendorffs Einverständnis an Lord Halifax weiter. Um dieselbe Zeit besuchte Schlabrendorff Churchill auf dessen Landsitz in der Nähe von London und berichtete ihm über das Bestehen der deutschen Opposition, über das Bevorstehen des Krieges gegen Polen und den so gut wie sicheren Abschluß des Paktes zwischen Stalin und Hitler. Über das Bestehen einer deutschen Widerstandsbewegung war Churchill übrigens schon lange informiert, spätestens seit dem Sommer 1938, aber er hielt nicht viel von der Verschwörung, da sie »weder den Willen zum Handeln noch den Mut zum offenen Hervortreten gezeigt habe«[43]. Auf Churchills Frage an Schlabrendorff, ob dieser eine erfolgreiche Aktion der Opposition garantieren könne[44], mußte er natürlich mit nein antworten. In solchen Dingen gibt es keine Garantie für den Erfolg.

Moltke erging es nicht besser als Schlabrendorff. Er suchte seine englischen Freunde auf und warnte sie vor Hitlers nächsten Absichten; Vorschläge für eine Zusammenarbeit konnte er kaum machen. Nicht ganz zu unrecht fragt Wheeler-Bennett, was denn eigentlich diese Sendboten auszurichten gedachten[45]. Er gibt auch selbst die Antwort: Sie hofften, den Generalen durch englische und französische Erklärungen und Taten klarzumachen, was Chamberlain, Daladier und Hitler genau wußten, nämlich, daß München sich nicht wiederholen würde. Wenn das gelang, so meinte man, dann war vielleicht noch Hoffnung auf einen Umsturz, ehe es zu spät war. Daran arbeiteten alle Verschwörer, die Beziehungen zum Ausland besaßen, auch Rudolf Pechel, der im März, April und Mai 1939 nach London reiste, um vor Hitlers Raubzügen zu warnen, und Ulrich von Hassell, der einen grundsätzlichen Artikel über den Nationalsozialismus zum Abdruck in einer schweizerischen Zeitung verfaßte, damit dieser, wie er hoffte, die Welt vielleicht noch rechtzeitig aufhorchen lassen würde, den aber keine Schweizer Zeitung drucken wollte[46].

Ein wichtiger Schritt auf dem Wege zur Vermeidung des Krieges konnte getan werden, wenn es gelang, den Abschluß des Hitler-Stalin-Paktes zu verhindern. Diesem Zwecke diente im Sommer 1939 eine Mission Erich Kordts im Einvernehmen mit dem Staatssekretär im Auswärtigen Amt, dem Freiherrn von Weizsäcker, der besonders den ganzen Juli und August über bemüht war, die Außenpolitik Hitlers und Ribbentrops durch Warnungen und Verzögerungen zu sabotieren, wo er nur immer konnte. Unter anderem wiederholte er im August seine Aufforderung vom Sommer 1938 an die britische Regierung, einen General zu Hitler zu schicken, der zu ihm unter vier Augen »ein Manneswort«, d. h. eine auch für Hitler unmißverständliche und glaubhafte Drohung sprechen könnte[47]. Zugleich hofften die Brüder Kordt, den Generalen die nötigen Beweise zu liefern, daß es nun doch zum Weltkriege kommen und also der vorherige Sturz Hitlers unerläßlich sein würde. Kordt flog in der zweiten Junihälfte nach London, wo ihn sein Bruder schon am Flugplatz erwartete. Am nächsten Tag trafen sich beide in der Wohnung von Philipp Conwell Evans mit Robert Vansittart. Zu allen Besorgnissen der deutschen Opposition, für welche die Brüder Kordt ausdrücklich stellvertretend sprachen, wußte Vansittart beruhigende Auskünfte zu erteilen. London wirke in Warschau mäßigend, es sei keine Gefahr, daß die Polen im Vertrauen auf das britische Hilfeversprechen den Bogen überspannten. Wegen Rußland brauche man sich ebenfalls keine Sorgen zu machen, den Pakt mit Stalin werden die Westmächte, nicht Hitler abschließen.

Weizsäcker und die Brüder Kordt sahen die Lage jedoch anders und setzten ihre Warnungen fort. Im August traf sich Theo Kordt nach seiner Rückkehr von einem Besuch in Berlin wieder in der Wohnung von Conwell Evans mit Vansittart, und wieder drängte er zur Intensivierung der britisch-französischen Bündnisverhandlungen in Moskau und zur Einleitung einer italienischen Intervention bei Hitler[48]. Auch sei es Hitler und Mussolini immer noch nicht klar, daß der Krieg mit Polen nicht lokalisiert werden könne, sondern daß die Westmächte diesmal mit Sicherheit eingreifen werden[49].

Aber dann schloß Hitler den Pakt mit Stalin ab. Seit dem 23. August konnte er damit rechnen, daß bei einem Überfall auf Polen keine Macht unmittelbar dazwischen treten würde. Hitler brauchte nur Polen rasch zu besiegen und sich dann ruhig zu verhalten; angreifen würden Frankreich und England nicht so ohne weiteres, selbst wenn sie wider Erwarten formell in den Krieg eintraten.

Nun war es aber auch nicht mehr möglich, von unmittelbarer Gefahr für das Reich zu sprechen, wenn es mit Polen zum Kriege kam[50]. Wenn überhaupt noch ernsthafte Überlegungen oder gar Bestrebungen in dieser Richtung im Gange waren, an einen Militärputsch war in solcher Lage nicht mehr zu denken[51]. Wohl hatte Oster gehofft, es werde eine ähnliche Lage entstehen wie im September 1938, und vorsorglich ließ er den Mitgliedern des damals zusammengestellten Stoßtrupps wieder sagen, sie mögen sich bereithalten. Aber nach dem Abschluß des deutsch-russischen Paktes glaubte selbst Oster nicht mehr an die Möglichkeit, die Entfesselung des Krieges zu vereiteln[52].

Die Erfolgsaussichten aller Versuche, den Krieg noch zu verhindern, schwanden immer mehr dahin. Leuschner schrieb damals, am 20. August 1939, an einen Freund im Auslande: »›Ich fürchte, daß es in diesem Herbst zum Krieg kommen wird und daß dieser Jahre dauern wird ... Sage unsern dortigen Freunden, besonders Walter Citrine [53], daß wir sind, was wir waren. Aber wir sind gänzlich unfähig, die Katastrophe zu verhindern. Wir sind Gefangene in einem großen Zuchthaus. Zu rebellieren wäre genauso Selbstmord, als wenn Gefangene sich gegen ihre schwerbewaffneten Aufseher erheben würden.‹« [54] Trotz dieser wirklich verzweifelten Lage gingen die Versuche weiter, vor allem diejenigen, die zuvörderst der Rettung des Friedens galten.

Um die Westmächte und die Welt überhaupt vor Hitler zu warnen – vor dem wahren, dämonischen und zu jedem Wahnsinn entschlossenen Hitler – ließ General Beck eine Niederschrift der maßlosen Ansprache Hitlers vom 22. August an den Korrespondenten der Associated Press in Berlin, Louis P. Lochner, gelangen. Hermann Maaß, der seit 1936 schon öfter solche Dienste geleistet hatte, war der Überbringer [55]. Lochner brachte die Niederschrift dem Geschäftsträger Kirk in der amerikanischen Botschaft, aber der wollte nichts damit zu tun haben: »›Oh, take this out of here. That is dynamite ... Oh, we have had so many troubles already, I don't want to get involved.. .‹« Schließlich gelangte die Niederschrift in die britische Botschaft und wurde von dort unter dem 25. August nach London weitergeleitet.

Staatssekretär von Weizsäcker warnte den britischen Botschafter Henderson vor dem Abschluß des deutsch-sowjetischen Paktes und riet zur Intensivierung der britischen Verhandlungen. Er gab auch die selbst vom Nürnberger Gerichtshof, von welchem er als Kriegsverbrecher verurteilt wurde, anerkannten Bemühungen um die Rettung des Friedens nach dem Abschluß des Paktes nicht auf [56]. Mit Unterstützung von Theo Kordt bemühte er sich, die Italiener zu einer Absage an Hitlers Kriegspolitik zu veranlassen. Dies hatte zusammen mit dem Abschluß des britisch-polnischen Bündnisvertrages den gewünschten, wenngleich wegen Hitlers Irrationalität und wegen seiner Neigung zum Vabanquespiel nur vorübergehenden Erfolg: Er war nun »nicht mehr ganz sicher, ob England diesmal nicht Ernst macht; er will aber die Auseinandersetzung mit England nicht.« Dies notierte Jodl am 25. August kurz vor 18 Uhr nach dem Bericht von Hitlers Adjutant Schmundt [57].

Auch Theo Kordt setzte seine Besprechungen mit Vansittart nach dem Abschluß des deutsch-russischen Paktes fort, zum Teil in dessen Wohnung. Die Bemühungen, die Kordt und Vansittart noch am 31. August zusammenführten, blieben fruchtlos, aber es wurde verabredet, die Verbindung aufrechtzuerhalten. Theo Kordt sollte sich womöglich ins neutrale Ausland versetzen lassen – mit Hilfe Weizsäckers mußte das möglich sein –

und von dort durch eine harmlose Postkarte, die als Signal vereinbart wurde, seine Ankunft und seine Verfügbarkeit für geheime Kontakte anzeigen [58].

Auch die Gruppe um Oster war inzwischen nicht untätig gewesen. In dem Chef der Amtsgruppe Wehrwirtschaftsstab im OKW (im November 1939 in Wehrwirtschafts- und Rüstungsamt umbenannt), Generalmajor Georg Thomas, besaß sie einen wichtigen und einflußreichen Verbündeten – jedenfalls mußte jeder vernünftige Mensch glauben, daß ein Mann in dieser Stellung Einfluß besitze [59]. An Thomas also trat man heran mit der Bitte, alles noch Denkbare zur Verhinderung des Krieges zu unternehmen. Gisevius nennt Thomas für diese Zeit sogar den Sprecher der Gruppe, als deren Angehörige dieser Popitz, Goerdeler, Beck, Hassell, Schacht, Staatssekretär a. D. Erwin Planck, Oster, Generaldirektor Wittke und Gisevius nennt [60].

Nach eingehenden Beratungen kam man zu dem Ergebnis, großenteils aus den oben dargelegten Gründen, daß in diesem Zeitpunkt an gewaltsames Vorgehen nicht zu denken sei; dagegen bestehe noch immer die leise Hoffnung, durch den Nachweis des Fehlens der wirtschaftlichen Voraussetzungen für einen Krieg gegen die Westmächte, der beim Angriff auf Polen ziemlich sicher schien, Hitler am Eingehen eines solch großen Risikos zu hindern. Hitler dachte, wie man nun weiß, ganz anders. Er meinte, er würde sich die für den Krieg nötige wirtschaftliche Basis eben durch den Krieg schaffen, vor allem in Ost- und Südosteuropa. Diesem Ziel dienten auch schon die Handelsverträge der vergangenen Monate. Auch Thomas wußte, daß mit Vernunftgründen bei Hitler nicht viel auszurichten war. Aber man mußte es versuchen.

So verfaßte Thomas mit Schachts Unterstützung eine Denkschrift, in welcher er darlegte, daß der Angriff gegen Polen zu einem Weltkrieg führen müsse, daß dieser ein langer Materialkrieg sein würde, und daß Deutschland ihn ohne starke Bundesgenossen – die nicht vorhanden waren – wegen seiner ungenügenden Rohstoff- und Lebensmittelreserven und -quellen nicht durchhalten könne. Mitte August trug Thomas die Denkschrift seinem Vorgesetzten, dem Chef des OKW, Generaloberst Keitel, vor. Aber Keitel ließ Thomas gar nicht damit zu Ende kommen und erklärte, es bestehe überhaupt keine Gefahr eines Weltkrieges. Die Franzosen seien ein verkommenes und pazifistisches Volk, die Engländer zu dekadent, um den Polen zu helfen, und die Vereinigten Staaten würden keinen einzigen Mann nach Europa schicken, um für England oder gar Polen Krieg zu führen. Das sei Hitlers Ansicht, und wer sie nicht teile, der wolle eben Hitlers Größe nicht sehen.

Die erste Denkschrift von Generalmajor Thomas und seinen Freunden war nicht über Keitel hinausgelangt, aber ein zweiter Versuch, den Thomas machte, als er von Canaris die Verschiebung des Angriffstermins erfahren hatte, war wenigstens verfahrensmäßig erfolgreicher. Thomas stellte Tabellen und vergleichende graphische Darstellungen der kriegswirtschaftlichen Leistungsfähigkeit Deutschlands und der übrigen Großmächte zusammen, aus welchen die Unterlegenheit Deutschlands deutlich hervorging. Schacht und wohl auch Goerdeler waren an den Ausarbeitungen beteiligt. An einem Sonntag, dem 27. August, unterbreitete Thomas Keitel seine Tabellen und Kurven [61]. Keitel ging diesmal mit den Unterlagen zu Hitler, aber dieser ließ Thomas den Bescheid erteilen, da jetzt Rußland auf deutscher Seite sei, habe man einen Weltkrieg nicht zu befürchten, die Warnungen seien gegenstandslos.

Man versuchte noch, Schacht oder Goerdeler zu Keitel zu bringen, Schacht wollte außerdem mit Brauchitsch oder Halder sprechen, Thomas sollte es vermitteln, dann noch einmal Canaris, alles ohne Erfolg [62]. Jeden Tag konnte man mit dem Befehl zum Angriff auf Polen rechnen, seit dem Abschluß des deutsch-russischen Paktes sogar jede Stunde. Brauchitsch und Halder, die das genau wußten, waren nicht zu sprechen.

Unterdessen beschlossen Schacht und Gisevius mit Thomas und Oster noch einen Anlauf zu machen. Gisevius nannte es »einen letzten Verzweiflungsschritt« [63]. In der Zeit zwischen Angriffsbefehl und tatsächlichem Beginn des Schießens wollten Schacht, Gisevius, Thomas und Canaris nach Zossen zum Generalstab des Heeres fahren und Halder und Brauchitsch aufsuchen. Schacht war immer noch Reichsminister und würde wohl in seinem Wagen ungehindert passieren können.

Am Spätnachmittag des 25. August trafen die Verschwörer in den Räumen der Abwehr am Tirpitzufer zusammen; sie wollten Halder und Brauchitsch vor ein Ultimatum stellen: Der Beschluß über den Beginn des Krieges sei verfassungswidrig, weil er im Kabinett (dem Schacht angehörte) nicht beraten worden sei. Entweder stelle man daher Schacht zur Wahrung der Rechte der Reichsregierung sofort Truppen zur Verfügung, oder man möge die ganze erschienene Gruppe verhaften lassen. An dem Ausweichen in die zweite Möglichkeit sollen Halder und Brauchitsch mit der Drohung der Preisgabe aller bisherigen verschwörerischen Vereinbarungen, Pläne und Versprechungen gehindert werden [64]. Doch während Schacht, Gisevius und Thomas noch auf Canaris warteten, kam statt seiner Oster mit der Meldung, Hitler habe die Nerven verloren und den Krieg abgesagt. Nun, glaubten sie, habe Hitler den Respekt der Generale verscherzt, und für die nächsten Jahrzehnte sei kein Krieg mehr möglich.

Der Friede schien gesichert, Canaris meinte, für wenigstens zwanzig Jahre, aber durchaus nicht als Folge der Bemühungen der Opposition oder auch nur der »Gemäßigten« in Hitlers Umgebung, nicht wegen der Absage Mussolinis, und auch nicht so sehr wegen der Drohung, die der englisch-polnische Bündnisvertrag enthielt, sondern hauptsächlich wegen des Versagens der Nerven des Diktators [65]. Gisevius meinte, gerade das sei der Augenblick für die Opposition, Hitler zu stürzen, aber Canaris war der Überzeugung, Hitler sei sowieso »erledigt«, der Rest werde sich von selbst ergeben, durch Eingreifen könne man nur erreichen, daß die Generale wieder störrisch würden und alles verdürben. Oster und Hassell schlossen sich dieser Auffassung an [66]. Als dann sechs Tage später doch wieder der Angriffsbefehl gegeben wurde und am 1. September tatsächlich der Krieg begann, da hatte kaum noch jemand damit gerechnet, die Überraschung, und bis zum Beginn des Schießens die Ungewißheit, ob es nun auch wirklich dazu kommen würde, verurteilte die Opposition zu weitgehender Passivität. Canaris aber sagte am Nachmittag des 31. August zu Gisevius mit Tränen in den Augen: »»Das ist das Ende Deutschlands.‹« [67]

2. Opposition im Kriege

Weizsäcker und Hassell suchten noch am 31. August durch Vorstellungen bei Göring, Henderson und dem polnischen Botschafter Józef Lipski den Frieden zu retten [68]. Schlabrendorff war ebenfalls unermüdlich tätig, um in den letzten Tagen vor dem französischen und britischen Kriegseintritt tägliche Verbindung zwischen der Opposition und den noch in Berlin weilenden britischen Diplomaten zu halten [69]. Gerade diese Bemühungen, den Frieden in letzter Minute zu retten, zeigten den Nichtsoldaten wie Schlabrendorff, Weizsäcker und Hassell, was die Soldaten schon mehrfach von Hitler selbst gehört, aber wohl nie ganz geglaubt hatten: daß Hitler sowie Ribbentrop und einige andere Anhänger den Krieg *wollten*; denn die durchaus realen Möglichkeiten der friedlichen, d. h. unblutigen Erfüllung ihrer Forderungen haben sie nicht nur nicht genützt, sondern absichtlich und bewußt zurückgewiesen und sabotiert.

Da eröffnete sich, während Halder gegen Polen Krieg führte und die anderen mitverschworenen Generale keine Möglichkeit, keine Zeit oder keinen Willen hatten, um gerade jetzt etwas zu unternehmen, eine unerwartete Aussicht durch die Ernennung des Generalobersten von Hammerstein-Equord zum Oberbefehlshaber der Armee-Abteilung A im Westen.

Im Frühsommer 1939 hatte er auf eine entsprechende Frage zu Rudolf Pechel gesagt: »›Gebt mir nur eine Truppe, dann wird's an mir nicht fehlen.‹« [70] Schlabrendorff war immer überzeugt gewesen, daß Hammerstein bei Ausbruch des Krieges wieder ein Kommando erhalten und dann auch bereit sein würde, Hitler festzunehmen, sofern sich dafür eine Gelegenheit böte. Diese Überzeugung sprach er am 3. September gegenüber Sir George Ogilvie-Forbes aus, den er nach Beginn des Kriegszustandes zwischen Deutschland und England gerade noch während den Abreisevorbereitungen antraf [71].

Hammerstein war gewiß nicht frei von Irrtümern, aber er war doch ein Gegner der ersten Stunde, ein Mann, dem sogar ein so überaus kritischer Beurteiler wie Wheeler-Bennett ohne Vorbehalt zutraute, daß er Hitler rasch und schmerzlos gestürzt hätte, wenn dieser irgendwie in seine Reichweite gekommen wäre [72]. Als ihm später berichtet wurde, daß sich die von den Verschwörern angesprochenen Generale auch nicht durch die Schilderung und Dokumentation der entsetzlichen Massenmorde in Polen zur aktiven Teilnahme an den Umsturzversuchen bewegen lassen wollten, da rief er gegenüber einem Vertrauten aus: »›Doktor Pechel, mich alten Soldaten haben diese Leute [seine aktiven Kameraden] zum Antimilitaristen gemacht!‹« [73]

Am 9. September erhielt Hammerstein den Oberbefehl über die Armee-Abteilung A, die am Niederrhein mit dem Hauptquartier in Köln stationiert war, und sogleich begann man Pläne zu schmieden. Die Verbindung zwischen Schlabrendorffs Freunden in Berlin und Hammerstein wurde durch Oberst Stern von Gwiazdowski und Nikolaus von Halem aufrechterhalten. Wenn es gelang, Hitler jetzt zu beseitigen, dann konnte der große Krieg vielleicht doch noch abgewendet werden. Eine neue deutsche Regierung würde Polen und die Tschechoslowakei wiederherstellen, und zwar auf gewissen Revisionsforderungen bestehen, aber doch diese nur durch Verhandlungen durchzusetzen suchen.

Hammerstein versuchte, Hitler zu einem Besuch der Armee-Abteilung zu veranlassen mit dem Argument, gerade während des Feldzuges in Polen müsse die deutsche Abwehrbereitschaft im Westen demonstriert werden. Hitler nahm einen Besuch in Aussicht, sagte dann aber wieder ab, so daß Hammerstein seinen Plan nicht ausführen konnte. Ganz kurz darauf wurde Hammerstein seines Kommandos enthoben und wieder in den Ruhestand versetzt. Hitler unternahm im Herbst 1939 wohl einige Frontbesuche in Polen, im Westen aber zeigte er sich erst Ende des Jahres, bei einer Besichtigung von Fronttruppen im Hunsrück und bei Saarbrücken vom 23. bis 25. Dezember [74].

So konnte auch während der Zeit der Unsicherheit, ehe der Krieg gegen Polen gewonnen und während die Gefahr französischer Intervention am Rhein noch akut war, nichts gegen Hitler unternommen werden. Nach Hitlers Sieg über Polen aber war die Opposition erst recht ratlos [75].

Man wußte nicht, was noch zu tun wäre. Die Generale siegten zur Zeit, also würden sie keinen Putsch mitmachen, und viele von ihnen, die dazu bereit waren oder angesichts der furchtbaren Massenmorde der SS und der sogenannten Einsatzgruppen der Polizei in Polen die Notwendigkeit des Umsturzes erkannten, hielten ihn aus Gründen der im Kriege mit besonders scharfen Maßstäben gemessenen Loyalität und Eidestreue, aber auch wegen der unsicheren strategischen Lage für zu gewagt [76]. Man mußte doch damit rechnen, daß eine innere Revolte von den Westmächten zu einer Offensive ausgenützt werden würde; wer das nicht erwartete, war naiv. So bemühte man sich von seiten der Opposition sowohl um entsprechende Zusagen der britischen Regierung (ohne die die französische ja kaum etwas unternehmen würde) und zugleich um Möglichkeiten der Einstellung des Krieges überhaupt.

Vor allem der Erreichung des zweiten Zieles dienten die Sondierungen, die Adam von Trott zu Solz in London und Washington betrieb. Mit einiger Berechtigung konnte von Präsident Roosevelt erwartet werden, daß er, von allen sonstigen Motiven und zwingenden Gründen abgesehen, nicht ungern die Rolle des Retters des Weltfriedens spielen würde. So begab sich Trott im September 1939 auf die Reise, die durch eine Einladung zur Konferenz des Institute of Pacific Relations in Virginia Beach im Staate Virginia und durch einen Auftrag des Auswärtigen Amtes gut getarnt war. Der offizielle Zweck der Reise war ein Vortrag Trotts auf der Konferenz, der Deutschland die Aufnahme in den Kreis der in dem Institut vertretenen Staaten verschaffen sollte, was einem bedeutenden Prestigegewinn der deutschen Regierung gleichgekommen wäre [77]. Die britische Seeblockade machte Schwierigkeiten, aber gegen Ende Oktober traf Trott nach manchen Abenteuern in New York ein.

Dort traf er mehrmals mit dem emigrierten Chefredakteur des *Berliner Tageblatts*, Paul Scheffer, zusammen und führte mit ihm Besprechungen. Scheffer war über die offizielle Mission Trotts im Bilde und daher zunächst entsprechend vorsichtig. Aber beim zweiten Zusammentreffen gab ein offenes Wort das andere, und beide besprachen eingehend die Möglichkeiten der Ausnutzung des gegenwärtigen Schwebezustandes zwischen dem Polenkrieg und dem zu erwartenden Beginn des Kampfes im Westen. Scheffer entwickelte seine Gedanken dazu und Trott bat ihn, sie in einem Entwurf niederzulegen [78]. Dieser Entwurf war rasch zur Hand in Gestalt eines Artikels, den Scheffer für *Atlantic Monthly* verfaßt hatte, der aber nicht gedruckt worden war. Als Trott ihn gelesen hatte, war er beeindruckt und einverstanden, abgesehen von einem Punkt, der die Frage betraf, ob eine militärische Niederlage Deutschlands dem Fortbestand eines siegreichen NS-Regimes von der Opposition vorgezogen werden würde [79].

Trott verabredete dann mit Scheffer, der also mit Ausnahme einiger von Trott angefügter Schlußgedanken der alleinige Verfasser des Memorandums war, das Schriftstück als hauptsächlich von Trott verfaßt auszugeben, da es als Werk eines Journalisten doch nicht soviel Gewicht gehabt hätte. Es sollte jedoch einigen prominenten deutschen Emigranten zur Unterstützung und Unterzeichnung vorgelegt werden, unter ihnen Dr. Brüning, Hans Simons, Kurt Riezler (dem ehemaligen Sekretär Bethmann Hollwegs) und Dr. Hans Muhle [80]. Dies scheint auch geschehen zu sein, zumindest kam es zu einer Beratung des Schriftstückes.

Am 13. November gelangte das Memorandum durch ein Washingtoner Mitglied der Foreign Policy Association, Stone, an den Assistant Secretary of State im State Department, G. S. Messersmith, der am selben Tage dem Secretary of State, Cordell Hull, eine Kopie übergab und am nächsten Tag dem Under Secretary of State, Sumner Welles, von Trotts Anwesenheit und dem Erhalt des Memorandums berichtete. Aber Welles hatte es schon vorher gesehen [81]. Lord Lothian, der britische Botschafter in Washington, erhielt ebenfalls ein Exemplar. Überhaupt hat das Memorandum eine der Sache zweifellos nicht dienliche Verbreitung erfahren, Scheffer erinnert sich an eine Vervielfältigung in vierundzwanzig Exemplaren [82].

Das Memorandum nahm zunächst den berühmten Gedanken des Präsidenten Woodrow Wilson von 1917 wieder auf, nach dem Kriege dürfe es weder Sieger noch Besiegte geben, und die Menschen müßten lernen, die Grundlage eines dauernden Friedens nicht im militärischen Siege zu sehen [83]. Es sei ferner unbedingt erforderlich, schon jetzt die alliierten Kriegsziele ganz klar und öffentlich zu verkünden, Voraussetzung für die Erarbeitung von Kriegszielen sei aber die Klärung der Auffassung, welche man von der geschichtlichen Rolle Deutschlands habe. Halte man Deutschland für einen ewigen und unverbesserlichen Friedensstörer, so habe man keine andere Möglichkeit als die Aufteilung und endgültige Entmachtung. Die Vertreter dieser Auffassung halten dann Versailles nicht für zu hart, sondern für nicht hart genug. Auf einer solchen Basis freilich könne die Bekanntgabe von Kriegszielen nur schaden, weil kaum ein Deutscher selbst das gegenwärtige Regime nicht unterstützen würde, wenn die Alternative die völlige Vernichtung Deutschlands wäre. Halte man jedoch den gegenwärtigen deutschen Staat nicht für die natürliche Manifestation des deutschen Nationalcharakters, sondern für eine unnatürliche, unter außerordentlichen Krisenbedingungen und im Gefolge des Versailler Vertrages zustande gekommene Fehlentwicklung, wolle man also Deutschland nicht vernichten und aufteilen, sondern es in eine neue europäische Ordnung einfügen, sobald es von der gegenwärtigen Tyrannei befreit sein werde, dann allerdings sei eine möglichst frühzeitige Verkündung der Kriegsziele der Alliierten von entscheidender Bedeutung. Denn die Festlegung und Erklärung gemäßigter Kriegsziele würde die deutsche Opposition ermutigen und stärken, also zur Zerstörung der nationalsozialistischen Herrschaft beitragen.

Es bestehe schon eine weitverbreitete Opposition in allen Schichten des Volkes, nur die mittleren und unteren Lagen der Mittelschicht folgen ziemlich bedingungslos jeder gewalttätigen Massenbewegung nach. Die höheren Bürgerschichten dagegen hoffen auf die Offiziere der Armee, die ohnehin nicht glauben, daß Deutschland einem großen europäischen Krieg gewachsen sei und die man davon überzeugen müsse, daß nur Hitler einer ehrenvollen und annehmbaren Lösung im Wege stehe. Die Deutschen würden sich womöglich selbst von der nationalsozialistischen Herrschaft befreien, wenn man so die psychologische Voraussetzung dafür schaffe.

Die Friedensforderungen der Alliierten müssen auch präzise sein, um ihre Wirkung zu tun. Zwar könne man sich nicht auf jede Einzelheit festlegen, aber den territorialen Besitzstand Deutschlands von 1933 dürfe man keinesfalls schmälern. Die Regierung der Vereinigten Staaten sollte zur Erreichung der genannten Ziele ihr gewaltiges Ansehen in die Waagschale werfen und mit diplomatischem Druck auf die Verkündung rationaler Kriegsziele durch England und Frankreich drängen.

Als Trott Mr. Messersmith am Morgen des 20. November aufsuchte [84], modifizierte er die Gedanken des Memorandums insofern, als er meinte, es sei vielleicht noch zu früh für eine *öffentliche* Verkündung alliierter Friedensbedingungen; denn das schlimmste, was geschehen könne, sei ein vorzeitiger Ausgleich, der das gegenwärtige Regime in Deutschland an der Macht ließe. Das wäre nicht nur für Deutschland, sondern auch für die übrige Welt eine Katastrophe und würde das Ende der Möglichkeiten der deutschen Widerstandsbewegung bedeuten. Die Gefahr eines Kompromisses sei durchaus real, da es in England immer noch eine mächtige Gruppe gebe, welche einen solchen Ausgleich wünsche. Andererseits sei es sehr wichtig für die »konservativen Elemente« in Deutschland, also den von ihm repräsentierten Teil der Opposition, möglichst bald über die alliierten Friedensziele unterrichtet zu werden. Die Unsicherheit erschwere ihre Bemühungen.

Messersmith hielt das Memorandum für wichtig, nach der Erinnerung Scheffers war er sogar begeistert, und empfahl dem Unterstaatssekretär Sumner Welles die Lektüre dringend. Aber im Lauf der nächsten Wochen sind doch Zweifel an der Glaubwürdigkeit und Vertrauenswürdigkeit Trotts immer stärker geworden. Zwar schrieb Messersmith unter dem 20. November an Sumner Welles, Dr. Brüning habe ihm Trott sehr empfohlen, nach Brüning sei er ein durchaus »ehrlicher Mann« und könne als Sprecher derjenigen Kreise in Deutschland betrachtet werden, aus denen sich eine nichtnationalsozialistische Regierung zu bilden hätte; Messersmith selbst hatte an dem Morgen, als Trott ihn im State Department aufsuchte, einen sehr positiven Eindruck und glaubte Brünings Urteil zustimmen zu können. Aber einige Tage später fand er, wer jetzt noch in der Lage sei, Deutschland zu verlassen und wieder dorthin zurückzukehren, der könne nicht ganz Herr seiner Entschlüsse sein, und außerdem habe das FBI festgestellt, daß Trott in den Vereinigten Staaten Kontakte »mit gewissen Personen hier [habe], die direkt oder indirekt für die gegenwärtige deutsche Regierung handeln«. Vielleicht sei das der Preis, den Trott für die ihm gewährte Freizügigkeit zu zahlen habe. Trott konnte am 8. Dezember noch einmal mit Messersmith sprechen[85], aber das Mißtrauen überwog. Trott wurde von FBI-Agenten überwacht, eine Akte wurde angelegt mit dem Titel »Subject: Espionage Activities, Adam von Trott in US« (Case No. 862.20211)[86]. Man hielt diesen Mann für einen Spion.

Trott bat Messersmith bei seinem Besuch, das Memorandum und seine mündlichen Mitteilungen, mit denen er den Kopf schon in die Schlinge gesteckt habe, vertraulich zu behandeln. Gleichwohl wurde das Memorandum vervielfältigt, nach der Erinnerung von Paul Scheffer in vierundzwanzig Kopien, von denen eine an das Mitglied des Obersten Bundesgerichtshofes, Felix Frankfurter, gelangte, der Trott aus Oxforder Zeiten kannte. Frankfurter hegte von Anfang an gegenüber Trott großes Mißtrauen, und dem Bericht Messersmith' an Sumner Welles zufolge sorgte er auch für die Verbreitung dieses Mißtrauens. Trott selbst wußte davon, daß gewisse Oxforder Kreise ihn als »Appeaser« denunzierten, als einen also, der in Wahrheit einen Kompromiß mit Hitler herbeiführen wolle[87]. Das wollte er jetzt ganz sicher nicht. Richtig ist an dem Vorwurf nur, daß Trott 1938 für eine zwar feste, aber nicht-aggressive Haltung der Westmächte eingetreten war in der Überzeugung, daß durch einen außenpolitischen Konflikt die Lösung der (von ihm so bezeichneten) sozialen und wirtschaftlichen Krise in Deutschland verhindert werden würde[88]. Denn dann würden die Deutschen wieder in eine Defensivhaltung und somit auf die Seite des herrschenden NS-Systems gedrängt.

Anscheinend war der etwas komplizierte Gedankengang, daß eine wie immer sonst geartete Lösung, die Hitler und sein Regime an der Macht ließ, für einen deutschen Patrioten nicht annehmbar sei, für die amerikanischen Beamten nicht nachvollziehbar. Trott wollte durch seine Kontakte in den Vereinigten Staaten verhindern, daß sich die Alliierten auf einen Vernichtungskrieg gegen Hitler-Deutschland festlegten und dadurch alle die Elemente auf Hitlers Seite zwangen, die sich jetzt zu seinem Sturz zusammenzufinden begannen, wie es Trott gegenüber dem Chefredakteur der Zeitung The Washington Post am 19. November formulierte[89]. Es wäre für die Opposition wichtig gewesen, Anhaltspunkte für die Bedingungen zu haben, welche die Alliierten einem von Hitler befreiten Deutschland gewähren wollten. Aber sinnlos wäre es, Friedensbedingungen schon jetzt öffentlich zu verkünden, die eventuell auch Hitler annehmbar erschienen wären. Damit hätte man seinen Sturz vielleicht unmöglich gemacht.

Aus derselben Zeit, November oder Dezember 1939, stammt eine weitere Denkschrift von Trott, die damals von New York über einen englischen Verwandten Trotts, Charles Bosanquet, an den britischen Außenminister Lord Halifax gelangt ist[90]. Darin betonte Trott die für einen Erfolg der Opposition gegen Hitler als wesentlich angesehenen Voraussetzungen, die auch schon in der Schefferschen Denkschrift standen: Möglichst viele Deutsche müßten überzeugt werden, daß England diesmal kein Versailles oder gar Schlimmeres wolle, um nicht die anständigen Deutschen zur Verteidigung des Nationalsozialismus um der Rettung Deutschlands vor der Vernichtung willen zu zwingen. Die britische Propaganda müsse vertieft und intensiviert werden, man müsse die nicht-nationalsozialistische (und also auch nicht-öffentliche) Meinung in Deutschland überzeugen, daß es England um Frieden und Gerechtigkeit in Europa gehe. Die glaubwürdigsten und unantastbarsten Persönlichkeiten in allen betroffenen Ländern müßten sich in diesem Sinne einsetzen und verwenden; alles, was »bloß Propaganda« sei, müsse vermieden werden, nur Aufrichtigkeit vermöge zu überzeugen.

Noch ein weiteres Memorandum ist Ende Dezember 1939 oder Anfang Januar 1940 nach London gelangt, und zwar von und durch Wheeler-Bennett, der sich damals in New York aufhielt und der an manchen der

Beratungen Trotts mit seinen deutschen und amerikanischen Freunden teilnahm. Wheeler-Bennett verstehe bestimmte Aspekte der deutschen Situation besser als irgend jemand in England und man solle gut auf ihn hören, schrieb Trott Ende Dezember 1939 an seinen Freund David Astor; er habe Wheeler-Bennett auch gebeten, sein Memorandum vom 28. Dezember 1939 Astor zukommen zu lassen [91]. Darin vertrat Wheeler-Bennett fast dieselben Gedanken wie Trott: Wie Mr. Chamberlain selbst gesagt habe, kämpfe England nicht gegen das deutsche Volk, sondern gegen sein tyrannisches Regime, der Krieg sei also in gewissem Sinne ein Krieg zur Befreiung des deutschen Volkes. In diesem Kampfe haben die demokratischen Mächte innerhalb Deutschlands Verbündete, deren Ziel ebenfalls die Zerstörung des nationalsozialistischen Regimes sei und die Wiederaufrichtung des Rechtsstaates. Diese Elemente müsse man so weit stärken und ermutigen, daß sie selbst die Initiative ergreifen können. Das sei ihnen jedoch nur möglich, wenn sie sicher sein können, daß ein neues Deutschland von seiten der demokratischen Mächte gerecht und großzügig behandelt werde. Daher sei es nötig, jetzt zwar nicht Einzelheiten der alliierten Friedensziele festzulegen und zu verkünden, aber doch definitivere Versicherungen abzugeben, welche der Opposition in Deutschland das Handeln gegen Hitler gerechtfertigt erscheinen lassen würden. In einer solchen, so bald wie möglich abzugebenden Erklärung Englands, Frankreichs, Polens und der mit Deutschland im Kriegszustand befindlichen britischen Dominien müsse zugesagt werden: keine politische Spaltung oder Aufteilung Deutschlands; Zusammenarbeit mit dem neuen Deutschland; weitgehende Erleichterung des Handels, des Zugangs zu Rohstoffquellen, der wirtschaftlichen Zusammenschlüsse; Rüstungsbeschränkungen.

Die gesamte Mission von Trott, der Anfang 1940 über Japan nach Deutschland zurückkehrte, hatte keinen sichtbaren Erfolg. Seine Botschaften haben mit großer Sicherheit ihre Adressaten in England erreicht, von den amerikanischen ist es ohnehin aktenkundig. Zu den von Trott und seine Freunden angeregten alliierten Bekundungen, sowie zu einer Zusammenarbeit irgendwelcher Art mit der innerdeutschen Opposition ist es nicht gekommen. Die Fronten verhärteten sich, die Menschen bewegten sich zu sehr in gewohnten, eingefahrenen Bahnen. Die Opfer an Leben und Gut, die der Krieg dann forderte, waren unaussprechlich. Dennoch war es paradoxerweise bequemer, sie auf sich zu nehmen, als die zur Zusammenarbeit mit der deutschen Widerstandsbewegung nötige geistige und politische Anstrengung zu leisten. Das einzige magere Ergebnis der Bemühungen Trotts, für die er sein Leben aufs Spiel setzte, war eine

Weisung des State Department an den amerikanischen Geschäftsträger
in Berlin, Mr. Alexander Kirk, er möge sich anhören, was Trott ihm
eventuell zu sagen habe, und er möge darüber nach Washington berichten[92].

Trott ahnte die tragischen Folgen des Fehlschlages. Casablanca und die
Formel des Unconditional Surrender gaben ihm im ganzen recht. Trotzdem hat er seine Bemühungen bis zuletzt nicht aufgegeben. Es wird später auf sie zurückzukommen sein.

Während Trott in New York und Washington verhandelte, wurden
nach dem Polenfeldzug auch andere Drähte der Widerstandsbewegung
wieder aktiviert. Mit Hilfe des Staatssekretärs im Auswärtigen Amt, des
Freiherrn von Weizsäcker, hatte sich Dr. Theo Kordt an die deutsche
Gesandtschaft in Bern versetzen lassen, von wo er die Verbindung nach
London wiederaufnahm, vor allem mit dem Ziel, die englische Haltung
im Falle eines innerdeutschen Umsturzes zu klären[93]. Aber erst Ende
Oktober kam der Kontakt zustande. Conwell Evans überbrachte ein
Schriftstück, welches Äußerungen von Chamberlain enthielt[94].

Schon in seiner Rundfunkrede vom 4. September 1939 hatte Chamberlain gesagt, der Kampf gehe nicht gegen das deutsche Volk, sondern
lediglich gegen das tyrannische Regime, welches das eigene Volk und die
ganze abendländische Zivilisation verraten habe[95]. Das klang ermutigend,
die Opposition, von deren Existenz und Zielen Chamberlain unterrichtet
war, konnte sich angesprochen fühlen. Aber alle anderen Voraussetzungen für einen Umsturz fehlten damals, und die Generale würden nicht
leicht mit so undetaillierten Äußerungen zufrieden sein.

Dann hatte Hitler am 6. Oktober seine Reichstagsrede gehalten mit
dem eigenartigen Friedensangebot: eventuelle Wiederherstellung eines
Rumpfpolens, aber Regelung aller mit Polen zusammenhängenden Fragen nur durch Deutschland und Rußland, die Teilungsmächte. Er glaubte
nicht ernstlich, daß Rußland einen Teil des vereinnahmten polnischen
Gebiets wieder hergeben würde, um ein Rumpfpolen zu schaffen, und er
allein würde das Gebiet dazu auch nicht zur Verfügung stellen – so jedenfalls muß man es verstehen, wenn Hitler dann fortfuhr: Solch ein Arrangement entspreche der gegenwärtigen Lage am besten. Es lohne
sich doch wirklich nicht, zur Revision dieser Lage nun im Westen Krieg
zu führen. Statt dessen möge man endlich den Versailler Vertrag als erledigt und aufgehoben anerkennen und die deutschen Kolonien zurück-
geben. Auf der Grundlage einer neuen Raumordnung in Europa, auf
der Basis der »Schaffung einer Reichsgrenze, die – wie schon betont –
den historischen, ethnographischen und wirtschaftlichen Bedingungen

entspricht«, könnte dann eine neue Ordnung des Friedens und der Sicherheit möglich sein [96]. Die Schaffung einer Reichsgrenze, die den wirtschaftlichen Bedingungen entspreche, das war einfach ein anderer Ausdruck für die brutale Eroberungspolitik, die Hitler offensichtlich auch weiter zu betreiben gedachte, nur wohl nicht so sehr im Westen als im Osten. Die Forderung nach einer Reichsgrenze, die den ethnographischen Bedingungen entspreche, hatte Hitler selbst schon als Lüge entlarvt: sie war seit München nach seinen eigenen Worten erfüllt. Trotzdem wurden die »Resttschechei« besetzt und nun große Teile von Polen annektiert.

Die Westmächte hatten nicht in der von Hitler erwarteten oder erwünschten Weise reagiert, und der Diktator hatte die Geduld verloren: In seiner »Weisung Nr. 6 für die Kriegführung« vom 9. Oktober 1939 verkündete er seinen Entschluß zur Offensive im Westen, falls nicht in der nächsten Zeit zu erkennen sein sollte, daß England und Frankreich den Krieg zu beenden wünschen [97]. Schon etwa am 25. September waren Hitlers Angriffsabsichten im OKH bekannt geworden, und am 27. September hatte er in einer Besprechung mit Brauchitsch und Halder die sofortige Vorbereitung des Angriffes gegen Frankreich als notwendig bezeichnet [98]. Die »Weisung Nr. 6« war nun dazu der förmliche Befehl. Zwölf Tage später, am 21. Oktober, erklärte er den in der Reichskanzlei in Berlin versammelten Reichs- und Gauleitern, in vierzehn Tagen werde er soweit sein, im Westen den Großangriff beginnen zu können, und wenn dann Frankreich und England in die Knie gezwungen sein würden, dann werde er sich wieder dem Osten zuwenden und dort Ordnung schaffen [99].

Schon am nächsten Tag machte er in einer weiteren Rede wieder ein nicht ernst gemeintes Friedensangebot, während inzwischen die Wehrmachtführung über das Für und Wider einer Westoffensive im allgemeinen und einer Herbstoffensive im besonderen zu debattieren begann [100]. Diese Diskussionen wurden akademisch, als Hitler am 27. Oktober die Führer der Wehrmacht versammelte und ihnen als Termin für den Angriff im Westen den 12. November bekanntgab [101].

Nun war wieder die schon so vertraute Lage entstanden: Der Krieg mit den Westmächten stand vor dem tatsächlichen Ausbruch. Da er unmöglich gewonnen werden konnte, mußte der Ausbruch durch einen Umsturz verhindert werden [102]. Jedenfalls konnten die Verschwörer dieses Argument nun wieder mit einiger Überzeugung vorbringen. Die Vorbereitungen für den Umsturz wurden von neuem mit Energie betrieben.

Inzwischen hatte Chamberlain doch noch auf das Friedensangebot Hitlers geantwortet, und zwar in seiner Unterhausrede am 12. Oktober [103]. Darin hatte er von seiner Überzeugung gesprochen, daß sich das deutsche

Volk ebenso wie die anderen Völker Europas nach Frieden sehne, und erklärt, die englische Politik sei nicht auf Rache, sondern nur auf die Verteidigung der Freiheit gerichtet. Der Friede könne auch nur gesichert werden, wenn die gerechten Ansprüche der Völker einschließlich des deutschen anerkannt und geregelt würden.

In dieser Situation kam um den 27. Oktober der Kontakt zwischen Theo Kordt und Conwell Evans endlich zustande, und der Engländer überbrachte die Niederschrift einer Äußerung Chamberlains. Dabei handelte es sich um einen Auszug aus der eben erwähnten Rede mit dem angedeuteten Inhalt, aber Kordt und seine Freunde hielten den von Conwell Evans überbrachten Text für die Wiedergabe einer ausdrücklichen, besonders an die Opposition gerichteten Erklärung Chamberlains. Conwell Evans bezeichnete das Papier als eine feierliche Verpflichtung Chamberlains, die gegenüber jeder vertrauenswürdigen nicht-nationalsozialistischen Regierung eingehalten werden würde [104]. Außerdem überbrachte Conwell Evans noch eine Mitteilung von Sir Robert Vansittart, die dieser im Auftrage von Premierminister Chamberlain und Außenminister Halifax machte: die britische Regierung könne »»mit Hitler oder einem seiner Gesinnungsgenossen«« nicht mehr in irgendwelche Verhandlungen eintreten. »»Es sei Sache der deutschen Opposition, eine verhandlungsfähige deutsche Regierung zu schaffen, zu deren Wort man auf britischer Seite Vertrauen haben könne.«« [105]

Sicher war das alles nicht zuviel gesagt, aber es war auch dem Inhalt nach nichts Neues für die Verschwörer, die zweifellos die Rede Chamberlains schon kannten. Nur die Umstände – Kriegszustand, Staatsstreichvorbereitung, Verschwörertätigkeit, Gefahr – und die Art der heimlichen Übermittlung machten etwas Besonderes aus den Schriftstücken und Erklärungen und gaben ihnen größeres Gewicht, als ihrem Inhalt zukam. Denn von Waffenruhe oder strategischem Stillhalten während eines innerdeutschen Umsturzes war nicht einmal andeutungsweise die Rede. Davon abgesehen scheint die »Botschaft« den im Augenblick wichtigsten Adressaten, Generaloberst Halder, gar nicht erreicht zu haben. Während die Verschwörer ohne Garantien die Generale nicht zum Handeln bringen konnten, wollten die Westmächte keine Garantien geben, ohne zuvor durch Taten von der Aufrichtigkeit der Verschwörer überzeugt worden zu sein. Ihr Mißtrauen wurde nicht erst erweckt, aber sehr bestärkt durch den bekannten Venlo-Zwischenfall.

Zwei Angehörige des britischen Intelligence Service, Hauptmann S. Payne Best und Major R. H. Stevens, die in Den Haag tätig waren, kamen Ende September 1939 mit einem deutschen Emigranten in Kontakt, der ihnen berichtete, er habe Verbindung zu deutschen Offizieren, welche ihrerseits zu einer Militärverschwörung gegen Hitler gehörten. Das war plausibel, besonders im Lichte der vielen nach England gegangenen Nachrichten. Auf ihre Rückfrage in London wurden die beiden englischen Offiziere ermächtigt, mit den Deutschen zusammenzutreffen. Das Treffen fand auf holländischem Boden und in Gegenwart eines holländischen Spionageoffiziers am 21. Oktober statt, aber es zeigte sich, daß die Deutschen nur unbedeutenden Rang hatten. Unter der Bedingung, daß ein höherer Offizier in wichtiger Stellung erscheinen würde, verabredete man ein weiteres Treffen im Haag für den 30. Oktober [106].

Es kamen noch drei weitere Treffen mit den Deutschen zustande, die in Wirklichkeit vom Sicherheitsdienst der SS und von der Gestapo vorgeschickte Agenten waren, und zwar am 7., 8. und 9. November 1939, jeweils in Backhus bei Venlo. Ein angeblicher hoher Offizier und Vertreter der deutschen Opposition sollte dabei auftreten, aber in Wirklichkeit nahm der Chef vom Amt IV E (Gestapo/Abwehr) im RSHA, Walter Schellenberg, von Anfang an den Zusammenkünften teil. Beim letzten Treffen am 9. November wurden die beiden Engländer und der Holländer so nahe an die holländisch-deutsche Grenze gelockt, daß sie mit Hilfe einiger SS-Leute in deutschen Gewahrsam gebracht werden konnten.

Hitler und Himmler scheinen sofort überzeugt gewesen zu sein, daß der englische Geheimdienst, der sich bei den Kontakten mit der vermeintlichen Widerstandsbewegung so bereitwillig gezeigt hatte, Hitler und sein Regime stürzen zu helfen, auch hinter dem Attentat im Bürgerbräukeller stecken müsse. Diese Annahme bot sich zumindest als Propagandaparole an, da die Umstände so günstig zusammentrafen. Wie bereitwillig oder zurückhaltend aber englische Agenten und ihre Vorgesetzten in London zu Kontakten mit der deutschen Opposition auch gewesen sein mögen, *nach* dem Venlo-Zwischenfall mußte diese Bereitschaft wesentlich geringer werden.

Inzwischen waren in Deutschland die Bemühungen um den Aufbau der inneren Oppositionsfront fortgesetzt worden. Am 10. Oktober besprachen sich Hassell und Goerdeler in München [107]. Die außenpolitischen Mindestansprüche, darunter die Annexion der deutschen Teile Polens, Wiederherstellung eines unabhängigen Restpolens, Neuordnung der Tschechei, Abrüstungsvereinbarungen, über die sie sich einig waren, sind natürlich nur aus der damaligen Lage heraus verständlich; heute erscheinen sie wahnwitzig. Damals war das Deutsche Reich die stärkste Militärmacht auf dem Kontinent und hatte die Territorien im Besitz, über die gegebenenfalls zu verhandeln gewesen wäre. Ohne ungeheure Opfer waren sie dem Reich nicht streitig zu machen. Gleichwohl lassen die Vorstellungen Hassells und Goerdelers, bei aller Anerkennung der patriotischen und nationalen Haltung, den Sinn für Rechtlichkeit und Fairneß vermissen, ohne den eine wirklich europäische Verständigung kaum möglich war. Selbst wenn Deutschland bessere Rechtsansprüche auf die von ihm besetzten Gebiete besessen hätte, die Art der Erwerbung hätte sie weitgehend entwertet.

Auch die Überlegung, ob Göring wohl in einer nach dem Sturze Hitlers zu bildenden Regierung sitzen könnte, ist nur aus der damaligen Lage verständlich. Der Nationalsozialismus war stark, die Erfolge im Innern und nach außen waren groß. Wenn ein Umsturz psychologisch denkbar erschien, so nur wegen der drohenden Ausweitung des Krieges, die allgemein, auch von vielen Parteileuten, als riesige Gefahr für alles bisher Erreichte angesehen wurde. Göring selbst war, freilich mit Wissen Hitlers, noch Ende Oktober in Gesprächen mit einem schwedischen Abgesandten begriffen, der Friedensverhandlungen mit England vermitteln wollte [108]. So erklärte sich Hassell gegenüber Goerdeler mit der Beibehaltung bzw. Zuziehung Görings einverstanden, nachdem er gehört hatte, daß sich selbst Beck dazu bereit gefunden habe, doch war man sich einig, daß das nur eine Übergangslösung sein dürfe. Eine befriedigende Grundlage zum Handeln gab es ohnehin noch nicht, Hassell nannte die ganze Sache »noch ziemlich unausgegoren«. Die erforderlichen Machtmittel waren noch nirgends in Sicht.

Hassell führte in jenen Herbstwochen nach dem Polenfeldzug weitere Besprechungen mit Goerdeler, mit Beck, Hammerstein, Weizsäcker, und sogar mit dem Oberbefehlshaber der Kriegsmarine, Großadmiral Raeder, ferner mit Popitz, indirekt mit Schacht und wiederum mehrfach mit Goerdeler [109]. Doch was nützte das alles? Hassell und Popitz sahen es gleichermaßen klar: nichts war gewonnen, solange »die Hauptsache noch fehlt, nämlich der handelnde General« [110]. Die Fähigkeit dazu traute man am ehesten Witzleben zu, an der Möglichkeit aber fehlte es ihm sehr; denn er saß in Bad Kreuznach, weit von Berlin [111].

Als Ende Oktober immer deutlicher wurde, daß Hitler im Westen die militärische Initiative ergreifen und den Durchmarsch durch Belgien und Holland befehlen wollte, steigerte sich die Aktivität der Opposition ins Fieberhafte [112]. Dr. Klaus Bonhoeffer, Dr. Otto John und Dr. Hans von Dohnanyi hatten nach dem Polenfeldzug ihre Verbindungen zu Ernst von Harnack, Leber, Jakob Kaiser, Habermann, Wirmer und Leuschner wieder aufgenommen. Dohnanyi, bis 25. August 1939 Persönlicher Referent des Reichsministers der Justiz, Gürtner, dann Reichsgerichtsrat am Reichsgericht in Leipzig, nun als Sonderführer (das entsprach dem Rang eines

Majors) im OKW/Amt Ausland/Abwehr unter Admiral Canaris bzw. Oberst Oster tätig, spielte bei der Herstellung dieser Verbindungen wegen seiner zentralen Stellung eine Schlüsselrolle. Brauchitsch, Halder und andere Befehlshaber für einen Staatsstreich vor der Westoffensive zu gewinnen, war das Ziel [113].

Während die angesprochenen Generale grundsätzlich der Meinung waren, die Westoffensive werde eine Katastrophe heraufbeschwören und müsse verhindert werden, glaubten doch die meisten von ihnen, es werde im Volke am nötigen Verständnis für einen Staatsstreich fehlen, und es könnte daher leicht zu einem Bürgerkrieg kommen. Wenn dann die Kriegsgegner die Situation ausnützten, um zu militärischen Erfolgen zu kommen oder unannehmbare Friedensbedingungen zu stellen, so dürfe man sich nicht wundern. Auch der Begriff des Dolchstoßes und die Frage des Treueides auf Hitler spielten eine bedeutende Rolle in den Gegenargumenten der Befehlshaber.

So versuchte denn die obengenannte Gruppe, den Generalen die wirkliche Stimmung der Arbeiterschaft klarzumachen, die wie die übrigen Teile des Volkes vom Kriege nichts wissen wollte. Tatsächlich war seit dem Ende des Polenfeldzuges und besonders seit Hitlers Rede vom 6. Oktober das Gerücht weit verbreitet und gern geglaubt, es werde über Frieden verhandelt, und der Krieg sei eigentlich zu Ende [114]. Um dem führenden Frondeur Beck die nötigen Argumente in die Hand zu geben, aber auch um die konspirative und postkonspirative Zusammenarbeit zu fördern, brachte die erwähnte Gruppe nach vielen Bemühungen, insbesondere von Ernst von Harnack, Klaus Bonhoeffer, Otto John und Dohnanyi, eine Zusammenkunft zwischen Beck und Leuschner zustande [115]. Leuschner und seine Freunde versprachen, im Falle eines Militärputsches die Arbeiter zum Generalstreik aufzurufen. Vorsorglich entsandte man schon Boten zu den wichtigen Zentralen der illegalen Arbeiterbewegung, um der geplanten Aktion den Boden zu bereiten [116].

Ferner glaubte man sich in der Lage, gegebenenfalls das Volk von der Notwendigkeit und Berechtigung eines Umsturzes wohl überzeugen zu können. Dohnanyi und Oster hatten schon seit vielen Monaten ständig Material und Belege über die Verbrechen der Partei, der SS und der nationalsozialistischen Staatsführung, über die Korruption in den Parteiorganisationen, über kriminelle und sittenwidrige Vorgänge in der Hitler-Jugend und in der SA, über Schiebungen, Übergriffe, Brutalitäten und Vergewaltigungen, Gefangenenmißhandlungen, Polengreuel und Judenpogrome zusammengetragen und systematisch geordnet. Dieses Material sollte nicht nur dazu dienen, den Generalen die Augen zu öffnen, sondern auch später für die gerichtlichen Verfahren gegen die Schuldigen und zur Aufklärung des Volkes über seine Führer herangezogen werden[117].

Solche Bemühungen stellten lediglich einen Teil dessen dar, womit man »die Generale« bestürmte. Aus allen einschlägigen Bereichen kamen Denkschriften, die darlegen sollten, welche Katastrophe durch eine Offensive im Westen heraufbeschworen würde und wie sie zu verhindern sei. Nun erhob sich wieder das Gespenst des jahrelangen Material- und Stellungskrieges mit ungeheuren, aber nutzlosen Schlachten. Die Ungunst der Wetter- und Bodenverhältnisse im Herbst – Nebel, Regen und Schlamm – würde alles nur noch katastrophaler machen. Die Marine konnte im Nebel nur schlecht operieren, die Luftwaffe würde nahezu gelähmt sein, und die Motorisierung des Heeres, dieser wichtige Fortschritt seit dem Ersten Weltkrieg, vor allem aber die Panzerwaffe, wären weitgehend wertlos[118]. Ohnehin wurde das deutsche Heer von seinen eigenen Befehlshabern für dem französischen unterlegen erachtet[119], und auf allen Gebieten waren die Vorbereitungen durchaus ungenügend, eine Offensive im Westen wäre jetzt ein ganz unverantwortliches und von vornherein zum Scheitern verurteiltes Vorhaben.

Generaloberst a. D. Beck hatte schon Ende September zur Feder gegriffen und eine Denkschrift »Zur Kriegslage nach Abschluß des polnischen Feldzuges« verfaßt, die insbesondere dem Oberbefehlshaber des Heeres und dem Chef des Generalstabes des Heeres vorgelegt werden sollte[120]. Beck warnte davor, nach dem deutschen Sieg über Polen die Entschlossenheit der Westmächte zu unterschätzen. Ein Krieg mit Großbritannien müsse immer als Weltkrieg geführt werden; denn die Operationsbasis der Engländer bestehe nicht nur aus den britischen Inseln, sondern auch aus Indien, Kanada, Afrika und Australien. Mit der wirtschaftlichen Macht der Vereinigten Staaten werde man es auf alle Fälle zu tun haben, und zwar in Gestalt der wirtschaftlichen und rüstungstechnischen Unterstützung Frankreichs und Englands durch Amerika. Dieser aber werde leicht die militärische Unterstützung folgen können. Frankreich und England haben, so fuhr die Denkschrift fort, im Westen noch nicht angegriffen, weil sie einen ungeheuren Materialkrieg vorbereiten, der durch einen gewaltigen »Geschütz- und Munitionseinsatz, nicht abzusehende Feuerdauer, Führung des Inf[anterie-]Angriffes nach dem Grundsatz: l'artillerie acquiert, l'infanterie occupe« bestimmt sein werde. Der Krieg werde von den Westmächten auf Zermürbung und Aushungerung Deutschlands angelegt werden, man müsse sich auf eine Abwehrschlacht von unbegrenzter Dauer einrichten, die Möglichkeit einer *militärischen* Entscheidung im Westen sei nicht zu erkennen. Nur zwei Möglichkeiten gebe es, den zu erwartenden Stellungskrieg zum Bewegungskrieg mit Aussicht auf die Erzwingung einer Entscheidung zu machen: entweder durch Aufgabe des Westwalls und eventuell größerer deutscher Gebiete (wodurch das Ruhrgebiet gefährdet würde), was zu riskant sei; oder durch Verletzung neutralen Gebietes, wobei die Nachteile (Vermehrung und Verbitterung der Kriegsgegner) die Vorteile überwiegen würden. Mit einem »Wunder« der Art, wie es 1762 Friedrich II. vor dem Untergang errettet habe, dürfe man nicht rechnen.

In einer weiteren Denkschrift vom 10. Oktober 1939, »Das deutsche Friedensangebot vom 6. 10. 39 und der mögliche weitere Kriegsverlauf« [121], führte Beck die in der eben skizzierten Schrift nur angedeuteten strategischen Gedanken über Kriegsdauer und Zermürbung sowie über die Natur des eigentlichen Weltkrieges weiter aus, der eben nicht zu Lande und auch nicht nur auf einem Kontinent entschieden werden könne und der noch gar nicht begonnen habe. Nach allen Erfahrungen, die dem Fachmann damals zur Verfügung standen, war ein Erfolg Deutschlands im Westen unwahrscheinlich, ob man nun die Verteidigung oder den Angriff als Methode der Kriegführung wählte.

Gewiß mußte dem Urteil des allseits verehrten und als Autorität auf dem strategischen Gebiete hochgeachteten ehemaligen Generalstabchefs große Bedeutung zukommen. Es meldeten sich aber in jenen Tagen auch aktive Soldaten zu Wort, denen dieselben Bedenken auf der Seele lasteten wie Beck.

Generaloberst Wilhelm Ritter von Leeb, von dem am 27. Januar 1940 Etzdorf zu Hassell sagte, er sei der einzige der Oberbefehlshaber, »mit dem etwas zu machen sei«, war seit 1. September 1939 Oberbefehlshaber der Heeresgruppe C, die im Westen stand [122]. Am 7. Oktober 1939 notierte sich Leeb unter dem Eindruck der Rede Hitlers vom 6. Oktober: »›Alle Anordnungen ... deuten darauf hin, daß man diesen Wahnsinnsangriff unter Verletzung der Neutralität Hollands, Belgiens und Luxemburgs machen will. Die Rede Hitlers ... war also nur ein Belügen des deutschen Volkes.‹« Am 11. Oktober übersandte er dem Oberbefehlshaber des Heeres, Generaloberst von Brauchitsch, eine ausführliche »Denkschrift über die Aussichten und Wirkungen eines Angriffs auf Frankreich und England unter Verletzung der Neutralität Hollands, Belgiens und Luxemburgs«. Eine weitere Ausfertigung ging an Halder, und dem Oberbefehlshaber der Heeresgruppe B, Generaloberst Fedor von Bock, wurde sie auch vorgelegt [123]. Aus Sorge um die Zukunft Deutschlands, so heißt es im Begleitbrief an Brauchitsch, müsse sich Leeb nun, da offensichtlich der Angriff gegen Frankreich durch neutrale Länder hindurch vorbereitet werde,

»in dieser ernsten Stunde, die vielleicht auf Jahrzehnte über das Schicksal unseres Volkes entscheidet«, noch einmal mit einer Zusammenfassung seiner Ansichten an den Oberbefehlshaber wenden.

Im wesentlichen legte dann Leeb dieselben Auffassungen dar, wie sie auch von Beck vertreten wurden. Das klassische Ziel jeden Krieges, nämlich ein günstiger Frieden, sei nicht erreichbar. Es sei militärisch unmöglich, Frankreich und England so zu schlagen, daß sie zum Friedensschluß bereit sein würden. Darauf folgen ins einzelne gehende Ausführungen und Nachweise, warum eine Offensive im Westen an den Gegebenheiten und an den Defensivmaßnahmen vor allem Frankreichs und Belgiens scheitern müßte. Die Folge wären Erschöpfungszustand und also bestenfalls Stellungskrieg. Auch die Panzerwaffe werde daran nichts ändern können, Franzosen und Engländer seien sowohl mit Panzern als auch mit Panzerabwehrwaffen bestens versehen. Schließlich werden überhaupt die am längsten aushalten, denen die größeren Menschen- und Materialreserven zur Verfügung stehen. Das aber seien die Westmächte.

Darauf wandte Leeb sich den politischen Folgen eines deutschen Angriffs im Westen zu. Er kam zu denselben Schlüssen: die Offensive könne nur zu einer Katastrophe führen, da man sich durch die geplante Verletzung der belgischen Neutralität ins Unrecht setzen und alle diejenigen kriegsbereit machen werde, die es noch nicht seien. Deutschland werde isoliert, von Verbündeten entblößt und von Feinden umringt sein. Auch innenpolitisch sei Schlimmes zu befürchten. Die Mehrheit des deutschen Volkes vertraue noch auf die Friedensliebe des Führers und würde also durch den Angriff und die damit verbundenen Opfer schwer enttäuscht werden. Das Volk wolle Frieden, nicht Angriff, und solche Stimmung könne sich jederzeit und rasch auch im Heer ausbreiten.

Gegen diese schwerwiegenden Nachteile des Angriffs seien die unschätzbaren Vorteile der defensiven Haltung zu erwägen. Bleibe das deutsche Heer im Westen wie bisher in der Verteidigung, so sei es unangreifbar. Der Gegner könne nur unter ungeheuren Opfern angreifen und dabei doch sein militärisches Minimalziel, die Zerstörung der deutschen Abwehrkraft, nicht erreichen. Die wirtschaftlichen Vorteile seien ebenfalls bedeutend. Man könne dann in Ruhe produzieren und sich auch für einen langen Krieg rüsten, für den man jetzt nicht bereit sei. Der große politische Vorteil aber wäre die Erkenntnis im Volk, daß die unnachgiebige Haltung Englands allein noch Deutschland im Kriegszustand hält. Das Volk würde also den Sinn der Kriegsanstrengungen verstehen und sie entsprechend unterstützen.

Am 31. Oktober schrieb Leeb noch einmal an Brauchitsch[124]. Die militärische Lage sei klar, die deutschen Kräfte durchaus ungenügend. Manche Artillerietruppen seien so schlecht ausgebildet, daß sie »eine größere Gefahr für die eigenen Truppen als für den Gegner« bedeuten. Es sei gegenwärtig unmöglich, Engländer, Franzosen und Belgier militärisch zu vernichten, auf andere Weise sei aber ein Frieden militärisch nicht zu erreichen. Dabei gebe es doch gar keinen Zwang zum Angriff. Man habe Polen als Faustpfand und könne ruhig die Gegner angreifen lassen, die ebenfalls keine Aussicht auf Erfolg haben und also auch ihrerseits ihr Ziel nicht durch eine Offensive erreichen können. Das Volk sei von tiefer Friedenssehnsucht erfüllt. Wenn Hitler unter einigermaßen annehmbaren Bedingungen, etwa Wiederherstellung einer autonomen Tschechei und eines Reststaates Polen, nun Frieden schlösse, so würde das niemand als Zeichen der Schwäche ansehen, sondern man würde ihn als Friedensfürsten feiern. Mit der eindringlichen Warnung, vielleicht hänge »das Schicksal des gesamten deutschen Volkes in den nächsten Tagen« von Brauchitsch ab, hatte Leeb seinen Brief begonnen. Er schloß ihn mit dem bedeutsamen Satz: »Ich bin bereit, in den kommenden Tagen mit meiner Person voll hinter Ihnen zu stehen und jede gewünschte und notwendig werdende Folgerung zu ziehen.«

Schon vor Leeb hatte auch Generaloberst von Bock eine eigene Denkschrift an Brauchitsch eingereicht, in der er mit militärischen Argumenten vor der Verletzung der Neutralität Belgiens, Luxemburgs und Hollands warnte [125]. Am 9. Oktober besprach Bock seine Ansichten mit Halder [126].

Nun ließ sich auch Generaloberst Gerd von Rundstedt, der Oberbefehlshaber der ebenfalls im Westen stationierten Heeresgruppe A, unter dem 31. Oktober mit einer Denkschrift vernehmen, so daß schließlich alle Oberbefehlshaber im Westen gegen die Offensive, die sie führen sollten, protestiert hatten [127]. Wie Bock, so vermied auch Rundstedt ausdrücklich jede politische Argumentation und beschränkte sich ganz auf den »Verantwortungsbereich des Soldaten«. Davon erhoffte er sich mit Recht bessere Aussichten, auf Hitler Eindruck zu machen. Das Kräfteverhältnis zwischen deutschen und französisch-englischen, gegebenenfalls auch belgischen und holländischen Truppen, sei zahlenmäßig für Deutschland ungünstig und werde bei einem opferreichen Angriff mindestens kritisch werden. Der polnische Feldzug habe gezeigt, wie sehr der Angriff von der Führung getragen werden müsse, weil der Truppe der nötige eigene Schwung fehle, so daß die zu erwartenden Verluste an Offizieren sehr hoch zu veranschlagen seien, wodurch wieder der Kampfwert sinke [128]. So könne man also das Kräfteverhältnis nicht auf die Dauer durch bessere Führung ausgleichen. Das Überraschungsmoment aber sei schon längst verloren.

Schließlich konnte sich Rundstedt doch nicht ganz versagen, auch politische Gründe vorzubringen. Schon einmal habe man sich getäuscht, und zwar mit der Annahme, Frankreich und England werden nicht in den Krieg eintreten. Da es nun geschehen sei, müsse man sich auf einen langen Krieg einstellen und dürfe seine Kraft nur verausgaben, wenn die Entscheidung zu erzwingen sei. Es sei deshalb besser, den Gegnern die Last des Angriffes zuzuschieben, dann würde der Kriegswille besonders der Franzosen auf Proben gestellt, denen er nicht gewachsen sei. Ferner müßten die Westmächte, wenn sie mit irgendwelcher Aussicht auf Erfolg angreifen wollten, ebenfalls durch Belgien marschieren. Tuen sie das, so könne man ihnen rechtzeitig dort begegnen und habe zugleich den Vorteil, sich nicht zuerst ins Unrecht gesetzt zu haben. Gewiß könne man nicht endlos abwarten, sonst würde England Zeit bleiben, seine Vorbereitungen in unerwünschter Weise zu vervollständigen, man müsse es also gegebenenfalls zum Angriff zwingen, wodurch man sich die Vorteile der Verteidigung sichern und mit größter Gewißheit Frankreich von England trennen könne. Nachdem aber das Heer Polen geschlagen habe, werde es nun Aufgabe der Flotte und der Luftwaffe sein, gegen England in entsprechender Weise vorzugehen.

Am 14. Oktober schrieb der Chef des Generalstabes des Heeres in sein Diensttagebuch: »Eingehende Besprechung mit ObdH über Gesamtlage. OB 3 Möglichkeiten: Angriff, Abwarten, grundlegende Veränderungen. Für keine dieser durchschlagende Aussichtsmöglichkeiten [sic], letzteres am wenigsten, da im Grunde negativ und Schwächemomente schaffend. Unabhängig davon Pflicht, militärische Aussichten nüchtern klarzulegen und jede Friedensmöglichkeit zu propagieren.« [129] Halder hatte mit seinem Oberbefehlshaber über beider Auffassungen und über die von den Oberbefehlshabern der Heeresgruppen A, B und C, den Generalobersten von Rundstedt, von Bock und von Leeb, gegen die für November angesagte Westoffensive vorgebrachten Bedenken gesprochen, und sie hatten mögliche Alternativen erwogen. An keiner der drei Möglichkeiten fanden sie rechten Gefallen, aber der dritten gaben sie von allen die geringsten Chancen. »Angriff« bot fast keine Aussicht auf Erfolg. »Abwarten«, bis Frankreich und England angriffen, enthielt auch ein großes Risiko. Aber die Möglichkeit, »grundlegende Veränderungen« zu schaffen – der Zusammenhang erlaubt nicht die Auffassung, daß äußere Veränderungen gemeint sein könnten –, das hielten sie für »im Grunde negativ«, es schaffe »Schwächemomente«. »Negativ«, das heißt soviel wie »nicht konservativ«, »revolutionär«. Man fürchtete das Vakuum, die Zerstörung der Ordnung. Halder fürchtete stets auch einen Bürgerkrieg, und es war doch auch ganz unwahrscheinlich, daß die Westmächte die innere Lage Deutschlands während eines Umsturzes nicht zur Offensive ausnützen würden. Man wollte also weiterhin als Soldat militärische Befehle ausführen und im übrigen dadurch seine Pflicht tun, daß man die militärische Lage stets nüchtern darstellte und soweit möglich für den Frieden wirkte [130].

Bock, Rundstedt und Leeb setzten ihre Bemühungen um die Verhinderung der Westoffensive fort. Bock wiederholte seine Einwände in einer Besprechung mit Hitler persönlich am 25. Oktober [131]. Sogar Generaloberst von Reichenau, der den Ruf eines hitlerhörigen Generals hatte und der nun die zur Heeresgruppe B gehörende 6. Armee befehligte [132], hat versucht, Hitler seine Pläne auszureden. Zu Halder sagte er am 15. Oktober, er habe dazu von Brauchitsch den Auftrag erhalten [133]. Schon als er zum erstenmal von dem Angriffsplan erfahren hatte, bei der Übernahme seines Kommandos am 10. Oktober, hatte Reichenau den Plan als »geradezu verbrecherisch« bezeichnet [134]. Man schrieb Reichenau Einfluß auf Hitler zu, und er hat jedenfalls versucht, ihn geltend zu machen. In derselben Besprechung bei Hitler am 25. Oktober, in der Bock Hitler opponierte, erklärte Reichenau auf Hitlers Behauptung, wenn man nicht jetzt losschlage, werden die Engländer heimlich in Belgien Stellung beziehen und also den jetzt noch möglichen deutschen Erfolg verhindern: das sei ihm lieber. Es sei besser, wenn die Engländer die belgische Neutralität zuerst verletzen, wenn es schon dahin kommen müsse, als wenn es die Deutschen tun. Auf Hitler machte das natürlich keinen Eindruck, aber Reichenau war so sehr von der Notwendigkeit überzeugt, den Angriff durch Belgien und die Niederlande zu verhindern, daß er, dem das niemand zugetraut hätte, sogar zu demselben Mittel griff wie Oster: er warnte die Belgier vor dem deutschen Angriff [135]. Auch Leeb meldete sich Ende Oktober noch einmal sehr eindringlich zu Wort.

Brauchitsch scheint wenigstens einen Versuch, vielleicht nur einen Ansatz gemacht zu haben, um Hitler von seinen Absichten abzubringen. In einer Besprechung am 16. Oktober brachte er Gegengründe vor, aber Hitler hatte auf alles eine Antwort. Halder tat wohl sein Möglichstes, aber seine Möglichkeiten waren durch Temperament, Charakter und politische Anschauungen beschränkt. Inwieweit seine konspirative Tätigkeit nur generalstabsmäßige Denkübung für einen Eventualfall war, die dann mangels Ausführungsbefehl in der Schublade blieb – das läßt sich nur vermuten.

Seit August 1939 war im OKH als Verbindungsoffizier des Amtes Ausland/Abwehr des OKW der Major d. G. (bald Oberstleutnant d. G.) Groscurth tätig. Er war zugleich der wichtigste Verbindungsmann zwischen dem Verschwörerzirkel in der Abwehr und den Hitlergegnern im OKH, und er arbeitete eng mit dem Verbindungsmann des Staatssekretärs von Weizsäcker im OKH, Legationsrat und Rittmeister d. R. Dr. Hasso von Etzdorf, zusammen. Am 20. Oktober schrieb er in sein Diensttagebuch über damals im Gange befindliche Versuche, durch schwedische oder vatikanische Vermittlung eine Friedensregelung zustande zu bringen: »Bei allen Friedensvermittlungen stößt man auf die kategorische Forderung der Beseitigung Hitlers und eine gewisse Wiederherstellung der Tschechei.« [136] Darauf also galt es hinzuarbeiten. Die Entmachtung Hitlers war ebenso wichtig wie die Verhinderung der Westoffensive: diese würde aus jener folgen.

Halder wußte genau, welche Rolle Groscurth, ferner der Oberquartiermeister I und dienstliche Vertreter Halders, General von Stülpnagel, der Verbindungsmann des Auswärtigen Amtes beim OKH, Dr. von Etzdorf, und die Mitarbeiter von Groscurth, Major Werner Schrader und Hauptmann Dr. Fiedler, spielten. Auch Generalmajor Fellgiebel, Oberst i. G. Eduard Wagner und der Ia in der Operationsabteilung des Generalstabes des Heeres, Oberstleutnant i. G. Henning von Tresckow, gehörten damals schon zu der Verschwörung [137]. Halder war mit der Tätigkeit dieser seiner Kameraden nicht nur einverstanden, er hat sie nicht nur ermuntert, sondern sogar gewissermaßen veranlaßt. Er selbst wünschte nicht aktiv hervorzutreten, außer unter Voraussetzungen, die in der Formel »wenn das Vaterland in Gefahr ist« zusammengefaßt, aber nicht näher definiert werden können. Wenn etwa Beck ihm auf den Einwand, die psychologische Situation sei ungünstig, auf Grund der von Leuschner und Kaiser erhaltenen Informationen erklärte, die Stimmung der Arbeiter sei sehr gegen Krieg und für einen Staatsstreich wohl geeignet, ein Generalstreik zur Unterstützung des Umsturzes werde vorbereitet, so verstieg er sich sogar einmal zu der verärgerten Erwiderung, dann sollen doch die Arbeiter erst einmal von unten her den Staatsstreich in Gang setzen [138].

Immerhin ließ Halder den Staatsstreich planen und vorbereiten. Damit riskierte er seinen Kopf, wie er wußte. Aber er war überzeugt, daß es ohne den Befehlshaber, ohne Brauchitsch, nicht gehen könne. Damals konnte das noch niemand so sicher wissen, aber in diesem Punkt hat der 20. Juli Halder teilweise recht gegeben. Die Befehle Stauffenbergs, des Chefs des Stabes beim Befehlshaber des Ersatzheeres, wurden unter anderem deshalb nicht ausgeführt, weil ihnen die Sanktion des Befehlshabers, dem Chef des Stabes aber die Befehlsgewalt über Truppen fehlte. Ging Brauchitsch mit, so war es gut, die Pläne waren dann bereit und konnten ausgeführt werden. Die Ermordung Hitlers mochte dazu und für Brauchitschs Mitwirkung den Weg freimachen. Versagte sich Brauchitsch, dann konnte er, Halder, auch nichts tun. Nur eine ganz überragende Persönlichkeit von außerordentlicher Tatkraft und Führerautorität hätte in der Stellung des Chefs des Generalstabes mit irgendwelcher Aussicht auf Erfolg wagen können, über den Befehlshaber hinwegzugehen und selbst die Befehlsgewalt zu übernehmen. So eine Persönlichkeit war Halder nicht. Dafür, daß er sich dessen bewußt war, verdient er eher Anerkennung als Kritik.

Halder hat im Herbst 1939, und wiederholt bis zum Sommer 1942, erwogen, Hitler selbst zu ermorden. Niemand kann sagen, wie ernst diese Absicht war, aber aus Mangel an Gelegenheit ist die Ausführung nicht unterblieben [139]. Wochenlang trug der Chef des Generalstabes des Heeres bei seinen Besuchen in der Reichskanzlei eine geladene Pistole in der Tasche, um Hitler zu erschießen. Er hat das damals Groscurth gesagt und auch später, allerdings erst angesichts des Groscurthschen Tagebucheintrags, bestätigt. Aber zum Gebrauch der Waffe konnte er sich nur beinahe entschließen – die Episode ist charakteristisch für Halders ganzes Verhalten in allen Staatsstreichvorbereitungen. Er war eigentlich gegen ein Attentat, wußte aber genau, daß es anders nicht gehen würde. Er trug eine geladene Pistole bei sich, aber er schoß nicht. Er beklagte sich bei Oster darüber, daß nicht längst jemand Hitler umgebracht habe, aber auch darüber, daß ausgerechnet einem hohen Funktionär des Staates diese Aufgabe zugemutet werden solle, in anderen Ländern beauftrage man damit doch eine Privatperson oder einen Desperado. Das war das Dilemma, aber auch die Tragik der Inkonsequenz.

Nach dem 14. Oktober gab Halder an Groscurth und seine Gruppe den Auftrag, einen Staatsstreich generalstabsmäßig vorzubereiten [140]. Diese nahm die Pläne von 1938 wieder vor und modifizierte sie entsprechend den veränderten Verhältnissen, gedachte aber im großen ganzen ebenso zu verfahren wie damals. Es war die Hauptstadt mit Truppen zu umringen und zu besetzen, es waren die Zentralen der Partei, der Gestapo und der SS auszuheben, die Rundfunksender und -studios und die Telegraphenämter zu besetzen. General Hoepner sollte eine Panzerdivision nach Berlin führen [141]. Guderian, der das XIX. A. K. befehligte, sollte ebenfalls beteiligt werden [142]. Halder selbst erinnerte sich später, zwei oder drei Panzerdivisionen östlich der Elbe zurückbehalten zu haben, um sie dann für den Staatsstreich einsetzen zu können [143].

Zu den Plänen, die in Zossen in einem Panzerschrank des OKH aufbewahrt wurden, gehörte auch eine »Studie« Osters [144]. Sie war ebenfalls ein Aktionsplan für den Aufstand und enthielt Listen von Funktionären und führenden Persönlichkeiten des Regimes, die zu beseitigen waren, ferner

Namen für eine neu zu bildende Regierung [145]. Hitler, Ribbentrop, Himmler, Heydrich, Göring, Goebbels und »Dietrich« (vermutlich der Kommandeur der SS-Leibstandarte, Sepp Dietrich) sollten festgenommen und die Staatsgewalt vorläufig einem von Beck geführten Triumvirat übertragen werden [146]. Unter den zu beteiligenden Persönlichkeiten waren genannt Witzleben, Hoepner, Geyer (wahrscheinlich Generalleutnant Freiherr Geyr von Schweppenburg, Kommandeur einer Panzerdivision), Falkenhausen und Reichenau, ferner Schacht, Goerdeler, Fritz-Dietlof Graf von der Schulenburg, Gauleiter Josef Wagner, Helldorf. An Truppen sollten das Infanterieregiment 9 (Potsdam), das Artillerieregiment 3 (Frankfurt/Oder) und das in Sagan stationierte Panzerregiment 15 eingesetzt werden [147]. Die Bereitstellung der Truppeneinheiten war jetzt viel schwieriger und bei weitem nicht so gesichert wie 1938.

Dohnanyi bereitete Aufrufe vor zur Unterrichtung der Öffentlichkeit, Beck und Oster begutachteten und redigierten sie [148]. Es hieß darin, Hitler habe unter Mißachtung der Neutralität Belgiens und Hollands die Offensive im Westen befohlen. Dies könne nur ungeheures Leid über Deutschland bringen. Um es zu verhindern, habe sich Generaloberst a. D. Ludwig Beck entschlossen, wieder aktiv zu werden, und er habe das ihm von Brauchitsch angebotene Amt des Oberbefehlshabers des Heeres und zugleich der gesamten Wehrmacht übernommen. Der Führer sei krank und von seinen Mitarbeitern falsch beraten worden, er werde sich vorläufig von den Staatsgeschäften zurückziehen. Ribbentrop, Himmler und Göring seien festgenommen, weil sie versucht hätten, ihrerseits die für die gegenwärtigen Maßnahmen verantwortlichen Offiziere festzunehmen. Göring habe Millionen an von Arbeitern gezahlten Geldern unterschlagen, Himmler habe Tausende von Unschuldigen eingesperrt, Beweise seien sichergestellt und würden in Kürze veröffentlicht werden. Die Gestapo und das Propagandaministerium sollten aufgelöst werden, Beck würde alsbaldige Wahlen ankündigen, und als Beweis für die aufrichtige Bemühung um Frieden sollte die Verdunklung aufgehoben werden. Oster hatte auch eine Liste der Persönlichkeiten, die sofort beteiligt werden sollten, zusammengestellt; Goerdeler, Hassell, Schacht, Gisevius, Nebe, Helldorf, Fritz-Dietlof Graf von der Schulenburg, Liedig, Heinz, Witzleben, Hoepner, Olbricht und Reichenau waren darauf erwähnt. Einer der Entwürfe betonte übrigens (in der Handschrift Canaris'), daß der Staatsstreich nicht zu rasch als gegen Hitler gerichtet deklariert werden dürfe, daß man vielmehr auf der Fiktion aufbauen sollte, kriminelle und korrupte Elemente der Partei hätten eine nun von der Wehrmacht vereitelte Verschwörung ausgeheckt.

Trotz allen Vorbereitungen und sogar ausdrücklichen Aufträgen blieben Halder und Brauchitsch die größten Unsicherheitsfaktoren in der Verschwörung. Canaris vertraute im Oktober seinem Tagebuch an, daß er für sich keine Möglichkeit mehr sehe, auf Halder einzuwirken, der sich immer alles anhöre und dann mit fadenscheinigen Gründen der aktiven Teilnahme ausweiche[149]. Auch andere Mitglieder der Verschwörung waren skeptisch[150]. Aber immer mehr verdichteten sich die Anzeichen, daß Hitler auf seiner Westoffensive bestehen würde. Man mußte also rasch handeln. Die Frage war nur, wie man handeln könnte, solange das Militär nicht mittat. Den Nichtmilitärs erschien Zuwarten unmöglich und unverantwortlich, so griffen sie zur einzigen ihnen zur Verfügung stehenden Waffe und verfaßten Denkschriften. Kordt und der Verbindungsmann des Auswärtigen Amtes beim OKH in Zossen, der täglich nach Berlin kam, Dr. von Etzdorf, verfaßten in jenen Tagen zusammen ein eindringliches Memorandum unter der Überschrift »Das drohende Unheil«[151]. Es erklärte einleitend, wenn Hitler an der Ausführung seines Entschlusses zum Angriff im Westen und zum Einfall in Belgien wirklich festhalte, so werde dies das Ende Deutschlands bedeuten. Zudem müsse wegen der Wetterlage und wegen der Stärke der gegnerischen Armee der Angriff alsbald steckenbleiben; der Widerstandswille der Franzosen werde nicht ab-, sondern zunehmen, wenn deutsche Truppen in französisches Gebiet vordringen; die Vereinigten Staaten würden in den Krieg eintreten, wie auch sehr wahrscheinlich weitere jetzt noch neutrale Staaten; Italien werde sich auf die Seite der Gegner schlagen; Rußland werde sich, auch gegen deutsche Interessen, dort zu bereichern suchen, wo es gerade niemand verhindern könne. Gegen eine solche Front könnte Deutschland weder kriegswirtschaftlich noch moralisch standhalten, die Folge wären Zerfall und Bolschewisierung Deutschlands, günstigstenfalls seine Auflösung in Teilstaaten.

Also sei die Entscheidung darüber, ob die belgische Neutralität verletzt werde oder nicht, zugleich die Entscheidung über die Zukunft der deutschen Nation. Folglich: »Es muß verhindert werden, daß der Einmarsch-Befehl zur Ausführung gelangt. Dies ist nur zu erreichen, indem man die Regierung Hitlers rechtzeitig zum *Sturze* bringt. Argumente, Proteste oder Rücktrittserklärungen der militärischen Führung allein würden erfahrungsgemäß weder ein Einlenken noch Nachgeben bewirken.«

Gegen diese Voraussagen und Folgerungen wende man nicht ein, so fuhren die Verfasser der Denkschrift fort, Hitler habe doch so viel Erfolg gehabt. Seine Erfolge seien Scheinerfolge oder aber Ereignisse einer natürlichen Entwicklung, die früher oder später auch ohne ihn eingetreten wären. Das gelte für die Wiederherstellung der Wehrhoheit, für den Anschluß Österreichs, für »die Einfügung der Tschechoslowakei in den deutschen Einflußkreis«. Die gewaltsame Besetzung der Resttschechei habe für Deutschland schwere Nachteile gebracht. Denn ohne sie hätte man den Feldzug gegen Polen führen können, ohne daß dieses von den Westmächten unterstützt worden wäre – eine offensichtlich für militärische Ohren berechnete Bemerkung. Hitlers Prognosen haben sich als falsch erwiesen: England und Frankreich seien in den Krieg eingetreten, Italien habe abgesagt.

Man solle auch nicht innenpolitische Erfolge Hitlers als Argument gegen seinen Sturz anführen. So wie die Arbeitslosigkeit 1929–1932 ein internationales Problem der Industriestaaten gewesen sei, so sei auch der Aufschwung seit 1932 nicht auf Deutschland beschränkt gewesen, nur daß ihn die meisten anderen Staaten ohne die in Deutschland entstandene ungeheure innere Verschuldung und Verschwendung nationalen Vermögens erreicht haben. Man solle auch nicht einwenden, es sei doch jetzt in Deutschland wenigstens Ordnung geschaffen und der Parteienhader sei weggefegt worden. Von innerstaatlicher Neuordnung könne in Wirklichkeit keine Rede sein. Statt einheitlicher Reichsgewalt gebe es nämlich jetzt viele fast unabhängige Machthaber, neben der Wehrmacht gebe es mehrere Wehrverbände, die der Kontrolle und dem Einfluß des Waffenträgers der Nation entzogen seien, an die Stelle der einheitlichen Verwaltung sei in Wirklichkeit die Zersplitterung getreten durch den Dualismus von Partei und Staat, durch die Anarchie fast unabhängiger örtlicher Teilmachthaber, an die Stelle der Ordnung die Verwahrlosung, Zuchtlosigkeit und Korruption, an die Stelle des Rechtsstaates die Willkür. Infolgedessen sei Deutschland in Wahrheit niemals dem Bolschewismus so nahe gewesen wie gerade jetzt, da man sich nicht gescheut habe, in Osteuropa 20 Millionen Menschen der sowjetrussischen Herrschaft zu überlassen.

Man solle auch ferner nicht einwenden, das Volk und die Armee, und zwar »bis in hohe Posten, soweit die Dummheit reicht«, werden einen Staatsstreich jetzt nicht begreifen, weil der Führer doch so erfolgreich sei und daher auch für die Zukunft zu den schönsten Hoffnungen Anlaß biete. Es sei doch eine alte Erfahrung, daß das Debakel erst dann allgemein erkannt werde, wenn es da sei: »*Dann* freilich wäre der Staatsstreich populär, aber er käme zu spät und würde das Unheil nicht mehr abwenden, in das wir alle, ob mit Hitler oder ohne ihn, und mitsamt unseren schönen polnischen Lorbeeren hineinstürzten. Denn die Kriegsfurie, einmal aus dem Kasten, ist mit Vernunft nicht wieder zurückzulocken: Der Krieg folgt seinen eigenen unerbittlichen Gesetzen, und jede Heeresleitung will vor allem siegen, d. h. heutzutage, vernichten.« Der unbestreitbaren Tatsache, daß man eine *gegenwärtig* noch siegreiche Regierung zu stürzen im Begriffe sei, müßte man ins Auge sehen: »*Die relative Unpopularität des Unternehmens muß daher mit dem nötigen Maß an Zivilcourage hingenommen werden.*« Nach dem Sturz Hitlers werde die Öffentlichkeit über seine begangenen und geplanten Verbrechen so unterrichtet, daß sie den Staatsstreich akzeptieren werde [152].

Endlich sei auch der Einwand, der Soldat habe einen Fahneneid zu halten, durchaus unangebracht. Des Fahneneides sei der Soldat längst ledig, da Hitler seine eigenen Verpflichtungen nicht einhalte, sondern vielmehr im Begriff stehe, Deutschland seinen wahnsinnigen Zielen zu opfern. Die Treue des Soldaten könne daher nur noch dem Vaterland gelten. General Yorck, der 1812 bei Tauroggen mit einem russischen General einen Neutralitätsvertrag schloß, obwohl sich sein König mit Rußland noch im Kriegszustand befand, sei ein Beispiel dafür, wie ein deutscher Patriot sein Gewissen und die Pflicht gegenüber dem Vaterlande über die formale Gültigkeit eines Eides zu stellen habe.

Wenn man also auf einen Friedensschluß hinwirken wolle, so müsse dies rechtzeitig geschehen. Ein annehmbarer, ein ehrenhafter Friede könne nur geschlossen werden, solange Deutschland noch militärisches Gewicht besitze. Ein »Eingreifen von staatserhaltender Seite«, also der konservative Staatsstreich, verspreche nur so lange noch Erfolg, als die militärische Niederlage vermieden sei. Danach sei es zu spät, eine Reichsregierung, die nur eine geschlagene ersetze, könne keine guten Bedingungen mehr bekommen. Auf der Grundlage der Münchner Konferenz zuzüglich der Herstellung einer Landverbindung zwischen dem Reich und Ostpreußen und der Angliederung des ostoberschlesischen Industriegebiets sei ein ehrenhafter Friede jetzt noch zu haben. Man brauche, mit anderen Worten, den Sieg über Polen nicht zu verschenken. Andererseits vermeide man durch eine solche Lösung »die Belastung mit fremdem Volkstum« und behalte gleichzeitig »den maßgebenden Einfluß in einer Rest-Tschechei und einem Rest-Polen«. Die mit dem Schwert erkämpften Erfolge brauchen also nicht durch die Federfuchserei der Diplomaten verdorben zu werden. Mäßigung beim Friedensschluß aber, wie sie etwa Bismarck 1866 in Nikolsburg geübt habe, sei politisch wenigstens so wichtig wie militärisch der Erfolg des Feldzuges.

Die Lage war klar, die Notwendigkeit des Staatsstreiches war erwiesen. Es blieb nur noch die Ausführung. Das Programm dafür wird in der Denkschrift nur kurz umrissen [153]: Abschluß eines ehrenhaften Friedens; Wiederherstellung des Rechtsstaates, vor allem durch Schutz der persönlichen

Freiheit und durch Auflösung der Gestapo; saubere, den eigentlichen preußischen Traditionen entsprechende Staatsverwaltung; Beteiligung des Volkes an der politischen Willensbildung; Maßnahmen für »einen gerechten und wahrhaftigen deutschen (preußischen) Sozialismus« und für »eine christlich-sittliche Erneuerung«. Zur Ausführung des Programms sei von den lokalen Militärbefehlshabern die Exekutive zu übernehmen, die Nachrichtenmedien wie Rundfunk und Presse seien in die Hand zu nehmen, Fernmeldeeinrichtungen, Kraftwerke etc. zu besetzen, »Säuberungen« durchzuführen.

Die Denkschrift war mit ihrer halsbrecherisch offenen Sprache ein ungemein aufrüttelndes Dokument. Sie wurde vielen Generalen vorgelegt, darunter Halder, Brauchitsch und Witzleben[154]. Aber welche Wirkung hatte sie?

Seit dem 22. Oktober wußte Halder, daß Hitler für Sonntag, den 12. November, den Angriff im Westen befehlen wollte; zum ersten Mal gab es einen bestimmten Termin[155]. Zwei Tage später schon hörte er von höheren Führern des Heeres, der Termin sei unannehmbar. Brauchitsch mühte sich darauf, Hitler die Hindernisse und Schwierigkeiten deutlich zu machen[156]. Selbstverständlich erfuhren auch die Mitglieder der Verschwörung sehr rasch den Termin; Oster zumal mußte über derartiges dienstlich unterrichtet sein, und am 25. Oktober besprach er sich im OKH in Zossen mit dem Oberquartiermeister I im OKH, Stülpnagel, darüber[157].

Am 25. Oktober fand auch eine Besprechung Halders und Brauchitschs bei Hitler in der Reichskanzlei statt, wobei Einzelheiten der für den Angriff bestehenden Ausgangslage und die vorgesehenen Stoßrichtungen besprochen wurden[158]. Zu einer Kontroverse kam es anscheinend nicht, doch erhoben Bock und Reichenau bei einer weiteren Besprechung mit Hitler am Nachmittag wieder Einwände wegen mangelnder deutscher Vorbereitungen und wegen des Wetters.

Am 27. Oktober, einem Freitag, waren wieder Brauchitsch und Halder, ferner zehn Generale, ein Oberst, ein Oberleutnant und ein Leutnant gegen 13 Uhr zu einem Empfang bei Hitler in der Reichskanzlei, wo sie alle das Ritterkreuz erhielten[159]. Nach einem Mittagessen hatten Brauchitsch und Halder eine Besprechung mit Hitler, bei der sie erfolglos versuchten, ihn von dem befohlenen Angriffstermin abzubringen. Hitler hielt am 12. November fest. Brauchitsch war danach »abgespannt und niedergeschlagen«[160]. Schon am nächsten Tag, morgens um 10 Uhr, war Halder wieder bei Hitler und legte allerhand Schwierigkeiten dar; Hitler blieb bei seinem Standpunkt[161].

Am Nachmittag besprach Halder mit Stülpnagel das Ergebnis seiner

Konferenzen mit Hitler, und am 29. Oktober beschloß er, den Oberquartiermeister I auf eine Frontreise zu schicken [162]. Stülpnagel, der von Halder verlangt hatte, er solle doch einfach Brauchitsch einsperren und allein handeln, wenn Brauchitsch sich versage, sollte feststellen, ob »ein Herr von Bock, .. ein Manstein, ein Rundstedt« sich Halder beugen werden, wenn dieser an sie appelliere [163]. Halder glaubte es nicht, aber Stülpnagel wollte sehen, was zu machen wäre. Der dienstliche Zweck der Reise war die Unterrichtung der hohen Kommandeure über Änderungen in den bisherigen Aufmarschplänen und Absichten im Westen [164].

Nach Halders eigenem Bericht war das Ergebnis negativ [165]. Rundstedt und Bock, die Oberbefehlshaber der Heeresgruppen A und B, waren zwar gegen die Westoffensive, aber für einen Staatsstreich waren sie deshalb noch lange nicht zu haben. Rundstedt befürchtete, seine Offiziere würden ihm nicht oder nicht geschlossen folgen, und das ihm anvertraute Instrument würde zerbrechen [166].

Generaloberst von Leeb dagegen, der die Heeresgruppe C führte, erklärte sich ohne Einschränkung zur Teilnahme bereit und wiederholte diese Erklärung später noch ausdrücklich. Ebenso stellte sich Witzleben, dessen I. Armee zur Heeresgruppe C gehörte, zur Verfügung [167]. Halder hat das nicht genügt.

Es war noch denkbar, etwa einen Teil der Truppen Leebs nach Berlin zu führen oder vielleicht den Streich nur mit dort in der Nähe befindlichen Truppen zu wagen. Doch dabei hätte der Befehlshaber des Ersatzheeres (BdE), General der Artillerie Fromm, mindestens durch Unterstützung und Deckung der nötigen Bewegungen mitwirken müssen. Auf eine entsprechende Anfrage im Jahre 1938 hatte er schon einmal ablehnend geantwortet. Nun wurde er bei einem seiner regelmäßigen Besuche in Zossen am 31. Oktober oder in den ersten Novembertagen von Halder sehr nachdrücklich darauf aufmerksam gemacht, daß der Angriff im Westen doch verhindert werden müsse [168]. Er, Halder, stelle sich vor, Hitler und die Reichsregierung mit Hilfe einer zuverlässigen Division festzusetzen und auszuschalten, um so zu einer friedlichen Regelung zu gelangen. Fromm behielt sich die Antwort vor und fuhr nach Berlin zurück. Seinen Chef des Stabes, Oberstleutnant Kurt Haseloff, fragte er, was er von Halders Eröffnungen halte, und Haseloff sagte, Halder habe sich offenbar zu einem Staatsstreich durchgerungen, also zum Hochverrat. Fromm nickte und befahl Haseloff, den Vorgang in seinem Diensttagebuch zu vermerken. Einige Tage später meldete Fromm die Angelegenheit bei Brauchitsch und betrachtete sie von da an als für ihn erledigt [169]. So hat sich Fromm herausgehalten, sich gesichert nach beiden Seiten und doch seinen Kameraden nicht verraten. Er konnte mit Recht annehmen, daß dieser nicht ohne das Wissen seines Vorgesetzten und die Hoffnung auf dessen mögliche Mitwirkung solche Vorschläge machte. Brauchitsch hat die Sache Halder gegenüber nie erwähnt [170]. Die Weigerung Fromms, sich an einem Umsturzversuch zu beteiligen, hat aber Brauchitsch und Halder über die Erfolgsaussichten belehrt; denn ohne die Zustimmung, ja die Mitwirkung des Ersatzheeres waren Truppenbewegungen im Reichsgebiet während des Krieges kaum denkbar. Brauchitsch wurde also in seiner eigenen Ablehnung oder Zurückhaltung noch bestärkt.

Eine weitere Befürchtung Halders konnte nicht zerstreut oder widerlegt werden. Wie würden sich das Volk, wie die Arbeiterschaft zu einem Umsturz stellen? Zwar sagten ihm Beck und andere, das Volk werde den Staatsstreich schon begreifen, und Dohnanyi und Oster hatten Material gesammelt, mit dem sie die nötige Aufklärung rasch und wirksam veranlassen könnten. Sicher trafen ihre Informationen auch für den Herbst 1939 noch zu. Aber Halder verließ sich da lieber auf den Vater seines Fahrers und einige andere, an der Verschwörung nicht direkt interessierte Bekannte, wie er später berichtete. Die sagten ihm, das Volk sei nicht reif [171]. Gewiß, es konnte zu spät sein, wenn das Volk endlich reif sein würde. Aber was Halder daran so störte, was ihn wohl an dem ganzen Unterfangen störte, das war die Unberechenbarkeit der Dinge. Im Generalstab, da konnte man planen und rechnen und über die nötigen Mittel und Instrumente verfügen. Wenn ein Unternehmen dann doch mißlang, so konnte man in Ruhe den Fehler suchen und vielleicht beim nächsten Mal vermeiden. Aber beim Staatsstreich würde es kein nächstes Mal geben, da riskierte man den Kragen. Wenn man seiner Sache nicht sicher war – riskierte man da nicht zuviel? Bürgerkrieg, Unreife der Massen –, das waren Ausdrücke für diese Unsicherheit.

Halder hatte sicher nicht ganz unrecht, wenn er meinte, man könne gar nicht wissen, ob die Westmächte nicht den Moment der Schwäche während eines Staatsstreiches zur Offensive ausnützen würden, und wenn er sich auf den Standpunkt stellte, irgendwelche Zusicherungen lägen nicht vor. Die Verhandlungen von Dr. Müller in Rom hatten noch zu keinem Ergebnis geführt [172]. Er hatte genug Gründe, den Staatsstreich für undurchführbar zu halten. Aber – darin lag ein in seinem Charakter und in der für einen Offizier höchst zwiespältigen Situation begründeter Widerspruch – er gab doch den Gedanken an eine »Aktion« nicht auf [173].

Inzwischen rückte der Angriffstermin immer näher heran. Noch ehe Brauchitsch und Halder zu einer Inspektionsreise an die Front aufbrachen, ließ sich Beck mit einer neuen, vom 31. Oktober datierten Denkschrift unter dem Titel »Zwischenpause nach dem Mißerfolg des deutschen Friedensangebotes« vernehmen [174]. Daß Halder oder Brauchitsch sie noch vor ihrer Abreise gelesen haben, ist kaum wahrscheinlich [175]. Die vielen Denkschriften werden ihnen ohnehin nicht nur als Unterstützung für ihre eigenen Anschauungen, sondern oft auch als unerbetene Einmischung in ihre Amtsführung erschienen sein.

Beck bemühte sich noch einmal, so eindringlich wie möglich darzulegen, wie katastrophal sich die Fortsetzung des Krieges auswirken müsse. Eine ganz wesentliche, ja entscheidende Voraussetzung für diese früher wiederholt aufgestellte Behauptung sei ja nun inzwischen eingetreten: Nach dem Repräsentantenhaus habe der Senat der Vereinigten Staaten am 27. Oktober das Waffenembargo aufgehoben, das durch die Neutralitätserklärung der Vereinigten Staaten zu Beginn des Krieges verfügt worden war [176]. Nun konnten Frankreich und Großbritannien beliefert werden. Deutschland aber war aus politischen, wirtschaftlichen und strategischen Gründen (Blockade) von der Belieferung mit Kriegsmaterial und Waffen ausgeschlossen. Eine andere Voraussage verwirkliche sich ebenfalls von Tag zu Tag deutlicher, nämlich die Isolierung Deutschlands in Europa. Der französisch-englisch-türkische Pakt vom 19. Oktober [177] sei dafür ein Beleg. Der Pakt binde Italien im östlichen Mittelmeer, stärke die Position der Westmächte im Nahen Osten, ermuntere die südosteuropäischen Völker, Rußland bei dessen Ausdehnungspolitik Widerstand entgegenzusetzen, so daß alle die genannten Staaten jedenfalls als Partner deutscher Politik verlorengehen. Durch die Preisgabe der baltischen Staaten und Finnlands schließlich habe Deutschland diese und die nordischen Staaten verloren. Deutschland stehe in Europa allein, während die Gefahr eines europäischen Zusammenschlusses gegen Deutschland ständig wachse. Auf diese Feststellungen folgen dann wieder Erörterungen über die Aussichten einer deutschen Westoffensive, mit dem schon bekannten negativen Ergebnis.

So kommt Beck schließlich zu der unverhüllten Forderung: »Die politischen Konsequenzen aus einer solchen Lage zu ziehen, wird von Tag zu Tag dringender«; geschehe es nicht, und erleide »das militärische Instrument« einen Rückschlag, so sei es von Zersetzung bedroht.

Mögen nun Brauchitsch und Halder Becks Denkschrift noch gelesen haben oder nicht, jedenfalls kamen sie bei ihrer Inspektionsreise zu denselben grundsätzlichen Ergebnissen. Am Abend des 1. November reisten sie ab, am 2. November hielten sie sich im Bereich der Heeresgruppe B auf, vormittags bei der 6. Armee in Düsseldorf, nachmittags bei der 4. und 2. Armee in Köln, am nächsten Vormittag im Gebiet der Heeresgruppe A bei der 12. Armee in Mayen, nachmittags bei der 16. Armee in Bad Bertrich[178]. Das Ergebnis: »Ein Angriff mit weitgestecktem Ziel kann z. Zt. noch nicht geführt werden. ... Der vom OKW befohlene Angriff wird von *keiner* hohen Kommandostelle als erfolgversprechend angesehen. Ein für die Landkriegführung entscheidender Erfolg kann nicht erwartet werden.«[179]

Am 4. November besprach sich Halder mit Brauchitsch »über künftige Maßnahmen«[180]. Am Nachmittag desselben Tages empfing er General Thomas, der ihm Material über die große Gefahr für die kriegswirtschaftliche Versorgung und für die Ernährungslage im Falle des Angriffs im Westen brachte. Thomas brachte Halder auch eine Denkschrift zur Kenntnis, die noch weitergehende Warnungen enthielt und an deren Zusammenstellung sich Oster, Dohnanyi und Gisevius beteiligt hatten. Auch die ersten, günstig lautenden Mitteilungen von Dr. Josef Müller über seine Sondierungen am Vatikan waren darin nun verarbeitet[181].

Halder stimmte Thomas zu und sprach von der Ermordung Hitlers als der am meisten geeigneten Lösung.

Am 31. Oktober schon hatte Halder an Oster über Groscurth eine Art Stichwort gegeben; Goerdeler und Beck sollten aufgefordert werden, sich bereit zu halten. Groscurth gegenüber gab Halder der Hoffnung Ausdruck, daß Hitler, Göring und Ribbentrop »tödliche Unfälle« bereitet werden könnten[182].

Groscurth, Oster, Etzdorf, Fiedler und andere Eingeweihte machten sich sofort an die unmittelbaren Vorbereitungen, in der Annahme, Halder sei nun endlich zum Umsturz entschlossen, da er doch auch seinem eben von einer Westreise zurückgekehrten Stellvertreter Stülpnagel gesagt hatte, die Vorbereitungen sollten nun anlaufen. Bei der Rückkehr von seiner eigenen Frontreise erschien Halder sogar noch entschlossener als zuvor und wiederholte seine Anweisungen. Nun sollte außer Beck und Goerdeler auch Schacht (durch Oberst i. G. Eduard Wagner) aufgefordert werden, sich bereit zu halten.

Es waren schon allerhand Gerüchte im Umlauf, darunter eines, wonach Hitler am 7. oder 8. November bei einer Besichtigung von Truppen in der Umgebung Berlins verhaftet werden sollte[183], und inzwischen wurde auch, ohne direktes Wissen Halders, ein Attentat auf Hitler geplant. Erich Kordt hatte sich dazu entschlossen, nachdem er mit Oster zu der Überzeugung gelangt war, daß man die Generale von der Hemmung ihres Eides und von der Faszination der schlafwandlerischen Sicherheit des Diktators befreien müsse, wenn man ihre Unterstützung bei einem Staatsstreich gewinnen wolle. Am 11. November sollte Kordt den erforderlichen Sprengstoff von Oster erhalten, aber das Vorhaben scheiterte, als nach dem

Attentat im Bürgerbräukeller am 8. November das Material nicht mehr beschafft werden konnte [184].

Am 5. November um 12 Uhr hielt Brauchitsch, kurz zuvor von seiner Frontreise zurückgekehrt, bei Hitler Vortrag. Es war ein Stichtag für die Opposition; denn man hoffte, daß Brauchitsch sich zum Staatsstreich entschließen würde, wenn Hitler an seinem Angriffstermin festhielt. Die Entscheidung mußte an diesem Tage um 13 Uhr fallen, weil noch immer die Anlaufzeit von sieben Tagen galt [185]. Die Unterredung dauerte zwanzig Minuten und verlief in beträchtlicher beiderseitiger Erregung, ja sogar stürmisch [186]. Brauchitsch trug noch einmal seine Auffassung vor, daß mangels genügender Vorbereitung und angesichts der Ungunst aller Umstände eine Offensive im Westen zum gegenwärtigen Zeitpunkt nicht erfolgreich, sondern wahrscheinlich katastrophal sein werde. Als er erwähnte, daß die Haltung und Stimmung der Truppen sehr zu wünschen übrig lasse und keineswegs mit der Haltung der Soldaten von 1914 zu vergleichen sei, fing Hitler an zu toben und wollte sofort Belege und Unterlagen, bei welchen Truppenteilen Disziplinlosigkeiten vorgekommen und wie viele Todesurteile darauf verhängt worden seien, als ob sich die Stimmung in Zahlen ausdrücken ließe. Noch in der folgenden Nacht wollte er selbst an die Front fliegen und sich überzeugen, Brauchitsch (der auch etwas übertrieben hatte) glaubte er nicht.

Die anderen Argumente des Oberbefehlshabers ließ Hitler ebenso wenig gelten und wies sie in beleidigender und erniedrigender Weise zurück. Die Armee wolle eben nicht kämpfen, meinte er, deshalb sei auch die Aufrüstung so schleppend vorangeschritten, deshalb sei man jetzt nicht vorbereitet. Das Wetter werde auch im Frühjahr ungünstig sein, außerdem regne es nicht nur auf die eigenen, sondern auch auf die gegnerischen Truppen. Es war, wie Halder sich auf Brauchitschs Bericht hin notierte, gar nicht möglich, mit Hitler über diese Dinge zu reden. Hitler ließ schließlich seinen General einfach stehen und verließ den Raum. Mit vor Zorn und Erniedrigung verzerrtem, weißem Gesicht kam Brauchitsch wieder aus der Reichskanzlei heraus [187].

In seinem fast hemmungslosen Zorn über die Widerspenstigkeit seiner Generale machte Hitler den »Geist von Zossen« verächtlich und setzte ihn mit Feigheit gleich. Es konnte so aussehen, als ahne er das Bestehen einer Verschwörung. Tatsächlich saß ja eine ziemlich große Gruppe von Staatsstreichplanern im OKH. Unbegründete Pauschalurteile waren bei Hitler nichts Seltenes, aber man konnte doch nicht wissen, was er wußte, und er muß wirklich zumindest den Versuch durchschaut haben, ihn zu einer unblutigen Lösung zu bewegen [188].

Hitler gab nun sofort, etwa um 13.30 Uhr, den Befehl für die Offensive, der für 13 Uhr erwartet worden war. Am Nachmittag des 5. November (oder am frühen Abend) lag der Befehl in Zossen schriftlich vor. Zwei
volle Tage lang liefen darauf die Marschbewegungen, ehe sie dann doch
wieder abgeblasen wurden [189].

Halder ist der Schreck über Hitlers Drohungen gegen den »Geist von
Zossen« ordentlich in die Glieder gefahren. Den 30. Juni 1934 hatte noch
niemand vergessen, eine Wiederholung des summarischen Verfahrens
war Hitler ohne weiteres zuzutrauen. Darüber aber schien Halder zu vergessen, daß er selbst putschen wollte, gerade weil so etwas in dem gegenwärtigen System möglich war: er war von Panik ergriffen. Jetzt schien die
primitivste Vorsicht die Vernichtung aller Unterlagen zu gebieten, die
den Verdacht Hitlers bestätigen konnten. In wenigen Stunden, vielleicht
noch schneller, konnte die Gestapo in Zossen sein. Sofort nach seiner
Rückkehr nach Zossen befahl Halder also die Vernichtung sämtlicher mit
dem Staatsstreich zusammenhängender Unterlagen [190]. Vieles wurde vernichtet, aber ein großer Teil der Papiere blieb durch die Bemühungen
Dohnanyis und Groscurths erhalten [191]. Gegen Abend und im Lauf der
nächsten Tage zeigte sich, daß Hitler nichts wissen konnte und die befürchtete Säuberungsaktion ausblieb [192].

Nach dem Fehlschlag des »Vorstoßes« von Generaloberst von Brauchitsch am 5. November hatte Groscurth kurz nach 15 Uhr in Zossen
von General Halder das Ergebnis der Auseinandersetzung erfahren: der
Angriff im Westen müsse nun geführt werden, da sei nichts zu machen [193].
Vom Staatsstreich war nicht mehr die Rede. Für den scheinbaren Wandel
in Halders Haltung bieten sich als Erklärungen nur Panik, Entschlußun-
fähigkeit oder gar Unaufrichtigkeit an; denn die Umstände waren für
den Staatsstreich günstig. Halder hatte ja gerade dann losschlagen wollen,
wenn Hitler auf dem Angriff im Westen bestehen würde, und das war
eingetreten. Sollte er sich zunächst ohne besondere Schutztruppe gegen
den befürchteten Einfall der SS in Zossen wehrlos gefühlt haben, so zeigte
sich ja bald, daß der Einfall nicht stattfand. Eine Truppe hätte sich wohl
auch noch beschaffen lassen, nachdem das klar war.

Brauchitsch hatte sich am Nachmittag von seiner Zerknirschung etwas
erholt, und er war immer noch der Meinung, daß die Offensive verhindert
werden müsse. Aber wie das zu machen sei, überließ er nun ausdrücklich
anderen: er jedenfalls werde nichts unternehmen, auch dann nicht, wenn
ein anderer etwas unternehme, sagte er zu Halder. Er, Brauchitsch, werde
sich nicht dagegen wehren, »wenn es ein anderer tut« [194]. Da faßte
Halder wieder neuen Mut. Warum er aber nicht endlich den Staatsstreich

auslöste, da alle Voraussetzungen dazu gegeben waren, da die Gestapo und die SS ausblieben und da ihm Brauchitsch sogar ausdrücklich freie Bahn gab, kann man, wie gesagt, nur vermuten. Jedenfalls hatte Gisevius mit seiner Skepsis hinsichtlich Halders Entschlossenheit recht behalten[195].

Jedoch um 17 Uhr besprach sich Halder noch einmal mit Groscurth und gab diesem nun den Auftrag, Canaris vom Stand der Dinge zu unterrichten, und ihn zugleich zu ersuchen, Hitler durch ein Attentat beseitigen zu lassen. Noch vor 20 Uhr entledigte sich Groscurth des Auftrags bei seinem Amtschef[196].

Canaris war empört über die Zumutung Halders – mit Recht, aber zum Schaden der Opposition[197]. Attentate und ähnliche Methoden verabscheute der empfindsame Abwehrchef, er wollte seinen Geheimdienst »anständig« führen[198]. So ließ er Halder sagen, zuerst einmal müßten die Möglichkeiten eines Militärputsches ausgeschöpft werden, und es sei an Halder selbst, Initiative und Verantwortung zu übernehmen[199].

Am folgenden Tag, dem 6. November, ging Etzdorf zu Halder, während sich Oster ebenfalls nach Zossen verfügte, um mit Stülpnagel und Wagner zu beraten, ob sich nicht die alten Pläne zum Vorgehen gegen SS und Gestapo unter dem Vorwand eines SS-Putsches gegen Hitler wieder auffrischen ließen. Gisevius fertigte schon wieder entsprechende Entwürfe an[200]. Halder hatte vor kurzem geäußert, er möchte schon gerne einen Staatsstreich inszenieren, nur ohne Witzleben, da sei er leider machtlos[201]; Oster erfuhr von dieser Äußerung und rief noch von Zossen aus Witzleben in Bad Kreuznach an: dieser möge ihn, Oster, zu einem Besuch anfordern, damit das Nähere besprochen werden könne[202]. So rief denn Witzleben bei Groscurth in Zossen an und bat ihn, bei Canaris zu veranlassen, daß dieser ihm Oster zu einer »Rücksprache« schicke[203].

Oster erhielt von Canaris die Erlaubnis, mit Gisevius zu Witzleben zu fahren[204]. Zuerst gingen sie noch zu General Thomas (nachdem Oster dem holländischen Militärattaché Sas den nun vorgesehenen Angriffstag mitgeteilt hatte) und besprachen die Pläne mit ihm, worauf sich Thomas bereit erklärte, zu den drei Heeresgruppenbefehlshabern zu reisen, um vielleicht auch diese für das Vorhaben zu gewinnen[205]. Schließlich wurde noch Beck unterrichtet, der von Brauchitschs Äußerung, er werde sich einem Umsturz nicht in den Weg stellen, gehört und sich zur Übernahme des Oberbefehls über das Heer bereit erklärt hatte[206].

Die Fahrt nach Bad Kreuznach mußte in Frankfurt unterbrochen werden. Oster sprach dort mit dem Ia von Generaloberst von Leeb, Oberstleutnant Vincenz Müller, und versuchte ihn zur Beteiligung zu gewinnen, doch mit nur geringem Erfolg. Am 8. November langten Oster und Gisevius bei Witzleben an, stellten ihm die Lage dar und unterbreiteten ihre Vorschläge [207]. Fast zur selben Zeit mußte Witzleben die schon im Gang befindlichen Marschbewegungen zunächst wieder anhalten. Witzleben beurteilte die Aussichten eines Staatsstreiches sehr pessimistisch. Auf Brauchitsch und Halder sei doch nicht mehr zu hoffen. Er habe sie bei ihrer Westreise gesehen, und es habe keinen Zweck mehr, mit ihnen über den Staatsstreich zu reden [208]. Zudem seien die jüngeren Offiziere viel zu sehr von Hitler eingenommen, niemand könne sagen, wessen Befehle sie ausführen würden [209]. Wenn die Oberbefehlshaber der Heeresgruppen die Ausführung des Angriffsbefehls verweigern, dann wäre vielleicht der Stein doch noch ins Rollen zu bringen. Das sei die einzige denkbare Lösung. Man drang in Witzleben, doch zu Halder zu fahren und mit ihm darüber zu sprechen, aber er lehnte ab, das von sich aus zu tun. Schließlich erklärte er sich doch bereit, falls sein Oberbefehlshaber, Generaloberst von Leeb, zustimme. Darauf fuhren Oster und Gisevius wieder nach Frankfurt, wo sie noch einmal übernachten mußten. Am 14. November erhielt Halder Witzlebens Ersuchen um eine Unterredung, zu dem Gespräch ist es aber damals nicht gekommen [210].

Dafür war Stülpnagel am 13. November in Frankfurt und besprach sich mit Witzleben. Beide waren sich einig, daß man die Bemühungen weiterführen müsse. Zugleich bemühte sich Oberstleutnant i. G. von Tresckow von der Operationsabteilung des OKH um seinen Onkel, Generaloberst von Bock. Aber das half nun nichts mehr, und Halder baute seit dem 5. November die Staatsstreichvorbereitungen systematisch ab, wenn er das auch nicht offen sagte.

Nachdem also wegen ungünstiger Wetterverhältnisse der Beginn der Offensive auf frühestens 19. November verschoben war, begab sich Hitler »auf Reisen«, um in München wie jedes Jahr am 8. November seine Ansprache zum Gedenken an den Putsch von 1923 zu halten, und er war plötzlich für niemand mehr zu sprechen, besonders nicht für ausländische Diplomaten [211]. Denn er wollte nicht mit dem Friedensvermittlungsangebot des Königs der Belgier und der Königin der Niederlande vom 7. November behelligt werden, zu dessen Zustandekommen übrigens vielleicht (ohne sein Wissen) drei seiner Offiziere – Reichenau, Oster und Oberst i. G. Warlimont – beigetragen hatten. Reichenau und Warlimont hatten, ohne von Osters Kontakten zu wissen, Verbindungen zu niederländischen, belgischen und dänischen Stellen aufgenommen, und Oster hatte nicht nur den Attaché Sas unterrichtet, sondern am 6. November auch noch Albrecht Graf von Bernstorff mit der Nachricht vom beabsichtigten Westangriff zur holländischen Gesandtschaft geschickt [212].

Während sich, wie es in der Sprache des Militärs heißt, »keine besonderen Ereignisse« abspielten, saß Groscurth am Abend des 8. November am Radiogerät und hörte Hitlers Ansprache im Münchner Bürgerbräukeller an der Rosenheimer Straße, die um 21.20 Uhr zu Ende war[213]. Was ihr zehn Minuten später folgte, das erfuhr Groscurth erst zwei Minuten vor Mitternacht durch einen Anruf aus der Abteilung III (Spionageabwehr und Gegenspionage) des Amtes Ausland/Abwehr im OKW in Berlin: um 21.30 Uhr war ein Attentat gegen Hitler versucht worden; Hitler war ihm anscheinend zufällig entgangen, weil er sofort nach seiner Rede das Gebäude verlassen hatte[214]. Der Attentäter, ein Einzelgänger namens Georg Elser, war dem Erfolg so unwahrscheinlich nahegekommen, daß sich sofort abenteuerliche Gerüchte erhoben. Ein ausländischer Geheimdienst sollte dahinterstecken, dann wieder wurden unzufriedene Parteigenossen und sogar die Gestapo dafür verantwortlich gemacht. Die Version, das Attentat komme in der einen oder anderen Weise aus Hitlers eigenen Reihen, doch sei Hitler rechtzeitig gewarnt worden, wobei noch möglich sei, daß es sich um einen Propagandatrick handle, wurde am 9. November bei der Abwehr in Berlin für die wahrscheinlichste gehalten. Groscurth erfuhr sie dort am Nachmittag des Tages und notierte sie in seinem Tagebuch[215].

Die Verwirrung war gewaltig. Auch viele der Verschwörer glaubten, das Attentat sei von Widerstandskreisen, von Männern aus ihren eigenen Reihen verübt worden, wußten sie doch aus naheliegenden Gründen selten Genaues über die Tätigkeit der anderen Gruppen. Bei vielen Deutschen dagegen schlug die Stimmung einfach um, eine Welle der Sympathie schlug Hitler plötzlich entgegen und irrationale Reaktionen bestimmten die Atmosphäre. Als am 9. November die englischen Agenten Stevens und Best an der holländischen Grenze entführt und in deutschen Gewahrsam gebracht wurden, da ging für viele die Rechnung glatt auf. Alles paßte zusammen – das belgisch-niederländische Vermittlungsangebot, nun als unehrlich und schwindelhaft entlarvt durch die Gefangennahme englischer Agenten, die auf holländischem Boden zusammen mit holländischen Offizieren agierten, das Attentat und nun die Verhaftung der Agenten. Für andere aber wurde die Verwirrung nur noch größer[216].

Inzwischen war die Westoffensive immer noch lediglich verschoben, seit 9. November auf den 19., nicht aber aufgegeben, und die Bemühungen um ihre Verhinderung und um die Beendigung des Krieges mußten weitergehen[217]. Gisevius reichte am 10. November über Groscurth an Halder eine Studie ein, in der er darlegte, dies sei der Augenblick für die Armee, Hitler unter ihren »Schutz« zu nehmen, da sich offenbar die SS dazu als unfähig erwiesen habe und überhaupt vieles bei dem Attentat auf dunkle Machenschaften aus Kreisen der Partei hindeute. Die Gelegenheit zum staatsstreichartigen Vorgehen sei nun besonders günstig[218]. Natürlich war Halder jetzt so wenig wie je für ein Abenteuer zu haben. Das Giseviussche Memorandum werde er ungelesen zerreißen, sagte er zu Groscurth. Als dieser es am nächsten Morgen noch auf Halders Schreibtisch liegen sah, gab Halder zu verstehen, daß er es nun nicht nur gelesen, sondern auch Brauchitsch gezeigt habe. Dieser war zwar mit Gisevius' Ausführungen grundsätzlich einverstanden, aber das änderte nichts an seiner sonstigen Unentschlossenheit.

Halder fühlte sich von den Verschwörern belästigt. Aber außer der Verlegenheit darüber, daß er seine Mitverschworenen hatte sitzenlassen, gab es für ihn noch weiteren Anlaß zur Verärgerung. Es war ihm zu Ohren gekommen, daß Oster bei seinen Besuchen in Bad Kreuznach und in Frankfurt mit Abschriften der nach dem Umsturz von Beck zu verlesenden Aufrufe ziemlich leichtsinnig umgegangen war[219]. Witzleben war entsetzt gewesen, daß Oster so etwas im Auto mit sich führte; ein Verkehrsunfall konnte ja die ganze Verschwörung ans Licht bringen. Oberstleutnant Müller war ebenfalls erschrocken und hatte Oster veranlaßt, das ihm vorgelegte Aufrufexemplar vor seinen Augen in einem Aschenbecher zu verbrennen. Aber Oster hatte mindestens noch ein weiteres Exemplar bei sich. Und am Abend der Rückfahrt, als Oster wieder mit Gisevius in Frankfurt übernachtete, ließ er sich im Kasino zu solchen Tiraden gegen das Regime hinreißen, daß Gleichgesinnte ihn in ein Nebenzimmer abdrängen mußten, um einen größeren Skandal zu verhindern. Solche Dinge gereichten der Verschwörung nicht zum Nutzen. Halder und Brauchitsch hatten also Grund (oder Vorwand) genug, sich von der Opposition zu distanzieren, und die Verstimmung wuchs.

Generaloberst von Leeb war mit seinen Anstrengungen auch nicht weitergekommen. Sein Chef des Generalstabes, Generalmajor von Sodenstern, brachte für den 9. November eine Zusammenkunft der Oberbefehlshaber der Heeresgruppen A, B und C im Hauptquartier der Heeresgruppe A in Koblenz zustande[220]. Oster hatte einige Hoffnung, daß es zu einer gemeinsamen Rücktrittsdrohung der Oberbefehlshaber bei Brauchitsch kommen werde. Tatsächlich einigten sich die Oberbefehlshaber der drei Heeresgruppen nur darauf, wie bisher mit Hilfe von Argumenten und Vorwänden den Beginn des Angriffs womöglich immer wieder hinauszuschieben, um so den Diplomaten die Zeit für die erhoffte und für möglich gehaltene Einigung auf dem Verhandlungswege zu geben[221]. Auf den weitergehenden Vorschlag Leebs, die drei Oberbefehlshaber sollten von

Brauchitsch gemeinsam eine weitere Intervention gegen die Offensive bei Hitler fordern und bei Ablehnung alle drei zurücktreten, wollten Rundstedt und Bock nicht eingehen [222].

Nachdem am 7. November die motorisierten Bewegungen vorläufig bis 9. November abends angehalten worden waren, war noch am selben Tag als frühester Angriffstag der 15., zwei Tage später dann der 19. November festgelegt worden [223]. Am 13. November wurde die Entscheidung Hitlers wieder auf den 16. vertagt; der Angriff sollte nun nicht vor dem 22. November stattfinden. Dann wurde die Entscheidung am 16. November wiederum verschoben auf den 20.; seit 20. November galt der 3. Dezember als frühester möglicher Angriffstag.

Die Generale ließen sich das sinnlose Hin und Her zwischen Ansage und Absage des Angriffes, also die disziplinlose Ungeduld ihres Obersten Befehlshabers, gefallen. Hitler dagegen war das ständige Argumentieren gegen die Offensive schon lange leid. Am 23. November hielt er deshalb in der Neuen Reichskanzlei innerhalb von sieben Stunden drei Ansprachen an die Führer der Wehrmacht [224].

In seiner ersten, der großen Rede, sprach Hitler um 12 Uhr zu den Oberbefehlshabern des Heeres, der Marine und der Luftwaffe, der Heeresgruppen und Armeen, den Chefs der Luftflotten, den Kommandierenden Generalen, ihren Chefs des Generalstabes und den entsprechenden Dienstgraden der Marine und Luftwaffe sowie einer Anzahl Generalstabsoffizieren des OKH und des OKW. Insgesamt waren etwa 180 Personen versammelt [225]. Er begann damit, seine Erfolge herzuzählen. Vom Austritt aus dem Völkerbund bis zum Polenfeldzug haben die Propheten immer geunkt und gewarnt, dennoch sei alles gutgegangen. Die Kraft zu seinen Entschlüssen nehme er aus der Erkenntnis, daß der Staat nur Sinn habe, wenn er der Erhaltung der Volkssubstanz, im Falle Deutschlands 82 Millionen Menschen, diene. Kampf sei aber das Schicksal aller Wesen, niemand könne ihm entgehen; wer nicht kämpfe, sei von vornherein zum Untergang verurteilt. Es könne also nicht daran gedacht werden, die Volkszahl dem Lebensraum anzupassen, das sei Feigheit, Schwäche, Volkstod, Untergang. Vielmehr sei der Lebensraum der Volkszahl anzupassen. Daher der Kampf. »Ich habe lange gezweifelt, ob ich erst im Osten und dann im Westen losschlagen sollte. Grundsätzlich habe ich die Wehrmacht nicht aufgestellt um nicht zu schlagen. Der Entschluß zum Schlagen war immer in mir. Früher oder später wollte ich das Problem lösen.« [226]

Gegenwärtig habe man eine einmalige Situation. Seit 1870 habe man immer mit Zweifrontenkrieg rechnen müssen, aber jetzt könne man zum erstenmal seit der Reichsgründung gegen den Westen kämpfen, ohne das

Eingreifen Rußlands befürchten zu müssen. Niemand könne wissen, wie lange das noch so bleiben werde. Die Zeit arbeite in jeder Weise für den Gegner, der seine Aufrüstung vorantreibe. Inzwischen könne aber seine (Hitlers) unersetzliche Person einem Attentat zum Opfer fallen. Wie sehr ein Staatsmann gefährdet sei, das habe er ja vor kurzem selbst erlebt. Das Schicksal des Reiches hänge nur von ihm ab, er aber werde angreifen und nicht kapitulieren.

Wirklich zwingende äußere Gründe dafür hatte Hitler natürlich nicht vorzubringen, es gab keine. Seine Argumente waren die des dämonischen und nihilistischen Revolutionärs. Alles oder nichts mußte er haben, Kapitulation werde es nicht geben, er werde in diesem Kampfe stehen oder fallen, er werde eine Niederlage seines Volkes nicht überleben: dunkle, drohende, unheilvolle Worte, die der Führer im April 1945, kurz vor seinem Selbstmord, wiederholte. Es ist ganz auffallend, wie oft er schon von Kapitulation sprach, während er erst zu siegen anfing und weitere Siege prophezeite. Sein Weg war ein Weg der Vernichtung, so sagte er selbst. Vor nichts werde er zurückschrecken, er werde jeden vernichten, der gegen ihn sei. Eine Revolution im Innern (gegen sein Regime) komme ebensowenig in Frage wie die Kapitulation nach außen.

Die Warnung war deutlich, und die Generale haben sie sich zu Herzen genommen. Schwächlinge waren sie nicht, es wäre ungerecht, sie völlig zu verdammen. Immerhin hatten sie es mit einem Manne zu tun, der ihnen an Entschlossenheit, Rücksichtslosigkeit und Grausamkeit weit überlegen war. Aber es war auch bequemer, der Vernichtung Deutschlands, die Hitler nach seinen eigenen Worten gleichgültig war, nicht entgegenzutreten. Da waren der Eid, der Befehl, der militärische Gehorsam im Kriege, die Bedrohung von außen – solange man das alles in Erwägung zog, merkte man gar nicht, wie man sich dahinter versteckte vor der apokalyptischen Drohung, die man nicht verstand.

Am Nachmittag desselben Tages hielt Hitler einer Anzahl von Truppenführern des Heeres in seinem Arbeitszimmer noch eine Ansprache, in der er seine Ermahnungen und Ermunterungen zum Teil wiederholte und auch auf Einzelheiten der geplanten Operation einging [227].

Brauchitsch und Halder waren inzwischen nach Zossen zurückgefahren, kaum aber waren sie dort angelangt, so wurden sie noch einmal zu Hitler befohlen. Um 18 Uhr redete ihnen der Diktator von neuem ins Gewissen [228]. Viele Generale seien Überbleibsel einer faulen Oberschicht und haben den Geist der Zeit nicht erfaßt. Er, Hitler, kenne wohl den Geist des Widerstandes in der Armee, den »Geist von Zossen«; er werde ihn aber vernichten. Brauchitsch forderte auf den in Hitlers Worten enthaltenen Vorwurf der Feigheit hin seinen Abschied. Hitler verweigerte ihn, Brauchitsch fügte sich.

Auf Hitlers ungeheuerliches Bekenntnis, es komme ihm lediglich auf Eroberung an und um die Berechtigung dazu werde er sich den Teufel scheren, erfolgte nichts. Rundstedt, Reichenau und andere Generale waren empört, aber dabei blieb es nun. Halder ließ sich den Vorwurf der Feigheit einfach gefallen[229], und auch Brauchitsch ließ sich von Hitler beleidigen und bestand nicht auf dem Rücktritt.

Obwohl nun offiziell der 3. Dezember als nächster Angriffstermin galt, rechnete kaum noch jemand mit der Offensive für das laufende Jahr. Noch im Oktober hatte man die Abgesandten des OKW absichtlich über vereiste Eifelstraßen geführt, die mit abgerutschten Fahrzeugen gesäumt waren. Jetzt brauchte man sich um den Nachweis, daß es Winter sei, nicht mehr besonders bemühen[230]. Halder selbst hat den 23. November 1939 als das wenigstens vorläufige Ende der offiziellen wie der inoffiziellen Bemühungen um die Verschiebung der Westoffensive bezeichnet[231]. Man habe damals annehmen müssen, daß Hitler auch etwas von den inoffiziellen Bemühungen bekanntgeworden sei.

Zwar hat General Thomas den Chef des Generalstabes des Heeres am 27. November noch einmal zu einer eindringlichen Besprechung aufgesucht[232]. Er legte die Auffassungen seiner Freunde dar und ersuchte Halder dringend, Brauchitsch zur Verhinderung des Weltkrieges und zur Verhaftung Hitlers zu bewegen. Halder erwiderte, das gehe nicht. Später erklärte er, er müsse gehorchen und es fehle auch an einem großen Mann, der so etwas wie einen Staatsstreich machen könne. Die deutsche Armee und zumal das Offizierkorps werden keinen Staatsstreich mitmachen, schrieb er in einer Aktennotiz. Eine ähnliche Antwort, über die auch eine Aktennotiz angefertigt wurde, erhielt der Industrielle Hugo Stinnes, als er in der ersten Novemberhälfte bei Brauchitsch war[233].

Die Verschwörer begriffen damals nicht, daß Halder in seinen Verhandlungen mit ihnen nicht aufrichtig war. Nach dem Kriege antwortete dieser auf die Frage von Peter Bor, ob nach der Sudetenkrise noch über die Möglichkeit eines Staatsstreiches diskutiert worden sei: »»Sie wurde immer wieder besprochen. Aber mir war längst klar geworden, daß es nicht mehr möglich war, etwas Entscheidendes zu wagen, ohne zugleich den Bestand des Vaterlandes durch einen Krieg im Inneren in Frage zu stellen.«« [234]

Was war da zu tun? Ohne das Heer war kein Staatsstreich zu machen, aber ohne Befehl von oben marschierte das Heer nicht. Nur Brauchitsch konnte den Befehl geben, die nachgeordneten Befehlshaber hatten ihre Truppen da stehen, wo sie der Verschwörung nichts nützten, nämlich an der Front. Davon abgesehen hätten sie wohl ohne Brauchitsch auch in anderer Lage nicht gehandelt. Abenteurer waren sie allesamt nicht, es mußte schon eine »Sicherheit« geben, daß die Westmächte nicht der Verschwörung in den Rücken fielen oder nach dem Umsturz günstige Friedensbedingungen verweigerten. Angesichts solcher anscheinend unüberwindlicher Hemmnisse haben denn auch nur die aus tiefster sittlicher und religiöser Überzeugung zum Widerstand gestoßenen Verschwörer ihre Bemühungen fortgesetzt. So ging Hassell überall herum und gab sich jede erdenkliche Mühe, »die Generale« aus ihrer Lethargie zu reißen, obwohl nun selbst der unverwüstliche Optimist Goerdeler die Hoffnung aufzugeben begann. Am 30. November ging Hassell zu Canaris und redete ihm ins Gewissen, aber Canaris hatte keinerlei Hoffnung mehr auf einen Widerstand der Generale und meinte, da sei nichts mehr zu machen, Versuche seien zwecklos. Am Abend desselben Tages suchte Hassell Beck auf, der ihm aber auch nur berichten konnte, daß er alles Erdenkliche unternommen habe, leider ohne Erfolg [235].

3. Neue Versuche

Unter dem 20. November hatte Beck wieder eine Denkschrift vorgelegt, mit deren Hilfe Brauchitsch für den Umsturz gewonnen werden sollte [236]. Beck stellte fest, daß sich die Lage seit dem Ende des Polenfeldzuges sehr zuungunsten Deutschlands verändert habe. Der Erfolg gegen Polen sei durch das Vorrücken Rußlands nach Westen paralysiert; die erwartete militärische Unterstützung Deutschlands durch Rußland sei ausgeblieben, Rußland verfolge nur seinen eigenen Vorteil; die Methoden der deutschen Kriegführung in Polen wirken sich auf die Weltmeinung verheerend aus; die Beziehungen zwischen Deutschland einerseits und Spanien, Japan und Italien andererseits werden zusehends kühler, Italien zumal werde sich schließlich ganz von Deutschland lösen; der durch den englisch-französisch-türkischen Pakt im Südosten aufgebaute Riegel sei ein Rückschlag für Deutschland; die kleinen Staaten von Südost- und Nordeuropa werden durch ihre Schutzinteressen gegen Rußland, Holland und Belgien durch die Furcht vor deutscher Invasion immer mehr auf die alliierte Seite gedrängt; der Kriegswille in Frankreich und England nehme zu; die Haltung der Vereinigten Staaten sei immer eindeutiger gegen Deutschland gerichtet.

Deutschland stehe also mehr als bisher allein da, die Zahl seiner Gegner vermehre sich, die ständig vorangetriebenen Vorbereitungen der westlichen Gegner verschlechtern die Aussicht auf den Erfolg der Offensive, der schon jetzt fast undenkbar sei. Es sei also die Forderung nur noch gebieterischer geworden, »den von vornherein aussichtslosen Weltkrieg je eher je besser zu liquidieren«. Die Aufgabe, »den Weg logischer Schlußfolgerungen in geistiger Selbstzucht systematisch bis zu Ende zu gehen, .. das zu tun, was der Verstand diktiert«, sei den verantwortlichen militärischen Führern gestellt. Der Verfasser der Denkschrift habe dasselbe im Oktober 1935 in einer Rede gesagt[237], die »den besonderen Beifall des Führers« gefunden habe. Bestehe also diese Forderung zu Recht, so sei den militärischen Führern ihr Weg vorgezeichnet: »Die Grenzen ihrer Verantwortung, vor allem der obersten militärischen Führer, werden aber in höchsten Krisentagen allein bestimmt durch das eigene Gewissen, durch ihre Mitverantwortung für Heer und Volk und durch das zu erwartende Urteil der Geschichte.«

Am 2. Januar 1940 legte Beck noch einmal seine Auffassungen in einer Denkschrift nieder[238]. Einen Weltkrieg könne Deutschland niemals gewinnen, selbst die deutsche Presse spreche aber jetzt von einem Weltkrieg, und der Führer spreche von einem Kampf um Sein oder Nichtsein des deutschen Volkes. Welche Frivolität, welcher Nihilismus sprechen aus solchen Worten, da doch Beginn und Fortsetzung des Krieges jeder Notwendigkeit entbehren. Da nun Deutschland seine Hauptgegner nicht schlagen könne, bleibe Deutschland allenfalls die Selbstbehauptung als Kriegsziel. Die Erreichung dieses Zieles sei mehr als zweifelhaft, also werde das Endergebnis »ein weißgeblutetes Deutschland sein, das der Gnade oder Ungnade seiner Gegner ausgeliefert ist«. Das zu verhindern sei Recht und Pflicht der Verantwortlichen und der Wissenden. Zur Erhaltung des Volkes müßten sie jede andere Rücksicht fallenlassen.

Anfang Dezember war auch aus einer anderen, von derjenigen Becks sehr verschiedenen Gedankenwelt eine Denkschrift an das OKH gelangt. Sie trug die Überschrift »Die Bedeutung des russisch-finnischen Zusammenstoßes für die gegenwärtige Lage Deutschlands« und stammte von Kapitänleutnant Liedig[239]. Liedig wetterte darin gegen Hitlers Opportunismus und gegen seinen Verrat an den eigenen »weltanschaulichen« Zielen. Immer habe sich Hitler mit England verständigen und Europa vor seinem Feind Nr. 1, nämlich Räterußland, retten wollen, und nun tue er von beidem gerade das Gegenteil. Rußland sei dabei, sich ungeheuer auszudehnen, wobei ihm die nihilistische Politik der Nationalsozialisten entscheidend zu Hilfe komme. Deutschland aber werde durch Hitlers prinzipienlose Politik in einen Untergang von unvorstellbaren Ausmaßen getrieben. England warte noch ab, Rußland aber warte nicht, es habe den

Vormarsch nach Westen schon angetreten. Von England, das sei jetzt die große Gelegenheit, könne Deutschland einen gerechten und großzügigen Frieden haben, die Bestätigung seiner jetzigen Grenzen, soweit sie mit deutschem Siedlungsgebiet übereinstimmen, und auch die Anerkennung als kontinentale Vormacht. Bedingung dafür sei aber, daß Deutschland seine bewaffnete Macht dem bedrohten (Ende November 1939 von Rußland angegriffenen) Finnland und damit dem bedrohten Europa zur Verfügung stelle und sich zusammen mit England gegen die bolschewistische Gefahr wende. Noch seien das Reich und das christliche Europa zu retten, noch seien nur die Würfel über Hitler und sein Gefolge gefallen, deren Schicksal unwiderruflich sei, nicht aber über Deutschland.

Unüberhörbar ist in der Denkschrift Liedigs die Aufforderung zum Umsturz als der einzigen Alternative zu einem furchtbaren Chaos, als dessen Folge Rußland in das Herz Europas vordringen werde. Sie weist übrigens eine enge Verwandtschaft mit der Gedankenwelt des Kreises um Heinz und SchmidNoerr auf; gewisse romantische Reichsvorstellungen spielen eine Rolle. Mag auch das vorgeschlagene Zusammengehen mit England gegen Rußland phantastisch anmuten, die Voraussagen Liedigs erwiesen sich als ebenso zutreffend wie im großen ganzen diejenigen Becks. Sie beruhten auf realistischer Einschätzung der Kräfteverhältnisse.

Brauchitsch aber war weder mit den politischen Argumenten Liedigs noch durch die fachmännische Lagebeurteilung seines Kameraden Beck zu überzeugen. Seine Haltung war eher in seiner Persönlichkeit begründet; denn an den nötigen Kenntnissen fehlte es ihm nicht. Die Oppositionsgruppe um Beck und Oster verlor bei Brauchitsch und bei Halder immer mehr an Boden. Beide waren zu schwach zur Konsequenz, zu eindeutiger Haltung. Weder für das eine, die volle militärische Pflichterfüllung im engen Sinne, noch für das andere, die Erfüllung ethischer und moralischer Pflicht, konnten sie sich ganz entscheiden. Sie wollten eigentlich beides, aber auch wieder keines von beidem. Es war alles so unsicher und so risikoreich.

Angesichts dieser Schwäche und Unentschlossenheit versuchte die Opposition noch einmal, von anderer Seite Einfluß und Druck auszuüben. Der Gedanke gemeinsamen Vorgehens der im Westen stehenden Befehlshaber wurde wieder aufgegriffen, wie übrigens noch öfter in den folgenden Jahren bis hin zum Sommer 1944. Groscurth fuhr dieses Mal in den Westen. Am 18. Dezember reiste er ab, am 19. und 20. besuchte er die Heeresgruppe C (Leeb) in Frankfurt am Main sowie das Hauptquartier Witzlebens in Bad Kreuznach, am 21. die Heeresgruppe A (Rundstedt) und ebenfalls am 21. die Heeresgruppe B (Bock) [240].

Nur Leeb hat überhaupt irgendwie im Sinne der Mission Groscurths reagiert. Er befaßte sich mit den »Schwierigkeiten der inneren Lage«, wie er in seinem Tagebuch notierte, und schrieb Halder einen Brief [241]. Es herrschte damals weitverbreitete Empörung über das Vorgehen der SS und der Einsatzgruppen der Polizei in Polen. Generaloberst Johannes Blaskowitz, damals Oberbefehlshaber Ost (»Oberost«), hat dagegen energischen Protest erhoben [242]. Groscurth hatte bei seiner Reise in den Westen besonders auf die in Polen verübten Greuel hingewiesen, um die Generale zum Umsturz zu bewegen, und er hatte ihnen auch entsprechendes Material unterbreitet, darunter einen ausführlichen, streng geheimen Bericht von Blaskowitz, von dem die Chefs der Stäbe zum Teil auszugsweise Abschriften genommen hatten [243]. Aber es nützte alles nichts. Die Befehlshaber waren selbst angesichts dieser durch die Oberste Führung verübten Verbrechen nicht zum gemeinsamen Vorgehen gegen diese zu veranlassen.

Der Strom der Denkschriften, mit denen man zum Handeln anregen wollte, ist nie ganz versiegt. Doch die Warnungen wurden immer mehr als lästig und als unrealistisch empfunden. Der Berliner Rechtsanwalt Dr. Etscheit, der seit dem Herbst 1939 mit dem Amt Ausland/Abwehr und Admiral Canaris zusammenarbeitete, reichte unter dem 1. Januar 1940 über Groscurth dem Oberquartiermeister IV, Generalmajor Kurt von Tippelskirch, eine Denkschrift ein über »Die innere und äußere Lage«, die Tippelskirch am 3. Januar gelesen und danach Groscurth zurückgereicht hat [244]. Etscheit wandte sich darin gegen die Zusammenarbeit mit dem bisherigen Erzfeind Sowjetrußland und legte dar, wie die von SS und Polizei in Polen verübten Greuel noch den Eindruck verstärkten, daß die Menschen im deutschen Machtbereich von dem gegenwärtigen Regime als ebenso rechtlose Subjekte behandelt werden wie die im sowjetischen Machtbereich.

Wohl mögen »die demokratisch-parlamentarischen Einrichtungen anderer Länder für das deutsche Volk kein geeignetes Regierungssystem darstellen«, andererseits habe sich aber auch gezeigt, daß die Diktatur nicht die Lösung sei. Man erkenne jetzt immer mehr die Notwendigkeit »staatserhaltender, konservativer Einrichtungen und Methoden«, man würde Strenge in Kauf nehmen, wenn sie Gerechtigkeit gewährleiste [245]. Macht bringe Verantwortung mit sich, aber die zur Zeit verantwortliche Führung habe versagt, weil sie das Versprechen, Deutschland den Frieden zu erhalten, nicht eingelöst habe. Dabei sei durch den gewaltigen Erfolg im polnischen Feldzug die Macht der militärischen Führung in solchem Maße gewachsen, daß ihr nun auch die Verantwortung für »die Lösung der entstandenen Krise« zufalle. Aber inzwischen untergrabe Himmler durch den ständigen Ausbau der SS die Stellung der Wehrmacht und ihrer Führung.

Unter diesen Gesichtspunkten, so fährt die Denkschrift fort, gewinnen äußere Momente Bedeutung. Die deutsche Wirtschaft könne die englisch-französische Blockade nicht lange durchhalten, in der kurzen Zeit bis zur wirtschaftlichen Erschöpfung sei eine militärische Entscheidung zugunsten Deutschlands und somit ein Friedensschluß nicht zu erwarten. Die innerdeutschen Verhältnisse seien unlösbar mit den Aussichten auf Frieden verknüpft, weil die Alliierten ohne deutschen Sieg mit Hitler niemals Frieden schließen würden. Andererseits seien sie aber durchaus verständigungsbereit und verschließen sich nicht der Notwendigkeit geeigneter Zugeständnisse: »Man erkennt draußen, daß ein Sturz der Regierung nur dann möglich sein würde und verantwortet werden könnte, wenn die Inhaber der Macht in Deutschland sich auf eine fest garantierte Vereinbarung mit unseren Gegnern stützen können, die nicht nur einen ehrenvollen Frieden, sondern den gemeinsamen Aufbau der inzwischen in Europa eingetretenen Zerstörungen sichert.«

Deutlich ist die Anspielung auf die im Gang befindlichen römischen Gespräche Dr. Josef Müllers. Nur wenige Tage später, am 8. Januar, notierte sich Halder Stichworte über Gespräche, die mit dem Papst geführt wurden, wie ihm Etzdorf berichtet hatte. Am selben Tag erhielt er auch von Tippelskirch Mitteilungen über die Tätigkeit Groscurths und Goerdelers sowie über Friedensfühler [246]. Es könne also damit gerechnet werden, so hieß es weiter bei Etscheit, daß Großdeutschland erhalten bleiben werde, »unter Neugestaltung der Stellung des tschechoslowakischen Volkes und Staats-Problems«, und daß die in Versailles begangenen Fehler und Maßlosigkeiten sich nicht wiederholen würden. Von der Unentbehrlichkeit Deutschlands für die Erhaltung der europäischen Wirtschaft und Kultur sei man besonders in England überzeugt und werde gegen eine wirtschaftliche Vormachtstellung Deutschlands gegenüber den kleineren osteuropäischen Staaten sicher nichts einzuwenden haben.

Während zur Zeit noch die Möglichkeit des Ausgleiches bestehe, arbeite die Zeit dagegen. Gewiß sei für einen Umsturz das Verständnis des Volkes wünschenswert, und gewiß könne dieses durch Opfer und Rückschläge gefördert werden, zugleich aber gingen damit die Verständigungsbereitschaft der anderen Seite und das zur Zeit große Vertrauen zur militärischen Führung verloren. Man solle nur nicht die Bereitschaft der Massen unterschätzen, entschlossenes Handeln zu akzeptieren [247]. Handle man jetzt, so sei es gerade noch möglich, das vom nationalsozialistischen Staat geschaffene Positive zu erhalten und die Zerstörung Europas zu verhindern.

Dr. Etscheit hat mit dieser Denkschrift nichts als die offenbare Wahrheit gesagt. Zu viele haben sie damals ebenso gesehen, als daß man die Entschuldigung gelten lassen könnte, man habe nicht wissen können, daß alles »so« kommen werde. Aber Tippelskirch schrieb mit eigener Hand unter die Denkschrift:

»Die Ausarbeitung sieht die Dinge zu schwarz. Sie mißt der Beurteilung der Lage durch den deutschen Intellektuellen, der stets ein Schwarzseher war, eine zu große Bedeutung bei.

Ob die Engländer und Franzosen mit uns glimpflicher umgehen werden, wenn wir die gleichen Dummheiten wie 1918 machen, ist mir mehr als fraglich.

Die Drohung der Zerstörung Europas scheint mir mindestens ein eben so starkes Druckmittel für die Anbahnung eines Friedens zu sein wie eine Verständigung, die zunächst einen inneren Umsturz bedingt. T.«

Welch ein Abgrund trennte die Opposition von Militärs wie Tippelskirch! Man könne mit der Zerstörung Europas drohen, um den Feind zum Frieden und zur Beendigung eines Krieges zu zwingen, den man ohne Not gegen ihn angefangen hat – das ist die Bedeutung des letzten Satzes. So etwas kann man nicht als Alibi für die Regimetreue Tippelskirchs gelten lassen. Indem er sich an solchen Erwägungen überhaupt beteiligte, machte er sich ja schon der Beihilfe zum versuchten Hochverrat schuldig.

In der seit November 1939 entstandenen Lage mit den ständigen, zermürbenden und doch in unterrichteten Kreisen erwarteten Verschiebungen des Angriffstermins und angesichts der Passivität der obersten Führung des Heeres verfiel die Opposition auch auf allerhand phantastische Pläne. Man dachte daran, Witzleben mit Hilfe einiger auf dem Marsch vom Westen nach dem Osten befindlicher Divisionen Hitler in Berlin verhaften und für regierungsunfähig erklären zu lassen. Beck sollte dann nach Zossen fahren und Brauchitsch den Oberbefehl aus den schwachen Händen nehmen [248]. Nur marschierten damals die Divisionen nicht nach Osten, sondern warteten im Westen auf den Befehl zum Angriff, wären aber doch einige nach Osten verlegt worden, so hätten sie noch lange nicht Witzlebens Befehle ausgeführt, wenn er nicht ordentlich zu ihrem Befehlshaber ernannt war. Das Zusammenziehen von Truppen bei Berlin war ohne die (ausdrücklich versagte) Hilfe des Befehlshabers des Ersatzheeres unmöglich. Witzleben war bei aller Kühnheit auch nicht gerade ein Abenteurer, und endlich würde sich Brauchitsch bei aller Schwäche doch sträuben, wenn ihm jemand die Befehlsgewalt nehmen wollte. Der Erfinder dieses Planes, den sich Hassell unter dem 30. Dezember notierte, der preußische

Finanzminister Popitz, war denn auch kein militärischer Fachmann und
hatte offenbar nur verschwommene Vorstellungen von dem, was auf
diesem Gebiete möglich war[249].

Trotz dieser trüben Aussichten bemühte man sich weiter. So versuchte
man immer wieder, Witzleben mit Beck zusammenzubringen. Ende Dezember fuhr Goerdeler zu Witzleben und behauptete dann gegenüber
Hassell, er habe Erfolg gehabt: »Witzleben werde bald kommen, um endgültig mit Beck zu sprechen.«[250] Mangels konkreter Ansatzpunkte kam
jedoch die »Aktion«, von der auch Beck nun immer offener sprach, über
das Stadium der Besprechung nicht hinaus. Ohne Truppen war eben nichts
zu machen, und vorläufig hatte man keine.

Je öfter die Offensive verschoben wurde, desto mehr fehlte es auch an
einer wichtigen Voraussetzung für die »Aktion«, nämlich an der Überzeugung der Generale, daß die Westoffensive zu nichts anderem als zu einer
ungeheuren Katastrophe führen konnte. Man war jetzt militärisch viel
besser vorbereitet, und wer wußte denn, ob die Offensive überhaupt je
stattfinden würde? Von Woche zu Woche wurde sie verschoben, wie
konnte man das noch ernst nehmen.

Zu einer unerwarteten Verlängerung der verhältnismäßig stillen Zeit
trug wesentlich die Gefangennahme zweier deutscher Flieger bei, die mit
Papieren, aus denen die deutschen Operationsabsichten zu erkennen waren, am 10. Januar 1940 bei Mechelen in Belgien notlanden mußten[251].
Am 11. Januar hatte Hitler, dem peinlichen Zwischenfall zum Trotz und
auf Grund günstiger Wettervorhersagen, den Angriff im Westen auf den
17. Januar festgelegt. Erst ein ungünstiger Wetterbericht ließ ihn den
Termin am 13. Januar abermals verschieben. Dann trafen jedoch alarmie-
rende Nachrichten über verstärkte belgische und holländische militärische
Abwehrmaßnahmen ein, welche die Bedeutung des Dokumentenverlustes
von Mechelen belegten und ihre Wirkung auf Hitler nicht verfehlten.
Am 16. Januar entschloß er sich, den Angriff endgültig auf das Frühjahr
zu verschieben und die Operationspläne ganz neu ausarbeiten zu lassen,
so daß sowohl Geheimhaltung als auch Überraschung wiederhergestellt
und gesichert wurden.

Die Opposition erneuerte auch ihre Bemühungen um Halder. Bei seiner
Rückkehr von einer Reise an die Westfront (3. bis 6. Januar) wurde ihm
Material über die römischen Gespräche unterbreitet, und endlich ließ er
sich gegen die Mitte des Monats auch zu einer Aussprache mit Beck bewegen, die im Anschluß an eine Konferenz mit General Thomas am 16. Januar 1940 stattfand[252]. Halder berichtete später, wie er damals mit Beck
in den menschenleeren Straßen von Berlin-Dahlem spazierenging, um

Aufsehen zu vermeiden, das durch den Besuch des einen beim andern zweifellos erregt worden wäre [253].

Beck brachte seine Halder längst bekannten Auffassungen vor, daß Deutschland einen Krieg gegen den Westen, aus dem Amerika nicht fernbleiben werde, weder militärisch noch wirtschaftlich durchhalten könne, worüber mögliche Anfangserfolge ja nicht hinwegtäuschen dürften. Hitler aber habe im Ausland jeglichen Kredit verloren, außenpolitische Möglichkeiten zur Beendigung des Konfliktes gebe es für diese Regierung nicht mehr [254]. Halder berichtet, Beck sei auf seine Frage, wie denn das Volk auf einen Staatsstreich reagieren würde, ungeduldig geworden und habe Halder vorgehalten, als alter Reiter müsse er doch wissen, daß man bei Hindernissen sein Herz vorauswerfen müsse.

Nun war Halder auch noch verstimmt. Er sei ein alter und erbitterter Gegner Hitlers, meinte er, aber da er in verantwortlicher Stellung stehe, habe er auch die Folgen seiner Schritte zu bedenken und könne nicht einfach so drauflosputschen [255]. Unter den Folgen wären vielleicht Bürgerkrieg und Zerbrechen des Heeres zu verstehen [256]. Vier Wochen später bei einem Gespräch mit Witzleben in Bad Kreuznach am 14. Februar, bei dem Witzleben seine Ansichten über die Notwendigkeit des Widerstandes gegen Hitler sehr energisch vorbrachte, reagierte Halder ähnlich auf den moralischen Appell, d. h. wieder mit formalen Ausflüchten. Witzleben habe sich gefälligst der zentralen Führung des OKH unterzuordnen [257].

Halder blieb also weiter bei seiner Passivität. Auch ein Schreiben von Goerdeler konnte ihn darin nicht stören. Er antwortete zwar Ende März schriftlich darauf [258], wiederholte aber nur, die Wehrmacht könne nichts unternehmen. Jetzt müsse erst einmal der Krieg geführt werden.

Im Laufe des Januar entzog sich Halder immer mehr den Beeinflussungsversuchen der Opposition. Gegenüber Beck war er verstimmt, die Gespräche, die Dr. Müller in Rom führte, beeindruckten ihn wenig. Dann zog sich über dem Haupte von Oberstleutnant d. G. Groscurth, der eine so wichtige Schlüsselstellung beim OKH innehatte, eine dunkle Wolke zusammen.

Eigentlich waren Halder und er derselben Auffassung, und im Grunde hatte Halder nichts gegen die Bestrebungen Groscurths – Schutz für Verfolgte und Bemühung um den Umsturz – einzuwenden, sofern man ihn nicht allzu sehr drängte. Noch am 13. Januar besprachen Halder und Groscurth über eine Stunde lang einen Bericht, in welchem Vorschläge für eine vorsichtige, nicht zu rasche und nicht zu radikale Ablösung des NS-Regimes unterbreitet wurden [259]. Man müsse die Führung, die Gauleiter, den Außen-, den Justiz- und den Propagandaminister und natürlich Hitler sofort beseitigen, hieß es da, im übrigen aber behutsam vorgehen, Restauration vermeiden, den Rechtsstaat und die christliche Staatsordnung wiederherstellen, aber die Partei und die in Deutschland allgemein anerkannte Grundidee des Nationalsozialismus – Beruhigung des Klassenkampfes und der Verhetzung der Systemzeit, Zusammenfassung der Volkskräfte, Dämpfung des Eigennutzes – nicht einfach abschaffen. Sicherlich stimmte Groscurth diesen Gedanken höchstens teilweise zu; wesentlich ist jedoch, daß er sie überhaupt mit Halder eingehend besprechen konnte.

Doch schon am 5. Januar, als Halder noch auf Dienstreise war, hatte Generaloberst Blaskowitz bei Brauchitsch angefragt, »warum sein Bericht über den Osten im Westen bekannt geworden sei«; er meinte den Bericht, den Groscurth bei seinen Besuchen bei den Heeresgruppenbefehlshabern im Dezember verwendet hatte[260].

Sodann war Groscurth in entscheidender Weise an den Bemühungen beteiligt, einen mit ausdrücklicher Genehmigung Hitlers herausgegebenen Erlaß Himmlers vom 28. Oktober 1939 zu Fall zu bringen, der in der Wehrmacht viele Unruhe und Proteste hervorgerufen hatte[261]. Himmler hatte darin insbesondere alle SS-Männer, aber auch überhaupt alle Männer »guten Blutes« aufgefordert, mit Frauen »guten Blutes«, einerlei ob es sich um die eigene Ehefrau, eine fremde Ehefrau oder ein unverheiratetes Mädchen handelte, möglichst viele Kinder zu zeugen, um die für die Gewinnung von Lebensraum und für die Auffüllung der Kriegsverluste dringend benötigte Bevölkerung in die Welt zu setzen. Da man gegen die gräßlichen Erschießungen in Polen nicht viel tun konnte oder wollte – Blaskowitz beklagte sich bitter, die Offiziere seien zu schlapp, es gebe »kein menschliches Eintreten für unrecht Verfolgte«[262] –, wandte man sich wenigstens gegen diesen unsittlichen SS-Erlaß.

In all diesen Dingen hatte sich Groscurth stark exponiert, und der Konflikt mit Himmler wurde schließlich unangenehm. Seit spätestens 23. Januar 1940 bemühte sich Halder, Groscurth loszuwerden und Ersatz für ihn zu finden[263]. Inzwischen ließ auch Groscurth nicht locker, legte Halder mehrere Entwürfe für Stellungnahmen zum »SS-Erlaß« vor und suchte auch noch die Verbreitung des Wissens um die SS-Verbrechen in Polen zu fördern[264]. Groscurth wußte sicherlich, daß seine Stellung unhaltbar geworden war. Seinen Entwurf zum SS-Erlaß betrachtete er als letzten Anlaß für seinen »Sturz«, aber in einem Brief vom 17. Februar an Graf Schwerin von Schwanenfeld, den Adjutanten Witzlebens, der sich dafür eingesetzt hatte, daß Groscurth zur 75. Division kam, die zu Witzlebens I. Armee gehörte, schrieb er auch: »Über meine Reise in den Westen haben sich die Gemüter noch nicht beruhigt. Dabei sind die Zustände im Osten noch weit *schlimmer* geworden. Mehr darf ich darüber nicht sagen – und auch dies ist schon verboten.«[265] Am 1. Februar wurde Groscurth seine Ablösung mitgeteilt, am 20. Februar meldete sich sein Nachfolger, Oberst d. G. Heim, als neuer Chef der Abteilung z. b. V. im OKH bei Halder[266]. Der Opposition war eine wichtige Position verlorengegangen.

Zu den Hauptgründen Halders, weswegen ein Staatsstreich durch das Heer nicht ausführbar sei, gehörte neben der nicht reifen Stimmung der Bevölkerung und der jüngeren Offiziere vom Major abwärts der Mangel an Zusicherungen von außen über das Verhalten der Kriegsgegner im Falle eines innerdeutschen Umsturzes[267]. Gegen die »ungünstige« Stimmung konnte man nichts tun. Die Stimmung würde erst »reif« sein, wenn die Katastrophe schon über Deutschland hereinbrechen würde, wenn es also auch für einen rettenden Staatsstreich zu spät sein würde. Da man nun einmal die Stimmung nicht anders als durch große militärische Rückschläge ändern konnte, die jedoch zunächst nicht zu haben waren, hoffte man, durch Herbeischaffung von »Sicherheiten« in Gestalt verbindlicher Zusagen der Westmächte mehr zu erreichen.

4. Außenpolitische Sondierungen

Entsprechende Bemühungen waren seit der Sudetenkrise von 1938 im Gange. Sie haben bis unmittelbar vor dem 20. Juli nie ganz aufgehört. Es war schon die Rede von den Sondierungen der Gebrüder Kordt und des Mitarbeiters des Auswärtigen Amtes Adam von Trott zu Solz. Ähnliche Bemühungen mit denselben Zielen, wenn auch mit sehr verschiedenen Methoden, wurden nun, in der Zeit der Verschiebungen des Angriffstermins, aufs neue intensiviert.

Am 4. Januar 1940 führte Ewald von Kleist-Schmenzin ein Gespräch mit dem schwedischen Gesandten in Berlin und gab ihm eine ausführliche Schilderung der inneren Lage Deutschlands[268]. Er teilte weiter mit, der Angriff im Westen sei gegenwärtig auf den 15. Januar anberaumt, könne aber jederzeit wieder verschoben werden, wegen des Wetters oder aus sonstigen Gründen. Jedenfalls betrachte die Mehrheit der Generale einen Angriff im Westen als aussichtslos. Wenn der Angriff steckengeblieben sein werde, dann werde die Voraussetzung zum Sturze Hitlers durch die höheren militärischen Führer geschaffen sein. In diesem Zusammenhang sei für die Opposition die Frage wichtig, wie weit man eventuell auf neutrale Friedensvermittlung rechnen könne und ob die Bereitschaft dazu gegenüber einem neuen deutschen Regime größer wäre als gegenüber dem gegenwärtigen.

Mitte Januar kam der Bischof von Oslo, Eivind Berggrav, nach Berlin und führte Besprechungen mit dem Freiherrn von Weizsäcker. Dieser war zwar recht verzweifelt über die Hoffnungslosigkeit aller Friedensbestrebungen, doch ermutigte er Berggrav und seine Standesgenossen in England, Frankreich und den skandinavischen Ländern in deren Bemühungen um Frieden, die sie bei der Kirchenkonferenz in Zilven in Holland gerade (Anfang Januar) in einer Erklärung mit Friedensvorschlägen dokumentiert hatten [269]. Wenn es auch aussichtslos scheine, habe man doch die Verantwortung, alles Erdenkliche und Mögliche zu versuchen, meinte Weizsäcker.

Mehrfach im Herbst 1939 bemühte sich Goerdeler, aus England Zusicherungen auf der Grundlage der deutschen Ostgrenzen von 1914 zu erhalten, jedoch ohne greifbaren Erfolg. Anfang März 1940 sprach er in Berlin mit Sumner Welles und vermutlich ebenfalls im März mit dem König der Belgier [270]. Dabei konnte jedoch nur festgestellt werden, daß es noch brauchbare Friedensgrundlagen gebe, daß aber Hitler nicht mehr Verhandlungspartner sein könne [271]. Zugleich benützte die Gruppe Beck-Goerdeler Verbindungen in der Schweiz zu Fühlungnahmen mit der britischen Regierung, die konkretere Reaktionen zeitigten und ein starkes Interesse der englischen Regierung an den durch Ermutigung der deutschen Opposition gegebenen Möglichkeiten bewiesen. So stand der emigrierte Professor Siegmund-Schultze in Zürich in ständiger Verbindung mit dem deutschen Widerstand; der ehemalige Reichskanzler Dr. Josef Wirth, der ebenfalls in der Schweiz lebte, hielt sich dort auch als Mittler zur Verfügung [272].

Anfang 1940 schrieb Dr. Wirth einen Brief an Chamberlain, der von Dr. Schairer nach London gebracht wurde. Wirth wies in dem Schreiben darauf hin, daß in Deutschland eine sehr beträchtliche Oppositionsgruppe bestehe, für die es eine große Hilfe wäre, wenn sie wüßte, daß die Westmächte einen Umsturz in Deutschland nicht zu dessen Schaden militärisch ausnützen würden [273]. Daraufhin erschienen Mitte Februar zwei Abgesandte des Foreign Office, die zugleich persönliche Freunde von Vansittart waren, in der Schweiz. Es wurde ein Zusammentreffen mit Dr. Wirth und einem den Engländern bekannten Herrn, der den ehemaligen Reichskanzler begleitete, in Lausanne-Ouchy vereinbart, das auch zustande kam [274].

Die Engländer überbrachten eine Reihe von Vorschlägen im Auftrage des Premierministers, die sie als bis Ende April 1940 verbindlich bezeichneten. Darin wurde vor allem zugesichert, daß »die britische Regierung eine vorübergehende Krise, wie sie im Anschluß an eine Aktion der deutschen Opposition entstehen könnte, nicht militärisch zum Nachteil Deutschlands, etwa durch einen Angriff im Westen, ausnützen würde‹«. Ferner wolle die britische Regierung mit einer vertrauenswürdigen deutschen Regierung zur Sicherung eines dauerhaften Friedens zusammenarbeiten. Weitere Zusicherungen im einzelnen – die Frage der deutschen Grenzen ist nicht erwähnt, aber zweifellos gemeint – könnten nur nach Einvernehmen mit der französischen Regierung gegeben werden. Sollte die deutsche Opposition zur Erleichterung ihres Vorgehens »›eine von den Westmächten durchzuführende Diversion wünschen‹«, so wäre die britische Regierung dazu im Rahmen ihrer Möglichkeiten bereit [275]. Zur Frage, welcher Art eine vertrauenswürdige deutsche Regierung sein müßte, wurde mündlich erläutert, es dürfe ihr keines der gegenwärtigen Regierungsmitglieder angehören, auch nicht Göring [276].

Ähnlich sprach sich auch Chamberlain am 24. Februar in einer Rede in Birmingham aus. Deutlich war darin der Hinweis: wenn die Deutschen guten Willens seien und nicht mehr nach dem Grundsatz verfahren wollten, Macht gehe vor Recht, dann sollen sie dafür den Beweis liefern und es werde auch auf der anderen Seite nicht an gutem Willen fehlen; unter ihrer gegenwärtigen Regierung aber könne es keine Sicherheit für die Zukunft geben [277].

Endlich gab es nun eine konkrete, wenn auch nicht schriftliche Zusicherung. Doch schwerlich konnte die Opposition erwarten, ein offizielles Dokument der britischen Regierung über deren Absichten gegenüber einer noch gar nicht bestehenden und in ihrer Haltung und Zielsetzung durchaus nicht über jeden Zweifel erhabenen Regierung zu erhalten [278]. Unter diesen Umständen muß man die »Vorschläge«, die an Dr. Wirth überbracht wurden, als weitgehend ansehen. Nur haben sie, soviel bekannt ist, die Verschwörungsgruppe um Beck und Goerdeler niemals erreicht [279]. Man konnte nicht einmal den Versuch machen, Brauchitsch und Halder damit zu gewinnen.

Die durch Theo Kordt und Philip Conwell Evans aufrechterhaltene Verbindung zwischen der deutschen Opposition und der britischen Regierung war seit Oktober 1939 weiter gepflegt und benützt worden [280]. Am 15. November notierte Groscurth noch in seinem Tagebuch: »Halifax hat Kordt sagen lassen: Friede ist noch möglich auf Grund der ethnographischen Grenzen.« [281] Am 18. Dezember 1939 und am 27. Januar 1940 kamen Theo Kordt und Conwell Evans in Bern zusammen. In London werde man ungeduldig, berichtete Conwell Evans. Theo Kordt fuhr darauf nach Berlin, um Näheres zu ermitteln. Am 16. Februar traf er in Bern wiederum mit Conwell Evans zusammen, der mitteilte, man erwarte sofort nach dem Sturz der nationalsozialistischen Regierung die Räumung Polens als Beweis für den guten Willen der neuen Regierung[282]. Kordt übergab ihm einen Brief an Vansittart. Feste Zusagen konnte Kordt natürlich nicht machen, und hinsichtlich Polens hielt er sich an Becks Instruktion, man werde Polen nach dem Umsturz räumen, sobald keine Bedrohung mehr durch Rußland bestehe (das inzwischen Finnland angegriffen hatte). Er erklärte, seine Freunde in Deutschland seien sich darüber klar, daß mit Hitler nicht mehr verhandelt werde, sie bemühen sich daher »mit allen Kräften einen Verhandlungspartner auf deutscher Seite zu schaffen, der den beabsichtigten gerechten Frieden im Verhandlungsweg zustande bringen könnte«[283]. Die Voraussetzung dafür habe die britische Seite geschaffen durch das Versprechen des Premierministers, eine Umwälzung in Deutschland nicht militärisch gegen dieses auszunützen. Er, Theo Kordt, und sein Bruder haben »das Menschenmögliche getan, um unsere Freunde von der absoluten Zuverlässigkeit dieses gegebenen Wortes zu überzeugen«. Er hoffe, daß der Umsturz noch erfolgen werde, ehe es im Westen zu größeren Aktionen komme, wenn aber nicht, so müsse man dennoch sich um die Herbeiführung des Friedens weiterbemühen. Keinesfalls dürfe man sich, wie Vansittart es Kordt gegenüber wenige Tage vor Kriegsausbruch getan habe, der Stimmung hingeben, in der Samson in der Bibel die Säulen des Palastes einreißen und alles unter den Trümmern begraben wollte. Womöglich seien sogar die Aussichten für einen innerdeutschen Umsturz nach einem deutschen Angriff im Westen noch besser als jetzt.

Das war nicht viel, und man versteht, daß es den Engländern nicht genügte, die von ihrem Standpunkt aus schon mehr als genug Gründe zur Vorsicht und zum Mißtrauen gegenüber der für sie nur angeblichen deutschen Opposition hatten. Andererseits wünschte die Opposition nicht nur eine Stillhaltezusage, sondern auch schriftlich festgelegte Bedingungen, unter denen die britische Regierung zum Frieden bereit wäre[284]. Solche Wünsche waren nicht erfüllbar.

Zu jener Zeit, im Spätherbst des Jahres 1939 und Anfang 1940, hielt sich in Rom ein Amateurdiplomat und weltreisender Abenteurer, James Lonsdale Bryans, auf, der über eine Verbindung zu Lord Halifax verfügte und auf eine Gelegenheit wartete, als Vermittler zwischen den Kriegsparteien eine Rolle zu spielen[285]. Im November 1939 lernte er in Rom zufällig den künftigen Schwiegersohn Hassells, Dr. Detalmo Pirzio Biroli, kennen, der ihm durch seine deutschen Verbindungen interessant war. Lonsdale Bryans suchte immer wieder seine Gesellschaft, und in etwa vierzig Unterhaltungen erfuhr er Andeutungen über das Bestehen und die Absichten der deutschen Opposition. Darauf entwickelte er den Ehrgeiz, die deutsche Opposition mit dem britischen Außenminister in Verbindung zu bringen.

Auf Bitten von Lonsdale Bryans schrieb Pirzio Biroli um die Jahreswende einen Brief an Halifax, der den Amateurdiplomaten legitimieren und Halifax zu Ouvertüren veranlassen sollte.

Lonsdale Bryans übergab den Brief am 8. Januar 1940 an Halifax, und dieser war beeindruckt. Er gab Lonsdale Bryans den inoffiziellen Auftrag, die Sache weiter zu verfolgen, eine schriftliche Äußerung erhielt der Bote nicht [286]. Darauf reiste Lonsdale Bryans wieder zurück nach Rom und berichtete Pirzio Biroli, der auf dem Wege verschlüsselter Familienkorrespondenz eine Zusammenkunft zwischen Hassell und Lonsdale Bryans in Arosa in der Schweiz verabredete.

Die Unterredungen zwischen den beiden Abgesandten fanden am 22. und 23. Februar statt. Hassell hatte für seine Anwesenheit in Arosa den Vorwand (der natürlich nicht nur Vorwand war), seinen dort im Sanatorium liegenden kranken Sohn zu besuchen. Lonsdale Bryans wollte als Ergebnis des Kontaktes eine bindende und offizielle Erklärung der englischen Regierung über ihr Verhalten während eines eventuellen innerdeutschen Umsturzes und über für sie annehmbare Friedensbedingungen beschaffen. Dies war das Ziel von »Mr. X«, der auch schon in Rom die Initiative ergriffen hatte. Hassell hatte diese Forderung, die viel weiter als alle bisher an die Adresse der Westmächte gerichteten Wünsche der Opposition ging, zunächst nicht selbst erhoben, konnte aber natürlich nur der Hoffnung Lonsdale Bryans' zustimmen, daß sie erfüllt werden könnte [287].

Um eine Grundlage für die britische Erklärung vorzuschlagen, verfaßte Hassell eine Erklärung, die er zur Weiterleitung an Halifax Lonsdale Bryans übergab. Mündlich erklärte Hassell dazu, der Vorschlag sei nur gültig, sofern es darüber vor dem großen Kampf im Westen zu einer Vereinbarung komme; die anderen Führer der Verschwörung könne er nicht nennen, doch sei der ehemalige britische Botschafter in Berlin, Sir Nevile Henderson, über Verhältnisse und Persönlichkeiten »gut im Bilde«; die Regimeänderung und der Rücktritt bestimmter Persönlichkeiten in Deutschland seien eine rein deutsche Angelegenheit und dürften nicht zum Gegenstand von Forderungen von nicht-deutscher Seite gemacht werden (um eine patriotische Trotzreaktion und auch berechtigte Erinnerungen an 1918, an die Forderungen Wilsons und das Fallenlassen des Kaisers zu vermeiden); falls eine ausdrückliche englische Erklärung von verantwortlicher Seite in dem gewünschten Sinne nicht zu bekommen sei, bestehe gar keine Aussicht auf eine für einen Verständigungsfrieden günstige Regimeänderung in Deutschland.

In Hassells Erklärung, die er »Statement« nannte, hieß es[288], der unsinnige Krieg müsse so schnell wie möglich beendet werden, weil sonst Europa in Gefahr sei, zerstört und auch bolschewisiert zu werden (durch das schon im Gang befindliche Vorrücken Rußlands und durch die im Gefolge des Krieges zu erwartende soziale und politische Radikalisierung). Europa sei »für uns« nicht Kampfplatz oder Machtbasis, sondern ein größeres Vaterland, innerhalb dessen ein lebenskräftiges Deutschland allerdings mit Rücksicht auf Sowjetrußland ein unentbehrlicher Faktor sei. Anzustreben seien also ein Friedensschluß von Dauer, die Gesundung Europas, und Sicherheit gegen neuerliche kriegerische Auseinandersetzungen. Der Anschluß Österreichs und auch des Sudetenlandes an das Reich dürfen daher nicht in Frage gestellt werden, gegenüber Polen verlange man »im wesentlichen« die Reichsgrenze von 1914, wogegen im Westen gegenüber dem Stand von 1937 keine Veränderungen erfolgen, Elsaß und Lothringen also bei Frankreich bleiben sollen. Folgende Grundsätze müssen die allerseits anerkannte Grundlage des künftigen Friedensschlusses bilden: Das Prinzip der Nationalität, modifiziert durch historische Gegebenheiten; Wiederherstellung eines unabhängigen Polen und »einer tschechischen Republik«; allgemeine Rüstungsbeschränkungen; Wiederherstellung internationaler wirtschaftlicher Zusammenarbeit; Anerkennung der Prinzipien christlicher Ethik, Anerkennung von Recht und Gesetz als Grundlagen des öffentlichen Lebens, Anerkennung des Leitgedankens der sozialen Wohlfahrt, Anerkennung des Grundsatzes der Kontrolle der Regierungen durch die Völker, Anerkennung des Grundsatzes der Freiheit des Denkens, des Gewissens und der geistigen Tätigkeit.

Angesichts der 1945 entstandenen Lage klingen Hassells Grundsätze und Forderungen, die übrigens mit den Auffassungen von Liedig, Etzdorf und anderen, Gewerkschaftsführern wie Jakob Kaiser, sehr weitgehend übereinstimmen[289], phantastisch, sogar unmäßig. Man muß sich aber vor Augen halten, daß die Vereinigung Österreichs mit Deutschland nicht ernsthaft angefochten und die Annexion des Sudetenlandes mit Hilfe der Westmächte und mit ihrer ausdrücklichen und vertraglichen Zustimmung erfolgt war.

Was freilich Polen und die Forderung der Grenze von 1914 angeht, so konnte sich auch die Opposition nur auf die Macht als Legitimation berufen, d. h. auf die Tatsache, daß deutsche Armeen Polen besetzt hielten. In vorwiegend deutsch besiedelten Gebieten, die nach 1918 polnisch geworden waren, hätte vielleicht eine Volksabstimmung zum Ziele führen können, aber davon abgesehen war die Forderung der Grenze von 1914 schwerlich aufrechtzuerhalten. Zur Grundlage eines dauernden Friedens andererseits würde selbst die Wiederherstellung des territorialen Zustandes vom August 1939 nicht ausgereicht haben; denn da wären das Korridorproblem und die Frage der Minderheiten offengeblieben. Sehr fraglich war auch, ob Rußland seine auf Kosten Polens und auf Grund des deutschsowjetischen Paktes gemachten Erwerbungen wieder herausgeben würde. Die polnische Frage blieb damit ungelöst. Deutlich war also der Widerspruch zwischen dem ausgesprochenen Willen, zu Recht und Gesetz, zum Wege des friedlichen Ausgleiches zurückzukehren und dem Anspruch, wenigstens einen Teil der Eroberungen Hitlers zu behalten [290].

Nahm man nun den Standpunkt Englands ein, das gerade für die Integrität Polens in den Grenzen vom August 1939 den Krieg an Deutschland erklärt hatte, so konnte man in Hassells Statement nur wenig Erfreuliches finden. Der Sturz Hitlers wird nicht zugesagt, man verlangt sogar, daß die Forderung danach nicht erhoben werde, und zugleich will man in Osteuropa offensichtlich die errungene Vormachtstellung sowie einen Teil der Hitlerschen Eroberungen behalten. Wie anders wäre die Forderung der Grenze von 1914, das Angebot der Wiederherstellung einer »tschechischen Republik«, aus welcher die Slowakei herausgelöst bleiben würde, zu verstehen [291]? Mag sein, daß Deutschland nun mächtig war und seinen tatsächlichen Einfluß weit ausgedehnt hatte. Die Forderungen der Opposition schienen sich aber allzu sehr darauf zu verlassen, sie klangen fatal nach Forderungen des Nationalismus, nicht der Nationalität. Die allenfalls vorzubringende Erklärung, anders hätte man »die Generale« nicht zum Handeln bringen können, machte die Sache nur noch verdächtiger [292]. Daran ändern auch diejenigen Programmpunkte Hassells wenig, die nicht ohne den Sturz Hitlers durchzusetzen waren.

Lonsdale Bryans reiste wieder nach London, um die andere Hälfte seiner Mission zustande zu bringen, die Beschaffung einer offiziellen englischen Erklärung. Er wurde aber von Halifax gar nicht mehr empfangen, sondern nur von dem Unterstaatssekretär Sir Alexander Cadogan. Dieser bedankte sich für die Mühe und erlaubte nur deshalb noch einmal eine Reise Lonsdale Bryans' in die Schweiz, damit dieser sich dort von Hassell verabschieden und die Mission wenigstens der Form nach abschließen konnte [293]. Eine schriftliche Erklärung war also nicht zu bekommen, die Mission war gescheitert.

In seinem Gespräch mit Cadogan hatte Lonsdale Bryans hervorgehoben, worauf es der deutschen Opposition vor allem ankomme: auf eine Erklärung, daß England einen Staatsstreich gegen Hitler nicht militärisch ausnützen, sondern sogleich danach in Friedensverhandlungen mit einem nicht-nationalsozialistischen Deutschland eintreten würde. Ohne eine solche Erklärung sei nicht daran zu denken, die Militärs zum Handeln zu bewegen. Aber Cadogan lehnte es ab, eine solche Erklärung von seiten der britischen Regierung abzugeben. Dies sei schon eine Woche vorher auf einem anderen Wege geschehen, womit die Botschaft an Dr. Wirth gemeint sein konnte oder auch die Versicherung an Dr. Müller, daß der britische Standpunkt noch derselbe sei wie Ende Januar 1940[294].

Am 14. April erst trafen Hassell und Lonsdale Bryans wieder in Arosa zusammen[295]. Inzwischen hatte am 9. April die Besetzung Norwegens und Dänemarks durch deutsche Truppen begonnen, womit manches hinfällig geworden und die allgemeine Lage sehr verändert worden war. Lonsdale Bryans erklärte Hassell (wozu er nach seinem eigenen Bericht gar nicht ermächtigt war[296]), er habe Hassells Botschaft Halifax gegeben, der sie Chamberlain gezeigt habe, auch Cadogan sei im Bilde. Halifax danke sehr und sei mit den dargelegten Grundsätzen einverstanden, nur könne er eine schriftliche Zusage deshalb nicht geben, weil auf einem anderen Wege schon eine Woche vorher eine solche Zusage ergangen sei. Hassell glaubte diesen Weg zu kennen und sagte das Lonsdale Bryans. Er kannte auch die Reaktion Brauchitschs und Halders auf die römischen Gespräche, und es war nur eine schwache Hoffnung, die ihn fragen ließ, ob London auch nach den neuesten Ereignissen noch bereit sei, mit einem »anständigen Deutschland« Frieden zu schließen. Lonsdale Bryans bejahte es, aber bei einem weiteren Gespräch am nächsten Morgen gewann Hassell den Eindruck, »daß Halifax und seine Leute keinen rechten Glauben mehr an die Möglichkeit haben, auf diesem Wege, das heißt auf dem einer Systemänderung in Deutschland, zu einem Frieden zu kommen«[297].

Die Generale wollten als Vorleistung, ohne welche sie nichts tun würden, praktisch die Festlegung der künftigen englischen Politik gegenüber einer Regierung, die es noch gar nicht gab und von der man so gut wie nichts wußte. Sie fürchteten, nachher schlecht behandelt zu werden. Großzügige Behandlung war freilich nicht vom Wohlwollen der Gegenseite zu erwarten, auch wenn Zusicherungen gegeben wurden. Schon 1918/19 waren Hoffnungen auf solche Erklärungen, nämlich die Vierzehn Punkte Wilsons, enttäuscht worden. Annehmbare Friedensbedingungen waren in erster Linie durch militärisches und politisches Gewicht zu erreichen, danach wurden die Stimmen der Verhandlungspartner im wesentlichen gewogen. Das Beispiel Frankreichs zeigte es deutlich genug – wer fragte nach Frankreich? Alle wandten sich an England; von England wünschte man Zusicherungen und Vorleistungen auf die Zukunft, offenbar in der Annahme, daß Frankreich seine Entschlüsse von denjenigen Englands abhängig machen müsse. England andererseits verlangte mit viel größerer Berechtigung erst einmal den Umsturz, die Beseitigung Hitlers und seiner Anhänger aus der Regierung, und die Übernahme der Verantwortung durch das andere, das »anständige Deutschland« [298].

Der einzige im Sinne der Verschwörer erfolgreiche Kontakt mit der britischen Regierung kam zustande, weil er einen Mittler mit dem nötigen Einfluß und Ansehen fand. Dies war die Verbindung über den Vatikan.

Schon Ende September 1939 erhielt Dr. Josef Müller den Auftrag, im Namen der militärischen Verschwörer durch Vermittlung des Vatikans mit der englischen Regierung Verbindung aufzunehmen [299]. Dr. Müller gehörte sozusagen von Anfang an und im wesentlichen als strenger Katholik der entschiedenen Opposition gegen Hitler an [300]. Bis zum Beginn des Krieges war er in München als Rechtsanwalt tätig und wurde dann mit seinem Einverständnis als Leutnant d. R. zum Heer eingezogen und in der Münchner Abwehr-Leitstelle eingesetzt [301]. Oster hatte ihm beim ersten Gespräch sofort gesagt, worin er seine Aufgabe zu sehen habe: in der Aktivierung seiner guten Beziehungen zum Vatikan für die deutsche Opposition [302]. Getarnt war der Auftrag als nachrichtendienstliche Mission zur Ausspähung der Absichten der Kriegsgegner und der Italiener. So hat es Dr. Müller auch bei seinen über zweihundert Vernehmungen durch die Gestapo dargestellt: Weil er bei dem ehemaligen Kardinalstaatssekretär Pacelli und nunmehrigen Papst eingeführt gewesen und in der Krypta von St. Peter in Rom getraut worden sei, habe er den offiziellen Abwehrauftrag erhalten, die beim Vatikan gegebenen Nachrichtenquellen auszuschöpfen [303]. Daß er das zugunsten der Opposition tun sollte, hat er natürlich bei diesen Gelegenheiten nicht gesagt. Für die Glaubwürdigkeit der Tarnung dieses eigentlichen Auftrages war gesorgt durch die Berichte über Vorgänge in der italienischen Regierung, über die italienische Haltung gegenüber Deutschland, England, Frankreich und über die Frage von Italiens Eintritt in den Krieg, die Dr. Müller nach Berlin lieferte. Einer dieser Berichte (über die Zeit vom 6. bis 12. November 1939) ist mit den Groscurth-Papieren erhalten geblieben [304].

Zunächst erhielt Dr. Müller Ende September 1939 den Auftrag, die Verbindung aufzunehmen und die allgemeine Bereitschaft des Vatikans zu einer Vermittlung zu erkunden [305]. Dr. Müller reiste also nach Rom, wo er im Hotel »Flora« abstieg [306]. Er nahm Verbindung auf mit dem Jesuitenpater Leiber, dem Privatsekretär des Papstes. Persönlich hat Dr. Müller nie mit dem Papst verhandelt, es wäre viel zu auffallend und gefährlich gewesen und hätte der Sache nur schaden können [307]. Schon nach kurzer Zeit erhielt Dr. Müller den Bescheid, daß die allgemeine Bereitschaft zu technischen Mittlerdiensten vorhanden sei [308]. Dr. Müller wurde im Vatikan als Beauftragter des Generalobersten Beck angesehen, offenbar eine entscheidende Voraussetzung für das Engagement des Papstes; denn kein Name eines Oppositionsführers war so bekannt und von soviel Lauterkeit umglänzt wie derjenige Becks [309].

Nachdem Dr. Müller über seine ersten Sondierungen von Ende September/Anfang Oktober in Berlin berichtet hatte [310], erhielt er von Oster, Canaris und Dohnanyi mit Billigung Becks den Auftrag, Pius XII. um Ermittlung der etwaigen Bereitschaft der britischen Regierung zu Friedensgesprächen mit der deutschen Opposition zu bitten, die Hitler stürzen und eine neue Regierung bilden wollte [311]. Er fuhr wieder nach Rom und trat wieder mit Pater Leiber in Verbindung. Der Vatikan sondierte über den dortigen Gesandten Sir Francis d'Arcy Osborne bei der britischen Regierung und erhielt die Mitteilung, man sei zu Verhandlungen mit dem Vertreter der deutschen Opposition bereit, sofern sie vom Vatikan vermittelt werden [312]. Diese Nachricht hat Dr. Müller schon am 18. Oktober nach Berlin gebracht. Am 20. Oktober machte Groscurth einen entsprechenden Eintrag in seinem Diensttagebuch [313].

Der Papst leitete nun die Fragen bzw. Antworten Dr. Müllers an Osborne weiter bzw. umgekehrt. Zwischen Dr. Müller und dem Papst wiederum war Pater Leiber der Vermittler [314]. Nachrichten, Botschaften, Sondierungsergebnisse wurden fast immer mündlich übermittelt, aber in vielen Fällen hat Pater Leiber Dr. Müller eine schriftliche Nachricht in seinem Hotel hinterlassen, wenn er ihn nicht antraf und wenn die Nachricht eilig war. Diese Schriftstücke wurden von Dr. Müller jeweils sofort vernichtet, mit Ausnahme einer Visitenkarte Pater Leibers und eines Blattes mit dem Wasserzeichen des Vatikan, auf dem eine Zusammenstellung der britischen Verhandlungsbedingungen niedergelegt war. Diese beiden Dokumente wurden gegenüber General Halder als Beweisstücke für die Glaubwürdigkeit der Berichte über die in Rom geführten Gespräche verwendet.

Die Gespräche gingen von der Voraussetzung aus, daß während ihrer Dauer keine größeren militärischen Operationen im Westen stattfinden würden und daß andererseits eigentliche Verhandlungen erst mit einer neuen, verhandlungsfähigen Regierung geführt werden würden, welche an die Stelle des Hitler-Regimes treten müßte [315]. Die Kontakte fanden in einer spannungsgeladenen Atmosphäre statt – jeden Tag mußte man mit dem Beginn der deutschen Westoffensive rechnen – und sie wurden besonders von englischer Seite mit großer Zurückhaltung gepflogen, was angesichts der verschwörerischen und völkerrechtlich anrüchigen Natur des Vorganges nicht anders zu erwarten war. Der Venlo-Zwischenfall hatte denn auch eine sechswöchige Unterbrechung der Gespräche zur Folge, und wenn die Engländer danach überhaupt noch weiterverhandelten, so ist das vor allem den Bemühungen und dem Ansehen des Papstes zu verdanken. Andererseits legten Chamberlain und Lord Halifax großen Wert auf die Vermittlertätigkeit des Papstes [316]. Auch mögen die Mission von Bischof Berggrav, der am 27. Januar 1940 Lord Halifax berichtete, sowie die Bemühungen Trotts in den Vereinigten Staaten den Entschluß der englischen Regierung zu positiver Antwort auf Müllers Sondierungen zwei Tage später günstig beeinflußt haben.

Die Verhandlungen Dr. Müllers in Rom zogen sich bis Ende Januar 1940 hin, führten aber zu einem durchaus brauchbaren Ergebnis [317]. Für den Fall der Unterlassung der Offensive im Westen und der Ersetzung des diktatorischen Regimes durch ein demokratisches und dezentralisiertes innerhalb vernünftiger Frist wurde der deutschen Opposition von der englischen Regierung (unter dem Vorbehalt der französischen Zustimmung, die man jedoch erwartete) zugesichert, daß während des Staatsstreiches von den Westmächten keine Offensive unternommen werde, daß die Reichsgrenzen von 1937 bei der Friedensregelung unangetastet bleiben und die Frage der Verbindung Österreichs mit dem Reich durch eine Volksabstimmung in Österreich entschieden werden sollte [318].

Weniger deutlich erscheinen auf Grund der vorhandenen Quellen die Auffassungen über den Verbleib des Sudetenlandes beim Reich. Dr. Müller und seine Auftraggeber konnten sich in diesem Punkte, anders als im Falle Österreichs, auf einen förmlichen internationalen Vertrag, nämlich das Münchner Abkommen, stützen. Trotzdem war die Frage schwierig, und eine Lösung konnte auf dem Wege der römischen Friedenssondierungen kaum umrissen werden. Hitler hatte den Vertrag längst gebrochen und die anderen Unterzeichner waren nicht mehr unbedingt daran gebunden.

Zwar konnte Dr. Müller in dem Bericht über seine zwischen dem 6. und 12. November in Rom geführten Gespräche mitteilen, der Generalabt des Prämonstratenserordens, der Belgier Noots, der ständig mit Diplomaten zusammenkomme, habe ihm gesagt, es sei überall bei Deutschlands Gegnern der Wille zu einem fairen Frieden vorhanden unter der Voraussetzung eines Regimewechsels [319]. Von Entente-Diplomaten sei ständig zu hören, es müßten lediglich die Tschechei, vielleicht auch die Slowakei, und ein nicht näher definiertes »polnisches Polen« wiederhergestellt werden. Alles andere könne Deutschland behalten, eventuell auch Österreich, obzwar es da eine zunehmende Strömung zugunsten einer Föderativmonarchie gebe, die dann Deutschland und Österreich umfassen würde[320]. So ähnlich lauteten nach der Erinnerung Dr. Müllers auch die ihm vermittelten und eigens für ihn und seine Auftraggeber bestimmten Bedingungen: Wiederherstellung Polens, wobei Deutschland für den nunmehr russisch besetzten Teil nicht verantwortlich wäre; später Verhandlungen über Danzig und Grenzkorrekturen gegenüber Polen; Volksabstimmung zur Lösung anderer territorialer Fragen im Osten[321]. Das Sudetenland scheint aber in den Mitteilungen, die Dr. Müller erhalten hat, nie ausdrücklich erwähnt worden zu sein. Fragen der deutschen Westgrenzen dürften überhaupt nicht Gesprächsgegenstand gewesen sein[322].

Aus den in Rom erhaltenen Mitteilungen und Zusagen entstanden in Berlin Aktennotizen und Berichte Dr. Müllers sowie Aufzeichnungen seiner Auftraggeber und Freunde. Zum Teil gaben sie einfach wieder, was Dr. Müller in Rom ermittelt hatte. Andere, auf ihnen beruhende Dokumente aber, insbesondere eines, welches »X-Bericht« genannt wurde, weil darin der Name Dr. Müllers durch X ersetzt war, sollten eigens zur Beeinflussung »der Generale«, d. h. Halders und Brauchitschs, verwendet werden. Einer endgültigen Fassung dieses X-Berichtes gingen außerdem noch Entwürfe voran. Keines dieser Papiere hat sich nach dem Kriege wiedergefunden[323]. Wenige, nicht immer genaue oder verläßliche Unterlagen – Tagebucheinträge und Erinnerungen – erlauben nur eine vorsichtige Rekonstruktion des Inhalts des X-Berichtes, aber es läßt sich feststellen, was der X-Bericht an sachlichen Zusagen *mindestens* enthalten hat[324]. Das waren die Punkte, die angesichts der wirklichen Lage Deutschland zugestanden werden mußten und in denen alle Beteiligten übereinstimmen, die den X-Bericht, seine Vorentwürfe und die ihm zugrunde liegenden Dokumente kannten.

Diese Punkte umfaßten: Kein deutscher Westangriff; Regimeänderung; Wiederherstellung des Rechtsstaates; Friedensverhandlungen mit einem neuen, nicht-nationalsozialistischen Regime; Regelung des österreichisch-deutschen Verhältnisses im Sinne beider, eventuell durch Volksabstimmung in Österreich; für Deutschland annehmbare Regelung der Ostfragen[325].

Darüber hinaus geht, was Thomas weiter berichtet: Man habe ihm bei seinen Verhören nach dem 20. Juli 1944 eine Aktennotiz vorgelegt, wonach der »Bericht aus Rom« auch die Zusage der Regelung der gesamten Ostfragen zugunsten Deutschlands enthalten habe[326].

Noch weiter als Thomas geht Halder. Seiner Erinnerung zufolge ent-

hielt der X-Bericht nicht die klare Forderung nach einer gründlichen Regimeänderung, sondern nur die der Beseitigung Hitlers und »wenn möglich« seines ganzen nationalsozialistischen Regimes. Die Tschechei[327]
sollte in einer deutschen »Einwirkungssphäre« bleiben und überdies
sollten nicht nur die deutsche Ostgrenze von 1914, sondern auch die damals gültige Westgrenze wiederhergestellt werden. Das ist so grotesk, daß
dadurch alles Übrige unglaubwürdig werden mußte. Ob dieser Umstand
zugleich der Schlüssel zu Halders eigenartigen Erinnerungen ist, wird man
nie erfahren[328]. Jedenfalls konnte ein Papier wie das von Halder beschriebene niemals den gewünschten Erfolg haben.

Ende Januar 1940 waren die Gespräche in Rom abgeschlossen worden,
das Ergebnis lag also vor. Beim Abschluß der Gespräche erklärte Dr.
Müller seinem römischen Gesprächspartner, seine Auftraggeber erachten
die Ergebnisse seiner Verhandlungen als so günstig, daß sie nun handeln wollten. Der Staatsstreich sei auf einen Termin im Februar anberaumt[329]. Auf welche Autorität Dr. Müller eine solche Voraussage stützte,
berichtete Pater Leiber nicht. Auf alle Fälle erwies sich die Ankündigung
als zu optimistisch. Erst am 4. April hat General Halder den X-Bericht
und andere Papiere über die Sondierungen erhalten[330].

Warum hatten Beck, Oster und Dohnanyi den Februar und den März
hindurch abgewartet? Niemand kann es sagen. Möglicherweise hoffte
man auf einen diplomatischen Ausweg, die Friedensmission Sumner
Welles' mag zu Hoffnungen Anlaß gegeben haben. Möglich ist auch, daß
nach dem ergebnislosen Gespräch zwischen Beck und Halder die Verbindung zwischen den beiden Zentren der Opposition nicht nur im technischen Sinne, sondern auch in der Gemeinsamkeit des Wollens abgerissen war[331]. Sicherlich hat die Gruppe um Beck nun nicht geglaubt, es sei
vielleicht doch nicht so ernst mit der Westoffensive oder überhaupt mit
der Kriegslage. Eher im Gegenteil: Die in Polen verübten Verbrechen,
von denen besonders seit Januar immer neue Nachrichten die Opposition
erreichten, machten ständig deutlich, daß der Sturz des Regimes unumgänglich sei[332].

Aber gewiß war man durch das Warten mürbe geworden, es war schwieriger, bei Halder Zugang zu finden, dem die ständigen Besuche lästig sein
mußten in einer Zeit, da er so intensiv mit der Vorbereitung der Westoffensive beschäftigt war und ohnedies nicht hoffen konnte oder wollte,
seinen Oberbefehlshaber je für den Staatsstreich zu aktivieren. Brauchitsch
sei ganz abzuschreiben, erklärte Goerdeler Hassell, als dieser am 14. Februar nach Berlin kam[333]. Der preußische Finanzminister Popitz sprach
sich am nächsten Tage Hassell gegenüber optimistischer über »die Gene-

rale« aus, bestätigte aber die Auffassung Goerdelers, daß vor dem Besuch des amerikanischen Unterstaatssekretärs Sumner Welles wenig Hoffnung sei, zum Entschluß zu kommen [334].

In der zweiten Hälfte des Februar lebte wenigstens Hassell ganz in der Erwartung des Besuches von Sumner Welles. Unter anderem sprach er darüber mit dem amerikanischen Geschäftsträger in Berlin, Alexander C. Kirk, und drängte ihn, Sumner Welles auch mit Männern wie Planck und Popitz zusammenzubringen [335]. Dann fuhr Hassell zu seiner Zusammenkunft mit Lonsdale Bryans nach Arosa. In der zweiten Märzwoche war er wieder in Berlin, der Besuch von Sumner Welles hatte inzwischen, vom 1. bis 5. März, stattgefunden und vom Gesichtspunkt der Opposition aus keinerlei Ergebnis gezeitigt, und doch ist es begreiflich, daß man sofort wieder Hoffnung schöpfte, als Sumner Welles auf die Nachricht von der Zusammenkunft Hitlers und Mussolinis am 18. März auf dem Brenner seine Abreise aus Europa noch verschob [336].

Dann sprach man wieder mehr von der bevorstehenden Westoffensive. Brauchitsch, so erfuhr Hassell von dessen Cousine, werde zwar den Angriffsbefehl geben, wenn Hitler es anordne, und er werde auch die Offensive durchführen, um eine »militärische Entscheidung« zu suchen – oder um in diese auszuweichen. Doch sei er innerlich unsicher und würde einen Staatsstreich zwar nicht unternehmen, aber dulden, wenn ihm nur die Verantwortung dafür von jemand abgenommen würde [337]. Am 11. März war Hassell zurück in Ebenhausen, am 15. März wieder in Berlin [338].

Immer noch bemühte man sich, Brauchitsch zur aktiven Teilnahme am Umsturz zu gewinnen. Popitz war zwischen dem 10. und 15. März bei Brauchitsch; dieser machte ihm den Eindruck eines »innerlich zermürbten Mannes«. Immerhin hatte er gefragt, ob denn noch ein ehrenhafter Friede zu haben sei. Popitz, der offenbar die Einzelheiten der Friedenssondierungen und vor allem der Vatikan-Gespräche nicht kannte, wenn er überhaupt etwas davon wußte, konnte darauf nur antworten, er glaube es schon [339].

Warum Popitz nicht eingeweiht und mit der Überbringung des X-Berichtes beauftragt wurde, dafür gibt es bisher keinen sicheren Anhaltspunkt. Man hatte da jedoch ein ungeheuer heißes Eisen in der Hand, der Form nach handelte es sich um Landesverrat. Wer konnte es wagen, Halder die Papiere vorzulegen, ohne daß der Chef des Generalstabes des Heeres den Überbringer verhaften ließ oder ihn hinauswarf? Da mußte erst das Terrain sondiert werden. Dazu kam die veränderte militärische Lage. Die Armee war nun viel besser auf den Krieg vorbereitet als im vergangenen Herbst, und auch das Volk war weit weniger erschreckt als damals. Überall fehlte es also an der angeblich notwendigen psychologischen Grundlage für einen Umsturz [340]. Schließlich hatte man zu bedenken, wie unzugänglich Halder seit November für die Opposition geworden war, wie er alle Ansinnen immer wieder abgelehnt hatte, daß er Beck gegenüber verstimmt, daß Groscurth aus seiner wichtigen Stellung entfernt war, daß die Opposition bei Halder in jeder Hinsicht ständig an Boden verloren hatte.

Immerhin bemühten sich die Auftraggeber Dr. Müllers nun, den X-Bericht zu Halder und Brauchitsch zu bringen. Goerdeler drang am 17. März zu Halder vor, aber ihm gab man den Bericht nicht mit [341]. Dagegen beschloß man, Hassell einzuweihen und ihm die Ergebnisse der römischen Gespräche zu zeigen. Er war ein seriöser Diplomat und Mann vom Fach, überdies vormals Botschafter in Rom. Er könnte den anonymen Papieren und den für Uneingeweihte doch nebelhaften Hintergründen das nötige Gewicht und die richtige Bonität verleihen. So wurde er am 16. März im Auftrag von Oster und Dohnanyi durch Gottfried von Nostitz, einen Legationsrat des Auswärtigen Amtes, gebeten, sich am Nachmittag des Tages zu Beck in die Goethestraße 9 in Berlin-Lichterfelde zu begeben, wo nach einiger Zeit auch Oster und Dohnanyi erschienen [342]. Diese lasen ihm die von Dr. Müller beschafften Papiere vor, woraus zu entnehmen war, daß das, was man einen anständigen Frieden nannte, durchaus noch zu haben war, wie die englische Regierung ausdrücklich mitteilen ließ. Hauptpunkte waren Regimeänderung, »Bekenntnis zur christlichen Sittlichkeit« (was sonst auch als Rückkehr zum Rechtsstaat umschrieben wurde), ferner Dezentralisierung in Deutschland und Volksabstimmung in Österreich (was sonst auch unter dem Begriff der föderativen Aufgliederung des deutsch-österreichischen Raumes zur Debatte gestanden hat). An Hassell trat man mit diesen Dingen heran, um einmal sein außenpolitisches Urteil darüber zu hören, zum andern aber, um ihn um die Überbringung an Halder zu bitten, »weil sich von anderen Mittelsleuten kein Erfolg versprochen werden könnte« [343].

Hassell war bereit, und am 18. März wurde die Sache noch einmal zwischen ihm, Dohnanyi und Oster in der Wohnung des letztgenannten besprochen. Man wollte wohl erst sehen, was Goerdeler für Nachrichten brachte [344]. Dieser hatte mit Halder am Sonntag, dem 17. März, mehr als zwei Stunden lang über »die Notwendigkeit eines Friedens vor Einleitung gewaltsamer Auseinandersetzungen« und über »die Möglichkeit eines günstigen Vergleichs« gesprochen, wie sich Halder mit seltener Ausführlichkeit notierte [345]. Goerdeler hatte Halder versprechen müssen, niemandem etwas über sein Gespräch mit ihm zu sagen. Er half sich damit, daß er Hassell berichtete, er sei von Halder in letzter Minute doch nicht empfangen worden, habe aber »auf anderem Wege die Gewißheit erlangt, daß dort die Erkenntnis immer mehr reife«[346]. Halder wünsche nun, Hassell zu empfangen. Goerdelers dringendes Verlangen, den Staatsstreich auszuführen, hatte Halder mit dem bekannten und schwer zu widerlegenden Hinweis beantwortet, er verfüge dazu weder über Machtmittel noch über den nötigen Rückhalt[347].

Goerdeler drängte Hassell zur Eile, gleich am nächsten Tag müsse dieser sich mit Thomas besprechen zur weiteren Vorbereitung seines Auftretens bei Halder. Hassell, der eigentlich nicht so lange in Berlin hatte bleiben wollen, verschob seine Abreise und ging am 19. März früh zu Thomas, der sich mit ihm über die bei Halder am besten zu verwendende Argumentation und über die politische Grundlage des Vorhabens auseinandersetzte[348]. Bei der Besprechung erwies sich für Hassell, daß Goerdeler doch empfangen worden war, und Thomas bestätigte Halders Wunsch, Hassell zu sprechen, allerdings erst nach Ostern, d. h. nach dem 24. März[349].

Nun konnte Hassell also doch zunächst wieder nach Ebenhausen fahren. Dort saß er und hörte nichts mehr bis zum 2. April, reiste endlich beunruhigt nach Berlin und erfuhr dort von Goerdeler, daß Halder »kalte Füße bekommen« und den Empfang Hassells abgelehnt habe. Goerdeler zeigte ihm einen Brief, den er von Halder erhalten hatte[350]. Mit Argumenten, die Hassell als sehr naiv bezeichnete, lehnte Halder eine Aktion zur gegenwärtigen Zeit ab. Schließlich hätten England und Frankreich Deutschland den Krieg erklärt, der müsse jetzt mal durchgeschlagen werden. Die Wehrmacht könne nicht selbständig vorgehen zum Sturze der Regierung, und wenn, dann nur in der höchsten Not, also nach schweren Rückschlägen oder angesichts einer drohenden Niederlage. Das war in der Tat naiv und nicht nur das. Es war auch verantwortungslos.

Hassell zog aus den Mitteilungen Goerdelers die Erkenntnis, daß es nun für alles zu spät sei, weil die Aktionen gegen Dänemark und gegen Norwegen unmittelbar bevorstanden, und weil Halder und Brauchitsch sich offenbar geeinigt hatten, auf weitere Staatsstreicherwägungen vorläufig nicht mehr einzugehen, und statt dessen Hitlers Befehle auszuführen[351].

Die Zeit drängte. Seit 27. März war der Termin für den Überfall auf Norwegen und Dänemark nach dreimonatiger Vorbereitung und wiederholten Vormerkungen und Absagen endlich festgelegt; er sollte am 9. oder 10. April beginnen[352]. Seit Wochen schon war im OKH ständig Hochbetrieb, taktische und technische Fragen mußten behandelt und gelöst werden, die Waffen- und Munitionsproduktion sollte mehr leisten, ein »Engpaß« in der Gummiproduktion mußte durch einen Befehl zum Langsamfahren gemildert werden, es gab Inspektionsreisen und Besprechungen aller Art. Nach dem Stand von Mitte Februar zählte das Feldheer 3,3 Millionen Mann. Allein die Verwaltung solcher Massen war eine stattliche Arbeitsleistung, von der Vorbereitung von zwei oder drei Offensiven gleichzeitig ganz abgesehen [353]. Am 12. März fuhr Halder zu einer Besprechung nach Koblenz, von der er erst am Morgen des 14. März wieder nach Berlin zurückkam, am 15. und 16. März hatte er Besprechungen bei Hitler [354]. Nachdem die Aufregung über die Mission von Sumner Welles verklungen war – sie hat sich auch in Halders Tagebuch mehrfach niedergeschlagen –, war in diesen Tagen das Zusammentreffen Hitlers mit Mussolini am Brennerpaß aktuell. Da ist es erstaunlich, daß Halder am 17. März überhaupt Zeit fand, um sich mit Goerdeler zu unterhalten, noch dazu zweieinhalb Stunden lang [355]. Als Halder über Ostern sich die Zeit nahm, Goerdeler schriftlich zu antworten, da hat er wohl gehofft, danach seine Ruhe zu haben. Deutlich genug war in seinem Brief die Absage an die Opposition. Aber die Opposition konnte ihn nicht in Ruhe lassen, solange das Ungeheuer von Führer nicht beseitigt war.

Am 27. März gab Hitler in einer langen Konferenz mit Brauchitsch, Halder, Leeb, Witzleben, General Dollmann und Generalleutnant Felber den Termin für die »Weserübung«, den Angriff auf Norwegen, bekannt. Vorbereitungsstand und Wetterlage waren nun nicht mehr Hindernisse wie im vergangenen Herbst, kaum einer der Eingeweihten konnte noch zweifeln, daß es ernst wurde. Alle Vorbereitungen wurden intensiviert und vervollständigt, die Betriebsamkeit wurde noch hektischer. Am Abend des 30. März fuhr Halder nach Frankfurt, um mit Leeb zu konferieren, erst am Morgen des 1. April war er wieder in Berlin. Am Nachmittag des 2. April ging im OKH das Stichwort »W-7« – Weserübung minus sieben – ein, d. h. die Bewegungen mußten nun anlaufen für den Überfall auf Norwegen und Dänemark in sieben Tagen [356].

Am 4. April schließlich, mitten im Trubel dieser Angriffsvorbereitungen, kam General Thomas mit dem X-Bericht und der eben von Dr. Müller aus Rom überbrachten Versicherung zu Halder, daß die Alliierten an ihrem im X-Bericht dargelegten Standpunkt festhalten. Zwischen Notizen über Fehlbestände an Kraftfahrzeugen, über rückwärtige Dienste einschließlich Bäckereien, über die Betriebsstofflage und Hitlers Feldhauptquartier »Felsennest«, über den Umzug des OKH am Nachmittag vor dem Angriff, über ein Pionierbataillon, das nicht mehr fertig wurde, schrieb Halder sich auf: »*Gen. Thomas:* Einblick in Nachrichtenmaterial.« [357]

Wäre es ein Wunder, wenn Halder, so kurz vor dem Angriff, nach so vielen Vorbereitungen und Kriegsspielen, bei so gründlicher Bereitschaft, nun, da diese ganzen Mühen ihre Erfüllung und ihren Sinn erhalten sollten, vom soldatischen Kampfesfieber erfaßt worden wäre? Sogar den ruhigen und besonnenen General Fromm hat im April die wilde Kriegsleidenschaft gepackt [358].

Halder las den umfangreichen X-Bericht durch und brachte ihn noch am Abend des Tages zu Brauchitsch. Halder erinnert sich, daß in den ihm vorgelegten Papieren unter den Bedingungen, zu denen England zu einem Friedensschluß bereit wäre, nicht nur das Verbleiben Österreichs bei Deutschland und der Tschechoslowakei (sic) unter deutschem Einfluß, sondern auch die Wiederherstellung der deutschen Ost- und Westgrenzen nach dem Stande von 1914 genannt waren. Dafür müsse Hitler und »wenn möglich« sein ganzes nationalsozialistisches Regime beseitigt werden. Nach der späteren Erinnerung Halders erklärte ihm Brauchitsch am nächsten Morgen nach der Lektüre der Papiere: »›Sie hätten mir das nicht vorlegen sollen. Was hier geschieht, ist glatter Landesverrat. Das kommt für uns unter gar keinen Umständen in Frage. Wir stehen im Krieg, daß man im Frieden mit einer ausländischen Macht Verbindungen anknüpft, darüber läßt sich reden. Im Krieg ist das für den Soldaten unmöglich. Es handelt sich hier im übrigen nicht um einen Kampf der Regierungen, sondern um die Austragung von Weltanschauungen [sic]. Die Beseitigung Hitlers würde also nichts nutzen.‹« Ähnlich hat sich Brauchitsch nach dem Kriege gegenüber Dr. Otto John ausgesprochen [359]. Daran schloß Brauchitsch die Forderung, den Mann, der Halder das Papier gebracht habe, verhaften zu lassen, worauf Halder geantwortet hat: »›Wenn einer verhaftet werden soll, dann bitte verhaften Sie mich.‹« Aber das ging natürlich nicht, was sollte dann aus der Offensive werden.

In seinem Diensttagebuch hat sich Halder den Entrüstungssturm seines Oberbefehlshabers nicht aufgeschrieben, wohl aber dessen sachlichen Einwand – oder Vorwand –, der auch seiner war, obwohl die Unterlagen auf ihn immerhin so viel Eindruck gemacht hatten, daß er sie Brauchitsch vorlegte und damit ausdrückte, daß er sie ernst nahm. Dieser Einwand lautete: »Woher Material, um davon Gebrauch machen zu können. (Thomas.)« [360] Man vermißte die Unterschrift und man nahm auch Anstoß an so phantastisch anmutenden Zusagen wie der Westgrenze von 1914, wie Halder nach dem Kriege erläuterte. Ob Brauchitsch und Halder wohl anders reagiert hätten, wenn ihnen der X-Bericht bzw. die englischen Zusagen auf dem Briefpapier der Botschaft Seiner Britannischen Majestät beim Heiligen Stuhle überreicht worden wären, mit Unterschrift, Siegel und womöglich auch mit einem amtlichen Stempel? Oder hätten sie dann eine plumpe Fälschung vermutet? Für Staatsstreiche gibt es ebensowenig eine sichere Erfolgsgarantie wie für Kriege. Halder und Brauchitsch haben beides erwogen und teilweise vorbereitet, und dann eines von beidem ausgeführt, aber nicht weil es sicherere Erfolgschancen bot, sondern weil es besser verbrieft war. Verantwortung hatte man so oder so, aber wenn man »rechtmäßige« Befehle ausführte, hielt man sich an zwar millionenfach tödliche, aber doch allgemein anerkannte Spielregeln. Alles hatte da seine Ordnung. Der Verschwörer, der zur Rettung des Lebens den Umsturz wagte, konnte zum Verräter gestempelt werden; der General, der Millionen in den Tod führte, tat »seine Pflicht« und war ehrbar.

Von Halder erfuhr man, er glaube kaum, daß Brauchitsch seine Haltung noch ändern werde[361]. So war es in der Tat. Am 14. April drängte er sogar bei Hitler auf die baldige Auslösung für den »Fall Gelb«, den Angriff im Westen, längeres Hinwarten bringe keine Vorteile mehr[362]. Neun Tage später schlug sich Halders Ärger über die »Planlosigkeit« in der Reichskanzlei in seinem Tagebuch nieder und er notierte sich: »Gelb offenbar vorerst nicht eilig.«[363] Er habe alles versucht, berichtete Halder nach dem Kriege, aber er verstehe auch, daß sein Oberbefehlshaber »sich nicht stürmisch auf diesen nicht voll tragfähigen Boden gestellt hat«. Das ist sehr fein ausgedrückt. Freilich, wenn der X-Bericht das enthielt, woran sich Halder später erinnerte – Zusage der Ost- und Westgrenzen von 1914 –, dann war seine enttäuschende Wirkung voraussehbar und verdient. Aber damit wurde sie ja wenigstens von Brauchitsch nicht begründet. Daß Halder schwankte, ist bekannt; daß er sich in einem schweren Konflikt zwischen militärischem und formalem Gehorsam und Diensteifer einerseits und ethischer, menschlicher Pflicht andererseits befand, muß man ihm zugute halten. In seinem Brief an Goerdeler soll er seine Haltung so zusammengefaßt haben: »»Das Heer wird seine Pflicht für das Vaterland auch gegen die Regierung Hitlers tun, wenn es die Lage verlangt.««[364] Wann würde sie es verlangen? Am 5. November 1939 hatte keine der von Halder für den Umsturz verlangten Voraussetzungen gefehlt, und Brauchitsch hatte ihm ausdrücklich den Weg freigegeben. Die »Lage« war also nicht das eigentliche Hindernis. Jetzt winkten aber Sieg und Ruhm, der Krieg schien aussichtsreich. So war das. Schwäche, militärischer Pflichteifer, Formalismus, bei gleichzeitiger Erkenntnis der verbrecherischen Natur der von Hitler gegebenen Befehle – das ist die Tragik Halders.

Noch versuchte man im Kreise der Oster, Dohnanyi und Hassell, eine

Anzahl Armeeführer, darunter Leeb, Witzleben, List und Kluge, zu einem gemeinsamen Schritt bei Brauchitsch zu bestimmen und sie zur Verweigerung des Angriffs zu bewegen[365]. Es wurde aber nichts daraus, der Angriff rollte, und die Besetzung Norwegens und Dänemarks erwies sich als militärisch brillantes Manöver. Kein Wunder, wenn manche der Verschwörer, wie etwa General Thomas, von tiefer Mutlosigkeit befallen wurden und meinten, jetzt müsse man vorläufig dem Verhängnis seinen Lauf lassen. Um so erstaunlicher aber auch, wenn die anderen wie Beck, Hassell, Popitz und Goerdeler dennoch glaubten, keinen Augenblick in ihren Bemühungen nachlassen zu dürfen.

Es war wohl unvermeidlich, daß die deutsche Opposition nun im Ausland in Mißkredit geriet. Sie hatte so lange Hoffnungen auf einen innerdeutschen Umsturz erweckt, und man hatte so lange vergeblich darauf gewartet. Nun hatten »die Generale«, statt Hitler zu stürzen, Norwegen und Dänemark besetzt und die westlichen Alliierten in eine schändliche Niederlage gestürzt. Sicher wußte man in London nicht genau, wie wenig das OKH, wo das für den Staatsstreich allenfalls verfügbare Machtzentrum war, mit der Sache zu tun hatte und daß Norwegen der erste »OKW-Kriegsschauplatz« dieses Krieges war. Aber das hatte nichts zu sagen. Es gibt keinen Grund zu der Annahme, daß Brauchitsch und Halder Hitlers Befehle nicht ebenso ausgeführt hätten, wie Keitel und Jodl.

Um nicht alle Glaubwürdigkeit zu verlieren, um die Verbindung nicht zu zerstören und um gegenüber den römischen Gesprächspartnern, die sich uneigennützig exponiert hatten, loyal zu bleiben, beschloß man im Kreise um Oster eine letzte Mission für Dr. Müller. Er wurde Ende April[366] – wie schon einmal im November 1939 – nach Rom entsandt mit dem Auftrag, zu erklären, daß die Hauptvoraussetzung für die britischen Zusagen, nämlich der Umsturz in Deutschland, nicht mehr erfüllt werden könne, da sich die Generale nicht zum Handeln entschließen können. Der Angriff im Westen stehe nun mit Sicherheit bevor[367].

Es wird immer wieder die Frage aufgeworfen, ob das objektiv oder gar auch subjektiv Landesverrat gewesen sei. Dazu ist zu sagen, daß die Westoffensive einerseits längst kein Geheimnis mehr war, jedermann wußte, daß sie vorbereitet wurde; daß andererseits aber niemand außer Hitler selbst und vielleicht nicht einmal dieser mit Sicherheit sagen konnte, was dieser tun würde. Was also wurde »verraten«? Zum andern gehört zum juristischen Landesverrat der Vorsatz oder das Bewußtsein, dem eigenen Lande Schaden zuzufügen[368]. Wohin die Reise führte, das konnte man in Polen sehen, und das wußten Männer wie Oster, Dohnanyi, Canaris, also auch Dr. Müller, Hassell, Beck, Goerdeler, um nur einige zu nennen, sehr genau. Wenn sie versuchten, durch Warnung der Gegner den Erfolg von Hitlers Angriffen zu verhindern, versuchten sie nicht nur den Gegnern, sondern ebenso und keineswegs zuletzt dem eigenen Volk unvorstellbares Leid und Blutvergießen, ja die Vernichtung der nationalen Existenz zu ersparen. Das ist das Gegenteil von Landesverrat. Schließlich kann man sich auf eine übernationale, gesamtmenschliche Notwehr berufen. Wenn ein Verbrecher von so ungeheuerlicher Dämonie und Ziellosigkeit auftritt wie Hitler, der willens und imstande ist, einen ganzen Erdteil zu knechten, dann verlieren die nationalen Grenzen im engen und formalen Sinne ihre Bedeutung, dann haben alle Völker dieselben Interessen.

In diesem Geiste handelte auch Oster, der das Letzte und Äußerste tat, was noch zur Verhinderung der Westoffensive bzw. ihres Erfolges getan werden konnte. Er teilte der holländischen Regierung den von Hitler befohlenen Termin des Angriffes gegen Belgien und Holland mit, sobald er selbst ihn erfahren hatte. Er tat es aus Haß gegen das von ihm als verbrecherisch erkannte Regime, aus der Erkenntnis des ungeheuerlichen Unrechts, welches begangen wurde, also aus einer besonders klarsichtigen Konsequenz heraus, zu der sich die meisten anderen Verschwörer nicht durchringen konnten [369].

Übrigens haben nicht nur zum konsequenten Kampf entschlossene Patrioten und Gegner Hitlers sich zu Handlungen durchgerungen, die formal als Landesverrat galten. Auch der als Karrieremacher und Nazigeneral verschriene General Reichenau, der die 10. Armee, dann die 6. Armee befehligte, hatte den Mut, nicht nur Hitler offen zu widersprechen, sondern auch die von Hitlers beabsichtigtem Überfall bedrohten Niederlande zu warnen [370]. Am 6. November traf er sich bei Fritz Elsas mit Goerdeler, den er seit 1934 kannte, und erzählte ihm von Hitlers Plan, der »völlig wahnsinnig« sei. Man müsse die Holländer warnen, damit sie ihre Verteidigung, zumal in Verbindung mit den Deichen und Kanälen, sichtbar in Bereitschaft versetzen, und damit zeigen, daß das Überraschungsmoment schon verloren sei. Elsas war tatsächlich in der Lage, die Botschaft Reichenaus über Kopenhagen und Stockholm sowie über die Schweiz nach London gelangen zu lassen, wo der Plan des Angriffs auch schon auf anderem Wege mitgeteilt worden war. Zweifellos hat Reichenau aus ehrenhaften Motiven gehandelt; daß gerade er dazu fähig war, unterstreicht den Gewissenszwang, unter dem Patrioten wie Oster handelten, die Hitler von Anfang an bekämpft hatten.

Der Militärattaché bei der niederländischen Gesandtschaft in Berlin, Major (später Oberst) G. J. Sas, war gegen Ende des Polenfeldzuges schon aus eigener Beobachtung zu dem Schluß gekommen, daß Hitler eine Offensive gegen Frankreich durch Holland und Belgien hindurch führen wollte. Er hat seiner Regierung am 28. September 1939 entsprechend berichtet. Mitte Oktober erhielt er von Oster, den er seit 1932 kannte und mit dem er seit 1936 gut befreundet war, die Bestätigung dafür. Am 7. November nannte Oster Sas zum erstenmal ein Datum für den beabsichtigten Angriff, nämlich den 12. November. Wenige Tage danach, etwa am 12. November, hat auch Dr. Müller über seine Kontaktleute in Rom eine entsprechende Warnung an Belgien gelangen lassen. Danach nannte Oster Sas stets die Tage, auf die der Angriff jeweils verschoben war, soweit sie ihm selbst bekannt wurden.

Sas hat schon mit seiner ersten Meldung bei seinen Vorgesetzten fast keinen Glauben gefunden, manche von ihnen machten sich über ihn lustig[371]. Je länger das Hin und Her von Ankündigung und Absage dauerte, desto weniger wurde Sas bei seiner Regierung ernst genommen; denn dieses Verfahren, das die disziplinlose Ungeduld Hitlers verriet, aber auch ein ständiges, vielleicht beabsichtigtes künstliches Aufrechterhalten der Spannung, der hektischen Betriebsamkeit bewirkte, das die Führung der Wehrmacht immer wieder verwirrte, die doch mit Hitlers Regierungsweise vertraut war – für die holländischen Stellen im Haag war es völlig unverständlich.

Außer dieser unerwünschten Nebenwirkung hatten die wiederholten Terminmeldungen noch eine andere: Es sickerte gelegentlich in Berlin und Zossen durch, daß deutsche Angriffsabsichten verraten seien[372]. Durch die Fortsetzung seiner Mitteilungen an Sas vergrößerte Oster also unentwegt die Lebensgefahr, in die er sich ohnehin begeben hatte, aber darum kümmerte er sich nicht.

Am 3. April 1940 versuchte Oster, durch Dr. Müller (auf dem Umweg über den Vatikan) und durch Sas die dänische, die norwegische und die britische Regierung von dem für 9. April geplanten Angriff unterrichten zu lassen. Dänemark, das ohnehin hilflos war, erhielt die Warnung und dankte Sas später dafür, aber die norwegische und die britische Regierung, die von der Warnung hätten nützlichen Gebrauch machen können, erhielten sie nicht[373]. Anfang Mai unterrichtete Oster wieder, wie schon bisher, den niederländischen Militärattaché vom Bevorstehen des Angriffs, für den jedoch der Termin noch nicht ganz festgelegt sei. Oster riet Sas, mit einer neuerlichen Meldung an seine Regierung noch zu warten, als diese auf Grund einer im Haag eingegangenen Mitteilung aus dem Vatikan telegraphisch von Sas Erläuterungen verlangte. Auf Osters Vorschlag meldete daher der niederländische Gesandte Jonkheer H. M. van

Haersma de With als ungefähren Termin »Mitte nächster Woche«, d. h. die Tage um den 8. Mai als Angriffstermin.

Am 9. Mai wurde der Angriffsbeginn von Hitler auf 10. Mai 5.35 Uhr festgesetzt [374]. Um 19 Uhr am Donnerstag, dem 9. Mai, traf sich Oster mit Sas und berichtete ihm über diese neueste Entwicklung, die nicht mehr aufzuhalten sein werde, falls nicht bis etwa 21.30 Uhr wieder ein Gegenbefehl vorliege. Oster überzeugte sich dann, daß dies nicht der Fall war, und teilte Sas kurz vor 22 Uhr mit, der Angriff werde endgültig am nächsten Morgen beginnen [375]. Sas gab die Meldung sofort nach Den Haag und auch an den belgischen Militärattaché in Berlin weiter, den er schon vorsorglich zu sich in die Gesandtschaft in der Rauchstraße bestellt hatte.

Gegen Mitternacht wurde Sas vom Leiter des holländischen militärischen Nachrichtendienstes angerufen mit der kaum getarnten Frage, ob denn nun nichts mehr an der »›Operation Deiner Frau‹« zu ändern sei. Die Niederländer zweifelten also noch immer an der Richtigkeit der Information. Sas ließ darauf die Tarnung so weit fallen, daß jedenfalls für die Eingeweihten beim deutschen Abhördienst kein Zweifel mehr bestehen konnte, wovon er sprach: »›Morgen früh, bei Tagesanbruch, findet es statt.‹« [376]

Osters Mitteilungen hatten keine erkennbaren Folgen. Die Niederländer glaubten gar nicht an die erhaltenen Nachrichten und waren vom tatsächlichen Beginn des Angriffs völlig überrascht; die Belgier alarmierten ihre Truppen um 3 Uhr früh am 10. Mai, also zu spät, um noch Wesentliches ausrichten zu können [377]. Die häufig gehörte Behauptung, Osters Verrat habe Tausenden deutscher Soldaten das Leben gekostet, ist also völlig unzutreffend, aber auch für die Bewertung der Handlungsweise Osters nicht von zentraler Bedeutung.

Oster war sich des Risikos voll bewußt, daß sein Verrat nicht nur sein eigenes, sondern auch das Leben vieler anderer deutscher Soldaten kosten konnte. Er rechnete mit etwa 40 000 für den Fall eines durch seine Warnungen verursachten sofort eintretenden schweren Rückschlages. Im Ringen mit seinem Gewissen war Oster jedoch zu dem Schluß gelangt, daß dieses Opfer in Kauf zu nehmen sei angesichts der ohne sofortigen Rückschlag so gut wie sicheren langen Kriegsdauer mit ihrem millionenfachen Tod und Leid und ihren ganz unmeßbaren Zerstörungen. Er kam dazu auf Grund folgender Erwägungen [378], die übrigens auch von Beck samt ihrer Konsequenz gutgeheißen worden sind: Im Kampf gegen den dämonischen Alleszerstörer Hitler, für den es überhaupt keine Menschlichkeit gab, im Kampf um die Verhinderung von möglichst viel weiterem Unheil, Leid und Tod, konnten formaljuristische Bedenken nicht mehr ins Gewicht fallen. Durch die Zugehörigkeit zum militärischen Apparat war man schon wenigstens institutionell in die Mitverantwortung gedrängt, es galt möglichst viel zum Ausgleich dieser Belastung zu leisten, welche dem wachen Gewissen keine Rechtfertigungserwägung abnehmen konnte. Oster war mit Beck, Witzleben und mindestens bis Anfang 1940 auch mit Brauchitsch und Halder vom Scheitern und Festlaufen der Westoffensive unter katastrophalen Verlusten überzeugt. Sie mußte also verhindert und nicht erst nach ihrem Beginn zum Scheitern gebracht werden.

Am ehesten konnte Hitler an der Ausführung seines Planes gehindert werden, wenn er sah, wie Niederländer und Belgier rechtzeitig und gründlich Gegenmaßnahmen ergriffen, welche das Überraschungsmoment als Faktor des Erfolges ausschlossen, also einen schnellen Vorstoß unmöglich machten. Hitler wollte stets schnelle Erfolge, Geduld und vorsichtiges Vorgehen lagen ihm nicht [379]. Kam es aber trotz allem zur Offensive, und alles deutete darauf hin, dann mußte der ohnehin schon erwartete schwere Rückschlag möglichst bald und nach möglichst geringen Opfern kommen; denn je länger sich der Krieg bis dahin hinzog, desto größer würden die Verluste und Zerstörungen auf beiden Seiten, desto stärker und unnachgiebiger würde die Front der Gegner sein, desto aussichtsloser auch die Hoffnung auf einen maßvollen Frieden.

Der Wille, dem Reich und dem Vaterland zu schaden, fehlte Oster. Er wollte das Gegenteil. Von Landesverrat kann also weder dem Sinn noch dem Buchstaben nach die Rede sein. Da Hitler einen großen und blutigen Eroberungskrieg begonnen hatte und weiterführte, der Deutschland nach der durch die Vernunft und durch die realistische Lagebeurteilung diktierten und durch die Ereignisse bestätigten Überzeugung aller unterrichteten Fachleute nur schaden konnte, so kann auch objektiv von einem Schaden für Deutschland durch Osters »Verrat« nicht die Rede sein.

Die Beurteilung Osters wird weiterhin zwischen Verdammung und Anerkennung schwanken. Sie ist eine Frage des menschlichen Gewissens und eine Frage des Denkens in größeren als formaljuristischen und nationalstaatlichen Kategorien. Selbst die westlichen Alliierten, die dem deutschen Volk einschließlich seiner militärischen Führung nach dem Kriege so leicht den moralischen Vorwurf machten, nichts zum Sturze Hitlers getan zu haben, nicht emigriert zu sein, nicht gegen das Regime gekämpft zu haben, betrachteten Oster als moralisch verächtlichen Verräter [380]. Der niederländische Oberbefehlshaber General Winkelman meinte, Oster sei doch »»ein erbärmlicher Kerl'«, worauf ihm Oberst Sas erklärte, er habe noch nie einen so mutigen und tollkühnen Charakter getroffen [381]. Die Frage ist, ob man menschlich oder organisatorisch denkt, das ist aus

den beiden Äußerungen deutlich. Oster war sich des Problems selbst
bewußt, wenn er zu Sas sagte: »»Man kann nun sagen, daß ich Landesver-
räter bin, aber das bin ich in Wirklichkeit nicht, ich halte mich für einen
besseren Deutschen als alle die, die hinter Hitler herlaufen. Mein Plan
und meine Pflicht ist es, Deutschland und damit die Welt von dieser Pest
zu befreien.‹« [382]

5. Weltkrieg

Die Opposition hat ihr Ziel, die Verhinderung des Krieges, und nach seinem Ausbruch die Ausweitung zum Weltkrieg, nicht erreicht. Polen war
nach wenigen Wochen geschlagen, und Hitler machte sich zum Angriff
gegen Frankreich bereit, da dieses offenbar die Pause nach dem Polenkrieg nicht nützen wollte, um zusammen mit England wieder aus dem
Kriege auszutreten. Hatte ihr Eintritt denn nicht seinen Zweck verfehlt
und lohnte es sich denn jetzt noch, gegen das »unabänderliche Schicksal«
Polens anzukämpfen, für ein fremdes, slawisches Volk Blutopfer zu
bringen? So etwa sahen es Hitler und die Nationalsozialisten.

England und Frankreich ergriffen ihre Chance nicht. Inzwischen machte
sich Rußland daran, den ihm durch den deutsch-russischen Vertrag vom
23. August 1939, dessen territoriale Bestimmungen nach dem Polenfeldzug
noch leicht abgeändert wurden, zugestandenen Einflußbereich unter seine
Kontrolle zu bringen [383]. Mit Estland, Lettland und Litauen hatte Stalin
leichtes Spiel. Beistandsverträge wurden geschlossen und Stützpunkte für
die Rote Armee wurden gewährt, im Sommer 1940 wurden diese Länder
ganz in die Sowjetunion eingegliedert. Finnland weigerte sich, die russischen Forderungen zu erfüllen, also wurde es von der Sowjetunion am
30. November mit Krieg überzogen.

Die Finnen hielten sich wider Erwarten gut, die Rote Armee zeigte
wider Erwarten schlechte Leistungen. In der britischen Regierung erwog
man eine Hilfsexpedition zugunsten Finnlands durch Schweden hindurch.
Weder für England noch für Rußland wäre das etwas Neues gewesen;
denn schon nach der bolschewistischen Oktoberrevolution von 1917 hatten westalliierte Truppen gegen die Rote Armee gekämpft, um die gemä-
ßigte Revolutionsregierung Kerenskis wieder zur Macht zu bringen. Aber
Stalin beendete den russisch-finnischen Krieg am 12. März 1940, ehe es
zu der westlichen Intervention kommen konnte, die tatsächlich vom
britischen Kabinett am selben Tag beschlossen worden war. Die Hilfsak-
tion für Finnland kam nun nicht mehr in Frage, dafür traten andere

Motive deutlicher hervor, die bei den englischen Überlegungen eine
Rolle gespielt haben. Im Schutz der norwegischen Hoheitsgewässer konnten deutsche Schiffe die englischen Blockadesperren durchfahren und das
für Deutschland lebenswichtige Erz, das aus Schweden nach Narvik transportiert wurde, einbringen. Das mußte unterbunden werden, und so beschloß das britische Kabinett am 28. März, die Küstengewässer des neutralen Norwegen zu verminen.

Britische und deutsche Expeditionstruppen trafen fast gleichzeitig vor
Norwegen ein. Die deutsche Aktion, am 9. April begonnen, kam der
englischen um weniges zuvor und hatte ob ihrer Kühnheit und Entschlossenheit Erfolg. Die letzten alliierten Truppen verließen Norwegen Anfang
Juni 1940, das Land stand unter deutscher Besetzung.

Ähnlich gelangte Dänemark unter deutsche Militärverwaltung, nachdem Deutschland den zwischen den beiden Ländern bestehenden Nichtangriffspakt gebrochen hatte. Die dänische Regierung hatte den Truppen
befohlen, die Waffen niederzulegen.

Am 10. Mai begann der deutsche Großangriff im Westen. Nach wenigen
Tagen mußten die Niederlande kapitulieren, am 28. Mai folgte Belgien. Zugleich war der erste Teil des Feldzuges gegen Frankreich Ende
Mai mit der Flucht des englischen Expeditionskorps von etwa 200 000
und außerdem etwa 100 000 französischer Soldaten bei Dünkirchen zu
Ende. Der zweite Teil wurde drei Wochen später mit dem Waffenstillstand zwischen Frankreich und Deutschland am 22. Juni abgeschlossen.

Hitler wollte nun England niederwerfen, aber das gelang nicht. Als
England sich, seit 10. Mai unter einer von Sir Winston Churchill geführten Koalitionsregierung, trotz seiner militärisch verzweifelten Lage
nicht friedensbereit zeigte, befahl Hitler Mitte Juli 1940 die Vorbereitung der Invasion der Britischen Inseln. Voraussetzung für den Erfolg
war der Schutz der Lande- und Nachschuboperationen, und da die deutsche Flotte dafür gegen die britische bei weitem nicht ausreichte, wurde
der Luftwaffe diese Aufgabe übertragen. Es begann die große Luftschlacht
zur Gewinnung der Luftherrschaft über Südengland. Deutschland verlor
diese Schlacht, weil die englische Jagdabwehr nicht überwunden werden
konnte. Die Planungen für die Invasion zogen sich noch eine Weile hin,
wurden aber im Frühjahr 1941 aufgegeben. Die nötigste Voraussetzung,
nämlich der gesicherte Kanalübergang, konnte nicht geschaffen werden.

Der deutsche Unterseebootkrieg gegen England brachte diesem zunächst
schwere Verluste bei. Da es jedoch von den Vereinigten Staaten schon
1940 mit Kriegsschiffen beliefert wurde, bestand kaum Aussicht auf einen
Zermürbungserfolg der U-Boot-Waffe. Seit dem Eintritt der Vereinigten

Staaten in den Krieg war daran gar nicht mehr zu denken, zumal auch
für den Seekrieg die Beherrschung des Luftraums über dem Operations-
gebiet eine wesentliche, aber fehlende Voraussetzung des Erfolges war.

Ebensowenig wurden im Mittelmeer irgend dauerhafte Siege erfoch-
ten. Hitler hatte sich Anfang 1941 dort engagiert, teils in der Hoffnung
auf eine für Rußland unangreifbare Südstellung durch die Gewinnung
Südosteuropas und der Türkei, teils in dem richtigen Gedanken von der
»weichen Flanke« Europas, wo die Engländer schon im Ersten Weltkrieg
die See beherrscht und Landungsunternehmen durchgeführt hatten, teils
auch in der Hoffnung, England durch die Kontrolle des Mittelmeers
empfindlich zu treffen, teils endlich aus der Notwendigkeit, Italien zu
helfen. Dieses hatte am 28. Oktober 1940 unvermittelt und ohne vorherige Konsultation mit seinem deutschen Verbündeten – Mussolini war
kurz vor der Niederlage Frankreichs, am 10. Juni 1940, in den Krieg
eingetreten – Griechenland angegriffen. Während die Engländer noch die
Vorherrschaft im Mittelmeer besaßen, gab man ihnen so die Gelegenheit
zu direktem Eingreifen ohne die Notwendigkeit risikoreicher Landung
an einer feindlichen Küste.

Die Griechen warfen die Italiener nach Albanien zurück, die Briten
halfen den Griechen in der Luft, zur See und zu Lande, und in Nordafrika schlugen sie die Italiener so vernichtend, daß Mussolini Anfang
1941 um deutsche Hilfe bitten mußte. Im Februar 1941 wurde daher aus
einigen Divisionen das Afrikakorps unter Generalleutnant Erwin Rommel gebildet und in Nordafrika gegen die englischen Truppen eingesetzt.
Nach Erfolgen und Vorstößen in den Jahren 1941 und 1942 blieb der
deutsche Angriff von Westen her gegen die englischen Stellungen in
Ägypten vor El Alamein stecken. Bald danach landeten im November
1942 amerikanische, englische und unter dem Oberbefehl von General
de Gaulle stehende französische Truppen in Algier und Marokko. Der
Zweifrontenkrieg des deutschen Korps endete am 13. Mai 1943 mit
seiner Kapitulation in Tunis.

Hitler hatte schon in Kapitel XIV von *Mein Kampf* und auch später immer wieder die Überzeugung geäußert, Deutschland müsse im Osten, in
der Weite Rußlands, neuen Lebensraum gewinnen. In diesem Glauben
können ihn die offenbare Hoffnung der Engländer auf russische Unterstützung gegen Deutschland und das russische Vordringen gegen die für
die deutsche Kriegführung »lebenswichtigen« rumänischen Erdölquellen
nur bestärkt haben. Auch mußte ihm klar sein, daß Stalin ihm nicht
traute und so oder so bestrebt war, möglichst weit nach Westen vorzu-
rücken, während die deutschen Kräfte im Westen und im Mittelmeer ge-

bunden waren. Sicher war aber dies: Je mehr sich Hitler in dem Kampf gegen England festlegte, der nicht gewonnen werden konnte, desto abhängiger wurde er von der Bundesgenossenschaft und dem Wohlwollen Rußlands. Hitler entschloß sich also schon Ende Juli 1940, endgültig im Dezember, zum Angriff auf Rußland für Mai 1941.

Eine Verzögerung trat im Frühjahr 1941 ein, als eine deutsche Armee in Bulgarien sich anschickte, die Italiener gegen Griechen und Engländer zu unterstützen. Mit Jugoslawien wurde ein Bündnis geschlossen, so daß man mit dem Durchmarschrecht rechnen konnte, aber wenige Tage darauf stürzte in Belgrad die Regierung, und mit der neuen schloß Stalin einen Freundschaftspakt. Also entschied sich Hitler, sowohl dem Vordringen der Engländer als auch dem der Russen ein Ziel zu setzen und zugleich mit der Aktion gegen Griechenland auch Jugoslawien niederzuwerfen. In elf Tagen war Jugoslawien besiegt, und der zur gleichen Zeit am 6. April begonnene Feldzug gegen Griechenland war am 21. April mit der Kapitulation der griechischen Armee beendet. Deutsche Fallschirmjäger besetzten im Mai Kreta und vertrieben die Engländer von der Insel. Die Erfolge waren groß, die gewonnenen Positionen für empfindliche Schläge gegen britische Interessen und Stellungen günstig. Aber der Feldzug gegen Rußland sollte trotzdem stattfinden, und er war nun um sechs entscheidende Wochen verzögert. Hitler rechnete mit drei Monaten zur Niederwerfung der Sowjetunion; fünf hätten vielleicht tatsächlich gereicht.

Nun aber war das Jahr für den Beginn eines so großen Feldzuges schon zu weit vorgeschritten, als Hitler am 22. Juni 1941 angreifen ließ. Rumänien, Ungarn, Finnland und Freiwillige aus den von Deutschland besetzten Ländern und sogar aus Spanien schlossen sich an. Aber der deutsche Angriff, der im Oktober 1941 Moskau erreichte, brach danach im Schlamm und im Frost zusammen. Stalin dagegen schloß nun mit England ein Bündnis mit der gegenseitigen Verpflichtung, nur beim Einverständnis beider Vertragspartner Waffenstillstand oder Frieden zu schließen. Mit Japan schloß Stalin ein Neutralitätsabkommen, welches ihm erlaubte, seine Kräfte im Westen zu konzentrieren, zumal die Japaner ihre Streitkräfte nun gegen Südostasien einsetzten. Er konnte außerdem immer neue Verbände aufstellen und in den Kampf werfen lassen, die Rote Armee kämpfte trotz ungeheurer Verluste weitaus besser, als man es nach ihren kläglichen Leistungen im finnischen Winterkrieg erwartet hatte, und im Herbst 1941 erschienen um Moskau herum plötzlich wie aus dem Nichts die hervorragenden Panzer T 34, die denen der Wehrmacht überlegen waren und zum Schrecken der deutschen Soldaten wurden.

Die deutschen Erfolge in Skandinavien waren nicht nur Prestigegewinne; sie sicherten die lebenswichtige Erzzufuhr. Aber die Aktionen im Mittelmeer und auf dem Balkan verzettelten die deutschen Kräfte, obwohl ihnen die strategische Notwendigkeit nicht ganz fehlte. Das Eingreifen deutscher Truppen in Nordafrika war teilweise durch die Verwicklungen zwischen »freien« französischen Truppen und Engländern einerseits und Einheiten der mit Deutschland zusammenarbeitenden legalen französischen Vichy-Regierung provoziert worden. Zugleich mußte man die Italiener unterstützen, die bei keiner ihrer Unternehmungen recht vorwärts kamen. Man konnte sie nicht einfach fallenlassen, nicht nur, weil sie bedeutende alliierte Kräfte im Mittelmeer binden mußten, sondern auch wegen der großen Gefahr für die deutsche Südflanke, die durch ihr Ausscheiden entstehen müßte. Nur zwei Jahre später zeigte sich das bei ihrem Abfall, und es waren wohl italienischer Opportunismus wie auch das Mißtrauen und rasche Zugreifen der deutschen militärischen Führung, welche verhinderten, daß die Alliierten in einem Zuge bis zu den Alpen vormarschieren und der deutschen Ostfront in den Rücken fallen konnten [384]. So zwingend solche Überlegungen waren, so zweifellos haben sie zum Mißerfolg des Feldzuges gegen Rußland beigetragen. Verzweifelt aber wurde die Lage Deutschlands im Dezember 1941, als die Vereinigten Staaten in den Krieg eintraten und ihn vollends zum Weltkrieg machten.

Auf welcher Seite der amerikanische Präsident Roosevelt stand, wußte man längst und spätestens seit seiner »Quarantäne-Rede« im Oktober 1937 in Chicago, in der er gegen japanische und italienische Aggressionen wetterte und den Rhein als Verteidigungslinie Amerikas und der freien Welt bezeichnete. Die Japaner hatten sich in China und seit der Niederlage der Franzosen in Europa auch in Indochina engagiert mit dem Ziel der Gewinnung von Märkten, Rohstoffquellen und Einflußgebieten [385]. Dabei waren sie auf den Widerstand Chinas, Rußlands, Englands, Amerikas und der Niederlande gestoßen. In China hatten sie weite Gebiete unter ihre Kontrolle gebracht, aber dann blieb ihr Vormarsch stecken. Mit Rußland schlossen sie im April 1941 einen Freundschafts- und Neutralitätspakt – zur Empörung Deutschlands, das mit Japan und Italien seit September 1940 im Dreimächtepakt vereint war und sich eben zum Kriege gegen das ihm ebenfalls durch Vertrag verbundene Sowjetreich rüstete. Die englische Macht war in Europa stark gebunden, aber eine amerikanische Intervention im Fernen Osten konnte entscheidende Bedeutung haben. Zugleich befand sich Japan in einer als unerträglich empfundenen Abhängigkeit von den Vereinigten Staaten, weil es von ihnen mangels anderer Quellen das ganze für den Krieg in Asien erforderliche Öl beziehen mußte, wenigstens solange Niederländisch-Indien nicht erobert war. Während also Präsident Roosevelt durch alle möglichen Druckmittel versuchte, dem japanischen Vordringen in Asien Einhalt zu gebieten und die nicht gerade maßvolle Forderung auf Räumung Chinas stellte, während sich Roosevelt als berufener Ordnungshüter fühlte, empfanden andererseits die Japaner, die den Konflikt mit Amerika gerne vermeiden wollten, dessen ständiges Näherrücken an das offene militärische Eingreifen und insbesondere die Sperrung der Ölzufuhr im Juli 1941 als Provokation. Vom militärischen Standpunkt aus waren sie damit zu einem Vorgehen in Asien gezwungen, das die Amerikaner fast unvermeidlich in den Krieg ziehen mußte. Die Vernichtung der amerikanischen Flotte in Pearl Harbour am 7. Dezember 1941 hatte daher das militärische Ziel, das Eingreifen Amerikas in Asien durch einen den amerikanischen Absichten zuvorkommenden vernichtenden Schlag abzuwenden und hinauszuzögern.

Die Amerikaner hatten schon zu Beginn des Krieges teils gefühlsmäßig, teils mit Taten für England Partei ergriffen. Seit Herbst 1939 wurde England von der Regierung der Vereinigten Staaten durch eine Anzahl von Maßnahmen unterstützt, die sich mit Neutralität nicht vereinbaren ließen. Seit Herbst 1939 konnte England in Amerika Kriegsmaterial kaufen, wenn es selbst für den Transport sorgte, was ihm wiederum dadurch erleichtert wurde, daß eine panamerikanische Konferenz am 2. November 1939 einen 309 Meilen breiten Gürtel um die amerikanischen Küsten zum Sicherheitsstreifen erklärte. Seit dem Herbst 1940 erhielt England Kriegsmaterial in wachsenden Mengen von den Vereinigten Staaten, und seit dem März 1941 unter dem Lend-Lease-Programm auch ohne Bezahlung. Im Juli 1941 landeten amerikanische Truppen in Island (das damals noch zu Dänemark gehörte), die amerikanische Flotte übernahm allmählich den Geleitschutz für nach England gehende Transporte von Kriegsmaterial und erhielt am 11. September den Befehl, deutsche Unterseeboote bei Begegnung ohne Warnung zu versenken, und seit Anfang November erhielt auch Rußland Lend-Lease-Hilfe. Der volle Kriegszustand mit Amerika würde also Deutschland die Möglichkeit geben, gegen die amerikanische Unterstützung seiner Kriegsgegner mit der Ausdehnung des Unterseebootkrieges bis an die amerikanischen Küsten wirksamer vorzugehen, wie es denn auch die anfänglichen Erfolge bestätigten. Wer in einer solchen Situation die offizielle Kriegserklärung zuerst abgab, war weniger erheblich. Hatte Hitler aber gehofft, daß Japan die amerikanischen Streitkräfte im Fernen Osten binden würde, so wurde er schwer

enttäuscht; denn für Japan war das Jahr 1942 die Wende des Krieges
ebenso wie für Deutschland.

Die 1942 erneuerte deutsche Ostoffensive führte zu der Katastrophe
von Stalingrad, wo eine Armee von 220000 Mann vernichtet wurde.
Von da an waren die militärischen Operationen für Deutschland im
ganzen rückläufig, und zwar in ständig steigendem Tempo und Umfang.
Verzögert wurde das Ende durch die Energie, mit der der sinnlose Kampf
auf deutscher Seite noch zwei Jahre weitergeführt wurde. Sie erklärt sich
zum Teil aus der Wirkung der nationalsozialistischen Propaganda und
aus dem Terror von SS und Gestapo, zum Teil aus enger militärischer
Gehorsamsauffassung, zum Teil aber auch aus der Wirkung der von den
Alliierten verkündeten Formel von der bedingungslosen Kapitulation
Deutschlands, die allein den Krieg beenden könne. Historisch, psychologisch und moralisch ist die Forderung verständlich genug; strategisch und
politisch gesehen konnte sie im Sinne der Alliierten nur Unheil anrichten, zumal sie gerade im Januar 1943 verkündet wurde, als der Fall von
Stalingrad in ganz Deutschland als Niederlage von riesenhaften Ausmaßen und unabsehbaren Folgen empfunden wurde.

Hitler versuchte im Sommer 1943 besonders durch den Angriff gegen
eine vorgeschobene russische Stellung bei Kursk die Initiative zurückzu-
gewinnen, mußte aber den Versuch schon nach zwei Wochen aufgeben.
Im folgenden Jahre erging es ihm nicht anders. Im Juni 1944 wurde die
Heeresgruppe »Mitte« zum größten Teil von der mit geballter Kraft angreifenden Roten Armee vernichtet. Ende Juli standen die Russen vor Warschau, seit der Jahreswende 1944/1945 tobte der Kampf auf deutschem
Boden.

Inzwischen war im Westen durch die Invasion Anfang Juni 1944 die
von Stalin verlangte zweite Front errichtet worden. Ende Juli gelang der
Durchbruch durch die deutsche Front bei Avranches, und vier Wochen
später zog General de Gaulle in Paris ein. Im Herbst standen die Alliierten am Rhein, die deutschen Heere waren in ganz Europa auf dem Rückzug. Anfang 1945 rückten die Alliierten über den Rhein nach Süddeutschland und Norddeutschland ein, während die Russen gegen Mitteldeutschland vorstießen und im April Berlin einschlossen. Acht Tage nach dem
Selbstmord Hitlers war dann der Kampf endlich zu Ende, Berlin fiel in
die Hände der Roten Armee, und das Deutsche Reich kapitulierte bedingungslos am 8./9. Mai 1945.

VI. Innenpolitische Pläne

Sowohl während der Zeit der Erfolge Hitlers als auch nach der Wende des Krieges hat die Opposition ihren Kampf gegen Hitler und das Regime weitergeführt. In der Zeit der deutschen Siege fehlte die psychologisch günstige Situation, und die Opposition kam nicht vorwärts in ihrem Bemühen, höhere Truppenführer für den Staatsstreich zu gewinnen. Nach Stalingrad und nach der Verkündung der Forderung bedingungsloser Übergabe im Januar 1943 war aber die Bereitschaft dieser höheren Führer auch nicht viel größer geworden. Jetzt kämpfte Deutschland doch um seine Existenz, wie sie meinten, und darum, daß die Forderung der Alliierten nicht erfüllt werden müßte. Es ging aber der Opposition nicht in erster Linie darum, die politischen Konsequenzen des Krieges zu vermeiden, sondern vor allem um das Ende des Mordens, um die als moralisch notwendig erkannte Tat, und um den Nachweis der Existenz eines anderen, friedlichen Deutschland. Das muß hervorgehoben werden: der Kern der Verschwörung arbeitete stets weiter auf das Ziel hin, unbeirrt durch Erfolge des Regimes, im vollen Bewußtsein der geringen Aussichten auf eigenen Erfolg, aber auch im Bewußtsein des andauernden Verbrechens. Für diese Verschwörer trifft der Vorwurf nicht zu, sie hätten erst wieder ernsthaft an Umsturz und »Änderung« gedacht, als das Kriegsglück gewechselt hatte, und er trifft auch nicht zu für die jungen Offiziere, die seit etwa 1942 die treibenden Kräfte in der Verschwörung wurden. Für die Halder, Brauchitsch, Kluge und viele andere aber trifft der Vorwurf zu[1]. Weder Selbsttäuschung und die Berufung auf den längst sinnlosen, zur leeren Formalverpflichtung gewordenen Eid noch das peinliche Operieren mit dem »psychologisch richtigen« Augenblick zum »Handeln« können daran etwas ändern, wo ganz einfach der volle Einsatz der Person fehlte.

Ein »annehmbarer« Friede, d. h. eine Regelung, welche Deutschland den Besitzstand vom 31. August 1939 beließ, war nach Ansicht der Gruppe Hassell–Popitz–Goerdeler schon im August 1941 nicht mehr zu haben, auch nicht für ein anständiges Regierungssystem; denn die Gegner konnten bei ihrer Übermacht – Amerika war im Begriff, in den Krieg einzutreten – schon mit der völligen Niederwerfung Deutschlands rechnen[2]. Trotzdem kämpfte die Opposition weiter. Es gibt Zeugnisse in großer Zahl für diese Haltung: »Trotz allem ist es schon aus sittlichen Gründen für die deutsche Zukunft *erforderlich*, wenn auch nur irgendwelche Möglichkeit und Aussicht besteht«, den Umsturz noch vor dem von außen bewirkten Zusammenbruch zu versuchen, wie es Hassell ausdrückte[3]. Berthold Schenk Graf von Stauffenberg sagte vor dem Umsturzversuch vom Juli 1944: »›Das Furchtbarste ist, zu wissen, daß es nicht gelingen kann und daß man es dennoch für unser Land und unsere Kinder tun muß‹.[4]« Claus Schenk Graf von Stauffenberg: »›Es ist Zeit, daß jetzt etwas getan wird. Derjenige allerdings, der etwas zu tun wagt, muß sich bewußt sein, daß er wohl als Verräter in die deutsche Geschichte eingehen wird. Unterläßt er jedoch die Tat, dann wäre er ein Verräter an seinem eigenen Gewissen.‹«[5] Henning von Tresckow sagte zu Schlabrendorff kurz vor seinem Tode: »›Niemand von uns kann über seinen Tod Klage führen. Wer in unseren Kreis getreten ist, hat damit das Nessushemd angezogen. Der sittliche Wert eines Menschen beginnt erst dort, wo er bereit ist, für seine Überzeugung sein Leben hinzugeben.‹«[6] Und Fritz-Dietlof Graf von der Schulenburg sagte im Sommer 1942, als Hitler auf dem Höhepunkt seiner Macht stand, zu Alice Gräfin von Hardenberg, die es damals in ihr Tagebuch schrieb: »›Ali, bete für Charlotte und die Kinder, daß sie ihnen nichts tun. Mein Köpfchen wird wohl rollen.‹ – ›Fritzi‹, sagte ich erschüttert, ›sie werden doch Charlotte und den Kindern nichts tun!‹ – ... ›Ach, Ali, dann kennst du sie nicht!‹«[7]

Schon im frühen Stadium hat die Opposition sich mit Überlegungen beschäftigt, wie es denn »nachher« werden solle; denn es mußte eine wesentliche Aufgabe sein, die Wiederholung der Entwicklung von vor 1933 zu vermeiden. So gibt es Verfassungsentwürfe aus der Zeit vor dem Kriege, z. B. einen von Professor SchmidNoerr, und einen von Botschafter von Hassell von Anfang 1940. Je mehr es an den Möglichkeiten zu aktivem Handeln fehlte, je mehr erst die Siege und dann die Rückschläge die Opposition lähmten, desto mehr verlegten sich viele ihrer Teilnehmer auf das Planen und Vorbereiten für die Zeit »danach« – sei es nach dem Umsturz von innen oder nach dem von außen herbeigeführten Ende der nationalsozialistischen Herrschaft. Bis Ende 1942 haben nur wenige Deutsche ernsthaft mit der Möglichkeit der militärischen Besetzung ihres Landes gerechnet, und wohl niemand war je ganz auf die Errichtung einer fremden Militärregierung gefaßt. So versuchte man bis zum Schluß, für das Nachher vorzusorgen.

Aus den Überlegungen, Diskussionen und Planungen der Opposition gingen Reformprogramme, Verfassungsentwürfe, Proklamationen und Aufrufe hervor, aber auch Ministerlisten und kompromittierende Tagebuchaufzeichnungen. Es kam dabei mitunter (1943 und 1944) zu Intrigen, die nur aus der überreizten Atmosphäre des Krieges und der Bedrohung durch immer neue Verhaftungen zu verstehen sind, und viele der Aufzeichnungen haben der Gestapo bei der Verfolgung der Widerstandsbewegung geholfen. So zeugt einerseits die Existenz solcher Papiere nicht gerade von großem verschwörerischem Geschick. In einer stilechten Verschwörung müßte man sich nach erfolgtem Staatsstreich nur wenig auf Listen und Papiere verlassen, sondern auf die Macht und auf den Einfluß, die der jeweilige Aspirant und Teilnehmer eben auszuüben imstande wäre. Aber bei der Widerstandsbewegung gegen Hitler hat man es nicht mit einer Verschwörung im üblichen Sinne, sondern vorwiegend mit dem Versuch einer Erhebung aus den tiefsten religiösen und moralischen Überzeugungen zu tun. *Deshalb* findet man hier wenig Machiavellismus, wie nötig er auch zum Erfolge sein mochte. Andererseits aber sind es gerade die Verfassungsentwürfe und Programme, die Aufschluß geben über das Denken und die Motive der Opposition. Sie und die Tagebücher und sonstigen Aufzeichnungen erlauben den eindeutigen Nachweis, daß bei den Staatsstreichversuchen von Verrat nur im formalen Sinne, im eigentlichen Sinne aber von Patriotismus und selbstlosem Opfer die Rede sein muß.

Von Bedeutung sind die Entwürfe für die Entwicklung und das Handeln der Widerstandsbewegung insofern, als sie Klärung und Konkretisierung in den Vorstellungen der Handelnden bewirkten, ferner, indem sie Gemeinsames und Trennendes der verschiedenen Richtungen der Widerstandsbewegung aufzeigten. Einigung, Zusammenarbeit und Kompromisse, auf Dauer oder auf Zeit, wurden dadurch möglich und bildeten in vielfacher Hinsicht die Voraussetzung für aktives Vorgehen.

Es wäre falsch, den Verfassungsentwürfen und Programmen deterministische Funktionen zuschreiben zu wollen. Niemand durfte erwarten, daß sie dem Geschehen nach dem Umsturz im voraus seine Richtung und Bahn vorzeichnen würden. Ganz andere Umstände mußten da die Hauptrolle spielen. Die Haltung der Kriegsgegner würde viel eher über den Gedanken eines vereinten Europa entscheiden, als die Überlegungen der Opposition. Ein deutscher Bürgerkrieg konnte auch ganz andere und bisher gar nicht sichtbare Kräfte an die Oberfläche bringen. Allgemein gesagt: die Entwicklung nach dem Umsturz würde viel mehr von denjenigen Persönlichkeiten abhängen, die dann die Macht in Händen hätten, als von Entwürfen und Programmen.

Da sie aber gleichwohl große Bedeutung haben, seien die innenpolitischen Überlegungen der Opposition wenigstens in Umrissen dargestellt. Es gibt darüber einige hervorragende Abhandlungen, vor allem von Rothfels, Ritter, Zeller, Mommsen und Roon, so daß es möglich ist, die vorliegende Darstellung auf sie zu stützen und kurz zu fassen [8]. Die Quellen sind zum großen Teil, jedoch keineswegs vollständig veröffentlicht [9]. Eine Gesamtausgabe wird wohl noch länger auf sich warten lassen. Außer den genannten Studien gibt es zahlreiche andere, von denen viele sehr spezialisiert und eine große Zahl nicht gewichtig sind. Eine umfassende Darstellung gibt es noch nicht.

Von seiten der an der Opposition maßgebend beteiligten Sozialisten und Gewerkschaftsführer sind ausgearbeitete Verfassungsentwürfe bisher nicht bekannt. Die deshalb in diesem Kapitel unvermeidliche Lücke darf aber nicht dazu verführen, die mehr rechtsstehenden Einflüsse für vorherrschend zu halten. Im Hinblick auf den Umsturz und auf die Gestaltung der Dinge danach war eher das Gegenteil der Fall. Die Grundgedanken und Absichten der Sozialisten liegen zutage, aber sie lassen sich wegen der fehlenden Ausführung und Formulierung nicht im einzelnen untersuchen und auf ihre praktische Anwendbarkeit prüfen. Leber war entschlossen, keiner von den geschäftig herumhüpfenden Programmfabrikanten der Opposition zu werden, und er fand auch, daß man sich auf Formulierungen des Neuen nicht zu früh festlegen dürfe [10].

Es ist aber zweifellos, daß die sozialistischen Führer der Opposition weitgehend mit den Plänen Goerdelers einverstanden waren, der ihnen bei der Konzeption und Formulierung seiner Absichten im Lauf der Jahre aus Überzeugung sowohl als auch um der Einigkeit willen weit entgegengekommen ist. Ebenso ist nicht daran zu zweifeln, daß auch die Sozialisten gegenüber Goerdeler Zugeständnisse gemacht haben, teils aus Überzeugung, teils zur Förderung der Einigkeit.

Übereinstimmung bestand unter den Sozialisten und zwischen diesen und Goerdeler spätestens 1943 darüber, die Verhältnisse von vor 1933 nicht einfach wiederherstellen zu wollen, im Gegenteil. Bei aller Ablehnung des Kollektivismus und des engen, orthodoxen Marxismus waren sich etwa Jakob Kaiser und Wilhelm Leuschner schon lange, seit 1933, einig, daß eine Einheitsgewerkschaft anzustreben sei, und daß eine gesunde Synthese von Sozialismus und Freiheit der richtige Weg für das deutsche Volk sei. Und schon 1936 sprach sich Kaiser gegenüber Ernst Lemmer dafür aus, die Parteien im alten Stil abzuschaffen und statt dessen »›nur noch größere Parteizusammenfassungen‹« anzustreben [11]. Kaiser dachte an so etwas wie eine deutsche Labour Party.

Im übrigen sind die innenpolitischen Pläne der Opposition verschiedenartig und teils gegensätzlich gewesen. Schon deshalb ist es unwahrscheinlich, daß sie nach gelungenem Umsturz in der konzipierten Form ins Werk gesetzt worden wären. Bemerkenswert ist dabei jedoch das große Maß an Gleichartigkeit der Auffassungen und Pläne der Opposition, insbesondere der verschiedenen Richtungen der nicht-sozialistischen Opposition. Trotz allen Gegensätzlichkeiten lebte in dieser Schicht, im Unterschied zu den weitgehend geschichtslosen Anhängern des Nationalsozialismus, noch ein Gemeinsames aus der deutschen historischen Überlieferung, und dies nicht nur, weil die Angehörigen der Oberschicht aus Beamten, Geistlichen, Juristen, Politikern, Intellektuellen, Wirtschaftsführern und Gewerkschaftsfunktionären gemeinsam in dem Herkommen und den geschichtlich gewordenen Gegebenheiten der Bismarckschen und der Wilhelminischen Zeit wurzelten. Diese Feststellung ist durchaus nicht von vornherein als abwertend zu verstehen, es handelt sich einfach um die Tatsache, daß jeder denkende Mensch und jede gesellschaftliche Gruppe ihrer Geschichte, ihren Traditionen, ihrer Herkunft verhaftet sind, ob sie es wahrhaben wollen oder nicht. Abgesehen davon war die Zeit vor dem Ersten Weltkrieg keineswegs nur autoritär und unliberal, man denke etwa an die Freizügigkeit der öffentlichen Kritik anläßlich der Daily-Telegraph-Affäre. Zugleich aber standen die Angehörigen der erwähnten »alten« Oberschicht der historischen Überlieferung und den Zuständen der Zeit vor dem Ersten Weltkrieg wie auch der Weimarer Zeit kritisch gegenüber. Sie suchten den Weg zum Echten in dieser Überlieferung, zur verantwortlichen und ethischen Gestaltung des Staats- und Volkslebens, und sie wollten die aus der Überlieferung anscheinend so völlig herausgefallene Masse des Volkes wieder an die unveräußerlichen Werte heranführen. Natürlich wollten sie auch eine Lösung finden für das, was man die soziale Frage nannte. So hatten sie gegenüber den nationalsozialistischen Usurpatoren immer mehr unter sich Verbindendes als Trennendes. So überwiegt auch, trotz teilweise scharfen Gegensätzen, das Gemeinsame in den gesellschaftspolitischen Vorstellungen des Widerstandes.

Insbesondere bestand Einigkeit darin, daß nicht mehr wiederbelebt werden solle, was schon einmal zu einer Katastrophe geführt hatte. Dies schloß eine Fortsetzung des Staates von Weimar ebenso aus, wie eine einfache Wiederherstellung der alten Monarchie, aber auch die Diktatur hatte sich ja nicht bewährt. Gemeinsam also war allen Gruppen der Wille zum Neuen. Sie wollten Europa neu formen und einigen durch Überwindung der hergebrachten Aufteilung in eng abgegrenzte Nationalstaaten. Sie wollten die moderne Gesellschaft neu formen durch Überwindung der »Vermassung« im industriellen, großstädtischen und materialistischen Leben des 20. Jahrhunderts [12]. Die Vermassung nahm dem Menschen seine Würde, seine Entscheidungsfreiheit, aber auch seine Bindung an ewige Werte; sie nahm seinem Leben geradezu den Sinn (wie es besonders Pater Alfred Delp SJ sah), der eben nicht darin bestand, namenlos zu vegetieren.

Viele Verfechter solcher Ideale waren allerdings nicht unbeeinflußt von den sozialen Ressentiments einer ehemals unbestritten führenden Oberschicht [13], von Befürchtungen, vor allen könnten sie selbst Opfer der »Vermassung« werden; denn den Massen war die Vermassung eigentlich gleichgültig. Auch das fast einhellige Mißtrauen gegen das parlamentarisch-demokratische System angelsächsischer Tradition hat immerhin zum Teil hier seine Wurzeln, nicht nur in der Erfahrung seines Versagens. Denn das Versagen ging auf einen katastrophalen Mangel an demokratischer Gesinnung und Bereitschaft zum Einhalten der Spielregeln zurück. Der aus dem 19. Jahrhundert stammende Gedanke, den besonders Bismarck vertreten hat, das angelsächsische parlamentarische System sei deutscher Art und deutschem Wesen nicht gemäß, sei »artfremd«, hatte sich über die Weimarer Zeit hinweg erhalten, auch hier und da im Denken der Opposition.

1. SchmidNoerr

Einer der frühesten Verfassungsentwürfe ist aus dem Kreis um Oster, Heinz und Liedig hervorgegangen. Er wurde im Sommer 1937 von Professor Dr. Friedrich Alfred SchmidNoerr niedergeschrieben [14]. Darin wird der »Volksgemeinschaft« die zentrale und beherrschende Stellung zuerkannt: »Volksgemeinschaft steht über allem, außer über dem Sittengesetz.« Das Wort »Volksgemeinschaft« kommt allein in der Präambel mehr als vierzigmal vor, fast in jedem Satz. Die Volksgemeinschaft, heißt es da, sei verbunden mit der europäisch-christlichen Tradition und strebe nach friedlichem Ausgleich mit allen Völkern. Freiheit für jede Glaubenshaltung und Gesinnung wird zugesagt, aber nur, »soweit sie mit Geist und Bestand der Volksgemeinschaft vereinbar« sind. Zur Volksgemeinschaft gehört, wer wenigstens »zu einem von vier Blutsteilen deutschstämmig« ist, aber »fremdvölkischen und fremdstämmigen Gastminderheiten« werden »Achtung und Rechtswahrung« versprochen. Das Deutsche Reich wird definiert als der geschlossene Siedlungsraum aller Deutschstämmigen, es soll gegliedert sein in Reichsgaue, »die sich weitgehend in Selbstverwaltung regieren«.

Die Verfassungsform wird ständisch genannt, das Reich konstituiert sich aus den freien Ständen des Reiches (geistlicher Stand, Waltungs- d. h. Verwaltungs- und Rechtswahrer-Stand, Wehr-Stand einschließlich der Polizei), den freien Ständen des Staates (Bauern, Arbeiter, Handwerker, Wirtschaft und Industrie, Handel, Volkserzieher, Wissenschaften und Künste mit Freiberufen). Einen eigenen Stand bildet die Frauenschaft, einerlei ob verehelicht oder ehelos. Alle Stände sind gleichberechtigt und »königlich«, sie verwalten sich selbst, sind aber der Volksgemeinschaft und dem Reich verantwortlich. Die Stände haben wohl »Grenzen«, aber diese können von Mitgliedern der Stände bei Beachtung gewisser Vorschriften in jeder Richtung überschritten werden. Das Recht auf Assoziierung jeder Art wird ausdrücklich zugesichert, aber politische Parteien werden ausdrücklich davon ausgenommen. Auch unterstehen alle Gruppenbildungen der Oberaufsicht von gesetzlichen Ständevertretungen und von diesen bestellten Wächtern oder eigens bestellten Ordnungsbehörden.

Die drei Reichsstände sind nur im Reichsständehaus vertreten, die Staatsstände unmittelbar nur in den Ständekammern der Reichsgaue, doch entsenden diese wiederum je zehn Vertreter, jeweils mindestens einen aus jedem Staats-Stand, in das Reichsständehaus. Aufgaben der Ständekammern der Reichsgaue und des Reichsständehauses sind Selbstverwaltung und »Beratung der Reichsverwaltung«. Eine Art Oberhaus soll aus Mitgliedern des »Bestmanntums«, eines persönlichen, nicht vererblichen Adels, bestehen. Die Mitglieder dieses Adels auf Lebenszeit werden von ihren Ständen gekürt und nach zweimaligem Vorschlag vom »Volkskönig« bestätigt. Der aus ihnen gebildete Staatsrat oder Reichsrat ist »die oberste Aufsichtsbehörde des Reiches« und zugleich Stellvertreter, Wahlkollegium und Reservoir (jedoch dies nicht zwingend) für neue Volkskönige. Im übrigen ist allerdings unklar, wie der Volkskönig »gekürt« werden soll.

Dieser »oberste Amtsträger des Staates und zugleich der Walter des Reiches«, der Volkskönig, wird auf die Volksgemeinschaft eidlich verpflichtet (nicht auf die Verfassung); als »Träger der Reichswaltung steht er, selbstverantwortlich, an der Spitze der Volksgemeinschaft«. Es gibt also keine Körperschaft, die ihn jederzeit kontrollieren und zur Rechenschaft ziehen kann; aber wenn der Reichs- oder Staatsrat dreimal gegen die Tätigkeit des Volkskönigs Einspruch erhoben hat, steht er »unter dem Gesetz der Volksgemeinschaft, die ihn kürt«. Notfalls kann er, der bei seinem Amtsantritt vierzig Jahre alt sein muß und auf Lebensdauer gekürt wird, auch wieder abgesetzt werden.

Ebenso wie der Volkskönig sind die Reichsstände vor allem der Volksgemeinschaft verpflichtet und leisten ihren Eid auf sie, keinesfalls auf eine Person, nicht einmal auf den Volkskönig. Der Eid kann praktisch nur einseitig seine Gültigkeit verlieren, d. h. durch Ausschluß – freiwillig oder strafweise – eines Mitgliedes der Reichsstände von der Volksgemeinschaft, sofern die Volksgemeinschaft weiterbesteht. Diese wacht über Recht und Gesetz, läßt keinerlei Sonderverfahren oder nicht gesetzlich festgelegtes Vorgehen zu; sie verbürgt allen Volksgenossen Arbeit und soweit möglich freien Aufstieg und Wohlstand, Standesvorrechte gibt es nicht. Die Freiheit der Presse und des öffentlichen Meinungsaustausches wird gewährleistet, jedoch in den Grenzen, die »durch Geist und Bestand der Volksgemeinschaft, durch die Schutzbestimmungen gegen Verrat an der Volksgemeinschaft, verübt durch den Tatbestand des Versuchs, sie zu stören, zu mindern oder sonstwie zu schwächen« gezogen seien. Solch ein Verrat ist zum Beispiel der Versuch, eine Partei zu bilden, ebenso schließt der Gedanke der Volksgemeinschaft jede Art von Sonderbündelei und geheimer Assoziation sowie das Anstreben irgendwelcher Sonder- oder Vorrechte aus.

Gesucht ist also: Statt der pluralistischen Gesellschaft, statt des parlamentarischen Systems, in dem Interessenvertretungen zur Macht gelangen können, aber auch verantwortungslose Demagogen, statt dieses Systems der »Parteienreaktion« und der Uneinigkeit eine womöglich konfliktlose Volksgemeinschaft[15]. Absolutheitsideal in der Staatsspitze, Gleichheitsideal in der Volksgemeinschaft: beide sind wirklichkeitsfremd, so heißt es im Entwurf, und daher in der Wurzel faul. Wohin das Mehrheitsideal führt, das hatte man ja gesehen.

Deutlich ist also die Ablehnung dessen, was nicht genügt und was nicht gut und reibungslos funktioniert. Nur wird nicht gesagt, wie das Neue, das an seine Stelle treten soll, funktionieren könnte. Wie sollten die Stände daran gehindert werden, ihre Interessen zu vertreten, ja sich zu diesem Zweck mit anderen Ständen zu verbünden gegen Dritte? Sie würden also Parteien bilden, das wäre Verrat, und da der Volkskönig nicht unabhängig genug ist, müßte der Staatsrat als Diktaturgremium die Verfassung durchsetzen. Das Ideal der Volksgemeinschaft, in der es keine Mehrheit gibt, keine Konflikte und keine Parteiungen – es bleibt ein Ideal und unerreichbar.

Nun ist der skizzierte Verfassungsentwurf ein besonders krasses Beispiel der politischen Ratlosigkeit vieler Hitler-Gegner, aber die Gedanken der Ablehnung des Gewesenen, der Bewahrung des dem deutschen Wesen Gemäßen und der Verwirklichung des Ideals der Konfliktfreiheit sind doch sehr weit verbreitet – kein Wunder, denn die wirklichen Praktiker pflegen sich mit der gegebenen Situation auseinanderzusetzen, weniger für eine zukünftige zu planen, sie kommen hier also kaum zu Wort. Deutlich ist auch, wie sehr der Entwurf sich auf autoritäre Verfahrensweisen verlassen muß, um die Konfliktlosigkeit wenigstens theoretisch zu erreichen. So gewährt er zwar das Recht der Versammlung und Assoziation, verbietet aber beide, sofern sie die Volksgemeinschaft »stören«. Anders läßt sich eben die »Lebensharmonie« der Volksgemeinschaft gegen den Hader der Parteiungen nicht verwirklichen.

2. Hassell

Ein Entwurf von Botschafter a. D. Ulrich von Hassell, der nach Beratung mit Beck, Goerdeler und Popitz in den Monaten Januar und Februar 1940 niedergelegt wurde, ist zwar nicht ganz so eigenwillig wie der von Professor SchmidNoerr, geht aber von einer ähnlichen Grundhaltung aus [16]. Zu seinen geistigen Urhebern gehört, wenigstens gleichrangig mit Hassell, der preußische Finanzminister, Professor Dr. Johannes Popitz, wesentlich beteiligt waren der Professor der Staatswissenschaften Dr. Jens Peter Jessen (im Kriege beim Generalquartiermeister tätig), ferner der Direktor einer Eisengroßhandlung und Staatssekretär a. D. Dr. Erwin Planck.

Das »Programm« von Hassell verkündete zunächst die Entschlossenheit der (neuen) deutschen Regierung, den Krieg weiterzuführen, bis der Friede, der Bestand, die Lebensfähigkeit, aber auch »die alte Reichsgrenze« gegenüber Polen gesichert seien. Verständlich ist das nur aus der Lage Anfang 1940, auf dem Hintergrund des Blitzsieges über Polen, den Hassell zwar nicht guthieß, der aber doch zur Wirklichkeit gehörte. Grundlagen für den Frieden seien im übrigen Freiheit der Person und ihrer legitimen Lebensäußerungen, die Integrität von Recht und Gesetz, der Rechtsstaat, Beachtung der Grundsätze der Sittlichkeit von seiten der Verwaltung und der Polizei, Achtung des Lebens überhaupt und der Minderheiten im besonderen. Das Beamtentum müsse wieder die von den Parteibonzen usurpierten Stellen und Funktionen erhalten, die Geldverschwendung durch den Staat habe aufzuhören, die Außenpolitik müsse wieder vernünftig und auf Rüstungsminderung sowie geistigen und wirtschaftlichen Austausch gerichtet werden.

Eine große Rolle spielt im »Programm« Hassells das Einheitsdenken. Die Einheit der »Volksgemeinschaft« schien ja vielen Deutschen eine der

Haupterrungenschaften des Nationalsozialismus zu sein, aber nicht allein deshalb wollte man sie erhalten, sondern auch, weil man sie an sich für erhaltenswert hielt. So sollte zwar die NSDAP mit ihren Gliederungen aufgelöst, deren Vermögen beschlagnahmt werden, aber der Arbeitsdienst sollte in veränderter Form weiterbestehen, die Arbeitsfront sollte nur neu aufgebaut, nicht abgeschafft werden. Es war den sozialen Gruppen, die etwa zusammenfinden mochten, keineswegs überlassen, wie sie sich organisieren wollten.

Diese Grundsätze sollten zunächst für die Übergangszeit einer Regentschaft gelten, sie sind aber nicht nur von Überlegungen augenblicklicher Zweckmäßigkeit bestimmt, wie das weitere Studium des »Programms« ergibt. Der von der Regentschaft einzusetzende Verfassungsrat hätte unter Vorsitz des Innenministers Vorschläge auszuarbeiten, welche »von dem Grundsatz ausgehen [müssen], den deutschen Einheitsstaat« zu gliedern. Für das politische Leben des Reiches wäre »eine Mitarbeit des Volks« sicherzustellen, dazu »eine Kontrolle des Staatslebens auf der Grundlage der örtlichen und körperschaftlichen Selbstverwaltung«. Ein parlamentarisches System wurde also nicht erwogen, für allgemeine, gleiche, geheime und freie Wahlen ist auch in der Zukunft kein Platz. Von Demokratie kann keine Rede sein, und es ist auch keine Rede davon. Wie künftige Regierungen zustande kommen sollen, wird nicht gesagt, aber wenn die Diktatur einer Gruppe oder gar eines einzelnen vermieden werden sollte, mußte wohl irgendwie so etwas wie ein »Bestmanntum« geschaffen werden [17]. Die Betonung des Berufsbeamtentums im Gegensatz zum politischen Beamtentum, das besonders unter dem NS-Regime zum Bonzentum geworden war, scheint in diese Richtung zu weisen.

Die in allen liberalen Verfassungen verankerten Freiheiten werden in den Entwürfen von Hassell und Popitz nicht ausdrücklich zugesichert, dafür aber »wirkliche Freiheit«. Gewiß soll nach ihrem Willen der Rechtsstaat unverzüglich wiederhergestellt werden, aber die Wehrmacht ist nicht auf ihn, nicht einmal auf die Volksgemeinschaft, sondern auf die Regentschaft zu vereidigen, die Wehrbefehlshaber erhalten in den Ländern die Vollziehende Gewalt. Also in Wirklichkeit eine Militärdiktatur, mit den besten Absichten, versteht sich.

Die Wissenschaft und ihre Lehre werden für frei erklärt, ebenso die Presse für die Zeit nach dem Kriege. Aber die Grenze der Freiheit ist der »Rahmen der Staatssicherheit«, und beim »Schrifttum« im allgemeinen wird sogar zum Schutz des Staates noch der Schutz des Volkes einbezogen, wenn es heißt: »Nach dem Kriege wird der Schutz von Staat und Volk gegen Ausschreitungen des Schrifttums durch die Gesetzgebung sichergestellt.« Das alles sind, wie gesagt, nicht Notstandsmaßnahmen, sondern Absichten und Grundsätze für die Zeit nach der Beendigung des Notstandes.

So wohlgemeint die Maßnahmen sein mögen, so sehr man etwa Beck und Hassell den Willen zur Gerechtigkeit, Rechtlichkeit und Menschlichkeit zu glauben hat, liberal waren sie nicht. Solange sie selbst, womöglich in Verbindung mit Goerdeler, an der Macht waren, mochte ihr Regiment noch erträglich sein; aber danach? Sicherungen gegen Mißbrauch wurden nicht einmal versucht, wenn es auch richtig ist, daß ohne den Willen zur Kontrolle auf seiten des Volkes, der Wähler, der Presse und der Öffentlichkeit überhaupt die besten verfassungsmäßigen Kontrollinstrumente nichts nützen, die man ihnen in die Hand gibt.

3. Popitz

In ähnliche Richtung wie die eben skizzierten Gedanken ging das hauptsächlich von Popitz entworfene Vorläufige Staatsgrundgesetz, das auch aus der Zeit der Jahreswende 1939/1940 stammt [18]. »Oberstes Gesetz des Handelns« sollen hier »die Regeln des Anstandes und der guten Sitten« sein. Angesichts der ungeheuerlichen Verrohung, der mörderischen und perversen Brutalität der nationalsozialistischen Regierung und ihrer Organe mußte in der Tat genau das gefordert werden. Aber die Sitten und die Auffassungen von dem, was »Anstand« ist, können sich sehr ändern. Wer entscheidet, ob oder wann es »anständig« ist, auf Flüchtende zu schießen, eine oppositionelle Polemik zu drucken, eine geschiedene Frau zu heiraten? Würde es auch »anständig« sein, der Regierung Korruption oder eine verfehlte Außenpolitik vorzuwerfen? Wenn die Regeln des Anstandes und der guten Sitten »oberstes Gesetz des Handelns« sein sollen, dann nützt es eben unter Umständen nichts, im nächsten Satz die »Unabhängigkeit der Rechtsprechung, Sicherung der persönlichen Freiheit, der Familie und des Eigentums« zu versprechen, von dem Widerspruch zwischen Sicherung der Familie und Sicherung der persönlichen Freiheit ganz abgesehen.

Weitere Gesetze des Handelns kommen hinzu: »Jeder Deutsche hat sich so zu verhalten, daß das Gemeinwohl nicht beeinträchtigt und die Ehre des deutschen Namens nicht verletzt wird.« Jeder soll Anspruch haben auf einen »menschenwürdigen Lebensstand«, auf Altersversorgung, auf »Hilfe bei Krankheit und Arbeitslosigkeit«, ja sogar auf Wohnungen, die ein gesundes Familienleben ermöglichen – aber das gilt nur für die, »die ihre Pflichten gegen Volk und Staat erfüllen«. Die Gesamtwirtschaft muß sich der Lenkung durch den Staat unterwerfen, für die Landwirtschaft ist eine Besitzverteilung »anzustreben, die einen möglichst hohen Ertrag« verspricht, die Schulen und anderen »Unterrichtsanstalten aller Stufen« erhalten den gemessenen Auftrag, dem Nachwuchs »für Staatsdienst, Kirchendienst, Wissenschaft, Kunst und Wirtschaft« das Wissen, aber auch die »körperlichen, charakterlichen und sittlichen Grundlagen« zu übermitteln, der Religionsunterricht in den Schulen wird als »unentbehrliches Erziehungsmittel« bezeichnet. Es gibt also keine freie Wissenschaft und auch keine freien Gewissen, obwohl erklärt wird, »Forschung, Lehre und Kunstausübung« seien »nur insoweit beschränkt, als es die Sicherheit nach außen und innen und die gebotene Ehrfurcht vor den geistigen und sittlichen Gütern des Volkes erfordern«. Schon die Formulierung öffnet der willkürlichen Interpretation Tür und Tor.

Es wäre ja denkbar, daß hier die Gerichte einspringen könnten, über die der Jurist Popitz merkwürdig wenig sagt. Immerhin erklärt er die Verwaltungsgerichte ausdrücklich für unabhängig. Aber im übrigen werden die Gerichte nur nebenbei und in einem Atem mit der allgemeinen Verwaltung, der Verwaltung der Steuern und Zölle, der Eisenbahn und der Post genannt. Die Richter sind natürlich Beamte, das ist in dem Entwurf so selbstverständlich, daß es nicht eigens gesagt werden muß, und sie werden von der Regierung, d. h. vom Staatsoberhaupt mit Zustimmung des Reichskanzlers, eventuell auch nur vom zuständigen Minister ernannt. Die Mittel, mit denen allzu »unabhängige« Richter – falls die Gesetze sie überhaupt gestatten – gefügig gemacht werden, sind zahlreich. Allein mit häufigen Versetzungen und Übergehung bei der Beförderung ist da viel zu machen. Da es kein Parlament gibt, könnten auch schwere Mißstände kaum überwunden werden bzw. ihre Überwindung würde fast ausschließlich vom guten Willen der zentralen »Staatsgewalt« abhängen.

Diese ist einheitlich und stark. Die Länder sollen Verwaltungsbezirke des Reiches, in zweiter Linie erst »Gebietskörperschaften mit Selbstverwaltung« sein. »An der Spitze des Landes als Verwaltungsbezirk des Reiches steht der Statthalter«, der zugleich als Kommissar der Reichsregierung »die Aufsicht des Staates über das Land als Gebietskörperschaft« ausübt. Da ist also die eigenständige Selbstverwaltung schon zu Ende, der Statthalter und Reichskommissar, durch ihn die zentrale Reichsregierung, spricht das letzte Wort im Lande. Der Landeshauptmann als »Oberste Selbstverwaltungsbehörde des Landes« nimmt sich daneben kümmerlich aus. Auch hier ist übrigens kein gewähltes Parlament vorgesehen, so daß die Selbstverwaltung ganz illusorisch ist.

Die Länder, schon als Verwaltungsbezirke des Reiches gekennzeichnet, werden gegliedert in Regierungsbezirke, die ebenfalls Verwaltungsbezirke des Reiches sind. Erst die nach unten folgenden Land- und Stadtkreise sind wieder »sowohl Verwaltungsbezirke wie Gebietskörperschaften mit Selbstverwaltung«. Jedem Föderalismus ist da gesteuert, der Zentralismus der Reichsregierung und der Reichsverwaltung, deren Einheit noch ausdrücklich betont wird, ist vollständig.

An der Spitze dieses Reiches sind die Gewichte kaum besser verteilt. Da gibt es ein Staatsoberhaupt, genannt Reichsverweser des Deutschen Reiches, was auf Vorläufigkeit schließen läßt und jedenfalls die Möglichkeit der monarchischen Restauration offenläßt. Tatsächlich stehen dem Staatsoberhaupt königliche Rechte zu: die völkerrechtliche Vertretung des Reiches, der Oberbefehl über die Wehrmacht, Ernennung und Entlassung des Reichskanzlers (kein Parlament hat etwas damit zu tun), Ernennung und Entlassung der Reichsbeamten und Offiziere, das Begnadigungsrecht und die Verleihung von Titeln und Orden. Welchen Sinn da die Bestimmung hat, das Staatsoberhaupt bedürfe »bei allen Anordnungen und Verfügungen« zu deren Gültigkeit der Gegenzeichnung des Reichskanzlers oder des zuständigen Reichsministers, das ist unklar. Wer nicht gegenzeichnen will, kann ja entlassen werden. Für die Ausübung des militärischen Oberbefehls, abgesehen von Ernennung und Entlassung der Offiziere, wird sogar ausdrücklich erklärt, daß sie der Gegenzeichnung nicht bedürfe.

Reichskanzler und Reichsregierung sind demnach in der Hauptsache die ausführenden Organe des Staatsoberhauptes. Sie *erlassen* Gesetze nach Anhören des Staatsrates und mit Zustimmung des Staatsoberhauptes. Das Regierungsbudget wird nur von einem Rechnungshof (dessen Beamte vom Staatsoberhaupt ernannt werden) überprüft.

Der Staatsrat ist eine Honoratiorenkörperschaft; denn er »besteht aus Männern, die nach ihrer Leistung, ihrem Können und ihrer Persönlichkeit des Vertrauens des Volkes würdig sind« – haben müssen sie es nicht, gewählt werden sie auch nicht, sondern vom Staatsoberhaupt ernannt. Niemand wird in dieser Verfassung gewählt, das Wort kommt überhaupt nicht vor. Außer den des Volksvertrauens würdigen Männern gehören zum Staatsrat noch alle Reichsminister und Statthalter (nicht etwa die Landeshauptleute, das wäre ja Föderalismus). Dieser »Staatsrat vertritt das Volk in seiner Gesamtheit« – er tut es jedoch allenfalls aus Anstand, Gutwilligkeit, Gewissenszwang. Als Exponent der Interessen des Volkes ist er nur teilweise anzusehen. Später soll dann »die Bildung einer Volksvertretung auf breiter Grundlage« stattfinden, auch hier ist aber nicht die

Rede von einer Wahl, der Unterschied zum Staatsrat besteht nur in der Breite der Grundlage, wie immer man dieses auffassen mag.

Konsequenterweise wird dann nicht nur die NSDAP für aufgelöst erklärt, sondern auch die »Bildung neuer politischer Vereinigungen« kurzweg verboten. Parteien sind unnötig, wo es keine Wahlen und keine Vertretungen gibt.

Die Tendenz des Entwurfes ist also klar. Mit Recht hat Ritter ihn als Ausdruck eines aufgeklärten Absolutismus bezeichnet, als Instrument der »Diktatur volksfremder hoher Staatsbeamter«[19]. Obwohl aber Ritter meint, als Übergangslösung sei der Entwurf gut, womit er wohl sagen will, später hätte man die Verfassung demokratischer gestaltet, ist großes Mißtrauen angebracht. Sicher war es vor dem Umsturz wenig sinnvoll, einen idealen Verfassungsentwurf herzustellen. Sicher mußte erst einmal über die Bewältigung der unmittelbar bevorstehenden Lage nachgedacht werden. Wenn das geschehen war, dann konnte man, da man schon am Plänemachen war, etwas für die weitere Zukunft entwerfen. Das hat Popitz aber nicht getan. Auch sein vorliegender Entwurf enthält keinerlei Bestimmungen oder Zusagen, die für die Zukunft zu irgendwelchen demokratischen Hoffnungen Anlaß geben können. Nicht einmal die gegen die Juden gerichteten diskriminierenden Gesetze und Verordnungen will er schlicht aufheben, sondern nur »bis zur endgültigen Regelung« aussetzen. Was ist da zu regeln?

Die ebenfalls von Popitz entworfenen »Richtlinien zur Handhabung des Gesetzes über den Belagerungszustand« – der Entwurf des Gesetzes selbst ist verloren – vervollständigen nur noch das Bild eines autoritären, illiberalen Regiments[20]. Während der Dauer des Belagerungszustandes haben die Wehrkreisbefehlshaber die Vollziehende Gewalt inne, das ist unumgänglich. Die Beigabe von Beamten soll das nötige Gegengewicht schaffen. Gewiß müssen Gauleiter und Kreisleiter, höhere SS- und Polizeiführer festgenommen werden. Aber der verlogene und von den Nationalsozialisten so sehr mißbrauchte und diskreditierte Begriff der »Schutzhaft« ist dafür nicht geeignet, besonders da er nachher noch für tatsächlich bedrohte Personen verwendet wird.

Ende 1939 und Anfang 1940 ist der Entwurf von Popitz nahe daran gewesen, Verfassungswirklichkeit zu werden. Er wurde es nicht aus den im V. Kapitel geschilderten Gründen. Später hatten andere Entwürfe bessere Chancen, das deutsche politische Leben bestimmend zu gestalten. Die Pläne des sogenannten Kreisauer Kreises, in welchem sich viele jüngere Mitglieder der Opposition zusammenfanden, hatten in den Jahren 1943 und 1944 wohl etwa so gute Aussichten auf beherrschenden

Einfluß wie die Pläne des lange unbestrittenen zivilen Führers der Opposition, Dr. Goerdeler. Zunächst aber traten die Pläne des früheren Leipziger Oberbürgermeisters in den Vordergrund, während der Entwurf von
Popitz allenfalls im engsten Kreis seines Verfassers noch Anklang fand.

4. Goerdeler

Die Gedanken Goerdelers sind in zahlreichen Denkschriften und Entwürfen niedergelegt. Die wichtigsten dieser Dokumente, »Das Ziel« von
Ende 1941 und die »Gedanken eines zum Tode Verurteilten – September
1944 im Gefängnis«, sind ganz bzw. teilweise veröffentlicht, zahlreiche
andere ebenfalls wenigstens teilweise [21]. Man hat Goerdeler oft vorgeworfen, er sei ein Reaktionär. Zum Teil stammen solche Anklagen aus
Differenzen, die unter verschiedenen politischen Richtungen der Opposition oft mit Schärfe ausgetragen worden sind. Für Goerdeler trifft der
Vorwurf aber nicht zu. Wohl wollte er, wie Popitz, die Gefahren der Mas-
sendemokratie überwinden, wohl beschäftigte er sich mit Fragen der Elite-
bildung (während Popitz die Existenz einer Elite einfach als gegeben voraussetzte), wohl suchte er Wege zur »Entmassung« und zu einer stabilen
Autorität. Aber er wollte die Entmassung durch Liberalismus und Dezentralisation erreichen, und die stabile Autorität sollte so beschaffen sein, daß
sie die Freiheit nicht unterdrückte, sondern sicherte [22]. Schon bei der Ausarbeitung der in »Das Ziel« niedergelegten Gedanken stand Goerdeler
nicht nur mit Hassell und mit dem »Freiburger Kreis« um die Professoren
Constantin von Dietze, Adolf Lampe und Gerhard Ritter, sondern auch
mit den »Kreisauern« Trott, Yorck und Moltke in wichtiger Verbindung,
später, seit Ende 1941, auch mit Sozialisten wie Leuschner, Kaiser und
Habermann. Stets um Ausgleich bemüht, hat Goerdeler manchen Gedanken seiner Freunde übernommen, aber auch selbst Gedanken entwickelt,
die alles andere als reaktionär waren, wenngleich das Instrumentarium
seiner Verfassungspläne nicht durchweg zweckmäßig war.

Der große Unterschied zu den Plänen von Popitz, der denn auch mit
Hassell und Jessen seinerseits die Pläne Goerdelers scharf abgelehnt hat,
tritt besonders im »Ziel« überall hervor. Nicht nur will Goerdeler, wie
Popitz auch, Recht und Anstand wiederherstellen, sondern auch die
Freiheit. Schon in den ersten Abschnitten über Grundsätze der Innen-
politik heißt es: »Alle Beschränkungen der Freiheit des Geistes, des
Gewissens und der Forschung werden *sofort* aufgehoben.« [23] Das ist klar
und deutlich, nicht bloß vage Zukunftsmusik. Oder: »Presse und Schrift-

tum sollen grundsätzlich frei sein. Feige die Regierung, dumm das Volk, die diese Freiheit nicht vertragen.« Nur »dem Verbrecher und dem Lumpen« gebührt diese Freiheit nicht. Nach den Bestimmungen über die Rechtspflege können allein ordentliche Gerichte feststellen, wer in solche Kategorie etwa gehören mag. In ähnlicher Weise dachte Goerdeler auch 1944 der Presse volle Freiheit zu, doch unter bindender Verpflichtung zur Wahrheit.

Große Hoffnungen also setzte Goerdeler in den erzieherischen Wert der Wahrheit und der Verantwortung, wie sich aus fast jedem Satz seiner Darlegungen über das Bildungswesen entnehmen läßt: Religionsunterricht sei unentbehrlich, heißt es da; doch müsse er von Persönlichkeiten – Lehrern, Pfarrern oder auch Laien – erteilt werden, die leben, was sie lehren. Lehrbücher müssen *sofort* von Unwahrheiten jeder Art befreit werden. Im Bildungswesen muß also die Wahrheit an die Stelle der Propaganda und der parteiischen Indoktrination treten. In der Industrie soll der Zeitlohn durch den Leistungslohn ersetzt werden; denn dieser ist auch »wahrer« und eher geeignet, zur Verantwortung und Tüchtigkeit zu erziehen. An die Stelle der vom Leiter der Deutschen Arbeitsfront Dr. Robert Ley befürworteten automatischen Krankheits-, Invaliditäts- und Altersversorgung aus Steuergeldern sollten entsprechende Versicherungen treten, die Arbeiter und Angestellte mindestens teilweise selbst finanzieren müßten.

Selbstverwaltung ist neben Wahrheit und Verantwortung ein Grundbegriff des Goerdelerschen Verfassungsdenkens. Gemeinden und Bezirke, aber auch Hochschulen und Studentenschaften sollten sich so weit wie möglich selbst verwalten, allerdings nicht ohne Aufsicht des Staates, ebenso die Kirchen, die auf diese Weise vom Staat getrennt werden und zusehen müssen, wie sie ohne diesen zurechtkommen, wobei sie jedoch das Recht behalten, Kirchensteuern zu erheben. Von diesem Recht werden sie, meint Goerdeler, gewiß sparsam Gebrauch machen, um große Austrittsbewegungen zu verhindern. Ob der Staat die Steuern für die Kirchen auch künftig einziehen soll oder nicht, bleibt bei Goerdeler offen. Die Trennung ist freilich nicht wirklich möglich und vollzogen, solange die Finanzämter die Autorität und den Schrecken, den sie verbreiten, samt ihren mehr oder minder rechtmäßigen Straf- und Vollstreckungsbefugnissen, den Kirchen leihen.

Auf einige andere Mängel in Goerdelers Verfassungsplänen wird noch hinzuweisen sein. Die Hauptsache ist aber doch ihre möglichst große Liberalität bei möglichster Vermeidung der Fehler der Bismarckzeit und der Weimarer Verfassung sowie natürlich der Zeit des NS-Regimes. Vertrauen in die Freiheit, in erzieherische Regelungen und in die Wirkung der offenen Verbreitung der Wahrheit ist ebenso nötig wie eine gute Verfassung. Nach dem Entwurf von Ende 1941 sollte zwar die NSDAP mit ihren Gliederungen alle Hoheitsrechte einschließlich des Rechts der Bewaffnung, alle staatlichen Funktionen und sonstigen Vorrechte verlieren, im übrigen aber nicht verboten werden: »Die Meinungen müssen und werden sich bald von selbst klären.« Solches Vertrauen kennzeichnet auch die beiden Verfassungsentwürfe von Ende 1941 und vom September 1944. Die Menschen müssen schon das wollen und tätig erstreben, was ihnen ihre Verfassung versprechen und geben kann, oder aber sie müssen lernen, es zu wollen. Denn: »Eine Verfassung, die *automatisch* funktioniert, gibt es überhaupt nicht.«

Dem Aufbau des Staates von unten, der nach Goerdelers Ansicht allein die richtigen Leute an den richtigen Platz bringen konnte, dient ein kompliziertes Wahlsystem, gemischt aus direkter und indirekter Wahl, wobei die direkte nur auf der untersten Ebene allein vorherrscht. Nur in seinem unmittelbaren Lebenskreis »kennt« der Wähler seinen Kandidaten wirklich gut genug. Die Gemeinden werden in möglichst kleine Bezirke geteilt, in denen aus vier dort aufgestellten Kandidaten je einer gewählt wird, der die meisten Stimmen auf sich vereinigen kann. Die Kandidaten müssen mindestens 30 Jahre alt und im Bezirk ansässig sein; die Gewerkschaften und die Berufsgruppen stellen je einen, die »politischen Bewegungen« je zwei Kandidaten auf. Der Gewählte ist dann Ratsherr der Gemeinde.

Die nächste Stufe nach dem Gemeinderat ist der Kreistag; seine Abgeordneten werden von den Gemeinderäten gewählt. Die Gewählten müssen nur im Kreise wohnen, aber nicht Mitglieder des Gemeinderates sein.

Die Kreistagsabgeordneten wiederum wählen den Landrat (für den Kreis) und die Gautagsabgeordneten, welche, um wählbar zu sein, fünf Jahre lang Gemeinderats- oder Kreistagsabgeordnete gewesen sein müssen, »um Erfahrung in der Selbstverwaltung nachzuweisen«.

Der Gautag schließlich wählt den Landeshauptmann, der als Leiter der Gauselbstverwaltung nur wenig von der Macht der heutigen oder früheren Ministerpräsidenten besitzen sollte. Er hatte kein Kabinett, keinen Sitz in einer Reichskörperschaft und stand unter Aufsicht eines Reichsstatthalters, einer Art zentral ernannten Gouverneurs. Seine Mitarbeiter heißen folgerichtig »Landesräte«, werden aber nicht einmal vom Landeshauptmann ausgewählt, sondern vom Gautag. Außerdem bedürfen Landeshauptmann und Landesräte der Bestätigung durch den Reichsstatthalter.

Endlich wählen die Gautagsabgeordneten noch 150 von insgesamt 300 Reichstagsabgeordneten; die 150 müssen 35 Jahre alt, fünf Jahre in öffentlichen Ehrenämtern tätig gewesen und im Gau ansässig sein. Es braucht sich also nicht um Mitglieder des Gautags zu handeln; woher sie aber kommen, ist unklar. Die übrigen 150 Kandidaten werden so aufgestellt wie die für den Gemeinderat; gewählt ist der Kandidat mit den meisten Stimmen, wahlberechtigt sind in dieser Wahl nur die über fünfundzwanzigjährigen Deutschen. Entsprechend den 150 direkt zu wählenden Reichstagsabgeordneten werden 150 Wahlkreise über das Reich verteilt; die Kandidaten müssen in den Wahlkreisen, in denen sie kandidieren, ansässig sein.

Neben diesen zur Hälfte indirekt und zur anderen Hälfte direkt gewählten Reichstag tritt ein Reichsständehaus (Oberhaus). Es besteht aus den »Leitern der Reichsgruppen (Wirtschaft)«, d. h. der Berufsorganisationen, den Präsidenten der Reichswirtschaftskammern (die alle wohl aus internen Wahlen hervorgegangen sind), je drei evangelischen und katholischen Bischöfen, den Rektoren der Universitäten, einer der Zahl der Vertreter der Wirtschafts- und Berufsgruppen entsprechenden Anzahl von Vorstandsmitgliedern der Deutschen Gewerkschaft, schließlich aus 50 angesehenen Deutschen aller Art, die 50 Jahre alt sein müssen und vom Staatsoberhaupt berufen werden.

Ob die Gewichte günstig verteilt sind, läßt sich erst beurteilen, wenn man die Zuständigkeiten und die Arbeitsweise der einzelnen Körperschaften kennt. Da zeigt sich, daß die Selbstverwaltung der Gaue begrenzt ist, obwohl sie so sehr betont wird. Es herrscht ein ziemlich starker Zentralismus des Reiches. Die Gaue verwalten Universitäten, Wohlfahrts- und Gesundheitswesen, Landesmeliorationen, Friedens-, Kreis- und Gaugerichte, Gaustraßen, gewisse Kreisaufgaben, vom Reich übertragene Aufgaben und schließlich ihr Vermögen. Höhere Schulen und die den Gauaufgaben entsprechenden Kreisaufgaben, wie etwa Kreisstraßen, gehören in die Zuständigkeit der Kreise. Steuern sind nicht erwähnt, abgesehen von der Verwaltung ihres eigenen Vermögens bekommen also die Gaue, Kreise und Gemeinden nur vom Reich Geld. Pecunia nervus est rerum – ohne unabhängige Geldquellen kann kaum von wirklicher Selbstverwaltung die Rede sein. Der gute Wille der künftigen Reichsfinanzverwaltung ist da sicher von Goerdeler überschätzt worden.

Das Reich und seine Zentralregierung ihrerseits sind allein oder hauptsächlich zuständig für Rechtswesen, Wirtschaftspolitik einschließlich Sozial- und Arbeitsrecht, Innenpolitik, Außenpolitik, Finanzpolitik, Grundsätze für Erziehungs- und Kirchenwesen (was die Trennung von Kirche und Staat wieder in Frage stellt), für Grundsätze des Wiederaufbaus und für öffentliche Arbeiten, für Reichsverkehrswesen mit Bahn, Post und Luftfahrt, und schließlich für das Wehrwesen.

Die Reichsregierung wird geführt vom Reichskanzler; Minister, die seine Richtlinien nicht billigen, müssen ausscheiden. Des Vertrauens der Reichshäuser bedarf das Kabinett nicht, doch muß das Staatsoberhaupt es abberufen, wenn Reichstag und Reichsständehaus zusammen mit jeweils einfacher Mehrheit oder der Reichstag allein mit Zweidrittelmehrheit es verlangen und gleichzeitig eine neue Regierung namhaft machen. Gesetze können von der Regierung mit und ohne Zustimmung des Reichstages erlassen werden, für die Aufhebung eines ohne Zustimmung erlassenen Gesetzes gelten ähnliche Qualifikationen wie für die Entlassung des Kabinetts: einfache Mehrheit beider oder Zweidrittelmehrheit eines Reichshauses. Da könnte man wirklich versucht sein, mit Hans Mommsen von der Anwendung einer Notstandsverfassung als Normalzustand zu sprechen, wenn nicht noch manches andere zu bedenken wäre.

Goerdeler hat nie starr an Formeln festgehalten, wenn er sich auch die Betonung wirtschaftlicher Grundsätze und ihrer Anwendung auf das Verfassungsleben kaum je hätte ausreden lassen. Er war auch nie übertrieben konsequent, dagegen immer optimistisch und liberal. Im Entwurf von 1941 waren Streik und Aussperrung verboten, trotz der ausdrücklichen Betonung des Prinzips, das Leben überhaupt und besonders in der Wirtschaft sei Kampf, hier vor allem Kampf im Wettbewerb. Die Sozialisierung gewisser Industrien war damals nicht vorgesehen, die Arbeiterschaft sollte nur in geringem Maße institutionell am Staatsleben beteiligt sein. Die Mitbestimmung in der Wirtschaft sollte den Arbeitern zustehen, das war eine Grundforderung der Gewerkschaftsführer, aber weitergehende institutionelle Beteiligung am Staatsleben hätten diese nach dem Bericht der engen Mitarbeiterin Jakob Kaisers, Dr. Elfriede Nebgen, ohnehin nicht gewünscht, weil sie ständestaatliche Tendenzen ablehnten[24], obwohl die von den Gewerkschaftsführern schon lange angestrebte Einheitsgewerkschaft potentiell ein ständestaatliches Element war, wenn es auch allein natürlich noch nicht zum Ständestaat führen konnte.

Im Entwurf von 1944 aber wollte Goerdeler nicht nur die Arbeiter und ihre Organisationen sehr stark am Staatsleben beteiligen, zumindest beim Wahlverfahren, und zwar paritätisch mit Unternehmer- und Berufsgruppenvertretern. Er wollte auch Bodenschätze und der ganzen Wirtschaft dienende Monopolbetriebe wie Eisenbahn, Post, Elektrizitäts-, Gas- und Wasserversorgung sozialisiert wissen. Die Gewerkschaft wurde zum Betrieb eigener Wirtschaftsunternehmen ermuntert.

Zu verwirklichen wäre das alles hauptsächlich durch die Einheitsgewerkschaft, die von den Gewerkschaftsführern selbst gefordert und nach ihren Wünschen in Berufsverbänden organisiert werden sollte. In der Zusammenarbeit mit den Gewerkschaftsführern in den Jahren 1941 bis 1944 machte sich Goerdeler diese Auffassungen zu eigen[25]. Bei Goerdeler mögen ständestaatliche Tendenzen also stärker gewesen sein als bei den Gewerkschaftsführern, vorhanden waren sie bei beiden, ob sie bewußt dafür eintraten oder nicht. Allerdings wären die von den Gewerkschaftsführern gewünschten großen (und wenigen) politischen Parteien[26] ein starkes Gegengewicht gegen ständestaatliche Entwicklungen gewesen.

Jedenfalls ist deutlich, daß Goerdeler durchaus zu Änderungen, Zugeständnissen und Neuentwicklungen bereit war, insbesondere unter dem Einfluß seiner sozialistischen und seiner demokratisch-liberal gesinnten süddeutschen Freunde um Robert Bosch. In seinem Entwurf vom September 1944 stellt er ausdrücklich fest: »Dies ist der ungefähre Aufbau der Reichsverfassung und Verwaltung.« Spätere Änderungen des Wahlsystems waren ebenso ausdrücklich in Erwägung gezogen. Der Gedanke, Parteien so lange wie möglich vermeiden zu wollen, ist weltfremd, aber der Verfassungsentwurf ließ die Möglichkeit der Formierung der Interessengruppen offen.

Gewiß wären die Hindernisse für den Sturz einer Regierung unter Goerdelers Verfassung groß gewesen. Der Fall, daß das Reichsständehaus mit Mehrheit ihn verlangt, war sicher sehr unwahrscheinlich, die daher für den Sturz der Regierung nötige Zweidrittelmehrheit des Reichstages wohl auch. Es genügt aber andererseits nicht, den Sturz der Regierung zu erleichtern; man denke nur an das Frankreich der Zeit vor dem Kriege und von 1946 bis 1958.

Aber das alles ist nicht so entscheidend. Die Verfassung wäre, so wie sie von Goerdeler entworfen wurde, nach einem erfolgreichen Staatsstreich in den Jahren 1941 bis 1944 mit großer Sicherheit nicht in Kraft getreten. Wie leicht konnte es zu einer Militärdiktatur kommen, gegen die Goerdelers Idealismus machtlos gewesen wäre, wie rasch hätte andererseits bei günstiger Entwicklung ein verfassungberatendes Parlament seine Rechte geltend gemacht, und wo nicht, da wäre man eben wieder bei Goerdelers eigener Feststellung, daß die beste Verfassung nicht automatisch Demokratie und Gerechtigkeit sichert, daß eine Demokratie hauptsächlich des guten Willens ihrer Bürger bedarf, um zu funktionieren.

Selbst unter Goerdelers Entwurf, den man gar nicht so wörtlich nehmen darf, sondern als Diskussionsvorschlag eines Mannes, der in der Opposition als führend anerkannt war, aber doch bei keiner ihrer Gruppen großen Rückhalt hatte, auch beim Militär nur, sofern Beck eine führende Rolle übernahm, selbst unter diesem Entwurf also gab es für ein demokratisch gesinntes und auf seine Rechte bedachtes Parlament Möglichkeiten genug, um die Regierung unter Kontrolle zu halten. Eigens war vorgesehen, daß die Reichsregierung für das Etatgesetz, die Steuergesetze, für Verträge mit dem Ausland und für Zollgesetze der »Zustimmung der Reichshäuser« immer bedürfe. Keine Regierung kann ohne Geld regieren, und wenn das Parlament für Ausgabenkontrolle und kurz befristete Ausgabengesetze sorgt, dann muß die Regierung über jeden getanen Schritt erst Rechenschaft ablegen, ehe sie neues Geld bekommt. Besonders wird sie zu demokratischem Wohlverhalten gezwungen, wenn die Mittel für langfristigen Bedarf nur stückweise genehmigt werden.

Der Versuchscharakter des Goerdelerschen Entwurfes wird auch unterstrichen durch die Stellung, die dem Staatsoberhaupt darin zukommen sollte. Zunächst sollte ein Generalstatthalter diese Funktion übernehmen, der für die ersten fünf Jahre von der Regierung vorgeschlagen und nur vom Ständehaus gewählt werden sollte. Denn Wahlen würden erst nach der Demobilisierung möglich sein, ein Staatsoberhaupt aber brauchte man sofort, und zwar ein möglichst populäres, um dem Volk den Umsturz auch annehmbar und sinnfällig zu machen. Das nächste Staatsoberhaupt sollte dann von Reichstag und Reichsständehaus gewählt werden.

Der Gedanke einer Monarchie ist bis 1944 immer wieder aufgetaucht, und die verschiedensten Kandidaten waren im Gespräch. Jakob Kaiser etwa sprach von Rupprecht von Bayern als einem möglichen Reichsverweser, Goerdeler wies auf den Enkel Kaiser Wilhelms II. in England, Fritz, hin, während Generaloberst von Hammerstein und Beck für den Fall der Restauration der Hohenzollern auf der legitimen Erbfolge bestanden [27]. Klaus Bonhoeffer und Otto John schließlich brachten immer wieder den Prinzen Louis Ferdinand ins Gespräch und führten auch Begegnungen zwischen diesem und Jakob Kaiser, Leuschner, Wirmer sowie Ewald von Kleist-Schmenzin und Ulrich von Hassell herbei. Aber der Kronprinz lehnte eine Kandidatur ab, und seit Anfang 1943 zog sich auch Louis Ferdinand zurück.

Goerdeler hielt eine erbliche Monarchie für das beste, wollte und konnte sich da aber nicht festlegen. Wesentlich schien ihm, daß das Staatsoberhaupt bzw. der Monarch nicht regierte, sondern repräsentierte und über die Verfassung wachte.

So sehr man nun den Entwurf Goerdelers ablehnen mag, so sehr man auf die darin enthaltenen Widersprüche verweisen mag – der Entwurf war nicht als endgültig gedacht und wäre es praktisch nicht gewesen. Auseinandersetzung, Vorschlag, Gegenvorschlag und Kompromiß gehören zum Wesen der Politik und der Demokratie. Der Entwurf Goerdelers bot noch Oppositionsmöglichkeiten genug, wenn man sie nur nützen wollte [28]. Behauptet man, die Opposition wäre in Goerdelers Entwurf praktisch unmöglich gewesen, so entzieht man damit schon im voraus den künftigen Demokraten das Vertrauen bzw. verlangt damit eine Patentlösung, die durch Lieferung der perfekten demokratischen Verfassung auch gleich die perfekten demokratischen Bürger schafft. Der Zwang zur Demokratie macht aber noch keine Demokraten. Das wirkliche Leben ist nie so abstrakt wie ein Verfassungsentwurf. Ganz zutreffend meinte Ritter, ein Hohenzollernprinz, z. B. Louis Ferdinand, der sich an die Spitze der deutschen Widerstandsbewegung gestellt und sein Leben offen gegen die Tyrannei gewagt hätte, hätte sofort der Monarchie in Deutschland und dem Hause Hohenzollern ein ganz anderes Gesicht gegeben und »die peinlichen Erinnerungen vom November 1918 wären demgegenüber jählings versunken« [29]. Vertrauen in den guten Willen und die Entwicklungsfähigkeit sowohl der Regierenden wie der Regierten ist unentbehrlich in jedem Falle. Oder will man behaupten, die Entwicklung Westdeutschlands seit 1945 sei so verhältnismäßig günstig verlaufen, weil sie unter Leitung und Aufsicht vertrauenswürdigerer Kustoden geschah, als es Deutsche hätten sein können? Dann wären auch diejenigen Verfassungsentwürfe der Widerstandsbewegung, die weitaus autoritärer waren als die von Goerdeler, noch gerechtfertigt.

5. *Kreisau*

Mit demselben Vorbehalt der Vorläufigkeit und noch größerer Entfernung von der Praxis muß man die Entwürfe des Kreisauer Kreises betrachten und zu beurteilen versuchen, die in vielen Tagungen und Besprechungen, besonders im Juli 1941, im Mai und Oktober 1942 und im Juni 1943 erarbeitet worden sind [30]. Noch mehr als bei den Niederschriften Goerdelers ist hier der Entwurfcharakter zu betonen. Obwohl über viele Grundsätze im Kreisauer Kreis Einigkeit herrschte, waren sie doch noch so weit gefaßt, daß sie viele Möglichkeiten offen ließen, eben um die Einigung überhaupt zu ermöglichen. Zwar wurde der Kreisauer Kreis nach dem Gut des Grafen von Moltke, wo die Gruppe verschiedentlich getagt hat, bekannt. Aber er hatte keinen eigentlichen Führer, tagte viel öfter, wenn auch nicht als Plenum, in Berlin und bestand aus ganz eigenständigen Persönlichkeiten mit eigenen Überzeugungen. Diese waren zum Kompromiß wohl fähig und bereit, wußten auch, daß Politik ohne Kompromiß nicht möglich sei. Aber im Diskussionsstadium hielten sie an ihren eigenen Auffassungen fest. Meinungsverschiedenheiten über ganz wichtige Fragen, wie die der Enteignung der Grund- und Schwerindustrien, der Unterstützung eines Attentats, des Verwaltungsaufbaues nach dem Kriege oder der Konfessions- oder Gemeinschaftsschulen, blieben bis zum Untergang der Gruppe bestehen. Für das Herbeiführen einer praktischen Übereinkunft in diesen Dingen fehlte der Druck der konkreten Situation, da der Umsturz mißlungen ist.

Man kann also nur selten von den Auffassungen oder der Haltung »des Kreisauer Kreises« als Ganzem sprechen, ohne sich großer Vereinfachung schuldig zu machen, es sei denn, man beschränke sich auf die Entwürfe, über die zumindest zeitweise und wenigstens bei der Mehrheit des Kreises Einigkeit bestanden hat. Das soll denn auch hier geschehen [31]. Im übrigen ist hier nicht beabsichtigt, den politischen, wirtschaftlichen und sozialen Auffassungen des Kreises im einzelnen nachzugehen. Wesentlicher für den vorliegenden Bericht ist die Haltung und der Einfluß der am Kreisauer Kreis beteiligten Persönlichkeiten beim Umsturzversuch und seiner Vorbereitung. Darauf wird im 4. Abschnitt des X. Kapitels zurückzukommen sein.

Bei aller Verschiedenheit finden sich viele Parallelen zwischen den Gedanken Goerdelers und denjenigen der Kreisauer [32]. Hier wie dort findet sich die Betonung des Christentums als der Grundlage der Gesellschaft, der Wiederherstellung des Rechts, der Glaubens- und Gewissensfreiheit. Aber die Kreisauer Grundsätze gehen in einigen Punkten weiter, wobei sie manches an Nüchternheit und praktischer Durchführbarkeit einbüßen. So heißt es in dem Entwurf von 1943, »Grundsätze für die Neuordnung«, nicht nur, die Würde der menschlichen Person müsse unverletzlich sein, sondern etwa auch, das Recht auf Arbeit und Eigentum stehe »ohne Ansehen der Rassen-, Volks- und Glaubenszugehörigkeit unter öffentlichem Schutz«. Wie sollte das Recht auf Arbeit und Eigentum praktisch garantiert werden? Was würde man sagen, wenn etwa ausländische Kapitalgesellschaften sich in deutschen Industrie- und Wirtschaftszweigen einen bestimmenden oder gar vorherrschenden Einfluß verschafften? Mit der Stellung der Frage soll nicht gesagt sein, daß eine solche Entwicklung unbedingt verwerflich wäre, nur, daß sie sehr wahrscheinlich bei ihrem Eintreten erst lange Gesichter und dann Gegenmaßnahmen hervorgerufen hätte, die als Beschränkung des Rechts auf Eigentum hätten gelten müssen. Die starke Tendenz zu einer Art utopischem Sozialismus klingt an, wenn davon die Rede ist, daß nicht nur die Familie als Einrichtung, sondern auch die für ihr Leben nötigen äußeren Güter wie »Nahrung, Kleidung, Wohnung, Garten und Gesundheit« durch öffentlichen Schutz gesichert werden sollen.

Große Verwandtschaft mit Goerdelers Denken zeigen dagegen wieder die Grundsätze über Arbeit und politische Tätigkeit der Bürger: »Die Arbeit muß so gestaltet werden, daß sie die persönliche Verantwortungsfreudigkeit fördert..« Dazu gehören Berufsfortbildung, Mitverantwortung im Betrieb und im gesamten Wirtschaftszusammenhang. So suchte man der Vermassung entgegenzuwirken, dem Leben des einzelnen wieder organische Funktion und Sinn zu geben. In ähnlicher Weise erklärte man sich für die Ausübung persönlicher politischer Verantwortung durch Beteiligung des einzelnen an der Selbstverwaltung kleiner und überschaubarer Gemeinschaften. Von hier aus, von unten nach oben, sei die Mitbestimmung durch gewählte Vertreter im Staat und in der Völkergemeinschaft aufzubauen. Von der Familie zur Gemeinde, von da zum Land und zum Reich geht die aufsteigende Linie, immer nach den Grundsätzen und Methoden der Selbstverwaltung. Die Länder sollten nach einem Entwurf von Fritz-Dietlof Graf von der Schulenburg nicht zu groß sein, um möglichst Überschaubarkeit zu gewährleisten, doch sollten historische und kulturelle Gegebenheiten bei der Neuordnung beachtet werden[33].

Das Wahlsystem sah, im Gegensatz zu demjenigen Goerdelers, direkte Wahlen immerhin bis zur Kreisebene vor. Gemeinde- und Kreisvertretungen sollten von allen Wahlberechtigten (ab 21 Jahre; Familienväter erhielten für jedes nicht wahlberechtigte Kind eine weitere Stimme, bei Goerdeler eine weitere Stimme bei wenigstens drei Kindern) direkt gewählt werden in kleinen Wahlkreisen, die unbedingt für den Wähler überschaubar sein sollten. Über die wichtige Frage der Kandidatenaufstellung, über Zahl und Herkunft der Kandidaten, ist nur gesagt, eine nicht näher bestimmte Anzahl Wahlberechtigter solle sich auf sie einigen. Über die für den Wahlsieg erforderliche Mehrheit – einfache, absolute oder sonst qualifizierte Mehrheit – enthält der Entwurf nichts.

Auf Landes- und Reichsebene sollten die Vertretungen indirekt zustande kommen. Die Landtage der Länder waren von den Gemeinde- und Kreisvertretungen zu wählen. Sogar für große Städte wurde dieses Verfahren vorgesehen: Dort wählen die Bezirksvertretungen das Stadtparlament. Wählbar ist jeder Bürger über 27 Jahre, ausgenommen Militärpersonen; für Stadtparlamente, Landtage und Reichstag sind auch politische Beamte von der Kandidatur ausgeschlossen. Außerdem dürfen mindestens die Hälfte der so zu wählenden Vertreter nicht den wählenden Gemeinde- oder Kreisversammlungen angehören.

Den aus diesem nicht klar umrissenen Wahlsystem hervorgegangenen Selbstverwaltungskörperschaften werden wenigstens scheinbar große Zuständigkeiten gegeben, weit größere als bei Goerdeler. Der Landtag hat im Kreisauer Entwurf nicht nur das Recht, das Vermögen des Landes zu verwalten, sondern erhebt auch Steuern, stellt einen Haushalt auf und beschließt Landesgesetze, er wählt den Landeshauptmann und den Landesverweser, diesen allerdings gleich auf volle zwölf Jahre, an die Spitze der Landesselbstverwaltung. Der Landeshauptmann führt die Landesregierung aus Staatsräten. Aber der Landesverweser, der vom Reichsverweser (Staatsoberhaupt) bestätigt werden muß, soll die gesamte Landesverwaltung überwachen und die Landesbeamten ernennen – über ein Vorschlagsrecht einer gewählten Landeskörperschaft ist hier nichts gesagt – und überhaupt für die Verwirklichung der Reichspolitik im Land sorgen. Er hat den Vorsitz in einem Landesrat, dessen Zustandekommen nicht erläutert wird, der aber wohl analog zum Reichsrat als Oberhaus aus Wirtschafts-, Berufs- und vielleicht auch aus Gewerkschafts- und Kommunalführern zu denken ist. Der Landesverweser bildet also ein ungemein kräftiges Gegengewicht gegen den Landeshauptmann. Der durch Steuer- und Gesetzgebungsrecht unterstrichene Föderalismus fällt in der Wirklichkeit – vielleicht unbeabsichtigt – nur geringfügig aus [34].

Immerhin mochte dem Landtag noch ein gewisser Einfluß auf die Reichspolitik bleiben über die Wahl der Reichstagsmitglieder, die ihm zustand. Der Weg dahin führte durch ein höchst kompliziertes Verfahren, dessen Hauptzweck keinesfalls war, den Willen der Mehrheit der Bürger in der Reichspolitik zum Ausdruck zu bringen, sondern, möglichst verantwortungsbewußte und verantwortungsfähige Kräfte in die Führungsstellen zu bringen. Auch dieser Zug trat bei Goerdeler wesentlich stärker hervor durch die Forderung fünfjähriger Verwaltungserfahrung, während im Kreisauer Entwurf solche Bestimmungen fehlen. Hier heißt es nur allgemein, der Landtag wähle den Reichstag, und wenigstens die Hälfte der Gewählten – Zahlen sind gar nicht genannt – dürfe nicht dem Landtag selbst angehören. Woher sie kommen sollen, ist nicht angedeutet.

Der so gewählte Reichstag beschließt über Reichssteuern, Reichshaushalt und Reichsgesetze. Wieder fehlen bindende und klare Bestimmungen darüber, wie die Gesetze zustande kommen sollen. Die Reichsregierung würde ja wohl einen Entwurf z. B. zum Haushaltsgesetz vorlegen, aber dem Reichstag steht nur »Beschlußfassung« darüber zu. Sollte es die Reichsregierung im Konfliktfalle wie Bismarck machen, oder sollte sie abtreten? Darüber und auch über die wichtige Frage der Periodizität der Sitzungen des Reichstages ist nichts gesagt. Der Reichsregierung gegenüber hat er ein Frage- und Resolutionsrecht, er wählt das Staatsoberhaupt, den Reichsverweser, aber nicht die Reichsregierung, zu deren Zustandekommen der Reichstag nur durch »Zustimmung« beiträgt.

Gemeint ist damit wohl, daß die Reichstagsmehrheit mit der Berufung des Kanzlers durch den Reichsverweser einverstanden sein solle – oder müsse? Ausdrücklich festgestellt ist weder das eine noch das andere. Die Fachminister, die mit dem Reichskanzler zusammen die Regierung bilden, werden vom Kanzler vorgeschlagen und vom Reichsverweser ernannt. Hier ist nicht einmal von »Zustimmung« des Reichstages die Rede, die parlamentarische Verantwortlichkeit fehlt also. Allerdings ist durch ein etwas schwieriges Verfahren dafür gesorgt, daß ein Kanzler mit seiner Regierung auch bei genügendem Rückhalt beim Staatsoberhaupt nicht unbegrenzt an der Macht bleiben kann. Nicht nur der Reichsverweser kann den Kanzler abberufen, sondern auch der Reichstag kann die Abberufung verlangen (bindend?), muß es aber »mit qualifizierter Mehrheit« tun und zugleich einen neuen Reichskanzler vorschlagen. Weigert sich das Staatsoberhaupt, den vorgeschlagenen Kanzler zu berufen, so ist das Staatsleben in einer Sackgasse.

Zum Reichstag gesellt sich als zweite Kammer ein Oberhaus, der Reichsrat, der sich aus den Landesverwesern zusammensetzt, also nicht etwa aus den Landeshauptleuten, welche die Exponenten der Länderinteressen wären, sondern aus den Funktionären, die ohnehin in den Ländern die Reichsinteressen zu vertreten haben. Ferner besteht der Reichsrat aus dem Reichstagspräsidenten, dem Präsidenten der Reichswirtschaftskammer und aus weiteren vom Reichsverweser mit Zustimmung der Reichsregierung auf acht Jahre zu berufenden Reichsräten unbestimmter Zahl [35]. Der Reichsrat kann Vorschläge für die Wahl des Reichsverwesers machen, Empfehlungen an den Reichstag richten, er soll aber auch »die Disziplinargerichtsbarkeit über die Reichsregierung und die Landesverweser ausüben«. Unklar ist, ob dabei an die Funktion eines Verfassungsgerichtshofes oder bloß an die Aufsicht über das Einhalten der Vorschriften des Regierens gedacht war.

Auch hier aber gilt, wie bei allen mehr oder minder eigenartigen Verfassungsbestimmungen, daß es mehr darauf ankommt, was aus den Bestimmungen gemacht wird, wie sie gehandhabt werden, welche Verfahrensweisen sich durch Spontaneität, durch Präzedenzfälle oder Rückgriff auf Traditionen, durch Gewohnheit einbürgern und wie stark die Tendenz ist, sich an bewährte Verfahren zu halten, solange sie sich brauchbar erweisen. Andererseits ist die Vermutung sicher nicht unberechtigt, daß die – wegen mangelnder Präzision nicht immer eindeutige – Tendenz zum Autoritären, zur Konzentration der politischen Macht Gefahren und Versuchungen mit sich bringen mußte. Es ist mehr als zweifelhaft, ob gerade der Reichsrat mit seiner Unabhängigkeit vom Wählerwillen hier als Gegengewicht hätte wirken können[36].

Endlich ist noch das Staatsoberhaupt zu erwähnen. Der Reichsverweser wird auf Vorschlag des Reichsrates vom Reichstag auf 12 Jahre gewählt. Nach dem Kreisauer Entwurf repräsentiert er das Reich, unterschreibt die Gesetze und führt den Oberbefehl über die Wehrmacht sowie den Vorsitz im Reichsrat. Außerdem hat er das wichtige Recht, Reichskanzler zu berufen und abzuberufen. Über ein Auflösungsrecht für den Reichstag ist nichts gesagt, da es aber für sonst ausweglose Situationen nötig ist, muß man annehmen, daß es dem Reichsverweser zustehen sollte. So hat sich, trotz der umfassenden, aber nicht klar definierten Kompetenzen des Reichstages, eine ganz beträchtliche Machtfülle beim Staatsoberhaupt angesammelt. Er kann Kanzler und Regierungen einsetzen und absetzen, und er braucht sich, wenn man die Tendenz des Entwurfes richtig versteht, um den Reichstag dabei nicht notwendigerweise zu kümmern, im Konfliktfalle kann er über ihn hinweggehen. Da der Reichsverweser für eine begrenzte Zeit gewählt werden sollte, kann an eine Monarchie nicht gedacht gewesen sein, aber die zwölfjährige Amtszeit ist doch sehr lange.

Der Kreisauer Verfassungsentwurf, eigentlich ein Entwurf von Grundsätzen für einen Verfassungsentwurf, läuft darauf hinaus, eine starke zentrale Reichsgewalt durch eine erneuerte Elite in den Sattel zu heben und bis zu einem gewissen Grade auch zu kontrollieren. Die Betonung liegt aber auf Autorität und Elite.

Aus rein praktischen Erwägungen hielt man es im Kreisauer Kreis allgemein für unmöglich, sofort nach dem Staatsstreich zum parlamentarischen Parteiensystem zurückzukehren[37]. Alles, was unter »Weimar« im negativen Sinn verstanden wurde, sollte vermieden werden, besonders die Zersplitterung, der eigensüchtige und skrupellose Kampf der Parteien, der der Gesamtheit nur Schaden brachte, wie es sich ja doch gezeigt hatte. Die Möglichkeit der Neubildung von Parteien war für später offengelassen, aber zunächst wollte man darauf verzichten. Das erste Parlament sollte ohne Einschaltung der Parteien durch Personenwahl und durch das Delegationsprinzip von unten nach oben zustande kommen.

Sodann ist zu beachten, daß diese als Grundsätze und Richtlinien, nicht als sofort verwendbare Verfassungsinstrumente gedachten Entwürfe ein ganz besonderes, wenn auch vielleicht unrealistisches Ziel verfolgten. Sie sollten dazu beitragen, einen neuen Menschen hervorzubringen – wie nötig das ist, weiß man schon lange, und es ist heute nicht weniger nötig als damals –, und zwar durch Zusammenfassung und Zusammenarbeit aller geistig, politisch und sozial tragenden und verantwortungswilligen Kräfte von den Gewerkschaften bis zu den Kirchen. Partei- und Partikularinteressen sollten gegenüber dem Gesamtinteresse und dem Gesamtmenschlichen zurücktreten, nur nicht unter Zwang, sondern als Ergebnis freiwilliger Zusammenarbeit auf das gemeinsam erkannte Ziel hin. Integration ist das Schlüsselwort für solche Bemühungen, ganz im Gegensatz zu Goerdeler hielten es Moltke und die meisten der Kreisauer für wesentlich, »an die Stelle der herkömmlichen Parteien-Koalition den Versuch einer neuen inneren *Integration* zu setzen.[38]« Die Integration sollte stattfinden auf der Grundlage der christlichen Religion; denn ohne gemeinsame Grundlage ist sie natürlich nicht möglich.

Dr. Gerstenmaier hat schon bei den Beratungen in den Jahren 1942 bis 1944 gegen das Utopische in diesen Gedanken opponiert. Er hat sie aber damals nicht so entschieden abgelehnt wie heute (er meint jetzt, sie seien überhaupt nicht durchführbar gewesen), weil es sich bei den Entwürfen nicht um Fragen auf Leben und Tod, sondern eben um Entwürfe gehandelt hat. Auch im Kreisauer Kreis wußte man sehr wohl, daß in der praktischen Politik Kompromisse, also Koalitionen nicht zu vermeiden waren, daß man sich nach dem Staatsstreich sehr wahrscheinlich mit Goerdeler hätte einigen müssen[39]. In Kirchenfragen (Trennung von Staat und Kirche im Gegensatz zum Kreisauer Entwurf), in Schulfragen (Konfessions- oder Gemeinschaftsschule), in Agrarfragen (Großgrund- oder bäuerlicher Mittelbesitz), in Wirtschaftsfragen (Steuerung des Wettbewerbs, Kreisauer Planwirtschaft[40] gegen Goerdelers gezügelten Liberalismus, Verstaatlichungen) wäre es zu vielen Auseinandersetzungen gekommen, zumal man sich innerhalb des Kreisauer Kreises über diese Fragen gar nicht einig war[41].

Gemeinsam war jedoch allen Kreisauern und auch Goerdeler das Bestreben, der »Vermassung« entgegenzuwirken, also wenigstens in begrenztem Sinne die Suche nach dem neuen Menschen. Beide wollten den Menschen wieder in einen organischen Zusammenhang stellen und zumindest vorläufig die Parteien als seelenlose Machtapparate ausschalten. Bei Goerdeler liegt die Betonung auf dem Wunsch nach Heranziehung der am besten geeigneten und durch Verwaltungspraxis vorgeschulten Kräfte, bei den Kreisauern und besonders Moltke auf der Integration und der Erneuerung der Elite[42]. Aber an dem Vertrauen zum Wähler und Bürger, auf das doch beide Wert legten, fehlte es beiden, begreiflicherweise. Sie wollten mit ihren Vorschlägen Bürger heranbilden, die das

Vertrauen einst einmal rechtfertigen würden, aber bis dahin wollten sie ihre Auffassungen oktroyieren, die Erfahrung von Weimar schien dazu zu zwingen.

Diese illiberale, wenn auch wohlgemeinte Tendenz hat Hans Mommsen in seiner umfassenden Studie über »Gesellschaftsbild und Verfassungspläne des deutschen Widerstandes« unnachsichtig beleuchtet, aber er hat auch darauf hingewiesen, wie sehr die Planungen unter dem Druck der Gefahr im totalitären Staat und unter dem Druck der geistigen Isolierung standen, und wie sehr es besonders den Kreisauern an praktischen politischen Erfahrungen fehlte [43].

Beim Erfolg eines Staatsstreiches wären nicht nur die Kräfte zum Zuge gekommen, deren politische Auffassungen und Gedanken Gegenstand dieses Kapitels waren. Wohl hätten Goerdeler, Beck, Hassell, Moltke und Yorck bedeutende Rollen gespielt, aber auch die Brüder Stauffenberg und Julius Leber hätten gewichtig mitgesprochen, ja vielleicht den Ton angegeben. Besonders Claus Graf von Stauffenberg hatte durchaus eigene politische Auffassungen, die er auch durchzusetzen gedachte [44]. Die Praxis hätte in jedem Falle anders ausgesehen als die Theorie.

VII. Kontakte zu den Kriegsgegnern 1940-1944

1. Albrecht Haushofer 1940/41

Dem Scheitern bzw. der Folgenlosigkeit der Kontakte im Winter 1939/1940 waren die siegreichen Offensiven der deutschen Wehrmacht gegen Norwegen, die Niederlande, Belgien und Frankreich gefolgt. Der Triumph war groß, und es wäre zu verwundern gewesen, wenn sich im Sommer 1940 sehr viele Stimmen für die Beseitigung des Führers und Reichskanzlers des Deutschen Reiches gefunden hätten. Doch die entschlossenen Gegner Hitlers ließen von ihrem Ziel keinen Augenblick ab. Moltke zumal hat seine Haltung und seine Auffassungen auch im Angesicht des scheinbar unaufhaltsamen Erfolges, der bei einiger Mäßigung hätte festgehalten werden können, nicht aufgegeben. Ausdrücklich ließ er dies im Dezember 1940 an Lord Lothian, den britischen Botschafter in Washington, mitteilen[1]. Auch seine Verbindung mit dem amerikanischen Geschäftsträger in Berlin, Mr. Alexander C. Kirk, konnte er aufrechterhalten[2]. Freilich, solange hinter solchen Kontakten keine wirkliche Aussicht auf Umsturz stand, hatten sie wenig Sinn, so gefahrvoll sie auch für die Beteiligten sein mochten. Generale waren im Jahre 1940 weniger denn je zu einem Staatsstreich zu haben. Das änderte sich erst wieder, als der Angriff gegen Rußland bevorstand. Aber inzwischen mußten dennoch die Kontakte gepflegt und aufrechterhalten werden, schon damit sie bestanden, wenn sie gebraucht wurden.

Einer der ersten Sondierungsversuche seit dem Frankreichfeldzug ist mit dem Namen Albrecht Haushofer verbunden. Sein Vater, der Weltkriegsgeneral und Professor Dr. Karl Haushofer, galt als Begründer der deutschen geopolitischen Wissenschaft, und der Sohn lehrte seit 1934 Politische Geographie und Geopolitik an der Berliner Hochschule für Politik, seit 1939 an der Universität Berlin; zugleich war er Mitarbeiter des Auswärtigen Amtes[3]. Über seinen Vater hatte Haushofer enge Verbindung zum »Stellvertreter des Führers und Reichsminister ohne Geschäftsbereich« Rudolf Heß, der 1922 bei Professor Karl Haushofer kurze Zeit Assistent gewesen war, woraus sich trotz dem ganz ungenügenden geistigen Format Heß' eine enge und andauernde Freundschaft entwickelt hatte [4]. Während der dreißiger Jahre hatte Albrecht Haushofer oft Gelegenheit oder Auftrag, dank seiner gründlichen Kenntnis Englands, als Berater für Heß und indirekt für Hitler zu wirken. Mit Hilfe seines Einflusses suchte er die Ernennung Ribbentrops zum Außenminister zu hintertreiben, doch so erfolglos, daß er sich zu eindringlichen und öffentlichen Warnungen gezwungen sah [5].

Politisch war Haushofer eher nach rechts orientiert. Er bevorzugte eine bürgerlich-liberale, aber doch auch autoritäre Monarchie. Von Anfang an war er Gegner des Nationalsozialismus und der Hitlerschen Politik, aber Rücksicht auf die Eltern, das zur Hälfte jüdische Blut der Mutter, die Verbindung zu Heß und die Überzeugung, nur von innen wirken zu können, bestimmten Haushofer, den Bruch mit dem Regime nicht auch äußerlich zu vollziehen [6]. Er wollte, wie er im Dezember 1939 an seine Mutter schrieb, von dem »›havarierten, an einzelnen Stellen schon brennenden und von Narren und Verbrechern weithin beherrschten und geführten Schiff‹« nicht ins Wasser springen, wo er rasch versinken würde, sondern lauern und versuchen, »›vielleicht einmal einen wichtigen Steuerhebel zu greifen‹« [7]. Während des Krieges hatte er Verbindungen nicht nur mit dem Kreis um Hassell, Popitz und Langbehn, sondern auch mit dem Kreisauer Kreis und mit den führenden Mitgliedern der sogenannten Roten Kapelle, namentlich mit Harro Schulze-Boysen und Wolfgang Hoffmann-Zampis [8].

Wegen seiner freien Auffassungen und seinem offenen, klaren Urteil war Albrecht Haushofer unter der nationalsozialistischen Diktatur ebenso gefährdet wie wegen des jüdischen Blutes seiner Mutter, aber solange Heß in Ansehen stand und seine Hand über die Familie hielt, blieb die Gefahr neutralisiert. So konnte Haushofer noch im August 1937 in der *Zeitschrift für Geopolitik* schreiben: Man sei sich in San Francisco wie in Washington darüber klar, »›daß ein Existenzkampf Englands die Vereinigten Staaten nicht als teilnahmslose Zuschauer sehen würde‹«. Die Interessengemeinschaft zwischen beiden Mächten sei so tief, daß auch ohne Vertrag beide eine Politik betreiben können, als bestände ein unauflösliches Bündnis. »›Wer mit England in Konflikt gerät, sollte wissen, daß er auch Amerika unter seinen Gegnern haben wird – allen Neutralitätsgesetzen zum Trotz.‹« [9] Im Oktober 1938 vertrat Haushofer, ebenso öffentlich und wieder in der *Zeitschrift für Geopolitik*, den Standpunkt, Chamberlain sei mit seinen siebzig Jahren dreimal ins Flugzeug gestiegen, um Hitler »›im Gespräch von Mann zu Mann verständlich zu machen, daß das Empire seine Flotte so wenig umsonst mobilisiere, wie Deutschland sein Heer‹« [10]. Mit anderen Worten: Nur weil Hitler diesmal vor der englischen

Drohung zurückgewichen ist, konnte der Krieg vermieden werden. Als Haushofer sah, wie wenig Hitler die Lage verstand oder verstehen wollte und wie sehr er sich in Maßlosigkeit und Größenwahn steigerte, erhob er doch wieder und wieder seine Stimme, warnend vor der Entschlossenheit Großbritanniens und Frankreichs, keinen Schritt mehr nachzugeben. Noch im Juni 1939 sprach er das ganz unverschlüsselt in der *Zeitschrift für Geopolitik* aus [11]. Kaum jemand in Deutschland, der solche Auffassungen vertrat, konnte sie damals noch so frei publizieren wie Haushofer, der von Heß geschützt wurde und zugleich seine Verbindung zu Popitz, Beck und Hassell aufrechterhalten konnte.

Gegen sein durch genaue Kenntnis Englands vermitteltes Gefühl, daß die Westmächte einen vom Zaun gebrochenen Krieg bis zur endgültigen, diesmal ganz unmißverständlichen Niederlage Deutschlands führen würden, suchte Haushofer doch nach Wegen, die Westmächte unter der Voraussetzung eines Umsturzes in Deutschland zum Entgegenkommen gegenüber Deutschland zu bewegen. Da auch Hitler daran interessiert war, nach dem Sieg über Frankreich irgendwie den britischen Gegner wieder loszuwerden, und da Heß glaubte, in Hitlers Sinne tätig werden zu sollen, bot sich Haushofer eine Gelegenheit, auf zwei Gleisen gleichzeitig zu fahren. Heß wollte Hitler helfen, mit England zum Frieden zu kommen; Haushofer wollte die dadurch eventuell gegebenen Kontaktmöglichkeiten im Sinne der Opposition ausnützen, um die außenpolitische Grundlage für einen Staatsstreich zu schaffen [12].

Heß wandte sich um den 1. September 1940 an Professor Karl Haushofer mit der Frage, ob er keinen Weg wisse, wie der nunmehr vorbereitete Angriff gegen England doch noch verhindert werden könnte, und Professor Karl Haushofer faßte das als einen Wink auf, der eigentlich seinem Sohn Albrecht galt; er meinte, vielleicht könnte dieser in Lissabon mit geeigneten britischen Persönlichkeiten zusammentreffen. Seinen Sohn fragte er in einem Brief vom 3. September 1940, ob er nicht mit Sir Ian S. M. Hamilton oder mit Douglas Douglas-Hamilton, dem Duke of Hamilton, in Verbindung treten könnte [13]. Albrecht Haushofer ging mit dem Brief zu Heß und besprach sich am 8. September in Bad Gallspach eingehend mit ihm über die Frage einer Friedensvermittlung [14].

Albrecht Haushofer fertigte eine vom 15. September datierte Niederschrift über sein Gespräch mit Heß an und hielt darin auch seine eigene Auffassung zu dem Vorhaben fest. Das Schriftstück schickte er mit dem Vermerk »Streng geheim« zur Aufbewahrung an seine Eltern [15]. Heß meinte, es müsse sich doch in England in verantwortlicher Stellung irgend jemand finden lassen, der auf Hitlers Wunsch nach Frieden einzugehen bereit sei, worauf Haushofer erwiderte, daß »praktisch alle irgendwie in Frage kommenden Engländer einen vom Führer unterschriebenen Vertrag für einen wertlosen Fetzen Papier hielten«. Hitler habe zu viele Verträge gebrochen, um noch glaubwürdig zu sein; in der angelsächsischen Welt gelte Hitler als »Stellvertreter des Satans auf Erden«, gegen den es nur Kampf gebe. Als Heß weiter insistierte und von Haushofer wissen wollte, ob er denn für sich persönlich irgendwelche Möglichkeiten zu Kontakten sehe, antwortete Haushofer sehr geschickt, es wäre allenfalls möglich, über den britischen Botschafter in Washington die Engländer davon zu überzeugen, daß ein unsicherer Friede immer noch besser wäre als der Krieg. Voraussetzung sei freilich, daß England nicht auf amerikanische Hilfe hoffen könne, und das sei nur in Washington festzustellen, von Deutschland aus nicht. Außerdem wäre noch denkbar, über den Duke of Hamilton bei einem Zusammentreffen auf neutralem Boden etwas zu erreichen, da jener Zugang zu Churchill und zum König habe. Heß sagte schließlich, er werde sich die Sache noch einmal überlegen. Haushofer nahm an, daß Heß mit Hitler reden wollte.

Unter dem 10. September ließ Heß wieder von sich hören, wiederum in einem Brief an Karl Haushofer: Er habe sich die Sache überlegt und halte es nun für das beste, wenn Karl Haushofer oder sein Sohn Albrecht zu ihrem Freund – womit nur der Herzog von Hamilton gemeint sein kann – unter Vermeidung aller offiziellen Kanäle Verbindung aufnehmen und sondieren könnten, ob der Freund in naher Zukunft ins neutrale Ausland kommen könne bzw. wo er sich nächstens sonst aufhalten werde[16]. Durch Verzögerungen bei der Post erhielt Haushofer diesen Brief von Heß erst am 18. September.

Obwohl Haushofer angesichts des immer näheren Zusammenrückens Großbritanniens und der Vereinigten Staaten so gut wie keine Hoffnung auf Erfolg hatte, entsprach er doch dem Wunsche von Heß. Er entwarf einen Brief an den Duke of Hamilton und schrieb unter dem 19. September an Heß. Von beiden Schreiben sowie von seiner Niederschrift über das Gespräch vom 8. September schickte er den Eltern am selben Tag Kopien mit der Bitte um Aufbewahrung[17].

In seinem Brief an den Duke of Hamilton, der erst am 23. September von Haushofer über Heß' Bruder abgeschickt wurde, bat er um Nachricht, ob jener für kurze Zeit zu einer überaus wichtigen Besprechung, deren Gegenstand der Herzog auf Grund der früheren Kontakte mit Haushofer leicht ahnen könne, etwa nach Portugal kommen könne[18].

In dem Brief an Heß erläuterte Haushofer noch einmal das Verfahren, durch welches sein Brief in die Hände des Herzogs gelangen sollte, und

empfahl indirekt sich selbst als den deutschen Partner für die Kontakt-
aufnahme, weil »H[amilton] – wie viele Engländer gegenüber persönlich
Unbekannten – äußerst zurückhaltend ist«. Übrigens gebe Haushofer den
schon früher erwähnten Wegen über Botschafter Lord Lothian in Washington oder über Sir Samuel Hoare in Madrid immer noch etwas bessere
Chancen als dem über seinen Freund Lord Hamilton. »Freilich sind sie
– politisch gesehen – schwerer zu beschreiten.«

Haushofer könnte gegenüber dem Duke of Hamilton mit offiziellem
Auftrag und gegen Verdächtigungen zu Hause gedeckt auftreten, mit sehr
geringer Aussicht auf Erfolg. Wenn er aber bei Lord Lothian oder Sir Samuel Hoare etwas erreichen wollte, so durfte er keinesfalls als Abgesandter der Regierung Hitlers erscheinen. Er müßte also die Möglichkeit haben,
mit zuverlässiger geheimer Deckung durch die deutsche Regierung (über
Heß), seinen englischen Gesprächspartnern gegenüber als nichtoffizieller
Emissär aufzutreten, dessen Auftrag mit der amtlichen Politik und mit
amtlichen Stellen nichts zu tun hat; und dann könnte er sich insgeheim
als Repräsentant der Widerstandsbewegung zu erkennen geben und, ohne
Desavouierung befürchten zu müssen, den Engländern die Voraussetzungen für einen innerdeutschen Umsturz klarmachen [19].

Da sich Heß für den Brief an den Herzog und nicht für eine Reise
Haushofers entschieden hatte, mußte dieser zunächst tun, was er im Sinne
der Opposition für sinnlos hielt. Er hat auf seinen Brief keine Antwort
erhalten, obwohl sein Inhalt den Empfänger erreicht hat [20]. Nun ereignete
sich lange Zeit nichts mehr, während der Angriff gegen England in den
Hintergrund trat und die Vorbereitungen für den Feldzug gegen Rußland
immer intensiver vorangetrieben wurden.

Erst im April 1941 erhielt Haushofer wieder Gelegenheit zu einem Kontaktversuch [21]. Er versuchte, Professor Carl Jacob Burckhardt in den Augen
von Heß als Mittelsmann zu seinen englischen Freunden aufzubauen,
um dann in die Schweiz reisen zu können [22]. Schon am 30. Januar 1941,
als Hassell sich in Genf aufhielt, hatte Burckhardt ihn eigens aufgesucht
und ihm mitgeteilt, er habe auf privatem Wege eine Botschaft aus London
erhalten, wonach man dort immer noch – allerdings wohl mit Ausnahme
des Ende Dezember 1940 ins Kabinett eingetretenen Außenministers Anthony Eden – zu einem Verständigungsfrieden mit Deutschland bereit sei,
etwa auf dieser Grundlage: Wiederherstellung Belgiens, der Niederlande
und irgendeines Polen ohne die früher deutschen Provinzen; Dänemark
könne deutsches Einflußgebiet bleiben, die Tschechei ebenfalls, ehemalige
deutsche Kolonien wären zurückzugeben; dies alles sei allerdings mit
Hitler nicht zu machen, dem könne man kein Wort mehr glauben [23].

Dann traf Hassell am 10. März 1941 bei Popitz mit Albrecht Haushofer zusammen, wo er mit diesem überlegte, wie seine Beziehungen über die Schweiz ausgenützt werden könnten, um alliierte Zusicherungen für den Fall der Regimeänderung in Deutschland zu erhalten[24].

Am 28. April sprach Haushofer in Genf mit Professor Burckhardt. Das Ergebnis war für Haushofers eigentliche Absicht nicht ermutigend. Als er am 8. Mai nach Berlin zurückkam[25], konnte er nicht die Zusicherungen mitbringen, welche die Generale in der Lage Anfang 1941 allenfalls zu Umsturzerwägungen hätten bewegen können, die bei ihnen wegen des nun drohenden Zweifrontenkrieges, einer militärischen Todsünde, immerhin wieder Eingang fanden. Aber Haushofer hoffte, den Kontakt pflegen und mehr erreichen zu können, wenn er sich weiterhin als Mann mit guten Verbindungen empfahl. Etwa zur selben Zeit versuchte er durch eine Einladung zu einem Vortrag den Vorwand zu einer Reise nach Spanien zu bekommen[26]. In der Nacht vom 10. auf 11. Mai traf in Berlin über das Auswärtige Amt die Nachricht ein, daß Haushofer seinen Vortrag vor der Akademie der Wissenschaften in Madrid schon am 12. Mai halten solle[27]. Es schien sich also die Aussicht zu bieten, mit Sir Samuel Hoare zu konferieren.

Aber am 10. Mai hatte der Stellvertreter des Führers, Rudolf Heß, seinen überraschenden Flug nach England unternommen, um dort über den Herzog von Hamilton mit dem König in Verbindung zu treten und Frieden zu stiften[28]. Haushofer hatte damit nichts zu tun; für ihn war der tollkühne und leicht irrsinnige Flug eine Katastrophe. Nicht nur verlor die Familie Haushofer ihren Schutzpatron und verfiel allmählich in immer größere Ungnade und Verfolgung, die nach dem 20. Juli 1944 ihren für Albrecht Haushofer tödlichen Höhepunkt erreichte, sondern auch die eingeleiteten Schritte und ihr Träger, Albrecht Haushofer, verloren sowohl bei Hitler wie auch im Ausland Glaubwürdigkeit und Respektabilität. Ein solches Spektakel wie der sensationelle Flug von Heß konnte überall nur schaden und alle die feingesponnenen Kontakte, die so sehr der Stille und Diskretion bedurften und alles Laute und Grelle scheuten, zerstören.

Am frühen Morgen des 12. Mai wurde Haushofer in Berlin verhaftet und von da sofort zu Hitler auf den Obersalzberg gebracht und vernommen[29]. Am Abend des Tages schrieb er hier einen Bericht nieder über seine englischen Verbindungen und über die mit Heß zusammen unternommenen Versuche, sie zur Friedensvermittlung auszunützen[30]. Selbstverständlich kam es in solcher Lage nicht vor allem darauf an, dem späteren Historiker zuverlässige Dokumente zu liefern, sondern das im Sinne des Regimes Unverdächtige der Heßschen und Haushoferschen Bemühungen deutlich zu machen und die eigene Rolle als die eines Empfängers linientreuer Befehle hinzustellen. Zugleich hat Haushofer mit bewundernswerter Geistesgegenwart und Gelassenheit noch versucht, sich für weitere Aufträge unentbehrlich zu machen.

So liest man in seinem Bericht, vor kurzem habe ein einflußreicher Engländer Professor Burckhardt gegenüber »den Wunsch wichtiger englischer Kreise nach der Prüfung von Friedens-Möglichkeiten ausgesprochen« (was nicht stimmte), worauf Haushofer Burckhardt die Vermittlung eines nachweislich aufrichtigen Kontaktes zu entsprechend ermächtigten englischen Persönlichkeiten anheimgestellt habe. Dazu könnte er, Haushofer, wie er Professor Burckhardt mitgeteilt habe, wahrscheinlich noch einmal nach Genf reisen. Was die möglichen Friedensgrundlagen betreffe, so habe Burckhardt den Eindruck (was ebenfalls größtenteils nicht stimmte), die gemäßigten Gruppen in Großbritannien haben nur nominelles Sachinteresse an ost- und südosteuropäischen Gebieten mit Ausnahme Griechenlands, würden aber auf Wiederherstellung »der westeuropäischen Staatenwelt« bestehen, dagegen in der Kolonialfrage sicher weit entgegenkommen, sofern sich Deutschland in seinen Forderungen auf alten Besitz beschränke. Davon hatte natürlich nur der Punkt betreffend die Wiederherstellung der westeuropäischen Staatenwelt die Unterstützung und Zustimmung Burckhardts, aber Haushofer mußte ja versuchen, Hitlers Ermächtigung zu weiteren Verhandlungen mit England zu erhalten, um sie dann im Sinne der Opposition nützen und vielleicht in letzter Stunde noch den Krieg gegen Rußland verhindern zu können. Burckhardt war tatsächlich der Auffassung, daß England zu einem Frieden auf vernünftiger Grundlage noch immer bereit sei, jedoch, wie Hassell es formulierte, »1. nicht mit unseren jetzigen Regenten, und 2. vielleicht nicht mehr lange« [31]. Die offene Wiedergabe der angeblichen – und sinngemäß völlig richtigen – Äußerung Burckhardts, alle Beziehungen zwischen Deutschland und England werden von der Schwierigkeit überschattet, »zwischen Berlin und London eine personelle Vertrauensbasis« zu finden, gefolgt von geschickt eingeflochtenen Wendungen wie »der bodenständige Teil der Plutokratie« und »das bodenfremde, vor allem jüdische Element«, mußte geeignet sein, Hitler von der Loyalität, Ehrlichkeit und Harmlosigkeit Haushofers zu überzeugen [32].

Haushofer fand jedoch kein Gehör. Seine Verbindung mit Heß brachte ihm acht Wochen Gestapo-Haft in der Prinz-Albrecht-Straße in Berlin ein, und nach der Entlassung das durch nichts mehr zu zerstreuende Mißtrauen des Regimes. Inzwischen begann am 22. Juni 1941 der Krieg gegen Rußland und machte ohnehin die Hoffnungen auf

Frieden und Verständigung mit England zunichte. Die Vereinigten Staaten engagierten sich immer mehr in Europa und würden sich, wie Haushofer in seinem Bericht an Hitler vorausgesagt hatte, von dem einmal gefaßten Ziel der Niederwerfung Deutschlands nicht mehr abbringen lassen, Großbritannien aber konnte der Zukunft ruhig entgegensehen, die Niederlage Deutschlands war sicher.

2. Hassell 1941/42

Diesem Standpunkt näherte man sich sogar in der deutschen Opposition. Zwei Monate nach dem Angriff auf Rußland herrschte im Kreise von Hassell, Popitz und Goerdeler die Meinung, daß die Kriegsgegner die völlige Niederwerfung Deutschlands schon vor sich sehen und also »ein anständiges Regierungssystem jetzt auch keinen annehmbaren Frieden mehr bekäme« [33]. Das schloß aber weitere Sondierungen zur Überprüfung dieser Auffassung und eventuellen Feststellung der Möglichkeiten nicht aus.

Die Verkündung der Atlantik-Charta am 14. August 1941, einer zwischen Churchill und Roosevelt auf einem englischen Schlachtschiff im Nordostatlantik getroffenen allgemeinen Vereinbarung über die Ziele des Krieges, hatte eine neue Lage geschaffen. Amerika war noch nicht im Krieg, aber sein Eintritt war offenbar nur noch eine Frage der Zeit und des Anlasses. Insgesamt enthielt die Charta, wie Rothfels gezeigt hat, neben Lippenbekenntnissen zu verschiedenen Idealen eine gewaltige Drohung für Deutschland: völlige Niederwerfung nicht nur des Regimes, sondern aller solcher »Nationen, die mit Angriffen jenseits ihrer Grenzen drohen und drohen könnten« [34]. Da Churchill zur Charta den Kommentar gab, gegenüber Feindländern verpflichte man sich mit ihr zu nichts, galt sie nur für Neutrale und Verbündete. Neutrale brauchten die Zusicherungen territorialer Integrität nicht, für Verbündete war diese wohl selbstverständlich zu einer Zeit, da keine westliche Regierung zugegeben hätte, daß Annexionen zuungunsten Polens oder der baltischen Staaten möglich seien [35]. Also fehlte der Charta die Substanz – von der Drohung gegen die Feinde abgesehen. So faßte man sie auch in Kreisen der Opposition auf: die Generale würden nun sagen können, die Kriegsgegner wollen nicht nur Hitler, sondern Deutschland überhaupt niederschlagen und wehrlos machen. Es schien also wieder einmal nötig, in London zu sondieren und zu klären.

Dazu bot sich eine durch den Rechtsanwalt Dr. Langbehn vermittelte Gelegenheit, als Professor Burckhardt in Angelegenheiten des Roten Kreu-

zes sich in Deutschland aufhielt, ehe er demnächst aus ähnlichem Anlaß
nach England reisen würde. Am 18. August trafen Burckhardt, Hassell
und Langbehn bei München zusammen. Hassell legte den Standpunkt
des »nationalen Deutschland« dar: Die Gegenseite dürfe den Regimewechsel nicht fordern, er müsse Angelegenheit der deutschen Opposition
bleiben; Drohungen wie die, welche die Atlantik-Charta enthalte, zerstören jede vernünftige Friedenschance; das nationale Deutschland stelle
maßvolle, aber auch gewisse nicht aufzugebende Ansprüche [36].

Am oder kurz nach dem 20. Januar 1942 sprach Hassell wieder mit Burckhardt, den er in Genf auf der Rückreise von einem Vortrag in Paris
aufsuchte [37]. Burckhardt berichtete, Friede sei allerdings mit Hitler und
seinem System nicht mehr möglich, wohl aber – nach Ansicht von Regierungskreisen der Umgebung von Lord Halifax und Churchill – mit
»einem anständigen Deutschland«. Immer wieder sei nach den Generalen
gefragt worden und man sei sehr skeptisch gewesen hinsichtlich der Möglichkeit eines Umsturzes in Deutschland. Dagegen scheinen die Grenzen
von 1914 durchaus noch eine brauchbare Grundlage für Friedensgespräche
zu sein [38].

Ein Kontakt Hassells zur amerikanischen Regierung führte über den
New Yorker Geschäftsmann Federico Stallforth [39]. Stallforth wollte insbesondere zwischen Deutschland und den Vereinigten Staaten den wacke-
ligen Frieden erhalten helfen und zu diesem Zwecke mit verantwortlichen Mitgliedern der deutschen Regierung sprechen. Im Frühjahr 1941
war er nach Deutschland gekommen, konnte aber erst im Sommer bis
zu Ribbentrop vordringen. Diesem schlug er vor, Hassell zu Verhandlungen mit dem amerikanischen Botschafter in Italien nach Rom zu schicken,
aber es wurde nichts daraus. Auch eine Mission Schachts in Amerika
hielten Stallforth und selbstverständlich Schacht für möglich, doch ebenfalls ohne konkretes Ergebnis.

Hassell suchte weiterhin politische und wirtschaftliche Zusicherungen
für den Fall eines Umsturzes zu bekommen, und im Oktober erhielt er
von dem inzwischen nach Amerika zurückgekehrten Stallforth die Nachricht, »daß die ›Proposition‹ in Amerika auf sehr guten Boden gefallen
sei« [40]. Die von Beck und Hammerstein gutgeheißenen Vorschläge Hassells
klingen tatsächlich gemäßigt: Entfernung Hitlers und seiner Regierung;
Rückzug der deutschen Truppen von allen seit 1933 in Besitz genommen
Gebieten außer der Saar, Österreich und Danzig; Tausch des polnischen
Korridors gegen das bisherige Ostpreußen (nach dem Stand von 1933);
keine Reparationen [41]. Aber die Vereinigten Staaten konnten nicht für
London sprechen, und Stallforth drang nicht zu Roosevelt vor. Dann kam

am 7. Dezember der japanische Überfall auf Pearl Harbour und machte alles zunichte.

3. Lochner 1941/42

Fast zur selben Zeit und ebenfalls im Angesicht des drohenden Kriegseintritts der Vereinigten Staaten trat die Opposition an Louis P. Lochner heran, den Pressekorrespondenten und Leiter des Berliner Büros der Associated Press. Lochner hatte schon seit Jahren Verbindung zu Hermann Maaß, dem ehemaligen Geschäftsführer des Reichsausschusses der deutschen Jugendverbände, und zu Generaloberst Beck. Maaß hatte durch Vermittlung Becks Lochner im August 1939 eine Niederschrift der Ansprache Hitlers vom 22. August überbracht. Gelegentlich nahm Lochner an geheimen Zusammenkünften oppositioneller Kreise teil [42].

Im November 1941 wurde er eines Nachts zu einem Treffen von 12 bis 15 Personen im Hause des ehemaligen Reichstagsabgeordneten der Zentrumspartei, Dr. Josef Wirmer, zugezogen, bei dem Jakob Kaiser den Vorsitz führte. Zu den Anwesenden gehörten Vertreter der ehemaligen Gewerkschaften, der Bekennenden Kirche, einiger demokratischer Parteien der Weimarer Zeit (Zentrum, SPD, Deutsche Volkspartei), ferner je ein Vertrauensmann von Canaris und Beck. Da Lochner den Präsidenten der Vereinigten Staaten kannte und beide zugleich mit Prinz Louis Ferdinand von Preußen befreundet waren, der 1938 im Weißen Haus zu Gast gewesen war, schien Lochner als Mittelsmann zwischen der Opposition und Präsident Roosevelt besonders geeignet.

In jener Novembernacht des Jahres 1941 nun wurde Lochner von den heimlich Versammelten gebeten, sogleich nach seiner bevorstehenden Rückkehr in die Vereinigten Staaten dem Präsidenten in möglichster Ausführlichkeit von der Zusammensetzung, den Zielen und der Tätigkeit der Opposition zu berichten. Ferner sollte er den Präsidenten ersuchen, sich zu der Frage zu äußern, welche Regierungsform Amerika für ein von Hitler befreites Deutschland bevorzugen würde. Um spätere Verständigungen zu erleichtern, übergaben die Verschwörer Mr. Lochner einen geheimen Radiokode, mit dessen Hilfe sie eine Funkverbindung zwischen dem amerikanischen Präsidenten und der deutschen Opposition herstellen wollten.

Mr. Lochner versprach alles in seiner Macht Stehende zu tun, aber er konnte sein Versprechen erst im Juni 1942 einlösen, da er, wie viele seiner Kollegen, nach der Kriegserklärung Deutschlands an die Vereinigten Staa-

ten im Dezember 1941 zunächst interniert worden war. Nach seiner endlichen Rückkehr bemühte er sich sofort um eine Audienz bei Präsident
Roosevelt mit der Begründung, er habe sehr persönliche und vertrauliche
Mitteilungen von Prinz und Prinzessin Louis Ferdinand von Preußen
sowie geheime Nachrichten von Widerstandsgruppen in Deutschland zu
überbringen, die er niemand anderem bekanntgeben dürfe. Aber alle
Versuche, beim Präsidenten vorgelassen zu werden, schlugen fehl, auf
eine schriftliche Anfrage von Chicago aus blieb er ohne Antwort. Endlich
erhielt er auf dem Umweg über das Washingtoner Büro der Associated
Press die Mitteilung, daß man seine Nachrichten nicht zu erhalten
wünsche und daß er von weiteren Versuchen, sie zu überbringen, gefälligst Abstand nehmen möge.

Die Erklärung für die amerikanische Haltung liegt auf der Hand. Wohl
war die Regierung in Washington über die deutsche Widerstandsbewegung
gut unterrichtet. Adam von Trott zu Solz hatte schon 1939 Verbindungen
geknüpft. Im November 1942 ging Allen Welsh Dulles, der spätere
Direktor der Central Intelligence Agency, nach Bern mit dem ausdrücklichen Auftrag seiner Regierung, ständige Verbindung mit der deutschen
Opposition aufzunehmen. Er unterrichtete seine Vorgesetzten über alle
Entwicklungen, und in Washington sammelten sich große Mengen Material über den Widerstand in Deutschland [43]. Aber die Vereinigten
Staaten lagen im Kampfe nicht nur mit dem nationalsozialistischen Regime, sondern, wie man es in Washington sah, mit einem Volk, das von
einer freiheitsfeindlichen und menschenfeindlichen Ideologie durchdrun-
gen war und das aus einer furchtbaren Niederlage in einem ähnlich impe-
rialistischen Krieg nichts gelernt hatte. Über den totalen Machtanspruch
Hitlers mußte ein totaler Sieg errungen werden. Von diesem Gesichtspunkt aus konnte es der amerikanischen Regierung, wie Lochner mitgeteilt wurde, nur größte Verlegenheit bereiten, wenn sie erfahren und anerkennen müßte, daß es in Deutschland eine zur Übernahme der Regierung fähige Opposition gegen Hitler gab.

Dazu kommt das Verhältnis der Vereinigten Staaten zu ihren Alliierten.
Irgendwelche Zusicherungen an die Widerstandsbewegung konnten nicht
ohne Konsultationen gemacht werden, diese aber wären auf einen Verrat
der Opposition hinausgelaufen. Hätte schließlich Stalin erfahren, daß die
Amerikaner »mit den Deutschen« verhandelten, so hätte er womöglich
versucht, ihnen zuvorzukommen und mit Hitler einen Sonderfrieden
abzuschließen. Jedenfalls bestand die Gefahr, daß die Westmächte Rußland als Verbündeten verloren und daß die Vereinigten Staaten die Last
des Kampfes sowohl gegen Japan als auch gegen Deutschland nahezu

allein zu tragen gehabt hätten. Noch 1945 hat Roosevelt bei der Konferenz von Jalta darauf gedrängt, daß Rußland möglichst sofort in den Krieg gegen Japan eintrete, sobald der Krieg in Europa zu Ende sein werde; denn niemand kannte bis dahin die Wirkung der Atombombe.

4. Trott, Bonhoeffer, Schönfeld 1942

Während des ganzes Krieges bestanden zahlreiche Verbindungen zwischen Angehörigen und Freunden des Kreisauer Kreises und neutralen und alliierten Ländern. Es können hier nur die bedeutendsten berichtet werden [44].

Der Wendepunkt des Kriegseintritts der Vereinigten Staaten führte allenthalben zu neuen Überlegungen und Bemühungen, so auch unter den Kreisauern. Ende April 1942 übergab Trott in Genf dem Generalsekretär des Ökumenischen Rates der Kirchen, Dr. W. A. Visser't Hooft, ein Memorandum, das er mit anderen Mitgliedern des Kreisauer Kreises, Dr. Hans Schönfeld und Dr. Eugen Gerstenmaier zumal, der schon 1939 und 1940 im Auswärtigen Amt mit Trott zusammengearbeitet hatte, verfaßt hatte, und das als Ergebnis der genannten Überlegungen anzusehen ist [45]. Es sollte von Visser't Hooft an den damaligen Lord Geheimsiegelbewahrer Sir Richard Stafford Cripps übergeben werden.

Mit dem Memorandum verfolgten Trott und seine Freunde den Zweck, irgendeine ermutigende Stellungnahme der Engländer zu erhalten, die der Herbeiführung des Staatsstreiches dienen könnte. Aber wenigstens ebensosehr war es ihm darum zu tun, ganz im Sinne Moltkes, für Verständnis der Lage der westlichen Welt, zu der Deutschland mit Frankreich, England und allen anderen »westlichen« Staaten gehörte, also für die gemeinsame Verantwortung zu wirken.

Gegenwärtig, so skizzierte das Memorandum die Lage, ereigne sich eine derart massenhafte Zerstörung von menschlichem Leben und wirtschaftlicher Substanz, daß auch die Sieger nach dem Kriege von schwerer Verarmung betroffen sein werden. Aus der Notwendigkeit der Kriegsanstrengungen nehme auch in liberalen Ländern die totalitäre Kontrolle des Lebens immer mehr zu, während gleichzeitig eine Tendenz zu anarchischer Auflösung und Fragmentierung allen bürgerlichen und zivilisierten Lebens bestehe. Die Erfolge der Roten Armee und im Zusammenhang damit die Ausbreitung der kommunistischen Zellentätigkeit in der ganzen westlichen Welt erhöhten überall die Gefahr der Bolschewisierung. Die deutsche Widerstandsbewegung gegen Hitler wolle dafür keine Entschuldigun-

gen vorbringen, sondern anerkenne ihren Anteil an der Verantwortung für
die entstandene Lage. Angesichts ihres Kampfes fühle sie sich aber auch
berechtigt, an die Solidarität der westlichen zivilisierten Welt dringend zu
appellieren. Diese sollte sich zuerst dadurch ausdrücken, daß die Äußerungen und Appelle der Opposition in Deutschland nicht öffentlich verächtlich gemacht werden.

Um eine Katastrophe in Europa zu verhindern, sei zunächst das wichtigste der Umsturz des gegenwärtigen Regimes in Deutschland. Dazu gebe
es zwei Möglichkeiten, die beide mit außerdeutschen Umständen verknüpft seien. Die eine Möglichkeit gehe von dem Erfolg der sowjetischen
Waffen aus; werde Hitler durch diese gestürzt, so werde das auf eine
gesamteuropäische Katastrophe hinauslaufen und schließlich zur Weltrevolution mit militärischen Mitteln führen. Der Erfolg der zweiten Möglichkeit, nämlich der Errichtung einer Regierung, die wieder zu den Maßstäben des zivilisierten Europa zurückkehren würde, sei jedoch ebenfalls
von außerdeutschen Bedingungen abhängig: von der endgültigen Überwindung des europäischen Nationalismus, besonders soweit er sich militärisch manifestiere.

Die antinationalsozialistischen Kräfte in Deutschland, so fuhr die Denkschrift fort, setzen sich zusammen aus bedeutenden Teilen der Arbeiterklasse, aus einflußreichen Kreisen in der Armee und in der Staatsverwaltung, aus den militanten Gruppen der Kirchen. Einzelheiten und Namen
könnten natürlich nicht genannt werden. Die Ziele dieser weitverzweigten
Widerstandsbewegung seien: Selbstverwaltung und Dezentralisation in
Deutschland durch Aufteilung der Massengesellschaft in lokale Selbstverwaltungskörperschaften und -gruppen sowie durch Anwendung »moderner
sozialistischer Grundsätze in allen Sparten des politischen und wirtschaftlichen Lebens«; organische Verbindung der Selbstverwaltung und des
Föderalismus innerhalb Deutschlands mit einem auch England umfassenden europäischen Föderalismus; enge internationale Zusammenarbeit mit
anderen Kontinenten; Wiederherstellung eines freien Zugangs zu überseeischen Rohmaterialien anstelle nationaler Autarkiebestrebungen; Re-
organisation Europas unter Verzicht auf die Wiederherstellung eines
Status quo, statt dessen Konzentration auf die Schaffung sozialer und politischer Sicherheit; Zusammenarbeit bei einer internationalen Lösung der
jüdischen Frage.

Auf die Bedenklichkeit einiger dieser Punkte braucht kaum besonders
hingewiesen zu werden. Man wird berücksichtigen müssen, daß zur Zeit
der Abfassung der Denkschrift die militärische Lage Deutschlands nicht
akut hoffnungslos war – wie Schönfeld am 31. Mai 1942 gegenüber dem

Bischof von Chichester sagte, hielt die deutsche Armee damals immerhin
russisches Gebiet von 1600 Kilometern Tiefe besetzt[46] – und daß immer
auf gewisse »nationale« Elemente in der Widerstandsbewegung, besonders in der Armee, Rücksicht genommen werden mußte. Aber so allgemeine Formeln wie das »Recht der Selbstbestimmung im Rahmen der
Europäischen Föderation für *alle* Nationen« und Wiederherstellung »eines
freien polnischen und eines freien tschechischen Staates innerhalb ihrer
ethnographischen Grenzen« waren für die britische Regierung nicht annehmbar. Ihre unmittelbare Vorgängerin hatte am 25. August 1939 Polen,
wie es damals bestand, jede Unterstützung einschließlich sofortiger
militärischer Hilfe beim Angriff einer dritten Macht zugesichert[47]. Dem
Memorandum zufolge aber müßte Polen große Gebiete ohne Kompensa-
tion aufgeben, vielleicht sogar den Zugang zur Ostsee. Ob ein rein tsche-
chischer Staat lebensfähig wäre, war zweifelhaft, jedenfalls bestanden
auch hier frühere internationale Verpflichtungen zumindest im Sinne
des Münchner Abkommens. Im Elsaß und in Lothringen schließlich
wäre das Prinzip der Selbstbestimmung für Frankreich unannehmbar
gewesen.

Wenn auch die Widerstandsbewegung nicht in erster Linie materielle
Ziele verfolgte, sondern vor allem die Wiederherstellung der Würde und
der unveräußerlichen und natürlichen Rechte des Menschen, so suchte sie
diese Ziele doch durch die Ergreifung der politischen Macht in Deutschland zu realisieren, wie die Denkschrift weiter ausführte. Dem aber standen Hindernisse entgegen: Die notwendige Weiterführung des Kampf-
fes im Osten zur nationalen Verteidigung gegen die Sowjetunion und
gegen »anarchische Entwicklungen«; die Macht der Geheimen Staatspolizei über das gesamte nationale Leben in Deutschland und die Gefahr
nationalsozialistischer Revolten nach dem Umsturz; die völlige Unsicherheit über die britische und amerikanische Haltung gegenüber einem Regierungswechsel in Deutschland; das Problem der Kontrolle der zu erwartenden Haßreaktionen in den zur Zeit von deutschen Truppen besetzten
Ländern. Die beiden letzten Probleme könnten nur durch internationale
Zusammenarbeit gelöst werden, welchem Ziel dieser Appell diente.

Sir Stafford Cripps hat das Memorandum gelesen und war sehr davon
angetan. Er hat es auch Churchill gegeben, der es, wie er an den Rand
schrieb, für »sehr ermutigend« hielt. Dabei blieb es[48]. Im August 1950
sprach Gerstenmaier in Straßburg bei der Beratenden Versammlung
des Europarates Churchill auf die Denkschrift an. Churchill »erinnerte
sich und bedauerte den Verlauf der Sache«.

In demselben Zusammenhang wie das von Trott an Visser't Hooft übergebene Memorandum stehen die Gespräche, die Hans Schönfeld und Dietrich Bonhoeffer im Mai 1942 in Stockholm mit dem Bischof von Chichester, George Kennedy Allen Bell, geführt haben[49]. Dr. Hans Schönfeld war Direktor der Forschungsabteilung des Ökumenischen Rates in Genf und seit 1929 mit dem Bischof von Chichester bekannt. Dr. Dietrich Bonhoeffer war Pfarrer, als solcher von 1933 bis 1935 Pastor der deutschen evangelischen Gemeinde in London, Angehöriger der Bekennenden Kirche, Theologe mit freien, unorthodoxen Ansichten, seit etwa August 1940 Mitarbeiter Dohnanyis im Amt Ausland/Abwehr des OKW, Ende Oktober der Abwehrstelle München beigeordnet[50].

Schon im Februar 1941 war Bonhoeffer im Auftrag von Oster und Dohnanyi nach Zürich und Genf gefahren, um die seit Dr. Müllers römischen Gesprächen von 1939/40 inaktiven Kontakte über die Kirchen neu zu knüpfen und alliierte Vorstellungen über Friedensziele zu erkunden[51]. Wichtige Ergebnisse über die Wiederherstellung der Kontakte hinaus hatte die Mission damals nicht. Im September 1941 war Bonhoeffer noch einmal in der Schweiz und hatte Gespräche mit Visser't Hooft und anderen[52]. Mit großer Deutlichkeit drang er darauf, daß seine Freunde besonders in der Ökumenischen Bewegung ihren Einfluß geltend machen sollten, um während des in Deutschland zu erwartenden Umsturzes militärisches Stillhalten der Alliierten zu bewirken. Aber Visser't Hooft und Bonhoeffer blieben ohne brauchbare Antwort auf ihre Anfragen in London. Zu wenige einflußreiche Persönlichkeiten glaubten an eine ernst zu nehmende deutsche Opposition. Das scheinbare Mißverständnis mancher Gesprächspartner Bonhoeffers, er selbst und nicht wenige seiner Auftraggeber wünschten die Erhaltung der deutschen Grenzen von 1939, hat dabei nur eine geringe Rolle gespielt. Etwa vom 11. bis 23. Mai 1942 war Bonhoeffer wieder in der Schweiz, traf jedoch zu seiner Enttäuschung weder Visser't Hooft an – dieser war inzwischen mit dem Memorandum Trotts nach London gereist –, noch auch Schönfeld oder dessen Assistenten Nils Ehrenström[53].

Die Absicht des Bischofs, im Mai 1942 nach Schweden zu reisen, war lange vorher bekannt geworden, und Schönfeld und Bonhoeffer faßten, ohne daß einer von des anderen Absicht erfuhr, den Plan, den Bischof in Stockholm aufzusuchen[54]. Zur Vorbereitung suchte sich Bonhoeffer über seinen Bruder Klaus und dessen Freund Dr. Otto John auch von Jakob Kaiser, Wilhelm Leuschner und Max Habermann eine Denkschrift über deren Pläne für die Zeit nach Hitlers Sturz zu verschaffen. Aber die Gewerkschaftsführer lehnten das Ansinnen ab und gaben nur die Erlaubnis zur Nennung ihrer Namen. Von außenpolitischen Sondierungen hielten sie nichts, solange nicht die Deutschen selbst das Regime Hitlers beseitigt hatten.

Der Lord Bischof traf am 13. Mai 1942 in Stockholm ein und bereiste zunächst verschiedene Gegenden Schwedens, ehe er nach zwei Wochen wieder nach Stockholm zurückkehrte, wo er bei dem englischen Gesandten wohnte.

Am 26. Mai traf er im Haus der Studentenbewegung mit Dr. Schönfeld zusammen, der ihm ausführlich von der deutschen Opposition und ihren Zielen berichtete, im wesentlichen im Sinne des Trottschen Memorandums. Es gebe Bestrebungen zum Sturze Hitlers, eventuell auf dem Umweg über einen Putsch Himmlers, worauf dann die Armee die Macht in die Hand nehmen würde. Die Frage sei nun, ob England und Amerika bereit wären, mit einer nach-hitlerischen und nach-himmlerischen Regierung zu verhandeln, und ob sie sich anders verhalten würden als in Versailles? Ohne Ermutigung in dieser Hinsicht sei auf einen Umsturz nicht zu hoffen.

Bei einer zweiten Begegnung am 29. Mai berichtete Schönfeld hauptsächlich über die kirchliche Opposition und versprach auf die Bitte des Lord Bischofs, seinen Bericht auch schriftlich niederzulegen.

In dieser Niederschrift nannte Schönfeld als Hauptgruppen die Verschwörer in der Wehrmacht und in der Staatsverwaltung; die Führer der ehemaligen Gewerkschaften und andere Verbindungsleute der Arbeiterklasse; die Führer der evangelischen Kirchen unter Bischof D. Theophil Wurm und der römisch-katholischen Kirche unter Führung der Fuldaer Bischofskonferenz. Die Führer dieser Gruppen seien nunmehr bereit, die nächste Gelegenheit zur Beseitigung der NS-Herrschaft samt SS, Gestapo und SA zu ergreifen. Es werde also, wie Schönfeld ausdrücklich betonte, nicht eine Militärjunta die Macht ergreifen, sondern eine Regierung, die aus allen drei Hauptgruppen zusammengesetzt sein werde.

Als Hauptpunkte des politischen Programms dieser Gruppen nannte Schönfeld die folgenden drei (deren Übereinstimmung mit Punkten im Memorandum Trotts unverkennbar ist, wenngleich sie nicht so vollständig sind): Wiederherstellung von Recht und sozialer Gerechtigkeit in Deutschland mit weitgehender Selbstverwaltung in den Provinzen; Wiederaufbau der Wirtschaft nach wahrhaft sozialistischen Grundsätzen (»according to truly socialistic lines«); statt Autarkie enge wirtschaftliche Zusammenarbeit der freien Nationen als stärkste denkbare Garantie gegen europäischen Militarismus; eine europäische Föderation freier Staaten einschließlich Großbritanniens, eines freien polnischen und eines freien tschechischen Staates, mit gemeinsamer Exekutive und einer europäischen Armee. Die Lage in Deutschland entwickle sich zur Zeit für einen

Staatsstreich durch die Armee und die anderen Oppositionskräfte besonders günstig. Eine Erklärung der Alliierten, daß sie mit einer von der beschriebenen Opposition gebildeten Regierung auf der oben skizzierten
Grundlage in Friedensverhandlungen eintreten würden, könnte die Entwicklung fördern und beschleunigen. Sollten die Alliierten jedoch auf
dem Kampf bis zum Sieg bestehen, wie sie es in der Atlantik-Charta angekündigt hatten, so würden auch die Mitglieder der Verschwörung in der
Armee den Krieg bis zum bitteren Ende weiterführen. Übrigens habe die
Opposition Nachrichten, wonach die SS unter Himmler einen eigenen
Staatsstreich plane, um sich und ihre Macht zu retten. Wenn die Alliierten
sie auf entsprechende zu erwartende Anfragen dazu ermutigen würden,
könnte auch das beträchtlich dazu beitragen, den ganzen Prozeß des
Machtwechsels in Gang zu bringen; denn dann würde die Armee eine
willkommene Gelegenheit erhalten, Himmler und die SS zu eliminieren [55].

Am 31. Mai fuhr der Lord Bischof zu Besprechungen mit dem Leiter
des Nordischen Ökumenischen Instituts, Harry Johansson, und dem
Leiter der Sigtuna-Stiftung, Dr. Manfred Björquist, nach Sigtuna. Zu seinem Erstaunen tauchte dort »ein zweiter deutscher Pastor: Dietrich Bonhoeffer« auf. Auf Oster und Dohnanyi ging, wie Bonhoeffer berichtete,
der Gedanke seiner Reise nach Schweden und zu Bischof Bell zurück.
Am 30. Mai, nur wenige Tage nach seiner Rückkehr aus der Schweiz
und nach Besprechungen mit Oster und Dohnanyi, die ihrerseits erst
Beck konsultiert hatten, ohne dessen Zustimmung sie seit Ende März,
seit Beck »als Zentrale konstituiert« war [56], nichts mehr unternahmen,
war Bonhoeffer mit einem am selben Morgen durch Vermittlung von
Canaris ausgestellten »Kurierausweis Nr. 474« des Auswärtigen Amtes
nach Stockholm geflogen [57]. Dort hörte er, der Bischof sei in Sigtuna, und
fuhr ihm sogleich nach.

Bei einem Gespräch unter vier Augen berichtete Bonhoeffer ähnlich wie
Schönfeld über die Opposition; der Lord Bischof erzählte ihm von dem
Besuch Schönfelds und meinte, trotz aller Gefahr wäre es angesichts des
zu erwartenden Mißtrauens der britischen Regierung gegenüber seinem,
des Lord Bischofs, Bericht von großem Nutzen, wenn er einige Namen der
Führer der Bewegung nennen könnte. Obwohl Bonhoeffer an der ungeheuren Verantwortung offensichtlich schwer trug, nannte er Beck, Hammerstein, Goerdeler, Leuschner, Jakob Kaiser und Schacht, den er aber
zugleich als Opportunisten charakterisierte; als »vertrauenswürdig« bezeichnete er die Feldmarschälle von Kluge, von Bock, von Küchler und
von Witzleben.

Dann kam noch Dr. Schönfeld in Sigtuna an. Der Lord Bischof, seine Gastgeber in Sigtuna, Johansson und Björquist, sowie Bonhoeffer, Schönfeld und sein Assistent Nils Ehrenström saßen nun alle zusammen im Gespräch über die Möglichkeiten eines Umsturzes in Deutschland, doch in mehr allgemeiner Weise und natürlich ohne Nennung von Namen. Bonhoeffer erklärte nachdrücklich, daß man keinen leichten Ausweg suche, weil Christen nicht wünschen können, der Buße und selbst dem Chaos zu entgehen, wenn Gott es über sie bringen wolle. Auf die Frage von Visser't Hooft, wofür er eigentlich in der gegenwärtigen Lage bete (1941, als Hitler auf scheinbar unaufhaltsamem Siegeszug war), hatte er damals geantwortet: »»Wenn Sie es wissen wollen, ich bete für die Niederlage meines Landes, denn ich glaube, daß das die einzige Möglichkeit ist, um für das ganze Leiden zu bezahlen, das mein Land in der Welt verursacht hat.‹« [58] Schönfeld stimmte sogar – unter Vorbehalten – dem Gedanken zu, daß Berlin von alliierten Truppen besetzt werden müsse, obwohl er sonst weniger grundsätzlich, sozusagen politischer argumentierte als Bonhoeffer. Auch die Frage einer Restauration der Monarchie unter Prinz Louis Ferdinand wurde noch berührt.

Schließlich wiederholten Schönfeld und Bonhoeffer eindringlich ihre Vorstellungen, »daß es wenig Zweck habe, alle die Gefahren, denen die Widerstandsbewegung im Verfolg ihrer Ziele ausgesetzt sei, auf sich zu nehmen, wenn die alliierten Regierungen die Absicht hätten, ein Deutschland, das von Hitler samt seinen Genossen gereinigt wäre, in genau der gleichen Weise zu behandeln wie ein Hitler-Deutschland« [59]. Der Lord Bischof wurde ersucht, in diesem Sinne bei der britischen Regierung Erkundigungen einzuziehen und womöglich das Ergebnis mitzuteilen. Im Falle einer positiven Reaktion schlage man Adam von Trott zu Solz, einen Freund des Sohnes von Cripps, als Partner für weitere Gespräche vor. Nachrichten sollten über Genf hin und her vermittelt werden.

Am 11. Juni traf der Lord Bischof wieder zu Hause ein. Am 18. Juni suchte er Mr. Warner im Foreign Office auf, der ihm vorschlug, an Außenminister Anthony Eden zu schreiben. Der Lord Bischof schrieb noch am selben Tage, erklärte kurz, es handle sich um die Fortführung der Angelegenheit, in der Eden das Memorandum durch Visser't Hooft erhalten habe, und ersuchte um eine Unterredung. Eden setzte sie auf den 30. Juni an. Er zeigte sich von dem ausführlichen Bericht des Lord Bischofs sehr beeindruckt, stellte aber die Möglichkeit fest, daß die beiden Pastoren ohne ihr eigenes Wissen für Friedensfühler der deutschen Regierung benützt würden; zur Zeit gebe es jedenfalls ähnliche Kontaktversuche in der Türkei und in Spanien. Die britische Regierung müsse aber gegenüber

Rußland und den Vereinigten Staaten auch den leisesten Anschein vermeiden, daß sie mit dem Feinde verhandle. Das war und blieb die Haltung der westlichen Alliierten gegenüber allen Kontaktversuchen der
deutschen Opposition [60].

Zugleich übergab der Lord Bischof dem britischen Außenminister ein
selbstverfaßtes geheimes Memorandum über seine Gespräche mit Schönfeld und Bonhoeffer, worin er, ähnlich wie Schönfeld in seiner Niederschrift, die Widerstandsbewegung und ihre Ziele skizzierte: Vertreter der
Armee und Staatsverwaltung, der früheren Gewerkschaften und der protestantischen und katholischen Kirchen wollen das Hitler-Regime samt
Himmler, Göring, Goebbels und den Führern der Gestapo, SS und SA
beseitigen. Ob England eine Monarchie befürworten würde? Dann käme
Prinz Louis Ferdinand in Frage. Die neue Regierung werde der Aggression
abschwören, die Nürnberger Gesetze widerrufen und an einer internationalen Lösung der jüdischen Frage mitarbeiten, die deutschen Truppen
schrittweise von den besetzten und angegriffenen Ländern zurückziehen,
Japan nicht weiter unterstützen, den Alliierten bei der Beendigung des
Krieges im Fernen Osten helfen und beim Wiederaufbau im Krieg zer-
störter oder geschädigter Gebiete mit den Alliierten zusammenarbeiten.
Sodann wollen Schönfeld und Bonhoeffer im Auftrage der Opposition
fragen, ob die Alliierten unter den genannten Voraussetzungen mit einer
neuen deutschen Regierung über einen Frieden auf folgender Grundlage
verhandeln würden: 1. Aufbau eines Rechtsstaates mit dem Prinzip des
Föderalismus und weitgehender Selbstverwaltung; 2. möglichst enge internationale Wirtschaftsbeziehungen in Europa, sowohl aus Gründen der
Gerechtigkeit als auch als stärkste mögliche Garantie gegen den Militarismus; 3. Errichtung einer repräsentativen Föderation freier Nationen
oder Staaten einschließlich einer freien polnischen und einer freien
tschechischen Nation; 4. Gründung einer europäischen Armee zur Kontrolle Europas, welcher die deutsche Armee unter zentralem europäischen
Oberkommando eingegliedert werden könnte.

Die Opposition, so fuhr das geheime Memorandum Bells für Eden fort,
habe volles Vertrauen in die Armee und werde den Kampf bis zum bitteren Ende weiterführen, wenn die Alliierten sich weigern sollten, mit
einer neuen, nicht-hitlerischen Regierung zu verhandeln, doch warne sie
ausdrücklich vor dem millionenfachen Tode, ja dem für Europa selbstmör-
derischen Kampf, den das bedeuten würde. Die Opposition sei stark genug, um den Umsturz auszuführen, sie habe Gruppen und Anhänger in
allen wichtigen Machtzentren. Bell nannte auch die ihm von Bonhoeffer
genannten Namen: Beck, Hammerstein, Goerdeler, Leuschner, Kaiser.

Man wisse in der Opposition, daß Himmler einen eigenen Staatsstreich plane; dieser könnte ein erster Schritt sein, doch nicht mehr als das. Die Opposition wolle das gegenwärtige Regime von Grund aus, samt Himmlers SS, beseitigen. Zugleich wolle die Opposition ihren guten Willen verpfänden. Zur Aufrechterhaltung der Ordnung in Deutschland und in den von deutschen Truppen zur Zeit besetzten Gebieten solle die deutsche Armee mit alliierten und neutralen militärischen Einheiten zusammenarbeiten. Man akzeptierte schon damals zumindest eine Quasi-Besetzung Deutschlands.

Nun aber, so las der britische Außenminister weiter, stellten die Vertreter der Opposition, mit denen der Lord Bischof gesprochen habe, die Frage, welche Ermutigung die Alliierten den Führern der Opposition geben können, um so den Umsturz in Gang zu bringen. Würden die alliierten Regierungen die Opposition wenigstens privat wissen lassen, daß sie mit einer neuen Regierung entsprechend den oben dargelegten Grundsätzen verhandeln würden? Oder könnten die Alliierten jetzt öffentlich und in der klarsten Form verkünden, daß sie nach dem Sturz Hitlers und des ganzen Regimes mit einer deutschen Regierung auf den oben genannten Grundlagen verhandeln würden?

Während Eden, wie er dem Lord Bischof versprach, den Bericht und das Memorandum erwog, traf der Lord Bischof am 13. Juli Sir Stafford Cripps. Dieser erzählte ihm begeistert von Trott und auch von dessen Memorandum, das ihm Visser't Hooft gegeben habe. Er habe diesem gesagt, er solle Trott ermutigen, »jedoch auf der Basis eines besiegten Deutschlands«. Darauf zeigte der Lord Bischof dem Lord Geheimsiegelbewahrer das Schönfeld-Memorandum, welches Cripps so beeindruckte, daß er es Eden zeigen wollte. Er akzeptierte auch das Argument, die Ermutigung der Opposition könne keinerlei Schaden (für England) bringen, doch im günstigen Falle viel Gutes.

Am 17. Juli aber schrieb Eden dem Lord Bischof, er habe die interessanten Dokumente sorgfältig geprüft und wolle an der Aufrichtigkeit der beiden Deutschen nicht zweifeln, sei jedoch zu dem Ergebnis gekommen, daß eine Antwort nicht im nationalen Interesse Großbritanniens liege. Darauf schrieb Bell am 25. Juli zurück, er sei sehr froh, daß Eden nach der sorgfältigsten Prüfung der ihm übergebenen Dokumente an der Aufrichtigkeit der beiden deutschen Pastoren nicht zweifle; der Entscheidung des Außenministers müsse er sich natürlich beugen. Zwischen den Zeilen liest man, wie unverständlich dem Lord Bischof diese Entscheidung angesichts der Glaubwürdigkeit der Emissäre war. Er sprach noch die dringende Hoffnung aus, der Außenminister möchte »in naher Zukunft nachdrücklich und öffentlich klarmachen, daß die britische Regierung und ihre Alliierten nicht den Wunsch haben, ein Deutschland zu versklaven, das sich von Hitler, Himmler und deren Komplizen befreit habe«. Es gebe, wie er festgestellt habe, einen sehr deutlichen Unterschied zwischen Nazis und anderen Deutschen, und die Opposition erwarte auf das dringendste die Anerkennung dieses Unterschiedes mit all seinen Konsequenzen von seiten der britischen Regierung. Die Unterstützung einer innerdeutschen Opposition, die dasselbe Ziel verfolge, wie es für Großbritannien am 13. Mai 1940 von Churchill formuliert worden sei, nämlich »»Krieg gegen eine ungeheuerliche Tyrannei, die in dem dunklen und beweinenswerten Katalog menschlichen Verbrechens nirgends übertroffen wird«», sei eigentlich selbstverständlich, wenn Großbritannien, wie Churchill ebenfalls formuliert habe, Sieg um jeden Preis erreichen wolle. Ohne solche Unterstützung, d. h. ohne die Zusage, daß man nicht ganz Deutschland versklaven wolle, daß Anti-Nazis nicht genauso behandelt werden wie Nazis, könne man von der Opposition keine Taten erwarten. Diese müsse dann vielmehr glauben, die haßerfüllten Äußerungen Lord Vansittarts seien repräsentativ für die offizielle britische Politik.

Auf diesen Brief antwortete Eden am 4. August mit dem gefühlsmäßig verständlichen, aber logisch unhaltbaren und sachlich fehlgehenden Argument, niemand könne der Opposition Glauben schenken, bis sie aktive Schritte zur Beseitigung des Regimes unternommen habe. Die Opposition habe bisher nur »wenige Beweise ihrer Existenz« gegeben und sich nicht in aktiven Handlungen manifestiert wie die Widerstandsbewegungen in den besetzten Ländern. Unter diesen Umständen sei es nicht möglich, mehr zu versprechen, als daß Deutschland auch nach dem Kriege wieder »einen Platz in dem künftigen Europa« haben werde. Denn je länger das deutsche Volk das Nazi-Regime dulde, desto größer werde seine Verantwortung für die Verbrechen, welche das Regime in seinem Namen begehe.

Edens Antwort kann stellvertretend stehen für das ganze Unverständnis der innerdeutschen Situation und der Lage der Opposition, auf das diese bei ihren Kontaktversuchen in London und auch in Washington immer wieder stieß. In seiner erneuten Antwort vom 17. August wies der Lord Bischof denn auch darauf hin, daß die Widerstandsbewegungen in den besetzten Gebieten eben unter ganz anderen Voraussetzungen kämpfen; denn ihnen habe man ja die Befreiung versprochen, den Deutschen aber ausdrücklich nicht. Die Atlantik-Charta stellte Deutschland unter Ausnahmerecht.

Es hatte keinen Sinn, weiter mit Eden zu diskutieren, aber der unerschrockene Bischof wollte den Briefwechsel nicht beenden, ohne noch einmal für den deutschen Widerstand gegen Hitler Zeugnis abzulegen: Das Verlangen nach Recht und Gerechtigkeit, nach Beseitigung des nationalsozialistischen Regimes und die Hoffnung, daß ein besseres Deutschland im künftigen Europa seinen Platz haben werde, seien starke Faktoren für die Opposition, immer deutlicher hervorzutreten.

Die Weigerung der britischen Regierung, auf die Anfragen der Opposition auch nur zu antworten, war nach dem hoffnungsvollen Beginn eine schwere Enttäuschung für Schönfeld und Bonhoeffer sowohl wie für den Lord Bischof, der sich die äußerste Mühe gegeben hatte. Er hatte auch dem amerikanischen Botschafter in London, John G. Winant, am 30. Juli Abschriften der Eden übergebenen Dokumente überlassen und ihn ausführlich von der Opposition in Deutschland unterrichtet. Winant versprach, dem State Department zu berichten, aber der Lord Bischof hörte nichts mehr von ihm. Unerschrocken, aber erfolglos setzte er seine Kampagne für die Formulierung und Verkündung vernünftiger Kriegsziele gegenüber Deutschland im Parlament und in seinen Veröffentlichungen weiterhin fort.

Als man Generaloberst Beck über die Ergebnisse der Bemühungen von Bonhoeffer und Schönfeld berichtete, ordnete er an, daß ein Bericht darüber angefertigt und im Vatikan überreicht würde, was auch geschehen ist [61].

5. Moltke 1943

Trotz der deutlichen Absagen setzten die tätigen Angehörigen der Opposition ihre Bemühungen fort, auch nachdem Roosevelt und Churchill sich in Casablanca im Januar 1943 auf die Formel des Unconditional Surrender geeinigt hatten.

Im selben Monat reiste Trott in die Schweiz und trat mit Dulles über Gero von Schulze-Gaevernitz, dessen engen Mitarbeiter, in Verbindung, dem er klarzumachen versuchte, wie unerläßlich die Unterscheidung zwischen Deutschen und Nazis seitens der Feindmächte für die Aktionsmöglichkeit der Widerstandsbewegung sei [62]. In der Widerstandsbewegung herrsche das Gefühl, daß man im Westen nur von Vorurteilen ausgehe und pharisäerhaft theoretisiere, während in der Opposition die Versuchung, sich dem Osten zuzuwenden, sehr groß sei. Eine soziale und politische Revolution in Rußland und Deutschland könnte die beiden Völker zusammenführen. Aber von der so nötigen Unterscheidung konnte keine Rede sein. »Für uns wäre es undenkbar gewesen«, stellte Dulles fest, »auf den totalen militärischen Sieg zu verzichten und in Deutschland den geringsten Zweifel an der totalen Niederlage zu gestatten.« Seit Sommer 1943 konnte auch Langbehn in der Schweiz nur noch »die absolute Siegeszuversicht der Angloamerikaner, ihre Entschlossenheit, bis ans Ende zu gehen« feststellen[63]. Je länger die Opposition sich nicht durch »Taten« manifestierte – von den Attentatversuchen z. B. des März 1943 wußte man ja im Westen nichts –, desto größer wurde das Mißtrauen gegenüber ihrer Ernsthaftigkeit. Vor dem Krieg, so formulierte Dulles, habe man selbst den Teufel beschwichtigen wollen, jetzt traue man keinem mehr, wenn er Deutscher war[64]. Aber da die Opposition eine Opposition aus Gewissensgründen war, konnte sie sich mit dem Mißerfolg nicht zufriedengeben; der mögliche Erfolg wurde von ihr erwogen, aber ausschlaggebend war er nie.

Im Juni 1943 fuhr Trott mit dem offiziellen Auftrag des Auswärtigen Amtes in die Türkei, Nachrichten über ihre außenpolitische Haltung einzuholen; insgeheim sondierte Trott die Möglichkeiten einer neuen Fühlungnahme mit den Alliierten[65]. Wie weit er damit kam, ist unklar. Immerhin folgte unmittelbar darauf eine Reise Moltkes in die Türkei. Canaris verschaffte Moltke die Gelegenheit dazu durch den Auftrag, nach gewissen von der Donau in das Marmara-Meer gebrachten Schiffen zu forschen, aber in Istanbul besprach Moltke die Möglichkeiten einer Vereinbarung zwischen der Opposition und den Alliierten mit dem ihm von früher bekannten Professor Dr. Hans Wilbrandt, und dem von diesem zugezogenen Professor Dr. Alexander Rüstow, der Verbindungen zum amerikanischen Geheimdienst hatte[66].

Moltke schlug vor, einen deutschen Generalstabsoffizier mit allen nötigen Unterlagen und Vollmachten nach England zu bringen, um mit den Westalliierten die Öffnung der deutschen Westfront zu verabreden, während die Ostfront gegen Rußland zu halten wäre. Er wollte dazu auch in Kairo mit dem dortigen amerikanischen Gesandten Alexander C. Kirk sprechen. Moltke wollte versuchen, annehmbare Friedensbedingungen festzulegen und die Zurücknahme der Forderung nach bedingungsloser Kapitulation zu erreichen; dafür sollten dann die Westalliierten Deutschland besetzen. Ein Attentat und den gewaltsamen Umsturz von innen lehnte er ab[67].

Aber Rüstow erklärte, an die Zurücknahme der verhaßten Formel sei gar nicht zu denken, und falls Moltke seine Forderung danach nicht aufgebe, könne er nicht weiter zu vermitteln suchen. Darauf gab Moltke nach[68]. Zu der Reise nach Kairo kam es nicht, und Moltke mußte wieder nach Deutschland zurückkehren, ehe irgendein Kontakt mit den Westmächten hergestellt war. Doch versprachen Wilbrandt und Rüstow, die Sache weiter zu verfolgen.

Im November 1943 schließlich erhielt Moltke die Nachricht, der Kontakt sei hergestellt, und Kirk werde zu einer Besprechung insgeheim in die Türkei kommen. Wieder mit Hilfe von Canaris reiste er im Dezember nach Istanbul, um bei entsprechend positiver Reaktion auf amerikanischer Seite die Vermittlung einer Zusammenarbeit zwischen dem deutschen und dem westalliierten Oberkommando anzubieten. Aber in Istanbul fand Moltke den amerikanischen Diplomaten nicht vor. Er befürchtete damals schon seine baldige Verhaftung und war von dem Mißerfolg schwer enttäuscht. Eine Zusammenkunft mit dem amerikanischen Militärattaché in der Türkei, Generalmajor R. G. Tindall, verlief wegen gegenseitigen Mißtrauens – und weil der Amerikaner von Moltke militärische Informationen verlangte – ergebnislos.

Bald darauf brachte General Donovan, der Leiter des Office of Strategic Services (OSS), selbst ein Angebot der Widerstandsbewegung zu Verhandlungen nach New York. Er verfügte über ein schriftliches Dokument in Gestalt eines Briefes, der auf dem Papier der deutschen Botschaft in Ankara geschrieben und von Dr. Paul Leverkuehn unterzeichnet war, der vor dem Kriege in Washington die deutsche Mixed Claims Commission vertreten hatte. Dieses Dokument wurde Professor Karl Brandt von der Stanford University in Stanford, Californien, in New York vorgelegt, als er sich gerade in Geschäften dort aufhielt. Er kannte einige führende Angehörige der Opposition persönlich, Trott hatte ihn im Dezember 1939 in Palo Alto aufgesucht [69]. Unter umfangreichen Sicherheits- und Geheimhaltungsvorkehrungen wurde Professor Brandt ersucht, das Dokument sofort, noch im Büro von General Donovan im Rockefeller Center in New York, genauestens zu untersuchen und ein Gutachten abzugeben. Am nächsten Morgen sollte in einer Besprechung mit Präsident Roosevelt entschieden werden, ob auf das Angebot einzugehen sei oder nicht [70].

In dem Professor Brandt vorgelegten Brief stand, die Opposition könne zwar nicht das Stillhalten der gesamten Westfront im Falle einer alliierten Invasion garantieren, besitze aber immerhin so viel Einfluß bei den wichtigsten Befehlshabern des Heeres und teilweise auch der Luftwaffe im Westen, daß deutsche Gegenmaßnahmen gegen eine alliierte Landung zumindest verzögert werden könnten. Dafür sollten die Westmächte zu Verhandlungen mit einer Regierung der deutschen Opposition nach dem Umsturz bereit sein. Professor Brandt erkannte das Angebot als echt; er war mit diesen Gedanken ohnehin vertraut und wußte auch, daß das OSS über die Opposition genauestens orientiert war. Zusammen mit dem Gutachten Brandts wurde das Dokument noch in der Nacht von Frau Emmy Rado, der Sekretärin von General Donovan, die später im Range eines Obersten für das OSS in der Militärregierung in Berlin arbeitete, unter scharfer Bewachung nach Washington gebracht. Später erfuhr Brandt von Frau Rado, daß Donovan zwar die Aufnahme des Kontaktes auf Grund des dazu ratenden Gutachtens befürwortet habe, aber Präsident Roosevelt habe es glatt abgelehnt, mit »diesen ostdeutschen Junkern« zu verhandeln.

Moltke hatte vor seiner Abreise aus der Türkei noch einen Brief an den ihm schon seit etwa 1936 gut bekannten Alexander C. Kirk geschrieben[71]. Er äußerte darin den dringenden Wunsch nach Besprechungen über Möglichkeiten, den Krieg rascher zu beenden und mit den dann hervortretenden Problemen fertig zu werden, und bot an, frühestens im Februar 1944, spätestens im April, noch einmal nach Istanbul zu kommen. Kirk antwortete unter dem 10. Januar 1944, und seine Nachricht, der Krieg könne einzig und allein durch die bedingungslose Kapitulation der deutschen Wehrmacht beendet werden, gelangte auch richtig in die Hände der Freunde Moltkes in Istanbul[72]. Aber Moltke hat sie nicht mehr erhalten. Er wurde am 19. Januar 1944 verhaftet.

6. Trott 1943/44

Auch Trott hat fast bis zur letzten Minute, bis wenige Tage vor dem 20. Juli, seine Bemühungen um Kontakte und Zusagen fortgesetzt. Im Herbst 1943 war er, wie auch verschiedene andere Oppositionsangehörige aus dem Kreis und Umkreis der »Kreisauer«, z. B. Eugen Gerstenmaier, mehrfach in Schweden und besprach sich Ende Oktober oder Anfang November ausführlich mit Dr. Ivar Anderson, dem Chefredakteur des *Svenska Dagbladet*[73]. Zweck des Gespräches war die Herstellung einer Verbindung zu alliierten Diplomaten. Für den Umsturz brauche die Opposition unbedingt Hilfe von außen, und zwar ohne Verzug, sonst sei die Gefahr der Gegenaktion des Regimes und eines Bürgerkrieges zu groß angesichts der schwachen Kräfte und geringen Machtmittel der Widerstandsbewegung. Das größte Hindernis sei die Formel der bedingungslosen Kapitulation. Als Anderson auf Trotts Frage meinte, die Aussichten auf Hilfe von außen seien äußerst gering, erklärte Trott, dann könne man nur abwarten. Das sei natürlich sehr gefährlich, weil es bedeuten könnte, daß Rußland das Spiel gewinnt[74].

Schließlich vermittelte Anderson für Trott Zusammenkünfte mit dem

schwedischen Außenminister Christian Günther[75] und Sir Walter Monckton, der damals Under-Secretary im britischen Informationsministerium
war[76]. Beide Besprechungen blieben ergebnislos, ebenso eine Verbindung
mit Angehörigen der britischen Botschaft in Stockholm, die von einer
schwedischen Dame vermittelt wurde[77]. Trott erhielt keine Antwort, außer
der Zusage, daß seine Mitteilungen nach London berichtet würden[78].

Etwa zur Zeit seiner Schweden-Reise schrieb Trott Bemerkungen zum
Friedensprogramm der amerikanischen Kirchen nieder, die im November 1943 nach Genf an den Ökumenischen Rat gelangten[79]. Trott kom-
mentierte darin den Gedanken der Notwendigkeit von internationalen
föderativen Organisationen auf der Grundlage des Rechts, welches an die
Stelle der Macht treten müsse und durch Selbstverwaltung, kulturelle
Autonomie und Gleichheit der Völker und Volksgruppen weitgehend zu
verwirklichen sei. Er anerkannte »die Unzulänglichkeit des souveränen
Nationalstaates als letzter internationaler Instanz« und das Bedürfnis
nach Einschränkung der nationalen Souveränität, ohne die auch die
Probleme Mittel- und Osteuropas nicht zu lösen seien. Ohne Einschränkung der Souveränität sei auch die wirksame Rüstungsbegrenzung und
die Verhinderung des immer wiederkehrenden Mißbrauchs der bewaffneten Staatsmacht nicht möglich, aber man dürfe hier seine Hoffnungen
nicht zu sehr auf gewaltsame Maßnahmen konzentrieren. Einseitige Entwaffnung der besiegten Nationen würde den objektiven Rechtscharakter
der neuen internationalen Organisation von vornherein diskreditieren
und Nationen zweiter Klasse schaffen. »Eine internationale Zusammenarbeit, die gleich zu Beginn mit dem Mißtrauen gegen ganze Völker
belastet wird, kann nicht von Dauer sein..« Die Friedenssicherung
durch Weltpolizei und Rüstungsbeschränkung werde auf lange Sicht bei
weitem nicht so erfolgreich sein, wie die Wirkungen, welche durch »die
ständige Betätigung praktischer und konstruktiver Zusammenarbeit zwischen den Nationen« zu erzielen seien, durch das »Abgewöhnen« des Mißtrauens, des Hasses, der Furcht und der Feindschaft im Verhalten der
Völker, die schrittweise Veränderung traditioneller Verhaltensweisen.
Ausgleich ist ein Grundbegriff in den Gedanken dieser Denkschrift, der
auch auf das wirtschaftliche Leben angewandt wird, wenn von der Befreiung der Massen von wirtschaftlicher Not die Rede ist und von der
Notwendigkeit, die Monopolstellung einzelner Staaten wirksam zu be-
grenzen, nicht um ihnen etwas zu nehmen, sondern um den weniger
mächtigen die Entfaltung zu ermöglichen. Freihandel sei ein scheinheili-
ges Ideal, solange die Kleineren durch währungstechnische und sonstige
Benachteiligung daran gehindert werden, ihren Export zu entfalten, und

solange sie nur theoretisch Zugang zu den Bodenschätzen eines reichen
Landes finden. Christliche Existenz ist ein weiterer Grundbegriff, der
durch das ganze Memorandum hindurchgeht und welcher der »Vermassung der Menschen« und den dadurch freigesetzten Dämonien entgegengesetzt wird. – Über eine Reaktion auf das Dokument ist bisher nichts
bekanntgeworden.

Im März 1944 war Trott wieder in Stockholm, und dann noch einmal
mehrere Tage zwischen dem 19. Juni und 3. Juli 1944[80]. Wie auch in
zahlreichen anderen Fühlungnahmen von deutscher Seite, sowohl aus
Kreisen um Himmler wie auch aus antinationalsozialistischen Kreisen,
war der Hauptzweck der Versuch, die Formel der bedingungslosen Kapitulation zu ersetzen durch klar umrissene und annehmbare Waffenstillstandsbedingungen und durch Zusagen, daß man nach der Einstellung
des Kampfes zu Verhandlungen bereit sei.

Der Präsident der Vereinigten Staaten, Franklin D. Roosevelt, stellte
sich auf den Standpunkt, daß vom Grundsatz des totalen Sieges über
Deutschland als Ganzes nicht abgewichen werden könne, daß man zwar
nicht deutsche Menschen vernichten wolle, er jedoch auch nicht sagen
könne, die deutsche Nation werde nicht zerstört werden, insofern für
die Deutschen »Nation« und »Reich« und alles, was diese Worte bedeuten, zusammengehören. Die deutschen Menschen sollen leben und
ruhig auf die Großmut der Amerikaner vertrauen, meinte er, aber solche Irrtümer und Fehlentwicklungen wie nach 1918 dürften nicht mehr
aufkommen, ihr kriegerisches und aggressives Wesen müßten die Deutschen ablegen. Das könne wohl zwei Generationen dauern, aber wer anders
rechne, müsse nach einer Pause auf den Dritten Weltkrieg gefaßt sein[81].

Nach vielem Zögern entwarf Roosevelt schließlich eine Proklamation
an das deutsche Volk und alle, die mit diesem sympathisierten, die kurz
nach der geplanten alliierten Invasion auf dem europäischen Kontinent
im Namen der drei Hauptverbündeten veröffentlicht werden sollte[82]. Er
wiederholte darin seine Auffassung, daß »nicht die totale Vernichtung des
deutschen Volkes« das Ziel der Alliierten sei, sondern »die totale Zerstörung der Weltanschauung jener Deutschen, die verkündet haben, daß sie
die Welt unterwerfen können«. Auf lange Sicht wollen die Alliierten
menschliche, politische, religiöse und intellektuelle Freiheit sowie größere
soziale und wirtschaftliche Gerechtigkeit. Der Sieg der Alliierten sei
sicher. Es sei unklug von den Deutschen, den Krieg weiterzuführen, jeder
weitere Tote sei ein unnötiger Verlust. Gewiß müssen auch die Alliierten
noch Opfer bringen, wenn der Krieg weitergehe, aber ihre Reserven und
ihre Bevölkerung seien vergleichsweise so viel größer, daß das deutsche

Volk bis in jede Familie hinein unter der Fortsetzung des Krieges viel mehr zu leiden haben werde.

Die Proklamation war eigentlich für die Deutschen recht ermutigend. In der verzweifelten Lage des Jahres 1944 hätte man sie als bedeutende Milderung gegenüber der Formel der bedingungslosen Kapitulation ansehen müssen. Nur ist es zu ihrer Verkündung nicht gekommen; denn das ging nicht ohne Churchill und Stalin. Churchill aber antwortete Roosevelt am 25. Mai 1944 auf dessen Anfrage, im britischen Kabinett sei »beträchtliche Besorgnis zum Ausdruck gekommen über den den Deutschen gegenüber freundschaftlichen Ton in dem Augenblick, in welchem die Armeen im Begriffe seien, aufeinanderzustoßen«[83]. Man könne doch nicht jetzt behaupten, es trenne die Alliierten von den Deutschen nur wenig mehr als deren »böse Weltanschauung« (»evil philosophy«). Dann gebe es ja kaum noch eine Grundlage für die Weiterführung des Kampfes. Fast ganz Europa schreie aber nach Rache gegen den brutalen Tyrannen! Wie denn dann die völlige Entwaffnung Deutschlands praktisch durchgeführt werden solle, über die man sich einig sei? Wie denn Polen für die durch das Zugeständnis der Curzon-Grenze an Rußland eintretenden Verluste schadlos gehalten werden solle, wenn es nicht Ostpreußen und gewisse Gebiete bis an die Oder erhalte? Kurz und gut: in dieser Form und zum gegenwärtigen Zeitpunkt können Churchill und das Kabinett der Proklamation nicht zustimmen.

Einen Tag darauf ließ sich Stalin in ähnlicher Weise vernehmen. Der Charakter der Deutschen lasse nicht auf Erfolg hoffen, die noch ungesicherte militärische Lage – vor der Invasion – spreche ebenfalls gegen die vorgeschlagene Proklamation[84]. Roosevelt gab nach, und er konnte nun mit gutem Gewissen sagen, ihm seien die Hände gebunden.

Die Schwierigkeiten waren unüberwindlich, eine Vereinbarung zwischen den Alliierten und der deutschen Opposition konnte nicht zustande kommen, wegen des Mißtrauens der Alliierten untereinander, wegen der allzu vielen beteiligten Persönlichkeiten mit ihren Meinungen, Überzeugungen und Ressentiments, und endlich wegen der bevorstehenden Invasion. Vor einem ersten größeren Erfolg an der zu errichtenden zweiten Front, auch vor dem Erfolg einer neuen großen russischen Sommeroffensive wollte Stalin die Deutschen nicht zum Niederlegen der Waffen auffordern. Ihm war es ohnehin nicht sehr darum zu tun, Menschenleben zu schonen, und je weiter die Rote Armee vorrücken konnte, desto besser. Churchill drückte das Dilemma so aus: »Ich selbst denke, die Botschaft könnte als Friedensfühler aufgefaßt werden und die Deutschen könnten antworten, sie nähmen Ihre [Roosevelts] Note als

Diskussionsgrundlage an.«[85] In dieser Situation hatten die Missionen Trotts keine Aussicht auf Erfolg. Freilich wußte Trott nicht, daß die eben angedeuteten Gedanken zwischen Washington, London und Moskau ausgetauscht wurden. Er erfuhr aber die Auswirkungen.

Der amerikanische Gesandte in Stockholm, Johnson, hat über beide Besuche Trotts in Schweden ausführlich an seine Regierung berichtet[86]. Bei dem Besuch im März 1944 hoffte Trott, an die Anfang November 1943 mit der britischen Botschaft hergestellten Kontakte anzuknüpfen und eventuell die Antwort aus London zu erhalten, die damals in Aussicht gestellt zu sein schien. Er deutete der britischen Gesandtschaft über dieselbe schwedische Dame, die schon im Herbst 1943 vermittelt hatte, die etwas größere Wahrscheinlichkeit einer Verständigung mit den Russen an, die an der Front sehr hart kämpfen, während die Engländer und Amerikaner die deutsche Zivilbevölkerung im Bombenkrieg töten. Trott verlangte aber jetzt, entsprechend einer Verabredung mit seinen Auftraggebern, keine Vorleistung mehr. Damals hatte sich unter den Führern der Verschwörung schon die Überzeugung durchgesetzt, daß der Umsturzversuch nun auf alle Fälle gewagt werden müsse, mit oder ohne außenpolitische »Sicherungen«[87]. Nur sollten, schlug Trott vor, nach dem Sturz des Naziregimes die Engländer ihre Luftangriffe auf Berlin einstellen und durch diese einfache Geste ihr Einverständnis mit dem Umsturz kundgeben.

Stauffenberg, der damals die Opposition technisch führte, war anscheinend der festen Überzeugung, daß die Westalliierten, die gegenwärtig in einer strategisch katastrophalen Lage seien, es sich gar nicht leisten könnten, Deutschland schlecht zu behandeln, sie würden dieses vielmehr gegen das drohende Übergewicht der Sowjets auf dem Kontinent dringend brauchen[88]. Trott hielt das für eine Illusion. Beide hatten recht, nur ging Stauffenberg davon aus, das Interesse und der Blick in die Zukunft müsse den westlichen Regierungen ihre Politik diktieren, während Trott inzwischen wußte, daß dies nicht der Fall war.

Die Antwort der britischen Gesandtschaft auf Trotts Anfrage war, man sei an seinen Mitteilungen interessiert, habe aber nichts darauf zu sagen. In der britischen Gesandtschaft in Stockholm glaubte man Trotts Versicherungen, daß er im Auftrag der Opposition handle, obwohl man sich vergeblich bemühte, ihre Mitglieder genauer festzustellen. Aber im Foreign Office neigte man zu der Ansicht, Trott sei ein Geheimagent des Regimes, wie ja jetzt im Auftrag der nunmehr etwas jämmerlichen germanischen Übermenschen so viele unterwegs seien[89]. Die Politik wurde in London gemacht, nicht in der Gesandtschaft in Stockholm.

Trott war nach diesem Fehlschlag äußerst niedergeschlagen und entmutigt. Doch die Lage Deutschlands war verzweifelt, und jeder Versuch, sei er auch noch so aussichtslos, mußte unternommen werden, um die Alliierten zu irgendeiner positiven Geste zu bewegen. Dulles hat sich in seinen Berichten aus Bern mehrfach in diesem Sinne bemüht[90]. Eisenhower und sein Chef des Stabes, General Walter Bedell Smith, waren auch der Meinung, daß die Forderung der bedingungslosen Kapitulation aufgegeben werden sollte, weil sie nur den Kampfgeist der Deutschen stärke. Aber von so konkreten und akuten Anliegen ganz abgesehen: nach der Auffassung von Trott, die zumindest in diesem Punkte genau mit der des Kreisauer Kreises und Moltkes übereinstimmte, wäre schon ein Fortschritt gemacht, wenn es nur überhaupt zu einer Zusammenarbeit käme – für die Zukunft, nach dem Ende des Mordens[91].

Im April 1944 war Trott zu einem neuen Versuch wieder in der Schweiz und traf sich mit Dulles' Assistenten Schulze-Gaevernitz. Er legte ihm dar, daß Rußland ständig an Einfluß in Deutschland gewinne – durch das »National-Komitee Freies Deutschland«, durch die Massen nach Deutschland verschleppter Arbeiter, durch die russischen Kriegsgefangenen in Deutschland, und nicht zuletzt durch einen ständigen Strom von konstruktiven Ideen für die Zeit nach dem Kriege. Der Westen habe für die Zukunft Zentraleuropas im Vergleich dazu nichts zu bieten. Die Arbeiterführer fürchten, daß beim Fortgang der gegenwärtigen Entwicklung keine Demokratie an die Stelle der jetzigen Diktatur treten werde, sondern lediglich eine andere Diktatur.

Daher regen sie an: 1. Ermutigende Erklärungen »seitens der Demokratien« an die Arbeiterschaft; 2. die Erklärung, daß auch westliche Wirtschaftsgruppen nicht versuchen werden, die Organisation und Entwicklung der deutschen Arbeiterbewegung zu beeinflussen; 3. eine Definition der Deutschland künftig zuzugestehenden Selbstverwaltung, mit Betonung der Selbstverwaltung in Ländern und Gemeinden; 4. die Erklärung, daß die Alliierten keine Marionettenregierung errichten wollen; 5. eine aufmunternde Botschaft besonders für die deutschen Sozialistenführer; 6. Flugblätter, die am besten im Einvernehmen mit der Widerstandsbewegung abzufassen wären, um der jeweiligen psychologischen Situation zu entsprechen, und die in solchen Mengen abgeworfen werden müßten, daß die Gestapo sie nicht mehr erfassen und wegschaffen könne; 7. Herstellung eines intensiven Kontaktes »zwischen der deutschen sozialistischen Arbeiterbewegung und den fortschrittlichen Mächten des Westens« zum Ausgleich des Kontaktes, der zwischen Rußland und den deutschen Kommunisten bestehe; 8. Beschränkung der Bombenangriffe auf militärische und industrielle Ziele, um die Proletarisierung Zentraleuropas nicht noch weiter zu treiben.

Das waren keine Forderungen mehr, keine Bedingungen, die vor dem Staatsstreich erfüllt werden sollten. Es waren nur noch Vorschläge, wie der zu erwartenden Vorherrschaft Sowjetrußlands in Europa noch zu steuern wäre. Denn die russischen Armeen drangen unaufhaltsam vor, während Frankreich, die Niederlande und Norditalien noch unter deutscher Herrschaft standen. Bei aller Sympathie für Trotts Auffassungen und bei aller Erkenntnis der strategischen Richtigkeit der Gedanken konnte Dulles jedoch nichts tun, als an seine vorgesetzte Dienststelle berichten. Dem Boten der Opposition mußte er sagen lassen, man könne sich auf nichts festlegen.

Nachdem ein Treffen Trotts mit Albrecht von Kessel, das sie für etwa diese Zeit in Genf verabredet hatten, nicht zustande gekommen war, konnten beide in der zweiten Hälfte des Mai einige Tage in Venedig verbringen. Trott überwand dort in der Gesellschaft des Freundes und in der schönen Umgebung seine tiefe Niedergeschlagenheit und sammelte noch einmal neue Kräfte.

Im Juni unternahm er wieder einen Kontaktversuch in Stockholm [92]. Am 22. Juni berichtete er einer schwedischen Mittelsperson, die mit der amerikanischen Gesandtschaft in Verbindung stand, das »National-Komitee Freies Deutschland« sei nun im Reichsgebiet tätig, die Organisatoren seien von den Russen mit Fallschirmen abgesetzt worden. Trotts Widerstandsgruppe habe keine politischen Bedenken, mit dem »National-Komitee« zusammenzuarbeiten; denn sie wünschten ebenso mit den Russen wie mit den »Anglo-Amerikanern« Kontakte zu bekommen. Jedoch hätten sie den Kontakt mit dem »National-Komitee« noch nicht hergestellt, weil sie von einem Freund in der Gestapo gewarnt worden seien, das Komitee sei von Spitzeln unterwandert. Die Gruppe, die hinter Trott stehe, setze sich aus bürgerlichen, katholischen und sozialdemokratischen Elementen zusammen und habe Verbindung mit gewissen Offizierkreisen. Sie hoffe, nach Hitlers Sturz politisch hervorzutreten und bereite einen Coup gegen die Nationalsozialisten vor. Übrigens versuche Trott auch, mit der sowjetischen Gesandtin in Stockholm, Alexandra Michailowna Kollontai, in Verbindung zu treten [93].

Dieser Kontakt kam aus Zeitmangel nicht zustande. Man weiß, wie sehr das ständige Anfragen in Moskau die Handlungsfähigkeit russischer Beamter stets beeinträchtigt hat. Überdies dürfte die leise Drohung, die Trott von Mal zu Mal offener aussprach, in jedem Falle ihren Zweck verfehlt haben. Die Westmächte waren so auch nicht zu klaren Stellung-

nahmen zugunsten der Opposition zu bewegen. Sie wollten sich die
Hände nicht binden und witterten mit Recht Versuche, die Allianz zu
spalten. Die Russen waren äußerst mißtrauisch, und namentlich Roosevelt und Churchill hielten sich sehr genau an die eingegangene Verpflichtung der Konsultation mit den Bundesgenossen und gaben einander und
Stalin von etwa eingehenden Friedensfühlern sogleich Kenntnis [94].

Am 23. Juni traf Trott durch Vermittlung von Professor Gunnar Myr-
dal, einem Senator im schwedischen Parlament, mit dem Korrespondenten der amerikanischen Zeitschriften *Time* und *Life*, John Scott, zusammen. Diesem machte er eindringlich klar, daß die Forderung der bedingungslosen Kapitulation den deutschen Kampfwillen gewaltig stärke und
direkt in Goebbels' Hände arbeite. Solange sie nicht zurückgenommen
werde, gebe es keine Hoffnung auf erfolgreichen Umsturz in Deutschland,
die Deutschen werden weiterkämpfen, da keine Alternative zu sehen sei.
Die Russen aber werden im weiteren Verlaufe einen Teil von Deutschland besetzen und die meisten der gutgesinnten Anti-Nationalsozialisten
werden dann dorthin gravitieren, weil die Russen offenbar mehr Verständnis für die Behandlung der Deutschen und für deren Ehrgefühl mitbringen als die Amerikaner. Er für seinen Teil, meinte Trott, werde jedenfalls so verfahren. Als wesentliche Punkte, die bei der Behandlung
Deutschlands von den Westalliierten beachtet werden sollten, sofern sie
die oben geschilderten Gefahren zu vermeiden wünschen, nannte Trott:
1. Durchführung der Demobilisierung durch deutsche Offiziere und nicht
zu rasch, damit ein völliges Chaos mit Revolutionsgefahr vermieden
werde; 2. Erhaltung eines gewissen Maßes deutscher territorialer Souveränität.

Im Juli wollte Trott noch einmal nach Schweden fahren, aber er bekam
keine Reisegenehmigung mehr [95]. So übernahm sein Mitarbeiter im Auswärtigen Amt, Alexander Werth, die Reise [96], die gleichwohl erfolglos
blieb.

7. Sonstige Verbindungen

In der Schweiz bestanden schon seit langem mehrere Verbindungen zwischen der deutschen Opposition und westlichen Regierungskreisen; einige
wurden schon erwähnt, eine andere lief über Professor Siegmund-Schultze [97]. Sehr wichtige neue Verbindungen bestanden seit Ende 1942 zu
englischen und amerikanischen Diplomaten und Geheimdienstangehöri-
gen [98]. Durch Gisevius, der als Vizekonsul beim deutschen Konsulat in

Zürich der dortige Verbindungsmann des Amtes Ausland/Abwehr des OKW war und häufig zwischen Zürich und Berlin hin- und herreiste, bestand ein ständiger Auslandskontakt der Oppositionsgruppe um Oster und Canaris. Da Gisevius vor allem sehr realistisch und skeptisch war, gab er bald den Gedanken auf, Deutschland könnte mit den Westmächten einen Teilwaffenstillstand vereinbaren. Seit etwa Frühjahr 1943 bot er seinen Einfluß in Berlin auf, um seinen Freunden klarzumachen, daß nur die gleichzeitige Kapitulation gegenüber allen Alliierten in Frage komme [99]. Im übrigen beschränkte er sich darauf, Dulles und, wie er hoffte, damit die amerikanische Regierung über die Widerstandsbewegung auf dem laufenden zu halten. Denn er wußte, daß politische Zusicherungen und die Abschwächung der Formel der bedingungslosen Kapitulation nicht zu haben waren.

Als Gisevius im Laufe des Jahres 1943, besonders seit der Amtsenthebung Osters im Frühjahr 1943 [100], selbst in die Gefahr der Verhaftung oder Kaltstellung geriet und nicht mehr so freizügig reisen konnte, übernahmen Rechtsanwalt Dr. Eduard Waetjen, der dem Züricher Konsulat als Vizekonsul zugeteilt war und wie Gisevius dem Amt Ausland/Abwehr [101], außerdem auch dem Kreisauer Kreis angehörte, später der im Amt Ausland/Abwehr tätige Versicherungsdirektor und Hauptmann d. R. Dr. Theodor Strünck die Botendienste. Gisevius' Verbindung mit Dulles bestand jedoch weiter [102].

Bis in die letzten Tage vor dem 20. Juli hinein wurden alle möglichen Verbindungen gepflegt, offengehalten oder neu errichtet. Noch am 15. Juli ließ Dr. Theodor Steltzer, ein prominentes Mitglied des Kreisauer Kreises, den englischen Freunden Moltkes, besonders Lionel Curtis, eine Denkschrift zugehen, in der er über die Lage und die Auffassungen des Kreisauer Kreises berichtete, insbesondere mit der Absicht, falschen Nachkriegsmaßnahmen seitens der Alliierten vorzubeugen [103].

Eine Verbindung Dr. Goerdelers über Jakob Wallenberg zu Churchill bestand nach Mitteilungen Goerdelers an Hassell noch im September 1943, doch hat die weitere Mitteilung, Churchill habe Goerdeler sagen lassen, man werde in London eine Regierung der deutschen Opposition wohlwollend beobachten, nur wenig Wahrscheinlichkeit für sich [104].

Manche Anzeichen sprechen dafür, daß Stauffenberg im Juni und Juli 1944 eine oder zwei eigene Verbindungen zu westlichen militärischen Stellen gehabt hat. Schon im Winter 1943/44 suchten Berthold Graf von Stauffenberg und Korvettenkapitän Alfred Kranzfelder auf einer Dienstreise nach Schweden – beide waren in der Seekriegsleitung tätig – über die Gebrüder Wallenberg Verbindung zu Churchill herzustellen [105]. Trott sagte vor der Gestapo aus, er habe für seine Schwedenreise im Sommer 1944 von Stauffenberg den Auftrag erhalten: »›Ich muß wissen, wie sich England und die USA benehmen, wenn Deutschland zur Aufnahme kurzfristiger Verhandlungen genötigt sein sollte‹« [106]. Goerdeler berichtete der Gestapo Mitte August, Stauffenberg habe ihm gegenüber im Juni 1944 Graf Bismarck [107] als Mittelsmann einer Verbindung zu Churchill genannt. Darüber war Goerdeler ärgerlich, denn da Wallenberg Bismarck zu besuchen pflegte, wenn er in Berlin war, konnte Goerdeler annehmen, daß Stauffenberg auf diese Weise seine, Goerdelers, Verbindung ohne Absprache an sich zu reißen suchte. Ob das aber so stimmt oder nur eine für die Gestapo bestimmte Version darstellt, muß offenbleiben, so lange keine weiteren dokumentarischen Belege vorhanden sind [108]. Noch am 18. Juli aber erklärte Stauffenberg Goerdeler, wie dieser in seinen im November 1944 im Gefängnis niedergeschriebenen Erinnerungen mitteilt, Churchill sei im Besitz seiner, Stauffenbergs, Forderungen, daß im Falle der »Aktion« alles deutsche Gebiet beim Reich bleiben müsse. Mehr ist nicht bekanntgeworden, und die Art und Wirksamkeit der Verbindung wird, von Stauffenbergs offenbarem Optimismus abgesehen, im Dunkel bleiben, bis die amerikanischen und britischen Akten voll zugänglich sind.

Während des ganzen Krieges bestanden auch Verbindungen zwischen der deutschen und den nicht-deutschen Widerstandsbewegungen. Insbesondere wurden solche Fühlungnahmen von den Kreisauern gepflegt [109]. Die engsten Beziehungen bestanden zur norwegischen und zur holländischen Widerstandsbewegung. Ziel der Kontakte war im Unterschied zu den bisher beschriebenen nicht ein Arrangement mit den Kriegsgegnern, sondern in erster Linie die Vorbereitung und Grundlegung des nach dem Kriege zu bildenden europäischen Staatenbundes und damit die Überwindung der Nationalstaaten und des Nationalismus. Dazu trat die Absicht, die Unterdrückung der Bevölkerungen in den besetzten Gebieten zu mildern, vor Racheakten, Judenverfolgungen, Strafexpeditionen und Deportationen rechtzeitig zu warnen und womöglich Haftentlassungen zu erwirken [110]. Der Gedanke, daß durch Verbindungen zwischen der deutschen und den nicht-deutschen Widerstandsbewegungen zugleich die Alliierten besser und glaubwürdiger unterrichtet würden, spielte eine wichtige Nebenrolle.

So haben Steltzer, Moltke, Dietrich Bonhoeffer und Canaris den norwegischen Bischof Berggrav im April 1942 aus lebensgefährlicher Haft befreit, verfehlten aber auch nicht, die gewonnene Verbindung für die Bitte um Intervention bei den Alliierten zu nützen, damit diese mit der deutschen Widerstandsbewegung Verbindung aufnähmen[111]. Freilich glaubten die norwegischen Gesprächspartner, die Zeit sei dafür »noch nicht reif«.

In Belgien hatte der Militärbefehlshaber General der Infanterie Alexander von Falkenhausen selbst Verbindung zur dortigen Widerstandsbewegung; in Frankreich war seit Anfang 1942 Professor Carlo Schmid, damals Kriegsoberverwaltungsrat in Lille, Mittelsmann zwischen Moltke und der Résistance.

In Dänemark hatte Moltke Verbindungen von seiner Tätigkeit in Schlesien vor 1933 her, die er im Oktober 1943 nützen konnte, um zur Rettung der meisten der dänischen Juden beizutragen, die auf ausdrücklichen Befehl Hitlers in die Vernichtungslager deportiert werden sollten. Als Moltke damals nach Kopenhagen kam und hörte, daß die Wehrmacht bei der Razzia auf die Juden die SS unterstützen sollte, ging er sofort zum Wehrmachtbefehlshaber, General der Infanterie Hermann von Hanneken, und sagte ihm (wenigstens sinngemäß): »›Sie sind wohl verrückt geworden. Das werden Sie eines Tages teuer bezahlen müssen. Verstehen Sie das nicht?‹« [112]

Nach den Niederlanden war der Kontakt besonders intensiv. Dr. Schönfeld, Dr. Paul Collmer und Trott waren dort häufige Besucher[113]. Eine Beziehung besonderer Art bestand durch Oberst Wilhelm Staehle[114]. Er setzte sich mehrfach und erfolgreich für Holländer ein und kam so in Verbindung mit dem niederländischen Untergrund. Ende 1943 gab er seinen holländischen Kontaktpersonen Kenntnis von den Putschplänen der deutschen Opposition und besprach mit ihnen, wie für den möglichst reibungslosen Übergang von der gegenwärtigen Verwaltung unter Seyß-Inquart über ein deutsches Militärregime zur niederländischen Selbstverwaltung zurückzukehren wäre. Auf die Bedingungen der Niederländer – u. a. Auflösung der niederländischen nationalsozialistischen Organisationen, Rückführung der verschleppten Arbeiter – ging er bereitwillig ein. Aber auf die Frage nach den Juden konnte er nur leise antworten: »›Sie sind nicht mehr da.‹«

Staehle teilte seinen holländischen Kontaktleuten mit, er selbst werde wahrscheinlich nach dem Umsturz die Übergangsverwaltung in Holland leiten. Er warnte Mitglieder der niederländischen Widerstandsbewegung vor der Verhaftung und hielt im übrigen einfach die Verbindung aufrecht. Aber die niederländische Exilregierung in London untersagte Anfang 1944, nachdem sie sich mit der britischen Regierung ins Benehmen gesetzt hatte, alle Kontakte, die irgendwie als Verhandlungen oder Vereinbarungen angesehen werden könnten. Staehle selbst wurde am 12. Juni

1944 verhaftet. Da die Gestapo nur sehr wenig über seine Tätigkeit feststellen konnte, verurteilte ihn der Volksgerichtshof, dessen Beisitzer General Reinecke übrigens Staehles Einstellung und Tätigkeit gut kannte, nur zu zwei Jahren Gefängnis. Am 23. April aber wurde er von der Gestapo unter Führung des berüchtigten Kriminalrats Stawitzki ermordet[115].

8. »Ostlösung«?

Als die westlichen Alliierten sich gegenüber allen Kontakten harthörig zeigten und die Lage im Osten immer gefährlicher wurde, erhoben sich im Umkreis Hitlers ebenso wie in der Opposition Stimmen für separate Abmachungen zwischen Deutschland und Rußland. Für die bloße Möglichkeit sprach vom Gesichtspunkt der Opposition jedenfalls, daß Stalin im Gegensatz zu den Westmächten schon im Februar 1942 in einer öffentlichen Erklärung ausdrücklich zwischen Hitler und der Hitlerclique einerseits, die kommen und gehen, und dem deutschen Volk andererseits, welches bleiben werde, unterschieden hat[116].

Auch abgesehen von der Beseitigung Hitlers hatte Stalin Interesse daran, neuerliche deutsch-russische Vereinbarungen nicht ganz unwahrscheinlich erscheinen zu lassen; denn sie konnten ihm als Druckmittel zur Durchsetzung seiner territorialen Forderungen in Europa dienen. So ist es ja auch in Moskau im November 1943, in Teheran im Dezember 1943 und in Jalta im Februar 1945 gekommen, als vor allen die Amerikaner dringend den Eintritt Rußlands in den Krieg gegen Japan wünschten und Stalin deshalb die Trümpfe in der Hand hatte. Präsident Roosevelt und seine Umgebung sahen überdies in Rußland die kommende Weltmacht, mit der sie auf gutem Fuß stehen wollten, und waren deshalb zu vielen Zugeständnissen bereit. Dabei opferten sie die deutschen Interessen systematisch der erhofften Freundschaft[117]. Zu gleicher Zeit versuchte Stalin seit Juli 1943 über das aus Kriegsgefangenen und Emigranten gegründete »National-Komitee Freies Deutschland« Verbindungen zur deutschen Opposition aufzunehmen. Nur in diesem Gesamtzusammenhang dürfen die Überlegungen über eine »Ostlösung« innerhalb der Opposition gesehen werden, nicht von ideologischen Überzeugungshaltungen aus und vor allem nicht aus der Sicht des Kalten Krieges und der Adenauer-Ära nach 1945.

Gerade aus dieser Sicht aber kamen die vielen Mißverständnisse und Vorwürfe, zu denen freilich mancherlei romantische Vorstellungen innerhalb der Opposition auch beigetragen haben. Insbesondere im Kreisauer Kreis gab es Gedankengänge über eine Art antifaschistischer Weltrevolution, für die sich angeblich auch Stauffenberg begeistert haben soll[118]. Daran mag etwas Wahres sein, aber nicht so viel, wie manche gemeint haben, die Stauffenberg einen Nationalbolschewisten nannten, weil er der sicher richtigen Ansicht war, der Krieg gegen die Sowjetunion könne nicht *gegen* das russische Volk gewonnen werden, sondern nur mit seiner Unterstützung[119]. Solche Chancen waren im Jahre 1944 längst vertan. Die deutsche Politik gegen Rußland hatte die Verteidigung des Sowjetsystems zur patriotischen Pflicht aller Russen gemacht, weil nur dieses System die Interessen des Landes vertrat.

Die von Trott an Dulles gebrachte Botschaft vom Januar 1943 wurde schon erwähnt. Es war darin die Möglichkeit einer deutschen Wendung nach Osten erwähnt und eine Tendenz zur Verbrüderung der beiden Völker, die mit der bürgerlichen Denkweise gebrochen hätten und radikale soziale Lösungen anstrebten[120]. Es ist die Frage, ob man diese Ausführungen als ganz ernst gemeint auffassen soll. Dann wäre Trott der Vertreter romantischer, ja unrealistischer Gedanken; denn angesichts der Machtverhältnisse konnte eine »Verbrüderung« des russischen und des deutschen Volkes nur unter sowjetischen Auspizien, nur mit Zustimmung Stalins stattfinden. Ritter meint in seiner Goerdeler-Biographie, Trott habe diese Hinweise als taktische Drohung gemeint[121], Rothfels vertritt dagegen die Auffassung, daß Trott auch schon in der Botschaft vom Januar 1943 auf die Unterstützung einer antikommunistischen und antiatheistischen Volksbewegung durch den Westen gehofft habe[122]. Was mit solchen Mitteilungen von Dulles und seiner Regierung erhofft werden konnte, außer dem Versuch, eine solche Entwicklung zu verhindern, erklärt auch Rothfels nicht. Die Botschaft Trotts an Dulles vom April 1944, deren »geistiger Urheber (oder doch Anreger)« vermutlich Leber gewesen sei, betrachtet auch Ritter als den aufrichtigen Versuch, durch Warnung vor der kommunistischen Untergrundtätigkeit und der wachsenden Tendenz nach links zur Zusammenarbeit gegen die den Westen gemeinsam bedrohende Gefahr zu kommen. In Wirklichkeit sind die Hoffnung auf Zusammenarbeit mit dem Westen gegen die kommunistische Weltbedrohung und die Erwartung, daß die Gefahr eines deutsch-russischen Zusammengehens die Westmächte dazu bewegen könnte, gar nicht zu trennen. Niemand kann Trott so viel Naivität zutrauen, daß er wohl an das eine, aber nicht an das andere gedacht habe. Von einer Option für den Osten, von der Gisevius spricht, kann keine Rede sein[123], von mancherlei romantischen Vorstellungen wohl schon, und auch von Enttäuschung über die Haltung der Westmächte, welche Trott gelegentlich zu extremen Äußerungen veranlaßt haben mag[124].

Es gab auch Zeiten, in denen man innerhalb der Opposition mehr an die westliche Verständigungsbereitschaft glaubte, und solche, in denen das in geringerem Maß der Fall war. Als Trott von seiner Schwedenreise im Herbst 1943 zurückkam, mußte er berichten, England sei nicht verständigungsbereit[125]. Wenn das so war, mußte man es da nicht mit Rußland versuchen? Nichts sollte doch unversucht bleiben, um den Krieg, das Morden und die Zerstörungen zu beenden. Hassell hat schon im August 1943 gemeint, man müsse eventuell den Kunstgriff versuchen, entweder Rußland oder den Westmächten die Erhaltung Deutschlands als in ihrem Interesse liegend darzustellen, und notfalls müsse man dabei die Verständigung mit Rußland eben in Kauf nehmen, wenn nämlich die Westmächte nicht darauf eingehen sollten[126]. Trott sei darin ganz mit ihm einig – also realistisch. Denn wenn die Westmächte nicht auf deutsche Angebote eingehen, vor allem solche, die man ihnen unter Hinweis auf eine eventuelle Verständigung mit dem Osten gemacht hatte, dann blieb ja gar nichts anderes übrig, als die Drohung auszuführen, wenn man nicht völlig allein und hilflos dastehen wollte. Trott hatte also schon im Herbst 1943 in Stockholm versucht, mit der dortigen sowjetischen Gesandtin, Alexandra Michailowna Kollontai, in Verbindung zu treten, allerdings erfolglos[127]. Goerdeler und Tresckow dachten daran, zur Einleitung von Gesprächen mit Stalin den ehemaligen deutschen Botschafter in Moskau, Werner Graf von der Schulenburg, durch die deutschen Linien nach Rußland zu schleusen[128]. Goerdeler hatte sicherlich Bedenken; der Plan stammte offenbar von Tresckow[129].

Für die russische Verständigungsbereitschaft – im Gegensatz zum Westen – lagen konkrete Anzeichen vor: Trott und Werner Graf von der Schulenburg wußten über die seit Ende 1942 von russischer Seite ausgehenden Kontaktversuche und Verhandlungsangebote an Hitler über den Referenten im Auswärtigen Amt (zeitweise auch in Rosenbergs Ostministerium), Peter Kleist, genau Bescheid[130]. Die sowjetische Regierung ließ den Wunsch aussprechen, mit Schulenburg Friedensverhandlungen zu führen, aber Hitler lehnte das immer wieder ab. Schulenburg jedoch konnte sich als den einzigen Diplomaten betrachten, der mit Stalin verhandeln könnte. Tatsächlich schätzte man ihn in Moskau, wußte also genau, was man tat, wenn man gerade ihn als Verhandlungspartner anforderte. Schulenburg hatte stets vor dem Krieg mit Rußland gewarnt.

Es kam weder zu ernsten Kontakten zwischen Hitler und Stalin, noch zwischen der deutschen Opposition und der Sowjetregierung. Nach dem Bericht des Gesandten Franz von Sonnleithner, der in den letzten Kriegsjahren als Vertreter Ribbentrops in Hitlers Hauptquartier fungierte, kam es zu Kontakten zwischen der Opposition und russischen Regierungskreisen durch Schulenburg deshalb nicht, weil dieser der Meinung war, die Oppositionsgruppe meine es mit Rußland nicht ehrlich und wolle es nur als Figur im Schachspiel mit dem Westen benützen, während Schulenburg »eine echte Mittelstellung Deutschlands zwischen Ost und West im Auge gehabt und keine Täuschung Stalins beabsichtigt habe«.

Es ist also noch einmal festzustellen: Angesichts der Lage blieb der Widerstandsbewegung nichts anderes übrig, als *auch* die Verständigung mit dem Osten zu erwägen, obwohl sie diejenige mit dem Westen vorzog. Es blieb aber, im Gegensatz zu den Kontakten in westlichen Hauptstädten, bei der Überlegung. »Ostorientiert« war niemand in der Opposition, von den Kommunisten natürlich abgesehen [131]. Verhandlungen sollten nach allen Seiten möglichst bald aufgenommen werden; zur Belebung der Verbindungen hoffte man auf Gisevius in Bern, auf Weizsäcker und Kessel in Rom, auf Goerdelers Verbindung zu Wallenberg in Stockholm, auf das Ansehen Trotts in London und Schulenburgs in Moskau, und schließlich auch auf die Kontakte Dr. Otto Johns in Madrid.

9. Otto John 1944

Dr. Otto John, Rechtsanwalt und Syndikus der Deutschen Lufthansa, hat schon seit der Zeit vor dem Kriege mit der Oppositionsgruppe im Amt Ausland/Abwehr, seit Februar 1944 besonders mit Oberst d. G. Georg Hansen, dem Nachfolger von Canaris, zusammengearbeitet. Der Bruder von John, Dr. Hans John, war wissenschaftlicher Assistent des Ministerialrats im Reichsluftfahrtministerium und Leiters des Instituts für Luftrecht an der Universität Berlin, Dr. Rüdiger Schleicher [132]. Otto John hatte in seiner Stellung bei der Deutschen Lufthansa zugleich nachrichtendienstliche Aufträge vom Amt Ausland/Abwehr. Beides diente ihm zur Deckung seiner konspirativen Tätigkeit in der Opposition.

In seinen militärpolitischen Berichten an Oberst Hansen aus Madrid und Lissabon behandelte er Anfang 1944 besonders die Frage der geplanten und erwarteten Invasion, die der Errichtung einer zweiten Front gegen Deutschland dienen sollte. Die Front in Italien, so stellte er fest, habe damit so gut wie nichts zu tun und sei nur eine Nebenfront. Vielmehr seien die Vorbereitungen für die große Invasion von den Britischen Inseln aus in vollem Gange. Im März 1944 berichtete er, der Termin für die Invasion irgendwo zwischen Bordeaux und Hamburg sei nun festgelegt, und mit der Ernennung Eisenhowers zum Oberbefehlshaber der alliierten Streitkräfte seien alle weiteren Entscheidungen im Westen in militärische Hände gelegt. In der Zeit zwischen Anfang und Ende Juni werde die Invasion stattfinden.

Ferner konnte John bestätigen, was den Emissären der Opposition immer wieder gesagt worden war: Die Alliierten, namentlich die Engländer und die Amerikaner, seien sich völlig einig, daß die bedingungslose Kapitulation mit militärischen Mitteln erzwungen werden müsse[133]. Zugleich aber erhielt John in seinen Fühlungnahmen mit dem britischen Botschafter in Lissabon, Sir Ronald H. Campbell, den Eindruck, es bestehe sehr wohl Aussicht auf Waffenstillstandsverhandlungen nach einem militärischen Umsturz in Deutschland[134]. Bestärkt wurden manche von Johns Auftraggebern in dieser Auffassung durch eine Mitteilung aus der Umgebung Roosevelts, die Canaris Ende 1943 oder Anfang 1944 erhalten hatte, wonach Gesuche um Friedensverhandlungen an Eisenhower zu richten seien[135].

Stauffenberg hatte damals die Führung der Staatsstreichvorbereitungen übernommen und arbeitete eng mit Julius Leber zusammen. In den ersten Juni-Tagen 1944 trafen er und John eines Abends bei Leber zusammen, und Stauffenberg äußerte die Ansicht, die Invasion sei zwar noch in diesem Jahr möglich, aber nicht wahrscheinlich[136]. Es ging darum, wieviel Zeit noch für die Vorbereitung des Staatsstreiches zur Verfügung stand. Stauffenberg glaubte, die Aussichten stünden fünfzig zu fünfzig dafür, daß die Invasion ins Meer zurückgeworfen würde, wenn sie überhaupt stattfände[137]. Wäre sie aufgegeben oder zurückgeschlagen, dann würden auch die Verhandlungsmöglichkeiten besser sein. Nach einem Bericht des mit ihm befreundeten Professor Fahrner wußte Stauffenberg sehr wohl, daß die Westmächte jede Unterstützung der deutschen Erhebung ausdrücklich abgelehnt hatten, und daß sie die totale Niederwerfung Deutschlands jeder Verbindung mit der Opposition gegen Hitler vorzogen[138]. Trotzdem war Stauffenberg anscheinend noch optimistisch hinsichtlich der Verhandlungsmöglichkeiten nach dem Umsturz, sofern man nur »von Soldat zu Soldat« mit dem Oberkommandierenden der alliierten Truppen sprechen konnte[139]. Er wollte ja auch auf deutscher Seite »die Politiker« ausschalten[140]. Dabei mag ihm – aus seiner Perspektive begreiflicherweise – wirklich nicht klar gewesen sein, in welchem Maße militärische Befehlshaber der Alliierten zu politischen Entscheidungen ermächtigt bzw. nicht ermächtigt waren[141].

Alle diese Überlegungen wurden durch den Beginn der Invasion am 6. Juni 1944 und ihren Erfolg in den nächsten Tagen überholt. Nachdem die Landung einmal in großem Stil gelungen war, konnte sie nicht mehr rückgängig gemacht werden; denn die Alliierten waren artilleristisch und im gesamten französischen Luftraum sowie über dem Kanal und Atlantik den Deutschen weit überlegen. Die deutsche Luftwaffe war so schwach, daß sie nicht nur gegen die Bombardierung der deutschen Städte fast hilflos war, sondern auch keine Möglichkeit gehabt hatte, in den Wochen und Tagen bis zum 6. Juni ein brauchbares Feindbild zu beschaffen [142].

Danach konnte sich Stauffenberg nur noch wenig um die außenpolitischen Vorbereitungen kümmern und beauftragte am 10. Juni Hansen und John, im Hinblick auf die Verhandlungen mit den westlichen Kriegsgegnern das Nötige einzuleiten. Vergeblich hatte John versucht, Stauffenberg und Hansen davon zu überzeugen, daß nur bedingungslose Kapitulation den Krieg beenden könne. Sie schienen sich das nicht vorstellen zu können. Später, am 20. Juli, machte John sich Vorwürfe, weil er nicht energischer darauf bestanden hatte, daß nur noch bedingungslose Kapitulation in Frage komme, und weil es ihm nicht gelungen war, seiner Auffassung besonders »bei den Generalen« Bahn zu brechen, obwohl diese, wie John erkannte, dann noch weit weniger zum Handeln bereit gewesen wären, als ohnedies [143]. Hansen betonte John gegenüber am 10. Juni die dringende Notwendigkeit der Verbindung zu Eisenhower, bei der »die Politiker«, womit vor allen Goerdeler und seine Gruppe gemeint waren, ausgeschaltet bleiben müssen. Wenn man mit Eisenhower von Soldat zu Soldat sprechen könne, werde es schnell zur Einigung kommen. John erhielt den Auftrag, die Verbindung so herzustellen, daß sie sofort nach dem Umsturz benützt werden könnte.

Am 19. Juni flog John nach Madrid. Der Erfolg seiner Bemühungen war die Zusage, daß alle seine Botschaften und Nachrichten mit Sicherheit an General Eisenhower weitergeleitet werden würden, nur für ihre Beantwortung könne keine Gewähr geboten werden. Nun wartete John in Madrid noch auf eine Verhandlungsvollmacht des Schattenoberkommandos unter Führung Witzlebens, die ihm Hansen überbringen sollte [144]. Das Schlüsselwort hieß aber immer noch »bedingungslose Übergabe«, und John mußte nach Berlin berichten, daß die Alliierten nach wie vor darauf bestehen, einerlei, wer in Deutschland regiere.

Stauffenberg war inzwischen auch der Auffassung, daß selbst nach einem gelungenen Umsturz die bedingungslose Kapitulation nicht mehr vermieden werden könne [145]. Bei einer Besprechung mit Oberst Hansen und Gisevius in der Wohnung von Strünck in der Nacht vom 12. auf 13. Juli 1944 meinte Stauffenberg, für ein Arrangement mit dem Westen sei es nun zu spät, in wenigen Wochen werde Stalin in Berlin sein, und es sei doch zu fragen, ob man nun nicht alle Politik mit dem Osten machen müsse. Am 13. Juli äußerte auch Generaloberst Beck zu Gisevius, Deutschland sei besiegt, die totale Besetzung könne nicht mehr verhindert werden[146].

Es versteht sich, daß auch John überzeugt war, daß selbst die bloße Aussicht auf Verhandlungen nur durch die baldigste Ausführung des Staatsstreiches zu gewinnen sei. Er wollte nach Berlin fliegen, um darauf zu dringen, erhielt aber auf seine Anfrage die Mitteilung, er müsse dann mit seiner Verhaftung rechnen. Inzwischen war Leber verhaftet worden. So ließ John seine Botschaft an Hansen und Stauffenberg durch einen Kollegen des Madrider Lufthansabüros, Gerhard Lindenberg, überbringen, der am 10. Juli nach Berlin flog. Dieser bekam die Auskunft, John solle nun doch für ein bis zwei Tage nach Berlin kommen. Man rechnete jetzt fest mit der Ausführung des Umsturzversuches. John sollte dann für die sofortige Übermittlung von Botschaften der Putschregierung zur Verfügung stehen.

Am 19. Juli flog er also nach Berlin und stellte sich zur Verfügung. Am Abend des 20. Juli glaubte er, der Aufstand sei gelungen, aber schon in der Nacht begannen die Verhaftungen. Johns Verbindung zu den Westalliierten konnte nicht für die Opposition aktiviert werden, John hatte keine Aufgabe mehr. Er entkam am 24. Juli mit knapper Not in einem Flugzeug der Lufthansa nach Madrid.

VIII. Attentatversuche 1933-1942

1. Erste Anschläge

Die Beseitigung der Person des Diktators durch seine Ermordung wurde von entscheidenden Kreisen der Opposition im Lauf des Krieges als Vorbedingung für das Gelingen eines Staatsstreichversuches erkannt. Dem Diktator war ein heiliger Eid geschworen; formaljuristisch und auch für alle geistig unselbständigen Bürger und Soldaten, also für die meisten, war er der rechtmäßige Kriegsherr und Oberbefehlshaber. Deshalb war das einzige Instrument, mit dem der Staatsstreich ausgeführt werden konnte, nämlich das Heer, ohne die vorherige Beseitigung seines Obersten Befehlshabers nicht zu handhaben. Zu dieser Erkenntnis kam man in weiteren Kreisen der Opposition erst verhältnismäßig spät, einzelne jedoch vertraten sie von allem Anfang an, und die Entwicklung des 20. Juli 1944 hat gezeigt, daß sie recht hatten. Es gab aber lange vor 1943 schon eine Anzahl von Attentatversuchen, teils aus solchen Kreisen, aus denen stets Attentate gegen regierende Herren verübt werden, teils aber auch aus den Kreisen der Widerstandsbewegung, die später Träger des Versuches vom 20. Juli 1944 waren.

Schon im Mai 1933 wurde eine reichsgerichtliche Voruntersuchung »wegen eines geplanten Anschlages auf den Herrn Reichskanzler« nötig [1]. Königsberger Kommunisten unter Führung des Schiffszimmermanns Kurt Lutter planten ein Sprengstoffattentat gegen Hitler bei dessen am 4. März erwarteten Auftreten bei einer Königsberger Wahlversammlung. Im Februar fanden zwei geheime Besprechungen statt, und am 3. März griff die Polizei zu. Da aber keinerlei Beweise gefunden wurden, ist Lutter gegen Ende 1933 »außer Verfolgung« gesetzt worden.

Am 8. März 1937 wurde der Architekturstudent Helmut Hirsch vom 2. Senat des Volksgerichtshofes zum Tode verurteilt und am 4. Juni 1937 in Plötzensee enthauptet. Er stammte aus Stuttgart, war in der bündischen Jugend tätig gewesen und als jüdischer Emigrant in Prag mit Otto Strasser und der Schwarzen Front in Verbindung gekommen. Weil er sich für die Juden in Deutschland mitverantwortlich fühlte und ihnen von Strassers Seite für die Zeit nach dessen »Machtergreifung« in Deutschland gute Behandlung sichern wollte, und weil er zeigen wollte, daß auch Juden den Mut zum Kampf haben, ließ er sich zu einem Sprengstoffanschlag überreden, der sich gegen ein Gebäude des Nürnberger Parteitagsgeländes, gegen Julius Streicher oder eventuell auch gegen Hitler selbst richten sollte. Strasser wollte dadurch seine Macht demonstrieren und sich wohl auch für seinen 1934 ermordeten Bruder rächen[2]. Am 20. Dezember 1936 war Helmut Hirsch nach Stuttgart gefahren, am 23. sollte er in Nürnberg den Sprengstoff übernehmen. Aber sein Name war der Gestapo von einem früheren Besuch in Stuttgart her bekannt, der von Hirsch im Gasthaus richtig ausgefüllte Meldezettel mußte ihn verraten. Ein Mitverschworener wurde schon beim Grenzübertritt festgenommen und gab der Gestapo den Sprengstoff und jede verlangte Auskunft.

1938 sollen zwei Männer namens Döpking und Kremin entsprechende Versuche unternommen haben. Ein Karl Hoffmann, ein Erich Schulz und ein Wilhelm Tosch wurden am 12. Oktober 1940 in Plötzensee wegen der angeblichen Vorbereitung eines Sprengstoffanschlages hingerichtet und ebendort unter derselben Beschuldigung am 30. Januar 1942 ein Bernhard Rust und ein Ludwig Schmitt. In mehreren Fällen hatte man – nicht ohne Grund – den Bruder von Hitlers einstigem Rivalen um die Parteiführung, Otto Strasser, im Verdacht, Hintermann der Attentäter zu sein[3]. Anfang März 1937 erhielt die Gestapo einen Tip, daß ein Maurer namens Max Kostriba aus der Tschechoslowakei plane, demnächst nach Deutschland zu fahren und ein Attentat auf Hitler zu verüben; am 27. Februar habe er von der Polizeidirektion in Troppau einen Paß ausgestellt bekommen[4].

Von der Schweiz aus wurden einige Versuche zu Attentaten unternommen. David Frankfurter, Sohn eines jüdischen Geistlichen und Medizinstudent jugoslawischer Staatsangehörigkeit in Bern, wollte 1935 ein Attentat gegen Hitler verüben. Da er nicht an ihn herankam, erschoß er in Davos Hitlers Vertreter in der Schweiz, Wilhelm Gustloff[5]. 1938 wurde unter dem Vorsitz des Staatssekretärs a. D. (des preußischen Ministeriums Braun-Severing) Dr. Wilhelm Abegg ein Komitee mit dem besonderen Zweck der Vorbereitung eines Attentats gegen Hitler gegründet[6]. Dieses »Comité A« warb zehn ehemalige preußische Polizeioffiziere an, die mit schweizerischen Lösegeldern aus deutschen Konzentrationslagern befreit wurden. Es sollten nämlich möglichst alle von Hitler für den Fall seines Todes vorgesehenen Stellvertreter zugleich getötet werden. Es war daran gedacht, die Attentäter als italienische Kurieroffiziere mit wichtigen Nachrichten zu verkleiden. Aus verschiedenen Gründen, so angeblich wegen Schwierigkeiten bei der Herstellung der Attentatbomben, verzögerte sich die Ausführung des Planes bis 1942, und da hieß es dann, es sei nicht mehr nötig, weil inzwischen in Kreisen der deutschen Wehrmacht ein Attentat vorbereitet werde.

Ebenfalls 1938 versuchte der schweizerische katholische Theologiestudent Maurice Bavaud ein Attentat gegen Hitler [7]. Ein französischer Priesterschüler namens Marcel Gerbohay hatte 1938 zusammen mit etwa zehn weiteren Priesterschülern in Frankreich die »Compagnie du Mystère« gegründet, deren Ziel die Bekämpfung und Vernichtung des Kommunismus gewesen sein soll. Bavaud wurde beauftragt, Hitler zum Angriff gegen die Sowjetunion zu bestimmen und zu töten, wenn das nicht gelänge. Jedenfalls reiste Bavaud im Oktober 1938 nach Deutschland ein und versuchte im November in München, Hitler zu ermorden. Er wurde gefaßt, am 18. Dezember 1939 vom Volksgerichtshof zum Tode verurteilt und endlich am 14. Mai 1941 hingerichtet.

Der frühere Freikorpsführer Hauptmann a. D. Dr. Josef (Beppo) Römer ist schon erwähnt worden [8]. Auch er wollte Hitler ans Leben und hielt sich mit Hilfe von Oberstleutnant Dr. Holm Erttel, der Adjutant bei der Berliner Stadtkommandantur war, 1939 bis 1942 ständig über Hitlers Reisen und Ausfahrten auf dem laufenden [9]. Er stand in enger Verbindung mit Männern wie Halem, Schlabrendorff, Niekisch, Guttenberg sowie mit Angehörigen des sogenannten Solf-Kreises. Halem trennte sich im Sommer 1938 von den Bestrebungen seiner Freunde Albrecht von Kessel, Peter Graf Yorck von Wartenburg und Botho von Wussow, weil er im Gegensatz zu ihnen als einer von sehr wenigen sich von Anfang an klar war, daß Hitler getötet werden müsse, wenn sein Regime gestürzt werden sollte [10]. Er glaubte auch nicht, daß Offiziere des regulären Heeres zu einem Einzel- oder Kollektivattentat in der Lage wären, und lehnte deshalb entsprechende Pläne von Fritz-Dietlof Graf von der Schulenburg als romantisch ab. Die Geisteshaltung und seelische Verfassung deutscher Offiziere mache so etwas unmöglich, meinte Halem, da müsse man schon so eine Art berufsmäßigen Henker gewinnen. Römer war natürlich kein Henker, aber Halem glaubte lange Zeit, in ihm einen zum Attentat fähigen Landsknecht gefunden zu haben Die Gelegenheit zur Tat fand sich nicht, und im Februar 1942 wurde Römer mit vielen anderen, zu denen er Verbindung hatte, darunter Halem und insbesondere die Sachse-Uhrig-Gruppe, verhaftet. Im September wurde er hingerichtet, wie vor ihm und nach ihm etwa vierzig andere Verschwörer.

Hitler wußte sehr wohl, daß er ständig in Gefahr war, einem Attentäter zum Opfer zu fallen. Er zählte insgesamt sieben Attentatversuche gegen sich, wozu er auch die Röhm-Affäre rechnete, und er war sich nicht erst nach dem Elser-Attentat bewußt, »wie leicht der Tod einen Staatsmann treffen kann«: »In der Zukunft wird es wohl niemals wieder einen Mann geben, der mehr Autorität hat als ich. Mein Dasein ist also ein großer Wert-Faktor. Ich kann aber jederzeit von einem Verbrecher, von einem Idioten beseitigt werden.« [11] Das sagte er im August 1939; und am 23. November 1939, nach dem Elser-Attentat: »Die Attentatsversuche können sich wiederholen.« [12] Er sprach auch die Überzeugung aus, »daß gegen einen idealistisch gesinnten Attentäter, der für seinen Plan rücksichtslos sein Leben aufs Spiel setze, kein Kraut gewachsen sei« [13]. Anläßlich der Ermordung Heydrichs in Prag erklärte er, Männer von solchem politischen Format, erst recht also er selbst, »müßten sich darüber im klaren sein, daß ihnen wie einem Wild aufgelauert werde«; es sei Dummheit oder Stumpfsinn, wenn solche Leute nicht die elementaren Sicherheitsvorkehrungen treffen und etwa, um Mut zu zeigen, im offenen Wagen fahren [14].

Hitler scheint einen »idealistisch gesinnten Attentäter« zwar nicht unter Soldaten und Offizieren vermutet zu haben; er sprach von der »Tatsache«, »daß [1942] alle deutschen Idealisten entweder an der Front ihr Leben einsetzten oder aber in den Rüstungsfabriken beziehungsweise ihren sonstigen Heimat-Arbeitsplätzen ihre ganze Kraft für den Sieg Deutschlands hergeben« [15]. Er hat sich widersprochen, aber das liegt an der verschiedenen Bedeutung, in der er das Wort »idealistisch« gebrauchte, was für seine Verachtung *jeglichen* Idealismus' bezeichnend ist. Wirklich idealistische Attentäter, also solche, die ihr Leben einsetzten, gebe es bei »den Bürgerlichen und den Marxisten« kaum. »Gefährlich seien daher nur die von den Schwarzen im Beichtstuhl aufgeputschten Attentäter oder nationalgesinnte Leute aus den von unseren Truppen heute besetzten Ländern.« [16] In Deutschland gehören zu diesem »Gesockse«, wie es in Hitlers Sprache heißt, das einige hunderttausend Menschen umfasse, »alle leitenden Männer gegnerischer Strömungen, und zwar auch die des politischen Katholizismus«, die Insassen von Konzentrationslagern und »alle kriminellen Elemente, gleichgültig, ob sie zur Zeit in Gefängnissen wären oder sich in Freiheit befänden«. Diese paar hunderttausend Menschen würde er, Hitler, gegebenenfalls, etwa beim Ausbruch einer »Meuterei«, kurzerhand »binnen drei Tagen zur Exekution sammeln und erschießen lassen« [17].

Das Gerede von dem »Gesockse«, von den einigen hunderttausend Menschen, von den führenden Männern u. a. des Katholizismus und von den Idealisten enthüllt Hitler als den vernunftlosen Tyrannen, der er war. Seine Äußerungen über Attentate und deren Möglichkeit zeigen jedoch auch, über welches Maß an Verschlagenheit dieser Mann verfügte. Es war nichts Unheimliches, nichts Mysteriöses. Wer gefährlich lebt, dessen Sinne werden für die Gefahr geschärft. Hitler lebte nicht nur gefährlich, er verließ sich ohnedies mehr auf Gefühle und Eindrücke als auf rationale Überlegungen. Da er auch womöglich gegen Anschläge geschützt sein wollte, dachte er viel darüber nach, wie das zu machen sei [18].

2. Anschläge 1938–1942

Als im September 1938 General von Witzleben im Einvernehmen mit dem Chef des Generalstabes des Heeres, General Halder, den Sturz Hitlers vorbereitete, waren die meisten Verschwörer noch nicht der Ansicht, man müsse Hitler sofort umbringen, wenn man Erfolg haben wolle. Aber es gab doch schon eine kleine Anzahl, die sich unter Führung von Oberstleutnant Oster und Major Heinz um den 20. September 1938 verabredeten, Hitler auch ohne das Einverständnis der übrigen Verschwörer zu töten [19].

Man gedachte folgendes einfache Verfahren einzuschlagen: Während die Truppen des Generalkommando III. Armeekorps auf Befehl Witzlebens Berlin besetzten, würde Witzleben mit einigen Offizieren seines Stabes in die Reichskanzlei gehen und Hitler zum Rücktritt auffordern. Eine weitere Schar von Offizieren unter Führung von Major Heinz sollte ihn als »Stoßtrupp« begleiten, um ihm Zugang zur Reichskanzlei zu verschaffen und bei der Verhaftung Hitlers und seiner Umgebung behilflich zu sein. Man mußte dort mancherlei Posten passieren, zuerst am Eingang, dann in einem großen Vorraum. Zu Hitlers Zimmer kam man durch einen Marmorsaal, an den sich ein langer Flur anschloß. In dessen Mitte war die Tür zu Hitlers Zimmer [20]. War man zu Hitler vorgedrungen, wo er sich auch aufhalten mochte, so wollten Heinz und seine Offizierkameraden einen Zwischenfall provozieren, bei dem Hitler erschossen werden würde. Das war natürlich nur dann nötig, wenn sich die SS wider Erwarten nicht zur Wehr setzen sollte.

Aus den in Kapitel IV beschriebenen Gründen [21] kam es aber nicht zu der Konfrontation. Es ist auch schon dargelegt worden, wie die Verschwörung nach dem Münchner Abkommen und der ungestraften Besetzung der »Resttschechei« gelähmt war und wie es an den Voraussetzungen für Attentate fehlte, die mit einem Staatsstreich synchronisiert werden konnten. Der große Sieg über Polen tat ein übriges, kein General wollte da mehr putschen.

Die Forcierung der Maßnahmen für den Angriff gegen Frankreich und gegen die englischen Expeditionstruppen, der durch die neutralen Länder Belgien und Niederlande vorgetragen werden sollte, gab sowohl den Staatsstreichplänen wie auch den Attentatabsichten neuen Auftrieb. Wieder erschien eine Katastrophe, eine furchtbare Niederlage Deutschlands unvermeidlich, so daß nach Meinung vieler Verschwörer eine Lage bestand, in welcher ein Umsturz verstanden werden und Erfolg haben könnte.

Da erbot sich Dr. Erich Kordt, Vortragender Legationsrat im Auswärtigen Amt, im Zusammenhang mit Umsturzvorbereitungen, die im Generalstab des Heeres, im Amt Ausland/Abwehr des OKW und im Auswärtigen Amt Ende Oktober und Anfang November 1939 betrieben wurden, einen Mordanschlag gegen Hitler auszuführen[22]. Die Majore Heinz und Groscurth standen schon lange in Kontakt über die Möglichkeiten eines neuen Attentatversuches, General Halder ermunterte die Gruppe im Amt Ausland/Abwehr zu dem Anschlag. Am 1. November 1939 sagte Oster zu Kordt: »›Wir haben niemanden, der die Bombe wirft, um unsere Generale von ihren Skrupeln zu befreien.‹« Kordt: »›Ich bin gekommen, Sie darum zu bitten.‹« Oster: »›Sie werden den Sprengkörper am 11. November bekommen.‹«[23] In seiner Stellung als erster Mitarbeiter des Staatssekretärs im Auswärtigen Amt, des Freiherrn von Weizsäcker, hatte Kordt jederzeit freien Zutritt zur Reichskanzlei und konnte sich im großen Vorraum aufhalten, bis Hitler erscheinen würde. In den nächsten Tagen zeigte sich Kordt möglichst oft in der Reichskanzlei, um die Wachen an seine Anwesenheit zu gewöhnen. Groscurth beschaffte Baupläne der Reichskanzlei[24]. Seine Absicht teilte Kordt seiner Cousine Susanne Simonis, Hasso von Etzdorf und Albrecht von Kessel mit; ferner legte er sie in einer Erklärung nieder, von der je ein Exemplar für den amerikanischen Geschäftsträger Alexander C. Kirk und für den Schweizer Legationsrat Kappeler bestimmt war.

Oster war sicher, den nötigen Sprengstoff samt Zündmitteln für Kordt beschaffen zu können, aber er hatte ihn noch nicht. So ließ der Chef der Zentralabteilung des Amtes Ausland/Abwehr im OKW den Leiter der Abteilung II (Sabotage) desselben Amtes, Major Lahousen, in den ersten Novembertagen in sein Dienstzimmer kommen, wo auch schon zwei andere Verschwörer, Dohnanyi und Heinz, sich aufhielten, die ebenfalls der Abwehr angehörten. Ohne Umschweife fragte Oster Lahousen, ob er ihm Sprengstoff und Zündmittel für einen Anschlag gegen Hitler beschaffen könne, der Attentäter sei schon gefunden[25]. Die Beschaffung des Sprengstoffes war aber nicht so einfach, wie es wohl scheinen mochte. Derartiges Material wurde von der Gruppe T (Technik) der Abteilung II verwahrt, und auch der Abteilungsleiter selbst konnte ohne plausible Begründung nichts entnehmen. Lahousen bat um Bedenkzeit.

Inzwischen hatten Hitler und Brauchitsch am 5. November ihren bekannten Disput über die Frage des Angriffs im Westen, wobei Hitler auf dem 12. November als Angriffstag bestand. Kordt erfuhr davon am 7. November von Etzdorf und sagte ihm, er werde mit Hilfe des ihm zugesagten Sprengstoffes die Offensive verhindern.

Aber am Abend des 8. November entging Hitler im Bürgerbräukeller in München um Haaresbreite dem Anschlag von Georg Elser. Zwar besprachen sich Kordt und Oster am 10. November noch einmal und erhielten die Verabredung für den 11. aufrecht, doch die ohnehin bedeutenden Schwierigkeiten der Sprengstoffbeschaffung waren durch die verschärfte Wachsamkeit, die dem Elser-Attentat folgte, so gewaltig gewachsen, daß Oster resignieren mußte[26]. Lahousen war nicht in der Lage, aus dem Labor der Abwehr-Abteilung II den erforderlichen Sprengstoff zu entnehmen, ohne daß dies angesichts der scharfen Überwachung sofort der Gestapo bekannt geworden wäre. Dadurch wären nicht allein Lahousen und der Empfänger des Sprengstoffes, Oster, außerordentlich gefährdet gewesen, weil sich beim besten Willen kein wichtiger Grund für das Hantieren mit dem Material finden ließ, sondern das ganze Vorhaben wäre wegen der übergroßen Gefahr vorzeitiger Entdeckung aussichtslos gewesen. Der Leiter der Abteilung II des Amtes Ausland/Abwehr sah sich veranlaßt, am 10. November 1939 dem Leiter des Laboratoriums, Major Marguerre, »nochmals strenge Weisung« zu geben, »mit der Ausgabe von Zündern und Sprengmaterial sehr vorsichtig zu verfahren«. Dieser erklärte darauf, im Labor werde genau Buch geführt, wenn aber Gegenstände einmal ausgegeben seien, könne er für ihren Verbleib keine Garantie mehr übernehmen[27].

Als Kordt am Spätnachmittag des 11. November zu Oster in dessen Wohnung in die Bayrische Straße in Berlin-Wilmersdorf ging, um den Sprengstoff abzuholen, erfuhr er, daß die Beschaffung nicht möglich gewesen sei. Alle Laboratorien müßten nun über jedes Gramm Sprengstoff und dessen Verwendung genauestens berichten[28].

Der Angriff im Westen war inzwischen auf den 19. November verschoben worden, so daß für den Anschlag immer noch Zeit blieb. Kordt wollte es nun mit einer Pistole versuchen, aber Oster redete ihm das aus. Er werde Hitler nicht allein zu sehen bekommen und habe in Anwesenheit der Adjutanten, Ordonnanzen und Besucher keine Chance. Bis zum endgültigen Beginn der Offensive im Westen war Kordt noch zweimal bei Oster, als gerade ein neuer Termin bevorstand, und er bat auch Groscurth um Hilfe bei der Beschaffung des nötigen Sprengstoffs. Tatsächlich ist es Lahousen gegen Ende November gelungen, ein Quantum Sprengstoff nach Berlin zu bringen, welches der Abwehr II in Schweden zur Verwendung gegen Objekte in Norwegen zur Verfügung stand; das Unternehmen »Weserübung« wurde ja damals schon intensiv vorbereitet. Aber Kordt hat nichts bekommen. Die Staatsstreichpläne waren damals nicht mehr akut, auf Halder und Brauchitsch konnte man weniger denn je zählen, man versuchte gerade, sie mit Hilfe alliierter Zusicherungen wieder zu gewinnen. Ohne gleichzeitigen Staatsstreich erschien das Attentat aber sinnlos, weil voraussichtlich Göring, Goebbels, Himmler und Heydrich übrig und die SS und Gestapo intakt bleiben, also die Verschwörung ziemlich sicher vernichtet, das Regime aber doch nicht beseitigt werden würde.

Georg Elser, der den Anschlag im Gasthaus »Löwenbräu« (früher »Bürgerbräu«) in der Münchner Rosenheimer Straße ausführte, hatte keine Verbindung mit den anderen Kreisen der Opposition. Er gehörte zwar vorübergehend einer kommunistischen Organisation an, hat seinen Versuch aber allein gemacht. Dem Erfolg ist er unheimlich nahegekommen [29]. In den Tagen kurz vor der alljährlichen Veranstaltung zur Erinnerung an den mißglückten Putsch von 1923, bei dem eine Anzahl Alter Kämpfer ums Leben gekommen war, gelang es Elser, sich mehrfach unbemerkt über Nacht in dem kaum gesicherten Löwenbräusaal aufzuhalten, der teilweise Besuchern als historische Stätte gezeigt, im übrigen aber als Gastwirtschaft betrieben wurde. In der mit Holz verkleideten Säule aus Steinen und Mörtel, vor der Hitler seine alljährliche Ansprache halten sollte, baute Elser eine Sprengladung ein und koppelte die Zündung mit zwei Westminsteruhren. Den Sprengstoff (Donarit) hatte er teilweise in einem Steinbruch gestohlen, in dem er nur zu diesem Zweck Arbeit angenommen hatte. Außerdem verwendete er für die Höllenmaschine militärischen Sprengstoff aus einer 7,5-cm-Granate, sowie Schwarzpulver. Die Vorbereitung der Sprengkammer in der Säule, die übrigens für die Stützung der Decke eine entscheidende statische Funktion hatte, dauerte mehrere Wochen.

Soweit heute bekannt ist, hatte Elser keine Hintermänner. Das Motiv des ungebildeten, aber technisch intelligenten Attentäters konnte bei den nachfolgenden Untersuchungen, bei denen auch mit Schlägen, Hypnose und sonst »verschärfter Vernehmung« nicht gespart wurde, nur als fanatischer Geltungsdrang mit dem Wunsche, durch die Beseitigung Hitlers eine große, gute Tat zu leisten, festgestellt werden [30].

Wegen des Kriegszustandes war für 1939 die übliche Feier zunächst

»nur mit einem wesentlich eingeschränkten Programm« geplant. Hitler wollte selbst keine Ansprache halten, nur Heß sollte am 8. November abends um 19.30 Uhr über alle deutschen Sender sprechen[31]. Aber am 7. oder 8. November entschloß sich Hitler, doch selbst zu sprechen, und der *Völkische Beobachter* vom 8. November berichtigte die Ankündigung vom 7.: Heß werde am 9., nicht am 8. November um 19.30 Uhr sprechen. Am 9. November schließlich hieß es, die Heß-Rede falle aus, weil Hitler selbst gesprochen habe[32]. Hitler flog am 8. November nach München. Da wegen der häufigen Novembernebel der Start zum Rückflug vielleicht nicht möglich sein würde, entschloß er sich, noch am selben Abend mit einem fahrplanmäßigen Zug nach Berlin zurückzufahren. (Ursprünglich hatte er noch den 9. über bleiben wollen.) Fahrplanmäßige Züge verließen München um 21.45 und 22.20 Uhr, Hitler mußte also spätestens um 21.25 oder für den späteren Zug um 22 Uhr vom »Löwenbräu« wegfahren[33].

Schon gegen 18 Uhr am 8. November waren Saal und Empore im »Löwenbräu« dicht gefüllt, von der Prominenz waren Bouhler, Himmler, Rosenberg, Frank, Goebbels, Ribbentrop und Sepp Dietrich da. Der Badenweiler Marsch wurde gespielt und die »Blutfahne« hereingetragen, dann kam der Führer, Jubel erhob sich unter den Dreitausend. Während es früher üblich gewesen war, daß Hitler seine große Rede gegen 20.30 Uhr begann und sie etwa um 22 Uhr beendete, hatte man wegen der knappen zur Verfügung stehenden Zeit den Beginn um eine halbe Stunde vorverlegt. Mit dem Glockenschlag um 20 Uhr kam Hitler herein, hielt seine Rede und schloß seine Ausführungen etwa um 21.10 Uhr[34]. Etwa um 21.20 Uhr erfolgte die Explosion, und die herabstürzende Decke tötete acht Alte Kämpfer (einer von ihnen starb erst im Krankenhaus) und verletzte mehr als sechzig.

Elser wurde noch am selben Abend in Konstanz verhaftet, als er versuchte, in die Schweiz zu entkommen. Er hatte allerhand belastende Gegenstände bei sich, darunter eine Postkarte vom »Löwenbräu«, Aufzeichnungen über die Herstellung von Granaten und Zündern, über Kennzeichnung von Munitionskisten, Teile eines Zünders und unter dem Rockaufschlag ein Abzeichen des ehemaligen kommunistischen Rotfrontkämpferbundes[35]. Angesichts der mageren Untersuchungsergebnisse und des Mangels an Beweisen für die voreilige Behauptung, ausländische Geheimdienste steckten hinter dem Attentat, verzichtete man während des Krieges auf einen großen Prozeß gegen Elser. Als im Frühjahr 1945 das Ende des Reiches nahe war, holte Gestapo-Chef Heinrich Müller über Himmler Hitlers Entscheidung »wegen unseres besonderen Schutzhäftlings

›Eller‹« ein, unter welchem Decknamen Elser festgehalten wurde. Am 5. April 1945 schrieb er an den Lagerkommandanten von Dachau, SS-Obersturmbannführer Weiter: »Bei einem der nächsten Terrorangriffe auf München bzw. auf die Umgebung von Dachau ist angeblich ›Eller‹ tötlich [sic] verunglückt. Ich bitte, zu diesem Zweck ›Eller‹ in absolut unauffälliger Weise nach Eintritt einer solchen Situation zu liquidieren... Die Vollzugsanzeige hierüber würde dann etwa an mich lauten: ›Am ... anläßlich des Terrorangriffs auf ... wurde u. a. der Schutzhäftling ›Eller‹ tödlich verletzt.«[36]

Nach dem Beginn der Westoffensive im Mai 1940 ruhten die konkreten Planungen der Opposition für einen Staatsstreich. Es fehlten innere und äußere Voraussetzungen, und auf Zusammenarbeit mit dem Heer war nicht zu rechnen. Die Voraussetzungen fehlten erst recht nach dem großen Sieg über Frankreich. Doch gab es immer einzelne, die ihr Leben gegen den Diktator einzusetzen bereit waren, auch wenn er gerade siegte. Zu ihnen gehörten Dr. Eugen Gerstenmaier und Fritz-Dietlof Graf von der Schulenburg[37].

Gerstenmaier war seit 1936 wissenschaftlicher Hilfsarbeiter im Kirchlichen Außenamt der Evangelischen Kirche gewesen und seit dem Beginn des Krieges in der Abteilung Information des Auswärtigen Amtes tätig. Schulenburg war vor der Westoffensive noch Regierungspräsident in Schlesien, meldete sich aber im Mai 1940 als Leutnant der Reserve in das Ersatz-Regiment des traditionsreichen Potsdamer Infanterie-Regiments 9, dem vier seiner Brüder angehört hatten. Schulenburg war damals 38 Jahre alt, aber er meldete sich nicht, wie er damals schrieb, um im Ersatz-Regiment dann dauernd Rekruten auszubilden, sondern in der Voraussetzung, »»daß ich im ersten Augenblick, wo ich für eine Kriegsverwendung geeignet erscheine, ins Feld komme‹«. Auch kannte er von früher viele Offiziere des Regiments und drängte in eine Position, in welcher er für den Umsturz wirken konnte, das I. R. 9 würde dabei eine wichtige Rolle spielen. Zugleich »emigrierte« Schulenburg in das Heer; denn durch die bevorstehende Abberufung des Gauleiters Josef Wagner wurde seine Stellung in Schlesien schwer haltbar. Am 1. Juni rückte er ein und blieb Soldat bis zu seiner Hinrichtung.

Gerstenmaier und Schulenburg beabsichtigten, eine Gruppe Offiziere etwa in Kompaniestärke zusammenzustellen, die Hitler in Berlin verhaften sollte. Bei der zu erwartenden Gegenwehr wäre Hitler zu erschießen gewesen. Trotz vielen Anläufen – man dachte auch daran, bei der geplanten, aber schon am 20. Juli 1940 abgesagten Siegesparade in Paris gegen Hitler vorzugehen –, gelang es nicht, die Attentäter mit ihrem Opfer

zusammenzubringen. Versetzungen, dienstliche Aufträge und andere Umstände traten stets dazwischen. Hitler kam zwar einmal nach Paris, am
28. Juni 1940. Aber da flog er unangesagt und in aller Morgenfrühe hin,
landete um 5 Uhr auf dem Flughafen Le Bourget, machte sofort eine Stadtrundfahrt über die Champs-Elysées, zum Louvre, zum Eiffelturm, zum
Invalidendom, wo er das Grab Napoleons besuchte, war um 6 Uhr schon
wieder auf dem Flugplatz und flog kurz darauf in sein Hauptquartier
»Tannenburg« bei Freudenstadt[38].

Ein ähnlicher Plan wurde 1941 im Stabe des Generalfeldmarschalls von
Witzleben konzipiert, der damals – bis März 1942 – als Oberbefehlshaber
West in Saint-Germain bei Paris an der Verschwörung beteiligt war und
seit 1940 immer wieder Leute für den Anschlag zu gewinnen suchte[39].
Tatbereit waren damals Rittmeister Graf von Waldersee, IIa im Stabe des
Kommandanten von Paris, sowie Major i. G. Alexander von Voß und
Hauptmann Graf Schwerin von Schwanenfeld, beide im Stabe Witzlebens[40]. Stark beteiligt waren auch Goerdeler und Hassell; denn sie versuchten wiederholt, Witzleben zu einer Aktion anzuspornen. Im Januar
1941 war Hassell beim Militärbefehlshaber Frankreich, General der Infanterie Otto von Stülpnagel, der aber der Lage in keiner Weise gewachsen
schien und auch Ende des Monats abgelöst wurde[41]. Goerdeler war 1941
mehrfach in Paris und suchte dort jedesmal auch Graf Waldersee auf,
um ihn mit Aufforderungen zum Handeln zu bestürmen[42]. Er versicherte,
sobald Hitler in Paris verhaftet oder auch getötet sein würde, werde man
in Berlin die erforderlichen Schritte tun, es sei dort alles vorbereitet.

Eine Parade deutscher Divisionen auf den Champs-Elysées soll im Mai
1941 vorgesehen gewesen sein. Die Truppen sollen schon zusammengezogen, die Tribüne in der Nähe des Place de la Concorde aufgebaut gewesen sein; jedenfalls plante der Oberbefehlshaber des Heeres, Brauchitsch,
eine Reise nach Paris, und man erwartete Hitlers Anwesenheit[43]. Auf der
Tribüne sollte Hitler von zwei dazu bestimmten Offizieren erschossen
werden. Graf Schwerin, Ordonnanzoffizier bei Witzleben, hatte sich auf
alle Fälle vorgenommen, bei sich bietender Gelegenheit, etwa aus einem
Hotelflur, eine Handgranate auf Hitler zu werfen. Aber die Attentäter
kamen nicht in die Lage, ihre Absichten auszuführen, weil Hitler seinen
Besuch nicht ausführte[44]. Inzwischen hatte im April schon der Feldzug
gegen Jugoslawien und Griechenland begonnen, am 10. Mai flog Heß nach
England, und am 22. Juni fing der Krieg gegen Rußland an.

1942 versuchte man es noch einmal mit einem Plan, Hitler bei einem
Besuch in Paris zu töten, aber es gelang wieder nicht, Hitler dahin zu
bringen. Diesmal waren auch Generalfeldmarschall von Rundstedt, Witz

lebens Nachfolger als Oberbefehlshaber West, sowie der SS-Sturmbannführer Hans-Victor von Salviati und Major i. G. Achim Oster beteiligt[45].

Aber die Erfolgsaussichten waren sehr gering. Anfang Mai wurde Hitler
durch das Reichssicherheitshauptamt vor einem gegen ihn geplanten
Mordanschlag gewarnt, der von einem »ostmärkischen Offizier durchgeführt werden« sollte. Der Offizier, ein Major oder Oberstleutnant, so
berichtete dem RSHA ein »V-Mann«, sei »nicht-arischer Abstammung«
und habe im österreichischen Heer gedient. Er wolle als Kurier in das
Führerhauptquartier kommen und dort Hitler erschießen. Die Hintermänner seien »jüdisch-bolschewistische Agenten, die mit dem englischen
Secret Service .. Hand in Hand arbeiten«[46]. Hitler selbst sprach in jenen
Tagen immer wieder von Attentaten, gewesenen und noch möglichen; am
27. Mai fiel Heydrich dem bekannten Anschlag zum Opfer. Alles zusam-
mengenommen, konnte sich Hitler zu Frontbesuchen, schon gar zu vorher angekündigten, nicht gerade ermutigt fühlen.

IX. Tresckow und die Heeresgruppe Mitte

1. Vorbereitungen

Mehr und mehr hatten sich Brauchitsch und Halder, aber auch viele andere Generale, die früher der Opposition nahegestanden oder an ihr teilgenommen hatten, auf ihre rein militärische Tätigkeit zurückgezogen. Sie schlossen die Augen auch vor dem, was sie sehen oder wissen *mußten*, vor den täglichen Erschießungen von Hunderten von Juden, Ärzten, Professoren, Schriftstellern, Architekten, Ingenieuren, Bibliothekaren, Lehrern, Kommunisten, angeblichen Partisanen und Geiseln, vor allem in dem von deutschen Truppen besetzten Polen. Fast wirkungslos verhallte der mutige Protest von Generaloberst Blaskowitz von Ende 1939, und im Frühjahr ließen sich Brauchitsch und Halder gefallen, daß Hitler die SS- und Polizeieinheiten, insbesondere die sogenannten Einsatzgruppen, der Gerichtsbarkeit des Heeres entzog, das in den besetzten Gebieten die Vollziehende Gewalt ausübte[1]. So konnten sie sich und das Heer aus »diesen Dingen« heraushalten[2]. Es war schon ungeheuerlich, sich auf eine solche Art der »Gewaltenteilung« einzulassen. Als aber Hitler im Frühjahr 1941 diese Übereinkunft brach und den berüchtigten »Kommissarbefehl« herausgab, da blieben Brauchitsch und Halder noch immer in ihren Stellungen.

Der sogenannte Kommissarbefehl kam unter dem Datum des 6. Juni 1941 aus dem Führerhauptquartier und war vom Chef des OKW unterfertigt. Er trug den Titel »Richtlinien für die Behandlung politischer Kommissare« sowie die bezeichnende Anweisung: »Es wird gebeten, die Verteilung nur bis zu den Oberbefehlshabern der Armeen bzw. Luftflottenchefs vorzunehmen und die weitere Bekanntgabe an die Befehlshaber und Kommandeure mündlich erfolgen zu lassen.«[3] Ein Kernsatz aus den Richtlinien lautete: »Im Kampf gegen den Bolschewismus ist mit einem Verhalten des Feindes nach den Grundsätzen der Menschlichkeit oder des Völkerrechts nicht zu rechnen.« Das zu sagen stand denen nicht wohl an, die die grauenhaften Verbrechen in Polen verschuldet und geduldet hatten, abgesehen davon, daß auch der Kampf gegen den Bolschewismus erst noch willkürlich vom Zaun gebrochen werden mußte. Ferner: »Die

Urheber barbarisch asiatischer Kampfmethoden sind die politischen
Kommissare. Gegen diese muß daher sofort und ohne weiteres mit aller
Schärfe vorgegangen werden. Sie sind daher, wenn im Kampf oder Widerstand ergriffen, grundsätzlich sofort mit der Waffe zu erledigen. Im übrigen
gelten folgende Bestimmungen: ... Sie sind aus den Kriegsgefangenen
sofort, d. h. noch auf dem Gefechtsfelde, abzusondern. ... Sie sind nach
durchgeführter Absonderung zu erledigen.«

Brauchitsch und Halder nahmen, abgesehen von lahmen Protesten,
auch das unwidersprochen hin. Das Verbrecherische des Kommissarbefehls
war klar, er schlug allem, was als europäische Gesittung gelten konnte,
ins Gesicht, ganz gleichgültig, ob man den politischen Kommissaren
der Roten Armee Kriegsgefangenenstatus zuerkannte oder nicht. Sie
sollten einfach ermordet werden. Es wurde nicht einmal der Versuch
gemacht – die Richtlinien waren da sehr klar –, ihnen individuelle
Schuld an Kriegsverbrechen oder anderen Vergehen auch nur anzulasten
oder gar nachzuweisen, ehe man sie »erledigte«. Immerhin schwächten
Brauchitsch und Halder die Wirkung des Kommissarbefehls durch einen
besonderen Befehl ab, in dem die Kampfaufgaben der Truppe betont
wurden, die gewöhnlich für besondere Such- und Säuberungsaktionen
keine Zeit lassen würden; auch dürfe den einzelnen Soldaten in keinem
Falle Willkür gestattet werden, sie seien immer an die Befehle der Offiziere gebunden[4].

Die beiden höchsten Führer des deutschen Heeres blieben also auf ihren
Posten in der ehrenhaften Absicht, »Schlimmeres zu verhüten«. Zweifellos
haben sie Tausenden das Leben gerettet, indem sie durch Haltung, Worte
und Zusatzbefehle deutlich machten, daß die strikte Ausführung verbrecherischer Befehle nicht gewünscht werde. Dennoch fragt sich, wieviel
Schlimmes ein hoher verantwortlicher Führer tun darf, um dabei noch
Schlimmeres zu verhüten. Bedenklich ist die Beteiligung am Verbrechen,
auch mit der Hoffnung, es vielleicht zu sabotieren. Das konnte ohnehin
nur durch die Mithilfe derjenigen nachgeordneten Generale gelingen, die
Kandidaten für die Nachfolge waren. Die Behauptung, nach dem Rücktritt
Brauchitschs und Halders würde dem Verbrechen niemand mehr wider-
standen haben, wäre also unaufrichtig. Mag auch Widersetzlichkeit nicht
in der Erziehung eines Brauchitsch oder eines Halder gelegen haben – die
Ausführung oder Duldung verbrecherischer Befehle lag darin auch nicht.

Weitverbreitet war aber im Heer die Empörung über die von der SS
verübten Verbrechen in den besetzten Gebieten, und der Kommissarbefehl,
durch den viele Soldaten zu Komplizen gemacht wurden, verschlechterte
die Stimmung gegenüber dem Regime in vielen Kreisen. Zugleich wuchs

die Bereitschaft zum Widerstand – durchaus nicht überall, aber doch in manchen wichtigen Stäben und Führungsstellen. Das war, wohlgemerkt, zu einer Zeit, als Hitler noch die größten Erfolge einheimsen konnte, als sein Siegeszug unaufhaltsam zu sein schien. Die Niederlagen seit 1942 haben nicht erst den Anstoß zu solcher Widerstandshaltung gegeben, wohl aber haben sie dazu beigetragen, viel von Hitlers durch militärische Erfolge angesammeltem Prestige wieder zunichte zu machen [5]. Allmählich entstanden Gruppen des Widerstandes – gegen den Kommissarbefehl, gegen Grausamkeiten, gegen das Regime überhaupt. Solche Zentren gab es schon lange in Berlin und in Paris, nun entstanden sie auch an der Ostfront. Die weitaus intensivste Tätigkeit entfaltete eine Gruppe im Oberkommando der Heeresgruppe Mitte.

Die Heeresgruppe Mitte war aus der früheren Armeegruppe 2 hervorgegangen. Am 1. September 1939 wurde sie unter Führung von Generaloberst, später Generalfeldmarschall, Fedor von Bock als Heeresgruppe Nord in Polen eingesetzt, am 5. Oktober 1939 in Heeresgruppe B umbenannt und an die Westfront verlegt, wo sie am Frankreichfeldzug teilnahm. Im September 1940 kehrte sie nach Polen zurück; das Hauptquartier des Oberkommandos lag in Posen [6]. Am 1. April 1941 wurde die Heeresgruppe bei den Vorbereitungen für den Rußlandfeldzug in Heeresgruppe Mitte umbenannt und im Sommer 1941 auf Moskau angesetzt. Oberbefehlshaber war noch immer Generalfeldmarschall von Bock, der Chef des Generalstabes war Generalmajor Hans von Greiffenberg, und Erster Generalstabsoffizier (Ia) war Oberstleutnant i. G. Henning von Tresckow [7].

Tresckow stammte aus einer alten preußischen Offizierfamilie und erlebte die Niederlage von 1918 als Zugführer, wurde dann Bankkaufmann, machte eine Weltreise, trat aber 1924 auf Fürsprache Hindenburgs wieder in die Reichswehr ein. Er ging aus dem 1. Preußischen Garderegiment zu Fuß hervor und diente seit 1926 im traditionsreichen I.R. 9, das von Lästerzungen auch »I. R. von 9« genannt wurde, und kam als Hauptmann 1932 auf die Kriegsakademie, 1936 in den Generalstab des Heeres [8]. Im Kriege wurde er von seinen Vorgesetzten als hervorragender, weit über den Durchschnitt befähigter Offizier von großer Arbeits- und Entschlußkraft geschätzt [9]. Alles Gemeine und Unrecht war Tresckow widerlich, und es gab dessen genug unter Hitlers Regime; im Lauf der Jahre wurde seine Gegnerschaft immer entschiedener. Im Sommer 1939 bekannte er sich mit Fabian von Schlabrendorff dazu, »daß Pflicht und Ehre von uns fordern, alles zu tun, um Hitler und den Nationalsozialismus zu Fall zu bringen und damit Deutschland und Europa vor der Gefahr der Barbarei zu retten« [10].

Seit die Absicht Hitlers deutlich war, Rußland anzugreifen, bemühte sich Tresckow mit methodischer Konsequenz, im Stabe der Heeresgruppe Mitte Männer zusammenzubringen, mit deren Hilfe der Stab zu einem Instrument des Umsturzes werden sollte. In seiner Annahme, die Niederlage in Rußland würde schon rasch eintreten und seine Pläne entscheidend fördern, sah er sich freilich ebenso getäuscht wie früher in derselben Annahme im Frankreichfeldzug. Hitlers Befehl im Dezember 1941, die Front müsse unter allen Umständen gehalten werden, hat eine Rückzugskatastrophe von kolossalen Ausmaßen verhindert und so den Ernst der strategischen Lage verschleiert[11].

Zu den Verschworenen im Stabe der Heeresgruppe und zu denen, auf die Tresckow auch ohne nähere Abrede rechnen konnte, gehörte als Ia/op von Dezember 1941 bis Ende Februar 1943 Oberstleutnant, später Oberst i. G. Georg Schulze-Büttger, der von August bis Oktober 1938 Adjutant bei Beck gewesen war[12]. Ende Februar 1943 wurde er Ia im Generalstab der Heeresgruppe Süd bei Generalfeldmarschall von Manstein, der ihn anforderte. Tresckow knüpfte daran, wie auch an den Einfluß von Mansteins Ordonnanzoffizier Stahlberg, Hoffnungen, die sich wegen Mansteins rein militärischer Haltung nicht realisiert haben. Im Sommer 1944 wurde Schulze-Büttger Chef des Generalstabes der 4. Panzerarmee. Seine Teilnahme an der Verschwörung wurde entdeckt, und am 13. Oktober 1944 mußte er sein Leben lassen.

Sein Nachfolger als Ia/op bei der Heeresgruppe Mitte wurde im Februar 1943 Oberstleutnant i. G. Alexander von Voß, der vorher schon als Major i. G. dort Ausbildungsoffizier (Id) gewesen war. Er war davor im Stabe des Oberbefehlshabers West, Generalfeldmarschall von Witzleben, tätig und verfügte auch als Schwiegersohn von General Karl-Heinrich von Stülpnagel über gute Verbindungen; überdies stammte er aus dem I.R. 9. Beurteilungen heben besonders seinen reinen Charakter und seinen klaren Blick für das Wesentliche hervor. Am 8. November 1944 hat er sich das Leben genommen. Sein Nachfolger als Id der Heeresgruppe Mitte war Major i. G. Hans-Ulrich von Oertzen, der sich ebenfalls, am 21. Juli 1944 im Wehrkreiskommando III in Berlin, das Leben nahm[13].

Eine hervorragende Stelle in der Gruppe nahm der Zweite Generalstabsoffizier (Versorgungsoffizier, Ib) Oberstleutnant i. G. Berndt von Kleist ein, der wie Tresckow aus dem 1. Preußischen Garderegiment zu Fuß hervorgegangen war. Er wird von Schlabrendorff als Inbegriff der Vornehmheit und Lauterkeit gerühmt, was ihn auch zu seiner politischen Haltung veranlaßt habe. Im Ersten Weltkrieg hatte er ein Bein verloren, tat aber jetzt wieder Dienst. Bei der Aufrechterhaltung der Verbindung mit Goerdeler und mit anderen Verschwörern in Berlin leistete er unschätzbare Dienste und übte auch sonst in dem ganzen Kreis durch seine Persönlichkeit und sein klares Urteil einen bestimmenden Einfluß aus.

Von besonderer Bedeutung war die Zugehörigkeit von Oberst i. G. Rudolf-Christoph Freiherr von Gersdorff zu der Gruppe; denn der aus der Kavallerie hervorgegangene Generalstabsoffizier war seit April 1941 Abwehroffizier (Ic/AO) im Stab der Heeresgruppe Mitte. Er blieb es bis zum Februar 1944, wurde dann Chef des Generalstabes des LXXXII. Armeekorps, Ende Juli 1944 bei der 7. Armee. Seine Beurteiler rühmten seinen Fleiß, seinen Takt und seine gewinnende, sichere Art. Wer ihn kannte, konnte nicht genug sein klares Denken, sein sicheres Urteil und vor allem seine vornehme Ritterlichkeit, seinen großen Mut und seinen festen, aufrechten Charakter hervorheben [14]. Zahlreiche Überlebende der Verschwörung sind ihm dankbar, daß er so umsichtig, geschickt und verschwiegen war und blieb.

Den Ordonnanzoffizieren bei Generalfeldmarschall von Bock, und seit Mitte Dezember 1941, nachdem Bock sein Kommando abgegeben hatte, bei Generalfeldmarschall von Kluge, war eine Rolle von großer Wichtigkeit zugedacht. Sie sollten den jeweiligen Oberbefehlshaber beeinflussen und »bei der Stange halten«. Major (später Oberstleutnant) d. R. Carl-Hans Graf von Hardenberg und Oberleutnant d. R. Heinrich Graf von Lehndorff gaben sich alle Mühe, freilich ohne Erfolg. Im Juni 1942 wurde Oberleutnant Philipp Freiherr von Boeselager Ordonnanzoffizier bei Kluge. Boeselagers Bruder Georg, der mit dem Eichenlaub zum Ritterkreuz ausgezeichnet war und damals als Taktiklehrer wirkte, begann im Januar 1943 im Einverständnis mit Kluge mit der Aufstellung eines Reiterverbandes »Boeselager« im Bereich der Heeresgruppe Mitte, von dem unten die Rede sein wird. Einer seiner nächsten Mitarbeiter war dabei der Rittmeister Walter Schmidt-Salzmann. Georg Freiherr von Boeselager ist Ende August 1944 in Polen gefallen und wurde nachträglich zum Oberst befördert und mit den Schwertern zum Eichenlaub des Ritterkreuzes ausgezeichnet.

Ferner sind als an der Verschwörung entscheidend beteiligte Mitglieder des Stabes der Heeresgruppe Mitte zu nennen: der Rechtsanwalt und Leutnant d. R. (später Oberleutnant) Fabian von Schlabrendorff, der als einer der hauptsächlichen Verbindungsleute zwischen dem Hauptquartier der Heeresgruppe und der Berliner Zentrale der Verschwörung anzusehen war und als Ordonnanzoffizier des Ia fungierte; der 3. Ordonnanzoffizier des Oberbefehlshabers Major d. R. Schach von Wittenau; der Ordonnanzoffizier des Nachrichtenführers der Heeresgruppe, Leutnant d. R. Graf von Berg; Hauptmann Graf von Matuschka; Major i. G. (später Oberstleut-

nant) Horst Pretzell, der von Januar 1941 bis März 1942 O1, von März
1942 bis Ende Februar 1943 Id im Stab der Heeresgruppe war. Seit August
1943 war Oberleutnant (später Rittmeister) Eberhard von Breitenbuch
Ordonnanzoffizier bei Kluge. 1940 hatte er dieselbe Stellung bei Witzleben
bekleidet, und seit Oktober 1943 tat er in gleicher Funktion Dienst bei
Generalfeldmarschall Ernst Busch, der die Heeresgruppe von Oktober 1943
bis Ende Juni 1944 führte [15].

Insgesamt war im Stab der Heeresgruppe Mitte die stärkste Oppositionsgruppe konzentriert, die je bestanden hat. Dieses Ziel hat Tresckow mit
seiner Personalpolitik von allem Anfang an verfolgt, wobei ihn sein
Freund Rudolf Schmundt, der Chefadjutant des Heeres beim Führer und
Obersten Befehlshaber der Wehrmacht und ab Oktober 1942 auch Chef
des Heerespersonalamtes war, vielfach unterstützte, freilich ohne zu ahnen,
welchem Zweck er damit diente. Einen Schlag gegen Hitler mit Aussicht
auf Erfolg hielt Tresckow dann für möglich, wenn die deutsche Offensive
– zunächst dachte er an die in Frankreich, dann an die in Rußland –
gescheitert sein würde. Das siegreiche deutsche Heer gegen Hitler zu führen, hielt er für psychologisch unmöglich [16]. Doch ist das Vorgehen Tresckows und seiner Freunde gegen den Kommissarbefehl schon als Vorläufer
der Umsturztätigkeit anzusehen [17].

Im Juni 1941, während der Vorbereitung des Rußlandfeldzuges, traf der
Kommissarbefehl bei den Frontstäben ein [18]. Schon vorher war den Stäben
ein »Erlaß über die Ausübung der Kriegsgerichtsbarkeit im Gebiet ›Bar-
barossa‹ und über besondere Maßnahmen der Truppe« vom 13. Mai 1941
zugegangen, worin Kriegs- und Standgerichtsverfahren verboten wurden [19]
Nicht nur waren »Freischärler« im Kampf oder auf der Flucht »schonungslos zu erledigen«, sondern auch »alle anderen Angriffe feindlicher Zivilpersonen gegen die Wehrmacht, ihre Angehörigen und das Gefolge sind
von der Truppe auf der Stelle mit den äußersten Mitteln bis zur Vernichtung des Angreifers niederzukämpfen«. Unter die »anderen Angriffe«
fielen Diebstahl, Bestechung, verdächtige Bewegungen. Da Verdächtige
nicht verwahrt werden durften, mußten sie auf den bloßen Verdacht hin
erschossen werden, sonst gab man ihnen ja Gelegenheit, ihre angebliche
Tätigkeit fortzusetzen. Zugleich wurde der Verfolgungszwang aufgehoben
für »Handlungen, die Angehörige der Wehrmacht und des Gefolges gegen
feindliche Zivilpersonen begehen«; nur was der Truppe und ihrer Disziplin schadete, z. B. die sinnlose Zerstörung brauchbarer »Unterkünfte«,
sollte geahndet werden. Auf diesen grauenhaften Befehl, der Verbrechen
deutscher Heeresangehöriger im voraus amnestierte, wie auch bei entsprechender Auslegung auf den Kommissarbefehl, konnte der von Brauchitsch

unterzeichnete Zusatzbefehl vom 24. Mai 1941 angewandt werden: Hauptaufgabe der Truppe sei Bewegung und Kampf, nicht Such- und Säuberungsaktionen; der Führer-Erlaß betreffe vornehmlich schwere Fälle der Auflehnung von seiten feindlicher Zivilpersonen; willkürliche Ausschreitungen von Angehörigen des Heeres seien unbedingt zu verhindern.

Als nun diesen Befehlen im Juni noch der Kommissarbefehl folgte, erhob sich ein »Sturm der Entrüstung bei allen oberen Kommandobehörden« [20]. Als Gersdorff den Befehl erhielt, ging er damit sofort zu Tresckow, und dieser, der an dem Tag den Chef des Generalstabes vertrat, mit ihm zum Oberbefehlshaber. Tresckow schlug dem Feldmarschall eine gemeinsame Aktion der drei Heeresgruppenbefehlshaber vor, aber Bock begnügte sich damit, Gersdorff, in dessen Hände der Befehl zuerst gelangt war, mit dem Flugzeug zum General z. b. V. beim Oberbefehlshaber des Heeres, General Eugen Müller, zu schicken. Tresckow fand, daß Deutschland seine Ehre verlieren müsse, wenn dieser Befehl nicht einmütig zurückgewiesen werde, und bedrängte Bock, sofort selbst mit Rundstedt und Leeb zu Hitler zu fliegen, aber Bock meinte:»Da schmeißt er mich raus.«« [21] Von General Müller erhielt Gersdorff den Bescheid, Brauchitsch habe schon alles gegen den Kommissarbefehl getan, was er konnte, er habe sich »zweimal von Hitler hinauswerfen lassen, ohne daß es ihm gelungen sei, eine Zurücknahme oder eine Änderung dieses Befehls zu erreichen« [22]. Übrigens sei der Befehl Brauchitschs vom 24. Mai zur Aufrechterhaltung der Disziplin der Truppe dazu bestimmt, dem Kommissarbefehl einen Riegel vorzuschieben. Mit Brauchitsch selbst konnte Gersdorff nicht sprechen, weil er nicht da war. Als er in Posen das Ergebnis seiner Bemühungen meldete, saß Bock beim Abendessen und sagte: »»Meine Herren, Sie sehen, ich habe protestiert.«« [23] Für ihn war das Thema erledigt.

Tatsächlich wurde der Kommissarbefehl kaum ausgeführt. Gersdorff fand sich mit den Ic-Offizieren der anderen Heeresgruppen und der Armeen, die dafür in der Hauptsache verantwortlich waren, einig, daß der Befehl nicht auszuführen sei. An die vorgesetzten Dienststellen wurden Scheinmeldungen über angebliche Erschießungen von Kommissaren gegeben, wenn je danach gefragt wurde, praktisch aber wurde die Durchführung des Befehls gar nicht überwacht [24]. Schließlich setzte sich auch Bock selbst mit den Armeebefehlshabern in Verbindung und besprach u. a. mit Kluge, Weichs und Guderian, was zu tun sei. Man vereinbarte mündlich, die unterstellten Kommandierenden Generale dahin zu unterrichten, daß die Durchführung der Befehle über die Einschränkung der Gerichtsbarkeit und über die Erschießung der Kommissare nicht erwünscht sei [25].

Gleichwohl haben die Befehle den Abscheu vieler ehrbarer Offiziere vor

Hitler und seinen Mordgehilfen wachgerufen, und die im Hinterland des schmalen Kampfgebietstreifens durch Einsatzgruppen der SS und der Polizei ausgeführten Judenerschießungen, über die den Heeresbefehlshabern die Jurisdiktion entzogen wurde, ließen sie nicht mehr zur Ruhe kommen. Immerhin stand der zeitweilige Leiter der Einsatzgruppe B, die im Bereich der Heeresgruppe Mitte tätig (aber dem Heeresgruppen-Oberkommando nicht unterstellt) war, der Direktor des Reichskriminalpolizeiamtes, Arthur Nebe, schon seit 1938 aktiv auf der Seite der Opposition und hat zweifellos die bei den Einsatzgruppen der Polizei und SS üblichen Massenexekutionen zu verhindern gesucht, aber stets reichlichen Vollzug gemeldet. Er ist damals nur widerwillig und von seinen Freunden Oster und Gisevius überredet nach Rußland gegangen, um seine für die Opposition so entscheidend wichtige Stellung im Zentrum der SS-Macht halten zu können. Er hoffte, nach kurzer Zeit der Ableistung seiner »Pflicht«, die Himmler auch anderen hohen Polizeifunktionären auferlegte, wieder nach Berlin zurückkehren zu können, und er ahnte nur, was ihm bevorstand, während seine Freunde es gar nicht ermaßen[26]. Schließlich wurde der Kommissarbefehl im Sommer 1942 offiziell außer Kraft gesetzt, als scheinbar nachgewiesen war, welche positive Auswirkung er auf die Kampfkraft der Roten Armee gehabt hatte – scheinbar deshalb, weil der Nachweis dadurch geführt wurde, daß man nach einer Propagandaaktion, in der gefangenen und übergelaufenen Kommissaren Leben und gute Behandlung zugesichert wurden, besonders hohe Zahlen gefangener Kommissare meldete[27].

Trotzdem kam es zu dem entsetzlichen Geschehen von Borissow, von dem zuerst Gersdorff, dann Tresckow und Bock erfuhren, als ihnen Graf von Hardenberg darüber berichtete. Er war während der »Aktion« in geringer Höhe über Borissow geflogen und hatte gesehen, wie eine lettische SS-Einheit die Bewohner des Gettos, mehrere tausend Juden, zusammentrieb und auf viehische Weise ermordete[28]. Der Befehl dazu war von einem Nebe unterstellten SS-Führer erteilt worden, der einen auf Urlaub gegangenen SS-Führer vertrat, ohne daß Nebe davon erfahren und so Gelegenheit gehabt hätte, den Vertreter entsprechend zu unterrichten und anzuweisen. Nebe wurde sofort vom Oberkommando der Heeresgruppe Mitte informiert und flog auch unmittelbar darauf selbst nach Borissow, aber da war es schon zu spät. Bock forderte die schärfste Bestrafung des verantwortlichen SS-Offiziers, doch niemand erfuhr, was darauf geschah.

Gersdorff aber scheute sich nicht, in das Kriegstagebuch des Oberkommandos der Heeresgruppe zu schreiben: »Bei allen längeren Gesprächen mit Offizieren wurde ich, ohne darauf hingedeutet zu haben, nach den Judenerschießungen gefragt. Ich habe den Eindruck gewonnen, daß die Erschießungen [sic] der Juden, der Gefangenen und auch der Kommissare fast allgemein im Offizierskorps abgelehnt wird [sic], die Erschießung der Kommissare vor allem auch deswegen, weil dadurch der Feindwiderstand besonders gestärkt wird. Die Erschießungen werden als eine Verletzung der Ehre der deutschen Armee, in Sonderheit des Deutschen Offizierkorps betrachtet.«[29] Aber ein höherer Führer wie Generaloberst Busch, der die 16. Armee in der Heeresgruppe Nord befehligte, und der bei den Judenerschießungen in Kowno im Herbst 1941 vor seinem Hotelfenster die Salven knattern hörte, ließ sich davon nicht stören: »»Ja, da kann ich nichts dagegen tun; das sind politische Auseinandersetzungen, die uns nicht interessieren, das heißt, sie interessieren schon, aber wir dürfen nichts unternehmen, diese Dinge gehen uns nichts an.«« [30] Es sind keine Fälle bekannt, in denen Befehlshabern, die gegen solche Verbrechen eingeschritten sind, Schlimmeres passiert ist als die Enthebung vom Kommando.

Schon Ende August und Anfang September 1941 versuchte General Thomas, durch persönliche Besuche bei den Heeresgruppen eine Umsturzaktion vorzubereiten; aber der Zeitpunkt war nicht günstig[31]. Im Kreise um Hassell, Popitz, Goerdeler, Beck und Oster war schon im Frühjahr 1941 Hoffnung aufgekommen, die Weigerung der Truppenbefehlshaber, die Befehle zu brutalem Vorgehen in Rußland auszuführen, könnte zum Sturz der Regierung führen[32]. Aber die Kommandeure fanden sich nur zu den oben beschriebenen halbherzigen Umgehungsversuchen bereit und waren dann vollauf mit der Offensive beschäftigt. Die Zeit des Bewegungskrieges eignete sich nicht für die Staatsstreichplanung, eher kam der Winter dafür in Frage.

Doch waren es nicht nur die militärischen Erfolge und die hektische Betriebsamkeit an der Front und in den Stäben, die den Umsturz akut behinderten. Zwar wurden in der Tat die Umsturzpläne, die seit Beginn des Frankreichfeldzuges im wesentlichen geruht hatten, nach dem Beginn der Ostoffensive wiederaufgenommen[33]; aber von Berlin aus blickte man noch nicht nach Osten, sondern nach Westen, und die Gruppe um Tresckow hatte noch keine brauchbare organisatorische Anlehnung bei der Zentrale in Berlin.

Schlabrendorff war mehrfach seit Beginn des Ostfeldzuges in Berlin, um sich mit Oster zu besprechen. Von diesem erfuhr er, daß Witzleben sich überlegte, ob von Frankreich aus ein Schlag gegen das Regime geführt werden könnte[34]. Doch war man in Berlin und im Stabe Witzlebens unsicher, wie die im Osten kämpfenden Truppen sich verhalten würden.

Schlabrendorff konnte angesichts der Einstellung Bocks auch nichts Ermutigendes sagen, erklärte aber, Tresckow hoffe, seinen Befehlshaber mitreißen zu können [35]. Dies wurde Witzleben berichtet, der darauf Major i. G. Alexander von Voß, der damals noch in seinem Stabe war, gegen Ende Januar 1942 zu Halder schickte, um mit diesem eine mögliche Koordinierung zu besprechen [36]. Halder erklärte sich mit allem, was Witzleben plane, einverstanden, nur er selbst könne nichts dazu tun, weil er allein stehe und in seiner Umgebung niemand mittun werde [37].

Ende September 1941 reiste Schlabrendorff im Auftrage Tresckows nach Berlin, um sich mit der dortigen Zentrale der Verschwörung zu besprechen und »um herauszufinden, ob es in der Heimat brauchbare Kristallisationspunkte gebe«, denen er dann versichern sollte, man sei »dort«, im Stabe der Heeresgruppe Mitte, zu allem bereit [38]. Es wäre allerdings gut, wenn man auf eine wohlwollende Haltung Englands nach dem Regimewechsel rechnen könnte. Mit dieser Botschaft wandte er sich an Ulrich von Hassell. Dieser konnte natürlich nichts garantieren, sondern nur versichern, »daß ein anständiges Deutschland immerhin eine sehr erhebliche Chance hätte, Frieden, und zwar einen brauchbaren Frieden, zu erzielen«. Hitler dagegen würde bestimmt keinen bekommen, solange nicht England und Amerika geradezu am Boden liegen [39]. Dies war, wie Hassell notierte, die erste von der Front und vom Heer überhaupt ausgehende Initiative zum Umsturz, also etwas ganz Neues in der Opposition. Der Vorgang beleuchtet die Eigenart und den revolutionären Dynamismus der Gruppe jüngerer Offiziere um Tresckow.

Hassell begab sich nach diesem Gespräch auf eine Reise nach Bukarest, Budapest und Brazzà im Zusammenhang mit seiner Tätigkeit im Mitteleuropäischen Wirtschaftstag (MWT), von der er kurz nach der Oktobermitte zurückkehrte, worauf er sich mit Popitz, Jessen und Goerdeler besprach. General der Infanterie Alexander von Falkenhausen, der Militärbefehlshaber in Belgien und Nordfrankreich, sowie General Thomas waren inzwischen bei Brauchitsch gewesen, welcher »einsähe, welche Schweinerei herrsche, und wohl auch allmählich, daß er mitverantwortlich ist«. Man plante, Hassell über Falkenhausen noch einmal zu Witzleben zu schicken, auch setzte man wieder neue Hoffnung auf Brauchitsch und Halder [40]. Verbindungen zu »jüngern Kreisen« um Trott, Yorck und Moltke wurden aufgenommen, Grundfragen des Systemwechsels wurden besprochen. Dann kam am 19. Dezember 1941, nachdem die Winterkatastrophe in Rußland deutlich geworden war und die Vereinigten Staaten sich zu den Kriegsgegnern gesellt hatten, der schwere Schlag der Entlassung Brauchitschs. Hitler machte sich selbst zum Oberbefehlshaber des Heeres [41].

Auf Brauchitsch konnte man jetzt nicht einmal mehr hoffen, das frucht-
lose Bemühen von vier Jahren hatte sein Ende gefunden.

Im Januar 1942 fuhr Hassell im Einvernehmen mit Popitz, Goerdeler,
Beck, Jessen, Planck, Oster und Dohnanyi über Brüssel (Falkenhausen)
nach Paris zu Generalfeldmarschall von Witzleben. Er hatte dort am
17. Januar ein langes Gespräch mit Graf Schwerin von Schwanenfeld und
Witzleben und hielt am Abend einen Vortrag über »Lebensraum und
Imperialismus« vor den Offizieren der Militärverwaltung. Am 19. Januar
sprach er noch einmal mit Witzleben, wieder in Anwesenheit Schwerins [42].
Es herrschte Einigkeit über die Lage und über die Notwendigkeit des
Umsturzes, aber was Beck und Goerdeler vorgeschlagen hatten, nämlich
den Staatsstreich durch einen Putsch Witzlebens und Falkenhausens
von Westen her einzuleiten, das hielten die beiden Befehlshaber für Utopie.
Es fehlte dazu an Kampftruppen, aber auch sonst gab es Gründe genug
dagegen. Bei einem bürgerkriegartigen Machtkampf konnten die Nationalsozialisten durch ihre Hilfstruppen ihre tatsächliche Regierungsgewalt und
das schon daraus resultierende Prestige sowie durch ihre Popularität und
ihre Methoden der Massenführung leicht wieder die Oberhand gewinnen.
Ohne gleichzeitiges Vorgehen gegen Hitler selbst und gegen seine unmittelbare Umgebung hatte kein Putsch Aussicht auf Erfolg.

In den ersten Februartagen berichtete Hassell Popitz, Jessen, Beck und
Planck von seiner Reise, die eigentlich ohne brauchbares Ergebnis geblieben war [43]. Alles kam schon in den Anfängen wieder ins Stocken. Man
erfuhr, daß Popitz und Hassell vom SD scharf überwacht wurden, gegen
Hitler schien gegenwärtig nichts zu machen zu sein, und Witzleben wurde
ernstlich krank und verlor schließlich seine Stellung [44]. Zum 15. März
1942 erhielt er seinen Abschied.

Zwar beschloß die Gruppe Beck-Hassell-Oster-Olbricht mit Zuziehung
von Goerdeler und Jessen gegen Ende März, daß künftig alle Fäden der
Verschwörung bei Beck zusammenlaufen sollen. Beck wurde ausdrücklich
»als Zentrale konstituiert«, und seit Juli 1942 hatte die Heeresgruppe
Mitte durch Schlabrendorff ständige Verbindung mit Beck und Goerdeler [45]. Aber die Aussichten auf irgendwelches Handeln bezeichnete Hassell
selbst als gering. Ebenso wie bisher wiederholen sich in seinem Tagebuch
immer wieder Wendungen wie »nichts zu machen«, »kaum Hoffnung«
und »wenig zu machen«.

Tresckow hatte inzwischen versucht, den Schock der Winterkrise auszunützen und seinen Befehlshaber zum Vorgehen gegen Hitler zu gewinnen. Aber Bock schrie ihn sogleich an, als er merkte, worauf er hinaus-
wollte: »›Ich dulde nicht, daß der Führer angegriffen wird. Ich werde mich

vor den Führer stellen und ihn gegen jedermann verteidigen, der ihn anzugreifen wagt.‹« [46] Damit fiel die Heeresgruppe Mitte zunächst als Um-
sturzzentrum aus; mit dem neuen Befehlshaber Kluge, der am 19. Dezember 1941 ernannt wurde, mußte man von vorne anfangen [47]. Mit der Zeit
gelang es, ihn zu gewinnen, dank der Unermüdlichkeit Tresckows, aber ein
jahrelanger Kampf war nötig, und niemand außer Tresckow konnte Einfluß auf Kluge ausüben [48]. Ein besonderes Druckmittel, das gegen den
stets schwankenden Kluge ausgenützt wurde, bot sich an, als Kluge ein
Geschenk von 250 000 Mark von Hitler akzeptierte [49]. Man machte Kluge
klar, er könne diesen Schlag ins Gesicht vor der Geschichte nur damit
rechtfertigen, daß er das Geld genommen habe, um in seiner Stellung
bleiben und sich für den Staatsstreich einsetzen zu können [50].

Während Schlabrendorff die Verbindung zu Beck, Goerdeler und Oster
pflegte und intensivierte, so indem er auch zu Osters Mitarbeitern Dohnanyi, Freiherr von Guttenberg und Justus Delbrück, ferner Hauptmann
Ludwig Gehre und den Brüdern John in Beziehungen trat, mußten die
eigentlichen Umsturzbemühungen während der hektischen Zeit der Som-
meroperationen notgedrungen zurücktreten. Erst im Herbst 1942 und zugleich im Zeichen einer neuen, noch größeren militärischen Katastrophe
konnten sie wiederaufgenommen werden [51].

Im Oktober oder November 1942 kam Goerdeler zu einem Besuch bei
Kluge und Tresckow nach Smolensk [52]. Er war im August in Königsberg
gewesen und hatte dort mit Generalfeldmarschall von Küchler, dem
Oberbefehlshaber der Heeresgruppe Nord, gesprochen, und Schlabrendorff
hatte ihn nach seiner Rückkehr in Berlin aufgefordert, nach Smolensk zu
kommen [53]. Dort sprach er Kluge mit solchem Erfolg zu, daß dieser gewisse
allgemeine Zusagen machte und darauf als für den Umsturz gewonnen
angesehen wurde [54]. Noch mehrmals, wenn Kluge wieder schwankend
wurde, gelang es Goerdeler mit Tresckow, ihn wiederzugewinnen. Gegen
Ende des Jahres 1942 oder Anfang 1943 kam Schlabrendorff durch Hauptmann d. R. Hermann Kaiser, durch den er ständige Fühlung mit Goerdeler
hatte, auch mit General Olbricht im Allgemeinen Heeresamt (AHA) zusammen. Alle diese Kontakte führten schließlich zu einem Treffen Goer-
deler-Olbricht-Tresckow in Berlin, bei welchem Olbricht sich verpflichtete,
mit Hilfe des Ersatzheeres in Berlin, Wien, Köln und München die Umwälzung organisatorisch vorzubereiten [55]. Noch nicht geklärt war die
Frage, ob der Schlag gegen die Machtpositionen der Nationalsozialisten
im wesentlichen vom Frontheer oder vom Ersatzheer zu führen sei [56]. Man
entschied sich, wie zu sehen sein wird, für eine Zwischenlösung, indem
man gewisse Spezialverbände als Einsatztruppe aufbaute [57]. Erst seit Som-

mer 1943 verlagerte sich durch die Bemühungen Stauffenbergs das Hauptgewicht auf den Einsatz des Ersatzheeres. Über die Frage der Auslösung des Staatsstreiches, der Initialzündung, war man sich jedoch seit Ende 1942 einig: Sie mußte unter den damals gegebenen Umständen vom Feldheer aus erfolgen. Nur Tresckow und seine Gruppe waren damals sowohl in der Lage als auch entschlossen, Hitler umzubringen[58].

Tresckow hat im Laufe der Zeit verschiedene Methoden zur Beseitigung Hitlers erwogen – Verhaftung, Erschießung durch einen Einzelattentäter oder durch eine Gruppe, Überfall auf das Führerhauptquartier. Auch nachdem er sich für eine Methode entschieden hatte, behielt er die anderen Möglichkeiten im Auge und versuchte, Gelegenheiten jeder Art zu nützen. Es schien ihm aber wesentlich, jede denkbare Sicherheit für das Gelingen eines Attentats zu haben. Ohne solche Sicherheit war die Gefahr für die Verschwörung zu groß, ein einziger mißlungener Attentatversuch konnte zur Vernichtung der ganzen Opposition führen[59]. Deshalb hatte sich Tresckow für ein Sprengstoffattentat entschieden. Die Bevorzugung von Sprengstoff hatte nichts mit der Sicherheit des Attentäters zu tun; denn je nach den Umständen hatte er sich auch beim Sprengstoffattentat selbst zu opfern, um erfolgreich zu sein.

Die Gefahr, daß »Unschuldige« in Mitleidenschaft gezogen, ja getötet würden, war bei einem Sprengstoffanschlag größer als etwa bei einem Pistolenattentat, obwohl auch bei diesem in der mit Wahrscheinlichkeit entstehenden Schießerei andere verletzt oder getötet werden konnten als die, auf die man es abgesehen hatte. Mit diesem Problem haben die Verschwörer sich sehr ernst auseinandergesetzt. Die Männer, die sich zu Attentaten bereit fanden, waren sich ohnehin bewußt, daß man sie später zu Verrätern erklären würde, auch wenn ihre Tat Rettung brachte und den Krieg beendete, und sie wußten, daß ihr Tun nach den geltenden Gesetzen und Vorstellungen Mord war[60]. Tresckow zumal vertrat dabei die Auffassung, daß man von der Größe der Aufgabe ausgehen müsse, sowohl beim Opfer der eigenen Person und vielleicht der Familie als bei der Gefährdung »Unschuldiger«. Es galt, eine Nation zu retten und millionenfaches menschliches Leid zu hindern; da ein Pistolenattentat wegen der allzu großen Wahrscheinlichkeit des Mißlingens nicht in Frage kam, weil es den Zweck in sein Gegenteil verkehrt hätte, gab es überhaupt keine andere Wahl als die zwischen Tatenlosigkeit und Nichtgefährdung »Unschuldiger« einerseits und Handeln mit diesem Risiko andererseits.

Endlich haben die Männer der Opposition – mit welchem Recht auch immer – die eventuell Gefährdeten nicht für ganz »unschuldig« gehalten. Diese werden zweifellos gegen solche Klassifizierung heftig protestieren, aber sie mögen bedenken, daß sich auch die Attentäter selbst, und ganz abgesehen von ihren Anschlägen und Umsturzplänen, nicht für »unschuldig« hielten. Kaum jemand, der von den Verbrechen wußte und dazu schwieg, konnte »Unschuld« für sich in Anspruch nehmen; wer z. B. den Kommissarbefehl kannte und dazu schwieg, war im moralischen Sinne schon mitschuldig, und wer erfolglos protestierte und sich dann unschuldig fühlte, war auch schuldig. Es gab kein Weiß und Schwarz, sondern eigentlich nur Grau, wozu sich auch die Verschwörer selbst rechneten[61]. Wer so lange und so nahe bei Hitler lebte, wie dessen nächste Gehilfen – Jodl, Keitel, die SS-Adjutanten, Himmlers und Ribbentrops Verbindungsleute; die anderen Adjutanten fielen in der Menge der SS- und Parteibonzen von außen und von der Ferne kaum auf und wurden in den Überlegungen der Verschwörer vernachlässigt –, der konnte, nach allem, was über Hitlers Leben und die Kumpanei in seiner Umgebung nach außen gedrungen war, sicher nicht »weiß« sein. Problematisch bleibt die Sache dennoch, aber das gilt für Attentat und Umsturz jederzeit.

Im Sommer 1942 beauftragte Tresckow den Ic/AO des Oberkommandos der Heeresgruppe, Oberstleutnant i. G. Freiherr von Gersdorff, mit der Beschaffung von geeignetem Material für ein Attentat. Der Sprengstoff sollte möglichst geringes Volumen bei möglichst großer Wirkungskraft haben, die Zündvorrichtungen sollten zu verschiedenen Zeiteinstellungen verwendbar, vor allem aber lautlos sein[62]. Tresckow sagte nicht, wozu er den Sprengstoff haben wolle, aber Gersdorff verstand, worum es ging. Er begab sich also zu den Lagern der Abwehr-Abteilungen I, II und III, die zu der ihm unterstellten Gruppe gehörten, und fand im Lager der Abteilung II (Sabotage), was er suchte[63].

Gersdorff ließ sich dort alles vorhandene Sprengmaterial zeigen und zum Teil auch vorführen. Er ließ durchblicken, daß man an Partisanenbekämpfung dachte und dazu eventuell die im Frontaufklärungskommando (FAK) 103 dienenden russischen Freiwilligen oder aber die neuaufzustellende Reiterabteilung »Boeselager« entsprechend ausrüsten wolle. Man zeigte ihm, wie eine kleine Menge englischen Plastiksprengstoffes, die an eine Eisenbahnschiene geklebt wurde, diese glatt durchsprengte. Bei einem anderen Versuch mit etwa 200–500 Gramm des Stoffes wurde der Turm eines russischen Panzers abgesprengt und etwa 20 Meter weit weggeschleudert. Gersdorff erklärte, er wolle das interessante Material dem Feldmarschall zeigen, und ließ ein Sortiment aus Sprengstoff und Zündern zusammenstellen, nachdem man ihm die Handhabung genau erklärt hatte. Als er schon gehen wollte, kam ihm der Leutnant Buchholz, der das Lager unter sich hatte, noch nachgelaufen und verlangte Quittung. Auch bei späteren – zahlreichen – Entnahmen mußte Gersdorff stets mit seinem Namen quittieren. Der Plastiksprengstoff stammte zum Teil aus Abwürfen der Engländer für Sabotagezwecke und für die französische Résistance, deren man mit Hilfe sogenannter Funkspiele oder auf andere Weise habhaft geworden war, zum Teil aus Beutebeständen, die im Gefolge der britischen Kommandounternehmen von Saint-Nazaire und Dieppe im Sommer 1941 in deutsche Hände gefallen waren [64]. Große Mengen dieser Beute wurden in Munitionsdepots in Schlesien eingelagert, und viele Heeresstellen, namentlich Ic-Abteilungen, erhielten Proben und konnten sich dann bestellen, was sie brauchten. Der von Gersdorff entnommene Sprengstoff war in der Hauptsache das »Plastic C« der Engländer, das zu 88,3 % aus Hexogen und im übrigen aus Staufferfett und anderen Zusätzen zur Verhinderung der Kristallisierung und Verhärtung bestand. Man konnte es nur etwa zwei bis drei Jahre lagern, ehe es hart und bröcklig wurde, und es war nur zwischen 0 und plus 40° Celsius zu gebrauchen, bei Temperaturen unter diesem Bereich wurde es zu spröd, dazu ölig und schmierig. Dieses Material wurde in zahlreichen Versuchen verwendet, die Tresckow, Schlabrendorff und Gersdorff in der Folge auf den Dnjepr-Wiesen bei Smolensk veranstalteten.

Zur Zündung eigneten sich vor allem die englischen Zeitzünder. Von diesen gab es verschiedene Sorten. Manche funktionierten dadurch, daß ein Stück Weichmetall von einer Feder in die Länge gezogen wurde, nachdem man einen Sperrbolzen entfernt und damit die Feder freigegeben hatte, bis das Metallstück riß; dann schlug ein Bolzen auf eine Zündkapsel auf. Andere waren als Säurezünder konstruiert: Eine Schraubenfeder wurde von einem Draht zusammengedrückt und unter Spannung gehalten, der Draht war von Baumwolle umgeben, darüber befand sich eine Säureampulle. Zerdrückte man die Ampulle, so entwich die Säure in die Watte und fraß in einer bestimmten Zeit den Draht durch, der dann die Feder freigab, welche einen Bolzen auf die Zündkapsel schnellen ließ und so die Explosion auslöste [65]. Es gab Zünder für 10, 30, 60 usw. Minuten Verzögerung, jeweils durch verschiedene Farbringe markiert. Grundlage der Berechnung war gleichbleibende Temperatur von 65° Fahrenheit (18° Celsius). Tabellen unterrichteten über die für verschiedene Temperaturen zu erwartenden Zündzeiten, aber Tresckow verließ sich nicht auf sie, sondern stellte selbst bei seinen Versuchen solche Tabellen auf. Bei 0° Celsius z. B. verdoppelte sich die Zündzeit, wie sich zeigte. Diese englischen Zünder eigneten sich nicht nur besonders gut für die vorhandenen Plastiksprengstoffe, sondern sie waren auch völlig lautlos. Deutsche Zünder dieser Art standen nicht zur Verfügung, die gebräuchlichen zischten oder mußten, wie bei den Handgranaten, abgezogen werden. Weder das Geräusch noch die beim Abziehen unvermeidlichen auffälligen Bewegungen glaubte Tresckow in Kauf nehmen zu können, wenn man des Erfolges sicher sein wollte[66].

Im Lauf der Monate ließ sich Gersdorff mehrere Kilo des Sprengstoffes und Hunderte von chemischen Zündern aushändigen – und mußte jedesmal mit seinem Namen quittieren. Von Zeit zu Zeit tauchten auch neue Sprengkörper auf, die man auf ihre Verwendbarkeit hin ausprobierte. Dabei stießen die Verschwörer eines Tages auf eine kleine englische Haftmine, die besonders handlich zu sein schien.

Die Engländer nannten diesen für Sabotagezwecke hervorragend geeigneten Sprengkörper »Clam« (Muschel). Auf einer Grundplatte war ein schwarzes, an den Ecken abgerundetes Kunststoffgehäuse aufgeschraubt; in der Grundplatte waren vier Aussparungen, in denen Magnetgruppen Platz fanden, ohne jedoch über die Außenfläche der Grundplatte hinauszuragen[67]. Der bleistiftförmige Zünder wurde durch eine Öffnung an der schmalen Stirnseite der flachen Mine eingelassen und innen von einer Klammer festgehalten. Das ganze Gerät hatte ungefähr die Größe einer kleinen, dicken Dünndrucktaschenbibel, die Maße waren, Zoll in Millimeter umgerechnet, 146,05 mm x 69,85 mm x 38,1 mm. Die Standardfüllung für die Clam bestand aus 55 % Tetryl und 45 % TNT. Dieses Material hatte so große Sprengkraft, daß eine einzige damit gefüllte Haftmine ausreichte, um eine 25 mm starke Stahlplatte zu durchschlagen, eine Eisenbahnschiene stark zu verformen oder einen Zylinderblock zu zerbrechen. Wenn die Clams leer geliefert wurden, konnten sie am besten mit dem Plastiksprengstoff gefüllt werden, den die Engländer »Compound B« nannten; er bestand aus 60 % Hexogen und 40 % TNT und hatte etwa die gleiche Sprengkraft.

Es ist fast unmöglich, genaue Voraussagen über die Wirkung von Sprengstoff zu machen, der nicht in einem völlig festen, geschlossenen Raum, also z. B. in einem Bunker, verwendet wird. Bei einem Meter Entfernung kann die Wirkung bedeutend größer sein als bei 10 cm Entfernung, aber auch umgekehrt: es kommt darauf an, welche »Verdämmung« jeweils wirksam ist, d. h. welcher Widerstand der sich kugelförmig ausbreitenden Explosionswelle entgegensteht, und es kommt darauf an, ob Druck- oder Zerreißwirkung gewünscht wird usw. Es kann also vorkommen, daß ein Gegenstand bei gleichen Umständen – Verdämmung im Raum, Lufttemperatur, Bodenbeschaffenheit – auf eine Entfernung von 10 Metern sehr stark, auf eine Entfernung von 20 cm vollständig, aber auf eine Entfernung von 1 Meter überhaupt nicht zerstört wird.

Allzuviel durfte man daher von den kleinen Haftminen nicht erwarten. Es war z. B. nicht sicher, ob eine von ihnen genügen würde, auch auf kurze Entfernung in unverdämmtem Raum einen Menschen nicht nur zu verletzen, sondern zu töten. Dem Experimentieren waren da Grenzen gesetzt, die auf der Hand liegen, doch auf Grund der angestellten Versuche erschien der Erfolg wahrscheinlich genug. Vor allem aber beabsichtigte man zunächst eine ganz andere Art der Ausführung des Attentats: Man stellte eine geballte Ladung von vier Haftminen zusammen und versuchte sie in Hitlers Auto zu praktizieren, und als das nicht gelang, schmuggelte man sie in sein Flugzeug. Im Auto wäre die verwendete Menge sicher tödlich gewesen, Hitler wäre unmittelbar daneben gesessen. Im Flugzeug würde sie jedenfalls genug Wirkung haben, um die Maschine zum Absturz zu bringen.

Während an der Ostfront Tresckow die Vorbereitungen für das Attentat vorantrieb, arbeiteten die Verschwörer in Berlin an der Schaffung der Voraussetzungen für den Staatsstreich. Olbricht bemühte sich, seinen Anteil zu leisten durch Vorbereitung der Maßnahmen für Berlin, Köln, München und Wien, wovon Berlin natürlich am wichtigsten war. Hier wollte er gewisse in Frankfurt an der Oder stationierte Truppen einsetzen, die nach seinem Plan die Osthälfte Berlins besetzen sollten. Für andere Maßnahmen, so die Abriegelung der SS-Artillerie-Schule bei Jüterbog, die Besetzung der westlichen Hälfte Berlins und die Isolierung des Führerhauptquartiers »Wolfschanze« bei Rastenburg in Ostpreußen, wo Hitler sich zu jener Zeit aufhielt, sollten Einheiten der Division »Brandenburg« eingesetzt werden [68].

Mitte Oktober 1939 war die »Bau-Lehr-Kompanie z. b. V. 800« auf Befehl von Canaris von Hauptmann Theodor von Hippel von der Abwehr-Abteilung II aufgestellt worden und schon etwa einen Monat später zum »Bau-Lehr-Bataillon z. b. V. 800« erweitert worden. Standort der Einheit war Brandenburg an der Havel, ihr Auftrag war die Vorbereitung von »Spezialeinsätzen«. In der 1. Kompanie waren nur Auslandsdeutsche zusammengefaßt, die ursprünglich als V-Männer-Reserve gedacht waren; aus dieser Kompanie wurde später das Regiment »Kurfürst«. Die anderen Kompanien wurden auf dem Gut Quenz am Quenzsee allgemein infanteristisch und speziell für Sabotageakte ausgebildet. Nach dem Frankreichfeldzug wurde das Bataillon zu einem »Bau-Lehr-Regiment z. b. V. 800« erweitert, dessen I. Bataillon in Brandenburg blieb, während das II. und das III. Bataillon bei Wien bzw. Aachen, später bei Düren stationiert wurden. Im Oktober 1940 wurde die Einheit in Regiment »Brandenburg« umbenannt. Ende Oktober 1942 wurde das Regiment erweitert zur Division »Brandenburg«, die von Oberst Haehling von Lanzenauer kommandiert wurde und dem Amt Ausland/Abwehr im OKW direkt unterstellt war. Um die Jahreswende 1942/1943 wurden Teile der Division an gefährdeten Frontabschnitten in Südrußland eigentlich zweckfremd eingesetzt und erlitten daher schwere Verluste. Anfang 1943 kamen sie sehr angeschlagen zurück und mußten neu aufgestellt werden. Oberst Haehling von Lanzenauer war krank und starb bald darauf.

Nun sah sich Canaris nach einem neuen Kommandeur für die Division um, der frontbewährt und geeignet, aber auch im Sinne der Opposition zuverlässig sein sollte. Oster schlug den Ritterkreuzträger und hervorragend bewährten Regimentskommandeur Oberst Alexander von Pfuhlstein vor und berief diesen am 1. Februar 1943 nach Berlin. In mehreren Besprechungen in seiner Wohnung sondierte und unterrichtete er Pfuhlstein, der übrigens ein gutes persönliches Verhältnis zu Olbricht hatte. Oster ließ erkennen, daß er im Auftrag und Einverständnis von Olbricht und Canaris spreche. Einerseits wollte Jodl die Division als Verfügungstruppe des OKW organisieren, und in der Folgezeit erhielt Canaris nur noch ein beschränktes Mitspracherecht in Sachen ihres Einsatzes. Zugleich aber wurde Pfuhlstein nun von Oster beauftragt, die Division als für den Staatsstreich geeignete Einsatztruppe aufzustellen. Ende April sollte sie einsatzbereit sein.

Man stellte Pfuhlstein einige in die Verschwörung eingeweihte Offiziere zur Verfügung, darunter Hauptmann d. R. Graf Schwerin von Schwanenfeld und Oberstleutnant Heinz [69]. Am 1. April 1943 wurde Pfuhlstein offiziell Kommandeur der Division »Brandenburg« [70]. Nach seinem eigenen Bericht war die Aufstellung namentlich des IV. Regiments unter Oberstleutnant Heinz in Brandenburg erst Ende April beendet. Auch geriet die ganze Division unter die Botmäßigkeit des Wehrmachtführungsstabes (WFSt), teils weil man verzweifelt überall Truppen zusammenkratzte, um die Fronten zu halten, teils weil im Frühjahr 1943 die Abwehr in Mißkredit geriet [71]. Jedoch führte Oberst Lahousen die Division provisorisch schon während der Krankheit von Haehling von Lanzenauer, so daß sie in der kritischen Zeit des März 1943 für den Umsturz hätte eingesetzt werden können. Wie das ausgegangen wäre, läßt sich natürlich schwer abschätzen. Es gab Meinungsverschiedenheiten über die Verwendbarkeit namentlich des dafür in Frage kommenden IV. Regiments, weil darin sehr viele freiwillige, dem Regime ergebene oder aber ganz unzuverlässige Abenteuernaturen dienten. Immerhin bestätigt der Kommandeur des IV. Regiments, Heinz, daß es im März noch auf Abruf zur Verfügung der Verschwörer bereitlag [72].

An der Ostfront war das Bemühen um die Aufstellung einer besonderen »Staatsstreich-Verfügungstruppe« noch wesentlich erfolgreicher. Hier wie bei der Division »Brandenburg« handelte es sich in erster Linie um die Aufstellung einer Truppe für den Krieg, und die Truppe wurde auch, wiederum wie die Division »Brandenburg«, entsprechend eingesetzt. Das Kavallerie-Regiment »Mitte«, das bei der Heeresgruppe Mitte aufgestellt wurde, war 1943 und 1944 in schwere und verlustreiche Kämpfe verwickelt. Zugleich aber hoffte man, durch Auswahl der Offiziere und durch organisatorische Maßnahmen die Truppe für den Staatsstreich verwendbar zu machen.

Die Gelegenheit bot sich Ende 1942. Oberleutnant Philipp Freiherr von Boeselager war seit Juni 1942 Ordonnanzoffizier bei Generalfeldmarschall von Kluge, sein Bruder Georg war damals Taktiklehrer bei rumänischen Truppen. Als dieser im Winter 1942/43 seine alte Schwadron bei der 6. Infanterie-Division im Bereich der Heeresgruppe Mitte besuchte, fragte Philipp Freiherr von Boeselager den Feldmarschall, der Georg von Münster her kannte, ob sein Bruder im Hauptquartier der Heeresgruppe Besuch machen dürfe. Kluge war einverstanden und lud Rittmeister Georg Freiherr von Boeselager ein, ihn auf einem Dienstflug als Ordonnanzoffizier zu begleiten. Bei solchen Flügen machte Kluge gern aus der Luft Jagd auf Füchse, wenn sich Zeit und Gelegenheit bot [73].

Nun fehlte es aber am richtigen Flugwetter, und Georg Freiherr von Boeselager blieb mehrere Tage im Hauptquartier der Heeresgruppe. Es kam zu vielen Gesprächen, über Probleme der Kavallerie, auch mit Tresckow, der den Reiterführer noch nicht gekannt hatte. Boeselager wollte den Reiterschwadronen bei den Infanterie-Divisionen, die oft nicht entsprechend ihren Fähigkeiten eingesetzt, sondern vielfach, wie man damals sagte, sinnlos »verheizt« wurden, wieder zu Eigenständigkeit und sinnvollen Aufgaben verhelfen. Als Kavallerist mit Leib und Seele wollte er versuchen, die Waffengattung überhaupt vor ihrem nun drohenden Verschwinden zu retten. So schlug er dem Feldmarschall die Aufstellung eines Kavallerie-Verbandes vor, der als eine Art Feuerwehr für rasch zu lösende operative Aufgaben im Bereich der Heeresgruppe zur Verfügung stehen sollte, da es doch stets an den nötigen Reserven fehlte. Kluge war einverstanden und verwies Boeselager zur Besprechung der Einzelheiten an Tresckow. Im Verlauf seiner Besprechungen mit Tresckow aber stellte sich Boeselager rückhaltlos der Widerstandsbewegung zur Verfügung. Im Januar 1943 erhielt Georg Freiherr von Boeselager den offiziellen Auftrag zur Bildung des Reiterverbandes »Boeselager« und wurde von Tresckow sowie von Oberst i. G. Stieff, der seit Ende 1942 Chef der Organisations-

Abteilung des Generalstabes des Heeres im OKH war, tatkräftig unter-
stützt. Es wurde für hervorragende Ausrüstung gesorgt und eine ausgezeich-
nete Truppe von zwei Abteilungen (Bataillonen) mit je fünf Schwadronen
(Kompanien) zu je 220 Mann aufgestellt. Etwa 650 Mann waren russische
Kosaken. Eine der beiden Abteilungen übernahm Philipp, Freiherr von
Boeselager Ende März 1943; am 7. April 1943 wurde Georg Freiherr von
Boeselager zum Kommandeur des ganzen Kavallerie-Regiments »Mitte«
ernannt, was er freilich in Wirklichkeit schon seit Mitte März war.

Man verfügte nun bei der Heeresgruppe Mitte über eine sehr bewegliche Spezialtruppe, deren Offizierstellen im wesentlichen mit Eingeweihten oder doch »zuverlässigen« Leuten besetzt waren und die für ausgefal-
lene Aufgaben eigens aufgestellt worden war. Man hatte Grund zu der
Hoffnung, sie im geeigneten Augenblick für den Umsturz einsetzen zu
können. Aber wie bei der Division »Brandenburg« machte man sich auch
hier keine Illusionen über einen Teil der Truppe. Der Kommandeur des
Kavallerie-Regiments »Mitte« schrieb am 21. Mai 1943 an Tresckow auf
dessen Frage nach der Bewährung der russischen Freiwilligen: »Man muß
sich ja klar darüber sein, daß die Leute ja nur auf unserer Seite kämpfen,
weil sie besseres Essen bekommen. Im übrigen wollen sie diesen Krieg
möglichst lebend überstehen.«[74]

2. Anschläge 1943

Um die Jahreswende 1942/1943 kam in Deutschland und teilweise auch
an den Fronten etwas wie Katastrophenstimmung auf[75]. Der Fall von
Stalingrad und die Vernichtung der 6. Armee war ein furchtbarer Schlag,
von dem sich das deutsche Heer nicht mehr erholt hat. Zugleich wurde
in Casablanca die Forderung des »Unconditional Surrender« verkündet,
was die Vernichtung nicht nur des mehr oder minder verhaßten Regimes
der Nationalsozialisten, sondern auch der Souveränität der deutschen
Nation bedeutete. Hatte schon das Scheitern der außenpolitischen Kontaktversuche der Opposition im Frühjahr und Sommer 1942 die Haltung
der Alliierten deutlich gemacht, so bekam man sie nun noch unzweideutiger ins Gesicht geschleudert. In dieser Situation der Niederlagen und
Fehlschläge einerseits, der Siegesgewißheit der Kriegsgegner andererseits,
entstand in Deutschland eine nahezu revolutionäre Atmosphäre. Die Erhebung der Geschwister Scholl an der Münchner Universität war ein Ausdruck
dieser Stimmung, eine Stichflamme, die freilich von der allgegenwärtigen
Gestapo und von der Furcht rasch wieder unterdrückt wurde[76].

Henning von Tresckow war, wie schon berichtet, um die Jahreswende
mit dem Eichenlaubträger Georg Freiherr von Boeselager in Verbindung
gekommen, der im ganzen Heer als einer der besten Fünfkämpfer bekannt
war und der sich Anfang 1943 der Opposition zur Verfügung stellte. Nun
fragte Tresckow ihn, ob er sich zutraue, Hitler aus kurzer Entfernung mit
der Pistole zu erschießen. Es dürfe nur gewagt werden, wenn wirklich
mit Sicherheit ein tödlicher Schuß abgegeben werden könne.

Die Erfolgschancen für einen einzelnen waren auf jeden Fall gering,
aber Boeselager war auch nicht sicher, ob er die nötige Kaltblütigkeit
hätte [77]. Es ist eines, einen anonymen Feind zu erschießen, und ein anderes, außerhalb der soziologisch-psychologischen Kampfsituation der Kriegshandlungen an der Front einen Menschen vorsätzlich zu töten. Es hat gar
nichts damit zu tun, wer dieser Mensch ist, wohl aber damit, ob er anony-
mer »Feind« oder persönlich bekannter Mitmensch ist [78]. Dazu kam noch die
unter den Verschwörern herrschende Überzeugung, daß Hitler sich gegen
Attentate durch eine kugelsichere Weste und eine ebensolche Mütze sichere. Sein Chefadjutant Schmundt hatte dies Tresckow und Gersdorff gesagt,
und dieser hatte selbst einmal Hitlers Mütze in der Hand und konnte
sich von ihrem ganz ungewöhnlichen Gewicht überzeugen [79].

So verfiel man auf den Gedanken, Hitler von einer ganzen Gruppe
von Offizieren erschießen zu lassen, während er sich bei einem Besuch,
zu dem man ihn angesichts der verzweifelten Lage an der Front zu veranlassen hoffte, im Kasino des Oberkommandos der Heeresgruppe aufhalten würde. Rittmeister Schmidt-Salzmann und Oberst i. G. von Kleist
erklärten sich bereit, mit 10 Offizieren der gerade in der Aufstellung be-
griffenen III. Abteilung des Reiterverbandes »Boeselager« an dem Kollektivattentat teilzunehmen. Aber die Ausführung wurde kurz vor dem
Besuch Hitlers aufgegeben, weil der Feldmarschall von Kluge, der ja während des Attentats anwesend gewesen wäre, sich mit dem Gedanken
nicht befreunden konnte. Unterrichten mußte man ihn, damit er sich
einigermaßen aus der Schußbahn heraushielt. Da meinte er nun, das sei
denn doch nicht ganz ehrenhaft, den Mann so beim Essen umzubringen,
außerdem könnten hohe Offiziere gefährdet werden, auf die man es gar
nicht abgesehen habe und auf die man nicht verzichten konnte, weil ja
die Ostfront gehalten werden sollte. Zur tätigen Beteiligung an einer
Aktion gegen Hitler war Kluge ohnehin nur in ganz wenigen und kurzen
Augenblicken bereit.

Inzwischen, während man noch bemüht war, Hitler zu einem Besuch
bei der Heeresgruppe Mitte in Smolensk zu veranlassen, suchte der Führer das Hauptquartier der Heeresgruppe Don in Saporoshe auf [80]. Am

17. Februar 1943 begab er sich in seiner Focke-Wulf »Condor« von seinem Hauptquartier bei Rastenburg über Winniza nach Saporoshe. Ganz plötzlich hatte er sich dazu entschlossen und flog in der Nacht um 2 Uhr ab. In seiner Begleitung, die zum Teil in zwei weiteren »Condor« reiste, befanden sich u. a. der Chef des Wehrmachtführungsstabes General Jodl und der Chef des Generalstabes des Heeres General Zeitzler, der Halder abgelöst hatte. Hitler führte in Saporoshe Besprechungen mit Manstein.

Im Hauptquartier der Heeresgruppe B, deren Oberbefehlshaber Generalfeldmarschall Maximilian Freiherr von Weichs war, hatte man jedoch gehofft, Hitler werde dorthin, nämlich nach Poltawa kommen, und darauf hatten vor allen General der Gebirgstruppe Hubert Lanz und sein Chef des Stabes, Generalmajor Dr. Hans Speidel, gerechnet, um Hitler bei der Gelegenheit dort festzunehmen [81].

Lanz führte seit Ende Januar die Armee-Abteilung »Lanz« im Raum Charkow; sie war dort nach dem Zusammenbruch der 8. Italienischen Armee aus dem SS-Korps »Haußer«, der SS-Leibstandarte »Adolf Hitler« unter Sepp Dietrich, der SS-Division »Reich« unter Keppler, der SS-Division »Totenkopf« unter dem früheren Inspekteur der Konzentrationslager, SS-Obergruppenführer Theodor Eicke, Teilen der Division »Großdeutschland« unter Generalleutnant Walter Hörnlein und zwei weiteren Korps, eines unter Generalleutnant Erhard Raus, dazu das Panzerkorps 24, gebildet worden. Lanz hatte am 26. Januar in einer nächtlichen Lagebesprechung in der »Wolfschanze« von Hitler den Auftrag erhalten, Raum und Stadt Charkow gegen jeden Angriff zu halten – eine angesichts des Kräfteverhältnisses von etwa 1 zu 4 kaum lösbare Aufgabe. Im Schneetreiben flog Lanz am nächsten Morgen nach Charkow, wo er die wenigen Truppen in verzweiflungsvoller Bedrängnis vorfand. Überdies wurde er noch von Hitler für die katastrophale Situation und ihre weitere Entwicklung, auf die er fast keinen Einfluß hatte, verantwortlich gemacht. Als einzige Eingreifreserve stand Lanz das Panzerregiment »Großdeutschland« unter Oberst Graf von Strachwitz im Raum von Poltawa zur Verfügung.

Strachwitz war schon im Lazarett nach einer in Stalingrad empfangenen Verwundung von Oberst i. G. Wessel Freiherr von Freytag-Loringhoven über die von der SS hinter den deutschen Linien verübten Verbrechen unterrichtet worden. Nach seiner ersten Einsatzbesprechung mit Dr. Speidel am 8. Februar hatte er diesem auf die Frage, was er von der Lage halte, erklärt, wenn alles wahr sei, was man ihm erzählt habe, dann müsse Hitler weg. Speidel sagte, das denke er auch. Noch am selben Abend ließ General Lanz Strachwitz zu einer Besprechung kommen; er war inzwischen von Speidel über die Einstellung Strachwitz' unterrichtet worden und forderte diesen auf, zu wiederholen, was er Speidel gesagt hatte. In der militärisch hoffnungslosen Lage, in der Hitler praktisch das Selbstopfer ganzer Armeen forderte, stellten Lanz und Strachwitz so schon bei ihrer ersten Besprechung in dem Dorf Walki zwischen Charkow und Poltawa, wo sich Anfang Februar das Hauptquartier der Armee-Abteilung befand, die Übereinstimmung ihrer Ansichten über die Oberste Führung im allgemeinen und über Hitler im besonderen fest – kurz, sie waren sich einig, daß Hitler ein Verbrecher und also zu beseitigen sei. So entstand der »Plan Lanz«. Durch den Stuttgarter Oberbürgermeister Dr. Strölin war davon auch Generalfeldmarschall Erwin Rommel unterrichtet, der damals die Heeresgruppe Afrika führte, im Ernstfall aber nicht viel zum Gelingen hätte beitragen können.

Da Strachwitz wiederholt versicherte, sich auf sein Panzerregiment unbedingt verlassen zu können, beschloß man, Hitler möglichst schon auf dem Flugplatz von Poltawa, spätestens aber während der Besprechung im Hauptquartier, durch dazu ausgesuchte Teile des Panzerregiments unter Führung von Oberst Graf von Strachwitz festnehmen zu lassen. In der damaligen Kriegslage konnte das unauffällige Heranführen der Einheit auf die verhältnismäßig kurze Entfernung nicht schwer sein; es marschierten dauernd irgendwelche Truppen hin und her.

Man wollte »nur im Falle ernster Gegenwehr« (Lanz), wenn »es dabei zu einem Kampf kommen« sollte (Strachwitz), »von der Waffe Gebrauch machen«. Mit Gegenwehr oder Kampf war zu rechnen, Hitler ließ sich immer vom RSD begleiten, Angehörige des OKW und des WFSt, Adjutanten usw. waren meistens auch dabei. Also war ein Attentat wohl nicht beabsichtigt, aber durchaus in Kauf genommen, nur handelte es sich bei dieser Konstruktion nach den geltenden Begriffen nicht mehr um glatten Mord. Es steht auch außer jedem Zweifel, daß die Soldaten die Verhaftung Hitlers vorgezogen hätten, wenn sie nur möglich gewesen wäre. Strachwitz hätte Hitler dann an Kluge übergeben wollen.

Aber am 17. Februar, als Hitler so plötzlich an die Front reiste, waren die Heeresgruppe B und Generalfeldmarschall von Weichs schon aus Poltawa abgezogen, und Hitler besuchte Saporoshe statt Poltawa. Dort geriet er ohne Zutun der Opposition am dritten Tag seiner Anwesenheit in eine ganz gefährliche Lage: Russische Panzer rückten auf der direkt am Flugplatz entlangführenden Straße nach Saporoshe vor und waren nur zwei Stunden entfernt, als Hitler noch immer in der Stadt war[82]. Sein Pilot Baur fuhr sofort in die Stadt, um ihn zur Eile zu drängen, und als die drei »Condor« starteten, waren die Russen schon am Ostteil des Flugplatzes angelangt, dort jedoch in einer Kolchose in Stellung gegangen.

Während Hitler und seine Begleitung herausflogen, schwebten zwei sechsmotorige deutsche »Giganten« ein – mit Panzerabwehrkanonen an Bord, weil man in Saporoshe keine zur Verfügung gehabt hatte. Die Russen aber hatten den Flugplatz nicht angegriffen, weil ihnen der Treibstoff ausgegangen war.

Inzwischen waren die Vorbereitungen in Berlin weitergeführt worden. Im Februar war Schlabrendorff wieder in Berlin [83]. Aber die Maßnahmen waren noch nicht abgeschlossen. Am 1. März wollte Olbricht soweit sein; Pfuhlstein rechnete erst mit April. Andererseits konnte man nicht warten, wenn sich eine Gelegenheit bot. Bis zu einem gewissen Grade war doch alles vorbereitet, Versetzungen und andere Ereignisse konnten die besten Vorbereitungen immer wieder zunichte machen, und schließlich würde man so oder so ziemlich viel improvisieren müssen. Ende 1942 hatte Olbricht zu Tresckow gesagt, er werde 8 Wochen brauchen. Als sie um waren, besprach sich Schlabrendorff mit Olbricht und dieser sagte ihm: »»Wir sind fertig. Die Initialzündung kann in Gang gesetzt werden.«« [84] Das war Ende Februar. Natürlich galt es nur mit den eben angedeuteten Einschränkungen. So war z. B. auch die Frage besprochen worden, wie das Führerhauptquartier »Wolfschanze«, wo sich während Hitlers Aufenthalten auch das ganze OKW und der WFSt befanden, mit Sicherheit nachrichtentechnisch isoliert werden könnte; der Chef des Wehrmacht-Nachrichten-Wesens, General Fellgiebel, meinte dazu ganz richtig, da könne man nicht viel vorbereiten, denn dazu sei eigentlich die Besetzung der Verstärkerämter und der Fernämter nötig. Ohne Aufsehen und ohne Beteiligung der Reichspost war da nichts vorzubereiten, so daß man in diesem Punkte erst »handeln« konnte, wenn die »Initialzündung« erfolgt war [85].

Ein gewisser Grad der Koordination und der Verständigung zwischen dem Aktionszentrum an der Ostfront und der Zentrale in Berlin mußte aber doch hergestellt werden. Zu diesem Zweck flog Canaris mit großem Gefolge am 7. März 1943 nach Smolensk, um dort eine allgemeine Ic-Besprechung zu veranstalten. Er brachte auch seinen Chef der Zentralabteilung, Generalmajor Oster, den Leiter der Abteilung II, Oberst Lahousen, und den Sonderführer Dr. von Dohnanyi mit – und eine Kiste mit Sprengstoff [86]. Diese wurde über Gersdorff an die Abteilung II der Abwehrgruppe abgeliefert [87]. Tresckow und Dohnanyi besprachen sich noch spät am Abend und verabredeten einen Code zur Verständigung über die von der Berliner Gruppe und der Frontgruppe jeweils zu treffenden Maßnahmen. Tresckow kündigte die Initialzündung für die nächste sich bietende Gelegenheit an und ließ sich versichern, daß in Berlin die nötigen Vorbereitungen für den Staatsstreich getroffen seien.

Endlich kam dann Hitler am 13. März 1943, auf dem Rückflug von Winniza nach Ostpreußen, nach Smolensk angereist. Die Frontlage war immer noch so prekär, daß er besorgt genug war, um die Reise zu unternehmen, trotz dem bei Saporoshe erlittenen Schrecken [88]. Er wollte die Offensive auf Kursk besprechen, im doppelten Sinn, und brachte wie bei seinem Besuch in Saporoshe den Chef des Wehrmachtführungsstabes und den Chef des Generalstabes des Heeres mit, dazu den RSD, Ärzte, Photographen, Adjutanten, Parteileute, seinen Leibkoch und seinen Fahrer.

Hitler und sein Gefolge, wieder auf drei »Condor« verteilt, begaben sich sofort nach der Landung auf dem Flugplatz von Smolensk in das nahegelegene Hauptquartier des Oberkommandos der Heeresgruppe Mitte [89]. Kluge und Tresckow waren Hitler zum Flugplatz entgegengefahren, aber Hitler benützte kein Fahrzeug der Heeresgruppe, sondern ließ sich in einem seiner eigenen Wagen von seinem persönlichen Fahrer Erich Kempka fahren. Es gab während des Krieges vier Autokonvois für solche Zwecke, die an verschiedenen Stellen im Reich, im Westen und an der Ostfront, damals in Winniza, bereitstanden und gegebenenfalls dorthin gefahren wurden, wo Hitler sie gerade brauchte. Auch sonst waren die Sicherheitsmaßnahmen umfassend. Der Zugverkehr auf einer Strecke, die die Straße zwischen Flugplatz und Hauptquartier kreuzte, war für die Dauer des Besuches eingestellt. Wo Hitler ging und stand, sah man auch SS-Männer mit schußbereiten Maschinenpistolen im Anschlag [90].

Anschließend an die Besprechung, bei der außer Hitler, Jodl, Zeitzler, Schmundt und anderen, Kluge und die Oberbefehlshaber der in der Heeresgruppe zusammengefaßten Armeen mit ihren Stabschefs teilnahmen, fand im Kasino des Oberkommandos der Heeresgruppe ein Essen statt. Nach dem früheren Plan hätte Hitler dabei erschossen werden sollen, was auch gut möglich gewesen wäre. Allerdings wären die anderen Anwesenden sehr gefährdet worden. Während des Essens bat Tresckow einen Herrn der Begleitung Hitlers, ein Päckchen für Oberst Stieff ins OKH mitzunehmen, was dieser, der Oberstleutnant i. G. Heinz Brandt von der Operationsabteilung des OKH, gerne zusagte; denn es war dabei durchaus nichts Ungewöhnliches [91]. Das von Oberstleutnant Brandt zu befördernde Päckchen sollte jedoch eine gezündete Bombe sein.

Am Vormittag hatte Schlabrendorff entsprechend der mit Dohnanyi am 7. März getroffenen Verabredung den Hauptmann Ludwig Gehre, einen Mitarbeiter der Abwehr in Berlin, angerufen und ihm das Stichwort für die bevorstehende Initialzündung gegeben. Als sich nun nach dem Essen Hitler und sein Gefolge, wieder von Kluge und Tresckow begleitet, zum Flugplatz zurückbegaben, fuhr auch Schlabrendorff mit dem

Sprengstoffpäckchen hinaus. Er wartete, bis Hitler sich anschickte, in sein Flugzeug zu steigen, betätigte darauf die Zündung, indem er durch die Verpackung hindurch die Säureampulle mit einem Schlüssel zerdrückte, und übergab auf einen Wink Tresckows das Päckchen an Oberstleutnant Brandt, der in dasselbe Flugzeug wie Hitler einstieg. Nachdem alle drei »Condor«, von Jagdflugzeugen begleitet, gestartet waren, eilte Schlabrendorff ins Quartier zurück und rief wieder Gehre an; nun gab er ihm das Stichwort für die in Gang gesetzte Initialzündung. Gehre machte über Dohnanyi entsprechende Mitteilung an Oster.

Die von Tresckow zusammengestellte »Bombe« bestand aus zwei Paaren der englischen Haftmine »Clam«, die jeweils mit ihren Magneten aneinandergelegt und zusammengehalten wurden, außerdem waren sie mit Leukoplast umwickelt. In der Verpackung konnten sie für zwei Flaschen Cointreau ausgegeben werden. Als Zünder verwendete man einen für 30 Minuten und nahm an, daß das Flugzeug dann nach etwa 200–250 km, kurz vor Minsk abstürzen würde.

Hitler ist zwar zuerst nach Winniza und dann von dort aus nach Rastenburg geflogen, so daß der Absturz vor dem Überfliegen von Kiew zu erwarten war. Aber nach einigen Stunden erfuhren die in Smolensk Wartenden, daß Hitler in Rastenburg gelandet sei [92].

Schlabrendorff rief sofort wieder Gehre an und gab ihm das Stichwort für das Mißlingen des Anschlages. Dann überlegte er mit Tresckow, wie die Lage noch zu retten wäre. Irgendwie mußte man vor allem des Sprengstoffpaketes wieder habhaft werden, ehe ein Unglück geschah, niemand konnte wissen, ob es nicht noch explodieren würde. Der Empfänger Stieff war damals nicht im einzelnen eingeweiht. Tresckow rief also Oberstleutnant i. G. Brandt an und bat ihn, das Paket noch zu behalten, da eine Verwechslung unterlaufen sei. Am nächsten Morgen flog Schlabrendorff mit dem üblichen Kurierflugzeug nach Ostpreußen, suchte Brandt im OKH im Lager »Mauerwald« auf und tauschte das Paket aus gegen eines, das wirklich Cointreau enthielt. Dann nahm er den Sprengstoff mit in sein Schlafwagenabteil in dem bei Korschen abgestellten Eisenbahnzug, der als Nachtquartier für Besucher diente, und öffnete vorsichtig mit einer Rasierklinge das Paket [93]. Er stellte fest, daß der Zünder bis zu dem Augenblick richtig funktioniert hatte, in dem der von dem durchfressenen Draht freigegebene Schlagbolzen die Zündkapsel zur Detonation bringen sollte; der Schlagbolzen hatte sie richtig getroffen, das Zündhütchen war verbrannt, der Zünder war davon außen geschwärzt. Aber der Sprengstoff hatte sich nicht entzündet, wahrscheinlich wegen zu großer Kälte.

Schlabrendorff behielt die Haftminen bei sich und fuhr mit dem Nachtzug nach Berlin, wo er am Morgen des 15. März ankam. Er begab sich
sofort zu Gehre und Oster und zeigte ihnen den Zünder. Die Enttäuschung
aller Beteiligten war groß, hatten sie doch nun umsonst alle die Gefahren
und Nervenbelastungen durchstanden, die mit dem Hantieren und
Transportieren von Sprengkörpern in so geheimnisvoller und versteckter
Weise, noch dazu in Hitlers Nähe, notwendigerweise verbunden waren.
Aber schon sannen sie wieder auf eine neue Gelegenheit.

In wenigen Tagen sollte die Feier des Heldengedenktages stattfinden,
in diesem Jahre nicht wie sonst um den 15. März, sondern erst am 21.
März. Zwei Tage vor dem vorgesehenen Termin, dem 14. März, hatte Hitler die Feier auf den 21. verlegen lassen. Er hoffte, daß an der Front im
Osten inzwischen ein sichtbarer Erfolg errungen werden konnte, wie es
denn auch durch die Wiedereinnahme von Charkow durch SS-Truppen
geschah.

Bei der Feier des Jahres 1943 nun hatte Oberst i. G. Freiherr von
Gersdorff eine Gelegenheit zur Teilnahme, die er auf Tresckows Frage
zu einem Attentatversuch zu nützen sich bereit erklärte [94]. Gersdorff
mußte bereit sein, sich selbst mit Hitler zusammen in die Luft zu sprengen; er war seit Januar 1942 Witwer, und das Opfer des eigenen Lebens
schien ihm für die Aufgabe nicht zu groß. Freilich wollte er wissen, ob
nach einem gelungenen Attentat der Staatsstreich auch planmäßig abrol-
len würde. Da er selbst nicht am Leben bleiben würde, sollte die Tat mit
Sicherheit sinnvoll und vor der Geschichte zu verantworten sein. Da
versicherte ihm Tresckow, es bestehe eine vorbereitete Organisation, »die
schlagartig in Aktion treten würde«, und es seien Abmachungen mit den
Westmächten getroffen im Sinne einer einseitigen Kapitulation nach
Westen, während die Front nach Osten gehalten werden sollte, um den
Bestand des Deutschen Reiches zu retten und eine demokratische Staats-
form zu errichten.

Die Gelegenheit zur Teilnahme an der Heldengedenktag-Feier dieses
Jahres ergab sich daraus, daß eine bei diesem Anlaß alljährlich veranstaltete Ausstellung von erbeutetem Kriegsmaterial sich diesmal mit der
Heeresgruppe Mitte befaßte und von der Ic-Abteilung Gersdorffs organisiert worden war. Gersdorff hatte also den ausgezeichneten Vorwand,
zur Erklärung der Ausstellungsstücke bei Hitlers Eröffnungsbesuch anwesend sein zu müssen. Nachdem Gersdorff sich bereit erklärt hatte, wurde
Schlabrendorff von Tresckow angewiesen, in Berlin zu bleiben und Gersdorff bei dessen Eintreffen die englischen Haftminen, die noch von dem
letzten Attentatversuch »übrig« waren, zu übergeben.

Am 20. März flog Gersdorff mit Generalfeldmarschall Walter Model, dem Oberbefehlshaber der 9. Armee, nach Berlin; am nächsten Tag schon sollte die Heldengedenktag-Feier stattfinden. Hitler hatte eigentlich die Teilnahme Kluges gewünscht, und Kluge wäre auch gekommen. Aber auf ihn glaubte die Gruppe um Tresckow nicht verzichten zu können, man hoffte dringend auf seine Mitwirkung nach Hitlers Tod, und bei dem Attentat wäre er doch gefährdet worden. Nur mit Mühe gelang es, ihm die Teilnahme auszureden, und noch mehr Mühe machte es, die Teilnahme der Frau Feldmarschall von Kluge zu verhindern. Man konnte Kluge auf keinen Fall vorher sagen, daß ein Attentat beabsichtigt sei, seine Eidespflicht, die er sehr ernst nahm, hätte ihn zur Meldung veranlassen können.

Model wollte noch am 20. März nach Dresden fliegen, um seine Frau zu besuchen, und erst am nächsten Vormittag wieder in Berlin sein. Dazu mußte er aber möglichst genau wissen, wann die Veranstaltung beginnen würde. Also begaben sich Model und Gersdorff zu Schmundt, der mit Hitler und dem übrigen Gefolge ebenfalls seit 20. März in Berlin war. Da gab es aber gleich zwei große Schwierigkeiten.

Zum einen wollte Schmundt nicht sagen, wann die Veranstaltung beginnen und wie sie verlaufen sollte. Das schien auffallend und ließ auf besondere Sicherheitsvorkehrungen schließen. In den letzten Jahren hatte die Veranstaltung immer zur gleichen Zeit, pünktlich um 12 Uhr mittags mit dem Eintreffen Hitlers begonnen. Als Model Schmundt bedrängte – Model war immerhin Feldmarschall und konnte notfalls über Schmundt hinweg »höheren Orts« nachfragen –, da teilte Schmundt unter dem Siegel größter Verschwiegenheit und unter vielmals wiederholten Androhungen der »Todesstrafe« den Termin des Beginns und den ungefähren Zeitplan mit. Schmundt und Gersdorff waren alte Freunde, wenn auch Schmundt den leisen Verdacht hatte, daß Gersdorff und übrigens auch Tresckow, mit dem er noch enger befreundet war, den Führer bei weitem nicht so liebten wie er. Jedenfalls überwand er für diesmal seine Bedenken. Aus seinen Mitteilungen war zu entnehmen, daß für die Besichtigung der Ausstellung durch Hitler ungefähr eine halbe Stunde vorgesehen sei.

Die andere Schwierigkeit entstand, als Schmundt erklärte, der Teilnehmerkreis für die Ausstellungsbesichtigung sei genau festgelegt, und Gersdorff könne auf keinen Fall dabeisein. Da gab wieder Feldmarschall Model – ahnungslos, daß er einem Attentatversuch Vorschub leistete – Hilfestellung. Er bestand darauf, daß Gersdorff auch mit hinein müsse; denn die Verlegenheit, in die er, Model, geraten könnte, wenn er eine

Frage Hitlers über einen der ausgestellten Gegenstände nicht beantworten könnte, sei gar nicht auszudenken. Gersdorff müsse ihm unbedingt zur Seite bleiben und für Erklärungen zur Verfügung stehen. Wieder gab Schmundt nach längerem Hin und Her nach.

Der normale Ablauf der Feiern im Zeughaus Unter den Linden war folgender: Hitler fuhr von der Reichskanzlei über die Wilhelmstraße und die Straße Unter den Linden durch ein Absperrungsspalier zum Zeughaus, wo er um 12 Uhr einzutreffen pflegte. Am Eingang wurde er von den Oberbefehlshabern der drei Wehrmachtteile (seit Ende 1942 waren es nur noch zwei Oberbefehlshaber, weil Hitler den Oberbefehl über das Heer selbst übernommen hatte) und vom Chef des OKW erwartet. Vom Eingang begab er sich durch ein Spalier Verwundeter in den Lichthof des Zeughauses, wo er auf dem 1. Platz der 1. Reihe der aufgestellten Stühle rechts vom Mittelgang seinen Platz nahm. Rechts neben ihm saßen als Vertreter des alten Heeres der Generalfeldmarschall Freiherr von Böhm-Ermolli, sodann Dönitz und Göring, Keitel, der Reichskriegerführer General der Infanterie a. D. Reinard, der Reichskriegsopferführer SA-Obergruppenführer Oberlindober. Der Lichthof war mit Fahnen geschmückt, ein Orchester spielte feierliche Musik, dann hielt Hitler seine übliche Ansprache, danach wurden Nationalhymnen gespielt. Dann nahm draußen vor dem Ehrenmal das Ehrenbataillon Aufstellung, ebenso die Ehrengäste, die Verwundeten, die Fahnen.

Während das alles vor sich ging, besichtigte Hitler die eigens zur Überbrückung der Zeit für die Umstellung von drinnen nach draußen, etwa zehn Minuten, eingerichtete Ausstellung in Seitenräumen des Zeughauses. Erst auf ein besonderes Zeichen verließ Hitler die Ausstellung und kam dann mit seinem kleinen Gefolge von Größen des Reiches wieder zum Haupteingang heraus, schritt das Ehrenbataillon ab und legte am Ehrenmal einen Kranz nieder. Nun mußte das Ehrenbataillon abrücken, um sich zum feierlichen Vorbeimarsch zu formieren, wodurch wieder eine Pause entstand. Sie wurde überbrückt durch Gespräche Hitlers mit den Verwundeten des Ersten und des Zweiten Weltkrieges; etwa fünf Minuten waren dafür vorgesehen. Nach dem Vorbeimarsch (zwei Minuten) fuhr Hitler in die Reichskanzlei zurück, und die übrige Versammlung löste sich geordnet auf und rückte ab.

Am Nachmittag des 20. März sah sich Oberst i. G. von Gersdorff das Zeughaus von innen an und überprüfte »seine« Ausstellung. Zugleich suchte er die Möglichkeiten für die Unterbringung einer Sprengladung zu ergründen und mußte feststellen, daß es keine gab. Der einzige Platz, an dem Hitler sicher erreicht werden konnte, war das Rednerpult, da würde er sich wohl lange genug aufhalten. Aber in dem mit Glas überdachten, sehr hohen und weiten Lichthof des Zeughauses war die Verdämmung viel zu gering für eine verhältnismäßig kleine Sprengladung, eine große war weder zu beschaffen noch unsichtbar unterzubringen. Überdies hatte Gersdorff nicht so genaue Informationen über den Zeitablauf, daß er einen Zeitzünder danach hätte einstellen können, und endlich war das Zeughaus, wo am Nachmittag vor der Veranstaltung noch an der Aufstellung der Stühle und Podeste gearbeitet wurde, derart scharf von uniformierten und in Zivil verkleideten SS-Leuten und Kriminalbeamten bewacht, daß an die heimliche Unterbringung einer Bombe gar nicht zu denken war. Selbst wenn es gelungen wäre, so hätte sie doch erst am nächsten Tage kurz vor Hitlers Eintreffen gezündet werden müssen, und das war noch weniger möglich. Es konnte also für Gersdorff nur ein Attentatversuch während der Besichtigung der Ausstellung in Frage kommen, denn nur in dieser Zeit konnte er sicher sein, daß er Hitler für genügend lange Zeit nahe kam. Ein Pistolenattentat wurde aus den bekannten Gründen nicht ernsthaft erwogen, es kam auch hier nur Sprengstoff in Frage. Diesen hatte, wie Gersdorff von Tresckow wußte, Schlabrendorff noch vom letzten Mal her in seinem Besitz.

In der Nacht vom 20. auf den 21. März brachte Schlabrendorff die englischen Haftminen zu Gersdorff in dessen Hotel »Eden«, aber bei der Frage nach geeigneten Zündern erhoben sich große Schwierigkeiten. Die bei dem Versuch vom 13. März verwendete Sorte kam nicht in Frage. Erstens hatte sie 30 Minuten Verzögerung, und zweitens hatte einer versagt. Gersdorff selbst hatte sich einige Zünder für 10 Minuten Verzögerung von Smolensk mitgenommen, weil ihm schon dort klar gewesen war, daß der Anschlag wahrscheinlich nur während der Ausstellungsbesichtigung erfolgen könne. Dazu wäre allerdings ein sofort wirkender Zünder am besten gewesen, aber ein solcher, der zur »Clam« paßte, war nicht aufzutreiben gewesen. Sowohl Schlabrendorff als auch Gersdorff bemühten sich, über Oster noch andere Zünder zu besorgen, Schlabrendorff stand deshalb schon vor der Ankunft Gersdorffs mit Oster in Verbindung. Aber die Schwierigkeiten waren unüberwindlich.

Allein die Nachfragen mußten ganz außerordentlich diskret vorgenommen werden, besonders so kurz vor einem der seltenen öffentlichen Auftritte Hitlers. War es schon für Gersdorff an der Front nicht leicht gewesen, Zünd- und Sprengmittel zu besorgen, wo Partisanen zu bekämpfen und Sabotagetrupps auszurüsten waren, so war es für den Bürogeneral Oster noch viel schwieriger, ganz abgesehen von den Sicherheitsmaßnahmen, die schon ein Jahr zuvor so unerhört umfassend gewesen waren. Man hätte nicht plausibel erklären können, was überhaupt ein General mit Zündern wollte.

Die größte Schwierigkeit war aber, daß es für die englische Haftmine »Clam« gar keine passenden Zünder gab, die für weniger als 10 Minuten Verzögerung eingerichtet waren. Selbst wenn man das Zischen eines deutschen Handgranatenzünders mit $4^{1}/_{2}$ Sekunden Zündverzögerung in Kauf genommen hätte, so hätte er doch so wenig wie andere deutsche Zünder in die »Clam« gepaßt, wie ein Vergleich der Maße beweist [95]. Es mußte mit den von Gersdorff mitgebrachten 10-Minuten-Zündern versucht werden. Die Kühle im ungeheizten Zeughaus, hoffte Gersdorff, würde durch die Körperwärme in seinen Manteltaschen ausgeglichen werden, so daß die Zündverzögerung höchstens wenig über zehn Minuten dauern würde.

Am 21. März begab sich Gersdorff gegen 12 Uhr in das Zeughaus Unter den Linden. Aus Schmundts Mitteilungen ging hervor, daß die Veranstaltung um 13 Uhr beginnen sollte, was aber einem größeren Personenkreis erst im letzten Augenblick bekannt wurde. Im Gegensatz zu früheren Jahren veröffentlichte der *Völkische Beobachter* nicht einmal nachträglich die Zeit des Beginns [96]. Im Lichthof des Zeughauses waren das Orchester und 27 Fahnen der alten Armee, 3 der alten Kriegsmarine und 30 Fahnen der neuen Wehrmacht und der Waffen-SS aufgestellt. Angehörige des Heeres, der Marine, der Luftwaffe und der Waffen-SS hatten sich versammelt sowie mehr als 300 Verwundete, ferner zahlreiche Generale und Admirale, Reichsminister, Reichsleiter, Gauleiter und Staatssekretäre. Hitler fuhr in seinem offenen Mercedes vor dem Zeughaus vor, stieg aus und begrüßte vor dem Haupteingang Reichsmarschall Göring, Generalfeldmarschall Keitel, Großadmiral Dönitz, Reichsführer SS Himmler, Generalfeldmarschall von Bock, Generalfeldmarschall Milch und den Reichskriegsopferführer Oberlindober; Goebbels war mit Hitler gekommen.

Alle begaben sich sodann in den Lichthof und nahmen dort in den ersten Reihen Platz. Das Orchester spielte den ersten Satz der 7. Sinfonie von Anton Bruckner, darauf hielt Hitler seine Rede von etwa 12–14 Minuten unter dem Motto »die Gefahr ist nunmehr gebrochen«. Charkow war am 14. März zurückerobert worden, Sepp Dietrich hatte dafür die Schwerter zum Ritterkreuz des Eisernen Kreuzes mit Eichenlaub erhalten. Die Krise sei überwunden, und nun endlich könne er, Hitler, für ein paar kurze Augenblicke sein Hauptquartier verlassen, nachdem seine Pflichten an der Front zunächst die Verschiebung des Heldengedenktages nötig gemacht hatten. Aber jetzt sei der Sieg über den Bolschewismus, Kapitalismus, asiatische Barbarenhorden, den verbrecherischen Kriegshetzer

Churchill und die Juden gesichert. Anschließend begab sich Hitler zur Besichtigung der Ausstellung. Er hatte auffallend rasch und kurz gesprochen, wie sich der Mann beim BBC-Abhördienst in London notierte. Die ganze Feier wurde über alle deutschen Sender einschließlich aller Soldatensender in ganz Europa übertragen, so daß auch Tresckow im Hauptquartier der Heeresgruppe Mitte die Vorgänge am Radio mitverfolgen konnte.

Gersdorff hatte sich inzwischen in der Nähe des Eingangs zur Ausstellung aufgehalten [97]. Er hatte nicht wissen können, wie lange Hitler sprechen und sich anschließend, zwischen Rede und Besichtigung, noch aufhalten würde, sonst hätte er seine Sprengkörper, von denen er in jeder Manteltasche einen trug, schon im voraus zünden können. Mit ihm standen am Eingang zur Ausstellung Generalfeldmarschall Model und ein Museumsdirektor [98]. Hitler näherte sich, Gersdorff, Model und der Museumsdirektor grüßten mit erhobenem rechtem Arm, Gersdorff hatte dabei die linke Hand in der linken Manteltasche und zerdrückte die Säureampulle des Zünders. Den Zünder der Haftmine in der rechten Tasche drückte er nicht ein, um nicht durch zu viele Manipulationen Verdacht zu erregen; einem Kameraden war einmal bei einem Besuch bei Hitler von einem SS-Mann schon der Arm festgehalten worden, als er nur ein Taschentuch hervorziehen wollte [99]. Er nahm auch an, daß die linke Haftmine bei der kurzen Entfernung die rechte mit zünden würde.

Als Hitler mit seinem kleinen Gefolge – Göring, Keitel, Dönitz, Himmler und einigen Adjutanten – schon am Eingang war, drehte er sich noch einmal um und forderte Generalfeldmarschall von Bock auf, auch mitzugehen – zur schmerzlichen Überraschung Gersdorffs; denn Bock war von seinem Adjutanten Graf von Hardenberg begleitet, der mit Gersdorff befreundet und an der Widerstandsbewegung beteiligt war, aber von dem soeben stattfindenden Attentatversuch nichts wußte.

Gersdorff versuchte nun, nachdem Hitler hereingekommen war, diesem möglichst nahe zu bleiben, was ihm auch ohne weiteres Aufsehen gelang, er war gewissermaßen dazu berechtigt. Aber dann geschah etwas Merkwürdiges: Hitler hielt sich nirgends auf, er *lief* geradezu durch die Ausstellung, ohne die Gegenstände eines Blickes zu würdigen. Vergeblich versuchten Model und Gersdorff, ihm dies oder jenes zu zeigen und zu erklären. Da mischte sich Göring ein und fing an, Hitler auf einen Aufruf des Patriarchen von Moskau hinzuweisen, an dem man wieder einmal sehen könne, wie die Kirche gegen Hitler sei usw. Aber auch von diesem Lieblingsthema wollte der Führer jetzt nichts wissen. Wenn jemand nun meint, Hitler habe die dunkle Ahnung oder »Witterung« einer Gefahr gehabt, so braucht man darüber gar nicht zu lächeln. Menschen, die so gefühlsmäßig und so gefährlich leben, wie Hitler, haben zwar deshalb noch keine übernatürlichen Fähigkeiten, wohl aber sehr empfindliche und geschärfte Sinne. Die Möglichkeit, daß Hitler die Nervosität Gersdorffs fühlte und davon gewarnt wurde, ist gar nicht so weit hergeholt. Jedoch genügt es, die Tatsachen des äußeren Ablaufes festzustellen.

Hitler kann nicht mehr als 2 Minuten in der Ausstellung verbracht haben. Der Ansager, der sein Hervortreten aus dem Zeughaus berichtete, war überrascht, ebenso die für die Umstellung Verantwortlichen, das Programm geriet ein bißchen durcheinander. Auch die Radiohörer merkten es, dem Mann vom BBC-Abhördienst fiel es auf und er notierte Vorgang und Worte des Ansagers: »›Der Führer geht in die Ausstellung. Wir werden uns wieder melden mit dem Bericht über die Kranzniederlegung am Ehrenmal.‹ Pause von einigen Sekunden [sic]; Befehle werden gerufen; Trommeln. Am Ehrenmal Unter den Linden hören wir wieder gerufene Befehle. Ansager sagt: ›Der Führer hat das Zeughaus verlassen. Oberstleutnant Gehrke, Träger des Ritterkreuzes, meldete das Ehrenbataillon.‹« [100] Hitler schritt die Front ab und legte seinen Kranz im Ehrenmal nieder. Dann wandte er sich zu Gesprächen mit Verwundeten, ein Major meldete ihm 286 Kriegsverletzte. Hitler ließ sich von einigen sagen, wo sie verwundet worden waren, und drückte ihnen die Hand, während er düster die Antworten wiederholte: »Bei Yukhnov.« »Sebastopol.« »Kalinin.« »Wo wurden Sie verwundet?« »Jawohl, in Frankreich.« »In Frankreich. Und wie?« »Luftangriff.« »Luftangriff.«

Gersdorff war nicht mehr in der Lage gewesen, Hitler zu folgen. Der Führer hatte am Ende seiner kurzen Ausstellungsbesichtigung seine ganze Begleitung entlassen. Der Attentatversuch war mißlungen. Es galt jetzt nur, den Zünder rasch und unauffällig loszuwerden, eine Toilette beim Westausgang des Zeughauses bot die Gelegenheit [101]. Hitler nahm noch zusammen mit Göring, Keitel, Dönitz und Himmler von einer kleinen Plattform aus den Vorbeimarsch des Ehrenbataillons ab und begab sich darauf in die Reichskanzlei zurück, während das Publikum, eingedenk des hehren Anlasses, ihm nur verhalten zujubelte.

Gersdorff dagegen begab sich in sein Hotel und ging dann wieder an die Front. Er blieb weiterhin in der Opposition tätig, beteiligte sich aber nicht mehr aktiv an Attentatversuchen. Die englischen Haftminen brachte er im Herbst 1943 im Hause seines Bruders in Breslau unter, als er sich dort einer Magenoperation unterziehen mußte [102].

3. Fehlgeschlagene Pläne

Henning von Tresckow setzte seine Bemühungen mit unvermindertem Eifer fort, aber es war wie ein Kampf gegen Windmühlenflügel. Unentwegt bearbeitete er Manstein, den Oberbefehlshaber der Heeresgruppe Süd (bis 14. Februar 1943 Heeresgruppe Don)[103], erwartete aber von ihm keine »Initiative«[104]. Im Winter 1942/43 hatte Generaloberst Beck schon an Manstein geschrieben, der Krieg könne zu keinem guten Ende mehr kommen, und es müsse etwas getan werden, aber Manstein hatte geantwortet, der Krieg sei nur verloren, wenn man ihn verloren gebe[105]. Nun reiste Gersdorff im Sommer 1943 mit Briefen von Goerdeler und Popitz nach Saporoshe ins Hauptquartier der Heeresgruppe Süd zu Manstein, zugleich auf Vorschlag von Tresckow im Auftrag von Kluge[106]. Tresckow hatte seine Verbindungsleute dort, den Ia Oberst i. G. Schulze-Büttger und den Ordonnanzoffizier Stahlberg, orientiert, so daß die Unterredung zwischen Manstein und Gersdorff vorbereitet war. Aber die Briefe sollte Gersdorff nur abgeben, wenn dies sinnvoll und für die Verfasser gefahrlos erscheine, und in Gegenwart des damaligen Chefs des Generalstabes, Generalmajor Theodor Busse, sollte er nur von militärischen Dingen reden.

Manstein verzichtete auf die Anwesenheit des Chefs, und so konnte Gersdorff offen über die Probleme der »Spitzengliederung« sprechen. Der Feldmarschall stimmte ihm zu, daß eine »Änderung« notwendig sei, meinte aber, er selbst könne das Hitler nicht vortragen, er sei nicht beliebt genug, nur Kluge oder Rundstedt kämen dafür in Frage. Eine gemeinsame Aktion aller Feldmarschalle lehnte er ab, weil »preußische Feldmarschalle nicht meutern«. Gersdorff erwiderte, davon halte man bei der Heeresgruppe Mitte ebenfalls nicht viel, man suche die Lösung in einer anderen Richtung, worauf Manstein sofort begriff und sagte: »›Ihr wollt ihn wohl totschlagen.‹« Gersdorff sagte, gewiß, das wolle man, aber da wurde Manstein aufgeregt und erklärte: »›Das mache ich nicht mit, daran geht die Armee zugrunde.‹« So verzichtete Gersdorff auf die Ablieferung der Briefe und richtete nur noch Kluges Wunsch aus, Manstein möge im Falle des gelungenen Staatsstreiches zur Übernahme des Amtes des Chefs des Generalstabes der Wehrmacht bereit sein. Darauf Manstein mit leichter Verbeugung: »›Ich werde mich stets loyal der legalen Regierung zur Verfügung stellen.‹«[107]

Später zog sich Manstein auf den Standpunkt zurück, ihn gehe nur »das Militärische« etwas an, und da habe er seine Pflicht erfüllt; aber er hat natürlich ganz genau gesehen, wie Deutschland in den Abgrund steuerte und hat das auch zugegeben. Generaloberst Beck war der Meinung, Mansteins Haltung sei viel mehr aus seinem Charakter zu erklären als aus den (vorgeschützten) Überlegungen, wonach man alles tun müsse, um die Russen von den deutschen Grenzen fernzuhalten, was durch einen Umsturz ganz wesentlich behindert wo nicht vereitelt würde; denn gerade die Fortsetzung des Krieges, die ohne Umsturz sicher war, würde die Russen nach Deutschland hereinbringen [108].

Bei Kluge waren Tresckows Bemühungen nur scheinbar erfolgreicher. Im Juli 1943 sprachen Tresckow und Gersdorff bei einem Spaziergang wieder einmal mit Kluge über »die Lage« und verlangten die Beseitigung Hitlers [109]. Kluge sagte, dazu könne er sich nicht durchringen. Tresckow sagte ihm darauf, neben ihm gehe ein Mann, der es schon versucht habe. Gersdorff bestätigte das. Es sei noch die einzige Möglichkeit, das Deutsche Reich und das Volk vor dem völligen Untergang zu retten. Darauf Kluge: »›Kinder, Ihr habt mich!‹« Aber Kluge hielt nicht Wort. Er blieb der gleiche, ohne Initiative, wie sich Hauptmann Kaiser nach dem Bericht Tresckows Anfang April des Jahres notiert hatte [110].

Tresckow war seit Anfang April häufig in Berlin und versuchte, den Umsturz auf die eine oder andere Weise in Gang zu bringen, aber trotz aller Aktivität gab es nur Rückschläge und Mißerfolge [111]. Im Mai und dann wieder im Juli ließ sich Tresckow längeren Erholungsurlaub geben. Den ersten verbrachte er mit Sondierungen und Besprechungen, den zweiten in der Wohnung seiner Schwester in Neubabelsberg mit der Vorbereitung des Staatsstreiches [112]. Am 10. Oktober 1943 trat er seine neue Stelle als Kommandeur des I.R. 442 an, nachdem er vom 25. Juli an in die Führerreserve des OKH zur Verfügung des Heerespersonalamtes versetzt gewesen war [113].

In Berlin hatte man indessen versucht, eine »Änderung« zu bewirken, und zwar in der »Spitzengliederung«. Auf deutsch hieß das: Man wollte Hitler bewegen, den Oberbefehl im Osten abzugeben, damit wieder vernünftig Krieg geführt bzw. dieser eventuell beendet werden konnte. Es gab Überlegungen, wonach Kluge Chef des Generalstabes des Heeres und Manstein Oberbefehlshaber des Heeres werden sollte, der Vorschlag wurde im Mai von Tresckow ventiliert [114]. Gersdorff überbrachte etwas später an Manstein den umgekehrten Vorschlag. Auch auf Zeitzler und Olbricht hoffte man immer wieder, ja sogar auf Fromm und Guderian, die alle zu Hitler gehen und ihm reinen Wein einschenken, die von ihm die »Änderung« fordern sollten. Goerdeler ließ sich durch General von Rabenau bei Guderian einführen, um ihn zu gewinnen [115]. Aber aus all dem wurde nichts.

Man trat damals auch mit Hammerstein wieder in Verbindung und wollte ihn Anfang März 1943 dazu bewegen, zu Fromm zu gehen. Aber Hammerstein lehnte das ab. Mit einer Division, ja da wäre er bereit, diesen Teufel (Hitler) aus der Hölle zu holen. Doch daran fehlte es eben. Wer handeln konnte, wollte nicht, und wer handeln wollte, konnte nicht.

Inzwischen hatte sich Goerdeler mit unbegreiflichem Optimismus und mit achtunggebietender Unerschrockenheit um den Fortgang der Dinge bemüht. Im Februar 1943 versuchte er, die Generale mit einem Ultimatum anzufeuern: vom Ende des Monats an werde er nicht mehr zur Verfügung stehen [116]. Aber diese drohende Haltung gab er rasch wieder auf. Vom 26. März 1943 ist eine Denkschrift erhalten, die für Generale bestimmt war, doch ist unklar, wer sie bekommen hat. Tresckow jedenfalls hielt die Absendung für zwecklos und widerriet dringend [117]. Am 17. Mai schrieb Goerdeler einen Brief an General Olbricht, worin es hieß, er habe sich immer wieder die verbreitete Auffassung überlegt, es müsse der psychologisch richtige Moment für einen Staatsstreich abgewartet werden, er, Goerdeler, sei aber zu dem Schluß gekommen, es dürfe »das Nahen des ›psychologisch richtigen‹ Zeitpunktes nicht abgewartet, er muß *herbeigeführt* werden.« [118] Die Verbrechen der Führung seien ungeheuerlich, die auf Befehl umgebrachten Zivilisten übersteigen weit eine Million. Unbegreiflich sei die Geduld des Volkes, man könne sie nur durch Terror und Schutz für Lüge und Verbrechen erklären. Das werde sich aber sofort ändern, »wenn das Volk sieht, daß dem Terror zu Leibe gerückt, der Korruption Vernichtung angesagt und an Stelle des Geheimnisses und der Lüge Offenheit und Wahrheit gesetzt werden«. Wenn sich kein anderer Weg finde, sei er, Goerdeler, selbst zu einer Aussprache mit Hitler bereit, um ihm zu sagen, daß sein Rücktritt vom Lebensinteresse des Volkes erfordert werde. Es sei wohl möglich, wenn auch nicht wahrscheinlich, daß Hitler es einsehe, wenn aber nicht, d. h. wenn das Gespräch für Goerdeler »böse« enden sollte, dann müsse er allerdings die Sicherheit haben, »daß dann unmittelbar gehandelt wird«. Olbricht fand, daß der Gedanke einer Unterredung mit Hitler völlig illusorisch sei, er riet dringend davon ab [119].

Unterdessen hatte die Opposition, so tätig sie seit dem Herbst 1942 war, eine nicht abreißende Reihe von Rückschlägen zu erleiden. Seit Anfang März 1943 war Beck schwer krank und mußte sich einer Operation unterziehen [120]. Etwa zur gleichen Zeit wurden Oberst Fritz Jäger, Kommandeur der Panzer-Ersatz-Truppen II und XXI, und sein Sohn verhaftet, der als Oberleutnant in Frankfurt/Oder lag [121]. Oberst Jäger gehörte damals längst zur Verschwörung und hatte später, am 20. Juli 1944, eine wichtige Aufgabe. Nun hatte sein Sohn die Verschwörung in große Gefahr gebracht durch sehr unvorsichtige Äußerungen, wie z. B., daß es jetzt bald losgehe, sein Vater das Wachbataillon übernehmen werde, usw. Die Zuhörer hatten das nicht für sich behalten. Die Sache ging aber für Vater und Sohn glimpflich ab; im Juli war sie erledigt – nicht ohne die tätige Mithilfe von Hauptmann d. R. Kaiser und einer Anzahl Gleichgesinnter im Heeresgerichtswesen. Etwa zur selben Zeit geriet Fritz-Dietlof Graf von der Schulenburg in Schwierigkeiten. Es sprach sich eine Äußerung von ihm herum, er suche zuverlässige junge Offiziere für das Bataillon in Potsdam, und ein gewisser Oberleutnant bezog die Äußerung auf damals – kurz nach der Katastrophe von Stalingrad und der Aktion der Geschwister-Scholl-Gruppe in München – kursierende Umsturzgerüchte. Am 2. April wurde Schulenburg deshalb verhört, jedoch wieder freigelassen, obwohl es natürlich stimmte, daß er »zuverlässige« Offiziere suchte, und zwar für die Zwecke des Umsturzes [122]. Er gehörte damals, seit Januar 1943, zum Sonderstab des Generals von Unruh, der Dienststellen und Stäbe nach abkömmlichen Wehrdienstfähigen durchkämmte [123].

Hatte man diese Schläge noch einigermaßen leicht verwunden, war dies bei dem direkten Angriff von Himmlers Reichssicherheitshauptamt (RSHA) gegen das Amt Ausland/Abwehr im OKW nicht mehr möglich, und es entstand großer Schaden für die Opposition [124]. Die Münchner Abwehrstelle wurde in eine private Devisenaffäre des Außenhandelskaufmanns und portugiesischen Honorarkonsuls Dr. Wilhelm Schmidhuber, eines V-Mannes, verwickelt. Dieser konnte von der Abwehr in der Sache nicht gedeckt werden, er wurde verhaftet und verhört, was zu Nachforschungen im Umkreis der Abwehr führte, die Himmler und besonders dem Chef des Amtes VI (Auslandnachrichtendienst des SD) Walter Schellenberg schon lange ein Dorn im Auge war.

Bei diesen Nachforschungen wurde ein weiterer »Skandal« entdeckt: In Hilfsaktionen für Juden hatte man bedeutende Devisenbeträge als illegale Wiedergutmachung für beschlagnahmtes Vermögen ausbezahlt, wofür der Oster unterstehende Sonderführer (B) in der Zentralabteilung (Z), Dr. Hans von Dohnanyi, verantwortlich war [125]. Dieser war in doppelter Hinsicht in einer schwierigen Lage. Erstens war er teilweise jüdischer Abstammung, ein sogenannter Mischling zweiten Grades. Das wußte man schon lange, Hitler hatte einen speziellen Dispens erteilt und am 14. Oktober 1936 entschieden, daß Dohnanyi im Beamtenverhältnis bleiben könne und als deutschblütig zu behandeln sei, nur in die Partei durfte er nicht aufgenommen werden [126]. Nun würde Dohnanyi den persönlichen Schutz des auch in »rassischen Fragen« höchsten Richters

in Deutschland wahrscheinlich verlieren. Zweitens hatte Dohnanyi, von
Canaris und Oster gedeckt und unterstützt, jahrelang Juden als »Agenten«
ins Ausland gebracht und damit der »Sonderbehandlung«, der Ermordung, entzogen. Dohnanyi wurde von Moltke, der ebenfalls im Amt
Ausland/Abwehr tätig war, gewarnt, er sei in Gefahr, verhaftet zu
werden.

Nun erschien am 5. April 1943 der Oberstkriegsgerichtsrat Dr. Manfred
Roeder bei Canaris und unterrichtete ihn über die Einleitung der Untersuchung. Dann ging er zu Oster und ersuchte ihn, bei der Verhaftung
Dohnanyis dabeizusein. Oster übernahm sofort alle Verantwortung für
das, was Dohnanyi zur Last gelegt wurde, was aber gar nichts nützte, weil
die Vorwürfe gegen seinen Untergebenen nicht dienstliche, sondern private Verfehlungen betrafen, für deren Ausführung die Dienststellung
mißbraucht worden sein sollte.

Auf dem Schreibtisch Dohnanyis lagen einige Zettel, die Dohnanyi
verschwinden lassen wollte. Sie betrafen u. a. die von Dr. Josef Müller
nach Rom zu überbringende Mitteilung von dem Mißlingen des Attentats vom 13. März 1943 und waren mit »O« gezeichnet, jedoch als »Spielmaterial«, d. h. Material, das der Feindseite absichtlich zur Irreführung
in die Hand gespielt wurde, wie es im Spionagewesen üblich war, getarnt. Dohnanyi wollte Oster veranlassen, die Zettel so zu behandeln,
als wären sie wirklich das, als was sie getarnt waren: amtliches »Spielmaterial«. Aber Oster mißverstand, was Dohnanyi ihm zuflüsterte, während Roeder den Panzerschrank durchsuchte. Als Oster versuchte, die
Zettel in einer Rocktasche verschwinden zu lassen, wurde er dabei von
dem ebenfalls anwesenden Gestapo-Kommissar Sonderegger beobachtet,
und nun war alles noch viel schlimmer. Osters Verhalten verschärfte natürlich den Verdacht gegen seine ganze Gruppe ungeheuer, man suchte
ohnehin schon lange nach »undichten Stellen«. Zwar war die zentrale
Gruppe um Oster schon seit Anfang 1942 gewarnt, daß die Gestapo auf
ihrer Fährte sei, und besonders seit der Verhaftung Schmidhubers im
Oktober 1942 wurde zur Absicherung alles Erdenkliche unternommen.
Aber die Panne mit den Zetteln machte viele Vorsicht zunichte, und es
dauerte Monate, bis Oster durch Dohnanyi vom Gefängnis aus dazu
gebracht werden konnte, seine Haltung zu ändern und die Papiere als
amtlich anzuerkennen. Nur allmählich konnte die Aufmerksamkeit der
Gestapo wieder einigermaßen eingeschläfert werden [127].

Am selben Tage wie Dohnanyi wurden Dr. Müller, Dietrich Bonhoeffer
und seine Schwester Frau von Dohnanyi verhaftet. Oster wurde kaltge-
stellt; zunächst war er unter Hausarrest beurlaubt, dann wurde er am

19. Juni 1943 in die Führerreserve versetzt. Am 16. Dezember 1943 verbot ihm Keitel in einem Brief »jeden dienstlichen und außerdienstlichen Verkehr mit dem Amt Ausl./Abw. und dessen Angehörigen«, nachdem ihm gemeldet worden war, Oster unterhalte immer noch »mehr oder weniger dienstliche Verbindungen« zum Amt Ausland/Abwehr und zu einzelnen Offizieren der Division »Brandenburg«[128]. Schließlich wurde er mit Wirkung vom 4. März 1944 aus dem aktiven Wehrdienst entlassen. Oster und seine Freunde, auch Beck, standen bis zum 20. Juli 1944 unter ständiger Überwachung durch die Gestapo.

Der Schlag, den die Opposition erlitten hatte, war so vernichtend oder doch so gefährlich, daß vorläufig an weitere Aktionen nicht zu denken war. Ein handlungsfähiges Zentrum in Berlin mußte erst wieder aufgebaut werden. Es ist bezeichnend für Generaloberst Beck, daß er nun befahl, den Papst über das Geschehene zu unterrichten, der sich verschiedentlich in Friedenssondierungen eingesetzt hatte. Es war die einzige Möglichkeit, das prekäre Vertrauensverhältnis zwischen Kreisen der Umgebung des Papstes und der deutschen Opposition aufrechtzuerhalten. So wurde Gisevius von Canaris mit dieser Mission betraut und zu Pater Leiber nach Rom geschickt[129].

Die Untersuchungen der Gestapo gegen Oster, Dohnanyi, Bonhoeffer und Müller zogen hauptsächlich aus zwei Gründen nicht schon damals weitere Kreise: Die Beschuldigten schwiegen und konnten die Gestapo lange Zeit irreführen, und Canaris gelang es, einen dicken Prügel in das Verfahren zu werfen. Der ermittelnde Oberstkriegsgerichtsrat Roeder hatte während eines Verhörs von Dohnanyi gegen Ende 1943 die Angehörigen der Division »Brandenburg« als Drückeberger bezeichnet, und das war Canaris zu Ohren gekommen. Er ließ sich den überaus impulsiven und schwierigen, aber äußerst mutigen Divisionskommandeur Generalmajor von Pfuhlstein kommen und gab ihm zu verstehen, daß der Untersuchungsrichter Roeder zweifellos einen Denkzettel verdient habe[130]. Pfuhlstein nahm sich einen Zeugen mit und ging zu Roeder, stellte ihn wegen der Bemerkung zur Rede und streckte ihn mit einem Faustschlag ins Gesicht zu Boden. Das war am 14. Januar 1944, als Roeder schon sehr gefährlich geworden war. Inzwischen hatte Roeder außerdem vor unbeteiligten Zivilisten im Ausland über den Stand des Verfahrens geplaudert, ein Freund des Chefs der Heeresrechtsabteilung im OKH, Dr. Karl Sack, der Reichskriegsgerichtsrat Kanter, zeigte Roeder an, dieser zeigte Kanter wegen Verleumdung an und beantragte gegen sich selbst ein Disziplinarverfahren. Es entstand ein solcher Wust von Verfahren und Beschuldigungen, daß Roeder schließlich um seine Versetzung bat, die er auch erhielt[131].

Trotz bestem Willen war es Sack nicht möglich gewesen, die Versetzung Roeders schon früher zu bewirken.

Immerhin konnte sich Canaris so noch eine Weile halten, obwohl die Arbeit der Abwehr durch die Untersuchungen der Gestapo weitgehend gelähmt war. Aber im Februar 1944 hatte das RSHA endlich sein Ziel erreicht und konnte das Amt Ausland/Abwehr des OKW vollends zerschlagen bzw. einverleiben. Aus Anlaß des Überlaufens von Dr. Vermehren zu den Engländern – er hatte der Wehrmacht als Soldat angehört und war in eine Abwehrnebenstelle in Istanbul kommandiert – wurde Canaris vom Dienst suspendiert und unter Hausarrest gestellt. Sein Nachfolger, Oberst i. G. Hansen, gehörte der Widerstandsbewegung an und konnte so die nützliche Verbindung noch bis zum 20. Juli 1944 aufrechterhalten, aber das Amt Ausland/Abwehr wurde als Amt Mil dem RSHA eingegliedert und nach dem 20. Juli 1944 dem Leiter des Amtes VI, Schellenberg, unterstellt.

Das Jahr 1943 war reich an Versuchen und Plänen der Opposition wie kein anderes. Die verzweifelt werdende Kriegslage lieferte endlich den »psychologisch richtigen« Augenblick, auf den man so sehr gewartet hatte, und die erhöhte Bereitschaft vieler Generale zur Teilnahme und Unterstützung. Sie zeigte aber auch Leuten wie Himmler, daß das Ende nicht mehr allzu fern war. Der grausame, fanatische Oberherr der schwarzen Prätorianer Hitlers, aber auch Haupt aller Bemühungen um die sogenannte Reinerhaltung der germanischen Rasse, der Nationalpolitischen Akademien für die Ertüchtigung junger Nationalsozialisten, der Gesellschaften »Ahnenerbe« und »Lebensborn e.V.«, der Konzentrationslager und der Massenvernichtung »rassisch Minderwertiger« – dieser Mann war eigentlich ein unsicherer, schwacher und zugleich treu- und charakterloser, subalterner Mensch. Nur konnte er sich weder für seinen Vorteil – also Desertion, wozu freilich ein wenig Mut gehörte –, noch für seine Loyalität gegenüber der nationalsozialistischen »Bewegung« ganz entscheiden. Er schwankte bis zum letzten Tag seines Lebens, bis zu dem Biß auf die Zyankalikapsel hoffte er noch, sich zu retten. Er hatte die SS veranlaßt, den Kampfgeist des Heeres durch die äußersten und barbarischsten Grausamkeiten anzufachen, wie durch das Erhängen mit Fleischerhaken für Soldaten, die in den letzten Monaten des Krieges »defätistische« Reden führten, und zugleich hatte er seit 1942 wiederholt und zuletzt noch Anfang 1945 versucht, über schwedische Mittelsleute mit dem Feind zu verhandeln; nicht etwa, um Deutschland zu retten – dazu war es nun wirklich zu spät –, sondern um sich selbst zu retten. Hitler erfuhr übrigens von diesen Machenschaften und hat Himmler noch am 29. April

1945 aus der Partei und aus allen Staatsämtern ausgestoßen. Schließlich versuchte der Massenmörder, dem nur die Stellung und die Uniform Selbstvertrauen gegeben hatten, als gemeiner Soldat verkleidet sozusagen in ein Mauseloch zu schlüpfen[132]. Der Herr der Konzentrationslager war sich aber auch nicht zu gut, mit der deutschen Widerstandsbewegung in Verhandlungen zu treten und ihnen notfalls seinen »Führer« zu opfern.

Diejenigen auf der Seite der Opposition, die mit Himmler in Verbindung getreten sind, haben dafür weder Erfolg noch Dank geerntet, wohl aber haben sie damit das schon längst wache Mißtrauen gegen ihre politische Neigung nach rechts, weit nach rechts, bestätigt. Anerkennung verdienen sie gleichwohl, wenn man auch nicht weiß, ob man sich über ihre oder über Himmlers Illusionen mehr wundern soll. Denn Himmler wäre durch die Beseitigung Hitlers kein besserer Mensch geworden noch auch mit Sicherheit selbst zu beseitigen gewesen. Die Alliierten aber hätten Deutschland besetzt und Himmler den Prozeß gemacht.

Popitz, Langbehn und Jessen glaubten, Meinungsverschiedenheiten innerhalb der nationalsozialistischen Führung nützen und diese spalten zu können. Dr. Langbehn, der für Himmler als Rechtsanwalt tätig war, obgleich er längst vor dem Krieg schon zur entschiedenen Opposition gehörte und Himmler dies auch wußte, stellte die Verbindung her[133]. Er verhandelte zunächst seit Mai 1943 mit SS-Obergruppenführer Wolff, der 1945 auch die im Sinne Hitlers hoch- und landesverräterischen Verhandlungen mit Dulles über die Kapitulation der deutschen Truppen in Italien führte. Langbehn erklärte Wolff, daß ohne Hitler nach seinen Erhebungen im Ausland wohl noch ein erträglicher Friede zu haben sein würde, während offensichtlich sei, daß der Krieg von Deutschland nicht mehr gewonnen werden könne. Er wollte Himmler und Popitz zu Verhandlungen zusammenbringen. Olbricht vermittelte zunächst ein Gespräch zwischen Popitz und Tresckow, bei dem auch Langbehn anwesend war; es fand Anfang August 1943 in Popitz' Wohnung statt. Tresckow scheint zu dem Unternehmen geraten zu haben.

Am 26. August ging Popitz schließlich zu Himmler ins Reichsministerium des Innern, das dieser gerade übernommen hatte. Sehr geschickt suggerierte er ihm die Rolle des Hüters des wahren Grals des Nationalsozialismus, der nun nach all der Korruption und der überforderten, also unzweckmäßigen Kriegführung durch einen einzigen Mann im Innern wie nach außen wieder Ordnung schaffen müsse. Der Krieg sei nicht mehr zu gewinnen, aber verloren sei er nur, wenn so weiter geführt werde wie bisher. Immer noch seien Großbritannien und die Vereinigten Staaten angesichts der bolschewistischen Gefahr zu Verhandlungen bereit,

nur nicht mit Ribbentrop. Weiter ging Popitz vorsichtshalber nicht,
während im Vorzimmer Langbehn zu Wolff sagte, hoffentlich werde
Popitz auch wirklich offen sprechen.

Es war sofort nach der Unterredung klar, daß Popitz nicht allzuweit
gegangen war, und so wurde vereinbart, auf ein neues Gespräch hinzuwirken. Doch dazu kam es nicht mehr. Im September 1943 wurde Dr.
Langbehn von der Geheimen Staatspolizei festgenommen. Er wurde durch
eine von deutscher Seite dechiffrierte alliierte Nachricht (Dulles betont, daß
es keine englische oder amerikanische gewesen sei) über seine Kontakte in
der Schweiz zu Fall gebracht. Sie wurde Himmler vorgelegt und er hatte
keine Wahl als zuzugreifen, wußte aber einen Prozeß zu vermeiden. Popitz
blieb in Freiheit, aber sehr isoliert, weil seinen früheren Mitverschwörern seine Gesellschaft zu gefährlich geworden war. Langbehn schwieg
über die weitgehenden Besprechungen mit Wolff und über die weiteren
Verzweigungen der Verschwörung. Erst nach dem 20. Juli 1944 wurde
deutlich, daß Popitz und Langbehn Mitglieder eines sehr großen konspirativen Kreises waren. Ihre Kontakte mit Himmler wurden in ihrem
Prozeß nur als kleiner, verhältnismäßig unbedeutender, aber besonders
hinterhältiger Teil ihrer verschwörerischen und defätistischen Tätigkeit
hingestellt.

Es ist fraglich, ob es zu dem abenteuerlichen Kontakt mit Himmler
gekommen wäre, wenn der Opposition in Berlin nicht so sehr die einheitliche Führung gefehlt hätte, besonders seit der Absetzung Osters. Canaris
hatte immer nur durch kluge Manöver im Hintergrund gewirkt und indem
er in jeder Hinsicht seine Hand schützend über die Verschwörer hielt;
Beck war krank; Witzleben war ein Haudegen, nicht Verschwörer und
Politiker, und ebenfalls krank; Tresckow hatte wohl die Energie und den
Willen zu führender Tätigkeit, aber nicht die Stellung und den Einfluß;
er war in Berlin im Sommer 1943 nur auf Urlaub, und es ist seinem
Genie und seinem Willen viel mehr zu verdanken als den Umständen,
daß er in seinen Stellungen als Regimentskommandeur, dann als Armee-
Generalstabschef, immer noch intensiv für die Opposition wirken konnte.
Olbricht war wohl näher am potentiellen Zentrum der Macht im Reich,
aber ihm fehlte die Initiative, die dynamische Kraft zum Handeln.
Ohne den Befehlshaber des Ersatzheeres, Generaloberst Fromm, konnte
er wohl auch nicht viel ausrichten, von Planungen abgesehen; denn er
hatte nur wenig Befehlsgewalt, und Fromm war nach wie vor unzugänglich und stets zweideutig in seiner Haltung [134]. Gelegentlich war von Generaloberst Freiherr von Hammerstein die Rede, der aber auch krank war
und längst Einfluß wie Stellung eingebüßt hatte [135]. Er starb am 24. April [136].

Hoffnungen, die man sich auf die Mitwirkung Guderians gemacht hatte, wurden ebenfalls enttäuscht[137]. Im Juli 1943 schließlich mußte Witzleben mit Magenbluten ins Krankenhaus.

Zugleich befürchtete man, für den Umsturz gar nicht mehr viel Zeit zu haben, denn die Kriegslage entwickelte sich für Deutschland höchst ungünstig. Die Offensive auf Kursk im Sommer 1943 mißlang, und die Rote Armee befand sich seit Mitte Juli im Gegenangriff. Am 25. Juli wurde Mussolini gestürzt, und Italien bereitete sich zum Abfall vom Dritten Reich vor. Da konnte nur ein Optimist wie Dr. Goerdeler noch glauben, die Alliierten würden sich zu einer Stillhaltezusage für den Fall eines Umsturzes in Deutschland bewegen lassen. Auf einen entsprechenden Vorstoß Goerdelers im Mai 1943 in Schweden kam aber gar keine Antwort[138].

Unter dem 25. Juli 1943 schrieb Goerdeler einen Brief an Generalfeldmarschall von Kluge[139]. Wieder berichtete Goerdeler darin eindringlich von den materiellen, wirtschaftlichen und moralischen Zerstörungen, die der Krieg in Deutschland und in ganz Europa angerichtet hatte, von den wahnsinnigen Verbrechen, zu denen sonst anständige junge Menschen gezwungen oder veranlaßt werden, von der völlig hoffnungslosen außenpolitischen und militärischen Lage des herrschenden Regimes. Wenn Kluge noch ein Mittel wisse, um Rußland von Europa fernzuhalten und die Vereinigten Staaten und England zu zwingen, ihre verheerenden Luftangriffe auf die deutschen Städte aufzugeben, dann müsse man es unbedingt dem Volk sagen und erklären. »Wenn es aber den Sieg nicht gibt, dann ist die Fortsetzung des Krieges ein glattes Verbrechen, weil es für ein Volk niemals ein heroisches Ende, sondern immer nur ein Weiterlebenmüssen gibt.« Die Möglichkeit eines günstigen Friedensschlusses sei noch vorhanden, wie er erneut festgestellt habe, fügte Goerdeler hinzu, obwohl auf seinen Vorstoß vom Mai gar keine Antwort gekommen war. Angesichts der geschilderten Lage und der offenbar letzten möglichen Gelegenheit bitte er Kluge – und dieser könne gewiß sein, es sei das letzte Mal –, gegen Hitler einzuschreiten. Goerdeler könne ihm die Mehrheit der Arbeiterschaft, der Beamten und der Wirtschaftsführer zuführen und, wenn es gewünscht werde, Kluge oder jedem anderen zum Handeln entschlossenen General Goebbels und Himmler zu Bundesgenossen machen; denn diese wissen längst, daß sie mit Hitler verloren seien.

Der Brief an Kluge wurde aber nicht abgeschickt, weil Freunde Goerdelers, darunter Olbricht, davon abrieten. Sie befürchteten, Kluge würde durch die offene, eindringliche Sprache »vor den Kopf gestoßen« werden, wie man ja Goerdeler überhaupt vorwarf, die Generale vor den Kopf zu stoßen, wenn er ihnen die Wahrheit sagte[140]. Zur selben Zeit bemühte sich Langbehn um die Unterredung zwischen Popitz und Himmler, um diesen gegen Hitler zu gewinnen. Insgesamt war die Situation des Widerstandes festgefahren. Gegen die Vernunft hoffte man weiter auf »die Generale«, die Hassell in seinem Tagebuch »die Josephs« nannte, die aber keine eigene Initiative entfalten wollten. Hauptmann d. R. Hermann Kaiser schrieb über sie – er meinte Olbricht und Fromm – am 20. Februar 1943 in sein Tagebuch: »Der Eine will handeln, wenn er Befehl erhält, der Andere befehlen, wenn gehandelt ist.«[141]

Obwohl 1943 deutlich war, daß der Krieg verloren wurde, obwohl also die psychologische Situation denkbar günstig war, sah sich die Opposition durch die schweren Rückschläge, insbesondere durch das Hineingreifen der Gestapo in das innerste Aktionszentrum um Oster, nahezu gelähmt. Zwischen dem 5. April – der Verhaftung Dohnanyis, Bonhoeffers und Müllers – und dem 1. Oktober – dem offiziellen Dienstantritt Stauffenbergs als Chef des Stabes bei General Olbricht im Allgemeinen Heeresamt – mußte das Zentrum der Aktionen erst wieder neu aufgebaut werden. Im übrigen schien es manchem der Verschwörer, daß im März der Staatsstreich wahrscheinlich nicht glatt verlaufen wäre, selbst beim Gelingen eines der beiden Attentatversuche[142].

Um die Mängel in den Planungen zu beheben, um die Koordination zwischen den Umsturzmaßnahmen an der Front und denen in der Heimat sicherzustellen, und um auf besseren Grundlagen neue Attentat- und Staatsstreichpläne auszuarbeiten, ließ sich Tresckow im Juli 1943 beurlauben, nachdem er sich schon vorher wiederholt, z. B. Anfang April 1943, in Berlin aufgehalten hatte[143]. Er setzte sich nun in die Wohnung seiner Schwester in Neubabelsberg und trieb die Vorbereitungen voran. Mehr als je wurde er der leitende Kopf in der militärischen Verschwörung[144]. Er war überzeugt, daß keine Zeit mehr zu verlieren sei; Anfang August traf er mit Goerdeler zusammen und sagte ihm, 1944 werde die Rote Armee an der Grenze Ostpreußens stehen[145].

Die Verschwörer beschlossen nun, das Ersatzheer für einen Staatsstreich einzusetzen, wenn nötig auch ohne die Mitwirkung Fromms[146]. Allerdings konnte es nicht allein handeln, der Anstoß mußte von einem der bedeutendsten Frontbefehlshaber kommen. Diesem Ziel dienten die Bemühungen um Kluge u. a.[147]. Um möglichst breite Mitwirkung, besonders die der Panzertruppe, zu sichern, suchte man eine Unterredung zwischen Olbricht und Generaloberst Guderian, der seit 1. März Generalinspekteur der Panzerwaffe war, herbeizuführen, aus der aber nichts

wurde[148]. Kluge galt als »entschlossen«, was sich dann aber auch wieder
als Wunschtraum erwies. Am 2. August brachte Schulenburg aus dem
OKH die Mitteilung an Olbricht, Zeitzler sei zur Mitarbeit und eventuell
auch zur Initiative bereit. Dann stellte man fest, es seien noch »Vorarbeiten« nötig für Kluges Mitwirkung an dem Plan, dem Befehlshaber des
Ersatzheeres einfach einen Befehl zu erteilen und ihn, wenn er den
Befehl nicht ausführte, festzusetzen und an seiner Stelle zu handeln, was
Olbricht beides »machen« wollte. Die Vorarbeiten bestanden hauptsächlich in der Abfassung und Absendung eines Briefes von Olbricht an Kluge.
Zur Verstärkung kam dazu ein Brief[149] an Kluge, der am 3. August abging. Ferner entsandte man einen Boten[150] zu Kluge, und schließlich
sollte Zeitzler die Direktive erhalten, zu handeln, wenn die »Aktion«
mißlingt.

Das ist alles etwas dunkel. Anfang August sagte Tresckow zu Goerdeler, Manstein, Kluge und Küchler seien sich darüber klar, daß jetzt »gehandelt« werden müsse, und sogar die SS-Generale Sepp Dietrich und
Haußer würden »mitgehen«[151]. Aber da ist eben die Frage, was diese
Leute unter »Handeln« verstanden. Sie dachten wohl eher an die berühmte »Änderung« in der Führungsspitze als an einen gewaltsamen
Umsturz. Möglich ist, daß Goerdeler Tresckow mißverstanden hat oder
seinem Optimismus wieder einmal die Zügel schießen ließ, als er noch
im August seinem Freund Wallenberg mit Bestimmtheit versicherte,
im September werde ein Putsch stattfinden[152]. Aber es ist ebenso-
wohl möglich, daß man hier einen Putsch im Putsche plante und die
Frontgenerale und auch Zeitzler eher mitzureißen als führen zu lassen
gedachte.

Im Sommer 1943 kam Oberst i. G. (ab Februar 1944 Generalmajor)
Helmuth Stieff mit der Opposition in intensive Verbindung. Er war
damals Chef der Organisationsabteilung im Generalstab des Heeres und
gehörte schon längst, seit den frühen dreißiger Jahren, zu den Gegnern
Hitlers und des Nationalsozialismus, und seine Gegnerschaft hatte sich
stetig gefestigt[153]. Tresckow war schon in Smolensk und im OKH in
Ostpreußen mehrfach an Stieff herangetreten und hatte ihm schließlich
im Februar 1943 erklärt, Hitler müsse beseitigt werden. Es sei die historische Pflicht der Generalstabsoffiziere, dadurch den Verlust des Krieges
im Interesse des Volkes zu verhindern[154]. Stieff möge sich also an Attentat und Umsturz beteiligen. Tresckow habe sich bei Besprechungen im
Führerhauptquartier überzeugt, daß es möglich sei, Hitler bei einer Lagebesprechung zu töten.

Anfang August war Stieff kurz in Berlin und traf dort mit Olbricht zusammen; später kamen Tresckow und Beck dazu, der aus dem Krankenhaus entlassen war [155]. Danach, am 6. August, schrieb Stieff an seine Frau, daß er sich zur Teilnahme an der Verschwörung entschieden habe: »Und ich stelle fest, daß meine Auffassung, zu der ich mich in den letzten Tagen durchgerungen habe, die richtige ist, nämlich, daß man sich keiner Verantwortung, die einem das Schicksal abfordert, entziehen darf. Diese Feststellung wird Dir genügen. Und ich müßte mich meines eigenen Werdegangs vor mir schämen, wenn ich nicht in dem Augenblick, wo es not tut, meine wahre Pflicht erfülle. Ich werde mich dabei nicht beflecken, – darüber kannst Du beruhigt sein.« [156]

Darauf fuhr Stieff wieder nach Osten. Im OKH erlebte er schon die erste Enttäuschung. Oberst Thomale, der Chef des Stabes beim Generalinspekteur der Panzertruppe, erklärte ihm, Guderian werde an keiner gegen den Führer gerichteten Handlung teilnehmen. Dann fuhr Stieff zur Heeresgruppe Mitte und überreichte dort am 13. August Olbrichts Brief an Kluge [157]. Kluge hat in einer langen Unterredung mit Stieff zumindest zugesagt, sich für eine »Änderung« der militärischen Führung einzusetzen [158]. Aber Stieff hatte offenbar Anlaß zu weit größeren Hoffnungen. Um den 27. August traf er sich noch einmal mit Kluge, diesmal auf dem Flugplatz Rastenburg, und im September berichtete er Olbricht ausführlich darüber.

In demselben Monat besuchte Kluge auch Berlin und besprach sich dort in der Wohnung Olbrichts mit Beck, Goerdeler, Olbricht und Tresckow [159]. Kluge wollte von Goerdeler wissen, welche außenpolitischen Aussichten für den Abbruch des Krieges, wenigstens im Westen, bestünden. Goerdeler erklärte, England und Rußland seien nur durch den deutschen Krieg zueinander gezwungen. Um sein Weltreich zu sichern, müsse England immer für ein starkes Deutschland als Gegengewicht gegen Rußland besorgt sein. Also müsse man sich mit England verständigen. Dies sei auf folgender Grundlage möglich: Ostgrenze von 1914, Österreich und Sudetenland deutsch, Südtirol und Eupen-Malmedy ebenfalls, deutsch-französische Verhandlungen zur endgültigen Lösung der Frage Elsaß-Lothringen, volle Erhaltung der deutschen Souveränität, keine Reparationen, wirtschaftlicher Zusammenschluß der europäischen Staaten ohne Rußland [160]. Nachdem Goerdeler noch kurz über notwendige innenpolitische Reformen referiert hatte, zogen sich Beck und Kluge zu einer Beratung unter vier Augen zurück. Als Goerdeler wieder zugezogen wurde, erklärte ihm Kluge, da Hitler weder die nötigen Entschlüsse fassen noch auch vom Westen als Verhandlungspartner akzeptiert werden würde, bleibe nichts anderes übrig, als ihn mit Gewalt zu beseitigen. Goerdeler widersprach und meinte, man müsse nur ganz offen mit Hitler sprechen, die gute Sache werde sich allemal durchsetzen. Das bezweifelte aber Kluge mit Recht, während er andererseits auch nicht sagen konnte, wie dann Goerdeler irgendeine Initiative ergreifen könnte. Kluge erkannte an, daß diese vom Militär ausgehen müsse, und versprach, sie mit seinen Kameraden zu besprechen. Goerdeler solle aber dafür sorgen, daß sich die Angelsachsen später »richtig« verhalten. Endlich schien der Staatsstreich unmittelbar bevorzustehen, der Optimist Goerdeler kündigte ihn Wallenberg gegenüber für September »fest« an [161].

Er ist damals nicht zustande gekommen, aber nicht so sehr, weil die Opposition wieder von Mißgeschick betroffen wurde – am 12. Oktober erlitt Kluge einen schweren Autounfall und fiel vorläufig aus –, sondern weil es noch an einigen sehr nötigen Dingen fehlte [162]. Tresckow mußte zur selben Zeit ein Regiment an der Front übernehmen und konnte erst zwei Monate später wieder eine einflußreichere Stellung im Bereich der Heeresgruppe Mitte, nämlich die des Chefs des Generalstabes der 2. Armee, bekommen; an die Stelle Kluges trat als Oberbefehlshaber der Heeresgruppe der hitlerhörige Generalfeldmarschall Busch, so daß die »Initialzündung« kaum mehr von der Heeresgruppe Mitte ausgehen konnte. Vielleicht hätte der Staatsstreich ohne diese Veränderung im Oktober 1943 stattgefunden, wahrscheinlich aber nicht. Denn das Nötigste, was noch fehlte, war das Attentat. Bisher war niemand, der zu Hitler Zugang hatte – in der Verschwörung kamen im wesentlichen Oberst i. G. Stieff und Oberst d. G. Meichßner, Chef der Operationsabteilung im Wehrmachtführungsstab des OKW, in Frage, die wenigstens gelegentlich Zutritt zu Lagebesprechungen erhalten konnten –, dazu bereit. Stauffenberg glaubte wohl einmal im Oktober 1943, von Stieff eine entsprechende Zusage erhalten zu haben, aber die muß mißverständlich gewesen oder wieder zurückgezogen worden sein [163]. Erst im Spätherbst fanden sich todesmutige jüngere Offiziere, die sich opfern wollten und denen man eventuell Zugang zum Führer würde verschaffen können. Inzwischen waren jedoch andere wichtige Vorbereitungen vorangetrieben und im wesentlichen abgeschlossen worden.

4. Walküre

Seit einiger Zeit war daran gedacht, das Ersatzheer zur Übernahme der Regierungsgewalt im Reich nutzbar zu machen, doch waren alle Überlegungen bisher an dem Chef der Heeresrüstung und Befehlshaber des

Ersatzheeres, Generaloberst Fromm, gescheitert, der nicht mittun wollte [164]. Ein weiteres Hindernis waren die verwickelten Befehlsverhältnisse,
denen die Militärgebiete im Reich unterlagen. Der Titel eines Provinz-
befehlshaber lautete z. B. in Stuttgart: Kommandierender General des
stellvertretenden Generalkommandos V. Armeekorps und Befehlshaber
im Wehrkreis V. Der erste Teil des Titels bezeichnete den Inhaber als
den Offizier, der die Grund-, Ersatz- und Ausbildungseinheiten eines
Armeekorps in der Heimat »stellvertretend« kommandierte, während
die eigentlichen Kampftruppen des Korps sich im Feld befanden. Insofern unterstand der Titelinhaber dem Chef H Rüst u BdE, Generaloberst
Fromm. Der zweite Teil aber bezeichnete den Inhaber territorialer Militärhoheit, in deren Ausübung der Befehlshaber unmittelbar dem OKW,
also Keitel bzw. Hitler unterstand [165].

1943 verfiel man auf den Gedanken, das Ersatzheer notfalls ohne
Fromm in Marsch zu setzen. General Olbricht machte sich anheischig,
Fromm entweder zur Teilnahme zu zwingen oder ihn festzusetzen und
selbst die erforderlichen Befehle zu geben. Damit man aber nicht alles
improvisieren müßte, sondern auf einigermaßen reibungsloses, vor allem
schnelles und überraschendes Zupacken der im Reich stationierten Hee-
resverbände rechnen konnte, mußten Vorbereitungen getroffen werden,
die erstens das Erteilen der Befehle ohne jeden Zeitverlust sicherten, und
zweitens, deren Befolgung ohne allzu viele Zweifel und Rückfragen.
Diesen Anforderungen schienen am besten die Pläne für »Walküre« zu
entsprechen.

Mitte Dezember 1941 befand sich das deutsche Heer in den eisigen
Weiten Rußlands in einer verzweifelten Lage. Das Ziel des Feldzuges,
nämlich die Niederwerfung des Feindes und die Besetzung seiner Indu-
striezentren und seiner politischen Zentrale, war nicht erreicht worden.
Die deutschen Divisionen aber standen Tausende von Kilometern von
ihrer Operationsbasis entfernt ohne Winterkleidung, mit teilweise un-
brauchbaren Waffen und ohne ausreichende Verpflegung einem Feind
gegenüber, der sich erst jetzt zu einem großangelegten Gegenschlag zur
Verteidigung seiner Erde anschickte. Die Verluste an Gefallenen des
deutschen Heeres im Feldzug gegen Rußland betrugen damals schon
162 799 Offiziere, Unteroffiziere und Mannschaften [166]. Am 15. Dezember 1941 besprach der Chef des Generalstabes des Heeres, Generaloberst
Halder, mit dem Chef der Heeresrüstung und Befehlshaber des Ersatzheeres (Chef H Rüst u BdE), Generaloberst Fromm, die Möglichkeiten,
wie die Lücken aufzufüllen seien [167]. Da griff man unter den Deckbe-
zeichnungen »Walküre« und »Rheingold« auf Reserven zurück, die man

im bisher in der Heimat gebliebenen Ausbildungspersonal, in wiederge-
nesenen Verwundeten und Kranken sowie in Arbeitern und Angestellten erkannte, die der Industrie und Wirtschaft entzogen werden müßten [168]. Im Frühjahr 1942 wurden die »Walküre«-Vorbereitungen von
neuem angeordnet, diesmal aber unter den Stichworten »Walküre I« und
»Walküre II«, im Juli 1942 wurden die »Walküre«-Einheiten zum zweitenmal zur Auffüllung des Feldheeres aufgerufen. Bis dahin war überhaupt
noch nicht daran gedacht worden, die »Walküre«-Einheiten bei eventuellen inneren Unruhen einzusetzen. Auch in den folgenden Monaten
war der Einsatz innerhalb des Reichsgebietes noch ein Nebengedanke,
nicht der Hauptzweck.

Am 31. Juli 1943 aber erließ der Chef H Rüst u BdE neue »Walküre«-
Bestimmungen, die mit ganz großer Eile befördert wurden. Die 83. Ausfertigung – von insgesamt 220 – kam mit 5 weiteren Exemplaren ins
Wehrkreiskommando XVII (Wien) und trug nicht nur den Vermerk
»Geheime Kommandosache«, sondern auch die mit großen Stempeln
angebrachten Aufdrucke: »Sofort durch Sonderkurier zu befördern!« »Eilt
sehr!« »Sofort vorlegen.« Der Eingangsvermerk der Abteilung Ib/Org.
im Wehrkreiskommando XVII stammt vom 2. August 1943. Bis zum
12. August sollten die Empfänger den Vollzug der befohlenen Vorbereitungen melden [169]. Die Eile ist verständlich, wenn man weiß, wozu die
in der Abteilung Ia des General Olbricht unterstehenden AHA ausgearbeiteten Richtlinien dienen sollten: Der Staatsstreich sollte möglichst
bald stattfinden können, aber die Wehrkreise mußten sich noch mit den
neuen Anweisungen vertraut machen und auch Übungen abhalten.

Die Bestimmungen waren nun abgefaßt, um nicht bloß rasch Reserven
aus dem Reich holen zu können, sondern um nötigenfalls »innerer
Unruhen«, wie organisierter Sabotage in großem Ausmaß, etwa durch
von außen geleitete oder gar im Reichsgebiet abgesetzte Agententrupps,
Herr werden zu können, oder eines Einfalls von Luftlandetruppen oder
eines Aufstands der Millionen von ausländischen, nach Deutschland verschleppten oder »dienstverpflichteten« Arbeiter und Kriegsgefangenen [170].

Kernpunkt der »Walküre«-Befehle war die Zusammenfassung der in
den Bereichen der Wehrkreiskommandos liegenden Ersatz- und Ausbildungseinheiten, der an Schulen und Lehrgängen tätigen Soldaten in
Kampfgruppen, d. h. verstärkten Bataillonen, in die Einheiten aller verfügbaren Waffengattungen einzugliedern waren. Das Ganze konnte in
zwei Stufen vor sich gehen: »›Walküre‹ 1. Stufe« bedeutete: »Herstellung
der Einsatzbereitschaft von Einheiten (Komp. pp) innerhalb von 6 Stunden«, ohne Alarmbereitschaft. »›Walküre‹ 2. Stufe« hieß: »Zusammen-

fassung von Einheiten der 1. Stufe zu einsatzfähigen Kampfgruppen.«
Für die 1. Stufe war die Zeitgrenze von 6 Stunden festgelegt, für die
2. Stufe galt größtmögliche Schnelligkeit, die je nach den örtlichen Verhältnissen – Besiedelung, Straßenverhältnisse, Berge, Fahrzeugbestand –
variieren konnte. Zur Zusammenziehung der Einheiten zu Kampfgruppen (2. Stufe) sollte jedenfalls nur Eisenbahntransport in Frage kommen,
wo andere Transportmethoden eine erhebliche Verzögerung bedeuteten
oder Kraftwagentransport nicht möglich war.

Im einzelnen wurde bestimmt: Für die Ausstattung der Kampfgruppen
war nur ihre Einsatzbereitschaft maßgebend, nicht irgendwelche papierene
Vorschriften; Panzereinheiten, Panzergrenadiereinheiten sowie deren
Schulen, Lehrgänge und Lehrtruppen mußten neben der regulären Infanterie als besondere Kampfgruppen zusammengefaßt werden; die im Bereich der Wehrkreiskommandos liegenden Nachrichten-, Kraftfahrpark-
und Verwaltungstruppen waren nur soweit in die Kampfgruppen einzu-
beziehen, als es der Stärke der Kampfgruppen entsprach, also nicht grundsätzlich mit allen verfügbaren Kräften (wodurch die Kampfgruppen unter
Umständen mit nutzlosem Personal überlastet worden wären).

Außer den Kampfgruppen waren noch Alarmeinheiten zu bilden. Dafür waren Marschbataillone und Marschkompanien heranzuziehen, ferner
Schulen und Lehrgänge, Lehrtruppen, Ersatz-Abteilungen und »sonstige«
Einheiten. Zu den Schulen und Lehrgängen zählten Offizier-, Fahnenjun-
ker- und Oberfähnrichlehrgänge, militärärztliche und Heeresveterinär-Aka-
demien, Forschungsabteilung und Sanitätsoffiziere der Gebirgs-Sanitäts-
Schule, Offiziere der Sanitäts-Lehrabteilung, Heeres-Unteroffizier-Schulen,
die Heeres-Feuerwerker-Schule in Berlin-Lichterfelde, die Waffenmeister-
Schulen I und II, die Heeres-Nachrichten-Schule II, die Heeres-Reit- und
Fahr-Schule, die Pionier-Schule in Karlshorst, die Festungswallmeister-
Schule Sternberg, die 1. Eisenbahn-Pionier-Schule in Rehagen-Klausdorf,
die Beamten- und Schirrmeister-Lehrgänge. Von den Lehrtruppen und
Ersatz-Abteilungen waren heranzuziehen das Pionier-Lehrbataillon 3
in Rosenheim, die Festungs-Lehrabteilung in Althöfchen, die Truppen-
Entgiftungs-Lehrkompanie der Sanitäts-Lehrabteilung, die Ausbildungs-
batterie für Gasspürhunde und die Feldpost-Ersatzabteilung. Unter
»Sonstiges« befanden sich so wichtige Einheiten wie die Nachrichten-
Betriebsabteilung Chef H Rüst u BdE, die Blindenführerhunde-Staffel,
die Gruppe Heeresstreifendienst z. b. V., die Zug-Wach-Abteilung, der
Betreuungsdienst, die Heeresschule für Nachrichtenhelferinnen sowie
entsprechende Ausbildungsabteilungen, Nachrichtenhelferinnen-Bereit-
schaften und -Trupps, ferner alle Feldzeugdienststellen, Kraftfahrparke,

Sanitäts-Abteilungen, Heimatpferdeparke sowie Parke aller übrigen Waffen, Luftabwehr-MG-Posten, Alarm- und Heimat-Flak-Batterien und der Werkschutz in den Betrieben. Von all den genannten Einheiten des Heeres mußten nur die Lehrtruppen für »Walküre« zur Verfügung stehen, die anderen mußten gegebenenfalls für die Kampfgruppen Ersatz liefern.

Unabhängig von der Vorbereitung und Planung der Kampfgruppen und ihrer möglichst raschen Verfügbarkeit hatten die Wehrkreiskommandos den »Objektschutz und die Sicherung von Kunstbauten bei Notständen« vorzubereiten und zu organisieren. In manchen Wehrkreisen hatten die dort liegenden Truppen schon bestimmte Aufgaben wie etwa Bekämpfung von Fallschirmjägern oder Luftlandetruppen oder Sicherung der Küsten; hier sollten die »Walküre«-Vorbereitungen zur Grundlage auch dieser Aufgaben gemacht werden.

Im übrigen mußten die für »Walküre« in Frage kommenden Einheiten weiterhin ihre regulären Aufgaben erfüllen, wie Aufrechterhaltung des Schriftverkehrs und der Personalpapierführung, Betreuung einrückender Rekruten und Genesender einschließlich Unterbringung, Verpflegung und Einkleidung, ferner die Bewachung der Gebäude und der bei einem Einsatz zurückbleibenden Geräte. Das Personal für diese Aufgaben mußte aber auf das notwendige Minimum beschränkt werden.

Für »Walküre« mußte grundsätzlich alles in den Bereichen der Wehrkreiskommandos vorhandene Personal, einschließlich in der Ausbildung befindlicher Rekruten, soweit sie verwendbar erschienen, herangezogen werden, ferner sämtliche Urlauber, nicht dagegen das Personal von in Aufstellung befindlichen Marsch-Kompanien und Marsch-Bataillonen. Die Ausrüstung an Waffen, Geräten, Munition, Fahrzeugen, Panzern und Pferden war zunächst aus den Gesamtbeständen der im Bereich der jeweiligen Wehrkreiskommandos liegenden Einheiten zu bestreiten, während davon unabhängige Lager und Parke erst auf Weisung vom Chef H Rüst u BdE zur Verfügung standen. Diese waren dann auf die entsprechende Anweisung für die Ausstattung der aufgestellten Kampfgruppen und Alarmeinheiten als Ganzem zu verwenden. Wenn die vorhandenen Bestände an Fahrzeugen und besonders an Pferden nicht ausreichen sollten, konnte die »Aushebung« des Bedarfs vorgesehen werden, durfte aber keinesfalls mit anderen Dienststellen, etwa solchen, die für die Landwirtschaft zuständig waren, besprochen werden; denn sonst waren die Pferde und Wagen nicht da, wenn man sie holen wollte.

Unter dem 6. Oktober 1943 wurde durch einen von General Olbricht unterzeichneten Ergänzungsbefehl eine wichtige Verstärkung der für den »Walküre«-Fall zur Verfügung zu stellenden Kräfte erreicht, indem nun

auch Einheiten des Feldheeres, die zur Aufstellung, Auffrischung oder
Umgliederung im »Heimatkriegsgebiet« lagen, heranzuziehen waren. Sie
sollten wie die anderen Einheiten auf die Auslösung des entsprechenden
Stichwortes hin als Kampfgruppen aufgestellt werden, sofern es ihre
Bewaffnung, Beweglichkeit und sonstige Ausrüstung zuließ, andernfalls
als Alarmeinheiten. Auf jeden Fall sollten sie selbständig aufgestellt
werden, nicht zusammen mit anderen Verbänden der Wehrkreise. Für
die Einsatzbereitschaft aller Alarmeinheiten wurde noch bestimmt, daß
sie wie die der Kampfgruppen innerhalb 6 Stunden hergestellt sein
mußte.

Schließlich hat Stauffenberg, inzwischen schon einige Monate Chef des
Stabes bei Olbricht, durch eine Anweisung vom 11. Februar 1944 versucht,
die Aufstellung der Kampfgruppen zu straffen und zu vereinheitlichen.
Zugleich schuf er die Möglichkeit, militärische Kräfte bis zu einem gewissen Grade unauffällig an Schwerpunkten zu konzentrieren, wenn
»Walküre« oder ein Vorbereitungszustand befohlen wurde. Die Kampfgruppen wurden als »verstärkte Grenadierregimenter« neu gegliedert;
sie sollten fortan bestehen aus Regimentsstab mit Stabskompanie, zwei
bis drei Bataillonen, einer Infanterie-Geschütz-Kompanie, aus einer bis
zwei Panzer-Jäger-Kompanien (Infanterie oder motorisiert), aus einer
Panzer-Jäger-Kompanie mit Sturmgeschützen oder Fliegerabwehrgeschüt-
zen, aus einer weiteren Panzer-Jäger-Kompanie, aus einer Artillerie-Ab-
teilung mit zwei bis drei Batterien von Feldhaubitzen und aus einer
Pionier-Kompanie.

Dann aber hieß es noch in der von Stauffenberg unterzeichneten
Anweisung, in unscheinbarem Militärdeutsch: »3. Aufruf von vorst.
Gren.Rgt. für den Fronteinsatz gemäß Ziffer 2 wird erforderlichenfalls
durch Aufruf entsprechender Truppenteile aus verschiedenen W.K. erfolgen, um eine übermäßige Beanspruchung eines W.K. zu vermeiden.«
Das war durchaus sinnvoll und legitim. Man konnte auf diese Weise
rascher ein paar solche verstärkte Grenadier-Regimenter für den Fronteinsatz loseisen. Aber ebenso konnte man unter der Flagge dieser Anweisung bestimmte, besonders geeignete Einheiten bei einem Umsturzversuch in Marsch setzen oder konzentrieren. Es war nicht unbedingt nötig,
erst im ganzen Reichsgebiet »Walküre« zu befehlen, wonach noch wenigstens 6 Stunden bis zur Marschbereitschaft der meisten Einheiten vergehen würden. Es war vielmehr möglich, gegebenenfalls und ganz nach
Bedarf etwa ein paar bewegliche (motorisierte) und gut ausgerüstete Panzer-Jäger-Kompanien aus den umliegenden Wehrkreisen z. B. bei München oder Berlin oder um eine SS-Garnison zusammenzuziehen, ohne

den entsprechend langsameren Gesamtapparat in Bewegung zu setzen. Besonders in Berlin mußte alles so rasch gehen, daß der normale »Walküre«-Ablauf trotz aller Schnelligkeit immer noch viel zu schwerfällig gewesen wäre. Man hat denn auch hier durch Übungen und dergleichen noch ein übriges getan [171].

Die größtmögliche Geheimhaltung der »Walküre«-Pläne war selbstverständlich, aber sie wurde noch ausdrücklich betont: »Der an der Durchführung der Vorarbeiten zu beteiligende Kreis ist so eng wie möglich zu halten. Keinesfalls dürfen Dienststellen und Einzelpersonen außerhalb der Wehrmacht von den Absichten bzw. Vorarbeiten Kenntnis erhalten.« Also auch nicht die Partei und nicht die SS. Die Einheiten der Waffen-SS konnten ohnehin nicht in die Vorbereitungen einbezogen werden, da sie von der territorialen Militärhoheit der Wehrkreisbefehlshaber praktisch ausgenommen waren [172]. In manchen Wehrkreisen waren Partei- und SS-Formationen zahlenmäßig viel stärker als die Truppen des Heeres.

Mit den »Walküre«-Befehlen und den erwähnten Zusätzen hatten die Verschwörer nun auf völlig legitimem Wege ein Instrument geschaffen, mit dem sie alle im Reich befindlichen und beweglichen militärischen Kräfte außer der SS in Bewegung setzen konnten, sofern die Voraussetzungen dazu bestanden. Die Befehle waren durchaus sinnvoll und für einen Notstand brauchbar; sie waren an sich neutral und unpolitisch. Politische Valenz erhielten sie, wenn sie ausgelöst wurden, erst durch ihre Zielrichtung, also z. B. gegen Partei und SS statt gegen Fremdarbeiter und Kriegsgefangene. Dies war denn auch ein äußerst kritischer Punkt hinsichtlich ihrer Brauchbarkeit für den Staatsstreich. Der andere schwache Punkt war die Frage der Auslösung.

Unter »Auslösung« der vorbereiteten Maßnahmen ist zunächst die Zusammenfassung der jeweils vorhandenen Truppen zu Kampfgruppen bzw. verstärkten Grenadier-Regimentern und die Bildung von Alarmeinheiten zu verstehen, je nach Stichwort in zwei möglichen Stufen. Die Stichworte konnten durch Zusätze modifiziert werden. Z. B. würde »»Walküre‹ 1. Stufe für W.Kdo. V« bedeuten, daß nur für die im Bereich des Stuttgarter Wehrkreiskommandos liegenden Einheiten innerhalb 6 Stunden Einsatzbereitschaft herzustellen sei. Durch das Stichwort »»Walküre‹ für W.Kdo. V in Erwartung« konnte ein Voralarm befohlen werden. Aber der Haken bei der Sache war, daß der Befehlshaber des Ersatzheeres das Stichwort zu geben hatte, wie in den Bestimmungen ausdrücklich festgehalten war: »Das Stichwort zu vorstehender Ziff. a) wird durch Chef H Rüst u BdE gegeben. Der Empfang ist umgehend durch Fernschreiben im Wortlaut zu bestätigen.« Militärisch war das eine Selbstverständlichkeit, Befehle wurden vom Befehlshaber gegeben. Wenn der Befehlshaber ausfiel, mußte er den Regeln entsprechend ersetzt werden. Da der »Chef H Rüst u BdE« immer noch Generaloberst Fromm war, konnte man in eine sehr unangenehme Situation geraten, wenn man sich auf die Unzuverlässigkeit (im Sinne der Verschwörer) dieses Mannes nicht mit äußerster Konsequenz einstellte. Diese Situation ist am 20. Juli 1944 eingetreten, als es nicht bei den Empfangsbestätigungen blieb, sondern immer dringender rückgefragt und nach Fromm verlangt wurde [173].

Um die Mitwirkung von Generaloberst Fromm also zu sichern, mußte man eine Lage schaffen, in der er seine Mitwirkung als das einzig Richtige erkennen mußte. Der wesentlichste Schritt in dieser Richtung war zweifellos die Beseitigung Hitlers. Es würde aber auch sicherlich einen starken Eindruck auf Fromm machen und überhaupt für den Erfolg des Unternehmens von großer Bedeutung sein, wenn die vorbereiteten Maßnahmen reibungslos, rasch und scheinbar unaufhaltsam durchgeführt wurden. Von der Frage, wie die Masse des Ersatzheeres gegen das Regime mobilisiert werden könnte, wird unten noch weiter die Rede sein; auch hier mußte eine Lage geschaffen werden – durch Tatsachen und Umstände sowohl als auch durch psychologische Beeinflussung –, in welcher es möglichst selbstverständlich und gewissermaßen gesellschaftlich akzeptabel war, die Befehle der Verschwörer zu befolgen.

Vorbereitungen an Ort und Stelle, dort, wo die Befehle ausgeführt werden sollten, waren nur in begrenztem Umfange möglich, doch hat man sich auch hier redlich bemüht. Man konzentrierte sich im wesentlichen auf zwei Methoden: die Gewinnung Gleichgesinnter in entsprechenden Stellen; und die heimliche Vorbereitung und getarnte Übung der Staatsstreichmaßnahmen.

In mehreren Wehrkreisen gab es in der kritischen Zeit, also etwa vom Sommer 1943 bis zum 20. Juli 1944, Vertraute und Anhänger der Verschwörung in den verschiedensten Stellungen. Die Verhaftungslisten nach dem 20. Juli geben hier ein recht vollständiges Bild; denn es wurden fast alle verhaftet, die sich nur einigermaßen bereitwillig zeigten, die Befehle aus Berlin zu befolgen. Bei diesen Vertrauensleuten gab es später, nachdem Stauffenberg die Staatsstreichorganisation übernommen hatte, zwei Kategorien: 1. Angehörige der Stäbe der Wehrkreiskommandos in wichtigen Stellungen; 2. in die Verschwörung eingeweihte Offiziere in den verschiedensten Stellungen, die am Tage X zu Verbindungsoffizieren des AHA, d. h. der Berliner Staatsstreichzentrale, zu den Wehrkreisen ernannt werden und für die richtige Durchführung der Anweisungen aus Berlin sorgen sollten [174].

Im Wehrkreis I (Königsberg) war der Ia, Oberstleutnant Hans Otto Erdmann, eingeweiht; im Wehrkreis II (Stettin) waren der Kommandant von Stettin, Generalmajor Siegfried von Stülpnagel, und der Kommandeur der Panzer-Ersatz-Truppen II und XXI, Oberst Friedrich Jäger, zur Teilnahme bereit; Jäger war übrigens schon im April 1943 von den Verschwörern als Kommandeur des Berliner Wachbataillons vorgesehen. Im Wehrkreis III (Berlin) war bis zu seiner Versetzung Anfang Mai 1944 der Chef des Generalstabes, Generalmajor Hans-Günther von Rost, im Bunde, ferner sein Ordonnanzoffizier Oberleutnant d. R. Heinz-Günther Albrecht, sowie sein Nachfolger, Generalmajor Otto Herfurth, der zuvor dieselbe Stellung in Stuttgart bekleidet hatte, sodann der Ia, Oberstleutnant Bruno Mitzkus, die Vorzimmerdame beim Befehlshaber und beim Chef des Generalstabes, die damalige Gräfin von der Schulenburg, und einige Offiziere in den zahlreichen um Berlin liegenden Schulen und Übungsplätzen. Im Wehrkreis IV (Dresden) rechnete man auf den Befehlshaber, General der Infanterie Viktor von Schwedler, und den Adjutanten (IIa), Oberst Dr. Wilhelm Sommerlad; der Wehrkreis V (Stuttgart) war seit dem Weggang von Herfurth etwas verwaist; im Wehrkreis VI (Münster) war der beteiligte Major d. R. Dr. Hermann Pünder als IaQu nicht sehr einflußreich, aber der Ib, Oberstleutnant Martin Bärtels, war unterrichtet und im Sinne des Aufstandes tätig; im Wehrkreis VII (München) waren der Chef des Generalstabes, Oberst Max Ulich, und der Ia, Oberstleutnant Bruno Grosser, unterrichtet. Im Wehrkreis VIII (Breslau) gab es keinen Vertrauensmann in wichtiger Stellung, aber im Wehrkreis IX (Kassel) gab es mehrere: der Chef des Generalstabes, Generalmajor Ludwig von Nida, gehörte dazu und sein Nachfolger seit dem Frühjahr 1944, Oberst i. G. Claus-Henning von Plate, galt als verläßlich; sodann zählte man auf den Ia, Oberst i. G. Fritz von Vethacke, und den Ic, Oberstleutnant Hans Beck. In Hamburg (X) war der Gauleiter Karl Kaufmann wenigstens halb eingeweiht und gewonnen, und auf den Ic, Kapitän z. S. Herbert Wichmann, konnte man zählen, doch hatte dieser in seiner Eigenschaft keine entscheidende Befehlsgewalt. In Hannover (XI) waren keine Verschwörer in wichtigen Stellungen; in Wiesbaden (XII) konnte mit der Weitergabe der »Walküre«-Befehle durch den Chef des Generalstabes, Generalmajor Erwin Gerlach, gerechnet werden. In Nürnberg (XIII) hoffte man auf den Chef des Generalstabes, Oberst i. G. Viktor Kolbe, und auf den IIa, Oberst Hans Liphart. In Wien (XVII) war ebenfalls der Chef des Generalstabes, Oberst i. G. Heinrich Kodré, eingeweiht und hatte überdies intensive Verbindungen mit der österreichischen Widerstands- und Unabhängigkeitsbewegung; ferner gehörte hier der stellvertretende Befehlshaber, General der Panzertruppe Hans-Karl von Esebeck, zur Verschwörung, und bis zu seiner Versetzung in das AHA der Ic, Oberst Rudolf Graf von Marogna-Redwitz. In Salzburg (XVIII) konnte man sich gleichfalls auf den Chef des Generalstabes, Oberst i. G. Wilhelm Freiherr von Salza und Lichtenau, verlassen, aber der Befehlshaber, General der Gebirgstruppe Julius Ringel, war ein äußerst loyaler Gefolgsmann des Regimes. Im Wehrkreis XX (Danzig) war der Ia, Oberstleutnant i. G. Hasso von Boehmer, durch Tres-ckow gewonnen, aber der Wehrkreis XXI (Posen) war anscheinend unvor-bereitet [175]. In Prag war der Ia, Oberst i. G. Kurt Engelschall, wahrschein-lich unterrichtet. Beim Oberbefehlshaber West in Paris schließlich herrschte eine ähnliche Situation wie beim Stab der Heeresgruppe Mitte; eine ganze Anzahl einflußreicher Stellen war mit Offizieren besetzt, die entweder zur Opposition gehörten oder doch mit ihr stark sympathisierten [176].

Von den in den Wehrkreisen eingesetzten hohen Stabsoffizieren, de-nen Stauffenberg und seine Mitverschwörer von ihren Absichten Kenntnis gaben, erwarteten oder erhofften sie tätige Mitwirkung durch Ausführen der Anweisungen, welche am Umsturztage aus Berlin ergehen sollten. Nicht in jedem Wehrkreis konnten Vertrauensleute gefunden oder »ein-gebaut« werden, Versetzungen konnten stets kurzfristig die Verbindung zerstören, die Nachrichtenverbindungen konnten versagen, der Grad der Einweihung des Vertrauensmannes war oft aus zwingenden Gründen gering. So empfahl sich die Einrichtung einer weiteren Verbindung zwi-schen Zentrale und Wehrkreiskommandos durch die Ernennung beson-derer Beauftragter, die am Tage X den Wehrkreiskommandos als Verbin-dungsoffiziere des OKH bekanntgegeben werden sollten. Sie gehörten zum inneren Kreis der Verschwörung, sie kannten den Plan, die Voraus-setzungen, die Ziele. Sie hatten die Aufgabe, für die richtige und sinnge-mäße, rasche Durchführung der Berliner Befehle in den verschiedenen Wehrkreisen zu sorgen [177]. Ihre Namen werden ebenso wie die der Poli-tischen Beauftragten für die Wehrkreise, welche die Wehrkreisbefehls-haber beraten sollten, im Kapitel X zu nennen sein; denn ihre Gewinnung und Einweisung in ihre Rollen in der Verschwörung gehören größtenteils in die Ära Stauffenberg.

Es war selbstverständlich nicht angängig, in allen oder auch nur mehre-ren Wehrkreisen Übungen für den als »Walküre«-Fall getarnten Staats-streich zu veranstalten, ohne Verdacht zu erregen. Aber in Berlin, das besonders von den englisch-amerikanischen Bombenangriffen heimgesucht und wiederholt in Katastrophensituationen gestürzt worden ist, hat man es tun können. Hier hatte der Chef des Generalstabes, Generalmajor von Rost, die Umsturzvorbereitungen mit sonst nirgends bekannter Gründ-

lichkeit organisiert und seine Tätigkeit für die Opposition besonders
raffiniert getarnt [178].

Der Befehlshaber, General der Infanterie Joachim von Kortzfleisch, war
ein aufrechter und außerordentlich tüchtiger Mann und Offizier, aber
nationalsozialistisch eingestellt, so daß Rost mit ihm in der Frage des
Umsturzes nicht zusammenarbeiten konnte. Statt dessen hat Rost durch
bombastisches Auftreten und gewaltige Besprechungen mit Behörden- und
Parteivertretern, durch gespielte Wichtigtuerei und Kasinofeierlichkeiten
großen Stiles einen derartigen Auftrieb und Umtrieb veranstaltet, daß alle
Uneingeweihten diese Fassade für die Sache selbst hielten. Man glaubte,
Rost sei bloß ein ehrgeiziger General, der sich von seiner Kommandierung
zur französischen Vichy-Regierung her noch dazu als Diplomat und Genie
betrachtete. Hinter diesem Feuerwerk aber verbarg Rost seine eigentliche
Tätigkeit. Nur einmal unterlief ihm ein »Fehler«, als er für eine dem
menschlichen Existenzminimum entsprechende Ernährung der russischen
Kriegsgefangenen eintrat; das hat ihm sehr geschadet und wohl auch zu
seiner Versetzung beigetragen.

Im Spätsommer 1943 verbrachten Stauffenberg und Oertzen einige Tage
im Hause des Stellvertretenden Generalkommandos mit der Bearbeitung
der speziellen Ausführungspläne für »Walküre« in Berlin, wobei Generalmajor von Rost es an praktischer Mithilfe nicht fehlen ließ. Um Einblicke
in das Funktionieren und den Einfluß der Berliner Partei- und SS-Stellen,
aber auch in die Schutzvorkehrungen für die Rundfunkanstalten und
ähnliche Einrichtungen zu erhalten, begab sich Rost mit seinem Ordonnanzoffizier so oft wie möglich selbst in die Ämter, wo er natürlich von
etwa gleichgeordneten Würdenträgern empfangen werden mußte. Dabei
wurden dann immer die jeweiligen Vorkehrungen für Katastrophenfälle
aller Art, welche die besuchten Dienststellen getroffen hatten, eingehend
besprochen und auf diese Weise erforscht. Der Generalmajor ließ sich die
weitschweifigen allgemeinen Erklärungen geben, während sein Begleiter,
Oberleutnant Albrecht, Einzelforschungen betrieb. Ebenso besuchte Rost
so oft wie möglich die zum Wehrkreis gehörenden Kasernen, Schulen und
Übungsplätze und unterrichtete, soweit es ging, die Kommandeure oder
Angehörige ihrer Stäbe in vorsichtiger Weise über die Möglichkeit eines
Umsturzes und die dabei zu erfüllenden Aufgaben. Insbesondere beim
Ersatz-Bataillon 9 in Potsdam hatte er in dem Kommandeur, Major Meyer,
und dessen Adjutanten Oberleutnant von Gottberg zuverlässige und einge-
weihte Mitarbeiter, und auch der Kommandeur der Heeresfeuerwerker-
schule I in Berlin-Lichterfelde, Generalmajor Helmuth Schwierz, sagte seine
Mitarbeit nach einigem Zögern im Herbst 1943 zu.

Die Ergebnisse der Erhebungen wurden Stauffenberg mitgeteilt, der
dann auf ihrer Grundlage sowie auf Grund der bei seinem Besuch im
Generalkommando gewonnenen Erkenntnisse die Weisungen für die
generalstabsmäßige Ausarbeitung der Vorbereitungen gab.

Diese ganzen Arbeiten konnten wegen der ständigen Veränderungen
der Lage, der stets neuen Zerstörungen und daraus folgenden Umdisposi-
tionen nie aufhören. Sie wurden bis wenige Tage vor dem 20. Juli 1944
fortgesetzt, allerdings nicht mit gleichbleibender Energie, seit Generalmajor von Rost nicht mehr da war. Die Einwirkungen des Krieges, welche
die organisatorischen Vorbereitungen immer wieder umstießen, erlaubten
andererseits auch ständige Veränderungen in den Planungen für den
Katastrophenfall und damit für den Staatsstreich. Es hatte sich nämlich im
Lauf des Jahres 1943, zumal seit dem Beginn der besonders schweren
Luftangriffe auf Berlin im Sommer, gezeigt, daß für Katastrophenfälle
von den dafür zuständigen Stellen, so vom Reichsverteidigungskommissar
Goebbels und seinen nachgeordneten Ämtern, nicht genügend vorge-
sorgt war. Da sprang das Wehrkreiskommando in die Bresche, und Generalmajor von Rost veranlaßte die Ausarbeitung besonderer Katastrophen-
Pläne im Rahmen von »Walküre«. Unter dieser offiziellen Tarnung wurden Truppenverschiebungen in aller Öffentlichkeit möglich, wenn auch
im Einzelfall von den Parteidienststellen gelegentlich mit Unbehagen
gesehen.

Selbstverständlich hatten die Pläne des Wehrkreiskommandos für den
Katastropheneinsatz nicht nur für die Staatsstreichvorbereitungen, sondern
auch für Katastrophen im gewöhnlichen Verstande Gültigkeit und fanden
dabei wiederholt mit Erfolg Anwendung. Zugleich konnten die Planer
solche Einsätze als Generalprobe betrachten und ausführen lassen. Dies
geschah z. B. gelegentlich eines besonders schweren Luftangriffes im November 1943. Das Regierungsviertel war überaus stark mitgenommen,
und Rost ließ die Panzertruppenschule Krampnitz dorthin rücken, alarmierte u. a. auch das Inf.-Ers.-Batl. 9, worauf Goebbels erregt bei Kortzfleisch anrief und wissen wollte, was »die militanten Fahrzeuge im Regierungsviertel« zu bedeuten haben. Die Truppen hatten von der Alarmierung bis zum Eintreffen im Zentrum von Berlin kaum mehr als eine
Stunde gebraucht.

Es wurde schon gesagt, daß die »Walküre«-Befehle eigentlich politisch
neutral waren. Wohl war es theoretisch möglich, sie auszulösen und Truppen in Marsch zu setzen, aber von da bis zur Besetzung von Regierungs-
gebäuden, Partei- und SS-Dienststellen, SS-Kasernen, Rundfunkanstalten
und Telegraphenämtern, bis zur Verhaftung von Ministern, Gauleitern

und SS-Führern war immer noch ein weiter Weg. Würden entsprechende Befehle wirklich zunächst mit so blindem Gehorsam ausgeführt worden sein, wie man ihn dem deutschen Militär – zur Rechtfertigung ebenso wie als Vorwurf – gerne nachsagt, so wären doch Zweifel und Hemmungen spätestens dann aufgetreten, wenn Widerstand geleistet worden wäre und wenn die Betroffenen, also etwa der wortgewaltige Goebbels, sich den »Unfug« strengstens verbeten hätten. Mit der Lösung dieser Frage beschäftigte sich seit Anfang August 1943 Oberst i. G. von Tresckow, und spätestens seit Ende August half ihm dabei der soeben von schwerer Verwundung nur einigermaßen genesene Oberstleutnant i. G. Graf von Stauffenberg, der sich im Sommer 1943 auf die Frage von General Olbricht hin der Verschwörung zur Verfügung gestellt hatte [179].

Begreiflicherweise sind gerade die Vorgänge, Überlegungen und Tätigkeiten von Tresckow und Stauffenberg in jenen Wochen im August und September 1943 nur wenig geklärt. Beide sind vom 20. auf den 21. Juli 1944 in den Tod gegangen, und die überlebenden Beteiligten wußten nie alles und selten viel; den Rest haben die Turbulenz der Ereignisse, die ständigen Neufassungen der Pläne und Aufrufe und die aus allem folgende Ungenauigkeit der Erinnerung weitgehend verschüttet [180].

Nur so viel ist bis jetzt mit Sicherheit festzustellen: Um den 10. August kam Stauffenberg aus dem Genesungsurlaub, den er seit Ende Juni in Lautlingen verbracht hatte, nach München, um die für eine künstliche rechte Hand nötigen vorbereitenden Operationen vornehmen zu lassen. Diese mußten aber verschoben werden, weil ein Splitter aus dem rechten Arm zu eitern begann. Ebenfalls im August war Stauffenberg zu Besprechungen mit Olbricht, Tresckow und anderen in Berlin, dann fuhr er wieder nach Lautlingen, wo er sich mit seinem Bruder Berthold und Professor Rudolf Fahrner (mit dem die Brüder seit etwa 1934 über den George-Kreis befreundet waren) über Fragen des Umsturzes beriet. Die Operationen für die Sauerbruch-Hand waren zunächst um vier Wochen verschoben worden, aber Anfang September sagte Stauffenberg sie ganz ab und fuhr nach Berlin. Dort bearbeitete er nun mit Tresckow, den er schon seit 1941 kannte, die »Walküre«-Pläne und vor allem die politischen Befehle und Aufrufe [181].

Zu klären waren die zwei Fragenkomplexe: Welche Einzelheiten der Maßnahmen in den Wehrkreisen, besonders in und um Berlin, konnten im voraus festgelegt werden? Wie konnte die Auslösung von »Walküre« am Tage des Staatsstreiches am überzeugendsten erklärt und motiviert werden?

Zur Festlegung der Einzelheiten setzten sich Tresckow und Stauffenberg mit Offizieren ihres Vertrauens in Verbindung. So etwas konnte nun nicht rasch und zügig erledigt werden. Wochen mußten hingehen, bis etwa ein Mitverschwörer in einer Heeresschule oder Garnison wußte, wie ein neuer Mann in Berlin dachte und bis er Vertrauen zu ihm hatte, womit noch lange nicht die Zusammenarbeit im Ernstfall gesichert war. Auf diesem Gebiet war seit September 1943 besonders Stauffenberg unermüdlich tätig und durch sein soldatisches, gewinnendes Wesen auch erfolgreich. Die Hauptarbeit zum Zwecke der Koordination und Sicherung der Befehlsausführung wurde jedoch erst Ende 1943 und im ersten Halbjahr 1944 geleistet [182].

Die Frage, mit welcher Begründung »Walküre« ausgelöst werden solle, wurde zunächst mit der Fiktion von einem angeblichen Dolchstoß der SS beantwortet [183]. Daß er möglich war, ist nicht zu bestreiten; man kennt die Sondierungen Himmlers. Ob so die Truppen in Bewegung zu bringen waren, ist eine andere Frage. Hitlers Tod wollte man nicht sofort erwähnen, obwohl er doch immer die Initialzündung für den Putsch sein mußte und sollte. Im Herbst 1943 jedenfalls dachte man für den allerersten Beginn des Staatsstreiches an der Fiktion festzuhalten, daß um Hitler, nicht gegen ihn gekämpft werde. Das entsprach realistischer Einschätzung der Stimmung im Heer und in der Bevölkerung, aber die praktische Durchschlagskraft der Fiktion war doch zweifelhaft. Es ist auch fraglich, ob man erfolgreicher gewesen wäre, wenn man, wie es Goerdeler stets verlangte, sofort alle Karten auf den Tisch gelegt und das Attentat wie den Umsturz durch die Armee bekanntgegeben hätte [184]. Nicht fraglich ist aber, und dies nicht bloß auf Grund der später gemachten Erfahrungen, daß Unklarheit, Unaufrichtigkeit und Zweideutigkeit bei den angesprochenen Befehlshabern kaum entschlossenes Zupacken bewirken würden.

Die im August und im September 1943 zuerst entworfenen Grundbefehle und Aufrufe, die später bis zum 20. Juli 1944 noch mehrfach überarbeitet und abgeändert wurden, sind bis heute verschollen. Nur die am 20. Juli tatsächlich herausgegebenen Befehle blieben erhalten, weil es nicht allzuschwer war, sie bei den verschiedenen Empfängern einzusammeln. Selbst die Originale dieser Befehle und erst recht die Entwürfe aus dem Herbst 1943 sind der Gestapo nur zum Teil in die Hände gefallen und, soweit dies der Fall war, sehr wahrscheinlich bei Kriegsende vernichtet worden [185]. Soviel ist dennoch mit Sicherheit über den Inhalt der Befehle festzuhalten: Sie verkündeten den Ausnahmezustand und die Übernahme der Vollziehenden Gewalt im Reichsgebiet durch die Wehrmacht unter dem Oberbefehl des Befehlshabers des Ersatzheeres, die Unterstellung aller Behörden und Dienststellen des Reiches, der Partei und der

SS, die Eingliederung der Waffen-SS ins Heer, ferner die Besetzung der Versorgungs-, Verkehrs- und Kommunikationseinrichtungen, die Verhaftung aller hohen Funktionäre der Partei und SS, die Besetzung der Konzentrationslager, das Verbot aller Racheakte und Willkür [186].

Allgemeiner gehaltene Aufrufe sollten das Verhalten der Parteiführer bezeichnen und verurteilen, die Nähe der Katastrophe darstellen, und die Pläne einer Übergangsregierung, die sich zur Rettung des Vaterlandes konstituiert habe, darlegen: Sobald wie möglich solle ein Friedensschluß herbeigeführt werden, jedes weitere Opfer werde nur und allein zur Erreichung dieses Zieles, nicht für irgendwelche Eroberungen, verlangt werden. Von nun an werde unbedingt gesetzlich und rechtlich verfahren, die Verbrechen der bisherigen Regierung werden gesühnt und die Ordnung wiederhergestellt werden. Das war ungefähr der Inhalt eines Aufrufes an die allgemeine Öffentlichkeit. Ein ähnlicher wurde an die Soldaten gerichtet, und ein dritter war besonders für die Frauen bestimmt und forderte sie auf, die ihnen in besonderem Maße gegebenen Kräfte des Heilens, des Ausgleichens, der Liebe und der Versöhnung einzusetzen [187].

Die Entwürfe wurden unter grotesken Umständen ins reine geschrieben von Fräulein Margarete von Oven (später Gräfin von Hardenberg), die früher Sekretärin bei Generaloberst von Hammerstein und bei Generaloberst von Fritsch gewesen war, ferner von Frau von Tresckow und von Gräfin von der Schulenburg (später Gräfin von Rantzau), die im Wehrkreiskommando tätig war [188]. An wechselnden Stellen im Grunewald trafen sich Tresckow und Stauffenberg mit ihren Schreibkräften zu Besprechungen und zum Austausch der Papiere. Weder Tresckow noch Stauffenberg hatten damals geeignete Dienststellen und Büros zur Verfügung. Der Vorgänger Stauffenbergs, Generalmajor Hellmuth Reinhardt, war den Oktober über noch da, um seinen Nachfolger einzuarbeiten, und er war nicht eingeweiht. Große Schwierigkeiten entstanden immer wieder durch Bombenangriffe und Ausfall der Verkehrsmittel, durch die Notwendigkeit, kein Aufsehen zu erregen und durch die Unmöglichkeit, Telephon oder Post zu benützen. Einmal ging Fräulein von Oven mit Tresckow und Stauffenberg nach einem Treffen im Grunewald durch die Trabener Straße und hatte die Befehlsentwürfe unter dem Arm, als ein Mannschaftswagen voll SS-Leuten neben ihnen scharf bremste. Die SS-Leute sprangen ab – und kümmerten sich nicht um die drei Verschwörer, sondern verschwanden in einem Haus [189]. Fräulein von Oven arbeitete in Handschuhen, um keine Fingerabdrücke auf den Papieren zu hinterlassen, die Schreibmaschine wurde nach Gebrauch immer sorgfältig versteckt. Die überholten Entwürfe wurden gründlich und mit Vorsicht vernichtet. Die Vernichtung

größerer Mengen von Papieren war immer ein Problem, sie fiel zu leicht
auf. Am 29. Oktober 1943 nahm Nina Gräfin von Stauffenberg einen
ganzen Rucksack voll Konzepte zur Verbrennung von Berlin mit nach
Bamberg. Im Wehrkreiskommando II am Berliner Hohenzollerndamm
gab es nur Zentralheizung, so daß Papiere blattweise im Becken des
Klosetts verbrannt, die Asche dann hinuntergespült und danach die ruß-
geschwärzten Beckenränder wieder gescheuert werden mußten. –

Generalfeldmarschall von Witzleben sollte ersucht werden, am Tage
der Erhebung den Oberbefehl über die Wehrmacht zu übernehmen und
die Grundbefehle über den Ausnahmezustand zu unterschreiben. Als ihm
Tresckow im Sommer oder Frühherbst die Entwürfe vorlegte und erläuterte, setzte Witzleben ohne Zögern seinen Namen darunter [190]. Aber bis
zu ihrer Verkündung war noch ein langer Weg.

X. Stauffenberg und das Ersatzheer

1. Laufbahn

Claus Schenk Graf von Stauffenberg wurde am 15. November 1907 in Jettingen als Sohn eines hohen königlich-württembergischen Hofbeamten und späteren Oberhofmarschalls des Königs Wilhelm II. aus einer katholischen Familie des schwäbischen Uradels geboren. Seine Mutter, eine geborene Gräfin von Üxküll, war eine Urenkelin Gneisenaus und selbst eine bedeutende Persönlichkeit von eigenem Rang. Seit 1262 sind Namensträger und Burg Stauffenberg bei Hechingen urkundlich belegt. Der später eng an der Verschwörung beteiligte und in mancher Hinsicht führende Bruder Berthold Schenk Graf von Stauffenberg und dessen Zwillingsbruder Alexander waren zwei Jahre älter [1]. Die drei Brüder besuchten in Stuttgart das Eberhard-Ludwig-Gymnasium, Berthold wurde Jurist, Alexander Historiker und Claus wurde Berufsoffizier.

Berthold Graf Stauffenberg studierte Rechts- und Staatswissenschaften, und zwar mit einer Leichtigkeit, um die ihn seine Kommilitonen beneideten [2]. Später wollte er in den diplomatischen Dienst. Nach dem Referendarexamen und einer Dienstzeit am Amtsgericht kam er an das Kaiser-Wilhelm-Institut für internationales Recht und Völkerrecht (heute Max-Planck-Institut) in Berlin, 1931 an den Internationalen Gerichtshof in Den Haag. 1934 kehrte er wieder an das Institut in Berlin zurück und betätigte sich wissenschaftlich. Allmählich spezialisierte er sich auf das Kriegsrecht, besonders das Seekriegsrecht, und so wurde er bei Kriegsausbruch als Berater für völkerrechtliche Fragen zur Seekriegsleitung einberufen. Er hatte dort großen Einfluß, mit der festen Unerbittlichkeit des Rechtskundigen beantwortete er die an ihn herangetragenen Fragen und trug viel dazu bei, der Verwilderung der Kriegssitten zu wehren [3].

Die Laufbahn des Offiziers Claus Graf Stauffenberg, der zunächst daran gedacht hatte, Architekt zu werden, begann nach dem Abitur im Jahre 1926 mit dem Eintritt als Fahnenjunker in das Bamberger Reiter-Regiment 17. Am 1. Januar 1930 wurde er dort Leutnant, am 1. Mai 1933 Oberleutnant. Von 1936 bis 1938 besuchte er die Kriegsakademie und wurde dann der 1. Leichten Division in Wuppertal unter Generalleutnant

Erich Hoepner als Ib zugeteilt. Im Herbst nahm er an der Besetzung des Sudetenlandes teil, ein Jahr darauf am Polenfeldzug und im Mai 1940 am Frankreichfeldzug. Die 1. Leichte Division war zu Beginn des Krieges zur 6. Panzerdivision umgewandelt worden. Im Mai 1940 wurde Stauffenberg in die Organisationsabteilung im Generalstab des Heeres berufen und blieb dort bis Anfang 1943. Nach seinem Einsatz in Afrika vom Februar bis April 1943 und seiner dort erlittenen schweren Verwundung – er verlor die rechte Hand, die beiden letzten Finger der linken und das linke Auge – verbrachte er Monate im Lazarett, und nach längerem, aber für die Ausheilung viel zu kurzem Erholungsurlaub trat er am 1. Oktober 1943 endgültig die Stelle eines Chefs des Stabes im AHA unter General Olbricht an, auf die er schon seit 15. September 1943 kommandiert war [4].

Über die Persönlichkeit Stauffenbergs ist hier nur kurz und zusammenfassend zu berichten. Theodor Pfizer hat den Brüdern Stauffenberg die unmittelbarste und verständnisvollste Schilderung der Entwicklung und Umgebung ihrer Jugend gewidmet, an der er selbst als Schul- und Studienfreund teilgenommen hat, Eberhard Zeller verdankt man eine umfassendere, ebenfalls einfühlsame und liebevolle Studie, und Joachim Kramarz ist den einzelnen Umständen und Vorgängen besonders für die Zeit bis Anfang 1943 mit Sorgfalt nachgegangen und hat vieles geklärt [5]. Mißverständnisse und wohlgemeintes Schweigen überlagern aber bis heute das Stauffenberg-Bild, deshalb sei das Zurechtrücken nicht nur den Biographen überlassen. Einige wesentliche Punkte mögen genügen.

Viele seiner Kameraden haben von Stauffenberg Redensarten gehört, aus denen sie schlossen, er begrüße und unterstütze das nationalsozialistische Regime; erst nach dem 20. Juli mußten sie sich fragen, was davon Überzeugung und was Tarnung war. Von politischen, sozialen und geschichtlichen Dingen sprach Stauffenberg immer gern, und auch der griechischen Philosophie gehörte seit der Gymnasialzeit seine Neigung. Die Kameraden beim Militär hatten aber eher andere Interessen, waren einfacher Art und verbaten sich auch gelegentlich das ständige Politisieren Stauffenbergs, das ihnen zu anspruchsvoll und lästig war [6]. Es gab viele spätere Gegner des Regimes, die anfangs ihre Hoffnungen und ihre Kraft an die »Bewegung« setzten, wie z. B. Fritz-Dietlof Graf von der Schulenburg. Auch ein später so entschiedener Gegner der Nationalsozialisten wie Oberst i. G. Albrecht Ritter Mertz von Quirnheim ließ sich anfangs von der SA begeistern und wurde erst um die Mitte der dreißiger Jahre im Infanterie-Regiment 5 unter dem Einfluß von Oberst Max von Viebahn ausgeglichener, bis ihm dann in den letzten Jahren vor dem Krieg vollends die Augen aufgingen [7].

Aber Stauffenberg war niemals Nationalsozialist, weder im formalen Sinne noch als Anhänger aus irregeleitetem Idealismus.

Immer wieder wird berichtet, am 30. Januar 1933 habe Stauffenberg sich in Uniform an die Spitze einer begeisterten Menschenmenge gestellt, die durch Bamberg gezogen sei [8]. Das ist eine Legende, der Vorgang hat nie stattgefunden. Zwar gab es am Abend des 30. Januar 1933 einen von der NSDAP organisierten Fackelzug in Bamberg, aber ohne Beteiligung Stauffenbergs, der als Soldat an Parteiveranstaltungen ohnehin nicht teilnehmen durfte [9].

Tatsächlich hat sich folgendes ereignet, worauf die Legende, in einem Kasinogespräch zuerst formuliert, anscheinend basierte [10]: Am 31. Januar 1933, also nicht am Tage der »Machtergreifung«, ritt die 5. Eskadron des Reiter-Regiments 17 unter Führung des damaligen Rittmeisters Hasso von Manteuffel von einer Übung zurück zur Kaserne. Sie kam durch die Stadt und passierte das Rathaus, wo die Hakenkreuzfahne gehißt wurde, und ritt auf Manteuffels Befehl in Achtunghaltung an der Fahne vorbei, nachdem der Eskadronführer erfahren hatte, die Hakenkreuzfahne sei nun zur Staatsflagge erhoben worden (was nicht stimmte) [11]. Manteuffel erhielt eine scharfe Rüge, nach seiner eigenen Auffassung zu Recht, da er sich nicht erst vergewissert hatte, ob das ihm Zugetragene auch stimmte.

Aus dieser ziemlich harmlosen Sache hat also die Legende den NS-begeisterten Stauffenberg gemacht. Niemand von den Offizieren des R. R. 17 war aber damals von der Machtergreifung begeistert, und Stauffenberg war sogar eher noch skeptischer als seine Kameraden. Als 1933 die schwarz-weiß-rote Kokarde an der Uniformmütze durch den bekannten Adler ersetzt und dies von den jungen Offizieren des Regiments, auch von Freiherrn von Süßkind-Schwendi, der den Vorgang berichtet, mit Jubel begrüßt wurde, da warf gerade Stauffenberg »sehr ernst« die Frage auf, »ob dieser Maßnahme nicht schlimme Dinge folgen könnten« [12].

Das schließt nicht aus, daß Stauffenberg den Aufstieg und den Erfolg Hitlers mit Interesse, ja fasziniert beobachtete [13]. Er war angesprochen von dem neuen Schwung, mit dem anscheinend »die Kruste bürgerstaatlicher Gewohnheit« durchbrochen und der Weg zu neuen Gestaltungen geöffnet wurde, von den Idealen der völkischen, d. i. gemeinsamen, einsinnigen und gemeinnützigen Existenz des Volkes, in der die Konflikte, wo nicht aufhören, so doch im Bewußtsein der Forderungen des Ganzen und in der Gemeinsamkeit überwunden werden könnten. Die Versöhnung des Nationalen mit dem Sozialistischen war ebenfalls ein Ziel, dem man zustimmen konnte.

Aber Nationalsozialist in der von Hitler geführten »Bewegung« konnte

ein Mann von der Herkunft und der Bildung Stauffenbergs doch nicht so
leicht werden. Zu seinen Ahnen, denen er sich verbunden fühlte, gehörten
die preußischen Feldmarschalle August Graf Neidhart von Gneisenau
und Johann Graf Yorck von Wartenburg, seine Familie war nicht übertrieben adelsstolz, aber traditionsbewußt. In der demokratisch-liberalen
Residenz Stuttgart hatte er das Eberhard-Ludwig-Gymnasium besucht,
den Geist des Gymnasium Illustre in sich aufgenommen, Latein und
Griechisch gelernt, die Klassiker der Geschichte, der Philosophie und
der Dichtung gelesen. 1923 war er, sechzehnjährig, zum Kreis um Stefan
George gekommen[14]. Schon vier Jahre vorher hatte Rainer Maria Rilke
der Mutter Stauffenbergs angesichts einer Photographie der drei Brüder
geschrieben, dies seien »vielfach künftige Knaben«[15]. Trotz einiger un-
bestreitbarer Affinität zwischen den geistigen Ahnen Georges und denen
mancher Gedanken, welche die Nationalsozialisten als ihr eigen ansahen,
waren George und sein Kreis durch Welten getrennt vom Nationalsozialismus, so wie er sich in Wirklichkeit manifestierte. Die bizarren Auswüchse im Kult um George, auf die gelegentlich verwiesen wird[16],
stammten überdies nicht so sehr von ihm, als von gewissen »Jüngern«.
Gerade die Brüder Stauffenberg traten allem Falschen und Hohlen konsequent entgegen[17]. Stefan George selbst entzog sich den Ehrungen,
die er zu seinem 65. Geburtstag, dem 12. Juli 1933, befürchtete. Er
verließ Bingen am 8. Juli und fuhr zunächst nach Berlin. Von da reiste
er nach Wasserburg am Bodensee, dann nach Heiden im Appenzell
und schließlich im September zum gewohnten Winteraufenthalt in
Minusio bei Locarno. Als er dort am 4. Dezember 1933 starb, waren die
drei Brüder Stauffenberg mit noch acht anderen Freunden Georges an
seinem Totenbett[18].

Was das neue Regime gebracht hatte, entsprach also in keiner Weise
Stauffenbergs Vorstellungen und Gedanken von einem neuen staatlichen
Leben. Die Vorgänge vom 30. Juni 1934 hat er nach dem Bericht seiner
Witwe noch als Selbstreinigung der Partei angesehen, und als Angehöriger der Reichswehr hatte er für die SA mit ihren bekannten Ambitionen
und ihrem Rabaukentum nicht viel übrig[19]. Aber schon kurz danach – und
man kann da gar nicht von einer »Wandlung« oder »Bekehrung« reden,
wie oben schon ausgeführt wurde – besprach er mit einem Freund die
Möglichkeit, das NS-System gewaltsam zu beseitigen; daß es nur »von
oben« geschehen konnte, wußte er damals schon[20]. Wieder schließt das
nicht aus, daß Stauffenberg Ideen bejahte, die er für gut hielt, auch wenn
sie zugleich von den Nationalsozialisten vertreten und in Anspruch genommen wurden. Denn auf eine Ideologie ließ er sich nie festlegen, er

sah immer etwas Primitives, etwas gefährlich Beschränktes in Leuten, die sich »zu einer Weltanschauung durchrangen«. Er war selbst innerlich frei und paßte in kein geistiges oder ideologisches Schema.

Aber über die Verderbtheit der Machthaber konnte sich ein Mann wie Stauffenberg nicht täuschen. Er pflegte Hitler den »Tapezierer« zu nennen und sagte immer wieder, er könne nicht der Untertan eines Kleinbürgers sein[21]. Seit 1936 befaßte er sich immer mehr mit dem Gedanken, wie und wo »›ein Durchbruch‹« geschehen könnte. Seit dem Winter 1938/39 war er entschlossen, selbst dazu beizutragen, wenn er irgend konnte[22]. Hatte er den »Anschluß« Österreichs noch begrüßt, so verurteilte er nun die Besetzung des Sudetenlandes und danach der »Resttschechei« als den Ausdruck unerlaubter Hybris. Zu Professor Fahrner sagte er damals: »›Der Narr macht Krieg.‹«

Als dann im September 1939 der Krieg begann, kaufte sich Stauffenberg noch einen Stoß Kröner-Bände, darunter Werke von Leibniz, die er mit ins Feld nahm. Zu seinem Wuppertaler Buchhändler sagte er dabei, trotz der Furchtbarkeit eines Krieges sei das Ausrücken doch auch eine Erlösung, der Krieg sei ja schließlich sein Handwerk von Jahrhunderten her[23].

Als die Feldzüge gegen Polen und Frankreich über alle Erwartungen glänzend verliefen, hat Stauffenberg den Anteil Hitlers an diesen Erfolgen nicht verkannt. Nach der Schlacht von Dünkirchen sagte er seiner Frau: »›Der Mann hat Gespür für Militärisches. Er hat *gewußt*, entgegen den Generalen, daß die Maginotlinie zu durchbrechen ist... Er hat bei der Einkesselung von Dünkirchen einen Fehler gemacht – er wird ihn nicht wiederholen.‹«[24] Bei einem Urlaub sagte er seinem Buchhändler in Wuppertal, der sich die scheinbare Verwandlung des jungen Offiziers gar nicht erklären konnte und meinte, er habe doch früher so gut auf den Kleinbürger schimpfen können: »›Der Vater dieses Mannes war kein Kleinbürger. Der Vater dieses Mannes ist der Krieg.‹«[25]

Etwa um dieselbe Zeit, nach dem Feldzug gegen Polen erhielt Stauffenberg den Besuch seines Onkels, Nikolaus Graf von Üxküll, und des ihm von früher bekannten Fritz-Dietlof Graf von der Schulenburg, die ihm von den Vorgängen in Deutschland und wohl auch in Polen hinter den Linien erzählten und ihn zu aktiver Teilnahme an der Opposition bewegen wollten. Er müsse versuchen, in eine Stelle zu kommen, von der aus er eingreifen könnte. Aber Stauffenberg erwiderte darauf, er sei noch nicht soweit[26]. Er fühlte sich noch nicht reif für die Tat, und die Situation schien ebenfalls nicht geeignet. 1941 sagte er auf eine ähnliche Frage: »›Noch siegt er zu sehr.‹«

An aktive Umsturzversuche konnte der damalige Major natürlich ohnehin nicht denken. Das Attentat wurde damals in der Opposition, zu der Stauffenberg der Haltung und Einstellung nach gehörte, noch kaum erwogen, außer in dem Kreis um Oster. Zunächst hat Stauffenberg sich seiner Aufgabe, die er in freiem Entschluß 1926 gewählt hatte, mit Eifer und Hingabe gewidmet. Er war Soldat, und er wollte sein Teil zum Erfolg der deutschen Waffen beitragen, wenn er auch mit dem Ziel nicht einverstanden und hinsichtlich der Erfolgsaussichten im großen skeptisch war [27]. Er sah die Dinge, wie viele Soldaten sie bis zum Schluß sahen: alle Anstrengungen für den Sieg oder für das durch die Waffen erzwungene Unentschieden, das war vaterländische Pflicht [28]. Diese Pflicht hat Stauffenberg auch dann noch bis zum letzten Tag mit dem Einsatz aller Kräfte erfüllt, als er längst für die Rettung des Vaterlandes gegen den Führer und Obersten Befehlshaber der Wehrmacht konspirierte. Als Moltke 1941 oder Anfang 1942 nach Offizieren in einflußreichen Stellungen Umschau hielt, die für die Beteiligung an der Widerstandsbewegung in Frage kommen könnten, hatte er Hans Christoph Freiherrn von Stauffenberg gefragt, ob denn nicht mit seinem Vetter im Hauptquartier etwas zu machen wäre [29]. Freiherr von Stauffenberg fragte darauf bei Berthold Graf von Stauffenberg an und erhielt nach einigen Wochen von ihm Bericht: »›Ich habe mit Claus gesprochen. Er sagt, wir müssen zuerst den Krieg gewinnen. Während des Krieges darf man so etwas nicht machen, vor allem nicht während eines Krieges gegen die Bolschewisten. Aber dann, wenn wir nach Hause kommen, werden wir mit der braunen Pest aufräumen.‹«

Gerade weil Stauffenberg gern Soldat war, quälte ihn die Ineffizienz der Wehrmachtführung, die er im Generalstab unmittelbar kennenlernte. Ganz besonders brachten ihn die lügenhaften Versprechungen Görings über die Möglichkeiten der Luftwaffe in Wallung, die sich niemals erfüllten [30]. Den Krieg hielt er nun für nicht mehr zu gewinnen, hoffte aber 1942 noch, daß durch konsequente Rüstungspolitik und vernünftige militärische Führung wenigstens im Osten die Niederlage zu vermeiden wäre. Mit allen Kräften versuchte er, die organisatorischen Mängel abzustellen, die dem im Wege standen. Als er die Aussichtslosigkeit Ende 1942 deutlicher als je und voller Verzweiflung erkannte, da war er durch die Versetzung an die Front erleichtert [31]. Damals sagte er auch, als die Rede auf Hitler kam und auf die Frage, wie dessen Führungsweise zu ändern wäre: »›Töten.‹« [32] Schon im Sommer 1942 hatte er sich einmal ähnlich geäußert [33].

Nun versuchte er auch, Heerführer in den dazu geeigneten Stellungen zum entschlossenen Widerstand gegen Hitler zu gewinnen, womöglich zu einer gemeinsamen Aktion [34]. Aber niemand wollte etwas tun, obwohl

alle die Notwendigkeit des »Handelns« einsahen. Im Januar 1943 besuchte
er Generalfeldmarschall von Manstein an der Front in Taganrog und
stellte ihm die Notwendigkeit eines Staatsstreiches vor[35]. Manstein lehnte
mit den bekannten Gründen ab – die Ostfront würde dann zusammenbrechen, Meuterei würde die Armee zugrunde richten. Wenn er einen
Staatsstreich für möglich und nötig gehalten hätte, so erinnerte sich der
Heerführer nach dem Kriege, hätte er ihn schon selbst ausgeführt.

Kurz darauf wurde Stauffenberg zum Afrikakorps versetzt. Etwa am
8. Februar 1943 reiste er von München ab, um seine Stelle als Ia der
10. Panzerdivision anzutreten. Der Kommandeur und der Ia der Division
waren am 4. Februar auf eine Mine gefahren, Generalleutnant Wolfgang
Fischer war tot, Oberst i. G. Wilhelm Bürklin war schwer verletzt[36]. Am
7. April 1943 wurde Stauffenberg selbst bei einem Tieffliegerangriff bei
Gafse schwer verwundet. Noch auf dem Hauptverbandplatz wurden ihm
die rechte Hand über dem Handgelenk sowie der Klein- und der Ringfinger der linken amputiert, und das linke Auge mußte ebenfalls herausgenommen werden. Nach drei Tagen brachte man ihn nach Tunis in
ein Lazarett, und dort kam er mit einem der letzten Truppentransportschiffe
nach Italien (die Division ging im Mai in Gefangenschaft). Am 21. April
kam Stauffenberg in ein Lazarett in München, wo eine Mittelohropera-
tion und später noch eine Kniegelenksoperation vorgenommen wurden.
Von Ende Juni bis Anfang August verbrachte er einen Genesungsurlaub
in Lautlingen, etwa am 9. August fuhr er wieder nach München, wo
mit den vorbereitenden Operationen für eine Sauerbruch-Hand begonnen werden sollte, aber ein Splitter begann aus dem rechten Arm her-
auszueitern und die Operationen mußten verschoben werden. Zweimal
war Stauffenberg auf dem Weg nach bzw. von Berlin im August in Bamberg bei seiner Frau und fuhr anschließend an seinen zweiten Besuch
in Bamberg wieder nach Lautlingen, wo er sich mit seinem Bruder Berthold und mit Professor Fahrner besprach. Nun wurde Stauffenberg zum
hauptsächlichen Motor der Attentatversuche vom Herbst 1943 bis zum
20. Juli 1944.

Manche seiner Bekannten bemerkten an Stauffenberg nach seiner
Verwundung einen verzehrenden Tatendrang, den einige auch für Ehrgeiz hielten[37]. Dem Oberst Hansen kam Stauffenberg im Juli 1944 nervös, launisch und »durchgedreht« vor, was Hansen auf die schweren Ver-
wundungen zurückführte, und auch der Chirurg Ferdinand Sauerbruch
fand im Sommer 1944, daß Stauffenbergs Gesundheitszustand ein solches
Unternehmen, wie er es vorhatte, durchaus verbiete. Stauffenberg selbst
war überzeugt, daß es eine Gnade sei, eine so schwere Verwundung

überlebt zu haben. Seit seiner frühen Jugend hatte er das Gefühl der Bestimmung zu etwas Außerordentlichem, das er nun merkwürdig bestätigt fand. Er habe das Gefühl, sagte er seiner Frau, er müsse nun etwas tun, um das Reich zu retten – aber nicht nur das; zum Sohn des Chirurgen Sauerbruch, Peter Sauerbruch, sagte er damals: »»Ich könnte den Frauen und Kindern der Gefallenen nicht in die Augen sehen, wenn ich nicht alles täte, dieses sinnlose Menschenopfer zu verhindern.«« [38] Gerhard Ritter entdeckte in Stauffenberg »ein Stück dämonischen Machtwillens«; nach seinen Worten »wäre ohne die Entschlossenheit Stauffenbergs die Oppositionsbewegung in mehr oder weniger ratloser Passivität versackt«.

Was er wollte, war die Rettung Deutschlands, die Beendigung des Krieges und des millionenfachen Mordens und Zerstörens. Was ihm für die Zeit danach vorschwebte, ist in Worten enthalten, die in einem Eid die besonders eng Verbündeten der Verschwörung auch künftig zusammenhalten sollten und die Zeller mitteilt: »»Wir wollen eine neue Ordnung, die alle Deutsche zu Trägern des Staates macht und ihnen Recht und Gerechtigkeit verbürgt, verachten aber die Gleichheitslüge und beugen uns vor den naturgegebenen Rängen. Wir wollen ein Volk, das in der Erde der Heimat verwurzelt, den natürlichen Mächten naheblebt, das im Wirken in den gegebenen Lebenskreisen sein Glück und sein Genüge findet und in freiem Stolze die niederen Triebe des Neides und der Mißgunst überwindet. Wir wollen Führende, die, aus allen Schichten des Volkes wachsend, verbunden den göttlichen Mächten, durch großen Sinn, Zucht und Opfer den anderen vorangehen.«« [39]

2. Attentatversuche: Bussche, Kleist, Breitenbuch

Am 1. Oktober 1943 trat Stauffenberg seine Stelle als Chef des Stabes im AHA unter General Olbricht in Berlin an. Mit den »Walküre«-Plänen, in deren Materie er als Verfasser einer preisgekrönten Arbeit über »Gedanken zur Abwehr feindlicher Fallschirmeinheiten im Heimatgebiet« schon vor dem Krieg anerkannter Experte war, hatte er sich während des Sommers inoffiziell vertraut gemacht und ihre Gestaltung wahrscheinlich mit beeinflußt [40]. Kurze Zeit nach Stauffenbergs Dienstantritt mußte Oberst i. G. von Tresckow seine ziemlich abseits vom Zentrum der Verschwörung gelegene Stellung als Kommandeur eines Regiments übernehmen. Aber nun bemühte sich Stauffenberg um die Schaffung der Voraussetzung für die Auslösung von »Walküre«, nämlich um die »Initialzündung«.

Die Pläne für den Staatsstreich waren vorläufig so weit abgeschlossen, daß Stauffenberg Ende Oktober mit der Auslösung für etwa 10. November rechnete[41]. Er hielt es nun für unverantwortlich, noch länger warten oder gar erst den Krieg gewinnen zu wollen. Dem nationalsozialistischen Regime und seiner Führung, die jedes Maß verloren hatte und das deutsche Volk bedenkenlos in die Vernichtung zu führen im Begriffe stand, mußte mit Gewalt ein Ende gemacht werden[42]. Es blieb nur noch die Frage wie.

Zwei Möglichkeiten standen zur Debatte: 1. Man konnte Hitler durch Einnahme seines Hauptquartiers von außen gefangennehmen oder töten. 2. Ein Attentäter, der offiziellen Zugang zum Hauptquartier hatte, konnte ein Attentat ausführen. Bei den wenigen »öffentlichen« Auftritten Hitlers in diesen letzten Jahren des Krieges bestand nur geringe Aussicht auf einen erfolgreichen Anschlag, schon die Vorbereitungen wären fast mit Sicherheit entdeckt worden, die nötige Koordinierung der Staatsstreichmaßnahmen wäre unmöglich gewesen.

In seiner Stellung und mit seinen Verbindungen war es für Stauffenberg nicht allzu schwer, sich über Hitlers jeweilige Aufenthaltsorte zu unterrichten. In den meisten Fällen unmöglich aber war es, *vorher* zu wissen, wann sich Hitler wohin begeben würde, wenn er den Aufenthalt wechselte. (Über die Maßnahmen zur Geheimhaltung, über Hitlers plötzliche Entschlüsse und über die Gewohnheit, das Transportmittel erst im letzten Augenblick zu wählen, wird im Exkurs berichtet.)

Bei der Suche nach dem Mann, der als Attentäter in Frage kommen konnte, dachte Stauffenberg zunächst an Oberst i. G. Stieff. Er war im OKH als Chef der Organisationsabteilung tätig und hätte Zutritt zu Hitler erhalten können, regelmäßiger Teilnehmer der Lagebesprechungen war er allerdings nicht[43]. Ende Oktober 1943 trat Stauffenberg im OKH »Mauerwald« an Stieff mit der Frage heran, ob er das Attentat auf Hitler ausführen könne. Stieff lehnte nach gründlicher Überlegung ab, bewahrte aber den Sprengstoff bei sich auf, den Stauffenberg mitgebracht hatte. Vor der Gestapo und vor Gericht sagte Stieff natürlich aus, er habe für seine Person den Mordanschlag abgelehnt; seine Briefe an seine Frau weisen aber ebenfalls in diese Richtung. Immerhin muß Stauffenberg eine Zeitlang geglaubt haben, Stieff werde das Attentat ausführen; denn dies äußerte er gegenüber Professor Fahrner[44].

Man trat dann an Oberst d. G. Joachim Meichßner in der Abteilung Organisation des WFSt heran, der aber gleichfalls ablehnte oder keine Möglichkeit sah. Auch er gehörte nicht zu den regelmäßigen Teilnehmern der Lagebesprechungen. Dies vor der Gestapo als Grund der Ablehnung anzugeben, wäre natürlich selbstmörderisch gewesen, es war besser, wie Stieff von prinzipiellen Erwägungen zu sprechen, was übrigens in vielen

Fällen zutraf. Noch Anfang 1944, zwischen Ende Februar und Ende Mai, versuchte Stauffenberg selbst, Meichßner für den Anschlag gegen Hitler zu gewinnen, aber Meichßner wollte nicht oder nicht mehr [45].

Stauffenberg mußte sich inzwischen weiter umsehen. Er selbst kam nicht in Frage, erst als Chef des Stabes bei Fromm (kommandiert mit Wirkung vom 20. Juni, endgültig ernannt mit Wirkung vom 1. Juli 1944) bekam er Zutritt zur Lagebesprechung, auch dann nur gelegentlich, aber davon wußte er bis zum Sommer 1944 noch nichts. Da kam ihm Fritz-Dietlof Graf von der Schulenburg zu Hilfe, der als Reserveoffizier dem Infanterie-Ersatz-Bataillon 9 angehörte.

Schulenburg war während des Krieges unter den treibenden Kräften der Umsturzbewegung und hat dabei mit charakteristischer Kühnheit gehandelt. Etwa im August 1942 war er an den nach schwerer Verwundung und mehrmonatigem Lazarettaufenthalt »g. v. H.« (garnisondienstverwendungsfähig Heimat) geschriebenen Oberleutnant Helmut von Gottberg herangetreten, der im Inf.-Ers.-Batl. 9 seit Mai 1942 Ordonnanzoffizier, seit September 1942 Adjutant (IIa) war. Schulenburg machte ihn in großen Zügen mit der Absicht der gewaltsamen Beseitigung Hitlers bekannt und versicherte sich seiner Bereitschaft zur Teilnahme [46]. Zum selben Bataillon wie Gottberg gehörte damals auch Leutnant Ewald Heinrich von Kleist, der ebenfalls an der Verschwörung beteiligt und einer der Protegés von Schulenburg war [47]. Endlich war auch der aus demselben Infanterie-Regiment 9 hervorgegangene, hochdekorierte Hauptmann Axel Freiherr von dem Bussche mit Schulenburg befreundet.

Schon seit einiger Zeit hatte sich auch Schulenburg »umgesehen«, und im Frühjahr 1943 hatte er deswegen beträchtliche Schwierigkeiten bekommen. In jener unsicheren Zeit, kurz nach der Stalingrad-Katastrophe, den Prozessen gegen die Geschwister-Scholl-Gruppe, in der Zeit, als Attentatversuche in Smolensk und in Berlin mißglückten und die Aktionszentrale der Opposition im Amt Ausland/Abwehr des OKW durch die Verhaftung von Oster, Dohnanyi und anderen zerschlagen wurde und überhaupt viele Gerüchte im Umlauf waren, und zu der Zeit, als auch Himmler auf verschwörerischen Abwegen zu wandeln begann, da war das Gerücht aufgetaucht, Schulenburg suche »zuverlässige Offiziere«. In einem unangenehmen Verhör mußte er Rede und Antwort stehen, wurde aber dann zum Glück nicht weiter verfolgt [48]. Er ließ sich auch nicht erschrecken und war nun im Herbst 1943 wieder eifrig für die Förderung der Attentatpläne tätig. Er vermittelte eine Zusammenkunft zwischen Stauffenberg und Bussche.

Bussche war Soldat, sehr guter Soldat und auf ungezählten Spähtruppunternehmen hervorragend bewährt; er trug EK I und II, dazu das Deutsche Kreuz in Gold, 1944 erhielt er das Ritterkreuz und das Goldene Verwundetenabzeichen. Als Zögling des I.R. 9 hatte er die alten, guten Grundsätze und Ideale des Soldatentums, des ritterlichen Kampfes und des menschlichen Anstandes gelehrt und bestätigt bekommen. Er war deshalb, wie viele seiner Kameraden, schon »in der Grundstimmung dagegen«, gegen das Regime, worin das ausdrückliche Verbot der soldatischen Ritterlichkeit durch Hitler ihn nur bestärken konnte [49].

Wegen eines Lungenschusses galt Bussche seit Frühjahr 1942 als nicht mehr fronttauglich und wurde Adjutant im Reserve-Regiment 23 in Potsdam. Von General Olbricht persönlich erhielt er den Auftrag, das Offizierkorps des Regiments möglichst von Nationalsozialisten freizuhalten. Als dann im Sommer 1942 große Teile des Ersatzheeres als Besetzungstruppen nach Rußland verlegt wurden, fand sich Bussche unversehens erst in der Ukraine und dann auf der Halbinsel Krim als Regimentsadjutant seiner geteilten Einheit. Auf dem Flugplatz von Dubno in der Ukraine wurde er im Herbst 1942 Zeuge einer Massenerschießung von mehr als tausend Juden. Was er sah, wurde ihm zum entscheidenden existentiellen Erlebnis.

Bussche kam zufällig dazu und sah alles: Ukrainische SS-Leute führten die Juden heran, ließen sie sich entkleiden und mit dem Gesicht nach unten in die vorher von anderen inzwischen schon erschossenen Juden ausgehobenen Gruben auf ihre toten oder noch zuckenden Leidensgenossen legen, dann wurden sie durch Schüsse in den Hinterkopf umgebracht. Die SS-Leute taten das in aller Ruhe und Ordnung, es war sichtlich eine befohlene Dienstverrichtung. Bussche hatte schon davon gehört, er wußte genug über die Befehlsverhältnisse der Diktatur, um zu wissen, daß das alles auf höheren Befehl, letzten Endes auf höchsten Befehl geschah, es war ja durchaus kein Einzelfall; nur sah er es hier zum ersten Mal mit eigenen Augen. Er begriff, was er sah: Massenmord auf Befehl der Regierung, deren Befehle auch er ausführte, der er einen Eid geschworen hatte, und die sein Vaterland regierte. Bussche erinnerte sich an den Wortlaut des Notwehrparagraphen 227 im Bürgerlichen Gesetzbuch, den man den Rekruten in seinem Regiment beigebracht hatte und der zur Notwehr diejenige Verteidigung erklärt, die nötig ist, »um einen gegenwärtigen rechtswidrigen Angriff von sich oder einem anderen abzuwenden«. Die Definition »rechtswidriger Angriff« traf offensichtlich zu, es war nicht denkbar, daß alle diese vielen hundert Menschen rechtmäßig zum Tode verurteilt waren. Es konnte sich auch nicht um Partisanen handeln; denn es waren viele Frauen und Kinder dabei.

Bussches erster Gedanke war, entsprechend dem Notwehrparagraphen Einhalt zu gebieten, aber es war ihm sofort klar, daß er dazu keine Möglichkeit hatte. Wenn sich, was kaum zu erwarten war, die SS-Männer von ihm überhaupt stören ließen, so wäre jedenfalls am nächsten Tag die »Sonderbehandlung« der Juden in Dubno wie auch anderswo fortgesetzt worden. Anders gesagt: vom Symptom her konnte ein Hauptmann, auch ein hochdekorierter, nichts ändern. Die Beseitigung des obersten Massenmörders war aussichtsreicher.

Erst später, nach vielem Nachdenken, verfiel Bussche noch auf eine andere mögliche Antwort auf die an ihn in Dubno gestellte existentielle Frage: eine christliche Antwort. Er hätte sich, meint er heute, wie die Juden entkleiden, in den Todesgang einreihen und in die Grube legen müssen, um sich mit den Juden erschießen zu lassen. Damit hätte er gezeigt, daß alle Beteiligten, Juden, Mörder und er, der zufällig dazu gekommene Hauptmann, zuerst und gemeinsam Menschen waren. Man hätte ihn wohl nicht erschossen und vielleicht gar die »Sonderbehandlung« für diesmal abgebrochen, vielleicht wären höhere Befehlshaber zur Besinnung gekommen, oder es hätte sich im Heer eine spontane Widerstandsbewegung entwickelt. Aber viel wahrscheinlicher hätte man Bussche ins Irrenhaus oder ins Konzentrationslager gesteckt. Praktisch wäre die christliche Antwort des Mitleidens wirkungslos gewesen.

Damals jedoch, nach dem Erlebnis in Dubno im Herbst 1942, war Bussches Bereitschaft zu einer Tat gegen Hitler so groß, daß ihr nichts als die Gelegenheit fehlte. Daran hatte sich nichts geändert, als im Oktober 1943 Schulenburg eine Zusammenkunft zwischen Bussche und Stauffenberg im Lager Düppel in Berlin-Zehlendorf vermittelte, der ein weiteres Gespräch im November folgte. Stauffenberg fragte Bussche, ob er bereit sei, ein Attentat auf Hitler auszuführen, und Bussche sagte zu.

Die Möglichkeit eines Pistolenattentats wurde nur kurz erwähnt. Man stimmte überein, daß es zu risikoreich sei und zu wenig Erfolgsaussicht biete. Die Gefahr der Entdeckung war groß, die Unsicherheit des Schusses gar nicht zu verantworten, dazu kam die Überzeugung von der kugelsicheren Weste Hitlers. Zur Lagebesprechung hatte Bussche natürlich keinen Zutritt. Stauffenberg hatte einen ganz anderen Plan.

In den Jahren 1942 und 1943 waren allerhand neue Ausrüstungs- und Uniformstücke entwickelt worden, insbesondere Winterkleidung für die Kämpfe in Rußland. Es mußte sich eine Gelegenheit finden lassen, die Ausrüstung Hitler durch einen attentatbereiten und notfalls zum Selbstopfer entschlossenen Offizier vorführen zu lassen: Bussche. Dieser sollte die Vorführung durch drei oder vier als Mannequins auftretende Soldaten leiten und die Eigenschaften des Materials und der Ausrüstung sachkundig erklären. Dabei würde er eine vorbereitete Sprengladung bei sich führen, zünden, auf Hitler zuspringen und ihn bis zur Explosion umklammert halten.

Bussche hatte mehrere Vorzüge, die ihn zum idealen Kandidaten für eine Vorführung der beschriebenen Art machten, abgesehen von der inneren Verpflichtung zur Tat. Er hatte an der ganzen Ostfront gekämpft, von Leningrad bis zur Halbinsel Krim, er hatte Truppenerfahrung und hohe Tapferkeitsauszeichnungen, und sein Äußeres war »nordisch«, was man damals sehr schätzte.

Es war auch erwogen worden, ob Bussche den Sprengstoff in seiner Aktentasche mitbringen könnte, mit den Unterlagen für die Vorführung. Aber sicher genug war das nicht. Schulenburg sagte einige Wochen später zu Kleist: »»Man muß sich das um den Bauch binden.«« [50] Von der Vorführung eines »Sturmgepäcks« war nicht die Rede. Die Version, wonach einem »unschuldigen« und nichtsahnenden »armen Landser« eine Sprengladung eingepackt und heimlich gezündet werden sollte, ist eine von den Kritikern der Opposition gerne wiederholte, gleichwohl unsinnige Legende, die von Gestapo-Beamten und von Himmler (in seiner Rede vor den Gauleitern am 3. August 1944) in die Welt und die von dem Präsidenten des Volksgerichtshofes, Dr. Roland Freisler, und von Dr. Goebbels in Umlauf gesetzt worden ist. Freisler behauptete während der Vernehmung von Generalmajor Stieff durch den Volksgerichtshof am 7. August 1944, das Attentat sei so mit Beteiligung von Stieff geplant gewesen; Stieff widersprach, aber Freisler ließ ihn nicht zu Worte kommen [51]. Selbstverständlich war der Plan so technisch gar nicht ausführbar. Wie wollte man die Zündung der Bombe in Gang setzen, so daß es der Soldat nicht merkte, gerade in dem unvorhersehbaren Augenblick, in dem die Gruppe zu Hitler gerufen werden sollte? Wer sorgte dafür, daß Diktator und Bombenträger im Augenblick der Explosion nahe genug beisammen standen? Das konnte höchstens zufällig gelingen.

Zur weiteren Vorbereitung und zur Beschaffung des Sprengstoffes fuhr Bussche unter einem dienstlichen Vorwand, für den Stauffenberg sorgte, ins OKH-Lager »Mauerwald« bei Lötzen in Ostpreußen, etwa 15 Kilometer vom Führerhauptquartier »Wolfschanze« entfernt. Dort besprach Bussche alle allgemeinen und prinzipiellen Fragen mit Stieff, alle technischen Details aber mit Major i. G. Kuhn. Dieser bot ihm eine Packung englischen Plastiksprengstoffes mit chemischem Zehnminutenzünder an. Der große Vorteil war die völlige Lautlosigkeit des Zünders und die intensivere Sprengkraft des Sprengmaterials, welche die des heeresüblichen deutschen Materials übertraf. Aber Bussche kannte sich nicht so gut aus mit dem englischen Material, er kannte vor allem die Sprengwirkung nicht aus eigener Erfahrung und wollte sich nicht auf Berichte aus zweiter Hand verlassen. Auch schien ihm die Zündverzögerung von zehn Minuten zu viele Unsicherheitsfaktoren zu bergen. Er wollte also lieber deutschen, heeresüblichen Sprengstoff verwenden, den er kannte, und damit zugleich den Zweideutigkeiten aus dem Wege gehen, die aus der Verwendung englischen Sprengstoffes entstehen konnten. Dieser war zwar im Laufe der Kriegshandlungen als Beute in deutsche Hände gefallen und also keineswegs »von den Engländern geliefert« worden, aber die Öffentlichkeit würde sich durch den leichter zu begreifenden Anschein täuschen lassen, wie es ja dann nach dem 20. Juli 1944 auch geschah. Zum deutschen Sprengstoff paßte nun auch nur ein deutscher Zünder, jedenfalls nicht der englische chemische Zünder, dessen Zündzeit Bussche ohnehin zu lange war.

Bussche bat also Stieff um eine Kilogrammpackung deutschen Pioniersprengstoffs, um einen Meter Zündschnur (zum Experimentieren), um eine komplette deutsche Stielhandgranate mit Viereinhalbsekunden-Zünder und um eine Tellermine für Versuche. Bussche, Stieff und Kuhn waren sich klar darüber, daß ein Sprengkörper mit Metallmantel weit bessere und sicherere Wirkung erzielen würde als der bloße Sprengstoff. Aber sie vermuteten im Führerhauptquartier versteckt eingebaute Röntgenvorrichtungen, mit denen heimlich eingebrachte größere Metallkörper oder Waffen entdeckt werden konnten. Das war auch mit ein Grund gegen die Verwendung einer Pistole.

Bussches Gesprächspartner waren nicht ohne weiteres in der Lage, seine Wünsche zu erfüllen, es bedurfte einiger umständlicher Manipulationen, bis der deutsche Sprengstoff und die anderen Gegenstände beschafft waren[52]. Major i. G. Kuhn, der in der Organisations-Abteilung des OKH unter Oberst i. G. Stieff tätig war, bemühte sich hauptsächlich um die Beschaffung des Sprengstoffes. Im November 1943 erschien im OKH-Hauptquartier »Mauerwald« der auf einer Dienstreise befindliche und seit 1936 mit Kuhn befreundete Major Gerhard Knaak, gegenwärtig Kommandeur des Pionier-Bataillons 630 östlich Orscha am Dnjepr, etwa 4–5 Kilometer hinter der Hauptkampflinie; das Bataillon gehörte zu dem um Orscha liegenden AOK IV im Bereich der Heeresgruppe Mitte[53]. Kuhn fragte Knaak, ob er für einen Anschlag gegen Hitler den Sprengstoff besorgen könne, und Knaak sagte es zu. Auf seiner Fahrt an die Front zurück erhielt Knaak unterwegs in Minsk durch Vermittlung von Major i. G. von Oertzen Quartier.

Im Dezember wurde Knaak der Besuch des unter Kuhn in der Organisations-Abteilung tätigen Oberleutnants d. R. von Hagen angekündigt, der auch kurz darauf eintraf[54]. Kuhn hatte Hagen einen Dienstauftrag zu dieser Reise erteilt, den dieser auch ausführte, und daneben hatte er die Weisung erhalten, heeresüblichen Sprengstoff bei Major Knaak abzuholen. Hagen brachte innerhalb von zwei Tagen eine Standard-Sprengladung für Brückensprengungen von 1 Kilogramm sowie Zündschnüre mit[55]. Die Handgranate war bei den Pionieren nicht zu beschaffen gewesen.

Bussche übernahm den Sprengstoff und die Zündschnüre und fuhr damit nach Potsdam zurück. Dort ließ er sich vom IIa des Inf.-Ers.-Batl. 9, Oberleutnant von Gottberg, mit dem er befreundet war, eine Handgranate beschaffen. Er wollte statt der Zehnminutenzeitzünder, die zwar lautlos waren, lieber die 4^1/$_2$ Sekunden lang zischenden Handgranatenzünder verwenden. Die kurze Zeit des Geräusches glaubte Bussche durch Räuspern und Husten überbrücken und kontrollieren zu können, während in der Spanne von zehn Minuten so vieles geschehen konnte, was nicht voraussehbar war. Mit dem chemischen Zünder wäre Bussche gewissermaßen der Gefangene eines Mechanismus geworden, statt ihn zu kontrollieren[56].

Das Beschaffen der Handgranatenzünder war nicht so einfach, wie es klingt, es war vielmehr lebensgefährlich. Was hatte ein IIa in einem Ersatztruppenteil im Heimatgebiet mit Handgranaten zu schaffen? Gottberg nahm das Risiko auf sich, ging zu dem Oberfeldwebel Knodel, der Waffen und Geräte verwaltete, und verlangte zwei Handgranaten. Knodel fragte pflichtgemäß, wofür die gebraucht würden, gab sich aber mit der Erklärung zufrieden, man brauche sie eben für bestimmte Zwecke. Knodel war auch taktvoll genug, nie mehr auf das Thema zurückzukommen, auch nicht nach dem 20. Juli und auch nicht gegenüber der Gestapo.

Mit den Handgranaten ging Gottberg in seine Wohnung, wo ihn Bussche besuchte. Zusammen bauten sie die Zünder aus den Handgranaten. Am nächsten Tag warf Gottberg mit Kleist die Reste der Handgranaten von der Glienicker Brücke in die Havel. Mit Gottberg bastelte Bussche sich dann einen Zündmechanismus, der ihm für den Zweck geeignet schien: Den Stiel der Handgranate sägte er zur Hälfte ab, so daß er den Teil mit dem Zünder übrigbehielt, den Sprengsatz schraubte er ab. Die Abziehschnur, die durch den hohlen Stiel geführt war, wurde entsprechend verkürzt und dann das Knöpfchen wieder angeknotet, so daß nur ganz wenig Spielraum zwischen Stiel und Abziehknöpfchen blieb. Auf diese Weise würde eine sehr kurze Bewegung zum Abziehen genügen, statt der bei größerem Spielraum nötigen, mehr ausholenden Abziehbewegung. Der Handgranatenzünder paßte genau in die Pioniersprengladung hinein. Das Ganze sollte in die erweiterte tiefe Hosentasche von sehr weiten Hosen, die man damals trug, versenkt werden. Bussche fürchtete nicht, sich beim Abziehen zu auffällig benehmen zu müssen, etwas Fuchteln mit den Händen gehörte ja zur Vorführung und Erklärung der Uniformen. Die viereinhalb Sekunden, während welchen der Zünder zischte, waren eigentlich kurz. Etwas Husten und Räuspern, und dann mußte Bussche sich auf Hitler stürzen und ihn festhalten, bis die Sprengladung explodierte. Für den Fall des Versagens würde er ein langes dünnes Messer im Stiefel tragen.

Als alles bereit und die Uniformvorführung auf einen ungefähren Termin angesetzt war – auf genaue Termine ließ sich Hitler fast nie festlegen –, wurden in Berlin die Eingeweihten verständigt und viele Beteiligte im Reich »vorgewarnt«. Generalmajor von Rost brauchte nur die vorbereiteten Befehle zu unterschreiben und auszugeben, um ganz Berlin in kurzer Zeit besetzen zu lassen [57]. Reichskriminaldirektor Arthur Nebe erhielt damals zum erstenmal die Aufforderung, die für den Putsch vorgesehenen Kriminalbeamten bereitzuhalten [58]. Bussche hielt sich in Erwartung des Abrufes zur Vorführung im OKH auf, und zwar vom 23. oder 25. November 1943 an. Aber man muß sich das ungefähr so vorstellen: Der Rüstungsminister Speer oder Generalfeldmarschall Keitel schlagen Hitler eine Ausrüstungsbesichtigung vor und bemühen sich um einen Termin, Hitler sagt darauf zu, aber nicht für diese Woche, vielleicht für Anfang Dezember. So kam ein »Termin« zustande, der dann mit Hilfe der Persönlichen Adjutanten noch genauer festgelegt werden mußte. In Wirklichkeit war das aber kein Termin, sondern ein in Aussicht genommener ungefährer Zeitpunkt. Termine, außer solchen, die er nicht ändern konnte – 30. Januar, 1. Mai, 20. April, 8./9. November – hatten in Hitlers Lebensgewohnheiten keinen Platz. Wenn er etwas zusagte, bemühte er sich um Pünktlichkeit, aber er vermied möglichst feste Zusagen.

Eines Tages, während er noch die Aufforderung zur Vorführung erwartete, wurde Bussche zu Stieff gerufen und erfuhr, daß die für die Vorführung bestimmten Ausrüstungsgegenstände, die aus Berlin herkommen sollten, bei einem der schweren Luftangriffe der letzten Tage in einem Eisenbahnwaggon zerstört bzw. stark beschädigt worden waren, als dieser ausbrannte. Das Vorführmaterial konnte nicht rasch wieder ersetzt werden [59]. Stieff meinte, es sei das beste, wenn Bussche sich wieder zu dem von ihm geführten Bataillon im Nordteil der Ostfront begebe. Im Januar werde man ihn zurückholen, wenn Ersatz für die Ausrüstung beschafft sein werde [60].

Tatsächlich erhielt Bussche im Januar 1944 einen Telephonanruf von Stauffenberg mit der Aufforderung, sich wieder für die geplante Vorführung einzufinden. Aber als Bussche bei seinem Divisionskommandeur, Generalmajor Walter Châles de Beaulieu, um den dazu nötigen Urlaub nachsuchte, erklärte ihm der Kommandeur, seine Bataillonsführer haben nicht als Modelle für Uniformvorführungen in Ostpreußen zu dienen. Stauffenberg versuchte noch einmal, Bussche loszueisen, der General sagte noch einmal »nein«. Ein paar Tage später wurde Bussche schwer verwundet und verlor ein Bein. Wochenlang lag er im Lazarett und kam für eine aktive Rolle in der Verschwörung nicht mehr in Frage. Der kleine Koffer mit der »Bombe« begleitete ihn durch die deutschen Lazarette, bis er das Mordgerät im Herbst 1944 in einen See werfen konnte.

Die nächste Gelegenheit zu einem Attentat sollte von Oberleutnant Ewald Heinrich von Kleist wahrgenommen werden. Nach dem Scheitern der Bemühungen um Bussche und nach dessen schwerer Verwundung fragte Stauffenberg Kleist, ob er bereit wäre, das Attentat auszuführen. Kleist fragte seinen Vater, den Gutsbesitzer von Ewald von Kleist-Schmenzin, der schon seit den ersten Anfängen der Diktatur Hitlers zur entschiedenen Opposition gehörte und stets besonders unerschrocken handelte, wie er sich verhalten sollte. Wer sich die kleine Mühe macht, diese Situation und ihre Konsequenzen kurz durchzudenken, kann ermessen, was die Antwort des Vaters an seinen Sohn bedeutete: er dürfe sich keinesfalls die Gelegenheit zur Erfüllung einer so entscheidenden Aufgabe entgehen lassen [61].

Ende Januar 1944 trat Stauffenberg an Kleist heran. Der Vorführtermin sollte Anfang Februar, ungefähr am 11., stattfinden. Kleist sagte Stauffenberg zu, nachdem er sich mit seinem Vater ausgesprochen hatte. Nur möchte doch Stauffenberg noch einen weiteren Mann mit einer Sprengladung hinschicken, für den Fall, daß Kleist versagen würde. Stauffenberg hatte den Sprengstoff in Verwahrung, zur Zündung gedachte man eine der Busscheschen ähnliche Vorrichtung mit einem Handgranatenzünder zu verwenden.

Inzwischen wurden auch die Staatsstreichvorbereitungen besonders in Berlin noch einmal überprüft. Im Dienstzimmer Olbrichts trafen sich die Eingeweihten, darunter Generalmajor von Rost und Oberleutnant d. R. Albrecht, mit Olbricht und Stauffenberg [62]. Stauffenberg erklärte, die Initialzündung stehe bevor, worauf Rost meinte, der Zeitpunkt sei diesmal denkbar ungünstig, und er drohte sogar mit seiner Nichtbeteiligung, aber Olbricht und Stauffenberg gelang es, ihn wieder zu gewinnen. Olbricht erklärte, die militärische Situation Deutschlands sei in der Tat total ver-

fahren, aber noch könne die Substanz Deutschlands gerettet werden. Er
sehe keinen anderen Ausweg aus der kommenden Katastrophe, als
den Staatsstreich. Er wisse wohl, welche Folgen das Mißlingen für ihn
und auch für seine Familie haben werde, aber er sei trotzdem bereit,
den Kopf hinzuhalten. Stauffenberg fügte noch an, es sei wieder eine
Vorführung vom Rüstungsministerium geplant, bei der die Möglichkeit bestehe, »die Nummern 1–3«, Hitler, Göring und Himmler, zu
treffen. Sobald es geschehen sei, werde telephonisch das Stichwort durchgegeben. Anschließend an diese Besprechung begaben sich Rost und
Albrecht zur Stadtkommandantur, wo sie mit Generalleutnant von Hase
und dessen Ia, Oberstleutnant i. G. Hermann Schöne, noch lange die
Einzelheiten der beabsichtigten Maßnahmen besprachen.

Aber auf das Stichwort wartete man in Berlin vergebens. Aus bisher
unbekannten Gründen ist es auch zu dieser Vorführung nicht gekommen.
Man hatte zuerst daran gedacht, den Sprengstoff in der Aktentasche mit
den Erfahrungsberichten über die Uniformen und Ausrüstungen mitzubringen, sich dann aber anders entschieden; der Sprengstoff sollte am
Leib getragen werden, das war, wie Schulenburg bemerkt hatte, weitaus
sicherer. Jedoch hat Kleist im Gegensatz zu Bussche den Sprengstoff nie zu
Gesicht bekommen.

Erst am 7. Juli kam es im Schloß Kleßheim bei Salzburg endlich zu der
lange geplanten Uniformvorführung [63]. Stieff war dabei, hat aber nicht
versucht, das Attentat auszuführen [64].

Inzwischen hatte Oberst i. G. von Tresckow vergeblich versucht, selbst
in eine Position zu kommen, von der aus er Zugang zu Hitler und die
Möglichkeit zu einem Attentat gehabt hätte. Zuerst versuchte er, Schmundt
dafür zu gewinnen, daß eine neue Stelle geschaffen und ihm, Tresckow,
unterstellt würde, die im Hauptquartier psychologisch-politische Erfahrungen zu sammeln, auszuwerten und unmittelbar »nach oben« zu leiten
hätte [65]. Daraus wurde nichts. Dann erneuerte Tresckow ältere Versuche,
der Vertreter und designierte Nachfolger von Generalmajor Heusinger,
dem Chef der Operationsabteilung im OKH, zu werden [66]. Schlabrendorff flog im Dezember 1943 von Minsk aus ins OKH und überbrachte
Heusinger einen entsprechenden Brief von Tresckow; Heusinger weigerte
sich aber sofort, auch nur auf das Thema einzugehen.

Ehe Stauffenberg selbst die Aufgabe des Attentats übernahm, sind noch
je ein Plan und ein Versuch mit einer Pistole verbürgt. Oberleutnant d. R.
Werner von Haeften, nach einer schweren Verwundung nicht mehr
frontdienstfähig und nun bei Stauffenberg Ordonnanzoffizier, glaubte
Ende Januar 1944, die Möglichkeit zu einem Attentat zu haben [67]. Aber

sein Bruder Hans-Bernd von Haeften brachte so schwerwiegende Bedenken vor – ob Werner sicher wisse, daß dies *sein* Auftrag von Gott sei, und, man dürfte auch gegen Gangster nicht mit Gangstermethoden vorgehen –, daß Werner von Haeften den Plan nicht mehr weiter verfolgte.

Der mit einer Pistole unternommene Versuch, zu dem sich Eberhard von Breitenbuch nach reiflicher Überlegung entschloß, hätte eigentlich ein Sprengstoffattentat werden sollen. Es war der letzte Versuch, zu dem die Initiative unmittelbar von Tresckow ausging [68].

1940 war Breitenbuch Ordonnanzoffizier bei Witzleben gewesen; seit August 1943 hatte er dieselbe Stellung bei Kluge bekleidet, bis dann Kluge von seinem Autounfall betroffen wurde. Nun war er Ordonnanzoffizier bei Generalfeldmarschall Busch, der die Führung der Heeresgruppe Mitte übernommen hatte [69]. Schon im Sommer 1943 hatte Tresckow zu Breitenbuch bei dessen Antrittsmeldung gesagt, er sei in seine neue Stelle nicht versetzt worden, um bloß den Feldmarschall zu begleiten, sondern weil seine politische Einstellung bekannt sei. Er habe also die Aufgabe, den Feldmarschall so zu beeinflussen, daß er ein Attentat auf Hitler nicht nur dulden, sondern zu gegebener Zeit selbst unternehmen bzw. inszenieren werde. Seit Sommer 1943 war Breitenbuch Mitwisser der verschiedenen bisherigen Attentatversuche und -pläne; von nun an pflegte er seine Frau durch verabredete Stichworte zu unterrichten, wenn ein Plan akut wurde.

Am 9. März 1944 erhielt Busch von Generaloberst Zeitzler, dem Chef des Generalstabes des Heeres, die telephonische Mitteilung, er werde übermorgen, am 11. März, zum Vortrag gelegentlich der Lagebesprechung auf dem »Berghof« erwartet [70]. Rittmeister von Breitenbuch hatte als Persönlicher Ordonnanzoffizier die Aufgabe, die nötigen Vorbereitungen zu treffen, so die Bestellung eines Zwischenquartiers in Breslau, die Unterbringung der Besatzung von Hitlers Focke-Wulf »Condor«, die den Feldmarschall abholen sollte, und schließlich den Feldmarschall zu begleiten.

Kurze Zeit nach dem Telephongespräch, in der meist ruhigen Mittagszeit, erschienen bei Breitenbuch im Vorzimmer des Oberbefehlshabers der Heeresgruppe Mitte der (im Januar beförderte) Generalmajor von Tresckow und der Major i. G. von Oertzen. Tresckow und Oertzen wollten mit Breitenbuch allein sprechen, und man ging in dessen Schlafzimmer. Tresckow hatte erfahren, daß Breitenbuch am übernächsten Tag ins Führerhauptquartier fliegen sollte, und war sofort mit Oertzen vom Hauptquartier der 2. Armee herübergekommen. Nun legte er Breitenbuch die Frage vor, ob er sich eigentlich klar sei, welche Verantwortung an diesem Tage auf ihm ruhe. Er allein werde das Schicksal des Vaterlandes in der Hand haben, auf ihn werde es ankommen, ob der unselige Krieg mit den Bombenangriffen auf die Frauen und Kinder und mit weiteren Hunderttausenden Gefallenen weitergehen solle. Anschließend zog Oertzen lachend aus seiner Aktentasche eine »Bombe«. Dieses Gerät, erläuterte Oertzen, sei völlig sicher und nur in diesem einen Exemplar mühsam aus der Schweiz beschafft worden. Man müsse es sich zwischen zwei Knöpfen auf der Brust unter den Uniformrock stecken, bei passender Gelegenheit auslösen und dann Hitler umarmen, bis der Sprengkörper explodieren würde.

Breitenbuch war trotz aller Vorbereitung von dem Angebot überrascht, ließ sich aber zunächst einmal die »Bombe« erklären. Sie war aus Metall und hatte die Form einer Granate, etwa 22 cm lang und 8 cm im Durchmesser; sie wog ungefähr 300 Gramm, etwa soviel wie eine Handgranate[71]. Der Zünder befand sich im Boden des Sprengkörpers und konnte nach Abschrauben des Bodendeckels auf drei Laufzeiten eingestellt werden: 1 Sekunde, 3 Sekunden und 3 Minuten. Oertzen schlug vor, den Zünder auf 3 Sekunden einzustellen, was im voraus, unabhängig von der Auslösung zu geschehen hatte[72]. Zu gegebener Zeit mußte man dann die Zündung mit einem kleinen Knopf auslösen.

Breitenbuch war skeptisch. Er würde keinerlei Gelegenheit haben, die Bombe auszuprobieren und ihre Wirkungsweise kennenzulernen. Da er sein Leben zu opfern hätte, schien ihm aber wesentlich, daß der Erfolg so gut wie nur möglich gesichert wurde. Auch das unauffällige Abziehen in Gegenwart Hitlers schien ihm gefährlich. Tresckow war zwar längst auf Grund seiner Überlegungen und Versuche zu dem Ergebnis gekommen, daß nichts so sicher sei, wie Sprengstoff mit im voraus in Gang gesetzter Zündung, und daß ein Pistolenattentat eines einzelnen so gut wie keine Aussicht auf Erfolg habe. Aber, so wie Bussche eigene Wünsche hinsichtlich des Sprengstoffes gehabt hatte, so wollte nun Breitenbuch sein Leben auf eine ihm annehmbar erscheinende Art und Weise aufs Spiel setzen und opfern, und da mußte Tresckow ihm entgegenkommen. Breitenbuch entschied sich als sehr sicherer Schütze für den Versuch mit der Pistole. Er wollte außer seiner Dienstpistole, die er vor Betreten des Besprechungsraumes mit dem Koppel an der Garderobe ablegen würde, eine entsicherte 7,65-mm-Browning-Pistole in der Hosentasche tragen. Tresckow machte ihn noch eigens darauf aufmerksam, daß er nur auf Kopf oder Hals schießen dürfe, weil Hitler einen besonderen Schutz gegen Pistolenmunition trage.

Am 9. März 1944 flogen Busch und Breitenbuch also mit Hitlers »Condor«, die vom Piloten Hans Baur geflogen wurde, von Minsk nach Breslau, wo Busch den 10. März bei seiner Familie verbrachte. Am 11. März flogen sie weiter nach Salzburg, wo sie gegen 10 Uhr vormittags ankamen. Tresckow hatte inzwischen die Mitverschworenen in Berlin »vorgewarnt«. Von Salzburg fuhren der Feldmarschall und sein Ordonnanzoffizier mit Hitlers 7,7-l-Kompressor-Mercedes zum »Berghof« hinauf. Er war noch genug Zeit bis zur Lagebesprechung, die nie vor 12 Uhr angesetzt wurde, und Breitenbuch benützte die Muße, um entsprechend der Verabredung seine Wertsachen – Ringe und Armbanduhr – an seine Frau abzuschicken.

Am 11. März waren Generalfeldmarschall Busch, sein Ia, Oberst i. G. von der Gröben, und Rittmeister von Breitenbuch merkwürdigerweise die einzigen Offiziere, die von der Front zur Lagebesprechung herbestellt waren. Gewöhnlich kamen bei solchen Gelegenheiten mehrere Oberbefehlshaber und ihre Ordonnanzoffiziere zusammen. Nun war Breitenbuch der einzige anwesende Ordonnanzoffizier von der Front. Kurz vor der angesetzten Zeit hielten sich Busch, Breitenbuch, Gröben, Keitel, Jodl und Goebbels in dem Vorraum vor der berühmten großen Halle auf dem »Berghof« auf. Das Koppel mit der 8-mm-Dienstpistole hatte Breitenbuch samt der Mütze abgelegt, aber die Browning-Pistole trug er entsichert in der Hosentasche. Unter dem Arm hielt er eine Aktentasche mit den Unterlagen, die der Feldmarschall bei seinem Vortrag benötigen würde und die er, der Ordonnanzoffizier, ihm jeweils auf seinen Wink vorzulegen hätte.

Als endlich die Türe zum Konferenzraum aufging und ein Mann in SS-Uniform verkündete, Hitler lasse die Herren hereinbitten, wollte Breitenbuch mit seiner Aktentasche auch hinein, der Rangordnung nach war er der letzte. Da hielt ihn der SS-Mann am Arm fest und erklärte ihm, es sei befohlen, heute keine Ordonnanzoffiziere an der Besprechung teilnehmen zu lassen. Breitenbuch protestierte, Busch wandte sich zurück und intervenierte mit der Begründung, er brauche seinen Ordonnanzoffizier beim Vortrag, doch alles ohne Erfolg. Breitenbuch kam nicht hinein, Busch mußte sich selbst um seine Papiere kümmern.

War Rittmeister von Breitenbuch schon vorher nicht gerade die Ruhe selbst gewesen, so gerieten seine Nerven nun ganz deutlich ins Vibrieren. Er fand sich allein im großen Vorzimmer, wo von Zeit zu Zeit, scheinbar mit bestimmter Absicht, ein SS-Mann auftauchte und irgend etwas Belangloses holte, eine Erfrischung brachte oder nur durchging. Breitenbuch wußte von früheren Gelegenheiten, daß in der Nähe Hitlers immer diese SS-Leute zu sehen waren, und er kannte ungefähr die Sicherheitsbestimmungen. Aber im Gegensatz zu früheren Gelegenheiten hatte er heute eine Pistole geladen und entsichert in der Hosentasche, was bei der Entdeckung sehr schwer zu erklären gewesen wäre, und er hatte Hitler erschießen wollen. Da war er in einer Gemütsverfassung, in welcher jeder Blick, den ein SS-Mann auf ihn warf, ihm zu bedeuten schien, daß man seine Absicht durchschaut oder doch geahnt habe. Wie anders wäre der ungewöhnliche Ausschluß von der Besprechung zu erklären gewesen? Breitenbuch war überzeugt, der Plan müsse verraten oder entdeckt worden sein, er wollte also möglichst schnell die nunmehr sinnlos lebensgefährliche Pistole loswerden, der Plan war ja nicht mehr auszuführen. Aber die – wirkliche oder scheinbare – Überwachung war zu scharf.

Endlich war die Wartezeit überstanden, Busch kam von der »Lage« zurück und Breitenbuch fuhr mit ihm nach Schloß Kleßheim bei Salzburg, wo sie zu Abend aßen. Dann flogen sie wieder nach Minsk. Dort wurde Breitenbuch von Tresckow im Hauptquartier der Heeresgruppe schon erwartet und empfangen mit den Worten: »›Ja, Breitenbuch, die Sache ist verpfiffen worden.‹« [73] Tresckow nahm an, daß man auf das eine oder andere seiner Telephongespräche nach Berlin hin Verdacht geschöpft und die Sicherheitsvorkehrungen verschärft habe.

Kurz nach dem 11. März 1944 war Rittmeister von Breitenbuch noch einmal mit Generalfeldmarschall Busch auf dem Obersalzberg, aber einen neuen Attentatversuch hat er nicht in Betracht gezogen. »›So etwas macht man nur einmal.‹« [74] Die seelische Belastung und Nervenbeanspruchung war so groß, daß er nicht glaubte, sie noch einmal durchhalten zu können. Stauffenberg war der einzige von allen Attentätern, der das fertiggebracht hat. Zum letzten Male war Breitenbuch mit Busch zwischen 15. und 20. April 1945 bei Hitler in dessen Hauptquartier in Berlin; Busch glaubte damals, nach seiner Besprechung mit dem Führer, daß in Kürze die »Große Wende« komme und dann der Krieg gewonnen werde.

3. Staatsstreichplanung: Sprengstoffbeschaffung

Die Monate März, April und Mai 1944 waren insofern in der Verschwörung »ruhige Monate«, als sich keine akute Möglichkeit zu einem neuen Attentatversuch ergab. Aber im übrigen waren sie mit Bemühungen und Vorbereitungen aller Art ganz ausgefüllt. Besonders die militärischen Verschwörer waren mehr als vollbeschäftigt. Als Patrioten und hervorragende Soldaten wollten sie keinesfalls Deutschland und seinem Heer schaden, sondern beide vor dem Untergang bewahren. Sie nahmen also ihre Aufgaben sehr ernst und taten ihr Äußerstes, um sie zu lösen. Die Umsturzpläne konnten sie nur in kurzen, minutenlangen Augenblicken oder in der Zeit, die sie eigentlich zur Erholung und zum Schlaf gebraucht hätten,

3. Staatsstreichplanung: Sprengstoffbeschaffung

mehr oder minder hastig besprechen und vorantreiben. Dieser Umstand muß immer bedacht werden; denn er hat die Perfektion der Vorbereitungen ungünstig beeinflußt[75]. Natürlich konnte man nicht abwarten, bis man mehr Zeit für die Vorbereitung des Umsturzes hätte. Es ging darum, das sinnlose Morden und die Zerstörungen zu beenden, im Interesse Deutschlands und der Menschheit. Also ging die Arbeit weiter – eine Sisyphus-Arbeit, weil das jeweils zusammengefügte Mosaik immer wieder durch die Ereignisse durcheinandergeworfen wurde.

Eine der größten Schwierigkeiten bereitete die Beschaffung des Sprengstoffes, so merkwürdig das bei einer so eng mit dem Militär verknüpften Verschwörung scheinen mag, und fast noch schwieriger war seine Verwahrung. Die Gefahr der Entdeckung war immer sehr groß und die Bedrohung der Verschwörer ungeheuer. Kein einziger der beteiligten Offiziere, die mit Sprengstoff hantierten, konnte ihn rechtmäßig länger als einen oder zwei Tage bei sich verwahren. Es gab strenge Bestimmungen über das Hantieren mit solchem Gerät, und es wäre kaum zu erklären gewesen, warum Sprengstoff und Zünder etwa wochenlang in der Wohnung von Generalmajor Stieff aufbewahrt wurden. Dies und die Standhaftigkeit der Beteiligten nach dem 20. Juli erklärt, daß die Gestapo nur ungefähr feststellen konnte, welchen Weg der am 20. Juli 1944 verwendete Sprengstoff genommen hat und wo er hergekommen ist. Von den früheren Attentatversuchen im März 1943 hat die Gestapo ohnehin nichts erfahren und also auch nicht nach dem Verbleib des dafür gedachten Sprengstoffes gefahndet.

Die von Tresckow und Schlabrendorff am 13. März 1943 verwendeten englischen Haftminen wurden, wie schon berichtet, nach dem Mißlingen des Anschlages von Schlabrendorff im OKH noch vor ihrer Entdeckung abgefangen, gegen ein Paket umgetauscht, das wirklich Spirituosen enthielt, und dann entschärft[76]. Schlabrendorff reiste mit den Haftminen nach Berlin, wo er sie in der Nacht vom 20. auf den 21. März 1943 an Gersdorff übergab. Dieser nahm sie nach seinem erfolglosen Attentatversuch wieder mit zur Heeresgruppe Mitte, wo er sie an Tresckow zurückgab. Die Gestapo erfuhr davon nichts. Ebensowenig erfuhr sie, daß Gersdorff von September 1943 bis Januar 1944 ein Paket englischen plastischen Sprengstoffes im Gastzimmer des Hauses seines Bruders in Breslau aufbewahrt und dann wieder mitgenommen hat[77].

Nach den bis heute möglichen Feststellungen gab es drei bis vier »Hauptlieferungen« an Sprengstoff für Attentatzwecke, zwischen September 1943 und Juni 1944. Die Untersuchungskommission des Amtes IV (Gestapo) des Reichssicherheitshauptamtes hat davon nur zwei bis drei weitgehend verfolgen können[78]. Die Aufhellung solcher Zusammenhänge gelang der Gestapo hauptsächlich dann, wenn Leugnen aussichtslos war und nur zu unnötigen Folterungen führte, z. B. wenn schon andere genaue Aussagen vorlagen und Selbstmorde, wie die der Abwehroffiziere Schrader und Freytag-Loringhoven, den Weg gewiesen hatten. Eigentlich wurden nur zwei Lieferungen entdeckt; wenn man einen Umweg, ein Wiederauftauchen in die Legalität einer durch Entdeckung verlorenen Lieferung, die dann wieder in die Hände der Verschwörer kam, dazu zählen will, waren es drei. Wenigstens zwei weitere wurden überhaupt nicht entdeckt. Die Verhafteten – vor allen Stieff, Hagen, Klamroth und Knaak – gaben nur zu, was man von ihnen auf der Folter erpressen oder ihnen nachweisen konnte. Aber z. B. auf Philipp Freiherr von Boeselager, Fabian von Schlabrendorff, Freiherr von Gersdorff, Freiherr von dem Bussche kam die Gestapo gar nicht als Sprengstoffbeschaffer – dank der Standhaftigkeit ihrer Kameraden.

Folgt man den bisher vorliegenden Untersuchungen und den übrigen Berichten, so ergibt sich als erste Lieferung ein Paket englischen Plastiksprengstoffes, in Originalverpackung, mit der Bezeichnung Hexogen, das Tresckow Ende September oder Anfang Oktober 1943 nach Berlin gebracht und im Oktober Stauffenberg gegeben hat. Dieses Material brachte Stauffenberg Ende Oktober persönlich zu Stieff in das Lager »Mauerwald«[79]. Stieff verwahrte das Material teils in seiner Privatwohnung, teils in seinem Büro im Hauptquartier in Ostpreußen. Kurz vor dem 20. November gab er Sprengstoff und Zünder dem Major i. G. Kuhn, der sie am 28. November in der Nacht zusammen mit Oberleutnant d. R. von Hagen bei einem hölzernen Wachtturm im Lager »Mauerwald« versteckte. Dabei wurden die beiden Offiziere von einer Streife der Geheimen Feldpolizei-Gruppe 631 beobachtet, aber nicht erkannt. Sie entwischten, ein Hund wurde angesetzt, der den Sprengstoff ortete, aber die Spur der beiden bis zu einer ganz falschen Baracke verfolgte, wo er dann aufgab[80]. Der Sprengstoff wurde von der Feldpolizei der zuständigen Gruppe Abwehr der Heereswesen-Abteilung des General z. b. V. beim OKH übergeben. Der Gruppenleiter Oberstleutnant Schrader und der Abteilungschef Oberst Radke verboten und unterdrückten die Ermittlungen im Dezember, so daß die Untersuchung über die Identität der beiden Offiziere und über die Herkunft des Sprengstoffes im Sande verlief. Oberst Hansen war damals Chef der 12. Abteilung im Generalstab des Heeres; nach der Entdeckung des Sprengstoffes ließ er Major i. G. Kuhn kommen und sagte ihm, auf dem Umweg über Hund und Streife seien die zwei Sprengstoffpakete zu ihm gelangt, von denen er nun eines behalten müsse, für den SD. Das

andere gab er Kuhn zurück, nicht ohne dazu passende sarkastische Bemerkungen über den Kreislauf aller Dinge.

Seit Juni 1944 war Oberst i. G. Wessel Freiherr von Freytag-Loringhoven Chef der Heereswesen-Abteilung. Er ließ sich Ende des Monats
von Schrader den Sprengstoff und die Zünder aushändigen und gab sie
an Stauffenberg weiter[81]. Stauffenberg hat das Material, wie auch andere
Sprengstoffe und Zünder, teils in seinem Büro, teils bei Oberstleutnant
Fritz von der Lancken beim Wehrbezirkskommando Potsdam aufbewahrt.
Zwischen den verschiedenen Attentatversuchen im Juli wurde es meistens
dorthin zurückgebracht.

Als Freiherr von dem Bussche sich zu einem Attentatversuch bereit
erklärt hatte, war ihm von Stieff englischer Sprengstoff angeboten worden, eben der, den Kuhn und Hagen dann vergraben haben. Bussche
wollte lieber deutsches Material verwenden, und über Kuhn und den in
der Organisationsabteilung des OKH tätigen Oberstleutnant i. G. Bernhard Klamroth wurde Hagen beauftragt, bei Major Knaak, dem Kommandeur des Pionier-Bataillon 630, das damals östlich von Orscha im Bereich
der Heeresgruppe Mitte lag und zum 4. Armee-Korps gehörte, entsprechendes Material zu besorgen. Hagen flog nach Minsk, wurde dort im Auftrag Knaaks mit dem Auto abgeholt, ließ sich die Sachen geben und flog
dann wieder nach Ostpreußen zurück. Die Lieferung enthielt eine Anzahl
»Granatzünder, Zündschnüre, eine Schachtel Sprengkapseln und zwei
Einheitssprengkörper«, die Hagen an Stieff überbrachte[82]. Stieff verwahrte
die Sprengkörper bis März 1944, also bis zur Übersiedlung des Hauptquartiers nach Berchtesgaden, in einer Schreibtischschublade seines Büros
in »Mauerwald«, die Zündmittel in einem Schreibtisch seiner Wohnung.
Vor der Übersiedlung brachte er auch den Sprengstoff in seine Dienstwohnung in Ostpreußen. Anläßlich einer Dienstreise Klamroths und
Hagens ließ Stieff diese Sachen dann Ende Mai nach Berlin bringen[83].
Offen bleibt, ob es sich hierbei nur um den von Knaak beschafften oder
auch um den vergrabenen und wiederbeschafften Sprengstoff handelte.
Die beiden Offiziere lieferten das Material bei Stauffenberg ab[84].

Am 20. Juli 1944 hatten Stauffenberg und sein Adjutant Werner von
Haeften zwei Pakete mit plastischem Sprengstoff bei sich. Die Gestapo
hat das auf der Fahrt von der »Wolfschanze« zum Flugplatz von Haeften
aus dem Auto geworfene und später gefundene Sprengstoffpaket als deutsches Material bezeichnet und in dem beim Attentat tatsächlich verwendeten zunächst englisches Material vermutet. Die Berichte der Gestapo
legen sich jedoch nicht einmal für das gefundene Material völlig fest, sondern sprechen vage von »kombin. deutsch-engl. Sprengmaterial«[85]. Die

Beamten des Kriminaltechnischen Instituts des Reichskriminalpolizeiamts im RSHA, die Gutachten über die Sprengstoffe abzugeben hatten, trachteten nämlich nicht immer und nicht nur nach der objektiven Wahrheit, sondern sie suchten auch einigen der Beschuldigten das Leben zu retten und bisher nicht in die Untersuchung Verwickelte herauszuhalten.[86]

Nach den im Kriminaltechnischen Institut getroffenen Feststellungen handelte es sich sowohl bei dem weggeworfenen Paket als auch bei dem Attentatsprengstoff tatsächlich um deutsches Material. Es ist wahrscheinlich gar nicht durch die Hände der oben genannten und nur zum Teil von der Gestapo ermittelten Sprengstoffbeschaffer gegangen. Der Sprengstoff ist erst im Frühjahr 1944 von der WASAG/Werk Reinsdorf als einmalige Sonderanfertigung unter der Bezeichnung »Plastit W« hergestellt worden, und zwar in einer Menge von 91 Kilogramm (soviel war nötig, um die großen Maschinen zu füllen).

Wer den Sprengstoff in Auftrag gegeben hat, ist nach dem 20. Juli 1944 nie eindeutig geklärt worden. Im Produktionsbuch der Fabrik war die fragliche Charge nicht eingetragen, wohl aber im Notizbuch des verantwortlichen Chemikers (was diesem ziemliche Verlegenheit bereitete, aber wegen der Haltung der Untersuchungsbeamten keine Verfolgung eintrug). Immerhin scheint Arthur Nebe maßgeblich an der Beschaffung beteiligt gewesen zu sein. Anfang 1944 wollte er von einem ihm unterstellten Chemiker wissen, wieviel Kilogramm eines eigens herzustellenden Sprengstoffes mit optimaler Verbrennung und Brisanz für ein »Attentat auf Stalin« nötig wäre, worauf er die Antwort erhielt, 5 Kilogramm würden reichen, mit weniger als 2 Kilogramm aber sei überhaupt nichts zu machen [87]. Auch englische Zeitzünder der von Stauffenberg verwendeten Art sind etwa zwei Wochen vor dem Attentat durch einen Beamten des Amtes IV A II im RSHA im Kriminaltechnischen Institut bestellt und abgeholt worden.

Der Sprengstoff, der mit geringem Dinitronaphthalinzusatz und mit konzentrierter Schwefelsäure hergestellt war, hatte besonders günstige Eigenschaften, insbesondere große Sprengwirkung und fast rückstandslose Verbrennung. Es ist möglich, daß die Verschwörer deshalb geglaubt haben, sie verfügten über einen Wundersprengstoff von fast unbegrenzter Wirkung [88].

4. Staatsstreichplanung: Nachrichtenwesen

Seit in der Opposition ernsthaft erwogen wurde, Hitler in seinem Hauptquartier durch ein Attentat zu töten oder aber, wie man sagte, das

Hauptquartier zu »zernieren«, befaßte man sich mit Überlegungen, wie das jeweilige Hauptquartier nachrichtentechnisch von der Außenwelt isoliert werden könnte. Wenn Hitler nur festgesetzt werden sollte, bestand ohne nachrichtentechnische Isolierung keine Aussicht auf Erfolg; denn dann hätte er persönliche Gegenbefehle geben und Ansprachen halten können, und kaum jemand hätte auf die Verschwörer gehört. Aber auch wenn Hitler tot war, konnte seine hinterbliebene Umgebung noch viele Schwierigkeiten machen. Keitel, Jodl, Dönitz zumal waren treue Paladine, Göring und Himmler waren weniger treu, aber nicht weniger gefährlich. Wenn sie beim Attentat im Hauptquartier, doch nicht bei der Lagebesprechung anwesend waren, konnten sie sich wahrscheinlich rasch des ganzen Apparats bemächtigen. Für das Gelingen des Staatsstreiches, für die Abschirmung der Maßnahmen in Berlin und in anderen Städten des Reiches und der besetzten Gebiete gegen Einflüsse der alten Machthaber war es also nötig, das Hauptquartier nachrichtentechnisch zu isolieren, mindestens für die ersten Stunden.

Zur Ausführung dieses Vorhabens konnten die Verschwörer auf die tätige Mithilfe einer Anzahl hervorragender Fachleute in der Nachrichtentruppe des Heeres zählen. An erster Stelle steht hier General der Nachrichtentruppen Erich Fellgiebel, der von seinen Kameraden und Untergebenen außerordentlich geschätzt und verehrt wurde als hochgebildeter, empfindsamer, rechtlich und menschlich denkender Soldat, als fähiger Naturwissenschaftler mit philosophischen Neigungen, als überragender Fachmann auf dem Gebiet des Nachrichtenwesens [89]. Schon vor dem Krieg hielt Fellgiebel mit seiner Kritik gegenüber dem Regime nicht zurück, obwohl er wußte, daß seine Telephongespräche schon vor 1938 überwacht wurden. Er wußte auch, wie unentbehrlich er war, und er war furchtlos und aufrecht. Hitler haßte er als geistlosen und unmenschlichen Gewaltherrscher, im Kriege immer mehr auch als militärisch unfähigen, strafwürdigen Zerstörer. In seiner Eigenschaft als Chef des Wehrmacht-Nachrichten-Verbindungs-Wesens (Chef WNV) und als gleichzeitiger Chef des Heeres-Nachrichten-Wesens (Chef HNW) besaß Fellgiebel unumschränkte Befehlsgewalt über alle Nachrichtenmittel des Heeres, jedenfalls innerhalb der von seinen militärischen Vorgesetzten, (Hitler, Keitel und bis Dezember 1941 Brauchitsch) ausgehenden Richtlinien. Über die Wehrmacht-Nachrichten-Verbindungen verfügte er freilich trotz seines Titels Chef WNV nur, soweit sie auf den sogenannten OKW- oder Wehrmachtkriegsschauplätzen bestanden; im übrigen konnte er der Marine und der Luftwaffe nichts befehlen, ja nicht einmal auf regulärem Wege ihre Verbindungen kennenlernen, und ähnlich war es bei der SS [90].

Fellgiebels nächster Mitarbeiter, der Chef des Stabes beim Chef HNW, Oberst Kurt Hahn, sowie der Chef des Stabes beim Chef WNV, Generalleutnant Fritz Thiele, gehörten zur Verschwörung und waren zur aktiven Mitarbeit beim Umsturz bereit und eingeweiht. Fellgiebel und Hahn hielten sich am Ort des OKH auf, meistens im Lager »Mauerwald«, aber wenn das Führerhauptquartier auf dem »Berghof« war, oft auch in Berchtesgaden; Thiele hatte seine ständige Dienststelle in der Bendlerstraße in Berlin.

Ferner gehörten zu den Eingeweihten im Amt Chef HNW der Leiter der Zentralgruppe (Personal-Angelegenheiten), Major Heinz Burchardt, der Leiter der Gruppe IV (Funkverbindungen), Major Höpfner, der seit dem 10. Juli 1944 Leiter der Gruppe I (Einsatz, Organisation, Ausbildung) war, der Nachfolger Höpfners als Gruppenleiter IV, Major Binder, sein Vorgänger als Gruppenleiter I, Oberstleutnant Maultzsch (er wurde am 10. Juli 1944 als Regiments-Kommandeur zum AOK 2 versetzt, wo Generalmajor von Tresckow Chef des Generalstabes war), der Leiter der Gruppe V (Transport-Nachrichtenverbindungen), Major Degner. Zum Teil saßen sie im Juli 1944 noch in »Mauerwald«, zum Teil im Lager »Zeppelin« bei Zossen; denn in jenen Wochen sollte das OKH nach Zossen in das Lager »Maybach« verlegt werden. Um die möglichst reibungslose Umstellung zu gewährleisten, hatte man schon vorsorglich die in Ostpreußen bestehenden Vermittlungen und Schaltungen in Zossen genau kopiert, selbst die Bezeichnungen der Vermittlungen und Ämter waren dieselben wie in Ostpreußen, nur jeweils mit dem Zusatz »Bu« (Bunker). So wurde aus »Anna« (Mauerwald) in Ostpreußen »Anna-Bu« in Zossen, aus »Emma« (Lötzen) »Emma-Bu«, aus »Nora« (Angerburg) »Nora-Bu« usw. Der Umzug wurde rückgängig gemacht, als das Führerhauptquartier nach dem 20. Juli in der »Wolfschanze« blieb [91]. Schließlich ist unter den Eingeweihten noch Oberst Kurt Haßel zu nennen, der Chef der Amtsgruppe Nachrichtenwesen im OKH/Chef H Rüst u BdE war und in dieser Eigenschaft General Olbricht unterstand.

General Fellgiebel hat der Gruppe um Beck bei einer Besprechung im Hause Olbrichts, an der Beck, Goerdeler und Fritz-Dietlof Graf von der Schulenburg teilnahmen, schon im Frühjahr oder Sommer 1943 zugesagt, er wolle bei dem geplanten Anschlag und Staatsstreich die Nachrichtenverbindungen im Sinne der Verschwörung »sicherstellen«, d. h. so kontrollieren, »daß alle notwendigen Anordnungen und Benachrichtigungen der Verschwörer reibungslos durchkommen, alle anderen Benutzer aber abgeschaltet werden«. Wenige Wochen vor dem Attentat hat er das Stauffenberg gegenüber wiederholt versprochen und Anfang Juli die Zusage erneuert. Dagegen hat Fellgiebel nie versprochen, irgendwelche Nachrichteneinrichtungen zu zerstören oder zerstören zu lassen [92].

Die Führerhauptquartiere verfügten hauptsächlich über vier verschiedene Nachrichtenmittel: Fernsprechverbindungen, Fernschreibverbindungen, Funkverbindungen (darunter Funksprech- und Funkschreibverbindungen) und Kurierdienst zu Lande und in der Luft. Fiel z. B. das Fernsprechnetz aus, so blieben noch die Fernschreibverbindungen; waren diese mit dem Fernsprechnetz durch gemeinsame Kabel bzw. Vermittlungen und Verstärkerämter verbunden und war das Fernsprechnetz gewaltsam, etwa durch Trennung der Kabel gestört, so fielen auch die Fernschreibverbindungen aus. Es blieben dann noch Funk und Kurier.

Die Unterbrechung der Kurierdienste war nur durch physische Gewalt, durch militärische Absperrung des Hauptquartiers möglich. Vom Attentatzeitpunkt bis zur »Zernierung« des Hauptquartiers durch Truppen, welche die Verschwörer kontrollierten, würden mindestens ein bis zwei Stunden vergehen; denn in unmittelbarer Nähe des Hauptquartiers verfügte man nicht über »zuverlässige« Einheiten. Erst in einem späteren Stadium des Umsturzes konnte man wagen, beliebige Truppen einzusetzen, auch dann noch mußte mit einem Kampf gegen die in der Nähe stationierten SS- und Polizeitruppen gerechnet werden, über die Himmler verfügte. In diesen ersten Stunden konnten also Kuriere durchkommen, wenn auch ihre Aussichten auf Wirksamkeit gering waren.

Die Unterbrechung des Funkbetriebs im Hauptquartier war fast nur mit Gewalt möglich, über die aber die Handvoll Verschwörer dort in den ersten Stunden nicht verfügte. Da war die Funkstelle im Sonderzug Hitlers, der »Brandenburg« hieß, ferner gab es Funkstellen in den Sonderzügen »Braunschweig« (Keitel) und »Franken I« und »Franken II« (WFSt). Die Züge standen außerhalb der Sperrkreise I und II und waren nicht ohne weiteres erreichbar, wieder wären Soldaten zur Durchsetzung der Funkstille nötig gewesen. Außerdem waren die Züge, wenn sie auf Bahnhöfen standen, stets an das Fernsprech- und Fernschreibnetz angeschlossen. Dann gab es noch die Funkstellen auf dem Flugplatz Rastenburg, in den Hauptquartieren von Göring, Himmler und Ribbentrop, bei den Posten der Führer-Luftnachrichten-Abteilung (FLNA); die Funkzentrale des FHQu befand sich in Heiligenlinde, etwa 20 Kilometer von der »Wolfschanze«. Der Reichspressechef hatte eine eigene Funkstelle im Führerhauptquartier, und worüber der Reichsleiter und Sekretär des Führers Martin Bormann verfügte, das wußte niemand ganz genau, sicher war nur, daß er eigene Fernsprech- und Fernschreibleitungen besaß. Dieselben Möglichkeiten und Einrichtungen für Funkverbindung wie bei Rastenburg bestanden bei Berchtesgaden, in Berlin und in Winniza in der Ukraine.

Praktisch hätten sich demnach Funkverbindungen nur durch Befehl ganz unterbinden lassen. Bormann, Himmler und Ribbentrop hätten entsprechende Befehle Fellgiebels schwerlich befolgt, und Fellgiebel hätte nicht die Machtmittel gehabt, die Befehle sofort durchzusetzen. Doch durfte er hoffen, daß die Funkverbindungen in den ersten Stunden der Überraschung und Verwirrung zu schwerfällig für erfolgreiche Gegenaktionen des Regimes sein würden. Soweit entsprechende Wellenlängen bekannt waren oder beim Gebrauch bekannt wurden, konnte man sie stören. Die oft älteren Offiziere in den Wehrkreisen z. B. hätten sich gegenüber einem aus der leeren Luft aufgefangenen Funkspruch wenigstens ebenso skeptisch gezeigt wie gegenüber den telephonischen Befehlen nicht genügend legitimierter Offiziere in der Bendlerstraße in Berlin. Rückfragen waren umständlich, Gespräche von Person zu Person nicht realisierbar. So blieben als wichtigste Nachrichtenmittel die Fernsprech- und Fernschreibverbindungen.

Hier war Fellgiebel wirklich Herr im Haus, immer unter der oben erwähnten Voraussetzung der Übereinstimmung seiner Weisungen mit denen seiner eigenen Vorgesetzten. Die Führerhauptquartiere, für die fragliche Zeit »Wolfschanze« und »Berghof«, hatten Verbindungen beiderlei Art zu allen Feldhauptquartieren der Heeresgruppen, der Wehrmachtbefehlshaber und Oberbefehlshaber in den besetzten Gebieten, zu den Ministerien in Berlin oder an ihren verschiedenen Auslagerungsstellen, zum Reichssicherheitshauptamt, zu den Wehrkreiskommandos, zu den Feldquartieren Himmlers, Görings, Ribbentrops usw. Die Zentralen auf dem »Berghof« waren mit diesen Stellen über die Verstärkerämter Au (und von da nach Salzburg) und Bad Reichenhall–Rosenheim verbunden, man sagte »abgestützt«. Die Vermittlungen der »Wolfschanze« waren über Rastenburg und Angerburg abgestützt. Später (seit Ende 1942/Anfang 1943) gab es noch ein Kabel über Rhein und Lötzen[93]. Sieht man von geheimen Verbindungen Bormanns ab, so würde zur Isolierung des jeweiligen Führerhauptquartiers tatsächlich ein Befehl Fellgiebels genügt haben: Die Verstärkerämter hätten angewiesen werden müssen, alle Fernkabelverbindungen zu trennen. Dies freilich war keine Kleinigkeit und tatsächlich nur durch willige Mitwirkung der Fachleute in den Verstärkerämtern möglich, sofern man nicht an die Zerstörung der Einrichtungen dachte.

Für den regulären Fernsprechbetrieb waren in den Verstärkerämtern »endverstärkte Trägerfrequenzstromkreise« eingesetzt. Auf eine vom Sendegerät ausgestrahlte Frequenz – bis zu 160 000 Schwingungen in der Sekunde – wurde die niedere Sprachfrequenz aufmoduliert und beim Empfänger wieder getrennt. Die Reichweite und besonders die Ausnutzung der Kabel waren dabei bedeutend besser als bei den Niederfrequenzleitungen. Diese wurden gleichwohl beibehalten und als Betriebsleitungen im Dienstbetrieb der Verstärkerämter untereinander verwendet. Bei der Abschaltung der regulären Trägerfrequenzverbindungen wären die Niederfrequenzverbindungen von Verstärkeramt zu Verstärkeramt in Betrieb geblieben; um diese auch abzuschalten, hätte man die Kabel selbst an den Lötstellen auftrennen müssen.

Auf dem Befehlswege ließ sich also wohl eine Sperre erreichen, aber nur eine unvollkommene. Sie war vollkommen genug, wenn die bisherigen Machthaber auch anderweitig an der Befehlsgebung gehindert oder wenn ihre Befehle nicht mehr befolgt wurden. Fellgiebel vertraute darauf, daß sein großes Ansehen genügen würde, um die Befolgung seiner Befehle selbst durch die SS zu sichern, natürlich nicht aus Sympathie für ihn oder den Umsturz, sondern, wie er hoffte sie überzeugen zu können, im Interesse des Regimes, dem es nur schaden könne, wenn Nachrichten über das Attentat nach außen drangen. Dies ist einer der Punkte, welche die Fiktion der Verteidigung des Regimes gegen einen Putsch von Partei- oder auch SS-Kreisen ratsam erscheinen ließen.

Nun gab es aber noch die schon erwähnten Geheimschaltungen und Geheimverbindungen (nicht Geheimleitungen). Bormann verfügte über eine geheime Fernschreibschaltung, die von seinem Bunker im Sperrkreis I unter Umgehung der Fernsprechvermittlung zur Fernschreibvermittlung im Sperrkreis II führte und so eingerichtet war, daß er von seinem Bunker aus direkt Fernschreiben absetzen und empfangen konnte. Seine Verbindung war natürlich auch über die Verstärkerämter geschaltet, aber die dort tätigen technischen Beamten der Reichspost wußten nicht unbedingt, wie sie geschaltet war, über welche Klemmen und Lötstellen sie lief, wie sie also zu trennen wäre. Um sie mit Sicherheit lahmzulegen, hätten sie alle Klemm- und Lötstellen trennen müssen, was lange Zeit, ohne Zerstörungen sicherlich einen ganzen Tag, in Anspruch genommen hätte und also sinnlos gewesen wäre. Außerdem hätte es dann wieder lange gedauert, bis das Verstärkeramt zum normalen Betrieb zurückkehren konnte. Vielleicht gab es außer Bormanns Geheimschaltung noch andere in der Nähe des FHQu; Himmler verfügte sehr wahrscheinlich über eine geheime Verbindung, womöglich auch Göring und Ribbentrop.

Ohne nachhaltige, zerstörerische Trennung in den Verstärkerämtern war solchen Verbindungen nicht beizukommen, es sei denn durch entsprechend angewiesene und eingeweihte Postbeamte. Daß die kaum in genügender Zahl zu finden und zu gewinnen waren, liegt auf der Hand. Um seine Befehle zweckmäßig erteilen zu können, hätte Fellgiebel sehr umfangreiche und nicht geheimzuhaltende Erkundigungen einziehen müssen. Er mußte sich statt dessen auf das Wissen und den guten Willen der Postbeamten verlassen. Sein Nachfolger, General der Nachrichtentruppen Albert Praun, hat die Vorbereitungen Fellgiebels und seiner Mitverschwörer ohne genaue Kenntnis der Einzelheiten als ungenügend und zu wenig solide getadelt, zugleich aber festgestellt, daß die zur gründlichen Vorbereitung nötige Einweihung des unteren und mittleren Personals nicht tunlich gewesen wäre [94]. Der Kommandeur der Führer-Nachrichten-Abteilung, Major Wolf, hat die Situation so gekennzeichnet: »Die Wolfschanze nachrichtentechnisch zu isolieren, wäre für 2 oder 3 kleine Postbeamte leichter gewesen als für Fellgiebel oder Hahn. Für diese dagegen war es fast unmöglich, die nötigen Helfer für ihr Vorhaben zu finden. Im Falle des Gelingens des Attentats freilich hätten sie wohl gute Aussichten gehabt, daß ihre Befehle ausgeführt worden wären.«

Es ging zunächst nicht so sehr darum, am Tage des Attentats jegliche Nachrichtenübermittlung zwischen Führerhauptquartier und Außenwelt zu unterbinden, sondern darum, die Wehrmacht und den militärischen Führungsapparat möglichst rasch und reibungslos in die Hand zu bekommen. Dazu hätten die Befehle Fellgiebels und seine Vorbereitungen genügt, unter der Voraussetzung des gelungenen Attentats. Etwa weiter bestehende Geheimschaltungen der SS, des Parteiapparats, vielleicht der Geheimen Staatspolizei, des SD und des Außenministeriums hätten dann allerdings nach den ersten zwei bis drei Stunden ebenfalls unter Kontrolle gebracht werden müssen. Durch Überwachung und Prüfung in den Verstärkerämtern wäre das möglich gewesen. Die vollständige Unterbrechung der Nachrichtenverbindungen war gar nicht im Interesse der Verschwörung. Die neuzubildende Regierung wollte zwar den Krieg möglichst rasch beenden, aber nicht einfach die Fronten zusammenbrechen lassen, sie mußte sich also des vorhandenen Führungsapparates zur vorläufigen Weiterführung bzw. allmählichen Einstellung des Kampfes, zur ordentlichen Rückführung besonders der im Westen stehenden Verbände und zum Halten der Front im Osten bedienen können. Jede Zerstörung oder lange dauernde Lähmung wäre vom militärischen und nachrichtenführungstechnischen Standpunkt aus Wahnsinn gewesen.

Besonders in den ersten Jahren nach dem Kriege hat man häufig General Fellgiebel als den nach Stauffenberg in zweiter Linie Verantwortlichen für das Scheitern des Umsturzes hingestellt. Zwar sei, so hieß es vielfach, der Hauptgrund für den Zusammenbruch des Staatsstreichs das Scheitern des Attentats gewesen, aber alles hätte noch gerettet werden können, wenn Fellgiebel seine übernommene Aufgabe erfüllt und die Nachrichtenvermittlung in der »Wolfschanze« in die Luft gesprengt hätte [95]. Es wurde auch behauptet, das zweite Sprengstoffpaket, das Stauffenberg und Haeften bei sich hatten, sei dafür vorgesehen gewesen (warum hätten sie es dann wieder mitgenommen und weggeworfen?).

Die Vorwürfe gegen Fellgiebel kommen nicht aus erster Hand, sondern vom Hörensagen. Niemand hat je unmittelbar berichtet, die Zerstörung der Vermittlung im Sperrkreis I der »Wolfschanze« sei ihm gegenüber von Fellgiebel zugesagt gewesen. Teilweise ist die Auffassung, Fellgiebel hätte am Tag des Attentats die Nachrichtenanlagen zerstören sollen, auf seine und Hahns Aussagen vor der Gestapo zurückzuführen, man habe sich darauf geeinigt, »zu *handeln, wenn der Umsturz erfolgt.* Man brauche also nicht viel Vorbereitungen zu treffen.« [96] Dies war genau der Eindruck, den Fellgiebel und Hahn erwecken wollten, aber er war natürlich irreführend und sollte, wie sich zeigte mit Erfolg, notfalls das Leben der Mitverschworenen und Eingeweihten retten.

Tatsächlich waren die von Fellgiebel, Hahn und Thiele getroffenen Vorbereitungen so umfangreich, wie es sich überhaupt noch verantworten ließ. In nicht weniger als fünf Abteilungen des Amtes Chef HNW gab es führende Eingeweihte, in einigen weiteren belegten Fällen, z. B. bei Oberstleutnant Sander, haben Fellgiebel, Hahn oder Thiele zumindest den Versuch der Gewinnung und Einweihung unternommen [97]. Fellgiebel hat also keinerlei Vorwurf verdient. Sodann kann nicht deutlich genug gesagt werden, daß die Zerstörung der Vermittlung im Sperrkreis I der »Wolfschanze« erstens unmöglich und zweitens sinnlos gewesen wäre.

Dem Nachrichtenbunker im Sperrkreis I der »Wolfschanze« hätte auch die größte damals von den Kriegführenden verwendete Fliegerbombe nichts anhaben können. Selbst wenn eine Sprengung im Bunker stattgefunden hätte (wozu Fellgiebel nie die Hand gereicht hätte ohne vorherige Räumung des Bunkers, was wieder den Erfolg in Frage gestellt hätte), so wären die Zerstörungen doch nur sehr begrenzt geblieben. Es wäre zwar große Verwirrung entstanden, die Klappenschränke und Klinkenumschalter wären zerstört, zahllose Drähte zerrissen, das Innere der hochwichtigen Vermittlung im Sperrkreis I ein wüster Trümmerhaufen gewesen. Doch hätte es höchstens eine halbe Stunde gedauert, bis man von dem Vermittlungsbunker aus wieder hätte telephonieren können, bis ein Störtrupp aus den lose herumhängenden Drähten einige Verbindungen neu hergestellt hätte.

Wollte man den Bunker, vielleicht aus Furcht vor weiteren Explosionen, zunächst nicht betreten, so gab es noch genug andere Möglichkeiten. Da waren die Kabelschächte außerhalb des Bunkers, je einer an der Nord- und an der Südseite, wo der Bunker mit einem Anbau zusammengefügt war. Hier konnten die Techniker mit Leichtigkeit die nötigen Verbindungen mit einigem Hilfsgerät wiederherstellen. Fellgiebel hätte also auch Sprengladungen in die Kabelschächte werfen müssen, um das zu verhindern, aber dazu hätte er jetzt schon drei Sprengladungen und etwa ebenso viele Helfer gebraucht. Da die Kabelschächte bombensicher gebaut und mit schweren Einstiegdeckeln aus Eisen und Eisenbeton verschlossen waren, die nur mit besonderem Gerät abzuheben waren, welches im Bunker lagerte, war das Anbringen von Sprengladungen weiter erschwert. Auch hier wären nicht alle Drähte so vernichtet worden, daß man nicht rasch wieder ein paar Telephone hätte anschließen können [98]. Gesetzt den unwahrscheinlichen Fall, die Zerstörungen an den Kabelschächten hätten das unmöglich oder unpraktisch gemacht, so gab es immer noch Kabelaufführungspunkte, an denen man an die ein bis zwei Meter tief in die Erde gelegten Kabel herankonnte, auch ohne sie erst auszugraben. Schließlich gab es die Anschlüsse auf dem außerhalb des Sperrkreises I liegenden Bahnhof »Görlitz«, die schon erwähnt wurden; es waren nur ein paar hundert Meter vom Innersten des Führerhauptquartiers bis dahin.

Erwies sich also die gewaltsame Ausschaltung des Zentrums im Sperrkreis I bei näherem Zusehen für mehr als eine halbe Stunde als so gut wie unmöglich – Fellgiebel hätte ja mit einem regelrechten Sprengtrupp anrücken und systematisch alles in die Luft jagen müssen –, so wäre ein solches Unternehmen durch die Dezentralisierung der Nachrichtenmittel im Hauptquartier doch von vorneherein sinnlos gewesen. Gerade weil man den Ausfall eines Nachrichtenbunkers trotz allem in Betracht zog, man dachte in erster Linie an Fliegerbomben, hatte man die Fernsprechvermittlung in den Sperrkreis I, die Fernschreibvermittlung aber in den Sperrkreis II gelegt. Von der Fernschreibvermittlung aus hätte man ohne große Umstände telephonieren können, wenigstens zu den wichtigsten Punkten in allen von Deutschland kontrollierten Gebieten einschließlich Berlins und der Wehrkreiskommandos. Man hätte das übrigens auch von Bormanns Bunker im Sperrkreis I aus tun können, man hätte nur das nötige Gerät schnell herschaffen müssen; denn Bormanns Leitung für den Geheimfernschreiber lief, wie berichtet, unter Umgehung der Vermittlung im Sperrkreis I direkt zur Vermittlung im Sperrkreis II. Außerdem hatten Bormann wie auch der Reichspressechef direkte Leitungen nach Berlin für gewöhnliche Blattfernschreiber [99].

Schließlich sei der Vollständigkeit halber noch eine weitere Vorsichtsmaßnahme erwähnt, die die nachrichtentechnische Isolierung des Führerhauptquartiers durch Zerstörung beider Vermittlungen illusorisch machte, selbst wenn sie durchführbar gewesen wäre. Für einen solchen Fall hatte man nämlich schon im Herbst 1943 den Aufbau einer »Vermittlung ›Zeltstadt‹« geplant, vorbereitet und am 1. und 2. Oktober 1943 geübt [100]. Die Übung hatte ergeben, daß selbst bei der Zerstörung des ganzen Führerhauptquartiers der Aufbau der gesamten Zeltstadt mit *allen* wichtigen Verbindungen höchstens vier bis fünf Stunden gedauert hätte. Im Falle einer Teilzerstörung wäre es schneller gegangen.

Was also die Opposition wirklich brauchte und auch wollte, war nicht die Zerstörung irgendwelcher Bunker und Vermittlungen, sondern dies: ein Verfahren, bei dem das bisherige Regime in den ersten Stunden des Umsturzes von der Benützung der Kommunikationsmittel ausgeschlossen war, die Verschwörer aber nicht. Nur darauf hat denn auch Fellgiebel mit seinen Vertrauten hingearbeitet und die damit zusammenhängenden Fragen immer wieder mit Stauffenberg, Stieff, dem Generalquartiermeister Wagner u. a. besprochen. Zur Sicherstellung dieses Zieles mußte man erstens die in Frage kommenden Verstärkerämter in Ostpreußen – Rastenburg, Angerburg und Allenstein, für das OKH auch Lötzen – unter Kontrolle bekommen, denn diese waren dort die empfindlichen Punkte, alle Verbindungen der »Wolfschanze« liefen über die Verstärkerämter Rastenburg und Angerburg; und zweitens brauchte man die Vermittlung im OKH-Lager »Zeppelin« bei Zossen und im Bendlerblock in Berlin.

Spätestens seit Frühjahr 1943 bemühte sich insbesondere Hahn, Offiziere an wichtigen Stellen einzuweihen und veranlaßte auch eine Anzahl personeller Veränderungen [101]. Beim Durchdenken der Möglichkeiten stellte man natürlich fest, daß zur völligen Abschaltung der in Frage kommenden Zentralen, auch zu ihrer völligen Kontrolle, ein umfangreicher Apparat und umständliche Vorbereitungen nötig wären [102]. Es wurde deshalb vorübergehend erwogen, ob man nicht nur Offiziere, sondern auch Unteroffiziere einweihen müßte. Aber davon kam man wieder ab, weil die meisten von ihnen in der Hitler-Jugend gewesen und deshalb in ihren Anschauungen und in ihrer Haltung nicht so eindeutig und »zuverlässig« waren, wie die Offiziere [103].

Wenn das Attentat auf dem »Berghof« stattfand, so waren die Verstärkerämter Berchtesgaden, Salzburg, Bad Reichenhall und Rosenheim zu blockieren. Auch München hatte zentrale Bedeutung im Süden und sollte stillgelegt werden, obwohl es über andere Ämter hätte umgangen werden können. Die Bedeutung von Funkverbindungen und »Geheimverbindungen«, die ja lediglich Geheimschaltungen in den Verstärkerämtern waren und deren Brauchbarkeit für militärische Führungszwecke äußerst begrenzt war, schätzte Fellgiebel nicht sehr hoch ein[104]. Sein Ordonnanzoffizier, Oberleutnant Arntz, war im Süden im Attentatfalle für die »Sicherung« des Verstärkeramtes Salzburg verantwortlich; Berchtesgaden, Bad Reichenhall und Rosenheim wollte Fellgiebel durch andere Herren abschalten lassen, deren Namen er Arntz nicht nannte. Die Fernsprechvermittlung auf dem »Berghof« wollte Fellgiebel selbst übernehmen.

Ähnlich waren die Anordnungen für die »Wolfschanze«. Wenn Hitler getötet wäre, wollte Fellgiebel die Abschaltung der Verstärkerämter Rastenburg, Lötzen und Insterburg oder Angerburg befehlen. Sie waren aus Sicherheitsgründen getarnt und, wie im Falle von Rastenburg, oft nicht im Postamt untergebracht, aber ihre Lage war den Nachrichtenführungsstellen des Heeres bekannt[105]. Arntz war hier beauftragt, am fraglichen Tage mit einem Beiwagenmotorrad nach Lötzen zu fahren und dem dortigen Verstärkeramt Fellgiebels bzw. Hahns Befehl zur Auftrennung der Klemmverbindungen zu überbringen; so detailliert wurde ihm seine Aufgabe allerdings erst am Morgen des 20. Juli von Hahn mitgeteilt. Im OKH würde Hahn selbst das Nötige veranlassen und das Amt »Anna« stillegen.

Des weiteren hatte Hahn auch einen Versuch gemacht, in der »Wolfschanze« selbst einen Vertrauensmann zu gewinnen, nämlich den Wehrmacht-Nachrichten-Offizier Oberstleutnant Sander. Sander hat dann auf Hahns Wunsch trotz einem Verbot von Generalleutnant Schmundt General Fellgiebel immer über geplante Reisen und Verlegungen des Führerhauptquartiers unterrichtet. Aber weiter war man nicht gekommen. Als Oberst Hahn versuchte, Sander dazu zu bewegen, bei sich und bei Hahn in »Mauerwald« je einen Geheimfernschreiber aufstellen zu lassen, hat sich der WNO dazu nicht bereit gefunden, weil ein solch großer Fernschreiber im Führerhauptquartier Besuchern und Aufpassern sicher aufgefallen wäre. Es gab ja genug solche Geräte in der Zentrale im Sperrkreis II, Sander hatte wirklich keines nötig, während es für die Verschwörer freilich ein gewaltiger technischer Vorteil gewesen wäre, über so eine gewissermaßen private Einrichtung zu verfügen.

Alle Planungen Fellgiebels gingen von der Voraussetzung eines geglückten Attentats aus. Ohne sie war er stets von den Befehlen Hitlers bzw. Keitels abhängig und konnte diesen höchstens für ganz kurze Zeit zuwiderhandeln, worauf er seines Amtes enthoben worden wäre. Einen Plan für den Fall des Mißlingens des Attentats gab es also nicht, in diesem Falle wäre nichts zu tun gewesen. Das scheint seltsam; denn wenn der Anschlag mißlang und überdies entdeckt wurde, war ja alles verloren. Man hätte dann ohne Rücksicht auf den Erfolg handeln müssen, um wenigstens noch den Versuch des Umsturzes zu machen bzw. um die Tätigkeit und Opferbereitschaft der Opposition zu dokumentieren, wie man es ja dann auch getan hat. Nur, einen Plan dafür gab es nicht; es wäre ein Plan für den eigenen Untergang gewesen. Alternativpläne gab es in der ganzen Verschwörung nicht[106]. So etwas ließ sich allerdings höchstens im innersten Kreis verabreden. Die zahlreichen Schwankenden, ohne die der Erfolg fraglich war, konnte man nur durch völlige Zuversicht mitreißen, mußte also alles auf sicheres Gelingen aufbauen. Aber es scheint, daß man auch im innersten Kreis vor allem vom Erfolg der Bombe überzeugt war – wenn sie explodierte. Unter Mißlingen schien man das Ausbleiben der Explosion überhaupt zu verstehen, womit die Entdeckung nicht notwendig verbunden war. Mit beidem, Versagen der Bombe und Nichtentdeckung, hatte man schon Erfahrungen gemacht. Mit der Wirkung des Sprengstoffes in der konkreten Attentatsituation dagegen hatte man keine Erfahrungen, dem Experimentieren waren da Grenzen gesetzt.

In Berlin konzentrierten sich die Vorbereitungen auf die Vermittlung »Zeppelin« bei Zossen, auf den Bendlerblock und auf die Befehlszentrale der Marine. Die Nachrichtenmittel der Luftwaffe erschienen nicht zugänglich und kontrollierbar. Im Herbst 1943 verbanden sich Berthold Graf von Stauffenberg, Korvettenkapitän Alfred Kranzfelder und Dr. Sydney Jessen in der Seekriegsleitung zur gemeinsamen Teilnahme am Umsturz und traten auch an den Kapitän z. See Kupfer heran, der damals Chef der Abteilung Nachrichtenübermittlungsdienst in der Seekriegsleitung war und zusagte, im Augenblick des Umsturzes für ungehinderte Durchgabe der Fernschreiben der Verschwörung zu sorgen und anschließend die Nachrichtenmittel für Gegenbefehle zu lähmen. Als aber gegen Ende November 1943 die Seekriegsleitung dezentralisiert und teilweise an verschiedene Orte außerhalb Berlins verlagert wurde, u. a. in das Lager »Bismarck« bei Eberswalde und in das Lager »Koralle« bei Bernau, da mußte Kapitän Kupfer seine Zusage zurückziehen. Die zentrale Kontrolle der Marinenachrichtenverbindungen erschien nun nicht mehr möglich[107]. Mehr Erfolg hatte Oberst Hahn bei seinen Bemühungen um die Kontrolle der Vermittlung und des Verstärkeramtes in Zossen.

In vorsichtiger und andeutender Weise waren schon seit dem Herbst

1943 die Gruppenleiter und Majore Burchardt, Degner und Höpfner in
großen Zügen über das unterrichtet worden, was »passieren« könnte.
Seit Oktober 1943 befanden sie sich in einer Art ständiger Alarmbereitschaft und warteten auf die Ereignisse. Aber erst Anfang 1944, besonders
in den Monaten März bis Juni, wurden sie und andere Offiziere allmählich in vielen Gesprächen, teils in Ostpreußen, teils in den Strub-Kasernen
bei Berchtesgaden näher unterrichtet.

Am 19. März 1944 kam Oberst Hahn im Lager »Mauerwald« zu Major
Degner ins Zimmer und sagte: »›Stalin liegt im Sterben.‹« Hitler war
damals in Berchtesgaden und wurde für einen oder zwei Tage in der
»Wolfschanze« erwartet. Man rechnete damit, daß er fliegen würde und
hatte nach den Mitteilungen Hahns den Abschuß des Flugzeuges über
dem Böhmerwald vorbereitet. Aber Hitler fuhr dann mit dem Zug [108].
Was Hahn damals mit Degner besprach, galt jedoch auch für künftige
Fälle: Degner sollte in seinem Bereich – damals noch in »Mauerwald« –
dafür sorgen, daß die Nachrichtenverbindungen für die Verschwörer offen,
für die bisherigen Machthaber aber gesperrt bleiben würden, sobald das
Attentat stattgefunden hätte.

Solange das OKH und mit ihm der Stab des Chef HNW noch in
»Mauerwald« lagen, war das nicht allzu schwer. Degner hat sich über die
nötigen Maßnahmen informiert und war bereit, sie zu gegebener Zeit zu
befehlen. Nach dem Umzug nach Zossen Mitte Juli 1944 mußte er freilich sehr rasch neue Vorbereitungen treffen. Auch das gelang, er konnte
sich in ganz kurzer Zeit mit dem für die Kabel- und Schalträume verantwortlichen Postbeamten, den er dienstlich schon gut kannte, so anfreun-
den, daß er von ihm einen Ausweis zum Betreten der Diensträume der
Post erhielt. Dort konnte er sich über die wesentlichen Klemmverbindungen informieren, an denen die drei Leitungen, welche »Zeppelin«
und »Wolfschanze« hauptsächlich verbanden, zu trennen waren.

In ähnlicher Weise waren Burchardt und Höpfner im Lauf der Zeit
durch Gespräche mit Fellgiebel und mit Hahn in die Opposition hinein-
gewachsen und immer mehr in die Einzelheiten der Pläne eingeweiht
worden. Am 13. oder 14. Juli 1944 wurde ihnen in Zossen von Oberst
Hahn das Vorhaben erklärt, wie es dann am 20. Juli wenigstens teilweise
abgelaufen ist [109]. Thiele sollte von der Bendlerstraße aus die entsprechenden Befehle nach Zossen durchgeben, wenn es soweit sein würde.
Überdies wurde ein Stichwort verabredet, welches Hahn von Ostpreußen
aus nach Zossen durchgeben wollte. »Das Nachrichtengerät geht am 15.
ab« bedeutete: »Der Anschlag findet am 15. statt.« »Das Nachrichtengerät
ist abgegangen« bedeutete: »Der Anschlag hat stattgefunden.« [110]

Über diese Vorbereitungen Fellgiebels und Hahns hinaus hat sich noch General Olbricht für die Kontrolle der Nachrichtenverbindungen eingesetzt und entsprechende Maßnahmen in die Wege geleitet. Nachteilig war dabei ein gewisser Mangel an Harmonie zwischen Oberst Hahn, dem Chef des Stabes beim Chef HNW, und Oberst Haßel, dem Chef der Amtsgruppe Nachrichtenwesen (Ag N) beim Chef der Heeresrüstung und Befehlshaber des Ersatzheeres (seit 30. November 1943)[111]. Während Generalleutnant Thiele als Chef der Amtsgruppe WNV im OKW dem Chef WNV (Fellgiebel) direkt unterstellt war, der seinerseits in dieser Eigenschaft dem OKW/WFSt direkt unterstand, und so die Funktion eines Chefs des Stabes hatte, obwohl der Chef WNV formal keinen eigenen Stab hatte, war Oberst Haßel der höchste Nachrichtenoffizier, der dem BdE und direkt unter diesem dem Chef des AHA, General Olbricht, unterstellt war[112]. Thiele hatte umfangreichere Befehlsgewalt; ihm unterstanden zwei Führungs-Nachrichten-Regimenter, die Abteilung Funkwesen (Ag WNV/Fu), die Kriegsfernmeldeabteilung (Ag WNV/KF), eine Abteilung General zur besonderen Verwendung (Ag WNV/Gen. z. b. V.), die Abteilung Chiffrierwesen und die Abteilung des Generalbevollmächtigten für die technischen Nachrichtenmittel (Ag WNV/GBN)[113]. Oberst Haßel unterstand die Abteilung Nachrichtentruppen (In 7), eine der Waffenabteilungen des AHA, ferner die Abteilung Nachrichtenverbindungswesen, die Abteilung Nachrichtengerät und die Abteilung Nachrichtenhelferinnen[114]. Innerhalb der Abteilung Nachrichtenverbindungswesen, welcher Oberst Köllner vorstand, unterstand Haßel daher auch die Nachrichtenzentrale des Ersatzheeres in der Bendlerstraße, aber nicht die OKH-Zentrale im Lager »Maybach« bei Zossen, die »Zeppelin« genannt wurde und vorwiegend dem Feldheer diente. Oberst Köllner hatte sein Büro in einem rückwärtigen Flügel des Bendlerblocks; an diesen Flügel schloß sich nach rückwärts die Vermittlung an, die damals schon einen dicken Betonmantel erhalten hatte und so zu einem Bunker geworden war[115]. Das Büro Haßels dagegen war evakuiert und befand sich im Lager Düppel in Zehlendorf.

Am 21. November 1942, als sich der Kessel um Stalingrad geschlossen hatte, nahm Oberst Haßel an einer Besprechung im Dienstzimmer von Generalmajor Thiele teil, bei der General Fellgiebel und einige andere Herren anwesend waren[116]. Fellgiebel zeichnete in kurzem Vortrag ein Bild der Kriegslage mit dem Ergebnis, daß der Krieg ganz offensichtlich verloren sei. Irgendwie müsse deshalb die bisherige Führung »geändert« werden.

Am darauffolgenden Tag hatte Oberst Haßel bei General Olbricht

Vortrag zu halten. Beide Offiziere waren sich über die ungünstige militärische Lage einig, und Olbricht benützte dies als Anknüpfungspunkt für eine Anweisung an Haßel, er möge einmal zusammenstellen, welche nachrichtentechnischen Objekte bei inneren Unruhen geschützt werden müßten. Es gebe doch gerade in und um Berlin so viele Fremdarbeiter, und Unruhen seien jederzeit möglich. Zwar seien »Walküre«-Einheiten für den Objektschutz vorgesehen, doch müsse für die empfindlichen Nachrichtenzentren ein übriges getan werden, und schließlich seien nicht nur die Einrichtungen der Wehrmacht, sondern auch die der SS, des Reichssicherheitshauptamtes und des Propagandaministeriums wichtig. Darauf verlängerte Haßel die Reihe noch um Haupttelegraphenamt, Auswärtiges Amt, die Funkzentralen in Nauen, Strausberg und auf dem Flugplatz Rangsdorf, ferner die ausgelagerten Dienststellen um Berlin. Haßel hat eine Liste aufgestellt und zu Olbricht gebracht, der sie in seinem Panzerschrank einschloß. Auf der Liste stand auch, wieviel Truppen im jeweiligen Fall für den »Objektschutz« nötig wären; für den Deutschlandsender z. B. war eine Kompanie vorgesehen [117].

Am 1. Mai 1943 wurde Haßel als Nachrichtenführer zur 16. Armee versetzt, aber am 1. November war er wieder in Berlin und wurde am 30. November Amtsgruppenchef. In der Bendlerstraße wurde von Olbricht und Stauffenberg, wenigstens in Gegenwart Haßels, der als eingeweiht galt, häufig und offen von den Umsturzplänen gesprochen. Olbricht meinte zu Haßel, man müsse, da er nun wieder da sei, in altbewährter Weise weiterarbeiten. Dazu gehörten vor allem die Organisation des besprochenen »Objektschutzes«, durch Verlegungen nötig gewordene Änderungen des Planes und die Bereitstellung der erforderlichen Truppen, insbesondere zur Besetzung der Verstärkerämter, der Telegraphenämter und der Rundfunksendeanlagen bei Berlin [118]. Anfang Juli 1944 sorgte Haßel dafür, daß ein Kontingent von 20 Offizieren am Tag des Umsturzes zur Betreuung nachrichtentechnischer Objekte eingesetzt werden konnte. Am 14. Juli abends erfuhr er zum ersten Mal einen konkreten Termin für den Umsturz: den 15. Juli. Thiele hatte Haßel in seine Wohnung gebeten, um mit ihm darüber zu sprechen [119].

5. Staatsstreichplanung: Innenpolitik

Es ist noch von den letzten Vorbereitungen auf dem innenpolitischen Gebiet zu berichten. Hier beherrschen die nichtmilitärischen Persönlichkeiten und Gruppen die Szene, deutlich ist hier der zivile, von den Sonderinteressen der Militärs ganz unabhängige Charakter der Opposition. Da die ersten Stunden eines Staatsstreiches von der militärischen Aktion bestimmt sein mußten und der Aufstand über die ersten Stunden nicht hinausgekommen ist, wird im nächsten Kapitel sehr viel von Soldaten und ihrer Tätigkeit die Rede sein müssen, doch darf die entscheidende und grundlegende Bedeutung des zivilen Elementes in der Opposition nicht aus den Augen verloren werden. So wie es im Vorbereitungsstadium die für den Inhalt der Bewegung wesentliche Rolle spielte, so wird es in der Verfolgung und im Untergang des Widerstandes durch die große Zahl seiner Opfer wieder tragisch prominent.

Es wurde schon berichtet, wie die Arbeit der Opposition, die Vorbereitung des Aufstandes, wegen der ständigen Veränderungen in den Verhältnissen nie als beendet angesehen werden konnte. Angesichts der sich rapide verschlechternden Kriegslage und der Invasion am 6. Juni 1944, angesichts also des nahe bevorstehenden Kriegsendes, ist zudem das Denken und Planen der Verschwörer wieder neu in Fluß gekommen.

Letzte Änderungen an den seit Oktober 1943 vorbereiteten Aufrufen – an das deutsche Volk, an das Heer und an die Frauen – wurden noch vorgenommen. Graf von Stauffenberg hat dazu Professor Fahrner in den letzten Junitagen aus Athen noch einmal nach Berlin berufen[120]. Vom 28. Juni bis 5. Juli 1944 hielt sich Fahrner in Berlin auf und wohnte zwei Tage im Zimmer von Kranzfelder, der gerade auf Urlaub war, in der Baracke Berthold Graf von Stauffenbergs in der »Koralle«, die übrige Zeit zusammen mit Oberst i. G. Mertz von Quirnheim und Claus Graf von Stauffenberg in der Wohnung seines Bruders Berthold in der Tristanstraße in Wannsee. Die Änderungen in den bisherigen Fassungen der Aufrufe gingen hauptsächlich auf das Verlangen Becks zurück; der Aufruf an die Frauen wurde fallengelassen, jedoch einige Punkte in die Neufassungen der anderen Aufrufe übernommen. Aus Sicherheitsgründen wurden die Aufrufe nur in zwei Exemplaren geschrieben und aufbewahrt, je einer im Panzerschrank Berthold und Claus Graf von Stauffenbergs in der »Koralle« bzw. in der Bendlerstaße[121].

Die Unterrichtung neuer und alter Kontaktleute in den Wehrkreiskommandos wurde bis kurz vor dem Attentat fortgesetzt. Manche Offiziere berichten, daß Stauffenberg sie noch am 10. Juli bei einer Befehlshabertagung in Krampnitz bei Potsdam, die der Chef H Rüst u BdE, Generaloberst Fromm, einberufen hatte, auf ihre Bereitschaft zur Teilnahme an einem Umsturzversuch hin angesprochen habe. Olbricht beteiligte sich an den Bemühungen, hauptsächlich durch Andeutungen die mögliche Verhängung des Ausnahmezustandes in naher Zukunft mehr oder minder deutlich anzukündigen [122]. In Berlin wurde die Verbindung zur Stadtkommandantur und zum Wehrkreiskommando natürlich ständig aufrechterhalten.

Dieses vorsichtige und sehr begrenzte Einweihen und Vorbereiten einzelner Offiziere in den Wehrkreisen konnte keinesfalls die Durchführung der Staatsstreichmaßnahmen sicherstellen. Die meisten Wehrkreisbefehlshaber verbrachten einen großen, oft den größeren Teil des Jahres auf Inspektionsreisen, und auch ihre Untergebenen waren viel unterwegs. Es gab keine Garantie dafür, daß selbst die Eingeweihten in der Lage sein würden, am Stichtag tatsächlich im Wehrkreiskommando anwesend zu sein. Versetzungen und Ausfälle aus anderen Gründen vermehrten die Unsicherheit. Deshalb und überhaupt zur Straffung der Verbindungen bauten Stauffenberg und Olbricht mit ihren Mitverschworenen ein doppeltes Netz von Kontaktmännern zu den Wehrkreisen auf: die Verbindungs-Offiziere des OKH und die Politischen Beauftragten der zu bildenden vorläufigen Regierung.

Generaloberst Beck hatte im Herbst 1943 die Aufstellung insbesondere einer Liste Politischer Beauftragter verlangt, vorher könne und werde die militärische Führung nicht handeln [123]. Gegen Ende 1943 forderte Fritz-Dietlof Graf von der Schulenburg – nach dem Bericht der Mitarbeiterin Jakob Kaisers, Dr. Elfriede Nebgen, »ultimativ« – die Liste der Politischen Beauftragten an, und Goerdeler überbrachte dieselbe Forderung. Schulenburg erklärte gegenüber Kaiser und Dr. Josef Wirmer, es werde gegen Hitler nur gehandelt werden, wenn die Liste übergeben sei. Der Entschluß dazu fiel Kaiser schwer.

Ende 1943 war die Liste fertig und wurde in Gegenwart von Wirmer und Kaiser an den Beauftragten Becks, Graf Schwerin von Schwanenfeld, in der Wohnung von Dr. Elfriede Nebgen übergeben.

Hauptaufgabe der Verbindungs-Offiziere, deren Liste Stauffenberg selbst aufgestellt hat, war die Durchsetzung der Befehle der Berliner Zentrale. Die Vertrauensleute sollten dafür sorgen, daß die Anweisungen am Tage X verstanden und ausgeführt würden, und zugleich sollten sie die Zentrale über die Lage im jeweiligen Wehrkreis auf dem laufenden halten. Die seit Herbst 1943 aufgestellte und immer wieder je nach den Umständen geänderte Liste der Verbindungs-Offiziere des OKH zu den Wehrkreissen ist der Gestapo am 20. Juli in der Nachrichtenzentrale der Bendlerstraße mit den anderen von der Opposition herausgegebenen Fernschreiben in die Hände gefallen, da die Verbindungs-Offiziere, wie auch die Politischen Beauftragten, von dort aus von ihrem Einsatz benachrichtigt wurden [124]. Die Liste umfaßte am 20. Juli folgende Namen [125]:

W.K. I (Königsberg): Oberleutnant d. R. Heinrich *Graf* von *Lehndorff*, u. k.,

W.K. II (Stettin): Major Hans-Jürgen *Graf* von *Blumenthal*, Leiter der Chefgruppe der Amtsgruppe Ersatzwesen und Allgemeine Truppenangelegenheiten (AHA/Ag E Tr);

W.K. III (Berlin): Major i. G. Ulrich von *Oertzen* [126];

W.K. IV (Dresden): Generalmajor Hans *Oster*, seit Frühjahr 1943 zur Führerreserve des OKH versetzt;

W.K. V (Stuttgart): nicht genannt;

W.K. VI (Münster): nicht genannt;

W.K. VII (München): Major Ludwig *Freiherr* von *Leonrod*, Annahmestelle Bamberg des Kavallerie-Regiments 17 für Offizierbewerber, von Stauffenberg eingeweiht im Dezember 1943 [127]; Hauptmann Max Ulrich *Graf* von *Drechsel-Deuffenstetten*, als Ersatzmann vorgesehen seit 17. Juni/1. Juli 1944 [128];

W.K. VIII (Breslau): Rittmeister d. R. Friedrich *Scholz-Babisch*, im Dezember 1943 von Stauffenberg beauftragt [129];

W.K. IX (Kassel): Oberstleutnant z. V. Ulrich *Freiherr* von *Sell*, früher Adjutant von Generalfeldmarschall von Mackensen, damals bei der Auslandbriefprüfstelle der Abwehrstelle im W. K. III;

W.K. X (Hamburg): nicht genannt;

W.K. XI (Hannover): Oberst Siegfried *Wagner*, damals Abteilungschef der Truppenabteilung im OKW in Berlin, davor Abteilungschef AHA/Ag E Tru beim Chef H Rüst u BdE;

W.K. XII (Wiesbaden): Hauptmann d. R. Hermann *Kaiser*, Kriegstagebuchführer im Stabe des Chef H Rüst u BdE;

W.K. XIII (Nürnberg): Hauptmann d. R. Dietrich Freiherr *Truchseß* von *Wetzhausen*, im Januar 1944 von Stauffenberg eingeweiht [130];

W.K. XVII (Wien): Oberst Rudolf *Graf* von *Marogna-Redwitz*, Sonderbeauftragter des Chef H Rüst im Stab II des AHA;

W.K. XVIII (Salzburg): Oberst Otto *Armster*, Leiter des Meldegebietes Wien, davor Leiter der Abwehrstelle im W.K. XII [131];

W.K. XX (Danzig): Oberstleutnant i. G. Hasso von *Boehmer*, Ia im Stabe des W.K.-Kommando XX;

W.K. XXI (Posen): Major d. R. Georg Konrad *Kißling* [132];

W.K. Böhmen-Mähren (Prag): Oberst z. V. Nikolaus *Graf* von *Üxküll-Gyllenband*, ein Onkel Stauffenbergs, damals im Stellvertretenden Generalkommando III. A. K. [133].

An mehreren Stellen außerhalb des Reichsgebiets befanden sich ebenfalls Eingeweihte der Verschwörung, und es war beabsichtigt, sie am Tage X jeweils nach ihren Möglichkeiten heranzuziehen. So sollte z. B.

Generalmajor von Tresckow von der Ostfront nach Berlin geholt werden, General Eduard Wagner, der Generalquartiermeister des Heeres, wollte ihm dazu ein Flugzeug schicken [134]. Ebenfalls mit Flugzeugen, für die Tresckow sorgen wollte, sollten Teile der zur 3. Kavallerie-Brigade gehörenden Reiterregimenter 31 und 32 in Regimentsstärke nach Tempelhof geflogen und dann beim Staatsstreich eingesetzt werden. Einige Tage vor dem 20. Juli waren alle Vorbereitungen getroffen, die zum Einsatz vorgesehenen Soldaten waren in Bereitstellung, aber wegen des Mißlingens des Attentats ist es zur Ausführung der Absicht nicht gekommen [135].

Einen besonderen Charakter hatten die Vorbereitungen und die Gewinnung der Vertrauensleute in Paris und auch in Wien. Paris war vor dem 6. Juni 1944 das einzige große, ruhige Befehlszentrum der Wehrmacht, wo ohne die ständigen Anforderungen des Kampfes an der Front geplant werden konnte. Zugleich waren die hohen Stäbe des Heeres in Paris und in der Umgebung wie sonst nirgends mit Anhängern der Opposition durchsetzt. Wien hatte insofern Gemeinsamkeiten mit Paris, als es auch zugleich Zentrum einer einheimischen, nationalen nicht-reichsdeutschen Widerstandsbewegung war.

In Frankreich stellte zuerst Fritz-Dietlof Graf von der Schulenburg die Verbindung her zwischen den Regime-Gegnern in den Stäben des Militärbefehlshabers Frankreich und Oberbefehlshabers West, Generalfeldmarschall von Rundstedt, und der Gruppe um Generaloberst Beck und Dr. Goerdeler. Schulenburg hatte im Stabe des Generals von Unruh u. a. in Paris Stäbe und Dienststellen nach entbehrlichen und für die Front geeigneten Soldaten durchzukämmen. Mehrere Besuche Schulenburgs in Paris seit Juni 1943 führten zur Bildung von Gruppen und Zellen in verschiedenen Stäben, die zur Teilnahme an einem Umsturzversuch bereit waren und diesen für ihren Bereich vorbereiteten [136]. Der Militärbefehlshaber Frankreich, General der Infanterie Karl-Heinrich von Stülpnagel, gehörte schon lange zum Kreise der Verschwörer. Er hatte als Quartiermeister I 1939 an Halders Planungen aktiven Anteil genommen und wollte sich auch jetzt seinem ehemaligen Vorgesetzten, dem Generalobersten Beck, zur Verfügung stellen; allerdings hegte er Bedenken wegen des geplanten Attentats. Im Verwaltungsstab gehörte Oberstleutnant d. R. Dr. Cäsar von Hofacker, der schon lange mit Schulenburg befreundet war, zur Verschwörung. Er stand seit einiger Zeit mit der Gruppe um Beck in Verbindung und war in Paris der eigentliche Motor aller Umsturzanstrengungen [137].

Schulenburg versuchte schon im Sommer 1943, die »Aktion« überhaupt vom Westen aus in Gang zu bringen, da in Berlin damals nicht genug zu geschehen schien. Man fand aber in Paris, daß so etwas erst nach der erwarteten alliierten Landung in Frankreich möglich wäre, und man hatte Mühe, Schulenburg seine Gedanken für jetzt auszureden [138]. Doch dauerte die Diskussion in Frankreich, ob man erst mit der Armee in der Etappe und in der Heimat losschlagen, die NS-Herrschaft beseitigen und *dann* Hitler verhaften und erschießen solle, oder ob es besser wäre, mit dem Attentat zu beginnen, noch bis weit in das Frühjahr 1944 an [139]. In Berlin dagegen fiel im Herbst 1943 die Entscheidung von neuem zugunsten des Attentats, nachdem Stauffenberg die Führung der technischen Vorbereitungen dort übernommen hatte.

Im Winter 1943/44 geschah wenig oder nichts in Paris, was die Pläne der Opposition hätte fördern können, aber ihre Reihen wurden verstärkt durch das Hinzukommen von Generalfeldmarschall Erwin Rommel, der am 1. Januar 1944 Oberbefehlshaber der Heeresgruppe B mit dem Hauptquartier in La Roche-Guyon wurde, und durch Generalleutnant Dr. Speidel, den Rommel als Chef des Generalstabes anforderte und zum 15. April 1944 erhielt. Rommel hatte sich durch die Kriegsereignisse, durch seine Erlebnisse mit Hitler als einem gewissenlosen Dilettanten, aber auch durch die Bemühungen des Stuttgarter Oberbürgermeisters Dr. Strölin, der in Verbindung mit Dr. Goerdeler handelte, vom populärsten General Hitlers zum entschiedenen Gegner gewandelt. Dr. Speidel gehörte längst zu den aktiven Gegnern und war an dem »Plan Lanz« im Februar 1943 führend beteiligt gewesen [140]. General der Infanterie Alexander Freiherr von Falkenhausen, der damalige Wehrmachtbefehlshaber von Belgien und Nordfrankreich, gehörte auch zur Fronde, bis er am 18. Juli 1944 abgelöst wurde und die Dienstgeschäfte an seinen Nachfolger übergeben mußte [141]. In Paris und La Roche-Guyon galt Falkenhausen als absolut zuverlässig, aber Beck und Witzleben lehnten ihn wegen seiner notorischen Affäre mit einer Dame scharf ab [142].

Generalleutnant Speidel stellte die nötige konspirative Verbindung zwischen Rommel und Stülpnagel schon im April 1944 her, aber erst im Mai kamen die Kommandeure selbst ungestört zusammen [143]. Später im Mai kam noch der Generalquartiermeister Wagner nach Frankreich, um die Staatsstreichvorbereitungen mit Rommel zu koordinieren. Dabei berichtete er von den früheren Anschlägen gegen Hitler, aber Rommel wollte von einem Attentat nichts wissen. Er fürchtete, Hitler damit zum Märtyrer zu machen und seine Schuld und Verantwortung vor dem Volk zu verschleiern [144]. Rommel war gewissermaßen von selbst die Führung der Opposition in Frankreich zugefallen, und so konnte man über seinen Widerstand gegen das Attentat nicht hinweggehen. Dafür war das Schloß in La Roche-Guyon nun ein zweites Hauptzentrum der aktiven Opposition geworden, ständig liefen die Verbindungen zur Berliner Zentrale hin und her. Rommel konnte auch bisher auf »der anderen Seite« stehende Realisten in seinen Kreis ziehen, wie z. B. den Verkehrsminister Dr. Julius Dorpmüller und den Hamburger Gauleiter Karl Kaufmann [145].

Speidel berichtet den Plan, den Rommel, Stülpnagel und Rundstedt verabredeten, »in Form eines Mobilmachungskalenders«: Waffenstill-standsverhandlungen mit den westlichen Oberbefehlshabern Eisenhower und Montgomery, ohne Hitler, auf der Grundlage der Räumung der von deutschen Truppen besetzten Westgebiete und des Rückzuges der Truppen hinter den Westwall; sofortige Einstellung des Bombenkrieges gegen das Reichsgebiet; danach Friedensverhandlungen. Bedingungslose Kapitula-tion wurde also nicht in Aussicht genommen, aber man nahm an, daß die Alliierten die Möglichkeit begrüßen würden, einen wesentlichen Teil ihrer Kriegsziele ohne weiteres Blutvergießen zu erreichen. Gleichzeitig sollte von allen Westsendern aus das deutsche Volk schonungslos über die wahre politische und militärische Lage sowie über die Verbrechen der Staatsführung aufgeklärt werden. Im Osten sollte der Kampf zunächst weitergeführt und eine verkürzte Front von Memel über die Weichsel, Lemberg, die Karpaten bis an die Donaumündung gehalten werden. In der Heimat gehörte zum Plan Rommels die Festsetzung Hitlers durch die Widerstandsgruppe im OKH bzw. an das Führerhauptquartier heranzu-führende Panzertruppen. Danach sollte Hitler vor Gericht gestellt, im Reich aber eine neue Regierung unter Beck, Goerdeler und Leuschner gebildet werden, die jede Spaltung und jedes Militärregime zu vermeiden, dagegen für einen schöpferischen »Frieden im Rahmen der ›Vereinigten Staaten von Europa‹« zu wirken hätte [146].

Monatelang erwartete man Hitler zur Besichtigung der voraussichtlichen Invasionsfront im Westen, aber er schob seinen immer wieder verlangten und längst in Aussicht gestellten Besuch immer wieder hinaus. Erst elf Tage nach dem Beginn der Invasion fand er sich endlich in Frankreich ein: am 17. Juni stattete er seinem Hauptquartier »Wolfschlucht II« bei Margival einen Blitzbesuch ab [147].

Ob Rommel tatsächlich entschlossen war, Hitler verhaften zu lassen, wie Wilhelm von Schramm berichtet – Speidel sagt darüber nichts –, das ist fraglich. Unzweifelhaft ist aber, daß sich am 17. Juni keine brauchbare Gelegenheit bot. Das Hauptquartier, das Hitler besuchte, lag über 200 Kilometer hinter der Invasionsfront, und zu seiner Festnahme geeignete Truppenverbände standen dort nicht zur Verfügung. Sie wären drin-gend nötig gewesen, um die SS-Truppen zu überwältigen, die kurz

vor Hitlers Eintreffen das Gebiet des Hauptquartiers hermetisch abriegel-
ten. Sodann hat sich Hitler erst am Abend des 16. Juni telephonisch angesagt, am nächsten Morgen um 9 Uhr wollte er schon mit Rundstedt und
Rommel konferieren. Rommel erhielt die Nachricht um 3 Uhr morgens,
sechs Stunden vor dem angesetzten Termin, als er gerade von einer ein-
undzwanzigstündigen Frontfahrt zurückgekehrt war. Er mußte sofort aufbrechen, da er 200 Kilometer nach rückwärts fahren mußte, es konnten
also keinerlei Vorbereitungen mehr getroffen werden.[148]

Bei der »Besprechung« erging sich Hitler in der Hauptsache in Be-
schimpfungen der örtlichen Kommandeure, der Techniker der versagen-
den Luftwaffe und anderer Sündenböcke. Rommel antwortete mit dem
Vorwurf, es sei bisher keine maßgebende Persönlichkeit aus der Umgebung des Führers oder von einem der Oberkommandos (Wehrmacht,
Luftwaffe, Kriegsmarine) an der Front gewesen, um sich ein Bild der
wirklichen Lage zu machen, statt dessen werde immerfort vom Schreibtisch
aus und ohne Rücksicht auf die Realitäten befohlen. Während eines Flie-
geralarms, der die Besprechungen unterbrach, mußten sich Hitler, der
Chefadjutant Generalleutnant Schmundt, die beiden Feldmarschalle und
ihre Chefs in den Schutzraum des Führerbunkers begeben, wo Rommel
die Gelegenheit ergriff, Hitler den unvermeidlichen Zusammenbruch der
Invasionsfront, den alliierten Durchbruch nach Deutschland, die Auflösung der Italienfront und die völlige außenpolitische Isolierung Deutschlands anzukündigen. Er schloß mit der Forderung, den Krieg zu beenden.
Hitler verwies ihm das mit der Bemerkung, er habe sich ausschließlich
um seine Invasionsfront zu kümmern[149].

Schließlich ließ sich Hitler zu einer Fahrt ins Hauptquartier der Heeresgruppe B, La Roche-Guyon, herbei, die für den 19. Juni angesetzt wurde.
Aber am 18. Juni, als Generalleutnant Speidel die Einzelheiten mit dem
Chef des Stabes beim Oberbefehlshaber West, General Blumentritt, festlegen wollte, »erhielt er die unglaubliche Nachricht, daß Hitler schon in
der Nacht vom 17. auf 18. Juni nach Berchtesgaden zurückgekehrt war«.
Der Einschlag eines fehlgeflogenen V-Geschosses, der keinerlei Schaden
angerichtet hatte und für die Bunker des Hauptquartiers ganz ungefährlich
war, hatte Hitler verscheucht[150]. Sein Verhalten war für Soldaten un-
faßlich.

Speidel berichtet nicht, daß Hitler bei der Inspektionsfahrt hätte verhaftet werden sollen; die Möglichkeit hätte aber sicher bestanden[151]. Nach
Hitlers Flucht mußte jedenfalls auch diese Hoffnung begraben werden.

Die Vorbereitungen gingen weiter, bis zum letzten Tag. Am 25. Juni
meldete sich Oberst i. G. Eberhard Finckh als neuer Oberquartiermeister

der Heeresgruppe B bei Rommel und erklärte ihm, Stauffenberg plane ein Attentat auf Hitler. Rommel war noch immer dagegen[152]. Doch wurden für den von Rommel gebilligten Plan immer mehr Kommandeure gewonnen, darunter Generalleutnant Gerhard Graf von Schwerin, der Kommandeur der 116. Panzer-Division, und Generalleutnant Heinrich Freiherr von Lüttwitz, der Kommandeur der 2. Panzer-Division[153]. Unsicher war freilich das voraussichtliche Verhalten der kampfkräftigsten Verbände an der Westfront, der SS-Panzertruppen[154].

Am 9. Juli erschien bei Rommel der Offizier z. b. V. General von Stülpnagels, Oberstleutnant d. R. Dr. Cäsar von Hofacker, unter dessen Vater Rommel im Ersten Weltkrieg gekämpft und den Orden Pour le mérite erhalten hatte, und bat im Auftrag Stülpnagels um eine Lagebeurteilung, die an Beck und Stauffenberg weitergegeben werden sollte. Rommel sagte, die Front werde sich noch etwa zwei bis drei Wochen halten lassen. Tatsächlich brachen die Amerikaner am 1. August bei Avranches durch[155]. Insbesondere sollte Hofacker die Staatsstreichmaßnahmen im Westen mit denen in Berlin koordinieren. Am 13. Juli erklärte Stülpnagel die Vorbereitungen in seinem Befehlsbereich für abgeschlossen. Mit dem SD in Paris und Frankreich wollte er fertig werden[156]. Rommel, der am 13., 14. und 15. Juli Frontfahrten unternahm, glaubte von der im Westen eingesetzten Waffen-SS keine Schwierigkeiten erwarten zu müssen. Am 15. Juli diktierte er sein berühmtes Fernschreiben, in dem er Hitler in ultimativer Form noch eine »Chance« gab, dem Sturz zu entrinnen. Hitler möge unverzüglich die Folgerungen aus der verzweifelten Frontlage im Westen ziehen[157]. Rommel war nach dem Bericht seines Chefs des Generalstabes, Generalleutnant Dr. Speidel, zu selbständigem Handeln völlig entschlossen, wenn Hitler nun nicht reagieren würde. Aber dann wurde er zwei Tage später schwer verwundet. Das Fernschreiben war nicht abgegangen, und der Nachfolger Generalfeldmarschall von Kluge (seit 2. Juli schon Nachfolger von Rundstedt als Oberbefehlshaber West) ließ es liegen[158].

Kluge hatte sich etwa am 12. Juli wieder dem Standpunkt der Opposition genähert[159]. Aber zu selbständigem Handeln war er nicht bereit, da der Durchbruch der Amerikaner sowieso bald erfolgen werde, wie er dem Oberst Georg Freiherr von Boeselager sagte, der ihn im Auftrag Tresckows zwischen dem 7. und 12. Juli aufsuchte[160]. Er sei bereit, sich Generaloberst Beck zur Verfügung zu stellen, wenn Hitler beseitigt sei, aber mehr könne er nicht zusagen, er sei seiner Truppe und seines Stabes noch gar nicht sicher, seine Armeen stünden in schweren Abwehrkämpfen[161]. Am 20. Juli hat sich Kluge genau entsprechend dieser begrenzten Zusage verhalten.

Die Vorbereitungen und Ereignisse in Wien passen ebensowenig in ein Schema wie die in Paris. In Österreich gab es nicht nur ähnliche politische Gruppierungen wie im Reichsgebiet – Sozialisten, Kommunisten, Christlich-Soziale, Liberale, Konservative –, und es gab hier nicht nur verantwortungsbewußte und von ihrem Gewissen getriebene Offiziere, die dem Unrecht und dem Morden und Zerstören ein Ende bereiten wollten, einfach weil es versucht werden mußte und auch damit nicht alles zugrunde ging. Es gab in Österreich auch noch national-österreichische Strömungen, und zwar seit dem »Anschluß« viel mehr als je zuvor. Mit dem »Anschluß«, der sich bald als eine Besetzung erwies, begann, wie ein Historiker der Bewegung des 20. Juli in Österreich formulierte, »das Sichwiederfinden der einstmals so getrennten Österreicher«. Die österreichische Opposition gegen Hitler war eine »Sonderentwicklung«, »deren letztes Ziel trotz mancher Unklarheiten der Planungen und Überlegungen die Wiedereinrichtung des österreichischen Staates war.« [162] Nachdem die Moskauer Deklaration vom 1. November 1943 den Österreichern einen unabhängigen Staat versprochen hatte, der also mindestens nicht in demselben Maße wie Deutschland für die von den Nationalsozialisten verübten und veranlaßten Verbrechen zur Verantwortung gezogen werden würde, kam natürlich etwas anderes kaum mehr ernsthaft in Frage [163]. In einem Gespräch im Frühsommer 1943 sagte der Sozialdemokrat Dr. Adolf Schärf, der spätere österreichische Vizekanzler, zu Wilhelm Leuschner: »›Der Anschluß ist tot, die Liebe zum Deutschen Reich ist den Österreichern ausgetrieben worden.‹« [164]

So selbstverständlich das Verbleiben Österreichs beim Reich führenden Männern der »reichsdeutschen« Opposition erschien, wobei sie mehr oder weniger regionale Unabhängigkeit zuzugestehen bereit waren, so selbstverständlich war den Österreichern ihre Unabhängigkeit. Dr. Goerdeler, Fritz-Dietlof Graf von der Schulenburg, Graf von Üxküll (der Onkel Stauffenbergs), Albrecht Haushofer, Wilhelm Leuschner, Jakob Kaiser traten alle für das Zusammenbleiben Deutschlands und Österreichs ein, manche sogar in der Hoffnung, Österreich könne bei den Siegern für Deutschland eintreten und würde eher als dieses gehört werden. Spätestens seit 1940 pflegten Jakob Kaiser (der schon vor dem »Anschluß« mit österreichischen Gewerkschaftsführern enge Verbindungen hatte), dann auch Max Habermann, Wilhelm Leuschner und Dr. Goerdeler Kontakte zu österreichischen Politikern wie den späteren ÖVP-Führern Alois Weinberger und Dr. Felix Hurdes, die beide nach 1945 in österreichischen Regierungen saßen, und zu dem christlich-sozialen Politiker Otto Troidl sowie dem schon erwähnten Sozialdemokraten Dr. Schärf. Aber einig

waren sie sich nur über die Notwendigkeit des Sturzes Hitlers, und
zu einer wirksamen Zusammenarbeit der Politiker kam es nicht einmal
auf dieses begrenzte Ziel hin[165]. Seit etwa 1942 lehnten die österreichischen Politiker das Zusammenbleiben Österreichs mit dem Reich ziemlich kategorisch ab, wenn auch einzelne noch bereit waren, eine lose
Verbindung eines autonomen Österreich mit dem Reich zuzugestehen.

Immerhin nannte Weinberger in seiner letzten Unterredung mit Jakob
Kaiser diesem Karl Seitz und Josef Reither als zuverlässige und vertrauenswürdige Exponenten der österreichischen Arbeiter- und Bauern-
schaft. Sie wurden von den Verschwörern auf die Liste der Politischen Beauftragten gesetzt[166]. Für Salzburg nahm man den früheren Landeshauptmann Dr. Franz Rehrl in Aussicht, für Tirol den ehemaligen Sicherheitsdirektor Hofrat Dr. Anton Mörl. Offen bleibt, ob es im Falle des Gelingens des Staatsstreiches wirklich zur Zusammenarbeit der Politischen
Beauftragten in Österreich mit der Berliner Zentrale gekommen wäre.

Im militärischen Bereich der Staatsstreichvorbereitungen unterschied
sich die Lage in Wien und in Österreich überhaupt wenig von der in
den übrigen Wehrkreisen: Es gab einige wenige Eingeweihte, von den
anderen hoffte man, daß sie unter den zu schaffenden Umständen die
ihnen erteilten Befehle ausführen würden. Zu den Eingeweihten in Wien
gehörten vor allen der Leiter der Wiener Abwehrstelle, am 20. Juli Sonderbeauftragter im AHA-Stab und in Wien anwesend, Oberst Rudolf Graf
von Marogna-Redwitz, der aus Bayern stammte, und der Österreicher und
Leiter der Abteilung Ib/org. im Wehrkreiskommando XVII, Hauptmann
i. G. Karl Szokoll, der die Absichten Stauffenbergs nach seinem Bericht
aus persönlicher Unterrichtung im Frühsommer 1944 kannte und wochenlang »Walküre«-Maßnahmen wie z. B. die Besetzung von Post- und Telegraphenämtern proben ließ, Versetzungen veranlaßte[167]. Szokoll verteidigt
Stauffenbergs Plan und Konzeption und nennt sie »ebenso genial wie
gefährlich«. Der wichtigste militärische Verbindungsmann zwischen Berlin und Wien war auch ein Österreicher, der Gruppenleiter im AHA,
Oberstleutnant i. G. Robert Bernardis[168]. Er versuchte seinerseits, Oberst
i. G. Kodré einzuweihen, aber beide waren sehr vorsichtig, und so blieb
der Kontakt unverbindlich[169]. Wie gering die Bedeutung des Österreicher-
tums der genannten Offiziere war, mag aber daran ermessen werden, daß
auch an der Gegenaktion, die am 20. Juli spät abends den Putsch liqui-
dierte, zwei Österreicher maßgebend beteiligt waren: der Leiter der Abteilung Ia/I im AHA, Oberstleutnant i. G. Karl Pridun, und der SS-Obersturmbannführer Otto Skorzeny[170].

Den militärischen Verbindungsleuten in den Wehrkreisen und anderen

Zentren der Armee, die vor allem für die richtige und zügige Durchführung der militärischen Maßnahmen Sorge tragen sollten, wurden zivile Ratgeber an die Seite gestellt; denn es war kein Militärputsch gewöhnlicher Art geplant, das zivile Element, aus dem eigentlich der Antrieb der Verschwörung kam und ohne dessen Unterstützung das Militär sich stets zu handeln weigerte, und das auch die Abkehr von Diktatur und autoritärem System und den Gedanken humaner Regierungsweise besser verkörpern konnte, sollte in allen Phasen beteiligt sein. Die politische Unerfahrenheit der Offiziere würde überdies manchen Ratschlag nötig machen.

Die Liste der Politischen Beauftragten kam hauptsächlich durch die Bemühungen Goerdelers und mit Beteiligung von Jakob Kaiser, Leuschner, Wirmer, Letterhaus und Fritz-Dietlof Graf von der Schulenburg zustande, und wie die Liste der Verbindungs-Offiziere auch seit Herbst 1943. Kaiser, Wirmer und Habermann schlugen Letterhaus, Kaschny, Tantzen, Koßmann, Sümmermann und Reither vor; Leuschner benannte Voigt, Noske, Frölich, Lüdemann, Böhme, Schwamb; Leber schlug Gustav Dahrendorf vor; die anderen wurden von Goerdeler und Schulenburg genannt. Rechtsanwalt Koßmann gehörte zur Gruppe um Jakob Kaiser, Dr. Tantzen war von Wirmer zur Beteiligung aufgefordert worden. In großen Zügen waren alle von dem Vorhaben unterrichtet, auch von der ihnen zugedachten Aufgabe, aber Einzelheiten erfuhren sie selten. Goerdeler, der die meisten der Politischen Beauftragten in mühsamen, gefahrvollen, oft entmutigenden Verhandlungen geworben hat – oft waren es Menschen, die er vor dem Herbst 1943 noch gar nicht kannte, ein Hinweis, wie mutig er sein eigenes Leben aufs Spiel setzte –, war selbst nicht von allen Einzelheiten der Vorbereitung unterrichtet; die Details wechselten, der Zeitpunkt war selbst noch am Tage vor dem Attentat unsicher, unnötige Belastung durch Mitwisserschaft mußte man vermeiden [171]. Die Geworbenen konnten sich dann im Falle des Mißlingens oder der Entdeckung darauf berufen, an der Verschwörung ohne ihren Willen beteiligt, ohne ihr Einverständnis auf Listen gesetzt und in Fernschreiben ernannt worden zu sein. So heißt es in einem der Gestapo-Berichte: »Die Vernehmungen der Stauffenberg-Gruppe (vor allem Schulenburg) sowie die sichergestellten Materialunterlagen (vorbereitete Befehle, Verordnungen usw.) lassen die *Möglichkeit* offen, daß eine große Zahl von Beauftragten und Verbindungsoffizieren tatsächlich *nicht* unterrichtet worden war.« [172] Die Standhaftigkeit der verhafteten Verschwörer war bewundernswert.

Als Politische Beauftragte und Berater der Verbindungsoffiziere und der Befehlshaber in den Wehrkreisen waren für den Tag des Staatsstreiches folgende Persönlichkeiten vorgesehen [173]:

W. K. I (Königsberg): Generalmajor a. D. Heinrich Burggraf und Graf zu *Dohna-Schlobitten*, Besitzer von Tolksdorf[174];

W. K. II (Stettin): Achim Freiherr von *Willisen*, Oberlandforstmeister in Schwerin, für das Land Mecklenburg[175]; Ewald von *Kleist-Schmenzin* als Unterbeauftragter (»UB«), was aber nur bedeutete, daß der Genannte für ein anderes Teilgebiet, Pommern, verantwortlich sein sollte, bei einer so überragenden Persönlichkeit wie Kleist konnte an ein Untergebenenverhältnis nicht gedacht werden[176];

W. K. III (Berlin): nicht genannt;

W. K. IV (Dresden): Walter *Cramer*, Fabrikant in Leipzig, der sich Goerdeler 1943 zur Verfügung gestellt hat[177];

W. K. V (Stuttgart): Baurat Albrecht *Fischer*, hat sich Goerdeler auf dessen Drängen 1944 zur Verfügung gestellt[178]; Rechtsanwalt Reinhold *Frank* als Unterbeauftragter in Karlsruhe[179];

W. K. VI (Münster): Hauptmann d. R. Bernhard *Letterhaus*, seit 1942 im OKW/Amt Ausland/Abwehr Abt. IIb, dann im Mil Amt OKH Belinde[180]; Landrat Felix *Sümmermann* als Unterbeauftragter;

W. K. VII (München): Reichswehrminister a. D. Otto *Geßler*[181];

W. K. VIII (Breslau): Rechtsanwalt Dr. Hans *Lukaschek*, früher Oberpräsident von Schlesien[182]; Polizeipräsident i. R. Fritz *Voigt* in Breslau als Unterbeauftragter für Niederschlesien[183]; Rechtsanwalt Adolf *Kaschny*, ehemaliger Bürgermeister von Ratibor, Unterbeauftragter für Oberschlesien[184];

W. K. IX (Kassel): Reichsminister und Oberpräsident a. D. Gustav *Noske*[185]; August *Frölich*, früherer Ministerpräsident von Thüringen, SPD-Mitglied und Gewerkschaftsfunktionär, als Unterbeauftragter[186];

W.K. X (Hamburg): Gustav *Dahrendorf*, ehem. SPD-MdR[187]; Dr. Theodor *Tantzen*, früherer Ministerpräsident von Oldenburg, als Unterbeauftragter[188];

W.K. XI (Hannover): Dr. Arthur *Menge*, Oberbürgermeister von Hannover[189]; Hermann *Lüdemann*, SPD-Mitglied, früher Preußischer Finanzminister, Regierungspräsident in Lüneburg, Oberpräsident in Breslau, ab 1933 in vielen Konzentrationslagern, als Unterbeauftragter[190];

W. K. XII (Wiesbaden): Rechtsanwalt Ludwig *Schwamb*, früher Staatsrat unter Innenminister Wilhelm Leuschner in Hessen, SPD-Mitglied[191]; Rechtsanwalt Bartholomäus *Koßmann*, früher Zentrum-Funktionär, als Unterbeauftragter[192];

W. K. XIII (Nürnberg): Georg *Böhme*, früher Gewerkschaftsfunktionär, in Nürnberg-Fürth;

W. K. XVII (Wien): Karl *Seitz*, 1923–1934 Bürgermeister von Wien[193]; Josef *Reither*, früher Landeshauptmann von Niederösterreich, Land- und

Forstwirtschaftsminister, Präsident des Österreichischen Bauernbundes, als Unterbeauftragter [194];

W. K. XVIII (Salzburg): Dr. Franz *Rehrl*, christlich-sozialer Politiker, früher Landeshauptmann von Salzburg, von Graf von Moltke gewonnen [195]; Dr. Anton Ritter *Mörl* von Pfalzen zu Mühlen und Sichelburg, 1933–1938 Sicherheitsdirektor von Tirol, als Unterbeauftragter [196];

W. K. XX (Danzig): Hermann Freiherr von *Lüninck*, Major d. R. und Stahlhelmführer, früher Oberpräsident von Westfalen, NSDAP-Mitglied seit Mai 1933 [197];

W. K. XXI (Posen): Ministerialdirektor Oberst d. R. Ernst *Vollert* in Prag [198];

W. K. Böhmen-Mähren (Prag): nicht genannt.

Die Aufstellung von Kabinettslisten und die »Koalitionsverhandlungen« gehören sicherlich zu den merkwürdigsten Vorgängen in der Verschwörung. Jahrelang hat man beraten, wer später einmal welche Stelle übernehmen solle, welche politischen, sozialen, wirtschaftlichen und administrativen Grundsätze und Gedanken dann zu verwirklichen seien, und inzwischen brachte man die Voraussetzung für all das, nämlich die Beseitigung Hitlers und seiner Regierung, nicht zustande. So gesehen war der Entschluß z. B. Moltkes und vieler seiner »Kreisauer« Freunde realistisch, vor allem für die Zeit danach planen zu wollen; denn daß die Alliierten Hitlers Ende herbeiführen würden, wenn es die Deutschen nicht selbst taten, darüber gab es keinen Zweifel. Die vielen Anläufe und Versuche seit 1938 hatten zu nichts geführt, auch die fast verzweifelten Unternehmen von Ende 1943 und Anfang 1944 waren aus teils rätselhaften Gründen mißlungen. Daß es im Juli 1944 schließlich doch noch zu dem Anschlag kam, daß derselbe Attentäter mindestens drei Versuche gemacht hat – das war unerwartet und unwahrscheinlich; es ist nur durch die revolutionäre Dynamik der Persönlichkeit Stauffenbergs zu erklären. Ohne ihn wäre damals kaum mehr etwas auch nur annähernd rational Geplantes unternommen worden, ohne ihn wäre vielleicht tatsächlich, wie es Gerhard Ritter mit den schon einmal zitierten Worten ausdrückte, »die Oppositionsbewegung in mehr oder weniger ratloser Passivität versackt.« [199]

Über das endlose Planen und Vorbereiten eines Ereignisses, das stets auf sich warten ließ, läßt sich hinterher leicht spotten und schelten, doch damit wird man der Sache nicht gerecht. Gewiß gehört äußerste Geheimhaltung zum Handwerkszeug jeder Verschwörung, das langwierige Planen und Beraten, gar das Führen von Listen, Tagebüchern und Aufzeichnungen dient ihr nicht, und ebenso gewiß ist das tatkräftige, entschlossene und zielbewußte Handeln wichtiger als die sorgfältigste Planung für den Tag »danach«. Aber den »zivilen« Verschwörern (zivil in Anführungszeichen, weil die formale Grenze zwischen Zivil und Militär längst fließend war, man denke an die vielen, die zum Militär »emigriert« oder kriegshalber einberufen waren) blieb sonst nichts zu tun, als das Planen für die Zeit »danach«. Der physische Sturz der Regierung konnte nur vom Militär bewirkt werden.

Darüber hinaus hatten die Planungen, Besprechungen und Verhandlungen ihre tiefe Berechtigung in dem Willen, eine Wiederholung von »1933« zu vermeiden – die Wiederholung einer politischen Katastrophe, die das Ergebnis von Fehlern, von mangelnder Vernunft, von sozialen, politischen, verfassungsmäßigen und ideologischen Mißständen war. Die Opposition fühlte, repräsentativ für viele Deutsche, die es nur dunkel ahnten, daß der Staat durch Unglück einer geistig und politisch fremden Verbrecherclique in die Hände gefallen war, und in dieser Auffassung fand sie im Beamtentum, im Offizierkorps, und in allen Schichten der Bevölkerung vielfache Bestätigung. Hier findet auch die oft geschmähte Unvorsicht der Verschwörer Erklärung: Die Verbrecherclique stand »draußen«, besonders in das Heer waren Gestapo und Partei noch kaum eingedrungen, weithin fühlten und handelten selbst an der Opposition völlig Unbeteiligte mit dieser solidarisch. Anders ist der unerhörte Vorgang, »daß so viele hohe, höchste und allerhöchste Stellen der Armee, eine Reihe von Feldmarschällen mit eingeschlossen, nun schon seit Jahren um das Bestehen einer Zivil- und Militärverschwörung wußten, ohne sie zu verraten«, nicht zu erklären [200].

Noch ein weiterer Gesichtspunkt rechtfertigte, ja forderte in den Augen der Verschwörer schriftliche Planungen, Aufzeichnungen und Listen: Man mußte jederzeit dokumentieren können, daß Hitler nicht einem Militärputsch, sondern der Opposition des »anderen«, des eigentlichen Deutschland, über das er sich die Herrschaft nur angemaßt hatte, zum Opfer gefallen war [201]. Das war keine archivarische Marotte, sondern in der Auffassung der Opposition ein Erfordernis ersten Ranges. Natürlich wußten sie – so naiv waren sie doch nicht –, daß sie damit ihren Kopf riskierten. Das taten sie aber ohnehin und im Glauben an ihre Verantwortung gegenüber dem Vaterland und gegenüber der Menschlichkeit. Gewiß gab es Unvorsichtigkeit und Leichtsinn, wie in allen solchen Unternehmen. Aber aus Leichtsinn sind Aufzeichnungen wie das Tagebuch des Hauptmanns d. R. Hermann Kaiser, das von der Gestapo nicht entdeckte Tagebuch Ulrich von Hassells, die Listen Goerdelers, der (verlorene) Stellenbesetzungsplan Schulenburgs oder die (den Aufpassern entgangenen) Briefe Moltkes an seine Frau nicht geschrieben worden [202]. Für die Erreichung des nächsten Zieles der Verschwörung waren sie nicht notwendig, aber heute sind sie die unwiderlegbaren Beweisstücke für den Geist der Opposition, für den humanistisch-ethischen Charakter der Opposition zugleich, der selbst in so dynamischen Persönlichkeiten wie Schulenburg, Goerdeler, Stauffenberg oder Moltke neben den politischen auch literarische Züge hatte. Den Verschwörern fehlte das Raffinement der gewöhnlichen Gesetzesbrecher und Hochverräter, sie handelten mehr opferwillig und heldenhaft als gerissen. Wer deshalb die ganze Verschwörung als naiven, sträflichen Leichtsinn abtun will, der bagatellisiert und verflacht sie in unzulässiger Weise. Die Verschwörer waren sich der Gefahr bei ihrem Tun bewußt, sie waren sich klar, daß sie ihr Leben einsetzten, wie Tresckow mit den schon einmal zitierten Worten zu Schlabrendorff sagte: »›Niemand von uns kann über seinen Tod Klage führen. Wer in unseren Kreis getreten ist, hat damit das Nessushemd angezogen. Der sittliche Wert eines Menschen beginnt erst dort, wo er bereit ist, für seine Überzeugung sein Leben hinzugeben.‹« [203]

Es war Generaloberst Beck selbst, der Goerdeler Ende November ersuchte, eine förmliche Ministerliste zusammenzustellen [204]. Seit Januar 1943 waren die Bemühungen auch sonst intensiviert worden, man wollte im März oder April für den Umsturz bereit sein. Dr. Gisevius kam im Januar 1943 eigens von Bern nach Berlin, um an den Planungen mitzuarbeiten. Am 8. Januar 1943 fand in Berlin-Lichterfelde in der Hortensienstraße 50 bei Peter Graf Yorck von Wartenburg eine »große Aussprache der ›Jungen‹ und ›Alten‹«, statt, wie es im Tagebuch Hassells heißt. Eigentlich ging es dabei um die gegensätzlichen Auffassungen Goerdelers und der ihm Nahestehenden einerseits und der Angehörigen des sogenannten Kreisauer Kreises andererseits, der wenigstens teilweise viel häufiger in Berlin zusammenkam als in Kreisau. Teilnehmer der Aussprache waren Beck, Goerdeler, Hassell, Popitz, Jessen einerseits, und Moltke, Yorck, Trott, Schulenburg und Gerstenmaier andererseits. Carlo Mierendorff und Theo Haubach hätten eigentlich auch teilnehmen sollen, mußten aber wegen zu starker Gestapoüberwachung verzichten [205].

Die Aussprache war im Interesse des Zusammenwirkens der Opposition dringend nötig, denn es waren mancherlei Spannungen entstanden. Wer Goerdeler kannte, überzeugte sich bald von seiner rechtlichen und liberalen Gesinnung, aber wer nur durch Dritte und gerüchtweise von seiner Herkunft und von seiner Geschäftigkeit hörte, neigte leicht zum Mißverstehen. So erschien Goerdeler den zu eher umwälzenden als organischen Reformen tendierenden Kreisauern Moltke, Haubach und Mierendorff 1942 als Reaktionär, und Moltke versuchte sogar, Eugen Bolz und Bernhard Letterhaus von Goerdeler fernzuhalten. Nach dem Bericht von Dr. Elfriede Nebgen war auch Pater Delp SJ vorübergehend an diesen Intrigen beteiligt[206].

Nicht ohne Mühe und wochenlange Vorbereitungen – so durch eine Zusammenkunft von Jakob Kaiser, Leuschner, Habermann, Letterhaus mit Delp kurz vor Weihnachten 1942 in Berlin, und durch die unermüdliche Vermittlertätigkeit Schulenburgs – konnte die Aussprache dann endlich vereinbart werden.

Besonders die »Kreisauer« hatten die Absicht, ihre Auffassungen gründlich zur Sprache zu bringen. Es war bei ihnen ihrer Einstellung und Zielsetzung nach nicht üblich, diplomatisch nach Kompromissen zu suchen, sondern womöglich den anstehenden Fragen auf den Grund zu gehen. Sie wollten Änderung, sie wollten Beseitigung des Regimes, aber sie glaubten ihren Beitrag vornehmlich durch Schaffung der Grundlagen des Neubaus zu leisten. Goerdeler dagegen suchte unmittelbarer nach praktischen Möglichkeiten, die bald zum Ziele führen konnten. So waren Spannungen nicht nur wegen des Generationenunterschiedes und wegen verschiedener politischer und sozialer Ansichten zu erwarten, sondern auch wegen der Verschiedenheit der Methoden, mit denen die jeweiligen Ziele verfolgt wurden.

Tatsächlich bedeutete die »große Aussprache« für die Kreisauer, aus anderen Gründen auch für Goerdeler, teils Enttäuschung, teils Fortschritt. Wie Hassell notierte, traten die Kreisauer, die er »die Jungen« nennt, mit Ausnahme des realpolitischeren Schulenburg nach außen hin als Einheit auf, als ihr geistiger Führer erschien Moltke. Der Zusammenhalt gab den »Jungen« das Gewicht, das die »Alten«, eigenständige und hochbewährte Persönlichkeiten wie Beck, Hassell, Goerdeler, Popitz und Jessen ohnehin hatten. Es wurden außenpolitische Fragen besprochen, wobei Adam von Trott zu Solz Wortführer der Kreisauer war und Ausführungen über eine angestrebte europäische Föderation machte. Hassell vermerkte darüber nichts in seinem Tagebuch, seine Auffassungen stimmten bei weitem nicht in allen Punkten mit denen Trotts überein. Yorck sprach dann über Verwaltungsreform, Moltke über die allgemeine Lage der Opposition und die Notwendigkeit der Zusammenarbeit kirchlicher und gewerkschaftlicher Kräfte. Schließlich vertrat Gerstenmaier die im Kreisauer Kreis entwickelten (jedoch nicht unbedingt von allen Mitgliedern unterstützten) Ansichten zum Verhältnis von Staat und Kirche und zur Sozialpolitik. Generaloberst Beck leitete die Sitzung und äußerte sich nicht zu den aufgeworfenen Problemen.

Moltke wünschte gründliche Erörterung der Differenzen; Hassell und

Goerdeler vor allen bemühten sich, die Gegensätze zu überbrücken, sie wollten möglichst rasch Übereinstimmung und Zusammenarbeit zustande bringen auf das gemeinsame Nahziel hin, den Sturz Hitlers. Für die jüngeren Diskussionsteilnehmer, die mit größerer Entschiedenheit an ihren Überzeugungen hingen, die prinzipieller dachten, konnte das aussehen wie ein Ausweichen, ja wie gönnerhafte Beschwichtigung. Selbst Hassell fand, daß Goerdeler die Gegensätze zu verschleiern versucht habe. Sicher waren »die Jungen« nicht ganz zu Unrecht mißtrauisch, wenn sie glaubten, die eher konservativen »Alten« hätten ihre früheren Auffassungen nur wenig revidiert und würden nach ihrem Regierungsantritt bald in die alten Gleise zurückfinden. Zwar vertraten beide Gruppen für die erste Zeit nach dem Umsturz die Einrichtung eines einigermaßen autoritären Regimes, aber zumindest bei Popitz, Hassell, Beck und Jessen fehlte die starke Komponente sozialer Erneuerung, bei Goerdelers Ausführungen war sie vielleicht nicht zu erkennen. Auf alle Fälle vertraten die Kreisauer viel weitergehende sozialrevolutionäre Ansichten und ihre etwas romantischen Gedanken der Integration aller Schichten und Interessengruppen, der idealistischen, im Gegensatz zur kompromißsuchenden, koalitionspolitischen Überwindung der gesellschaftlichen Konflikte [207].

Moltke war zornig über alle Versuche, den Gegensätzen aus dem Wege zu gehen und die eigentliche Diskussion zu vermeiden, die der Darlegung der Standpunkte erst hätte folgen sollen. Er wollte begeisterten Einsatz für Ideen, nicht nur bedeutungsvolles Kopfnicken, nicht nur wohlwollende gegenseitige Kenntnisnahme der Standpunkte, nicht nur den Abschluß eines Zweckbündnisses mit dem Ausdruck gegenseitiger Hochachtung. Er wollte ein Erneuerungsprogramm, kein Koalitionspapier. Als Goerdeler sein Verfassungs- und Sozialprogramm darlegte, fühlte sich Moltke zu einem polemischen Zwischenruf provoziert; während Goerdelers Darlegungen murmelte er halblaut vor sich hin: »›Kerenski!‹« [208] Da auch andere außer dem neben Moltke sitzenden Gerstenmaier (der sich durch »Goerdelers pädagogisierende Verschleierung des Gegensatzes« gereizt fühlte und »scharf antithetisch« antwortete) dieses böse Wort hörten, blieb die Atmosphäre äußerst gespannt, Entrüstung über die Anmaßung der »Jungen« wird wenigstens für Augenblicke die Gedanken der »Alten« überschattet haben. Gerade sie aber standen auch über solchen Dingen und wußten sich einig mit den Kreisauern in der Verpflichtung, gegen das Unrecht und das Verbrechen aufzustehen. Beck sagte zum Abschluß, er müsse erst sehen, »wie stark die tatsächlich vorhandenen Kräfte seien«. Über die Notwendigkeit, möglichst rasch zum Staatsstreich zu kommen, war man sich einig.

War auch diese überaus wichtige Zusammenkunft nicht ganz befriedigend verlaufen, so bedeutete sie doch nicht nur den Beginn einer Zusammenarbeit zwischen den aktivsten Mitgliedern des Kreisauer Kreises und der Gruppe um Beck und Goerdeler, sondern auch den engeren Anschluß der Kreisauer an die militärischen Staatsstreichpläne. Fritz-Dietlof Graf von der Schulenburg war mit Graf von Yorck einer der hauptsächlichsten und tätigsten Vermittler[209]. Von Zusammenarbeit zwischen Kreisauern und »den Generalen« konnte bis dahin keine Rede sein, aber zum Staatsstreich gedrängt haben z. B. Moltke und Yorck »die Generale« doch mindestens schon 1941[210]. Erst hoffte man auf Halder, dann seit dessen Entlassung Ende 1942 auf Kluge, zugleich sprach Moltke auf Dienstreisen immer wieder mit Generalen über den Umsturz. Noch 1943 hoffte er auf Umsturz, schwankte aber schon zwischen dieser Hoffnung und der Auffassung, die Niederlage sei erstens unabwendbar und zweitens für die geistige und politische Gesundung Deutschlands notwendig[211]. Im Herbst 1943 und in der Zeit bis Juli 1944 wurde die Zusammenarbeit dann doch hergestellt, nicht zum wenigsten durch das Hinzutreten eines weiteren »Grafen« und »Jungen« zur Verschwörung, nämlich Stauffenbergs.

Spätestens seit Herbst 1943 ist nicht nur von Kontakten, sondern von eng geknüpfter Verbindung zu sprechen. Die außenpolitischen Bemühungen von Trott und Moltke dienten unmittelbar der Ermöglichung des Staatsstreiches; denn »die Generale« und auch viele nicht dem Militär angehörende Patrioten verlangten Zusicherungen der Alliierten, daß an der Formel der bedingungslosen Kapitulation nicht festgehalten werde, wenn Deutschland sich selbst vom Nationalsozialismus befreie[212]. Die Einbeziehung von Angehörigen und Nahestehenden des Kreisauer Kreises in die Planungen für die Übernahme der Vollziehenden Gewalt in den Wehrkreisen, die Aufnahme solcher Persönlichkeiten in die Listen der Verbindungsoffiziere und der Politischen Beauftragten läßt keine andere Bezeichnung als »enge Zusammenarbeit« zu[213]. Von einer losen Verbindung kann nun keinesfalls mehr die Rede sein[214].

Die Mißverständnisse, wonach die Kreisauer »nur gedacht« haben, wie Moltke in einem Brief aus dem Gefängnis schrieb, wonach sie nur für die Zeit »danach« geplant haben und nichts wollten als die Niederlage Deutschlands, wie man aus Moltkes Brief an Lionel Curtis entnommen hat, erscheinen angesichts der Masse entgegenstehenden Beweismaterials kaum begreiflich. Daß Deutschlands Sieg nicht möglich war, wußte nicht nur Moltke, das haben Generale und Feldmarschalle, angeführt von Beck, schon vor dem Krieg und während des Krieges immer wieder gesagt.

Logischerweise bedeutete deshalb der Wunsch nach rascher Beendigung des sinn- und aussichtslosen Krieges den Wunsch nach der Niederlage, sofern Verständigung nicht möglich war, und mit dem bestehenden Regime war sie nicht möglich. Moltke repräsentierte den Kreisauer Kreis nicht allein. Manche andere Mitglieder nahmen in der einen wie in der anderen Richtung noch viel weitergehende Standpunkte ein [215]. So war die Mitwirkung von Mitgliedern des Kreises bei der Zusammenstellung einer künftigen Regierungsmannschaft und bei der Planung des Umsturzes eigentlich selbstverständlich, wenn auch die meisten Kreisauer das Wort »Koalition« sicher nicht schätzten. Gerade vom Kreisauer Kreis aus kam auch die Verbindung der hier dargestellten Opposition mit den von außen gelenkten deutschen Kommunisten zustande. Besser könnte die zentrale Bedeutung des Kreisauer Kreises gar nicht demonstriert werden.

In seinem Programmentwurf vom Juni 1943 ist Carlo Mierendorff schon für die Gründung einer überparteilichen Volksbewegung mit Einbeziehung der Kommunisten eingetreten, und die Kreisauer erwogen ernstlich, in das Umsturzkabinett nicht nur den entschiedenen Sozialisten Julius Leber aufzunehmen, sondern auch Vertreter des »deutschen« Kommunismus [216]. Besonders Reichwein, aber auch Moltke und schließlich Leber setzten sich für eine solche Verbindung ein. Leuschner – seit seinen KZ-Erfahrungen stets mißtrauisch gegenüber den von Gestapospitzeln stark unterwanderten Kommunisten – und Jakob Kaiser versuchten vergeblich, Leber von seinen Plänen abzubringen. Leber erklärte, er wolle die Motive und Vorstellungen der Kommunisten sondieren, aus denen sie seit einiger Zeit mit der Opposition Verbindung aufzunehmen versuchten. Schon vor 1943 waren Horst von Einsiedel und Trotha mit Arvid Harnack und Hans Peters mit Schulze-Boysen von der Roten Kapelle bekannt und in Verbindung. Weitere Anknüpfungsversuche erfolgten über das Nationalkomitee »Freies Deutschland« in Moskau und dessen Verbindungsleute in Deutschland [217]. Aber erst 1944 kam es zu Fühlungnahmen mit dem Zweck der Zusammenfassung der Kräfte für den Staatsstreich.

Mehrere Vorbesprechungen seit Januar 1944 verliefen ergebnislos. Vermittler zwischen Leber und Reichwein einerseits und dem (illegalen) Zentralkomitee der KPD andererseits war der aus dem kommunistischen Studentenverband hervorgegangene Ferdinand Thomas. Schließlich kam nach langem Hin und Her eine Besprechung am Abend des 22. Juni 1944 zustande, und zwar mit Wissen und Billigung Stauffenbergs, Yorcks und Fritz-Dietlof Graf von der Schulenburgs [218]. Die Besprechung fand im Haus des Berliner Arztes Dr. Rudolf Schmid statt. Nach der getroffenen Vereinbarung sollten Leber und Reichwein sowie zwei Mitglieder des Zentral-

komitees der KPD erscheinen, aber Thomas, der die Kommunisten einführte, brachte entgegen der Abmachung drei Personen mit. Es war ebenfalls vereinbart worden, daß keinerlei Namen zu nennen seien, niemand
sollte sich vorstellen; doch einem der KPD-Funktionäre, der Leber persönlich kannte, soll der Ausruf entfahren sein: »»Ach du, Leber.«« [219] Von den
erschienenen Verhandlungspartnern waren zwei tatsächlich KPD-Funktionäre, nämlich Anton Saefkow und Bernhard Bästlein. Der dritte war ein
Gestapoagent namens Hermann Rambow, der sich in das Vertrauen des
Zentralkomitees eingeschlichen hatte und nun bei Treffs als Begleiter
verwendet wurde.

Im Gespräch, das von Leber geleitet wurde, versicherte man sich gegenseitig, daß man für die in Deutschland bestehende KPD bzw. für die
Sozialdemokratie spreche. Vorsichtig tastend näherte man sich den Part-
nern. Es zeigte sich, daß die Kommunisten den Anschauungen Lebers viel
weiter entgegenkamen, als dieser erwartet hatte, ja, daß sie sich in manchem weiter »rechts« gaben als er selbst. Sie wollten freie Demokratie,
Beibehaltung von Grundbesitz, Bürgertum und Privateigentum, außer
Konzernen und Großkapital, in Kirchenfragen waren sie nicht engherzig.
Diese Art taktischen Entgegenkommens wurde (und wird) von Kommunisten oft angewandt. Dann wollte einer der drei Kommunisten wissen,
was Leber tun wolle, um den »Tag X« herbeizuführen. Leber antwortete,
darauf könne er nichts sagen.

Die Aussprache war damit beendet, aber die gemeinsamen Interessen
ließen es nützlich erscheinen, noch einmal zusammenzukommen. Für
den 4. Juli sollte eine weitere Besprechung angesetzt werden, doch Leber
war schon mißtrauisch geworden, nicht zum wenigsten durch die gemä-
ßigte Haltung der Kommunisten, und er lehnte ab. Reichwein ging hin und
wurde zusammen mit den Kommunisten verhaftet. Leber wurde am
nächsten Tag, dem 5. Juli, von der Gestapo geholt. Damit war die Zusammenarbeit der Verschwörung mit den Kommunisten schon wieder
beendet.

Die Verhandlungen über die Abstimmung verschiedener politischer
Auffassungen und Programme, Aufrufe, Proklamationen und Verordnungen, ebenso über die Zusammensetzung der Regierung dauerten also bis
in die letzten Tage vor dem Attentat. Im politischen Leben ist das unvermeidlich, aber Vertreter autoritärer und diktatorischer »Einheit« werden
stets versuchen, solche Bemühungen verächtlich zu machen [220]. Doch nur
so konnte es Goerdeler schließlich gelingen, mit Vertretern aller Gruppierungen (außer den Kommunisten) einig zu werden. Bei Hassell und
Beck war das kein Problem, sie arbeiteten ja schon lange zusammen.

Die Verbindung mit Popitz dagegen wurde allmählich lockerer, besonders seit im Herbst 1943 Langbehn verhaftet worden war und damit auch Popitz wegen seiner Beteiligung an der Konspiration mit Himmler exponiert war. Mißtrauen gegenüber Popitz und seinen autoritären Auffassungen hatte es schon lange gegeben, durch den Kontakt zu Himmler wurde es vermehrt. Popitz seinerseits warf Goerdeler vor, er habe seine Linie verloren, womit er wohl den Anschluß und die Zugeständnisse an die Sozialisten meinte [221].

Seit der Entfremdung zwischen Goerdeler und Popitz nach dessen Gespräch mit Himmler versuchte Popitz wiederholt, mit Leber und Goerdeler zu einer Aussprache zu kommen, und Dr. Otto John bemühte sich auf Wunsch Popitz', eine solche Begegnung im Winter 1943/44 zustande zu bringen. Als Leber sich weigerte, bat Popitz John um Vermittlung einer Zusammenkunft mit Generalfeldmarschall von Witzleben, welche John durch seinen engen Bekannten Graf Lynar hätte bewerkstelligen können, der Witzlebens Adjutant war und auf dessen Gut im Spreewald Witzleben damals lebte. Popitz fand dann aber, das sei wohl doch zu gefährlich, da er seit seinem Gespräch mit Himmler zweifellos überwacht werde, statt seiner sollte der frühere Reichskommissar für Arbeitsbeschaffung Dr. Günter Gereke mit Witzleben sprechen. Dann trat eine längere Verzögerung ein, weil sich Witzleben zur Kur nach Kissingen begab und John nach Madrid flog [222].

Dr. Hans John übernahm inzwischen die Verbindung, und am 18. Juli, einen Tag vor der Rückkehr Dr. Otto Johns aus Madrid, fand die Besprechung zwischen Witzleben und Gereke statt [223]. Das Ganze war natürlich eine unerfreuliche Intrige von Popitz, der auf diese Weise seine Gedanken, wenn nicht auch seine Person, wieder an das Zentrum der Macht heranbringen und binden wollte, und zwar unter Umgehung der anerkannten Zentrale um Beck, Goerdeler und Stauffenberg. Er versuchte über Gereke, nicht ganz ohne Erfolg, Witzleben zur Übernahme auch der Reichskanzlerschaft nach dem Staatsstreich zu bewegen, wobei dann Popitz, Goerdeler und Leuschner als beratende »Kommissare der Reichsregierung« fungieren sollten. Das wäre also eine reine Militärdiktatur gewesen, wenn auch Leuschner, von Professor Ludwig Bergsträßer auf die Gefährlichkeit der Zusammenarbeit mit Offizieren hingewiesen, glaubte, die Einheitsgewerkschaften, über die er sich mit Jakob Kaiser und Max Habermann geeinigt hatte, würden dagegen eine starke Garantie enthalten [224].

Während es zu einer wirklichen Auseinandersetzung Popitz' und seiner rechtsstehenden Anhänger mit Goerdeler nicht mehr kam, hatte dieser mit

den Sozialisten von der Mitte bis ganz links, mit denen er seit 1941 zusammenarbeitete, seine liebe Not. Schließlich kam er ihnen so weit entgegen, daß seine eigenen, von ihm entworfenen Aufrufe und Proklamationen für den Tag X nicht mehr wiederzuerkennen waren, so viele
Gedanken anderer enthielten sie, und folgerichtig wollte Goerdeler sich
dann später vor dem Volksgerichtshof nicht mehr zu ihnen bekennen [225].

In einer Zusammenkunft um den 15. Mai 1944 herum in der Wohnung
von Dr. Josef Wirmer, an der Goerdeler, Leber und Leuschner teilnahmen, kam es zu einem heftigen Zusammenprall zwischen Leber und
Goerdeler. Leber vertrat die Ansicht, daß sich die Totalbesetzung Deutschlands auch durch einen Regierungswechsel nicht mehr vermeiden lasse,
Goerdeler aber meinte, diese Besetzung lasse sich sehr wohl noch vermeiden. Ganz offensichtlich gibt der Bericht der Gestapo nur Bruchstücke
des Inhalts der Besprechung wieder, es wurde zweifellos auch über anderes und in anderem Sinne gesprochen; festzuhalten ist nur die nicht
überraschende Meinungsverschiedenheit zwischen Leber und Goerdeler [226].

Wenig später, am 26. Mai 1944, hatten Stauffenberg und Goerdeler
eine Besprechung im Büro von Hauptmann d. R. Hermann Kaiser in der
Bendlerstraße [227]. Sie sprachen über außenpolitische und militärische Möglichkeiten. Stauffenberg machte sich anscheinend noch Hoffnungen hinsichtlich der Abweisung einer alliierten Invasion in Frankreich. Im übrigen versprach er Goerdeler, ganz sicher gewaltsam gegen Hitler vorzugehen. Auf Goerdelers Drängen war er auch einverstanden, daß Goerdeler
im wesentlichen die Verhandlungen mit Leber und Leuschner bzw. ihren
Vertretern führen solle. Zuvor hatte Goerdeler einen Brief an Stauffenberg geschrieben, den Hauptmann Kaiser überbracht hatte, worin der
zivile Führer der Opposition gegen selbständige Verhandlungen Stauffenbergs mit Gewerkschaftsführern und Sozialisten protestierte. Das war in
der Tat eine Durchbrechung des bisher anerkannten Prinzips. Die Soldaten hatten sich auf die technische Seite des Umsturzes zu beschränken,
der zivile Charakter der Opposition mußte gewahrt bleiben. Dafür sollte
Goerdelers Führungsrolle in allen nichtmilitärischen Fragen bürgen, Generaloberst Beck bestand noch im Juli 1944 ausdrücklich darauf [228]. Das
war nicht so sehr aus Mißtrauen gegen Stauffenberg geschehen, wenn
auch Mißtrauen gegenüber großer Machtfülle nie unangebracht ist. Aber
Stauffenberg war schließlich nicht politisch erfahren, seine Ansichten
waren vage, mit gutem Willen und Idealismus allein kann man in der
Politik nur Unheil anrichten. Der Einsatz des eigenen Lebens gab Stauffenberg nicht das Recht, die politische Entscheidungsgewalt zu beanspruchen, Goerdeler und Beck setzten ihr Leben ebenso ein. Auch die Fähig-

keit zum Mord an Hitler war keine genügende Legitimation für die politische Führungsrolle.

Die mit dem Eintritt Stauffenbergs in die Verschwörung im Sommer 1943 verbundenen Spannungen und Kompetenzstreitigkeiten hatten freilich noch andere Ursachen. Die militärische, außenpolitische und innenpolitische Lage wurde immer verzweifelter, das Töten und Morden an den Fronten, in den Konzentrationslagern und in den Städten ging unvermindert weiter, ein Zentrum deutscher Kultur nach dem anderen sank in Schutt und Asche, und es geschah immer noch nichts zum Sturze Hitlers. Da trat dieser junge, ungestüme, äußerst soldatisch wirkende Offizier auf und begann, alle Vorbereitungen und Planungen in eigene Regie zu nehmen – und dennoch geschah auch weiterhin nichts Sichtbares! Dieser junge, brennend tatendurstige, revolutionär drängende Offizier, so mußte es Goerdeler scheinen, würde wer weiß was aus der Opposition machen, vielleicht sie in den Abgrund führen, oder einfach trotz allem Ungestüm ebensowenig zum Ziele kommen wie vor ihm Tresckow. Goerdeler wollte wohl einen fortschrittlichen, auch sozialreformerischen, aber keinen eigentlich revolutionären Umsturz, im Gegenteil, er wollte allem Wilden und Ungezügelten endlich ein Ziel setzen [229]. Ein tiefgreifender Zwiespalt klaffte zwischen den beiden Persönlichkeiten, der sich nicht nur durch den Generationenunterschied und durch Kompetenzstreitigkeiten erklären läßt. Kein Wunder also, wenn Goerdeler in seinen im November 1944 im Gefängnis geschriebenen Memoiren klagte, daß sich Stauffenberg »»später als Querkopf erwies, der auch Politik machen wollte.‹« [230] Und er fuhr fort: »»Ich schätzte ihn hoch und hatte doch manchen Zusammenstoß mit ihm. Er wollte einen unklaren politischen Kurs mit Anlehnung an Linkssozialisten und Kommunisten und hat mir durch überheblichen Eigensinn das Leben sehr schwer gemacht.‹« [231]

Daneben wogen taktische Fragen nicht schwer, schürten aber die Mißstimmung. Wenn Stauffenberg Goerdeler nicht über alle Einzelheiten seiner Planungen unterrichtete, so war das eine selbstverständliche konspirative Vorsichtsmaßnahme, wie sie auch von Goerdeler bei den Verhandlungen um die Gewinnung Politischer Beauftragter angewandt wurde [232]. Andererseits muß die Geschäftigkeit Goerdelers Stauffenberg gelegentlich beunruhigt haben, obwohl jener mutige Mann genau wußte, was er wagte, tatsächlich äußerst vorsichtig taktierte, und im übrigen die aus seiner wichtigen Tätigkeit hergeleiteten Vorwürfe im Dienste der Sache bewußt auf sich nahm. 1943 und 1944 klagte Goerdeler oft bitter über angebliche Versuche, ihn zu überspielen und auszuschalten. Aber Goerdelers übersteigerter Optimismus, sein hartnäckiger Glaube an die

Möglichkeit, Hitler ohne Attentat gefangenzunehmen und sodann durch eine Rundfunkansprache die Regierungsgewalt zu ergreifen, oder gar Hitler selbst zum Rücktritt zu überreden – das waren Auffassungen, die bei den Besprechungen über Attentat und Staatsstreich nur stören konnten, wenn Goerdeler sie immer wieder in die Debatte warf und damit die Arbeit der übrigen Verschwörer immer wieder in Frage stellte.

Spannungen, Reizbarkeit und Vorwürfe sind in der Nervosität jener Monate ohnedies leicht zu begreifen. Sie waren auch gar nicht so gewichtig, wie sie später sowohl von den verhafteten Verschwörern als auch von der Gestapo, aus verschiedenen Motiven, hingestellt wurden.

Die Mittlertätigkeit Becks (der Goerdeler stets stützte), Schulenburgs und anderer überbrückte immer wieder alle Reibungen und Spannungen, die Zusammenarbeit ging weiter, auch zwischen Goerdeler und Stauffenberg. Wiederholt hat Stauffenberg Goerdeler von den bevorstehenden »Terminen« unterrichten lassen und ihn gebeten, sich bereit zu halten, so am 10. Juli für den 11. und dann wieder für den 15. Juli. Goerdeler antwortete damals mit der Parole, es müsse nach vorn durchgebrochen werden[233]. Noch am 18. Juli, als die Verhaftung Goerdelers unmittelbar bevorstand, besprach sich Stauffenberg persönlich mit ihm[234].

Koordination war das Hauptanliegen auch vieler anderer konspirativer Zusammenkünfte. Um den 28. Mai trafen sich in Berlin Theodor Steltzer, Yorck und Trott[235]; um den 15. Juni, wahrscheinlich am 16. im Hotel »Esplanade«, besprachen sich wieder Leber, Goerdeler, Wirmer, Habermann und Jakob Kaiser über das künftige Regierungsprogramm[236]. Einige Tage darauf, am 21. Juni, fand sich Leber wieder unter den Kreisauern Lukaschek, Husen und Yorck in dessen Wohnung ein, wo über die wichtige Frage der Bekenntnis- oder Gemeinschaftsschule gesprochen und von Leber das Elternrecht anerkannt wurde. Leber berichtete dabei auch über die Kontakte mit den Kommunisten. Lukaschek und Husen rieten zuerst von der Sache ab, aber Leber meinte, er kenne die Leute, er habe im Konzentrationslager jahrelang mit ihnen auf denselben Pritschen gelegen[237]. Etwa in dieser Zeit, im Juni oder Juli 1944, kam es auch zu einer Besprechung zwischen Jakob Kaiser und Stauffenberg in Wannsee, die von Fritz-Dietlof Graf von der Schulenburg sehr gefördert worden war. Kaiser war von der Persönlichkeit Stauffenbergs, der Hitler »als ›das Böse an sich‹« bezeichnete, tief beeindruckt. Stauffenberg sagte: »›Herr Kaiser, es darf aber nicht zu einer Restauration kommen.‹« Kaiser antwortete: »›Wem sagen Sie das?‹« Aber er war etwas verwirrt und wußte nicht, wie diese Ermahnung gemeint war. Galt sie Goerdeler, oder war sie eine Andeutung von Gedanken aus dem Umkreis von Stefan George und Rudolf Fahrner?

Als eines der Ergebnisse der zahlreichen Besprechungen und Verhandlungen kam seit 1943 allmählich eine Kabinettsliste zustande. Sie soll im folgenden, soweit sie sich rekonstruieren ließ, wiedergegeben werden, wobei auch frühere oder nur vorgeschlagene Besetzungen zum Teil berücksichtigt werden [238].

	Januar 43	August 43	Januar 44	Juli 44	ohne Zeitpunkt, von Gestapo ermittelt
Staatsoberhaupt (Generalstatthalter, Reichsverweser; oder Erb- oder Wahlmonarch)	Beck			Beck	Beck, evtl. später Leuschner
Staatssekretär					Schwerin von Schwanenfeld
Reichstagspräsident				Löbe	
Reichskanzler	Goerdeler		Goerdeler	Goerdeler, Falkenhausen od. Witzleben (versuchte Popitz zu lancieren)	Goerdeler, später Leuschner od. Leber
Vizekanzler	Leuschner		Leuschner	Leuschner	Leuschner
Presseabteilung					Kiep
Staatssekretär				Gisevius	Yorck
Außenminister	Hassell	Brüning od. Hassell	Hassell	W. Gf. v. d. Schulenburg oder Hassell	W. Gf. v. d. Schulenburg oder Hassell
Staatssekretär				W. Gf. v. d. Schulenburg oder Hassell	
Innenminister	Gayl oder Leber	F. D. Gf. v. d. Schulenburg	Leber	Leber	F. D. Gf. v. d. Schulenburg od. Leber
Staatssekretär					evtl. F. D. Gf. v. d. Schulenburg
Chef der Deutschen Polizei					interimistisch Helldorf, dann Tresckow
Sicherheitspolizei					Kanstein
Finanzminister	Schniewind, dann Loeser	Popitz	Loeser	Loeser	Popitz, später evtl. Schwerin von Krosigk od. Loeser
Staatssekretär					Helfferich
Reichsbankpräsident	Blessing				Blessing oder Lejeune-Jung
Reichsbankvizepräsident	Wedel				
Reichspreiskommissar					Blessing

Wirtschaftsminister	Loeser, dann Schniewind		Lejeune-Jung	Lejeune-Jung	Blessing oder Lejeune-Jung
Staatssekretär					Ernst
Ernährungsminister			Hermes		Blessing oder Lejeune-Jung; interim. F. D. Gf. v. d. Schulenburg, vorgeschl. auch Schlange-Schöningen, Lüninck od. Hermes
Landwirtschafts- minister				Hermes	
Arbeitsminister				Lejeune-Jung	Blessing oder Lejeune-Jung
Justizminister	Langbehn	Wirmer (?)	Wirmer	Wirmer	interim. Sack, später Kriege
Staatssekretär					interim. Kriege
Reichsgerichts- präsident	Koch			Koch	
Reichskriegsgerichts- präsident				Oster	
Kriegsminister		Beck		Olbricht	Hoepner
Staatssekretär					Olbricht oder Claus Gf. v. Stauffenberg
Ob. d. Wehrmacht					Witzleben
Rüstungsminister					Speer soll gewonnen werden
Postminister					bei Verkehr; falls selbständig Fellgiebel
Verkehrsminister		Königs v. Goerdeler zu gew. versucht	Stegerwald oder ein SPD-Politiker		Herrmann
Staatssekretär					Königs
Kultusminister	Popitz		Bolz	Bolz	Bolz, Schuschnigg oder Reichwein; zeitweise Popitz
Staatssekretär			Lenz (vor- geschlagen)		H. Kaiser
Propagandaminister					nur im Kriegsfall; evtl. Mierendorff bzw. Haubach
Wiederaufbau- minister				Letterhaus (sonst: Min. o. Geschäfts- bereich)	
Sprechminister				ein Öster- reicher	

Die Liste war jeweils nicht mehr als ein Arbeitspapier. Im Augenblick des Umsturzes hätte zunächst das Militär die Macht gehabt, und Zweifel daran, daß es sie rasch an zivile Politiker abgegeben hätte, sind erlaubt. Das Manövrieren, auch das Intrigieren ging, wie berichtet, bis kurz vor dem 20. Juli weiter; keine Kombination kann als endgültig betrachtet werden. Popitz versuchte Witzleben noch als Reichskanzler zu lancieren, vorher hatte er an Falkenhausen gedacht. J. Kaiser wollte Schuschnigg als Österreicher dabeihaben, fand aber keinen Anklang. Stauffenberg wollte Goerdeler nicht lange als Kanzler behalten, sondern bald durch Leuschner oder Leber ersetzen. Ohnehin war jedem Einsichtigen, wie z. B. Hassell, völlig klar, daß die erste Regierung der Opposition nur Übergangscharakter haben würde und die militärische Niederlage und Besetzung Deutschlands über sich ergehen lassen müßte. Sie würde also bald verbraucht sein.

Nachdem sich die oben aufgeführten Gruppen und Persönlichkeiten mit den Umsturz- und Neuordnungsplänen eingelassen hatten, waren sie auch in die aktiven Staatsstreichpläne verwickelt, die ohne Attentat nicht zu denken waren. Trotzdem gab es im Sommer 1944 noch immer einige, die gegen den politischen Mord waren, jedoch die danach gegebene Lage nützen wollten. Logik und Konsequenz sind nicht notwendig mit Mut und aufrechter opferwilliger Gesinnung verbunden.

Zu den Gegnern des Attentats gehörte Goerdeler noch zu Anfang des Jahres 1944 und noch im Juli, als er wußte, daß Stauffenberg es wagen wollte, ja sogar noch im Gefängnis. Als Goerdeler Dr. Elfriede Nebgen zum ersten Mal nach dem 20. Juli wiedersah, auf der Flucht, am 25. Juli, da waren seine ersten Worte zu ihr: »»Frau Doktor, du sollst nicht töten.«« Hatte er zunächst gehofft, mit Hilfe von Frontgeneralen Hitler gewaltsam, aber ohne Mord zu beseitigen, wie es auch Moltke im Sommer 1943 zumindest erwogen hat, so mußte er nach der Invasion einsehen, daß die Hoffnungen auf eine solche Lösung schwanden. Er versuchte erfolglos im Mai 1944 mit dem Chef des Generalstabes des Heeres, General Zeitzler, in Verbindung zu kommen und schrieb ihm auch einen Brief, der aber sein Ziel nicht erreichte. Stauffenberg bedeutete Goerdeler, Zeitzler sei längst »aufgeklärt« [239]. Das politische Argument, das Goerdeler vorbrachte, man müsse die Dolchstoßlegende vermeiden, Hitler vor Gericht stellen und ihm seine Verbrechen vor aller Welt nachweisen, kann nicht leichthin übergangen werden [240]. Ebensowenig darf man aber übersehen, daß dadurch in der Wirklichkeit eine unendliche Verzögerung der »Aktion« eintrat, welche deren Sinn zunichte machte.

Konsequenz ist keine Tugend an sich. Es ist sinnlos, der Welt und dem politischen Handeln zu entsagen, weil man sich in einer Lage findet, die auf eine Weise herbeigeführt wurde, die man ablehnt. Erkennt man aber die Entscheidung des Gewissens an, wenn sie zum Widerstand und zum Hochverrat zwingt, so muß man sie auch dann anerkennen, wenn sie den Mord verbietet, so widersinnig es unter Umständen scheinen mag. Goerdeler war ein mutiger Mann, der nicht aus persönlicher Schwäche oder Furchtsamkeit gegen das Attentat war.

Es gab auch eine Anzahl Generale, die mit der Widerstandsbewegung einig waren in der Überzeugung, daß Hitler zu beseitigen sei, auch an allen Vorbereitungen teilnahmen, sich aber dann trotz ihrem tödlichen Gewerbe zum politischen Mord oder zur unmittelbaren Begünstigung desselben nicht bereit fanden. Bei solchen Generalen, wie Kluge oder Rommel, ist der Mangel an Konsequenz schwer begreiflich; denn sie waren nicht gegen das Töten überhaupt, nur gegen das Töten des Befehlshabers, auch wenn dieser ihrer Überzeugung nach den Tod verdiente. Die Frage des Eides wird zu einer Spitzfindigkeit entwürdigt, wenn man sich an Konspiration, Hochverrat und Treubruch beteiligt und sich zugleich an die ihrer eigentlichen Bedeutung durch beiderseitigen Verrat beraubte leere Form klammert. Die Beobachtung der Form hat freilich ihr Gutes und ihre wichtige ordnende Funktion. Schließlich kann nicht jeder, auch nicht jeder General, selbständig denken und mehr sein als nur Funktionär einer Gesellschaft. Den meisten der Generale, die von Skrupeln geplagt waren, muß man also wenigstens den guten Glauben zugestehen. Das ändert nichts an der Enttäuschung über ihre Naivität.

Gerade die Kreisauer, denen man vorwarf, sie hätten nur geredet und »gedacht«, ohne die Konsequenz zum Handeln aufzubringen, waren in Wirklichkeit konsequenter [241]. Mierendorff, Gerstenmaier, Yorck, Delp oder Moltke, um nur einige zu nennen, arbeiteten seit Jahren aktiv auf den Umsturz hin, und die meisten von ihnen setzten sich auch energisch für die Beseitigung Hitlers durch ein Attentat ein [242].

Einzelne kamen über ihre Bedenken und Skrupel nicht hinweg. Hans-Bernd von Haeften blieb bei seiner vorwiegend religiös begründeten Ablehnung des Attentats, auch gegenüber seinem Bruder Werner, der als Adjutant im AHA bei Olbricht und Stauffenberg Dienst tat, als der Bruder die Möglichkeit sah, es selbst auszuführen, und noch im Juli 1944 argumentierte er in Besprechungen von Angehörigen des Kreisauer Kreises mit christlichen Erwägungen gegen den politischen Mord [243]. Wenigstens zeitweise hat sich Werner von Haeften den Zweifeln und der Ablehnung seines Bruders angeschlossen [244]. Auch Dr. Steltzer hat stets an seiner Überzeugung festgehalten, die ethischen und religiösen Gebote des Christentums müßten strikt eingehalten werden, so strikt, daß man nicht einmal bei den Vernehmungen durch Gestapo und Volksgerichtshof lügen dürfe. Der Umsturz überhaupt und der politische Mord seien unmoralisch [245]. Für seine Person hat er aus seinen Überzeugungen stets die Konsequenz gezogen. Als seine Verhaftung im Juli 1944 bevorstand, ist er absichtlich nicht nach Schweden ausgewichen, obwohl es ihm nicht schwergefallen wäre, sondern befolgte den Befehl, von Norwegen nach Berlin zurückzukommen [246].

Neben den konsequenten Gegnern des Attentats in der Opposition, von denen viele aus religiöser oder ethischer Überzeugung zu ihrer Haltung kamen, gab es inner- und außerhalb des Kreisauer Kreises praktischer denkende christliche Laien und auch Theologen, die das Attentat für notwendig hielten und dafür eintraten. Zu ihnen gehörten Pater Delp SJ, Eugen Gerstenmaier und Dietrich Bonhoeffer, die beiden letzten seit spätestens Anfang 1942 [247].

Moltke war anfangs ganz gegen das Attentat und auch gegen den Umsturz [248]. Spätestens seit der Katastrophe von Stalingrad, jedoch keineswegs *wegen* der Katastrophe oder aus nationalistisch gefärbten Motiven, verhielt sich Moltke nicht mehr so scharf ablehnend gegenüber dem Gedanken des Attentats und des Umsturzes. Zu Wilhelm Ritter von Schramm sagte er Ende 1943 aber auch, man müsse Hitler leben und mit seiner Partei die Verantwortung für das Verhängnis tragen lassen [249]. Er fand jedoch, daß die Frage für seine Person wie für die meisten Angehörigen des Kreisauer Kreises akademisch sei, da sie weder das eine noch das andere durchführen könnten. Steltzer pflegte dann Moltke immer wieder in seiner auch moralisch begründeten Haltung des Hände-weg-vom-Staatsstreich durch religiöse Argumente zu bestärken.

Moltkes Haltung muß man vor allem als Antithese zum herrschenden Regime auffassen, also als Abwehr jeglicher Gewalt und Brutalität, konsequenterweise auch für Gegenmaßnahmen. Da der Haltung Moltkes jeder Fanatismus fehlte, nicht dagegen eine gewisse Naivität im Hinblick auf das, was die Alliierten – westliche und östliche – nach der Niederlage Deutschlands tun würden, war Moltke nicht unbeeinflußbar. Glaubte er einerseits, die Alliierten würden nach dem Sieg ein paar Paraden in Deutschland abhalten und bald aus Langeweile wieder abziehen, inzwischen aber Deutsche mit der inneren Neuordnung betrauen, so mußte er sich doch wenigstens seit der Stalingrad-Katastrophe und seit die Zerstörung der Städte immer grauenhaftere Ausmaße annahm, auch auf anderes gefaßt machen – wie ihm Gerstenmaier schon während der teilweise heftigen Debatten über die Frage der Gewaltlosigkeit in den Jahren 1940–1942 wiederholt prophezeit hatte.

Seit dem Winter 1943/44 hat aber Moltke weder mehr vom Staats-
streich noch vom Attentat abgeraten[250]. Nach dem Bericht von General
Alexander von Falkenhausen hat Moltke schon im September 1943 in
Brüssel zu ihm gesagt: »›Trotz aller Bedenken bleibt uns keine andere
Wahl übrig, als Hitler physisch zu eliminieren.‹«[251] Im Januar 1945 schrieb
Moltke zwar an seine Frau aus dem Gefängnis Tegel: »Wir haben
nur gedacht ..« Damit paraphrasierte er aber das Urteil des Volksgerichtshofes[252]. Am Tag darauf, dem 11. Januar 1945, schrieb er seiner
Frau auch: »... in dem Augenblick, in dem die Gefahr bestand, daß ich
in aktive Putschvorbereitungen hineingezogen wurde – Stauffenberg kam
am Abend des 19. [Januar 1944] zu Peter [Graf Yorck von Warten-
burg] –, wurde ich rausgenommen, damit ich frei von jedem Zusammenhang mit der Gewaltanwendung bin und bleibe.«[253] Herausgenommen
wurde er durch Gottes Fügung in Form seiner Verhaftung, aber daß er
anderenfalls aktiv teilgenommen hätte, scheint demnach sicher. Göttliche
Fügung hat Moltke das Festhalten an seinen Prinzipien erlaubt, die er
sonst verlassen hätte. Ähnlich war seine Haltung in dem letzten Gespräch
mit Gerstenmaier etwa in denselben Tagen, das von zwei im Gefängnis
Tegel tätigen Beamten ermöglicht wurde. Er hat Gerstenmaiers Argument,
gerade das Attentat entspreche dem Liebesgebot Jesu, schließlich nicht
mehr widersprochen und sich ausdrücklich und ohne Einschränkung mit
der Haltung seiner Kreisauer Freunde solidarisch erklärt[254].

6. Attentatversuche: Stauffenberg

Auch Stauffenberg hat sich nicht leichthin zum Attentat entschlossen,
doch fehlte ihm die Inkonsequenz derer, die wohl den Staatsstreich und
den Mord an Hitler als seine Voraussetzung wollten, für sich aber von
der Ausführung Abstand nahmen. Die Frage nach der Berechtigung und
dem Sinn des Umsturzes hat sich Stauffenberg immer wieder gestellt,
ganz besonders in den letzten Wochen. Aber spätestens seit Anfang 1942
war er sich völlig klar darüber, daß die Ermordung Hitlers dazu die Voraussetzung sei[255]. War aber das Attentat Vorbedingung für alles andere,
so war für Stauffenberg die Frage, ob er es selbst ausführen solle oder
nicht, keine Frage erster Ordnung mehr. Nach allem, was bisher bekanntgeworden ist, war sein Entschluß zum Attentat vorwiegend praktisch bestimmt, als konsequente Weiterführung des Entschlusses zum Umsturz.
Stauffenberg war nicht der Mann, der andere zu Attentätern machen
wollte, ohne grundsätzlich auch selbst dazu bereit zu sein. Der Entschluß

zum Umsturz war also für ihn, wenn die Gelegenheit sich bot und wenn es die Lage erforderte, auch der Entschluß zum Attentat[256].

Dagegen schien das Ende des Krieges in den ersten Juliwochen 1944 so nahe – viel näher, als es dann wirklich war –, daß der Sinn des Umsturzes dadurch in Frage gestellt wurde. Generalfeldmarschall von Kluge, seit 2. Juli Oberbefehlshaber West, meinte auf den Vorschlag des von Tresckow entsandten Oberstleutnants Georg Freiherr von Boeselager, die Front im Westen zu öffnen: das sei gar nicht nötig, weil der Feind ohnedies in Kürze durchbrechen werde[257]. Die russischen Armeen hatten unterdessen die Heeresgruppe Mitte zerschlagen und die Heeresgruppe Nord eingekesselt, sowjetische Panzer operierten nur noch wenig mehr als 100 Kilometer vom Führerhauptquartier in Ostpreußen[258]. Wäre es da nicht politisch klüger, Hitler allein und für alle sichtbar alleinverantwortlich in den Abgrund rennen zu lassen? Wären nicht künftige Generationen dann vor ähnlich dämonischen Zerstörern sicherer? Wäre diese Sicherheit nicht das Opfer von weiteren Tausenden von Menschen, vielleicht von Hunderttausenden wert? Nun, der Erfolg dieser Haltung konnte durchaus nicht als sicher gelten. Wie aber sollte das Volk nach dem Krieg Selbstachtung haben, weiterleben und neu bauen, seinen Platz in der Welt wieder mit einigem Anstand einnehmen, wenn nicht aus seiner Mitte wenigstens der sichtbare Versuch der Selbstreinigung gekommen war? Politisch höchst gefährliche Verdrängungen, neuer Selbstbetrug und vielleicht ein neuer Ausbruch in die Irrationalität konnten die Folge sein.

Diese furchtbaren Fragen ließen sich nicht durch kühles Abwägen beantworten. Hier konnte nur das Gewissen zuständig sein, und das Gewissen Stauffenbergs forderte jeden denkbaren Einsatz zur Rettung von Tausenden und wahrscheinlich von Hunderttausenden von Menschenleben, und zur inneren Reinigung und Rettung der Ehre[259]. Dabei war auch nicht mehr entscheidend, ob die Aussichten für das Gelingen von Attentat und Erhebung gut oder schlecht waren. Es war nicht einmal mehr eine nationale Frage, nicht in erster Linie der Versuch, Ehre und Bestand des Reiches zu retten, sondern es ging einfach um lebende Menschen. Mitte Juni sagte Claus Graf von Stauffenberg: »»Es geht jetzt nicht um den Führer, nicht um das Vaterland, nicht um meine Frau und meine vier Kinder, sondern es geht um das ganze deutsche Volk.‹«[260] Am 1. Juli 1944, als Stauffenberg zum Attentat schon völlig bereit, wenn auch noch nicht endgültig entschlossen war, sagte er zu dem ihm befreundeten Bildhauer und Artillerie-Oberleutnant Urban Thiersch, dessen Versetzung in die Bendlerstraße ihm gelungen war: Schlimmer als das Mißlingen sei, der Schande und dem lähmenden Zwang tatenlos zu verfallen; nur das Han-

deln vermöge äußere und innere Freiheit zu schaffen[261]. Von Berthold
Graf von Stauffenberg wird aus jener Zeit sogar der Ausspruch berichtet:
»›Das Furchtbarste ist, zu wissen, daß es nicht gelingen kann und daß man
es dennoch für unser Land und unsere Kinder tun muß.‹« Das sagte er
seiner Frau am 14. Juli[262]. Und ebenfalls wenige Tage vor dem 20. Juli
sagte Claus Graf von Stauffenberg zu seiner Frau: »›Es ist Zeit, daß jetzt etwas getan wird. Derjenige allerdings, der etwas zu tun wagt, muß sich bewußt sein, daß er wohl als Verräter in die deutsche Geschichte eingehen
wird. Unterläßt er jedoch die Tat, dann wäre er ein Verräter vor seinem
eigenen Gewissen.‹«[263]

Stauffenberg und sein Bruder Berthold gehörten also zu den wenigen
klarblickenden und konsequenten Verschwörern gegen Hitler. Waren sie
zum Umsturz bereit, so waren sie es ebenso zu seiner Voraussetzung, dem
Attentat, und zu seinen Konsequenzen im Falle des Mißlingens, zum
Erleiden von Verfolgung, Schmach und Tod. Es ist also zu fragen, wann
sich Stauffenberg entschlossen hat, das Attentat selbst auszuführen.

Vor Juni 1944 war überhaupt nie ernsthaft die Rede davon, daß Stauffenberg selbst der Attentäter sein könnte oder sollte. Niemand kam auf
den Gedanken, dem Schwerverletzten, dem die rechte Hand, zwei Finger
der linken Hand[264] und ein Auge fehlten, eine solche Tat zuzumuten,
ganz abgesehen davon, daß er zu Hitler keinen Zugang hatte. Ferner sah
der Staatsstreichplan vor, daß unmittelbar nach dem Attentat die Nachricht davon nach Berlin zu geben wäre, um von dort aus sofort die mit
»Walküre« getarnten Maßnahmen in Gang zu setzen. Dazu war Stauffenberg, der energische Generalstabsoffizier, der tatkräftige Fachmann und
Planer, schon vor seiner Ernennung zum Chef des Stabes beim Chef H
Rüst u BdE unentbehrlich. Olbricht traute sich die Sache offenbar nicht
zu; denn schon im Sommer 1943 sagte er zu dem Chirurgen Ferdinand
Sauerbruch, nachdem er sich in dessen Hause mit Beck und Stauffenberg
(wobei dieser Beck kennenlernte) besprochen hatte: »›Stauffenberg! Das
ist der Mann, den wir brauchen.‹«[265]

Es galt also als ausgeschlossen, daß Stauffenberg zugleich den Staatsstreich in Berlin leiten und das Attentat auf dem »Berghof« oder in der
»Wolfschanze« ausführen könnte. Zugleich hofften er und seine Mitverschworenen damals, von etwa Anfang Oktober bis Mitte oder Ende November 1943, auf die Tatbereitschaft der Gruppe im Hauptquartier, zu der
Stauffenberg auf alle Fälle Stieff und Meichßner rechnete, vielleicht auch
Fellgiebel. Als sich zeigte, daß diese nicht handeln konnten oder wollten,
wurden die Versuche mit der Uniformvorführung unternommen, deren
letzter im Februar 1944 fehlschlug.

Damit war man in einer Sackgasse. Die opferbereiten jungen Frontoffiziere standen entweder nicht mehr zur Verfügung, oder es gab keine Aussicht auf die Vorführungen. Trotzdem versuchte Stauffenberg mindestens noch im März, Meichßner zur Ausführung des Attentats zu veranlassen, mußte aber feststellen, daß dieser mit seinen Nerven und seiner Kraft am Ende war und nicht mehr wollte[266].

Der Ausweg aus der Sackgasse war die zunächst interimistische Ernennung Stauffenbergs zum Chef des Stabes bei Generaloberst Fromm zum 20. Juni[267]. Nun würde er, der die Entschlossenheit zum Handeln besaß, Zugang zu Hitler erhalten. Zugleich entstand damit von neuem und schärfer das Dilemma: wie sollte er gleichzeitig das Attentat ausführen und den Putsch leiten?

Ein Anhaltspunkt, seit wann sich Stauffenberg mit dem Gedanken trug, das Attentat von Berlin aus durchführen zu lassen oder es gar selbst zu übernehmen, ist der Zeitpunkt, zu dem er sich von Hagen und Klamroth den von Stieff aufbewahrten Sprengstoff bringen ließ; das war Ende Mai 1944[268]. Schon damals erklärte er Hagen, er habe einen Anschlag auf den Führer vor. Im Juni erklärte er Stieff nach dessen Aussage gegenüber der Gestapo, er wolle die nächste sich bietende Gelegenheit zu einem Anschlag benützen, was Stieff ihm auszureden versucht haben wollte[269]. Aber erst seit dem 20. Juni bestand Aussicht, daß er selbst die Möglichkeit dazu erhalten würde.

Stauffenbergs Bruder Berthold sagte vor der Gestapo aus, der Oberst habe sich etwa vier Wochen vor dem Attentat, also zur Zeit seiner vorläufigen Ernennung zum Chef des Stabes bei Fromm, entschlossen, es selbst auszuführen; denn vorher habe er keine Gelegenheit gehabt, an Hitler heranzukommen[270]. Ende Juni sagte Stauffenberg zu Graf Yorck, er wolle in der nächsten Zeit versuchen, ins Führerhauptquartier zu kommen, um dort ein Sprengstoffattentat zu verüben[271]. Zwei oder drei Wochen vor dem 20. Juli schrieb Stauffenbergs Adjutant Werner von Haeften an einen Freund: »Claus denkt daran, die Sache selber zu machen.‹«[272]

Immer mehr drängte die Kriegslage, immer näher rückte der Tag, an dem es wirklich zu spät sein würde für den Befreiungsversuch von innen, der schon jetzt kaum mehr glaubhaft schien, wenn man nicht die Vorgeschichte kannte. Etwa am 24. Juni sagte Stauffenberg zusammenfassend in einem Vortrag, wie sich Hauptmann Kaiser in seinem Tagebuch notierte, »die Personalersatzlage sei so, daß ganz in Kürze Schluß sei«[273]. Kurz vorher, Mitte Juni, hatte Tresckow von der Ostfront aus zu raschem Handeln gemahnt. Stauffenberg hatte durch Graf Lehndorff-Steinort bei Tresckow, der sich gerade, einige Tage nach Beginn der Invasion, zu einer

Besprechung der Armeeführer mit Schlabrendorff zum OKH in Ostpreußen begeben hatte, anfragen lassen, ob nun, nach dem Beginn der Invasion, das Attentat und der Umsturzversuch noch sinnvoll seien [274]. An der Ostfront waren Vorbereitungen für den Umsturz getroffen, soweit es in Tresckows Macht stand. Teile des Kavallerie-Regiments »Mitte« waren dazu bestimmt, am Stichtag nach Berlin geflogen zu werden. Tresckow ließ Stauffenberg durch Graf Lehndorff antworten: »›Das Attentat muß erfolgen, coûte que coûte. Sollte es nicht gelingen, so muß trotzdem in Berlin gehandelt werden. Denn es kommt nicht mehr auf den praktischen Zweck an, sondern darauf, daß die deutsche Widerstandsbewegung vor der Welt und vor der Geschichte den entscheidenden Wurf gewagt hat. Alles andere ist daneben gleichgültig.‹« Dies ist denn auch die Auffassung, die Stauffenberg selbst spätestens von da an vertrat, wie aus den oben zitierten Äußerungen hervorgeht. Zugleich mit der Mahnung zum Attentat riet Tresckow Stauffenberg, selbst zum Chef des Generalstabes bei Generalfeldmarschall Rommel, dem Generalleutnant Speidel, zu fahren und womöglich durch diesen zu veranlassen, daß die Westfront dem Durchbruch der Alliierten geöffnet werde; sonst werden in kurzer Zeit die Russen ganz Deutschland überrennen. Es kam zunächst weder zum einen noch zum anderen.

Auch Beck vertrat eindeutig den Standpunkt, daß ohne Rücksicht auf den Grad des möglichen Erfolges gehandelt werden müsse. Als Habermann ihm am Morgen des 20. Juli einen Brief von Goerdeler überbrachte, in dem dieser zu rascher Aktion mahnte, waren sich Beck und Habermann einig, »daß auch ohne Rücksicht auf die totale Kapitulation gehandelt werden müsse.« [275] »›Es geht nur noch‹, so äußerte sich auch Beck, ›darum, daß aus dem Kreis des deutschen Volkes selbst die Handlung gegen das verbrecherische System erfolgt. Die Konsequenzen müssen nach allem, was geschehen und was versäumt wurde [sic], von Deutschland getragen werden.‹ Auch wenn die Aktion jetzt noch erfolge, so sagte er, bedeute sie immer noch eine Erleichterung für das Schicksal des Volkes.«

Der Entschluß Stauffenbergs verfestigte sich. Am Abend des 4. Juli, kurz ehe er von der Verhaftung Reichweins und Lebers Kenntnis erhielt, besprach sich Stauffenberg noch einmal mit Professor Fahrner, der am nächsten Tag Berlin wieder verlassen wollte [276]. Sie sprachen über die Frage, »›ob beim Versagen aller anderen Möglichkeiten Claus selbst, der nun als Fromms Stabschef Zugang zum Hauptquartier und zu Hitler hatte, das Attentat auf Hitler ausführen solle, obwohl uns sein Dasein für das nach Hitlers Sturz zu Leistende unerläßlich schien... Ich stand, als Claus die Frage unmittelbar an mich richtete, vor der schwersten

Entscheidung.‹« Die Antwort war ein Ja, und von diesem Augenblick an, wenn der Moment überhaupt so festgelegt werden kann, fühlte sich Stauffenberg verpflichtet, überlegte sich aber doch immer wieder alle Möglichkeiten [277].

Manches spricht dafür, daß Stauffenberg bis zum 7. Juli noch auf Generalmajor Stieff hoffte. An diesem Tag kam endlich in Schloß Kleßheim bei Salzburg die immer verschobene Uniformvorführung zustande [278]. Nach den Aussagen Stieffs gegenüber der Gestapo zeigte ihm Stauffenberg am 6. Juli, als er in Berchtesgaden war, seine Aktenmappe mit den Worten: »›Ich habe das ganze Zeug mit.‹« [279] Ob er das Zeug bei Stieff gelassen oder wieder mitgenommen hat, ist nicht bekannt. Jedenfalls verging der 7. Juli ohne Alarm aus Berchtesgaden [280].

Es gab auch noch andere Hemmnisse. Anfang Juli war das Haus Sauerbruchs wieder einmal »Schauplatz einer Versammlung von Generälen und Politikern« [281]. Als alle wieder gegangen waren, blieb Stauffenberg noch zurück und machte einen müden Eindruck. Sauerbruch hatte ein längeres Gespräch mit ihm und schlug ihm vor, sich ein paar Wochen zu erholen, aber Stauffenberg lehnte ab, er habe keine Zeit, er müsse eine wichtige Aufgabe erfüllen. Sauerbruch begriff und erschrak: Stauffenberg dürfe sich auf keinen Fall mit solchen Plänen abgeben, es sei unverantwortlich, da er noch längere Zeit nicht im vollen Besitz seiner Kräfte sein werde. Schwere Fehler könnten sich in seine Planungen und Berechnungen einschleichen, seine Nerven könnten versagen. Stauffenberg war zuerst etwas verletzt, hörte sich dann aber alles an, was Sauerbruch ihm zu sagen hatte. Von seinem Entschluß zu handeln ließ er sich nicht abbringen.

Was Generaloberst Fromm, der undurchdringliche Mann, sich bei der Versetzung Stauffenbergs gedacht hat, ist bis heute nicht klar, obwohl es gewichtige Anhaltspunkte gibt. Sicher ist es plausibel, daß er einfach den brillanten Offizier zum Chef seines Stabes haben wollte. Er wußte aber auch, was dieser plante, wenn nicht in allen Einzelheiten, so doch in groben Zügen; denn Stauffenberg hatte es ihm gesagt, ehe er die Stelle bei ihm übernahm [282]. Dr. Georg Kiesel, nach dem 20. Juli Leiter der Auswertestelle der Sonderkommission 20. Juli der Gestapo (Amt IV des RSHA), berichtete aus seiner Kenntnis der Ermittlungsergebnisse: Stauffenberg habe zu Fromm bei Antritt seiner Stelle, also spätestens am 1. Juli, gesagt, er plane einen Staatsstreich, aus Loyalitätsgründen müsse er das Fromm sagen. Dieser habe zugehört und dann zu Stauffenberg gesagt, er danke ihm für seine Offenheit, er möge an die Arbeit gehen [283]. Fromm selbst sagte sogar einmal ganz nebenbei: »›Vergeßt um Gottes willen den Keitel nicht, wenn Ihr Euren Putsch macht.‹« [284]

Eigentlich traute Fromm keinem seiner Untergebenen die für eine revolutionäre Unternehmung nötige Tat- und Entschlußkraft zu – außer vielleicht Stauffenberg[285]. Seine Sekretärin aber ließ Fromm wissen, er habe Stauffenberg von Olbricht weggeholt, weil er dort »unter schlechtem Einfluß« gestanden sei. Es ist beides denkbar: daß Fromm den Staatsstreich durch die Versetzung Stauffenbergs hindern oder daß er ihn fördern wollte. Schon lange vor dem Kriege pflegte Fromm zu sagen: »›Wir liegen immer richtig.‹«[286] Ulrich von Hassell apostrophierte Fromm Anfang 1943 als »Wetterfahne« und als »Konjunkturist«[287]. Ähnlich äußerte sich Fromms Kriegstagebuchführer im Februar 1943: »Fromm wird nur etwas tun, wenn alles sicher und vollzogen. Befehl. Der Eine [Olbricht] will handeln, wenn er Befehl erhält, der Andere [Fromm] befehlen, wenn gehandelt ist.«[288] Daß Fromm sich einem Staatsstreich in den Weg stellen würde, sofern die Voraussetzungen von anderen geschaffen wurden, brauchten die Verschwörer also nicht anzunehmen. Im Februar oder März 1943 besuchte Fromm den kranken Generaloberst Freiherr von Hammerstein-Equord und gab ihm zu, der Krieg sei nicht zu gewinnen. Auf die Frage, wie er sich den Weitergang dann vorstelle, sagte Fromm: »›Wenn nötig, wird der Führer einen Ausweg nicht durch seine Person sperren wollen.‹«[289] Als Botho von Wussow mit Graf Schwerin von Schwanenfeld und dem damaligen Kriegsverwaltungsrat Dr. Brücklmeier am 20. und 21. April 1944 Stauffenberg besuchte, ließ ihn dieser wissen, daß Fromm auf der Seite der Verschwörung stehe: »›Du brauchst keine Sorge wegen Fromm zu haben. Brauchst ihm ja nicht zu sagen, daß wir das Militär abschaffen wollen, aber sonst kannst Du ganz offen mit ihm reden.‹«[290]

Das Undurchsichtige, Unklare und Unentschiedene ist das Charakteristische an Fromm, jedenfalls in der Frage des Staatsstreiches. Sein Verhalten am 20. Juli läßt sich nur mit dem Abwarten und dem Sichern nach beiden Seiten erklären. Immerhin hat er sich so verhalten, daß die Verschwörer bei allen Zweifeln die Hoffnung hatten, er würde sich irgendwie beteiligen[291]. In seinem eigenen Prozeß vor dem Volksgerichtshof am 7. März 1945 gab Fromm zu, er habe am 3. Juli 1944 zu Graf von Helldorf gesagt, es wäre das beste, wenn Hitler sich das Leben nähme[292]. Es ist auch kein Zufall, daß in der Volksgerichtshofverhandlung vom 7. und 8. August 1944 keiner der Angeklagten Mitleid mit Fromm hatte, besonders Hoepner belastete ihn und beschuldigte ihn indirekt der Feigheit und Zweigleisigkeit[293]. Sicher ist jedenfalls, daß bei energischer und rechtzeitiger Beteiligung Fromms der Putsch hätte gelingen können.

Am 5. Juli wurde Julius Leber verhaftet. Nicht nur der Freund und unentbehrliche Helfer der Verschwörer war damit gefährdet, sondern die ganze Verschwörung. Niemand zweifelte an der außerordentlichen Standhaftigkeit Lebers, aber er war ein Mensch, und wenn die Gestapo raffiniert genug vorging, konnte sie ihn so quälen, daß er zusammenbrach. Nur wenn sie es plump machte, würde er eher sterben oder das Bewußtsein verlieren, als Aussagen machen. Überdies waren auch andere verhaftet, und überhaupt wußte man nicht, wieviel der Gestapo schon von der Verschwörung bekannt war. Schon vor mehr als einem Jahr hatten Popitz und Langbehn zu Wolff und Himmler Verbindung aufgenommen, Langbehn war seit Herbst 1943 verhaftet und wußte sehr viel. Die Lage der ganzen Verschwörung war also äußerst prekär, jeden Tag konnte Himmler sich zum Zufassen entschließen, und man mußte sich eigentlich wundern, daß er es nicht schon längst getan hatte. Zum Glück konnte man hoffen, durch den mitverschworenen Reichskriminaldirektor Arthur Nebe einigermaßen rechtzeitig gewarnt zu werden, aber sicher war das nicht [294]. Jedenfalls war die Verhaftung Lebers ein *weiterer* Ansporn, das Attentat nun so bald wie irgend möglich auszuführen. In einer Besprechung mit Trott zwischen 5. und 20. Juli sagte Stauffenberg mehrfach erregt: »»Wir brauchen Leber, ich hole ihn raus, und ich hole ihn raus.«« Und am 18. Juli erreichten Frau Leber die für sie bestimmten Worte Stauffenbergs: »»Wir sind uns unserer Pflicht bewußt.«« [295]

Dazu kamen Gerüchte über ein bevorstehendes Attentat. Ein gewisses Maß an Gerüchten, Behauptungen, Denunziationen, Falschmeldungen und Vermutungen gibt es immer, besonders in einer Diktatur, und ganz besonders in der Situation von 1943 und 1944, als es in Deutschland von Millionen Kriegsgefangenen und von verschleppten und freiwilligen Fremdarbeitern wimmelte, als ständig Bomben, Flugblätter und Sabotagematerial über Deutschland abgeworfen wurden, als vor allem der Krieg einen höchst unerwünschten Verlauf nahm und auch der herrschenden Kaste allmählich schwül zumute wurde. Da wurde viel geredet, und da wurde viel »Verdacht geschöpft«. Viele Äußerungen, wonach die SS die Putschpläne gekannt, »alles gewußt« und nur noch auf den richtigen Moment zum Zuschlagen gewartet habe, gehen auf das Konto solcher »natürlicher« Gerüchte, die auch ohne wahren Kern entstehen. Andererseits mußte die herrschende Schicht einer Diktatur wie der in Deutschland bestehenden selbstverständlich auf Umsturzversuche gefaßt sein.

Darüber hinaus spricht vieles dafür, daß man im Reichssicherheitshauptamt 1943 genug über die Verschwörung wußte, um wenigstens ihre führenden Mitglieder zu verhaften [296]. Die römischen Sondierungen Dr. Müllers waren schon 1939 von SD-Stellen entdeckt und erkannt worden, und auch die Namen einiger Hintermänner wie Beck, Halder und Hammerstein waren festgestellt; nur durch einen schlauen Schachzug konnte Canaris damals die Sache legitimieren und eine Katastrophe verhindern. Beck, Hassell, Goerdeler und andere wurden schon lange überwacht. Von Hassell wußten Heydrich und Himmler im November 1941, daß er sich damals bemühte, »Besprechungen über Friedensverhandlungen mit führenden Amerikanern herbeizuführen« [297]. Dietrich Bonhoeffer, Dohnanyi und Müller waren seit Frühjahr 1943 verhaftet, nachdem Oster u. a. schon 1942 Warnungen zugegangen waren, Langbehn war seit September 1943 verhaftet, der »Solf-Kreis«, Moltke und Kiep seit Januar 1944, gegen Graf Yorck von Wartenburg lagen 1943 schon sehr handfeste Verdachtsmomente vor [298]. Am 12. Juni 1944 wurde Oberst Staehle verhaftet, am 4. Juli Reichwein und am 5. Juli Leber [299]. Da die Gestapo bzw. Himmler in solchen Dingen nicht zimperlich waren und wegen Lappalien die Menschen ins Konzentrationslager und aufs Schafott gebracht haben, müssen sie gewichtige Gründe gehabt haben, nicht auch gegen die anderen ihnen bekannten »Staatsfeinde« vorzugehen. Über die Stichhaltigkeit der Beweise konnte die Gestapo nicht mehr im Zweifel sein.

Wenn die Staatsfeinde einen Umsturz und ein Attentat planten, wovon die Gestapo bei einigermaßen ernster Dienstauffassung ausgehen mußte, so durfte man nicht zuwarten, bis überwältigendes Beweismaterial vorlag und alle Mitglieder der Verschwörung gefaßt und überführt werden konnten, es sei denn, man hoffte selbst vom Attentat oder vom Putsch zu profitieren. Für diese zuletzt genannte Möglichkeit sprechen Himmlers frühere und spätere Versuche, sich von Hitler abzusetzen, insbesondere die Verhandlungen mit Langbehn und Popitz [300]. Himmlers eigene Verstrickung in die Verschwörung mußte ihm nahelegen, entweder zuzugreifen oder den Umsturz zu fördern, spätere Entdeckung von anderer Seite würde ihn selbst zum Verräter stempeln. Aber zum einen wie zum anderen fehlte ihm offenbar die Entschlußkraft. Es ist also einerseits sicher, daß Himmler über die Verschwörung sehr weitgehend unterrichtet war – die Verhaftung Goerdelers war im Juli beabsichtigt [301] – andererseits ließ er die SS am 20. Juli zunächst abwarten und erst nach dem Mißlingen ernsthaft eingreifen [302]. Sein Alibi hat freilich Wahrscheinlichkeit: daß es vorzuziehen sei, wenn die Armee selbst mit der Meuterei in ihren Reihen fertig würde [303].

Die Machenschaften der SS-Führung waren gleichwohl schon 1943 so offensichtlich, daß im Ausland nicht nur Leute davon wußten, die von Angehörigen der deutschen Opposition, wie Dr. Schönfeld oder Dr. Langbehn, unterrichtet wurden. Auch geheime Nachrichtendienste konnten

Meldungen über Kontakte der SS mit der Verschwörung, über Konferenzen gewisser Verschwörerkreise und über eigene Pläne der SS durchgeben, so z. B. der schweizerische Nachrichtendienst von Hans Hausamann, der während des Krieges für das Schweizer militärische Oberkommando arbeitete und seine Berichte ins Hauptquartier von General Guisan lieferte[304]. Allerdings sahen die Nachrichtendienste nur die Oberfläche und wußten wenig oder nichts von dem, was in der Opposition intern vor sich ging, aus welchen Motiven heraus sie kam. Die Berichterstatter sprachen von deutschnationalen und militärisch-konservativen Gruppen und suchten in der Hauptsache machtpolitische und opportunistische Erklärungen.

Besser unterrichtet war der schweizerische Militärattaché in Berlin, Peter Burckhardt; er hatte Informationen von einem anderen in Berlin akkreditierten Militärattaché, der sie wiederum aus dem Kreis um Generaloberst Beck bezog[305]. Am 14. Juli 1944 berichtete er an seine Regierung, die Schwierigkeiten der deutschen Reichsführung seien derart angewachsen, daß innerhalb der nächsten zwei bis drei Wochen »»mit einer durchgreifenden Änderung zu rechnen sei««. In seinem ersten Bericht über den Staatsstreichversuch, den er am 21. Juli schrieb, bezog er sich dann ausdrücklich auf den Bericht vom 14. Juli, in dem der Umsturzversuch angekündigt worden sei. Überdies berichtete er, in den letzten zehn Tagen allein hätten einschließlich des Anschlages vom 20. Juli insgesamt drei Attentatversuche stattgefunden. Allerdings gab er als Ort des Attentats Berchtesgaden an, was nur für einen der drei Versuche zutraf; er mußte sich am 25. Juli in diesem Punkte korrigieren.

Jedenfalls war in vielen Kreisen in den Wochen vor dem 20. Juli von Attentat- und Umsturzplänen die Rede, und viele der Gerüchte hatten konkreten Hintergrund. Bei der Menge von Gerüchten und Informationen, die hierhin und dorthin gingen, in die verschiedensten Länder Europas, nach den Vereinigten Staaten, und die zugleich ständig in Deutschland und in von deutschen Truppen besetzten Gebieten kursierten, war es unvermeidlich, daß die Gestapo davon erfuhr, abgesehen von dem Wissen, über das sie schon verfügte[306]. Die Verschwörung war aufs höchste gefährdet, und in ihren Kreisen war man sich dessen bewußt. Am 9. Juli wurde Gisevius durch Strünck in Zürich von dem bevorstehenden Attentat unterrichtet und zugleich von der Sorge vor dem Zuschlagen der Gestapo, die sehr viel wisse[307]. Dazu kam noch ein Gerücht, das aus dem inneren Kreis der Opposition anscheinend nicht hinausgedrungen ist, was aber ihre Führer nicht wußten. Es war am 16. Juli aufgekommen und wurde Graf Stauffenberg am 18. mitgeteilt[308].

Zweifellos haben die Gerüchte, die Verhaftungen und die näherrücken-
de Gefahr der Zerschlagung der Opposition die Ausführung der Aktion
beschleunigt, vielleicht wäre sie sonst doch noch »versandet«. Aber die
allgemeine Kriegslage war als Faktor ebenso wichtig. Wenn die deutschen
Fronten nur noch wenige Wochen halten würden, dann konnte man
ohnehin nicht einen Tag länger zuwarten, als unbedingt nötig war. Auf
bessere Vorbereitung zu hoffen, war sinnlos, weil jede Vorbereitungs-
maßnahme täglich durch die Kriegsereignisse, durch Versetzungen, durch
Truppenverlegungen zunichte gemacht werden konnte [309]. Der Schluß,
daß der Staatsstreichversuch schlecht vorbereitet und »hastig« ausgeführt
wurde, weil Gerüchte und Verhaftungen zur Eile zwangen, ist also nicht
zulässig. Das bloße Auftreten Stauffenbergs als ein Mann, der seit 1. Juli
zu Lagebesprechungen bei Hitler Zutritt hatte, überwog zweifellos als
Beschleunigungsfaktor alle anderen Faktoren. Ohne ihn wäre es kaum
noch zu einem Versuch gekommen. Die Gründe für das Mißlingen hängen
also höchstens in sehr geringem Maße mit Gerüchten und Verhaftungen
zusammen, im wesentlichen liegen sie ganz woanders, wie zu sehen
sein wird.

Am 7. Juni 1944 nahm Stauffenberg zum erstenmal mit Generaloberst
Fromm an einer Besprechung im Führerhauptquartier auf dem »Berghof«
teil. Bis dahin war er zwar schon gelegentlich in Berchtesgaden gewesen,
zu Besprechungen mit Keitel und mit dem Chef des Heeresstabes beim
OKW, General Walter Buhle, so z. B. am 30. Mai 1944, aber noch nicht
bei Hitler selbst, und noch nicht auf dem »Berghof« [310]. Wegen einer besonders brillanten Ausarbeitung Stauffenbergs hatte Hitler den Chef
H Rüst u BdE nach über zweijähriger Pause der Ungnade (wegen Fromms
eindringlichen Warnungen hinsichtlich der Ersatzlage) wieder einmal ins
Hauptquartier bestellt [311]. Stauffenberg stellte dabei fest, »daß man in unmittelbarer Nähe des Führers recht zwanglose Bewegungsmöglichkeiten
habe.« [312] Das war eigentlich nicht überraschend. Die Hauptschwierigkeit
für entschlossene Attentäter war ja immer gewesen, in diese unmittelbare
Nähe zu gelangen. Aber nun hatte Stauffenberg doch Gelegenheit, sich
selbst zu orientieren, Ausspähungsberichte aus zweiter Hand konnten
die eigene Anschauung nur unvollkommen ersetzen [313]. Übrigens sagte
Stauffenberg danach auf die Frage seiner Frau, wie denn Hitler auf ihn
gewirkt und ob ihn nicht das Auge beeindruckt habe: »›Gar nicht!
Nichts!... wie hinter Schleiern!‹« Mit zitternder Hand habe Hitler Lage-
karten verschoben und immer wieder zu Stauffenberg hingeblickt; Göring
war geschminkt. Im ganzen herrsche dort eine faulige, verrottete Atmosphäre.

Am 3. Juli hatten der Generalquartiermeister, General der Artillerie Eduard Wagner, der General der Artillerie beim BdE, Fritz Lindemann, Generalmajor Stieff und General Fellgiebel in Berchtesgaden eine Besprechung in der Wohnung Wagners im »Berchtesgadener Hof«, wobei Einzelheiten des geplanten Anschlages beraten wurden. Es wurde festgestellt, daß Stauffenberg über geeignete Spreng- und Zündmittel verfügte, und mit Fellgiebel wurde noch einmal die nachrichtentechnische Abschirmung der Machtzentren des Regimes besprochen[314].

Am 6. Juli war Stauffenberg wieder auf dem »Berghof«, zum erstenmal in seiner Eigenschaft als Chef des Stabes beim Befehlshaber des Ersatzheeres. Er nahm an zwei jeweils etwa einstündigen »Sonderbesprechungen« mit Hitler teil, in denen Fragen der Neuaufstellung von Heereseinheiten behandelt wurden. Die erste Besprechung fand zwischen 17 und 18 Uhr statt, die zweite dauerte von kurz vor Mitternacht bis gegen 1 Uhr am Morgen des 7. Juli[315]. Es waren also keine Lagebesprechungen, und die Anwesenheit Görings und Himmlers wäre – damals, als Himmler noch nicht BdE geworden war – sachlich unangemessen gewesen.

Es ist nicht sicher, ob Stauffenberg schon bei dieser Gelegenheit beabsichtigte, das Attentat selbst zu versuchen. Jedenfalls hatte er den Sprengstoff bei sich. Ob er aber noch auf Stieff hoffte, da er selbst doch zur Zeit des Attentats in Berlin sein müßte, oder ob er die Zündung unterließ, weil Himmler und Göring fehlten, ist nicht bekannt. Für den nächsten Tag war jedenfalls die so oft verschobene Uniformvorführung angesetzt, bei der Stieff dabeisein sollte[316].

Am 11. Juli flog Stauffenberg wieder in das Führerhauptquartier nach Berchtesgaden. Weil sein Adjutant Oberleutnant von Haeften nicht abkömmlich war, nahm er Hauptmann Karl Friedrich Klausing vom Stab des AHA mit[317]. Von 13.07 bis 15.30 Uhr nahm Stauffenberg, wie der Stenograph festhielt, an der »Morgenlage« teil. Den Sprengstoff hatte er mitgebracht, und Klausing sorgte dafür, daß die Rückfahrt gesichert war. Er selbst wartete mit dem Auto vor dem »Berghof«, und die »He 111« für den Rückflug nach Berlin war startbereit.

Aber Stauffenberg hat die Sprengladung nicht gezündet, weil Himmler nicht gekommen war[318]. Dieser und womöglich auch Göring sollten gleichzeitig mit Hitler getötet werden, weil man ihnen zutraute, unter Umständen das Regime auch nach Hitlers Tod aufrechtzuhalten und den Aufstand niederzuschlagen. Die Generalfeldmarschalle von Kluge und Rommel bestanden ausdrücklich bei Generaloberst Beck darauf, daß nicht nur Hitler, sondern auch Himmler und Göring ausgeschaltet werden müssen[319]. Eine Äußerung Stauffenbergs zu Stieff läßt darauf schließen, daß er schon vor Beginn der Besprechung, an der Stieff nicht teilnahm, wußte, daß Himmler nicht kommen würde: »›Herrgott, soll man nicht doch handeln?‹« [320]

Tatsächlich konnte man nie fest mit der Anwesenheit Himmlers oder Görings bei Lagebesprechungen rechnen, da keiner von beiden regelmäßig an ihnen teilnahm. Sie ließen sich von ihren Beauftragten vertreten und Bericht erstatten, selbst kamen sie verhältnismäßig selten. Manchmal hatten Himmler und Göring wochenlang keine persönliche Begegnung mit Hitler, zu anderen Zeiten nahm der eine oder der andere täglich an mehreren Besprechungen mit Hitler teil. Himmler hatte nur wenig sachlichen Anlaß zur Teilnahme an Lagebesprechungen und kam eher nachmittags zu Besprechungen; Lagebesprechungen wohnte er, wenn überhaupt, meist abends bei. Göring nahm an den Mittagslagebesprechungen (»Morgenlage«) teil, wenn er im Führerhauptquartier, d. h. auf dem »Berghof« oder in der »Wolfschanze« war, und dann oft mehrere Tage hintereinander täglich. Aber er kam nur von Zeit zu Zeit, sporadisch und unregelmäßig ins Hauptquartier [321].

Nach der Lagebesprechung trafen sich Stauffenberg, Stieff, Fellgiebel und Oberstleutnant Klamroth in der Kaserne Frankenstrub zum Mittagessen [322]. Man besprach noch einmal die Frage der »Abschirmung« der Verstärkerämter, die in diesen Tagen durch schwere Luftangriffe auf München kompliziert wurde; Fellgiebel hatte zwei Tage lang die technischen Einrichtungen im Bereich der Oberpostdirektion München persönlich inspiziert. Spät am Abend traf Stauffenberg wieder in Berlin ein.

Hier waren schon eine Reihe vorbereitender Maßnahmen ergriffen, auf Grund von Telephongesprächen mit Berchtesgaden aber wieder aufgehoben worden. Goerdeler war von Stauffenberg gebeten worden, sich bereit zu halten [323]. Generalfeldmarschall von Witzleben, der zur Kur in Bad Kissingen war, wurde am 10. oder 11. Juli von Hauptmann Graf Schwerin von Schwanenfeld telephonisch ersucht, möglichst rasch zurückzukehren. Schwerin holte ihn dann allerdings erst am 12. Juli ab [324]. Entsprechend dem Plan wurden Kriminalbeamte für die ersten Verhaftungen bereitgehalten, im übrigen sollte die Polizei sich, wie Helldorf zugesagt hatte, beim Umsturz neutral verhalten, in den Unterkünften bleiben und Befehle des Regimes nicht ausführen [325]. Drei der jungen Offiziere des Grenadier-Ersatz-Bataillons 9 in Potsdam, denen bestimmte Aufgaben zugedacht waren, wurden von ihrem Mentor, Oberleutnant d. R. Graf von der Schulenburg, in die Dienststelle des Generalquartiermeisters in der Prinz-Heinrich-Straße befohlen – es waren Ewald Heinrich von Kleist, Georg Sigismund von Oppen und Oberleutnant von Widany –, wo sie

sich bei Graf Schwerin meldeten. Nach etwa eineinhalbstündigem Warten
sagte man ihnen, sie können wieder gehen [326].

Am 14. Juli wurde Stauffenberg für den 15. wieder in das Führerhauptquartier befohlen, zusammen mit Generaloberst Fromm, und er nahm
wieder Hauptmann Klausing als Adjutanten mit [327]. Das Hauptquartier
war inzwischen nach Ostpreußen verlegt [328]. Wieder hatte Stauffenberg
den Sprengstoff bei sich. Gegen 9.35 Uhr morgens am 15. Juli landete
er mit Fromm und Klausing auf dem Flugplatz bei Rastenburg, wo die
Gruppe von Oberleutnant Geisberg vom Stab des Kommandanten des
Führerhauptquartiers mit dem Auto abgeholt wurde. Zunächst ging es
zum Kasino »Kurhaus« im Sperrkreis II, wo ein Frühstück vorbereitet
war [329]. Daran nahmen außer Fromm, Stauffenberg und Klausing auch
der Kommandant Oberstleutnant Streve, sein Ia Hauptmann Pieper, der
IIa Rittmeister von Möllendorff und Oberleutnant Geisberg teil, der IIb
im Stabe des Kommandanten war. Gegen 11 Uhr fuhr Geisberg Fromm,
Stauffenberg und Klausing im Auto zu Generalfeldmarschall Keitel in
den Sperrkreis I. Stauffenberg hatte inzwischen mit Stieff und Fellgiebel
im Lager »Mauerwald« telephoniert.

Gegen 13 Uhr gingen Fromm, Stauffenberg und Keitel zur »Morgenlage« in der sogenannten Lagebaracke, auch Lagehaus genannt, in dem im
Exkurs beschriebenen Sondersperrkreis, in welchem sich auch der von
Hitler damals bewohnte sogenannte Gästebunker befand [330]. Vor dem
Eingang verweilten Stauffenberg und Keitel noch im Gespräch mit General der Flieger Karl Bodenschatz, als Hitler, begleitet von seinem Marine-
adjutanten Konteradmiral Karl Jesko von Puttkamer, und einem RSD-
Beamten, von dem von ihm damals bewohnten Bunker her dazu kam
und die drei Offiziere mit Handschlag begrüßte [331]. Die Lagebesprechung
war kurz, sie dauerte nur von 13.10 bis 13.40 Uhr. Aber es schloß sich
sogleich eine »Sonderbesprechung« über Stellungsbau und Auffangorga-
nisation bis 14.20 Uhr an, welcher eine weitere »Sonderbesprechung«
mit Generaloberst Fromm bis 14.25 Uhr folgte [332].

Stauffenberg hat offenbar keine Gelegenheit gefunden, die Zündung der
Sprengladung vor der Lagebesprechung in Gang zu setzen. Womöglich
war es ihm nicht einmal gelungen, den Sprengstoff in seine Aktentasche
umzupacken, in welcher er bis dahin die für seine Besprechungen mit
Buhle und Keitel benötigten Papiere hatte bereithalten müssen [333]. Es ist
wenig wahrscheinlich, daß Stauffenberg die Zündung erst im Lagezimmer,
wenn er also der Anwesenheit Hitlers sicher war, betätigen wollte. Da
er dazu nur die eine Hand mit den drei Fingern hatte und eine Zange
zu Hilfe nehmen mußte, wäre die Entdeckung fast sicher gewesen. Man

stelle sich vor: Stauffenberg bückt sich zu seiner Tasche und öffnet sie
mühsam mit drei Fingern – sofort hätte jemand sie ihm zuvorkommend
auf den Tisch heraufgehoben und beim Herausnehmen der Papiere geholfen. Da konnte er unmöglich die Zange herkramen und den Zünder
damit zerdrücken, dann die Tasche wieder auf den Boden stellen. Ebensowenig konnte er sich so lange, wie das zu all den nötigen Manipulationen
erforderlich war, am Tisch kauernd in seiner Tasche zu schaffen machen,
selbst wenn es ihm gelang, alle Hilfsbereitschaft abzuweisen.

Die genannten Umstände und Überlegungen legen den Schluß nahe,
daß Stauffenberg den Sprengstoff überhaupt nicht mit in die Lagebaracke
gebracht hat. Sie werden bestätigt durch die Äußerung Stauffenbergs zu
seinem Bruder Berthold, die dieser am 22. Juli der Gestapo berichtete:
»»Mein Bruder hat mir gesagt, daß plötzlich eine Besprechung angesetzt
worden sei, bei der er selbst habe vortragen müssen, so daß er keine
Möglichkeit gehabt habe, das Attentat zu verüben.«« [334] Wenn Stauffenberg selbst vortragen mußte, brauchte er in seiner Aktentasche Papiere
und Unterlagen, der Sprengstoff hatte dann keinen Platz oder wäre leicht
zu entdecken gewesen. Bei seinem eigenen Vortrag hätte Stauffenberg
auch keine Gelegenheit gehabt, sich zu entfernen. Unter beiden Voraussetzungen also konnte er den Sprengstoff nicht mitbringen. Die von Stauffenberg erwähnte plötzlich angesetzte Besprechung war eine der beiden
Sonderbesprechungen, die Dr. Peschel vom Stenographischen Dienst in
seinem Bericht anführte. Wie lange die Lagebesprechung dauern würde
und wann Stauffenberg zum Vortrag aufgefordert werden würde, konnte
er nicht vorher wissen.

Himmler war auch dieses Mal nicht dabei. Er hatte am 15. Juli eine
eigene Besprechung mit Hitler, u. a. über die Aufstellung von neuen
Heeresverbänden. Außerdem wurden in dieser Besprechung Probleme
wie »Angriff durch Fallschirmspringer auf F.H.Qu.« und »Ungarn. Juden-
frage« behandelt, selbstverständlich nicht in Gegenwart von Fromm,
Stauffenberg, oder anderen Militärs, die nicht unmittelbar mit »diesen
Dingen«, wie man sie im Hauptquartier nannte, zu tun hatten [335].

Himmlers Fehlen kann jedoch am 15. Juli nicht mehr der Grund für
die Nichtauslösung gewesen sein. In den Gestapo-Berichten wird wohl
für den 11., nicht aber für den 15. Juli ein ursächlicher Zusammenhang
zwischen der Abwesenheit Himmlers und der Nichtauslösung hergestellt.
Zu dieser Feststellung genügt ohnehin die einfache Überlegung, daß die
von Olbricht veranlaßte Alarmierung der Heeresschulen um Berlin zwei
Stunden vor dem voraussichtlichen Zeitpunkt des Attentats nur dann
irgend sinnvoll war, wenn unabhängig von der Anwesenheit Himmlers

das Attentat versucht werden sollte. Wollte man jetzt noch auf das Dabeisein Himmlers warten, so konnten ja noch viele Termine ungenützt verstreichen, und es war doch ganz unmöglich, jedesmal die Schulen im voraus zu alarmieren [336]. Tatsächlich berichtet als einziger Gisevius, das Fehlen Himmlers habe auch diesmal den Ausschlag gegeben, und Gisevius hat es aus einer Erzählung von Graf Helldorf, der angeblich in der Bendlerstraße dabei war, als Stauffenberg angerufen und gefragt habe, ob er trotzdem auslösen solle [337].

Belegt sind Stauffenbergs Telephongespräche am 15. Juli von der »Wolfschanze« aus zur Bendlerstraße [338]. Warum hat Stauffenberg zwischen 13 und 14 Uhr in der Bendlerstraße angerufen? Er mußte wissen, daß Olbricht die Schulen voralarmiert hatte: gerade deshalb mußte er eben telephonieren, um mitzuteilen, daß es ihm nicht gelungen war, die Sprengladung in die Lagebesprechung zu bringen. Das war ihm natürlich unangenehm, und er mag hinzugefügt haben, Himmler und Göring seien ja auch wieder nicht da. Übernimmt man im wesentlichen die sachlich meist zuverlässige Darstellung von Gisevius und setzt sie zusammen mit den aus den Gestapoverhören bekannten Angaben, so ergibt sich etwa dieses Bild: Stauffenberg verließ die Lagebesprechung, um zu telephonieren, und erreichte in Berlin Olbricht oder Haeften oder beide, Haeften, der junge und impulsive Offizier, drängte Stauffenberg, ohne die Reaktion Olbrichts abzuwarten, auf alle Fälle zu »handeln«; denn es war schon Alarm gegeben, und die Karten waren aufgedeckt, es wäre ein großer Zufall, wenn das niemand merkte. Stauffenberg sagte zu, er werde sehen, was er tun könne. Als er aber telephoniert hatte, sah er, daß die Besprechung schon zu Ende war, er telephonierte also noch einmal und teilte das mit [339].

Fromm entfernte sich nach der zweiten »Sonderbesprechung« in Richtung Sperrkreis I, d. h. er verließ den Führersperrkreis; Stauffenberg aber hielt sich noch eine Zeitlang vor der Lagebaracke auf, wo Geisberg auf ihn wartete, um dem Schwerverletzten etwa beim Tragen der Aktentasche zu helfen [340]. Als Stauffenberg mit seinen Besprechungen und Unterredungen, die er noch vor dem Lagehaus hatte, »schließlich«, also nach beträchtlicher Zeit, zu Ende gekommen war, ging er zum Parkplatz, wo das ihm und Fromm zur Verfügung gestellte Auto stand, ein viersitziger Opel »Admiral«. Klausing wartete da schon. Geisberg hatte sich auch um Fromm zu kümmern und mußte seinen Verbleib feststellen. Es war ihm peinlich, daß seine Schützlinge nicht zusammen blieben und er notgedrungen einen von beiden vernachlässigen mußte. Fromm hatte sich aber schon mit Keitel zum nahen Sonderzug »Braunschweig« und dann zum Mittagessen begeben [341]. Inzwischen sprach Stauffenberg auf dem Parkplatz beim Bunker 88/8 noch mit Stieff und Fellgiebel [342]. Danach telephonierte er nach Berlin; es muß inzwischen gegen 16 Uhr gewesen sein.

Nun endlich fuhren Stauffenberg, Klausing und Geisberg zum »Feldmarschall-Zug«, dem Sonderzug Keitels, wo das Essen schon begonnen hatte, so daß die drei sich in einem Nebenspeiseraum verpflegen lassen mußten [343]. Das Flugzeug, mit dem Fromm, Stauffenberg und Klausing gekommen waren, eine Junkers »Ju 52«, wurde vom Flugplatz Rastenburg zum Flugplatz Lötzen beordert, und Fromm begab sich nach dem Essen mit General Buhle, Stauffenberg und Klausing im Auto nach »Mauerwald«. Geisberg mußte zurückbleiben, weil im Wagen nicht genug Platz war. Von dort bzw. vom Flugplatz Lötzen aus ist dann Fromm nach Berlin zurückgeflogen; Stauffenberg und Klausing jedoch fuhren mit dem Kurierzug [344].

In Berlin hatte man fest mit der »Initialzündung« gerechnet. Wie für den 11. Juli, so hatte Stauffenberg auch für den 15. Goerdeler bitten lassen, sich bereit zu halten, während dieser zum »Durchbruch nach vorn« drängte [345]. Reichskriminaldirektor Arthur Nebe hatte General Olbricht wie schon am 11. Juli eine Anzahl Kriminalbeamte zur Verhaftung von Berliner NS-Größen wie Goebbels, Ley u. a. zugesagt und bereitgehalten. Am 15. Juli wurden sie auf ein Stichwort des Polizeipräsidenten Graf von Helldorf unter dem Vorwand einer Großfahndung nach ausländischen Einbrecherbanden von Nebe alarmiert [346]. Die jungen Offiziere vom Grenadier-Ersatz-Bataillon 9 in Potsdam hatten sich wieder in der Prinz-Heinrich-Straße eingefunden. Statt Widany, der zur Front abgerufen war, kam diesmal Oberleutnant Ludwig Freiherr von Hammerstein, der mit Leutnant Georg-Sigismund von Oppen im Hotel »Esplanade« wartete, während Leutnant von Kleist bei Graf Schwerin Meldung erstattete. Nach einiger Zeit, ungefähr um 16 Uhr, sagte ihm dieser jedoch, es liege nichts vor und entließ ihn und seine Kameraden. Hitler sei unerwartet aus der Besprechung herausgegangen [347].

General Olbricht war, wie schon berichtet, des Attentats so sicher gewesen, daß er an die um Berlin gelegenen Heeresschulen im voraus Alarm gegeben hatte, und zwar schon etwa um 11 Uhr vormittags [348].

Als sich dann zeigte, daß das Attentat nicht ausgeführt werden konnte, mußte die Alarmierung der Heeresschulen rückgängig gemacht und als Übung getarnt werden. Auslösung und Aufhebung des Alarms waren überhaupt nur möglich, weil Fromm nicht in Berlin, sondern gerade in Ostpreußen war [349]. Gegen 15 Uhr fuhr Olbricht mit dem zuständigen Referatleiter Ia/I/1 im AHA, Major i. G. Fritz Harnack und mit Major

i. G. Ulrich von Oertzen zur Besichtigung der aufgerufenen Einheiten: der Fahnenjunkerschule der Infanterie Potsdam, den Panzertruppen-Schulen Krampnitz und Glienicke und der Infanterie-Schule Döberitz. Die »Übung« hatte hervorragend funktioniert, Olbricht sprach den Kommandeuren seine Anerkennung aus und erklärte ihnen und ihren Stabsoffizieren, bei der gegenwärtigen Lage müsse jederzeit mit einem kurzfristigen Einsatz des Ersatzheeres gerechnet werden, sei es im Osten, gegen feindliche Truppenlandungen oder zur Bekämpfung von inneren Unruhen besonders in Berlin, wo bei der Anwesenheit der vielen Ausländer leicht welche ausbrechen könnten. Im übrigen ließ Olbricht die aufgestellten Kampftruppen an sich vorbeifahren und hob den Alarm auf.

Am Sonntag, dem 16. Juli, suchte Stauffenberg Beck in dessen Wohnung auf, um ihm über den mißlungenen Versuch des Tages vorher zu berichten. Was im einzelnen zwischen beiden besprochen wurde, ist nicht bekannt[350]. Am selben Abend kamen in Stauffenbergs Wohnung in Wannsee der Attentäter und sein Bruder, ferner Fritz-Dietlof Graf von der Schulenburg, Trott, Hofacker, Mertz von Quirnheim, Schwerin von Schwanenfeld, Yorck und Hansen gegen 19 Uhr zusammen[351]. Den Aussagen der Beteiligten vor der Gestapo zufolge diskutierte man angesichts der Fehlschläge bei den bisherigen Attentatversuchen die Möglichkeit anderer Lösungen. Es gab starke Bemühungen, die wenigstens teilweise von Goerdeler und Gisevius ausgingen und denen auch Beck nicht grundsätzlich ablehnend gegenüberstand, den Schwerpunkt des Staatsstreiches nach Westen zu verlegen[352]. Da die Normandiefront vor dem Zusammenbruch stand (nach Auffassung Rommels mußte es in etwa zwei Wochen soweit sein) und das Hereinfluten der Russen nach Deutschland verhindert werden sollte, lag es nahe, vor allem die Westfront zurückzunehmen und zugleich zum Hebel des Umsturzes zu machen, zumal auch Rommel und Stülpnagel zur Beteiligung und zu eben diesem Verfahren bereit waren[353]. Hofacker war am 10. Juli nach eingehender Besprechung mit Rommel und seinem Chef des Stabes sowie mit dem Oberbefehlshaber West, Generalfeldmarschall von Kluge, eigens nach Berlin gekommen, um die weiteren Staatsstreichmaßnahmen in Berlin und im Westen zu koordinieren[354]. Am 15. Juli verfaßte Rommel seine ultimative Denkschrift an Hitler, in der er nach Darstellung der katastrophalen Frontlage Hitler ersuchte, die Folgerungen daraus unverzüglich zu ziehen. Aber das Schreiben blieb liegen und hat Hitler vor Rommels Verwundung nicht mehr erreicht.

Nachdem Hofacker ausführlich die Auffassungen Rommels, Kluges und Stülpnagels und deren Bereitschaft, im Westen das Ihre zu tun, berichtet hatte, erläuterte Trott die Frage von Friedensverhandlungen, die nach seiner Auffassung nach einem völligen Wechsel des Regimes sowohl mit dem Westen als auch mit dem Osten möglich seien. Am ehesten erfolgversprechend schienen »Verhandlungen von Militär zu Militär« [355].

Sodann erwog man noch einmal, ob etwa der Staatsstreich ganz vom Westen aus in Gang gebracht werden könnte, wenn dort die Feindseligkeiten von den Oberbefehlshabern eigenmächtig eingestellt und die deutschen Truppen auf den Westwall zurückgenommen würden. Vielleicht würde sich daraus sogar eine gemeinsame Front – wohl eher politisch und diplomatisch als militärisch – gegen die Sowjetunion ergeben. Zu dieser Hoffnung schien die Annahme des Vorherrschens politischer Klugheit und kühler Überlegung bei den Westalliierten zu berechtigen. Nur war diese Annahme falsch, wenn sie auch aus der Isolierung der Opposition und aus dem Optimismus von Führern wie Goerdeler und Stauffenberg verständlich ist. Für das als »Westlösung« bezeichnete Vorgehen bestand immerhin, abgesehen von den Auswirkungen auf die Ostfront, einige Aussicht, da Rommel und Stülpnagel dazu bereit waren, wärend man allerdings des Generalfeldmarschalls von Kluge nie sicher sein konnte.

Ziemlich hypothetisch sprach man auch über eine »Berliner Lösung«, die darin bestehen würde, für vierundzwanzig Stunden den zentralen Nachrichtenapparat der Wehrmacht zu usurpieren und an alle Heeresgruppen Befehle zur Zurücknahme der Fronten herauszugeben. War die Bewegung einmal eingeleitet, so dachte man sich, dann könnte sie auch vom Führerhauptquartier aus nicht mehr rückgängig gemacht werden, die Autorität der bisherigen Führung wäre einerseits entscheidend erschüttert worden, andererseits hätte vielleicht die Konzentration des deutschen Widerstandes an den Fronten den Kriegsgegnern Waffenstillstandsverhandlungen geraten erscheinen lassen. Nur war eben – im Gestapo-Bericht kommt das nicht zum Ausdruck, aber die Verschwörer müssen daran gedacht haben – die Voraussetzung für die auch nur stundenweise Beherrschung des Nachrichtenapparates die Ausschaltung der Spitze Hitler-Keitel-Jodl und, je nach den Umständen, auch von Himmler, Dönitz und Göring. Der Ablauf des 20. Juli hat das bewiesen, aber Fellgiebel hatte seinen Mitverschwörern schon lange vorher klargemacht, daß die Nachrichtenmittel nicht vor dem Tode Hitlers in die Hand zu bekommen waren [356].

Nach langer Beratung ließ man es schließlich bei dem bisherigen Plan, der »zentrale Lösung« genannt wurde und die Ermordung Hitlers zur Voraussetzung alles Weiteren machte. Dieser Plan war schließlich bis in die Einzelheiten vorbereitet worden, und dieser Plan konnte und sollte auch mit dem Anfangsstadium der »Westlösung«, mit der Zurücknahme der Front, kombiniert werden.

Ob einzelne Gesprächsteilnehmer ernsthaft den Zweck verfolgten, ohne Attentat zum Ziel zu kommen, läßt sich nicht sagen. Immerhin gab es Strömungen in dieser Richtung: Rommel war gegen das Attentat, für die Verhaftung und Aburteilung Hitlers, und zur »Westlösung« bereit[357]; Beck wollte es Gisevius zufolge mit der »Westlösung« versuchen, zu der Goerdeler, Hansen und Gisevius rieten[358]. Begreiflich genug wäre es, wenn nun so mancher am Gelingen des Attentats verzweifelte, das Stauffenberg nur in Aussicht stellen, nicht garantieren konnte. Mehrere Äußerungen aus diesen Tagen, von Berthold Graf von Stauffenberg, von Fritz-Dietlof Graf von der Schulenburg und anderen sind nicht nur als Ausdruck der Entschlossenheit zum Opfer für eine sittliche Pflicht ohne viel Aussicht auf Erfolg, sondern auch der Entmutigung durch die wiederholten Fehlschläge zu verstehen[359].

Am 17. Juli traten einige Ereignisse ein, welche den Gang der Verschwörung beeinflußten, wenn auch längst nicht so entscheidend, wie gelegentlich behauptet wird[360]. Ausgangspunkt für alles Weitere war die nächste Gelegenheit zum Attentat, diese sollte auf alle Fälle – wie schon am 15. Juli – ergriffen werden. Wann sie sich bieten würde, hing davon ab, wann Stauffenberg wieder zu einer Lagebesprechung Zutritt erhielt. Wenn also nicht Belege dafür auftauchen, daß die Verschwörer um Stauffenberg den Termin seiner nächsten Berufung ins Hauptquartier beeinflußt haben, so konnte ihn kein denkbares Ereignis zu einem »überstürzten« Attentat veranlaßt haben. Entschlossen war er so oder so, er war schließlich nicht ohne schwerwiegende Gründe seit Wochen immer wieder mit einer Aktentasche voll Sprengstoff durch die Lande gereist.

Am Nachmittag des 17. Juli, gegen 16 Uhr, wurde Rommel auf der Rückfahrt von einem Frontbesuch bei einem Angriff feindlicher Jagdbomber auf seinen ohne Begleitkommando fahrenden Wagen schwer verletzt. Damit war die Verschwörung des im Westen entscheidenden Mannes beraubt, der nicht nur vom Handeln reden, sondern nach dem einmal gefaßten Entschluß auch die Kraft dazu aufbringen würde[361]. Stülpnagel hat das Seine in seinem Bereich getan, aber Kluge war den Anforderungen des 20. Juli an seine Geistes- und Willenskraft nicht gewachsen (obwohl er sich sagen mußte, daß er zu tief in die Dinge verwickelt war, um heil herauszukommen).

Am Mittag desselben Tages wurde im Kreise der Führer des Reichssicherheitshauptamtes von der bevorstehenden Verhaftung Goerdelers gesprochen, wegen der Prominenz des Opfers sollte nur erst noch Himmler gefragt werden. Der Anlaß war – wie bei Dohnanyi, Bonhoeffer, Müller und Moltke – im Verhältnis zum wahren Tatbestand geringfügig. Ein redseliger Hitler-Gegner an der Peripherie der Verschwörung sollte Goerdeler als zukünftigen Reichskanzler genannt haben. Aber Heinrich Müller, der Leiter des RSHA/Amt IV (Gestapo), betrachtete das selbst nur als Anlaß, der ihm endlich das Vorgehen gegen den lange verdächtigen Staatsfeind ermöglichte [362]. Wenn Goerdeler verhaftet wurde, dann war die Gestapo zum zweitenmal innerhalb von zwei Wochen – nach der Verhaftung Lebers – mitten in das Zentrum der Verschwörung vorgestoßen. Das war immerhin ein Alarmzeichen.

Ebenfalls am 17. Juli brachte der Polizeipräsident Graf von Helldorf gegenüber Gisevius ernste Bedenken vor wegen des Kommandeurs des Berliner Wachbataillons, des ehemaligen HJ-Führers und Ritterkreuzträgers Major Remer. Auch wisse er, der Polizeipräsident, noch gar nicht, was eigentlich der Stadtkommandant, Generalleutnant von Hase, für den Staatsstreich plane [363]. Gisevius wußte es nicht, aber er war ja erst vor einigen Tagen aus dem Ausland wiedergekommen [364]. Auch Generaloberst Beck zeigte sich über Remer beunruhigt, offenbar auf die Vorstellungen von Gisevius hin [365]. Er sprach General Olbricht am selben Abend darauf und auf andere »Mängel« in den Vorbereitungen an. Olbricht sagte Abhilfe zu, wollte sogleich Hase und Helldorf zusammenbringen und versicherte im übrigen, sich völlig Beck fügen zu wollen. Er stelle überhaupt nur die technischen Hilfsmittel bereit, Putschist sei er eigentlich nicht [366]. Über Remer hatte schon Stauffenberg Beck zu beruhigen gesucht [367].

Generalleutnant von Hase war der Meinung, Remer würde die Befehle befolgen, die er von seinen Vorgesetzten erhalten würde, schließlich sei er Soldat (und sonst nichts) [368]. Notfalls werde man ihn verhaften. Versetzen lassen konnte man ihn freilich nicht, er war erst kurz da, als verdienter Frontkämpfer und Ritterkreuzträger hatte er das ehrenvolle Kommando erhalten, wo er auch wieder Kräfte sammeln konnte. Bemühungen um seine Versetzung konnten nur Kämpfe, Intrigen und unliebsames Aufsehen zur Folge haben. Hase hatte schon einige Erfahrung mit Remer und wußte, was er sagte. Ende Juni hatte das Wachbataillon an einer Sonnwendfeier bei Goebbels teilgenommen, während Berlin nach schweren Luftangriffen an allen Ecken brannte. Als Hase erfahren hatte, daß sich das Wachbataillon großenteils nicht an den Lösch- und Rettungsarbeiten beteiligte, hatte er Remer einen ungemein scharfen Verweis erteilt und ihn sofort alle verfügbaren Kräfte einsetzen lassen [369]. Zwar war Remer verletzt, aber er hat sich ohne Anstände gefügt. Hase fand, man könne mit ihm umspringen wie mit jedem anderen Major, er werde keine Schwierigkeiten machen. Tatsächlich hat Remer dann auch anfangs alle Befehle ohne Widerspruch ausgeführt.

Zur Verbesserung der Vorbereitungen gehörte am 17. Juli noch die Einführung einer 24stündigen Alarmbereitschaft in der Vermittlung »Zeppelin« im Lager Zossen [370]. Die Majore Degner und Burchardt wechselten schichtweise ab. Am selben Tag besuchte Major von Oertzen im Auftrage General Olbrichts die Panzer-Grenadier-Ersatz-Brigade »Großdeutschland« in Cottbus etwa 100 km südöstlich von Berlin, um festzustellen, wie schnell im Falle »innerer Unruhen« die von dort zu stellenden »Walküre«-Einheiten marschbereit sein könnten [371]. Am Tag darauf erhielt der Kommandeur des Panzer-Grenadier-Ersatz- und Ausbildungs-Regiments der Brigade, Oberst Hans-Werner Stirius, der den abwesenden Brigade-Kommandeur vertrat, die Aufforderung, am 19. Juli zu einer Besprechung beim Chef des Stabes/Chef H Rüst u BdE zu erscheinen [372].

Am Dienstagvormittag, 18. Juli, kam Goerdeler von Leipzig nach Berlin zurück. Er hatte sich von seiner Familie verabschiedet und erfuhr nun von Hauptmann Kaiser, daß ein Haftbefehl gegen ihn so gut wie beschlossen sei [373]. Stauffenberg kam noch dazu, Goerdeler brachte noch einmal den Gedanken der »Westlösung« vor, er wollte mit Beck zusammen zu Kluge fliegen, aber Stauffenberg sagte ihm, Beck und er halten das jetzt für untunlich. Schließlich verabredeten Goerdeler und Stauffenberg eine Fluchtadresse, das Gut Rahnisdorf bei Herzberg, wo Goerdeler erreichbar sein sollte. Goerdeler konnte also keinen Zweifel haben, daß Stauffenberg noch einen weiteren Attentatversuch unternehmen wollte. Zunächst übernachtete er in Potsdam und schrieb von dort aus am 19. Juli noch einen Brief an Beck mit der Bitte, er möge sich für eine schnelle Aktion einsetzen. Jakob Kaiser suchte Goerdeler am 19. Juli in Potsdam auf und nahm den Brief mit, ebenso einen an Hauptmann Strünck, in dem Goerdeler um die Beschaffung eines falschen Passes bat. Der Brief an Beck erreichte diesen am Morgen des 20. Juli durch Habermann.

Am Nachmittag des 18. Juli scheint Stauffenberg ziemlich sicher gewesen zu sein, daß er am 20. wieder in der »Wolfschanze« zur Lagebesprechung zugezogen werden würde. Jedenfalls hat Oberst i. G. Mertz von Quirnheim an diesem Tag gegen 17 Uhr Schulenburg den 20. Juli als den nächsten Termin genannt, und auch Bernardis, Yorck, Wagner und Klausing waren am 18. Juli unterrichtet. Während der Nachtlagebesprechung vom 19. auf den 20. Juli wurde auch der Wunsch geäußert, daß Fromm am nächsten Tag in die »Wolfschanze« komme. Er wurde sogleich angerufen, führte aber Hinderungsgründe an. So blieb es dann dabei, daß nur Stauffenberg kommen sollte [374].

Am 18. Juli erhielt Stauffenberg Kenntnis von einem schon am 16. Juli entstandenen Gerücht, wonach noch in dieser Woche das Führerhauptquartier in die Luft gesprengt werden solle. Es steht außer Frage, daß ihn diese Mitteilung in seinem Entschluß bestärken mußte, wenn sie diesen auch keineswegs erst herbeigeführt hat.

Folgendes war geschehen: Stauffenbergs Adjutant, Oberleutnant Werner von Haeften, hatte gegenüber einer der Töchter von Frau von Bredow anscheinend die Indiskretion begangen, das bevorstehende Attentat anzudeuten, und diese hatte das einem jungen ungarischen Grafen von Welsburg weitererzählt. Dieser trug das Gerücht sozusagen wieder zurück, indem er es am Sonntag, dem 16. Juli, im Hause Bredow in Anwesenheit von Dr. Sydney Jessen wiedergab, der damals Feindlage-Bearbeiter in der Nachrichtenabteilung der Seekriegsleitung (3/ Skl) und an der Verschwörung eng beteiligt war[375].

Jessen hörte mit Entsetzen die naive Erzählung des ungarischen Grafen, wagte aber natürlich nicht, genauer nach der Quelle zu fragen, da er gar nicht auf den Gedanken kam, daß sie so nahe sein könnte, und weil er auch den Grafen nicht kannte. Jessen konnte nicht ahnen, daß das Gerücht keineswegs Stadtgespräch, sondern außerhalb des Hauses der Frau von Bredow ganz oder nahezu unbekannt war. Aber wenn ein Mann wie der Graf, den Frau von Bredow als harmlos, ja unbedarft dargestellt hatte, schon so munter davon erzählte, so mußte Jessen sich sagen, dann war es nur eine Frage von Stunden, höchstens Tagen, bis auch die Gestapo der Sache nachgehen würde[376]. Stauffenberg mußte gewarnt werden.

Am 17. Juli berichtete Jessen Berthold Graf von Stauffenberg und Kranzfelder von seinem Sonntagserlebnis, und am 18. Juli übernahm es Kranzfelder, nach Berlin in die Bendlerstraße zu fahren und Stauffenberg Meldung zu machen. Gegen 17 Uhr kam er an diesem Dienstag von Berlin in die »Koralle« zurück[377]. Wenn auch Stauffenberg keines Anstoßes zu seinem Entschluß mehr bedurfte, so ist doch denkbar, daß er sich auf die Mitteilung Kranzfelders hin mit besonderer Energie um die Teilnahme an einer der nächsten Lagebesprechungen bemüht hat. Ohne Zweifel wurde er bestärkt in seiner Überzeugung, daß es angesichts des vielfachen Vorprellens und der Verhaftungen der letzten Tage und Wochen kein Zurück mehr gab[378]. Kranzfelder berichtete der Gestapo die Antwort Stauffenbergs auf seine Warnung am 18. Juli: »»Da gibt es keine andere Wahl mehr. Der Rubikon ist überschritten.‹« [379] Jessen schrieb 1946 in einer Aufzeichnung: »Er [Kranzfelder] kam zurück und berichtete, daß Graf Claus Stauffenberg sich auf Grund dieser Meldung zu einem sofortigen neuen Versuch entschlossen habe. Er habe betont, daß er jetzt handeln würde, auch wenn Himmler der Sitzung nicht beiwohnen würde – ein Umstand, der ihn bisher veranlaßt hatte, die Bombe nicht zu zünden. Graf Claus Stauffenberg habe hinzugefügt, daß es sein letzter Versuch sein würde. Er hatte sich zum Vortrag für den 20. Juli in Rastenburg angesagt.«[380]

Am 19. Juli fand sich um 10 Uhr morgens Oberst Stirius, der stellvertretende Kommandeur der Ersatz-Brigade »Großdeutschland« aus Cottbus zu der festgesetzten Besprechung ein[381]. Stauffenberg fragte Stirius in Gegenwart Haeftens nach der Stärke und Gliederung seiner Brigade und nach dem Ergebnis der »Walküre«-Übung vom 15. Juli.

Stirius gab die Stärke der Brigade mit etwa sieben- bis achttausend Mann an, Ausbildung und Ersatz seien für Feldverwendung ausreichend, Stimmung und Kampfmoral gut. Es seien viele Freiwillige in der Brigade. Bei der »Walküre«-Übung habe man die kalendermäßigen Maßnahmen für »Walküre 1« und »Walküre 2« überprüft, einen motorisierten Marsch, Einweisung in den Einsatzraum südlich Berlin und friedensmäßigen Rückmarsch absolviert. Am frühen Morgen des Übungstages haben die Übungsverbände die vorgesehenen Räume in der Gegend Schulendorf-Marienfelde-Lichtenrade erreicht, nur etwa 10 km südlich vom Flughafen Tempelhof. Man habe dort stark belegte Fremdarbeiterlager vorgefunden, wo das überraschende Erscheinen der schwer bewaffneten Verbände der Brigade, ihre Disziplin und ihr frisches Auftreten (im Sommer 1944 keine Selbstverständlichkeit mehr) einen großen Eindruck gemacht haben.

Mehrmals wurde die Besprechung unterbrochen, Stauffenberg wurde immer wieder abgerufen und mußte Oberst Stirius zweimal bitten, im Vorzimmer zu warten. Dort traf Stirius einen alten Bekannten, der bei ihm in der Division »Großdeutschland« Bataillonsadjutant gewesen war, bis er ein Bein verlor, und der nun als Adjutant bei Generaloberst Fromm Dienst tat: Rittmeister Heinz-Ludwig Bartram. Stirius wollte wissen, warum es im Hause so unruhig sei, aber auch Bartram konnte es sich nicht erklären. Er hatte keine Ahnung von dem, was bevorstand, als er am selben Nachmittag Stauffenberg bei Hauptmann Pieper, dem Ia des Kommandanten des Führerhauptquartiers, zur Abholung und zur sonstigen Betreuung anmeldete[382].

Schließlich stellte Stauffenberg an Stirius die überraschende Frage, in welcher Zeit die Brigade als kampfkräftiger Verband im »mot Marsch« den Raum südlich Hamburg erreichen könnte, und deutete die Möglichkeit englischer Landungsversuche in der Elbmündung an. Nach kurzer Berechnung – es handelte sich um eine Marschstrecke von etwa 360 km – erklärte Stirius, die Masse der Brigade könnte nach 18 Stunden, von der

Marschbereitschaft an gerechnet, in Bergedorf südlich Hamburg eintreffen. Stauffenberg zeigte sich sehr befriedigt, auch über die Auskunft, daß die Brigade zur vorläufigen Zurückweisung eines eventuellen Landungsversuches bei Zusammenwirken mit anderen Verbänden sowie mit Luftwaffe und Marine zweifellos in der Lage wäre, und wünschte der Brigade weiterhin Erfolg. Gegen 18 Uhr kam Oberst Stirius wieder in Cottbus an.

Von der Panzerschule Krampnitz abgesehen war die Panzer-Grenadier-Ersatz-Brigade »Großdeutschland« in Cottbus sicher der kampfkräftigste Verband des Heeres in der Nähe von Berlin, dessen Ausrüstung und Ausbildung besonders gepflegt wurden, dessen Einsätze an Brennpunkten der Front stets ruhmreich verliefen, und von dem Teile mit Stolz den Ärmelstreifen »Führer-Begleit-Bataillon ›Großdeutschland‹« trugen. Stauffenberg tat klug daran, sich besonders dieses Verbandes zu versichern, und diese Tatsache liefert ein Beispiel dafür (neben vielen anderen), wie umsichtig er sich um die Vollständigkeit der Vorbereitungen bemühte.

Am Nachmittag des 19. Juli hatte Stauffenberg noch eine zweistündige Besprechung mit etwa dreißig Offizieren des Hauses abzuhalten [383]. Zugleich wurden Witzleben, Hoepner, Hase und viele andere Beteiligte, so auch die Offiziere des Grenadier-Ersatz-Bataillon 9 in Potsdam und Ludwig Freiherr von Leonrod in der Panzertruppen-Schule in Krampnitz, ersucht, sich für den kommenden Tag bereit zu halten bzw. unauffällig nach Berlin zu kommen. Witzleben war am 19. Juli schon in Berlin und bekam die Nachricht von Schwerin von Schwanenfeld: »»Herr Feldmarschall, es sind zu morgen Vorbereitungen zu treffen.‹« [384] Während Witzleben dann wieder nach Seesen zurückfuhr, blieb Hoepner, der ebenfalls am 19. Juli nach Berlin gekommen war, über Nacht im Hause seines Schwiegervaters in Wannsee [385]. Generalleutnant von Hase empfing etwa um 16 Uhr in der Stadtkommandantur den Besuch von Major i. G. Hayessen aus dem Stabe Olbrichts. Hayessen teilte mit, am nächsten Tag werde das Attentat stattfinden und besprach mit Hase noch einmal die dann vorgesehenen, von der Kommandantur zu ergreifenden Maßnahmen [386]. Am Abend fuhr Hase noch einmal zu demselben Zweck zu Olbricht.

Der Fahrer Stauffenbergs, der Gefreite Karl Schweizer, hatte am Nachmittag den Auftrag erhalten, »bei einem Oberstleutnant in Potsdam«, nämlich Oberstleutnant Fritz von der Lancken, der im Stabe Olbrichts Adjutant war, eine Aktentasche abzuholen [387]. Schweizer hatte die Tasche in Stauffenbergs Wohnung in die Tristanstraße 8 in Wannsee zu bringen und dort für die Reise am nächsten Morgen bereitzuhalten, er stellte sie deshalb in seinem, neben Stauffenbergs Zimmer gelegenen Schlafzimmer neben das Bett. Der Gefreite Schweizer wußte nur, daß sich in der gut fünf Pfund schweren Tasche ein oder zwei verschnürte Pakete befanden, über Stauffenbergs Plan war er nicht unterrichtet. Später ermittelte die Gestapo, daß Oberstleutnant von der Lancken jeweils zwischen den Attentatversuchen Stauffenbergs den Sprengstoff wieder in Verwahrung genommen hatte. Die Tasche enthielt die »Bombe«.

Am Abend traf Stauffenberg noch mit Trott zu Solz zusammen [388]. Auf der Heimfahrt nach Wannsee etwa gegen 21 Uhr ließ er den Fahrer an einer Kirche halten, in der gerade Andacht war, trat für eine Weile ein und ließ sich dann vollends nach Hause fahren [389]. Später am Abend kam noch Berthold Graf von Stauffenberg und blieb bei seinem Bruder bis zum nächsten Morgen [390].

XI. 20. Juli 1944

1. Wolfschanze

Gegen 7 Uhr in der Frühe des 20. Juli fuhr der Gefreite Schweizer seinen Herrn, Oberst i. G. Claus Graf Schenk von Stauffenberg und dessen Bruder Berthold zum Flugplatz Rangsdorf[1]. Nachdem Stauffenberg zum Vortrag ins Führerhauptquartier befohlen worden war, hatte er sich am 19. Juli noch mit dem Generalquartiermeister des Heeres, General der Artillerie Eduard Wagner, in Verbindung gesetzt, der das Flugzeug für den Rückflug zur Verfügung stellte, eine Heinkel »He 111«[2]. Auf dem Hinflug benützte Stauffenberg vermutlich die planmäßige Kuriermaschine, eine Junkers »Ju 52«[3]. Stauffenberg und sein Adjutant Oberleutnant von Haeften, der schon auf dem Flugplatz gewartet hatte, stiegen ein, Schweizer stellte die Aktentasche mit dem Sprengstoff neben seinen Chef ins Flugzeug. Haeften befahl Schweizer, sich in der Kleiderkammer in Spandau eine neue Uniform zu holen, damit könne er die Wartezeit ausnützen, bis Stauffenberg und er am Nachmittag wieder abzuholen seien. Als Schweizer wissen wollte, wozu er denn jetzt eine neue Uniform brauche, meinte Haeften, er werde noch viel mehr bekommen. Berthold Graf von Stauffenberg begab sich vom Flugplatz wieder in das Hauptquartier der Seekriegsleitung, die »Koralle« bei Bernau.

Der Ia des Kommandanten des Führerhauptquartiers, Hauptmann Pieper, hatte ein Kurierauto zum Flugplatz Rastenburg geschickt. Als Stauffenberg und Haeften um 10.15 Uhr landeten, konnten sie sofort einsteigen und die sechs Kilometer zur »Wolfschanze« fahren, auf der Landstraße in Richtung Lötzen bis zum Gut Queden, dann nach Norden zum nördlichen Eingang des Sperrkreises II[4]. Generalmajor Stieff fuhr mit; er war anscheinend mit Stauffenberg und Haeften geflogen[5]. Während Stieff nach »Mauerwald« weiterfuhr und Haeften zunächst noch mit ihm zusammenblieb, um Stauffenberg erst später wieder in der »Wolfschanze« zu treffen, stieg dieser am Kasino II im Sperrkreis II ab, welches in dem »Kurhaus Görlitz« untergebracht war. In dem Gebäude befanden sich außer einem Speisesaal und je einem Kasino des Führerhauptquartiers und des Wehrmachtführungsstabes einige Wohnungen von Angehörigen des Hauptquartiers, darunter die des Oberstabsarztes Dr. Erich Walker.

Vor dem Kasino war unter einer Eiche ein Tisch zum Frühstück gedeckt, an dem außer Stauffenberg noch Hauptmann Pieper, der Leiter der Zahnstation Dr. Wilhelm Tobias Wagner, Dr. Walker und der Adjutant im. Stabe des Kommandanten des Führerhauptquartiers, Rittmeister von Möllendorff, teilnahmen. Zwischen 8 und 9 Uhr schon waren der Chef des Generalstabes beim Befehlshaber im Wehrkreis I (Königsberg), Generalleutnant Henning von Thadden, und ein begleitender Offizier ins Hauptquartier gekommen. Sie saßen schon beim Kaffee, als Stauffenberg dazukam[6]. Der dienstliche Anlaß des Besuches Stauffenbergs war die Aufstellung von sogenannten Sperr-Divisionen zur Verhinderung des weiteren Vordringens der Roten Armee in das Generalgouvernement und nach Ostpreußen, also in den Wehrkreis I. Generalleutnant von Thadden war eigens ins Führerhauptquartier befohlen worden, um sich die Ausführungen Stauffenbergs anzuhören[7]. Während des Frühstücks mußten Pieper und Möllendorff immer wieder telephonieren, Stauffenberg suchte noch seine Besprechungen festzulegen und telephonierte auch selbst einmal mit Major John von Freyend.

Gegen 11 Uhr begab er sich zu seiner ersten Besprechung in den Sperrkreis I zu General Buhle in die Baracke des Wehrmachtführungsstabes, wo er schon von Oberstleutnant i. G. Lechler erwartet wurde. Er wurde von dem Ordonnanzoffizier im Stabe des Kommandanten, Leutnant Jansen, begleitet, der ihm auch seine Tasche trug[8]. Haeften stieß nun im Sperrkreis I wieder zu Stauffenberg. An der Besprechung bei General Buhle nahm außer Stauffenberg noch Generalleutnant Henning von Thadden teil[9].

Ungefähr um 11.30 Uhr gingen alle zusammen, Buhle, Thadden, Stauffenberg, Haeften und Lechler, zu Keitel in das Gebäude, das demjenigen Jodls gegenüberlag[10]. Hier wurden die anstehenden Fragen und ihr Vortrag bei Hitler in der Lagebesprechung noch einmal durchberaten, was ungefähr dreiviertel Stunden dauerte. Man geriet aber nun in Zeitdruck, weil wegen des an diesem Tage erwarteten Besuches von Mussolini die Lagebesprechung von 13 auf 12.30 Uhr vorverlegt worden war. Hitlers Diener Linge rief gegen 12 Uhr eigens bei Keitel an, um daran zu erinnern[11]. Kurz nach 12 Uhr hielt draußen der Triebwagen, der zwischen »Wolfschanze« und »Mauerwald« entsprechend dem Bedarf des Hauptquartiers verkehrte, und Generalleutnant Heusinger stieg aus, um sich zur Lagebesprechung zu begeben. John von Freyend sah es und meldete Keitel, Heusinger sei schon da, worauf Keitel aufstand und zur Eile drängte.

Oberleutnant von Haeften saß inzwischen im selben Gebäude in einem Aufenthaltsraum[12]. Als nun die Besprechung mit Keitel abgebrochen wurde und dieser sowie Buhle und John von Freyend sich anschickten, zur Lagebesprechung zu gehen, fragte Stauffenberg den Adjutanten Keitels, wo er sich etwas frisch machen könne, er wolle auch das Hemd wechseln. Er ging also zur Toilette und traf dann im Flur mit Haeften zusammen, der aus dem Aufenthaltsraum trat. John von Freyend zeigte Stauffenberg sein Schlafzimmer, wo er sein Hemd wechseln könne, und Haeften ging mit ihm hinein, er mußte dem Einarmigen helfen. Seine Aktentasche nahm er mit sich[13]. Keitel war schon ein Stück vorausgegangen, wartete aber noch auf Stauffenberg. Da rief General Fellgiebel im OKW-Bunker an und wollte Stauffenberg sagen lassen, er möge noch einmal bei ihm anrufen. Jetzt war dazu freilich keine Zeit mehr, aber John von Freyend, der das Gespräch angenommen hatte, schickte den Oberfeldwebel Vogel zu Stauffenberg in das Schlafzimmer mit der Nachricht vom Anruf Fellgiebels und zugleich mit der Aufforderung, er möge sich beeilen.

Als Vogel hineingehen wollte, stieß er in dem engen Raum mit der Tür an Stauffenberg. Er sah – so berichtete er am Abend des Tages – wie Stauffenberg und Haeften etwas in eine Aktentasche taten; auf dem Bett lagen eine Menge Papiere. Stauffenberg und Haeften hatten also den Sprengstoff in die Aktentasche gepackt, die Stauffenberg schon bisher bei sich gehabt und in der er seine Besprechungsunterlagen transportiert hatte, und Stauffenberg hatte mit der mitgebrachten und für die drei Finger seiner linken Hand eigens zurechtgebogenen Flachzange, deren Teile später am Ort des Attentats gefunden wurden, die Säureampulle des Zeitzünders zerdrückt. Aber Stauffenberg und Haeften waren gestört worden. Wenn sie vorgehabt hatten, die *beiden* mitgebrachten Sprengstoffpackungen von je etwa einem Kilogramm in Stauffenbergs Tasche zu verstauen, so hatten sie dazu nun offenbar keine Zeit mehr[14]. Während Stauffenberg sich beeilte, Keitel einzuholen, verstaute Haeften das andere Sprengstoffpaket und die verstreuten Papiere wieder in seiner Aktentasche und kümmerte sich um das Auto, mit dem beide wegfahren wollten. John von Freyend begleitete Stauffenberg.

Buhle ging auch gerade in der Richtung zur Lagebaracke, und Stauffenberg unterhielt sich lebhaft mit ihm. Lechler ging ein Stück in derselben Richtung, ehe er zum Kasino abbog, und erbot sich, Stauffenberg seine Aktentasche zu tragen, ebenso erfolglos wie John von Freyend, der auch dem Einarmigen behilflich sein wollte[15]. Unterwegs begegnete man dem Adjutanten Albert Bormann, der gerade Hitler zur Lagebaracke begleitet hatte[16]. Erst kurz vor der Lagebaracke nahm Stauffenberg dann doch das

Angebot Johns an und sagte etwa: »Könnten Sie mich bitte möglichst nahe beim Führer placieren, damit ich für meinen Vortrag nachher alles mitbekomme.«[17] Sei es, daß er damit auf sein beeinträchtigtes Gehör hinwies oder auf die Notwendigkeit, seine Unterlagen griffbereit zu haben, er brauchte jedenfalls einen Vorwand, um sich *sofort* nahe bei Hitler aufstellen zu können; denn die Zündung mußte bei dem warmen Sommerwetter innerhalb von etwa zehn Minuten vom Augenblick des Zerdrückens der Ampulle an erfolgen[18].

Die Lagebesprechung hatte inzwischen schon angefangen. Kurz vor 12.30 Uhr hatte Oberst von Below als diensthabender Adjutant die wartenden und ankommenden Offiziere in das Lagezimmer gebeten, ein Diener hatte für Hitler an der südlichen Längsseite des großen Tisches einen Hocker zurechtgerückt und die geputzte Brille bereitgelegt. Pünktlich um 12.30 Uhr erschien der Führer und eröffnete die Konferenz[19]. General Warlimont hatte vor der Tür gewartet; Jodl war noch nicht da, er kam oft ein bißchen zu spät, weil er unnötiges Herumstehen nicht schätzte. Als Hitler aber gekommen war, ging Warlimont mit ihm hinein, Jodl kam kurz danach[20]. Göring und Himmler waren nicht gekommen, weil nicht viel Zeit zur Verfügung stand und ihre Adjutanten ihnen gesagt hatten, der Teilnehmerkreis solle möglichst klein gehalten werden.

Generalleutnant Heusinger trug zunächst die Lage an der Ostfront vor, und er sprach noch, als Stauffenberg, Buhle und John von Freyend eintraten, zwischen fünf und zehn Minuten nach Beginn der Lagebesprechung[21].

Keitel meldete Hitler den Obersten Graf von Stauffenberg, der gekommen sei, um über die Neuaufstellungen zu berichten, Hitler gab ihm die Hand und wandte sich dann wieder Heusingers kurz unterbrochenem Vortrag zu[22]. John von Freyend verhalf Stauffenberg zu einem Standort auf der rechten Seite Hitlers, indem er den Ständigen Vertreter des Oberbefehlshabers der Marine im Führerhauptquartier, Konteradmiral Hans-Erich Voß, bat, dem Schwerbeschädigten ein wenig Platz zu machen, was Voß auch bereitwillig tat, indem er auf die andere Seite des Tisches ging. Nur sechs Personen hatten an der Längsseite des Tisches bequem Platz[23]. Die Aktentasche stellte John von Freyend etwa an die Stelle, wo Voß gestanden hatte, zwischen Generalleutnant Heusinger und dessen Gehilfen, Oberst i. G. Brandt.

Stauffenberg mußte immer noch ein wenig drängeln, um nahe genug an den Tisch heranzukommen, und er mußte vor allem die Aktentasche so abstellen, daß sie niemandem im Wege war. Trotz aller Bemühung kam er nur an die rechte Ecke des Tisches. Er nahm also die Tasche und stellte sie dort unter den Tisch. Hätte er versucht, sich zwischen Heusinger und Brandt zu drängen und die Tasche an der Innenseite des Sockels, also Hitler unmittelbar vor die Füße zu stellen, er hätte mit Sicherheit wegen eines solchen Verhaltens große Schwierigkeiten bekommen. Er konnte nicht anders, als sie rechts neben den rechten Tischsockel stellen. Da die Tasche noch etwas unter dem Tischrand hervorragte, ist es wohl möglich, daß sie Oberst i. G. Brandt im Wege war und daß dieser sie mit dem Fuß ein Stück weiter unter den Tisch schob, aber von der Innenseite des rechten Tischsockels an die Außenseite gestellt hat er sie nicht [24]. Stauffenberg murmelte oder flüsterte etwas und verließ den Raum. Während er sich rückwärts allmählich zur Tür zurückzog, gab er John ein Zeichen, worauf dieser sich mit Stauffenberg auf den Flur begab. Ein Vorwand zum Weggehen war nicht schwer zu finden, es konnte niemand auffallen, wenn Stauffenberg während des Vortrages von Heusinger noch telephonieren wollte. Bei den Lagebesprechungen herrschte ständiges, wenn auch rücksichtsvolles Kommen und Gehen, immer wieder wurden Teilnehmer hinausgerufen oder fanden es plötzlich nötig, mit irgendeiner Stelle zu telephonieren. Später, im Augenblick der Explosion von Stauffenbergs Sprengladung, war z. B. gerade Reichsaußenminister von Rippentrop mit der Lagebaracke verbunden; er wollte seinen Verbindungsmann, den Gesandten Dr. von Sonnleithner sprechen.

Auf dem Flur bat Stauffenberg John von Freyend um eine telephonische Verbindung mit General Fellgiebel, der ihm hatte ausrichten lassen, er möge anrufen. John beauftragte also den Telephonisten, Wachtmeister Adam, mit der Herstellung der Verbindung, Stauffenberg nahm den Hörer in die Hand, und John ging wieder ins Lagezimmer zurück. Darauf legte Stauffenberg einfach den Hörer hin und ging hinaus, ohne Mütze und Koppel, denn sonst wäre sofort klar gewesen, daß er nicht wiederkommen wollte, und das konnte unter Umständen – etwa wenn der Zünder der »Bombe« versagte – zu äußerst unangenehmen Fragen führen [25].

Vor der Lagebaracke traf Stauffenberg mit Oberstleutnant Borgmann zusammen, der gerade hineinging [26]. Stauffenberg aber ging sofort zu dem etwa zweihundert Meter entfernten Gebäude aus Bunkern und verstärkten Baracken, in dem sich die Persönliche Adjutantur, die Ärzte, das Heerespersonalamt und die Adjutantur der Wehrmacht beim Führer befanden, wo auch der Wehrmachtnachrichtenoffizier Oberstleutnant Sander sein Dienstzimmer hatte [27]. Fellgiebel hatte Stauffenberg nicht mehr sprechen können, ehe dieser zur Lagebesprechung gegangen war, und so hatte er nun Sander gebeten, in der Lagebaracke anzurufen und dem dort diensttuenden Wachtmeister Adam zu befehlen, er solle Stauffenberg nach Beendigung der Lagebesprechung zu Sander bitten [28]. Stauffenberg hatte Fellgiebels Nachricht und Aufforderung noch im OKW-Gebäude erhalten; die Zeit an diesem Vormittag war sehr knapp geworden und alle Einzelheiten ließen sich nicht planen und vorausbesprechen, aber Stauffenberg mußte erfahren, wo er Haeften und das Auto finden würde. Durch die Mitteilung Adams wußte er nun das Nötige.

Die Bereitstellung des Autos war nicht ganz ohne Schwierigkeiten und erst im letzten Augenblick gelungen. Kurz nachdem Stauffenberg zur Lagebaracke gegangen war, war Haeften bei Sander und Fellgiebel in Sanders Dienstzimmer erschienen und hatte Fellgiebel sehr aufgeregt bestürmt, sofort einen Wagen zu beschaffen, es sei keiner da [29]. Anscheinend sei der Stauffenberg zur Verfügung gestellte Wagen von der Kommandantur wieder zurückgezogen worden. Stauffenberg war mit dem Kommandanten Streve zum Mittagessen verabredet, und als Schwerverletzter hatte er einen Anspruch, nicht zu Fuß gehen zu müssen.

Fellgiebel war für die Beschaffung des Autos nicht zuständig, er konnte in der »Wolfschanze« niemandem Befehle geben, die nicht in sein Gebiet gehörten, er war Gast und Besucher. Sander dagegen war ständiger Bewohner dieses Sperrkreises und hatte seine unmittelbaren Dienstaufgaben in der »Wolfschanze«, in seiner Stellung konnte er z. B. Besucher einführen und Ausweise oder Autos für sie beschaffen.

Sander telephonierte also sofort mit der Dienststelle des Kommandanten; es muß um die Zeit gewesen sein, zu der Stauffenberg die Lagebaracke betrat [30]. Von der Kommandantur wurde Sander gebeten, Stauffenberg an seine Verabredung mit Streve zu erinnern; ein Auto wurde zugesagt.

Inzwischen erschien Stauffenberg selbst beim Adjutanturgebäude und meldete sich bei Fellgiebel, noch während Sander telephonierte. Stauffenberg und Fellgiebel traten vor das Gebäude, Sander kam nach und meldete, ein Wagen von der Kommandantur sei unterwegs. Aber Stauffenberg erwiderte, er verfüge schon über ein Auto, der Fahrer, Leutnant Kretz, hatte von Haeften unbemerkt, schon auf Stauffenberg gewartet [31]. Wenige Augenblicke später erfolgte die Explosion in der Lagebaracke. Stauffenberg zuckte heftig zusammen, Fellgiebel zeigte sich bestürzt, aber Sander meinte, so etwas komme oft vor, immer wieder träten Tiere auf die zum Schutz der »Wolfschanze« ausgelegten Minen.

Nun verabschiedete Stauffenberg sich rasch mit der Erklärung, er werde doch nicht mehr, wie er erst beabsichtigt hatte, zur Lagebesprechung zurückkehren, sondern sich sofort zum Kommandanten zum Essen begeben. Haeften stieg in den Fond des 8-Zylinder-»Horch«, Stauffenberg setzte sich vorn neben den Fahrer [32]. Kretz machte Stauffenberg darauf aufmerksam, daß er Mütze und Koppel vergessen habe, aber Stauffenberg bedeutete ihm unwillig, er solle losfahren und sich nicht darum kümmern. Also fuhr der Wagen in der Richtung zur Wache I des Sperrkreises I ab. Beim Vorbeifahren konnten Stauffenberg und Haeften durch die Bäume sehen, wie über der Lagebaracke eine große Rauchwolke stand, wie verkohlte Papiere durch die Luft wirbelten, wie Menschen hin und her liefen und Verletzte weggetragen wurden[33].

Da Stauffenberg und Haeften sofort nach der Explosion weggefahren waren, war noch kein Alarm ausgelöst, als sie an die Wache I kamen, aber die Wachhabenden hatten natürlich die Explosion gehört und wohl auch bemerkt, wo sie geschehen war. Der zuständige Leutnant ordnete von sich aus Sperre an[34]. Stauffenberg und Haeften hatten aber Glück. Sie hatten gültige Ausweise, Stauffenberg sah mit seinen in Afrika erlittenen Verstümmelungen und durch sein edles, befehlendes Wesen achtunggebietend aus, er sagte, er müsse sofort zum Flugplatz, vielleicht sagte er auch etwas von »Führerbefehl«, und schließlich war er Oberst im Generalstab. Der Leutnant ließ ihn nach kurzem Halt durch.

Von der Wache I fuhr der Wagen ein kleines Stück nach Westen und bog dann in die Straße ein, die am Sperrkreis II entlang und bei der Außenwache Süd aus der Anlage herausführte. Hier gab es erhebliche Schwierigkeiten, ehe man passieren konnte. Der Schlagbaum war heruntergelassen, und der wachhabende Oberfeldwebel Kolbe wollte niemanden durchlassen. Auf der Ringtelephonleitung war inzwischen der Alarm durchgegeben worden[35]. Stauffenberg verlangte äußerst energisch, auf militärische Weise und in entsprechendem Ton, sofort durchgelassen zu werden, da er zum Flugplatz müsse, aber Kolbe ließ sich nicht überrumpeln und blieb unbeeindruckt. Stauffenberg mußte also in das Wachlokal gehen und mit der Kommandantur telephonieren, wo er Rittmeister von Möllendorff erreichte. Möllendorff kannte Stauffenberg, er hatte keinerlei Bedenken, ihn passieren zu lassen, zweifellos in Überschreitung seiner Kompetenzen, nachdem Alarm gegeben war. Möllendorff wußte noch nicht, welcher Art die Explosion war, die er gehört hatte, trotz dem Alarm aber sah er keinen Anlaß, gerade Stauffenberg damit in Verbindung zu bringen. Oberfeldwebel Kolbe ließ sich noch selbst von Möllendorff bestätigen, daß Stauffenberg passieren dürfe, dann rief er noch den Kurierfahrer Kretz herein und sagte ihm, er solle »aufpassen«, ohne jedoch diesen Begriff näher zu definieren[36].

Stauffenberg trieb Kretz nun zu höchster Eile an, die Straße war eng und kurvenreich[37]. Trotzdem bemerkte Kretz im Rückspiegel, wie Haeften einen Gegenstand aus dem offenen Kabriolett warf, der wie ein Paket aussah. Später meldete er seine Beobachtung, und das Paket wurde gefunden.

Es enthielt 975 Gramm Sprengstoff, zwei Initialzündkörper und einen chemischen Zünder für 30 Minuten Verzögerung, das Ganze war in Packpapier eingewickelt[38]. In eiliger Fahrt passierte man dann das Gut Queden und bog etwa einen Kilometer danach von der Landstraße in westlicher Richtung zum Gut Wilhelmsdorf ab, wo das behelfsmäßige Flugfeld lag. Hier stiegen Stauffenberg und Haeften an der letzten Sperre vor einer der Flugplatzbaracken aus und legten die letzten hundert Meter zum Flugzeug zu Fuß zurück. Ob die Motoren schon liefen, hat der Fahrer nicht bemerkt, da er sofort wieder umdrehte und zurückfuhr[39]. Um 13.15 Uhr stieg die Maschine mit dem Ziel Berlin-Rangsdorf in Rastenburg auf – das ermittelte die Tatortkommission noch am selben Tage[40].

Kurz nachdem Stauffenberg die Lagebaracke verlassen hatte, waren noch der Chef des Generalstabes der Luftwaffe, General der Flieger Günther Korten, und der Generalstabsoffizier der Luftwaffe beim Chef des Wehrmachtführungsstabes, Major Herbert Büchs, die sich verspätet hatten, dort angekommen und ins Lagezimmer gegangen. Dem Attentäter waren sie nicht mehr begegnet[41]. Etwa zur gleichen Zeit, noch während des Vortrages von Generalleutnant Heusinger, kam ein Punkt zur Sprache, zu welchem Stauffenberg die nötigen Auskünfte hätte geben können, wie General Buhle bemerkte[42]. Aber da fehlte Stauffenberg. Buhle ging auf den Flur hinaus, um ihn zu suchen, vergeblich. Es war für ihn und auch für Keitel unangenehm, daß nun der vielgerühmte, brillante Oberst, den sie in die Lagebesprechung mitgebracht hatten, ausgerechnet in dem Augenblick nicht da war, als man ihn etwas fragen wollte. Buhle ging noch ein paarmal in den Flur und fragte den Telephonisten Adam nach Stauffenberg, doch ohne mehr zu erfahren, als daß Stauffenberg weggegangen sei. Mütze und Koppel waren ja noch da, er mußte jeden Augenblick zurück sein. Dann explodierte die Sprengladung unter dem großen Tisch. Es war ziemlich genau 12.50 Uhr[43].

Im Augenblick der Explosion befanden sich vierundzwanzig Teilnehmer der Lagebesprechung im Raum. Ihre Standorte zu diesem Zeitpunkt lassen sich nur noch annähernd genau bestimmen. Es gab keine feste Ordnung, bis auf die gerade Vortragenden und Hitler war durch das häufige Kommen und Gehen alles etwas in Bewegung[44].

In der Mitte der Längsseite des Tisches, die der Tür zugewandt war, stand Hitler. Er hatte sich mit dem Oberkörper weit über den Tisch gebeugt, das Kinn stützte er in die Hand, der Ellenbogen lag auf der Tischplatte auf. Rechts neben ihm stand der vortragende Generalleutnant Heusinger; der Chef des Generalstabes der Luftwaffe, General der Flieger Günther Korten, beugte sich gerade vor und erläuterte feindliche Anflüge auf deutsche Stellungen[45]. Rechts von Heusinger stand Oberst i. G. Brandt, der Erste Generalstabsoffizier der Operationsabteilung im Generalstab des Heeres, der Heusinger, dem Chef der Operationsabteilung, beim Vortrag Karten und sonstige Unterlagen bereithalten und vorlegen mußte. Etwas hinter Brandt, in der Gegend der Tischecke, hielt sich der Ständige Verbindungsoffizier des Reichsmarschalls beim Führer, General der Flieger Karl Bodenschatz, auf, an der östlichen Stirnseite des Tisches standen der Chefadjutant der Wehrmacht beim Führer und Chef des Heerespersonalamtes, Generalleutnant Schmundt, neben ihm ein Adjutant der Wehrmacht (Heer) beim Führer, Oberstleutnant Heinrich Borgmann. Etwas weiter vom Tisch entfernt in diesem östlichen Teil des Raumes hielten sich General Buhle und der Erste Generalstabsoffizier Jodls, Oberstleutnant d. G. Heinz Waizenegger, auf. Buhle ging wütend hin und her, nachdem er Stauffenberg vergeblich gesucht hatte, Waizenegger bereitete die Karten für den Vortrag Jodls vor.

An der Hitler gegenüberliegenden Längsseite des Tisches, dicht an der Ecke, saß der Stenograph Dr. Berger, hinter ihm lehnte am Fenstersims der Adjutant der Wehrmacht (Marine) beim Führer, Konteradmiral Karl Jesko von Puttkamer. Zur rechten Seite Bergers stand der Erste Admiralstabsoffizier im WFSt (Ia op M), Kapitän zur See Heinz Aßmann, rechts neben diesem stand nun der Adjutant (Heer) beim Chef des OKW, Major John von Freyend, neben diesem der Beauftragte des Führers für die militärische Geschichtschreibung des Krieges, Generalmajor Walther Scherff. Rechts neben Scherff, ziemlich genau gegenüber von Hitler, hatte Konteradmiral Voß, der Ständige Vertreter des Oberbefehlshabers der Marine beim Führer, Platz gefunden, hinter ihm und rechts hinter ihm hielten sich der Persönliche Adjutant des Führers, SS-Hauptsturmführer Otto Günsche, und der Adjutant der Wehrmacht (Luftwaffe) beim Führer, Oberst Nicolaus von Below, auf. Am Ende des Tisches saß der Stenograph Heinz Buchholz. In dem Raum an der westlichen Stirnseite des Tisches bzw. an einem Fenster der Nordwand hielten sich der Zweite Generalstabsoffizier beim Chef des WFSt, Major im Luftwaffenführungsstab Herbert Büchs und der Verbindungsoffizier der Waffen-SS beim Führer und spätere Schwager Hitlers, SS-Gruppenführer Hermann Fegelein, auf.

Links von Hitler an der südlichen Längsseite des Tisches standen der Chef des OKW, Generalfeldmarschall Wilhelm Keitel, der Chef des Wehrmachtführungsstabes, Generaloberst Alfred Jodl, der Stellvertretende Chef des Wehrmachtführungsstabes, General der Artillerie Walter Warlimont, und der Ständige Beauftragte des Reichsaußenministers beim Führer, Gesandter I. Klasse Dr. Franz Sonnleithner.

Die Explosion wurde von den Anwesenden als gewaltige Druckwelle mit einer gelben oder blauen Stichflamme und einem ohrenbetäubenden Knall empfunden. Manchen standen sofort die durch den Druck gesträubten Haare in Flammen, fast allen wurden die Trommelfelle zerrissen. Allen waren die Hosen mehr oder weniger zerfetzt, wer gewöhnliche lange Hosen getragen hatte, ohne Reitstiefel darüber, dem hingen sie nun in langen Streifen herunter, so auch Hitler. Von denen, die in der Nähe der Fenster gestanden waren, hatten einige die Hosentaschen voll Glasscherben. Dr. Sonnleithner fand sich knietief in Glaswolle stehend, als er zur Besinnung kam. Fast alle Anwesenden wurden durch die Explosion zu Boden geschleudert, aber niemand flog in hohem Bogen zum Fenster hinaus, wie gelegentlich berichtet wurde [46]. Richtig ist, daß jeder versuchte, so schnell wie möglich der rauchgefüllten Stätte der Zerstörung zu entrinnen – niemand wollte ersticken oder gar ein Opfer der nächsten Explosion werden, es konnten ja noch mehr Sprengladungen da sein.

Die im Raum angerichtete Zerstörung war beträchtlich. Die Decken- und Wandverkleidungen aus weißer Strohpappe hingen in Fetzen herunter, Fensterrahmen waren zerbrochen, Vorhänge zerrissen, Glaswolle war überall verstreut, Papiere lagen herum, Stühle waren zertrümmert, und der große Tisch, dessen Platte zu mehr als der Hälfte zerschmettert war, war zusammengebrochen. Wo die Aktentasche gestanden hatte, klaffte im Fußboden ein Loch von etwa einem halben Meter Durchmesser. Hier war die Druckwelle zum Teil entwichen, hatte sich in dem Hohlraum zwischen Bretterfußboden und Barackenuntergrund aus Schlacke fortgesetzt und am Ende der Baracke und in den dort liegenden Räumen wieder beträchtliche Zerstörungen angerichtet; denn dort war durch Mangel an Fenstern und durch den Widerstand der Wände die Verdämmung wieder größer.

Die Teilnehmer der Lagebesprechung, die sich nach der Explosion in der Nähe von Fenstern wiederfanden, strebten meist zunächst einmal ins Freie. Sofern es ihre Verletzungen erlaubten, liefen sie dann um die Baracke herum und versuchten, den anderen Hilfe zu leisten. John von Freyend half bei der Bergung des schwerverletzten Oberst Brandt und schnitt dem ebenfalls schwerverletzten General Schmundt die Stiefel auf.

Sogleich hörte man auch den Ruf: »Wo ist der Führer?« Er kam von Keitel, doch schon nach wenigen Sekunden hatte er Hitler in dem rauchverhängten Trümmerhaufen ausfindig gemacht und stützte ihn beim Verlassen der verwüsteten Stätte. Der Persönliche Adjutant SS-Obergruppenführer Julius Schaub war inzwischen aus seinem in der Lagebaracke liegenden Zimmer herangeeilt, und auch Hitlers Diener, SS-Untersturm-

führer Heinz Linge, fand sich ein; sie begleiteten den etwas mitgenomme-
nen Führer zu seinem Wohnbunker, wo er sich sofort umzog und sich von
seinen Ärzten versorgen ließ. Zunächst legte Professor von Hasselbach,
den Linge aus seinem an Sanders Büro angrenzenden Dienstzimmer herbeigeholt hatte, die ersten Notverbände an, dann übernahm Professor
Morell die weitere Behandlung, während Hasselbach zum Lazarett Karlshof bei Rastenburg fuhr, um sich dort an der Versorgung der Schwerverletzten zu beteiligen. Inzwischen kamen auch immer mehr Sanitäter und
Autos heran, der RSD begann mit der Absperrung des Geländes um die
Lagebaracke [47].

Die Fachleute waren sich später einig, daß einerseits die von Stauffenberg in die Lagebesprechung gebrachte Sprengstoffmenge in einem wirklichen Bunker alle Anwesenden getötet hätte, und daß andererseits die
doppelte Sprengstoffmenge, also die Gesamtmenge, die Stauffenberg und
Haeften in das Führerhauptquartier mitgebracht hatten, dieselbe Wirkung
gehabt hätte [48]. Aber unter den in der Lagebaracke herrschenden Umständen und Verdämmungsverhältnissen waren die Verletzungen der
Lageteilnehmer verhältnismäßig gering.

Hitler hatte am rechten Ellenbogen einen Bluterguß erlitten, aber das
Gelenk funktionierte noch normal; am linken Handrücken hatte er
oberflächliche Hautabschürfungen. Die lange schwarze Hose und darunter
auch die lange weiße Unterhose hingen ihm in langen Streifen herunter, an den Beinen waren nur die Haare versengt. Das Hörvermögen war
nicht feststellbar beeinträchtigt, obwohl beide Trommelfelle durchbrochen waren [49]. Der Führer war äußerst erregt, aber zugleich erleichtert.
Er sagte immer wieder, er habe längst gewußt, daß in seiner weiteren
Umgebung Verräter seien und jetzt bestehe die Möglichkeit, die ganze
Verschwörung auszuheben [50]. Er bedauerte den Verlust seiner neuen
Hose [51].

Sehr schwer verletzt wurden jedoch Berger, Brandt, Korten und
Schmundt. Berger wurden beide Beine abgerissen – er hatte der Bombe
genau gegenüber gesessen – und er starb noch am selben Nachmittag.
Brandt und Korten erlagen ihren Verletzungen am 22. Juli im Lazarett;
Brandt hatte ein Bein verloren und Korten war ein großer Holzsplitter
in den Leib gedrungen. Schmundt hatte schwere Oberschenkelverletzun-
gen erlitten und starb am 1. Oktober 1944 im Lazarett Karlshof bei
Rastenburg [52]. Mittlere, doch immer noch beträchtliche Verletzungen
erlitten Bodenschatz, Borgmann, Scherff, Heusinger, Aßmann und Puttkamer, ferner Buhle, Waizenegger und Jodl. Die meisten von ihnen
mußten einige Zeit im Lazarett zubringen. Alle übrigen bis auf Keitel

und Hitler erlitten Gehirnerschütterungen und sonstige leichtere Verletzungen, bis auf Keitel sind auch allen Anwesenden die Trommelfelle geplatzt[53].

Aus der Art der Verletzungen und den angerichteten Zerstörungen läßt sich entnehmen, daß die Sprengladung in ihrer unmittelbaren Umgebung ganz erhebliche Wirkung hatte, trotz dem geringen Widerstand, welchen die Druckwelle in allen Richtungen fand. Sie hat den Tisch zertrümmert, und von den in unmittelbarer Nähe stehenden Anwesenden sind nur der etwas vom Tisch entfernt stehende Bodenschatz und auf der anderen Seite des Tisches Aßmann am Leben geblieben. Heusinger stand schon weiter entfernt und war überdies, wie Hitler, durch die massive Tischstütze geschützt. Korten, Brandt, Schmundt, Borgmann und Berger sind dagegen umgekommen.

Da sich der Attentäter nicht darauf verlassen konnte, daß die Tasche im Augenblick der Explosion nahe bei Hitler stehen würde, sondern höchstens darauf, daß er überhaupt im Augenblick der Explosion im Raum anwesend sein würde, mußte die Sprengladung auf die Tötung aller Anwesenden berechnet sein. Dazu aber hatte die Sprengladung nicht ausgereicht.

Als man später den Fahrer verhörte, der Stauffenberg und Haeften zum Flugplatz gebracht hatte, erfuhr man, daß Haeften während der Fahrt durch den Wald ein Paket aus dem Auto geworfen hatte. Man ließ es durch eine Pioniereinheit suchen und fand, in Packpapier eingewickelt, einen Klumpen Plastiksprengstoff von 975 Gramm Gewicht, ferner zwei Initialzündkörper (Tetrylübertragungsladungen) und einen englischen Zeitzündstift für 30 Minuten Zündverzögerung[54].

Man stellte Vermutungen an, wozu der zweite Klumpen mitgebracht worden sei, und vielfach wurde die Meinung geäußert, es sollte damit die Nachrichtenzentrale im Sperrkreis I gesprengt oder aber Himmler umgebracht werden[55]. Die Sprengung der Nachrichtenzentrale sollte angeblich entweder Fellgiebel oder Stieff vornehmen; daß sie sinnlos und gar nicht beabsichtigt war, ist schon dargelegt worden[56]. Wie man nach der Explosion, die Hitler töten sollte, Himmler noch mit einer Sprengladung zu Leibe rücken wollte, die erst eine halbe Stunde nach der Zündung explodieren würde, alles unter der Voraussetzung, daß er in der »Wolfschanze«, aber nicht in der Lagebesprechung gewesen wäre, bleibt unerfindlich.

Die einzige Erklärung, die nicht auf Widersprüche in den Quellen und Beweisstücken stößt, ist die Annahme, daß Stauffenberg beim Umpacken und Vorbereiten der Sprengladung kurz vor der Lagebesprechung durch das Hereintreten des Oberfeldwebels Vogel so sehr gestört wurde, daß er keine Zeit mehr hatte, alles zu tun, was er vorhatte. Wahrscheinlich ist auch, daß er unter diesen Umständen hoffte, die halbe Menge werde für die gewünschte Wirkung ausreichen. Man sollte auch versuchen, Stauffenbergs Lage in diesem Augenblick durchzudenken: er war dabei, eine Gruppe Menschen umzubringen, und zwar ausgerechnet einen wichtigen Teil der obersten Führung des in einen Krieg von ungeheuren Ausmaßen verstrickten Reiches. Da stört ihn jemand zehn Minuten vor der geplanten Explosion, und nach wenigstens zwei vergeblichen Anläufen in den letzten zehn Tagen, beim Einpacken und Zünden der Sprengladung – niemand kann von sich behaupten, seine Nerven wären da mit Sicherheit nicht ins Vibrieren gekommen. Wenn der Oberfeldwebel sich sofort entfernt hat und wenn es auf eine halbe Minute Verspätung nicht mehr ankam, dann hat Stauffenberg mit der Zurücklassung des anderen Pakets einen Fehler begangen (sofern die Annahme richtig ist, daß er es eigentlich mitverwenden wollte). Die Größe der beiden Sprengstoffpakete – je etwa 32 mal 8 mal 5 cm – hätte die Unterbringung beider Packungen in der Aktentasche erlaubt[57]. Wenn aber die Störung durch Oberfeldwebel Vogel andauerte, wenn die Gefahr der Entdeckung dadurch oder durch weitere Verzögerung zu groß schien, dann hat Stauffenberg sein Mögliches getan. Wer hätte ihm in Berlin noch seine Erklärungen geglaubt, wenn er ein drittes Mal erfolglos zurückgekommen wäre? Die Verschwörung wäre vielleicht auseinandergefallen[58].

Sofort nach dem Attentat erschien es notwendig, die höchsten Führer des Reiches zusammenzurufen. Niemand hatte einen Überblick über die Vorgänge, ein Einzeltäter, aber auch eine Verschwörung konnte für das Attentat verantwortlich sein, vielleicht waren Parallelanschläge gegen Göring und Himmler vorbereitet. Vor allem bestand zunächst keine Klarheit über den Grad des Erfolges des Attentats, man wußte noch nicht, wie schwer Hitler, Keitel, Jodl, Schmundt und andere wichtige hohe Führer verletzt waren, wie sich also die militärische und politische Führung würde aufrechterhalten lassen. Auch ein gewisses Mißtrauen gegenüber Göring und Himmler, vielleicht gegenüber Ribbentrop, könnte in einem solchen Kreis nicht überraschen, wo doch jeder das Bewußtsein oder das Gefühl hatte, daß diese Paladine zu vielem fähig waren, und daß andererseits das Interesse Deutschlands und des deutschen Volkes die Beendigung des Krieges forderte. Ferner lag es im Interesse der Führung, die Nachricht von dem Attentat zunächst nicht nach außen dringen zu lassen; sie könnte ein Signal für Unruhen sein.

Oberst von Below war verhältnismäßig geringfügig verletzt, wenn auch sein Gesicht voller Glassplitter und blutüberströmt war, und er hatte sofort die Notwendigkeit einer vorläufigen Nachrichtensperre erkannt. Genaues wußte er natürlich noch nicht, aber er hatte gesehen, daß wichtige Führungsoffiziere wie General Schmundt nicht mehr aktionsfähig waren, und daß Hitler sich in verletztem Zustand in seinen Bunker begeben hatte. Er ging also sofort über das Sträßchen zum Vermittlungsbunker. Es muß etwa drei Minuten nach der Explosion gewesen sein, als er dort ankam. Below selbst konnte gegenüber den Nachrichtensoldaten die Sperre nicht anordnen, sie hatten die Befehle ihrer unmittelbaren Vorgesetzten zu befolgen, in deren Aufgabengebiet Below auch jetzt nicht einfach hineinbefehlen konnte. So bemühte er sich, vor allem den für das Nachrichtenwesen im Führerhauptquartier höchsten zuständigen Offizier, Oberstleutnant Sander, herbeizurufen. Kurz darauf erschien auch der Leiter des Nachrichtenbetriebes (LdN), Oberleutnant Hans Hornbogen, der kurz vor der Explosion weggegangen war, um ein Fernschreiben in das Büro von General Buhle zu bringen [59]. Seit der Explosion mochten nun vier oder fünf Minuten vergangen sein, es war also etwa 12.55 Uhr, sofern die zeitgenössischen Angaben zutreffen. Hornbogen erhielt den Auftrag, den Wehrmacht-Nachrichten-Offizier (WNO) Oberstleutnant Sander herbeizurufen, was auch sofort geschah. Sander begab sich eiligst in den Vermittlungsbunker, Fellgiebel schlug gemessenen Schrittes denselben Weg ein und kam allmählich nach.

Es ist möglich, daß er noch mit Oberst Hahn im Lager »Mauerwald« telephoniert und ihm das Stattfinden der Explosion mitgeteilt hat, ehe er Sander folgte, so daß dieser den Eindruck von Fellgiebels Zögern auf dem Weg zum Vermittlungsbunker erhielt. Bemerkt hat es niemand, zeitgenössische Aufzeichnungen hierüber sind nicht bekannt. Aber Fellgiebel hatte schon vorher mit Hahn telephoniert und ihm gesagt, daß nun das Attentat stattfinden werde, als er wußte, daß Stauffenberg in die Lagebesprechung gegangen war, womöglich sogar noch früher. Er mußte nun versuchen, die Nachrichtenverbindungen im Sinne der Verschwörung zu sichern. Eine Nachrichtensperre *nach* dem – erfolgreichen oder mißlungenen – Attentat konnte man rechtfertigen und als im Auftrag und im Sinn der Führung geschehen hinstellen. Der Befehl, daß nichts nach außen dringen dürfe, kam ja auch wirklich von dem Führungskreis um Hitler. Eine Sperre *vor* dem Attentat durfte nach dem Mißlingen nicht bekanntwerden, aber die Maßnahmen zur nachrichtentechnischen Isolierung des Führerhauptquartiers »Wolfschanze« waren doch schon vor der Explosion angelaufen.

Oberst Hahn hatte schon davor, sei es auf unmittelbare Veranlassung

Fellgiebels oder entsprechend früherer Verabredung, mit den in der Nachrichtenzentrale »Zeppelin« in Zossen auf das Stichwort wartenden Verschwörern telephoniert und dem Major Burchardt, der gerade den Telephondienst versah, »gegen Mittag« gesagt: »›Das Nachrichtengerät geht ab.‹« [60] Das war nicht das endgültige Stichwort, welches für das erfolgte Attentat galt. Dieses hieß: »›Das Nachrichtengerät ist abgegangen.‹« [61] Der gleichfalls eingeweihte, in »Zeppelin« tätige Major Degner erinnert sich, das zweite Stichwort sei schon etwa um 11 Uhr vormittags gekommen, Burchardt aber berichtet, daß gegen Mittag, also gegen 12 Uhr, das erste, vorbereitende Stichwort eingegangen sei. Degner und Burchardt stimmen jedenfalls darin überein, daß vor dem Attentat schon ein Stichwort vorlag, welches sie zu einleitenden Sperrmaßnahmen veranlaßte. Burchardt hatte die Meldung Hahns aus »Mauerwald« sofort an Degner und Höpfner weitergegeben. Die Gestapo hat von dieser Vorwarnung nie etwas erfahren [62]. Fellgiebel, Hahn und auch die Nachrichtenoffiziere Thiele und Haßel in der Bendlerstraße in Berlin, soweit sie davon wußten, haben die übrigen Eingeweihten vor dem Tode gerettet, indem sie über die Vorwarnung schwiegen; dazu kam allerdings, daß man nicht alle Fachleute hinrichten konnte, wenn der Krieg noch weitergeführt werden sollte [63].

Wann Fellgiebel zum zweiten Mal mit Hahn telephoniert hat, ließ sich nicht feststellen. Es kann von Sanders Dienstzimmer aus gewesen sein, oder auch im Vermittlungsbunker, etwa im Klinkenumschalterraum, wo es nicht unbedingt jemand bemerkt haben muß [64]. Sowohl Sander in der »Wolfschanze« als auch Fellgiebels Ordonnanzoffizier Arntz in »Mauerwald« waren nur Zeugen des späteren Gesprächs, das Fellgiebel mit Hahn führte, nachdem er das Überleben Hitlers festgestellt hatte [65].

Während Sander noch auf dem Weg von seinem Dienstzimmer zum Vermittlungsbunker war, wollte Below ein Gespräch mit Himmler vermittelt haben. Die Verbindung wurde hergestellt und da kam auch schon Sander dazu. Below gab den Sperrbefehl mit den hastig hervorgestoßenen Worten an Sander: »Attentat auf den Führer, Führer lebt. Nichts darf nach außen dringen! Beordern Sie persönlich den Reichsmarschall und den Reichsführer SS zum Führer!« [66]

Sander befahl dem Vermittlungspersonal, alle Stöpsel aus den Klappenschränken zu ziehen und mit den Stühlen einen Meter von den Tischen abzurücken, um den Sperrbefehl auszuführen. Alle bestehenden Gesprächsverbindungen wurden rücksichtslos getrennt, dem Postpersonal wurde der Zutritt zur Handvermittlung sofort untersagt. Danach sprach Sander mit Himmler und ersuchte ihn ohne Angabe von Gründen, sofort ins Führerhauptquartier zu kommen. Himmler fragte sofort, ob alle

Sicherheitsmaßnahmen ergriffen seien, worüber Sander ziemlich erstaunt war; aber Himmler mußte von Below schon eine Andeutung über das Attentat erhalten haben, Below wird beim Eintreffen Sanders diesem den Hörer übergeben haben, da er selbst mit seinen geplatzten Trommelfellen kaum hören konnte. Sander antwortete Himmler, fernmeldemäßig sei alles Erforderliche veranlaßt [67]. Darauf rief Sander bei Göring an und verlangte den Reichsmarschall selbst zu sprechen, was nicht ohne Geplänkel mit dessen Adjutanten abging, aber schließlich doch gelang. Auch Göring wurde ersucht, sofort in die »Wolfschanze« zu kommen.

Below war nach seinen ersten Anordnungen wieder in Hitlers Sondersperrkreis, den »Führersperrkreis« zurückgegangen, wo inzwischen Martin Bormann am Explosionsort angekommen war. Below meldete die eingeleiteten Maßnahmen und Benachrichtigungen und ging dann in die Revierbaracke im Sperrkreis II, um sich verbinden zu lassen. Beim Vermittlungsbunker begegnete er Fellgiebel, der inzwischen herangekommen war und nun, nachdem er im Vermittlungsbunker kurz telephoniert hatte, auf dem Sträßchen zwischen diesem Bunker und dem Führersperrkreis auf und ab ging, um sich über die Lage zu orientieren.

Sander wurde zu dieser Zeit zu Hitler befohlen, der wissen wollte, wie schnell die nötigen Vorbereitungen für eine Rundfunkansprache getroffen werden konnten. Er hatte sich inzwischen umgezogen und ließ seinen Wohnbunker nach Sprengkörpern durchsuchen. Nun ging er in seinem Sperrkreis spazieren und das sah Fellgiebel. Sander aber ärgerte sich, weil er einmal von Schmundt den Auftrag erhalten hatte, persönliche Begegnungen zwischen Hitler und dem als Defätist verschrieenen Fellgiebel möglichst zu vermeiden, der nur wegen seiner Unentbehrlichkeit bisher nicht abgelöst worden war. Mit einiger Mühe lotste Sander Fellgiebel von der Straße weg zurück in die Vermittlung.

Zu Hitler sagte Sander, die Vorbereitungen für die Rundfunkansprache könnten um 18 Uhr beendet sein [68]. Man hatte die nötigste Ausrüstung dazu im Führerhauptquartier, aber weil man ganz sicher gehen wollte, daß Hitlers Ansprache zur gleichen Zeit über alle deutschen Sender verbreitet wurde, und daß Hitler wegen möglicher Störungen nicht zweimal sprechen mußte, waren doch umfangreiche Vorbereitungen erforderlich. Sander mußte mit dem Funkhaus des Deutschlandsenders in Berlin und mit dem Propagandaministerium Verbindung aufnehmen, das konnte er erst, nachdem die von den Verschwörern verfügte Nachrichtensperre aufgehoben war, und später hatte man sowohl im Propagandaministerium als auch im Funkhaus noch einige andere Sorgen, als die Verschwörer beide Komplexe in ihre Gewalt zu bringen suchten. Die Rede Hitlers sollte zugleich in Ost-

preußen und in Berlin auf Platten aufgenommen und ebenfalls zur gleichen
Zeit gesendet werden, u. a. über den Deutschlandsender und den Sender
Königsberg, danach konnte man die Ausstrahlung beliebig oft wiederholen. Auf alle Fälle wollte Sander noch einen Aufnahme- und Übertragungswagen aus Königsberg kommen lassen. Man sagte ihm zu, daß
er sofort entsandt werde. Aber die Bedienungsmannschaft war nach
Cranz gefahren und badete in der Ostsee, und auch aus anderen Gründen verzögerte sich die Ansprache noch – Mussolinis Besuch nahm den
ganzen Nachmittag in Anspruch, die Ansprachen Hitlers, Dönitz' und
Görings mußten erst verfaßt und genehmigt werden, und überall, auch
im Teehaus, wo Hitler später die Ansprache hielt, suchte man nach
weiteren Sprengkörpern.

In der Vermittlung im Sperrkreis I der »Wolfschanze« hatte sich, da die
bei der Lagebesprechung anwesend gewesenen Marineoffiziere ziemlich
aktionsunfähig waren, kurz nach dem Attentat der Gehilfe von Konteradmiral Voß, Fregattenkapitän Ulrich Meier, eingefunden. Voß hatte
Below gebeten, den Großadmiral Dönitz zu verständigen und Below hatte
offenbar Meier benachrichtigt [69]. Gegen 13.15 Uhr ging der Anruf in der
»Koralle« ein: Dönitz solle sofort ins Führerhauptquartier kommen,
Gründe wurden nicht gegeben. Dönitz ärgerte sich über den Befehl,
weil ihm die gewohnte gründliche und präzise Vorbereitung natürlich
unmöglich war, wenn er nicht wußte, worum es sich handelte. Um
14.50 Uhr flog er mit seinem Admiral z. b. V., Konteradmiral Gerhard
Wagner, nach Rastenburg ab.

Inzwischen erschien Fellgiebel in der Vermittlung und ließ sich über
die angeordnete Unterbrechung der Telephonverbindungen berichten,
die er guthieß. Die Unterbrechung wurde natürlich nicht total, sondern
sinngemäß durchgeführt. Gewiß sollte nichts nach außen dringen, aber
bei Führern wie Keitel, Jodl oder auch Fellgiebel selbst wurde damit
gerechnet, daß sie die Geheimhaltung auch ohne Zwang durchführen
würden. Sie konnten trotz der Sperre telephonieren – soweit diese lediglich von der »Wolfschanze« ausging. Fellgiebel beauftragte Sander, den
Generalleutnant Thiele in Berlin anzurufen, der aber nicht sofort zu
erreichen war. Eine Verbindung mit einer Sekretärin kam zustande und
Sander sagte ihr, sie solle Thiele melden, daß auf Hitler ein Attentat
verübt worden sei, welches dieser überlebt habe. Fellgiebel nahm Sander
den Hörer aus der Hand und schärfte der Sekretärin selbst noch ein, wie
wichtig die Meldung sei, sie müsse unbedingt weitergegeben werden.

Einige Minuten später (Sander mußte sich schon wieder entfernt haben,
da er nichts davon weiß) bekam Fellgiebel doch Verbindung mit Thiele

persönlich. Er wiederholte die Mitteilung von dem Attentat und seinem
Mißlingen, und er muß auch die Notwendigkeit angedeutet haben, die
vorgesehenen Maßnahmen trotzdem auszuführen. Der einzige bisher
aufgetauchte Zeuge dieses Gespräches zwischen Fellgiebel und Thiele, der
sich mit großer Lebhaftigkeit an die Szene erinnert, kann über den Inhalt
keine Mitteilung machen, weil ihm das Gespräch in der verschlüsselten
Geheimsprache, die Fellgiebel und Thiele anscheinend verabredet hatten,
völlig unverständlich war [70].

Nach dem Gespräch mit Thiele rief Fellgiebel Oberst Hahn im Lager
»Mauerwald« an und teilte ihm das Ergebnis seiner Ermittlungen beim
Führersperrkreis mit. Er mußte damit rechnen, daß Hahn das Mißlingen
erfuhr und dann vielleicht die eingeleiteten Maßnahmen rückgängig
machte bzw. gar nicht ausführen ließ. Fellgiebel sagte zu Hahn: »Es ist
etwas Furchtbares geschehen: der Führer lebt.« Darauf Hahn: »Was sollen
wir tun?« Fellgiebel: »Alles blockieren!« Das heißt: die Nachrichtenverbindungen mit der »Wolfschanze« sollten gesperrt werden, obwohl der
Anschlag mißlungen war. Fellgiebel hatte also die Geistesgegenwart, die
Einsicht und den Mut, das in der entstandenen Lage einzig Richtige zu
tun: die einmal begonnene Ausführung des Umsturzversuches konsequent fortzusetzen. Die Verschwörung war vor der Aufdeckung auch in
ihren weiteren Kreisen nicht mehr zu bewahren, der Erfolg war aber
durch entschlossenes Handeln noch erreichbar [71]. Wenig später fuhr Fellgiebel nach »Mauerwald« zurück [72]. Hahn rief inzwischen Thiele in Berlin an, etwa zwischen 13.10 und 13.30 Uhr, und teilte ihm persönlich
mit, was er von Fellgiebel erfahren hatte [73]. Thiele hat also kurz nach
13 Uhr aus mindestens zwei Quellen die Nachricht von dem mißlungenen Attentat bekommen.

Stauffenberg war natürlich nach dem Attentat vermißt worden, aber
zunächst war die Verwirrung zu groß, um daraus Konsequenzen zu
ziehen. Als Sander gegen 14 Uhr wieder zur Lagebaracke ging, um sich
über die Reparaturmöglichkeiten der dortigen Fernmeldeanlagen ein Bild
zu machen, fand er den Wachtmeister Adam noch vor, obwohl der da
eigentlich nichts mehr zu suchen hatte. Er ließ ihn das mit der beim
Militär üblichen Deutlichkeit wissen, aber Adam hatte etwas zu melden.
Er gehörte zu der Art Menschen, die alles sehen, mit oder ohne Auftrag,
und die dann auch von ihren Entdeckungen Gebrauch machen wollen.
Nun erklärte er Sander, daß Stauffenberg der Attentäter gewesen sein
müsse, weil dieser ohne seine Aktentasche sowie ohne Mütze und Koppel
sehr eilig weggegangen sei [74]. Offenbar war es Adam bisher nicht gelungen, seine Beobachtungen wirksam vorzubringen. Von Major Wolf hatte

er nur zur Antwort erhalten: »›Wenn Sie glauben, das melden zu müssen,
dann tun Sie das.‹« Jetzt wurde er auch von Sander wegen der ungeheuerlichen Verdächtigung eines so hochverdienten Offiziers gewaltig »ange-
blasen«. Sander wollte sich die Erzählung gar nicht ganz anhören und
sagte, wenn Adam meine, das melden zu müssen, so solle er doch zu Högl
vom RSD gehen. Darauf ging Adam mit seiner Meldung zu Martin Bormann, und der brachte ihn zu Hitler [75]. Bald stellten sich Adams Hinweise
als zutreffend und brauchbar heraus, und der eifrige Soldat erhielt eine
Beförderung, 20 000 Mark und ein Häuschen bei Berlin [76].

Zwischen 14 und 15 Uhr sind nun die Maßnahmen zur Ergreifung
Stauffenbergs in Gang gekommen, aber sie waren immer noch auffallend
träge. Allerdings konnte man ihn zunächst wegen der Sperre noch im
Hauptquartier vermuten. Nachfragen bei Sander mußten ergeben, daß
Stauffenberg zum Kommandanten Streve zum Essen gefahren sei, erst
allmählich stellte sich dann heraus, daß er die »Wolfschanze« verlassen
hatte. Erkundigungen auf dem Flugplatz ergaben, daß er nach Rangsdorf
abgeflogen sei [77]. Ob er dort wirklich landen würde, war damit nicht gesagt. Jedenfalls wurde Stauffenberg bei der Ankunft in Berlin nicht verhaftet, erst am Spätnachmittag erschien in der Bendlerstraße ein SS-Mann
mit dem Auftrag, den Chef des Stabes beim Chef H Rüst u BdE zu einer
»Besprechung« ins RSHA zu bitten bzw. festzunehmen.

Die von der »Wolfschanze« aus angeordnete legitime Nachrichtensperre
blieb zunächst noch in Kraft. Eingehende Gespräche wurden nicht angenommen, nur die höchsten Führungsoffiziere im Hauptquartier durften
telephonieren [78]. Später fanden sich zur Überwachung noch einige RSD-
Beamte in der Vermittlung ein, die von Sander in ihre Aufgaben eingewiesen wurden. Die Angaben über die Dauer der Nachrichtensperre in
der »Wolfschanze« schwanken erklärlicherweise ziemlich stark. Denn tatsächlich bestand auf der höchsten Ebene gar keine Beschränkung, während
andererseits selbst von der Front her eingehende Gespräche wenigstens
eine Zeitlang, mindestens eine halbe bis ganze Stunde lang, unter dem
Vorwand von Leitungsstörungen nicht weiterverbunden wurden. Gespräche auf den unteren Ebenen wurden bis zu zwei Stunden lang unterbrochen, was jedoch nicht für Gespräche innerhalb der »Wolfschanze«
galt. Gespräche aus Berlin oder anderen Orten des Reichsgebietes wurden
längere Zeit, wenigstens eine Stunde lang, nicht angenommen. Gegen
15 Uhr wurde die Sperre in der »Wolfschanze« von Oberstleutnant Sander mit Billigung von Himmler wieder aufgehoben.

Diese von innerhalb des Führerhauptquartiers angeordnete Sperre, die
Fellgiebel selbst überprüft und gutgeheißen hatte, war so vollständig, wie

sie unter den Umständen sein konnte. Sie entsprach zwar auch den Interessen und Wünschen des nach wie vor bestehenden Regimes, doch hat Fellgiebel zum Nutzen der Verschwörung noch nachgeholfen, soweit er konnte. Es war nicht möglich, die Zentrale in der »Wolfschanze« ganz außer Betrieb zu setzen, auch eine Sprengung hätte das nur zeitweise vermocht und hätte die zweite Zentrale im Sperrkreis II überhaupt nicht berührt. Es war weder sinnvoll noch möglich, den Versuch zur totalen nachrichtentechnischen Isolierung der »Wolfschanze« gewaltsam zu unternehmen, wie bei der Darstellung der Umsturzvorbereitungen des näheren ausgeführt wurde[79]. Da sich die Befehls- und Machtverhältnisse im Hauptquartier nicht im geringsten geändert hatten, konnte Fellgiebel auch keine weitergehenden Befehle erteilen, als sie den Absichten der Führung ohnehin entsprochen hätten.

Zu dem Eindruck einer effektiven und gründlichen, wenn auch nicht ganz vollständigen Sperrre trug jedoch noch ein weiterer Umstand bei. Wie verabredet und wie von Fellgiebel in seinen beiden Gesprächen mit Oberst Hahn angeordnet, wurde kurz nach 13 Uhr versucht, die Verstärkerämter außer Betrieb zu setzen, auf die die Vermittlungen und Verbindungen der »Wolfschanze« abgestützt, d. h. über die deren Verbindungen geschaltet waren.

Nachdem Fellgiebel von der »Wolfschanze« aus Hahn das Stattfinden des Attentats mitgeteilt hatte, erteilte Hahn dem Oberleutnant d. R. Arntz den Befehl, die Ämter »Anna« in »Mauerwald« und »Emma« in Lötzen abschalten zu lassen[80]. Arntz rief sofort bei beiden Ämtern an und gab im Auftrag von Fellgiebel den Befehl, sämtliche Gespräche zu unterbinden, die Verstärkerämter abzuschalten, die Klemmverbindungen zu trennen. Zum Amt »Anna« schickte er den Hauptmann Jahnke und begab sich dann, nach nochmaliger Verständigung mit Hahn, der inzwischen von Fellgiebel das Mißlingen des Anschlages erfahren hatte, selbst mit einem Beiwagenmotorrad in das Verstärkeramt »Emma« in Lötzen und ließ dort ebenfalls alle Klemmverbindungen auftrennen. Von etwa 14.30 bis 16 Uhr blieb Arntz dort, dann wurde er von einem auf Veranlassung von Oberst i. G. von Freytag-Loringhoven hingeschickten Abwehroffizier abgelöst, der die Wiederaufnahme der Verbindungen anordnete. Als Arntz kurz nach 16 Uhr nach »Mauerwald« zurückkam, fand er im Kasino Fellgiebel, Hahn und Freytag-Loringhoven vor, die Telephongespräche mit Berlin führten.

Die Sperrung der Verstärkerämter Insterburg und Rastenburg hatte Fellgiebel selbst übernommen, aber anscheinend nur unvollkommen durchführen können[81]. Jedenfalls war zu keiner Zeit die Verbindung zwischen »Wolfschanze« und Berlin *völlig* abgeschnitten, die Nachrichtenverbindungen waren nur außerordentlich erschwert.

Schließlich tat auch die von Zossen aus veranstaltete Teilblockierung der Nachrichtenverbindungen zur »Wolfschanze« ihre Wirkung und verstärkte den Eindruck der Sperre. Sie wurde bis in die späten Nachmittagsstunden aufrechterhalten [82].

Fellgiebel und seine Mitverschwörer in Ostpreußen hatten getan, was sie konnten. Berlin war spätestens um 13.30 Uhr über die Vorgänge in der »Wolfschanze« und über den Entschluß Fellgiebels, zu handeln, als wäre das Attentat geglückt, unterrichtet. Jetzt war es an der Berliner Zentrale, die Initiative zu ergreifen.

2. Berlin: Auslösung

In der Bendlerstraße wußte man kurz nach 13 Uhr, daß der Sprengstoffanschlag auf Hitler ausgeführt war, aber nur einer der Verschworenen besaß hier dieses Wissen, und er behielt es für sich. Generalleutnant Thiele hätte sofort General Olbricht unterrichten müssen, damit die vorbereiteten und am 15. Juli teilweise »geübten« Staatsstreichmaßnahmen ohne Verzug in Gang gesetzt werden konnten, aber er tat es nicht. Allerdings war man des Generalobersten Fromm nicht sicher. Am 15. Juli war der Alarm zwei Stunden vor der erwarteten Explosion ohne seine Zustimmung möglich gewesen, weil er nicht in Berlin war. Jetzt war er aber hier, der Alarm würde sich nicht geheimhalten lassen, und ob Fromm sich an den Umsturzmaßnahmen beteiligen würde, wenn er wußte, daß Hitler das Attentat überlebt hatte, das war von vornherein mehr als fraglich. Ebenso wenig aber sagte Thiele General Olbricht, daß das Attentat mißlungen und daher der Umsturzversuch zu unterlassen sei (was dieser freilich auch auf anderem Wege spätestens etwa eine Stunde nach dem Versuch hätte erfahren müssen). Bis heute weiß niemand genau, was Generalleutnant Thiele zu seinem Verhalten veranlaßt hat, über dessen Folgen er keine Illusionen haben durfte. Mit der Explosion von Stauffenbergs Bombe war in jedem Fall der Punkt überschritten, bis zu welchem die Verschwörung sich noch als getarnt betrachten konnte, danach gab es nur zwei Möglichkeiten: Anrollen des Staatsstreiches, als ob Hitler tot wäre – durch die Nachrichtensperre stellte er sich gewissermaßen selbst tot und von außen wurde diesem Eindruck nach Kräften nachgeholfen –; oder passives Erleiden der Folgen des mißlungenen Versuches.

Thieles Sekretärinnen wissen angeblich nicht, wo sich ihr Chef in diesen kritischen Stunden aufgehalten hat, ja nicht einmal, wann er in seinem Dienstzimmer war. Aber die Berichte von Oberstleutnant Sander, Oberleutnant d. R. Professor Arntz und anderen Beteiligten sowie das spätere Verhalten Thieles legen den Schluß nahe, daß der General den Kopf verloren hat [83]. Zu Sander sagte er später auf dessen Frage, er sei so aufgeregt gewesen, daß er habe spazierengehen müssen. Arntz erfuhr, daß Thiele gegen 14 Uhr mit dem Auto weggefahren und den Nachmittag über in der Bendlerstraße nicht mehr gesehen worden sei. Oberst Haßel, der als Chef der Amtsgruppe Nachrichtenwesen im OKH eine wichtige Rolle in der Verschwörung übernommen hatte, konnte Thiele von etwa 12 bis 15 Uhr telephonisch nicht mehr erreichen, fand ihn dann aber etwa um 16 Uhr, nachdem er sich von seiner im Lager Düppel in Zehlendorf gelegenen Dienststelle in die Bendlerstraße begeben hatte, in seinem Dienstzimmer vor. Auch jetzt weigerte sich Thiele, seinen vereinbarten Anteil an der Verschwörung (Stellung von Nachrichtenoffizieren für besondere Zwecke) zu leisten. Etwa um diese Zeit, als zwischen Ostpreußen und Berlin schon wieder ziemlich lebhaft telephoniert wurde, gegen 16.30 Uhr, wurde Fellgiebel klar, was sich in Berlin abspielte bzw. eben nicht abspielte. Zu seinem Ordonnanzoffizier Arntz sagte er: »Da täuscht sich Thiele, wenn er glaubt, daß er so aus der Sache rauskommt.« [84]

Spätestens um 13.30 Uhr hat Oberst Hahn noch persönlich mit Generalleutnant Thiele telephoniert, und danach rief er Major Burchardt im Lager »Maybach II« an. Fellgiebel hatte Hahn befohlen, so zu handeln, als wäre das Attentat gelungen. Major Burchardt erhielt also zwar die Mitteilung: »Das Nachrichtengerät ist nicht abgegangen«, zugleich aber den Befehl, die Blockierung der Verbindungen von und über Zossen zur »Wolfschanze« vorläufig aufrechtzuerhalten. Nach wie vor seien Ferngespräche nur von einem bestimmten Personenkreis zu führen, zu dem u. a. die Generale Olbricht und Wagner sowie Oberst Graf von Stauffenberg gehörten, ebenso seien Fernschreiben nur weiterzugeben, wenn sie die Unterschrift von Mitgliedern dieses Personenkreises trügen, andernfalls seien sie lediglich anzunehmen; in Zweifelsfällen solle bei Fellgiebel oder Hahn rückgefragt werden [85]. Es geschah also auf ausdrücklichen Befehl Fellgiebels genau das, was er den Verschwörern zu tun zugesagt hatte, soweit es in seiner Macht stand: Offenhalten der Leitungen für die Verschwörer, Sperre für die Gegenseite. Die Leitungen »Zeppelin«–»Wolfschanze« waren gesperrt, die Verbindung »Zeppelin«–»Mauerwald« war beschränkt benützbar [86].

Major Burchardt blieb an seinem Posten und gab die Anweisungen Hahns an die Majore Degner und Höpfner weiter. Major Degner hatte schon im Kabelrangierraum die mit einfachen technischen Kunstgriffen präparierten Leitungen, auf denen die Verbindungen zur »Wolfschanze« geschaltet waren, getrennt, nachdem das vorläufige Stichwort »Das Nachrichtengerät geht ab« eingegangen war. Das Betreten des Raumes durch andere Offiziere wurde unterbunden; die Wechselstrommeßstelle erhielt die Weisung, ihre Messungen an Fernleitungen bis auf weiteres einzustellen. Zugleich wurde die vorbereitete Geheimvermittlung in Betrieb genommen. Der Leiter der Gruppe Drahtnachrichtenverbindungen in der Dienststelle »Zeppelin« in Zossen, Oberstleutnant Beichele, notierte sich um 13.55 Uhr: »›Höpfner übermittelt telephonisch von Oberst Hahn: Ab sofort alle Privatgespräche gesperrt. Ab sofort dürfen über die Ämter Anna-Bu, Emma-Bu und Nora-Bu u. Alarich nur noch Gespräche geführt werden, die von Offizieren überwacht werden.‹« [87]

Alle Gespräche mußten nun kontrolliert und abgehört werden, die Nachrichtensoldaten und Nachrichtenhelferinnen durften kein Gespräch mehr selbständig vermitteln. Die Nachrichtenhelferinnen mußten die Fernplätze räumen und an der gegenüberliegenden Wand Platz nehmen, die drei Sonderplätze (für vorrangige Gespräche) waren von den dort diensthabenden Soldaten weiter zu bedienen, jedoch unter besonderer Aufsicht von Offizieren. Die gesamte Vermittlung mußte von Offizieren unmittelbar überwacht werden. Nach fünf Minuten waren diese Befehle ausgeführt. Offiziere beantworteten jetzt alle eingehenden Anrufe mit dem Bescheid, es könne zur Zeit nicht vermittelt werden. Ein Hauptmann überwachte im Verstärkeramt »Zeppelin« ständig die Leitung nach »Wolfschanze«, indem er am Tonrufumsetzer des Verstärkers mithörte. Der LdN Oberleutnant Büchner wurde angewiesen, Oberst Negendanck, Major Dr. Hoch, Oberstleutnant Kecker und Major Poppe zu einer Besprechung ins Zimmer des LdN zu bitten. Zugleich gab Beichele den Befehl Höpfners an Poppe, an den LdN und an zwei andere Offiziere weiter. Höpfner begab sich, nachdem er die Anweisungen gegeben hatte, zum Generalquartiermeister General Eduard Wagner, der schon etwa um 13.30 Uhr von Oberst Hahn die Nachricht vom Attentat bekommen hatte: »›Ein Unglück in der Wolfschanze passiert. Der Führer lebt Gottseidank, ebenso Keitel und Jodl. Mehrere Verletzungen. Sonst keine Nachrichten zu erhalten.‹« [88]

Zu der Besprechung, bei der Oberstleutnant Beichele und Oberst Negendanck das Wort führten, wurde auch der Betriebsleiter der Reichspost in »Zeppelin«, Telegraphen-Oberinspektor Senor Wille, befohlen, und Beichele teilte ihm den von Fellgiebel erhaltenen Befehl mit: Der gesamte Gesprächsverkehr von der Durchgangsvermittlung nach außen sei zu sperren; es sei beabsichtigt, alle Verstärkerämter militärisch besetzen zu lassen. Oberst Negendanck verlangte darauf von Wille die Mitwirkung bei der weiteren technischen Ausführung des Befehls. Wille sträubte sich dagegen mit dem Hinweis, er dürfe nur Befehle seiner Postvorgesetzten entgegennehmen, solange diese noch telephonisch erreichbar seien, man möge also zuerst die entsprechenden Anweisungen dieser Vorgesetzten an Wille herbeiführen. Das ging natürlich nicht, die Postbürokratie hätte zu langsam und vielleicht überhaupt nicht reagiert, jedenfalls aber an Stellen rückgefragt, deren Auskünfte den in »Zeppelin« versammelten Offizieren peinlich sein mußten; auch galt die Post unter Führung des Ministers Ohnesorge als ziemlich stramm nationalsozialistisch, und nicht umsonst hatte man sich immer gescheut, Postbeamte in die Staatsstreichvorbereitungen einzuweihen. Jedoch konnte nur die Mitwirkung Willes bei der Durchführung der Sperre ihren vollen Erfolg gewährleisten; denn über das Dienstleitungsnetz der Reichspost, zu dem auch Verbindungen von und über »Zeppelin« nach »Wolfschanze« gehörten, hatte die Wehrmacht keine unmittelbare Kontrolle, und dasselbe galt für die nur den Posttechnikern bekannten Schaltungen von Partei- und SS-Dienststellen. So konnte eine Anzahl von Fernleitungen durch die Nachrichtenoffiziere weder abgeschaltet noch auch mit den Überwachungseinrichtungen der Wehrmacht erfaßt werden. Man drang also weiter in Wille ein, und schließlich schlug dieser einen Kompromiß vor, mit dem Oberst Negendanck und Oberstleutnant Beichele einverstanden waren: Wille werde sofort einen Inspektor mit der Überwachung des gesamten Gesprächsverkehrs in den Dienstleitungen der Post beauftragen und inzwischen die Weisungen seiner Vorgesetzten abwarten. So war also die Sperre nicht ganz vollständig, aber mehr war nicht zu erreichen, Gewaltanwendung schien in der unklaren Lage nicht angebracht [89].

Die Vorgesetzten Willes – dieser hatte sich direkt an das Reichspostministerium gewandt – telephonierten jeweils wieder mit ihren Vorgesetzten und erreichten so schließlich den Minister. Der entschied am Spätnachmittag dieses Tages: das Fernamt Berlin in der Winterfeldstraße solle die Dienststellen in der Bendlerstraße abwechselnd und stundenweise abschalten und wieder einschalten, wieder abschalten usw. Ehe ein vollständiger Zyklus dieser salomonischen Regelung abgelaufen war, wurde die Rundfunknachricht vom Überleben Hitlers bekannt, man durchschaute den Staatsstreichversuch und stellte den früheren Zustand wieder her.

In »Zeppelin« hatte man also getan, was man konnte. Die Sperre wurde dort aufrechterhalten, bis eindeutige Gegenbefehle eintrafen. Das war etwa um 16 Uhr. Sofern jedoch die Besetzung von Rundfunksendern und Telegraphenämtern durch Angehörige der Nachrichtentruppe vorgesehen

war, sollte sie im Sinne der Anweisungen Hahns nun – jedenfalls von
»Zeppelin« aus – unterbleiben[90].

Etwa um 15 Uhr oder wenig später hörte man plötzlich wieder von
Generalleutnant Thiele. Er rief Major Degner an und fragte, ob die Leitungen nach »Wolfschanze« gestört seien. Degner bejahte und Thiele befahl ihm: »Sehen Sie zu, daß die Leitungen wieder betriebsfertig werden.«
Sofort danach legte Thiele den Hörer auf. Degner wollte eine Erklärung,
er hatte doch von seinem Vorgesetzten Oberst Hahn in »Mauerwald«
einen entgegenlautenden Befehl. Er rief also selbst bei Thiele in der
Bendlerstraße an: er habe vorhin nicht genau verstanden. Aber Thiele
sagte ihm nur: »Tun Sie, was ich Ihnen gesagt habe.« Dann legte er wieder auf. Die Befehlsgewalt über die Zentrale »Zeppelin« stand nicht Thiele, sondern Fellgiebel zu. Thiele hatte versucht, sich das Amt »Zeppelin«
unterstellen zu lassen, doch offenbar nur mit dem Erfolg, daß die Befehlsverhältnisse jetzt nicht ganz klar waren[91].

Nun erfuhr auch Degner von Burchardt, »das Nachrichtengerät sei nicht
abgegangen«; er ging sofort zu Burchardt, um sich mit ihm zu besprechen. Während dieser Zeit rief Hahn in »Zeppelin« an und konnte
Degner nicht unter seiner Nummer erreichen, wie sich Beichele notierte.

Die Sperre war nie total gewesen, aber zwischen 15 und 16 Uhr wurde
sie in keiner Richtung mehr rigoros ausgeführt. Unter den Umständen –
Überleben Hitlers und Nichthandeln der Zentrale in der Bendlerstraße –
ließ sie sich nicht länger durchführen. Um 16.05 Uhr rief Oberst Hahn
erneut aus »Mauerwald« an und hob die Sperre auf. Oberstleutnant Beichele notierte: »16.05 Oberst Hahn normaler Verkehr. Standort-Verm.
Zossen ist außer Betrieb. Standort-Verm. Wünstorf 02-Wahl gesperrt. Bei
uns ebenso J2-Wahl [die Leitung zur »Wolfschanze«] gesperrt. Oblt. Gebhard
fährt eben zu den Außenvermittlungen und überprüft (15.56 Uhr). 16.05
Ab sofort Dienstgespräche wieder durchlassen (nur Stichproben). Fegelein
(Wolfschanze)-Jüttner: ›. . [Worte unleserlich] Ähnlich wie in München.
Führer wohlauf.‹«[92] Kurz nach 16 Uhr gab es keine Sperre mehr. Durch
das zwischen Fegelein und Jüttner geführte und abgehörte Gespräch war
man nun in »Zeppelin« völlig im Bilde, jedenfalls über die Vorgänge in der
»Wolfschanze«. Was in Berlin geschah, was dort erst jetzt geschah und also
nur noch wenig Aussicht auf Erfolg hatte, das wußte man in »Zeppelin« nicht.

Der Flug Stauffenbergs von Rastenburg nach Berlin dauerte etwa zwei
Stunden[93]. Da Stauffenberg etwa um 13.15 Uhr in Rastenburg abgeflogen
ist, muß er etwa zwischen 14.45 und 15.15 Uhr in Berlin gelandet sein,
auf welchem Flugplatz, ist bis heute nicht bekannt. Auf dem Flugplatz
Rastenburg galt als Ziel des Fluges Berlin-Rangsdorf, die Klugheit gebot

aber, etwaige Verfolger möglichst irrezuführen und also woanders zu
landen. Der Fahrer Stauffenbergs, Karl Schweizer, wartete in Rangsdorf
vergebens auf seinen Herrn, bis ihm ein Offizier am späten Nachmittag
sagte, der sei schon in der Bendlerstraße und er möge sich auch dorthin
verfügen. Stauffenberg wird also in Tempelhof oder in Berlin-Gatow gelandet sein [94]. Nach der Landung ließ Stauffenberg seinen Adjutanten in
der Bendlerstraße anrufen, um seine Ankunft mitzuteilen und nach dem
Fortgang der Maßnahmen zu fragen [95]. Etwa um 16.30 Uhr war er dann
mit Haeften selbst in der Bendlerstraße [96].

Gegen 15 Uhr waren trotz der Nachrichtensperre auf verschiedenen
Wegen Andeutungen und Einzelheiten über die Vorgänge in der »Wolfschanze« zur Bendlerstraße durchgesickert. Reichskriminaldirektor Nebe
wußte seit 13.15 Uhr durch die Beorderung Kaltenbrunners des Kriminalrats Dr. Wehner ins Führerhauptquartier, daß das Attentat stattgefunden hatte; General Wagner hatte durch Oberst Hahn und Major
Höpfner Nachricht; in der Dienststelle von Oberst d. G. Meichßner in
Potsdam wußte man sehr wahrscheinlich auch schon Bescheid; Generalleutnant Thiele tauchte gegen 15 Uhr wieder in der Bendlerstraße auf.
Irgendeine Verbindung zwischen dem Amt »Zeppelin« und einer oder
mehreren der genannten Stellen ist höchst wahrscheinlich [97].

Thiele lavierte nach wie vor bedächtig: Um 15.15 Uhr sagte er General
Olbricht und Generaloberst Hoepner, die gerade vom Mittagessen wieder
in die Bendlerstraße zurückgekommen waren, es sei ein Kommuniqué aus
dem Führerhauptquartier zu erwarten. Er schlug vor, das Radiogerät einzuschalten, um das Kommuniqué abzuwarten, doch dieses kam nicht.
Thiele erhielt den Auftrag, noch einmal im Führerhauptquartier anzurufen und nach dem Inhalt des zu erwartenden Kommuniqués zu fragen.
Olbricht bemühte sich ebenfalls weiter um Klärung.

Als er mit seinem Chef des Stabes, Oberst i. G. Mertz von Quirnheim,
wieder in sein Zimmer kam, in dem Hoepner wartete, kam auch Thiele
wieder. Olbricht sagte, Hitler sei tot. Thiele sagte, während einer Besprechung im Führerhauptquartier habe eine Explosion stattgefunden, bei
der eine größere Anzahl von Offizieren schwer verwundet worden sei [98].

Gegen 16 Uhr nahmen Olbricht und Mertz von Quirnheim die vorbereiteten Befehle aus ihrem Panzerschrank und verließen damit das Zimmer. Nach dem Bericht von Hoepner war es 15.50 Uhr und noch vor dem
Anruf Haeftens [99]. Olbrichts Chef des Stabes, Oberst i. G. Mertz von
Quirnheim, rief die leitenden Generalstabsoffiziere des AHA zusammen
und erklärte ihnen, Hitler sei einem Attentat zum Opfer gefallen, die
Wehrmacht habe unter dem Oberbefehl von Generalfeldmarschall von

Witzleben die Vollziehende Gewalt übernommen, um Ruhe und Ordnung zu erhalten und den Kampf gegen den äußeren Feind weiterzuführen, die Gesamtführung des Reiches habe Generaloberst Beck übernommen. Der zuständige Sachbearbeiter im Stabe des AHA, der Leiter des Referats Ia/I/1, Major i. G. Harnack, erhielt den Befehl, sofort an alle Wehrkreise und insbesondere an die um Berlin liegenden Lehr- und Ersatztruppen das Stichwort »Walküre 2. Stufe« telephonisch und durch Fernschreiben auszugeben. Das geschah[100].

Ebenfalls kurz vor 16 Uhr wurde Major i. G. von Oertzen mit den vorbereiteten Befehlen, darunter denjenigen zur Auslösung von »Walküre«, zum Wehrkreiskommando III am Hohenzollerndamm entsandt[101]. Noch ehe Oertzen sich auf den Weg machte, ging er mit fünf von ihm selbst vorbereiteten handgeschriebenen Befehlen für die Wehrmachtstandort-Kommandantur zu Oberstleutnant Bernardis und ersuchte ihn, die Befehle auf Weisung von Oberst Mertz von Quirnheim durchzugeben, was Bernardis dann auch veranlaßte. Tatsächlich wurden die »Walküre«-Befehle sowohl kurz vor oder um 16 Uhr vom OKH/AHA an die Schulen durchgegeben, und zwar von Harnack und von Bernardis, und dann noch einmal etwas später vom Wehrkreiskommando III aus. Da die Befehle durchaus nicht überall mit Energie ausgeführt wurden, war das sicher sinnvoll, andererseits konnte es auch Verwirrung stiften. Das war wegen der teilweise unklaren Unterstellungsverhältnisse nicht ganz zu vermeiden. Die Verbindungsoffiziere – Oertzen beim Wehrkreiskommando, Hayessen bei der Wehrmachtstandort-Kommandantur (Stadtkommandantur) – sollten eben solche eventuellen Verwirrungen auflösen helfen.

Kurz vor 16 Uhr rief Olbricht noch persönlich beim Wehrmachtstandortkommandanten von Berlin, Generalleutnant von Hase an, der seine Dienststelle Unter den Linden 1 hatte. Major i. G. Hayessen vom Stab AHA war zur Koordination der Maßnahmen der Stadtkommandantur und als Verbindungsoffizier des OKH ausersehen und hatte sich bei Hase schon um 12 Uhr für den Nachmittag angemeldet. Doch noch ehe er um 16.30 Uhr in der Kommandantur eintraf, ergriff Hase die befohlenen (und verabredeten) Maßnahmen[102]. Um 16.10 Uhr erreichte sein Alarmbefehl das Wachbataillon »Großdeutschland« in Moabit, Rathenowerstraße 10.

Nachdem Olbricht seine ersten Anweisungen und Befehle kurz vor 16 Uhr erteilt hatte, ging er mit seinem Chef des Stabes zum Befehlshaber, dem Generaloberst Fromm. Es war, nach dem Bericht von Hoepner, ziemlich genau in dem Augenblick, als Haeften in der Bendlerstraße anrief und die Rückkunft Stauffenbergs meldete[103]. Hoepner war dafür,

erst noch bis zum Eintreffen Stauffenbergs zu warten, damit man klar-
sehe, aber Olbricht fand, das könnte zu lange dauern, eine halbe bis
dreiviertel Stunde könnte bis dahin vergehen [104]. Olbricht meldete also
Fromm, der Führer sei einem Attentat zum Opfer gefallen, er habe es
von Generalleutnant Thiele erfahren, dem es General Fellgiebel aus der
»Wolfschanze« mitgeteilt habe. Er, Olbricht, schlage vor, nunmehr das
Stichwort für innere Unruhen auszugeben und die Exekutive durch das
Heer übernehmen zu lassen.

Fromm war nicht überzeugt. Vor fünf Tagen hatte Olbricht eigenmächtig »Walküre« für die Schulen um Berlin ausgelöst, ebenfalls unter
der Voraussetzung, daß Hitler tot sei oder es in Kürze sein werde. Fromm
war so weit im Bilde, daß er die Hintergründe jenes Alarms durchschaute.
Aber Olbricht war seiner Sache sicher und ließ selbst eine Blitzgesprächs-
verbindung zwischen Fromm und Keitel herstellen.

Kurz vor 16 Uhr sprach Fromm mit Keitel und fragte ihn, was denn
im Führerhauptquartier im Gange sei, es gebe in Berlin allerhand wilde
Gerüchte vom Tod des Führers [105]. Keitel erklärte die Gerüchte für Unsinn, ein Attentat habe zwar stattgefunden, aber Hitler sei nur unwe-
sentlich verletzt worden; wo denn übrigens Fromms Chef des Stabes,
der Oberst i. G. Graf Stauffenberg sei? Der sei noch nicht zurück, meinte
Fromm [106].

Olbricht hatte das Gespräch mitangehört und konnte über Fromms
Entscheidung, »vorerst« nichts zu unternehmen und das Stichwort nicht
an die stellvertretenden Generalkommandos auszugeben, nicht verwundert sein. Hatte er gehofft, der vorsichtig lavierende Fromm werde sich
im Falle des Gelingens von Stauffenbergs Anschlag auf die Seite der
Verschwörer schlagen, so zeigte sich nun, wie richtig die Annahme war,
daß Fromm ohne dieses Gelingen für nichts zu haben sein werde – auch
wenn er genau wußte, daß die Absichten Olbrichts für Deutschland die
einzige Möglichkeit der Rettung darstellten, abgesehen von der mehr als
entfernten, von Fromm selbst am 3. Juli in die Debatte geworfenen
Möglichkeit, daß der Führer endlich Selbstmord verübte. Olbricht entschloß sich aber nun dennoch zu handeln und wollte mit allen Kräften
den Staatsstreich zum Erfolg führen. Wenn es nicht gelang, so war doch
der Welt und Deutschland bewiesen, daß es opferbereite Männer gab,
die aus ihrer Ablehnung des Krieges und der Verbrechen des Regimes
die Konsequenzen zogen, und die damit zur Rettung der Ehre und Selbstachtung des deutschen Volkes beitrugen. Fromm aber zeigte durch sein
späteres Verhalten, daß er auch der anderen, hitlertreuen Seite nicht aus
Überzeugung anhing; denn er ergriff energische Gegenmaßnahmen erst,

als der Putsch endgültig gescheitert war und als es galt, die intimsten Mitwisser aus dem Wege zu räumen.

Olbricht ging zurück in sein Zimmer, wo Hoepner wartete, und sagte: »›Der Fromm will nicht unterschreiben.‹« [107] Inzwischen aber lief die Aktion an. Hauptmann Friedrich Karl Klausing, der zum AHA-Stab gehörte und am Nachmittag zum Ordonnanzoffizierdienst bei Oberst Mertz von Quirnheim befohlen war, erhielt von diesem den Befehl, die Durchgabe einiger Fernschreiben zu veranlassen. Gegen 16.30 Uhr eilte er mit dem ersten in das Büro des zuständigen Leiters des Nachrichtenbetriebes (LdN), Leutnant Röhrig, auf demselben (2.) Stockwerk. Auf der einen Seite des Korridors befand sich das LdN-Zimmer, auf der gegenüberliegenden Seite führte eine Panzertür in die Nachrichtenzentrale, die zur Sicherheit ähnlich wie einige der Gebäude im Führerhauptquartier »Wolfsschanze« umbunkert worden war. Klausing stürzte zu Röhrig herein, warf den Fernschreibenentwurf auf den Tisch und sagte dazu: »Sofort absetzen!‹« [108]

Röhrig dachte noch, was hat der denn, daß er so nervös ist, dann sah er den Satz: »Der Führer Adolf Hitler ist tot.« Das war nun wirklich kein gewöhnliches Fernschreiben; aber es waren, so erinnert sich Röhrig, weder Geheimhaltungsgrad noch Dringlichkeitsstufe darauf angegeben. Der LdN mußte oft die scheinbar trivialsten Mitteilungen über Materiallieferungen und Ersatzanforderungen mit hohen Dringlichkeits- und Geheimhaltungsstufen befördern, und nun sollte so etwas Wichtiges nicht geheim und nicht eilig sein. Daß es gerade hier eigentlich kaum der Geheimhaltung bedurfte, da sie bei aller Vorsicht nicht möglich war, fiel ihm erst später ein. Zunächst rannte er Klausing nach, erreichte ihn noch am Ende des Flures und fragte ihn, ob denn da nicht die höchste Geheimhaltungs- und Dringlichkeitsstufe erforderlich sei. Klausing antwortete sehr barsch, ja, ja, Röhrig solle es nur so machen. Röhrig vermerkte also auf seinem Exemplar »FRR«, die höchste Dringlichkeitsstufe, und »gKdoS«, d. h. Geheime Kommandosache, die höchste Geheimhaltungsstufe. Dann gab er das Schreiben in den »G-Raum«, wo die von vier Fernschreiberinnen unter Aufsicht eines Unteroffiziers bedienten »G-Schreiber« standen. Mit dem Absetzen wurde sogleich begonnen [109].

Der Absetzvorgang war langwierig, weil jedes Schreiben einzeln abgesetzt werden mußte; allein das erste war mehr als eine Druckseite lang. Die Geheimschreiber waren höchst empfindliche Geräte, in denen jeder unerwünschte elektrische Impuls zu Verstümmelungen des Textes führen konnte. Ein weniger geheimes Schreiben hätte man auf dem Wege einer Konferenzschaltung an alle zwanzig Empfänger zugleich befördern können, aber bei der Verwendung des G-Schreibers war dann die Störungsgefahr zu groß. Voraussetzung wäre gewesen, daß die Leitungen überall »ruhig« waren, und damit konnte man keinesfalls rechnen[110].

Das Schreiben begann mit der Erklärung, Hitler sei tot, »eine gewissenlose Clique frontfremder Parteiführer« habe in dieser Lage versucht, der schwerringenden Front in den Rücken zu fallen und die Macht an sich zu reißen, deshalb habe die Reichsregierung den militärischen Ausnahmezustand verhängt und dem Unterzeichneten, Generalfeldmarschall von Witzleben, den Oberbefehl über die Wehrmacht und die Vollziehende Gewalt übertragen. Diese delegiere Witzleben für das Heimatgebiet auf den Befehlshaber des Ersatzheeres, den er gleichzeitig zum Oberbefehlshaber im Heimatkriegsgebiet ernenne, bzw. auf die territorialen (Wehrkreis-) Befehlshaber[111]. In den verschiedenen besetzten Gebieten wurde die Vollziehende Gewalt sinngemäß auf die dortigen militärischen Oberbefehlshaber übertragen. Allen Inhabern der Vollziehenden Gewalt unterstellt wurden die in ihrem jeweiligen Bereich befindlichen Dienststellen und Einheiten der Wehrmacht, der Waffen-SS, des Reichsarbeitsdienstes (RAD), der Organisation Todt (OT), aller öffentlichen Behörden, der gesamten Polizei, der NSDAP und aller ihr angeschlossenen Verbände und Gliederungen, ferner die Verkehrs- und Versorgungsbetriebe. Die nächsten Aufgaben der Inhaber der Vollziehenden Gewalt umfaßten: Aufrechterhaltung der Ordnung, Sicherung der Nachrichtenanlagen, Ausschaltung des Sicherheitsdienstes (SD) der SS. Alle Befehlshaber seien verpflichtet, die Inhaber der Vollziehenden Gewalt nach Kräften zu unterstützen; von der Tatkraft des deutschen Soldaten hänge die Erfüllung der geschichtlichen Aufgabe ab, vor der er stehe: die Rettung Deutschlands.

Bei Konferenzschaltung hätte das Absetzen des Schreibens etwa zwanzig bis dreißig Minuten gedauert, weil es aber an jeden Empfänger neu geschrieben werden mußte, hatten zwei Damen mindestens drei Stunden zu tun, wenn man annimmt, daß ein Absetzvorgang in fünfzehn Minuten bewältigt werden konnte. Nach dem offiziellen Bericht der Amtsgruppe Nachrichten im AHA sind dem LdN, Leutnant Röhrig, schon gegen 18 Uhr Bedenken über die Rechtmäßigkeit der Durchgabe gekommen, in denen er nach 18.30 Uhr durch die Rundfunkmeldungen »bestärkt« wurde[112]. Gleichwohl heißt es in demselben Bericht, das Schreiben und mehrere folgende seien bis nach 21 Uhr abgesetzt worden. Trotz wiederholten Rundfunkmeldungen und zunehmender Verwirrung in der Bendlerstraße hat also der LdN der Herausgabe der Fernschreiben nichts Ernstliches in den Weg gelegt[113].

Kurz nach der Überbringung des ersten Schreibens kam Hauptmann Klausing wieder und brachte ein zweites, welches ebenfalls sogleich abgesetzt wurde[114]. Es war mit dem Namen von Generaloberst Fromm als »Oberbefehlshaber im Heimatkriegsgebiet« versehen, ohne sein Wissen, und Stauffenbergs Name erschien ebenfalls unter dem Befehl, welcher Ausführungsbestimmungen zu dem zuerst ergangenen allgemeinen Befehl enthielt: Militärische Sicherung aller Gebäude und Anlagen des »Post-Wehrmachtnachrichtennetzes« einschließlich der Funkanlagen, Verstärkerämter, Durchgangsvermittlungen, Großfunkstellen, Fernsprech- und Telegraphenämter, Verstärker- und Batterieräume, Betriebsräume usw.; Verhaftung aller Gauleiter, Reichsstatthalter, Minister, Oberpräsidenten, Polizeipräsidenten, Höheren SS- und Polizeiführer, Gestapoleiter, SS-Dienststellenleiter, Kreisleiter und Leiter der Propagandaämter; »beschleunigte« Besetzung der Konzentrationslager, Verhaftung bzw. Kasernierung der Lagerkommandanten und Wachmannschaften, Aufrechterhaltung der Ordnung; Verhaftung aller illoyalen oder der Illoyalität verdächtigen Waffen-SS-Führer, notfalls Entwaffnung der Einheiten; Besetzung der Gestapo- und SD-Dienststellen; Verbindungsaufnahme und gemeinsames Handeln mit den Befehlshabern der Kriegsmarine und der Luftwaffe. Ferner wurden für alle Wehrkreise Politische Beauftragte angekündigt (und in späteren Fernschreiben einzeln ernannt), die mit den Wehrkreisbefehlshabern zusammenarbeiten, »bis auf weiteres die Aufgaben des Verwaltungschefs« übernehmen und für die »Bearbeitung aller politischen Fragen, die sich aus dem militärischen Ausnahmezustand ergeben«, zuständig sein sollten. Zur gegenseitigen Unterrichtung über Lage und Absichten werde der Stab des Oberbefehlshabers im Heimatkriegsgebiet zu jedem Wehrkreisbefehlshaber einen Verbindungsoffizier entsenden[115]. Schließlich seien Willkür- und Racheakte bei der Ausübung der Vollziehenden Gewalt keinesfalls zu dulden: »Die Bevölkerung muß sich des Abstandes zu den willkürlichen Methoden der bisherigen Machthaber bewußt werden.« Das bedeutete Staatsstreich und Umsturz, nicht Kampf für das Regime gegen seine inneren Feinde.

Fragen drängen sich auf, die sich nicht entscheiden lassen: Wäre die Wirkung stärker und durchschlagender gewesen, wenn dieser oder ein ähnlicher Satz am Anfang des Schreibens, nicht nur verschämt am Schluß gestanden hätte? War es realistisch, gegen die »bisherigen Machthaber«, die keine Skrupel kannten, mit Methoden erfolgreich vorgehen zu wollen, die sich von denen der Machthaber deutlich abhoben? Mußte man das nicht auf die Zeit nach dem Umsturz verschieben? Manch einer, wie Gerstenmaier und Gisevius, haben diese letzte Frage mit Nachdruck bejaht, aber sie drangen nicht durch gegen die, deren Menschlichkeit ihnen zum Nachteil im Kampf gegen die Unmenschlichkeit ausschlug.

Etwa zur selben Zeit, zu der dieses Fernschreiben abgesandt wurde, wurde für alle Wehrkreise »Walküre 2. Stufe« befohlen; auf der den Gestapo-Berichten beiliegenden Abschrift steht der Absetzvermerk 18.15 Uhr[116]. An den Wehrkreis III war der Befehl durch Kurier zu überbringen, er war schon längst dort. Auch die Auslösung von »Walküre« in den übrigen Wehrkreisen, jedoch nicht in allen, hatte mindestens telephonisch und teils auch fernschriftlich schon gegen 16 Uhr begonnen, und zwar durch Major i. G. Harnack.

Es folgte dann ein Befehl, in dem Generaloberst Hoepner von Generalfeldmarschall von Witzleben zum Oberbefehlshaber im Heimatkriegsgebiet ernannt wurde (nachdem Fromm die Teilnahme verweigert und sich hatte verhaften lassen, wie unten zu sehen sein wird), sodann ein Fernschreiben, in dem der vom Rundfunk verbreiteten Nachricht, daß Hitler am Leben sei, widersprochen und die Durchführung der angeordneten Maßnahmen »mit höchster Beschleunigung« angemahnt wurde; ferner fünf Standrechtverordnungen mit dem Verbot von Versammlungen und Kundgebungen aller Art, mit Einzelanordnungen über die Weiterführung der Verwaltung des Reiches, mit dem Verbot jeglicher Tätigkeit für alle Amtsträger der Partei und ihrer Gliederungen, der Anordnung der Beschlagnahme von Partei- und anderen Akten, der Androhung von Strafen für Widerstand gegen die Maßnahmen der militärischen Befehlshaber, für Anstiftung zum Aufruhr und für Plünderung, schließlich mit der Erweiterung der Befugnisse der militärischen Standgerichte auf eine Anzahl von Straftatbeständen. Die letzte, fünfte Standrechtverordnung scheint nicht mehr abgesetzt worden zu sein, die Abschrift trägt keinen Absetzvermerk; nach dem Bericht der Ag N/HNV wäre schon die zweite Standrechtverordnung nicht mehr befördert worden, deren Abschrift aber noch den Absetzvermerk »20.20« trägt[117].

Leutnant Röhrig hat die Befehle der jeweiligen Gewalthaber gewissenhaft ausgeführt. Er hat weder von Anfang an oder auch nur bald die Befehle der Verschwörer schleppend weiterbefördert, wie nachher zur Rechtfertigung von ihm und vor allem von seinem Vorgesetzten, dem Oberst Köllner, klugerweise behauptet wurde, noch hat er die Befehle der Verschwörer mit besonderem Eifer oder besonderer Eile befördert, nachdem sie ihm schon bald, spätestens nach der Verbreitung der ersten Rundfunknachricht zwischen 17 und 18 Uhr bedenklich erschienen waren[118]. Die Fernschreiben wurden schließlich nicht mehr alle befördert, weil sie sich häuften und die Schreiberinnen sie nicht bewältigen konnten; sie blieben ganz einfach liegen, und als man für sie Zeit gehabt hätte, war der Putsch vorbei. Als man aber nachher etwa sechs Fernschreiben »übrig«

hatte, die nicht mehr hatten befördert werden können, da wies man sie
natürlich vor und sagte, man habe sie »angehalten« und absichtlich liegen gelassen.

Als es Röhrig nach 18 Uhr schwül zumute war, hatte sein Bruder ihn
angerufen, der sich in der Infanterie-Schule Döberitz als Leutnant der
Heeres-Flak zu einem Bataillonsführerlehrgang aufhielt [119]. Er wollte wissen, was eigentlich los sei – in Döberitz war man marschbereit, nachdem
zwischen 16 und 17 Uhr »Walküre« befohlen worden war – und dachte
sich unmittelbar an der Quelle zu informieren. Der LdN war sehr aufgeregt, bei ihm sei der Teufel los, überallhin gingen Befehle heraus, in denen
es heiße, daß Hitler tot sei, was das baldige Ende des Krieges bedeuten
könnte. In einem weiteren Gespräch, etwa zwischen 19 und 20 Uhr,
erhielt Dr. Röhrig in Döberitz den Eindruck, sein Bruder befinde sich in
der Bendlerstraße zwischen zwei Gruppen in großer Gefahr und riet ihm
zu äußerster Vorsicht. Die ließ der LdN walten, indem er sein Verhalten
so einrichtete, daß die Verschwörer, mit denen er sympathisierte, nicht
gerade sabotiert wurden, indem er sich aber für alle Handlungen bei
seinem Vorgesetzten Oberst Köllner Rückendeckung sicherte. Er enthielt
sich jeglicher selbständiger Entscheidung und Initiative, führte aber alle
Befehle ihm vorgesetzter Offiziere aus.

Röhrig war nicht eingeweiht worden, und nun sah er sich plötzlich
widersprechenden Behauptungen gegenüber: die einen sagten, Hitler sei
tot, die anderen sagten, er sei es nicht, und wer es behaupte, sei ein
Staatsfeind. Außer Klausing und Haeften bekam Röhrig keinen der Verschwörer zu sehen, die eine Gruppe war für ihn ebenso nebelhaft, wie die
andere, die das Regime vertrat, von wohlbekannter Gefährlichkeit war.
Er hatte eine gesunde Angst um seinen Kopf, zum Heldentum fühlte er
sich nicht geboren. So hat er keiner Seite willentlich geholfen oder geschadet, den Mißerfolg des Staatsstreichversuches hat er weder verschuldet noch mitverschuldet oder auch nur beschleunigt [120].

Inzwischen waren Stauffenberg und Haeften in die Bendlerstraße gekommen, etwa um die Zeit, als das Absetzen des ersten Fernschreibens
mit der Nachricht »Der Führer Adolf Hitler ist tot« begonnen hatte, also
ungefähr um 16.30 Uhr [121]. Von seiner zweiten Unterredung mit Fromm
kam Olbricht mit Stauffenberg und Haeften zusammen wieder in sein
Zimmer, wo Hoepner wartete. Hier gab Stauffenberg auf die Aufforderung
Olbrichts hin seinen Bericht von der Wirkung des Attentats, welches
Hitler seiner Überzeugung nach getötet oder mindestens lebensgefährlich
verletzt haben mußte: »›Ich habe alles das von außen gesehen; ich habe
außerhalb der Baracke zusammen mit General Fellgiebel gestanden; da

ist eine Explosion in der Baracke erfolgt, und da habe ich nur noch gesehen, wie eine große Anzahl Sanitäter herüber gelaufen sind, Wagen
hingebracht worden sind; diese Detonation war so, als ob eine 15-cm-
Granate hineingeschlagen hätte: da kann kaum noch jemand am Leben
sein.‹« [122] Stauffenberg war demnach überzeugt, daß die Bombe die beabsichtigte Wirkung getan hatte.

Im Bewußtsein des Gelingens konnte man nun den Staatsstreich energisch betreiben. Olbricht erklärte Stauffenberg, daß Fromm die Beteiligung verweigere und wegen der Auslösung von »Walküre« seinen Chef
des Stabes, Oberst Mertz von Quirnheim, verhaften wolle. Man müsse
sofort noch einmal mit Fromm reden. Stauffenberg und Olbricht gingen
zusammen hin, dieser erklärte, Stauffenberg habe ihm soeben den Tod
Hitlers bestätigt. Fromm: »»Das ist doch unmöglich, Keitel hat mir das
Gegenteil versichert.‹« [123] Aber da hatte Stauffenberg eine schwer zu wi-
derlegende Entgegnung bereit: »»Der Feldmarschall Keitel lügt wie immer,
ich habe selbst gesehen, wie man Hitler tot hinausgetragen hat.‹« [124] Olbricht setzte hinzu, angesichts dieser Lage habe man – er sagte »wir« –
das Stichwort »Walküre« für innere Unruhen an die Wehrkreiskommandos ausgegeben.

Das war für Fromm zu viel. Schließlich war er der Befehlshaber, und
Befehle erteilte der Befehlshaber. Hier machten seine Untergebenen einfach, was sie wollten, und Hitler war wahrscheinlich nicht einmal tot. Er
schlug also mit der Faust auf den Tisch und schrie: das sei ja glatter Unge-
horsam, das sei Revolution und Hochverrat, darauf stehe die Todesstrafe,
Olbricht, Stauffenberg und der (zur Bestätigung der Ausgabe des Stichwortes herbeigeholte) Oberst Mertz von Quirnheim seien hiermit verhaftet,
das Weitere werde sich finden. Stauffenberg aber erklärte mit großer Ruhe,
es sei umgekehrt, nicht er, sondern Fromm sei hiermit verhaftet. Er selbst
habe die Bombe gezündet und wisse sicher, daß Hitler tot sei. Fromm
erwiderte, dann müsse sich Stauffenberg sofort erschießen; denn das
Attentat sei mißlungen [125]. Als Stauffenberg das kühl ablehnte, sprang
Fromm erregt auf und ging mit erhobenen Fäusten auf ihn los, die beiden
Ordonnanzoffiziere Kleist und Haeften zogen ihre Pistolen und traten dazwischen, Kleist drückte Fromm den Lauf seiner Pistole in den
Bauch, worauf Fromm sofort jeden Widerstand aufgab. Stauffenberg sagte:
»Herr Generaloberst haben fünf Minuten Bedenkzeit.« Dann verließen er
und die Mitverschworenen den Raum. Nach fünf Minuten ging Olbricht
wieder hinein und ersuchte Fromm um seine Entscheidung. Der Generaloberst sagte: »Unter diesen Umständen betrachte ich mich als außer Kurs
gesetzt.« Dann wurde er mit seinem Adjutanten Bartram in dessen Zim-

mer gedrängt und dort unter Bewachung festgehalten. Die Telephonverbindung wurde getrennt, die beiden Ausgänge des Zimmers vorläufig besetzt. Das war etwa um 17 Uhr.

Da Olbricht Stauffenberg berichten konnte, »Walküre« sei ausgegeben und die vorbereiteten Befehle für die Übernahme der Vollziehenden Gewalt durch das Ersatzheer seien fernschriftlich an die Empfänger unterwegs, war im Augenblick nicht viel zu tun. Man mußte das Eintreffen der nach Berlin gerufenen Truppen abwarten. Generaloberst Beck war inzwischen erschienen, er war von Graf Schwerin von Schwanenfeld hergefahren worden. Er hatte mit Bedacht davon abgesehen, seine Uniform zu tragen, um den Gedanken an einen Militärputsch gar nicht erst aufkommen zu lassen [126]. Hoepner war das Recht zum Tragen seiner Uniform aberkannt worden, er hatte sie sich aber in die Bendlerstraße mitgebracht, wo er sie auch während des Abends trug. Man unterrichtete sich kurz gegenseitig über den Stand der Aktion und verteilte die Rollen. Hoepner, sagte Olbricht, habe jetzt die Stelle Fromms als Befehlshaber zu übernehmen, unter dem Titel »Oberbefehlshaber im Heimatkriegsgebiet«, er gab ihm sogar einen schriftlichen dahinlautenden Befehl, und Hoepner setzte sich in Fromms Zimmer. Er ging auch noch zu Fromm hin und sprach ihm sein Bedauern über den Gang der Dinge aus, worauf Fromm erwiderte, es tue ihm leid, aber er könne nicht mittun, weil seiner Ansicht nach Hitler nicht tot sei [127]. Sonst fand Hoepner zunächst nichts zu tun, die Befehle gingen hinaus, Anfragen waren erst später zu beantworten.

Stauffenberg rief inzwischen bei General Wagner in Zossen an und sagte ihm, der Führer sei einem Attentat zum Opfer gefallen und sei tot. Er selbst, Stauffenberg, sei eben von der »Wolfschanze« zurückgekommen. Er übergebe jetzt das Gespräch an Generaloberst Beck [128]. Beck sagte Wagner, er habe »»heute den Befehl übernommen«« und wünsche, daß seine Weisungen befolgt werden. Der neue Oberbefehlshaber der Wehrmacht, Generalfeldmarschall von Witzleben, werde in Kürze nach Zossen kommen und dort die Befehlsgewalt übernehmen (die Bendlerstraße als Sitz von Dienststellen hauptsächlich des OKH war als Kommandozentrale längst nicht so geeignet wie das Hauptquartier in Zossen, zur Zentrale des Staatsstreichversuches wurde die Bendlerstraße nur als Sitz des Befehlshabers des Ersatzheeres). Seinem Bericht zufolge hat Wagner auf alle diese Ansinnen und Mitteilungen ablehnend reagiert, auch als ihm wenig später Mertz von Quirnheim die Übernahme der Vollziehenden Gewalt durch das Heer und die Auslösung von »Walküre« mitteilte [129]. Als kurz darauf Generalmajor Stieff anrief und sagte, er höre vom BdE, daß Vollziehende Gewalt verkündet sei und dies für völligen Wahnsinn erklärte, hat Wagner ihm seinem Bericht zufolge befohlen, sofort alles, einschließlich der verschiedenen Telephonanrufe aus der Bendlerstraße bei Wagner, an Keitel zu melden.

Dann erschien ungefähr um 17 Uhr der Berliner Polizeipräsident Graf von Helldorf mit seinen Begleitern, dem Potsdamer Regierungspräsidenten Gottfried Graf von Bismarck und dem Abwehrbeauftragten und Vizekonsul Gisevius in der Bendlerstraße; Olbricht hatte ihn herbefohlen [130]. Olbricht gab Helldorf gegenüber eine kurze förmliche Erklärung ab, Hitler sei einem Attentat zum Opfer gefallen, die Wehrmacht habe die Exekutive übernommen und die Berliner Polizei werde hiermit direkt dem OKW unterstellt, die erforderlichen Maßnahmen seien sofort zu treffen. Helldorf wollte schon gehen, da ließ sich Beck vernehmen: Helldorf müsse wissen, daß aus dem Führerhauptquartier der Behauptung vom Tode Hitlers widersprochen werde. Olbricht wollte eine Diskussion von vornherein verhindern und rief mehrfach dazwischen, das seien Lügen von Keitel. Aber Beck wußte, warum er darauf bestand, Helldorf zu unterrichten: in Kürze konnte es der Gegenseite gelingen, ihre Behauptung über den Rundfunk oder telephonisch und telegraphisch zu verbreiten, man mußte schon vorher wissen, wie man darauf reagieren würde. Beck sah klar: »›Für mich ist dieser Mann tot.‹« Auf dieser Grundlage habe alles Weitere zu geschehen, gleichgültig, ob die Annahme stimmte oder nicht. Der Gegenbeweis könnte vom Hauptquartier aus frühestens in einigen Stunden geführt werden, bis dahin aber müsse alles erledigt, müsse die Macht tatsächlich übernommen sein [131]. Helldorf versprach, alle zwanzig Minuten in der Bendlerstraße anzurufen und begab sich in seine Kommandostelle in der Karlstraße, von wo aus er die Sicherheitspolizei alarmierte, jedoch entsprechend der Vereinbarung noch nicht in Marsch setzte [132]. Major i. G. Hayessen war aber schon am Mittag, etwa um 12 Uhr, bei Helldorf gewesen, um sich die Zusage der für die ersten Verhaftungen vorgesehenen Kriminalbeamten bestätigen zu lassen [133].

Seit etwa 16 Uhr begann man auch, Mitverschworene und Hilfskräfte in die Zentrale zu rufen. Um 16.30 Uhr hatte Klausing am verabredeten Sammelpunkt, im Hotel »Esplanade«, angerufen, Oppen war ans Telephon gekommen und hatte die Aufforderung erhalten, er möge sogleich mit Kleist, Hauptmann Dr. Fritzsche und Ludwig Freiherr von Hammerstein ins AHA zu General Olbricht kommen. Sie hatten seit 13 Uhr auf den Anruf gewartet, fuhren sofort in die Bendlerstraße und wurden als Ordonnanzoffiziere eingesetzt. Als sie kamen, waren Oberleutnant

d. R. Graf von der Schulenburg, Oberleutnant d. R. Oberregierungsrat Graf
Yorck von Wartenburg und Oberst Fritz Jäger, Ritterkreuzträger und Kommandeur der Panzertruppen XXI, schon da[134]. Kleist war, wie berichtet,
schon bei der Verhaftung Fromms tätig geworden, Fritzsche hatte vor dem
Zimmer Fromms Wache zu stehen und im Flur für die Sicherheit des
AHA zu sorgen. In Fromms Zimmer ging Generaloberst Hoepner, noch in
Zivil, aus und ein. Fritzsche mußte ihm die Uniform bringen und Hoepner zog sie an.

Dr. Goerdeler sollte herbeigeholt werden, aber erst nach einer Weile
fand sich jemand, der wußte, wo er zu finden wäre. Er mußte sich verborgen halten, und das höchst gefährliche Nachrichtensystem funktionierte
nicht immer reibungslos[135]. Doch sah man davon ab, ihn herzuholen; es
war »zu früh« – das Anfangsstadium des Putsches war noch nicht erfolgreich bestanden, Goerdeler konnte nichts zum Gelingen beitragen, bis
man wenigstens die Rundfunksender besetzt hatte, bis dahin gefährdete
man ihn nur unnötig, wenn man ihn in die Bendlerstraße brachte[136].

Dr. Otto John hatte von seinem Büro im Tempelhofer Flughafengebäude am Nachmittag in der Bendlerstraße angerufen; er wollte wissen,
ob Oberst Hansen, mit dem er am engsten zusammenarbeitete, schon
dort sei. Die Sekretärin Stauffenbergs teilte mit, weder Hansen noch
Stauffenberg seien da, aber John möge zwischen 17 und 18 Uhr wieder
anrufen[137]. Als er kurz nach 17 Uhr wieder mit der Bendlerstraße Verbindung bekam und Stauffenberg verlangte, meldete sich Haeften: »›Wir
machen vollziehende Gewalt‹, sagte er eilig. ›Kommen Sie gleich her!‹«
John sagte Dr. Klaus Bonhoeffer Bescheid, der mit ihm bei bei der Lufthansa arbeitete; er sollte John später zu Hause anrufen. John war der
vierte Zivilist nach Beck (der seinen zivilen Status ausdrücklich unterstrich), Gisevius und Bismarck (Schulenburg, Yorck, Kleist u. a. waren
eigentlich im gleichen Sinne keine Berufssoldaten, sondern von Haus aus
»Zivilisten«), der an diesem Tage in die Bendlerstraße kam, um sich am
Staatsstreich zu beteiligen. John war nicht wenig erschrocken, als er am
Aufgang zum zweiten Stock dem Oberst Fritz Jäger begegnete, der weder
Mütze noch Koppel trug, dafür aber von zwei mit aufgepflanztem Bajonett und Stahlhelm bewehrten Wachen und einem SS-Führer flankiert
war. Der Schwarze war der SS-Oberführer Dr. Achamer-Pifrader, der vom
RSHA in die Bendlerstraße geschickt worden war, um Stauffenberg zu verhaften, und statt dessen von Oberst Jäger in Haft genommen worden war.
Er wurde später unter Assistenz von Ludwig Freiherr von Hammerstein und
Ewald Heinrich von Kleist entwaffnet[138].

John fragte nach der Lage und nach Oberst Hansen; Schwerin von

Schwanenfeld gab ihm kurz Auskunft. Der Deutschlandsender verbreite eine Meldung, wonach Hitler nicht tot sei, aus dem Führerhauptquartier kämen Gegenbefehle, Beck wolle aber die Sache eisern durchziehen. Ob John neue Nachrichten aus Lissabon habe? Das nicht, meinte John, aber er wolle lieber Beck selbst berichten. Er wollte nicht jedem das entmutigende Wort von der bedingungslosen Kapitulation hinwerfen, nicht gerade in diesem Augenblick. Er dachte daran, zu Popitz zu fahren, blieb aber noch in der Bendlerstraße, wo anscheinend energische und jedenfalls rege Tätigkeit herrschte.

Zwischen 17 und 17.30 Uhr erhielt Dr. Eugen Gerstenmaier, Theologe, Leiter des Ökumenischen Referats im Kirchlichen Außenamt der Evangelischen Kirche und in enger Verbindung sowohl mit den Verschwörern im Auswärtigen Amt als auch im Kreisauer Kreis, in der Wohnung, die er in Berlin-Lichterfelde mit Graf Yorck teilte, dessen Anruf, er möge in die Bendlerstraße kommen, »die Sache sei gestiegen«[139]. Ja, aber das Attentat sei doch mißlungen, wie man eben über den Rundfunk habe hören können? Nein, sagte Yorck, das sei eine unwahre Zweckmeldung. Gerstenmaier fuhr also los, mit der Straßenbahn, weil kein Auto verfügbar war, und erhielt in der Bendlerstraße von Generaloberst Hoepner seine Bestallung zum Militärbevollmächtigten für Kultus- und Kirchenangelegenheiten.

Die Stimmung war schon etwas gedrückt, aber Stauffenberg war jetzt mit seinen Adjutanten unablässig am Telephon und suchte mit Energie den Staatsstreich in den Wehrkreisen voranzutreiben. Yorck und Schulenburg unterrichteten Gerstenmaier über die Lage: anscheinend sei das Attentat mißglückt, aber der Umsturzplan werde ausgeführt, bis jetzt sei alles planmäßig verlaufen. Gerstenmaier fand zwar (auch Gisevius vertrat diese Auffassung), die Verschwörer gehen gegen die Gegner viel zu behutsam vor. Er selbst hatte außer der Bibel auch eine Pistole in der Tasche. An einem solchen Tag, und wenn man schon eine Revolution gegen Leute wie die Nationalsozialisten und die SS mache, da müsse eben auch geschossen werden, meinte er, da könne Rücksicht nur den Erfolg und das Leben der Verschwörer unnötig aufs Spiel setzen. Aber die Verschwörer befanden sich im Dilemma; denn sie wollten ja eben aus Humanität und Rechtlichkeit das Regime beseitigen, welches jeden Rechtsweg mit Füßen trat. Ihre eigenen Grundsätze und Ziele hemmten nun ihr Handeln auf ebendiese Ziele hin.

Doch war in der Bendlerstraße alles auf einigermaßen gutem Wege, alle vorgesehenen Einheiten waren alarmiert und aufgerufen, in den Wehrkreisen begannen die ersten Maßnahmen, ebenso in Paris. Mertz von Quirnheim telephonierte etwa um 17 Uhr mit seinem Freund Oberst i. G.

Eberhard Finckh und sagte ihm, in Berlin laufe alles, er möge den Feldmarschall von Kluge informieren. Das Stichwort für die Auslösung des
Staatsstreiches war schon etwas früher nach Paris ergangen [140].

Der Befehlshaber im Wehrkreis III, General der Infanterie Joachim von
Kortzfleisch, hatte sich auf Olbrichts durch Oertzen übermittelten Wunsch
in die Bendlerstraße begeben. Dort wurde er zunächst von Hoepner, Beck
und Olbricht hingehalten, da er eigentlich zu Fromm bestellt war und
diesen auch zu sehen verlangte, was aber nun nicht ging. Das Ansinnen,
wegen des Todes des Führers für die Truppen des Wehrkreises III »Walküre« zu befehlen, lehnte Kortzfleisch ab, an dem Staatsstreich, der da
offenbar versucht wurde, wollte er sich nicht beteiligen. Darauf wollte er
wieder gehen. Er hatte gemerkt, daß er mit Vorwänden festgehalten und
auch mehr oder minder auffällig bewacht wurde. Plötzlich entwich er aus
dem neben Olbrichts Dienstraum liegenden Zimmer und rannte den Flur
hinunter. Olbrichts Adjutant, Oberstleutnant von der Lancken, stürzte zu
seinem Vorgesetzten herein und rief: »›Der General ist weg!‹« Ludwig
Freiherr von Hammerstein war gerade bei Olbricht, rannte hinaus und
brüllte: »›Achtung Ausgang!‹« Am Ausgang standen Kleist und ein »zuverlässiger« Unteroffizier, die Kortzfleisch ihre Pistolen vor die Nase
hielten. Hammerstein geleitete den außer Atem geratenen General in das
ihm angewiesene Zimmer zurück und mußte ihn für den Rest des Abends
bewachen. Kortzfleisch tobte noch eine Weile und brüllte verschiedenes
vom Fahneneid, beruhigte sich dann aber und meinte, einen Staatsstreich
könne man von ihm nicht verlangen, so einer Sache sei er nicht gewachsen; er wolle nach Hause und in seinem Garten Unkraut jäten. Wenn er
aber über Nacht bleiben solle, so müßten doch nun Vorbereitungen für
seine Übernachtung getroffen werden [141]. Das war zwischen 18 und 19 Uhr.

Anstelle von Kortzfleisch ernannten die Verschwörer den zu ihnen ge-
hörenden Inspekteur des Wehrersatzwesens in Berlin, Generalleutnant
Karl Freiherr von Thüngen, der sich schon zwischen 16 und 17 Uhr in
der Bendlerstraße eingefunden hatte, zum Befehlshaber im Wehrkreis III.
Thüngen verfügte sich aber erst nach 19 Uhr und ohne große Eile zum
Wehrkreiskommando am Hohenzollerndamm [142].

Inzwischen, d. h. um 17.30 Uhr, lagen im Wehrkreiskommando III am
Hohenzollerndamm außer den »Walküre«-Befehlen für die Schulen und
Garnisonen auch die anderen Befehle der Verschwörer vor, namentlich
derjenige, mit dem das Heer die Vollziehende Gewalt übernahm. Die
»Walküre«-Anweisungen waren wenigstens zweimal eingegangen, einmal durch Major von Oertzen und dann noch einmal durch Fernschreiben, zu allererst wahrscheinlich schon durch Major Harnack [143]. Nun

überbrachte Oertzen noch eine Liste der wichtigsten Behörden der SS, der Regierung und der Partei, welche besetzt werden sollten. Adressen waren angegeben sowie Nummern, die den auf einem Stadtplan eingezeichneten Zahlen entsprachen [144]. An erster Stelle standen die SS-Dienststellen vom RSHA bis zur SS-Funkstelle, sodann die obersten Parteidienststellen samt den Parteidruckereien und -verlagen, Propaganda-, Innen-, Post- und Preußisches Staatsministerium, die Dienststellen der SA-Führung, der Gauleitung, der HJ-Führung, der Arbeitsfront und des SD im Berliner Leitabschnitt; danach folgten die Objekte zweitrangiger Wichtigkeit vom Auswärtigen Amt über das Kolonialpolitische Amt und die Motor-Obergruppe Ost sowie die Motor-Gruppe Berlin bis zur Stadtverwaltung, zum Oberpräsidium für Brandenburg und dem Pressepolitischen Amt. Auch das Forschungsamt für Fernsprechüberwachung und den Einsatzstab des Höheren SS- und Polizei-Führers hatte man nicht vergessen.

Der Chef des Stabes im Wehrkreiskommando III, Generalmajor Otto Herfurth, war etwas ratlos, obwohl Oertzen bei ihm war. Er meinte, ohne den Befehlshaber könne er doch derartiges nicht befehlen. Er war nicht völlig eingeweiht und gewonnen worden, General von Kortzfleisch aber hatte man wohlweislich nicht unterrichtet, ehe er zur Bendlerstraße fuhr. Herfurth fürchtete, daß die Befehle »unecht« sein oder auf falschen Voraussetzungen beruhen könnten, aber schließlich entschied er sich doch für die Weitergabe [145]. Zur Besetzung der in der Liste aufgeführten Objekte freilich fehlte es vorerst noch an Truppen. Immerhin gingen zwischen 18 und 19 Uhr im Wehrkreiskommando Bestätigungen von den alarmierten Schulen und Garnisonen ein, überall wurde Marschbereitschaft hergestellt [146]. Der IIa Oberst von Wiese und Kaiserswaldau, der nach Berlin gekommen war, um sich beim Befehlshaber Unterschriften zu holen und dessen Abteilung in der Ulanenkaserne in Fürstenwalde untergebracht war, mußte die dort liegenden Einheiten telephonisch alarmieren. Manche Schulen bemerkten, sie hätten dieselben Befehle schon vom OKH/AHA bekommen, und dem Kommandeur des Panzergrenadier-Ersatz-Regiments »Großdeutschland« in Cottbus fiel auf, daß der vom Wehrkreiskommando III eingegangene Befehl vom Amtschef des AHA, General Olbricht, gegengezeichnet war, obwohl das Regiment territorial dem Wehrkreis III unterstand [147]. Trotz solchen Zweifeln, die oft erst im Rückblick eine Rolle spielten, war die Aktion, soweit sie in den Händen des Wehrkreiskommandos lag, um 18 Uhr im Gange.

Bei der Wehrmachtstandort-Kommandantur Berlin, meist Stadtkommandantur genannt, betrieb man die Anfangsmaßnahmen bedeutend energischer, und hier zeigte sich, wieviel von Persönlichkeiten und wie wenig von dem vielberufenen Kadavergehorsam zu erwarten war[148]. Allerdings lagen die der Kommandantur unterstellten Truppen auch näher und konnten deshalb rascher eingesetzt werden.

Nach dem vorgesehenen Zeitplan sollte Generalleutnant von Hase schon am Tag vor der Auslösung den Befehl für eine »Walküre«-Übung erhalten, aber nach den Erfahrungen des 15. Juli mußte man davon natürlich absehen[149]. Der zweite Befehl wurde gegen 16 Uhr telephonisch an Hase durchgegeben; er verkündete den Ausnahmezustand und die Übernahme der Vollziehenden Gewalt durch das Heer, und befahl das Wachbataillon mit allen verfügbaren Kompanien zur Wehrmachtstandort-Kommandantur Unter den Linden 1. Der Stadtkommandant selbst sollte sich zum Befehlsempfang zum Chef H Rüst u BdE in die Bendlerstraße begeben. Inzwischen waren alle Einheiten im Standort Berlin, insbesondere die Garnison Spandau und die Feuerwerker- und die Waffenmeister-Schule zu alarmieren; 270 t Automobiltransportraum standen in Bernau zur Verfügung. Befehl Nr. III enthielt Einzelheiten über die Absperrungsmaßnahmen, die das Wachbataillon dann später auch durchführte, gab die zu sperrenden Straßen an und befahl die Verhaftung von Goebbels. Die Absperrung des Wachbataillons werde in Kürze durch Einheiten der Panzer-Truppen-Schule verstärkt werden, weitere Verstärkungen solle der Kommandant von Berlin aus der Spandauer Garnison und der Feuerwerker- und der Waffenmeister-Schule entnehmen.

Dieser dritte Befehl sollte Hase nach der ursprünglichen Absicht in der Bendlerstraße erteilt und erklärt werden. Man sah aber davon ab, denn Major i. G. Hayessen war da und konnte alles erläutern. So gab Hase von der Kommandantur aus sogleich die entsprechenden Weisungen. Er befahl die Kommandeure der von ihm einzusetzenden Einheiten zu sich, vor allen Major Remer, sodann auch den Kommandeur der Heeres-Feuerwerker-Schule, den Kommandeur der Heeres-Waffenmeister-Schule und die Kommandeure der in Berlin liegenden Landesschützen-Bataillone[150]. Während die Absperrung des Regierungsviertels hauptsächlich durch das Wachbataillon und später auch durch die Einheiten der Panzer-Truppen-Schule Krampnitz erfolgen sollte, mußten die anderen der Wehrmachtstandort-Kommandantur unterstehenden Einheiten bei der Besetzung der obersten Reichsbehörden, der Nachrichtenanlagen und der Zeitungs- und Presseeinrichtungen mitwirken. Die Objekte waren die auch in der für das Wehrkreiskommando III bestimmten Liste aufgeführten, auf die in dem Befehl für Hase ausdrücklich hingewiesen wurde. Ausgenommen und der Besetzung durch Truppen des Wehrkreises vorbehalten waren nur der Sender Tegel, die Funktürme und das Funkhaus in der Masurenallee.

Die Polizei hatte Anweisung, mit dem Heer zusammenzuarbeiten und am Autobahnring Berlin Sperren und Kontrollen zu errichten. Sobald bei der Standortkommandantur genügend Truppen zur Verfügung standen – die Heeres-Waffenmeister-Schule sollte das Schloß besetzen und die Feuerwerker-Schule das Zeughaus –, waren dreißig Stoßtrupps zu bilden. Diese sollten unter Führung von Kriminalbeamten, die Reichskriminaldirektor Nebe zur Verfügung stellte und bereithielt, zu den einzelnen Reichsbehörden entsandt werden und dort die wichtigsten Funktionäre und Würdenträger verhaften. Für die Nachrichtenanlagen sollten sinngemäß Nachrichtenoffiziere eingesetzt werden, die sich ebenfalls bei Hase melden sollten. Zehn Nachrichtenoffiziere sollte Generalleutnant Thiele vom OKW bereitstellen, zehn wollte Oberst Haßel vom OKH einsetzen. Als Thiele wegen des Mißlingens des Attentats seinen Anteil nicht leisten wollte, veranlaßte Haßel, daß statt zehn zwanzig Offiziere aus seinem Befehlsbereich zur Kommandantur geschickt wurden [151]. Schließlich sollten von der Division »Brandenburg« noch fünfzig Mann auf Lastwagen herangeführt werden.

Auch die Waffen-SS und das in Tegel stationierte Regiment »Hermann Göring« wurden nicht vergessen. Ein General sei, hieß es in demselben Befehl Nr. III, mit einem Stoßtrupp zum SS-Standortkommandanten Berlin entsandt, um diesem den Befehl zur Eingliederung der Waffen-SS in das Heer zu übermitteln. Dem Regiment »Hermann Göring« sollte die Wehrmachtstandort-Kommandantur das alarmbereite Verbleiben in den Unterkünften befehlen und den Kommandeur mit seinem Adjutanten zum Empfang weiterer Befehle zur Kommandantur zitieren.

Um 16.15 Uhr wurden auf das Stichwort »Walküre« die in Moabit liegenden Teile des Wachbataillons »Großdeutschland«, die gerade nicht auf Wache ausgerückt waren, alarmiert. Ein Zug der vierten Kompanie befand sich auf Wachdienst in der Bendlerstraße, andere Züge waren an verschiedenen Punkten Berlins eingesetzt. Entsprechend dem erhaltenen Befehl fuhr der Kommandeur Major Remer zur Wehrmachtstandort-Kommandantur Unter den Linden 1 und meldete sich bei Generalleutnant von Hase [152]. Dieser eröffnete ihm, das Heer übernehme die Vollziehende Gewalt, das Wachbataillon habe die Aufgabe, das Regierungsviertel abzusperren, begrenzt durch Potsdamer Platz, Saarlandstraße, Anhalter Straße, Wilhelmstraße, Kochstraße, Friedrichstraße, Dorotheenstraße und Hermann-Göring-Straße. Die Polizei habe bei der Absperrung Hilfe zu leisten, Personen dürften vorläufig (bis zur Beendung der Verhaftungen) nicht durchgelassen werden, die öffentlichen Verkehrsmittel müßten umgeleitet werden oder aber leer durchfahren. Die ersten drei Kompanien seien zur Absperrung einzusetzen, die vierte Kompanie als Eingreifreserve beim Lustgarten bereitzuhalten.

Remer sagte: »Jawohl, Herr Generalleutnant.« Dann fuhr er wieder nach Moabit zurück; einen Oberstleutnant von der Abteilung Nachschubtruppen (In 8) beim Chef H Rüst u BdE, Franz Wilhelm Wolter, den ihm Hase beigegeben hatte, brachte er mit. Remer rief seine Offiziere zusammen und teilte anhand eines Stadtplans die Kompanien auf das Absperrungsgebiet auf. Wenn man den Berichten der unmittelbar Beteiligten – Remer, Hagen und Schlee – Glauben schenken darf, so hatten sie schon in diesen Augenblicken den furchtbaren Verdacht, da werde geputscht. Leutnant Dr. Hagen, der beim Bataillon zwischen 15 und 16 Uhr im Auftrag des Propagandaministeriums einen weltanschaulichen Vortrag gehalten hatte, glaubte unterwegs in einem Personenauto den Generalfeldmarschall von Brauchitsch in voller Uniform durch die Straßen Berlins fahren gesehen zu haben, was ihm höchst bedenklich und verdächtig erschien; auch Major Remer und Leutnant Schlee war es angeblich von vornherein nicht wohl bei der Sache. Als sie dies berichteten, wußten sie natürlich, daß es um ihre Köpfe ging, obwohl sie sicher nicht mit den Verschwörern sympathisiert hatten.

Zunächst sind sie aber marschiert. Die Kompanien wurden verladen und in die Stadtmitte gefahren, wo sie ihre Stellungen einnahmen und das Regierungsviertel wie befohlen absperrten, Remer fuhr wieder, ebenfalls wie befohlen, in die Kommandantur Unter den Linden 1. Um 18.30 Uhr war die Absperrung vollzogen. Remer, immer noch bedenklich, kontrollierte die ausgestellten Sicherungen persönlich.

Ursprünglich war beabsichtigt, Remer auch mit der Verhaftung des Ministers Dr. Goebbels zu beauftragen, aber davon wurde Abstand genommen auf den vom Ia der Kommandantur, Oberstleutnant i. G. Schöne, gegenüber Hase geltend gemachten Einwand hin, Goebbels sei der Schirmherr des Wachbataillons, es sei eine zu große Belastung für die Truppe. Hase wollte dann einem anderen Offizier, der erst noch bestimmt werden sollte, die Verhaftung von Goebbels übertragen[153]. Die leise geführte Unterredung zwischen Schöne und Hase über diesen Punkt hörte Remer gerade, als er von seiner Inspektion in die Kommandantur zurückkam. Wie er nachher berichtete, stimmte ihn die geplante Verhaftung Goebbels' »besonders bedenklich«, aber er tat nach wie vor alles, was ihm befohlen wurde. Er meldete Hase den Vollzug der befohlenen Absperrungen und wies noch darauf hin, daß die Absperrung an der Anhalter Straße beim RSHA verstärkt werden müßte.

Während Remer also offensichtlich gutgläubig handelte oder gar nicht

viel nachdachte, sondern eben Befehle ausführte, scheinen Dr. Hagen
sehr früh wirkliche Zweifel gekommen zu sein[154]. Er erzählte Remer
schon nach der Einweisung der Offiziere in Moabit, er habe Brauchitsch
in der Stadt an sich vorbeifahren sehen und die ganze Sache sei ihm nicht
geheuer. Was denn Brauchitsch jetzt in Berlin tue? Er wolle auf alle
Fälle zu seinem Minister, Dr. Goebbels, fahren und sich orientieren[155].
Das konnte Remer nur recht sein. Er war Soldat und hatte die Befehle
seiner Vorgesetzten, in diesem Falle Generalleutnant von Hase, auszuführen. Wessen Befehle unrechtmäßig oder rechtmäßig waren, ob unrechtmäßige Befehle gegeben wurden, konnte er um 17 Uhr noch nicht
übersehen, Hagens Vorstoß könnte aber vielleicht die Lage klären. Dieser
begab sich also zu Goebbels und wurde vom Minister um 17.25 Uhr
empfangen. Es dauerte über eine Stunde, bis es Hagen nach seinem Gespräch mit Goebbels dann gelang, auf dessen Befehl hin Remer ins Propagandaministerium zu holen. Erst zwischen 18.35 und 19.00 Uhr war
Remer dort und führte das berühmte Telephongespräch mit Hitler. Damit
war die Peripetie im Drama des Wachbataillons schon überschritten, der
Fortgang wird im 5. Abschnitt wieder aufzunehmen sein.

In Cottbus bei der Ersatz-Brigade »Großdeutschland« traf der »Walküre«-Befehl kurz vor 16 Uhr ein. Der Adjutant (IIa) der Brigade, Oberleutnant Kurt Delius, nahm den telephonischen Anruf von Oberstleutnant
i. G. Bernardis entgegen: Der Führer sei tot, es bestehe die Gefahr innerer
Unruhen, es gelte das Stichwort »Walküre«, Vollziehende Gewalt beim
Heer. Die Ersatz-Brigade habe den Deutschlandsender bei Herzberg und
die Sendeanlagen in Königswusterhausen zu besetzen, ferner alle wichtigen Straßen- und Brückenpunkte in der Umgebung von Cottbus. Kommandeur und Adjutant der Brigade haben sich darauf beim Wehrkreiskommando III am Hohenzollerndamm zu melden[156]. Der Kommandeur
der Brigade, Oberst Hermann Schulte-Heuthaus, war gerade bei Übungen
von Einheiten der Brigade unterwegs. Delius benachrichtigte also den
Kommandeur des Panzergrenadier-Ersatz- und Ausbildungs-Regiments
der Brigade und Stellvertreter des Brigadekommandeurs, Oberstleutnant
Hans-Werner Stirius, den er um 16.25 Uhr in seiner Wohnung erreichte,
nachdem er sich durch Rückruf den Befehl von Bernardis hatte bestätigen
lassen.

Gegen 16.45 Uhr traf Oberstleutnant Stirius wieder in der Kaserne ein,
wo ihm der inzwischen schriftlich eingegangene und entschlüsselte Befehl
aus dem OKH vorgelegt wurde. Als weitere Einzelheit enthielt er noch
die Anweisung für die Hauptkräfte der Brigade, die Bereitstellungsräume
in Berlin-Süd zu beziehen, wie es schon am 15. Juli geprobt worden war.

Oberstleutnant Stirius ließ den Befehl sofort ausführen und die Brigade
in Marschbereitschaft versetzen, aber es berührte ihn doch eigenartig, daß
der Befehl von Olbricht unterzeichnet war und aus dem OKH/AHA kam,
statt vom Wehrkreiskommando III, dem die Ersatz-Brigade territorial
unterstand.

Nach 15 Minuten meldete sich bei Oberst Stirius befehlsgemäß der
Chef der Panzerfunkkompanie; er erhielt die Anweisung, mit einer gemischten Kompanie aus zwei Zügen Panzerpionieren und einem Zug
Panzerfunker unverzüglich zum Deutschlandsender Herzberg zu fahren
und diesen zu besetzen. Etwaige Wachen, besonders solche der SS, seien
zu unterstellen und erforderlichenfalls zu entwaffnen. Danach sei Funk-
und Funksprechverbindung mit der Brigade aufzunehmen, der Vollzug
des Auftrages an den Kommandeur persönlich zu melden. Wenig später,
etwa um 17.15 Uhr, wurde dem Kommandeur des IV. Bataillons der
Brigade in Guben ein dem Sinne nach gleichlautender Befehl erteilt für
die Besetzung der Sendeanlagen in Königswusterhausen. Zwischen 17.15
und 18 Uhr erhielten auch die anderen aus den Standorten nach und
nach eintreffenden Kommandeure von Oberstleutnant Stirius ihre Marschbefehle. Alles funktionierte bestens. Die örtlichen Partei- und SA-Führer,
auch in der Nähe stationierte SS-Einheiten unterstellten sich der Ersatz-
Brigade »Großdeutschland« [157].

Inzwischen kam der Brigadekommandeur von seinen Inspektionsfahr-
ten zurück, aber effektiv behielt Oberstleutnant Stirius das Kommando in
Cottbus; denn der Kommanndeur sollte ja nach dem Abmarsch der aufgerufenen Einheiten sofort zum Wehrkreiskommando in Berlin kommen. Da fuhr nun Oberst Schulte-Heuthaus mit seinem IIa Delius hin,
etwa gegen 18 Uhr. Sie meldeten sich bei Generalmajor Herfurth, aber
die Lage war sehr unklar, der Befehlshaber, General von Kortzfleisch,
war in der Bendlerstraße und niemand wußte zu sagen, warum er dort
war bzw. warum er nicht wiederkam. Er herrschte großes Durcheinander
und niemand traute dem anderen, wie sich Delius erinnert.

In Cottbus fragte inzwischen etwa um 18 Uhr Major von Oertzen
telephonisch an, wieweit »Walküre« angelaufen sei. Er erhielt Auskunft,
konnte aber selbst zur Lage in Berlin nur spätere Unterrichtung in Aussicht stellen. Gegen 18.45 Uhr meldete der Kompaniechef der Panzerfunkkompanie aus Herzberg die Besetzung des Deutschlandsenders. Die SS-
Wache sei ohne Schwierigkeit abgelöst, und Hitler [sic] werde später einen
Aufruf an das deutsche Volk erlassen. Gegen 20 Uhr meldete das IV. Bataillon aus Königswusterhausen, es habe die Sendeanlagen dort besetzt
und die bisherige Besetzung durch einen Truppenteil der Panzer-Truppen-

Schule II abgelöst. Unbeabsichtigte Staatsstreichmaßnahmen und Regimetreue waren unauflöslich vermischt, und seit 18 Uhr begannen sich
für die uneingeweihten Soldaten die Anzeichen zu häufen, daß ein Anschlag auf Hitler verübt und zu einem Umsturzversuch ausgenutzt worden sei. Von da an glitten alle Aktionen der Ersatz-Brigade wie von selbst
in die Hände der nationalsozialistischen Machthaber zurück.

In der Infanterie-Schule in Döberitz gingen die Dinge nicht so glatt wie
in Cottbus. Der Kommandeur, Generalleutnant Otto Hitzfeld, war
wegen eines Trauerfalls nicht in Döberitz, sein Vertreter war Oberst
Ringler, Taktiklehrer im Regimentsführerlehrgang [158]. Am Nachmittag
zwischen 16 und 17 Uhr wurde bekannt, daß »Walküre« ausgelöst sei,
und die Marschbereitschaft der für »Walküre« in Frage kommenden Einheiten wurde hergestellt. Aber dann waren sich die Oberstleutnante und
die Obersten nicht einig, was weiter zu tun sei. Über den Rundfunk hörte
man vom Attentat, die einen wollten befehlsgemäß marschieren, die
anderen rieten ab. Seit etwa 18 Uhr waren Einheiten der Infanterie-
Schule marschbereit; als um 20.30 Uhr Oberst Wolfgang Müller vom
OKH/In 2 von einer Dienstfahrt nach Berlin in die Schule zurückkehrte,
wohin sein Büro ausgelagert war, standen die alarmierten Einheiten immer noch herum, mit Ausnahme einer Abteilung von etwa Kompaniestärke.

Der damals in der Schule anwesende Taktiklehrer Major Jacob, Ritterkreuzträger, wurde von Oberst Ringler über die eingegangenen Befehle
unterrichtet und hatte den (nicht ganz eindeutigen) Eindruck, daß Oberst
Ringler in Abwesenheit des Kommandeurs der Schule das Kommando
führte. Jacob erhielt den mündlichen Auftrag, das Funkhaus in der Masurenallee zu besetzen und den Vollzug sofort telephonisch unter einer ihm
angegebenen Nummer zu melden. Im Funkhaus sollte er alle Sendungen
einstellen lassen und mit einem dort anzutreffenden Nachrichtenoffizier
des OKH Verbindung aufnehmen [159].

Nach 17 Uhr fuhr Major Jacob mit seiner voll bewaffneten und auf
Lastwagen verladenen Truppe los. Man nahm auch einige Maschinen-
gewehre und Granatwerfer mit [160]. Unterwegs begegnete man anderen
Truppenteilen, die im Gelände lagerten.

Die Besetzung des Funkhauses bereitete keinerlei Schwierigkeiten.
Jacob ging einfach mit ein paar Offizieren hinein und erklärte der SS-
Wache, er habe den Auftrag zur militärischen Sicherung des Funkhauses
und die Wache sei ihm vorläufig unterstellt. Ein SS-Offizier wollte tele-
phonieren, Jacob unterband es. Etwa zehn Soldaten reinigten gerade ihre
Waffen und blieben gehorsam in ihrem Raum. Die beiden SS-Posten vor

dem Gebäude ließ man stehen, gab ihnen aber zwei Heeressoldaten bei.
Da Jacob den Auftrag hatte, das Gebäude gegen jedermann zu verteidigen, ließ er Maschinengewehre in Stellung bringen, in den Innenhöfen
wurden Granatwerfer aufgestellt.

Auftragsgemäß verlangte Jacob vom Intendanten auch die Einstellung
aller Sendungen, was dieser zusagte. Man führte Jacob in den Haupt-
schaltraum und sagte ihm, alles sei abgeschaltet. Da Jacob nichts vom
Funk verstand und der Nachrichtenoffizier des OKH nicht gekommen war,
konnte er die Richtigkeit der Behauptung nicht nachprüfen. Tatsächlich
wurde der Sendebetrieb nie unterbrochen. Sowohl der zentrale Schaltraum wie auch die Sprechstudios befanden sich damals gar nicht mehr im
Funkhaus selbst, sondern in einem eigens gebauten Bunker nebenan, der
wie ein Luftschutzbunker aussah.

Man hat Major Jacob, der von der Sache nichts verstand, an der Nase
herumgeführt. Die Besetzung des Funkhauses hatte ohne die Mitwirkung
von Experten bzw. ohne das nötige rücksichtslose Vorgehen von eingeweihten und entschlossenen Verschwörern keine praktische Bedeutung.
Man hat sich auch hier bei der Vorbereitung zu sehr auf die sichere Wirkung der Nachricht vom Tode Hitlers und auf die Automatik des Befehls
verlassen, hatte freilich auch mangels genügender Kontrolle des Heerespersonalamtes kaum andere Möglichkeiten.

Die Experten mit zugleich militärischer Autorität sollten die von Oberst
Haßel und von Generalleutnant Thiele zu entsendenden Nachrichtenoffiziere sein. Oberst Haßel, der Chef der Amtsgruppe Nachrichtenwesen
im OKH/AHA, hatte etwa um 16.15 Uhr die Anweisung gegeben, daß
sich die zehn von ihm zu stellenden Nachrichtenoffiziere zur Wehrmachtstandort-Kommandantur verfügten[161]. Da Generalleutnant Thiele
sich angesichts des mißlungenen Attentats weigerte, seinen Anteil zu
übernehmen und auch zehn Offiziere zu schicken, befahl Haßel sogar
zwanzig Nachrichtenoffiziere zu Generalleutnant von Hase. Sie sollten
außer den Sendeanlagen und dem Funkhaus auch die wichtigsten Tele-
graphen- und Fernsprechämter überwachen und sichern helfen. Aber in
der Stadtkommandantur erhielten sie wegen der nun dort herrschenden Verwirrung und auch einer gewissen Unschlüssigkeit keine Befehle; später
wurden sie hier festgesetzt. Von der erfolgreichen militärischen Besetzung
des Funkhauses durch Major Jacob haben sie nichts erfahren[162].

Der General der Artillerie beim Chef H Rüst u BdE Fritz Lindemann
hielt sich unterdessen in Zossen bei General Wagner bereit, um den
ersten Aufruf an die Öffentlichkeit zu verlesen[163]. Er sollte zur gegebenen
Zeit, nach dem Beginn des Staatsstreiches, nach Berlin kommen und sich

dort mit einem beim Rundfunk als politischer Kommentator tätigen Angehörigen des Propagandaministeriums, Dr. Fritz Theil, treffen, der eng mit Hofacker, Schulenburg und Trott zusammenarbeitete. Gemeinsam sollten sie sich unter Polizei- oder Militärschutz ins Funkhaus begeben, wo auch Theil eine Ansprache verlesen sollte. Am Nachmittag hatte dieser mit Trott im Auswärtigen Amt noch einmal seinen Entwurf überarbeitet und sich dann, als die Absperrung des Regierungsviertels begann, auf Trotts Wunsch zum Auslandpresseklub am Leipziger Platz begeben, um nicht im entscheidenden Moment durch die Sperren behindert zu sein. Aber der Wagen, der Theil abholen sollte, kam nie, Trott vertröstete ihn telephonisch von Mal zu Mal, bis er ihm endlich etwa um 21.30 Uhr riet, schleunigst die Flucht zu ergreifen [164]. Ähnlich erging es General Lindemann: angesichts des Mißlingens blieb er, offenbar im Einvernehmen mit General Wagner, bis gegen 19 Uhr in Zossen, bis Wagner ihn schließlich in die Bendlerstraße entsandte, um »festzustellen, was in Berlin los sei« [165].

Als Oberst Müller etwa um 20.30 Uhr nach Döberitz zurückkam und die Lage erkannte – er war in großen Zügen eingeweiht und sofort entschlossen, den Staatsstreichversuch nach Kräften zu fördern –, da war es eigentlich schon zu spät. Er fand die Offiziere der Schule in Kriegsratstimmung vor, sie konnten sich nicht einigen, ob Befehle aus der Bendlerstraße über das bisher Geschehene hinaus zu befolgen seien oder nicht. Müller stellte fest, die Schule habe Befehl, sofort die Sender Nauen und Tegel sowie die Konzentrationslager Oranienburg I und II zu besetzen. Er versuchte (ohne Berechtigung dazu), das Kommando zu übernehmen, stieß aber auf Widerstand. Eine Anfrage Oberst Ringlers in Lörrach, wo sich Hitzfeld aufhielt, ergab die Weisung Hitzfelds, sich von Oberst Müller ja nicht verdrängen zu lassen, wenn er nicht einen schriftlichen Befehl vorweisen könne. Weitere Ferngespräche mit Generalleutnant Hitzfeld führten nach Darstellung der Lage zu der Weisung, die von Hitzfeld für rechtmäßig gehaltenen Befehle aus der Bendlerstraße auszuführen und sofort energisch gegen die angeblich putschende SS vorzugehen. Darauf ist die Truppe endlich abmarschiert, aber jedenfalls nicht weit. Oberst Müller fuhr inzwischen mit seinem Adjutanten Oberleutnant Goedecke gegen 21.30 Uhr in die Bendlerstraße, um sich bei General Olbricht die nötigen schriftlichen Vollmachten für die Übernahme des Befehls über die Döberitzer Truppe zu holen. Als er dann damit zurückkam, war es für weitere Aktionen zu spät [166].

In der Panzer-Truppen-Schule II in Krampnitz sollte der Kommandeur Oberst Gorn den Alarmbefehl aus der Bendlerstraße empfangen, aber am 20. Juli führte an seiner Stelle Oberst Glaesemer das Kommando. Oberst Gorn hatte mit Wirkung vom 21. Juli 1944 die Führung der 561. Volksgrenadier-Division zu übernehmen[167]. Gegen 16 Uhr rief Major von Oertzen in der Schule an und übermittelte den Befehl: Innere Unruhen, Ausnahmezustand, Vollziehende Gewalt beim Heer; der Kommandeur der Schule habe mit den eigenen drei »Walküre«-Bataillonen sowie mit ihm unterstellten »Walküre«-Einheiten der Fahnenjunkerlehrgänge der Infanterie aus Potsdam (ein Bataillon mit fünf Kompanien) und der Unteroffizierschule Potsdam (ein Bataillon mit drei Kompanien) sofort »im motorisierten Marsch« nach Berlin in den Raum Tiergarten–Bendlerstraße bei der Siegessäule zu rücken; eine Spähwagen-Kompanie und eine Grenadier-Kompanie »unter energischen Führern« haben handstreichartig die Sender Königswusterhausen und Zeesen zu besetzen, eventueller Widerstand der bei Zeesen stationierten Kompanie der Waffen-SS sei mit Gewalt zu brechen, politische Sendungen seien zu verhindern, bis zum Eintreffen von Verstärkungen sei der Sender zu halten. Zusätzliche Kraftfahrzeuge zum Transport der Truppen seien aus Kanin, 24 Kilometer südwestlich von Potsdam, heranzuziehen[168]. Der Kommandeur schließlich hatte den Auftrag, seiner Truppe vorauszufahren und sich beim Chef H Rüst u BdE in der Bendlerstraße 11 zu melden.

Hier sollte er den zweiten Befehl erhalten[169]: Zwei seiner Bataillone seien zur Verstärkung der durch das Wachbataillon vorgenommenen Absperrung des Regierungsviertels dem Wehrmachtstandort-Kommandanten von Berlin zu unterstellen; die Masse der Einheiten der Panzer-Truppen-Schule übernehme den Schutz der Dienststellen in der Bendlerstraße und halte sich dem Wehrkreiskommando III »für beweglichen Einsatz« zur Verfügung; mit der Abteilung Ia im Wehrkreiskommando III sei Verbindung zu halten; nach Süden sei in Richtung der Kasernen der Waffen-SS in Lichterfelde und Lankwitz aufzuklären, etwaige Bewegungen der SS seien festzustellen und notfalls zu unterbinden; eine Kompanie, möglichst mit Spähwagen, habe abrufbereit zu sein zur Abholung des Befehlshabers und des Chefs BdE vom Flugplatz Tempelhof – dies war für den Fall gedacht, daß Fromm mit Stauffenberg im Führerhauptquartier sein würde; endlich hatte sich eine Kompanie mit schweren Waffen »als Stoßtrupp für Entsendung zum SS-Standort-Kommandanten Berlin« bereitzuhalten.

Als die Nachricht von Hitlers angeblichem Tod in Krampnitz eingetroffen war, hatte der Kommandeur der Reit- und Fahr-Schule Krampnitz I und Standortälteste Oberst Harald Momm gerufen: »»Ordonnanz, eine Flasche Schampus, das Schwein ist tot!«« [170] Oberst Glaesemer war keineswegs so begeistert, aber er führte doch alle Befehle aus und meldete sich in der Bendlerstraße, wohin auch die Panzer abgerückt waren. Es war schon nach 19 Uhr, der Abmarsch der Panzer hatte sich verzögert. Oberst Momm war am Spätnachmittag schon von Major John von Freyend, dem Adjutanten Keitels, angerufen worden und hatte erfahren, daß die Befehle aus der Bendlerstraße ungültig seien und nichts unternommen werden dürfe[171]. Obwohl z. B. Oberst Momm persönlich zur Ausführung der Putschbefehle durchaus bereit war, hatte sich der Abmarsch hingezogen, weil Oberst Glaesemer (der dem Standortältesten, Oberst Momm, unterstand) sich den merkwürdigen Befehl, der auf einen SS-Putsch hindeutete, von seinem höheren Vorgesetzten, dem Abteilungschef der Inspektion der Panzertruppen (In 6) und Chef des Stabes des Inspekteurs der Panzertruppen im OKH/AHA, Generalmajor Ernest Bolbrinker, bestätigen lassen wollte[172]. Da bei dem Einsatz teilweise neues Gerät verwendet werden sollte, hatte ein technischer Beamter schon protestiert. Der Generalinspekteur der Panzertruppe, Generaloberst Guderian, war auf Inspektionsreise bzw. inzwischen zu Hause auf seinem Gut Deipenhof und schwer zu erreichen[173]. So beschied Bolbrinker den Oberst Glaesemer, er solle warten, bis er bei Olbricht rückgefragt habe, dem die In 6 unterstand. Eine Weile später erhielt Glaesemer den Bescheid, der Befehl sei echt und zu befolgen. Unterwegs hörte er die Nachricht, Hitler sei am Leben, aber er fuhr trotzdem weiter in die Bendlerstraße und ließ die »Walküre«-Einheiten der Panzer-Truppen-Schule nachkommen[174].

In der Bendlerstraße ging Glaesemer zu Olbricht und fragte ihn, was denn nun eigentlich im Gange sei. Olbricht bekräftigte die Behauptung von Hitlers Tod, nähere Befehle werde Glaesemer von Oberst Mertz von Quirnheim erhalten. Da wollte aber Glaesemer nicht mehr mittun. Das sei ja ein Dolchstoß wie 1918, meinte er, man werde Deutschland in eine militärische Niederlage stürzen. Mertz erwiderte sofort, man verzichte auf die Dienste Glaesemers, er habe sich in einem Zimmer im vierten Stock aufzuhalten, das ihm angewiesen werde.

In der Heeres-Waffenmeister-Schule I in Berlin-Treptow, die zum Wehrmachtstandort Berlin gehörte und also dem Generalleutnant von Hase unterstand, war der Kommandeur, Generalmajor Walter Bruns, schon lange in die Verschwörung eingeweiht und hatte seine aktive Teilnahme zugesagt. Am 20. Juli nachmittags um 16.15 Uhr wurde er ans Telephon gerufen und Hase gab ihm selbst die Alarmnachricht: »Walküre« sei ausgelöst, Hitler sei tödlich verunglückt. Generalmajor Bruns befahl sofortige Marschbereitschaft und die für diesen Fall vorgesehene Heranziehung von 18 Lastkraftwagen, die durch die Wehrmachtstandort-Kommandantur zur Verfügung gestellt werden sollten. Dann fuhr er selbst in einem Beiwagenmotorrad zur Kommandantur Unter den Linden 1 [175].

Als Bruns sich bei Hase meldete, war dieser überaus beschäftigt, in der Kommandantur herrschte viel Betrieb, die Einheitsführer wurden gerade eingewiesen. Bruns kannte aber seine Aufgabe, die Besetzung des Stadtschlosses, und konnte also nach der Meldung getrost wieder zur Schule zurückfahren. Dort stellte er fest, daß zwar zwei Kompanien marschbereit auf dem Kasernenhof standen, die Lastwagen aber nicht eingetroffen waren. Die erste Kompanie war abmarschiert, ohne weiter auf die Autos zu warten, und versuchte mit öffentlichen Verkehrsmitteln, vor allem der Straßenbahn, in die Stadt zu gelangen. Bruns rief bei Hase in der Kommandantur an, es war inzwischen gegen 19 Uhr, und fragte nach den Lastwagen. Hase erklärte, er habe sie beordert, er wisse nicht, wo sie bleiben, aber es habe auch schon andere Störungen gegeben. Jetzt sei er eben zum Propagandaministerium befohlen worden.

Darauf befahl Bruns den drei noch wartenden Kompanien, auf schnellstem Wege, im Fußmarsch und mit Ausnützung aller erreichbaren Verkehrsmittel, also wieder mit der Straßenbahn, zum Schloß zu marschieren. Er selbst fuhr wieder im einzigen Beiwagenmotorrad der Heeres-Waffenmeister-Schule zur Kommandantur, wo er etwa um 21 Uhr oder später ankam [176]. Die Kommandantur war schon von Einheiten des Wachbataillons »Großdeutschland« besetzt.

Die drei Kompanien der Heeres-Waffenmeister-Schule marschierten weiter. Gegen Mitternacht erst trafen die 2. und 3. Kompanie beim Schloß ein und besetzten es, gegen den Protest von Offizieren des Wachbataillons. Die 1. Kompanie war schon früher in Berlin gewesen, war jedoch kurz vor dem Schloß, nach 21 Uhr, von einem Generalstabsoffizier zum Bendlerblock umdirigiert worden und dort gegen 21.45 Uhr einmarschiert [177]. Aber hier wimmelte es auch schon von Soldaten des Wachbataillons, und dem Kompanieführer wurde von einem anscheinend vernünftigen Hauptmann klargemacht, daß nichts mehr zu retten sei.

Um dieselbe Zeit wie Generalmajor Bruns in der Heeres-Waffenmeister-Schule I erhielt auch der Kommandeur der Heeres-Feuerwerker-Schule I in Berlin-Lichterfelde, Oberst Helmuth Schwierz, während einer Besprechung des 18. Fahnenjunker-Lehrgangs von seinem Adjutanten Hauptmann Hradetzki die Mitteilung von dem Aufruf der »Walküre«-Verbände durch Generalleutnant von Hase: Er möge sogleich zu ihm in die Kommandantur kommen. Dort fand Schwierz schon den Kommandeur der Heeres-Waffenmeister-Schule I, Generalmajor Bruns vor, auch Major Remer war da und wurde zuerst von Hase hereingerufen. Als Schwierz

an der Reihe war, sagte ihm Hase: Hitler sei tödlich verunglückt, es müsse
mit Unruhen in Berlin gerechnet werden, das Heer übernehme die Vollziehende Gewalt, sofort sei das vorgesehene Kommando der Schule unter
einem älteren Offizier zu entsenden [178]. Schwierz fuhr also sofort wieder
nach Lichterfelde zurück. Nach dem für Unruhen oder Katastrophen im
Einvernehmen mit dem Wehrmachtstandort-Kommandanten von Hase
und mit dem Chef des Generalstabes im Wehrkreiskommando III (bis
Mai 1944) Generalmajor von Rost vorbereiteten Alarmplan hatten die
kampffähigen Teile der Schule sofort zu der Straße zwischen Zeughaus
und Ehrenmal Unter den Linden zu marschieren und ihre Ankunft in
der Kommandantur zu melden. Als Schwierz nun zwischen 17 und 18
Uhr wieder in Lichterfelde ankam, erfuhr er schon vom Mißlingen des
Attentats. Generalleutnant von Hase hatte absichtlich nur von einem
tödlichen Unfall gesprochen, um niemand unnötig mit dem Wissen vom
beabsichtigten Putsch zu belasten, was später auch vielen das Leben gerettet hat.

In der Kaserne der Heeres-Feuerwerker-Schule I war inzwischen die
Marschbereitschaft von 10 Stoßtrupps zu je 30 Mann hergestellt wor-
den [179]. Die übrigen Offiziere und Soldaten sollten zur Sicherung in der
Kaserne bleiben, insbesondere wegen der Nähe der SS-Leibstandarte
»Adolf Hitler« in der ehemaligen Hauptkadettenanstalt. Trotz eigenen
Bedenken und Gegenvorstellungen von dem einen oder anderen seiner
Offiziere, besonders von Major Korff, ließ Oberst Schwierz die Einsatz-
truppe abmarschieren, er selbst blieb in der Kaserne, wo jedoch wider
Erwarten alles ruhig blieb. Major Korff und Hauptmann Maître führten
die Stoßtrupps.

Gegen 18 Uhr meldeten sie sich und ihre Einheiten auf der Kommandantur, zusammen mit anderen in ähnlicher Weise herbefohlenen Offizieren. Sie mußten die Zahl der mitgebrachten Soldaten und Waffen auf
Zettel schreiben, die nach einiger Zeit eingesammelt wurden. Dann kam
ein Ritterkreuzträger und Oberst auf die beiden Offiziere zu und bat sie
hinaus [180]. Auf etwas geheimnisvolle Weise, mit Beiseitenehmen erst
des einen, dann des anderen Offiziers, weihte der Oberst die beiden in
ihren Auftrag ein: die zehn Stoßtrupps sollten das Propagandaministerium umstellen, besetzen und ausheben, einschließlich des Ministers.
Zum Schluß meinte der Oberst: »»Ein schwerer Befehl, aber Befehl ist
Befehl!«« Es gab nicht nur geistreiche Infanterie-Oberste. Etwas verdutzt
blieben Korff und Maître zurück, als sich der Oberst wieder entfernte.
Maître mußte nun den Befehl ausführen, Korff hatte die Aufsicht über
die ganze Aktion.

Korff hatte noch andere Befehle zu erteilen, Aufstellungsplätze zu rekognoszieren. Zwei Stoßtrupps der Heeres-Feuerwerker-Schule sollten das Funkhaus besetzen. So gingen Maître und die Masse der Kampfeinheit zunächst allein in die Wilhelmstraße vor. In der Nähe des Propagandaministeriums wurde die Einheit in Bereitschaft belassen und Maître begab sich auf Erkundung ins Ministerium. Er wollte nicht blindlings agieren, der erste Schuß konnte leicht zu einer Katastrophe führen. Im Ministerium erfuhr Maître, der Minister sei in seiner Wohnung in der Hermann-Göring-Straße [181], und er verfügte sich also dorthin. Mit einiger Mühe schuf er sich Durchgang durch Absperrungen des Wachbataillons, konnte aber schließlich in Erfahrung bringen, daß ein Offizierputsch stattgefunden habe und darauf Major Remer von Hitler persönlich zum Kommandanten von Berlin ernannt worden sei [182]. Darauf unterstellte er sich Remer, der über den Truppenzuwachs sehr erfreut war. Im Park gegenüber der Ministerwohnung, beim Tiergarten, wurde die Einheit bis zum Abmarsch am nächsten Morgen in Bereitstellung belassen.

Inzwischen hatte Korff ganz ähnliche Erlebnisse [183]. Während die Einheiten der Heeres-Feuerwerker-Schule schon in der Wilhelmstraße Aufstellung nahmen, begab sich auch Korff in das Ministerium, um Goebbels zu suchen. Er fand ihn schließlich in seiner Wohnung an einem Schreibtisch und sagte ihm, er müsse ihn verhaften, er habe den Befehl von der Kommandantur. Da kam Remer dazu und erklärte, nicht von Goebbels und den Parteiführern, sondern von Kreisen, die zum Teil in der Kommandantur zu finden seien, sei der Anschlag auf Hitler ausgegangen. Korff wollte sich in der Kommandantur vergewissern, konnte aber weder dort noch in Lichterfelde jemanden erreichen. Da Remer sagte, er sichere das Propagandaministerium nach außen, beschloß Korff, dasselbe zu tun. So dachte er sowohl die Befehle der Kommandantur auszuführen, die für ihn ja formal bindend waren, als auch die Frontstellung gegen andere Heereseinheiten, nämlich Remers Wachbataillon, zu vermeiden. Kurz danach fand das berühmte Telephongespräch zwischen Remer und Hitler statt, welches Korff mit anhörte und in dem Hitler dem Kommandeur des Wachbataillons befahl, den Putsch in Berlin niederzuschlagen. Von da an gab es für Korff wie für Remer keinen Zweifel mehr, wer die rechtmäßigen Befehle erteilte.

Auch ein weiterer Versuch, Goebbels' habhaft zu werden, verlief im Sande. Oberst Jäger wurde von der Bendlerstraße zur Kommandantur geschickt, um von dort aus mit zwei starken Stoßtrupps des Wehrmacht-Streifendienstes, dessen Berliner Leitung damals Oberstleutnant Heinz hatte, Goebbels zu verhaften. Danach sollte er auch das Reichssicherheitshaupt-

amt besetzen. Gegen 19 Uhr standen die beiden Stoßtrupps, verstärkt
durch Landesschützen und Soldaten der Heeres-Feuerwerker-Schule, an
der Ecke Linden- und Wilhelmstraße bereit [184]. Aber die Landesschützen
und die Feuerwerker unterstellten sich dem Major Remer, die Aktion
Jägers scheiterte mangels Truppen.

Es war also immer dasselbe an diesem Spätnachmittag: zuerst wurden
die Befehle der Bendlerstraße ziemlich bereitwillig ausgeführt, vor allem,
wenn sie von der Wehrmachtstandort-Kommandantur oder vom Wehrkreiskommando übermittelt wurden, aber auch selbst dann noch, wenn
sie von Fromm unterzeichnet waren und dieser nicht zur Bestätigung
erreicht werden konnte. Die Auslösung kann jedenfalls in Berlin und im
Wehrkreis III als gelungen bezeichnet werden. Aber die Nachricht vom
Mißlingen des Attentats und die raschen Gegenmaßnahmen des Regimes haben mit wenigen Ausnahmen schon im Anlauf den Maßnahmen
den Schwung genommen.

Beides, die Rundfunkmeldung vom Mißlingen des Attentats und die
Gegenwirkungen vor allen Keitels, haben nahezu gleichzeitig mit der
Auslösung der Staatsstreichmaßnahmen eingesetzt. Es ist ein Funkspruch
Keitels an den Befehlshaber im Wehrkreis IX (Kassel), General Schellert,
erhalten, wonach Hitler lebe und völlig gesund sei, und Befehle von
Fromm, Witzleben und Hoepner nicht ausgeführt werden dürfen, Himmler sei jetzt Oberbefehlshaber des Ersatzheeres; der Funkspruch trägt den
Vermerk »16.15 Uhr« des Kommandeurs der Führer-Nachrichten-Abteilung in der »Wolfschanze«, Major Wolf [185]. In der Bendlerstraße bestand
von Anfang an Unsicherheit über den Tod Hitlers, nachdem Generaloberst Fromm sofort nach dem ersten Ansinnen von General Olbricht,
»Walküre« auszulösen, kurz vor 16 Uhr, mit Generalfeldmarschall Keitel
telephoniert hatte. Trotz Stauffenbergs gegenteiligen Versicherungen hörte
die Unsicherheit nicht auf, sondern verbreitete sich noch und wurde wesentlich genährt und gestärkt durch die wiederholt vom Rundfunk ausgestrahlten Nachrichten.

Die erste Meldung einer deutschen Rundfunkstation, wonach auf Hitler ein mißglücktes Attentat verübt worden war, ist nach der Erinnerung
zahlreicher Zeugen der Vorgänge schon etwa um 17 Uhr ausgestrahlt
worden [186]. Der Abhördienst der British Broadcasting Corporation (BBC)
hat die erste Meldung vom Inlanddienst des Deutschen Nachrichten-
Büros um 17.42 Uhr doppelter englischer Sommerzeit aufgefangen, was
genau 17.42 Uhr deutscher Sommerzeit entsprach, die damals in Deutschland galt [187]. Die nächste Meldung kam um 18.28 Uhr vom Deutschlanddienst des Deutschen Rundfunks, sie wurde zu gleicher Zeit im tele-

graphischen Dienst für den Fernen Osten ausgestrahlt und noch je einmal um 18.38 und 18.42 Uhr. Um 19 Uhr ging die Meldung im Dienst für die Niederlande über den Äther, um 19.01 Uhr wieder über den deutschen Dienst und zugleich in einer für Afrika ausgestrahlten Sendung in englischer Sprache. Um 19.15 Uhr sendete sie wieder der Deutschlanddienst, um 19.16 Uhr der deutsche telegraphische Dienst für den Fernen Osten, um 19.30 Uhr der Europäische Dienst auf portugiesisch, zugleich wieder auf englisch für Großbritannien, um 19.40 Uhr auf arabisch aus Athen, um 19.45 Uhr im Europäischen Dienst auf türkisch, um 20.00 Uhr wieder im Deutschlanddienst, um 21.21 Uhr im deutschen telegraphischen Dienst für den Fernen Osten, um 21.45 Uhr im europäischen Dienst für Dänemark, um 22 Uhr wieder im Deutschlanddienst, usw. Spätestens seit 17.42 Uhr war jedenfalls die Nachricht immer wieder zu hören. Dies erklärt viele abweichende Zeiterinnerungen an die »erste« Rundfunknachricht, und es erklärt auch die rasche und gründliche Verbreitung der Nachricht, ohne die der Staatsstreich sicher nicht so rasch gescheitert wäre.

3. Wehrkreise

Ähnlich wie in Berlin und im Wehrkreis III sind auch in den meisten anderen Wehrkreisen die ersten Staatsstreichmaßnahmen nicht so sehr in Unkenntnis der Nachricht vom mißlungenen Attentat, als trotz der Nachricht und trotz entgegenlautenden Befehlen aus dem Führerhauptquartier angelaufen. Die Fernschreiben der Bendlerstraße sind zum größten Teil durch eine entsprechende Schaltung, von der freilich die Verschwörer nichts ahnten, ab 16 Uhr nicht nur an die Wehrkreiskommandos, sondern auch in die »Wolfschanze« gelangt[188]. Spätestens durch das Telephongespräch mit Generaloberst Fromm hat Generalfeldmarschall Keitel erfahren, was sich in der Bendlerstraße zusammenbraute, wenn es ihm nicht schon durch Generalleutnant Thiele oder durch Generalmajor Stieff bekanntgeworden war[189]. Der Kriegstagebuchführer im WFSt, Professor Dr. Percy Ernst Schramm, berichtet im Anschluß an eine Aufzeichnung über das Ergebnis der Suche nach Stauffenberg, der in Berlin wieder gelandet sei: »Stutzig machte zuerst eine Rückfrage des Chefs der Org.-Abt. des Gen.St.d.H., des General Stief [sic], der meldete, der BdE wolle den Ausnahmezustand befehlen. Er fragte, wie es sich damit verhalte. Dadurch ergab sich der Eindruck, der BdE wolle eine neue Regierung bilden. Aus weiteren Nachrichten ergab sich, daß der General-Feldm. v. Witzleben, die Führung der Wehrmacht, der General Höppner, früher OB der 4. Pz.

Armee, die Stelle des BdE einnehmen sollten . . . Darauf übertrug der
Führer dem Reichsführer SS die Führung des Ersatzheeres. Es wurde die
Weisung ausgegeben, daß dieses nur Befehle vom Reichsführer bzw. vom
Chef OKW entgegennehmen dürfe. Sämtliche Befehlshaber im Heimatkriegsgebiet wurden angerufen, wobei sich ergab, daß sie schon Befehle
anderer Art erhalten hatten.« Die Befehlsgewalt über das Ersatzheer wurde Himmler schon am Nachmittag, etwa um 16 Uhr übertragen [190].
Zwischen 16 und 17 Uhr telephonierte Generalmajor Stieff von »Mauerwald« aus mit General Wagner in »Zeppelin« und sagte, von der Dienststelle des BdE sei mit Unterschrift von Generaloberst Fromm Übernahme
der Vollziehenden Gewalt verkündet, ob Wagner Näheres wisse. Wagner
sagte Stieff, daß Stauffenberg und Beck in diesem Sinne angerufen haben
und daß Stieff das sofort alles Keitel melden solle [191]. Später am Abend
sagte Stauffenberg, Stieff sei ja nun auch ausgebrochen [192].
   Ab 16 Uhr wurden von den Adjutanten Keitels systematisch alle
Wehrkreiskommandos angerufen, eine Anzahl von ihnen wurde durch
Funk benachrichtigt. An den Befehlshaber im Wehrkreis IX (Kassel) erging, wie berichtet, schon um 16.15 Uhr folgender Funkspruch Keitels,
der sogar durch eine Aushändigungsbestätigung – nur in den allerwichtigsten Fällen üblich, sonst begnügte man sich mit Empfangsbestätigungen – beantwortet werden mußte: »Blitz-Funkspruch! An den Befehlshaber im Wehrkreis IX, Herrn General der Infanterie Schellert, Kassel.
Funkspruch! Der Führer lebt! Völlig gesund! Reichsführer SS OB Ersatzheer, nur seine Befehle gelten. Befehle von Generaloberst Fromm, Feldmarschall von Witzleben, Generaloberst a. D. Hoepner nicht ausführen!
Verbindung mit Gauleiter und Höheren Polizeiführer halten! Keitel,
Generalfeldmarschall Chef OKW.« [193]
   Als nun etwa um 17 Uhr die ersten Fernschreiben aus Berlin im
Wehrkreiskommando I (Königsberg) eingingen – sie wurden von der
Fernschreibstelle beim Nachrichtenführer des Luftgaukommandos aufgenommen –, da suchte man Bestätigung bzw. Aufklärung nicht in Berlin,
sondern in der nahen »Wolfschanze« und in benachbarten Wehrkreiskommandos. Es gab hier zwar von Stauffenberg eingeweihte Offiziere,
nämlich den Ia, Oberstleutnant Hans Otto Erdmann und den Kommandeur der Panzer-Aufklärungs- und Ausbildungs-Abteilung Meiningen,
Ritterkreuzträger Major Roland Richard von Hößlin. Erdmann sollte
für die Ausführung der Berliner Befehle in Königsberg und im Wehrkreis I sorgen, Hößlin hatte die besondere Aufgabe, die Gauleitung, die
»Regierung«, das Telegraphenamt und andere öffentliche Gebäude in
Königsberg zu besetzen, wozu seine Einheit noch durch eine Kompanie

vom Panzer-Grenadier-Bataillon 413 in Insterburg verstärkt werden sollte [194]. Aber die Nachricht von dem mißlungenen Attentat kam gleichzeitig mit oder sogar noch vor dem Fernschreiben, in dem Hitlers Tod
und die Übernahme der Vollziehenden Gewalt durch das Heer verkündet
wurden.

Am Nachmittag etwa um 17 Uhr wurde der IIa, Oberst i. G. Herbert
Kandt, vom Nachrichtenführer des Luftgaukommandos angerufen: er
möge bitte kommen und ein besonders wichtiges Fernschreiben abholen.
Erdmann war nicht Generalstabsoffizier, und so fungierte Kandt in Abwesenheit des Chefs des Generalstabes, Generalmajor Henning von
Thadden, als dessen Vertreter. Thadden war von seinem Besuch in der
»Wolfschanze« noch nicht zurück, wo er mit Stauffenberg an Besprechungen über die Sperrdivisionen für die Ostfront, die ja nun bald mit der
ostpreußischen Provinzgrenze zusammenfallen würde, teilgenommen hatte.
Kandt meinte zuerst, er sei doch kein Briefträger, der Nachrichtenführer
solle einen Kurier schicken. Aber darauf gab ihm der Luftwaffenoffizier
die Nachricht vom Attentat gegen Hitler und überzeugte den IIa von der
Wichtigkeit der Sache. Kandt fuhr also hin. Während er noch in der Fernschreibstelle des Luftgaukommandos mit dem Nachrichtenführer über den
möglichen Täterkreis sprach und (wie dieser) Himmler verdächtigte, ging
schon das Fernschreiben ein, welches Graf von Dohna-Tolksdorf zum
Verbindungs-Offizier des OKH und Graf von Lehndorff zum Politischen
Beauftragten für den Wehrkreis I ernannte. Kandt nahm es auch gleich
mit.

Als er wieder im Wehrkreiskommando war, meldete er ein Telephongespräch zur »Wolfschanze« an, um den Chef des Generalstabes zu benachrichtigen und eventuell weitere Einzelheiten zu erfahren. Aber ehe
die Verbindung hergestellt war, kam Thadden zurück und berichtete vom
Attentat und dem Verdacht gegen Stauffenberg. Kurz darauf rief Keitel
in Königsberg an und verlangte die Entsendung eines Übertragungswa-
gens des Reichssenders Königsberg zur »Wolfschanze«. Die Besatzung des
Wagens war beim Baden in Cranz, was man Keitel nicht sagte, so daß
der Übertragungswagen im Laufe des Nachmittags noch mehrmals angemahnt wurde. Bei seinem ersten Anruf schon versicherte Keitel, daß
Hitler am Leben sei, daß man die Fernschreiben aus Berlin in der »Wolfschanze« kenne, und daß die darin gegebenen Befehle nicht zu befolgen
seien.

Der Befehlshaber im Wehrkreis I, General der Artillerie Albert Wodrig,
war an diesem Nachmittag auf die Jagd gefahren. Oberst Kandt suchte
ihn irgendwo telephonisch zu erreichen, was aber zunächst nicht gelang.

Inzwischen rief Thadden die benachbarten Wehrkreiskommandos II
(Stettin), XX (Danzig) und XXI (Posen) an, wo man die Befehle auch
erhalten, aber nichts unternommen hatte. Vorher schon waren sich
Thadden und Kandt einig, daß die Berliner Befehle im Wehrkreis I nicht
ausgeführt werden konnten. In Königsberg standen nur ein Pionier-Ersatz-
Bataillon mit zwei Kompanien und ein schwaches Wachbataillon zur Verfügung. Die übrigen Ersatztruppen waren in den Partisanengebieten des
Wehrkreises eingesetzt, zu dem u. a. auch die polnischen Gebiete um
Zichenau, Bialystok und Grodno gehörten. Bald erfuhr man auch, daß
der Gauleiter Erich Koch seine SA und eine mit Panzern ausgerüstete
ihm unterstellte Sondertruppe alarmiert und in die Stadt gezogen hatte.
Bürgerkrieg wäre unvermeidlich gewesen, während andererseits die Voraussetzung für das Befolgen der Berliner Befehle, nämlich Hitlers Tod
und der Putsch einer Parteiverschwörung, offenbar nicht bestand.

Nach einiger Zeit, gegen 18 Uhr, erreichte man den Befehlshaber, dieser begab sich sofort ins Wehrkreiskommando. Nachdem man ihm die
eingegangenen Fernschreiben vorgelegt hatte, setzte er sich mit Keitel in
Verbindung und erhielt Aufklärung und die Bestätigung, daß nur Befehle
des OKW Gültigkeit haben [195]. In dieser Zeit kam auch ein Anruf von
Stauffenberg aus Berlin. Er wollte zuerst Thadden und dann Kandt sprechen, aber beide lehnten das ab, und so sprach Stauffenberg mit Erdmann.
Erdmann konnte ihm nur sagen, daß Hitler am Leben geblieben sei und
im Wehrkreis I nichts geschehen könne.

Thadden und Kandt hatten schon vor der Rückkunft Wodrigs den
Gauleiter zu einer Besprechung in das Wehrkreiskommando gebeten,
aber Koch war vorsichtig und traute dem Frieden nicht. Nachdem General Wodrig sich dann orientiert hatte, entschloß er sich, mit seinem IIa
selbst zum Gauleiter zu fahren, wo man sich gegenseitig versicherte, daß
die Berliner Befehle ungültig seien. Kandt erhielt den Auftrag, den im
Gebiet des Wehrkreises lebenden entlassenen Generalfeldmarschall von
Küchler zu einem Ergebenheitstelegramm an Hitler zu veranlassen, was
dieser jedoch ablehnte [196]. In Königsberg aber war der Umsturzversuch
schon zu Ende, er hatte gar nicht richtig begonnen.

Im Wehrkreis II (Stettin) empfing man die erste Berliner Proklamation –
»Der Führer Adolf Hitler ist tot. Eine gewissenlose Clique frontfremder
Parteiführer hat es unter Ausnutzung dieser Lage versucht, der schwerringenden Front in den Rücken zu fallen ...« – über die Marinedienst-
stelle, da diese mit dem für Geheime Kommandosachen benützten Geheimschreiber ausgerüstet war. Zwischen 17 und 18 Uhr brachte der
Hauptmann d. R. Karau das Schreiben in das Wehrkreiskommando zum

Chef des Generalstabes, Oberst i. G. Hans-Heinrich Staudinger. Der Befehlshaber, General der Infanterie Werner Kienitz, war beim Gauleiter von Pommern, Franz Schwede-Coburg, der sein zehnjähriges Dienstjubiläum feierte [197]. Staudinger überlegte, ob er den Befehlshaber benachrichtigen und damit vielleicht gegenüber dem Gauleiter in eine unangenehme Lage bringen, ja vielleicht diesen zu sofortigen Gegenmaßnahmen provozieren sollte. In dem Fernschreiben hieß es ja, alle Parteifunktionäre seien den militärischen Befehlshabern nun unterstellt. Während Staudinger noch überlegte, hörte er die Rundfunknachricht vom mißlungenen Attentat. Nun galt es um so mehr, besonders gegenüber dem Gauleiter vorsichtig zu sein und vor allem die Lage zu klären.

So rief er erst einmal bei den benachbarten Wehrkreisen an, um zu hören, ob sie ähnliche Befehle bekommen hatten und was sie zu unternehmen gedachten. Solche Fühlungnahmen tätigte man fast überall, sie hatten nichts mit Unentschlossenheit zu tun, sondern entsprachen den Vorschriften. Nach Süden war der Wehrkreis III der nächste; dort hieß es, der Befehlshaber, General von Kortzfleisch, sei in die Bendlerstraße gefahren, und der Chef, Generalmajor Herfurth, sei nicht erreichbar. Im Wehrkreiskommando IV (Dresden) war vom Befehlshaber, General von Schwedler, nur zu erfahren, daß die Lage unklar sei und daher zunächst nichts unternommen werde. Die Chefs des westlichen und des östlichen Nachbarn im Wehrkreis X (Hamburg) und I (Königsberg) gaben ähnliche Auskünfte. Da konnte man also auch nur abwarten.

Kurz nach der Rundfunknachricht, also gegen 18 Uhr, oder, wenn Staudinger erst die zweite Meldung gehört hat, nach 18.30 Uhr, kam das zweite lange Fernschreiben aus der Bendlerstraße in Stettin an. Das Schreiben enthielt Ausführungsbestimmungen zu dem ersten – Nachrichtenanlagen sollten besetzt, Gauleiter, Reichsstatthalter, Minister, Oberpräsidenten, Polizeipräsidenten, Höhere SS- und Polizeiführer, Gestapoleiter, Leiter von SS-Dienststellen, Kreisleiter sollten verhaftet werden usw. Nun wurde endgültig klar, daß ein gewaltsamer Umsturz im Gange war, sofern die Rundfunknachricht vom Attentat und vom Überleben Hitlers richtig war.

Oberst Staudinger beschloß, den Befehlshaber nicht zu holen, sondern abzuwarten, bis er selbst von der Feier beim Gauleiter zurückkommen würde. Inzwischen bat er alle Generale und Regimentskommandeure zu 20 Uhr in das Wehrkreiskommando und bereitete Befehle an die Standorte vor, wonach erhöhte Bereitschaft einzurichten und nur Befehle vom Befehlshaber im Wehrkreis II entgegenzunehmen seien.

Kurz nach 20 Uhr verließ General Kienitz die Festversammlung im

Gauhause, nachdem dort die Attentatsnachricht bekanntgemacht und diskutiert worden war. Er ging in seine Wohnung, wo er nach kurzer Zeit vom Chef des Generalstabes, Oberst i. G. Staudinger, und vom Ia, Major Schubert, aufgesucht wurde. Noch ehe diese Offiziere bei Kienitz eintrafen, erhielt er einen Anruf von Generalfeldmarschall Keitel aus der »Wolfschanze«: »Der Stauffenberg hat das Attentat gemacht.« Der Mitteilung folgte ein langer Wortschwall, offenbar mit der Absicht, Kienitz von vornherein alle etwaigen Zweifel auszutreiben, schließlich sogar mit dem Bemerken, er, Keitel, fasse Kienitz »ans Portepee«. Die darin liegende Kränkung wollte Kienitz nicht auf sich sitzen lassen, und Keitel mußte sich entschuldigen.

Jedenfalls war Kienitz vollständig unterrichtet, als kurz darauf Generaloberst Hoepner anrief: ob die Befehle eingetroffen seien? Kienitz hatte sie noch nicht gesehen und sagte es Hoepner, auch daß eben Keitel angerufen hatte. Darauf gab Hoepner den Fernsprecher an General Olbricht, der kurz und bündig auf der Ausführung der Berliner Befehle bestand. Kienitz konnte auch Olbricht nur sagen, er habe von Keitel, also einem viel höheren Vorgesetzten, entgegenlautende Nachrichten und Befehle [198]. Während des Gespräches mit Hoepner und Olbricht kamen Staudinger und Schubert mit den dechiffrierten Berliner Befehlen herein. Kienitz ging mit ihnen zum Wehrkreiskommando, um sich auf dem Wege über sein Verhalten klarzuwerden. Er schrieb später, daß ihn diese schwersten Stunden seines Lebens innerlich zerbrochen haben und daß er seinen Offizieren damals sagte: »»Es ist furchtbar, mit dem Herzen auf der einen Seite, mit dem Verstand und der Pflicht auf der anderen Seite zu stehen.‹« Aber auf dem Wege zum Wehrkreiskommando wurde er sich klar, daß »nach Lage der Dinge« eine Beteiligung am Putsch »ganz unmöglich« war, »so furchtbar schwer« es ihm auch fiel, »die alten Kameraden in dieser verzweifelten Stunde im Stich zu lassen«.

Den inzwischen versammelten Generalen und Kommandeuren erklärte Kienitz im Wehrkreiskommando die Lage und seine Entscheidung, die auch akzeptiert wurde [199]. Es waren äußerste Bereitschaft und im übrigen Abwarten erforderlich.

Bald danach erschien im Wehrkreiskommando ein Abgesandter des Gauleiters, der Stellvertretende Gauleiter Simon. Er trug höchst seltsamerweise Zivil, obgleich er noch am Nachmittag in voller Parteiuniform an den Festlichkeiten teilgenommen hatte. Nun wollte er wissen, was für Befehle aus Berlin eingegangen seien. Kienitz sagte, er habe Gegenbefehle von Keitel und nur die seien für ihn gültig, später wolle er den Gauleiter aufsuchen. Inzwischen gingen im Lauf des Abends noch einige Fernschreiben aus der Bendlerstraße ein, darunter eines, das auf Hitlers Tod bestand, die Standrechtverordnung Nr. 1, und schließlich spät in der Nacht ein Schreiben von Fromm, wonach dieser wieder die Befehlsgewalt übernommen habe. Darauf hieß es dann in einem Schreiben von Himmler, daß Fromms Schreiben ungültig sei.

Nach Mitternacht begaben sich Kienitz und Staudinger zum Gauleiter, ohne die Berliner Schreiben mitzubringen. Der Gauleiter hat ihnen das nie vergessen, er fühlte sich mißachtet und düpiert. Aber es handelte sich ja um Geheime Kommandosachen, er hatte kein Recht, sie zu sehen. Wohl zeigte man ihm den Befehl von Keitel, wohl befleißigte man sich militärisch-korrekter, nicht feindseliger Haltung, und schließlich gab man auch einen Teil des Inhalts der Befehle preis [200].

Nachdem man gemeinsam beim Gauleiter den Ansprachen Hitlers, Dönitz' und Görings gelauscht hatte, verlangte Gauleiter Schwede-Coburg plötzlich von Kienitz die Abgabe einer Loyalitätserklärung. Kienitz war sich der Demütigung bewußt, aber er sah keinen Ausweg, wenn er nicht sich und andere in dem nun beginnenden Wahnsinn der Verfolgung sinnlos opfern wollte.

Im Wehrkreiskommando IV (Dresden) traf das erste Fernschreiben mit der Meldung von Hitlers Tod nach Dienstschluß, zwischen 17 und 18 Uhr ein. Die meisten Stabsoffiziere waren nach Hause gegangen oder gefahren, im Wehrkreiskommando nahm ein Offizier vom Dienst, der von einigen seiner Kameraden als etwas einfältig beschrieben wird, das Fernschreiben entgegen. Selbstverständlich konnte er nichts entscheiden, aber er telephonierte sofort überallhin, rief die erreichbaren Offiziere des Wehrkreiskommandos zusammen und verständigte auch gleich die Gestapo, indem er anfragte, was das Schreiben zu bedeuten habe. Dieses war eine Geheime Kommandosache und ging die Gestapo gar nichts an, und auch dem Ia, Oberstleutnant i. G. Werner Bühlmann, hätte der O. v. D. den Inhalt des Schreibens nicht telephonisch mitteilen dürfen, aber auf energisches Drängen Bühlmanns, der wissen wollte, warum er denn nun wieder ins Wehrkreiskommando sollte, sagte der O. v. D., Hitler sei tot [201].

Der Befehlshaber, General der Infanterie Viktor von Schwedler, ein allseits verehrter, vornehmer und gütiger Mann, war im Auftrag von Dr. Goerdeler durch Kunrat Freiherr von Hammerstein so weit in die Pläne der Verschwörung eingeweiht, daß er den Sinn der Schreiben sofort verstehen mußte; auch der Chef des Generalstabes, Generalmajor Wilhelm Kirchenpaur von Kirchdorff, und der Leiter der Abwehrstelle, Oberst Hans Reinheckel, waren von der Verschwörung unterrichtet. Auf den

Vortrag des Chefs des Generalstabes ließ General von Schwedler »Walküre«-Alarmmaßnahmen befehlen: Das Gebäude des Wehrkreiskommandos wurde durch besondere Wachen gesichert und Truppenteile wurden
in Alarmbereitschaft versetzt [202]. Aber sonst ist nichts geschehen, irgendwelche Besetzungen, Verhaftungen oder bedeutende Marschbewegungen
fanden nicht statt.

Ungefähr gleichzeitig mit dem Eintreffen des ersten Berliner Fernschreibens war General von Schwedler von Keitel angerufen worden: Er
werde in den nächsten Stunden einige mysteriöse Fernschreiben erhalten,
wonach Hitler tot und die Führung der Wehrmacht von Witzleben übernommen sei, das sei aber alles falsch und er möge sich nicht zu übereilten
Handlungen hinreißen lassen. Etwas später, etwa um 18 Uhr, telephonierte Schwedler auch mit dem AHA in der Bendlerstraße sowie mit den
benachbarten Wehrkreiskommandos, in denen man »abwartende Haltung« einnahm. Alles zusammen – vorzeitige Verständigung der Gestapo,
Anruf von Keitel, wenig ermutigende Nachrichten aus Berlin, Untätigkeit
der anderen Wehrkreiskommandos – mußte Schwedler überzeugen, daß
die Ausführung der Berliner Befehle sinnlos wäre. Nach Lage der Dinge
konnten sie nur zu einem kurzen Bürgerkrieg im Wehrkreis IV führen,
zu mehr nicht. Die Rundfunknachricht von dem mißglückten Attentat
machte das Maß der Hiobsbotschaften voll; denn Schwedler hatte durchaus auf der Seite der Verschwörung gestanden.

Als dann am Abend klar war, daß der Aufstand zusammenbrach, schlug
der IIa, Oberst Dr. Sommerlad, seinem Befehlshaber vor, mit dem
Reichsverteidigungskommissar des Wehrkreises, Gauleiter Mutschmann,
Verbindung aufzunehmen und zu ihm hinzufahren, damit er nicht etwa
einen falschen Verdacht hege. Schwedler lehnte das ab; er habe nichts
getan, worüber er dem Gauleiter Rechenschaft schuldig sei. Später aber,
nachdem er eine sehr maßvolle und von tiefer Hoffnungslosigkeit erfüllte Ansprache an die Offiziere des Wehrkreiskommandos gehalten
hatte, mußte Schwedler doch zum Gauleiter: dieser hat den Befehlshaber
zu sich hinbestellt. Das war eine Demütigung, aber es machte deutlich,
wer die Macht hatte.

Gegen Mitternacht also fuhr General von Schwedler mit seinem Adjutanten, Oberst Sommerlad, zu Mutschmann. In dessen Villa wimmelte
es von SS-Uniformen, die Besucher mußten ihre Waffen in der Garderobe
ablegen und dann warten, während der Inspekteur der Sicherheitspolizei,
SS-Gruppenführer »Bubi« von Alvensleben, der offenbar die Untersuchung in diesem Stadium leitete, telephonierte und Direktiven ein-
holte. Er kam dann wieder auf die Offiziere zu und erklärte, an der

völlig einwandfreien Haltung des Generals von Schwedler habe es selbstverständlich nie einen Zweifel gegeben; gegenseitige Loyalitätsversicherungen folgten. Dann wurde der Chef des Generalstabes noch herzitiert und stehend befragt, ihm traute man gar nicht. Man forderte von ihm die Aufhebung der internen Alarmierung der Ersatztruppen, was zum Teil schon geschehen war, zum anderen Teil daraufhin verfügt wurde. In den nächsten Tagen wurde er dann verhaftet und später aus dem Offizierkorps entlassen. Auch der Abwehroffizier Oberst Reinheckel mußte in der Villa des Gauleiters erscheinen und sollte Alvensleben eine Liste der im Sinne des Nationalsozialismus unzuverlässigen Offiziere des Wehrkreiskommandos zusammenstellen, worauf er aber in scharfem Ton erklärte, solche Offiziere gebe es nicht.

Das war das Ende des Umsturzversuches im Wehrkreis IV. Am nächsten Tag wurden beim Ia, Oberstleutnant i. G. Bühlmann, sämtliche eingegangenen Fernschreiben von der Gestapo beschlagnahmt. Auf den Elbwiesen in Dresden wurde eine Treuekundgebung der Parteiorganisationen abgehalten, an der General von Schwedler mit seinem Adjutanten teilnehmen mußte – inmitten einer tobenden Menge von Braunhemden, die zehn Monate später ebenso tobend, aber ohne braune Hemden, die rote Fahne durch die zerstörten Straßen Dresdens trug; denn da war die Stadt von der Roten Armee besetzt.

Im Wehrkreis V (Stuttgart) pflegte man im Kameradenkreise ebenso offen über die Lage und den voraussichtlich nicht mehr zu gewinnenden Krieg zu sprechen, wie anderswo. Der jetzige Chef des Generalstabes im Wehrkreiskommando III, Generalmajor Herfurth, war bis vor kurzem in Stuttgart Chef des Generalstabes gewesen und seine Einstellung war bekannt. Aber sein Nachfolger, Oberst i. G. Kurt Adam, war in die Verschwörung nicht eingeweiht. Vom Befehlshaber des Wehrkreises, General der Panzertruppen Rudolf Veiel, weiß man nur, daß er später seiner Stellung enthoben wurde[203]. Im Laufe des Abends sind auch hier die Berliner Befehle eingegangen, doch kamen in der Olgastraße 11 schon sehr früh Zweifel auf an der Grundlage für den Putsch, so daß die Stuttgarter Ereignisse sich durch Farblosigkeit auszeichnen.

Bis zum Dienstschluß um 18 Uhr war überhaupt nichts geschehen. Wie immer verließen die Offiziere des Stabes das Wehrkreiskommando. Der Adjutant, Oberst von Tümpling, ging ins Hotel »Zeppelin« zum Abendessen und erfuhr dort vom Oberkellner von dem Attentatversuch – zu seiner großen Überraschung, wie man sich denken kann. Aber alarmiert fühlte sich Tümpling gleichwohl nicht; denn er ging anschließend in seine Wohnung, um dort über das Radio Näheres zu erfahren. Aus dem

Wehrkreiskommando rief ihn niemand an. Spät in der Nacht erhielt Tümpling dagegen einen Anruf aus der »Wolfschanze«. Generalleutnant Burgdorf war am Telephon und wollte wissen, was Tümpling zur Zeit tue. Dieser antwortete, er sei mit der Aufstellung der Volksgrenadier-Divisionen in Münsingen beschäftigt. Darauf sagte Burgdorf, der offenbar im Wehrkreiskommando niemand hatte erreichen können, Tümpling solle seinem Chef des Generalstabes sagen, die etwa eingegangenen Berliner Befehle seien ungültig und die dafür Verantwortlichen schon erschossen [204].

Daraufhin rief Tümpling Oberst i. G. Adam und den Ia, Oberst i. G. Steiger, an. Adam war aber längst unterrichtet und sagte, es sei ohnehin nichts veranlaßt worden. »Während des Versuches, eine Klärung herbeizuführen, wurde das Scheitern des Unternehmens bekannt.« [205] Damit hatte sich die Sache erledigt. Keine Einheit war alarmiert worden, der Dienstablauf war kaum gestört. Am nächsten Tag machte General Veiel bei Gauleiter Murr einen Höflichkeitsbesuch, der in den angenehmsten Formen verlief [206].

Im Wehrkreis VI (Münster) blieb der Tag ebenfalls ziemlich farblos. Am Spätnachmittag rief Oberstleutnant i. G. Bernardis seinen Freund Oberstleutnant Martin Bärtels in Münster an, der dort die Stelle des Ib bekleidete. Schon früher hatte er mit ihm die Möglichkeit eines Umsturzes besprochen und wollte nun wissen, ob alles glattgehen werde; Bärtels versprach, das Seine zu tun. Da der Befehlshaber, General der Infanterie Franz Mattenklott, nicht eingeweiht war, wollte Bärtels versuchen, ihn zu einer Inspektionsreise zu veranlassen [207]. Bald darauf, zwischen 16 und 17 Uhr, traf der erste Befehl aus der Bendlerstraße ein: »Der Führer Adolf Hitler ist tot ...« Wenig später kam auch der nächste Befehl, wonach Gauleiter, Kreisleiter und SS-Führer zu verhaften waren. Schon kamen Bedenken auf wegen der Unterschrift »Der Oberbefehlshaber der Wehrmacht von Witzleben, Generalfeldmarschall«, und unter dem nächsten Befehl »Der Oberbefehlshaber im Heimatkriegsgebiet«, den es doch bisher gar nicht gegeben hatte und der angeblich von Witzleben ernannt worden war. Man war in Münster verwirrt und sah auch keine Möglichkeit, etwas anderes zu tun als abzuwarten.

Immerhin wurden alle gerade im Gange befindlichen Übungen der Ersatztruppenteile abgebrochen und die Einheiten in die Unterkünfte zurückbeordert. Dann suchte man Verbindung mit dem OKH in Berlin und mit dem OKW in der »Wolfschanze«. In Berlin wollte der Ia, Oberst i. G. Kuhn, den Ia im Stabe Fromms, Oberstleutnant i. G. Sadrozinski, sprechen, aber es meldete sich Stauffenberg, der wissen wollte, ob die Befehle ausgeführt wurden. Da war wohl der zweite Befehl, der die Verhaftungen anordnete, noch gar nicht eingetroffen; denn der Ia in Münster schien nicht zu verstehen, welche Befehle denn ausgeführt werden sollten. Darauf hat Stauffenberg nach der Erinnerung von Oberst i. G. Kuhn gesagt: »›Auch Sie haben den Bezugsbefehl nicht.., auf die Nachrichtler ist kein Verlaß. Der Befehl, der alles klärt, ist unterwegs, wird Sie in Kürze erreichen, dann verstehen Sie auch den ›Oberbefehlshaber‹. Ich verlasse mich auf Sie, daß alles prompt durchgeführt wird.‹«

Bald danach kam die Verbindung mit der »Wolfschanze« zustande, ob auf die Initiative Keitels oder des Wehrkreiskommandos VI, ist in diesem Falle nicht mehr festzustellen. Keitel klärte auf, Hitler sei lediglich leicht verletzt und werde noch am selben Abend im Rundfunk sprechen, der Attentäter sei beim Chef H Rüst u BdE zu suchen, Befehle von dort seien nicht auszuführen. »Dadurch wurde die Lage klar ... Führerhauptquartier hatte Bendlerstraße überrundet. Befehle im Sinne des BdE (Attentäter) sind vom St. Gen. Kdo. nicht ergangen.« So berichtet sehr treffend ein Angehöriger des dortigen Stabes. Danach, so schloß er seine Mitteilungen, hatten die allmählich noch eingehenden Berliner Fernschreiben nur noch historischen Wert.

Im Wehrkreis VII (München) sind die Berliner Befehle überhaupt nicht eingegangen, ehe der Aufstandversuch zusammenbrach. Durch die Luftangriffe der Tage vorher waren dort bis auf einige kümmerliche Funkverbindungen die Nachrichtenmittel stark zerstört und unterbrochen[208]. Das Stichwort »Walküre«, das eine Anzahl anderer Wehrkreise erhalten hat, ohne recht zu wissen, was damit zu tun sei, da es meist erst nach der Rundfunknachricht und nach den Gegenbefehlen Keitels kam, ist in München gar nicht eingegangen. Erst am Spätnachmittag erhielt der Ia, Oberstleutnant Grosser, einen Führungsblitz-Anruf aus Berlin, er solle sofort Graf von Stauffenberg in der Bendlerstraße anrufen, aber zu dem Gespräch kam es nicht mehr, »da inzwischen durch Rundfunk das Scheitern des Aufstandes bekannt war«[209].

So ereignislos verlief der Staatsstreichversuch in München, obwohl nicht unbeträchtliche Vorbereitungen getroffen waren. Oberstleutnant Grosser war einige Tage vor dem Attentat von Oberst i. G. von Linstow, dem Chef des Stabes beim Militärbefehlshaber Frankreich, unterrichtet worden, daß der Umsturz dieser Tage vonstatten gehen solle. Er hatte daher vorsorglich verfügbare Einheiten der Infanterie, der Pioniere und der Panzertruppen in die Gegend Starnberg–Berg zur Geländeausbildung verlegt. Das Wehrkreiskommando war wegen der Luftangriffe nach Kempfenhausen an den Starnberger See verlegt, war also in nächster Nähe der

Truppe. Doch die Voraussetzung für das Handeln war eben nicht geschaffen worden. Hitler war noch am Leben und hatte das Kommando, jedes Vorgehen wäre Meuterei gewesen und die hätte wahrscheinlich – so dachten jedenfalls die Offiziere – das Heer zerbrochen.

Im Lauf des Abends rief Keitel aus der »Wolfschanze« an, sehr erregt, und wollte wissen, wie die Lage im Wehrkreis VII sei. Man konnte ihm nur versichern, es sei alles ruhig. Man telephonierte noch mit dem benachbarten Wehrkreiskommando XIII (Nürnberg) und fragte sich vorsichtig gegenseitig aus, mit dem Ergebnis, daß hier wie dort nichts zu unternehmen sei. Es kam nun vor allem darauf an, die Spuren der Vorbereitungen zu verwischen und die konzentrierten Einheiten wieder möglichst unauffällig in ihre Kasernen zurückzuführen.

Der schlesische Wehrkreis VIII (Breslau) gehörte wie der Wehrkreis I schon zu den frontnahen Gebieten, in denen sich Partisanen und Banden herumtrieben, die in bewaffneten Raubzügen, teils in Rudeln bis zu 300 Mann, die Lande durchstreiften und Gehöfte überfielen. Zugleich litten die Ersatztruppen großen Mangel an Bekleidung, Ausrüstung, Waffen und Munition. Manchen Posten konnte im Winter nicht einmal ein Mantel gegeben werden. Der Gauleiter von Oberschlesien dagegen, der zugleich Oberpräsident war und der in Hitlers Testament vom 29. April 1945 zum Reichsführer SS ernannt wurde, Karl Hanke, hatte im Keller seines Dienstgebäudes 90 schwere Maschinengewehre mit Munition aufbewahrt, die er dem Ersatzheer 1944 nur nach erbittertem Ringen mit dem Befehlshaber des Wehrkreises VIII, General der Kavallerie Rudolf Koch-Erpach, zur Hälfte und gegen Leihschein überließ. Dieser Mann, der später rigoros und skrupellos die Verteidigung Breslaus durchsetzte, selbst aber dann im Flugzeug entfloh, mußte also von Koch-Erpach in allem, was er tat, ebenso in Rechnung gestellt werden, wie die Banden und Partisanen [210].

Als der Chef des Generalstabes, Generalmajor Ludwig Freiherr Rüdt von Collenberg, um 18.30 Uhr die Rundfunknachricht von dem mißglückten Attentat auf Hitler hörte, hatte er von irgendwelchen im Wehrkreiskommando eingegangenen Befehlen noch gar keine Kenntnis. Es schien ihm nicht wahrscheinlich, daß der Wehrkreis von dem Ereignis irgendwie direkt betroffen werden könnte, es war also nichts zu unternehmen. Der Befehlshaber war auf Inspektionsreise – nichts Ungewöhnliches, 1943 hatte er 265 Tage außerhalb Breslaus verbringen müssen –, und wenn er im Auto saß, war er unerreichbar. Er kehrte erst um 23 Uhr nach Breslau und in das Wehrkreiskommando zurück, wo er auch seine Wohnung hatte.

Der erste Berliner Befehl muß etwa um 17 Uhr oder wenig danach in Breslau eingelaufen sein, aber der Chef des Generalstabes bekam ihn erst viel später zu sehen. Zwischen 19 und 20 Uhr, noch ehe der erste der Befehle ihm vorgelegt war, rief ihn Stauffenberg aus Berlin an und erklärte, der Befehl des OKH sei sofort auszuführen; er meinte damit offenbar den Befehl, der das Stichwort »Walküre 2. Stufe« ausgab[211]. Aber Rüdt von Collenberg mußte ihm sagen, er habe überhaupt noch keinen Befehl bekommen, worauf Stauffenberg meinte, der müsse dann jeden Augenblick eintreffen. Über den Inhalt sagte er am Telephon nichts, es handelte sich um eine Geheime Kommandosache. Sofort nach diesem Gespräch rief Generalleutnant Burgdorf aus dem Führerhauptquartier in Breslau an und teilte mit, Stauffenberg habe das Attentat ausgeführt und es sei befohlen, nur von Himmler erlassene Befehle auszuführen.

Davor und danach telephonierte Rüdt von Collenberg nach allen Seiten hin, wie es in solchen Fällen vor der Befehlserteilung vorgeschrieben war, um sich über die Lage in den benachbarten Wehrkreisen Klarheit zu verschaffen, auch mit Berliner militärischen Stellen stand er in Kontakt und vom Chef der Heeresgruppe in Krakau wurden Auskünfte eingeholt. Das Ergebnis war überall: Attentat mißlungen, Hitler am Leben, nirgends wurde etwas unternommen. Die Panzer-Ersatz-Division in Liegnitz hatte sogar schon von der Dienststelle des Inspekteurs der Panzertruppen die vorbeugende Weisung erhalten, keine Befehle des Wehrkreiskommandos auszuführen.

Nun erst, nach 20 Uhr, wurden Rüdt von Collenberg die Berliner Befehle, zunächst der erste von Witzleben unterzeichnete, dechiffriert vorgelegt. Das Ergebnis aller Überlegungen des Chefs des Generalstabes war, »daß die Entscheidung gegen den Staatsstreich gefallen war, bevor ich oder ein anderer Angehöriger des Wehrkreiskommandos das erste Wort davon erfahren hatten«. Es war auf den Befehl Witzlebens hin nichts zu unternehmen, weil die Voraussetzungen fehlten, und es konnte nichts unternommen werden, weil die Machtmittel fehlten bzw. in den Händen der Gegenseite waren, die im Wehrkreis VIII mit Sonderformationen, Waffenlagern und SS-Einheiten besonders stark war.

Gegen 23 Uhr kehrte General Koch-Erpach in das Wehrkreiskommando zurück und nahm dort den Bericht seines Chefs des Generalstabes entgegen. Von der Dienststelle des Gauleiters und Oberpräsidenten war schon mehrfach angerufen und dringend nach dem Befehlshaber gefragt worden. Man hatte Rüdt von Collenberg bedeutet, der Gauleiter erwarte Koch-Erpach nach dessen Rückkehr umgehend bei sich. Nach einem Attentat und Umsturzversuch gegen Hitler aus Kreisen der Armee hatte diese plötzlich keinen sehr guten Stand, die sattsame Bekanntschaft mit den Methoden der Gestapo und der Parteiherrscher tat ein übriges. General Koch-Erpach fuhr also mit seinem Ia, dem Major i. G. Fritz Roos, ungesäumt zum Gauleiter; jeder steckte sich eine Browningpistole in die Tasche. Erst im Oberpräsidium, das im Zentrum der Stadt lag, konnte der Befehlshaber nähere Einzelheiten über den Staatsstreichversuch erfahren. Der Gauleiter kannte schon die aus der Bendlerstraße ergangenen Befehle. Seit spätestens 20 Uhr ließ Bormann alle Gauleiter ständig über die Vorgänge und Neuigkeiten, zumal über Zusammenhänge und Hintergründe des Aufstandes, durch Fernschreiben aus dem Führerhauptquartier unterrichten [212].

Dem Befehlshaber ist nicht mitgeteilt worden, warum er so eilig zum Gauleiter hatte kommen sollen, es gab nichts Dringendes zu besprechen, da ja die Entscheidung längst ohne ihn gefallen war. Aber der Gauleiter wollte sich wohl gegen Überraschungen sichern. Während Koch-Erpach noch im Oberpräsidium war, sollte der von den Verschwörern designierte Verbindungsoffizier Rittmeister Scholz-Babisch verhaftet werden, wogegen der Befehlshaber scharfen Einspruch erhob, da er als Wehrkreisbefehlshaber die Befehls- und Disziplinargewalt über Scholz-Babisch habe. Darauf ließ man zunächst von ihm ab, holte ihn aber dann doch noch während der Nacht. Eine Verbindung mit dem Politischen Beauftragten Dr. Lukaschek ist überhaupt nicht zustande gekommen [213]. Erst gegen 2 Uhr morgens konnte der Befehlshaber wieder in das Wehrkreiskommando zurückkehren.

Auch hier stellte sich die Lage den verantwortlichen Offizieren so dar, daß die eingegangenen Befehle der Verschwörer nur durch Meuterei und einen aussichtslosen, isolierten Bürgerkrieg in die Tat umgesetzt werden konnten. Die wirkliche Macht war beim Gauleiter, nicht beim militärischen Befehlshaber.

Im Wehrkreis IX (Kassel) war der Befehlshaber, General der Infanterie Otto Schellert, an diesem Tage auch dienstlich unterwegs, als der Staatsstreichversuch von Berlin aus begann [214]. Er war nicht in die Verschwörung eingeweiht und hatte auch keine Ahnung, wie gründlich einige seiner Stabsoffiziere in Kassel den Umsturz vorbereitet hatten.

Die Brüder Hermann und Ludwig Kaiser, die seit 1940 im Stabe des Chef H Rüst u BdE bzw. des Chefs des AHA im OKH tätig und zugleich schon lange in der Opposition tätig waren, stammten aus Kassel. Sie hatten hier schon 1935 mit Generalmajor Ludwig von Nida, der bis Ende März 1944 Chef des Generalstabes im Wehrkreiskommando IX war, Verbindung aufgenommen. Im Sommer 1943, anläßlich der kata-

strophalen Folgen der Bombardierung der Edertalsperre, war versucht
worden, die »Walküre«-Pläne mit einem förmlichen Vertrag zwischen
dem Wehrkreiskommando und der Gauleitung für Kurhessen über die
Übertragung der Vollziehenden Gewalt auf den Wehrkreisbefehlshaber
für den Fall der Wiederholung einer solchen Katastrophe zu erweitern.
Aber die Gauleitung in Frankfurt hatte den Vorschlag dem Höheren
SS- und Polizeiführer, Erbprinz zu Waldeck geschickt, der den Plan als
Versuch zum Hochverrat erkannte und bezeichnete. Mit Memoranden
und Berichten wand man sich mühsam aus dem Fiasko. Trotzdem war
am 20. Juli der Wehrkreis IX besser auf den Umsturz gerüstet als die
meisten anderen Wehrkreise. Der Ia, Oberst i. G. Fritz von Vethacke, war
von Nida eingeweiht worden und paßte die »Walküre«-Pläne soweit
möglich den Absichten der Verschwörer an. Der Nachfolger von Generalmajor von Nida als Chef des Generalstabes war Oberst i. G. Claus-Henning von Plate, ein Jahrgangskamerad von Graf Stauffenberg und mit
diesem gut bekannt. In die Staatsstreichvorbereitungen war er zwar nicht
eingeweiht, aber Stauffenberg verließ sich auf ihn, weil er ihn kannte
und weil auch Generalmajor von Nida weiterhin in Kassel wohnte. Nida
hätte Kommandant von Kassel werden sollen, mußte aber wegen Diphthe-
rie und Folgeerscheinungen fast drei Monate im Reservelazarett Kassel-
Lindenberg verbringen.

Die erste Nachricht von dem Attentat auf Hitler erreichte Oberst i. G.
von Plate etwa um 18 Uhr oder etwas später. Er war gerade in der Besprechung einer vor kurzem durchgeführten Übung an der Edertalsperre
mit anderen Offizieren des Wehrkreises. Gegen 19.30 Uhr wurden ihm
die ersten langen Fernschreiben aus Berlin vorgelegt, deren erstes mit der
Mitteilung von Hitlers Tod begann; das Stichwort »Walküre« war jedoch
in Kassel bis dahin nicht eingegangen. Darauf telephonierte Plate sofort
mit Graf von Stauffenberg, um sich die Richtigkeit der Fernschreiben
bestätigen zu lassen. Stauffenberg versicherte, Hitler sei tot. Plate sah
zwei Parteien im Kampf: Göring und Himmler auf der einen, Witzleben
und Fromm auf der anderen Seite. Auf welcher Seite er und das Wehrkreiskommando stehen würden, war ihm keinen Augenblick zweifelhaft,
wie er auch später zu Oberstleutnant Beck sagte, der Verbindungsoffizier
der Wehrmacht zu den nichtmilitärischen Dienststellen des Wehrkreises
war. Aber zunächst suchte er den Befehlshaber zu erreichen, der unterwegs war. Das war kein Zögern, sondern bei der Wichtigkeit der zu treffenden Entscheidungen völlig richtig. Plate glaubte ja die Versicherungen
Stauffenbergs und würde also durchaus legitim handeln, wenn er seine
Weisungen ausführte, ein etwa dazu erforderliches Überspielen des Be-

fehlshabers kam ihm gar nicht in den Sinn. Vor der Rückkehr des Befehlshabers jedenfalls wurden keine Befehle vom Wehrkreiskommando
ausgegeben, sondern nur vorbereitet [215].

Als General Schellert gegen 21 Uhr in das Wehrkreiskommando zurückkehrte, trug ihm Oberst i. G. von Plate sofort vor und befürwortete
die Ausführung der Berliner Befehle. Aber General Schellert konnte sich
zu keiner klaren Stellungnahme durchringen. Die Rundfunknachrichten
und der Funkspruch Keitels, daß Hitler am Leben und »völlig gesund«
sei, daß er Himmler zum neuen Oberbefehlshaber (»OB«) des Ersatzheeres
ernannt habe, daß Befehle von Fromm, Witzleben und Hoepner ungültig
seien und der Befehlshaber im Wehrkreis IX mit dem Gauleiter und dem
Höheren Polizeiführer Verbindung halten solle, sind Oberst i. G. von Plate
um oder gegen 20 Uhr zur Kenntnis gelangt. Da der Funkspruch schon um
16.15 Uhr vom Führerhauptquartier abgesandt war, muß die Verzögerung,
wie wohl auch bei den Fernschreiben aus Berlin, an der Nachrichtenzentrale des Wehrkreiskommandos gelegen haben. Der Chef des Generalstabes hatte dann versucht, noch einmal mit Stauffenberg oder Mertz von
Quirnheim zu telephonieren, konnte sie aber nicht erreichen; es hieß,
sie seien in Besprechungen.

Plate konnte den Funkspruch und die Radionachricht seinem Befehlshaber natürlich nicht einfach unterschlagen und hielt das auch nicht für
erforderlich, da er ja von der Unrichtigkeit dieser Mitteilungen auf Grund
seines Gespräches mit Stauffenberg überzeugt war. Nun trug er seinem
Befehlshaber die Lage vor und drängte ihn zu einer Entscheidung.
Schellert aber neigte viel eher dazu, sofort zum Gauleiter zu fahren und
sich bei diesem Rat zu holen. Plate, überzeugt von der Richtigkeit der
Stauffenbergschen Mitteilungen, fand im Gegenteil, daß vor allem die
drei im Wehrkreis IX residierenden Gauleiter Sauckel, Sprenger und
Gerland verhaftet werden müßten. Auf das Drängen Plates hat sich
Schellert dann widerstrebend die Zustimmung dazu abgerungen [216].

Plate erteilte nun, gegen 21 Uhr, mit dem Ia Vethacke zusammen die
entsprechenden Befehle: Bestimmten im Wehrkreis liegenden Ersatztruppen wurde Marschbereitschaft befohlen, das Gebäude des Wehrkreiskommandos wurde durch aufgerufene Einheiten des Infanterie-Ersatz-
Bataillons 163 besonders gesichert, Vorbereitungen zur Verhaftung der
Gauleiter, Parteifunktionäre und des Höheren SS- und Polizeiführers
wurden getroffen, ferner zur Sicherung der Nachrichtenverbindungen;
der Reichsarbeitsdienst und der Generalarbeitsführer Neuerburg wurden
dem Wehrkreiskommando unterstellt. In Eisenach ist auf den von Oberstleutnant Witzel übermittelten Befehl und das Stichwort »Walküre« die

Panzer-Versuchs- und -Ersatz-Abteilung 300 unter Major Wollschläger
alarmiert worden. Sie verfügte über ferngesteuerte Minenpanzer, eine
sehr gefährliche Waffe. Nach der Erinnerung von Oberstleutnant Beck
waren die Panzertruppen »unterwegs im Anrollen auf Kassel«, aber die
Berichte der militärischen und Parteistellen in Erfurt behaupteten später,
die Truppen hätten nach Herstellung der Marschbereitschaft den Kasernen-
bereich nicht verlassen. Sie können also keinesfalls sehr weit gefahren
sein. An anderen Standorten wurden ähnliche Maßnahmen eingeleitet,
aber marschiert sind die aufgerufenen Einheiten nicht, abgesehen von
Frankfurt, wo Post- und Telegraphenämter, Hauptbahnhof und Rundfunk
besetzt wurden. Es war schon recht spät, als die Befehle überhaupt erst
erteilt wurden, so daß die Zeit bis zum Widerruf nur kurz war.

Zufällig war an diesem Tag der Kommandeur der Waffen-SS im Bereich
des Wehrkreises IX, Erbprinz zu Waldeck, mit vielen Offizieren seines Stabes im Wehrkreiskommando anwesend, er hatte an der erwähnten Besprechung teilgenommen, an die sich ein gemeinsames Essen angeschlossen
hatte, und nun saß er im Kasino und wurde dort hingehalten. Des Gauleiters von Kurhessen konnte man jedoch nicht habhaft werden, er saß mit
allen seinen Amtsleitern auf der Wasserkuppe in der Rhön, und auch der
Reichsstatthalter Sprenger sowie Sauckel wurden nicht verhaftet.

Eigentlich war alles nun auf dem besten Wege. Aber zugleich häuften
sich Anfragen aus dem Wehrkreis, ob denn alles seine Richtigkeit habe,
die Nachricht vom mißlungenen Attentat wurde immer wieder verbreitet
und diskutiert, und das Ausbleiben weiterer Befehle aus Berlin, besonders
der Mangel an weiteren konkreten Weisungen zum Handeln, machten
Plate schließlich argwöhnisch. Sollte es sich doch um einen Putsch ohne
die von Stauffenberg mit solcher Sicherheit behauptete Voraussetzung
handeln? Zugleich erwies es sich trotz allen Bemühungen als unmöglich,
mit der Berliner Gruppe unter Generalfeldmarschall von Witzleben noch
einmal Verbindung zu bekommen. Schließlich versuchte man, ebenfalls
ohne sofortigen Erfolg, mit dem Führerhauptquartier zu telephonieren.
Seinem Befehlshaber, General Schellert, riet Plate nun, die Befehle vorerst zu stoppen und die weitere Klärung der Lage abzuwarten.

Etwa um 22.30 Uhr rief dann Keitel von sich aus in Kassel an. Schellert
führte gerade ein anderes Telephongespräch, so daß Plate das Gespräch
annahm. Er zweifelte noch immer, als Keitel ihm sagte, Hitler lebe und
Stauffenberg, Witzleben, Hoepner u. a. seien Verräter, alle auf ihre
Weisung erteilten Befehle seien sofort zu widerrufen. Aber dann ergaben
Nachfragen bei vertrauenswürdigen Kameraden, zumal in Dresden und
in Wiesbaden, daß man anderwärts längst nur noch auf Befehle aus der

»Wolfschanze« bzw. vom neuen Befehlshaber des Ersatzheeres reagierte, und dann kehrte auch der Gauleiter gegen 23.30 Uhr nach Kassel zurück und begann, sich in die Ereignisse einzuschalten. Plate rief nach dem Gespräch mit Keitel und nach den anderen Erkundigungen nach 23 Uhr alle Stellen an, die von ihm Befehle erhalten hatten, hob die erteilten Weisungen auf, und hielt vor allem die eingeleitete Festnahmeaktion an.

Plate hatte Keitel gegenüber mit seinen Zweifeln an der Richtigkeit der Keitelschen Darstellung der Dinge, ja sogar an der Echtheit Keitels selbst, nicht zurückgehalten, wofür Keitel auch Verständnis zeigte. Zum Beweis für seine Behauptungen sagte er, Hitler werde um 23 Uhr im Rundfunk sprechen. Dies trat aber nicht ein, so daß Plate sich in seinen Zweifeln bestätigt fühlte. So waren nun die Befehle im Wehrkreis IX zwar storniert, aber die Ungewißheit dauerte an.

Nach Mitternacht bekam Plate Verbindung mit einem Oberstleutnant Weiß im Heerespersonalamt in Berlin, wodurch er endgültig Klarheit über die Lage erhielt: Stauffenberg und einige seiner Kameraden waren erschossen worden, der Putsch war zusammengebrochen. Nun wurden schleunigst alle in Hessen und in Thüringen verfügten Alarmierungen aufgehoben.

Nach Mitternacht erschien der Gauleiter mit etlichen Begleitern in braunen Parteiuniformen im Wehrkreiskommando und verlangte den Befehlshaber zu sprechen. Schellert mußte Rede und Antwort stehen, warum die Alarmbefehle ergangen seien, und sein Chef des Generalstabes, Plate, nahm die Verantwortung für die Ausgabe der meisten Weisungen auf sich. Dann wollte Gerland die aus Berlin eingegangenen Fernschreiben und sonstigen Befehle, auch die Unterlagen für die von Kassel aus erteilten Weisungen sehen. Es gelang dem Oberstleutnant Beck, ihn so lange hinzuhalten, bis die Obersten von Plate und Vethacke Zeit gehabt hatten, die gefährlicheren der Befehle, insbesondere den über die Ernennung des Verbindungs-Offiziers, Oberstleutnant Freiherr von Sell, und des Politischen Beauftragten, des Reichsministers a. D. Gustav Noske, zu beseitigen. Das half freilich nichts, weil die von Plate geführten Telephongespräche schon seit 19 Uhr von Partei- oder SD-Stellen abgehört worden waren, und weil in der Frühe des 21. Juli alle in der Bendlerstraße erreichbaren Unterlagen beschlagnahmt wurden. Vieles hatten die Verschwörer vor ihrer Verhaftung verbrennen können, aber wohl nicht die in die Fernschreibzentrale gegebenen Unterlagen.

Im Wehrkreis X (Hamburg) waren der Befehlshaber, General der Infanterie Wilhelm Wetzel, und der Chef des Generalstabes, Generalmajor

Friedrich-Wilhelm Prüter, ebenfalls nicht im Dienstgebäude des Wehrkreiskommandos in der Knochenhauerstraße, als die ersten Fernschreiben
aus Berlin einliefen. Der Befehlshaber war im Munster-Lager, und der
Chef hatte sich schon in seine Unterkunft begeben[217]. Dort wurde er gegen 17 Uhr von dem Adjutanten des Wehrkreiskommandos, Oberst
Völckers, angerufen und gebeten, sofort ins Wehrkreiskommando zu
kommen, wo seine Anwesenheit dringend erforderlich sei. Gleichzeitig
bat der IIa auch den Befehlshaber um sofortige Rückkehr.

Als Prüter gegen 17.30 Uhr in der Knochenhauerstraße eintraf, übergab
ihm Völckers zwei aus Berlin gekommene Fernschreiben, deren erstes mit
der Feststellung begann, daß Hitler tot sei[218]. Das zweite befahl bestimmte Sicherungsmaßnahmen und Verhaftungen.

Darauf hat Prüter als erstes ein Gespräch zum Befehlshaber des Ersatzheeres, Generaloberst Fromm, angemeldet, um Rückfrage zu halten. Die
Verbindung war sehr rasch hergestellt, ein Ordonnanzoffizier meldete
sich und teilte mit, daß der Befehlshaber nicht zu sprechen sei, die Befehle
hätten aber ihre Richtigkeit und müßten unverzüglich ausgeführt werden.
So rief der Chef des Generalstabes alle führenden Partei- und SS-Leute
in Hamburg an und bat sie, sogleich ins Wehrkreiskommando zu kommen. Die meisten von ihnen befanden sich allerdings mit anderen Prominenten bei einem Vortrag des Staatssekretärs Dr. Naumann, des ersten
Mitarbeiters von Goebbels, im großen Saal des Hotels »Atlantic«. Dort
war auch der Gauleiter Karl Kaufmann. Prüter entsandte den Wehrmachtstandort-Kommandanten von Hamburg, Generalmajor Kurt Heyser,
zum Hotel, um den Gauleiter herzubitten.

Nach diesen Vorkehrungen befahl Prüter zwei in Hamburg liegende
Ersatz-Bataillone ins Wehrkreiskommando, für alle Fälle. Es kam freilich
nur eines, das andere hatte nach der inzwischen erfolgten Rundfunkmeldung mit untergeordneten Parteidienststellen Rücksprache gehalten und
darauf von dem Marsch zur Knochenhauerstraße Abstand genommen.
Sodann führte Prüter Gespräche mit den Chefs der Generalstäbe der
benachbarten Wehrkreise mit dem Ergebnis, daß nur in Berlin überhaupt
etwas unternommen worden war, auch dort aber die Maßnahmen schon
wieder rückgängig gemacht wurden. Es muß unterdessen schon zwischen
19 und 20 Uhr gewesen sein.

Der Gauleiter war kurz vor Beginn des Vortrages von Staatssekretär
Dr. Naumann von diesem ganz fragmentarisch von dem versuchten Militärputsch unterrichtet worden, Genaues wußte Naumann selbst noch nicht.
Der Vortrag begann pünktlich. Es muß etwa 18.30 Uhr gewesen sein, da
offenbar noch niemand in der Versammlung etwas von dem Attentat

wußte. Kaum hatte Naumann seine Ausführungen begonnen, da wurde er ans Telephon gerufen, kam zurück und setzte seinen Vortrag fort, wurde aber wenig später noch einmal hinausgebeten. Er war gerade von der zweiten Unterbrechung wieder in den Saal zurückgekommen, da erschien der Wehrmachtstandort-Kommandant, ging zum Gauleiter und bat ihn flüsternd mit ins Wehrkreiskommando zu kommen. Kaufmann wollte wissen, warum, aber Heyser wußte es selbst nicht genau und konnte nur sagen, es sei wohl ein Alarm ausgelöst worden.

Als Kaufmann in der Knochenhauerstraße erschien, trafen auch die anderen Gäste schon ein: der Staatssekretär Georg Ahrens, der Höhere SS- und Polizeiführer Georg-Henning Graf von Bassewitz-Behr, der Kommandeur der Sicherheitspolizei Retzlaff, der Führer der Hamburger SA Herbert Fust, der Führer des NSKK und der Leiter der Obersten Parteidienststelle, ferner der Kommandeur der Kriegsmarine in Hamburg, Vizeadmiral Lohmann, und der Chef des Generalstabes im Luftgaukommando XI, Oberst Laicher. Alle, auch der Gauleiter, wurden gebeten, das Eintreffen des Befehlshabers abzuwarten. Auf die Frage Kaufmanns erklärte Prüter, aus Berlin sei »Walküre« befohlen und es seien mysteriöse Fernschreiben eingegangen. Da zwischen dem Wehrkreiskommando und dem Gauleiter Kaufmann, der vor der Invasion einmal von Generalfeldmarschall Rommel in diskreter Weise zur Mitarbeit bei einem Umsturz aufgefordert worden war, stets ein sehr gutes, sachliches Verhältnis geherrscht hatte, trug Prüter keine Bedenken, dem Gauleiter und auch den übrigen Anwesenden von dem Inhalt der eingegangenen Fernschreiben Kenntnis zu geben. Da erfuhren diese nun, daß sie alle verhaftet werden sollten.

Es wäre seltsam, wenn nicht jedem von ihnen der Gedanke gekommen wäre, er sei in eine Falle gegangen, auch der Gauleiter konnte sich dieses Eindrucks nicht ganz erwehren. Prüter sagte aber gleich dazu, als Kaufmann scherzte, er solle doch seines Amtes walten, die Entscheidung darüber wolle er lieber dem Befehlshaber überlassen. Indem er jedem ein Glas Wermut oder Sherry anbieten ließ, suchte er die Momente der doch nicht ganz erfreulichen Spannung zu überbrücken, und inzwischen befolgte er auch den Rat des Gauleiters, einmal in der Bendlerstraße anzurufen [219]. Darauf kam ein Gespräch zwischen Prüter und Graf von Stauffenberg zustande, der den angeblichen Tod Hitlers und die Übernahme des Oberbefehls über die Wehrmacht durch Generalfeldmarschall von Witzleben bestätigte und auf der Ausführung der Befehle bestand. Aber Prüter blieb dabei, das Eintreffen des Befehlshabers abzuwarten, womit er den Anwesenden seinen guten Willen beweisen konnte [220].

General Wetzel ließ nun auch nicht mehr lange auf sich warten. Als er kam, begrüßte er herzlich wie immer den anwesenden Gauleiter. Nachdem er sich von Generalmajor Prüter hatte vortragen lassen und mit Erschütterung von dem Inhalt der eingegangenen Fernschreiben Kenntnis genommen hatte, trat er zu Kaufmann und sagte ihm: »›Gauleiter, wir beide werden nicht aufeinander schießen.‹« [221] Dann ließ sich Kaufmann an Ort und Stelle mit Bormann im Führerhauptquartier verbinden, erfuhr von diesem die Einzelheiten des mißglückten Attentats und erhielt den Auftrag, die Ausführung der Berliner Befehle in Hamburg unter allen Umständen zu verhindern. Das war aber gar nicht nötig. General Wetzel hatte fast ebenso wenig Sympathie mit dem so kläglich mißlungenen Staatsstreichversuch wie der Gauleiter Kaufmann.

Als Kaufmann das Wehrkreiskommando verlassen hatte, ließ er die Parteidienststellen, die Polizei und die Verwaltung in einen gemäßigten Alarmzustand versetzen. Das Wehrkreiskommando aber hob auch die wenigen vom Chef des Generalstabes erlassenen Anordnungen, die schon so unwillig ausgeführt worden waren, wieder auf.

Im Wehrkreis XI (Hannover) gingen am Spätnachmittag und Abend die beiden ersten Fernschreiben der Verschwörer ebenso überraschend ein, wie in den meisten anderen Wehrkreisen. Das erste teilte mit, Hitler sei tot und die Vollziehende Gewalt werde von der Wehrmacht übernommen, das zweite kam über eine Stunde später und gab Einzelweisungen für die Übernahme der Vollziehenden Gewalt durch die Befehlshaber der Wehrkreise; u. a. wurde die Alarmierung der unterstellten Truppen, die Verhaftung der Gauleiter und einer Anzahl höherer Partei- und SS-Funktionäre, die Besetzung der Funk-, Telegraphen- und Telephonzentralen befohlen. Der Chef des Generalstabes, Generalmajor Rudolf Kütt, und der Ia, Oberst i. G. z. V. Kroeger, legten dem Befehlshaber, General der Infanterie Benno Bieler, die eingegangenen Fernschreiben vor [222].

Der Befehlshaber bat seine beiden Offiziere zunächst, ihn allein zu lassen. Er wollte sich die Lage überlegen und sich Klarheit verschaffen. Er rief Graf von Stauffenberg in Berlin an und stellte ihm etwa folgende Fragen: 1. Wer hat Regierungsgewalt und militärischen Oberbefehl? 2. Wie verhalten sich Himmler, Goebbels und Göring, d. h. die gefährlichsten Exponenten des Regimes außer Hitler? 3. Welche Absichten hat die neue Regierung für Fortführung und Beendigung des Krieges?

Stauffenberg war natürlich eilig und ungeduldig. Er wollte vor allem die Ausführung der Befehle vorantreiben, er wußte, daß der Umsturz verloren war, wenn nicht rasch und energisch gehandelt wurde, auf Diskussionen konnte er sich doch nicht einlassen. Kein Wunder also, daß

der Befehlshaber in Hannover seine Auskünfte als unbefriedigend emp-
fand. Für diesen aber kam ja alles so überraschend, plötzlich sollte er sich
einem Putsch anschließen, dessen Grundlage ganz unsicher war und über
den man ihn überhaupt nicht vorher sondiert hatte, obwohl er erst vor
zwei Wochen anläßlich einer Kommandeurbesprechung in Potsdam ein
langes persönliches Gespräch mit Stauffenberg geführt hatte. Die führenden Persönlichkeiten dieses Staatsstreichs schienen Bieler nicht ganz geeignet zu sein, und wie SS und Polizei sich verhalten würden, konnte
ihm Stauffenberg nicht sagen. Die Stäbe der Wehrkreiskommandos und
der Ersatztruppen, auch in Hannover, waren mit Nationalsozialisten,
Parteimitgliedern wie Nichtmitgliedern, stark durchsetzt, auch das mußte
bedacht werden. Stauffenberg mahnte dringend die Ausführung der ergangenen Befehle an, aber Bieler sah voraus, daß er auf Widerstand
stoßen würde, wenn er seine Truppen alarmierte und in Marsch setzte.

Kurze Zeit danach, es wird zwischen 20 und 21 Uhr gewesen sein,
rief Generalfeldmarschall Keitel in Hannover an. Er war sehr aufgeregt
und teilte fast schreiend mit, Stauffenberg habe das (inzwischen über den
Rundfunk bekannt gewordene) Attentat begangen, Hitler sei völlig gesund, gegen die Meuterer in der Bendlerstraße werde schon mit militärischen Maßnahmen vorgegangen und sie würden in kurzer Zeit »unschädlich gemacht« sein. Unter keinen Umständen seien Befehle des bisherigen Befehlshabers des Ersatzheeres zu befolgen.

Da stand also nicht das Militär, die Wehrmacht gegen die Reste des
seines Führers beraubten Regimes, sondern eine Gruppe von Verschwörern innerhalb des Führungsstabes des Ersatzheeres gegen die ganze
übrige Wehrmacht und gegen die völlig intakte Führung des Dritten
Reiches. Das war etwas anderes. Zur Sicherheit fragte General Bieler im
Laufe des Abends noch einmal in Berlin an, wie denn dort die Lage sei.
Ein Nachrichtenoffizier sagte ihm, im Hause werde geschossen, es herr-
schen Verwirrung und Unruhe.

Damit stand für Bieler fest, »daß eine aktive Beteiligung zugunsten der
Berliner Umsturzbewegung nicht mehr sinnvoll war und für alle daran
aktiv Beteiligten verhängnisvoll sein mußte.« Er ordnete daher an, »daß
die Truppe nicht zu alarmieren sei und der Wehrkreis die weitere Entwicklung der Dinge abzuwarten hätte.« Davon setzte er auch die Befehlshaber der beiden Nachbarwehrkreise X (Hamburg) und IX (Kassel) in
Kenntnis, die mit seiner Auffassung, zu der er offenbar später als sie
gekommen war, übereinstimmten.

Im Wehrkreis XII (Wiesbaden) war die Lage ganz ähnlich wie in
Stuttgart und Hannover. Die Fernschreiben aus Berlin gingen spät ein,

es dauerte eine Zeitlang bis sie entschlüsselt waren, und ehe man Zeit
für Entscheidungen hatte, war der Aufstand schon zusammengebrochen.
Der »Walküre«-Befehl konnte, wenn er überhaupt noch spät am Abend
eingegangen ist, nicht mehr ausgeführt werden. Rückfragen in Stuttgart
und Hannover ergaben, daß man sich dort ebenso verhielt [223].

Im Wehrkreis XIII (Nürnberg) dagegen ist etwas mehr geschehen. Nach
dem 20. Juli wurden der Befehlshaber, General der Infanterie Mauritz
von Wiktorin, der Chef des Generalstabes, Oberst i. G. Victor Kolbe, und
der IIa, Oberst Hans Liphart, aus ihren Stellungen entfernt, weil sie zu
bereitwillig gewesen waren, die Berliner Befehle auszuführen [224]. Auch
hier hatte man am Spätnachmittag die Fernschreiben über Hitlers Tod,
die Übernahme der Vollziehenden Gewalt und die Weisung zur Verhaftung der Partei- und SS-Funktionäre erhalten, und auch hier hatte man
zunächst in Berlin rückgefragt. Aber nach seinem Gespräch mit Graf von
Stauffenberg hat der Chef des Generalstabes, Oberst i. G. Kolbe, die entsprechenden Anordnungen und Befehle ohne Zögern ausgegeben.

Währenddessen telephonierte der IIa, Oberst Liphart, bei den benachbarten Wehrkreisen herum. In München hatte man sich schon gegen die
Ausführung der Befehle entschieden, es muß also schon etwa 19 Uhr
oder später gewesen sein: nur das Führerhauptquartier sei maßgebend,
erfuhr Liphart von dort. In Stuttgart traf man Vorbereitungen, verhielt
sich aber eher abwartend, wie sich aus einem Gespräch mit dem dortigen
IIa, Oberst Wolf von Tümpling, ergab. In Wiesbaden dagegen zeigte man
sich unwillig, die Berliner Anweisungen zu befolgen.

Nun versuchte man, mit Generaloberst Fromm zu sprechen, aber der
war nicht erreichbar, so versuchte man es im Führerhauptquartier. Der
Befehlshaber sprach selbst mit Keitel, der ihm in schroffem Ton erklärte,
Hitler sei am Leben und werde noch am selben Abend im Rundfunk
sprechen, nur Keitels Befehle seien auszuführen. Darauf rief der IIa wieder in Berlin an und sprach selbst mit Graf von Stauffenberg, der ihm
sagte: »›Liphart, es handelt sich um eine Mystifikation. Der Führer ist tot.
Die Befehle des Befehlshabers des Ersatzheeres sind auszuführen.‹«

Nun schien die Lage aber so unsicher, daß ein energisches Handeln
nicht verantwortbar erschien, zumal auch die anderen Wehrkreise überhaupt nichts taten. Wenn es so an der Einheitlichkeit der Auffassung und
des Vorgehens fehlte, da schien die Sache doch aussichtslos. Wie sollte
man in Nürnberg entscheiden, welche der beiden Parteien mit ihren
Behauptungen recht hatte? Sollte man als offenbar einziger Wehrkreis in
Süddeutschland einen Bürgerkrieg beginnen und so wirklich der Front in
den Rücken fallen, sei es auch für eine würdige, aber verlorene Sache?

Das wollte man offenbar nicht: »Auf diese widersprüchlichen Befehle hin nahm auch das stellv. Gen. Kdo XIII. A. K. abwartende Stellung ein.« Vorsichtshalber wurden die vorbereiteten Befehle und Entwürfe unter Aufsicht des IIa im WC von zwei Offizieren verbrannt und hinuntergespült [225].

Im Wehrkreis XVIII (Salzburg) hat der Befehlshaber, General der Gebirgstruppen Julius Ringel, der als sehr regimetreu galt, die aus Berlin eingegangenen Befehle überhaupt nicht zu Gesicht bekommen. Er war an diesem Tag auf einer Inspektionsreise [226]. Bis etwa 18 Uhr wurden sie auch dem Chef des Generalstabes, Oberst i. G. Glasl, nicht vorgelegt. Glasl war nach Dienstschluß in sein Quartier im Hotel »Bristol« in Salzburg gegangen und wurde dort schon beim Betreten des Hotels vom Portier ans Telephon gebeten. Es meldete sich Generalleutnant Burgdorf aus der »Wolfschanze« und fragte, ob in Salzburg Befehle aus Berlin eingegangen seien. Glasl antwortete, das sei nicht der Fall, und Burgdorf erklärte Glasl, es habe ein Attentat auf Hitler stattgefunden, dieser sei aber am Leben und gesund, Befehle aus der Bendlerstraße in Berlin seien nicht zu befolgen, da sie unautorisiert seien und auf falschen Voraussetzungen beruhen.

Darauf, es war noch vor 18 Uhr, begab sich Oberst i. G. Glasl in das Dienstgebäude des Wehrkreiskommandos zurück, wo ihm von einem Nachrichtenoffizier sogleich die zwei bis dahin eingegangenen Fernschreiben vorgelegt wurden. Das erste begann mit den Worten »Der Führer Adolf Hitler ist tot«, das zweite enthielt die Anweisung, Gauleiter, SS-Führer und andere Funktionäre unverzüglich zu verhaften. Dem widersprach aber der Anruf von Generalleutnant Burgdorf. Nun rief etwa um 18 Uhr auch der IIa, Oberst Ryll, im Wehrkreiskommando bei Glasl an; er war selbst von Keitels Adjutant Major John von Freyend aus der »Wolfschanze« angerufen worden mit der Mitteilung, ein Attentat sei gegen Hitler versucht worden und sei mißglückt, außerdem sei in Berlin eine Meuterei ausgebrochen, deren Befehle aber ja nicht auszuführen seien. Das gab Ryll nun sofort an Glasl weiter, der ihm sagte, ja, er bekomme gerade eine Menge ihm unerklärlicher Fernschreiben auf den Schreibtisch, offenbar seien sie aber durch die Nachrichten aus der »Wolfschanze« schon erledigt. Er bat Ryll gleichwohl, sich ins Wehrkreiskommando zu begeben.

Nicht nur die widersprechenden Nachrichten legten Oberst i. G. Glasl, der wegen der Abwesenheit des Befehlshabers zunächst allein entscheiden mußte, nahe, erst einmal nichts zu unternehmen. Der Wehrkreis XVIII war auch politisch einer der uninteressantesten, dem Wehrkreiskommando unterstanden kaum Ersatztruppen, die großen zum Führerhauptquartier in Berchtesgaden gehörenden Anlagen und Dienststellen waren selbständig bzw. dem OKW unterstellt, die Bewachung oblag hauptsächlich der SS. Alle verfügbaren Verbände des Wehrkreises waren zur Bandenbekämpfung im Grenzgebiet Steiermark und Slowenien eingesetzt.

Die »Walküre«-Pläne sahen für den Wehrkreis XVIII im Bedarfsfalle die Aufstellung eines verstärkten Regiments vor, und am 5. Juli 1944 hatte das Wehrkreiskommando den Chef des Stabes beim Chef H Rüst u BdE, Graf von Stauffenberg, um Genehmigung zur Aufstellung dieses verstärkten Regiments gebeten, damit man es für die Bandenbekämpfung einsetzen könne. Stauffenberg vermittelte die Ermächtigung und sagte Glasl noch bei dem telephonischen Gespräch, er solle sich das Regiment aber ja nicht aus der Hand nehmen lassen. Dennoch wurde es nach seiner Aufstellung sogleich dem Höheren SS- und Polizeiführer Rösener unterstellt. So standen also dem Wehrkreiskommando keinerlei nennenswerte Truppenverbände zur Verfügung. Wegen der Nähe des »Berghofes« lagen außerdem so viele SS-Einheiten im Wehrkreis, besonders und gerade in der Gegend von Salzburg, daß die Ausführung der Berliner Befehle kaum ernsthaft erwogen werden konnte. Der Befehlshaber, General Ringel, war übrigens Träger des Goldenen Parteiabzeichens. Unter solchen Umständen war es auch kaum verwunderlich, daß im Wehrkreiskommando XVIII niemand von den Staatsstreichvorbereitungen unterrichtet war, außer dem inzwischen versetzten früheren Chef des Generalstabes, Oberst i. G. Wilhelm Freiherr von Salza und Lichtenau.

Als der Ia des Wehrkreises XVIII, Oberstleutnant Rendel, gegen 19 Uhr die Nachricht vom Attentat auf Hitler erhielt, befand er sich mit einigen Kameraden der Gruppe Ia im Kasino im Hotel »Europa« bei dem wöchentlichen Knobelabend; man spielte das beliebte Würfelspiel »Hindenburg«[227]. Man ließ sich nicht stören. Etwas später aber, es wird etwa um 20 Uhr gewesen sein, kam ein Leutnant und berichtete von den eingegangenen Fernschreiben. Rendel versuchte, Glasl anzurufen, konnte ihn aber gerade nicht erreichen und begab sich schließlich ins Dienstgebäude zurück, wo während des Abends noch eine Anzahl weiterer Fernschreiben einging[228].

Gegen 20 Uhr kam der Befehlshaber, General Ringel, wieder zurück und erschien im Dienstgebäude des Wehrkreiskommandos. Er veranlaßte aber nichts, da Befehle weder ausgeführt noch rückgängig gemacht werden konnten. Das einzige, was noch zu tun blieb, war die Bekräftigung des guten Einvernehmens mit der Gauleitung. Auch Oberst i. G. Glasl hatte schon dort angerufen[229].

Der Gauleiter Dr. Scheel hat am 20. Juli in Heidelberg in seiner

Eigenschaft als Reichsstudentenführer einen Vortrag gehalten und war gerade auf der Rückfahrt über die Schwäbische Alb, als er im Autoradio die erste Nachricht von dem Attentat auf Hitler vernahm. Er ließ halten und rief von einer Autobahntankstelle aus in Salzburg an, um sich über die dortige Lage unterrichten zu lassen. Dann ließ er sich so schnell wie möglich nach Salzburg bringen. Er kam gegen oder nach 20 Uhr an und begab sich sogleich in seine Wohnung. Vor dem Haus standen auffallenderweise mehrere Soldaten, die sich später als Begleiter der Herren erwiesen, die Dr. Scheel schon aufgesucht hatten, vor allen General Ringel und SS-Obergruppenführer Rösener. Man versicherte sich gegenseitig, daß die Berliner Befehle keinerlei Bedeutung haben. Nach der Erinnerung von Dr. Scheel waren auch der Vertreter des Höheren SS- und Polizeiführers, Schulz, der Regierungspräsident Dr. Laue und der Befehlshaber der Sicherheitspolizei in seiner Wohnung versammelt, das kann aber auch erst später gewesen sein.

Da sich Glasl und Rendel mit großer Bestimmtheit daran erinnern, der Gauleiter sei nicht in seiner Wohnung von den Offizieren des Wehrkreiskommandos aufgesucht worden, sondern vielmehr selbst in das Wehrkreiskommando gekommen, wo man ihm die eingegangenen Fernschreiben gezeigt habe, ist das natürlich nicht auszuschließen. Dr. Laue dagegen berichtet, er habe mit General Ringel die Lage besprochen, anscheinend ohne den Gauleiter, und währenddessen sei das Fernschreiben eingetroffen, welches »Walküre 2. Stufe« befahl, und Dr. Scheel erinnert sich nicht, sich in das Wehrkreiskommando begeben zu haben.

Sicher ist dieses: das Verhältnis zwischen Wehrkreiskommando und Gauleitung erfuhr in Salzburg am 20. Juli 1944 nicht die geringste Trübung. Irgendwelche Truppenteile sind nicht alarmiert oder auch nur in Alarmbereitschaft versetzt worden. Im Gegenteil wurde den Standorten Innsbruck und Graz noch eigens befohlen, keinerlei Befehle auszuführen, die nicht vom Wehrkreiskommando kamen; diese Standorte hatten eigene Funkstellen und es war denkbar, daß sie direkte Weisungen aus Berlin erhielten. Zum Abschluß des Tages wurde das Mißlingen des Attentats beim Gauleiter mit einigen Gläsern Wein gefeiert, wobei vom Wehrkreiskommando zumindest General Ringel anwesend war. Gemeinsam hörte man die Ansprachen Hitlers, Dönitz' und Görings.

Im Wehrkreis XX (Danzig) war ein Vertrauter der Verschwörer in wichtiger Stellung: Oberstleutnant i. G. Hasso von Boehmer war dort Ia. Aber der Befehlshaber war General der Infanterie Bodewin Keitel, ein Bruder des Generalfeldmarschalls und Chefs des OKW [230]. Überdies gehörte der Wehrkreis schon beinahe zum Kampfgebiet.

Der Befehlshaber war mit dem IIa gerade am 20. Juli auf einer Inspektionsreise und erfuhr in Graudenz über den Rundfunk von dem Attentat auf Hitler. Darauf fuhren sie sofort nach Danzig zurück. Der Befehlshaber setzte sich dort mit dem Gauleiter Forster und wohl auch mit seinem Bruder in Verbindung. Aus Berlin waren die bekannten Fernschreiben eingegangen, auch die übrigen kamen im Lauf des Abends. Keiner der Berliner Befehle ist im Sinne der Verschwörung ausgeführt worden.

Im Wehrkreis XXI (Posen) ist es ähnlich zugegangen. Der Wehrkreis war schon mehr oder minder Kampfgebiet, wenigstens wegen der Partisanen, und es gab hier so gut wie keine Ersatztruppen, die man hätte einsetzen können. Am 20. Juli fand eine Besichtigung einiger Lager des Reichsarbeitsdienstes statt, an der eine größere Anzahl höherer Heeres- und SS-Führer teilnahm, so daß die wichtigsten Offiziere zur kritischen Zeit nicht erreichbar waren. Ohnehin scheint hier niemand eingeweiht gewesen zu sein[231]. Die Fernschreiben aus Berlin trafen nach 18 Uhr ein, nach den Vermerken in den der Gestapo vorgelegten Niederschriften sogar erst nach 20 Uhr. Noch ehe der zweite Befehl entschlüsselt vorlag, kam ein Anruf aus dem Wehrkreiskommando I (Königsberg), aus dem zu entnehmen war, daß die Berliner Befehle dort nicht befolgt würden[232]. Der Chef des Generalstabes fragte daher bei den Wehrkreiskommandos in Danzig, Breslau und Wiesbaden an, um zu erfahren, ob dort die Berliner Weisungen befolgt würden. Dies war nicht der Fall. Auch mit Generaloberst Fromm suchte man Verbindung herzustellen, jedoch vergeblich. Es war klar, daß der Aufstand zusammengebrochen war, zumal auch im Laufe des Abends Generalleutnant Burgdorf aus der »Wolfschanze« anrief und den Befehlshaber über Hitlers Überleben und die Niederschlagung des Putsches orientierte.

Im Wehrkreis Generalgouvernement (Krakau) sind ebenfalls die Befehle aus Berlin eingegangen, aber sie wurden hier so wenig befolgt, wie in den benachbarten Wehrkreisen. Der Befehlshaber, General der Infanterie Siegfried Haenicke, war auch hier auf Inspektionsreise, und die Befehle wurden dem Chef des Generalstabes, Generalmajor Max Bork, vorgelegt[233]. Fast zur selben Zeit aber erfuhr er über den Rundfunk von dem mißglückten Attentat auf Hitler. Er setzte sich also, ehe er über die Behandlung der Befehle entschied, mit Generaloberst Jodl in der »Wolfschanze« in Verbindung. Dieser und danach auch Generalfeldmarschall Keitel wiesen Generalmajor Bork an, die eingegangenen Befehle nicht zu befolgen, sondern alle Unterlagen sofort ins OKW zu schicken, was geschah.

Im ganzen war es also in fast allen Wehrkreisen dasselbe: Fast gleichzeitig mit den Berliner Befehlen, oft schon vorher, trafen die Gegenbefehle aus der »Wolfschanze« ein. Wo das nicht oder nicht eindeutig der Fall war, haben die Rundfunknachricht und die unklaren Verhältnisse in Berlin, die dort anscheinend herrschende Unsicherheit und teils auch Entschlußlosigkeit, für Verwirrung in den Wehrkreisen gesorgt. Hier und da sind wohl Maßnahmen angelaufen und Truppen marschiert, ohne daß dies in Dokumenten oder in der Erinnerung höherer Stabsoffiziere einen Niederschlag gefunden haben muß; denn hinterher wollte niemand etwas damit zu tun haben, viele Aktionen wurden erfolgreich vertuscht. Nach 22 Uhr kamen dann selbst aus der Bendlerstraße nur noch Gegenbefehle. Soweit Befehlshaber und Stabsoffiziere in den Wehrkreisen zum Umsturz bereit gewesen wären, konnten sie sich angesichts des Fehlens der nötigen Voraussetzung, des Todes Hitlers und der effektiven Übernahme der Führung der Wehrmacht durch die Verschwörer, nicht tätig beteiligen. Auch die übrigen hätten nur durch effektive Führung seitens der Staatsstreichpartei mitgerissen werden können, nicht aber gegen die intakte Autorität des Führerhauptquartiers.

4. Prag, Wien, Paris

Besondere Verhältnisse herrschten in drei Bereichen, in denen die Umsturzbewegung am 20. Juli erfolgreicher war als in den meisten Wehrkreisen. In Prag waren die deutschen Truppen von einer feindseligen tschechischen Bevölkerung umgeben und zugleich wurde das Protektorat Böhmen und Mähren immer mehr zum Partisanen- und Frontgebiet. Die Lage aller deutschen Wehrmacht- und SS-Einheiten war hier so prekär, daß sie sich nicht die geringste Uneinigkeit und Schwächung erlauben konnten. Die Durchführung der von Berlin am 20. Juli 1944 befohlenen Maßnahmen konnte also kaum erwartet werden, dennoch war sie ziemlich weitgehend. Auch Österreich betrachtete sich als besetztes Land, in Wien hatte niemand ein Interesse daran, das Regime in irgendeiner Weise zu stützen, und doch verlangten die Berliner Befehle scheinbar gerade das. Da es in Wien nur wenige Eingeweihte gab, die die wahre Bedeutung der Befehle kannten, ist auch hier ihre recht weitgehende Befolgung einigermaßen erstaunlich. Endlich war Paris in ganz ähnlicher Lage, inmitten einer zunehmend feindlichen Etappe, und bedroht von dem bevorstehenden Durchbruch der amerikanischen Armee in der Normandie. Wohl waren die hohen Stäbe hier besonders stark mit Anhängern der Opposition durchsetzt, aber der Aufstandversuch war doch ein außerordentlich gewagtes Spiel in solcher Umgebung.

In *Prag* war im Mai 1942 der Stellvertretende Reichsprotektor für Böhmen und Mähren, SS-Obergruppenführer Reinhard Heydrich, von tschechischen Patrioten ermordet worden. Daraufhin hat sein Nachfolger, der Deutsche Staatsminister Karl Hermann Frank, das Dorf Lidice zerstören und alle männlichen Einwohner erschießen lassen [234]. Frank und die SS herrschten nahezu unbeschränkt in Böhmen und Mähren, auch als 1943 der bisherige Reichsminister des Innern, Dr. Wilhelm Frick, Reichsprotektor wurde. Mit Frank, nicht mit Frick, hatte sich der »Wehrmacht-Bevollmächtigte beim Deutschen Staatsminister und Befehlshaber im Wehrkreis Böhmen und Mähren«, General der Panzertruppen Ferdinand Schaal, hauptsächlich zu verständigen; im übrigen unterstand er als Befehlshaber im Wehrkreis dem Chef H Rüst u BdE, Generaloberst Fromm, und als Wehrmacht-Bevollmächtigter dem Chef OKW, Generalfeldmarschall Keitel [235]. Schaal bemühte sich um Zusammenarbeit mit Frank, aber dieser war vor allem SS-Führer, und Spannung und Mißtrauen waren unvermeidlich.

Das erste Fernschreiben aus Berlin, welches im Wehrkreiskommando in Prag einging, trug den Absendevermerk »16.45 Uhr«, aber es wurde in Prag erst um 18.30 Uhr aufgenommen. Der Deutsche Staatsminister Frank, der Befehlshaber im Wehrkreis General Schaal und viele andere Würdenträger nahmen gerade an einer Feier anläßlich der Eröffnung einer SS-Junkerschule teil. Die Feier fand in der Technischen Hochschule am Wehrmachtplatz in Prag statt. Während die Gäste vor dem Abendessen ein Bier zu sich nahmen, kam der Adjutant der Schule herein und brachte die Nachricht von dem Attentat, die gerade über den Rundfunk verbreitet worden war. Kurze Zeit später, zwischen 18.30 und 19 Uhr, wurden sowohl Frank als auch Schaal von ihren Dienststellen aus telephonisch zurückgebeten [236].

Um 19 Uhr las Schaal im Wehrkreiskommando das erste Berliner Fernschreiben. Das Attentat war vom Rundfunk als mißlungen gemeldet worden, und nun wollte der längst nicht mehr im Dienst befindliche Generalfeldmarschall von Witzleben als Oberbefehlshaber der Wehrmacht die Vollziehende Gewalt übernehmen und den Wehrkreisbefehlshabern befehlen, SS- und Partei-Organisationen unschädlich zu machen. Durchzusehen war da nicht ohne weiteres, aber Zögern, Abwarten und Zurückhaltung konnte man sich in Böhmen und Mähren angesichts der Untergrundbewegungen und der Feindschaft der Bevölkerung nicht leisten. Die Machtverhältnisse in der deutschen Führung mochten sein wie sie wollten, in Böhmen und Mähren mußten Sicherungsmaßnahmen ergriffen werden, da man allein schon auf die Nachricht vom Attentat hin mit

Unruhen rechnen mußte. Diese Erwägungen waren entscheidend für das weitere Verhalten von General Schaal[237].

Das Stichwort für die Auslösung von Maßnahmen zum Schutz der wichtigsten militärischen Gebäude, Brücken, Nachrichtenanlagen und Kraftwerke lautete in Böhmen und Mähren »Odin« statt »Walküre«. Dieses Stichwort gab General Schaal nun kurz nach 19 Uhr heraus[238]. Um sich zu vergewissern, daß er richtig und im Sinne der Führung handle (falls es zwei Führungen gab, ob er im Sinne der rechtmäßigen handle), ließ er sich mit seinem unmittelbaren Vorgesetzten in Berlin, Generaloberst Fromm, verbinden. Er wollte wissen, ob auf die Wehrkreisbefehlshaber die Vollziehende Gewalt tatsächlich delegiert sei, wie es in dem eingegangenen Fernschreiben geheißen hatte. Die Verbindung kam rasch zustande, aber Fromm war nicht erreichbar. Um 19.13 Uhr sprach Schaal statt mit Fromm mit Graf Stauffenberg, der ihm bestätigte, daß Fromm die Vollziehende Gewalt auf die Wehrkreisbefehlshaber übertragen habe, ein entsprechendes Fernschreiben sei unterwegs (da Schaal anscheinend nicht gesagt hat, daß er es schon in der Hand hatte). Weiter berichtet Schaal von Stauffenberg die Worte: »»Der Führer ist tot, ich bin selbst dabei gewesen. Bisheriges und wohl noch weitere Kommuniqués des Rundfunks sind falsch. Eine neue Regierung ist in der Bildung. Befohlene Maßnahmen gegen den SD sind beschleunigt durchzuführen.‹« [239]

General Schaal handelte nach dieser Bestätigung weiter nach den Berliner Befehlen, zugleich aber allgemein im Sinne und im Interesse der deutschen Stellung in dem gefährlichen Wehrkreis Böhmen und Mähren. Er bestätigte die Alarmierung der Heereseinheiten im Wehrkreis. Ehe er jedoch auch die in der besonderen Prager Situation angezeigte Auslösung der Stichworte für die SS-Verbände – »Götterdämmerung« und »Feuerzauber« – veranlassen wollte, gedachte er die Lage mit dem Deutschen Staatsminister Frank zu besprechen. Diesem galt also das nächste Telephongespräch.

Frank war, als Schaal anrief, in seiner Dienststelle nicht mehr zu erreichen. Er hatte sich zu gleicher Zeit wie Schaal von der Feier entfernt, war auf seine Dienststelle im Czernin-Palais zurückgekehrt und hatte dort seine nächsten Untergebenen unterrichtet und auch Alarmbereitschaft befohlen. Dann war er auf sein Gut Jungfern-Breschan gefahren[240]. So erreichte Schaal nur den Vertreter Franks, den SS-Standartenführer Ministerialrat Dr. Gies; diesen bat er, ins Wehrkreiskommando zu kommen. Dr. Gies machte sich sogleich auf den Weg, offenbar im Einverständnis mit Frank.

Gies traf gegen 19.45 Uhr im Wehrkreiskommando ein und wurde von

General Schaal über die Lage unterrichtet: er habe die Vollziehende Gewalt in Böhmen und Mähren übernommen. Im übrigen bat man den SS-Führer, noch im Hause zu warten. Etwa zur selben Zeit erreichte Schaal auch Frank auf seinem Gut, schilderte ihm die Lage in gleicher Weise und ersuchte ihn, zur näheren Besprechung und Koordinierung der Maßnahmen ins Wehrkreiskommando zu kommen. Frank sagte es zu[241].

Inzwischen traf um 20.10 Uhr das zweite Berliner Fernschreiben ein, in dem die Verhaftung der Gauleiter, Reichsstatthalter, Minister, Oberpräsidenten, Polizeipräsidenten, Höheren SS- und Polizeiführer, Gestapoleiter und Leiter der SS-Dienststellen, Leiter der Propagandaämter und Kreisleiter befohlen wurde. Demnach wären nun sowohl Dr. Gies als auch Staatsminister Frank zu verhaften gewesen.

Frank hatte unterdessen selbst den Eindruck, daß die »Zuverlässigkeit« des Wehrkreisbefehlshabers nicht recht sicher sei. Da Gies nicht mehr zurückkehrte, vermutete er, daß dieser festgehalten würde. Er ließ bei Schaal anrufen, um Gies zurückzubefehlen, doch ohne Erfolg. Schaal andererseits bat die führenden SS-Leute in seine Dienststelle. So erschien dort der SS-Gruppenführer und Generalleutnant der Polizei Hitzegrad und erfuhr von Gies, daß er hingehalten werde und von Schaal keine klaren Auskünfte bekomme. Schaal bat Hitzegrad dann in sein Dienstzimmer und zeigte ihm in Gegenwart des ebenfalls herbeigerufenen Kommandeurs der Prager Landesschützen-Division 539, Generalleutnant Wilhelm Thomas, die aus Berlin eingegangenen Fernschreiben, wonach bestimmte Personen zu verhaften seien. Schaal und Hitzegrad waren sich jedoch einig, daß dies unter den Prager Verhältnissen möglichst vermieden werden sollte. Andererseits, meinte Schaal, könne er seit längerer Zeit keinerlei Verbindung mit Generaloberst Fromm bekommen, um sich seine eigene Lagebeurteilung und seinen Entschluß, die Verhaftungen nicht auszuführen, bestätigen zu lassen. Es schien undenkbar und überaus gefährlich, der tschechischen Bevölkerung irgendwelche Anzeichen von Uneinigkeit unter den deutschen Machthabern vor Augen zu führen.

Während General Schaal nun nach Beratung mit seinem Ia, Oberstleutnant z. V. i. G. Kurt Engelschall, auf alle Fälle besondere Maßnahmen zur Sicherung und Überwachung der Nachrichtenanlagen anordnete, nahm er auf entsprechende Anfrage des Nachrichtenführers Oberst Ruprecht das Czernin-Palais von dieser Maßnahme aus und bemühte sich nach Kräften, mit Frank zu einem Einverständnis und »Ehrenabkommen« zu gelangen[242].

Zunächst bemühte sich der Befehlshaber noch einmal, mit Generaloberst Fromm zu sprechen und ließ eine Verbindung zur Bendlerstraße herstellen. Fromm war aber wieder nicht zu erreichen und statt seiner meldete sich nun, etwa um 20.45 Uhr, der 1942 entlassene Generaloberst Hoepner. Das Fernschreiben über seine Ernennung zum Oberbefehlshaber im Heimatkriegsgebiet war in Prag noch nicht eingegangen, aber Hoepner stellte sich selbst als zuständig vor. Also gab Schaal ihm seine Darstellung der Lage in Prag und bat um Ermächtigung zur Zusammenarbeit mit dem Deutschen Staatsminister. Hoepner stellte das dem Prager Befehlshaber frei, sofern dieser nur die Vollziehende Gewalt in den Händen behalte. Im übrigen bilde Generaloberst Beck eine neue Regierung und alles sei noch in der Entwicklung[243].

Währenddessen machte Dr. Gies immer energischere Anstrengungen, aus dem Wehrkreiskommando fortzukommen. Er hätte ja längst dem Deutschen Staatsminister über die Lage dort berichten sollen und dieser hatte auch schon nach ihm telephoniert. Da aber Frank seine Zusage, ins Wehrkreiskommando zu kommen, nicht eingehalten hatte, wollte Schaal seine Trümpfe nicht aus der Hand geben. Er mißtraute der SS und wollte erst die Frage Zusammenarbeit oder Feindschaft geklärt wissen, ehe er den Vertreter des Staatsministers fortließ. Er verbot ihm sogar die Rückkehr zu Frank und Dr. Gies mußte sich als verhaftet betrachten[244].

Etwa um 20.50 Uhr telephonierte Schaal mit Frank und forderte ihn auf, seiner Zusage entsprechend zu kommen, aber Frank antwortete hinhaltend und meinte, die Lage sei nicht so wie Schaal sie sehe. Schaal andererseits betrachtete sich als Inhaber der Vollziehenden Gewalt und konnte nicht gut selbst zu Frank gehen, der ihm wenigstens vorläufig unterstellt sein mußte. Frank erklärte dagegen, er habe Nachrichten und Befehle direkt aus dem Führerhauptquartier, er sei direkt dem Führer unterstellt und brauche von Schaal keine Befehle entgegenzunehmen[245]. Um 21 Uhr rief Schaal noch einmal bei Frank an und erfuhr von seinem Vorzimmer, der Staatsminister sei zu Schaal abgefahren. Das traf aber nicht zu.

Dann kam um 21.05 Uhr das Fernschreiben aus Berlin, in dem der »Befehlshaber des Ersatzheeres und Oberbefehlshaber im Heimatkriegsgebiet« (ohne Nennung seines Namens) mitteilte, der Führer sei entgegen der vom Rundfunk verbreiteten Meldungen tot, die angeordneten Maßnahmen seien »mit größter Beschleunigung« durchzuführen[246]. Schaal war überzeugt, daß Hitler tot sei, und er sah, daß ein Kampf um die Macht ausgebrochen war. Er fand aber auch, daß dieser Kampf in Berlin und nicht in Prag, im feindlichen Ausland, entschieden werden müsse, wo überdies die SS-Truppen so überlegen waren, daß die Niederlage des Heeres gegen die SS – ein unerträglicher Gedanke – von vornherein feststand[247]. Schien also der Umsturzversuch noch Aussicht auf Erfolg

zu haben – von Prag aus schien es so, vom OKW in der »Wolfschanze«
hatte Schaal noch gar nichts gehört –, so mußte doch hier jeder Zusammenstoß vermieden werden, sowohl im Interesse des bisherigen wie auch
des angeblich sich neu bildenden Regimes[248].

Etwa um 21.45 Uhr versuchte Schaal nochmals, mit Fromm zu sprechen und erreichte wieder nur Hoepner[249]. Nun hatte aber Hoepner über
die doch nicht alltägliche Lage so wenig zu sagen – es gebe nichts Neues –,
daß Schaal sich zu eigener Initiative entschloß, um die Zusammenkunft
mit Frank endlich zu bewerkstelligen[250]. Generalleutnant Hitzegrad übernahm die Vermittlung, man einigte sich auf eine Zusammenkunft an
»drittem Ort«, nämlich in der Dienststelle des Befehlshabers der Waffen-
SS im Protektorat Böhmen und Mähren, des SS-Brigadeführers Graf von
Pückler, bei gegenseitiger Zusicherung freien Geleits. Soweit also war
General Schaals Erkenntnis der wirklichen Machtverhältnisse schon fortgeschritten; denn das von der SS versprochene freie Geleit bedeutete
nichts. Zugleich wurde Dr. Gies aus der Haft entlassen.

Darauf machte sich General Schaal zu Staatsminister Frank auf, wurde
aber von einem Ordonnanzoffizier noch einmal zurückgerufen, als um
22.10 Uhr ein Anruf von Generalleutnant Burgdorf aus der »Wolfschanze« einging. Dieser teilte mit, »daß v. Witzleben, Fromm, Hoeppner,
Olbricht usw. Verräter« und alle von ihnen erteilten Befehle ungültig
seien, Himmler sei Befehlshaber des Ersatzheeres, nur seine und Keitels
Befehle hätten Gültigkeit. Zugleich wurde Schaal ein ebenso lautendes,
um 22 Uhr aus der »Wolfschanze« eingegangenes Fernschreiben von
Keitel vorgelegt[251].

Zwischen 22.15 und 22.40 Uhr traf Schaal auf dem »Gefechtsstand«
von Graf Pückler ein und fand dort endlich den Staatsminister Frank
vor[252]. Frank verlangte von Schaal sofortige Aufhebung aller Alarmbefehle
(»Odin« und »Johannes«) und sein Ehrenwort, daß er sich ihm politisch
unterstelle. Wenn Schaal sich weigere, müsse Frank ihn verhaften. Vom
freien Geleit war nun, da Schaal sich in Franks Hände begeben hatte,
nicht mehr die Rede. Schaal aber war inzwischen überzeugt, daß Hitler
nicht umgekommen sei und also der Anlaß seiner Alarmbefehle, nämlich
die Gefahr durch Hitlers Tod ausgelöster Unruhen, hinfällig war. Er hatte
Bedenken, Franks Forderungen ohne weiteres zu erfüllen. Darauf konnte
er zum Wehrkreiskommando zurückkehren, jedoch bat ihn Frank, ihn am
nächsten Vormittag wieder aufzusuchen und am folgenden Abend mit
ihm in ein Konzert oder in eine Theateraufführung zu gehen, um die
Eintracht der deutschen Machthaber vor aller Welt zu demonstrieren.

Zu dem Konzertbesuch kam es aber nicht mehr. Als General Schaal sich am nächsten Morgen um 11 Uhr bei Frank einfand, hatte dieser schon von Himmler den Befehl bekommen, den General zu verhaften. Man sprach von Ehrenhaft, die nur kurz dauern werde, aber Schaal wurde bis zum Zusammenbruch im April 1945 gefangengehalten[253].

Im Wehrkreiskommando XVII *(Wien)* war längst Dienstschluß, als die ersten Fernschreiben der Berliner Verschwörer eintrafen, aber einige Offiziere waren noch im Hause, darunter der Chef des Generalstabes Oberst i. G. Heinrich Kodré und der Ib/org, Hauptmann Karl Szokoll. Der Befehlshaber, General der Infanterie Albrecht Schubert, befand sich seit Anfang Juli zur Kur in der Slowakei[254]. Als Stellvertreter hatte das Heerespersonalamt den General der Panzertruppen Hans-Karl Freiherr von Esebeck abgeordnet, der Anfang Juli nach Wien gekommen war. Er kannte Stauffenberg wenigstens schon seit sie 1939 gemeinsam in der 1. Leichten Division gekämpft hatten[255].

Etwa um 18 Uhr traf das erste Berliner Fernschreiben in Wien ein und wurde vom Ordonnanzoffizier Fritz Bollhammer um 18.20 Uhr dem Chef des Generalstabes vorgelegt. Bollhammer war schon um 18 Uhr von dem Eingang verständigt worden und hatte, da es sich um eine Geheime Kommandosache handelte, sofort den Chef und den Ib/org gebeten, das Schreiben noch abzuwarten, ehe sie das Gebäude verließen[256].

Kaum hatte Kodré das Schreiben gelesen, da befahl er dem Ordonnanzoffizier, den General von Esebeck aus dem »Haus des Heeres« in das Wehrkreiskommando zurückzurufen, »da etwas ›Großes‹ geschehen sei«. Zur Bewachung und Sicherung des Wehrkreiskommandos wurde ein kriegsmäßig ausgerüsteter Schützenzug des Wachbataillons Groß-Wien mit einem schweren Maschinengewehr herbeordert, der unter Führung eines Feldwebels nach einigem Hin und Her um 20.20 Uhr eintraf und Stellung bezog. Kurz darauf kam ein zweites Fernschreiben an, worin die Verhaftungen befohlen wurden. Oberst i. G. Kodré stellte sofort eine Liste von Offizieren zusammen, die zu einer dringenden Besprechung auf 19 Uhr in das Wehrkreiskommando eingeladen werden sollten. Ordonnanzoffizier Hauptmann Bollhammer wurde mit der Benachrichtigung beauftragt, aber weil nur noch wenig Zeit war, mußte die Ordonnanz Obergefreiter Kroehl mithelfen und auch Kodré selbst tätigte einige Telephonate. Ferner erhielt Hauptmann Szokoll Anweisung, »Walküre«-Maßnahmen einzuleiten. Allzu ungewöhnlich war das wenigstens im Wehrkreis XVII nicht, da man dort schon mehrfach zu dieser Art der Alarmierung gegriffen hatte, wenn rasch Ersatz an die Front zu schaffen war[257]. Szokoll begann sogleich mit der Benachrichtigung der Standorte im Wehrkreis XVII nach festgelegtem Plan.

Inzwischen, während diese Maßnahmen im Gange waren, traf General von Esebeck im Wehrkreiskommando am Stubenring 1 ein und wurde sofort von Oberst i. G. Kodré unterrichtet. Nachdem er den Inhalt der beiden Fernschreiben zur Kenntnis genommen hatte, stimmte er der Auffassung Kodrés zu, daß die Befehle auszuführen seien. Beide hielten die Fernschreiben und die darin aufgestellten Behauptungen für »echt«, also rechtmäßig [258]. Nach den Vorschriften war eine Rückfrage in Berlin nicht erforderlich, aber Esebeck hielt sie angesichts der ungewöhnlichen Befehle und der überraschenden Tatsache, daß einer von Witzleben als dem Oberbefehlshaber der Wehrmacht unterzeichnet war, doch für ratsam, ehe er sich endgültig entscheiden wollte. So rief Kodré seinen Kollegen als Chef des Stabes, Graf Stauffenberg in Berlin an, der ihm die Richtigkeit der Fernschreiben bestätigte und auf beschleunigte Durchführung drängte. Kodré meldete das Esebeck, der darauf die von Kodré vorgeschlagenen und zum Teil schon eingeleiteten Maßnahmen guthieß. Dann berieten der Befehlshaber und der Chef des Generalstabes, wie das mit den befohlenen Festnahmen zu machen wäre. Kodré schlug vor, »die betreffenden Herren in das Wehrkreiskommando zu bitten«, ihnen den Inhalt der Fernschreiben zu sagen und sie zu ersuchen, sich »zur Verfügung« zu halten. Man wollte nur im Notfall Gewalt gebrauchen. Esebeck war einverstanden und »die betreffenden Herren« wurden benachrichtigt [259].

Inzwischen trafen nach und nach die zuvor herbeigerufenen Offiziere im ehemaligen Kriegsministerium am Stubenring 1 ein. Soweit sie nicht sofort kommen konnten, wurden sie ersucht, so rasch wie möglich zu erscheinen. Es versammelten sich: der Kommandant von Wien, Generalleutnant Adolf Sinzinger, Träger des Goldenen Ehrenzeichens der NSDAP; in Vertretung des dienstlich abwesenden Kommandeurs der 177. Division, Generalmajor Erich Müller-Derichsweiler, kamen Major Schramm und Hauptmann Sedlmayr; der Kommandeur der 417. Division z. b. V., Generalleutnant Adalbert Mikulicz, war ebenfalls dienstlich unterwegs und wurde von den Majoren Meyer und Dr. Futter vertreten; der Kommandeur der Panzertruppen im Wehrkreis XVII, Generalmajor Hans Koelitz, hielt sich gerade in Döllersheim auf und wurde durch Hauptmann Morell vertreten; ferner erschienen der Leiter des Meldegebietes Wien, Oberst Otto Armster, der in die Verschwörung eingeweiht war; der Ia im Stabe des Wehrkreiskommandos, Oberst Seiffert; der Ib Oberst Marx; der Kommandeur der Nachrichtentruppen im Wehrkreis XVII, Oberst von Dobeneck; der Ia/I Hauptmann Sandau; der Ib/org Hauptmann Szokoll; der Kommandant des Hauptquartiers und Luftschutzleiter Hauptmann Ammon und der Ic, Major Neumayr. Wegen der Kürze der Zeit konnte die Besprechung nicht pünktlich beginnen und mußte auf 19.20 Uhr verschoben werden. Die Herren wurden von Oberst i. G. Kodré in dessen Zimmer in Anwesenheit von General von Esebeck kurz über die Lage unterrichtet und, soweit noch nicht geschehen, zur Herstellung der Alarmbereitschaft in ihren Bereichen angewiesen. Generalleutnant Sinzinger erhielt den Befehl, in seinem Kompetenzbereich als Stadtkommandant die entsprechenden Verhaftungen insbesondere lokaler Parteigrößen vorzunehmen; er nahm den Befehl auch ohne weiteres entgegen[260]. Gleichzeitig liefen die militärischen Alarmmaßnahmen in den Garnisonen und Standorten, Hauptmann Szokoll nahm Vollzugsmeldungen über Bereitstellungen und Besetzungen bestimmter Gebäude entgegen[261].

Für 20 Uhr waren die zu verhaftenden Herren in das Wehrkreiskommando bestellt. Soweit sie sich in Wien aufhielten, kamen sie fast alle arglos herbei: Für den wegen eines Todesfalles nicht in Wien anwesenden Reichsleiter und Gauleiter von Wien, Baldur von Schirach, kam der stellvertretende Gauleiter SS-Brigadeführer Karl Scharizer; für den dienstlich abwesenden Standortkommandanten der Waffen-SS, Generalmajor Goedicke, kam der SS-Brigadeführer Ludwig; für den abwesenden Reichsstatthalter des Gaues Niederdonau, Dr. Hugo Jury, kam sein Adjutant, SS-Obersturmführer Köhler; der Höhere SS- und Polizeiführer im Wehrkreis XVII, SS-Obergruppenführer Rudolf Querner, kam persönlich mit seinem Adjutanten; für den Befehlshaber der Ordnungspolizei, der erst später eintraf, kam sein Chef des Stabes, Oberstleutnant Frodien. Etwas später erschien auch der Gaupropagandaleiter Eduard Frauenfeld.

Einige der Herren waren bewaffnet und mißtrauisch, so der stellvertretende Gauleiter Scharizer mit zwei Adjutanten. Mit manchen hatte man sogar einige Mühe, bis man sie in das Gebäude hereinbrachte. Oberstleutnant Robert Prinz von Arenberg von der Abwehrgruppe hatte von Oberst i. G. Kodré zusammen mit Oberstleutnant Wackerhagen, dem Leiter der Gruppe III, den Leiter der Wiener Gestapo- und SD-Stelle, SS-Standartenführer Dr. Rudolf Mildner, und dessen Stellvertreter, den Regierungsrat und SS-Obersturmbannführer Dr. Karl Ebner, zu verhaften, ferner sollte er im Bereich des Wehrkreiskommandos alle Konzentrationslager ermitteln[262]. Wackerhagen kam die Sache unheimlich vor. Er hatte, im Gegensatz zu den meisten im Wehrkreiskommando anwesenden Herren, die Rundfunknachricht von dem mißlungenen Attentat gehört und zog es vor, der befohlenen Verhaftungsaktion fernzubleiben und erst einmal zu Abend zu essen. So handelte Arenberg also allein, und, wie er berichtet, mit Genugtuung und Vergnügen. Da er nicht wußte, wie und

wo er Mildner und Ebner finden sollte, gab er einem inzwischen gekommenen Offizier der Waffen-SS die Weisung, die beiden Herren herzubitten. Deren Eintreffen zog sich hin, und da Arenberg wußte, daß die
Wachen vor dem Gebäude verstärkt worden waren und fürchtete, dies
könnte seine Arrestanten abschrecken, ging er hinaus auf die Straße, um
nach ihnen Ausschau zu halten. Mildner entdeckte er in einiger Entfernung neben einem Auto, konnte sich aber erst durch Fragen von seiner
Identität überzeugen, da er ihn nicht kannte. Deshalb hatte er auch Ebner
verfehlt, der von Mildner vorausgeschickt worden war, nun aber nicht
mehr herauskonnte, weil die Wachen jedem, der keine Wehrmachtuniform
trug, nicht den Eintritt, wohl aber das Verlassen des Gebäudes verwehrten. Mit einiger Mühe überwand Arenberg das Mißtrauen Mildners und
bewegte ihn, mit zu Esebeck zu kommen, Ebner schloß sich bei der Wache
an. Dann aber führte Arenberg die Gestapoleute nicht zu Esebeck, sondern in ein vorbereitetes Zimmer, wo sie trotz heftigen und lauten Protesten in schonender Form in Haft gehalten wurden.

Die übrigen SS- und Parteiführer, die sich bei Kodré in Gegenwart von
General von Esebeck und des IIa, Oberst Hermann Dyes, versammelten,
hörten sich die Eröffnungen des Stellvertretenden Befehlshabers ohne
ernsthafte Proteste an: er habe Befehl, sie zu verhaften, wolle aber so
harte Maßnahmen lieber vermeiden und bitte daher die Herren, bis zur
Klärung der Lage dazubleiben. Alle erkannten die von Esebeck vorgezeigten Fernschreiben als rechtmäßig und gültig an, niemand verlangte etwa
telephonische Verbindung mit dem OKW oder mit Himmler. General
Querner wollte nicht einmal die Fernschreiben sehen, er habe doch keinen Grund, meinte er, an den Worten der Offiziere zu zweifeln[263].
Anschließend wurden alle mit Kognak und Zigaretten bewirtet, die Pistolen ließ man ihnen, aber wenigstens anfangs erhielten sie verschiedene
Räume zum Aufenthalt angewiesen. Wenn das auch keine energisch
durchgeführte Verhaftungsaktion im Sinne des Staatsstreiches war, so
hatte man sich doch der hauptsächlichen Wiener Machthaber der Gegenseite versichert und war darin nun jedenfalls wesentlich weiter gegangen,
als die meisten anderen Wehrkreiskommandos.

Draußen in Wien, in Wiener-Neustadt, in St. Pölten und an anderen
Orten des Wehrkreises marschierten inzwischen Truppen des Ersatzheeres,
besetzten militärische Objekte und hier und da auch Postämter und
Bahnhöfe. Der Stadtkommandant von Wien, Generalleutnant Sinzinger,
entwaffnete persönlich den Polizeipräsidenten von Wien, SS-Brigadeführer
Dr. Leo Gotzmann, die Ordnungspolizei wurde der Wehrmacht unterstellt, und an der Unterstellung der Waffen-SS unter die Wehrmacht

fehlte nur sehr wenig, hatte doch General Querner die Berliner Befehle Oberst i. G. Kodré gegenüber als rechtmäßig anerkannte[264]. Aber zugleich begann die rückläufige Bewegung.

Zwischen 20 und 21 Uhr kam im Wehrkreiskommando XVII das Fernschreiben an, welches die beiden Politischen Beauftragten, Seitz und Reither, und den Verbindungsoffizier des OKH, Oberst Graf von Marogna-Redwitz, benannte[265]. Obwohl Kodré nicht in die Vorbereitungen eingeweiht war, wußte er doch sofort genau, welcher Art diese Leute waren: Seitz war Sozialist und ehemals Bürgermeister von Wien, Reither war christlich-sozialer Bauernführer, Marogna-Redwitz war »ein ausgesprochen konservativer, sehr klerikal orientierter Mann«, jedenfalls in den Augen von Kodré. Die Nennung dieser drei als führende Politiker bzw. Koordinatoren für den Wehrkreis erhellte plötzlich die gegen das ganze bisherige Regime gerichtete Tendenz aller Ereignisse des Abends. Mit einem Parteiputsch, so fand Kodré, war die Benennung von Seitz, Reither und Marogna-Redwitz nicht mehr zu erklären[266].

Etwa um diese Zeit, jedenfalls zwischen 20.30 und 22 Uhr, sprachen Kodré und Esebeck auch mit Generaloberst Hoepner, als sie vergeblich Generaloberst Fromm zu erreichen suchten. Als sie ihm von den widersprüchlichen Nachrichten berichteten, meinte Hoepner, wenn sie sich nicht entscheiden könnten, sollten sie eben nach Keitels Befehl handeln[267]. Zur Klärung konnte diese Auskunft freilich kaum beitragen.

Oberst Kodré ging mit dem Fernschreiben, das die Politischen Beauftragten und den Verbindungsoffizier ernannte, zu seinem Vorgesetzten, General von Esebeck, und trug es ihm vor. Auf Esebecks Fragen klärte er ihn auch über die darin genannten Personen auf. Wenn es noch zweifelhaft gewesen wäre, inwieweit Esebeck den Putsch als solchen erkannt hatte und sich für ihn zu exponieren bereit war, so wurde dies jetzt durch seine Reaktion auf das Fernschreiben eindeutig geklärt: er ließ den stellvertretenden Gauleiter Scharizer hereinkommen, um mit ihm über Seitz und Reither zu sprechen[268]. Wesentlich ist dabei nicht, welche Haltung Scharizer einnahm, der anscheinend vorsichtig taktierte, da niemand (wie in den Fällen anderer Regime-Funktionäre) von ihm irgendwelche Proteste berichtet, sondern vielmehr die Haltung Esebecks, der, ununterrichtet und zweifelnd, auf der Seite des legalen Regimes blieb. Nicht lange nach dem Gespräch zwischen Esebeck und Scharizer erschien der Gaupropagandaleiter Frauenfeld, der von Anfang an Verdacht geschöpft hatte, und sagte zu Kodré: »Herr Oberst, ich glaube nicht daran [an den Tod Hitlers]; da ist irgend etwas im Gange.« Kodré antwortete, er wisse auch nicht mehr als Frauenfeld und man könne nur die weitere Entwicklung abwarten[269].

Dann kam ein viertes Fernschreiben, worin der Rundfunkmeldung widersprochen wurde: Hitler sei doch tot, alle Maßnahmen seien »mit höchster Beschleunigung« durchzuführen[270]. Auch damit ging Kodré sogleich zu Esebeck, der noch immer mit Scharizer und Frauenfeld konferierte, und meldete ihm den Inhalt. Frauenfeld trat in dramatischer Weise auf Kodré zu, schlug sich an die Brust und sagte: »›Herr Oberst! Das ist bestimmt nicht richtig; der Führer lebt; das fühlt man!‹« Die militärischen Maßnahmen im Wehrkreis liefen noch immer, aber die Zweifel verstärkten sich, es fehlte nur noch irgendeine authentische Bestätigung, daß alles eine »Mystifikation« sei, und man würde sofort alles rückgängig machen.

In dieser Lage kam ein Anruf aus dem Führerhauptquartier. Generalleutnant Burgdorf rief an, und dann sprach Generalfeldmarschall Keitel mit Oberst i. G. Kodré. Es muß etwa 22 Uhr gewesen sein[271]. Keitel ließ einen Schwall von Worten auf Kodré niederprasseln, so daß er gar nicht zu Worte kam: Ob er verrückt geworden sei, man werde ihn vor ein Kriegsgericht stellen usw. Da Kodré den Anruf im Zimmer des Befehlshabers entgegennahm und dieser gerade eintrat, hielt er ihm einfach den Hörer hin. Esebeck meldete sich dann und Keitel »klärte auf«, Hitler sei gar nicht tot, die Berliner Befehle seien ungültig und müßten sofort rückgängig gemacht werden.

Sofort nach diesem Gespräch rief Stauffenberg aus Berlin an: »›Kodré, was ist denn los? Ihr werdet doch nicht ausspringen wollen?‹«[272] Er setzte also voraus, daß Kodré die Maßnahmen als Staatsstreichversuch erkannt und unterstützt habe. Aber Kodré konnte Stauffenberg lediglich antworten, eben habe Keitel angerufen, da war die Verbindung schon unterbrochen.

Hauptmann Szokoll war nach dem Gespräch zwischen Esebeck und Keitel mit unterschriftreifen Befehlen für die Eingliederung der SS in die Wehrmacht und die Übernahme der politischen Verwaltung durch Seitz und Reither in das Zimmer des Chefs des Generalstabes gekommen, wo ihm aus dem Stimmengewirr von Bewachern und Bewachten heraus zugerufen wurde, Keitel habe gerade mitgeteilt, es sei alles Verrat, Hitler sei am Leben, in Berlin werde geputscht[273]. Szokoll war darauf sofort in sein Zimmer zurückgelaufen und hatte sich mit Stauffenberg verbinden lassen. Stauffenbergs Stimme klang müde und entmutigt, und als er hörte, Esebeck sei auf Keitels Anruf hin »umgefallen«, sagte er: »›Ihr werdet doch nicht auch schlappmachen wollen‹«, dann wurde das Gespräch getrennt. Szokoll schwankte noch, als er aber etwas später sah, wie Kodré und Esebeck sich bei den bis dahin verhafteten SS-Leuten und Parteifunktionären entschuldigten, da mußte auch er jeden Gedanken an die Weiterführung des Umsturzes aufgeben.

Von Esebeck und Kodré wurden zwischen 22 und 23 Uhr Gespräche mit Generalfeldmarschall von Witzleben in Berlin, General Schaal in Prag und General Ringel in Salzburg angemeldet. Das Führungsblitzgespräch (höchste Dringlichkeitsstufe) mit Witzleben kam nicht mehr zustande; General Ringel traf erst nach 23 Uhr in seiner Dienststelle ein und rief dann selbst in Wien an [274]. Bei Generalleutnant Burgdorf aber hielt man Rückfrage, er bestätigte etwa um 22.40 Uhr die Ungültigkeit der Berliner Fernschreiben, und so wurden nun schleunigst alle Maßnahmen rückgängig gemacht [275].

General von Esebeck bat der Reihe nach die festgehaltenen Funktionäre und Würdenträger zu sich, um ihnen sein Bedauern über den unglücklichen Verlauf der Dinge auszusprechen und sich förmlich bei ihnen zu entschuldigen. Niemand erhob Beschwerde, niemand machte dem Befehlshaber Vorwürfe. Als erster verließ der stellvertretende Gauleiter Scharizer das Haus, nachdem er sich in humorvoller Weise seine »Kanone« aus dem Panzerschrank des Ordonnanzoffiziers Hauptmann Bollhammer zurückerbeten hatte, eine Viertelstunde später gingen Querner und sein Adjutant. Der Adjutant des unerreichbaren Gauleiters Jury, SS-Obersturmführer Köhler, hatte sich schon früher entfernt, um den Regierungspräsidenten des Reichsgaues Niederdonau Dr. Gruber zu holen, war aber nicht wiedergekommen. Frauenfeld, der immer wieder betonte, er habe es ja gleich nicht geglaubt, blieb noch eine Weile bei Kodré, bis er vom Gaupropagandaamt dringend abberufen wurde; dort mußten inzwischen die Anweisungen Bormanns eingegangen sein.

Dann kamen Dr. Mildner und Dr. Ebner zu Oberst Kodré. Sie waren fast als einzige sehr ungehalten über ihre Verhaftung und verlangten mit gewissem Stimmaufwand Aufklärung [276]. Kodré gab ihnen die eingegangenen Fernschreiben zu lesen, und dann hatten es beide Herren sehr eilig, in ihre Dienststelle zu kommen. Zuvor telephonierten sie noch vom Apparat Bollhammers und gaben der Gestapo den Befehl, die Alarmkartei auszulösen und Seitz und Reither sofort zu verhaften.

Anschließend saßen Esebeck, Kodré und Dyes in dessen Wohnung zusammen beim Kognak und hörten sich Hitlers Ansprache an. Der Aufstandversuch in Wien war zu Ende und niemand wollte mehr etwas damit zu tun haben. Man hatte Befehle ausgeführt, die man für rechtmäßig gehalten hatte, sie hatten sich als falsch erwiesen, und so hatte man sie rückgängig gemacht. Das war alles.

Am nächsten Morgen aber erschien General Schubert, der seine Kur abgebrochen hatte, und erklärte, in seiner Anwesenheit hätte es zu einer solchen Schweinerei nicht kommen können. Zur Sicherheit wollte Esebeck bei Gauleiter von Schirach gut Wetter machen, woran auch Generalleutnant Sinzinger sehr interessiert war, er ging also mit. Esebeck mochte gehofft haben, mit Hilfe des Alten Kämpfers der NSDAP, der das Goldene Ehrenzeichen trug, weiter zu kommen. Das Gegenteil war aber der Fall, Schirach war äußerst wütend und riß Sinzinger eigenhändig das Abzeichen von der Uniform [277]. Für Esebeck und Kodré begann eine lange Leidenszeit in Gestapogefängnissen und Konzentrationslagern, die erst mit der Befreiung durch alliierte Truppen endete.

In *Paris* ging die erste Mitteilung, daß heute der Umsturz versucht werde, schon am Vormittag des 20. Juli ein. Der Oberquartiermeister West, Oberst i. G. Eberhard Finckh, erhielt sie von seiner vorgesetzten Dienststelle in Zossen, die dem Generalquartiermeister, General Wagner, unterstand [278]. Das Stichwort lautete »Übung«, und es wurde heute schon zum dritten Mal innerhalb von vierzehn Tagen durchgegeben und bedeutete, daß der Anlauf zum Attentat im Gange sei. »Übung abgelaufen« sollte das Stichwort für die erfolgte Ausführung sein.

Auf das erste Stichwort hin nahm Finckh die vorbereiteten Papiere, die Aufstellungen und Befehle aus seinem Panzerschrank, dann gab er das Stichwort an den Offizier z. b. V. im Stabe Stülpnagels, Oberstleutnant Dr. Cäsar von Hofacker, im Hotel »Majestic« weiter.

Nach 14 Uhr erhielt Finckh das zweite Stichwort, die Übung sei abgelaufen, ebenfalls von der Dienststelle des Generalquartiermeisters [279]. Darauf fuhr Finckh von seiner Dienststelle in der Rue de Surène nach St. Germain zum Hauptquartier des Oberkommandos West und meldete dort dem Chef des Generalstabes, General der Infanterie Günther Blumentritt, in Berlin habe ein Gestapo-Putsch stattgefunden, Hitler sei einem Attentat zum Opfer gefallen, und Generalfeldmarschall von Witzleben, Generaloberst Beck und Dr. Goerdeler haben eine neue Regierung gebildet [280].

Blumentritt war nicht eingeweiht, aber er glaubte Finckh die Nachricht, als dieser sagte, er habe sie vom Militärbefehlshaber Frankreich, und verlangte sofort eine Telephonverbindung nach La Roche-Guyon zum Gefechtsstand der Heeresgruppe B. Dorthin hatte Generalfeldmarschall von Kluge sein eigenes Hauptquartier verlegt, damit es der Front näher war. Kluge war gerade an der Front und es meldete sich der Chef des Generalstabes der Heeresgruppe B, Generalleutnant Dr. Speidel; andeutungsweise informierte ihn Blumentritt, dann fuhr er selbst nach La Roche-Guyon. Das war schon gegen 17 Uhr [281].

Wegen der besonderen Verhältnisse, die durch Rommels Ausfall am 17. Juli und durch Kluges Übernahme des Kommandos der Heeresgruppe B am 19. Juli abends bestimmt waren, traf die Nachricht vom Attentat Generalleutnant Speidel unvorbereitet. Obwohl Kluge inzwischen, nach anfänglichem Optimismus und der durch Hitlers Überzeugungskunst bewirkten, für Kluges Umgebung äußerst irritierenden »Berchtesgadener« Euphorie, Rommels Standpunkt eingenommen hatte, daß die Front nur noch kurze Zeit halten und dann zusammenbrechen werde, obwohl Kluge wieder mehr und mehr zum Erwägen von Umsturzplänen bereit war, hatte Speidel in der kurzen Zeit keine Gelegenheit gefunden, den Feldmarschall mit den laufenden Plänen und der von Rommel schon in Angriff genommenen Aktion vertraut zu machen. Speidel selbst war für die letzten Tage und für den 20. Juli auch nicht vorgewarnt worden. Ohnehin war fraglich, ob die Heeresgruppe B zur Befreiung einen wesentlichen Beitrag leisten konnte, nicht nur weil Rommel fehlte. Auf alle Fälle sollte ja die Front gehalten werden, mit oder ohne Hitler; denn nach ihrem Zusammenbruch würde der Gegner auch mit einer Regierung Beck–Goerdeler nicht über Waffenstillstand verhandeln, sondern vollends nach Deutschland durchstoßen wollen. Für Speidel blieb also zunächst nichts zu tun, als die Rückkunft Kluges und das Eintreffen Blumentritts abzuwarten [282].

Im Hauptquartier des Militärbefehlshabers im Hotel »Majestic« erhielt Oberstleutnant von Hofacker nach 16 Uhr durch einen Anruf Stauffenbergs die Nachricht, Hitler sei tot und der Staatsstreich im Gange. Sofort teilte er sein Wissen dem Militärbefehlshaber und dem Freiherrn von Teuchert mit, der es wieder Bargatzky und anderen Eingeweihten im Stabe weitergab [283].

Der Militärbefehlshaber, General von Stülpnagel, schritt sofort zur Tat. Er rief seine Mitarbeiter zusammen, vor allen den Chef des Stabes, Oberst i. G. von Linstow, den Höheren Nachrichtenführer, Generalleutnant Eugen Oberhäußer, den Chef der Militärverwaltung, Ministerialdirektor Dr. Michel, und den weitgehend eingeweihten und vorbereiteten Kommandanten von Groß-Paris, Generalleutnant Hans Freiherr von Boineburg-Lengsfeld. Er gab ihnen nacheinander das Stichwort und sie beeilten sich, ihre sorgfältig geplanten Aufgaben zu erfüllen. Generalleutnant von Boineburg-Lengsfeld, der zwischen 17 und 18 Uhr mit seinem Chef des Stabes, Oberst von Unger, zu Stülpnagel kam, erhielt den Befehl, alle SS-Leute und ihre Führer einschließlich des Höheren SS- und Polizeiführers, SS-Gruppenführer Oberg, festzunehmen und bei Widerstand niederzuschießen [284]. Dazu übergab ihm Stülpnagel eine Planskizze mit den SS- und SD-Unterkünften, die auf den Stand der letzten Tage gebracht war[285].

Noch vom Hotel »Majestic« aus alarmierte Generalleutnant von Boineburg-Lengsfeld das Regiment Nr. 1 der 325. Sicherungs-Division, die ihm unterstand, und traf die nötigen Vorbereitungen (über die Lage der Stadtquartiere der SS und des SD hatten er und sein Chef des Stabes sich schon vorher eingehend orientiert), ordnete aber die Verhaftungs- und Entwaffnungsaktion erst für 23 Uhr an, um den Franzosen nicht unnötig einen Kampf zwischen Deutschen vorführen zu müssen, und um der Anwesenheit der zu Verhaftenden in den Unterkünften sicher zu sein[286]. Der Kommandeur des Sicherungs-Regiments, Oberstleutnant von Kraewel, sollte die Verhaftungsaktion leiten. Er hatte seine Dienststelle schon verlassen und mußte nun erst gesucht werden.

Beim Militärbefehlshaber rief unterdessen kurz nach 18 Uhr Generaloberst Beck aus Berlin an. Stülpnagel versicherte ihm, er werde sich und die ihm unterstehenden Truppen voll einsetzen, und zwar »auf alle Fälle«, obwohl Beck mitteilte, der Schlag sei gefallen, doch wisse man noch nichts Genaues über den Erfolg. Was Kluge tun werde, konnte Stülpnagel Beck nicht sagen, am besten würde Beck selbst mit ihm telephonieren; er ließ das Gespräch gleich nach La Roche-Guyon weiterverbinden[287].

Nur wenige Minuten später, nachdem Beck mit Kluge gesprochen hatte, rief etwa um 18.15 Uhr Generalleutnant Dr. Speidel bei Stülpnagel an: Kluge bitte ihn und seinen Chef des Generalstabes auf 20 Uhr zu einer wichtigen Besprechung zum Gefechtsstand der Heeresgruppe B in La Roche-Guyon zu kommen. Der Chef, Oberst i. G. von Linstow, blieb aber zurück, damit ein vollgültiger Vertreter in der Zentrale war. Kurz nach 19 Uhr fuhr Stülpnagel in Begleitung von Oberstleutnant von Hofacker, Dr. Horst (Schwager Speidels) und seines Persönlichen Ordonnanzoffiziers Dr. Baumgart nach La Roche-Guyon[288].

Generalfeldmarschall von Kluge kam gegen 18 Uhr von seiner Frontfahrt zurück, erfrischte sich etwas und ging sogleich wieder an die Arbeit. Bei seinem Chef, Generalleutnant Dr. Speidel, erkundigte er sich nach den wichtigsten Meldungen des Tages. Speidel gab ihm einige Frontmeldungen, und zum Schluß die Attentatnachricht. Blumentritt und Hofacker hätten sie etwa um 17 Uhr telephonisch mitgeteilt, aber inzwischen sei über den Rundfunk das Mißlingen des Anschlages gemeldet worden[289]. Kluge mußte spätestens zwischen 18 und 18.10 Uhr dagewesen sein, weil kurz danach das Gespräch zwischen ihm und Beck stattfand[290]. Beck sagte, Hitler sei nun endlich tot, in Berlin und für das Reich sei der militärische Ausnahmezustand erklärt, ob man auf Kluges Mitwirkung zählen könne?

Kluge meinte, das müsse er sich erst noch überlegen, er werde aber gleich wieder bei Beck anrufen. Bald darauf kam Blumentritt.

Zwar hatte Blumentritt durchgesagt, und wiederholte es nun, Hitler sei tot, aber der Rundfunk sagte das Gegenteil und war demnach nicht einmal in der Hand der Verschwörer. So rief Kluge den Generalmajor Stieff in »Mauerwald« an, der dort Chef der Organisationsabteilung im OKH war und den Kluge gut kannte. Er fragte ihn, ob Hitler tot sei, und Stieff, anscheinend schwer atmend, antwortete: »»Nein. Mein Generalstabsoffizier, der Major i. G. Ferber, hat eine Stunde nach dem Attentat mit ihm gesprochen.‹« [291] Darauf rief Kluge in der Bendlerstraße an, wo sich Stauffenberg meldete. Kluge verlangte Fromm, Stauffenberg sagte, der sei nicht mehr zu sprechen, er übergebe an Fromms Nachfolger, Generaloberst Hoepner. Dieser erklärte sofort, die Meldungen und Behauptungen vom Mißlingen des Attentats seien Machenschaften der SS, fernschriftliche Befehle für die Heeresgruppe seien schon unterwegs. An dieser Stelle brach die Verbindung ab. Kluge verzichtete ausdrücklich auf ihre Wiederherstellung [292].

Dann rief noch der am 13. Juli dienstenthobene ehemalige Militärbefehlshaber in Belgien und Nordfrankreich, General von Falkenhausen, bei Kluge an, nachdem er seinerseits von Beck angerufen worden war. Aber Kluge sagte ihm, auch er sei von Berlin aus angerufen worden, und er glaube nicht an den Tod Hitlers [293].

Gegen 20 Uhr trafen die bekannten Berliner Fernschreiben in La Roche-Guyon ein. Sie wurden vom Hauptquartier in St. Germain vom Ia, Oberst i. G. Bodo Zimmermann weitergegeben. Das erste der Schreiben verkündete die Übernahme der Vollziehenden Gewalt durch die Wehrmacht und trug den Befehlshabern auf, die in ihren Bereichen befindlichen Einheiten der Waffen-SS, des RAD und der OT, alle Behörden, alle Amtsträger und Gliederungen der NSDAP und der ihr angeschlossenen Verbände sich zu unterstellen, ferner die Nachrichtenanlagen zu sichern und den SD auszuschalten. Außerdem ging in La Roche-Guyon das Schreiben ein, worin der Rundfunknachricht widersprochen wurde: Hitler sei doch tot. Das machte immerhin Eindruck auf Kluge, er schwankte wieder – alles hing für ihn davon ab, ob Hitler lebte oder nicht. Jetzt jedenfalls glaubte er an Hitlers Tod. Er beriet sich mit Blumentritt und besprach mit ihm schon Einzelheiten und Schritte, mit denen die Feuereinstellung im Westen herbeizuführen wäre. Das war gegen 20 Uhr [294].

Aber dann kam das Fernschreiben von Keitel aus der »Wolfschanze«: Hitler sei durchaus und allen Behauptungen zum Trotz am Leben und völlig gesund. Sofort war Kluge wieder unsicher und beauftragte Blumentritt, so lange überall herumzutelephonieren, bis er herausgebracht habe, was nun wahr sei, und bis dahin bleibe alles beim alten [295].

In der »Wolfschanze« konnte Blumentritt weder Keitel noch Jodl oder Warlimont erreichen. Nach längerem Warten hieß es, Warlimont konferiere mit Keitel und könne nicht telephonieren. Seltsam, so fand auch Kluge. Man rief beim SS-Gruppenführer Oberg, dem Höheren SS- und Polizeiführer in Frankreich an, aber der wußte auch nichts und kannte nur die Rundfunkmeldung. Dagegen konnte Generalmajor Stieff in »Mauerwald« wiederum die Auskunft geben, daß Hitler lebte. Also stimmte die Rundfunknachricht doch. Stieff wollte von Blumentritt wissen, woher denn die Mitteilung von Hitlers Tod überhaupt gekommen sei. Da griff Kluge selbst zum Hörer und antwortete Stieff: »›Durch ein Fernschreiben.‹« Stieff: »›Nein, Hitler lebt.‹« [296]

Also fiel Kluge wieder um: »›Ja, es ist eben ein mißglücktes Attentat‹«, sagte er zu Speidel und Blumentritt. Eine halbe Sache war das, an der er sich nicht beteiligen wollte. Der Staatsstreich mochte sonst im Gange sein oder nicht, solange Hitler noch lebte, konnte er nach Kluges Meinung gar nicht gelingen [297].

Welche seltsame Logik – von der des Erfolges abgesehen – es Kluge erlaubt hätte, nach Hitlers Tod mit dem Feinde zu verhandeln, zu Lebzeiten des Tyrannen aber nicht, das bleibt dunkel, es sei denn, die Loyalität Kluges sei die des Landsknechts gegenüber dem Kondottiere gewesen. Gewiß gehörte sein Herz seiner Truppe, aber weniger, weil die Soldaten Menschen mit dem Recht zu leben, als vielmehr weil sie das Instrument der Kriegführung und der Macht waren. Generalfeldmarschall von Kluge war kein starker, unabhängiger Charakter, das hatte schon die Affäre mit dem Gut und der großen Dotation gezeigt, die er von Hitler angenommen hatte [298]. Aber Kluge war ehrgeizig. Wenn er den Kampf gegen Hitler wagte, konnte er unterliegen und sein Kommando verlieren. Als er noch die Heeresgruppe Mitte geführt hatte, war er sehr stolz darauf gewesen, eine der größten Armeen zu kommandieren, über die je ein Feldherr verfügt hatte. Dann hatte er die Heeresgruppe in Rußland in einem fürchterlichen Zustand der Zerschlagung und Auflösung zurücklassen müssen, um an der Normandiefront an die Stelle Rommels zu treten, eine sehr zweischneidige Ehre, die in ihm viele widersprüchliche Gefühle wecken mußte. Dazu kamen andere Überlegungen, wie die Gefahr des Bruderkrieges. Zynisch war Kluge gewiß nicht, und er hatte auch den Mut zum persönlichen Einsatz, er scheute nicht die physische Gefahr. Aber er hatte den unüberwindlichen Drang, sich einem Stärkeren, unerreichbar Höheren zu unterstellen, der wirklich befehlen konnte, in diesem Falle Hitler. Die innere Unabhängigkeit, die zur Vernunft nötig ist, fehlte Kluge, und seine Verpflichtung gegenüber Deutschland stand ihm in Wirklichkeit nicht im Vordergrund. So wollte er, da es nun mißlungen war, von dem Attentat und seinen Folgen nichts wissen, mit den Führern des Aufstandes nichts gemein haben. Zu Blumentritt sagte er, »eine fremde Stimme« habe ihn heute zur Teilnahme am Umsturz aufgefordert, »von unbekannter Seite aus dem Reich« sei er angerufen worden [299].

Gegen 20 Uhr erschien bei Kluge in La Roche-Guyon Generalfeldmarschall Hugo Sperrle, der Oberbefehlshaber der Luftflotte 3. Kluge hatte ihn hergebeten, aber es gab nun nicht viel zu besprechen. Von den Putschvorgängen wußte Sperrle nichts, außer dem, was der Rundfunk verbreitet hatte. Nach einer Viertelstunde fuhr er wieder nach Paris zurück in sein Hauptquartier im Palais Luxembourg [300].

Kurz danach kamen Stülpnagel und seine Begleiter. Zunächst versammelten sich bei Kluge und Blumentritt der Militärbefehlshaber sowie Oberstleutnant von Hofacker und Dr. Horst. Hofacker sprach fünfzehn Minuten lang über Plan und Ausführung des Staatsstreiches sowie über seine eigene Rolle als Verbindungsmann zwischen Beck und Stauffenberg einerseits und der Pariser Gruppe um General Stülpnagel andererseits. Zum Schluß appellierte er eindringlich und leidenschaftlich an Kluge, sich von Hitler loszusagen und im Westen die Führung der Befreiungsaktion zu übernehmen [301].

Kluge zeigte keinerlei Reaktion. Schließlich sagte er nur: »›Ja, meine Herren, eben ein mißglücktes Attentat!‹« Als Stülpnagel meinte, Kluge wisse aber doch wohl Bescheid, da sagte Kluge scharf: »›Nein, .. keine Ahnung habe ich!‹« [302] Stülpnagel kochte vor Zorn und Enttäuschung, aber er wußte, daß inzwischen in Paris schon gehandelt wurde, daß dort Tatsachen geschaffen wurden. Vielleicht würde Kluge seine Haltung noch ändern, wenn er davon erfuhr.

Die gesellschaftlichen Formen pflegte Kluge stets zu wahren, wenn auch anderen die Spannung unerträglich schien. Er bat nach nebenan zum Abendessen, und Generalleutnant Dr. Speidel kam auch dazu. Gegen Ende der Mahlzeit bat Stülpnagel den Feldmarschall um ein Gespräch unter vier Augen und die beiden Herren gingen in einen Nebenraum. Nach wenigen Minuten wurde Blumentritt dazu gerufen. Empört über Stülpnagels Eigenmächtigkeit sagte Kluge, der Militärbefehlshaber habe ja den ganzen SD samt dem Höheren SS- und Polizeiführer Oberg verhaften lassen, ohne Rückfrage oder Meldung bei dem vorgesetzten Oberbefehlshaber West, nämlich Kluge! Unerhört! Blumentritt solle sofort den Befehl Stülpnagels rückgängig machen [303]. Blumentritt telephonierte

also mit dem Chef des Stabes Oberst i. G. von Linstow, aber der bedauerte; die Truppen seien schon in Marsch gesetzt, es sei nichts mehr
zu ändern.

Man setzte sich wieder zum unterbrochenen Essen, die Formen blieben
gewahrt, aber die Konversation hörte völlig auf, die Stimmung war ge-
drückter als zuvor [304]. Gegen 23 Uhr hob Kluge die Tafel auf und sagte
zu Stülpnagel, während er ihn hinausbegleitete, er solle nun schleunigst
nach Paris zurückfahren und die Verhafteten wieder freilassen (zu anderen Maßnahmen war es noch nicht gekommen). Stülpnagel erwiderte,
man könne doch jetzt nicht mehr zurück, und auch Hofacker appellierte
noch einmal mit aller seiner Überzeugungskraft an Kluge. Aber Kluge
blieb sei seinem Nein [305]. Im übrigen habe sich Stülpnagel als des Dienstes
enthoben zu betrachten. Und schließlich, am Auto, gab ihm der Feldmarschall, den man im Heer den Klugen Hans nannte, den guten Rat: »>Ver-
schwinden Sie in Zivil irgendwohin.«« [306] Aber das war nicht Stülpnagels
Art, und auch Kluge selbst hätte das schwerlich getan.

In Paris war inzwischen die Überwältigung der SS- und Gestapo-Leute
reibungslos vor sich gegangen. Die kommandierenden Offiziere waren hier
offenbar entschlossener als in Berlin, der Zusammenhalt war stärker und
die Einflüsse von außen geringer. Von der Rundfunknachricht ließen sich
die dem Militärbefehlshaber unterstehenden Kommandeure nicht in ihrer
Auffassung beirren, daß die SS gegen Hitler geputscht habe, während man
ja in Berlin sehr schnell sah, daß das nicht stimmte. Telephonanrufe aus
der »Wolfschanze« oder Beschwörungen von Dr. Goebbels drangen in
Paris nicht durch. Außerdem waren sowohl der Kommandant von Groß-
Paris, Generalleutnant von Boineburg-Lengsfeld, wie auch sein Chef des
Stabes, Oberst von Unger, sehr weitgehend eingeweiht [307].

Generalmajor Brehmer, Träger des Blutordens der Partei von 1923 und
Stellvertreter des Kommandanten von Groß-Paris, stellte sich selbst an die
Spitze des Stoßtrupps, der die obersten SS-Führer verhaften sollte [308].
Um 22.30 Uhr setzten sich auf kurze Pfiffe hin die eingeteilten Stoßtrupps
von der Avenue am Bois de Boulogne aus in Bewegung [309]. Etwas später wurden alle SD- und SS-Quartiere mit vorgehaltenen Maschinenpistolen und Pistolen völlig überraschend besetzt, zu Handgemengen
oder Schüssen kam es nirgends, von einem einzigen versehentlichen
Schuß ohne Folgen abgesehen. Alle in den Quartieren Anwesenden wurden für verhaftet erklärt, wer trotz des Zapfenstreiches (22 Uhr) noch
nicht im Quartier war, wurde mit Hilfe der Alarmanlage herangeholt
und verhaftet. Die Festgenommenen, etwa 1200 Mann, wurden mit
Lastwagen in das Wehrmachtgefängnis Fresne und in das alte Fort de

l'Est in St. Denis gefahren und eingesperrt. SS-Gruppenführer Oberg wurde von Generalmajor Brehmer persönlich verhaftet [310]. Auf die Erklärung, die SS habe in Berlin geputscht, gab Oberg jeden Protest auf und fand nur noch, es müsse da ein Mißverständnis vorliegen. Der Oberste SD-Führer, SS-Standartenführer Dr. Knochen, wurde von einem seiner Unterführer aus einem Nachtlokal herbeitelephoniert und dann im Hauptquartier des SD in der Avenue Foch von Oberstleutnant Kraewel verhaftet. Mit den anderen höheren SS-Führern wurde er im Hotel »Continental« in der Rue Castiglione festgesetzt [311].

Die Überrumpelung war also vollständig gelungen. Einige der unteren SD-Führer sind allerdings durch Hintertüren und Gärten den Stoßtrupps entwichen. Sie benachrichtigten den Kommandeur der 12. SS-Panzer-Division »Hitlerjugend«, SS-Oberführer Meyer, dieser verständigte den Kommandeur des I. SS-Panzer-Korps, SS-Obergruppenführer Sepp Dietrich, während andere ein Fernschreiben an das Reichssicherheitshauptamt schicken konnten, da man die Besetzung einer Fernschreibstelle des SD versäumt hatte. Auf den Gang der Dinge in Paris hatte das so gut wie keinen Einfluß. Sepp Dietrich konnte sein Wissen auch nur nach oben weitermelden, und das RSHA reagierte erst um 2 Uhr morgens auf die Mitteilung der Getreuen aus Paris [312]. Inzwischen sollten noch in der Nacht Standgerichte über Schuld oder Unschuld der Verhafteten entscheiden. Im Hof der École Militaire, der Unterkunft des Sicherungs-Regiments Nr. 1, waren um Mitternacht schon die Sandsäcke aufgeschichtet, die für die vermutlich durch Standgerichte zu verhängenden Erschießungen als Kugelfang gebraucht wurden [313].

Im Hotel »Raphael«, wo das Kasino und viele Quartiere von Angehörigen des Stabes des Militärbefehlshabers untergebracht waren, wartete währenddessen die Pariser Gruppe auf General von Stülpnagel und auf den Ausgang der Bemühungen um Generalfeldmarschall von Kluge. Gegen 22 Uhr hatte Oberst i. G. von Linstow berichtet, es sei noch nichts entschieden, aber in Berlin gehe alles gut voran. Da rief ihn nach 22 Uhr Stauffenberg aus Berlin an und sagte, es sei aus, seine Schergen lärmten schon draußen auf dem Flur [314]! Linstow telephonierte sofort mit General Blumentritt, der noch in La Roche-Guyon war und ihm sagte, die Aktion gegen den SD müsse abgeblasen werden. Linstow erwiderte, sie sei schon im Gange. Dann unterrichtete er Teuchert, Bargatzky und die anderen. Was folgte, war nur noch die Liquidation des Aufstandes.

General Stülpnagel fuhr nach 23 Uhr von La Roche-Guyon nach Paris zurück und kam kurz nach Mitternacht mit seinen Begleitern Hofacker, Baumgart und Horst ins Kasino im Hotel »Raphael«. Dort fand man

Boineburg-Lengsfeld und Linstow in wenig optimistischer Stimmung vor. Auf ihre Fragen sagte ihnen der Militärbefehlshaber, Kluge habe sich bis zum nächsten Morgen Bedenkzeit ausgebeten[315]. Das war natürlich Unsinn, schien aber besser als die ganze Wahrheit, und vielleicht hoffte Stülpnagel selbst noch, die Sache durchzuziehen. Etwa um 1 Uhr früh wurden die Reden von Hitler, Dönitz und Göring übertragen. Stülpnagel mußte in Gegenwart der Uneingeweihten das Gesicht wahren und zuhören. Kurz darauf, zwischen 1.30 und 2 Uhr, rief Oberst von Unger an und berichtete seinem Vorgesetzten Generalleutnant von Boineburg-Lengsfeld, der Oberbefehlshaber des Marinegruppenkommandos West, Admiral Theodor Krancke, dem 5000 Marinesoldaten unterstanden, habe angerufen und gedroht, er werde den SD von seinen Truppen befreien lassen, wenn die Verhaftungen nicht sofort aufgehoben werden[316].

Um 21.20 Uhr war bei Kranckes Dienststelle das erste Berliner Fernschreiben eingegangen, das von Witzleben unterzeichnet war. Krancke rief sogleich nach der Vorlage den Großadmiral Dönitz an, der versicherte, Hitler sei am Leben und es seien nur Befehle von Himmler zu befolgen[317]. Danach versuchte Krancke, mit Kluge zu telephonieren, erfuhr aber lediglich, der Feldmarschall sei in einer Konferenz und nicht zu sprechen. Als dann General Blumentritt anrief, tauschte Krancke mit ihm die bisher erhaltenen Nachrichten aus. Blumentritt sagte, beim Oberbefehlshaber West sei das Schreiben auch eingegangen, aber Warlimont habe über die wirkliche Situation Aufklärung gegeben und es sei »alles in Ordnung«. Um 23 Uhr ging ein Fernschreiben von Dönitz ein, dessen Inhalt schon früher telephonisch durchgegeben worden war: Eine Verschwörung habe stattgefunden, an der Fromm und Hoepner beteiligt seien; Himmler sei zum Befehlshaber des Ersatzheeres ernannt; für die Marine sei Bereitschaft befohlen; die Marine habe nur Befehle ihres Oberbefehlshabers bzw. anderer höherer Marineoffiziere zu befolgen; Forderungen des Reichsführer SS müssen ebenfalls befolgt werden; lang lebe der Führer. Kurze Zeit später, um 23.40 Uhr, kam ein Fernschreiben mit ähnlichem Inhalt von Generalfeldmarschall Keitel. Um 24 Uhr gab der Kommandeur der Nachrichtenanlagen den Befehl zu erhöhter Wachsamkeit aus, unter Umständen sei sofort das Feuer zu eröffnen.

Um 0.30 Uhr wurde Krancke klar, daß Heereseinheiten den SD gefangensetzten und er rief sogleich wieder Kluge an. Dieser bedankte sich für die Mitteilung und versprach, nach dem Rechten zu sehen. Krancke befahl auf alle Fälle seinen Truppen um 0.45 Uhr Gefechtsbereitschaft. Als er dann wieder bei Kluge anrufen wollte, hieß es, der sei nicht zu sprechen, und Krancke schöpfte argen Verdacht. Um 1.07 Uhr setzte Kranckes

Chef des Stabes, Admiral Hoffmann, dem Kommandeur des Sicherungs-Regiments Nr. 1, das die Verhaftungen ausgeführt hatte, Oberstleutnant von Kraewel, auseinander, er sei das Opfer eines ganz schweren Mißverständnisses. Kraewel wollte sogleich mit dem Kommandanten von Groß-Paris darüber sprechen. Sofort nach der Ansprache von Dönitz, um 1.11 Uhr, ließ Krancke seinen Chef des Stabes Blumentritt anrufen: man könne Kluge nicht erreichen und Kraewel habe Oberg und den ganzen SD verhaftet. Darauf erklärte Blumentritt: er sei beauftragt, den Militärbefehlshaber von Stülpnagel von seiner Stelle abzulösen und Oberg freizulassen. Er werde das in Kürze erledigen.

Aber Krancke war damit noch nicht zufrieden. Um 1.37 Uhr versuchte er, Generalleutnant von Boineburg-Lengsfeld anzurufen, ohne ihn zu erreichen, konnte aber bei dessen Chef des Stabes, Oberst von Unger, anbringen, was er zu sagen hatte: wenn Oberg und der SD nicht augenblicklich freigelassen würden, werde er, Krancke, sie von seinen Truppen befreien lassen; Stülpnagel sei abgesetzt, und was denn eigentlich los sei. Unger erwiderte, er könne nur Befehle von Stülpnagel ausführen. Darauf setzte sich der eifrige Krancke noch mit Oberst i. G. von Linstow in Verbindung, aber dieser konnte die Drohung abbiegen: das Sicherungs-Regiment Nr. 1 habe schon den Befehl zur Freilassung Obergs und des SD, es sei ein Mißverständnis passiert, man habe im Hauptquartier des Militärbefehlshabers an einen Gestapo-Putsch geglaubt.

Die Aktion der Marinesoldaten und das Blutvergießen durch sie konnten verhindert werden, ebenso wie eine Aktion einer Luftwaffen-Stabskompanie, die der Kommandant der Luftwaffe in Paris, General der Flieger Hanesse, gegen Mitternacht alarmieren ließ, um damit den SD herauszuhauen. Oberst von Unger hörte von der Alarmierung und rief Hanesse an: nicht Maquisards, wie Hanesse glaube, haben den SD überrumpelt, sondern deutsche Soldaten, und er werde in dieser Nacht noch mehr merkwürdige Dinge hören [318]. So wurde auch dieser Vorstoß noch verhindert. Aber der Druck von seiten der Marine- und Luftwaffenstellen in Paris wurde für die dem Militärbefehlshaber unterstehenden Offiziere des Heeres immer stärker, wenn er auch für die Wende nicht entscheidend war.

Die Drohung Kranckes erreichte General von Stülpnagel im Hotel »Raphael« zwischen 1.30 und 2 Uhr. Der Militärbefehlshaber behielt sich eine halbe Stunde Bedenkzeit vor. Seine Amtsenthebung und die Ernennung Blumentritts zu seinem interimistischen Nachfolger erfuhr Stülpnagel erst gegen 2 Uhr, von Blumentritt selbst [319]. Aber nach kurzem Überlegen mußte er schon davor einsehen, daß alles verloren war: Hitler hatte selbst gesprochen, die Nachrichten aus Berlin mußten wohl zutreffen, und nun drohte die Marine, auf das Heer zu schießen. Wie lange ihm seine Truppen überhaupt noch gehorchen würden, war fraglich, von den Folgen ganz zu schweigen. Es blieb also nur noch die Aufhebung der früher gegebenen Befehle, damit wenigstens sinnloses Blutvergießen vermieden wurde. Boineburg erhielt die Weisung, Oberg und Genossen freizulassen, und als Krancke kurz darauf mit Linstow sprach, konnte dieser ihm sagen, der Freilassungsbefehl sei schon erteilt, worauf Krancke seinen Alarm für die Marinetruppen kurz vor 2 Uhr milderte [320].

Generalleutnant von Boineburg aber fuhr ins Hotel »Continental«, wahrte das Gesicht und erklärte den verhafteten SS-Führern mit verbindlichem Lächeln und mit dem gewohnten Monokel im Auge, sie seien frei und er bitte Oberg, mit ihm gleich zum Militärbefehlshaber ins »Raphael« zu fahren. Oberg war empört, fuhr aber mit [321]. Auch die Untergebenen Obergs wurden anschließend entlassen, wobei es zu sehr bezeichnenden Szenen kam. Viele der SS-Leute weigerten sich, ihren Gewahrsam zu verlassen mit den Worten: »Wir gehen hier nicht raus. Den Vers kennen wir – auf der Flucht erschossen.«« [322]

Im Hotel »Raphael« war inzwischen auch der deutsche Botschafter Otto Abetz aufgetaucht und seiner Vermittlung war es zu danken, daß sich Stülpnagel und Oberg sogar die Hand gaben. Blinden Fanatismus gab es wohl in Frankreich ebensowenig wie die Art von Opportunismus, die in Berlin von Fromm und Offizieren seines Stabes an diesem Abend an den Tag gelegt wurde, und die ganze Atmosphäre im besetzten Land des Gegners tendierte mehr zur Kameradschaftlichkeit, selbst zwischen Heer und SS, freilich auch besonders unter den jetzigen Umständen, da sich zeigte, daß beide sich nicht mit Ruhm bedeckt hatten. Jedenfalls galt es, soviel wie möglich zu glätten und zu beruhigen, die Bedeutung der Vorfälle möglichst herunterzuspielen, und das gelang durch Abetz' versöhnliche Worte und durch anschließend genossene Gläser Champagner recht gut. Bald saß man zahlreich und in gelöster Stimmung im Kasino und besprach die Ereignisse.

Um 2.45 Uhr kam Blumentritt mit dem befreiten Dr. Knochen zu der Runde. Der Chef des Generalstabes beim Oberbefehlshaber West und nunmehrige interimistische Militärbefehlshaber war gegen 1 Uhr in seinem Hauptquartier in St. Germain angekommen und von dort kurz nach 2 Uhr nach Paris gefahren [323]. Unterwegs hielt er bei der Dienststelle des Höheren SS- und Polizeiführers Frankreich und hörte dort, daß Oberg und Knochen schon wieder frei seien, dann ließ er noch beim Stabsquartier der Marinegruppe am Bois de Boulogne anhalten, um notfalls abzuwie-

geln und aufzuklären. Man trank hier auf das Wohl des Führers. Schließlich hielt er beim SD in der Avenue Foch und fuhr von dort mit Dr. Knochen ins »Raphael«. Unterwegs fiel das Zauberwort »Sprachregelung«,
das dann auch im Kreise des Stabes des Militärbefehlshabers und des
Höheren SS- und Polizeiführers dankbar aufgegriffen wurde. Man wollte
in allen Berichten nach oben eine gemeinsame Darstellung geben [324].
Im Hotel »Raphael« reichte man sich am 21. Juli in früher Stunde allerseits die Hand, an den Tischen saßen SS-Leute und Soldaten des Heeres
und feierten. Am nächsten Tag gab Generalleutnant von Boineburg-
Lengsfeld eine Einladung für den SD, und Oberg revanchierte sich mit
einem Bierabend. Der Aufstand war auch in Paris endgültig zu Ende, die
Verfolgung der Verschwörer aber lief, anders als in Berlin, erst einige Zeit
später an.

5. Berlin: Zusammenbruch

Kurz vor 16 Uhr hatten die Verschwörer im Stabe des Befehlshabers des
Ersatzheeres im ehemaligen Kriegsministerium in der Berliner Bendlerstraße damit begonnen, das Stichwort »Walküre« an die in und bei Berlin
gelegenen Schulen des Heeres auszugeben. Seit 16.10 Uhr hatte das Berliner Wachbataillon die ersten Befehle. Die Fernschreiben an die Wehrkreise und an die Militärbefehlshaber in den besetzten Gebieten wurden
von der Nachrichtenzentrale seit 16.45 Uhr abgesetzt. Stauffenberg war
zwischen 16 und 17 Uhr in die Bendlerstraße zurückgekommen und bemühte sich seitdem unermüdlich, die bald einsetzenden zahlreichen Anfragen aus den Wehrkreisen zu beantworten und auf die Ausführung der
Befehle zu drängen. Beck, Hoepner, Schulenburg, Gisevius, John, Gerstenmaier, Yorck und andere Beteiligte der Verschwörung waren in der Bendlerstraße versammelt und warteten auf Truppen und auf die Besetzung der
Rundfunkstationen und der Nachrichtenanlagen.

Etwa um 17 Uhr war der Befehlshaber im Wehrkreis III (Berlin),
General der Infanterie von Kortzfleisch, auf Ersuchen Olbrichts zu einer
Besprechung mit Fromm in die Bendlerstraße gekommen. Fromm war
aber inzwischen von den Verschwörern festgesetzt worden und so wurde
Kortzfleisch zunächst hingehalten und dann zwischen 18 und 19 Uhr
auch in Haft genommen, als er sich weigerte, in seinem Wehrkreis
»Walküre« zu befehlen. Generalleutnant von Thüngen, der Inspekteur
des Wehrersatzwesens in Berlin, wurde an seiner Stelle zum Befehlshaber
im Wehrkreis III ernannt. Dies führte freilich zu Verzögerungen und

Unklarheiten. Der Chef des Stabes im Wehrkreiskommando, Generalmajor Herfurth, konnte sich angesichts der Abwesenheit seines Befehlshabers erst gegen 18 Uhr, nach einigem Schwanken und Zweifeln an der
»Echtheit« der ihm zugegangenen Befehle entschließen, die Besetzung
wichtiger Ämter und Dienststellen in Berlin ausführen zu lassen. Erst
wollte er dem Überbringer der Befehle, Major i. G. von Oertzen, die
Verantwortung für die Ausführung übertragen, dann bat er seinen IIa,
Oberst von Wiese, und seinen Ia, Oberstleutnant Mitzkus, zur Beratung
in ein Nebenzimmer, sank dort auf ein Feldbett und erklärte sich für
krank. Überhaupt könne man solche Befehle nicht ausführen, man wisse
ja gar nicht, ob da nicht geputscht werde. Beim OKH hatte er schon rückgefragt, Olbrichts Chef des Stabes, Oberst i. G. Mertz von Quirnheim,
hatte die Richtigkeit der Anordnungen bestätigt. Schließlich rang er sich
dazu durch, die Befehle für bindend zu halten und beruhigte sich damit,
daß die Truppenbewegungen einige Zeit dauern würden, während der
man weitere Klarheit gewinnen könne [325]. Wenn das Wehrkreiskommando dann über Truppen verfügen würde – insbesondere über die
Panzer aus Krampnitz und die Panzertruppen aus Cottbus –, sollte Herfurth sämtliche SS-Dienststellen einschließlich des RSHA und der SS-
Funkstelle, die obersten Parteidienststellen, die Parteidruckereien, die
wichtigsten Ministerien, die SD-Stellen, das Forschungsamt für Fernsprechüberwachung u. a. besetzen bzw. »sichern« lassen. Aber die Truppen
waren eben noch nicht da, alles dauerte zu lange, hatte viel zu spät erst
begonnen. Der von den Verschwörern neuernannte Befehlshaber für
den Wehrkreis III, Generalleutnant von Thüngen, kam erst zwischen
19 und 20 Uhr in das Wehrkreiskommando und hat auch dann nicht mit
großer Energie gehandelt [326].

Zunächst war in Berlin nur der Wehrmachtstandort-Kommandant,
Generalleutnant von Hase, in seiner Kommandantur Unter den Linden 1
überhaupt aktionsfähig. Den ihm unterstehenden Truppen war aufgetragen, eben die Objekte zu besetzen, die auch auf der Liste des Wehrkreiskommandos standen, mit Ausnahme des Senders Tegel, der Funktürme und des Funkhauses in der Masurenallee, und zwischen 16 und
17 Uhr machte sich Hase mit Energie an die Ausführung der Befehle,
die freilich schon mit verhängnisvoller Verspätung eingegangen waren.
Die Kommandeure des Wachbataillons und der »Walküre«-Einheiten der
Heeres-Feuerwerker-Schule I, der Heeres-Waffenmeister-Schule und der um
Berlin liegenden Landesschützen-Bataillone wurden zu Hase in die Kommandantur befohlen, aus den eintreffenden Truppen wurden Stoßtrupps
gebildet, die unter Führung der von Reichskriminaldirektor Nebe bereit-

gestellten Kriminalbeamten die wichtigsten Funktionäre des Regimes in Berlin verhaften sollten. Man hatte nichts Wesentliches vergessen, die nötigen Befehle waren gegeben.

Ein Teil der Befehle wurde auch ausgeführt. Major Remer ließ das Regierungsviertel von Einheiten des Wachbataillons umstellen und abriegeln, um 18.30 Uhr waren die dahingehenden Befehle Hases ausgeführt. Remer kontrollierte selbst noch die Absperrungen. Aber kurz danach hatten die Bemühungen des NS-Führungsoffiziers Dr. Hagen Erfolg, den Kommandeur des Wachbataillons mit seinem vorgesetzten Minister Dr. Goebbels zusammenzubringen, der als Gauleiter von Berlin und Reichsverteidigungskommissar sowie überhaupt als eines der wichtigsten und einflußreichsten Regierungsmitglieder über sehr weitgehende Vollmachten in der Reichshauptstadt verfügte. Damit wurde die magische Kette von Befehl und Befehlsausführung innerhalb der Heereseinheiten zerrissen.

Schon in Moabit bei der Befehlsausgabe durch Remer an die Kompanieführer, etwa um 17 Uhr, hatte Hagen – seinem eigenen Bericht zufolge – den Verdacht geäußert, daß die ganze Sache nicht mit rechten Dingen zugehe, und er habe auch Generalfeldmarschall von Brauchitsch in Uniform durch die Stadt fahren sehen. Major Remer hatte er dann überredet, während er die erhaltenen Befehle ausführte, ihn inzwischen zu Goebbels fahren zu lassen, dem Hagen dienstlich unterstand, um dort die Lage zu erkunden. Danach wollte Hagen Remer berichten. Remer gab ihm ein Motorrad samt Fahrer, und Hagen ließ sich zum Propagandaministerium fahren [327]. Dort fand er im Ministeramt den Regierungsrat Dr. Heinrichsdorff, mit dem er befreundet war, und veranlaßte ihn durch seinen Bericht über einen möglichen Militärputsch, ihn sofort und unmittelbar zu Goebbels in dessen Wohnung in der Hermann-Göring-Straße 20 zu führen. Hagen berichtete Goebbels etwa um 17.30 Uhr, und als er zu dem Befehl an das Wachbataillon kam, sprang Goebbels auf und rief: »›Das ist doch unmöglich!‹« Hagen zeigte zum Fenster hinaus, wo gerade ein Lastwagen voll Soldaten vorbeirollte.

Hagen schlug vor, Remer herbeizuholen und ihm Gegenbefehle zu geben, aber Goebbels war mißtrauisch und zunächst auch etwas ratlos. Erst als Hagen seinen Kopf für die Loyalität Remers verpfändete, stimmte Goebbels dem Vorschlag zu. Noch ehe Hagen ging, wurde die SS-Leibstandarte »Adolf Hitler« in Berlin-Lichterfelde alarmiert, aber vorläufig in Sitzbereitschaft belassen. Der SS traute Goebbels sicher nicht mehr als dem Heer, und Blutvergießen zwischen SS und Heer durfte nicht ohne Not riskiert werden.

Hagen fuhr also wieder zurück nach Moabit. Unterwegs unterrichtete er schon am Brandenburger Tor den Chef der 1. Kompanie des Wachbataillons, Ritterkreuzträger Oberleutnant Blumenthal: alles sei Verrat, er solle sich nur im Sinne des rechtmäßigen Regimes verhalten. In Moabit traf Hagen den Kommandeur des Wachbataillons nicht mehr an und fuhr also zurück in die Stadt zur Wehrmachtstandort-Kommandantur, wo Remer schon seinen »Gefechtsstand« bezogen hatte.

Der Major und Ritterkreuzträger führte alle Befehle des Wehrmachtstandort-Kommandanten, seines Vorgesetzten, ohne Einwände aus, nach der Erinnerung mancher Zeugen sogar eifrig [328]. Zweimal hat er nach seinem eigenen Bericht die aufgestellten Sperren persönlich kontrolliert, einmal zwischen 18 und 18.30 Uhr, das zweite Mal kurz nach 18.30 Uhr [329].

Zuerst hatte es geheißen, ein Zug des Wachbataillons solle Goebbels verhaften, Remer war Zeuge eines Gesprächs darüber zwischen Generalleutnant von Hase und Oberstleutnant i. G. Schöne in der Kommandantur Unter den Linden, etwa um 18 Uhr. Später war beabsichtigt, den Minister durch Soldaten der Heeres-Feuerwerker-Schule I unter Major Korff und Hauptmann Maître festnehmen zu lassen, bevor sie aber zum Zuge kamen, hatte sich Remer schon auf die Seite von Goebbels gestellt. Etwa zur selben Zeit, als Major Korff und Hauptmann Maître in Marsch gesetzt wurden, war auch die Rede davon, Goebbels durch zwei Stoßtrupps des Wehrmachtstreifendienstes, verstärkt durch Soldaten eines Landesschützen-Bataillons und der Heeres-Feuerwerker-Schule, unter Oberst Jäger festzusetzen, der eigens von der Bendlerstraße zur Kommandantur geschickt wurde [330]. Alles das, was er da sah und hörte, mag Remer, wie er nachher berichtete, »bedenklich« gestimmt haben, aber die erhaltenen Befehle hat er weiter ausgeführt.

Zunächst hatte Hagen Schwierigkeiten bei dem Versuch, die Verbindung mit Remer wiederherzustellen. Er kam nach 18 Uhr zur Kommandantur, bekam aber Remer nicht zu Gesicht [331]. Den Leutnant Buck, der zum Wachbataillon gehörte, unterrichtete er von der Lage und befahl ihm, Remer entsprechende Mitteilungen zu machen: ein Putsch sei im Gange, die rechtmäßige Regierung sei aber die alte, Remer solle sofort zu Goebbels kommen. Als Leutnant Buck den Auftrag ausführte, wurde Remer natürlich stutzig, ob er aber, wie er ein paar Tage darauf berichtete, sogleich erkannte, »daß sich die Lage völlig geändert habe«, ist doch fraglich. Jedenfalls wollte er noch nicht ohne Einverständnis seines Vorgesetzten handeln.

Mit Leutnant Buck zusammen ging er also zu Generalleutnant von Hase hinein. Vorsichtshalber ließ Remer Buck selbst berichten, was dieser von Hagen erfahren hatte, nämlich, daß sich »die Lage geändert« habe und Remer zu Goebbels solle [332]. Remer schien nach wie vor ein braver, neutraler Befehlsempfänger zu sein, wenn auch nun kein ganz ahnungsloser mehr.

Angesichts des Hin und Her um die Verhaftung oder Sicherung des Reichspropagandaministers und der unklaren Lage machte Remer dann den Vorschlag, selbst zu Goebbels zu fahren. Da Hase und die übrigen Verschwörer immer noch an der Fiktion des Schutzes der rechtmäßigen Regierung gegen einen Putsch aus gewissen Partei- oder SS-Kreisen festhielten, war nicht eindeutig, auf welcher Seite Goebbels stand. Remer konnte noch nicht wissen, ob der Minister zu denen gehörte, die Hase zufolge Hitler stürzen wollten, oder ob er vielmehr auf der Seite der rechtmäßigen Regierung stand, so daß Hase zur »falschen« Seite gehörte. Was Remer damals wirklich gedacht hat, wird man wohl nie ganz erfahren, aber jedenfalls muß man ihm die Schwierigkeit der Entscheidung zugute halten zwischen dem formal rechtmäßigen Befehl eines Vorgesetzten und der Aufforderung eines formal nur indirekt zuständigen Ministers, der aber vielleicht die »rechtmäßige« Gewalt gegenüber einer Putschgruppe repräsentierte, vielleicht aber auch selbst zur Putschgruppe gehörte. Aber bei solcher Naivität würde Remer schwerlich im Sinne Hases und der Verschwörung handeln, wenn er tatsächlich Goebbels gegenüberstand, und wahrscheinlich kannte er schon die Rundfunknachricht vom Überleben Hitlers: diesen Mann durfte Hase nicht zu Goebbels schicken. Er sagte ihm: »›Remer, Sie bleiben hier!‹« [333]

Darauf verließ Remer das Zimmer Hases und ging auf die Straße Unter den Linden hinaus. Seinem Adjutanten, Leutnant Siebert, gegenüber äußerte er sich über den Zwiespalt, in dem er sich befand: »›Jetzt geht es um meinen Kopf. Es scheint sich doch um einen Militärputsch zu handeln. Hagen hat mir sagen lassen, daß ich zu Dr. Goebbels kommen soll. Der General hat es verboten.‹« [334] Es war also immer noch unklar, ob Hase recht hatte oder nicht. Remer ging etwas spazieren, um zu überlegen. Nach einiger Zeit entschloß er sich, zu Goebbels zu fahren. Einige Offiziere seines Bataillons, die er vor der Kommandantur antraf, hat er »nacheinander«, also einzeln, »ins Bild gesetzt und ihnen gesagt, daß größte Aufmerksamkeit geboten ist« [335]. Da Remer sich noch nach keiner Seite hin sicher fühlte, gab er Instruktionen für den Fall, daß er gegen seinen Willen festgehalten werden sollte. Dann fuhr er zu Goebbels [336].

Zwischen 19 und 20 Uhr kam Remer in der Hermann-Göring-Straße an und wurde sogleich von Hagen zu Goebbels gebracht [337]. Remer berichtete, er habe Befehle zur Absperrung des Regierungsviertels, weil ein Putsch gegen den Führer im Gange und dieser vermutlich tödlich verletzt sei [338]. Goebbels wollte erst gar nicht glauben, was Remer sagte (so schien es diesem), noch vor wenigen Minuten habe er selbst am Telephon mit dem Führer gesprochen. Ob Remer Nationalsozialist sei? Ja, sagte Remer, ganz und gar. Von Goebbels wollte er dann wissen, was die Wahrheit über das Schicksal des Führers sei. Goebbels sagte es ihm, aber Remer war noch immer mißtrauisch und fragte Goebbels, ob er Nationalsozialist sei und ob er hinter dem Führer stehe. Goebbels bejahte und gab Remer sein Ehrenwort, wie Remer auch in seinem Bericht vom 22. Juli 1944 schrieb: »Der Herr Reichsminister beteuerte mir, daß er im Auftrage des Führers handele. Der Führer sei überhaupt nicht verletzt.« Das Ganze sei ein gemeiner Militärputsch einiger Offiziere gegen den Führer. Remer erklärte, er werde auf alle Fälle als anständiger Offizier »getreu dem Eide zum Führer« seine Pflicht tun [339]. Ob er wohl mit dem Führer sprechen könnte?

In der »Wolfschanze« waren nach der Explosion alle möglichen Vermutungen über die Hintermänner aufgetaucht, erst nach einiger Zeit, etwa um 14 Uhr, wurde der Verdacht gegen Stauffenberg akut, aber noch immer vermutete man nicht annähernd, welche weitverzweigte und gefährliche Verschwörung dahintersteckte. Dann war um 14.30 Uhr Mussolini mit seiner Begleitung zu einem Besuch im Führerhauptquartier eingetroffen und von Hitler am Bahnhof Görlitz empfangen worden. Man mußte sich etwas um den Gast kümmern, Hitler selbst zeigte ihm die Stätte der Verwüstung in der Lagebaracke. Noch immer herrschte großes Durcheinander, immer wieder diskutierte man das unerhörte Ereignis, das Zusammensein der beiden Diktatoren hatte etwas Gespenstisches [340]. Zeitweise vergaßen Hitler, Göring und Ribbentrop völlig, daß sie Gäste hatten, und besprachen hemmungslos unter sich das Vorkommnis, während Mussolini und seine Begleiter verloren dabeisaßen. Aber erst als Generaloberst Fromm etwa um 16 Uhr anfragte, ob er »Walküre« auslösen solle, wurde man hellhörig und erkannte dann nach kurzer Zeit, daß von Berlin aus ein Putsch versucht wurde. Die in der »Wolfschanze« eingehenden Fernschreiben lieferten den eindeutigen Beweis dafür, die Unerreichbarkeit Fromms seit etwa 16.30 Uhr, die bald einsetzenden Anfragen aus den Wehrkreisen und nun die Nachrichten, die man von Goebbels über die Truppenbewegungen erhielt, taten ein übriges [341]. Es war klar, daß man rasch und entschlossen Gegenmaßnahmen ergreifen mußte [342].

Goebbels ließ sofort die von Remer gewünschte Verbindung herstellen, etwa um 19 Uhr sprach Hitler selbst mit dem Major. Ob Remer ihn an seiner Stimme erkenne? Er sei völlig unverletzt. Remer sagte, er erkenne

Hitler. Dann nahm er dessen Befehle entgegen: Remer sei ihm, dem Führer, direkt unterstellt, bis der Reichsführer SS, der zum Befehlshaber des Ersatzheeres eingesetzt sei, in Berlin eingetroffen sein werde. Remer sei dem Führer inzwischen für die Sicherheit der Reichshauptstadt verantwortlich und habe alle Mittel zur Unterdrückung jeglichen Widerstandes anzuwenden[343]. Remer nahm die Befehle an und versprach, sie auszuführen.

Erst damit war das Eis zwischen Remer und Goebbels ganz gebrochen. Wie nahe Goebbels daran gewesen war, verhaftet zu werden, hat er nachträglich nicht unnötig betont, andere Berichterstatter wollten den mächtigen Mann auch nicht in Verlegenheit bringen. Aber bis zu Remers Gespräch mit Hitler stand die Sache auf des Messers Schneide.

Für den Staatsstreichversuch überhaupt trifft dies allerdings nicht zu. Die Entscheidung Remers hat sicher viel Verwirrung und vielleicht auch Blutvergießen verhindert, aber die Entscheidung gegen den Staatsstreich war längst gefallen: durch Hitlers Überleben, durch die allgemeine Verbreitung der Nachricht davon zu derselben Zeit, in der die Putschbefehle ausgeführt werden sollten, durch die fast gleichzeitig einsetzenden Gegenbefehle aus der »Wolfschanze« und durch die teilweise daraus folgende Unsicherheit und Hilflosigkeit der Kommandeure nicht nur des Wachbataillons, sondern auch aller anderen Staatsstreichtruppen, und zwar schon vor der Einwirkung Remers, und auch durch die Zersplitterung der Befehlsverhältnisse in der Wehrmacht, die Hitler im Lauf der Jahre herbeigeführt hatte[344].

Remer fuhr sofort zur Wehrmachtstandort-Kommandantur Unter den Linden zurück, um dort das Erforderliche zu veranlassen und seine Offiziere über die wirkliche Lage aufzuklären. Mit Goebbels wollte er alle zwanzig Minuten Telephonverbindung aufnehmen. Dann befahl er, das ganze Wachbataillon von den Absperrungspunkten abzuziehen und im Garten der Wohnung von Goebbels in der Hermann-Göring-Straße 20 zu sammeln. Die Kommandeure der in der Nähe der Kommandantur lagernden Einheiten der Landesschützen, der Heeres-Feuerwerker-Schule und des Wehrmachtstreifendienstes wurden ebenfalls entsprechend unterrichtet und unterstellten sich Remer. Generalleutnant von Hase war nicht mehr in der Kommandantur, als Remer gegen 20 Uhr hinkam, er war schon zum Wehrkreiskommando am Hohenzollerndamm gefahren[345].

Anschließend begab sich Remer wieder zu Goebbels in die Hermann-Göring-Straße und bat ihn, zu den im Garten versammelten Soldaten zu sprechen. Dem Leutnant Buck befahl er, am Brandenburger Tor alle heranmarschierenden Truppenteile anzuhalten und zu Remer in die

Hermann-Göring-Straße zu leiten. Dann sprach Goebbels zu den Soldaten des Wachbataillons, und danach erklärte ihnen Remer, er habe vom Führer persönlich den Auftrag, jeglichen Aufstandsversuch rücksichtslos niederzuschlagen [346]. Sodann ließ er durch zwei Kompanien den Gebäudeblock zwischen Hermann-Göring-Straße, Wilhelmstraße, Voßstraße und Unter den Linden zur Verteidigung einrichten, wobei auch die Einheiten der Heeres-Feuerwerker-Schule einbezogen wurden [347]. Die übrigen beim Ehrenmal liegenden Schultruppen und die in der Kaserne in Moabit zurückgebliebenen Einheiten des Wachbataillons, vor allem die Stabskompanie, wurden ebenfalls zu Remer befohlen, vom Brandenburger Tor her umgeleitete Truppen, z. B. der Heeres-Waffenmeister-Schule, trafen nach und nach ein und wurden von Remer eingeteilt, größere Munitionsmengen wurden herangeschafft. Alle eintreffenden Offiziere wurden jeweils von Remer über die tatsächliche Lage unterrichtet und ersucht, auch ihren Kommandeuren sogleich davon Meldung zu machen. An den hauptsächlichen Anmarschstraßen setzte Remer Offiziere seines Wachbataillons ein, die anrückende Einheiten unterrichten und einweisen sollten [348]. So wurden zwar die ausgestellten Sperren und Wachen um das Regierungsviertel zwischen 20 und 21 Uhr zurückgezogen, gleichzeitig aber die verfügbaren Truppen auf engerem Raum erneut in Stellung gebracht.

Mit den Panzertruppen aus Krampnitz gab es allerdings zuerst Schwierigkeiten, als Remers Adjutant, Leutnant Siebert, sie zur Verbindungsaufnahme mit Remer bewegen wollte. Die »Walküre«-Einheiten der Schule waren entsprechend dem Befehl aus dem Wehrkreiskommando III, den Major von Oertzen übermittelt hatte, nach Berlin in Richtung Siegessäule marschiert. Der Kommandeur der Einheit, Oberst Glaesemer, hatte sich den Befehl noch eigens von General Olbricht über seinen Vorgesetzten, den Chef der Abteilung In 6 (Panzertruppen) im OKH/AHA und Chef des Stabes des Inspekteurs der Panzertruppen, Generalmajor Ernest Eberhard Bolbrinker, bestätigen lassen [349]. Die Panzereinheit hatte im Tiergarten Stellung bezogen, nur wenige hundert Meter westlich von Goebbels' Wohnung. Der Kommandeur, Oberst Glaesemer, hatte sich dann in die Bendlerstraße zu General Olbricht begeben, weigerte sich aber, weitere Befehle auszuführen, als er erfuhr, daß Hitler nicht tot war und die SS nicht putschte. Daraufhin wurde er von Oberst Mertz von Quirnheim in einem Zimmer im vierten Stock der Bendlerstraße in Ehrenhaft genommen. Dort erreichte ihn einer seiner Offiziere, Hauptmann Graf von Rothkirch und Panthen, mit der Nachricht, die Truppe sei nunmehr bei der Siegessäule eingetroffen, doch solle Oberst Glaesemer sie auf Befehl von Generalmajor Bolbrinker sofort zum Fehrbelliner Platz zurückführen, Befehle von Olbricht seien nicht zu befolgen. Das war etwa um 21.30 Uhr. Die Anweisungen sollten auf Befehlen des Generalinspekteurs der Panzerwaffe, Generaloberst Guderian, beruhen. Unter einem Vorwand gelang es Oberst Glaesemer aus der Bendlerstraße zu entkommen und zu seinen Truppen am Fehrbelliner Platz zu gelangen [350].

Als nun Remers Adjutant zu den Panzertruppen kam und ihnen Weisungen geben wollte, da sagte man ihm, die gepanzerten Kräfte haben sich auf Befehl von Generaloberst Guderian am Fehrbelliner Platz zu sammeln, wer nicht gehorche, würde erschossen. Die Mitteilung, Remer sei vom Führer persönlich eingesetzt worden, um für Ordnung zu sorgen, verfing nicht. Über die gepanzerten Kräfte habe nur Guderian die Befehlsgewalt, sagte man dem Leutnant.

Mit diesem Ergebnis begab sich Siebert wieder zu Remer in die Wohnung von Goebbels. Da erschien gerade der frühere Kommandant des Wachbataillons, Oberstleutnant Gehrke, und erbot sich, Verbindung zum Fehrbelliner Platz aufzunehmen und festzustellen, »auf welcher Seite die gepanzerten Kräfte eingesetzt würden, da ich mir über die Stellungnahme des Generalobersten Guderian nicht im klaren gewesen war«, wie Remer berichtete. Gehrke brachte nach kurzer Zeit die Meldung, die Panzertruppen seien völlig auf der Seite des Führers [351]. Inzwischen rief Remer überdies in Cottbus bei der Panzer-Ersatz-Brigade an und bat um schwere Waffen und Panzer, die, wenn nötig, gegen die Streitmacht Guderians eingesetzt werden könnten, falls dieser zu den Aufrührern gehörte. Ein Cottbuser Bataillon, das Remer zur Verfügung gestellt werden sollte, konnte aber bei Rangsdorf angehalten werden, weil die Loyalität Guderians bzw. der Krampnitzer Truppen inzwischen festgestellt war [352].

Ein Teil des Wachbataillons hatte Wachdienst in der Bendlerstraße, auch an diesem Tage. Um 16.15 Uhr wurde die Wachabteilung unter Leutnant Arnds durch Hauptmann Klausing auf Befehl von General Olbricht alarmiert und erhielt den Befehl, auf etwa eintreffende SS-Truppen sofort zu schießen; der Führer sei tot und das Heer habe die Vollziehende Gewalt übernommen [353]. Nun, da Remer seine Kräfte zu konzentrieren suchte, gab er in der Kommandantur seinem Oberleutnant Rudolf Schlee, der bis dahin die ausgestellten Wachen und Absperrungen überprüft hatte, den Befehl, mit der Wache in der Bendlerstraße Verbindung aufzunehmen [354]. Im übrigen klärte er Schlee darüber auf, daß ein Militärputsch im Gange sei, doch solle er noch über die tatsächliche Lage schweigen. Schlee fuhr also zur Bendlerstraße, wo er nicht lange vorher schon die Wachen überprüft hatte, und gab Leutnant Arnds »Anordnungen für unser weiteres Verhalten«, die vor allem darin be-

standen, nur Befehle von Major Remer auszuführen [355]. Da aber Remer
weiter nichts befohlen hatte, änderte das an der Haltung der Wachtruppe
zunächst wenig.

Als Schlee wieder zur Kommandantur zurückfuhr, sah er unterwegs,
daß sich Angehörige des Wachbataillons vor Goebbels' Wohnung versammelten. Auf Fragen erfuhr er, der Gefechtsstand des Bataillons sei
jetzt hier, und er kam gerade dazu, wie Goebbels im Garten zu den Soldaten des Wachbataillons sprach. Nun erst sah Schlee »klar«. Anschließend
erhielt er von Remer Befehl, die Wache vom Bendlerblock in die Hermann-Göring-Straße 20 zu bringen.

Schlee fuhr also zum dritten Mal in die Bendlerstraße und gab Leutnant
Arnds die entsprechenden Weisungen. Ein Hauptmann, wahrscheinlich
Helmuth Cords, der am Haupteingang den Wachdienst überwachte, veranlaßte Schlee jedoch, erst zu General Olbricht zu gehen, da die Befehle,
die er von Remer brachte, mit den Anweisungen Olbrichts nicht har-
monierten [356]. Im Vorzimmer Olbrichts befahl ihm Oberst Mertz von
Quirnheim, die Remerschen Befehle nicht ausführen zu lassen und zunächst im Zimmer zu bleiben, aber als Mertz zu Olbricht hineinging,
entwischte Schlee und konnte das Haus unangefochten verlassen. Ein
Hauptmann lief ihm noch nach und sagte, er habe gemerkt, daß die
Offiziere vom Wachbataillon die Lage durchschaut hätten, er sei der
Nachrichtenoffizier des OKW und halte die Nachrichtenzentrale mit eigenen Kräften besetzt, die Anführer des Putsches halten sich im OKW-Gebäude auf, und er habe ihre Befehle nicht weitergegeben [357]. Mit diesen
Nachrichten begab sich Oberleutnant Schlee auf dem schnellsten Wege
wieder zu Major Remer: die Verschwörerzentrale sei in der Bendlerstraße.

Remer war bei Goebbels, und durch Vermittlung von Leutnant Hagen
wurde Schlee sogleich zu ihm geführt und brachte seine Meldung vor.
Darauf telephonierte Goebbels mit Hitler und ließ sich die Ermächtigung
zum Besetzen des Bendlerblocks geben. Schlee bekam über Remer den
entsprechenden Befehl, mit der dort befindlichen Wache und zusätzlichen
Kräften das Gebäude zu besetzen und »sämtliche Generale« festzunehmen [358]. Inzwischen hieß es, in der Bendlerstraße sei schon eine loyale
Panzerschützenkompanie, und so wurde der Abmarsch Schlees bis zur
Verständigung mit dieser Einheit aufgeschoben. Dann stellte sich aber
heraus, daß diese schon wieder abgerückt sei.

Nun beeilte sich Schlee mit Leutnant Arnds und Leutnant Schady, zur
Bendlerstraße zu marschieren. Sie stellten um den ganzen Block eine
Postenkette auf und besetzten den Haupteingang, wo ein wüstes Durch-
einander herrschte und mehrere Offiziere mit Maschinenpistolen ver-

suchten, Anordnungen zu treffen. Schlee ließ alle, die seine Befehle nicht befolgen wollten, festnehmen und in die Pförtnerloge sperren. Durch seine Entschlossenheit und durch die Verwirrung der am Eingang durcheinanderlaufenden Offiziere gelang es, jede Schießerei zu vermeiden. Nach der Besetzung des Eingangs schickte Schlee eine Abteilung von 20 Mann in die Nachrichtenzentrale, ließ an allen Ausgängen Maschinengewehre aufstellen und begab sich an die Verhaftung der Verschwörer im Innern des Gebäudes. Aber dabei zeigte sich, daß hier schon »treue deutsche Offiziere zur Selbsthilfe gegriffen«, Generaloberst Fromm befreit und fünf der Anführer festgenommen hatten [359]. Oberstleutnant Gehrke, der inzwischen von seiner erfolgreichen Mission zurückgekehrt war, kam gerade zur Befreiung Fromms dazu, und als Remer später von den von Fromm befohlenen Erschießungen hörte, kam er auch noch. Als er dann nach 1 Uhr früh wieder in die Hermann-Göring-Straße zurückkehrte, fand er dort Himmler vor, der nun sein Vorgesetzter war, und meldete ihm alles Vorgefallene. Damit war für Remer und das Wachbataillon der Putsch zu Ende [360].

Generalleutant von Hase war gegen 20 Uhr mit seinem Ia, dem Oberstleutnant i. G. Hermann Schöne, zum Wehrkreiskommando am Hohenzollerndamm gefahren. Man hatte ihn gebeten, zu kommen, und Hase konnte in der Kommandantur ohnehin nichts mehr ausrichten, da er die Kontrolle über die ihm unterstehenden Truppen völlig verloren hatte [361]. Im Wehrkreiskommando fand Hase sowohl Generalmajor Herfurth, den Chef des Stabes, als auch Generalleutnant von Thüngen, den von den Verschwörern ernannten Befehlshaber, ziemlich unschlüssig vor. Thüngen meinte, es sei ja alles ruhig, es sei doch wohl nirgends zu Blutvergießen gekommen. Aber im übrigen verhielt er sich passiv, er hatte längst gehört, daß das Attentat mißlungen war. Hase telephonierte mit Olbricht, der die Rundfunkmeldung für unzutreffend erklärte, und daraufhin drängte er Thüngen, etwas zu tun, als Befehlshaber müsse er doch irgend etwas befehlen. Aber Thüngen meinte, die Lage sei ja ganz undurchsichtig, man wisse gar nicht, ob Hitler nun eigentlich lebe oder nicht. Thüngen befahl nichts. Nach 21 Uhr, nach Telephongesprächen mit Generalleutnant Burgdorf und dem General Hoffmann, dem Kommandeur im Luftgau III, erklärte Thüngen dem Stabe des Wehrkreiskommandos, er führe keine Befehle des OKH mehr aus. Dann begannen Thüngen, Herfurth und der Ia Oberstleutnant Mitzkus gegen 22 Uhr mit dem Rückgängigmachen der im Lauf des Abends gegebenen Anordnungen. Thüngen verließ das Wehrkreiskommando etwa um 22.30 Uhr und kam nicht wieder.

Hase und sein Ia Oberstleutnant Schöne waren gegen 21 Uhr wieder
in die Kommandantur zurückgefahren, nachdem Hase durch ein Telephongespräch mit Major i. G. Hayessen erfahren hatte, daß Remer sich auf die
Seite Goebbels' geschlagen habe. Kurz nach 21 Uhr waren sie dort. Um
21.15 Uhr rief der Chef des Allgemeinen Wehrmachtamtes, General
Reinecke, von seiner Dienstwohnung aus in der Kommandantur an und
verlangte unter Berufung auf Generalfeldmarschall Keitel, daß sofort alle
aufgerufenen Truppen ihm unterstellt würden, um damit den Bendlerblock zu besetzen. General Reinecke hatte schon ungefähr um 20 Uhr
Genaueres über die Vorgänge in der Bendlerstraße erfahren, als Generalleutnant Thiele zu ihm gekommen war[362]. Etwa um 21.10 Uhr hatte
Keitel bei Reinecke angerufen und ihm den Auftrag gegeben, Hases
Truppen sich zu unterstellen und mit ihnen den Bendlerblock zu besetzen. Daraufhin hatte Reinecke bei Hase angerufen, dieser hatte gegenüber
Reinecke Befehle Fromms erwähnt, jedoch versprochen, entsprechend
den nun von Reinecke übermittelten Weisungen zu handeln. Hase
sollte dann Reinecke melden, welche Truppen er wo bereitgestellt habe,
dazu kam es aber nicht mehr[363]. Hase schickte einen Offizier zu Remer
und ließ ihm befehlen, in die Kommandantur zu kommen[364]. Remer ließ
Hase erwidern, er könne nicht kommen, er handle im direkten Auftrag
des Führers, stelle aber Hase anheim, in Begleitung zweier Feldwebel des
Wachbataillons ins Propagandaministerium zu kommen. Hase fuhr hin,
wohl in der Meinung, er müsse zeigen, daß er ein gutes Gewissen habe.

Im Propagandaministerium wurde Hase von Goebbels begrüßt und
erklärte dem Minister, er habe Remer auf Befehl Reineckes den Auftrag
zur Besetzung des Bendlerblocks zu überbringen, aber Goebbels sagte, das
sei nicht mehr nötig, da Remer bereits vom Führer direkte Weisungen
erhalten habe. Man ersuchte Hase, im Ministerium zu bleiben und ließ
ihm auf seinen Wunsch ein Abendessen servieren. In aller Ruhe besprach
Hase mit Goebbels die Frage, ob er Rhein- oder Moselwein dazu trinken
sollte[365]. Später wurde Hase von der Gestapo abgeholt.

Ebenso wie mit den Truppen des Wachbataillons, der Heeres-Feuerwer-
ker-Schule I und der Panzer-Truppen-Schule II Krampnitz erging es den
Verschwörern auch mit den übrigen von ihnen aufgerufenen bewaffneten
Einheiten.

Die »Walküre«-Einheiten der Panzer-Ersatz-Brigade in Cottbus waren
bis zum Stadtrand von Berlin vormarschiert, einzelne Abteilungen hatten
die Sendeanlagen in Herzberg und Königswusterhausen besetzt, was sie
auch ihrem Kommandeur meldeten, aber mit dem Zusatz, Hitler werde
noch am Abend über den Rundfunk sprechen. Die Truppen waren völlig

loyal geblieben und die Besetzung der Sender war für die Verschwörer wertlos, weil Hitler und damit sein Regime an der Macht und funktionsfähig geblieben waren, und weil von den Studios im Funkhaus in der Masurenallee keine Verlautbarungen der Verschwörer kamen. Im Wehrkreiskommando III konnte der Kommandeur der Brigade, Oberstleutnant Stirius, keine Befehle oder befriedigende Aufklärung erhalten und erfuhr schließlich, daß die »Walküre«-Maßnahmen zurückgezogen und die eingesetzten Truppen auf dem Rückmarsch seien [366].

In der Infanterie-Schule Döberitz war es dem Oberst Wolfgang Müller gegen 21 Uhr gelungen, wenigstens einen Teil der marschbereiten Einheiten in Bewegung zu setzen. Er selbst traf gegen 22 Uhr in der Bendlerstraße ein und wollte sich von General Olbricht schriftliche Vollmachten für den Einsatz und die Führung der Schule geben lassen, da ihr Kommandeur verreist war [367]. Dem Oberst i. G. Mertz von Quirnheim, den er gefaßt, aber niedergeschlagen vorfand, berichtete Müller, er habe mit Mühe den Befehl zur Besetzung der Funkanlagen in Nauen und Tegel durchgesetzt und schlage nun vor, nicht wie ursprünglich befohlen die Konzentrationslager Oranienburg I und II besetzen zu lassen, sondern die dafür vorgesehene Truppe zur Bendlerstraße zu beordern. Mertz war einverstanden und diktierte den entsprechenden Befehl, ließ ihn von General Olbricht unterschreiben und übergab ihn Oberst Müller. Aber als dieser etwa um 23 Uhr wieder in Döberitz im Kommandeurzimmer eintraf, half ihm der schriftliche Befehl auch nicht mehr weiter, man verweigerte ihm den Gehorsam und bedeutete ihm, der Putsch sei zusammengebrochen, Rückfragen bei Goebbels hätten das ergeben. Oberst Müller mußte einsehen, daß er nichts mehr retten konnte, er entschloß sich zum Rückzug, blies die ganze Aktion ab, fuhr selbst zu Goebbels und stellte sich diesem zur Verfügung. Erst mehrere Tage später wurde Müller verhaftet, auf Denunziationen aus dem Kreis der Kameraden hin, aber die Tarnung und Verschleierung der Vorgänge war so gut gelungen, daß es nicht zum Prozeß gekommen ist.

Eine Einheit der Infanterie-Schule Döberitz hatte unter Führung von Major Jacob das Funkhaus an der Masurenallee ohne Schwierigkeiten besetzen können und Jacob hatte die Unterbrechung der Sendungen verlangt. Aber er verstand nichts von der Rundfunktechnik und konnte nicht nachprüfen, ob es auch geschah, wie man ihm zusagte. Der angekündigte Nachrichtenoffizier des OKH kam nicht, weil er in der Stadtkommandantur von Hase keine Befehle erhalten hat, und Hase konnte keine Befehle geben, weil es an Truppen für die Ausführung fehlte. Von dem Erfolg Jacobs hat Hase keine Kenntnis erhalten, da Jacob mit seinem

Versuch, den Vollzug zu melden, nicht durchdrang. Er hatte Anweisung, nach der Besetzung des Funkhauses unter einer bestimmten Telephonnummer in der Bendlerstraße anzurufen, versuchte es, erreichte aber niemand. So hat man dort gar nicht erfahren, daß das Funkhaus besetzt worden war[368].

Nach 18 Uhr wurde Major Jacob im Funkhaus gemeldet, eine starke SS-Formation sei im Anmarsch auf das Gebäude. Als sie eintraf, gab es eine scharfe Auseinandersetzung mit dem Kommandeur, einem SS-Obersturmbannführer, der erklärte, er habe ebenfalls den Auftrag, das Funkhaus zu »sichern«. Offenbar war sein Kommen von Goebbels veranlaßt worden. Jacob forderte ihn auf, ihm seine Einheit zu unterstellen, da er, Jacob, den Auftrag ja schon ausgeführt habe. Der SS-Führer und seine Truppe nahmen nun keine feindselige Haltung ein und man einigte sich auf gemeinsame Besetzung des Funkhauses[369]. Um 19 Uhr war also das Funkhaus in der Hand von Heer und SS, und zwar unter Kontrolle der bisherigen Machthaber.

Nach 19 Uhr trat Major Remer telephonisch mit Major Jacob in Verbindung und vermittelte ein Gespräch zwischen diesem und Goebbels. Jacob war gegenüber der Aufklärung durch Goebbels mißtrauisch, Goebbels könnte ja zu den Verrätern gehören, und er wollte Befehle nur von der Infanterie-Schule annehmen. Aber als Goebbels ihn ersuchte, alles zu lassen, wie es war, konnte Jacob nichts einwenden – das entsprach genau seinen Befehlen[370]. Gegen 21 Uhr erschien dann der Lehrgruppen-Kommandeur, dem Jacob unterstand und hielt einen aufklärenden Vortrag zur Lage. Damit unterstand auch die Einheit Jacob wieder den alten Machthabern. Am Morgen des 21. Juli zog die SS ab, am Nachmittag die Truppe des Major Jacob.

Hätten die geplanten Maßnahmen funktioniert – einige Stunden früher wäre das wahrscheinlich der Fall gewesen –, so wäre die Rundfunkmeldung von Hitlers Überleben wohl unterblieben. Freilich hätte es dazu der wirksamen, nicht nur der äußerlichen Kontrolle des Funkhauses und der Sender bedurft. Der Erfolg des Umsturzes wäre damit aber noch nicht gesichert gewesen. Der Kampf zwischen Bendlerstraße und »Wolfschanze« um die Wehrkreisbefehlshaber und um die Ausführung bzw. Unterlassung der Putschmaßnahmen wäre erbitterter und schwieriger gewesen. Hitler hätte spätestens ab 16 Uhr, als die Verbindungen auf Befehl der alten Führung wieder offen waren, persönlich mit den Befehlshabern telephonieren können, und dagegen wären Hoepner, Olbricht, Beck und Stauffenberg auch ohne die Rundfunkmeldung schwerlich aufgekommen. Dennoch hätte die Beherrschung und sinnvolle Nutzung des Rundfunks durch die Verschwörer ein Element in den Ablauf der Ereignisse gebracht, dessen Wirkung unvorhersehbar war und das den Ausschlag hätte geben *können*.

Die »Walküre«-Truppen der Heeres-Waffenmeister-Schule I in Treptow waren kurze Zeit nach dem Eingang des Befehles aus Berlin marschbereit gewesen. Aber weil die nötigen Lastwagen nicht eintrafen, mußten die Soldaten zu Fuß und mit der Straßenbahn nach Berlin marschieren [371]. Ihr Kommandeur, Generalmajor Bruns, begab sich im einzigen Beiwagenmotorrad der Schule zum zweiten Male nach Berlin, konnte aber, als er ungefähr um 21 Uhr anlangte, nur noch unter Schwierigkeiten bis zur Wehrmachtstandort-Kommandantur vorstoßen. Generalleutnant von Hase, dem er unterstand, traf er nicht mehr an, es hieß, der sei bei Goebbels. Mühsam wand er sich durch die Absperrungen schließlich zur Hermann-Göring-Straße durch, um nach seinem Vorgesetzten zu fahnden, konnte aber dort von den vielen im Hause anwesenden Soldaten, SS- und Parteileuten keine brauchbaren Auskünfte bekommen. Nur zufällig konnte er gegen 22 Uhr einen Blick durch eine von SS-Männern bewachte Tür werfen; da sah er Generalleutnant von Hase beim Abendessen sitzen.

Unter diesen Umständen schien es Bruns, daß die Dinge für den Umsturz nicht gut standen, wenn nicht schon alles verloren war, er wollte wieder zu seinem Bataillon zurück. Beim Verlassen des Hauses bemerkte er, wie sich beim Tiergarten Teile der Heeres-Feuerwerker-Schule und des Wachbataillons schwerbewaffnet und anscheinend drohend gegenüberlagen [372]. Bruns versuchte, mit den Truppen der Heeres-Feuerwerker-Schule Verbindung aufzunehmen, doch zwangen ihn die Soldaten des Wachbataillons, innerhalb der Absperrungen auf demselben Wege zur Kommandantur zurückzukehren, auf dem er gekommen war. Bei der Kommandantur waren inzwischen Panzer aufgefahren, am Schloß aber, wo Bruns seine Truppe zu finden dachte, war niemand. Er fuhr also wieder in die Schule nach Treptow zurück, um das Bataillon abzufangen, aber dieses hatte Abkürzungswege nach Berlin eingeschlagen und Bruns verfehlte es.

Von Treptow aus rief er in der Kommandantur an und erreichte gegen Mitternacht den Ia, Oberstleutnant i. G. Schöne. Von ihm erfuhr er, inzwischen sei die 1. Kompanie der Schule dagewesen, von einem Generalstabsoffizier kurz vor dem Schloß zum Bendlerblock umdirigiert worden, und dort etwa um 21.45 Uhr teilweise einmarschiert [373]. Bald darauf erhielt Bruns von einem Nachrichten-Radfahrer seines Bataillons die Meldung, auch die 2. und 3. Kompanie seien nunmehr an ihrem Marschziel, nämlich am Schloß eingetroffen, das sie nach einem scharfen Wortwechsel mit einem Offizier des Wachbataillons besetzt hätten und nun halten wollten. Der Chef der 2. Kompanie bat um Granatwerfer, um die in der

Kommandantur Eingeschlossenen herauszuhauen, nämlich den Chef der
1. Kompanie mit seinen Begleitern, was aber Bruns für sinnlos hielt, weil
die Eingeschlossenen gar nicht in Gefahr waren. Statt dessen erreichte
Bruns telephonisch die Entlassung des Kompanieführers, der um 6 Uhr
morgens wieder in der Kaserne in Treptow eintraf. Die verlangten Granatwerfer hätte Bruns ohnehin nicht schicken können, weil die Lastwagen
immer noch nicht gekommen waren[374].

Schon um 2 Uhr in der Frühe des 21. Juli konnte der älteste Zugführer
der 1. Kompanie seinem Kommandeur in der Kaserne Bericht erstatten:
Er war der Kompanie auf dem Fahrrad zur Bendlerstraße vorausgeeilt und
hatte dort von aufgeregten Offizieren des OKH den Befehl erhalten, die
Eingänge zu sichern. Dann hörte er in der Nähe des Zimmers, wo man
ihn eingewiesen hatte, einen Schuß und die Worte »du Schwein«, worauf
er verwirrt die Treppe hinuntereilte und auf einen anscheinend vernünftigen Hauptmann des Wachbataillons stieß, der ihn über den Zusammenbruch des Staatsstreichversuches aufklärte und ihm dringend riet, keine
solchen »Geschichten zu machen«, wie etwa die »Sicherung« der Eingänge,
die Gebäude des Bendlerblocks würden nämlich jetzt vom Wachbataillon
und von der SS besetzt, die auch schon anrollten. Der Zugführer mußte
sich selbst überzeugen, daß der vernünftige Hauptmann recht hatte. Er
hielt die noch nicht anmarschierten Soldaten der Heeres-Waffenmeister-
Schule wieder an und führte sie in die Schule nach Treptow zurück.

Unter solchen Bedingungen war kein Staatsstreich möglich. So war es
denn auch kein Wunder, daß die Verschwörer in der Bendlerstraße im
Laufe des Abends immer mutloser wurden und schließlich das Unternehmen aufgaben.

Zunächst aber, während die Marschbefehle hinausgingen und zum Teil
schon ausgeführt wurden, mit denen das Ersatzheer zur Machtübernahme
eingesetzt werden sollte, versuchten Stauffenberg, Olbricht und Mertz,
auch die Dienststellen im Hause in den Griff zu bekommen und für den
Umsturz einzusetzen, namentlich die Amtsgruppe Nachrichtenwesen im
OKH/AHA, den Stab des Chef H Rüst u BdE und den Stab des AHA.
Etwa um 15.45 Uhr war Oberst Haßel, der Chef der Amtsgruppe Nachrichtenwesen, durch Olbrichts Adjutanten, Oberstleutnant von der Lancken,
in seiner Dienststelle im Lager Düppel angerufen und gebeten worden,
sofort in die Bendlerstraße zu kommen[375]. Haßel nahm einen Major
seines Stabes mit und traf etwa um 16.15 Uhr bei Olbricht ein, von dem
er hörte, Hitler sei tot, Stauffenberg habe es soeben telephonisch mitgeteilt,
»Walküre« sei ausgelöst und Haßel möge nun veranlassen, daß sich die
zwanzig vorgesehenen Nachrichtenoffiziere – je zehn aus seinem und aus

Thieles Befehlsbereich – auf der Stadtkommandantur melden. Haßel gab in Düppel die entsprechenden Weisungen und ging dann zu Thiele, der sein Büro in der Bendlerstraße hatte. Aber Thiele sagte, das gehe jetzt nicht, weil die Sache da draußen nicht so laufe wie sie solle und weil auch die Nachrichtensperre für die »Wolfschanze« nicht funktioniere (deren Aufhebung Thiele selbst von Major Degner kategorisch verlangt hatte). Auf Wunsch Olbrichts ließ Haßel dann zehn weitere Offiziere aus Düppel entsenden.

Etwa um 16.30 Uhr kam Generaloberst Hoepner, in Zivil und mit einem Koffer in der Hand in Olbrichts Zimmer, wo Generaloberst Beck auf dem Sofa saß. Olbricht beschloß, mit Thiele zu sprechen, aber der war bei Fromm, so ging Olbricht zu diesem hinein. Als er wieder herauskam, rief er: »Der Führer lebt ja! Ich muß sofort mit Fellgiebel sprechen.«[376] Haßel ließ die Verbindung herstellen und sagte Fellgiebel, Olbricht wolle ihn sprechen. Fellgiebel sagte: »Das hat jetzt alles keinen Zweck mehr«, und beendete das Gespräch. Olbricht sagte: »Das ist der erste, der abspringt«, aber Haßel bezweifelte es. Fellgiebels Äußerung bedeutete: jetzt muß man handeln, nicht reden, gleichgültig, ob Hitler lebt oder nicht. Thiele rief darauf beim Chef des Amtes IV (SD-Ausland) im RSHA, Walter Schellenberg, an, der seit Übernahme der Abwehr durch die SS auch Chef des Amtes Mil im RSHA war, und fragte ihn, was eigentlich gespielt werde. Schellenberg sagte, es scheine ein Putsch zu sein, Thiele antwortete, das glaube er auch. So hoffte er sich wohl zu sichern. Kurz darauf fuhr Thiele weg.

Da die Übernahme des Rundfunks durch die Verschwörer nicht klappte, wollte Haßel etwa um 18 Uhr den Major Ludwig Kempe zum Deutschlandsender schicken, damit er die Dinge in die Hand nähme, aber Kempe verlangte einen schriftlichen Befehl. Unnötig wollte sich Haßel auch nicht exponieren und sagte Kempe, dafür sei keine Zeit. Also fuhr Kempe auch nicht zum Deutschlandsender[377]. Dann ging Haßel noch einmal zu Thiele, der sagte, das sei ja nun mißlungen und er müsse hier raus, und von Thiele ging Haßel zu Stauffenberg. Dieser sagte auf Haßels Frage, wie denn die Dinge stehen: »Der Kerl ist ja nicht tot, aber der Laden läuft ja; man kann noch nichts sagen.« Es müsse mal jemand zu den Telegraphenämtern und zum Deutschlandsender geschickt werden, der immer noch spiele. Haßel konnte darauf nur sagen, wie alles gegangen war: er habe die zwanzig Offiziere zur Stadtkommandantur geschickt, aber die militärische Besetzung müsse von dort veranlaßt werden. Dann ließ er sich einen Ausweis für sich und Major Rufer geben und fuhr in seine Wohnung. Im Büro in Düppel befürchtete er, eventuell in seiner Handlungsfreiheit behindert zu werden. Im Lauf des Abends erboten sich verschiedene in der Bendlerstraße anwesende Verschwörer noch zu einem Handstreich auf den Deutschlandsender, darunter Dr. Gerstenmaier, aber es fehlte immer an den Truppen; denn von der erfolgten, ohnehin ineffektiven Besetzung wußte man nichts [378].

Gegen 17 Uhr befahl der Chef des Stabes des AHA, Mertz von Quirnheim, dem Gruppenleiter Ia/I, Oberstleutnant i. G. Pridun, und seinem Referatleiter Ia/I/1, Major i. G. Harnack, sofort für das gesamte Ersatzheer »Walküre«-Befehle auszugeben [379]. Während Harnack begann, die Befehle telephonisch und durch Fernschreiben auszugeben bzw. ausgeben zu lassen, wandte sich Pridun an den Ib, Oberstleutnant i. G. Franz Herber, da dieser für die Organisation von Transportraum und Waffen für die aufgerufenen Einheiten zuständig war. Den Einheiten mußte durch Zusätze zu den Befehlen mitgeteilt werden, wo sie ihre Fahrzeuge, Waffen und sonstige Ausrüstung zu entnehmen hätten, was je nach Marschrichtung und Einsatzzweck entschieden werden mußte. Herber fand, da müsse er erst genauer über die Absichten des Einsatzes unterrichtet werden, worauf Pridun bei Mertz anrief und um die in solchen außerordentlichen Fällen übliche Orientierung der Generalstabsoffiziere bat.

Darauf bat Mertz die leitenden Offiziere seines Stabes in sein Dienstzimmer, wo sie sich zwischen 17 und 18 Uhr versammelten, und erklärte ihnen, der Führer sei einem Attentat zum Opfer gefallen, hinter dem Partei- und SS-Kreise stehen; zur Aufrechterhaltung der Ordnung und zur Fortführung des Kampfes an den Fronten habe die Wehrmacht die Vollziehende Gewalt übernommen, die Polizei habe sich dem Heer unterstellt; die Angehörigen des Hauses haben in ihren Dienststellen zu bleiben und wie bisher ihre Pflicht zu erfüllen. Dann begaben sich die Herren wieder auf ihre Dienstzimmer.

Ganz im Sinne der Anordnung Mertz' wies Herber den ihm unterstehenden Gruppenleiter Major Fließbach an, der für Munitionsfragen zuständig war, für die Bewaffnung der Angehörigen des AHA Sorge zu tragen, da nach den Worten des Chefs des Stabes mit Unruhen zu rechnen sei. Dann ging Herber in das am Matthäi-Kirchplatz gelegene Kasino zum Abendessen, um sich für den erwarteten langen Abend zu stärken. Beim Verlassen des Hauses hatte er Schwierigkeiten und mußte sich erst eine offizielle Genehmigung von Olbricht geben lassen, wobei er ihm auch meldete, daß die Beschaffung von Waffen veranlaßt sei. Olbricht hieß das gut und gab Herber die Genehmigung zum vorübergehenden Verlassen des Gebäudes. Außer dem Doppelposten an der Bendlerstraße begegnete Herber nichts Auffälliges, und auch Pridun hatte zunächst keine weiteren Erlebnisse.

Etwa zur gleichen Zeit wie die Offiziere des AHA-Stabes wurden auch die Herren des Stabes beim Chef H Rüst u BdE unterrichtet. Gegen 17.15 Uhr wurden sie zum Befehlshaber gebeten und versammelten sich im ersten Stock auf Weisung Haeftens im Zimmer des Chefs des Stabes, des Oberst i. G. Graf von Stauffenberg. Nach einiger Zeit kam Generaloberst Hoepner in Uniform ohne Stauffenberg herein, fragte, ob alle da seien, und erklärte dann: der Führer sei tot, Generaloberst Beck habe die Führung des Reiches übernommen, Generalfeldmarschall von Witzleben die Führung der Wehrmacht, und er, Hoepner, sei mit der Führung der Geschäfte des Befehlshabers des Ersatzheeres betraut worden. Zum Abschluß wies Hoepner auf die Notwendigkeit weiterer vertrauensvoller Zusammenarbeit in dieser großen Stunde hin und ging hinaus in das zwischen den Zimmern von Stauffenberg und Fromm gelegene Kartenzimmer [380]. Oberst von Roell, der Leiter der Gruppe II, schickte die mit ihm gekommenen Offiziere seiner Gruppe, Major Ruhe, Hauptmann Komp und Hauptmann Waizenegger, wieder in ihre Geschäftszimmer. Er selbst wartete mit Generalmajor Werner Dr. Kennes, dem Leiter der Gruppe Ib, im Vorzimmer Stauffenbergs, um von diesem Näheres besonders über Generaloberst Fromm zu erfahren. Während dieser Wartezeit kam im Vorzimmer ein Telephonanruf von Generalfeldmarschall Keitel an, der aber nicht zum Zimmer des Befehlshabers, sondern zum AHA weiterverbunden wurde.

Kurz vor oder um 18 Uhr bat Stauffenberg die drei Gruppenleiter – Generalmajor Kennes, Oberstleutnant i. G. Joachim Sadrozinski (I) und Oberst von Roell, ferner Oberstleutnant d. R. Franz Kleber und Oberst Rohowsky von der Gruppe III – in sein Zimmer und sagte ihnen, Hitler sei tot, Generaloberst Fromm habe sich der Notwendigkeit der Stunde versagt und sei in Schutzhaft, die Vollziehende Gewalt sei an die Wehrkreisbefehlshaber übergegangen, die Polizei überall diesen unterstellt. Kennes bat um Aufklärung, wie sich die weitere Zusammenarbeit seiner Gruppe mit dem Reichsministerium für Rüstung und Kriegsproduktion nun gestalten werde, aber Stauffenberg konnte nicht darauf antworten, weil er in dem Augenblick von General Olbricht in das anstoßende Kartenzimmer gebeten wurde. Als Roell dann wieder auf sein Dienstzimmer ging, begegnete er im Vorzimmer Stauffenbergs dessen Bruder, Berthold Graf von Stauffenberg, in Seeoffiziersuniform, und dem Ritterkreuzträger Oberst Fritz Jäger [381].

Während Generaloberst Beck und Generaloberst Hoepner nicht viel tun konnten, als den Erfolg der eingeleiteten Aktionen abzuwarten, bemühten sich Olbricht, Mertz und Stauffenberg fieberhaft um die Ausführung der Befehle, sie waren jetzt die eigentlichen Führer des Aufstandes. Da war zwischen 17 und 18 Uhr noch der zweite große Fernschreibbefehl abzuschreiben, weitere Ausführungsbefehle wurden von Mertz diktiert, Ausweise zum Verlassen und Betreten des Hauses mußten ausgestellt und unterzeichnet werden, Telephonanrufe waren zu beantworten, die Rückfragen aus den Wehrkreisen und von den anderen Empfängern der Umsturzbefehle kamen fast pausenlos, Mertz und Stauffenberg mußten immer wieder die Richtigkeit der Befehle bestätigen und die vielen Fragen nach dem Verbleib von Generaloberst Fromm beantworten. Die anderen Verschwörer, die sich in der Bendlerstraße eingefunden hatten, so Gisevius, Schulenburg, Yorck, aber auch viele Offiziere, die beim Umsturz besondere Aufgaben erhalten sollten, waren in diesen Stunden wenig mehr als Statisten. Sie sollten längst in Aktion getreten sein, aber das Anlaufen des Staatsstreiches hatte sich ja sehr verzögert, und bis zum Ablauf der ersten zwei bis drei Stunden, bis die Truppen da waren und die ersten und wichtigsten Besetzungen und Sicherungen ausgeführt waren, konnten sie nichts tun. Nur der Leutnant von Kleist hatte einen Auftrag: gegen 18 Uhr schickte Olbricht ihn zum Regierungsviertel, um nach dem Stand der Dinge zu sehen. Kleist konnte melden, das Wachbataillon habe die befohlenen Absperrungen vorgenommen, auf der Ost-West-Achse seien Panzer aufgefahren, und in der Hermann-Göring-Straße habe er SS-Leute in kleinen Gruppen gesehen, die von den Soldaten Major Remers entwaffnet worden seien [382]. Später, gegen 21.30 Uhr, wurde Kleist von Olbricht noch einmal zu Hase in die Stadtkommandantur geschickt, um womöglich Verstärkung für die Bendlerstraße heranzuholen. Er konnte aber nur noch von der völligen Verwirrung und Verkehrung der Zustände berichten, in der Stadtkommandantur herrsche »ein komplettes Durcheinander«.

Kurz nach 18 Uhr fragte Generaloberst Beck nach Generalfeldmarschall von Witzleben. Gisevius sagte, es heiße, daß Witzleben unterwegs sei nach Zossen, wo er den Oberbefehl über die Wehrmacht übernehmen wolle. Dort befand sich zum großen Teil der Generalstab des Heeres, und dort war der Generalquartiermeister des Heeres, General der Artillerie Eduard Wagner, der Vertreter des Chefs des Generalstabes des Heeres, Generaloberst Zeitzler [383]. Beck fand, der Oberbefehlshaber gehöre nicht nach Zossen, sondern nach Berlin und in die Bendlerstraße [384]. Etwa um 18 Uhr kam Witzleben im Lager »Maybach II« an und meldete sich bei General Wagner, doch fand er hier keine aktive Zentrale der Verschwörung vor und fuhr kurz darauf nach Berlin [385].

Ganz niedergedrückt war inzwischen Oberstleutnant i. G. Bolko von der Heyde. Im Vorzimmer Olbrichts klagte er einer der beiden Sekretärinnen seinen Jammer um den getöteten Führer; übrigens werde er essen gehen, wenn es doch nichts zu tun gebe [386]. Als Stauffenberg davon hörte, befahl er der Torwache, die Ausgangssperre durchzusetzen und niemand ohne gültigen Ausweis oder Erlaubnis aus dem Hause zu lassen.

Kurz nach dieser Szene kam der vom RSHA hergeschickte SS-Oberführer Dr. Achamer-Pifrader, um Stauffenberg zu einer Besprechung bei SS-Gruppenführer Heinrich Müller, dem Chef der Gestapo, zu bitten [387]. Stauffenberg ließ ihn samt einem Begleiter einsperren und gab ihn in die Obhut von Oberst Jäger. Dr. Otto John begegnete dem Trio im Flur, als er gerade selbst, von der Zentrale der Lufthansa in Tempelhof kommend, im Zentrum der Verschwörung eintraf.

John war mit seinen Eindrücken von der Tätigkeit der Führungsgruppe dieses Staatsstreiches ebenso unzufrieden wie Gisevius. Er hatte von dem »überlegen und nüchtern arbeitenden Generalstab« eine Vorstellung, die nicht zu dem hier anscheinend herrschenden hektischen Durcheinander paßte [388]. John wußte nicht, daß man wertvolle Anlaufzeit verloren und deshalb von Anfang an gegen die mächtigere Strömung anzukämpfen hatte, daß hier eine Sache ohne solide Erfolgschancen verfolgt, also ganz ungeneralstabsmäßig gearbeitet wurde. Gisevius hatte diese Lage erfaßt und drängte auf Tätigkeit. Als Stauffenberg wieder erschien, schlug er ihm vor, bis zum Eintreffen der Truppen die Zeit zu nützen und mit aus Offizieren gebildeten Stoßtrupps schon einmal das RSHA in der Prinz-Albrecht-Straße und das Propagandaministerium zu besetzen sowie den Gestapochef Müller und den Minister Goebbels über den Haufen zu schießen [389]. Stauffenberg war nicht abgeneigt und sagte, er wolle mit Oberst Jäger darüber sprechen. Tatsächlich wurde dieser bald darauf mit entsprechenden Aufträgen in die Wehrmachtstandort-Kommandantur geschickt, wo er die erforderlichen Stoßtrupps übernehmen und die vorgeschlagenen Aktionen durchführen sollte. Aber ehe es dazu kam, hatten die Rundfunknachricht vom Überleben Hitlers und die Einwirkung von Goebbels und Remer jedes Handeln gelähmt. Mangels Truppen konnte Jäger nichts mehr unternehmen.

Graf von Helldorf ließ durch seinen Adjutanten bei Gisevius nach dem Fortgang der Dinge fragen. Da es sonst nichts zu tun gab, fuhr Gisevius gleich mit dem Adjutanten zu Helldorf zurück [390]. Gegen 19 Uhr war er im Polizeipräsidium und hörte sich Helldorfs Beschwerden an [391]: Seit zwei Stunden sei der ganze Polizeiapparat stillgelegt und in Bereitschaft, aber nichts geschehe, es kämen keine Anweisungen, längst schon hätte Generalleutnant von Hase mit Helldorf in Verbindung treten müssen, um

die für die Verhaftungen vorgesehenen Kriminalbeamten anzufordern,
und das Wachbataillon tue ja wohl auch nicht, was es solle. Im RSHA
und bei Goebbels sei man guten Mutes, wie sich aus Telephongesprächen
mit Müller und Goebbels ergeben habe, es heiße, daß SS-Truppen im
Anmarsch seien und im Rundfunk eine Erklärung über Hitlers Wohlbefinden veröffentlicht werde[392]. Gisevius erklärte die Verzögerungen mit
der vorausgegangenen und erwarteten Spanne des Anlaufens und mit
den Schwierigkeiten wegen der Haltung des Befehlshabers im Wehrkreis III, General von Kortzfleisch, womit er zweifellos recht hatte, aber
doch die Besorgnisse wegen des Ausgangs der Unternehmung nicht zer-
streuen konnte.

Tatsächlich lag es nicht nur an der unumgänglichen Anlaufzeit,
daß der Umsturz nicht vorwärtskam, sondern auch an der Halbherzigkeit,
mit der viele Verschwörer sich jetzt verhielten, da Hitlers Überleben
wahrscheinlich und zunehmend sicher erschien. Längst nicht alle besaßen
die Konsequenz und den Mut von Stauffenberg, Olbricht, Mertz, Schulenburg, Yorck, Haeften und anderen, als sie der Wahl zwischen der Förderung eines fast sicher zum Scheitern verurteilten Unternehmens, das mit
Tod und Qual enden würde, und dem schwachen Hoffnungsschimmer des
Davonkommens konfrontiert wurden. Als Gisevius – nach seiner Erinnerung zwischen 19 und 20 Uhr – wieder in die Bendlerstraße zurückkam,
war Generalleutnant von Thüngen immer noch da, anscheinend auf
ein Auto wartend, aber ohne sonderliche Eile. General Olbricht berichtete von der Rundfunknachricht, die inzwischen bekanntgeworden war,
und daß er nun nicht mehr am Überleben Hitlers zweifle. Ob Gisevius
glaube, daß man noch zurück könne? Nein, Gisevius glaubte es nicht[393].

Dr. John wollte wissen, wie nun eigentlich die Lage sei und wandte sich
an Hauptmann d. R. Graf Schwerin. Wie es wirklich stand, wußte Schwerin auch nicht, sagte aber, Beck wolle die Sache eisern durchziehen, und
fügte hinzu: »»Wenn nur die Besetzung des Rundfunks geklappt hätte!«»[394]
Überdies würden aus dem Führerhauptquartier schon Gegenbefehle gegeben, und mit der Wehrmachtstandort-Kommandantur Unter den Linden
habe man keine Verbindung mehr[395]. Da der Oberst Hansen, Johns
spezieller Kontaktmann, nicht gekommen war und für diesen Abend
auch nicht mehr erwartet wurde, da es überdies nicht wahrscheinlich war,
daß John schon heute seine Weisungen für den Kontakt zu den westlichen
Alliierten erhalten könnte – Schwerin erklärte für ganz ausgeschlossen,
daß John bei dem herrschenden Betrieb mit Beck oder Olbricht darüber
sprechen könne –, blieb für ihn eigentlich nichts zu tun, als wieder zu
gehen[396]. Er wollte zu Popitz fahren und etwas über die Besprechung

zwischen Witzleben und Gereke hören. Aber zunächst blieb er doch noch da und beobachtete, wie Offiziere hin und her liefen, wie Berthold Graf von Stauffenberg in seiner Marineuniform gedankenvoll auf und ab ging, wie Olbricht und Stauffenberg fieberhaft telephonierten und die Offiziere in den Wehrkreiskommandos beschworen, die ergangenen Befehle auszuführen, alles habe seine Richtigkeit, aus dem Führerhauptquartier seien Gegenbefehle zu erwarten, aber nicht zu befolgen, die seien nicht authentisch, Keitel lüge, Hitler sei bestimmt tot, das Reich sei in Gefahr, die Wehrmacht habe die Vollziehende Gewalt, alle Nachrichtenzentren seien vordringlich zu besetzen usw. Im Lauf der Stunden, zwischen 18 und 19 Uhr, kam es auch zu dem Gespräch zwischen Beck und Kluge, dessen Ergebnis die Weigerung Kluges zur Teilnahme am Umsturz war [397].

Um 20 Uhr rief John seinen Bruder an, wie er ihm versprochen hatte, wurde aber nach kurzer Zeit von einer Telephonistin unterbrochen, die Leitung wurde gebraucht. Einige Generale standen herum und warteten auf eine angesetzte Besprechung, eine Sekretärin brachte kalte Platten, Generalfeldmarschall von Witzleben und sein Adjutant Major Graf von Lynar trafen endlich ein, eine Sekretärin konnte einen Wehrkreisbefehlshaber nicht erreichen, weil der zum Abendessen gegangen war, Haeften gab Anweisungen für die Festsetzung einiger verhafteter und »unzuverlässiger« Offiziere [398]. John fand das ungeheuer beruhigend, sicher würde es noch Zusammenstöße mit den Truppen Himmlers geben, aber im großen ganzen war doch alles auf gutem Wege, das Heer marschierte, so schien es ihm.

Da er nichts tun konnte, beschloß er, sich nun doch zu verabschieden. »›Wenn Sie morgen früh anrufen, werden wir wissen, was los ist‹«, sagte ihm Schwerin [399]. Auf dem Flur traf er Haeften und sagte ihm, er gehe, werde aber morgen früh um acht Uhr anrufen. »›Dann hängen wir vielleicht schon alle‹«, sagte Haeften trocken, lächelte aber und sagte »›auf Wiedersehen‹« [400]. John kam gerade noch vor Beginn der Gegenaktion hinaus.

Inzwischen hatte Gisevius Beck, Stauffenberg und Schulenburg von seinem Ausflug zum Polizeipräsidium berichtet. Stauffenberg sagte, er habe Hase schon angewiesen, sofort mit Helldorf Fühlung zu nehmen [401]. Dazu war es aber nun zu spät; denn zu dieser Zeit gehorchten Hase keine Truppen mehr, und er machte sich auf den Weg zum Wehrkreiskommando III. Es wurde auch schon etwa um 19 Uhr erwogen, Major Remer einfach abzulösen und zu ersetzen, aber das hing alles in der Luft, Remer ließ sich von den Verschwörern nichts mehr befehlen und diesen fehlte es an Machtmitteln und an Autorität [402].

Immer wieder sprach Beck vom Rundfunk und der Notwendigkeit, einen Aufruf der Staatsstreichführung zu verbreiten. Der General der Artillerie beim Chef H Rüst u BdE, Fritz Lindemann, hätte den ersten Aufruf im Rundfunk verlesen sollen [403]. Jetzt war er aber nicht aufzufinden, vielleicht wartete er in der Stadtkommandantur oder versuchte, dorthin zu kommen (tatsächlich war er zwischen 19 und 20 Uhr auf dem Weg von Zossen nach Berlin). So fragte Beck nun Gisevius, ob er bereit sei, einen entsprechenden Aufruf zu verlesen und auch zuerst zu entwerfen, da Lindemann das einzige Exemplar bei sich habe. Beck meinte, er selbst könne jetzt nicht von hier weg. Allerdings wollte er später auch selbst im Rundfunk sprechen, und zwar ehe Hitler dies tun könnte, wie er zu Hoepner sagte, als dieser ihm von der Radiomeldung über das Attentat und der Möglichkeit einer Ansprache Hitlers Mitteilung machte [404]. Beck meinte, ob Hitler lebe oder nicht, die Gegenseite werde so oder so behaupten, daß er lebe, und falls Hitler lebe, müsse er an einer Rundfunkansprache unbedingt gehindert werden.

Gisevius fing also an zu entwerfen, aber in dem Trubel konnte er nichts niederschreiben. Immer wieder hörte er Stauffenberg am Telephon die Wehrkreisoffiziere beschwören, kurz abfertigen, zu überreden suchen, immer wieder wurde er selbst nach dem Verhalten der Polizei gefragt, während doch Helldorf und Nebe auf Weisungen von Hase oder vom Wehrkreiskommando warteten [405]. Dann wieder sagte Beck, Gisevius müsse jeden Moment damit rechnen, vor das Rundfunkmikrophon gestellt zu werden. Auf Gisevius' Einwand, daß ja die Sender gar nicht besetzt worden seien, sagte Stauffenberg, das werde bald geschehen sein, sowie die Panzer da sein würden, bis 20 Uhr werde das soweit sein. Also besprach Beck mit Gisevius die Grundgedanken des Aufrufes: Gleichgültig, was die Goebbelssche Propaganda auch verkünde, ein Führer, in dessen engster Umgebung solche Gegensätze und Zweifel aufbrechen, daß einer seiner nächsten Mitarbeiter mit Hilfe einer bedeutenden Gruppe hoher Offiziere gegen ihn ein Bombenattentat unternimmt, ist moralisch tot [406]. Gisevius notierte sich die Gedanken, und auch die Stichworte, die ihm dazwischen von Stauffenberg, Olbricht, Hoepner, Yorck, Schwerin und Schulenburg zugerufen wurden.

Dann telephonierten Stauffenberg und Beck um 19.55 Uhr mit dem Chef des Generalstabes der Heeresgruppe Nord, die in Kurland schon fast von der Roten Armee abgeriegelt war. Beck gab den Befehl zum sofortigen Rückzug [407]. Darauf ordnete er an, daß in der Bendlerstraße von seinem Befehl eine Aktennotiz angefertigt werde, weil das für künftige Historiker wichtig sei, niemand könne wissen, wie die nächsten Stunden verlaufen und ihr Ergebnis könnte die Ausführung des Befehles verhindern und ein neues Stalingrad besiegeln.

Endlich traf, wie schon erwähnt, etwa um 20 Uhr Generalfeldmarschall von Witzleben mit seinem Adjutanten Graf von Lynar in der Bendlerstraße ein, sie kamen von der Dienststelle des Generalquartiermeisters General Wagner, wo sie erfahren hatten, daß das Attentat durchgeführt, aber gescheitert war[408]. Beide blickten finster und waren offenbar mit dem Gang der Dinge unzufrieden. Als Stauffenberg sich bei Witzleben meldete, sagte dieser zur Antwort: »›Schöne Schweinerei, das.‹«[409] Dann meldete er sich bei Beck zur Stelle, der ja beim Staatsstreich sein Vorgesetzter war, und beide gingen in Fromms Zimmer. Beck berichtete, was bisher geschehen war, vom Hinausgehen der Befehle an die Wehrkreise, von den Gegenbefehlen, von der Meldung, daß Hitler das Attentat überlebt habe. Die Aussprache wurde erregt, nach kurzer Zeit wurden Stauffenberg und Schwerin hineingerufen und von Witzleben mit schweren Vorwürfen überschüttet, ab und zu schlug der Feldmarschall mit der Faust auf den Tisch. Stauffenberg und Beck bestanden darauf, die Meldung von Hitlers Überleben sei eine Lüge, Witzleben wollte es nicht glauben. Unbezweifelbar war jedoch, daß weder die Reichshauptstadt noch die Rundfunkanlagen in den Händen der Verschwörer waren. Eine dreiviertel Stunde dauerte die erregte Auseinandersetzung, dann fuhr Witzleben zornig wieder weg, zurück nach Zossen und zu General Wagner. Dieser sagte ihm, nachdem er den Bericht des Feldmarschalls gehört hatte: »Wir fahren nach Hause.«[410] Die Zeugen des Gesprächs zwischen Beck und Witzleben sind alle nicht mehr am Leben und haben auch vor ihrem Tode nicht ausführlich berichtet, aber das Ergebnis sagt genug: mit einer so schlecht geführten Sache – nicht einmal Truppen hatte man zur Verfügung! – wollte Witzleben nichts zu tun haben, er wollte nicht Befehle erteilen, wenn er schon vorher wußte, daß sie nicht ausgeführt würden.

In der Zwischenzeit, schon früher am Abend, hatte General Olbricht die anderen Amtschefs, die meist das Haus schon verlassen hatten, zu einer Besprechung wegen des Attentats auf Hitler in die Bendlerstraße gebeten; nach und nach trafen sie ein, unter ihnen der Generalinspekteur des Führernachwuchses, Generalleutnant Karl-Wilhelm Specht, und der Chef des Ausbildungswesens im Ersatzheer, General der Pioniere Walter Kuntze, mit seinem Chef des Stabes und Vertreter, Major i. G. Rittmann[411]. Stauffenberg rief die eingetroffenen Generale zwischen 19 und 20 Uhr zu Olbricht hinein, der ihnen eröffnete, Hitler sei einem Anschlag zum Opfer gefallen und eine neue Regierung unter Witzleben und

Beck sei gebildet worden [412]. Specht fragte, was man denn nun glauben solle, der Rundfunk habe doch gemeldet, daß Hitler am Leben sei, worauf Olbricht keine klare und zufriedenstellende Antwort geben konnte. Die Generale Kuntze, Specht und noch ein dritter General erhoben sich und sagten, sie hätten dem Führer einen Eid geschworen, und mit den gegebenen Auskünften können sie nichts anfangen, auf dieser Grundlage können sie nicht weiterarbeiten [413]. Dann verließen sie den Raum, niemand versuchte, sie zurückzuhalten.

Während in den Räumen Fromms und Olbrichts die oben geschilderten Vorgänge stattfanden, während also mangels erfüllter Voraussetzungen für den Erfolg – Tod Hitlers, Vorsprung vor den Machthabern – und mangels militärischer Macht, aber auch mangels persönlichen Einsatzes der am Staatsstreich beteiligten Generale wie Hase, Thüngen, Thiele, der Umsturzversuch in sich zusammenfiel, kam in den beiden Stäben Fromms und Olbrichts, im Stab des Chef H Rüst u BdE und im Stab des Allgemeinen Heeresamtes, etwa zu gleicher Zeit eine Gegenbewegung in Gang.

Nachdem Fromm und sein Adjutant, Rittmeister Bartram, gegen 17 Uhr verhaftet worden waren, ließ sich Bartram zuerst einmal von Fromm über die Lage aufklären – als einer der ersten im Hause anwesenden Nichtverschwörer erfuhr er, daß ein Putsch im Gange war [414]. Nachdem Fromm sich beruhigt hatte, überlegten beide, was zu tun sei. Fromm meinte, es müßten Truppen her, um die Clique auszuheben, er dachte an die Infanterie-Schule in Döberitz und Bartram dachte an das Wachbataillon vom Panzerkorps »Großdeutschland«, dem er selbst angehört hatte. Das Telephon in dem Bartram und Fromm angewiesenen Zimmer war abgeschaltet, im Vorzimmer war ein schwerbewaffneter Doppelposten aufgestellt, Fromm hatte keine Waffe bei sich und Bartram nur einen Dolch. Der Raum hatte aber noch einen wenig bekannten zweiten Ausgang zu einer Treppe, die zum Obergeschoß führte, in dem überaus verwinkelten Gebäude und dem dunklen Flur, auf den er führte, war er leicht zu übersehen. Dieser Ausgang war unbewacht. Bartram gelangte unbemerkt hinaus und die Treppe hinauf zu General Kennes. Diesem berichtete er die Vorgänge und überbrachte ihm den Befehl von Fromm, Döberitz zu alarmieren, aber Kennes unternahm nichts [415].

Später, nachdem Kennes mit anderen Gruppenleitern zu Stauffenberg gerufen und unterrichtet worden war, glaubte er zwar an den Putsch, wagte aber nicht zu telephonieren in der Annahme, daß die Telephone überwacht würden [416]. Auch ein Versuch, aus dem Hause zu kommen, schlug Kennes fehl. Er rief dann die Herren seiner Gruppe zusammen und trug ihnen auf, womöglich den Bendlerblock zu verlassen und auf

Befehl von Generaloberst Fromm Truppen zur Aushebung der Verschwörer zu alarmieren. Das führte aber alles zu nichts, weil die Truppen schon andere Befehle hatten und ohnehin marschierten, und dann wurden sie Remer unterstellt und auch ohne Fromms Zutun in dem von ihm gewünschten Sinne eingesetzt.

Nach der Unterrichtung über den Tod Hitlers und die Übernahme der Vollziehenden Gewalt durch die Wehrmacht war Oberst von Roell wieder auf sein Dienstzimmer gegangen. Dort hörte er, während er über das Erlebte nachdachte, Bruchstücke einer Rundfunknachricht, worin vom Attentat und vom Wohlbefinden des Führers die Rede war. Er beschloß, mit Generalleutnant Burgdorf, dem stellvertretenden Chef des Heerespersonalamtes zu telephonieren und meldete ein Gespräch nach »Mauerwald« an. Inzwischen bat Oberst von Roell Generalmajor Kennes, Oberst Rohowsky und Oberstleutnant Kleber (von der Gruppe III) zu sich, um sie sofort vom Ergebnis des Gesprächs mit Generalleutnant Burgdorf unterrichten zu können. Während sie warteten, kam auch Bartram zu Roell und erzählte, was ihm und Fromm widerfahren war.

Als die Verbindung mit Burgdorf hergestellt war, sagte ihm Roell, »daß Gen. Obst. Hoepner als neuer BdE eingetroffen sei«, und bat um Befehle [417]. Burgdorf schien zum erstenmal von den Berliner Vorgängen zu hören und befahl Roell und den übrigen Herren strikt, sich augenblicklich zu ihm [418] oder zu Generalmajor Maisel nach Lübben zu begeben. Roell unterrichtete die Anwesenden und außerdem noch die Hauptleute Komp und Waizenegger.

Der Versuch, den Bendlerblock zu verlassen, mißlang zunächst, die Herren hatten keine Ausweise. Da schickte Oberst von Roell den Hauptmann Komp in das Vorzimmer Olbrichts mit dem Auftrag, Passierscheine auf die entsprechenden Namen zu besorgen, was groteskerweise ohne Schwierigkeiten gelang. Ungefähr um 20 Uhr, nach der Ankunft von Generalfeldmarschall von Witzleben, fuhren die Herren mit einem Auto ihrer Gruppe über die Potsdamer Straße nach Tempelhof und in Richtung Lübben. Unterwegs hielten sie beim Truppenübungsplatz Zossen in Leber See, wo Generaloberst Fromm seine Wohnung hatte, und sagten seiner Frau, er werde diese Nacht nicht nach Hause kommen. In Lübben meldete sich Roell bei Maisel und unterrichtete ihn. Maisel vergewisserte sich in Gegenwart Roells beim Adjutanten des Chefs des Heerespersonalamtes, Oberstleutnant Weiß, »daß alle Wehrkreise die erforderlichen Gegenbefehle erhalten hatten«.

Bartram war unterdessen in der Bendlerstraße unermüdlich tätig, um eine Gegenaktion in Gang zu bringen, Angehörige des Hauses von der

Verhaftung Fromms und von dem Putsch zu unterrichten, und Möglichkeiten des Entkommens zu erspähen. Jedesmal nach einem solchen Ausflug berichtete Bartram seinem Befehlshaber über die Lage. Sie überlegten, ob nicht auch Fromm durch den unbewachten Ausgang entkommen
könnte, fanden aber, daß ein so hochgewachsener Generaloberst wie
Fromm in voller Uniform nicht damit rechnen könne, so wenig aufzufal-
len, wie der harmlos wirkende, beinamputierte Rittmeister, den kaum
jemand kannte. Sie wollten daher bis zum Einbruch der Dunkelheit warten und dann über ein vermutlich unbewachtes Geleise für Loren, die
beim Bau des Luftschutzbunkers im Hof des Bendlerblocks verwendet
wurden, zur Tiergartenstraße entkommen, wohin einer der Herren der
Abteilung Kennes' den Fahrer Fromms beorderte [419].

Bei einem seiner Ausflüge hatte Bartram den General von Kortzfleisch
getroffen, als dieser noch nicht verhaftet war, und hatte ihn zu Fromm
gebracht, später gelang ihm dasselbe mit General Kuntze und Generalleutnant Specht. Man unterrichtete sich gegenseitig und Fromm befahl
seinem jeweiligen Besucher, Truppen zu mobilisieren und eine Gegenaktion einzuleiten. Specht und Kuntze zeigte er den geheimen Ausgang,
durch den diese auch tatsächlich das Gebäude verlassen konnten, lehnte
aber ihren Vorschlag ab, selbst mitzukommen. Specht und Kuntze gelangten nach Potsdam, wo die Truppenschulen für den Einsatz gegen die Verschwörung in Bereitschaft versetzt wurden, der dann allerdings später
sich als überflüssig erwies. Zwischendurch hörten Fromm und Bartram die
Rundfunkmeldungen über das Mißlingen des Attentats und das Überleben Hitlers – mindestens ein Beweis, daß der Umsturz schlecht verlief,
da die Rundfunkstationen nach wie vor in den Händen der alten Machthaber waren und entsprechend genützt wurden [420].

Aber die von Fromm so oft in Auftrag gegebene Gegenaktion ließ auf
sich warten, es wurde dunkel, und so mußte Fromm nun wohl oder übel
selbst etwas unternehmen. Zunächst ließ er Generaloberst Hoepner durch
Bartram bitten, in seine Wohnung gehen zu dürfen und versprach unauf-
gefordert, er werde nichts unternehmen und auch nicht telephonieren. Das
war etwa um 21 Uhr [421]. Fromm erhielt die Erlaubnis und ein bewaffneter Posten bezog vor seiner Wohnungstür Stellung. Jetzt hatte Fromm
ein Telephon zur Verfügung, telephonierte aber nicht, sei es, um sein Versprechen zu halten (wozu er sich in seiner Lage nicht verpflichtet zu
fühlen brauchte), sei es aus Furcht vor Entdeckung, sei es, um den angeblichen Ausbruchsversuch nicht zu gefährden, den er mit so wenig Energie
verfolgte. Mit Bartram überlegte er weiter, wie sie die Wachen überlisten
könnten, wozu es jetzt eigentlich zu spät war, denn Fromm hatte den

Vorteil des unbewachten Zimmerausgangs ohne Not aufgegeben. Gegen 22 Uhr schickte er seinen Adjutanten in das Zimmer, wo beide zuerst festgehalten worden waren, um das dort stehende Rundfunkgerät zu holen, und unterwegs stieß Bartram endlich auf die Gegenaktion, die ganz ohne Fromms Zutun zustande gekommen war.

Die uneingeweihten und an dem Staatsstreichversuch nicht beteiligten Offiziere des Stabes des Allgemeinen Heeresamtes wurden durch die Widersprüche zwischen den Behauptungen von Olbricht, Hoepner und Stauffenberg einerseits und den Meldungen des Rundfunks andererseits immer stutziger. Oberstleutnant i. G. Herber, Oberstleutnant i. G. von der Heyde, Oberstleutnant i .G. Pridun und Major i. G. Harnack besprachen die Lage und kamen zu dem Ergebnis, daß nicht nur die Beseitigung Hitlers, sondern hier in der Bendlerstraße auch die Beseitigung der nationalsozialistischen Regierung überhaupt versucht worden sei [422]. Die Rundfunkmeldung, daß Himmler zum Befehlshaber des Ersatzheeres ernannt worden sei, die um 21 Uhr ausgestrahlt wurde, tat ein übriges [423]. Man beschloß, vom vorgesetzten Amtschef, General Olbricht, Aufklärung zu verlangen, Herber als dienstältester Offizier wollte es arrangieren.

Darauf wurden die Offiziere des Stabes zu Olbricht befohlen, etwa um 21 Uhr versammelten sie sich dort [424]. Aber Olbricht gab nicht die erhoffte Aufklärung, sondern Anweisungen für den Schutz des Hauses. Die herbeorderte Wache des Wachbataillons sei wieder abgerückt, es müsse jetzt das Gebäude verteidigt werden, woran jeder Generalstabsoffizier teilzunehmen habe. Die übrigen Dienstgeschäfte seien vorläufig zurückzustellen. Sonst gab er zur Lage nur vage Andeutungen von der Notwendigkeit, eine drohende Katastrophe zu verhindern, weshalb verantwortungsbewußte Männer die Initiative ergriffen hätten. Die von Herber bestellten Waffen waren übrigens noch nicht eingetroffen.

Damit waren Herber, Heyde, Harnack und andere Offiziere nicht zufrieden. Nachdem Olbricht sie entlassen hatte, besprachen sie sich weiterhin auf dem Flur und im Dienstzimmer Heydes. Es schien ihnen deutlich, daß ein Putsch im Gange war, anscheinend gegen die bestehende Regierung. Sie fanden sich nun in der Lage, als nicht eingeweihte und nicht beteiligte Untergebene der Verschwörer zu einem Zeitpunkt zur Beteiligung heran- und noch nicht einmal ins Vertrauen gezogen zu werden, als der Staatsstreich schon zusammenbrach. Gewiß hatten sie der Verschwörung, die sie andeutungsweise erkannten, anfangs nichts in den Weg gelegt, aus welchen Motiven auch immer, und gewiß hatten sie, als die Rundfunkmeldung gegen die Behauptungen der Verschwörer stand, für keine Seite Partei ergriffen. Um so weniger sahen sie aber jetzt einen

Anlaß, die scheiternde Verschwörung verteidigen zu helfen. Im Gegenteil, da sie sich an die Verschwörer ebensowenig gebunden fühlten wie an das auch ihnen nicht besonders sympathische Regime, blieb ihnen unter den Umständen nur noch übrig, ihre Haut zu retten [425].

Sechs Generalstabsoffiziere waren von Olbricht als erste Schicht zur Bewachung der sechs Ausgänge des Gebäudes eingeteilt worden. Unter ihnen befanden sich Harnack, Herber, Heyde und Pridun. Der Putsch wurde Gewißheit, der Zusammenbruch des Versuches aber ebenso. Wer seinen Kopf retten wollte, mußte sofort loyal handeln. Oberstleutnant i. G. Pridun erinnert sich: »Die bei Oberstl. von der Heyde versammelten Herren, zu denen auch ich gehörte, brachten klar zum Ausdruck, auch in dieser Lage von ihrem Soldateneid nicht abzurücken.« Sie beschlossen, zunächst noch genauere Aufklärung von Olbricht zu verlangen, insbesondere über den Zweck der Wache und gegen wen sie eigentlich gerichtet sei. Inzwischen waren auch die Waffen eingetroffen und die Herren griffen zu einigen Maschinenpistolen, Pistolen und Handgranaten [426]. Herber nahm eine Pistole und steckte eine Handgranate in die Hosentasche. Dann übernahm er wiederum die Führung als dienstältester Offizier der Gruppe.

Wieder antwortete Olbricht auf die Vorstellungen und Fragen Herbers ausweichend: es gebe Nachrichten vom Tode des Führers, aber auch vom Gegenteil. Herber sagte, diese Auskünfte seien ungenügend und er müsse auf Unterrichtung durch Generaloberst Fromm bestehen, worauf ihn Olbricht auf Hoepner verwies und sich bereit erklärte, mitzugehen.

Während dieser Unterredung fielen im Flur Schüsse, offenbar aus Nervosität. Wer da auf wen geschossen hatte, ließ sich nur noch unvollständig feststellen. Wenn plötzlich Dutzende von Offizieren mit bloßen Waffen in der Hand herumliefen, war es natürlich kaum zu vermeiden, daß in der Aufregung der eine oder andere einen Schuß abgab, nur um irgendeiner ausgestoßenen Drohung oder Forderung Nachdruck zu verleihen oder einen Flüchtenden anzuhalten. Sicher erscheint jedoch, daß Hauptmann Klausing einen Schuß in Richtung auf den aus Olbrichts Räumen kommenden Oberstleutnant Herber abgegeben hat, den dieser erwiderte. Der Fahrer Stauffenbergs erinnert sich, daß der Oberst, nachdem er seine belgische Armeepistole mit dem rechten Armstummel an die Hüfte geklemmt und mit den drei Fingern der linken Hand durchgeladen hatte, einen Schuß auf Oberstleutnant i. G. Pridun abgegeben hat. Die Sekretärin von Oberst i. G. Mertz von Quirnheim und eine Sekretärin von Generaloberst Fromm erinnern sich, daß eine ganze Serie von Schüssen abgegeben und Stauffenberg am linken Oberarm bzw. am Schulterblatt verletzt wurde. Gerstenmaier mußte, als er später abgeführt wurde, über eine große Blutlache steigen [427]. Stauffenberg wollte sich nach seiner Verwundung von Fromms Sekretärin mit Paris verbinden lassen, dort schien noch Hoffnung auf eine Aktion, die den Durchbruch für den Staatsstreich bringen konnte. Aber die Verbindung kam nicht zustande [428]. Den ganzen Tag über hatte Stauffenberg die schwarze Kappe über der leeren Augenhöhle getragen. Nun hatte er sie abgelegt, ein Zeichen für Ermüdung und Irritation [429].

Trotz der Schießerei gelangten Olbricht und Herber unangefochten in das Dienstzimmer von Generaloberst Fromm, wo Generaloberst Hoepner sie empfing, Mertz gesellte sich dazu, Beck, Haeften und Stauffenberg waren auch da. Herber warf Hoepner vor, durch die »Walküre«-Befehle den Nachschub für die Front unterbrochen zu haben, und überhaupt wolle er endlich wissen, was hier gespielt werde, und er verlange mit Fromm zu sprechen. Hoepner sagte, er selbst wisse auch nichts Genaues und warte auf Befehle von Witzleben. Im übrigen verwies er Herber auf Fromm, der in seiner Dienstwohnung sei. Auf dem Fußboden verbrannte Haeften Papiere. Stauffenberg sagte um diese Zeit zur Sekretärin von Generaloberst Fromm mit unbeschreiblich trostlosem Gesicht: »›Sie haben mich ja alle im Stich gelassen!‹« [430]

Fromm war tatsächlich noch immer in seiner Wohnung, Rittmeister Freiherr von Leonrod stand davor und hielt Wache, Bartram wurde im Flur vor der Wohnung angetroffen. Auf die Frage, was Fromm tue, sagte Bartram, der wolle Radio hören, die neuesten Meldungen [431]. Ein Offizier des Hauses hatte sich mit den anderen bewaffnet, die Vorgänge mit Olbricht und die Schießerei erlebt. Nun klingelte er bei Fromm, wurde eingelassen und unterrichtete den Generaloberst über die Lage. Nach kurzer Überlegung ging Fromm mit ihm zu seinen Diensträumen. Der Posten vor Fromms Wohnung war nun verschwunden [432].

In Fromms Dienstzimmer fand der Befehlshaber, der nun wieder in seine Rechte zu treten versuchte, seinen Chef des Stabes, Oberst i. G. Graf von Stauffenberg vor, der ihn finster anblickte, ferner Oberst i. G. Mertz von Quirnheim, Oberleutnant von Haeften, Generaloberst Beck, General Olbricht, Generaloberst Hoepner. Sie wurden von bewaffneten Generalstabsoffizieren in Schach gehalten. Es war etwa 22 Uhr oder etwas später. Fromm erklärte die Verschwörer für verhaftet: »›So, meine Herren, jetzt mache ich es mit Ihnen so, wie Sie es heute mittag mit mir gemacht haben.‹« [433] Die Waffen seien abzugeben, die Herren seien auf frischer Tat beim Hochverrat ertappt worden und daher durch ein Standgericht abzuurteilen. Der Staatsstreich war zu Ende.

XII. Untergang der Opposition

1. Standrecht

Nachdem Generaloberst Fromm die Führer des Umsturzversuches – Generaloberst Beck, Generaloberst Hoepner, General Olbricht, Oberst i. G. Graf von Stauffenberg, Oberst i. G. Mertz von Quirnheim, Oberleutnant von Haeften – für verhaftet und die übrigen Anwesenden für ein Standgericht erklärt hatte, verlangte er die Ablieferung der Waffen. Generaloberst Beck bat, seine Pistole »zum privaten Gebrauch« behalten zu dürfen, und Fromm gestattete es ihm mit der Bemerkung, er möge sich beeilen[1]. Darauf hob Beck die Waffe, versuchte einige Worte über die lange Zeit der Kameradschaft mit Fromm zu sagen, aber dieser unterbrach ihn brüsk und ersuchte ihn erneut, sich zu beeilen. Beck schoß sich an die Schläfe, wankte und wurde von Stauffenberg gestützt. Dann schoß er noch einmal auf sich und brach zusammen, lebte aber noch.

Nach Becks Selbstmordversuch fragte Fromm die Verhafteten, ob sie noch letzte Wünsche hätten. Generaloberst Hoepner sagte, er habe mit der ganzen Sache nichts zu tun und wolle sich rechtfertigen, Fromm erlaubte ihm widerstrebend, etwas niederzuschreiben. Olbricht bat um die gleiche Erlaubnis und erhielt sie. Das Abfassen der Schreiben dauerte gegen eine halbe Stunde, Fromm wurde ungeduldig und wollte die Erschießung der Anführer des Staatsstreiches nicht mehr länger hinauszögern. Als ihm das Eintreffen einer Abteilung des Wachbataillons »Großdeutschland« gemeldet wurde, erklärte er: »»Im Namen des Führers hat ein von mir bestelltes Standgericht das Urteil gesprochen: es werden der Oberst im Generalstab von Mertz, General Olbricht, der Oberst – den ich mit Namen nicht nennen will – und der Oberleutnant von Haeften zum Tode verurteilt‹.«[2]

Stauffenberg, der bisher zornig geschwiegen hatte, ergriff das Wort und nahm in einigen kurzen, bestimmten Sätzen die Verantwortung für alles Geschehene auf sich, alle anderen hätten als Soldaten und als seine Untergebenen gehandelt und nur seine Befehle ausgeführt[3]. Fromm, an der Türöffnung stehend, sagte nichts. Dann trat er zur Seite, die Aufforderung war eindeutig. Stauffenberg, Mertz von Quirnheim, Olbricht und Haeften gingen an ihm vorbei zur Türe hinaus, alle in ruhiger, gefaßter Haltung. Eine Stunde zuvor hatte Haeften noch dem Fahrer Stauffenbergs, dem Gefreiten Schweizer, Anweisungen für eine Flucht gegeben, aber jetzt war er ganz ruhig[4]. Hoepner sollte eigentlich auch erschossen werden, er sprach nun auf Fromm ein, dieser schüttelte den Kopf. Dann bat Hoepner um eine Unterredung unter vier Augen, die Fromm gewährte, man ging in Stauffenbergs Dienstzimmer. Was da gesprochen wurde, hat niemand erfahren, aber Fromm kam anschließend heraus und sagte, der Generaloberst Hoepner sei zu bewachen, er selber begebe sich jetzt zu Reichsminister Dr. Goebbels[5].

Während Beck zweimal die Pistole auf sich abschoß, ohne sich zu töten, hatte Generaloberst Fromm seinem Adjutanten, Rittmeister Bartram, befohlen, ein Erschießungskommando von zehn Mann unter Führung eines Offiziers bereitzustellen[6]. Bartram eilte die Treppe hinunter zur Wache, begegnete aber unterwegs schon dem Oberstleutnant Gehrke und Oberleutnant Schlee[7]. Er bat Schlee im Auftrage von Fromm um das Erschießungskommando, Schlee bestimmte dazu den Leutnant Werner Schady und zehn Unteroffiziere[8]. Der eingeteilte Offizier meldete sich bei Generaloberst Fromm und erhielt den Befehl zur Erschießung der vier Verurteilten und zur Verbringung von Generaloberst Hoepner in das Wehrmacht-Untersuchungsgefängnis in der Lehrter Straße. Da Beck noch immer lebte, gab Fromm einem Generalstabsoffizier den Befehl, ihn zu erlösen. Dieser bestimmte einen Angehörigen des Wachbataillons, der Beck den Gnadenschuß geben sollte[9].

Während Haeften die Treppe hinunterging, bäumte sich noch einmal der Wille zum Leben in ihm auf, er wehrte sich verzweifelt und wollte sich losreißen. Aber als die Verurteilten auf dem Hof ankamen, wo sie erschossen werden sollten, war er wieder ruhig und gefaßt[10].

Einzeln wurden die Offiziere vor einen bei Bauarbeiten im Hof aufgeworfenen Haufen sandiger Erde geführt. Die Fahrer der im Hof geparkten Fahrzeuge wurden angewiesen, diese so aufzustellen, daß die Scheinwerfer die nötige Beleuchtung lieferten. Zuerst wurde General Olbricht erschossen, dann war die Reihe an Oberst i. G. Graf von Stauffenberg[11]. Stauffenberg rief laut: »›Es lebe das heilige Deutschland!‹« Dann krachte die Salve, aber Oberleutnant von Haeften hatte sich vor ihn geworfen und wurde zuerst erschossen, erst die nächste Salve tötete Stauffenberg. Dann folgte Oberst i. G. Ritter Mertz von Quirnheim. Es war gegen 0.30 Uhr[12].

Darauf hielt Generaloberst Fromm im Hof des Bendlerblocks von einem offenen Militärfahrzeug aus eine zündende Ansprache an die anwesenden Soldaten, worin vom geliebten Führer und von der Vorsehung

die Rede war. Zum Abschluß verfehlte er nicht, ein dreifaches donnerndes
»Sieg Heil!« auf den Führer auszubringen. Dann fuhr er zu Goebbels [13].

2. Verhaftungen

Zusammen mit Beck, Hoepner, Stauffenberg, Olbricht, Mertz und Haeften
waren noch eine Anzahl weiterer Offiziere und Zivilisten verhaftet worden, insbesondere Graf Yorck von Wartenburg, Graf von der Schulenburg, Graf Schwerin von Schwanenfeld, Berthold Graf von Stauffenberg, Oberstleutnant i. G. Bernardis, Oberstleutnant z. V. von der Lank-
ken, der unbeteiligte und uneingeweihte Ordonnanzoffizier Olbrichts,
Rittmeister d. R. Barnim von Ramin, und Dr. Eugen Gerstenmaier.

Dr. Otto John war der Verhaftung mit knapper Not entgangen, ohne
es selbst zu wissen, und konnte am 24. Juli mit einem Flugzeug der
Lufthansa nach Madrid entkommen [14]. Der Schwiegersohn von General
Olbricht, Major der Luftwaffe Friedrich Georgi, hatte auf Grund der Fürsprache Olbrichts, und weil er Luftwaffenuniform trug, noch das Haus verlassen können, als die Einheiten des Wachbataillons schon alles abgesperrt hatten [15]. Später verfiel Georgi allerdings der Sippenhaft. Ebenso
konnte Hauptmann Klausing nach 23 Uhr und vor dem Eintreffen des
SD entkommen, ferner Oberleutnant Ludwig Freiherr von Hammerstein,
der von seiner Kindheit her, als sein Vater Chef der Heeresleitung war
und im Hause die Dienstwohnung hatte, jeden Winkel kannte, und
Hauptmann Dr. Hans Fritzsche, der sich eines hilflos aussehenden sehr
alten österreichischen Obersten von der Wehrmacht-Propaganda-Abtei-
lung annahm, sich als dessen Adjutanten bezeichnete und so mit ihm
durch die Sperren kam [16]. Leutnant von Oppen kam hinaus, indem er sich
einem SS-Führer anschloß, den er am Nachmittag sehr schonend festgesetzt hatte. Später wurden Fritzsche und Oppen dann doch noch verhaftet [17]. Dagegen machte Leutnant Ewald Heinrich von Kleist, nachdem
er von seiner Mission bei der Stadtkommandantur und beim Polizeipräsidium in die Bendlerstraße zurückgekehrt war, zwei vergebliche
Fluchtversuche, wobei er einen Offizier und dann noch einen Soldaten
niederschlug, der ihn mit aufgepflanztem Bajonett bewachte; aber auf der
Suche nach einem Fenster zum Hinausspringen geriet Kleist in ein Zimmer voller SS-Leute [18].

Die Verhafteten sollten, diesen Eindruck hatte Dr. Gerstenmaier, und
er war damit nicht allein, als nächste erschossen werden [19]. Eine Gruppe
– Yorck, Schulenburg, Schwerin, Berthold Graf von Stauffenberg, Ber-

nardis, Lancken und Gerstenmaier – fand sich in Stauffenbergs Zimmer zusammengedrängt und von Bewaffneten in Schach gehalten, hatte sich aber noch nicht eigentlich ergeben und verbrannte alle erreichbaren Dokumente des versuchten Staatsstreiches. Dann wollten einige von ihnen versuchen, die Absperrung auf dem Flur zu durchbrechen, wurden aber dabei endgültig gefangengenommen. Dr. Gerstenmaier wurde sogleich einem Exekutionskommando übergeben, wie er aus den um ihn geführten Reden und Befehlen entnahm, aber in diesem Augenblick, kurz nach o.30 Uhr, drang eine SS-Abteilung in den Bendlerblock ein unter Führung von Sturmbannführer Otto Skorzeny, der sich im September 1943 durch die tollkühne Befreiung Mussolinis aus der Gefangenschaft auf dem Gran-Sasso-Massiv hervorgetan hatte.

Als Remers Truppen, noch auf Befehl von Generalleutnant von Hase, Regierungsviertel und Reichssicherheitshauptamt umstellten, hatte die Gestapo Verteidigungs- und Gegenmaßnahmen eingeleitet, die allerdings erst nach 20 Uhr, als die im Stadtzentrum gelegenen Regierungsstellen nach dem Frontwechsel des Wachbataillons wieder einigermaßen Bewegungsfreiheit gewannen, auf einen der Lage angemessenen Stand gebracht werden konnten.

Vom Attentat hatte man im Reichssicherheitshauptamt natürlich sehr früh erfahren, schon gegen 14 Uhr wurde ein Sonderkommando der Sabotagekommission unter Führung von Kriminalrat Kopkow mit dem Flugzeug nach Rastenburg entsandt [20]. Im Lauf des Nachmittags fiel der Verdacht auf Stauffenberg, aber bei der Entsendung Dr. Achamer-Pifraders in die Bendlerstraße rechnete man noch nicht mit einem von dort ausgehenden Putsch. Auch als zwischen 18 und 19 Uhr spätestens klar sein mußte, was wirklich geschah, hat es noch ziemlich lange gedauert, ehe energische Gegenmaßnahmen seitens der SS und des RSHA ergriffen wurden. Erst gegen 18.45 Uhr befahl SS-Gruppenführer Müller, das RSHA in Verteidigungsbereitschaft zu versetzen, ein Zug der Wachkompanie des RSHA zog auf, ferner ein Zug der 2. Panzerwerkstattkompanie der SS-Leibstandarte »Adolf Hitler« von insgesamt 51 Mann [21]. Aber erst zwischen 22 und 23 Uhr konnten die zusammengezogenen Wachtruppen und ihre Ausrüstung mit Waffen und Munition als genügend angesehen werden, erst in der Frühe des 21. Juli kurz nach 1 Uhr, als das alles keine Rolle mehr spielte, trafen beim RSHA zur Verstärkung ein Panzerkampfwagen und ein Panzerspähwagen der Polizei ein. Schon gegen 5 Uhr früh wurden die meisten Maßnahmen durch Himmler wieder aufgehoben [22]. Welche anderen Motive auch mitgespielt haben mögen, über die Himmler natürlich nie gesprochen hat, im Vordergrund standen

zweifellos zunächst die Überraschung, und dann die Tatsache des Um-
schwenkens Remers und der Niederschlagung des Putsches in Berlin
durch Einheiten des Heeres selbst als Gründe für das zögernde Vorgehen
der SS. Dazu kam ohne Zweifel auch der Wunsch, Blutvergießen zwischen
SS und Soldaten des Heeres zu vermeiden [23].

Als der Leiter des Amtes VI (SD-Ausland), SS-Gruppenführer Walter
Schellenberg, am Spätnachmittag von den Vorgängen in Berlin hörte,
ließ er sofort Skorzeny aus einem Zug nach Wien holen. Gegen 19 Uhr
war Skorzeny im Amt VI in der Berkaer Straße und wurde von Schellenberg zu Gegenmaßnahmen eingesetzt [24]. Nach einigen Erkundungsfahr-
ten in Berlin, u. a. zur SS-Leibstandarte »Adolf Hitler« und zu Fallschirm-
jägergeneral Student, erhielt er gegen Mitternacht den Befehl, zur Unterstützung von Major Remer mit einer Kompanie SS in die Bendlerstraße
zu fahren [25].

Als Skorzeny gegen 1 Uhr am Morgen des 21. Juli in die Bendlerstraße
einbog, begegnete er noch dem Chef des RSHA, SS-Obergruppenführer
Dr. Kaltenbrunner, und Generaloberst Fromm, der sagte, er fahre nach
Hause, der sich aber in Wirklichkeit zu Goebbels begab [26]. Major Remer
war inzwischen auch da und begrüßte Skorzeny an der Toreinfahrt des
Bendlerblocks. Es war etwa eine halbe Stunde nach der Vollstreckung der
Todesurteile, als Skorzeny sich im ersten Stock von den Anführern der
»Gegenbewegung« über die Vorgänge berichten ließ [27].

Weitere Exekutionen kamen nun zunächst nicht in Frage, Skorzeny
hatte dazu weder Autorität noch Anlaß, er mußte sich erst einen Überblick verschaffen und konnte unmöglich auf bloße Behauptungen von
irgendwelchen Generalstabsoffizieren, die vielleicht nur zur Tarnung
sich der Gegenbewegung angeschlossen hatten, Erschießungen vornehmen lassen. Als Kleist verhaftet und mit Handschellen gefesselt auf
Vernehmung und Abtransport wartete, traf Skorzeny ihn bei einer Inspektion des Hauses, verbeugte sich leicht und stellte sich vor: »›Skorzeny.‹«
Kleist stand auf und verbeugte sich gleichfalls: »›Kleist.‹« Erst dann sah
Skorzeny die Handschellen, murmelte »›ach so‹« und wandte sich ab [28].
Zu dieser völligen Unübersichtlichkeit kam, daß einerseits die Dienststellen des Hauses die am Nachmittag unterbrochene Arbeit wieder aufnehmen und die Angehörigen des Hauses sich in ihren jeweiligen Diensträumen aufhalten sollten, was Skorzeny das beste Mittel zur Wiederherstellung der Ordnung schien. Zugleich aber fehlten die Häupter der Organisation und niemand wollte in dieser Lage Verantwortung auf sich
nehmen, so daß Skorzeny ständig um Entscheidungen über Ersatz- und
Nachschubfragen angegangen wurde, von denen er nicht viel verstand [29].

Erst allmählich glätteten sich im Hause die Wogen, als nach und nach Dr. Kaltenbrunner, General Reinecke und Generalleutnant Thiele, schließlich auch SS-Obergruppenführer Jüttner als Stellvertreter Himmlers in dessen neuer Eigenschaft als Chef H Rüst u BdE eintrafen und halfen, die Zügel wieder in die Hand zu nehmen.

Inzwischen waren schon die Leichen der fünf Toten, Beck, Olbricht, Stauffenberg, Mertz und Haeften, auf einem Lastwagen abtransportiert und zum Friedhof der Matthäikirche in Schöneberg gebracht worden [30]. Dort wurden sie noch in der Nacht in ihren Uniformen und mit allen Orden und Ehrenzeichen begraben. Aber am nächsten Tag ließ Himmler sie wieder ausgraben, noch einmal identifizieren und verbrennen. Die Asche wurde über Felder gestreut.

In der Bendlerstraße zogen die Verhaftungen trotz und wegen der erwähnten Verwirrung zunächst noch weitere Kreise, Unbeteiligte wurden festgenommen und manche Eingeweihte blieben unentdeckt. Ein Hauptmann, der mit der Sache gar nichts zu tun hatte, wurde wegen eines Telephongesprächs mit seiner Frau in der Nacht in das Gestapogefängnis im Keller des RSHA in der Prinz-Albrecht-Straße gebracht, wo er eine Anzahl der Verschwörer antraf und die ersten Vernehmungen zum Teil miterlebte. Erst nach vier Tagen wurde er ohne Angabe von Gründen wieder entlassen und kehrte in seine Dienststelle zurück, wo er mit Erstaunen begrüßt wurde. Bei seiner Verhaftung hatten seine Kameraden geflissentlich die ausgestreckte Hand übersehen, mit der er sich verabschieden wollte [31]. Außer den schon Genannten wurden im Laufe der Nacht und des folgenden Tages noch der Ia Fromms, Oberstleutnant Sadrozinski, verhaftet, ferner Major Freiherr von Leonrod und Hauptmann Helmuth Cords [32]. Zunächst wußten die vernehmenden Beamten kaum, wo sie anfangen und fahnden sollten, aber, wie der Leiter der Auswertungsgeschäftsstelle der sofort gegründeten Sonderkommission 20. Juli, SS-Obersturmbannführer Dr. Georg Kiesel, berichtete, »der männliche Standpunkt der Idealisten [brachte] sofort einiges Licht in das Dunkel ... Sie versuchten zwar ihre Kameraden zu decken, aber für die erfahrenen Kriminalisten war es ein Leichtes, nunmehr Baustein auf Baustein zu setzen.« [33] Es füllten sich Gefängnisse und Lager.

Angesichts der großen Zahl der Verhaftungen im Zusammenhang mit dem 20. Juli 1944 – Kiesel spricht von 7000 Personen – ist es nicht möglich, auch nur einen größeren Teil der Namen und der Umstände im einzelnen anzuführen, abgesehen davon, daß längst nicht alle Namen der Verhafteten und selbst der später Hingerichteten überhaupt bekanntgeworden sind. Der Zweck dieses und des folgenden Abschnitts kann nur sein, einen Überblick über die Folgen des Staatsstreichversuches für die Widerstandsbewegung und über Ausmaß und Methoden der Verfolgung zu geben. Jedoch seien hier noch einige Mitteilungen über die ersten Maßnahmen des Regimes an den Brennpunkten der Erhebung aufgenommen.

Die Ironie der Ereignisse wollte es, daß Generaloberst Fromm, der sich – nach dem Mißlingen – zum Niederschlagen des Putsches entschlossen hatte, fast gleichzeitig mit den ersten Verschwörern festgenommen und zunächst »interniert« wurde, nachdem er sich zu Dr. Goebbels begeben hatte, wo auch schon Generalleutnant von Hase festgehalten wurde [34]. Später wurde Fromm wegen angeblicher Feigheit der Prozeß gemacht.

In der Kommandantur Unter den Linden 1 hatten Remers Truppen inzwischen versucht, einfach alle Anwesenden bis zur weiteren Klärung festzuhalten, konnten sich aber nicht immer gegen das selbstbewußte Auftreten mancher Offiziere durchsetzen [35]. Noch in der Nacht wurde hier Major i. G. Hayessen verhaftet, und zwar von dem Mitverschwörer Oberstleutnant i. G. Schöne, dem es aber bald ebenso erging, wie auch dem Abteilungsleiter Ia/Org in der Kommandantur, Major z. V. Adolf-Friedrich Graf von Schack, der mit Hayessen Papiere verbrannt hatte. Schöne hatte es gesehen, aber nicht verhindert.

Im Wehrkreiskommando am Hohenzollerndamm hatte man nach dem Zusammenbruch des Putsches kurz nach Mitternacht offiziell Verdacht geschöpft, und zwar vor allem gegen Generalleutnant von Thüngen und gegen Major i. G. von Oertzen. Thüngen konnte sich in der Nacht noch ungehindert entfernen, auch Generalmajor Herfurth, der Chef des Stabes, wurde nicht sofort verhaftet. Oertzen aber hielt man fest, verhörte ihn, er verwickelte sich in Widersprüche, als er leicht nachweisbare Tatsachen zu leugnen suchte, z. B., daß er im Herbst 1943 schon einmal zum Wehrkreiskommando III kommandiert gewesen war [36]. Nach der ersten Vernehmung Oertzens, die noch Generalleutnant von Thüngen auf Anweisung des etwa um 23 Uhr in das Wehrkreiskommando zurückgekehrten General von Kortzfleisch zusammen mit dem IIa, Oberst von Wiese, durchgeführt hatte, und deren Ergebnis Kortzfleisch vorgelegt wurde, meinte dieser, Oertzen sei ja wohl nur zufällig oder unwissend in den Putschkomplex hineingeraten, aber man müsse ihn zunächst in »Schutzhaft« nehmen. Oberst von Wiese eröffnete also Oertzen seine Verhaftung und nahm ihm die Pistole ab. Am Morgen des 21. Juli gelang Oertzen bei einem Gang zur Toilette, zunächst noch belastende Schriftstücke zu verbrennen und hinunterzuspülen und auf dem Rückweg zwei Gewehrsprenggranaten in Löschsandtüten zu verstecken, die auf dem

Flur standen. Gegen 10 Uhr bat Oertzen seinen Bewacher, Leutnant Hentze, die Toilette wieder aufsuchen zu dürfen. Danach wollte er auf dem Flur noch »Luft schnappen«, verschaffte sich unbemerkt eine der Gewehrsprenggranaten und zog sie an seinem Kopf ab. Der hinzuspringende Leutnant wurde verwundet, Oertzen selbst brach schwerverletzt zusammen und wurde für tot gehalten, ein Arzt wurde gerufen, der Schauplatz abgesperrt. Inzwischen schleppte sich Oertzen etwa zwei Meter weit zur nächsten Löschsandtüte, holte die zweite Gewehrsprenggranate heraus, nahm sie in den Mund und zog sie ab, so daß sie ihm den Kopf zerriß. Die umstehenden Offiziere hatten gerade noch Zeit gehabt, in Deckung zu gehen. Kurze Zeit später kam General von Kortzfleisch, der loyale Nationalsozialist, dazu. Immerhin sei der Major von Oertzen anständig gestorben, meinte er.

Am 21. Juli wurde auch schon Generalfeldmarschall von Witzleben verhaftet, der nach dem zweiten Besuch bei General Wagner am Abend des 20. Juli wieder auf das Gut des Grafen von Lynar nach Seesen gefahren war[37].

Zugleich begannen die Verhaftungen von Persönlichkeiten, die dem Regime längst als Gegner bekannt waren, für deren Zusammenhang mit den konkreten Umsturzplänen es aber zunächst keine Beweise gab. So wurden Reichsminister a. D. Dr. Schacht und Generaloberst Halder verhaftet, ferner Minister Dr. Popitz, Reichsminister a. D. Noske, Generalmajor Oster und Admiral Canaris[38]. Sie wurden verhört, aber meist zunächst ohne brauchbares Ergebnis. Witzleben leugnete in seinem ersten Verhör jeden Zusammenhang mit der Verschwörung[39]. Er wußte nicht, wieweit sie sich durch ihre Aktionen bloßgestellt hatte. Niemand verdient einen Vorwurf dafür, daß er sein Leben retten wollte, und Aufrichtigkeit konnte in dieser Lage nicht nur Gefahr für das eigene, sondern auch für das Leben der Mitverschwörer bedeuten. Witzleben handelte durchaus der Sachlage entsprechend und realistischer als manche seiner verhafteten Kameraden. Später und vor allem in dem Prozeß vor dem Volksgerichtshof bewies er gegenüber dem Präsidenten Freisler eine hinsichtlich seiner eigenen Beteiligung völlig offene, überlegene und würdevolle Haltung, trotz der absichtlich entwürdigenden äußeren Umstände.

General der Artillerie Eduard Wagner war bald klargeworden, daß er nach der Verhaftung von Witzleben, Fellgiebel, Stieff und anderen nicht außerhalb der Ermittlungen bleiben würde. Er war durch die beiden Besuche Witzlebens am 20. Juli und durch die Beschaffung des Flugzeugs für Stauffenberg schon sehr stark belastet. Am 23. Juli um 12.41 Uhr erschoß er sich in Zossen[40].

Ebenfalls in den ersten Tagen nach dem Attentat tätigte man umfangreiche Festnahmen auf Grund der Fernschreiben, mit denen die Politischen Beauftragten und die Verbindungsoffiziere zu den Wehrkreisen ernannt worden waren. Wären sie nicht in der Bendlerstraße gefunden worden, so hätte man sie in den Wehrkreisen oder an verschiedenen Stellen, an welche die Fernschreiben irrtümlich oder durch Sabotage der Nachrichtensoldaten und -helferinnen gelangten, leicht ermitteln können. Im übrigen fanden sich in der Bendlerstraße oder sonstwo keinerlei Listen, wie manche Legenden behaupten, vielmehr mußte die Gestapo in wochenlanger und mühevoller Arbeit eine (immer noch unvollständige) Regierungsliste rekonstruieren. Auch ein bedeutender Dokumentenfund im September in einem Panzerschrank in Zossen, der vieles von Hans von Dohnanyi, Hans Oster und Dietrich Bonhoeffer gesammelte und aufbewahrte Material u. a. über die Umsturzversuche von 1938 enthielt, brachte die Gestapo nicht eigentlich weiter, als sie schon war. In der Hauptsache wurden Belastete, gegen die nach Freislerschen Maßstäben das Material zur Verurteilung schon reichte, noch mehr belastet. Das für die Verschwörer gefährlichste Material, z. B. die Berichte über Sondierungen am Vatikan, half den Ermittlern wenig, weil es im Rahmen der Spionagetätigkeit des Amtes OKW/Ausland/Abwehr erarbeitet worden und zum großen Teil als »Spielmaterial« getarnt war. Wo die Spionage zum Mittel des Doppelagenten und des Doppelspiels greift, ist wirklicher Verrat von scheinbarem Verrat zur Täuschung des Gegners praktisch nicht zu unterscheiden, außer durch nachträgliche Feststellung dessen, was »verraten« worden ist, was man aber in den seltensten Fällen kann, weil dazu die gegnerischen Archive geöffnet werden müßten[41]. Es eignete sich in keiner Weise zur Vorlage bei einem Gericht.

Im Hauptquartier in Ostpreußen wurde als einer der ersten der Verschwörung der General der Nachrichtentruppen Erich Fellgiebel verhaftet. Schon am Nachmittag des 20. Juli hatte der stellvertretende Leiter des Reichssicherheitsdienstes, Kriminalrat Högl, General Fellgiebel von »Mauerwald« in die »Wolfschanze« zurückbitten lassen[42]. Man hatte schon Graf Stauffenberg als Attentäter in dringendem Verdacht und seine wiederholten Kontakte mit Fellgiebel an diesem Tag waren aufgefallen. Fellgiebel war eigentlich unmotiviert in die »Wolfschanze« gekommen – der Wehrmacht-Nachrichtenoffizier Oberstleutnant Sander war sehr irritiert, weil der General sich den ganzen Vormittag bei ihm aufhielt, ohne etwas Bestimmtes zu wollen, Sander konnte nicht recht arbeiten und fand das ungewöhnliche Verhalten des immer vielbeschäftigten Generals sehr mysteriös, bis sich dann im Laufe des Abends die Zusammenhänge klärten. Fellgiebel war nach seinem zweiten Besuch in der »Wolfschanze« am Spätnachmittag wieder nach »Mauerwald« zurückgefahren, aber spät am Abend wurde er erneut in die »Wolfschanze« zitiert, diesmal im Auftrag von Generalfeldmarschall Keitel, der Befehl kam an Oberstleutnant Sander, dieser gab ihn an den Kommandeur der Führer-Nachrichten-Abteilung, Major Wolf, weiter.

Nun wußte Fellgiebel natürlich, daß man ihn verdächtigte, es wäre nun Zeit gewesen, in der einen oder anderen Weise sich dem schrecklichen Schicksal zu entziehen, das ihn erwartete. Aber die wenigsten Verschwörer waren auf die sadistische Grausamkeit Hitlers gefaßt, man nahm allgemein an, daß die gefaßten Hochverräter die Kugel treffen würde. Vielleicht konnte sich auch mancher nicht vorstellen, daß eine deutsche Regierung Persönlichkeiten, die zu den führenden Offizieren und Beamten des Heeres und des Reiches gehörten, so unmenschlich foltern und schließlich aufhängen lassen würde – ihre Untergebenen freilich kannten sich in den Niederungen der deutschen Obrigkeit besser aus. Fellgiebels Ordonnanzoffizier, Oberleutnant Dr. Arntz, fragte den von ihm verehrten General, ob er eine Pistole habe. Aber Fellgiebel antwortete: »Man steht, man tut das nicht.« [43] Er wollte sich auch die Gelegenheit nicht entgehen lassen, seinen Vernehmern – wie sollten es nicht Offiziere eines Kriegsgerichtes sein? – die Wahrheit über die verbrecherische Führung des Reiches ins Gesicht zu sagen. Er begab sich also ohne Widerstreben wieder in die »Wolfschanze«, wo er verhaftet wurde. Beim Abschied sagte er zu Dr. Arntz: »Wenn ich an die Ewigkeit glaubte, würde ich sagen ›auf Wiedersehen‹.« [44] Der Fahrer kam später weinend ohne seinen General nach »Mauerwald« zurück.

Allein die Tatsache, daß Fellgiebels Chef des Stabes in Ostpreußen, Oberst Hahn, erst am 12. August verhaftet wurde, ist ein beredtes Zeugnis für die bewundernswürdige Standhaftigkeit Fellgiebels. In der französischen Widerstandsbewegung galt es als ausgemacht, daß man von keinem, der von den Deutschen gefaßt wurde, mehr als vierundzwanzig Stunden lang die Verweigerung wahrheitsgemäßer Aussagen erwarten durfte, man kannte die Methoden der Gestapo [45]. Bis dahin mußten eben die Spuren verwischt, die Kompromittierten verschwunden sein. Fellgiebel wurde sehr gefoltert, gab aber die Namen seiner mitverschworenen Kameraden wenigstens drei Wochen lang nicht preis, wenn er auch hinsichtlich seiner eigenen Rolle ganz aufrichtig und offen Auskunft gab. Natürlich hätte man ihm mit oder ohne Leugnen nie geglaubt, daß er alle Sperrmaßnahmen allein durchgeführt habe, es wurde klar, daß wenigstens seine nächsten Untergebenen – Hahn, Thiele und Haßel – nicht bloß als Befehlsempfän-

ger gehandelt hatten. Durch die Vernehmung anderer Beteiligter, vor
allen Oberstleutnant i. G. Bernhard Klamroth, kam die Gestapo auf die
Spur der Vorbesprechungen zu diesem Punkte, der Umfang der Vorbereitungen auf dem Gebiet des Nachrichtenwesens zeichnete sich in nebelhaften Umrissen ab[46].

Generalleutnant Thiele war in den Tagen nach dem 20. Juli als Nachfolger Fellgiebels nach »Mauerwald« gekommen und hatte zu seinem
Amtsantritt eine wegen ihrer Verlogenheit und Würdelosigkeit die meisten Zuhörer abstoßende Ansprache gehalten, in der er den von ihm bisher verehrten General Fellgiebel als Schandfleck des Heeres und der Nachrichtentruppe bezeichnete[47]. Er wurde darauf von den meisten Angehörigen seines Stabes gemieden, war überaus nervös und reizbar, neigte zu
Wutausbrüchen und sah sich überall verdächtigt, wodurch er nicht wenig
zu seiner eigenen Entdeckung beitragen mußte. In seiner Ratlosigkeit
suchte er Zuflucht im Alkohol. Nachdem er am 11. August, noch einen
Tag vor Hahn, verhaftet worden war, hat er zweifellos zu einer tapferen
Haltung zurückgefunden; denn die vielen anderen Eingeweihten – Burchardt, Degner, Arntz, Höpfner, Haßel, Köllner, um nur die wichtigsten
zu nennen – blieben ziemlich unbehelligt. Manche von ihnen, so Oberstleutnant Haßel, wurden zwar verhaftet, lange festgehalten und übel behandelt, aber keinem von ihnen wurde der Prozeß gemacht. Der Nachfolger Thieles, General der Nachrichtentruppen Albert Praun, der am
12. August vom neuen Chef des Generalstabes des Heeres, Generaloberst
Guderian, berufen wurde, erhob sofort bei Kaltenbrunner Einspruch
gegen weitere Verhaftungen und Verfolgungen im Bereich des Nachrichtenwesens, er könne nicht arbeiten und die Nachrichtenverbindungen aufrechterhalten, wenn man ihm die Angehörigen seines Stabes
weghole und belaste. Am Tag nach Prauns Berufung, am 13. August,
hatte sich der Führer der Leitstelle für Nachrichtenaufklärung in Lötzen, Oberstleutnant von der Osten, das Leben genommen[48]. Kaltenbrunner verwies Praun an den Gestapo-Chef Müller, und dieser sagte
Praun, der Selbstmord Ostens sei überflüssig gewesen, man habe ihm
nichts nachweisen können. Es sei auch nicht beabsichtigt, weitere Stabsangehörige zu verdächtigen.

Weil man die Fachleute brauchte, mußte man haltmachen, aber nicht
nur deshalb, das sei ausdrücklich gesagt. Viele Stabsangehörige verdanken
ihr Leben der vorsichtigen Praxis Fellgiebels, die Einweihung der Mitwisser auf das notwendigste Maß zu beschränken, der Standhaftigkeit der
Verhafteten, und nicht zuletzt der Umsicht von Kameraden wie Oberstleutnant Sander, Oberstleutnant John von Freyend und Major von Szymonski.

Zu den Verhafteten der ersten Stunden gehörte in Ostpreußen auch der Chef der Organisationsabteilung des Generalstabes des Heeres, Generalmajor Stieff, er wurde schon um Mitternacht im Lager »Mauerwald« festgenommen [49]. Sogleich half der Gestapo ein Phänomen weiter, das schon erwähnt wurde, nämlich die unglaubliche Offenheit, mit der vor allen die hohen Offiziere ihre Aussagen machten, wie Generaloberst Guderian Mitte August dem Nachfolger Fellgiebels und Thieles, General Praun, anvertraute: »Sie waren gewohnt, als Offiziere vor Ehrengerichten ihrer Standesgenossen auszusagen, nicht vor den Untersuchungsführern der Gestapo.« [50] So hat schon die Vernehmung Stieffs am 22. Juli ergeben, daß der Chef der Organisationsabteilung mit Generalleutnant Heusinger, General Wagner und General Lindemann über ein Attentat gegen Hitler gesprochen habe [51]. Trotzdem dauerte es aber noch sechs Tage, während denen Stieff mit großer Sicherheit gefoltert wurde, bis Stieff Einzelheiten über die Vorbereitung des Attentats zu Protokoll gab. Im Gestapo-Bericht an Bormann vom 28. Juli heißt es, »das nunmehr von Generalmajor Stieff abgelegte Geständnis sowie die Vernehmungen Schulenburgs und verschiedener anderer [geben] *wesentliche Aufschlüsse*«. Dabei belastete er immer noch fast nur tote Kameraden und sich selbst [52].

Schon am 25. Juli war die Gestapo ziemlich eingehend über die Beschaffungen von Attentatsprengstoff unterrichtet, man hatte Anhaltspunkte für die Rollen von Stieff, Oertzen, Oberleutnant Albrecht von Hagen, Oberstleutnant Klamroth und Major Kuhn, die bis auf Oertzen und Kuhn alle schon verhaftet waren (Kuhn entzog sich der Verhaftung, indem er zur Roten Armee überlief) [53]. Nun mußten die anderen Beteiligten auch mit Verhaftung rechnen: Oberstleutnant Werner Schrader nahm sich am 28. Juli in seiner Wohnbaracke in Zossen das Leben, auf dem Tisch lag ein Zettel mit den Worten: »›Ich gehe nicht ins Gefängnis, ich lasse mich nicht quälen!‹« [54] Der Chef der Heereswesen-Abteilung im OKH, Oberst i. G. Wessel Freiherr von Freytag-Loringhoven hatte schon am 23. Juli Selbstmord begangen [55]. Aber es dauerte noch bis Ende Juli/Anfang August, ehe die Gestapo-Berichte eine größere Anzahl neuer Namen vermelden konnten, wozu ihr insbesondere das aufgefundene Tagebuch des Hauptmanns d. R. Hermann Kaiser mit seinen unschwer zu entschlüsselnden Decknamen und die eben erwähnten Selbstmorde Anhaltspunkte gaben [56].

Dennoch bewegten sich die Ermittlungen noch wochenlang in einem verhältnismäßig engen Kreis, bis sie durch intensive Auswertung des Ermittelten, durch Dokumentenfunde und schließlich durch die Aussagen Dr. Goerdelers, der am 12. August nach wochenlanger erfolgreicher Flucht verhaftet wurde, wieder einen Schritt weiter kamen[57]. Goerdeler machte in seinen Vernehmungen »außerordentlich *weitgehende Angaben*«, und zwar, wie sein Biograph Gerhard Ritter sich überzeugte, nicht unter der Folter, nicht um sein Leben zu verlängern, und auch nicht in erster Linie, um die Gestapo mit Material zu überschwemmen, über deren Verarbeitung sie vom Kriegsende überrascht werden würde, sondern ganz einfach, um der Wahrheit ans Licht zu verhelfen. Er wollte, daß die Gestapo und damit das nationalsozialistische Regime ganz genau erfahren, welcher Art und wie groß die Opposition war. Er hoffte noch immer, Hitler zur Umkehr zu bewegen und vielleicht selbst ihm oder Himmler gegenübergestellt zu werden, um sie zu überzeugen. Andererseits täuschte oft die Genauigkeit der Details, die Goerdeler angab, die Gestapo über die tatsächliche Irreführung, der sie erlag, wie ja schon die amtliche Darstellung der Vorgänge in der Nachrichtenzentrale der Bendlerstraße durch große Genauigkeit der Angaben über die Verschleierung der Vorgänge täuschte[58]. Tatsächlich sind mehrere der Freunde Goerdelers der Gestapo ganz entgangen, und zwar nicht ohne seine Hilfe, da er ihre möglichen Aufenthaltsorte und ihre führende Beteiligung an der Verschwörung selbstverständlich genau kannte, so z. B. Jakob Kaiser, Dr. Elfriede Nebgen, Hans Walz und Ernst Lemmer.

Die sogenannte Gewitteraktion des 22. August 1944, bei der rund 5000 Parlamentarier und Funktionäre der alten Parteien, darunter auch Konrad Adenauer und Kurt Schumacher »schlagartig« verhaftet und in Konzentrationslager gebracht wurden, stand in keinem direkten Zusammenhang mit den Ermittlungen über den 20. Juli 1944, sondern hatte ihren Ursprung schon in lange davor zurückreichenden Plänen der Gestapo[59]. Sie verdient aber Erwähnung als indirekte Folge des 20. Juli, wegen ihres Umfangs, und weil sie später die Schätzungen der Verhaftungszahlen beeinflußt hat. Sie ist auch ein Zeichen der Ratlosigkeit der Gestapo.

Sogar ein so prominenter Flüchtling wie General der Artillerie Fritz Lindemann konnte erst nach wochenlangen Ermittlungen am 3. September in Berlin festgenommen werden. Er versuchte dabei, aus einem Fenster des dritten Stockwerkes zu springen, wurde aber von Polizeibeamten durch zwei Beinschüsse und einen Bauchschuß daran gehindert. Man hat ihn sofort operiert, um ihn vor Gericht stellen zu können, aber er ist am 21. September an seinen Verletzungen gestorben[60]. Fünf seiner Fluchthelfer aber, bei denen bzw. mit deren Hilfe sich Lindemann zu verschiedenen Zeiten zwischen dem 22. Juli und dem 3. September verborgen gehalten hatte, wurden vom Volksgerichtshof am 27. November und am

1. Dezember zum Tode verurteilt[61]. Zwei von ihnen waren als »jüdische Mischlinge ersten Grades«, eine weitere Helferin als Witwe eines Juden selbst schon aufs höchste gefährdet gewesen, jeden Tag konnten sie abgeholt und in ein Vernichtungslager gebracht werden, und überdies hatten sie schon einmal einem Verfolgten beim Untertauchen geholfen. Nun teilten sie ihre Wohnung mit General Lindemann und stellten ihn der Umwelt als Major und Journalist namens Exner vor. Sie ließen sich natürlich nicht im geringsten beirren, als Mitte August eine Belohnung von 500 000 Reichsmark auf Lindemanns Ergreifung ausgesetzt wurde.

Ebenso gelang es dem Reichskriminaldirektor Arthur Nebe lange Zeit, durch kriminalistisches Geschick und durch die Hilfsbereitschaft von Freunden, den Verfolgern zu entgehen[62]. Er gab sich zunächst den Anschein, bei der Aufdeckung der Verschwörung eifrig mitzuwirken, mußte aber nach der Verhaftung des Grafen von Helldorf am 24. Juli fliehen[63]. Durch fingierte Abschiedsbriefe und Hinterlassung von Gegenständen, z. B. wertvoller Lebensmittel und Ausweise, die ein Lebender damals nie ohne Zwang einfach liegengelassen hätte, täuschte er Selbstmord vor, tauchte unter falschem Namen und mit gefärbten Haaren unter und konnte sich mit Hilfe von Freunden verborgen halten, bis er am 16. Januar 1945 verhaftet wurde. Dr. Gisevius, der zusammen mit Nebe geflüchtet und untergetaucht war, konnte am 23. Januar 1945 mit falschen Papieren in die Schweiz entkommen[64].

In den Wehrkreisen und in den Bereichen der Militärbefehlshaber der besetzten Gebiete blieben die Verhaftungen auf ein verhältnismäßig geringes, der tatsächlichen Verbreitung der Verschwörung nicht entsprechendes Maß beschränkt. In Wien hat der Gauleiter von Schirach nach seiner Rückkunft von einer Reise dem Stadtkommandanten, Generalleutnant Sinzinger, eigenhändig sein Goldenes Parteiabzeichen von der Uniform gerissen, weil er Berliner Befehle ausgeführt und SS-Leute verhaftet hatte[65]. Der Chef des Generalstabes im Wehrkreiskommando, Oberst i. G. Kodré, wurde mehrfach von der Gestapo verhaftet und erst bei Kriegsende aus dem Konzentrationslager Mauthausen befreit[66]. General von Esebeck ging es ähnlich, und natürlich wurden die Politischen Beauftragten und zahlreiche nationalösterreichische Politiker, die seit je verdächtig waren, verhaftet. Auch in anderen Wehrkreisen wurden Offiziere verhaftet, die, als Uneingeweihte oder Mitwissende, die Berliner Befehle auszuführen suchten. Aber kaum einer verlor sein Leben.

Sogar in den Stäben der Militärbefehlshaber in Belgien und Nordfrankreich bzw. Frankreich hielten sich Verhaftungen und Verfolgungen in ziemlich engen Grenzen. General Freiherr von Falkenhausen wurde am

29. Juli verhaftet, sein Chef des Stabes Oberst i. G. Bodo von Harbou erhängte sich nach der Verhaftung in seiner Zelle [67]. In Paris suchten nach dem Zusammenbruch des Aufstandes sowohl dessen Führer wie auch die Opfer auf seiten der SS und des SD das ganze öffentlich als Alarmübung und intern allenfalls als Mißverständnis hinzustellen. Der Höhere SS- und Polizeiführer Oberg, der SD-Chef Dr. Knochen und der Chef des Generalstabes beim Oberbefehlshaber West, General Blumentritt, einigten sich auf eine »Sprachregelung« für ihre Berichte nach oben [68]. Ohne diese Gemeinsamkeit der Interessen – die Offiziere hatten die Berliner Befehle mit Eifer ausgeführt, die SS-Leute hatten sich nahezu ohne Widerstreben den Befehlen, die auch sie für »echt« hielten, gefügt – hätten die Verhaftungen in Frankreich große Kreise gezogen.

Der Militärbefehlshaber Frankreich, General von Stülpnagel, konnte allerdings nicht mehr in sein Kommando eingesetzt werden, von dem er noch in der Nacht vom 20. auf den 21. Juli durch Generalfeldmarschall von Kluge entbunden worden war. Er war allzu kompromittiert und eine förmliche Untersuchung gegen ihn war unvermeidlich. General Blumentritt versuchte, die Tätigkeit Stülpnagels am 20. Juli zu decken und zu rechtfertigen, aber Kluge konnte sich von dem Umsturzversuch nun nicht eifrig genug distanzieren, er hatte Stülpnagels Tätigkeit schon beim OKW gemeldet. Am Morgen des 21. Juli erhielt Stülpnagel den Befehl, sich zur Berichterstattung in Berlin zu melden. Inzwischen vernichteten Oberstleutnant Dr. von Hofacker, Dr. Horst, Dr. Teuchert und Dr. Thierfelder die schriftlichen Unterlagen des Staatsstreiches und warnten die anderen Eingeweihten [69].

Stülpnagel beschloß, mit dem Auto nach Berlin zu fahren. Auf dem alten Schlachtfeld an der Maas, nördlich von Verdun, ließ er halten, schickte den Wagen ein Stück voraus, ging an den Maas-Kanal und schoß sich von rechts durch den Kopf, ohne sich zu töten. Seine Begleiter kehrten auf den Schuß hin um, fanden ihn im Wasser treibend und brachten ihn in ein Lazarett in Verdun. Noch in der Nacht operierte man Stülpnagel, er war außer Lebensgefahr, aber erblindet. Die Begleiter vermuteten zuerst einen Partisanenüberfall, aber bald war der Selbstmordversuch deutlich, er konnte fast nur als Schuldbekenntnis aufgefaßt werden, man suchte nach weiteren Eingeweihten. Die Version von dem Mißverständnis glaubte spätestens seit Kluges Anzeige niemand mehr [70].

Einer der Fahrer Stülpnagels gab in stundenlangem Verhör in der Nacht vom 22. auf den 23. Juli zu, im Stabe des Militärbefehlshabers halte man den »Überfall« für einen Selbstmordversuch und Oberst i. G. von Linstow, der Chef des Stabes, habe ihn gebeten, bei seiner von ihm selbst anfänglich geglaubten Version vom Überfall zu bleiben, weil man das »»unserm General schuldig«« sei [71]. Angesichts der Weisungen aus dem RSHA und angesichts der Vorgänge nach dem 20. Juli konnte nun auch Oberg nicht länger stillhalten und so tun, als gäbe es keine Verdachtsmomente. Am 23. Juli wurde Linstow verhört, unter Hausarrest gestellt und am 27. Juli verhaftet. Hofacker wurde am 25. Juli verhaftet. Der Oberquartiermeister West, Oberst i. G. Finckh, der Wirtschaftsbeauftragte Rittmeister d. R. Dr. Gotthard Freiherr von Falkenhausen, ferner die ebenfalls in der Wirtschaftsverwaltung Frankreichs tätigen Dr. Ernst Röchling, Geheimrat Kreuter und Freiherr von der Osten-Sacken wurden gleichfalls verhaftet [72]. Dann flaute die Verhaftungswelle in Frankreich ab. General Blumentritt blieb, und Generalfeldmarschall von Kluge zunächst auch, obwohl sich gegen ihn sofort Verdacht erhoben hatte. Der Stadtkommandant von Boineburg-Lengsfeld und Generalmajor Brehmer wurden strafversetzt, Oberst von Kraewel blieb unbehelligt [73].

Als die Ermittlungen dann doch ihre Schatten noch weiter warfen und als Kluge, wie er meinte, seinen ehrlichen Soldatennamen mit der Schlacht um Frankreich zu verlieren schien, war der Feldmarschall am 15. August in den Kessel von Falaise gefahren, vermutlich um den Tod zu suchen. Da er auf dem Weg dahin lange Zeit durch Jagdbomber am Vorwärtskommen gehindert war und auch seinen Funkwagen verlor, war er viele Stunden verschollen, vom OKW aus konnte man ihn nicht mehr erreichen, und Hitler glaubte am Abend des Tages schon, der Feldmarschall sei übergelaufen. Ohne weiter zu warten, ernannte er Generalfeldmarschall Model zum Nachfolger Kluges als Oberbefehlshaber West. Kluge kehrte dann wieder auf seinen Gefechtsstand zurück, wurde aber von dem Kommandowechsel erst eine Stunde vor dem Eintreffen Models unterrichtet, der am 17. August das Kommando übernahm. Am 19. August, auf der Fahrt nach Deutschland bei einer Rast in der Nähe der alten Schlachtfelder des Ersten Weltkrieges, nahm Kluge Zyankali [74].

Wenn auch die hie und da genannten Verhaftungszahlen im Zusammenhang mit dem 20. Juli, z. B. die 7000, die Dr. Kiesel angab, einen eindrucksvollen Hinweis auf die Verbreitung der Opposition geben, so sind sie doch nur annäherungsweise repräsentativ für die wirkliche Ausdehnung der Opposition gegen Hitler. Tatsächlich war die Gestapo ein halbes Jahr nach dem Beginn ihrer umfangreichen Ermittlungen noch weit entfernt davon, genau über die Widerstandsbewegung unterrichtet zu sein, wie die Berichte der Sonderkommission 20. Juli zeigen [75]. Dabei wurden die Ermittlungen mit Energie geführt, erst in den letzten Monaten des Krieges ließ diese Energie nach, teils, weil die Organisation

durch Bombenangriffe und Verlagerungen gelähmt wurde, teils, weil viele
Gestapoleute sich angesichts des nahen Endes nicht mehr unnötig kom-
promittieren wollten, was aber nicht ausschloß, sondern vielmehr notwendig machte, daß sie sich mit aller Energie gerade in den letzten Tagen
noch derer entledigten, die Unerfreuliches über sie auszusagen gehabt
hätten.

Der erwähnte Mangel an Informationen und an Einblick ist um so
erstaunlicher, als die Leute Himmlers jedes denkbare Mittel anwandten,
wenn sie Aussagen erzwingen wollten. Nur ein Teil ihres Mißerfolges
geht auf das Konto der begrenzten Intelligenz der Gestapobeamten, der
größere Teil auf das Konto der Standhaftigkeit der Opfer. Z. B. wurden
so prominente Verschwörer wie Hauptmann Freiherr von dem Bussche,
Rittmeister von Breitenbuch, Generalmajor Freiherr von Gersdorff, General Lanz, Oberst Graf von Strachwitz überhaupt nicht verhaftet, obwohl
viele Verhaftete und später Verurteilte genau über ihre Beteiligung unterrichtet waren. Dabei hat man durchaus nicht mit Foltern aller Art
gespart.

Andererseits hätte manch einer der Verschwörer wohl die Möglichkeit
gehabt, mit falschen Papieren zu entfliehen, unterzutauchen, sich bei
Freunden zu verstecken, für viele Beteiligte hätten sich Türen geöffnet.
Die Erlebnisse des Generals Fritz Lindemann sind ein Beispiel dafür,
aber auch für das, was die Helfer zu erwarten hatten. Die meisten der
Gefährdeten dachten nicht daran, ihre sonst unverdächtigen Freunde in
solche Gefahr zu bringen. Viele warteten einfach auf ihre Verhaftung,
wie z. B. Ulrich von Hassell, der nach dem 20. Juli in den Straßen von
Berlin umherirrte und schließlich am Schreibtisch seine Häscher erwartete [76].

Aber das war es nicht allein. In dem teuflischen System der nationalsozialistischen Herrschaft gab es auch die mit angeblich germanischen
Bräuchen bemäntelte »Sippenhaft«, die freilich zugleich mit ihrer Unmenschlichkeit eine vom Standpunkt der Opposition aus erwünschte klärende Wirkung hatte. In seiner Rede vor den Gauleitern am 3. August 1944
sagte Himmler darüber: »Wenn sie [die germanischen Vorfahren der
Deutschen] eine Familie in die Acht taten und für vogelfrei erklärten
oder wenn eine Blutrache in einer Familie war, dann war man maßlos
konsequent. Wenn die Familie vogelfrei erklärt wird und in Acht und
Bann getan wird, sagten sie: Dieser Mann hat Verrat geübt, das Blut ist
schlecht, da ist Verräterblut drin, das wird ausgerottet. Und bei der
Blutrache wurde ausgerottet bis zum letzten Glied in der ganzen Sippe.
Die Familie Graf Stauffenberg wird ausgelöscht bis ins letzte Glied.« [77]

Nicht nur der Täter also sollte verfolgt und bestraft werden, sei es für die Tat oder für den Versuch, sondern der Geist der Tat. Es sollte der Geist der Menschlichkeit, des Friedens, des Rechtes zugleich ausgerottet werden. Dazu wollte man nicht bloß einzelne, sondern ihre »Sippen«, ihre Familien, in denen stets der Geist der Freiheit und der Widerstand gegen Unrecht und Willkür zuerst wächst und gepflegt wird, beseitigen. Eigentlich hätte das Regime ganze Gesellschaftsschichten physisch vernichten müssen, um sein Ziel auch nur annähernd zu erreichen. Eine solch radikale soziale Revolution war schon mehrfach von Hitler um anderer, kurzfristiger erreichbarer Ziele, besonders zur Befriedigung seines Kriegswillens, hinausgeschoben worden, die inneren Widersprüche in der Partei halfen ebenfalls, sie zu verhindern, und schließlich verbot der totale Krieg Eingriffe, die das Gefüge des Staates so gründlich erschüttern würden. Auch jetzt konnte man nicht so konsequent sein, wie man wollte.

Die Sippenhaft war eine besonders raffinierte Art der Folter. Beim Verhör Verdächtiger konnten die Gestapobeamten ganz legal mit der Mißhandlung der Frau und der Kinder, der Eltern, Geschwister und anderen Verwandten der Verhafteten drohen. Niemand kann ermessen, wie schwer in solcher Lage das Verweigern der geforderten Aussagen, das Verbergen des Wissens war. Nicht allen gelang es, gerade so viel zu sagen, daß die Geheimpolizisten an die Aufrichtigkeit der Aussage glaubten und also – vielleicht – die Familie geschont wurde, und daß zugleich kein Lebender verraten oder über das hinaus belastet wurde, was die Gestapo ohnehin schon wußte.

Die »Sippenhaft« war aber nicht nur Foltermittel, sondern auch ideologisch verbrämte Rache. Das ganze »Verrätergeschlecht Stauffenberg« sollte »unschädlich« gemacht werden. Man verhaftete daher nicht nur die Frauen von Claus und Berthold Graf von Stauffenberg, den Bruder Professor Alexander Graf von Stauffenberg und die drei- bis achtjährigen Kinder der Brüder Stauffenberg, sondern auch Vettern, Onkel und Tanten, ja sogar angeheiratete Verwandte in großer Zahl, und außer den kleinen Kindern auch Greise, z. B. den fünfundachtzigjährigen Vater eines Vetters des Attentäters, seine Mutter, seine Schwiegermutter Freifrau von Lerchenfeld, und andere Verwandte und Bekannte[78]. In ähnlicher Weise wurden alle erreichbaren Angehörigen der Familien Goerdeler, Lehndorff, Schwerin von Schwanenfeld, Tresckow, Seydlitz, Hagen, Freytag-Loringhoven, Hase, Lindemann, Bernardis, Hansen, Hofacker, Finckh, Yorck von Wartenburg, Moltke, Hoepner, Oster, Dohnanyi, Bonhoeffer, Haushofer, Trott zu Solz, Leber, Leuschner, Jakob Kaiser, Hammerstein, Popitz, Harnack, Kleist, Haeften, Haubach, Schulenburg, um nur einige Namen zu nennen, verhaftet. Es gab aber keinerlei einheitliche Richtlinien für die Sippenhaft, sie wurde »von Fall zu Fall«, d. h. willkürlich gehandhabt. Himmler hat es ausdrücklich abgelehnt, irgendwelche Grundsätze dafür aufzustellen [79].

Die Gefangenen wurden dann zum Teil mit Viehwagen von Gefängnis zu Gefängnis und von Konzentrationslager zu Konzentrationslager geschleppt. Unter den Stationen ihres unverdienten und unverschuldeten Leidensweges waren so berüchtigte Lager wie Stutthof, Lauenburg, Buchenwald, Sachsenhausen und Dachau. Viele von ihnen kamen von Dachau am Ende des Krieges mit dem berühmten Prominententransport nach Tirol, wo sie schließlich beim Herannahen der amerikanischen Truppen von der SS alle erschossen werden sollten, jedoch auf Befehl des in der Nähe als Oberbefehlshaber Südwest kommandierenden Generaloberst Heinrich von Vietinghoff genannt Scheel durch Soldaten des Heeres befreit wurden, die die SS-Bewacher entwaffneten [80].

Dazu kamen andere Arten der Folter. Es gab sie ganz offiziell, kein Leugnen der nach dem Kriege vor Gericht gestellten Gestapobeamten konnte daran etwas ändern, und sie hieß »Verschärfte Vernehmung«. Man ging wohl etwas verschämt damit um, ein gutes Gewissen hatte niemand dabei. Schon 1936 fand sich der damalige Chef des Geheimen Staatspolizeiamtes der Preußischen Geheimen Staatspolizei, Reinhard Heydrich, veranlaßt, unter dem 28. Mai an alle Dienststellenleiter zu schreiben und »darauf hinzuweisen, daß die Anwendung verschärfter Vernehmungsmethoden auf keinen Fall aktenkundig gemacht werden darf.« [81] Selbst 1941 wollte man den Bogen noch nicht überspannen, es bedurfte, wie Heydrich wieder in einem Schreiben an die Dienststellenleiter in Erinnerung bringen mußte, der Einhaltung gewisser Vorschriften. Verschärfte Vernehmung war ohne weiteres nur auf »kommunistische bzw. marxistische Funktionäre, Bibelforscher und Saboteure« anzuwenden [82]. »Wenn darüber hinaus in besonders wichtigen Fällen eine verschärfte Vernehmung vertretbar und erforderlich [!] sein sollte«, sei grundsätzlich die Genehmigung Heydrichs einzuholen, allerdings nicht bei der verschärften Vernehmung von Polen und Sowjetrussen. Aber unter dem 12. Juni 1942 gab der Chef der Sicherheitspolizei und des SD, Heinrich Müller, den zuständigen Beamten »im Zuge der Vereinfachung« eines Erlasses vom 1. Juli 1937 über die Verschärfte Vernehmung die Neuregelung bekannt: Verschärfte Vernehmung dürfe nur angewendet werden, wenn festgestellt sei, daß der Häftling »über wichtige staats- oder reichsfeindliche Sachverhalte« Auskunft geben *kann*, seine Kenntnisse aber nicht preisgeben *will* [83]. Auch dann noch war grundsätzlich der ohne besondere Genehmigung zugelassene Personenkreis beschränkt auf »Kommunisten, Mar-

xisten, Bibelforscher, Saboteure, Terroristen, Angehörige der Widerstandsbewegungen [der besetzten Gebiete], Fallschirmagenten, Asoziale, polnische oder sowjetrussische Arbeitsverweigerer oder Bummelanten.« Mit
Genehmigung waren Ausnahmen erlaubt. Dasselbe galt für die Bestimmung: »Zur Herbeiführung von Geständnissen über eigene Straftaten
darf die verschärfte Vernehmung nicht angewendet werden ... Ausnah-
mefälle bedürfen ebenfalls meiner vorherigen Genehmigung.«

Auch die Methoden wurden in dem Schreiben Müllers wenigstens angedeutet: »einfachste Verpflegung (Wasser und Brot), hartes Lager, Dun-
kelzelle, Schlafentzug, Ermüdungsübungen« sind schreckliche Foltermittel. Man stelle sich vor, daß ein Mensch mit Gewalt tage- und nächtelang
am Schlafen gehindert oder zum regungslosen Stehen (Ermüdungsübung)
gezwungen wird. Aber dazu konnte auch noch die »Verabreichung von
Stockhieben« kommen, bei mehr als zwanzig Hieben auf einmal mußte
ein Arzt zugezogen werden, aber wer wollte da zählen und die Vernehmungsbeamten kontrollieren, und wozu etliche Ärzte bereit waren, das
haben die KZ-Prozesse der Nachkriegszeit gezeigt.

Kennt man diese offiziellen dienstlichen Vorschriften, so wird man
auch so manche eigenartige Wendung in den Berichten an Bormann und
Hitler über die Vernehmungen und Ermittlungen der Sonderkommission
20. Juli besser verstehen. Wenn es etwa heißt: »Erst nach mehrtägiger
Pause in den Vernehmungen gab Schlabrendorff offen Einblick ..«, so
braucht man auch bei mäßiger Kenntnis der Materie nicht lange zu raten,
was in der Pause vor sich gegangen ist. Tatsächlich ist Fabian von
Schlabrendorff so schwer gefoltert worden, daß er schließlich sein anfäng-
liches Schweigen aufgeben mußte und Aussagen machte, in denen er sich
selbst und Tote belastete. Nur auf diese Weise glaubte er, Folterungen
entgehen zu können, bei denen er vielleicht die Kontrolle über sich und
das, was er sagte, verlieren würde. Die Gestapo hatte herausgebracht,
daß Kontakte zwischen dem als Verbindungsoffizier für den Wehrkreis I
vorgesehenen Graf von Lehndorff und Schlabrendorff bestanden; Lehndorff konnte nicht abstreiten, daß der inzwischen, im September 1944,
längst als Hauptverschwörer erkannte Generalmajor von Tresckow eng mit
Schlabrendorff zusammengearbeitet hatte, und Schlabrendorff war am
17. August verhaftet worden. Aber erst unter dem 18. September konnte
die Kommission melden, er habe endlich Aussagen gemacht [84]. Inzwischen
war Schlabrendorff gefoltert worden, mehrfach sahen seine Mitgefange-
nen im Gestapo-Keller in der Prinz-Albrecht-Straße 8, wie er bewußtlos
von den »Vernehmungen« in seine Zelle zurückgebracht wurde. Der Fall
von Fabian von Schlabrendorff eignet sich in einzigartiger Weise als Bei-

spiel, weil die Folterungen noch vor dem Ende des Dritten Reiches gerichtsnotorisch geworden sind und auch die Gestapobeamten sie weder damals noch später abstreiten konnten [85].

Als erste Stufe wurden Schlabrendorff die Hände auf dem Rücken gefesselt und die Finger alle einzeln in einen Apparat eingespannt, in jede Fingerspitze drückte sich ein Stachel. Durch Drehung einer Schraube wurden die Stacheln immer tiefer in die Finger gepreßt. Als das nichts half, wurde der Häftling auf eine Art Bettgestell geschnallt, seine Beine steckten in Röhren, die innen mit spitzen Metalldornen besetzt waren und langsam enger gedreht wurden, so daß sie allmählich tiefer in das Fleisch eindrangen. Der Kopf steckte dabei in einer Art Topf und war mit einer Decke bedeckt, damit man die Schreie des Gefolterten nicht so hörte. Zwischendurch gab man ihm Schläge mit Bambusstöcken und Lederpeitschen. Im dritten Stadium wurde mit Hilfe desselben vielseitigen Gestells der Körper des Opfers gestreckt, entweder kurz und heftig oder langsam fortschreitend. Wurde der Häftling bewußtlos, so erfrischte man ihn mit Eimern kalten Wassers. Auch diese Quälerei hatte aus Schlabrendorff noch kein Geständnis herausgepreßt, und so schritt man zu einer anderen Methode: er mußte gefesselt vornübergebeugt stehen, ohne sich rückwärts oder seitwärts bewegen zu können, und wurde dann von hinten mit schweren Stöcken geschlagen. Bei jedem Schlag fiel er nach vorn mit voller Wucht auf das Gesicht. Diese Foltern wurden alle am selben Tag gegen Schlabrendorff angewandt, aber das einzige Ergebnis war, daß er das Bewußtsein verlor. Am nächsten Tag erlitt er einen Herzschlag und konnte sich mehrere Tage nicht bewegen. Aber als er sich erholt hatte, wurden die Folterungen fortgesetzt. Schließlich entschloß sich Schlabrendorff zu der Aussage, er habe gewußt, daß Tresckow häufig von der gewaltlosen oder auch gewaltsamen Ausschaltung Hitlers gesprochen und kurz vor dem 20. Juli ungewöhnliche Betriebsamkeit entfaltet und Major von Oertzen nach Berlin entsandt habe, ohne daß Schlabrendorff jedoch genauer unterrichtet gewesen wäre. Das schien der Gestapo als Ermittlungsergebnis vorläufig zu genügen, es reichte zur Verurteilung wegen Mitwisserschaft. Schlabrendorff wurde eine Zeitlang in Ruhe gelassen.

Viele andere wurden ebenso geschlagen und gefoltert, meistens von berüchtigten Schlägern wie dem zum Sonderkommando Lange innerhalb der Sonderkommission 20. Juli gehörenden Kriminalkommissar Stawitzki. Admiral Canaris z. B. wurde an Händen und Füßen gefesselt und durch ständiges grelles Licht und Offenlassen der Zellentür gequält, General Fellgiebel, Dr. Walter Bauer, Dr. Carl Langbehn, Graf von Bismarck, Walter Cramer, Staatssekretär a. D. Erwin Planck, Dr. Eugen Gerstenmaier, um nur einige zu nennen, wurden schwer geschlagen, mißhandelt und gefoltert[86]. In wenigstens einem Fall – Adam von Trott zu Solz – wurde die Vollstreckung des Todesurteils aufgeschoben, um noch weitere Aussagen zu erpressen: »Da Trott zweifellos sehr stark zurückgehalten hat, wurde das Todesurteil des Volksgerichtshofes noch nicht vollstreckt, so daß von Trott für eine weitergehende Klärung noch zur Verfügung steht.«[87]

Angesichts solcher Umstände und der großen Zahl der Verhafteten ist es erstaunlich und bewunderungswürdig, wie vielen der Beteiligten die verhafteten Patrioten durch Leiden, Schweigen und Irreführung das Leben retten konnten. Dieser Widerstand, auch noch nach dem Zusammenbruch der Opposition, als gegen das Regime nichts mehr zu erreichen und das ganze Unternehmen gescheitert war, ist nur aus den Quellen zu erklären, aus denen der Widerstand gegen den Nationalsozialismus und die Regierung Hitlers sich von allem Anfang an gespeist hatte, nämlich aus der ethischen Verpflichtung, gegen das Unrecht, gegen das Verbrechen und das Zerstörerische schlechthin zu kämpfen, auch mit dem Einsatz des eigenen Lebens.

3. Volksgerichtshof, Hinrichtung, Konzentrationslager

Der »Volksgerichtshof« war 1934 eingerichtet worden, um dem »gesunden Volksempfinden« gegen Feinde der Volksgemeinschaft Geltung zu verschaffen[88]. Tatsächlich war daran alles fragwürdig: sowohl diese angebliche Absicht, als auch, daß das Volksempfinden gesund sei, ferner, daß die Sprüche des Gerichtshofes diesem Empfinden entsprechen würden und daß die zu Richtenden Feinde der Volksgemeinschaft seien, selbst wenn sie für »schuldig« befunden wurden. In Wirklichkeit war der Volksgerichtshof von Anfang an gedacht als ein Instrument der politischen Herrschaft der nationalsozialistischen Regierung, des allen humanistischen, liberalen Rechtsvorstellungen und rechtsstaatlichen Grundsätzen und Überlieferungen ins Gesicht schlagenden »nationalsozialistischen Rechts«, des Terrors und der Unterdrückung jeglicher Opposition. Seine Urteile waren längst vor dem 20. Juli 1944 oft sogar nach den geltenden Rechtssätzen rechtswidrig und willkürlich. In vielen Fällen standen sie schon vor der Verhandlung fest, oder sie wurden auf Weisung der Regierung aufgehoben und umgewandelt, wenn sie nicht genehm waren.

Am 11. August 1944 erhielt der Gruppenleiter Inland II im Auswärtigen Amt von Vizekonsul Dr. Sonnenhol folgende Meldung schriftlich vorgelegt: »Bei heutiger Besprechung mit SS-Oberführer Panzinger [89] ergab sich folgendes: 1) von Trott zu Solz wird auf der nächsten Tagung des Volksgerichtshofs, voraussichtlich Dienstag oder Mittwoch nächster Woche, zum Tode verurteilt werden.« [90]

Am 22. Dezember 1942 schrieb SS-Gruppenführer Heinrich Müller als Chef des Amtes IV im Reichssicherheitshauptamt an Himmler, Ministerialdirektor Lehmann vom OKW habe ihm mitgeteilt, daß die gegen die Gruppe Schulze-Boysen (Rote Kapelle) gefällten Todesurteile vom Führer bestätigt worden seien, aber: »Nicht bestätigt hat der Führer die Urteile [6 bzw. 10 Jahre Zuchthaus] gegen Frau Harnack und Gräfin Brockdorff. Der Führer hat vielmehr entschieden, daß beide nochmals von einem anderen Senat abgeurteilt werden sollen.« [91] Sie wurden dann auch richtig zum Tode verurteilt und gehängt.

Seit September 1939 konnten auch nach geltendem Verfahrensrecht Strafsachen, die sonst in die Gerichtsbarkeit der Wehrmacht fielen, von Gerichten der »allgemeinen Gerichtsbarkeit« und also nach der herrschenden Terminologie auch vom Volksgerichtshof, der nach rechtsstaatlichen Grundsätzen eher als Sondergericht anzusehen ist, behandelt werden, sofern einer oder mehrere Beteiligte der allgemeinen Gerichtsbarkeit, einer oder mehrere andere ebenfalls Beteiligte aber der Wehrmachtgerichtsbarkeit unterlagen [92]. Bei der Verschwörung des 20. Juli war das natürlich der Fall. Ausdrücklich wurde in dem Gesetz festgelegt, daß Strafverfahren, für die das Reichskriegsgericht zuständig ist, unter der obigen Voraussetzung »auch durch eine Vereinbarung des Chefs des Oberkommandos der Wehrmacht und des Reichsministers der Justiz dem Volksgerichtshof zur Verbindung [der zivilen und der militärischen Gerichtsbarkeit] überwiesen werden« können. Um ganz sicher zu gehen, wurde noch folgender Passus in das Gesetz aufgenommen: »Der Führer und Oberste Befehlshaber der Wehrmacht kann in einem durch rechtskräftiges Urteil geschlossenen Verfahren die Erneuerung der Hauptverhandlung anordnen.« Man nannte so etwas damals das Führerprinzip. In irgendeiner mystischen Weise verkörperte der Führer die Lebensinteressen, den Geist und auch das Recht des Volkes, so etwa sagte man. In Wahrheit war das die reine Willkür, mit »gesetzlichen« Bestimmungen nur oberflächlich bemäntelt. Auch die Erweiterung der Befugnisse der allgemeinen Gerichtsbarkeit auf politische Straftaten von Soldaten im September 1944 [93] diente nicht der Gerechtigkeit, sondern der besseren Kontrolle über die Wehrmacht, die sich noch eine gewisse Unabhängigkeit bewahrt hatte.

Immerhin war das Verfahren noch so kompliziert und die formalen

Hindernisse wegen der (begrenzten) Eigenständigkeit der Wehrmacht noch so groß, daß man es vorzog, die der Militärgerichtsbarkeit unterstehenden Verdächtigen des 20. Juli auch formal und einzeln der allgemeinen Gerichtsbarkeit, d. h. dem Volksgerichtshof, zu unterstellen. Zu diesem Zwecke wurde ein »Ehrenhof« eingesetzt, der die Verdächtigen ohne Anhörung, ohne Beweisverfahren, ohne Schuldspruch, auf den Vortrag der Ermittlungsergebnisse der Geheimen Staatspolizei hin, dem Führer zur Ausstoßung aus der Wehrmacht vorschlug. Das erschien auch deshalb als praktische Lösung, weil der Nachweis des gemeinsamen Handelns mit Zivilisten nicht immer geführt werden konnte, die ersten Prozesse aber um der propagandistischen Wirkung willen sehr rasch abgewickelt werden sollten. Dem Ehrenhof gehörten Generalfeldmarschall Keitel, Generaloberst Guderian, General der Infanterie Walter Schroth, General der Infanterie Karl Kriebel, später auch der General der Infanterie Karl-Wilhelm Specht, Generalleutnant Heinrich Kirchheim als Vertreter Guderians und Generalfeldmarschall von Rundstedt als Vorsitzender an. Auch Generalmajor Ernst Maisel und Generalleutnant Wilhelm Burgdorf nahmen an den Sitzungen des Ehrenhofes teil[94].

Die Verhandlung vor dem Volksgerichtshof gegen die erste Gruppe der Verschwörer fand am 7. und 8. August im Großen Saal des Kammergerichts in Berlin unter dem Vorsitz von Dr. Roland Freisler statt. Er trug einen blutroten Talar, an den Wänden hingen große Hakenkreuzfahnen, im sorgfältig ausgewählten Publikum sah man vorwiegend Uniformen der Wehrmacht, der SS, SA und Polizei. Es sollte ein für die Goebbelssche Propaganda, aber auch zur Erbauung des rachsüchtigen Führers geeigneter Schauprozeß werden. Hinter den Fahnen waren Tonfilmaufnahmegeräte verborgen, die jeweils auf ein Klopfzeichen Freislers in Gang gesetzt wurden, der fast allein die Vernehmungen und Verhandlungen führte. Jeweils wenn er das Zeichen gegeben hatte, hob Freisler ein unmäßiges, oft unflätiges Gebrüll gegenüber den Angeklagten an, die damit vollends seelisch vernichtet und als jämmerliche, moralisch minderwertige, von niederen Motiven beseelte Verbrecher hingestellt werden sollten[95].

Der propagandistische Zweck wurde nicht erreicht, die Filme später nur zum Teil der Öffentlichkeit gezeigt. Selbst die dazu eigens ausgewählten Ausschnitte hatten noch das Gegenteil des beabsichtigten Erfolges zur Folge. Sämtliche Angeklagte zeichneten sich durch aufrechte, mutige Haltung aus und wurden in dem, was sie sagten, selbst zu Anklägern des Regimes. Durch ihre ruhige, durch die Leiden der Haft eher abgeklärte Würde machten sie den Gegensatz zu ihrem schreienden, sich wie ein Berserker gebärdenden, würdelosen Richter um so deutlicher.

In der ersten Verhandlung gegen Generalfeldmarschall von Witzleben, Generaloberst Hoepner, Generalmajor Stieff, Oberleutnant von Hagen, Generalleutnant von Hase, Oberstleutnant i. G. Bernardis, Hauptmann Klausing, Oberleutnant d. R. Graf Yorck von Wartenburg sprach vor allen Witzleben überaus furchtlos mit Freisler und blieb ihm nichts schuldig, aber auch die anderen zeigten durchweg aufrechte und tapfere Haltung und ließen sich von Freislers Gebrüll nicht beeindrucken. Witzleben hatte man die Hosenträger weggenommen und Hoepner erschien in einer Strickjacke vor Gericht. Selbst Freisler war das peinlich und er ordnete in der Verhandlungspause am Mittag an, daß den betreffenden Herren ein etwas würdigerer Auftritt ermöglicht werden müsse [96]. Trotz strengen Verbots war bei der Zahl der Zuhörer nicht zu vermeiden, daß Einzelheiten der Verhandlung nach außen drangen, Freisler selbst war deshalb unsicher und suchte sich gelegentlich zu versichern, daß nur autorisierte Zuhörer da waren [97]. So wurde von Witzleben berichtet, er habe Freisler entgegengehalten: »»Sie können uns dem Henker überantworten. In drei Monaten zieht das empörte und gequälte Volk Sie zur Rechenschaft und schleift Sie bei lebendigem Leibe durch den Kot der Straßen.‹« [98]

Freisler versuchte, meist mit Erfolg, die Angeklagten an Äußerungen über ihre Motive zu hindern. Stieff machte mehrere Ansätze zu Erklärungen, die Freisler jedesmal unterdrückte. Trotzdem gelang es vielen Angeklagten, wenigstens kurz zu sagen, warum und wofür sie gehandelt hatten. Graf Schwerin von Schwanenfeld erwähnte »die vielen Morde in Polen«, ehe ihm Freisler ins Wort fiel [99]. Stieff: »Für Deutschland!« [100] Yorck: »Das Wesentliche ist, was alle diese Fragen verbindet, der Totalitätsanspruch des Staates gegenüber dem Staatsbürger unter Ausschaltung seiner religiösen und sittlichen Verpflichtungen Gott gegenüber.« [101] Während der ganzen Verhandlung bewies Yorck eine besonders furchtlose und aufrechte Haltung [102]. Hans-Bernd von Haeften: »Nach der Auffassung, die ich von der weltgeschichtlichen Rolle des Führers habe, nehme ich an, daß er ein großer Vollstrecker des Bösen ist . .« [103]

Rechtsanwalt Josef Wirmer, der wußte, daß er sein Leben nicht retten konnte, schleuderte dem Präsidenten Freisler entgegen: »»Wenn ich hänge, habe nicht ich die Angst, sondern Sie!« Und als Freisler höhnte: »»Bald werden Sie in der Hölle sein!‹« Da schlug Wirmer ohne Zögern zurück: »»Es wird mir ein Vergnügen sein, wenn Sie bald nachkommen, Herr Präsident!‹« [104] Auch Ulrich von Hassell wirkte vor dem Volksgerichtshof selbst eher als Ankläger, denn als Angeklagter, Hermann Maaß verzichtete mit grenzenloser Verachtung für Freisler auf ein Schlußwort, nachdem dieser ihm zweimal völlig unbeherrscht dazwischengebrüllt hatte, Fritz-

Dietlof Graf von der Schulenburg goß seinen Sarkasmus über Freisler
aus, und General Fellgiebel rief seinem Richter zu, er möge sich mit dem
Aufhängen beeilen, sonst werde Freisler eher hängen als die Angeklagten [105]. Die Verhandlungsführung Freislers war mitunter so würdelos,
daß selbst die nationalsozialistischen Berichterstatter und der Justizminister Thierack sich bei Bormann darüber beschwerten [106].

Die Prozesse wurden bis wenige Wochen vor Kriegsende fortgeführt.
Gerade in dieser Zeit, als nichts mehr den Zerfall des Regimes und
seine militärische Niederlage verbergen konnte, wütete Hitlers Willkür
so ungehemmt, daß nur selten und nur zaghaft der eine oder andere
Justizbeamte wagte, ein Verfahren zu verschleppen und so dieses oder
jenes Leben zu retten, mitunter auf Kosten anderer Beschuldigter, wenn
die Akten eines Falles etwa in einem großen Stoß von oben nach unten
verschoben wurden.

Fabian von Schlabrendorff stand am 21. Dezember 1944 mit fünf
anderen Angeklagten vor dem Volksgerichtshof, aber das Gericht war
überlastet und die Fälle von Reichsminister a. D. Dr. Andreas Hermes,
Staatssekretär a. D. Dr. Franz Kempner, Schlabrendorff und Oberst Wilhelm Staehle kamen an diesem Tage nicht mehr an die Reihe [107].
Am 3. Februar 1945 sollte gerade die Verhandlung gegen Schlabrendorff
beginnen, als die Sirenen an diesem Vormittag Fliegeralarm gaben; Gericht und Angeklagter mußten die Keller aufsuchen. Während des Bom-
benangriffs erhielt der Volksgerichtshof einen Volltreffer, ein Balken der
herabstürzenden Kellerdecke erschlug den Präsidenten Freisler in seiner
blutroten Robe. Schlabrendorffs Verteidiger sagte ihm nachher, der Richter habe noch die Anklageakten gegen ihn in der Hand gehabt [108]. Der
Termin wurde erneut angesetzt, auf den 16. März 1945. Weil es Schlabrendorff gelang, die erlittenen Folterungen ausführlich zu schildern mit
dem Hinweis, Friedrich der Große habe das Foltern in Preußen schon vor
zweihundert Jahren verboten, und weil auch von der Gestapo die Folterungen nicht bestritten wurden, sprach ihn das Gericht unter dem Vorsitz
von Dr. Crohne frei und hob den Haftbefehl auf. Aber am Ausgang wurde er von der Gestapo in Empfang genommen. Einige Tage später erklärte
man ihm, das Urteil des Volksgerichtshofes sei offenbar falsch und er
werde zwar nun nicht aufgehängt, wohl aber erschossen werden. Durch
seine Unterschrift mußte Schlabrendorff den Empfang dieser Mitteilung
bestätigen. Nach einigen weiteren Tagen wurde er mit anderen Gefangenen nach Flossenbürg gebracht, wo er nach der Gruppe Canaris, Dohnanyi,
Oster, Bonhoeffer u. a. erschossen werden sollte. Die Räumung des Lagers
vor den anrückenden Russen rettete ihm zunächst das Leben, dann wurde

er mit den schon erwähnten Gefangenen nach Dachau, endlich nach Südtirol gebracht und dort befreit[109].

Auch dem Generaloberst Fromm wurde erst im März 1945 der Prozeß gemacht. Man warf ihm vor, er habe die Vorschriften über militärische Standgerichte mißachtet, als er die Führer der Verschwörung in der Nacht vom 20. auf den 21. Juli erschießen ließ. Verurteilt wurde er wegen Feigheit. Der Berichterstatter Dr. Hopf schrieb jedoch an Bormann, zwar sei zum Glück der Vorsitzende nicht darüber gestolpert, aber juristisch stehe das Urteil gegen Fromm auf sehr schwachen Füßen, weil gar nicht auszuschließen sei, daß Fromm nicht aus Feigheit, sondern aus Sympathie zu den Verschwörern und um beim Erfolg der Erhebung auf der richtigen Seite zu sein, sich so passiv verhalten habe. Wenn das Gericht dies jedoch angenommen hätte, so wäre Fromm doch wegen Hochverrats zu verurteilen gewesen[110].

Als Hinrichtungsart für die Verschwörer hatte Hitler selbst das Erhängen angeordnet, später im Jahre 1944 wurden auch wieder die bis 1942 üblich gewesenen Enthauptungen ausgeführt (Soldaten wurden bis zum 20. Juli 1944 gewöhnlich erschossen). Die ersten acht Angeklagten des 7. und 8. August – Witzleben, Hoepner, Stieff, Hagen, Hase, Bernardis, Klausing, Yorck – wurden schon am Nachmittag nach der Urteilsverkündung am 8. August in der Strafanstalt in Plötzensee gehängt. Alle gingen aufrecht und ohne Klage in den Tod, obwohl nicht allen, und nicht allen nach ihnen, das Sterben leicht geworden ist. Die Hinrichtung durch Erhängen ist in jedem Falle grausam, man erinnert sich an die entsetzlichen Bilder von den Nürnberger Prozessen nach dem Kriege. In Plötzensee aber machte man es auf Hitlers eigene Anordnung besonders bestialisch. Die Guillotine stand noch im Hinrichtungsraum, der Scharfrichter und seine Gehilfen stärkten sich mit Schnaps, und Tonfilmaufnahmen hielten das Sterben der nackten Verurteilten für Hitler fest, der sie sich noch am selben Abend vorführen ließ. Die Verurteilten wurden einzeln mit dem Seil an Haken gehängt, die an einer quer durch den Raum gehenden Schiene an der Decke befestigt waren. Da der Hinrichtungsschuppen die Bomben und Granaten des Krieges überstanden hat und zu einer Gedenkstätte eingerichtet wurde, sind diese Einrichtungen bis auf die Guillotine noch heute dort zu sehen. Der Tod konnte langsam und qualvoll sein, selbst wenn dies nicht beabsichtigt gewesen sein sollte. Jedoch wird glaubwürdig berichtet, daß wenigstens zunächst angeordnet war, das Sterben der Opfer hinzuziehen. Wenn der Gefangene nach dem Festmachen des Seiles am Haken von den Gehilfen des Scharfrichters hochgehoben und mit Wucht fallengelassen wird, hat er Aussicht, sich das Genick zu brechen oder wenigstens das Bewußtsein zu verlieren, wird er aber behutsam hingehängt oder ein kleiner Schemel unter ihm langsam weggezogen, so wird er nur allmählich erwürgt. Vielsagend ist in diesem Zusammenhang die Vorschrift, auch bei der zuerst erwähnten Methode, die Verurteilten zwanzig Minuten lang hängen zu lassen. Nach jeder Erhängung wurde ein Vorhang vor den zuletzt Erhängten gezogen, ehe der nächste Verurteilte herangebracht wurde[111]. Der Vollstreckungsvorgang war stets kurz und dauerte nur Sekunden. In den Protokollen werden gewöhnlich Zeiten zwischen 7 und 20 Sekunden genannt, in denen der Delinquent hereingeführt, von den Scharfrichtern gepackt und gehängt oder enthauptet wurde[112]. Aber nur beim Enthaupten ist mit dem Ende der Vollstreckung auch das Leben und Leiden mit Sicherheit zu Ende. Bei den Enthauptungen ging alles schneller, der Verurteilte wurde vorgeführt und sofort blitzschnell von den Gehilfen des Scharfrichters ergriffen, in die Maschine geschnallt und geköpft. Ende 1944 war man wieder zu dieser Methode übergegangen, nachdem monatelang im Abstand von etwa zwei Wochen Erhängungen ausgeführt worden waren[113]. Aber im März 1945 hat man anläßlich der Hinrichtung Nebes wieder auf das Hängen zurückgegriffen, offenbar, weil es als schwerere Strafe galt[114]. Dagegen war es offenbar ein Gnadenerweis für Fromm und auch entsprechend der gegen ihn erkannten Schuld (Feigheit) eher angemessen und üblich, daß er – am 12. März 1945 – im Zuchthaus Brandenburg an der Havel erschossen wurde[115].

Viele im Zusammenhang mit dem 20. Juli Verurteilte wurden schon am Tag ihrer Verurteilung hingerichtet. Da sehr oft, vielleicht meistens, das Urteil vorher feststand, verwundert es nicht, wenn das Gnadenverfahren nicht einmal formal eingehalten wurde. In ein paar Stunden kann sich ja niemand mit dem Protokoll eines eben geführten Prozesses auf Leben und Tod vertraut machen und alle Umstände gewissenhaft prüfen. Andererseits wurden, wie berichtet, in zahlreichen Fällen die Vollstreckungen aufgeschoben, aber nicht, um das Gnadenverfahren abzuwarten, sondern um aus den Todeskandidaten noch mehr Informationen über die Verschwörung und über ihre Mitverschwörer herauszuholen. Major Hans-Georg Klamroth und Adam von Trott zu Solz wurden am 15. August 1944 verurteilt, das Urteil wurde am selben Tage bestätigt, aber vollzogen wurde es erst am 26. August, im Falle von Trott, da dieser »zweifellos sehr stark zurückgehalten hat«[116]. Fellgiebel, Hansen, Sadrozinski mußten jeweils etwa einen Monat auf den Tod warten, Leber wurde am 20. Oktober 1944 verurteilt, das Urteil am selben Tage bestätigt, aber erst am 5. Januar 1945 vollzogen[117]. Goerdeler mußte vom 8. September

1944 bis zum 2. Februar 1945 auf die Vollstreckung warten [118]. Auch das gehört zu den Grausamkeiten und Unmenschlichkeiten des national-sozialistischen Regimes. Aber es gab noch genug andere.

Die Verschwörergruppe in Frankreich war dank der dortigen Verhält-nisse und dank der Standhaftigkeit ihrer gefaßten Mitglieder mit verhält-nismäßig geringen Verlusten aus den Verfolgungen hervorgegangen. Am 30. August 1944 wurden Stülpnagel, Hofacker, Linstow und Finckh zum Tode verurteilt und mit Ausnahme von Hofacker, der bis zum 20. Dezem-ber warten mußte, auch hingerichtet [119]. Generalfeldmarschall von Kluge hatte sich schon das Leben genommen, aber inzwischen war auch die Rolle Rommels immer deutlicher geworden. Hitler scheute vor einem Prozeß gegen den populärsten seiner Heerführer zurück und wollte den gerade von seinen schweren Verletzungen Genesenden lieber unauffällig be-seitigen. Am 14. Oktober 1944 schickte er Generalmajor Maisel und Ge-neralleutnant Burgdorf zu Rommel nach Herrlingen bei Ulm, wo dieser zu Hause war, und ließ ihn vor die Wahl stellen, ein mitgebrachtes Gift einzunehmen und ein Staatsbegräbnis zu erhalten, oder aber vor den Volksgerichtshof gestellt zu werden – mit allen Folgen für seine Familie. Rommel hätte, von der Rücksicht auf seine Familie abgesehen, vielleicht gern die Gelegenheit ergriffen, vor dem Volksgerichtshof selbst zum An-kläger zu werden. Andererseits war er wohl über die Methoden des Ver-fahrens unterrichtet und überdies überzeugt, gar nicht lebend bis Berlin zu kommen, selbst wenn er sich mit einem Prozeß einverstanden erklärt hätte. So blieb nichts als das Gift. Nach einstündiger Unterredung mit Maisel und Burgdorf, während das Dorf von SS-Truppen umstellt wurde, nahm Rommel von seiner Familie Abschied. Zu seiner Frau sagte er: »»In einer Viertelstunde bin ich tot.«« Dann stieg er mit den Offizieren in ein Auto. Auf der Fahrt nach Ulm wurde gehalten, Rommel nahm das Gift, in Ulm wurde ein Staatsbegräbnis angeordnet, als Todes-ursache eine Embolie auf Grund früherer Verletzungen bekanntgege-ben [120].

Im April 1945 hörten endlich die offiziellen, vom Justizministerium bzw. von den Verwaltungen der Strafanstalten registrierten Hinrichtun-gen auf. Im Zuchthaus Brandenburg wurden am 20. April 1945, am Ge-burtstag des Führers, die letzten 28 Menschen hingerichtet [121]. Insgesamt wird die Zahl der Hinrichtungen für 1945 auf 800 geschätzt, was aber sicher zu niedrig gegriffen ist. Für das ganze Jahr 1944 registrierte das Justizministerium 5764 Hinrichtungen, für das Jahr 1943 5684 [122]. Aller-dings sind längst nicht alle diese Menschen im Zusammenhang mit dem 20. Juli getötet worden, wie nach dem Kriege auf Grund eines Berichtes der Britischen Admiralität angenommen wurde. Die Zahl dieser Hinrichtungen wird vielmehr auf etwa 200 geschätzt [123].

Während noch die offiziellen Hinrichtungen vonstatten gingen, gab es auch halboffizielle und inoffizielle. Diese hörten bis in die letzten Tage des Krieges nicht auf. Ein besonders schreckliches Beispiel für die halboffizielle Art der Hinrichtung ist das Schicksal der Gruppe um Canaris. Man hatte offenbar nicht gewagt, dieser Gruppe von ehemaligen Abwehrangehörigen den Prozeß vor dem Volksgerichtshof zu machen. Sie verteidigten sich damit, daß die ihnen vorgeworfenen Handlungen zu ihrer Spionageabwehrtätigkeit gehört haben, und das war kaum zu widerlegen. Jedenfalls wäre die umständliche Erörterung ihrer Tätigkeit vor einem Gericht inopportun gewesen. Aber dann wurde im April das vollständige Tagebuch von Admiral Canaris entdeckt [124] und es erregte Hitlers Zorn so sehr, daß er die Hinrichtung der Gruppe befahl, die man wohl ohnedies nicht am Leben zu lassen beabsichtigte, ebensowenig wie die später nach Südtirol verbrachten Häftlinge, deren Hinrichtung durch das Näherrücken der Front nur mehrfach aufgeschoben wurde und die schließlich in der schon erwähnten Weise befreit wurden.

Am 7. April kam SS-Gruppenführer Walter Huppenkothen nach Flossenbürg und brachte besondere Weisungen aus Berlin für die Beseitigung gewisser Häftlinge und für den Abtransport anderer, unter diesen Halder, Thomas, Schacht, Schuschnigg, Falkenhausen, Best (englischer Geheimdiensthauptmann), Leutnant Wassilij Kokorin (Neffe Molotows), Oberst i. G. von Bonin, die zunächst nicht umgebracht werden, sondern sogar gut behandelt werden sollten [125]. Unterwegs machte er am 6. April im Konzentrationslager Sachsenhausen Station, wohin am frühen Morgen Dr. Hans von Dohnanyi gebracht worden war, der sich mit Hilfe einer von seiner Frau eingeschmuggelten Speise eine schwere Infektion beigebracht hatte und deshalb bis dahin im Staatskrankenhaus der Polizei gelegen hatte. Der dortige Arzt gab ihm vor seinem Abtransport nach Sachsenhausen nochmals schwere Drogen, um ihn verhandlungsunfähig zu machen und ihn so am Leben zu erhalten. Aber mit solchen Lappalien hielt man sich jetzt nicht mehr auf, man machte dem halb besinnungslosen Dohnanyi, der auf einer Bahre lag, kurzerhand und flüchtig den standgerichtlichen Prozeß. Soweit man weiß, ist Dohnanyi am 9. April hingerichtet worden [126]. Dann war Huppenkothen am 7. April weitergefahren nach Flossenbürg bei Weiden in der Oberpfalz. Der SS-Richter Dr. Otto Thorbeck war aus Nürnberg ebenfalls dorthin bestellt und mußte die letzten 20 Kilometer von Weiden nach Flossenbürg mit dem Fahrrad zurücklegen.

Hier war inzwischen alles für das Standgericht gegen Canaris, Oster, Heeresrichter Dr. Sack, Hauptmann Dr. Strünck, Hauptmann Gehre und Dr. Dietrich Bonhoeffer vorbereitet worden. Am Abend des 8. April wurden die Angeklagten zum Tode verurteilt. Während der Verhandlung wurde zumindest Canaris, wie schon früher, schwer geschlagen. In der Frühe des 9. April 1945 wurden die Verurteilten im Lager Flossenbürg nackt gehängt[127].

Am selben Morgen wurde eine Gruppe anderer Gefangener von Flossenbürg nach Dachau gebracht, unterwegs nahm man auch Häftlinge des etwa 160 Kilometer südlich gelegenen Lagers Schönberg mit. Als sich am 12. April der Gefechtslärm dem Lager Flossenbürg näherte, wurden die letzten Gefangenen nach Dachau abtransportiert. Dort waren schließlich weit über hundert mehr oder minder prominente Häftlinge versammelt, unter ihnen Dr. Josef Müller, Dr. Franz Maria Liedig, Schlabrendorff, Schacht, Halder, Schuschnigg und seine Frau, Thomas, Bonin, Best, Kokorin, Dr. Hermann Pünder, Frau Goerdeler und viele andere Sippenhäftlinge[128]. Sie kamen schließlich in Südtirol in amerikanische Obhut und wurden im Laufe des Sommers 1945 entlassen.

Ein Beispiel der anderen, inoffiziellen Art der Beseitigung ist das Sterben der Gefangenen im Zellengefängnis Moabit in der Lehrter Straße in Berlin. Dort waren u. a. Dr. Klaus Bonhoeffer und Dr. Rüdiger Schleicher in Haft, wurden gefoltert und mußten zwei Monate lang auf die Vollstreckung ihres Todesurteils warten[129]. Mit ihnen warteten viele andere Häftlinge in der Sonderabteilung Gestapo auf ihr Schicksal, darunter die zum Tode verurteilten Dr. Andreas Hermes, Dr. Theodor Steltzer, Dr. Hans John, Friedrich Justus Perels, Wilhelm zur Nieden, Carl Marks, Hans Ludwig Sierks[130]. Elf der weniger belasteten bzw. nicht zum Tode verurteilten Häftlinge wurden am 21. April, als russische Artilleriegranaten in das Gefängnis einzuschlagen begannen, entlassen. Unter ihnen befanden sich die Industriellen Dr. Walter Bauer und Arnold Bistrick, der Kaufmann Georg Stöhr, Staatsfinanzrat Hermann Schilling, Amtsgerichtsrat Dr. Plewe, die Oberstleutnants Dr. Holm Erttel und Ferdinand Zeh, der Bruder von Professor Albrecht Haushofer, Dr. Heinz Haushofer, und Theodor Baensch. Dr. Bauer begab sich am folgenden Morgen ins Justizministerium zu dem ihm bekannten Ministerialrat Dr. Eggensperger und bedrängte ihn, sofort die Entlassung aller noch in der Lehrter Straße festgehaltenen politischen Häftlinge zu verfügen, damit diese nicht in letzter Minute beseitigt würden oder in den Kampfhandlungen zu Schaden kämen.

Es stellte sich aber heraus, daß der Justizminister Dr. Thierack in der

Nacht vom 20. auf 21. April Berlin verlassen hatte und daß nach seinen
Anweisungen für Begnadigungen von Volksgerichtshofsachen der Oberreichsanwalt beim Volksgerichtshof, für andere Fälle der Generalstaats-
anwalt Berlin zugleich in seiner Eigenschaft als Justizbeauftragter des
Reichsverteidigungskommissars Dr. Goebbels zuständig war. Dieser aber
befand sich noch im Bunker der Reichskanzlei bei Hitler, während Berlin
unter russischem Beschuß in Trümmer sank, und man wußte, wie schnell
Menschen in Berlin in diesen letzten zehn Tagen wegen Befehlsverwei-
gerung, Zuwiderhandlungen oder sonstigen jetzt häufigen Delikten erschossen wurden; man konnte nicht schalten und verfügen, wie es die
Menschlichkeit gebieten mochte, wenn man am Leben bleiben wollte.

Trotzdem gelang es Dr. Eggensperger, der sich sehr einsetzte, endlich,
am Nachmittag des 23. April, den Vertreter des Justizministers, Ministerialdirigent Hesse, zu einer Fahrt zum Gefängnis Moabit zu bewegen,
wo sie zusammen die sofortige Entlassung der politischen Gefangenen
durchsetzen konnten. Von Moabit wollten sie zur Lehrter Straße, kamen
aber wegen angeblich inzwischen geschlossener Panzersperren an diesem
Tage nicht mehr dorthin durch. Sie wären freilich ohnehin zu spät gekommen, um das Massaker noch zu verhindern, das inzwischen schon
beschlossen und in Gang gesetzt worden war. Eine frühere Aktion zur
Befreiung der Gefangenen war wohl nicht möglich, weil der 22. April
ein Sonntag war.

Auch wenn es noch nicht zu spät gewesen wäre, war der Erfolg weiterer
Bemühungen mehr als fragwürdig: als am Abend des 23. April General-
staatsanwalt Hanssen von Dr. Eggensperger hörte, die Moabiter Gefangenen seien entlassen worden, sagte er ihm, in solchen Sachen verstehe
der Reichsverteidigungskommissar Dr. Goebbels keinen Spaß, wer in
Moabit die Tore aufgemacht habe, hafte dafür mit Kopf und Kragen.
Er, Hanssen, werde sofort dafür sorgen, daß sich eine solche »Schweinerei«
in der Lehrter Straße nicht wiederhole. Das war aber nicht mehr nötig.

Schon am Abend des 22. April, noch ehe Dr. Bauers Intervention bei
Dr. Eggensperger zu dessen Fahrt mit Hesse nach Moabit geführt hatte,
war mit der Auflösung des Gefängnisses Lehrter Straße durch die Gestapo
begonnen worden. Zunächst wurden einundzwanzig Gefangene entlassen, darunter der Generaldirektor der »Nordsee«-Verkaufsbetriebe Wilhelm Roloff, ferner Hans Lukaschek, Kraft Freiherr von Palombini, der
Goerdeler während dessen Flucht Quartier gegeben hatte, der Abteilungsleiter bei der Deutschen Lufthansa Lothar Francke [131], Hermann Freiherr
von Lüninck und Otto Kunze. Dann wurden gegen 23 Uhr anscheinend
auf Befehl des berüchtigten SS-Obersturmbannführers Kriminalkommissar

Stawitzki sechzehn weitere Gefangene aufgerufen. Man teilte ihnen mit, sie würden vom Reichssicherheitshauptamt in der Prinz-Albrecht-Straße aus entlassen und müßten deshalb nun zunächst dorthin überstellt werden.

Gegen Mitternacht wurden die in zwei Gruppen aufgeteilten Gefangenen auf die Lehrter Straße hinausgeführt und mußten die eben wegen ihrer Entlassung empfangenen Papiere und Wertsachen wieder abgeben, ihr Gepäck wurde auf einen bereitstehenden Kübelwagen verladen, etwa dreißig SS-Leute nahmen die Gefangenen in Empfang [132]. Zu den ersten acht gehörten die zum Tode verurteilten Dr. Rüdiger Schleicher, Dr. Klaus Bonhoeffer, Dr. Hans John, Carl Marks, Friedrich Justus Perels, Wilhelm zur Nieden, Hans Ludwig Sierks und der nicht zum Tode verurteilte Vortragende Legationsrat Dr. Richard Künzer. Während sie noch im Gefängnishof darauf warteten, hinausgeführt zu werden, war eine weitere Gruppe von acht Gefangenen aufgerufen und schon auf die Straße hinausgeführt worden, wo man ihnen sagte, sie würden zum Potsdamer Bahnhof geführt. Kurz darauf kamen die anderen acht.

Gegen 1 Uhr in der Frühe des 23. April wurden alle sechzehn die Lehrter Straße hinunter und dann über die Invalidenstraße auf das Gelände des Universal-Landes-Ausstellungs-Parks (Ulap) geführt, wo sie wieder in zwei Gruppen getrennt wurden. Hinter jedem der Gefangenen ging ein SS-Mann mit schußbereiter Pistole oder Maschinenpistole. Auf ein Kommando erhielten alle Gefangenen von hinten einen Genickschuß.

In der zweiten Gruppe befanden sich Oberst Wilhelm Staehle, Oberstleutnant Ernst Munzinger, Major d. R. Hans Victor von Salviati, Professor Dr. Albrecht Haushofer, ferner ein russischer Kriegsgefangener namens Sergej Sossimow, ein Herr Carlos Moll und die Kommunisten Max Jennewein und Herbert Kosney [133]. Kosney drehte den Kopf in dem Augenblick, als der SS-Mann hinter ihm schoß. Die Kugel ging durch Kosneys Hals und Backe, er brach zusammen, blieb aber bei Bewußtsein und stellte sich tot. Als die SS-Männer weggegangen waren, verband er sich notdürftig und schleppte sich zu einer Verbandstelle des Volkssturms. Auf seinen Bericht hin stellte man den Verbleib der Leichen der ersten Gruppe fest, und drei Wochen nach dem Mord wurden auch die Leichen der Gruppe Kosneys gefunden. Albrecht Haushofer hielt noch das Heft mit den von ihm im Gefängnis verfaßten Moabiter Sonetten in der Hand, als sein Bruder ihn fand.

Für die im Gefängnis Lehrter Straße Zurückgebliebenen war die entsetzliche Ungewißheit über ihr eigenes Schicksal noch nicht zu Ende. Der frühere Gewerkschaftsführer Johannes Albers, der am 20. April 1945 zum Tode verurteilt worden war, wurde am 23. April zur Hinrichtung nach Plötzensee gebracht, dann aber dort von der Roten Armee befreit[134]. Ebenso erging es dem gleichfalls zum Tode verurteilten Diplomingenieur Kurt Sorge, dem Rittmeister d. R. Dr. Paul van Husen und einem Herrn Wilhelm Schmidt. Einige andere dagegen wurden am 23. April entlassen: Dr. Joachim Wrede, Hermann Moritz, der Architekt Carl Bassen, ein Herr Paul Herpich und ein schwedischer SS-Untersturmführer. Am Abend des 23. April übergab die Gestapo das ganze Gefängnis Lehrter Straße an die Justizbehörden, was nichts Gutes bedeuten konnte; denn für die Ermordung an die Justiz übergebener Gefangener konnte man die SS nachher nicht verantwortlich machen, so dachten jedenfalls die Gestapo- und SS-Leute. Als am selben Abend die Gestapo abrückte, schien das Schlimmste überstanden. Aber gegen 1 Uhr am Morgen des 24. April kamen noch einmal – zum letzten Mal – SS-Leute und nahmen drei Gefangene mit: Albrecht Graf von Bernstorff, Karl Ludwig Freiherr von Guttenberg und den Gewerkschaftsführer Ernst Schneppenhorst. Sie wurden ermordet. Das gleiche Schicksal erlitt eine nicht bekannte Anzahl von Gestapo-Gefangenen in der Prinz-Albrecht-Straße zwischen dem 20. und 22. April[135].

Am 25. April endlich gelang es den übrigen Gefangenen, den Direktor Regierungsrat Berg zu überzeugen, daß er sie freilassen müsse und könne. Am überzeugendsten war das Argument, daß Berg andernfalls sehr wahrscheinlich von der Roten Armee erschossen werde. Um 18 Uhr wurden die politischen Häftlinge entlassen, unter ihnen Oberst Otto Armster, Eberhard Bethge, Hauptmann Helmuth Cords, der Mitarbeiter im OKW/Ausland/Abwehr Justus Delbrück, Professor Constantin von Dietze, Friedrich Ernst, Friedrich Erxleben, Dr. Maximilian von Hagen, Oberst Kurt Haßel, Dr. Andreas Hermes, Fregattenkapitän Dr. Sydney Jessen, Professor Adolf Lampe, Diplomingenieur Friedrich Leon, Dr. Fiszel Majnemer, Reichswehrminister a. D. Gustav Noske, Major d. R. Oskar Graf von Pilati, Jesco von Puttkamer-Nippoglense, Hans-Joachim von Reclam-Schlee, Professor Gerhard Ritter, Pater Augustinus Rösch SJ, Oberst Hans-Joachim von Steinaecker, Dr. Theodor Steltzer, Hans Detlof von Winterfeldt, Willi Wiegand, Berengar von Zastrow, Friedrich-Carl von Zitzewitz-Muttrin. Sie waren gerettet, aber der Schatten der Opfer lag auf ihnen für den Rest ihres Lebens.

Länger als diese »Hochverräter« und »Staatsfeinde« mußten die als Sippenhäftlinge festgehaltenen Kinder auf ihre Befreiung warten. An die fünfzig von ihnen, vom Säuglingsalter aufwärts, waren im Herbst 1944 nach Bad Sachsa gebracht worden, wo ihnen verboten war, ihre Namen

zu nennen. Nach einiger Zeit erfuhren die älteren Kinder von einer
Kindergärtnerin, es sei ursprünglich beabsichtigt gewesen, die jüngeren
Kinder zwei Monate in Bad Sachsa festzuhalten, derweil ihre Eltern und
größeren Geschwister umzubringen und dann die übrigen Kinder teils
in SS-Schulen, teils in SS-Familien zu verteilen. Dieser Plan sei allerdings
jetzt aufgegeben[136]. Einige Kinder wurden im Oktober in Schulen und
zum Teil nach Hause entlassen, die anderen mußten bleiben. Im Februar
kamen Dr. Goerdelers Enkelkinder Rainer (4 Jahre) und Karl ($^3/_4$ Jahre);
Rainer weinte und klagte der Tochter Dr. Caesar von Hofackers auf
schwäbisch, er wolle heim. Am 12. April 1945 besetzten amerikanische
Truppen Bad Sachsa, aber erst am 4. Mai eröffnete sich die Aussicht auf
Heimkehr, als der neue Bürgermeister die Kinder unter seinen Schutz
nahm: »»Und jetzt heißt ihr wieder so wie früher, ihr braucht euch eurer
Namen und Väter nicht zu schämen, denn sie waren Helden!«« [137]

Aber die Angehörigen, die noch lebten, konnten zum Teil wegen der
Wirren der ersten Nachkriegswochen selbst noch nicht nach Hause und
wußten nicht, wo ihre Kinder waren. Erst am 1. Juni gelang es der Gräfin
von Üxküll-Gyllenband, einer Tante des Grafen Stauffenberg und Schwester seiner Mutter, nach ihrer eigenen Gestapo-Haft und Verbannung
wieder nach Lautlingen zu gelangen. Es war ein großer Glücksfall, daß
ein hier gut behandelter ehemaliger französischer Kriegsgefangener
in Lautlingen Ortskommandant wurde und ein Militärauto zur Verfügung stellte; denn die Stellen der amerikanischen und französischen
Militärregierung und des Roten Kreuzes erklärten auf entsprechende
Anfragen, um deutsche Kinder würden sie sich nicht kümmern. Von
Melitta Gräfin von Stauffenberg, bekannt als Fliegerin, der Frau von
Alexander Graf von Stauffenberg, hatte die Gräfin Üxküll noch vor dem
Tod der Fliegerin den Aufenthaltsort der Kinder erfahren. Nun kam sie
mit dem französischen Militärauto am 6. Juni nach Nordhausen, einen
Tag, ehe die Russen dort einrücken sollten. Am 7. Juni konnten die Kin-
der, deren Verbringung in das Konzentrationslager Buchenwald nur
durch einen Bombenangriff auf den Bahnhof Nordhausen verhindert
worden war, nach Westen fahren. Das Vermächtnis und das Erbe des
Widerstandes gegen Hitler ist so in vielfacher Weise lebendig.

Anhang

Exkurs

1. Persönliche Sicherheit Hitlers 1933-1942

Hitler pflegte zu sagen, er lebe so unregelmäßig wie möglich, um sich gegen Attentate zu schützen. Die Unregelmäßigkeit hatte wohl den Effekt des Schutzes, aber Hitler hat sie sich nicht konsequent und absichtsvoll, wie er vorgibt, auferlegt. Wenn man seine Lebensweise kennt, kann man sich des Verdachts nicht erwehren, er habe neben der Absicht der Sicherung auch seine Disziplinlosigkeit mit solchen Behauptungen zu bemänteln gesucht. Bei öffentlichen Auftritten war er pünktlich, im täglichen internen Dienstbetrieb aber völlig unberechenbar und unpünktlich[1]. Richtig ist, daß er in ständiger Furcht vor Attentaten lebte, und mit seiner lebhaften Phantasie erklärte er selbst einmal, wie man erfolgreiche Attentate ausführe. Als er in der Besprechung vom 28. Mai 1938 über die »Zerschlagung der Tschechoslowakei« sprach, meinte er über die Möglichkeit der Auslösung, man müsse sich vorstellen, wie jemand vorgehen würde, der die Teilnehmer der gegenwärtigen Besprechung in der Reichskanzlei umbringen wolle: In der Wilhelmstraße würde er einen Lastwagen vorbeifahren lassen, und der hätte gerade vor der Reichskanzlei eine Panne, der Fahrer gehe weg, um Hilfe zu holen, und inzwischen fliege der Lastwagen in die Luft und sprenge zugleich die Reichskanzlei in Trümmer, da er nämlich mit Dynamit beladen gewesen sei. So müsse man es in Prag machen[2].

Hitler unternahm alles, was Attentate seiner Meinung nach erschweren mußte. Schon 1933 suchte er seine Reisen geheimzuhalten. Sein Pilot Hans Baur berichtet, daß er »sich oft nur wenige Minuten vor einem Flug dazu entschloß«[3]. Als er im September 1933 nach Karlsruhe flog, um in der Nähe einen von einem schweren Brandunglück heimgesuchten Ort aufzusuchen, mußte auf seinen Befehl das Ziel des Fluges sogar vor dem Berliner Flughafenkommandanten geheimgehalten werden, der seinerseits vom Luftfahrtministerium Weisung hatte, zur Flugsicherung über alle Flüge Hitlers rechtzeitig zu berichten[4]. Bei gutem Wetter verließ sich Hitler jedoch lieber auf die Tüchtigkeit seines Piloten, der auch ohne Flugsicherung seiner Sache sicher war. Beim Start flog man zuerst eine

Weile in die falsche Richtung, dann in großem Bogen um Berlin herum, und während des Fluges ruhte der Funkverkehr bis fünf Minuten vor der Landung.

Es gab aber damals bei dem Flug nach Karlsruhe doch eine Panne. Die Gestapo hatte den Gauleiter Wagner verständigt, worauf dieser Karlsruhe beflaggen und Tausende von SA-Leuten auf dem Flugplatz aufmarschieren ließ, zum Ärger Hitlers, der vom Flugplatz aus mit dem Auto zu dem abgebrannten Ort fuhr, dann aber nicht, wie erwartet, wieder zum Karlsruher Flugplatz zurückkehrte, sondern sich nach Böblingen bringen ließ, wohin sein Flugzeug telephonisch beordert wurde. Ein anderes Mal, bei einem Flug nach Nürnberg, hatte auch die Geheime Staatspolizei nicht dichtgehalten, und beim Anblick der ihn erwartenden Menschenmassen befahl Hitler, nach Fürth weiterzufliegen und dort zu landen. In Fürth lieh er sich – völlig unerwartet – ein Auto und fuhr damit nach Nürnberg.

Das Flugzeug benutzte Hitler seit seinen Wahlflügen 1932 und 1933 vorzugsweise[5]. 1934 wurde unter Leitung von Baur aus zunächst sechs Junkers »Ju 52« eine Regierungsstaffel aufgestellt, die im Lauf der Jahre auf insgesamt 40 Maschinen, darunter bis zu dreizehn viermotorige Focke-Wulf »Condor«, anwuchs. Alle Flugzeuge wurden von SS und Polizei bewacht, Hitlers Maschinen natürlich besonders scharf. An jeder stand ein SS-Mann und ein Geheimer Staatspolizist, und bei allen Arbeiten mußte ein Besatzungsmitglied dabeisein. 1934 gab es mancherlei Gerüchte von Attentatplänen, die dem Nachrichtendienst zur Kenntnis kamen, aber soweit sie sich auf Sabotage an Hitlers Flugzeugen gründeten, waren sie, wie Baur berichtet, so gut wie aussichtslos. Vor jedem Flug Hitlers oder eines Regierungsmitglieds wurde mit der vorgesehenen Maschine ein Probeflug von zehn Minuten in 1200 m Höhe unternommen in der Annahme, daß ein Barometer die Zündung eines Sprengkörpers auslösen sollte, sobald die genügende Höhe erreicht wäre, da man einmal einem entsprechenden Versuch auf die Spur gekommen war[6]. Seit Sommer 1940 war eine Neukonstruktion der viermotorigen Focke Wulf »Condor« eingesetzt, die mit vier Maschinengewehren bewehrt war. In allen Sitzen befanden sich Fallschirme, und unter Hitlers Sitz gab es eine Absprungplatte. Bei Gefahr konnte er einen roten Griff ziehen; die etwa ein Quadratmeter große Platte hätte sich gelöst, und Hitler hätte mit seinem Fallschirm hinausspringen können. Später, im Jahre 1944, wurde das System noch durch eine Schleudervorrichtung verbessert, die ebenfalls durch einen Hebeldruck zu bedienen war[7].

Eisenbahn und Auto suchte Hitler nach Möglichkeit zu vermeiden. Schon seine Ungeduld und Rastlosigkeit ließen ihm Auto und Bahn zu langsam erscheinen, seine Vorliebe für die moderne Technik wies ihn auf das Flugzeug. Bei Bahn und Auto waren auch die Möglichkeiten für Attentate wesentlich größer als bei der Benutzung stets desselben, gutbewachten Flugzeuges. Auf den langen Eisenbahnstrecken konnten Minen gelegt werden, bei einer Fahrt von Berlin nach München mußten Hunderte von Bahnbeamten verständigt werden, wie leicht könnte da ein »marxistisches Element« zum Zuge kommen, wo Geheimhaltung so gut wie unmöglich war.

Bei der oft unumgänglichen Benützung des Autos konnte, im Gegensatz zur Eisenbahn, wenigstens das Überraschungsmoment genützt werden; denn im plötzlichen und unangemeldeten Auftauchen sah Hitler den besten Schutz gegen Anschläge [8]. Nur Fahrer und Mitreisende brauchten verständigt zu werden, auch sie erst kurz vor der Abfahrt. Dem, der Hitlers Besuch zu empfangen die Ehre hatte, wurde strikteste Geheimhaltung auferlegt, wie natürlich auch dem Fahrer und anderen Beteiligten [9]. Abgesehen von Auftritten wie am 1. Mai, am Heldengedenktag oder am 9. November lasse er, so erklärte Hitler 1942, die Polizei überhaupt nicht verständigen, und der Leiter seines Reichssicherheitsdienstes, Hans Rattenhuber, sowie sein Fahrer Erich Kempka hatten strengen Befehl, seine Fahrten »absolut geheim« zu halten, auch gegenüber den höchsten Vorgesetzten, also z. B. Göring, Goebbels oder Himmler. Einmal bekanntgegebene oder intern festgelegte Termine wurden eingehalten, aber so kurzfristig wie möglich, oft wirklich erst in letzter Minute, denen mitgeteilt, die sie kennen sollten [10]. Wenn nämlich die Polizei Bescheid wisse, so sei es ihr nicht mehr möglich, den Anschein alltäglichen Dienstbetriebes zu wahren, das Ungewöhnliche, von der Regel Abweichende wirke an sich schon auffällig. Wenn so ein Ortspolizist auch noch die Straße räumen wolle, womöglich in Galauniform, dann wisse sofort jeder, daß es etwas zu sehen geben würde. Wenn dann die Fahrzeugkolonne herankomme, seien die Straßen so voll, daß man nur Schritt fahren könne und immer fürchten müsse, jemand anzufahren. Die örtlichen Polizeikräfte reichen natürlich für gründliche Sicherheitsmaßnahmen gar nicht aus, wie Hitler wiederholt betonte, und seien auch zu ungeschickt dazu, angefangen bei den auffälligen Loden- oder Kleppermänteln der »Geheim«-Polizisten, an denen diese schon von weitem zu erkennen seien [11]. So gebe es dann Stockungen, Verspätungen und zahllose Gefahrensituationen [12].

Was Hitler da erzählte, waren hauptsächlich Erinnerungen an die Zeit vor 1939, auch noch an die beiden ersten Kriegsjahre. Vor 1939 ist Hitler mehr als einmal in Situationen geraten, in denen nicht nur ein Attentäter es leicht gehabt hätte, ihn zu töten, sondern in denen auch die vor Begeisterung fanatische Masse ihn erdrückt oder zertrampelt haben könnte. Sehr gefährlich waren Durchfahrten etwa auf der unglaublich engen Rheinuferstraße oder auf der Bergstraße, wo zahlreiche enge Dörfer zu passieren waren[13]. Da war es gleichgültig, ob Hitlers Ankunft vorher bekannt war oder nicht, sie sprach sich sofort von Dorf zu Dorf weiter, und die Massen strömten auf die Straße. Bei Darmstadt ist es nach dem Bericht des Pressechefs Dr. Otto Dietrich einmal fast zu einer Katastrophe gekommen, als die Massen die Straße derart blockierten, daß nur Schritt gefahren werden konnte, und zwar stundenlang. Hitler konnte ein Unglück dadurch verhindern, daß er ständig aufrecht im Wagen stand, auf die Menge einredete und sie durch Zurufe von den Rädern zurückhielt[14]. Ein anderes Mal, im April 1934 bei einer Autofahrt von Stuttgart nach Wiesbaden, stellten unterwegs Bauern ihre Karren quer auf die Straße, um Hitler zum Verweilen zu bewegen. Dabei hatte man in Stuttgart bekanntgegeben, Hitler werde von Böblingen aus fliegen, in der Hoffnung, dann ungestört über die Landstraßen zu kommen. Ein Rundfunkreporter hatte aber erfahren, wo Hitler unterwegs war, und berichtete während der ganzen Fahrt über den Frankfurter Sender davon[15], und da wollten sich die Bauern das unverhoffte Spektakel nicht entgehen lassen. Einen ähnlichen Vorgang aus dem Jahre 1938 erwähnte Hitler selbst in einem Tischgespräch im April 1942[16].

In solchen Situationen, möchte man denken, hätte Hitler für einen Attentäter ein leichtes Ziel abgegeben. Aber gerade da waren die Erfolgschancen besonders gering. Der Attentäter hätte sich beizeiten unter die Menge mischen und nach vorn drängen müssen, wo es am engsten und am drangvollsten herzugehen pflegte. Selbst wenn er in dem Gedränge die nötige Bewegungsfreiheit zum Werfen einer Bombe oder zum Schießen gefunden hätte, konnte von Treffsicherheit noch lange keine Rede sein. Abgesehen von diesen Hindernissen hatte ein Attentäter bis in die letzten Kriegsjahre hinein damit zu rechnen, daß die fanatisierte Menge ihn sofort in Stücke reißen würde[17], wodurch der mögliche Täterkreis gewaltig eingeschränkt wurde. Hitler schätzte ihn sicher weitgehend richtig ein für die Zeit bis 1939 und in etwas geringerem Maße auch für die Zeit bis 1942[18]. Die Attentäter, die sich später in der Opposition fanden, sahen sich, von Ausnahmen abgesehen, damals noch nicht zu dieser letzten Konsequenz gezwungen, versuchte man doch jahrelang, den Umsturz mit dem Staatsstreich bzw. der Verhaftung des Diktators zu beginnen.

Auch ist Mord, selbst aus moralischen Antrieben, nicht jedermanns Sache. Viele, die vielleicht für ein Attentat im Stile von Sarajewo in

Frage gekommen wären, saßen längst in den Konzentrationslagern oder im Exil – oder aber, sie gehörten zur SA und zur SS und richteten ihre Energien auf andere »Feinde«. Hätte sich doch eine Gruppe zusammengefunden, wodurch für den einzelnen die Chance des Überlebens größer gewesen wäre, so hätte sie zugleich ihre Aussichten, zum Ziel zu kommen, vermindert; denn es gab überall wachsame und anzeigewillige Volksgenossen, ganz zu schweigen von Polizei und Spitzeln. Je umfangreicher die Vorbereitungen, desto größer die Gefahr der Entdeckung.

Die Hindernisse waren also beträchtlich. Bei den großen Anlässen wurden sie durch umfangreiche Sicherheitsmaßnahmen vermehrt, bei den unangekündigten oder unabsichtlich bekanntgewordenen öffentlichen Auftritten Hitlers tat die Geheimhaltung ihre Wirkung. Bei vielen Gelegenheiten entschied Hitler sich Stunden oder gar nur Minuten vor der Abfahrt für ein Ziel oder überhaupt für eine Reise. Es konnte sogar vorkommen, daß er eine Münze warf, um zu entscheiden, ob er nach Weimar oder nach Bayreuth fahren wolle [19]. Besonders in den Jahren vor 1939 trieb ihn oft mehr als alles andere seine innere Unruhe von einem Ort zum andern [20]. Wer wollte unter solchen Umständen ein Attentat planen und ausführen! Die Wahrscheinlichkeit sprach dafür, daß einem Entschlossenen so viele Versuche mißlingen würden, daß er längst verhaftet wäre, ehe er dem Erfolg auch nur nahegekommen wäre.

Trotz vielerlei Laxheiten konnten die Vorsichtsmaßnahmen Hitlers wirkungsvoll genug sein. Im Lauf der Jahre aber wurden sie verfeinert und vervollständigt. Bei Fahrten über die Autobahn wurde den Streckenwärtern die Durchsage von Hitlers Erscheinen streng verboten. Seit Hitler 1938 beim »Anschluß« in Österreich unangenehme Erfahrungen mit überfüllten Ortsdurchfahrten gemacht hatte, pflegte er, wenn der Bevölkerung das ungefähre Ziel einer Fahrt bekannt war, auf anderen als den vorher angegebenen Strecken zu fahren und auch die Verkehrsregeln genau zu beachten. Nach seinem eigenen Bericht blieb er dann unbehelligt [21]. Erst etwa eine Stunde vor der Abfahrt pflegten Rattenhuber, Schmundt und der diensthabende Adjutant Hitlers zu entscheiden, welche Fahrtroute einzuschlagen sei, und oft wählte man eine andere als eine vorher geplante [22].

Bei einem Tischgespräch im April 1942 prahlte Hitler einmal mit seinen langjährigen Erfahrungen im Vermeiden von Attentaten. So habe er sich gegen nächtliche Anschläge bei einer Autofahrt u. a. dadurch gesichert, daß er starke Rückscheinwerfer habe einbauen lassen. Wenn nun jemand versuchte, aus einem nachfolgenden Wagen auf ihn oder den Fahrer zu schießen, würde man den Scheinwerfer einschalten und den nachfolgenden Fahrer blenden[23]. Der Scheinwerfer konnte freilich nur nützen, wenn der Attentäter bis zum Einschalten noch nicht geschossen hatte. Mit einer Maschinenpistole z. B. konnte er hoffen, daß einige der vielen Schüsse doch treffen würden, womöglich auch den Scheinwerfer. Auch gegen Anschläge aus dem Bereich neben der Straße, etwa mit Handgranaten oder Minen, war der Scheinwerfer nutzlos. Wie sehr allen Sicherheitsmaßnahmen Grenzen gesetzt waren, vor allem solange Hitler sich nicht völlig von der Welt abschloß, zeigte das Elser-Attentat von 1939. Keine Sicherheitsmaßnahme rettete ihm damals das Leben, sondern lediglich sein vorzeitiger Abgang.

Bis zu diesem Attentatversuch fuhr Hitler stets in serienmäßigen Autos ohne Sonderausstattung, besondere Sicherungen lehnte er in den ersten Jahren seiner Regierung ab[24]. Aber sein Fahrer Erich Kempka, der am 16. Mai 1936 nach dem Tode von Julius Schreck dessen Nachfolger geworden war, hatte schon auf eigene Faust – der Reichsleiter Bormann machte ihm darauf, noch vor dem Elser-Attentat, beträchtliche Schwierigkeiten wegen der Bezahlung – bei Daimler-Benz ein besser gesichertes Auto mit besonders starken Glasscheiben bauen lassen. Nach dem Elser-Attentat sträubte sich Hitler nicht mehr gegen den Spezialwagen[25], nach dem Attentat auf Heydrich (1942) wurde schließlich ein gepanzertes Auto gebaut. Die Front- und Seitenfenster waren nun aus 45 mm starkem Mehrschichtglas, die Karosserie aus 3,8 mm starken Panzerplatten, aber die Reifen waren ungesichert, und auch die Panzerung bot nur Schutz gegen Handfeuerwaffen, wie man bei Versuchen mit Maschinengewehren in Stuttgart feststellte[26]. Im Lauf der Jahre wurden mehrere Exemplare der gepanzerten Version an verschiedenen Orten stationiert, in München und Berlin zumal, wo sie so jederzeit zur Verfügung standen. Hitler brauchte so gut wie nie andere als seine eigenen Fahrzeuge zu benützen, die natürlich wie die Flugzeuge ständig bewacht wurden. Er pflegte vorn neben dem Fahrer zu sitzen, nur wenn er hochgestellte Gäste begleitete, saß er hinten. Meistens saßen in Hitlers Wagen noch ein Diener und der Chefadjutant[27]. Im nächsten Wagen folgte die SS-Leibwache, danach ein Wagen mit Kriminalbeamten, dann Fahrzeuge mit Adjutanten, dem Begleitarzt, Vertretern der Partei, Görings, des Außenministeriums und des OKW, Sekretärinnen, ein Pressewagen, bei längeren Fahrten ein Verpflegungswagen. So war Hitler stets auch auf Reisen »regierungsfähig«[28].

Gern und oft hielt Hitler sich in München auf, in den früheren Jahren verging selten ein Wochenende, an dem er nicht zum Obersalzberg fuhr oder flog. Bei vielen solchen Gelegenheiten übernachtete er dann in seiner

Wohnung am Prinzregentenplatz 16 in München [29]. Vor dem Kriege ließ er sich gerne in einem Atelier neue Baupläne und Baumodelle zeigen, nachdem er gewöhnlich gegen 12 Uhr mittags aufgestanden war, anschließend ging er zum Essen, meistens in die »Osteria Bavaria« in der Schellingstraße 62 [30]. Nachmittags ging er oft in die »Carlton Teestube« in der Brienner Straße oder zum Café auf dem Dach des Hauses der Deutschen Kunst. Auch das Abendessen nahm Hitler selten zu Hause ein [31].

Ähnliche »private« Aufenthalte in der Öffentlichkeit gab es in Berlin, wo Hitler in den ersten Jahren seiner Regierung noch gern das Hotel »Kaiserhof« zum Tee aufsuchte [32]. Bei allen solchen Besuchen wurden vorher Tische für Hitler und seine Begleitung reserviert, kriminalistische Maßnahmen ergriffen [33]. Im »Kaiserhof« in Berlin, dem alten Hauptquartier der NSDAP, war es trotzdem einige Zeit hindurch nicht schwer, an Hitler heranzukommen. Jedoch gab er seine Besuche dort auf, als er feststellte, daß die dem seinen benachbarten Tische als reserviert behandelt wurden und kurz nach seinem Eintreffen von immer denselben älteren Damen besetzt wurden, denen die Kellner gegen entsprechende Trinkgelder telephonisch Bescheid sagten [34].

In der »Osteria Bavaria« saß der Reichskanzler meist in einem Nebenzimmer, in dem er einen eigenen Stammtisch hatte, aber er gelangte dahin durch den Hauptraum, der für jedermann zugänglich war. Der für Moskau tätige englische Spion Alexander Foote hielt sich Ende des Jahres 1938 zufällig gerade in der »Osteria Bavaria« auf, als Hitler mit Gefolge hereinkam [35]. Er erhielt auf seine Meldung von Moskau den Befehl, Hitlers Lebensgewohnheiten weiter zu erforschen und hatte den Eindruck, daß sich seine Vorgesetzten mit Attentatabsichten trugen. Zu einem entsprechenden Auftrag kam es nicht, aber theoretisch hat Foote die Möglichkeiten erkundet und festgestellt, daß es nicht schwer sein könnte, an der dünnen Bretterwand, welche das Nebenzimmer vom Korridor trennte, unter den dort hängenden Mänteln eine Aktentasche mit einer Zeitbombe anzubringen. Über die nötige Sprengstoffmenge freilich machte er sich damals kaum Gedanken und schätzt heute im Hinblick auf Stauffenbergs späteres Attentat die Erfolgschancen seiner damaligen Überlegungen gering ein. Doch erschien Foote auch ein Pistolenattentat möglich.

Die regelmäßigen Aufenthaltsorte Hitlers waren natürlich besser gesichert als die seiner unverhofften »privaten« Auftritte. In jedem Falle aber war er von Sicherheitsbeamten begleitet oder bewacht. Die »Leibwache« bestand stets aus einigen Mitgliedern der SS-Leibstandarte »Adolf Hitler«, deren Kommandeur Sepp Dietrich war, und aus einigen Kriminalbeamten des Reichssicherheitsdienstes (RSD).

Schon lange vor 1933 hatte Hitler sich von einem SS-Begleitkommando schützen lassen. Seit 1933 stammte dieses ausschließlich aus der SS-Leibstandarte. Das SS-Begleitkommando, wie es auch weiterhin hieß, wurde von SS-Sturmbannführer Franz Schädle geführt; sein Vertreter war SS-Sturmführer Adolf Dirr [36].

Der Reichssicherheitsdienst dagegen wurde 1934 auf Veranlassung von Innenminister Dr. Frick als selbständige Reichsbehörde zum Schutze Hitlers und der Reichsminister, auch ausländischer Staatsmänner geschaffen. Er ist aus dem Kriminalpolizeikommando z. b. V. gebildet worden, und seine Funktionen entsprachen etwa denjenigen der heutigen Bonner Sicherungsgruppe oder des amerikanischen Secret Service. Die Angehörigen des RSD waren in der Regel bewährte und erfahrene Kriminal- und Schutzpolizeibeamte von besonderer Tüchtigkeit; Parteizugehörigkeit war für ihre Auswahl nicht entscheidend. Da es aber besonders nach 1933 für den RSD wegen der Anmaßung der aus der »Kampfzeit«, aus der Partei- und SA-Hierarchie hervorgegangenen engeren Umgebung Hitlers ständige Reibereien und Unzuträglichkeiten bei der Ausübung des Dienstes gab – es war z. B. lange Zeit gang und gäbe, daß während Besprechungen, die Hitler mit Besuchern, Ministern oder Diplomaten führte, unangemeldet irgendwelche Parteifunktionäre hereinstürmten, um ihm eine Zeitungsmeldung oder Photographien zu zeigen, ein Anliegen vorzubringen [37] –, suchte man dem abzuhelfen, indem man sozusagen von Amts wegen den ganzen RSD in die NSDAP aufnahm und allen Angehörigen zugleich SS-Ränge (»Dienstrangangleichung«) gab [38].

Der RSD wurde von General der Polizei und SS-Gruppenführer Hans Rattenhuber kommandiert; seine Vertreter waren Polizeirat Paul Kießl und Kriminaldirektor Friedrich Schmidt. Rattenhuber war früher Oberleutnant in der Reichswehr und kam 1920 zur Polizei, seit 1933 war er Verbindungsoffizier der Polizei beim Reichsführer SS Heinrich Himmler, 1934 wurde er Kommandeur des RSD. Dem Reichssicherheitshauptamt unterstand der RSD nicht, er hatte einen eigenen Etat und war ressortmäßig dem Staatssekretär (ab 1937 Reichsminister) und Chef der Reichskanzlei Dr. Hans Heinrich Lammers unterstellt. Es gab 13 Dienststellen des RSD für verschiedene Aufgaben. Eine davon war ausschließlich zum Schutze Hitlers eingesetzt und stand unter der Leitung von Kriminaldirektor Peter Högl, dessen Vertreter bei Bedarf der jeweils dienstälteste Beamte war. Diese Dienststelle 1 war vor allem für Hitlers Aufenthaltsorte in Berlin (Reichskanzlei), auf dem Obersalzberg (»Berghof«), in München (Prinzregentenplatz 16) und für Reisen verantwortlich, später auch für bestimmte Bereiche und Aufgaben innerhalb der Führerhauptquartiere[39]. Seit Frühjahr 1943 oblag dieser Dienststelle auch die Überprüfung der politischen und persönlichen Vergangenheit aller SS-Offiziere[40].

Zur Dienststelle 1 des RSD gehörten insgesamt etwa 40 Beamte, die abwechslungsweise auf dem »Berghof«, in der Reichskanzlei, in München, in den Führerhauptquartieren, oder auf Reisen Dienst taten; an jenen Stellen waren ständig sogenannte Ortskommandos von je acht bis fünfzehn Mann eingesetzt, in den Hauptquartieren der Kriegszeit dagegen bis zu zwanzig Beamte gleichzeitig. Auf Reisen wurde Hitler sowohl vom RSD wie auch vom SS-Begleitkommando begleitet; diese Zusammenstellung nannte man (nichtamtlich) Führerbegleitkommando.

Ihren Auftrag, dafür zu sorgen, daß niemand zu einem Attentat Gelegenheit erhielt, hatten die Beamten des RSD fach- und sachgerecht zu erfüllen, aber so, daß Hitler nicht zuviel davon merkte. Zu offensichtliche Bewachung ärgerte ihn immer sehr und seine Bewacher hatten auch strikte Anweisungen, die Bevölkerung nicht mehr als unvermeidbar zu belästigen[41]. Die Beamten hatten also unauffällig auf verdächtige Personen und Bewegungen in der Umgebung des Führers zu achten, sie mußten Gebäude und Dächer im Auge behalten, verdächtige Fahrzeuge erkennen.

Auch die besten Beamten sind aber nur Menschen, sie sind zu dauernder Aufmerksamkeit nicht fähig und sie sind verschiedenen Einflüssen unterworfen[42]. Als Alexander Foote und ein Mitspion im Winter 1938/39 einmal in der »Osteria Bavaria« die Aufmerksamkeit der Begleitbeamten auf die Probe stellen wollten, erwies sie sich als gering: Foote und sein Kollege Bill Philips standen zu beiden Seiten der großen Gaststube, als Hitler durch sie in das Nebenzimmer ging. Philips fuhr mit der Hand in die Tasche (wo er ein Zigarettenetui hatte), aber nichts geschah, die Wächter hatten es nicht gesehen[43].

Strenger und besser organisiert, auch besser durchführbar, waren die Sicherungsmaßnahmen an den regelmäßigen Aufenthalten Hitlers. An den Eingängen der Reichskanzlei und des Braunen Hauses oder der Münchner Parteizentrale standen ständig SS-Wachen der Leibstandarte, doch auch im Garten der Reichskanzlei oder dort, wo Hitler sonst spazieren ging, hielten sich dauernd Bewacher auf, und das nicht erst im Kriege. Der Pilot Baur wollte einmal bei einem Spaziergang im Garten der Reichskanzlei für die Nüsse Ersatz beschaffen, die Hitler gerade an die dortigen Eichhörnchen verfüttert hatte, aber Hitler holte mit einem kurzen Schrei einen »Diener« hinter einem der Bäume hervor und schickte ihn um das Futter[44].

Auf dem Obersalzberg herrschten ebenfalls strenge Sicherheitsbestimmungen. In der hügeligen Gegend, wo Hitler fast jeden Nachmittag spazierenging, wäre es sonst leicht gewesen, ihm aufzulauern. Da er körperliche Anstrengungen nicht liebte, ging Hitler stets bergab und ließ sich dann wieder hinauffahren[45]. Ein größeres Gelände, das Bormann für Hitler seit 1936 nach und nach aufgekauft hatte, war von Einheiten der SS-Leibstandarte gänzlich abgesperrt. Das Dorf Obersalzberg wurde eingeebnet und an seiner Stelle eine Kaserne für die Leibstandarte errichtet. Straßen, Beton, Garagen, Baracken und Fuhrparke zerstörten die ehemals idyllische Berglandschaft[46]. Ein gewaltiges Sperrgebiet mit mehrfachen Stacheldrahtzäunen und Wachtoren entstand so.

Bis 1937 pflegten sich täglich bis zu 2000 Menschen, die aus allen Gegenden Deutschlands kamen, vor dem »Berghof« zu versammeln, um Hitler zu sehen, und so bürgerte sich die Gewohnheit ein, daß Hitler nach dem Mittagessen, also etwa um 15 oder 16 Uhr, an ihnen vorbeiging, wenn er sich auf seinen Spaziergang begab[47]. Für einige Minuten war er dann leutselig, gab einem hübschen Mädchen oder einem Kind die Hand und ließ sich wohl auch dabei photographieren. Aber natürlich wollte er nicht auf dem ganzen Spazierweg von Neugierigen belästigt sein, und so verdichtete Martin Bormann, der Sekretär des Führers und Stellvertreter von Heß, später Leiter der Parteikanzlei, der im Aufbau und in der Verwaltung des »Berghofes« die Hauptrolle spielte, ständig die Sicherheitsvorkehrungen. Eines Tages fand Hitler seinen ganzen Spazierweg entlang Posten stehen, was ihm nicht gefiel; als die Posten darauf den Befehl erhielten, bei seinem Nahen im Wald zu verschwinden, wurde er nur noch ärgerlicher über ihr plumpes Verhalten[48]. Bormann sorgte dafür, daß sie sich nicht mehr sehen ließen, teilte ein großes geschlossenes Sperrgebiet ab und ließ eine gewaltige Anlage erbauen, wobei zeitenweise bis zu 5 000 Arbeiter beschäftigt waren[49]. Überall im Gelände wurden Telephone aufgestellt[50]. Bei dem Entschluß zum Absperren wird auch der damals entdeckte Attentatversuch eine Rolle gespielt haben[51].

Eine »Alpenfestung« wurde der Obersalzberg nie, es gab oben nur Flugzeugabwehrbatterien (Flak), und erst 1944 wurde ein Luftschutzstollen gebaut[52]. Aber im Kriege erweiterte sich die Anlage ins Unermeßliche, wenn Hitler auf dem Obersalzberg war; denn dann folgte ihm der wesentlichste Teil des militärischen Hauptquartiers nach. Adjutanten und Wachmannschaften, Schreibpersonal und Nachrichtensoldaten, Funker, Luftabwehreinheiten und Teile des Führer-Begleit-Bataillons lagen nun teils ständig, teils nur, wenn Hitler selbst »auf dem Berg« war, in der Kaserne Frankenstrub und in anderen Gebäuden in Berchtesgaden und in der Umgegend[53].

Das Innere des »Berghofes« beherrschte die berühmte große Halle mit dem ebenso berühmten riesigen, versenkbaren Fenster, das eine ganze Wand einnahm und den Blick auf die Berglandschaft freigab [54]. Man betrat diese Halle durch einen Vorraum, wo sich im Kriege die zur Lagebesprechung Befohlenen zu versammeln hatten, und fand sich dann in einem gewaltigen Raum mit rotem Marmor, schönen Teppichen, Gemälden sowie einem riesigen Arbeitstisch am Fenster und einem übergroßen Globus. Hier befaßte sich Hitler stehend mit Staatsgeschäften aller Art und hielt seine Lagebesprechungen ab, hier empfing er auch ausländische Staatsmänner wie Mussolini und Schuschnigg [55].

Konnte man den »Berghof« als kolossales Ferienhaus bezeichnen, so waren im Vergleich dazu die Verhältnisse im Hause Prinzregentenplatz 16 in München eher eng. Wenn Hitler kam, mußten eine Anzahl Polizisten rechtzeitig die Straßen und den Gehweg vor dem Haus sperren, damit Hitler überhaupt hineinkonnte. Es gab stets Neugierige, die aufs Geratewohl hofften, einen Blick auf den Führer werfen zu können [56]. Die Massen, die bei seiner Ankunft zurückgedrängt werden mußten, sammelten sich freilich erst auf das Bekanntwerden der Absperrung und wohl auch auf das Gerücht hin, man habe Hitler in der Stadt gesehen.

Von außen wurde das Haus ständig von Kriminalbeamten beobachtet. Das Dach konnte von den Dächern aller angrenzenden Häuser aus erreicht werden und mußte also besonders gesichert werden. In die Kamine baute man Sicherungen ein, die das Werfen von Sprengkörpern verhinderten [57]. Während Hitlers Anwesenheit hielt sich ein Kriminalbeamter ständig auf dem Speicher auf und sicherte das Dach, vor dem Hause stand ein Posten des SS-Begleitkommandos, und drinnen sicherte ein Polizeibeamter in stetem Streifengang [58]. Im Erdgeschoß des Hauses befand sich seit 1933 immer eine Wache. Es wurde ein Wachraum eingerichtet, von dem aus man die Straße und den Hausflur beobachten konnte [59].

Wenn ein Fremder hinein wollte, mußte er sich bei der Wache melden und ausweisen. Es genügte auch nicht die Behauptung, man wolle zu dem und dem oder man sei ein Bekannter dieses oder jenes Bewohners. Selbst gute Bekannte oder Verwandte der Hausbewohner wurden von der Wache nur eingelassen, wenn der zu Besuchende zu Hause war und wenn sie von diesem erwartet wurden, was die Wache über das 1939 eingerichtete Haustelephon feststellte [60]. Wenn Hitler anwesend war, galt für die Hausbewohner die Regel, nur in dringenden Fällen Besuch zu empfangen. Ein ausdrückliches offizielles Verbot bestand nicht, weil Hitler unnötige Belästigungen der Hausbewohner strengstens untersagt hatte, aber in der Praxis wirkte sich die Empfehlung doch so aus, daß Fremde und selbst Freunde der anderen Mieter dann keinen Zugang hatten. Zu Leibesvisitationen, Akten- und Handtaschenkontrollen oder Haussuchungen ist man zu keiner Zeit übergegangen (in den letzten Kriegsjahren kam Hitler ohnehin kaum mehr). Aber bei aller befohlenen Rücksichtnahme hatten die Kriminalbeamten doch immer die Aufgabe, die Sicherungsmaßnahmen so zu handhaben, daß ein Anschlag nicht möglich war.

Die Hausbewohner selbst konnten mit ihren eigenen Hausschlüsseln öffnen. Wenn Hitler da war, wurde die Haustüre Tag und Nacht nicht geschlossen. In jedem Falle mußten die Bewohner von der Wache erkannt werden und sich im Zweifelsfalle ausweisen [61]. Seit dem Elser-Attentat mußten auch die Mieter des Hauses immer läuten und von der Wache eingelassen werden [62].

Besitzer des Hauses war ursprünglich ein Großhändler namens Hugo Schühle. Seit 1940 nennt das Adreßbuch keinen Hausbesitzer mehr: Hitler hatte das Anwesen 1938 gekauft [63]. Der »Schriftsteller« Adolf Hitler taucht als Bewohner des zweiten Stockwerks zuerst im Adreßbuch von 1931 auf, das dem Stand von Mitte Oktober 1930 entspricht. 1934 wurde er noch als Reichskanzler genannt, dann erschien er nicht mehr im Adreßbuch. Merkwürdig ist, wie Hitlers Umgebung allmählich zunehmend in das Haus eindrang, ohne doch je das Haus ganz zu belegen. Ein jüdischer Kaufmann namens Siegfried Rosenau mußte nach Hitlers Ernennung zum Reichskanzler innerhalb vierundzwanzig Stunden ausziehen, aber sonst wurden Kündigungen nur selten und vorsichtig gehandhabt, wenn man mehr Platz beanspruchen wollte [64]. 1931 wohnten außer Hitler noch keine Parteimitglieder als Mieter im Hause, aber 1932 hatten sich schon zwei Alte Kämpfer zu ihm gesellt: der Küchenmeister Ernst Zaske, der am 22. Februar 1923 in die NSDAP eingetreten war (Mitgliedsnummer 78 003) und der später für die SS-Wache kochte, wohnte im Erdgeschoß; ein Kaufmann Ernst Reichert, eingetreten am 1. Dezember 1931 (Mitgliedsnummer 771 391) wohnte im zweiten Stock [65]. 1933 kam der »Kaufmann« Josef (»Sepp«) Dietrich dazu, auch er ein Alter Kämpfer mit der Nummer 89 015, und im gleichen Jahre traten zwei weitere Bewohner, die schon seit 1931 eingemietet waren, in die NSDAP ein. Einerseits wurden im Lauf der Jahre immer wieder Zimmer und Wohnungen für die Begleitung Hitlers freigemacht, andererseits aber wohnte bis zum Ende auch eine Anzahl Leute im Haus, die mit der Partei oder mit Hitlers Umgebung nichts zu tun hatten.

Einen völlig anderen Charakter bekamen die Sicherheitsmaßnahmen, wenn Hitler sich zur Teilnahme an einer Veranstaltung in die Öffentlichkeit begab. Allein verantwortlich für alle Absperr- und Sicherheitsmaßnahmen war dann der Reichsführer SS Heinrich Himmler bzw. ein von diesem bestimmter höherer SS-Führer. Dieser hatte sich mit dem zuständigen Gauleiter ins Benehmen zu setzen und alles zu planen und zu überwachen[66]. Praktisch unterstanden ihm dann auch die lokalen Polizeikräfte[67]. Die gesamte Fahrstrecke mußte gesichert werden, Polizeibeamte in Zivil beobachteten die Volksmassen am Straßenrand, Uniformierte besorgten die nahezu lückenlose Absperrung und hatten gleichfalls Anweisung, zu beobachten; sie waren dem Publikum zugewandt[68]. Auf den Dächern durfte sich niemand zeigen, natürlich auch kein Polizist, aber gesichert sein mußten sie doch. So zog man die Hausbesitzer heran, und die gewöhnliche menschliche Furcht tat nun ihre Wirkung zum Schutze Hitlers. Die Existenz der KZ kannte man, die Methoden von Polizei und Justiz auch. Im Kriege mahnten die roten Plakate, die von Zeit zu Zeit an den Litfaßsäulen auftauchten; denn auf ihnen wurden selbst für so geringe Verbrechen wie etwa die »Verweigerung des deutschen Grußes« Todesurteile und deren Vollstreckung bekanntgegeben. Die Hausbesitzer an der Strecke also, die Hitler passieren sollte, wurden dafür haftbar gemacht, daß ihre Speicher und Keller während der kritischen Zeit verschlossen blieben, daß sich nirgends im Haus, auch nicht bei den Mietern, fremde Personen aufhielten. Ohne Wohnungsdurchsuchungen war das kaum zu machen. Wenn die Mieter renitent waren, konnte man Blockleiter oder Zellenleiter der NSDAP oder ein Mitglied des allgegenwärtigen Sicherheitsdienstes (SD) der SS hinzuziehen. Ähnliche Befehle wie die Hausbesitzer erhielten die Hoteldirektoren und Geschäftsleute. Unbewohnte Häuser wurden durchsucht und besetzt.

Freilich war es dann immer noch möglich, wie Hitler selbst feststellte, »daß Idealisten mit Zielfernrohren oder dergleichen ihn aus irgendwelchen Ecken anvisierten und auf ihn schössen.«[69] Deshalb aber müsse man solche Ecken genau beobachten und bei Dunkelheit mit Scheinwerfern anstrahlen, enge Straßen müsse man meiden. Beim Militär fühlte Hitler sich zumindest vor dem Kriege noch sicher. Als er am 19. und 20. August 1938 Truppen im Bereich des Generalkommandos II. Armeekorps (Stettin) besuchte, war wohl ein Minutenprogramm aufgestellt, Hitler brachte auch seine zwei Begleitwagen mit der Leibwache mit. Aber die Absperrung oblag hauptsächlich der Truppe, und entlang dem Fahrweg standen Arbeiter, Angestellte, Schulkinder, Einwohner[70]. Es wurden sogar Schießübungen auf einem Truppenübungsplatz besichtigt – zur »Sicherung« hätte man eine kleine Polizei- und SS-Armee mitbringen müssen. Am Abend des ersten Besuchstages sollte Hitler »durch lichtes Fackelspalier zum Sonderzug« fahren – welche Gefahrensituation! Auch am nächsten Tage war wieder nur »lichte Absperrung durch Truppe« befohlen. Auch anläßlich eines Besuches Hitlers in Stuttgart am 1. April 1938 waren die Sicherheitsvorkehrungen noch nicht sehr intensiv. Immerhin mußten im Rathaus vor dem Eintreffen des Führers alle Räume von SD-Beamten der SS und von der Kriminalpolizei eingehend durchsucht werden. In Groß-Stuttgart, in Eßlingen, Fellbach, Waiblingen, Ludwigsburg, Möhringen und Vaihingen/Enz war »Hotelüberwachung« durch Beamte in Zivil eigens angeordnet. Auch wichtige Straßenstücke in Stuttgart wie die Strecke vom Eisenbahndurchlaß Schwieberdingerstraße bis zur Ecke Heilbronner und Wolframstraße wurden durch Beamte in Zivil zusätzlich überwacht. Die Beamten waren angewiesen, Schußwaffen bei sich zu tragen, sofern sie einen Waffenschein hatten [70a].

Ganz anders sah es vier Jahre später aus, als Hitler am 30. Mai 1942 vor Offiziersanwärtern, Ausbildern und geladenen Gästen eine »Geheimrede« hielt [71]. Kurz vor 12 Uhr fuhr Hitler von der Reichskanzlei über die Leipziger Straße und die Potsdamer Straße zum Sportpalast an der Potsdamer Straße, wo er vor etwa 10 000 Personen seine Rede hielt. Zur Sicherung der Strecke und des Sportpalastgeländes waren unter Leitung der Staatspolizeileitstelle Berlin allein 450 Beamte der Stapoleitstelle, der Kriminalpolizeileitstelle und des Reichssicherheitshauptamtes eingesetzt. Den Beamten wurde ganz besondere Aufmerksamkeit eingeschärft unter Hinweis auf das am 27. Mai verübte Attentat gegen Heydrich, hinter dem der britische oder sowjetische Geheimdienst vermutet wurde [72]. Neue Attentatversuche seien nicht ausgeschlossen, gerade auf die Person des Führers, weil dieser der Garant des deutschen Sieges sei.

Der besonderen Aufmerksamkeit der Beamten wurden empfohlen: Garten- und Parkanlagen, Baustellen, Neubauten, Gerüste, Lagerplätze, S-Bahn- und U-Bahnschächte, »Türme, Torbogen, Rohrleitungen und sonstige Hohlräume, Luftschächte, Aufbauten, Ausschmückungsbauten«, ferner »Häuser mit Balkonen und Erkern oder solche, von denen man die Fahrstrecke auf weitere Entfernung übersehen kann«, aber auch »Briefkästen, Automaten, Hydranten, Feuerlöscher usw. im unmittelbaren Gefahrenbereich.« Allein die bis jetzt genannten Maßnahmen hätten, konsequent durchgeführt, die Ermordung des Präsidenten Kennedy verhindert, aber für Hitler wurde noch viel mehr getan. Das Publikum war von hinten zu beobachten, gleichzeitig die gegenüberliegenden Häuserfronten, das Werfen von Blumen und Briefen »sowie anderer Gegenstände« mußte unterbunden werden, ebenso das Besteigen von Gerüsten, Denkmälern, Masten, Bäumen, Zäunen, Verkehrsschildern, Fahrzeugen, und zwar »gegebenenfalls im Benehmen mit der Schutzpolizei«. Diese wurde natürlich auch in großer Zahl und in Uniform zur Sicherung und Absperrung der Fahrbahn eingesetzt. Ferner sei streng darauf zu achten, so fahren die Anweisungen fort, daß kurz vor oder während der Vorbeifahrt oder Anwesenheit »der zu schützenden Persönlichkeiten« keine Pakete, Taschen, Koffer und ähnliche Behältnisse abgegeben oder abgestellt werden, ebenso seien an der Strecke abgestellte Fahrzeuge genau zu überprüfen. »Juden und sonstige verdächtige Elemente« mußten ganz aus dem Sicherungsraum verwiesen und »gegebenenfalls« für die Dauer des Einsatzes in Sicherungsverwahrung genommen werden. Niemand außer den offiziell durch das Propagandaministerium zugelassenen Photographen durfte photographieren, Nachsicht gegenüber dem Publikum sei bei aller gebotenen Höflichkeit nicht gestattet.

Ganz großen Wert legte man auf die Geheimhaltung der Veranstaltung überhaupt. Sie sollte nicht öffentlich angekündigt werden. »Eine wesentliche Voraussetzung für die Verhinderung einer *planvollen* Sabotage«, so hieß es in der Anweisung, »ist die Geheimhaltung der Veranstaltung bis zu ihrem Beginn.« Es sollte auch allen Teilnehmern verboten sein, die öffentlichen Fernsprechzellen im Sportpalast zu benützen, die durch Posten der Wehrmacht gesichert werden sollten, oder den Sportpalast vor dem Ende der Veranstaltung zu verlassen. Demnach dürften auch die etwa 10 000 Offiziersanwärter von Hitlers Erscheinen vorher nichts gewußt haben, und nun wurde ihnen noch die Möglichkeit genommen, irgendwelchen Verschwörern mitzuteilen, was diese sonst kaum wissen konnten, nämlich daß und wo Hitler sich gerade in der Öffentlichkeit aufhielt.

Seit dem 26. Mai hielten sich 16 Beamte zur Vorsicherung ständig im Sportpalast auf. Außerdem gingen uniformierte Polizisten, bei Nacht mit Hunden, ständig Streife. Alle Personen und Gegenstände, die auf das Gelände kamen, wurden kontrolliert. Während der Arbeiten zur Vorbereitung der Veranstaltung hatte je ein Beamter im Keller und auf dem Kronenboden und auf dem Dach Streifendienst, die übrigen Beamten mußten die Arbeiter und alles eingebrachte Material überwachen und nach dem Abschluß der Umbau- und Ausschmückungsarbeiten prüfen, ob Gegenstände zurückgeblieben waren. Am 30. Mai hatten 80 Beamte noch einmal das ganze Gebäude zu überprüfen und alle Gefahrenpunkte zu besetzen.

Am Veranstaltungstag wurden den Einlaßkontrolleuren der Wehrmacht je zwei Beamte in Uniform beigegeben. 15 Beamte in Zivil hatten nun den Boden und das Dach nach allen Seiten zu sichern und zugleich die umliegenden Häuser zu beobachten; die vor dem Bodeneingang angebrachte Lichtschaltung mußte stets im Auge behalten werden. Überall

im Gebäude wurden Beamte verteilt, die »ihr Augenmerk auf die Teilnehmer zu richten« und den Zutritt Unbefugter zu den jeweiligen Treppen, Rängen und Balkonen zu verhindern hatten. Die Treppen zur Red-
nertribüne und die Sitzreihen über dem Eingang, durch den Hitler kommen mußte, wurden eigens gesichert, ebenso der Raum hinter der Redner-
tribüne. Der Keller war verschlossen und seine Zugänge besetzt zu halten,
einschließlich aller ins Freie führenden Türen und Fenster; weitere Beamte sicherten die Umfassungsmauern rund um das Gelände. An das
Sportpalastgelände grenzende Gebäude und Häuser, von denen aus man
Einsicht auf die Anfahrtstrecke und den Vorplatz des Sportpalastes hatte,
wurden von Gestapobeamten besetzt, die zu verhindern hatten, daß Leute
auf die Balkone oder an die Fenster traten, auch die Dächer waren zu
besetzen und vom Publikum freizuhalten. Die Bewohner aller angrenzenden Häuser waren »karteimäßig erfaßt und unterliegen einer ständigen Kontrolle«; sie erhielten »die Auflage, während der Veranstaltung
keine fremden Personen in ihren Wohnungen aufzunehmen.« Gleiches
galt für eine beträchtliche Anzahl der Häuser an der Fahrstrecke, insbesondere Eckhäuser und Gasthäuser, wo Beamte in den ersten Stockwerken
stationiert wurden und andere »die anwesenden Gäste unauffällig zu beobachten« hatten. Baustellen und leerstehende Häuser wurden besetzt,
Sandkästen und gestapeltes Baumaterial der Straßenverwaltung wurden
überprüft und überwacht; Baugerüste und eine Überführung der S-Bahn
sowie alle Zugänge zur S-Bahn und U-Bahn wurden ebenfalls besetzt,
und auch eine Bedürfnisanstalt an der Ecke Bülow- und Potsdamer Straße
und die Kanalisationsanlagen der Stadtentwässerung, die Kabelschächte
der Reichspost wurden nicht vergessen. Man durchsuchte sie genauestens
»nach etwa eingebrachten Sprengkörpern« und sicherte sie anschließend,
die Gestapo überprüfte die Überwachungsmaßnahmen der Reichsbahn
und der Berliner Verkehrsgesellschaft an den Anlagen der S-Bahn und der
U-Bahn. Die Potsdamer Brücke wurde untersucht und von einem Was-
serschutzpolizeikommando überwacht, dessen Arbeit wieder von der Gestapo geprüft wurde.

Für »besondere Vorkommnisse« standen Reserven bereit, die auf telephonische Meldung losgeschickt werden konnten. Die Abschnittsleiter der
Fahrtroute hatten sowohl beim Hin- wie beim Rückweg der Kolonne
die Durchfahrt Hitlers sofort an ihre zuständige Meldestelle durchzugeben.

Man kann wohl sagen, daß bei derart vollständigen Sicherungsmaßnahmen ein Attentatversuch so gut wie unmöglich, zumindest nicht
erfolgversprechend war. Es gibt viele Legenden von dem Schutz, mit dem

sich Hitler umgeben habe, oder aber von dem Mangel solchen Schutzes. Wenn man die oben beschriebenen Vorkehrungen kennt, wird man sich nicht mehr wundern, warum es nur wenige Attentatversuche gegeben hat und warum sie nicht anders ausgeführt wurden, als es tatsächlich der Fall war.

2. Persönliche Sicherheit Hitlers 1943/44

Hitler hatte sich seit dem Beginn der Kriegsvorbereitungen mehrere Feldhauptquartiere bauen lassen. Vom 10. Mai bis 6. Juni 1940 bezog er das »Felsennest« in der Wintereifel bei Rodern, dann bis 25. Juni »Wolfschlucht I« in Belgien bei Brûly-de-Pesche. »Wolfschlucht II« bei Margival nahe Soissons in Frankreich besuchte er nur einmal, am 17. Juni 1944. Vom 25. Juni bis 6. Juli 1940 hielt er sich in der »Tannenburg« im Schwarzwald bei Freudenstadt auf. Im Osten dienten ihm »Wolfschanze« bei Rastenburg in Ostpreußen, und vom 16. Juli bis 1. November 1942 sowie vom 17. Februar bis 13. März 1943 »Wehrwolf« bei Winniza in der Ukraine. Wenn er nicht in einem der Hauptquartiere war, lebte er in der Reichskanzlei in Berlin oder auf dem »Berghof« bei Berchtesgaden, manchmal für ein oder zwei Tage in seiner Wohnung in München am Prinzregentenplatz. Das letzte Führerhauptquartier war »Adlerhorst« bei Bad Nauheim, von dem aus Hitler vom 10. Dezember 1944 bis 15. Januar 1945 die Ardennenoffensive leitete. Danach kehrte er in die Reichskanzlei bzw. den darunterliegenden Bunker zurück, den er bis zu seinem Selbstmord am 30. April 1945 bewohnte[73].

In der Zeit von Oktober 1943 bis Juli 1944 hielt sich Hitler hauptsächlich in seinem Hauptquartier »Wolfschanze« bei Rastenburg und auf dem »Berghof« bei Berchtesgaden auf. Zwischendurch machte er kleine Reisen etwa nach München oder Breslau, oder einen Frontbesuch im Osten; häufig kehrte er am selben Tag noch zurück. Die Frühlingsmonate, März, April, Mai und Juni, verbrachte er gern auf dem »Berghof«, so auch 1943 und 1944.

Im Mai 1943 war Hitler für zwei Wochen, von etwa 6. bis 20. Mai, in Berlin, empfing prominente Besucher, gab Erlasse heraus und verlängerte sich das Ermächtigungsgesetz von 1933. Ende Juni zog er vom »Berghof« ganz in die »Wolfschanze«, von wo er z. B. am 27. August einen Flug nach »Wehrwolf« bei Winniza und am 8. September einen nach Saporoshe unternahm, jeweils zu Besprechungen mit Manstein und den diesem unterstellten Armeebefehlshabern; beide Male kam er schon abends

wieder zurück. Am 7. November fuhr er mit seinem Sonderzug »Brandenburg« um 16.10 Uhr vom Bahnhof Görlitz bei der »Wolfschanze« nach
München ab, wo er am nächsten Tag um 16.10 Uhr anlangte. Um 17 Uhr
hielt er im Löwenbräukeller die Gedenkrede. Zu dieser ganzen Unternehmung hatte er sich erst im letzten Moment entschlossen, nachdem er
zuerst nichts davon hatte wissen wollen[74]. Nach der Ansprache begab er
sich um 18.30 Uhr in seine Wohnung am Prinzregentenplatz, die »Führerwohnung«. Um 20 Uhr aß er mit Gauleitern im Führerbau am Königs-
platz, um 24 Uhr war er wieder in seiner Führerwohnung. Am 9. November erneuerte er alte Gewohnheiten mit einem Besuch im Atelier von
Professor Troost, hielt dann gegen 13 Uhr eine Lagebesprechung ab und
aß um 15 Uhr in der »Osteria Bavaria« zu Mittag. Um 16.30 Uhr bestieg
er seinen Zug und fuhr zur »Wolfschanze« zurück, wo er am nächsten
Abend um 18.50 Uhr ankam. Schon am 19. November machte er wieder
einen unerwarteten Ausflug, diesmal nach Breslau, wo er am 20. November in der Jahrhunderthalle vor Offiziersanwärtern sprach. Das Ganze
war unter ungewöhnlichen Geheimhaltungsmaßnahmen vor sich gegangen; in der Nacht vom 20. auf den 21. November war Hitler schon wieder
in der »Wolfschanze«. Am 26. November fuhr er mit seinem Sonderzug
zum Flugplatz Insterburg, wo er sich die neuesten Modelle der deutschen
Flugzeugproduktion vorführen ließ; am gleichen Nachmittag war er wieder in seinem Hauptquartier[75].

Ende Februar 1944 zog Hitler wieder zum »Berghof« um, wo er bis
14. Juli blieb, von kleinen Unterbrechungen abgesehen: Am 20. und
21. März 1944 war er in der »Wolfschanze«, ebenso am 9. Juli; am
17. April war er kurz in München, und am 17. Juni, zwei Wochen nach
Beginn der Invasion, stattete er der Westfront einen Besuch ab in seinem
dortigen Hauptquartier »Wolfschlucht II« bei Margival nördlich Soisson.
Kurz ehe Hitler gekommen war, hatten SS-Einheiten das Hauptquartier
hermetisch abgeriegelt – ein offenbar für unvermeidlich erachteter Affront
gegenüber den dort stationierten Heereseinheiten. Bei dem Mittagessen
mit Generalfeldmarschall von Rundstedt und Generalfeldmarschall Rommel fing Hitler erst an zu essen, nachdem die Speisen auf seinem Teller
vor seinen Augen vorgekostet worden waren. Während des Essens standen hinter seinem Stuhl zwei Männer in SS-Uniform – so sicher fühlte
sich der Diktator unter seinen Generalen[76]. Noch am selben Tag flog Hitler von Metz aus wieder nach Berchtesgaden zurück. Nach dem Umzug
in die »Wolfschanze« am 14. Juli 1944 blieb Hitler dort bis zum 20. November.

Bei der Erwägung der Möglichkeiten, Hitlers in seinem Hauptquartier habhaft zu werden, hatte Tresckow schon 1942 einen Handstreich von außen verworfen. Er hatte überlegt, ob nicht der aufzustellende Reiterverband »Boeselager« für die Zernierung des Führerhauptquartiers bei Rastenburg oder bei Winniza eingesetzt werden könnte; auch an Einheiten der Division »Brandenburg« war gedacht worden. Aber wenn dann die Einzelheiten erwogen wurden, erwies sich stets zweierlei: Zum einen, daß die Verfrachtung und der Transport der erforderlichen Truppe unmöglich ohne Aufsehen geschehen könnte; deshalb müßten von vornherein nicht nur ein paar Abteilungen, sondern eine ganze Bürgerkriegsarmee bereitstehen, wenn das Unternehmen erfolgreich sein sollte. Selbst wenn dies sich hätte bewerkstelligen lassen, so wäre doch die Gefahr der vorzeitigen Entdeckung bei weitem größer gewesen als bei jeder anderen Methode. Zum zweiten zeigte sich, daß man im Führerhauptquartier Möglichkeiten, wie sie Tresckow erwog, durchaus erwartete, wenn auch nicht gerade vom eigenen Heer. Vorbereitet war man aber auf einen Angriff von innen ebenso wie auf einen Angriff von außen. Hitler hat sich gewundert, warum die Alliierten bei ihrer Luftüberlegenheit nicht versuchten, sein Hauptquartier wenigstens zu bombardieren[77]. Vorsichtshalber ließ er immer wieder die Bunker verstärken.

Alle Hauptquartiere bestanden zum Teil aus bombensicheren Bunkern, die entsprechend den Fortschritten der Kriegstechnik immer wieder verstärkt wurden. Deshalb waren auch wenigstens die häufig benützten Hauptquartiere, vor allen der »Berghof« und die »Wolfschanze«, ständige Baustellen mit allen den Gefahren und Unannehmlichkeiten, die das mit sich bringt.

Für einen Anschlag gegen Hitler – sei es nun ein Handstreich von außen oder ein Attentat im Innern des Hauptquartiers – kamen seit März 1943 nur noch der »Berghof« und die »Wolfschanze« in Frage. Nirgends sonst hielt Hitler sich lange genug auf, nirgends sonst konnte man, wie sich zeigte, an ihn herankommen. Die kurzen Aufenthalte an anderen Orten – Winniza im August 1943, Saporoshe im September, München und Breslau im November, »Wolfschlucht II« am 17. Juni 1944 – boten keine Möglichkeiten, sie wurden streng geheim gehalten, kurzfristig angesetzt und dauerten nie lange genug, um die nötigen Vorbereitungen zu gestatten. Der Attentäter mußte immer erst mühsam den Zugang suchen, und überdies hatte man von März bis Ende Oktober 1943 gar keinen Attentäter. Von den dann folgenden Attentatversuchen waren etwa vier für die »Wolfschanze« und drei für den »Berghof« geplant.

Der »Berghof« ist schon beschrieben worden. Was weiter unter über die Sicherheitsmaßnahmen in der »Wolfschanze« berichtet werden wird, gilt sinngemäß und den örtlichen Gegebenheiten entsprechend abgewandelt auch für den »Berghof«.

Auf dem »Berghof« und in seiner Umgebung spielten Einheiten des Wehrmachtstandortes bei den Sicherungsmaßnahmen nur eine untergeordnete Rolle. Der Schutz der Anlage »Berghof« gegen Eindringlinge zu Lande wurde von der SS besorgt und war dank den von früher her bestehenden Sicherungsringen und Abzäunungen nicht problematisch. An direkte Angriffe feindlicher Einheiten zu Lande brauchte man hier selbst kurz nach der Landung der Amerikaner in der Normandie noch nicht zu denken, im Gegensatz zur »Wolfschanze«, die im Juli 1944 nur noch durch wenig mehr als 100 Kilometer flachen Landes von der Front getrennt war[78]. Auch feindliche Luftlandetruppen oder Fallschirmspringer brauchten in dem gebirgigen Gelände kaum befürchtet zu werden, aber man hat sich doch schon vor der Invasion gegen sie vorgesehen und auch Probealarme abgehalten, bei denen alle vorhandenen Einheiten in ganz kurzer Zeit, die kasernierten innerhalb von fünf Minuten, als Stoßtrupps einsatzbereit zu sein hatten. Für Probealarme galt das Stichwort »Ente«; die Einheiten mußten mit Sturmgepäck, scharfer Munition und geladenen Waffen antreten. Für den Ernstfall war das Stichwort »Geier« vorgesehen[79]. Man war also auch für den höchst unwahrscheinlichen Fall eines Handstreiches gut vorbereitet.

Das Hauptaugenmerk richtete man auf dem »Berghof« auf den Schutz gegen feindliche Bombenangriffe. Bei der Luftüberlegenheit des Gegners und der ungenügenden Dichte der deutschen Abwehr konnten feindliche Flugzeuge in Deutschland fast überallhin fliegen, besonders, wenn sie auf Verluste keine Rücksicht nahmen. Der Kern der Abwehrstreitmacht bei Berchtesgaden bestand daher, außer der SS-Wachkompanie, der SS-Sonderkolonne und der SS-Stollenbaukompanie aus der SS-Flak-Abteilung »B« Obersalzberg und der SS-Nebel-Abteilung, die mit der 26. Flak-Division bei Traunstein zusammenarbeiteten. Der Reichsarbeitsdienst besorgte die Verpflegung, zunehmend aber auch die Ersetzung und Ablösung der SS-Flakmannschaften. Ende Juni 1944 standen den um den Obersalzberg eingesetzten Batterien 12 Flakgeschütze vom Kaliber 10,5 cm zur Verfügung, ferner 18 Geschütze vom Kaliber 8,8 cm, 28 Geschütze vom Kaliber 3,7 cm und 6 Vierlingskanonen vom Kaliber 2 cm. Die Batterien waren im Juni zum Teil so hoch gelegt worden, daß die Versorgung mit Munition und dem übrigen Bedarf im Sommer gerade noch möglich und im Winter fraglich war. Außer den Standorten Oberau, Lochstein, Bergwerk und Schönau hatte man durch Einbeziehung von zwei Batterien der Führer-Flak-Abteilung (FFA) auf dem Roßfeld eine

Großbatterie mit rund fünfhundert Mann Bedienungspersonal eingerichtet. Wie nützlich diese Maßnahmen gewesen wären, wenn die Alliierten ernstlich versucht hätten, die Kommandozentrale des Dritten Reiches zu zerstören, ist fraglich. Bis Ende Juni 1944 wurden regelrechte Fliegerangriffe auf ein Führerhauptquartier nicht versucht. Aber der Schutz, den die Maßnahmen gegen Handstreiche von innen boten, reichte aus, um diese zu risikoreich zu machen.

Das Hauptquartier »Wolfschanze« ist hauptsächlich in den Jahren 1941 und 1942 im Rastenburger Stadtwald, auch »Forst Görlitz« benannt, errichtet worden. Es lag ungefähr 8 km östlich der Stadt Rastenburg in Ostpreußen, etwa 100 km südöstlich von Königsberg[80]. Das Ganze bestand aus zwei inneren Sperrkreisen und war zudem noch von Sperrbezirken und Minengürteln umringt. Eine ost-westlich verlaufende Straße und parallel dazu eine Bahnlinie verbanden Rastenburg mit Angerburg, in dessen Nähe sich das OKH im Hauptquartier »Mauerwald« befand. Nördlich von Straße und Bahnlinie lag der Sperrkreis I mit den Arbeits- und Wohngebäuden der Führer von Staat, Wehrmacht und Partei. Hitler wohnte und arbeitete hier, ebenso Ribbentrop, Keitel, Jodl, seit 1944 Göring, ferner Bormann, alle mit ihren nächsten Gehilfen. Außerdem waren im Sperrkreis I der Reichspressechef, der Reichssicherheitsdienst (RSD), die Persönliche Adjutantur beim Führer und Obersten Befehlshaber der Wehrmacht und Oberbefehlshaber des Heeres, die Leibärzte, die zentrale Fernsprechvermittlung, die Dienststelle des Wehrmacht-Nachrichten-Offiziers (WNO), zwei Kasinos, Garagen, der Stenographische Dienst usw. untergebracht. Südlich der Bahnlinie und Straße lag der Sperrkreis II mit den Baracken und Bunkern des Wehrmacht-Führungs-Stabes (WFSt), der Kommandantur des FHQu und des Stabes des Führer-Begleit-Bataillons, des Kasinos des WFSt, der Ärzte, der Heizzentrale, der zentralen Fernschreibvermittlung usw. Südlich und östlich vom Sperrkreis II lagen die Unterkünfte des Führer-Begleit-Bataillons samt einem Wachzug der Führer-Flak-Abteilung (FFA), einer Scheinwerferstaffel, einem Nachrichtenzug, einer Feuerlöschkompanie usw.

Die Gebäude in beiden Sperrkreisen waren teils Holzbaracken, teils in den Erdboden eingelassene unter- und oberirdische Betonbunker. In insgesamt drei Hauptbauabschnitten – Sommer 1940 bis Juni 1941, 1942/43, und Februar bis Herbst 1944 – wurden immer wieder neue Gebäude errichtet, alte verstärkt und umgebaut, Einrichtungen verändert und vervollständigt[81]. Die Gebäude standen in einem aufgelockerten Bestand von Birken, Tannen, Föhren, Eichen und Buchen, die stellenweise dicht beisammenstanden, aber doch nicht »Wald« zu nennen wären. Erst 1943

und 1944 suchte man die Gebäude gegen Einsicht von oben völlig abzu-
decken und baute allerhand Tarnnetze, künstliche Bäume und dergleichen
auf [82]. Der Blick auf die Straße und auf die flache, waldige ostpreußische
Landschaft war nur stellenweise durch den Baumbestand versperrt, viele
der Gebäude waren durch die Lücken deutlich zu sehen.

Je länger der Krieg dauerte und je mehr die Entwicklung der Fliegerbomben in England und in Amerika vorangetrieben wurde, die schließlich zur Atombombe führte, desto mehr wurden die Bunker in Hitlers
Hauptquartieren verstärkt. Beim »Berghof« wurde ein Stollen in den
Berg getrieben [83] und in der »Wolfschanze« wurden die Bunker und
Baracken verstärkt [84]. Im zweiten Bauabschnitt 1942/43 erhielten fast alle
Holzbauten und Baracken eine Ummantelung aus Backsteinen und Ze-
ment zum Schutz gegen Brandbomben und Splitterwirkung. Die Stärke
der Ummantelung betrug etwa 50 cm und ließ zur ursprünglichen Ba-
rackenwand noch einen kleinen Hohlraum übrig. Die Mauer trug eine
ebenfalls 35 cm starke Betondecke [85]. Von außen machten solche Bau-
werke mit ihrem Zementüberzug, dem Tarnanstrich und den eisernen Fen-
sterläden einen blockartigen, stabilen und höchst martialischen Eindruck.
Man konnte sie bei flüchtigem Hinsehen für Bunker halten. Im dritten
Bauabschnitt im Jahre 1944 erhielten zwei schon aus dem ersten Bauabschnitt vorhandene Bunker bzw. Betonhäuser, der Gästebunker und der
Führerbunker, im Jargon des Hauptquartiers auch Chefbunker genannt,
zu ihren bisherigen drei Meter starken Betonmauern eine zusätzliche
Ummantelung von vier Metern, so daß die Insassen nun durch sieben
Meter Beton von der Außenwelt getrennt waren [86].

Die Arbeiten am Führerbunker wurden erst im Oktober 1944 so weit
beendet, daß Hitler wieder einziehen konnte. Der Bunker hatte einen
Holzanbau aus dem zweiten Bauabschnitt mit einem großen Konferenzzimmer, in dem seit November 1942 die mittäglichen Lagebesprechungen
abgehalten wurden, während die abendlichen meist in kleinerem Kreise
in einem anderen Raum stattfanden. Aber seit Februar 1944 wurde der
ganze Bunker wegen der Bauarbeiten nicht mehr benützt. Die mittäglichen Lagebesprechungen wurden in den wenigen Tagen, die Hitler vor
dem 20. Juli 1944 noch in der »Wolfschanze« verbrachte, in einer der
leicht verstärkten Holzbaracken abgehalten [87]. Neben der Verstärkung
vorhandener Bunker wurden auch einige neue mit ebenfalls insgesamt
sieben Meter starken Wänden errichtet: einer für Göring, der 1944 nach
Fertigstellung seines Bunkers in die »Wolfschanze« zog; zwei für die
Allgemeinheit des Hauptquartiers; und ein weiterer als Anbau an den
Nachrichtenbunker im Sperrkreis I.

Für den äußeren Schutz des jeweiligen Führerhauptquartiers war das Führer-Begleit-Bataillon verantwortlich, das bis Juli 1944 auf Regimentsstärke anwuchs und aus sieben Kompanien bestand [88]. In ganz Deutschland wurde im Kriege ständig kontrolliert. Militärfahrzeuge und Militärpersonen hatten stets mit Kontrollen durch die Feldgendarmerie zu rechnen, man fahndete immer nach Urlaubsüberziehern, Fahnenflüchtigen, Schiebern, Agenten, Saboteuren und Tausenden von entsprungenen Kriegsgefangenen. Außerdem kontrollierte sich eine so dünn besiedelte Gegend wie die um Rastenburg sozusagen selbst; wer nicht dort zu Hause war, fiel unweigerlich auf und war »verdächtig«. Gelang es aber trotzdem einigen einzelnen Wanderern – für Gruppen war es nahezu ausgeschlossen, außer vielleicht bei Nacht – sich an Hitlers Führerhauptquartier heranzumachen, so gerieten sie spätestens drei Kilometer von Hitlers Bunker entfernt an Stacheldrahthindernisse und Minenfelder. Wollten sie diese meiden – niemand wußte genau, wo die Minen lagen, die Wachen kannten nur wenige schmale Patrouillenwege, die minenfrei waren –, so mußten sie eine der Abschrankungen an den scharf bewachten offiziellen Zugängen passieren. Die Patrouillenpfade wurden Tag und Nacht von den Posten begangen, die angewiesen waren, untereinander Kontakt zu halten, besonders auf Veränderungen am Drahtverhau zu achten, die Postenlöcher, Maschinengewehrstände, Maschinengewehrbunker und Maschinengewehrtürme in ihrem jeweiligen Wachbereich, ebenso die Luftschutzgräben und Telephonapparate zu kontrollieren. War schon der Versuch, hier einzudringen, höchst unwahrscheinlich, so war das Gelingen noch viel unwahrscheinlicher. Wäre der Eindringling – gegen alle Wahrscheinlichkeit – glücklich durch Stacheldraht und Minenfeld gekommen (wo immer wieder Hasen und Rehe Minen auslösten), so hätte er nach etwa 2 Kilometern weitere Hindernisse aus Draht überwinden müssen, die ebenfalls bewacht waren. Hitlers eigener kleiner Bereich war noch einmal besonders abgesperrt, und in seiner Umgebung hielten sich stets mehrere Leibwächter auf [89].

Im Herbst 1943 sind angesichts der ungeheuren Luftüberlegenheit der Alliierten, der verheerenden Angriffe auf die deutschen Städte und der zunehmenden Unübersichtlichkeit der Verhältnisse innerhalb Deutschlands, wo Millionen »Fremdarbeiter« und Kriegsgefangene festgehalten wurden, von denen jedoch mindestens 140000 entsprungen waren und illegal lebten [90], alle Sicherheitsmaßnahmen für die Führerhauptquartiere neu gefaßt und im Mai und Juli 1944 dann nochmals vervollständigt worden [91].

Die Hauptaufgabe des Führer-Begleit-Bataillons war die Abwehr etwaiger äußerer Angriffe oder Eindringlinge. Die Truppe war vollständig motorisiert und verfügte über Panzer, Flugabwehrkanonen (Flak) und eingebaute schwere Waffen. Bei Goldap, etwa 70 Kilometer östlich von Rastenburg, war eine Luftlandeeinheit in der Stärke eines Bataillons stationiert, die für Nahkampfaufgaben besonders ausgebildet und ausgerüstet war. Im Falle eines Angriffs feindlicher Fallschirmjäger, Luftlandetruppen oder anderer »Erdgegner«, etwa eingesickerter Bandengruppen oder durch die Front durchgebrochener schneller Truppen der Roten Armee, womit man im Juli 1944 schon sehr ernsthaft rechnete (die Spitzen des Feindes standen am 19. Juli 1944 schon bei Augustowo, etwa 100 km östlich des Hauptquartiers) [92], hätte man die bereitstehende Luftlandeeinheit sofort in die »Wolfschanze« hineingeflogen. Die Gefahr eines Fallschirmjägerüberfalls war allerdings nicht sehr groß. Abgesehen von der dichten Verminung des Geländes um den Kern des Hauptquartiers hatten Fallschirmjäger immer damit zu rechnen, daß sie in der waldigen Gegend in den Bäumen hängen blieben oder in einen der vielen Seen sprangen. Ähnliche Vorkehrungen waren auf dem »Berghof« getroffen, obwohl freilich die Gefahr einer Fallschirmjägerlandung in dieser gebirgigen Gegend praktisch nicht existierte [93].

Eine Führer-Flak-Abteilung unter Major Roth, teils in der »Wolfschanze«, teils auf dem Flugplatz Rastenburg und an anderen Stellen im Umkreis des Hauptquartiers stationiert, hatte ein übriges zu tun zur Verhinderung feindlicher Angriffe aus der Luft, sei es mit Bomben oder mit Truppen. Für die rechtzeitige Warnung sorgte die Führer-Luft-Nachrichten-Abteilung unter Major Zamsow, die taktisch zur Flak-Gruppe »Masuren« gehörte [94]. Das allgemeine Luftwarnsystem war an den Warndienst der Luftflotte »Reich« angeschlossen. Außerdem hatte das Führerhauptquartier noch einen besonderen Warndienst für Einzelflüge feindlicher Flugzeuge, die von der Luftflotte »Reich« nicht gemeldet wurden. Ein Flugmeldering, der in einem Radius von 80 bis 100 Kilometern um das Hauptquartier gelegt war und von der 1. und 2. Kompanie der FLNA mit Hilfe aller technischen Mittel, einschließlich Funkmeßgeräten bedient wurde, hatte sämtliche Einflüge zu melden. Warnzentrale war die Flak-Gruppe »Masuren«; von hier aus wurden der Kommandant des Führerhauptquartiers, der Reichsaußenminister in seinem Feldquartier in Steinort und der Reichsführer SS in seinem Feldquartier »Hochwald« in der Nähe der »Wolfschanze« bei Feindeinflügen alarmiert. Im allgemeinen wurden von der Flak-Gruppe »Masuren« der Kommandant des Führerhauptquartiers, der Adjutant der Wehrmacht (Luftwaffe) beim Führer, Oberst von Below, der Adjutant des Chefs des WFSt, Major Büchs, sowie Ribbentrop und das Hauptquartier Himmlers ständig über die jeweilige Luftlage orientiert.

Tiefflieger jedoch mußten an das Führerhauptquartier durch die Führer-Flak-Abteilung (FFA) gemeldet werden und an das Hauptquartier Himmlers durch die Untergruppe Lötzen der Flak-Gruppe »Masuren« [95].

Bei der Annäherung feindlicher Truppen zu Lande oder aus der Luft wurde zunächst Alarmbereitschaft telephonisch oder durch Melder durchgegeben, was einem Befehl gleichkam, die Verteidigungsstellungen unverzüglich zu besetzen, die Posten und Streifen zu verdoppeln und überhaupt »erhöhte Aufmerksamkeit« zu üben. Die gesamte Außenbeleuchtung wurde zentral abgeschaltet. Vollalarm galt als ausgelöst, wenn eine Sirene ertönte oder telephonisch Nachricht gegeben war, aber auch wenn die Flak schoß und wenn Bomben fielen. Alle nicht unmittelbar in der Wach- und Verteidigungstruppe eingesetzten Soldaten hatten dann die Schutzräume aufzusuchen, bei jeder Baracke aber mußten zwei dazu eingeteilte Personen von Schutzlöchern außerhalb des Gebäudes dieses und die Vorgänge beobachten, um vor allem bei einem Brand sofort das Nötige veranlassen zu können. Unter bestimmten Bedingungen, bei Dunkelheit immer, waren Alarmbinden anzulegen, und natürlich mußte jeder die Parole kennen. Und: »Wer sich nach Sirenenwarnung ohne Alarmbinden im Freien bewegt, wird als Feind angesehen und niedergeschossen!«

Unter dem 5. Mai 1944 wurden diese vom 14. Oktober 1943 stammenden Vorschriften noch etwas verfeinert. Es gab nun »Alarmbereitschaft still«, auszulösen durch Telephon oder Melder, wenn in der weiteren Umgebung Luftlandetruppen oder Fallschirmjäger abgesetzt wurden, oder wenn innerhalb der Anlage Schüsse fielen oder Minen detonierten, ohne daß die Ursache sofort erkennbar war. Sodann gab es »Alarmbereitschaft (Voralarm)«, »Alarm«, »Gasalarm« (Gasmasken anlegen, Entgiftungsmittel bereithalten), und »Feueralarm« sowie entsprechende Warnungs- und Entwarnungszeichen für die verschiedenen Stufen.

Allgemein waren die Truppen und alle im Führerhauptquartier tätigen Soldaten angewiesen, stets mit allen in Frage kommenden Bedrohungsmöglichkeiten und mit ihrem gleichzeitigen Auftreten zu rechnen. Einen vernünftig geplanten feindlichen Handstreichversuch mußte man sich in der Tat als Kombination von Bombardierung, Luftlandung und Landangriff vorstellen. Man war völlig bereit, die Konsequenzen aus einem solchen Fall zu ziehen und würde nicht gezögert haben, das Führerhauptquartier zum Schlachtfeld zu machen. In den Bunkern waren die zu schützenden Personen vorderhand sicher, ohne langwierige Sprengvorbereitungen waren die nicht zu knacken, und gegen Gas konnten sie abgedichtet werden. Draußen aber würde man den Feind rücksichtslos bekämpfen: »*Bei Fallschirmjägerabsprung in den Kern der Anlage werden*

Abwehrwaffen auch mit Schußrichtung nach innen eingesetzt.« »Das Führerhauptquartier Wolfschanze wird bis zum letzten Mann verteidigt.«

Truppenverbände, die zur Auffrischung oder zu Übungen in die Gegend um das Führerhauptquartier verlegt waren, wurden sogleich in den
Alarmplan einbezogen. Im Juli 1944 wurden auch diese Vorbereitun-
gen noch einmal verfeinert und ergänzt, vor allem durch eine spezielle
Vereinbarung mit dem Wehrkreiskommando I in Königsberg [96]. Die Feld-
Unteroffizier-Schule Arys auf dem Truppenübungsplatz Arys wurde dem
Kommandanten des Führerhauptquartiers unterstellt, zur »Zusammenarbeit« wurden nach Vereinbarung mit Himmler das Polizei-Bataillon Hochwald, die SS-Panzerjäger-Ersatz-Abteilung Carlshof und die Polizei und
Landwacht im Raume Lötzen–Rastenburg angewiesen; alle im Raum
Lötzen–Rastenburg vorhandenen Einheiten des Reichsarbeitsdienstes
wurden dem Kommandanten des Führerhauptquartiers unterstellt. Zu
allen Hauptquartieren, Truppenunterkünften und Gefechtsstellen waren
zweifache, zu besonders wichtigen Punkten sogar dreifache Möglichkeiten
der Nachrichtenübermittlung einzurichten: Regulär mußte überallhin
sowohl Fernsprech- als auch Funkverbindung bestehen, und die wichtigen
Verbindungen waren noch mit Kradmeldern zu »überlagern«. So stand
der Kommandant der »Wolfschanze« ständig in Verbindung mit den Kommandanten der Festung Lötzen, der Hauptquartiere »Hochwald«, »Robinson« bei Rominten (Göring), »Mauerwald« (OKH), den Kommandeuren
des Armeeoberkommando 9 in Arys Süd, der zur Verteidigung eingesetzten Bataillone der Kampfgruppe »Masuren«, der FFA und der FLNA,
der SS-Pz.-Jg.-Ers.-Abt. Carlshof, des SS-Polizei-Bataillon Hochwald, des
Flugplatzes Rastenburg, des Regiments »Hermann Göring« im Hauptquartier »Robinson« und der Feld-Unteroffizier-Schule Arys, und zum
Befehlshaber des Wehrkreiskommandos I in Königsberg. Für die Nachrichtenverbindungen sollte von Oberstleutnant Ludolf Sander, dem Wehrmacht-Nachrichten-Offizier (WNO) im Führerhauptquartier, auch noch
»in Zusammenarbeit mit Reichsführer-SS« das Polizeinetz samt seinen
Funkverbindungen herangezogen werden; aber Major Wolf, der Kommandeur der Führer-Nachrichten-Abteilung (FNA), der das hätte tun
sollen, mußte auf seinem Exemplar des Verteidigungsbefehls konstatieren:
»Diese ›Polizeinetz Verbindungen‹ waren von der Wehrmachts-Nachrich-
ten-Führung nicht zu ›erfassen‹.«

Bei all diesen Vorbereitungen durfte der Kommandant des Führerhauptquartiers immerhin damit rechnen, ein bis zwei Tage Widerstand
leisten und durchhalten zu können, bis Entsatz herangekommen sein
würde.

Auch im Innern der Anlage waren die Sicherungsmaßnahmen denkbar vollständig. Der Schock von Stalingrad und überdies gewisse groteske Vorfälle trugen zu ihrer Verschärfung im Herbst 1943 bei. Davor konnte es z. B. geschehen, daß ein Oberst, der eigentlich zum OKH »Mauerwald« wollte, versehentlich schon in der »Wolfschanze« aus der Nebenbahn ausstieg, welche die beiden Lager und Rastenburg verband, und unbehelligt in ein Kasino des Sperrkreises I wanderte, wo er friedlich frühstückte. Dabei fand ihn Hitlers Marineadjutant Konteradmiral von Puttkamer, und klärte ihn auf, freilich nicht ohne Mühe; denn der fremde Oberst war sicher, daß man sich mit ihm einen Scherz erlaube, und ließ sich erst überzeugen, als Puttkamer in der Lage war, ihm den in geringer Entfernung vom Kasino spazierengehenden Hitler zu zeigen. Angehörige des Hauptquartiers waren in der laxen Zeit auch dazu übergegangen, sich von Freunden besuchen zu lassen, wenn diese dienstlich in die Nähe kamen. Es war dann eine gesuchte Attraktion, Hitler persönlich sehen zu können [97]. Ganz war dem nicht zu steuern, weil es auch nach Verschärfung der Maßnahmen noch möglich war, ohne Ausweis in einen der Sperrkreise zu gelangen, sofern man von einem entsprechend hochgestellten Angehörigen des Hauptquartiers abgeholt wurde oder einen Ausweis beschafft bekam, aber das war ohne dienstlichen Grund doch kaum mehr zu machen.

Im September 1943 wurde der alte Sperrkreis I in der »Wolfschanze« neu unterteilt, indem darin der Sperrkreis A geschaffen wurde [98]. In den neuen innersten Sperrkreis im inneren Sperrkreis I einbezogen waren die Gebäude 7 (Keitel), 8 (Persönliche Adjutantur des Führers), 10 (Kasino 1 und Teehaus), 11 (Führerbunker), 12 (Reichsleiter Bormann), 13 (Adjutantur der Wehrmacht beim Führer), 813 (Heerespersonalamt usw.) und das Lagehaus. Zweck der neuen Anordnung war »die Geheimhaltung von Ereignissen, Absichten, Besprechungen usw.«, die sich bei Hitler und in seiner Umgebung abspielten. »Neben der Geheimhaltung ist für die Schaffung des Sperrkreises A die Sicherheit der Person des Führers maßgebend.« Dem war nun alles andere unterzuordnen. Vor allem müsse der Besucherverkehr in Hitlers unmittelbarer Nähe eingeschränkt werden. Der bei den verschiedenen Dienststellen im Sperrkreis I nötige Verkehr sowie der laufende Kurierverkehr wurden nun durch die neue Regelung abgetrennt.

Zugleich wurden die für den Zutritt zum Sperrkreis I bisher gültigen Ausweise eingezogen und für den Sperrkreis A neue mit Lichtbild ausgestellt, aber nur solchen Personen, die entweder dort wohnten oder ständig dienstlich dort beschäftigt waren. Diese Personen bekamen neue Dauerausweise. Sonst durften Dauerausweise nur mit besonderer Genehmigung Schmundts in Vereinbarung mit SS-Obergruppenführer Schaub bzw. dessen Vertreter ausgegeben werden. Dagegen konnten Tagesausweise, etwa für den gelegentlichen Besuch eines Angehörigen des OKH, oder für den Chef des Stabes beim Chef der Heeresrüstung und Befehlshaber des Ersatzheeres, schon mit Genehmigung eines Persönlichen Adjutanten oder eines der militärischen Adjutanten Hitlers ausgestellt werden; denn um jeden einzelnen Besucher konnten sich weder Schaub noch Schmundt kümmern, und sie konnten auch nicht in jedem Fall wissen, ob der Besuchszweck die Ausstellung des Ausweises rechtfertigte.

Neu war nun, daß niemand mehr ohne Ausweis in den Sperrkreis A durfte, auch nicht in Begleitung eines Besitzers eines Dauerausweises, also nicht einmal in Begleitung eines der Persönlichen Adjutanten. An allen Toren des Sperrkreises A waren nun außer je einem Unteroffizier des Führer-Grenadier-Bataillons Angehörige des Reichssicherheitsdienstes (RSD) eingesetzt, und diese allein waren berechtigt, in dringenden Fällen einen Besucher in den Sperrkreis A und zu einer dort befindlichen Dienststelle zu geleiten. Dann mußte entweder, falls der Besuch berechtigt war, dem Besucher nachträglich ein Ausweis ausgestellt oder der Betreffende wieder von dem RSD-Beamten abgeholt und zum Tor zurückgeleitet werden. Der Unteroffizier hatte nur die Aufgabe, die Ausweise zu kontrollieren und niemanden ohne einen solchen durchzulassen. Dies galt sogar für das Verlassen des Sperrkreises A, wobei die Ausweise wieder »mit derselben Genauigkeit« zu prüfen waren. Wer ohne Ausweis im Sperrkreis A angetroffen wurde, war hinauszuweisen oder festzunehmen. Ein Beamter des RSD hatte nun ständig im Sperrkreis A zu patrouillieren mit der einzigen Aufgabe, alle sich dort aufhaltenden Personen zu überwachen und Unbefugte aus dem Sperrkreis zu weisen.

Der Autoverkehr im Sperrkreis A wurde gleichfalls drastisch eingeschränkt, Parken war grundsätzlich verboten. Mit dem Auto durften nur noch »Persönlichkeiten vom Reichsminister, Reichsleiter und Generalfeldmarschall an aufwärts« in den Sperrkreis A fahren. Doch mußten auch diese und ihre Begleiter gültige Ausweise haben. Alle anderen mußten ihre Wagen an den Toren stehenlassen; ausgenommen waren Bewohner des Sperrkreises A im Offiziersrang und die Fahrer von Wirtschaftsfahrzeugen. Wer zu Keitels Dienststelle wollte, oder zur Adjutantur der Wehrmacht beim Führer, zum Heerespersonalamt, zu Admiral Voß, General Scherff und zum WNO, der mußte durch das Tor III A, wenn er zu Fuß kam, mit dem Auto jedoch durch das Tor II A; Besucher der Parteikanzlei Bormanns, der Persönlichen Adjutantur und der Küche hatten sich durch das Tor I A zu verfügen. Kuriere durften überhaupt nicht mehr in den Sperrkreis A, sondern mußten ihre Sachen an zu vereinbarenden Plätzen außerhalb des Bezirkes abgeben bzw. abholen. Die Läufer für Pressemeldungen und für hinausgehende oder hereinkommende Fernschreiben – die Zentrale dafür befand sich im Sperrkreis II – mußten immer dieselben Soldaten sein und waren mit entsprechenden Ausweisen zu versehen. Wer künftig zu einer Dienststelle im Sperrkreis A oder zu Hitler befohlen wurde, hatte sich bis zum Abruf im Sperrkreis I und Kasino 2 aufzuhalten, wo die Besucher »als Gäste des Führers betreut« wurden.

Die Zahl der Essenteilnehmer im Kasino im Sperrkreis A wurde auf die engste Umgebung Hitlers beschränkt, aber es kam doch noch eine stattliche Liste von 38 Personen für den Speiseraum 1 zusammen. Unter ihnen waren nicht nur Keitel, Bormann, der Reichspressechef Dr. Dietrich, Botschafter Hewel (ein Alter Kämpfer und Verbindungsmann Ribbentrops), Jodl, Schmundt, die persönlichen und militärischen Adjutanten Hitlers, seine Ärzte, der Chef des RSD, SS-Brigadeführer Rattenhuber, sondern z. B. auch der Pilot Baur, der Fahrer SS-Sturmbannführer Kempka, der Filmberichterstatter Oberleutnant Frentz, der sehr häufig an der Abendteerunde Hitlers in den späten Nachtstunden teilnahm. Auch der Photograph Professor Hoffmann gehörte dazu und die Leibärzte Professor Brandt, Professor von Hasselbach und Professor Morell. Mit dem Speiseraum 2 mußten die Diener und Schreibdamen, die Angehörigen des Stenographischen Dienstes, insgesamt mehr als 43 Personen, vorlieb nehmen.

An all diesen Vorkehrungen änderte sich auch dann nur wenig, als Hitler seit Beginn der Bauarbeiten nicht mehr seinen eigenen Bunker, sondern den bisherigen Gästebunker bewohnte, wenn er sich in der »Wolfschanze« aufhielt. Der Sperrkreis A war nun nicht mehr streng abgesperrt, nur der Führerbunker, an dem intensiv gebaut wurde, war aus dem übrigen Sperrkreis I ausgeklammert. Dagegen war um den Gästebunker und eine in der Nähe befindliche mit Splitterschutzmauern verstärkte Baracke, die als »Lagehaus« verwendet wurde, ein besonderer Zaun errichtet, so daß ein kleiner Sondersperrkreis entstand, für den besondere Ausweise vorgeschrieben waren. Auch die anderen Bestimmungen über Begleitung bzw. Abholung von Besuchern ohne Ausweis durch Beamte des RSD galten sinngemäß, während die Inhaber der Dauerausweise der ständigen, jedoch, wenn die Besucher den Wachen schon jahrelang bekannt waren, oft lax gehandhabten Kontrolle unterworfen waren[99].

Es ist nicht richtig, daß Hitler stets von Leibwächtern »umringt« war, wie oft berichtet wird. Selbst für öffentliche Auftritte trifft das nur im weiteren Sinne zu. Es ist aber richtig, daß Hitler ständig bewacht war, und zwar auch im innersten Sperrkreis seines Hauptquartiers. Stets hielten sich wenigstens einer oder zwei Angehörige des Reichssicherheitsdienstes in seiner Nähe auf und beobachteten die Umgebung. Der RSD, der dem SS-Brigadeführer Hans Rattenhuber unterstand – sein Vertreter war Kriminalrat Högl –, bestand aus zwei Gruppen von je 10 Kriminalbeamten (Kriminalpolizeikommando) und Angehörigen der SS-Leibstandarte »Adolf Hitler« (Führer-Begleit-Kommando); alle trugen Uniform und wurden deshalb oft verwechselt bzw. gar nicht unterschieden. Angehörige des RSD besetzten nicht nur (seit Herbst 1943) die Tore zum Sperrkreis A bzw. (seit Juli 1944) zum Sondersperrkreis, sondern standen auch Wache vor den Gebäuden der »Wolfschanze«, in denen sich Hitler gerade aufhielt, sei es sein Wohnbunker (also seit Juli 1944 der ehemalige Gästebunker), sei es das Teehaus, oder die für die Mittagslagebesprechungen benützte Baracke. Befand sich Hitler nicht in seinem Wohnbunker, wo ohnedies nur der engste Kreis Zutritt fand, sondern etwa in der »Lagebaracke«, so hielt sich auch im Vorraum ein Beamter des RSD auf, oder wenigstens am Barackeneingang, wenn die Verhältnisse innen zu eng waren, während ein anderer außen sicherte und ständig um das Haus ging. Bei Spaziergängen hielten sich die RSD-Leute in unaufdringlicher Entfernung, jedoch stets in Sichtweite auf, Hitler ging ohnehin fast nie allein spazieren, sondern meistens mit Schaub, Albert Bormann oder mit einem seiner militärischen Adjutanten.

Durchsuchungen von Personen, die zu Hitler wollten und z. B. zur Lagebesprechung befohlen waren, fanden vor dem 20. Juli 1944 nicht statt. Auch Aktentaschen wurden nicht kontrolliert; das unwürdige Abtasten wurde erst in den letzten Wochen im Bunker der Reichskanzlei üblich [100]. Es war wohl üblich, das Koppel und die daranhängende Pistolentasche abzulegen, aber weniger, damit man waffenlos zu Hitler kam, als weil es ebenso Sitte war wie das Abnehmen der Mütze vor dem Betreten eines geschlossenen Raumes. Andererseits kam es vor, daß Frontkämpfer, die Hitler persönlich mit einem Orden schmücken wollte, in voller Ausrüstung und Bewaffnung vor ihm erschienen. Wenn allerdings jemand mit einer Pistole in der Hosentasche ertappt worden wäre, so hätte er sich schwerlich herausreden können. Die SS-Adjutanten dagegen, die ständig in Hitlers Nähe waren und auch an Lagebesprechungen als Leibwächter teilnahmen, so die SS-Sturmbannführer Otto Günsche oder Junge, hatten stets Pistolen in der Hosentasche. Hatte zum »Dienstanzug« des Offiziers im Führerhauptquartier vor dem 20. Juli 1944 eine Pistole gehört, so galt dies danach jedoch nicht mehr.

Man sieht, es war wohl theoretisch möglich, Hitler zu ermorden, wenn man in den inneren Kreis seiner Umgebung gelangen konnte. Man wurde aber immer noch beobachtet, und das Herausziehen eines Taschentuches konnte schon mißdeutet werden [101]. Die Wachsamkeit der Umgebung Hitlers war immer groß. Als Oberst Ackermann im Dezember 1943 vor Hitler neue Schußwaffen erklären und vorführen mußte, wurde darauf geachtet, daß er es mit leeren Magazinen tat [102]. Man hatte für gewöhnlich beträchtliche Bewegungsfreiheit, solange man sich nicht auffällig verhielt und wenigstens scheinbar legitimen Dienstgeschäften nachging. Man sieht jedoch auch, daß die Erfolgsaussichten nur bei einem Attentatversuch mit Sprengstoff günstig waren, für ein Pistolenattentat waren sie zu gering, wenn Hitler, wie angenommen wurde, eine Schutzweste trug.

Anmerkungen

I. Das Jahr 1933

1 Bruno Gebhardt, Handbuch der deutschen Geschichte, Bd. IV, Stuttgart [8]1963, S. 346–347. Vgl. zum Folgenden auch Gerhard Ritter, Carl Goerdeler und die deutsche Widerstandsbewegung, Stuttgart [3]1956, S. 99–102.

2 Paul Kluke, »Der Fall Potempa«, VfZ 5 (1957), S. 279–297.

3 Hans Rothfels, Die deutsche Opposition gegen Hitler: Eine Würdigung, Fischer Bücherei, Frankfurt/M.–Hamburg 1958, S. 52.

4 Gebhard IV, 352.

5 Die Fälle sind zitiert aus »100 Einzelfälle, Anlage zur Denkschrift über die Notlage der Arbeiterschaft, vom Gesamtverband der christlichen Gewerkschaften vom 16. 9. 1932« bei Helmut J. Schorr, Adam Stegerwald: Gewerkschafter und Politiker der ersten deutschen Republik. Ein Beitrag zur Geschichte der christlich-sozialen Bewegung in Deutschland. Recklinghausen 1966, S. 259.

6 Karl Dietrich Bracher, Wolfgang Sauer, Gerhard Schulz, Die nationalsozialistische Machtergreifung: Studien zur Errichtung des totalitären Herrschaftssystems in Deutschland 1933/34, Köln–Opladen [2]1962, S. 62–63, 246–247, auch zum Folgenden. Eine abweichende Beurteilung bei Ritter, Goerdeler, S. 100–101.

7 Bracher–Sauer–Schulz, S. 63; Hans Mommsen, »Der Reichstagsbrand und seine politischen Folgen«, VfZ 12 (1964), S. 384–388, 411–413.

8 Rothfels, Opposition, S. 52; Bracher–Sauer–Schulz, S. 63–64. Vgl. die scharfe Kritik des SPD-Führers Dr. Julius Leber an der Haltung seiner Partei, zitiert bei Ritter, Goerdeler, S. 469 Anm. 7.

9 Bracher–Sauer–Schulz, S. 54–55, auch zum Folgenden.

10 Mommsen, S. 352–354, 382–396.

11 Vgl. Hermann Mau und Helmut Krausnick, Deutsche Geschichte der jüngsten Vergangenheit 1933–1945, Tübingen–Stuttgart 1956, S. 26–27; Gebhardt IV, 191.

12 Mau–Krausnick, S. 28–32; Gebhardt IV, 192; vgl. auch Max Domarus, Hitler: Reden und Proklamationen 1932–1945, 2 Bde., Neustadt a. d. Aisch 1962/1963, S. 1067–1068.

13 Gebhardt IV, 192–193, 196; Mau–Krausnick, S. 28–32.

14 Gebhardt IV, 196.

15 Bracher–Sauer–Schulz, S. 64–65, auch zum Folgenden.

16 Gebhardt IV, 196.

17 Bracher–Sauer–Schulz, S. 72–73, auch für das Folgende.

18 Bracher–Sauer–Schulz, S. 136–138.

19 Bracher–Sauer–Schulz, S. 139–144, auch für das Folgende.
20 Ritter, Goerdeler, S. 68.
21 Bracher–Sauer–Schulz, S. 155–158, auch zum Folgenden.
22 Bracher–Sauer–Schulz, S. 163–168.
23 Bracher–Sauer–Schulz, S. 178–186, auch zum Folgenden.
24 Bracher–Sauer–Schulz, S. 198–199.
25 Bracher–Sauer–Schulz, S. 205–214.
26 Bracher–Sauer–Schulz, S. 317–319.
27 Friedrich Baumgärtel, Wider die Kirchenkampf-Legenden, Neuendettelsau/
   Mfr. [2]1959, S. 32–33; Bracher–Sauer–Schulz, S. 326–347, auch zum Folgenden;
   ferner Liste der besonderen Maßnahmen gegen die Bekennende Kirche (Stand
   vom Dezember 1939), Groscurth-Papiere, BA Koblenz EAP 21-X-15/1. Vgl.
   Ritter, Goerdeler, S. 110–122; Friedrich Zipfel, Kirchenkampf in Deutschland
   1933–1945, Berlin 1965.
28 Bracher–Sauer–Schulz, S. 341–347, auch zum Folgenden.
29 Vgl. Heinrich Portmann, Kardinal von Galen: Ein Gottesmann seiner Zeit,
   Münster i. W. [8]1959, passim.
30 Bracher–Sauer–Schulz, S. 289–290; dazu die scharfsinnigen Bemerkungen
   von Carl Friedrich von Weizsäcker, Die Tragweite der Wissenschaft, B. I,
   Stuttgart 1964, S. 12.
31 Bracher–Sauer–Schulz, S. 290–307.
32 Bracher–Sauer–Schulz, S. 863.
33 Bracher–Sauer–Schulz, S. 864–865, 871–873, auch zum Folgenden.
34 Günther Weisenborn, Der lautlose Aufstand: Bericht über die Widerstandsbewegung des deutschen Volkes 1933–1945, rororo-Taschenbuch, Hamburg
   1962, S. 30.
35 Eric H. Boehm (Hrsg.), We Survived: The Stories of Fourteen of the Hidden
   and the Hunted of Nazi Germany, New Haven, Connecticut 1949, S. VIII;
   die Angaben beruhen auf Gestapo-Dokumenten, wie auch diejenigen bei
   Gabriel A. Almond, »The German Resistance Movement«, Current History 10 (1946), S. 409–527.
36 Weisenborn, S. 30.
37 Trial of the Major War Criminals before the International Military Tribunal:
   Nuremberg 14 November 1945–1 October 1946, vol. XXXVIII, Nürnberg 1949,
   S. 362–365; Rothfels, Opposition, S. 18 übersah offenbar, daß sich die Zahl
   nur auf die genannten sechs Lager bezog, als er schrieb, es habe dem SS-Do-
   kument zufolge »bei Kriegsausbruch 21 400 Internierte« gegeben. S. ferner
   Martin Broszat, »Nationalsozialistische Konzentrationslager 1933–1945«, in
   Martin Broszat, Hans-Adolf Jacobsen, Helmut Krausnick, Konzentrationslager, Kommissarbefehl, Judenverfolgung, Olten–Freiburg i. Br. 1965, S. 158
   bis 159.
38 Weisenborn, S. 31–32.
39 Rudolf Pechel, Deutscher Widerstand, Erlenbach–Zürich 1947, S. 326–338;
   Walter Hammer, Hohes Haus in Henkers Hand: Rückschau auf die Hitlerzeit, auf Leidensweg und Opfergang Deutscher Parlamentarier, Frankfurt/M.
   [2]1956, S. 114.
40 Annedore Leber, Das Gewissen entscheidet: Bereiche des deutschen Widerstandes von 1933–1945 in Lebensbildern, Berlin–Frankfurt/M. [4]1960, S. 21.

41 »Fuehrer Conferences on Naval Affairs, 1939–1945«, Brassey's Naval Annual 59 (1948), S. 405.

42 BA EAP 173-a-10/64.

II. Formen des Widerstandes

1 Rudolf Pechel, Deutscher Widerstand, Erlenbach–Zürich 1947, S. 262–265; Friedrich Hoßbach, Zwischen Wehrmacht und Hitler 1934–1938, Göttingen ²1965, S. 81; Gerhard Ritter, Carl Goerdeler und die deutsche Widerstandsbewegung, Stuttgart ³1956, S. 146–147; Bruno Gebhardt, Handbuch der deutschen Geschichte, Bd. IV, Stuttgart ⁸1963, S. 224–225.

2 Gebhardt IV, 224.

3 Hoßbach, S. 83–85.

4 Pechel, Widerstand, S. 262–266; vgl. Max Domarus, Hitler: Reden und Proklamationen 1932–1945, 2 Bde., Neustadt a. d. Aisch 1962–1963, passim, und Ian Colvin, Vansittart in Office, London 1965, S. 156–160; Louis P. Lochner, Die Mächtigen und der Tyrann (Tycoons and Tyrant): Die deutsche Industrie von Hitler bis Adenauer, Darmstadt 1955, S. 212–216.

5 Vgl. hierzu und zu den intensiven Bemühungen einer Gruppe der konservativen Opposition in England: Eugen Spier, Focus: A Footnote to the History of the Thirties, London 1963, S. 9–14, 122–129. Die Gruppe nannte sich »Focus in Defence of Freedom and Peace« und bildete ein Forum insbesondere für Churchill, als er in den dreißiger Jahren kein Amt innehatte; man pflegte sich in einem Hotel zu treffen, um Beratungen zu halten und die Bemühungen zur Beeinflussung der Regierung und überhaupt der führenden Kreise zu koordinieren, um gewissermaßen einen Widerstand der europäischen Staaten gegen Hitler zu organisieren.

6 Ernst Niekisch, Gewagtes Leben: Begegnungen und Begebnisse, Köln–Berlin 1958, S. 140–141, 145–150; Harry Proß, Literatur und Politik: Geschichte und Programme der politisch-literarischen Zeitschriften im deutschen Sprachgebiet seit 1870, Olten–Freiburg i. Br. 1963, S. 274–277; Pechel, Widerstand, S. 73; Fabian von Schlabrendorff, Offiziere gegen Hitler, Fischer Bücherei, Frankfurt/M.–Hamburg 1959, S. 26; Günther Weisenborn (Hrsg.), Der lautlose Aufstand: Bericht über die Widerstandsbewegung des deutschen Volkes 1933–1954, rororo-Taschenbuch, Hamburg 1962, S. 184–185; Ritter, Goerdeler, S. 476 Anm. 8; ferner James Donohoe, Hitler's Conservative Opponents in Bavaria 1930–1945: A Study of Catholic, Monarchist, and Separatist Anti-Nazi Activities, Leiden 1961, S. 18–21; J. Donohoe hat die Volksgerichtshofakten aus dem Berliner Document Center verarbeitet.

7 Niekisch, Leben, S. 250–251.

8 Pechel, Widerstand, S. 73; Schlabrendorff, Offiziere, S. 26.

9 Niekisch, Leben, S. 246–247.

10 Pechel, Widerstand, S. 74–75; Schlabrendorff, Offiziere, S. 21.

11 Niekisch, Leben, S. 246–248.

12 Schlabrendorff, Offiziere, S. 20–21; Niekisch, Leben, S. 247–248.

13 Vgl. Hans Rothfels, Die deutsche Opposition gegen Hitler: Eine Würdigung, Fischer Bücherei, Frankfurt/M.–Hamburg 1958, S. 57.

14 Schlabrendorff, Offiziere, S. 22–24; Helmut Krausnick, »Vorgeschichte und Beginn des militärischen Widerstandes gegen Hitler«, in Vollmacht des Gewissens I, Frankfurt/M.–Berlin 1960, S. 223.

15 Rothfels, Opposition, S. 19; zur ganzen Situation siehe auch Wilhelm Hoffmann, Nach der Katastrophe, Tübingen und Stuttgart 1946.

16 Kurt Kliem, Der sozialistische Widerstand gegen das Dritte Reich dargestellt an der Gruppe »Neu Beginnen«, Diss. Marburg 1957 (Masch.), S. 5–7; vgl. Ritter, Goerdeler, S. 102; Hans J. Reichhardt, »Möglichkeiten und Grenzen des Widerstandes der Arbeiterbewegung«, in Der deutsche Widerstand gegen Hitler: Vier historisch-kritische Studien, hrsg. von Walter Schmitthenner und Hans Buchheim, Köln–Berlin 1966, S. 200–209. Vgl. die Übersicht über die Tätigkeit einer ähnlichen Gruppe bei H[ans] R[othfels] [Hrsg.], »Die Roten Kämpfer: Zur Geschichte einer linken Widerstandsgruppe«, VfZ 7 (1959), S. 438–460.

17 Kliem, S. 35–40.

18 Kliem, S. 45, 55–57.

19 Kliem, S. 60–63; Erich Matthias, »Der Untergang der Sozialdemokratie 1933«, VfZ 4 (1956), S. 199 Anm. 15.

20 Kliem, S. 66.

21 Kliem, S. 67–75.

22 Ebenda; vgl. Rothfels, Opposition, S. 53.

23 Rothfels, Opposition, S. 54.

24 Kliem, S. 165–168, 236–248.

25 Emil Henk, »Sozialdemokratischer Widerstand im Raum Mannheim«, in 100 Jahre SPD in Mannheim: Eine Dokumentation, hrsg. von der SPD, Kreis Mannheim, Mannheim 1967, S. 68–73.

26 Emil Henk, Die Tragödie des 20. Juli 1944: Ein Beitrag zur politischen Vorgeschichte, Heidelberg [2]1946, S. 8.

27 Weisenborn, S. 157–158; Gertrud Glondajewski [und] Heinz Schumann, Die Neubauer-Poser-Gruppe: Dokumente und Materialien des illegalen antifaschistischen Kampfes (Thüringen – 1939 bis 1945), Berlin 1957; Walter Hammer, Hohes Haus in Henkers Hand: Rückschau auf die Hitlerzeit, auf Leidensweg und Opfergang Deutscher Parlamentarier, Frankfurt/M.[2]1956, S. 70.

28 Siehe dazu unten, S. 50.

29 Friedrich Schlotterbeck, Je dunkler die Nacht, desto heller die Sterne: Erinnerungen eines deutschen Arbeiters 1933 bis 1945, Zürich 1945 (erweiterte Ausgabe Berlin 1948); ders., ... Wegen Vorbereitung zum Hochverrat hingerichtet..., Stuttgart [[2]1946].

30 Rothfels, Opposition, S. 16.

31 [Kurt Gerstein], »Augenzeugenbericht zu den Massenvergasungen«, VfZ 1 (1953), S. 177–194. Wiederabgedruckt in Dokumentation zu den Massenvergasungen, Bonn 1955, und in Helmut Franz, Kurt Gerstein: Außenseiter des Widerstandes der Kirche gegen Hitler, Zürich 1964.

32 Hierzu: Gebhardt IV, 298–299, wo auch Quellen und Literatur zu finden sind; vgl. Max Bierbaum, Nicht Lob, nicht Furcht: Das Leben des Kardinals von Galen nach unveröffentlichten Briefen und Dokumenten, Münster [5]1962, S. 361–366; Evangelische Dokumente zur Ermordung der »unheil-

bar Kranken« unter der nationalsozialistischen Herrschaft in den Jahren
1939–1945, hrsg. von Hans Christoph von Hase, Stuttgart 1964, ebenfalls
mit vielen Quellenhinweisen.

33 Kunrat Freiherr von Hammerstein, Spähtrupp, Stuttgart 1963, S. 39–43. Vgl.
Gebhardt IV, 179–180 und die dort angegebenen Quellen, darunter ein Bericht Bussches (Frankfurter Allgemeine Zeitung, 5. Februar 1952), auf den
sich auch Kunrat Freiherr von Hammerstein bezieht, und ein Bericht des
Generalobersten von Hammerstein, der ebenfalls von seinem Sohn benützt
wird. Bussche datiert die Vorsprache bei Hindenburg auf den 27. Januar;
s. ferner Ritter, Goerdeler, S. 134–137; Krausnick, Vorgeschichte, S. 196–220.

34 Hammerstein, S. 40.

35 Hammerstein, S. 44–49.

36 Vgl. Hammerstein, S. 11–94, bes. S. 40, 46, 50–51, 54–61; Krausnick, Vorgeschichte, S. 203. Schlabrendorff, Offiziere, S. 24, ist also im Irrtum mit seiner
Behauptung, Hammerstein habe erwogen, »mit Hilfe der Reichswehr die
Machtübernahme Hitlers im Keime zu ersticken«, sich aber nicht dazu entschlossen, weil das auch ein Handeln gegen Hindenburg bedeutet hätte. In
der englischen Neuausgabe, The Secret War Against Hitler, New York–
Toronto–London 1965, S. 47–48, ist die Behauptung, die von einer so nahen
Quelle wie Hammersteins Sohn bestritten wird, wiederholt. Daß Hammerstein *später* oft sich und andere fragte, ob gewaltsames Vorgehen gegen
Hindenburg nicht doch richtig gewesen wäre, wie Schlabrendorff weiter
berichtet, ist gleichwohl wahrscheinlich.

37 Hammerstein, S. 64–65; Karl Dietrich Bracher, Wolfgang Sauer, Gerhard
Schulz, Die nationalsozialistische Machtergreifung: Studien zur Errichtung
des totalitären Herrschaftssystems in Deutschland 1933/34, Köln–Opladen
²1962, S. 733.

38 Krausnick, Vorgeschichte, S. 211, 214–215; Hammerstein, S. 66. Es gibt einen
noch andauernden Streit darüber, ob Generaloberst von Hammerstein untätig und nachlässig gewesen sei; vgl. dazu Hammerstein, S. 79–94.

39 Bracher–Sauer–Schulz, S. 743; Wolfgang Keilig, Das deutsche Heer 1939 bis
1945: Gliederung – Einsatz – Stellenbesetzung, (Loseblattwerk) Bad Nauheim 1956 ff., 211/91.

40 Krausnick, Vorgeschichte, S. 227.

41 Ebenda; Ritter, Goerdeler, S. 127–128.

42 Hammerstein, S. 68.

43 [Johann A.] Graf [von] Kielmansegg, Der Fritschprozeß 1938: Ablauf und
Hintergründe, Hamburg 1949, S. 27.

44 Vgl. die Dokumentation von T[heodor] E[schenburg], »Zur Ermordung des
Generals Schleicher«, VfZ 1 (1953), S. 71–95; Hermann Mau, »Die ›Zweite
Revolution‹ – der 30. Juni 1934«, VfZ 1 (1953), S. 119–137; Hammerstein,
S. 68–79.

45 Vgl. Gebhardt IV, 197; Krausnick, Vorgeschichte, S. 220.

46 Hammerstein, S. 69–70.

47 Krausnick, Vorgeschichte, S. 224–226.

48 Krausnick, Vorgeschichte, S. 224–229.

49 Mau, S. 133.

50 Hammerstein, S. 71; Krausnick, Vorgeschichte, S. 229.

51 Krausnick, Vorgeschichte, S. 230.

52 Ebenda.

53 Krausnick, Vorgeschichte, S. 226, 233.

54 Krausnick, Vorgeschichte, S. 234.

55 Krausnick, Vorgeschichte, S. 218; Ritter, Goerdeler, S. 128, 174.

56 Gebhardt IV, 198.

57 Zit. bei Krausnick, Vorgeschichte, S. 236 Anm. 161; im Wortlaut abgedruckt bei Walther Hofer, Der Nationalsozialismus: Dokumente 1933–1945, Fischer Bücherei, Frankfurt/M.–Hamburg 1957, S. 63–64.

58 Zit. bei Krausnick, Vorgeschichte, S. 237.

59 Abdruck bei Hofer, S. 71 und Krausnick a. a. O.; vgl. Edgar Röhricht, Pflicht und Gewissen: Erinnerungen eines deutschen Generals 1932 bis 1944, Stuttgart 1965, S. 76–79.

60 Domarus, S. 447. Hitler hatte schon ein Jahr vorher, im Juli 1933, die Revolution für beendet erklärt; aber damals *konnte* er offenbar der Zügellosigkeiten der SA noch nicht Herr werden. S. hierzu Mau, S. 120; Domarus, S. 286.

61 Rothfels, Opposition, S. 55; Ritter, Goerdeler, S. 127–128; vgl. oben S. 43.

62 Pechel, Widerstand, S. 76–77; Edmund Forschbach, »Edgar Jung und der Widerstand gegen Hitler«, Civis 6 (1959), S. 84–85.

63 Krausnick, Vorgeschichte, S. 227. Bei Rothfels, Opposition, S. 55 ist Jung nur der Inspirator, nicht der Verfasser der Rede; Pechel, Widerstand, S. 77 nennt jedoch Jung als den alleinigen Verfasser, ebenso Hans Bernd Gisevius, Bis zum bitteren Ende: Vom Reichstagsbrand bis zum 20. Juli 1944, vom Verfasser auf den neuesten Stand gebrachte Sonderausgabe, Hamburg o. J. (ca. 1964), S. 139. Forschbach, S. 87–88 betont ausdrücklich die Autorschaft Jungs und berichtet, er sei selbst bei der von Gisevius mit unzutreffenden Einzelheiten erwähnten Diskussion des Inhaltes der Rede in einem Berliner Lokal dabei gewesen.

64 Ein Auszug der Rede ist abgedruckt in Hofer, S. 66–68.

65 Forschbach, S. 88; Krausnick, Vorgeschichte, S. 227–228.

66 Mau, S. 126–130, 135–137.

67 Gisevius, S. 157, 193–194.

68 Pechel, Widerstand, S. 77.

69 Forschbach, S. 88.

70 Pechel, Widerstand, S. 78; Gisevius, S. 194.

71 Ernst Wiechert, »Der Dichter und seine Zeit«, Deutsche Blätter 1 (1943) H. 6, S. 4–8.

72 Wolfgang Abendroth, »Das Problem der Widerstandstätigkeit der ›Schwarzen Front‹« VfZ 8 (1960), S. 181–187; Donohoe, S. 15–18.

73 Pechel, Widerstand, S. 80–81.

74 Pechel, Widerstand, S. 81–84; Niekisch, Leben, S. 155; Schlabrendorff, S. 76 bis 77, 141; vgl. oben, S. 36.

75 Rudolf Pechel, »Tatsachen«, Deutsche Rundschau 69 (1946), S. 179; Pechel, Widerstand, S. 82–83.

76 Pechel, Tatsachen, S. 179; bei Pechel, Widerstand, S. 82–83 ist kein Datum für die Entlassung aus Dachau angegeben, aber der Eindruck, Römer sei nach der Verhaftung von 1934 schon sehr rasch wieder entlassen worden, ist wohl falsch.

77 Pechel, Tatsachen, S. 179: am 19. Juni; Pechel, Widerstand, S. 84: am 25. September; ebenso Harald Pölchau. Die letzten Stunden: Erinnerungen eines Gefängnispfarrers aufgezeichnet von Graf Alexander Stenbock-Fermor, Berlin 1949, S. 96–99.

78 Pechel, Tatsachen, S. 179.

79 Pölchau, S. 97–98; Weisenborn, S. 158–160. Weisenborn beruft sich zum Teil recht vage auf »unveröffentlichtes Material«, das in Photokopien vorliege, teils auf Pechel u. a. Hier stützt er sich u. a. auf die Anklageschrift gegen Uhrig, Budeus u. a. von 1944, die abschriftlich vorliege. Es besteht kein Anlaß, an der Richtigkeit der wesentlichen Punkte zu zweifeln, die im übrigen teilweise von Änne Saefkow, »Helden des antifaschistischen Widerstandes«, Neues Deutschland, 18. Sept. 1947 und von Pechel, Widerstand, S. 84 bestätigt werden; s. ferner Reichhardt, S. 197–199.

80 Pechel, Widerstand, S. 82–84 und Weisenborn, S. 99, auch zum Folgenden; ferner Aussagen von Otto Aster, einem Mitglied der engeren Römergruppe, in Protokoll aus der Verhandlung Halder [vor der] Spruchkammer X München [15.–21. Sept. 1948], vervielf. Protokoll B der Anklagebehörde der Spruchkammer München X, Az. BY 11/47, S. 126–127. Vgl. Rothfels, Opposition, S. 57–59.

81 Schlabrendorff, Offiziere, S. 29–30; Niekisch, Leben, S. 249; Annedore Leber (Hrsg.), Das Gewissen entscheidet: Bereiche des deutschen Widerstandes von 1933–1945 in Lebensbildern, Berlin–Frankfurt/M. ⁴1960, S. 221–224.

82 Annedore Leber, Das Gewissen entscheidet: S. 221–222. Vgl. Weisenborn, S. 92; Donohoe, S. 105–113, 256–267; Ger van Roon, Neuordnung im Widerstand: Der Kreisauer Kreis innerhalb der deutschen Widerstandsbewegung, München 1967, S. 222. Guttenberg war an dem Halem-Römerschen Attentatplan offenbar beteiligt; Franz Sonderegger an den Präsidenten des Landgerichts München I 14. Jan. 1951, IfZ ZS.

83 Schlabrendorff, Offiziere, S. 76–77; Pechel, Widerstand, S. 83. Ob Römer nach seiner Verhaftung oder ob ein anderer Beteiligter Verbindung und Plan verraten hat, ist nicht klar; Pechel: es »fand sich in Römers nächster Umgebung ein Lump, der ihn anzeigte«. Nach Niekisch, Leben, S. 249–250 hatte Halem »einen Mann aufgespürt«, der zu einem Attentat auf Hitler bereit war und dem er »eine Sinekure beim Grafen Schaffgotsch verschafft« hatte, der aber dann »keinen Finger rührte«. Nach Schlabrendorff, Offiziere, S. 76–77 dauerte Halem die von Römer geforderte Vorbereitungszeit zu lange, Halem wurde ungeduldig, die Scheinstellung, die er Römer verschafft hatte, »wurde nicht mehr aufrecht erhalten«, mit verheerenden Folgen; denn der ganze Kreis wurde bis auf wenige Ausnahmen verhaftet, Römer gestand alles und wurde mit vielen Mitwissern 1944 hingerichtet. Schlabrendorff, Offiziere. S. 141.

84 Pechel, Widerstand, S. 84; vgl. Hammerstein, S. 200–205.

85 Pechel, Widerstand, S. 83; Heinrich von Brentano, Gedenkrede des Bundesministers Dr. von Brentano bei der Enthüllung der Ehrentafel für die Opfer des 20. Juli im Auswärtigen Amt am 20. Juli 1961, [Bonn] 1961, passim.

86 Brentano, passim; Gräfin von Reventlow (Hrsg.), Albrecht Bernstorff zum Gedächtnis, Privatdruck, Altenhof 1952, passim.

87 Reventlow, S. 42, 53–56, 64, 68, 74; vgl. Kurt von Stutterheim, Die Majestät des Gewissens: In Memoriam Albrecht Bernstorff, Hamburg 1962, passim.

88 Die »Teegesellschaft« war eine Geburtstagsfeier. Lagi Countess Ballestrem-Solf, »Tea Party«, in Eric H. Boehm (Hrsg.), We Survived: The Stories of Fourteen of the Hidden and the Hunted of Nazi Germany, New Haven, Connecticut 1949, S. 135–149; Brentano; Pechel, Widerstand, S. 88–93; Führerinformation 1944 Nr. 181 des Reichsministers der Justiz vom 18. Juli 1944, StA Nürnberg NG 1249. Vgl. Schlabrendorff, Offiziere, S. 30–31.

89 Vgl. Peter Paret, »An Aftermath of the Plot Against Hitler: the Lehrterstraße Prison in Berlin, 1944–5«, Bulletin of the Institute of Historical Research 32 (1959), S. 88–102.

90 Ballestrem-Solf, S. 135–149; Führerinformation; nach Aussage von Kriminalkommissar Franz Sonderegger, einem Gestapobeamten, der viele Angehörige des Widerstandes vernommen hat, hätte Reckzeh »von sich aus spontan Anzeige erstattet«, nachdem er durch Zufall in den Kreis – Sonderegger nennt ihn »Thadden-Kreis« – gekommen sei; Niederschrift der Unterredung des Herrn Franz Xaver Sonderegger, geboren 19. Juli 1898, wohnhaft in Alt-Leiningen / ü. Grünstadt/Pfalz, Obere Bahnhofstr. 124, derzeit Trier Paulinstr. 15 / b. Michel, durchgeführt am 12. Oktober 1952 mit Dr. Frhr. v. Siegler und Dr. Helmut Krausnick, im späteren Verlauf auch mit Dr. Hermann Mau im Institut für Zeitgeschichte München, Masch., IfZ ZS 303/I. Nach dem Bericht der Tochter von Dr. Wilhelm Solf, Lagi Gräfin von Ballestrem-Solf, wurde die Gruppe schon bald nach der Tee-Party, noch im September 1943, von Graf von Moltke gewarnt, Dr. Reckzeh sei ein Gestapo-Agent (Ballestrem-Solf, S. 135). Über die Identität des Dr. Reckzeh konnte festgestellt werden, daß es deren damals in Berlin zwei gab, 1. Dr. Paul Reckzeh, Arzt, Berlin-Grunewald, Seebergsteig 20 a; 2. Professor Dr. Paul Reckzeh, Chefarzt, Berlin-Charlottenburg, Bleibtreustr. 13. Der Professor ist verstorben, der andere, sein Sohn, vermutlich nach Ostberlin umgezogen, von wo jedoch keine Auskünfte zu erhalten sind. Eingehende Ermittlungen sind verwertet in Irmgard von Lühe, Elisabeth von Thadden: Ein Schicksal unserer Zeit, Düsseldorf–Köln 1966, S. 192–216, 224–227. Irmgard von Lühe beschreibt ausführlich das Einschleichen von Dr. Reckzeh (den sie nur »Reck« nennt, um seine Angehörigen zu schonen) in den Kreis und seine Zwischenträgerdienste für die Gestapo, sowie die Verhaftungen der Mitglieder des Kreises. Reckzeh wird als Sohn des Professors bezeichnet, ebenso bei Hammerstein, Spähtrupp, S. 230.

91 Führerinformation; Annedore Leber (Hrsg.), Das Gewissen steht auf: 64 Lebensbilder aus dem deutschen Widerstand 1933–1945, Berlin–Frankfurt/M. [9]1960, S. 143–144.

92 Vgl. E. A. Bayne, »Resistance in the German Foreign Office«, Human Events III (1946), no 14, S. 1.

93 Dazu die umfassende Arbeit von Ger van Roon, Neuordnung im Widerstand, passim; ferner Eugen Gerstenmaier, »Der Kreisauer Kreis: Zu dem Buch Gerrit van Roons ›Neuordnung im Widerstand‹« VfZ 15 (1967), S. 221 bis 246.

94 Vgl. unten, S. 255–261.

95 S. dazu: Rainer Hildebrandt, Wir sind die Letzten: Aus dem Leben des Widerstandskämpfers Albrecht Haushofer und seiner Freunde, Neuwied–Berlin o. J., S. 138–160; David J. Dallin, Die Sowjetspionage: Prinzipien und

Praktiken, Köln 1956, S. 275–307; Paul Leverkuehn, Der geheime Nachrichtendienst der deutschen Wehrmacht im Kriege, Frankfurt/M. ²1957, S. 86–90; W. F. Flicke, Spionagegruppe Rote Kapelle, Wels 1957, passim; Schlabrendorff, Offiziere, S. 77–84; Axel von Harnack, »Arvid und Mildred Harnack: Erinnerungen an ihren Prozeß 1942/43«, Die Gegenwart 2 (1947) Nr. 1/2, S. 15–18.

96 Joachim G. Leithäuser, Wilhelm Leuschner: Ein Leben für die Republik, Köln 1962, S. 107–156; Weisung der Geheimen Staatspolizei betr. Telephonüberwachung für Wilhelm Leuschner, Masch.-Durchschlag, Berlin 8. Juni 1938, BA II A 2/38 g; Walter Theimer, »Wilhelm Leuschner: ›Einigkeit!‹«, Das Parlament, 20. Juli 1952, S. 3. Elfriede Nebgen, Jakob Kaiser: Der Widerstandskämpfer, Stuttgart 1967, S. 39–48, 54–59, 99–106, 114–115.

97 Roon, S. 129–130; vgl. Leber, Gewissen steht auf, S. 211.

98 Leber, Gewissen steht auf, S. 216; Otto John, »Männer im Kampf gegen Hitler (VI): Carl Mierendorff, Theodor Haubach, Adolf Reichwein«, Blick in die Welt 2 (1947), H. 11, S. 14–15; Roon, S. 186–187; vgl. Briefe Haubachs im BA, Nachlaß Alma de l'Aigle Nr. 14 und Alma de l'Aigle, Meine Briefe von Theo Haubach, Hamburg 1947, passim.

99 Eberhard Zeller, Geist der Freiheit: Der zwanzigste Juli, München ⁵1965, S. 119–122; Roon, S. 207.

100 Pechel, Widerstand, S. 84–86.

101 Gesetz gegen heimtückische Angriffe auf Staat und Partei und zum Schutz der Parteiuniform vom 20. Dezember 1934, RGBl. 1934 I, 1269.

III. Führungskrise

1 Hugh Redwald Trevor-Roper, »Hitlers Kriegsziele«, VfZ 8 (1960), S. 121–133; Gerhard Ritter, Carl Goerdeler und die deutsche Widerstandsbewegung, Stuttgart ³1956, S. 245. S. auch eine Mitteilung Hitlers von 1936 (sic) an einige Minister, welche einen Krieg gegen Rußland voraussetzte, in den Akten des sogen. Wilhelmstraßen-Prozesses (Anklagedokumenten-Band 118 a = Schacht Exhibit Nr. 48 in Defense Documents Book, Supplement: Nürnberger Dokument 4955 NI), zit. bei Ritter, Goerdeler, S. 83.

2 Friedrich Hoßbach, Zwischen Wehrmacht und Hitler, Göttingen ²1965, S. 13–14, 181–192. Die Niederschrift ist als sogenanntes Hoßbach-Protokoll – ein Protokoll war sie in Wirklichkeit nicht und als solches auch nicht beabsichtigt – mehrfach abgedruckt und veröffentlicht worden, z. B. in Trial of the Major War Criminals before the International Military Tribunal: Nuremberg 14 November 1945–1 October 1946, vol. XXV, Nürnberg 1947 (deutsche Ausgabe unter dem Titel Der Prozeß gegen die Hauptkriegsverbrecher vor dem Internationalen Militärgerichtshof Nürnberg 14. November 1945 bis 1. Oktober 1946), S. 403–413; in Hoßbach, S. 181–189; auszugsweise in Walther Hofer, Der Nationalsozialismus: Dokumente 1933–1945, Fischer Bücherei, Frankfurt/M. 1957, S. 193–196.

3 Hoßbach, S. 20, 39, 45, 96–97.

4 Hoßbach, S. 191.

5 Vgl. hierzu [Johann A.] Graf [von] Kielmansegg, Der Fritschprozeß 1938: Ablauf und Hintergründe, Hamburg 1949, S. 32–33.

6 Walther Hofer, Die Entfesselung des Zweiten Weltkrieges. Eine Studie über die internationalen Beziehungen im Sommer 1939, Fischer Bücherei, Frankfurt/M.–Hamburg 1960, S. 61–71; für die zweite Besprechung auch [Franz] Halder, Kriegstagebuch, Bd. I, Stuttgart 1962, S. 23–26. Das Protokoll der Besprechung vom 23. Mai wurde zuerst abgedruckt in Trial of the Major War Criminals before the International Military Tribunal: Nuremberg 14 November 1945–1 October 1946, vol. XXXVII, Nürnberg 1949, S. 546–556; ferner in Documents on German Foreign Policy 1918–1945, Series D (1937–1945) (künftig zit. als DGFP), vol. VI, London 1956, Dokument Nr. 433, S. 574–580 (deutsche Ausgabe unter dem Titel Akten zur deutschen auswärtigen Politik 1918–1945, Serie D (1937–1945), Bd. VI); von der maschinenschriftlich niedergelegten Teilnehmerliste und den üblichen Angaben wie »Chef-Sache« usw. abgesehen, ist das Dokument ganz in der Handschrift von Hitlers Chefadjutant Schmundt (damals Oberstleutnant d. G.) geschrieben. Das Protokoll der zweiten Besprechung findet sich in Documents on German Foreign Policy 1918–1945, Series D (1937–1945), vol. VII, Washington 1956, Dok. 192 und 193, S. 200–206, sowie in Documents on British Foreign Policy 1919–1939 (künftig zit. als DBFP), Third Series, vol. VII, London 1954, Dok. 314, S. 257 bis 260, ferner in Trial of the Major War Criminals before the International Military Tribunal: Nuremberg 14 November 1945–1 October 1946, vol. XXVI, Nürnberg 1947, S. 338–344 und in vol. XLI, Nürnberg 1949, S. 16–25 derselben Publikation.

7 Hoßbach, S. 190–192; vgl. Ernst von Weizsäcker, Erinnerungen, München 1950, S. 147.

8 Wolfgang Foerster, Generaloberst Ludwig Beck: Sein Kampf gegen den Krieg, München 1953, S. 80–82, auch zum Folgenden.

9 Foerster, S. 58.

10 Hoßbach, S. 119.

11 Abgedruckt bei Hoßbach, S. 59–62.

12 Hoßbach, S. 120–121.

13 So wenigstens nach dem Bericht von Kielmansegg, S. 35, der leider den Beleg dafür schuldig bleibt; Hitler soll im Februar 1939 eine Rede an Generale und Truppenkommandeure gehalten haben, die aber bei Max Domarus, Hitler: Reden und Proklamationen 1932–1945, 2 Bde., Neustadt a. d. Aisch 1962/1963, von Januar bis März 1939 nirgends verzeichnet ist.

14 Dem Sinne nach äußerte sich Hitler so mehrfach zu Göring, zu seinem Adjutanten Engel und zu anderen: Helmut Krausnick, »Vorgeschichte und Beginn des militärischen Widerstandes gegen Hitler«, Vollmacht des Gewissens I, Frankfurt/M.–Berlin 1960, S. 283; Kielmansegg, S. 104.

15 Zum Blomberg-Skandal und zur Fritsch-Krise besonders: [Alfred Jodl], »Dienstliches Tagebuch«, auszugsweise abgedruckt in Trial of the Major War Criminals before the International Military Tribunal: Nuremberg 14 November 1945–1 October 1946, vol. XXVIII, Nürnberg 1948, S. 345–390 (S. 356 nennt Jodl als Tag, an dem Hitler die Erlaubnis zu Blombergs Heirat gab, den 23. Dez. 1937); Hoßbach, S. 105–106, 164–171; Hermann Foertsch, Schuld und Verhängnis: Die Fritsch-Krise im Frühjahr 1938 als Wendepunkt in der Geschichte der nationalsozialistischen Zeit, Stuttgart 1951, passim; Kielmansegg, passim; Fabian von Schlabrendorff, The Secret War against

Hitler, New York–Toronto–London 1965, S. 373–416 mit Abdruck des Urteils im Fritsch-Verfahren; Edgar Röhricht, Pflicht und Gewissen: Erinnerungen eines deutschen Generals 1932 bis 1944, Stuttgart 1965, S. 111–118; Hans Bernd Gisevius, Bis zum bittern [sic] Ende, Bd. I, Zürich 1946, S. 383–459; ders., Bis zum bitteren [sic] Ende: Vom Reichstagsbrand bis zum 20. Juli 1944, vom Verfasser auf den neuesten Stand gebrachte Sonderausgabe, Hamburg o. J. (künftig zit. als Sonderausgabe), S. 265–332; ders., Wo ist Nebe? Erinnerungen an Hitlers Reichskriminaldirektor, Zürich 1966, S. 271–288; ferner die Biographie des Heeresrichters – seit 20. Jan. 1938 Reichskriegsgerichtsrat – Dr. Karl Sack: Hermann Bösch, Heeresrichter Dr. Karl Sack im Widerstand: Eine historisch-politische Studie, München 1967, bes. Kap. III; Fritz Wiedemann, Der Mann der Feldherr werden wollte: Erlebnisse und Erfahrungen des Vorgesetzten Hitlers im 1. Weltkrieg und seines späteren Persönlichen Adjutanten, Velbert–Kettwig 1964, S. 109–120; Rudolf Pechel, Deutscher Widerstand, Erlenbach–Zürich 1947, S. 140–150; Friedrich Wilhelm Heinz, Von Wilhelm Canaris zur NKWD, Masch., o. O. ca. 1949, NA Mikrofilm R 60.67, S. 73 ff.; John W. Wheeler-Bennett, The Nemesis of Power: The German Army in Politics 1918–1945, New York ²1964, S. 353 bis 382; Alan Bullock, Hitler: Eine Studie über Tyrannei, Düsseldorf 1959, S. 415–419, mit vielen Irrtümern und Ungenauigkeiten, die auch in der Neuausgabe nur teilweise beseitigt sind: ders., Hitler: A Study in Tyranny, Harper Torchbooks, New York–Evanston ²1964, S. 415–420; Krausnick, Vorgeschichte, S. 282–305; Bruno Gebhardt, Handbuch der deutschen Geschichte, Bd. IV, Stuttgart ⁸1963, S. 228–231.

16 Hoßbach, S. 120–121.

17 Hoßbach, S. 121.

18 Himmler an Göring 29. Juli 1942, BA EAP 104/3. Schmidt wurde also viel später erschossen, als z. B. Ritter, Goerdeler, S. 151, vermutlich – ein Beleg fehlt – aus Hitlers Ansprache in Barth am 13. Juni 1938 annahm; vgl. unten, S. 62.

19 Kielmansegg, S. 98–99; Krausnick, Vorgeschichte, S. 286–287; für Funk vgl. Gisevius, Sonderausgabe, S. 295.

20 Hoßbach, S. 119.

21 Hierzu und zum Folgenden: Gebhardt IV, 228–231; Hoßbach, S. 124; Wolf Keilig, Das deutsche Heer 1939–1945: Gliederung – Einsatz – Stellenbesetzung (Loseblattwerk), Bad Nauheim 1956 ff., 211/43, 91, 160; Domarus, S. 782–785.

22 So Domarus, S. 783; Bullock, S. 418: 16 Generale.

23 Hoßbach, S. 125.

24 Keilig, 203/16–22; vgl. Hoßbach, S. 125.

25 Hoßbach, S. 125.

26 Vgl. Röhricht, S. 111–118.

27 Hoßbach, S. 121–123; vgl. Foerster, S. 92–93.

28 Krausnick, Vorgeschichte, S. 289.

29 Hoßbach, S. 122.

30 Krausnick, Vorgeschichte, S. 301–303; Foerster, S. 94–96; Domarus, S. 873 weiß nichts von dieser Ansprache.

31 Keilig, 211/91.

32 Gebhardt IV, 230; vgl. Bericht des Ordonnanzoffiziers Leutnant d. R. Rosenhagen im BA, EAP 21-x-15/1.

33 Krausnick, Vorgeschichte, S. 289–290; Hoßbach, S. 122–123.
34 Krausnick, Vorgeschichte, S. 300–303, bes. Anm. 247 und 254; Gisevius, Sonderausgabe, S. 330 (nicht in der ersten Ausgabe).
35 Hierzu und zum Folgenden: Röhricht, S. 109–118; Ritter, Goerdeler, S. 169 bis 170 u. bes. Anm. 23; Krausnick, Vorgeschichte, S. 292–296, 305–310; Spiegelbild einer Verschwörung: Die Kaltenbrunner-Berichte an Bormann und Hitler über das Attentat vom 20. Juli 1944. Geheime Dokumente aus dem ehemaligen Reichssicherheitshauptamt, Stuttgart 1961, S. 430–431; Gisevius I, 407–450 (Sonderausgabe, S. 288–328). In seinen Aufzeichnungen während der Haft im Herbst 1944 berichtet Goerdeler von den verschiedenen Bemühungen während der Fritsch-Krise, mit denen er in Zusammenhang stand: über Vorstellungen bei Justizminister Gürtner, bei Finanzminister Graf Schwerin von Krosigk, bei Schacht, bei General der Artillerie Walter Heitz (Präsident des Reichskriegsgerichts, nicht wie Ritter, Goerdeler, S. 482 Anm. 40 schreibt, des Reichsmilitärgerichts), bei General Wilhelm List in Dresden (seit 4. Februar 1938 Oberbefehlshaber des Gruppenkommandos 2, dann ab 1. April 1938 OB. des Gr. Kdo 5 (Keilig, 211/201), bei Oberst Hermann Hoegner, dem Stabschef General Rundstedts, des OB. des Gr. Kdo 1 (Keilig, 211/281).
36 Krausnick, Vorgeschichte, S. 294 Anm. 216. In seinen Vernehmungen durch die Gestapo im Herbst 1944 bestätigte Oster die Existenz dieses »Planes« für die Zeit der Fritsch-Krise: Spiegelbild, S. 430.
37 Röhricht, S. 112; Alix von Winterfeldt (Sekretärin b. Befh. d. Ers.-Heeres, Fromm), mündliche Mitteilungen an d. Verf. vom 30. Aug. 1966.
38 Gisevius I, 410 (Sonderausgabe, S. 290). Trotz der Aussichtslosigkeit tat Goerdeler im März oder April eine Äußerung, wonach bald ein Gewaltstreich gegen Hitler stattfinden werde, die zu Brauchitsch durchsickerte und beträchtliche Schwierigkeiten verursachte; Ritter, Goerdeler, S. 171.
39 Röhricht, S. 112–114.
40 Röhricht, S. 116–118.
41 Gisevius I, 407–409 (Sonderausgabe, S. 289); Jodl, Tagebuch, Trial XXVIII, 365; Spiegelbild, S. 430; Krausnick, Vorgeschichte, S. 308–309.
42 Gisevius I, 437–447 (Sonderausgabe, S. 318–326); bestätigt von Frau Elisabeth Gärtner-Strünck (Gattin des Versicherungsdirektors und Abwehroffiziers Hauptmann Strünck), IfZ ZS 1811.
43 Gisevius, Sonderausgabe, S. 290–292.
44 [Walter] Huppenkothen, Der 20. Juli 1944, Masch.-Abschr., o. O. [1953], IfZ ZS 249/II, zit. bei Krausnick, Vorgeschichte, S. 309, wonach Generalmajor Graf von Brockdorff-Ahlefeldt, Kdr. der Potsdamer Division, damals schon an den Plänen beteiligt war; Witzleben war wohl ebenfalls damals schon zur Teilnahme bereit, aber durch seine Krankheit verhindert.
45 Spiegelbild, S. 430.
46 Georg Thomas, »Gedanken und Ereignisse«, Schweizer Monatshefte 25 (1945), S. 541; schriftliche Mitteilungen von Frau von Hase (Witwe des ehem. Wehrmachtstandort-Kommandanten von Berlin) an den Verf. vom 8. März 1964; vgl. Krausnick, Vorgeschichte, S. 309; Albert Krebs, Fritz-Dietlof Graf von der Schulenburg: Zwischen Staatsraison und Hochverrat, Hamburg 1964, S. 164.
47 Mitteilungen von Frau von Hase, 8. März 1964; Krebs, S. 164; vgl. Krausnick, Vorgeschichte, S. 309.

48 Gisevius I, 419–420, 427, 429–430 (Sonderausgabe, S. 298, 305, 307).

49 Gisevius I, 417–420 (Sonderausgabe, S. 296–298).

50 Gisevius I, 450, 457–458 (Sonderausgabe, S. 328, 330); Hoßbach, S. 172; Heinz, S. 75; Ritter, Goerdeler, S. 150.

51 Jodl, Tagebuch, Trial XXVIII, 361–362; Krausnick, Vorgeschichte, S. 297–300.

52 Ebenda.

53 Hierzu und zum Folgenden: Hoßbach, S. 113–126; Foerster, S. 87–99; Gisevius I, 396–399, 456 (Sonderausgabe, S. 279–280, 312–313); Krausnick, Vorgeschichte, S. 295–305.

54 Foerster, S. 87, nach einer Aufzeichnung Becks, die Foerster nach Becks eigener Verabschiedung gelesen hat, die dann aber im Lauf der Kriegsereignisse verlorengegangen ist.

55 Foerster, S. 87; Peter Bor, Gespräche mit Halder, Wiesbaden 1950, S. 112–113. Hoßbach, S. 113, berichtet, es sei ihm am nächsten Morgen, also am 27. Januar, gelungen, Becks Zweifel über die Art der Intrige zu beseitigen.

56 Krausnick, Vorgeschichte, S. 306–307. Eberhard Zeller, Geist der Freiheit: Der zwanzigste Juli, München ⁵1965, S. 13–33 stellte eine ausgezeichnete biographische Skizze über Beck an den Beginn seines Buches, jedoch fehlt – nicht in dem Buche, aber in diesem Kapitel – die Vorgeschichte. Es entsteht der Eindruck, als sei Beck eigentlich der erste gewesen, der an einflußreicher Stelle an Umsturz gedacht habe.

57 Protokoll aus der Verhandlung Halder [vor der] Spruchkammer X München [15.–21. Sept. 1948] vervielf. Protokoll B der Anklagebehörde der Spruchk. München X, Az. BY 11/47, S. 67, IfZ; Bor, S. 112–113.

58 Protokoll .. Halder, S. 67.

IV. Sudetenkrise und Staatsstreichversuch 1938

1 Bruno Gebhardt, Handbuch der deutschen Geschichte, Bd. IV, Stuttgart ⁸1963, S. 231–236, auch zum Folgenden; Ernst von Weizsäcker, Erinnerungen, München 1950, S. 148–151.

2 Vgl. den Bericht von Fritz Wiedemann, Der Mann der Feldherr werden wollte: Erlebnisse und Erfahrungen des Vorgesetzten Hitlers im 1. Weltkrieg und seines späteren Persönlichen Adjutanten, Velbert–Kettwig 1964, S. 121–122, wonach Göring von Berlin aus den Text des »Hilferufes« an Seyß-Inquart telephonisch durchgab und die Durchgabe mit den Worten beendete: »So – ich habe hiermit also Ihr Telegramm bekommen!«

3 Hierzu und zum Folgenden Gebhardt IV, 237–244; Weizsäcker, Erinnerungen, S. 162–190.

4 Vgl. Max Domarus, Hitler: Reden und Proklamationen 1932–1945, 2 Bde., Neustadt a. d. Aisch 1962/1963, S. 837–838.

5 Trial of the Major War Criminals before the International Military Tribunal: Nuremberg 14 November 1945–1 October 1946, vol. XXV, Nürnberg 1947, S. 414–427 und vol. XXVIII, Nürnberg 1948, S. 372–373, teilweise abgedruckt bei Walther Hofer, Der Nationalsozialismus: Dokumente 1933–1945, Fischer Bücherei, Frankfurt/M. 1957, S. 202–203; vgl. Helmut Krausnick, »Vorgeschichte und Beginn des militärischen Widerstandes gegen Hitler«, Voll-

macht des Gewissens I, Frankfurt/M.–Berlin 1960, S. 310–312; Gebhardt IV,
239 erwähnt diese Dokumente nicht, so daß hier der Eindruck entstehen
kann, als seien militärische Maßnahmen von deutscher Seite erst nach dem
20. Mai angelaufen.

6 Trial XXV, 433–439, 445–447; Teilabdruck bei Hofer, Nationalsozialismus,
S. 203–204. Am 28. Mai hatte eine Konferenz Hitlers mit Göring, Keitel, Brauchitsch, Raeder, Beck, Ribbentrop und Neurath in der Reichskanzlei stattgefunden, bei der Hitler seine Absichten mündlich ausgeführt hatte. In
wenigstens zwei öffentlichen Reden, am 12. September 1938 und am 30. Januar 1939, hat Hitler selbst erklärt, er habe am 28. Mai den Befehl zur
Vorbereitung militärischer Maßnahmen gegen die Tschechoslowakei gegeben; am 30. Januar sprach er sogar von dem »Befehl zur Vorbereitung des
militärischen Einschreitens gegen diesen Staat mit dem Termin des 2. Oktober«; Domarus, S. 868–869.

7 Domarus, S. 875.

8 Krausnick, Vorgeschichte, S. 312–313.

9 Jodl, Tagebuch, Trial XXVIII, 373–374.

10 Ebenda.

11 Jodl, Tagebuch, Trial XXVIII, 374–375; Erich Kordt, Nicht aus den Akten:
Die Wilhelmstraße in Frieden und Krieg, Stuttgart 1950, S. 238–239.

12 Trial XXV, 460–462; Domarus, S. 880, 883.

13 Trial XXV, 460–462. Kursiv gesetzte Worte im Orig. unterstrichen.

14 Trial XXV, 462–469.

15 Trial XXV, 469–475; vgl. Jodl, Tagebuch, Trial XXVIII, 381–382, allgem.
372–389.

16 Domarus, S. 889–906.

17 Domarus, S. 922–933.

18 Hierzu und zum Folgenden: Gebhardt IV, 240–244.

19 Gebhardt IV, 242.

20 Vgl. Gerhard Ritter, Carl Goerdeler und die deutsche Widerstandsbewegung,
Stuttgart ³1956, S. 174.

21 Hierzu und zum Folgenden: Ritter, Goerdeler, S. 21, 26–27, 47, 50, 59.

22 Ritter, Goerdeler, S. 68. Vgl. dazu die Dokumentation H[elmut] von Kr[aus-
nick], »Goerdeler und die Deportation der Leipziger Juden«, VfZ 13 (1965),
S. 338–339.

23 Ritter, Goerdeler, S. 71; Elfriede Nebgen, Jakob Kaiser: Der Widerstandskämpfer, Stuttgart 1967, S. 132.

24 Ritter, Goerdeler, S. 71–76.

25 Ritter, Goerdeler, S. 76–78.

26 Ritter, Goerdeler, S. 86.

27 Ebenda; in einem privaten Gespräch hatte Goerdeler schon im Frühjahr 1936
sein Bleiben von dem Schicksal des Mendelssohn-Denkmals abhängig gemacht: Harold C. Deutsch, The Conspiracy against Hitler in the Twilight
War, Minneapolis 1968, S. 11–12.

28 Hierzu und zum Folgenden: Ritter, Goerdeler, S. 157–161; Otto Kopp, »Die
Niederschrift von Hans Walz ›Meine Mitwirkung an der Aktion Goerdeler‹«,
in Otto Kopp (Hrsg.), Widerstand und Erneuerung: Neue Berichte und Dokumente vom inneren Kampf gegen das Hitler-Regime, Stuttgart 1966, S. 98–120.

29 Über alle Reisen berichtete Goerdeler ausführlich in schriftlichen Ausarbeitungen an Krupp, Bosch, Göring, Schacht, Fritsch, Beck, Halder und Thomas, anfangs auch noch an die Reichskanzlei. Die Berichte sind erhalten geblieben und von Gerhard Ritter in dessen Goerdeler-Biographie verarbeitet worden.

30 Ritter, Goerdeler, S. 166–167.

31 Pierre Bertaux, mündliche Mitteilungen an d. Verf. vom 9. Juni 1965; ders., Auszüge aus dem Tagebuch 1938, d. Verf. mitgeteilt mit Brief vom 10. Mai 1967; Ritter, Goerdeler, S. 167–173. Ritter kennt die Einzelheiten dieser Kontakte nicht.

32 Da sich Bertaux nicht mit völliger Sicherheit erinnert, ob Goerdeler mit Schairer zusammen kam, und da ein nur vier Wochen später liegender Tagebucheintrag auf eine mit Goerdeler gehabte Unterredung »vor einigen Monaten« hinweist, könnte es auch etwas früher, vielleicht sogar im August 1937, gewesen sein, was aber Bertaux selbst nicht für wahrscheinlich hält. Die von Ritter, Goerdeler, S. 170 und S. 484 Anm. 25 verwertete Information, wonach Goerdeler vom 15. März bis 14. April 1938 in London war, ist also unvollständig; vgl. dazu Ritter, Goerdeler, S. 160, wo dieser selbst feststellt, Goerdeler sei anläßlich dieser Reise auch in Paris gewesen.

33 Ian Colvin, Vansittart in Office, London 1965, S. 150, 154–155. Colvins Buch (für das danach zit. trifft dies noch mehr zu) ist wissenschaftlich unzulänglich; allzu häufig fehlen z. B. Herkunftangaben bei Quellenabdrukken, wodurch oft der falsche Eindruck entsteht, es handle sich um einen Erstabdruck. Trotzdem gibt das Buch einen willkommenen Überblick über die Laufbahn und Tätigkeit Vansittarts und verwertet hie und da sonst unbekanntes Material, teils aus dem Nachlaß Vansittarts. Nach Ian Colvin, Master Spy, New York 1951, S. 70–71 soll Vansittart ungefähr dasselbe über Kleist-Schmenzin geäußert haben: »›Of all the Germans I saw‹, Lord Vansittart told me years afterward, ›Kleist had the stuff in him for a revolution against Hitler. But he wanted the Polish Corridor, wanted to make a deal.‹« Allerdings fügt Colvin hinzu, es gebe sonst keinen Hinweis dafür, daß Kleist-Schmenzin über Polen gesprochen habe. Vgl. zur Mission Kleist unten, S. 82–86.

34 Ritter, Goerdeler, S. 170–171, betont dies ausdrücklich; Hermann Graml, »Die außenpolitischen Vorstellungen des deutschen Widerstandes«, in Der deutsche Widerstand gegen Hitler: Vier historisch-kritische Studien, hrsg. v. Walter Schmitthenner u. Hans Buchheim, Köln–Berlin 1966, S. 29, sagt zu diesem Punkte nichts Neues.

35 Bernd-Jürgen Wendt, München 1938: England zwischen Hitler und Preußen, Frankfurt/M. 1965, S. 13; Graml, Vorstellungen, S. 15–29. Beide hier zitierten Untersuchungen bemühen sich, mit einigem Erfolg, dem außenpolitischen Denken in der deutschen Opposition möglichst ohne Vorurteil gerecht zu werden, wobei zwar, wie erwähnt, wenig Neues zutage kam, aber doch die Akzente anders gesetzt wurden als etwa bei Ritter und Rothfels, die sich sehr viel mehr mit dem Wollen der Opposition als mit den Gegebenheiten auf der Gegenseite beschäftigten. Zum Mißtrauen gegen Goerdeler ferner Eugen Spier, Focus: A Footnote to the History of the Thirties, London 1963, S. 133–134.

36 Wendt, S. 17–28, auch zum Folgenden; Graml, Vorstellungen, S. 15–29. Zur

englischen und französischen sowie zur gesamteuropäischen Politik während der Sudetenkrise (März–Okt. 1938) siehe Documents on British Foreign Policy 1919–1939, Third Series (künftig zit. DBFP), vol. I, London 1947, vol. II, London 1948; Documents on German Foreign Policy 1918–1945, Series D (künftig zit. DGFP), vol. II, Washington 1949; Keith Feiling, The Life of Neville Chamberlain, London 1946, S. 363–382; Boris Celovsky, Das Münchner Abkommen 1938, Stuttgart 1958; Helmuth K. G. Rönnefarth, Die Sudetenkrise in der internationalen Politik: Entstehung–Verlauf–Auswirkung, 2 Bde., Wiesbaden 1961 (dort auch eigene Abschnitte über die Tätigkeit der Opposition, die aber keineswegs als abschließend gelten können, trotz breiter Grundlage); Hans Rothfels, Die deutsche Opposition gegen Hitler: Eine Würdigung, Fischer Bücherei, Frankfurt/M.–Hamburg 1958, S. 63–70; Ritter, Goerdeler, S. 183–203.

37 Wendt, S. 29–35, 45–51, 64; ebenso Graml, Vorstellungen, S. 29.

38 Vgl. die entsprechenden Äußerungen Chamberlains in seiner Rundfunkansprache vom 26. Nov. 1939, Keesing's Contemporary Archives, vol. III, 1937 bis 1940, Keynsham, Bristol [1937–1940], S. 3819–3820.

39 Vgl. auch hierzu und zum Folgenden Wendt, S. 36–45.

40 Kopp, Niederschrift Walz, S. 106.

41 Chamberlain an Halifax 19. Aug. 1938, DBFP II, 686.

42 Graml, Vorstellungen, S. 29; Colvin, Vansittart, S. 310.

43 Ritter, Goerdeler, S. 205.

44 Colvin, Vansittart, S. 152–155 und passim.

45 Colvin, Vansittart, S. 154.

46 Colvin, Vansittart, S. 201–202, 206.

47 Colvin, Vansittart, S. 199.

48 Die Argumente, die John W. Wheeler-Bennett, The Nemesis of Power: The German Army in Politics 1918–1945, New York ²1964, S. 415, zur Erklärung der britischen Haltung vorbringt, sind tendenziös und treffen den Kern nur teilweise. Es ist einfach nicht wahr, daß die meisten der Männer, die nun von England und Frankreich eine feste Haltung verlangten, begeisterte Anhänger Hitlers gewesen und erst durch die Erkenntnis bekehrt worden seien, daß Hitler nichts mehr für Deutschland gewinnen könne, ohne das Gewonnene wieder zu gefährden. Das Gegenteil ist der Fall. Die meisten dieser Männer haben Hitler von allem Anfang an bekämpft, soweit es in ihrer Macht stand. Vgl. im übrigen Rothfels, Opposition, und Ritter, Goerdeler, die sich in den Anmerkungen vielfach mit Wheeler-Bennetts Verzerrungen auseinandersetzen.

49 Colvin, Vansittart, S. 216–217; vgl. Ritter, Goerdeler, S. 186–187; Rothfels, Opposition, S. 63–70, 137–139; Hans Rothfels, »Trott und die Außenpolitik des Widerstandes«, VfZ 12 (1964), S. 300–305.

50 Zur Mission Wiedemann: Wiedemann, S. 158–167; Winston S. Churchill, The Second World War, vol. 1, London 1948, S. 290; DBFP I, no. 510, 511; Kordt, Nicht, S. 234; Rönnefarth, Sudetenkrise, Teil I, S. 362–366. In dem Bericht Lord Halifax' über die Unterredung (DBFP I, no. 510) findet sich zwar die Erklärung Wiedemanns wiedergegeben, Hitlers Geduld sei nicht unerschöpflich, und ein schwerer Zwischenfall könnte wohl ein deutsches Eingreifen zur Folge haben; aber zugleich versicherte Wiedemann diesem

Bericht zufolge, soweit man in die Zukunft sehen könne, sei eine Gewalt-
lösung nicht vorgesehen. Es ist denkbar, daß Wiedemann den Termin März
1939 gleichwohl genannt, jedoch Halifax gebeten hat, ihn nirgends schriftlich
festzuhalten. Vgl. Rönnefarth, Sudetenkrise, Teil I, S. 364–365.

51 S. dazu Rudi Strauch, Sir Nevile Henderson: Britischer Botschafter in Berlin
von 1937 bis 1939, Bonn 1959, S. 134–138, zit. bei Wendt, S. 13–14.

52 DBFP II, no. 595, zit. bei Wendt, S. 14.

53 Wendt, S. 14.

54 Colvin, Vansittart, S. 210–211; als Zeitpunkt für diese Zusammenkunft mit
Kleist ist hier angegeben »just after the fall of Austria«. In Colvins Buch
über Canaris, Master Spy, das noch weit unsorgfältiger gearbeitet ist als die
Vansittart-Biographie, ist für Colvins erste Zusammenkunft mit Kleist Februar 1938 angegeben (S. 5) und für Gespräche der hier erwähnten Art April
1938 (S. 57) und Anfang Mai 1938 (S. 58–60). Die Weitergabe der Ergebnisse
an Ogilvie-Forbes ist in Vansittart viel stärker betont und ausgeführt, aber
mit dem Hinweis, daß schriftliche Belege für die Weitergabe durch den britischen Botschaftsrat in Berlin, Sir Ogilvie-Forbes, nicht aufgetaucht seien. Fabian von Schlabrendorff, Offiziere gegen Hitler, Fischer Bücherei, Frank-
furt/M.–Hamburg 1959, S. 41 berichtet ebenfalls nichts über den Vorgang.
Das alles besagt nicht, daß er nicht stattgefunden habe. Die übrige Tätigkeit
Kleists und Schlabrendorffs Urteil über Colvin (»klug und vorsichtig, kühn,
und diskret«) lassen ihn glaubwürdig erscheinen. Rothfels, Opposition,
S. 65–66 und Ritter, Goerdeler, S. 184 erwähnen diesen ersten Vorstoß von
seiten der Opposition nicht; Ritter meint wohl ebenso wie Rothfels, die
erste Warnung der Opposition an die englische Regierung sei durch Kleist
erfolgt, aber eben erst im August 1938. Vgl. zu den Vorgängen um die Reise
Kleists auch Wendt, S. 14–16; Rönnefarth, Sudetenkrise, Teil I, S. 402–404.

55 Colvin, Vansittart, S. 218.

56 Colvin, Vansittart, S. 206, 216, 218–221.

57 Colvin, Vansittart, S. 221–229; Schlabrendorff, Offiziere, S. 41–42; Fabian von
Schlabrendorff, The Secret War against Hitler, New York–Toronto–London
1965, S. 91–95. Vgl. zum Folgenden auch Ritter, Goerdeler, S. 184–187 und
Rothfels, Opposition, S. 66, die beide die zentrale Rolle Colvins bei der
Vorbereitung der Mission Kleists bezweifeln; Hans Rothfels, »The German
Resistance in its International Aspects«, International Affairs 34 (1958),
S. 479–480; ferner die Darstellung bei Wheeler-Bennett, S. 409–413. Nach
Mitteilungen des Sohnes von Kleist, Ewald-Heinrich von Kleist, und Schlab-
rendorffs an Dr. Helmut Krausnick (Vorgeschichte, S. 330) stammte die *Initia-
tive* zu der Reise von Kleist selbst. Colvin hatte nach seinem Bericht am
Zustandekommen der Mission insofern einen Anteil, als er Kleist seinem
Freund Lord Lloyd ankündigte und empfahl; ferner habe er, so berichtet
Colvin, auf Anfragen britischer Paßbeamter und Militärattachés die Aus-
kunft gegeben, Kleist besitze Einführungsschreiben an Winston Churchill
und Lord Lloyd und sei einer der geheimen Gegner Hitlers. Colvin, Vansitt-
art, S. 221–223. Vgl. Schlabrendorff, Offiziere, S. 41 und War, S. 91, sowie die
Zweifel Ritters (Goerdeler, S. 488 Anm. 49) und Rothfels' (Opposition, S. 190
Anm. 46) an der Vermittlertätigkeit Colvins.

58 Colvin, Vansittart, S. 223. Das Schreiben ist in DBFP II nicht abgedruckt,

688

Anmerkungen

aber in einem speziellen Anhang über »nichtoffizielle deutsche Kontakte« im August und September 1938 erwähnt (S. 683).

59 Colvin, Vansittart, S. 223 und Master Spy, S. 67.

60 Colvin, Master Spy, S. 69–70 und Vansittart, S. 223 berichten, Kleist sei schon am 17. August in London angekommen, nach allen anderen und besonders den zeitgenössischen Berichten kam Kleist erst am 18. August; DBFP II, S. 683–686. Vgl. zur ganzen Kleist-Mission Krausnick, Vorgeschichte, S. 330 bis 333.

61 Siehe den Bericht Vansittarts an den Außenminister Lord Halifax, den Colvin in Vansittart, S. 223–227 abdruckt, ohne mitzuteilen, daß er schon 1949 veröffentlicht wurde in DBFP II, S. 683–686.

62 Tatsächlich wurde der britischen Regierung am Tag von Kleists Ankunft in London von ihrem Militärattaché in Berlin, Oberst F. N. Mason-MacFarlaine, Ende September als geplanter Angriffstermin gemeldet: Ritter, Goerdeler, S. 186 nach DBFP II, no. 658.

63 Diese Mitteilung an Lord Lloyd mochte von Colvin stammen, aber Colvin war zweifellos nicht der einzige Kontaktmann Lord Lloyds in Deutschland.

64 DBFP II, no. 658 und S. 685; vgl. Colvin, Vansittart, S. 230.

65 Chamberlains Brief an Halifax: DBFP II, S. 686–687. Colvin, Vansittart, S. 227–228 druckt ihn auch ab.

66 Schlabrendorff, Offiziere, S. 43–44; Schlabrendorff, War, S. 93–94.

67 DBFP II, no. 648.

68 Ebenda.

69 Weizsäcker Exhibit 38 W. Doc. 38, W.-Doc.-Book 1c, Case 11, zit. in Gesuch der Verteidiger Warren E. Magee und Hellmut Becker vom 28. April 1949 um Änderung des Urteils und Haftentlassung für Ernst Freiherr von Weizsäcker, mimeogr. Die Akten bzw. Kopien davon befinden sich im StA Nürnberg bzw. in den NA in Washington.

70 Niederschrift über das Gespräch Churchills mit Kleist: DBFP II, S. 687–688. Aus Gründen der Sicherheit soll Churchills Brief nach Colvin, Vansittart, S. 229 über einen britischen Diplomaten in Berlin an Colvin und von diesem erst an Kleist geleitet worden sein. In Master Spy, S. 73 erwähnt Colvin nur, daß Kleist den Brief »einige Tage später« (nach seiner Rückkunft aus London) Canaris vorgelegt habe, nicht aber, wie er nach Berlin und in die Hände Kleists gelangt sei; daß Kleist ihn nicht selbst mitgebracht hat, wird hier dadurch angedeutet, daß er ihn nicht schon bei seinem ersten Bericht an Canaris diesem gezeigt habe. Schlabrendorff, Offiziere, S. 42 und War, S. 95 berichtet, der Brief sei in der englischen Diplomatenpost nach Berlin gelangt, von ihm bei der englischen Botschaft abgeholt und dann an Kleist übergeben worden. Bei Wheeler-Bennett, S. 413 Anm. 3, der sich auf einen unveröffentlichten Bericht Schlabrendorffs beruft, entsteht der Eindruck, Kleist selbst habe den Brief, von dem für Canaris und Beck Abschriften genommen worden seien, mitgebracht. Der Text des Briefes findet sich in DBFP II, S. 688–689, und auszugsweise in einer vom Auswärtigen Amt hergestellten Zusammenfassung ausländischer Stimmen zur Sudetenkrise und der Möglichkeit eines Krieges in DGFP II, no. 436.

71 Auszug in DBFP II, S. 172–175.

72 Colvin, Vansittart, S. 234.

73 Colvin, Master Spy, S. 72. In seinem Bericht vom 18. August schrieb Vansittart, Kleist werde am Dienstag zurückreisen, das wäre der 23. August gewesen; Colvin, Vansittart, S. 226.

74 Schlabrendorff, Offiziere, S. 42; Ritter, Goerdeler, S. 488 Anm. 49; DGFP II, no. 436. Colvin, Vansittart, S. 233–234, druckt seinen Brief an Lord Lloyd vom 30. August 1938, ab, in dem er Kleists Eindruck von der Wirkung seiner Mission in Berlin wiedergibt.

75 Krausnick, Vorgeschichte, S. 333–334; Einzelheiten s. unten, S. 106–108.

76 Vernehmung von Böhm-Tettelbach in Protokoll aus der Verhandlung Halder [vor der] Spruchkammer X München [15.–21. Sept. 1948], vervielf. Protokoll B der Anklagebehörde der Spruchkammer München X, Az. BY 11/47, IfZ, S. 3, 69–70, 87; dieselbe Quelle liegt der Darstellung bei Peter Bor, Gespräche mit Halder, Wiesbaden 1950, S. 121 zugrunde; Hans Böhm-Tettelbach, »Ein Mann hat gesprochen«, Rheinische Post, 10. Juli 1948, S. 2; Wheeler-Bennett, S. 413–414; dazu die Richtigstellung bei Ritter, Goerdeler, S. 489 Anm. 55; Krausnick, Vorgeschichte, S. 339–340 mit weiteren Zeugnissen Halders u. Böhm-Tettelbachs; vgl. Hans Bernd Gisevius, Bis zum bittern Ende, Bd. II, Zürich 1946, S. 66; ders., Bis zum bitteren Ende: Vom Reichstagsbrand bis zum 20. Juli 1944, vom Verfasser auf den neuesten Stand gebrachte Sonderausgabe, Hamburg o. J. (künftig zit. als Sonderausgabe), S. 370; Kordt, Nicht, S. 258. Sozusagen von allen Seiten versuchte man auf Hitler einzuwirken, selbst von der Moskauer Deutschen Botschaft aus: Um den 20. August erklärte der Privatsekretär des deutschen Botschafters Grafen Friedrich Werner von der Schulenburg einem britischen Kollegen, nur eine ganz kategorische Erklärung Englands könne Hitler überzeugen, daß es im Falle eines deutschen Angriffes gegen die Tschechoslowakei eingreifen werde; den Berichten der deutschen Diplomaten werde Hitler es nie glauben. Krausnick, Vorgeschichte, S. 353 zit. dazu DBFP II, no. 673.

77 Krausnick, Vorgeschichte, S. 339–341.

78 Krausnick, Vorgeschichte, S. 340 implizit; Wheeler-Bennett, S. 414.

79 Krausnick, Vorgeschichte, S. 340.

80 Krausnick, Vorgeschichte, S. 340; Kordt, Nicht, S. 244.

81 Die von Wheeler-Bennett, S. 416–417 gegen Weizsäcker erhobenen Beschuldigungen – er habe sich erst in seinem Prozeß vor dem Nürnberger Militärgerichtshof zum Mitglied der Widerstandsbewegung erklärt, jedoch davon vorher in den geheimen Verhören durch die Alliierten nie gesprochen; er sei nicht gegen einen Krieg gewesen, durch den der Bestand des Deutschen Reiches nicht gefährdet worden wäre; er habe nie wirklich gegen Hitlers Kriegspolitik protestiert – zeugen bestenfalls von großem Mangel an Sachverstand. Weizsäcker hatte zu wählen zwischen scharfem, offenem Protest von der Art, wie Beck ihn erhoben hat und wie er Rücktritt oder Entlassung zur Folge haben mußte, und zwischen dem Versuch, die Außenpolitik Hitlers, die zum Kriege führte, zu sabotieren. Von außen, nach seinem Ausscheiden aus dem Dienst, konnte Weizsäcker nichts mehr bewirken, wenn er dann auch als besonders aufrechter Ehrenmann dastehen mochte. Von innen konnte er wenigstens versuchen, das Übel zu verhindern, zu wenden, zu bremsen. Dafür, daß er das getan hat, übrigens in der Voraussicht, darin mißverstanden zu werden, gibt es unangreifbarere Zeugen als Wheeler-

Bennett und die von diesem zum Beweise zitierten Dokumente, in denen
Weizsäcker natürlich die Sprache des Regimes sprechen mußte: Carl J. Burckhardt, Meine Danziger Mission 1937–1939, München ²1960, S.
67–68, 145,
181–183; Aussagen des norwegischen Bischofs Berggrav und des Bischofs
von Chichester vor dem Militärgerichtshof im Prozeß gegen Weizsäcker,
ferner Zitate von Äußerungen Sir Nevile Hendersons, François-Poncets,
Lord Halifax', Churchills, in Trials of War Criminals before the Nuernberg
Military Tribunals under Control Council Law No. 10, vol. XIV (The Mini-
stries Case, genannt Case 11), Washington 1952, S. 98, 104–105, 109, 112, 125;
Hellmut Becker, Plaidoyer für Ernst von Weizsäcker, mimeogr., Nürnberg
1948, StA Nürnberg, und im Gesuch um Haftentlassung (Anm. 69).

82 Kordt, Nicht, S. 177–183; Ritter, Goerdeler, S. 191.

83 Weizsäcker, Erinnerungen, S. 173–177; Burckhardt, S. 182.

84 Hierzu und zum Folgenden: Kordt, Nicht, S. 241–244.

85 Burckhardt, S. 181–183; Weizsäcker, Erinnerungen, S. 179. Bei Weizsäcker
ist als Zeitpunkt »Ende August« genannt, aber Burckhardt berichtet auf
Grund seiner Aufzeichnungen, er sei am folgenden Tage, und zwar am
2. September, in Bern eingetroffen.

86 Burckhardt, S. 183–187; der Brief ist sowohl hier in deutscher Sprache als
auch in DBFP II, S. 689–692 im englischen Original abgedruckt. Merkwürdigerweise ist ein Telegramm von Sir George Warner an Lord Halifax
erst vom 5. September spätnachmittags datiert (DBFP II, Nr. 775), obwohl
auch aus dem Brief Stevensons hervorgeht, daß Burckhardts Gespräch mit
Weizsäcker am 1. September stattgefunden habe und Burckhardt am nächsten Tag schon in Bern gewesen sein muß.

87 So im Original; bei Burckhardt, S. 185 heißt es irrtümlich in der Übersetzung »Außenminister«.

88 Kordt, Nicht, S. 246–249; Weizsäcker, Erinnerungen, S. 177–179; Krausnick,
Vorgeschichte, S. 340–342; vgl. Wheeler-Bennett, S. 417–419; Rothfels,
Opposition, S. 64–65; Rothfels, German Resistance, S. 480–481; Ritter, Goerdeler, S. 191–192. Alle Darstellungen beruhen fast ausschließlich auf den
Mitteilungen der Brüder Kordt. – Erwähnenswert sind die von Vansittart
nach dem Kriege für die Nürnberger Verfahren unter dem 12. und 31. August
1948 in London abgegebenen Affidavits, StA Nürnberg NG 5786 und NG
5786A. Vansittart charakterisiert die Brüder Kordt hier als Opportunisten,
die keinen wirklichen Widerstand geleistet haben, was schon daraus zu
sehen sei, daß sie Hitler bis zuletzt gedient und Gelegenheiten zu Desertion
nicht ergriffen haben. Rothfels, Opposition, S. 190–191, Anm. 47 weist auf
eine mögliche Erklärung für Vansittarts seltsame Gedächtnisschwäche hin,
den Satz im zweiten Affidavit: »Die ganze Grundlage meiner Haltung
gegenüber Deutschland war die Überzeugung, daß dort eine wirkliche und
wirksame Opposition weder bestand noch bestehen würde.« Es ist kaum
möglich, den haßerfüllten Unterton in Vansittarts weiteren Äußerungen zu
überhören. Sein Biograph Colvin geht in Vansittart, S. 325 noch etwas weiter und spricht von der »heftigen Enttäuschung und der Ablehnung alles
dessen, was deutsch war, die für Vansittart in den Kriegsjahren und danach
charakteristisch waren.« Colvin setzt im gleichen Absatz hinzu: »Daß er
von Kordt am oder um den 16. Juni [1939] eindringliche Warnungen über die

deutsch-russischen Verhandlungen erhalten hat, daran zu zweifeln gibt es keinen Grund.«

89 Jodl erwähnt in seinem Tagebuch nur 5 aktive und 14 Landwehrdivisionen: Trial XXVIII, 388.

90 Kordt, Nicht, S. 249–252.

91 Kordt, Nicht, S. 279; DGFP II, no. 382; Wendt, S. 136 Anm. 17. Wendt erklärt den Widerspruch zwischen Theo Kordts offiziellem Bericht (DGFP II, no. 382) und dem an seinen Bruder Erich Kordt (Kordt, Nicht, S. 279) weniger aus dem Zwang zur Tarnung und zur Benützung der Sprache des Regimes, als daraus, daß Weizsäcker und die Gebrüder Kordt dieselbe Politik wie Hitler, nämlich die der Annexion des Sudetenlandes, verfolgten und nur in der Methode radikal andere Auffassungen vertraten. Überzeugend ist das nicht; daß Theo Kordt in seinen offiziellen Bericht nicht hineinschreiben konnte, er habe sich Wilson als Mitglied der Opposition zu erkennen gegeben, liegt doch auf der Hand und bedarf keiner weiteren Erklärung.

92 Wheeler-Bennett, S. 418.

93 Kordt, Nicht, S. 279.

94 Kordt, Nicht, S. 250–252 und 279–281, auch zum Folgenden.

95 Wendt, S. 68–71, verweist auf den Widerspruch zwischen Kordts Eröffnungen und Weizsäckers in dessen Erinnerungen dargestellter Haltung. Demnach hätte Weizsäcker entweder vergessen, daß er Kordt viel schärfere Instruktionen gegeben hatte, als nur die, auf eine möglichst deutliche, aber auch möglichst geheime und für Hitler möglichst wenig verletzende Warnung hinzuwirken, oder – was wahrscheinlicher ist – die Brüder Kordt wären im Einvernehmen mit dem revolutionären Oster viel weiter gegangen, als es Weizsäckers Auffassungen entsprochen hätte.

96 Rothfels, Opposition, S. 68, ohne Quellenangabe. Rönnefarth, Sudetenkrise, Teil I, 506 u. Teil II, 247 Anm. 41 auf Grund der Aussage Theo Kordts im Wilhelmstraßen-Prozeß am 14. Juli 1948, Prot. 12029.

97 Ritter, Goerdeler, S. 489–490 Anm. 57.

98 DBFP II, Nr. 811, 815; vgl. Krausnick, Vorgeschichte, S. 354–355.

99 DBFP II, Nr. 819, 823; ferner S. 646–655 im selben Band.

100 DBFP II, Nr. 825.

101 DBFP II, Nr. 837 Anm. 1.

102 DBFP II, S. 680–682.

103 Kordt, Nicht, S. 256–257.

104 Vgl. Domarus, S. 897–906.

105 Friedrich Hoßbach, Zwischen Wehrmacht und Hitler 1934–1938, Göttingen ²1965, S. 193; Wolfgang Foerster, Generaloberst Ludwig Beck: Sein Kampf gegen den Krieg, München 1953, S. 84, 141–142; Schlabrendorff, Offiziere, S. 37–38 (nicht mehr in der englischen Neuausgabe, Secret War, S. 79–81) berichtet von einer »Unterhaltung« zwischen Beck und Hitler, die aber als solche nicht stattgefunden hat. Ebenso im Irrtum ist Rudolf Pechel, Deutscher Widerstand, Erlenbach–Zürich 1947, S. 152, mit der Mitteilung, Beck habe im Herbst 1938 von Hitler in einer Unterredung Garantien gegen militärische Unternehmungen verlangt und sei auf deren Verweigerung hin zurückgetreten. Erzählungen über die angebliche Unterredung haben

in vielen Kreisen die Runde gemacht – es war wohl viel schwerer zu glauben, der Chef des Generalstabes habe nicht selbst mit Hitler, dem Obersten Befehlshaber der Wehrmacht, sprechen können, als das Gegenteil. So findet sich die Legende von der mündlichen Auseinandersetzung noch in vielen anderen Berichten, auch solchen, die dem Zentrum der Vorgänge sehr nahestanden, z. B. Otto John, »Männer im Kampf gegen Hitler« (IV): Wilhelm Leuschner«, Blick in die Welt 2 (1947) H. 9, S. 20.

106 Hoßbach, S. 136.

107 Rudolf Beck, Beiträge zur Lebensgeschichte und Charakteristik des Generaloberst [sic] Ludwig Beck, Masch., o. O. o. J., vermutlich vor 1952, S. 2; Foerster, S. 90–91; vgl. die bei Domarus, S. 1047–1067 wiedergegebene Rede vom 30. Januar 1939, in der Hitler öffentlich mitteilte, er habe am 28. Mai 1938 den Befehl erteilt »zur Vorbereitung des militärischen Einschreitens gegen diesen Staat [die Tschechoslowakei] mit dem Termin des 2. Oktober [1938]«.

108 Alix von Winterfeldt, damals Sekretärin beim Befehlshaber des Ersatzheeres Gen. Fromm, mündliche Mitteilungen an d. Verf. vom 30. Aug. 1966; Heinz Guderian, Erinnerungen eines Soldaten, Heidelberg 1951, S. 26–27; Ulrich von Hassell, Vom andern Deutschland: Aus den nachgelassenen Tagebüchern 1938–1944, Fischer Bücherei, Frankfurt/M. 1964, S. 314; Foerster, S. 137–138; Eduard Spranger, »Generaloberst Beck in der Mittwochsgesellschaft: Zu dem Buch: Ludwig Beck ›Studien‹«, Universitas 11 (1956), S. 192 (»Es lag eine weise Ruhe über Ludwig Beck..«); Ritter, Goerdeler, S. 147; [Günther] Blumentritt, Stellungnahme zu dem Buch »Offiziere gegen Hitler«. Nach einem Erlebnisbericht von Fabian v. Schlabrendorff bearbeitet und herausgegeben von Gero v. S. Gaevernitz 1946 Europa Verlag Zürich, Masch., o. O. 1946, Sammlung John, Mappe 2, S. 20; hauptsächlich auf den hier ohnehin verarbeiteten Veröffentlichungen beruht Gert Buchheit, Ludwig Beck, ein preußischer General, München 1964.

109 Foerster, S. 90; ebenso Spranger, S. 192.

110 Ritter, Goerdeler, S. 177; zu Brauchitsch s. die Charakteristik auf Grund von Mitteilungen Halders bei Deutsch, S. 34–35.

111 Jodl, Tagebuch, Trial XXVIII, 360.

112 Trial of the Major War Criminals before the International Military Tribunal: Nuremberg 14 November 1945–1 October 1946, vol. XX, Nürnberg 1948, S. 624; nach der deutschen Ausgabe zit. bei Ritter, Goerdeler, S. 181.

113 Ritter, Goerdeler, S. 177–183, auch zum Folgenden; Edgar Röhricht, Pflicht und Gewissen: Erinnerungen eines deutschen Generals 1932 bis 1944, Stuttgart 1965, S. 131–136.

114 Ritter, Goerdeler, S. 179.

115 Abdruck der Denkschrift aus Becks nachgelassenen Papieren bei Foerster, S. 100–105.

116 Foerster, S. 98, 169 Anm. 68.

117 Foerster, S. 107; Trial XXV, 434.

118 Abgedruckt bei Foerster, S. 109–113; s. ferner Foerster, S. 106–109; Krausnick, Vorgeschichte, S. 310–312.

119 Foerster, S. 98. Vgl. Ritter, Goerdeler, S. 174–175. Vgl. Weizsäcker, S. 174; Foerster, passim; Spranger, S. 185–186, 193.

120 Trial XXV, 434–439; Jodl, Tagebuch, Trial XXVIII, 373.

121 Foerster, S. 114–116.

122 Datum des schriftlichen Kriegspiels weder bei Foerster noch bei Röhricht oder Krausnick. Foerster, S. 115–116; Röhricht, S. 119–120.

123 Etwa dasselbe sagte Beck noch 1943 zu Ritter (Goerdeler, S. 492 Anm. 200): ein französischer Angriff hätte nach der damaligen Ansicht des Generalstabes bestenfalls bei Gotha zum Stehen gebracht werden können.

124 Foerster, S. 115; Röhricht, S. 120.

125 Röhricht, S. 120–121.

126 Röhricht, S. 121–123.

127 Foerster, S. 116–121 druckt Auszüge aus der Denkschrift ab.

128 Foerster, S. 120.

129 Foerster, S. 121–124. Vgl. zu Becks Denkschriften und Vorträgen auch die Darlegungen bei Krausnick, Vorgeschichte, S. 317–327; Ritter, Goerdeler, S. 174–183.

130 Foerster, S. 122.

131 Auszugsweiser Abdruck bei Foerster, S. 124–125.

132 Foerster, S. 124; vgl. Ritter, Goerdeler, S. 130–153.

133 Foerster, S. 125.

134 Die Behauptung von Erich Kosthorst, Die deutsche Opposition gegen Hitler zwischen Polen- und Frankreichfeldzug, Bonn [3]1957, S. 54, daß »Beck, solange er die Stelle des Generalstabschefs innehatte, noch zu keinem Staatsstreich bereit« gewesen sei, ist ganz unhaltbar, und die Heranziehung der Stelle bei Foerster, S. 122 ist unzureichend zur Beurteilung dieser Frage; vgl. unten S. 105–107.

135 Aus den Akten des OKM, 1. Abt., Skl, Ia betr. »Fall Grün«, auszugsweise abgedruckt bei Krausnick, Vorgeschichte, S. 314–315 und bei Walter Baum, »Marine, Nationalsozialismus und Widerstand«, VfZ 11 (1963), S. 22–23.

136 Auszüge aus derselben Quelle wie die Aufzeichnungen Guses abgedruckt bei Krausnick, Vorgeschichte, S. 316–317.

137 Vgl. oben, S. 81–82. Diesen Wendepunkt als »ersten Kern für eine Staatsstreichplanung« zu bezeichnen, wie Rothfels, Opposition, S. 64 und Max Braubach, Der Weg zum 20. Juli 1944: Ein Forschungsbericht, Köln–Opladen 1953, S. 16, zit. bei Rothfels, S. 190 Anm. 41 es tun, erscheint angesichts der vielfältigen Wurzeln der Pläne doch nicht gerechtfertigt bzw. zu sehr vereinfachend, wenngleich der Betonung der für diesen Zeitpunkt eindeutigen Staatsstreichbereitschaft Becks zuzustimmen ist.

138 Foerster, S. 125–128: Auszug aus Becks Vortragsnotizen vom 29. Juli.

139 Ebenda.

140 Ursprünglich hatte Beck unmittelbar nach dem Eintreffen schon für Ende August erwarteter französischer und englischer Protestnoten handeln wollen: Foerster, S. 124, 127.

141 Lutz Graf Schwerin von Krosigk, Es geschah in Deutschland: Menschenbilder unseres Jahrhunderts, Tübingen–Stuttgart [3]1952, S. 191–192.

142 Foerster, S. 126–127, 136–137, auch zum Folgenden; Krausnick, Vorgeschichte, S. 329.

143 Hoßbach, zit. bei Foerster, S. 127–128 und S. 170 Anm. 83; Gisevius II, S. 20 (Sonderausgabe, S. 336–339); vgl. Krausnick, Vorgeschichte, S. 320–321.

144 Auszüge bei Foerster, S. 128–137.

145 Vgl. Foerster, S. 145.
146 Foerster, S. 138–142; Krausnick, Vorgeschichte, S. 322–324; beide stützen sich
     vor allem auf den Bericht von Generaloberst (damals General der Infanterie)
     Wilhelm Adam, Krausnick außerdem noch auf den Bericht des späteren
     Generalfeldmarschall Freiherr von Weichs. Vgl. auch Ferdinand Sauerbruch,
     Das war mein Leben, München 1960, S. 530–534, dem Beck 1939 diese Vor-
     gänge berichtet hat. Vgl. ferner Wilhelm Adam, Eidesstattliche Erklärung
     Nr. 2: betrifft: Stimmung unter den höheren Generalstabsoffizieren bald
     nach der »Machtergreifung«, Masch., o. O. o. J., IfZ ZS 6 und Colonel Gene-
     ral Wilhelm Adam, Masch., o. O. o. J., Sammlung John, Mappe 3.
147 Foerster, S. 138–142 und Krausnick, Vorgeschichte, S. 322–324: nach Adam
     von Beck, nach Weichs von Brauchitsch.
148 Das hat Adam getan, und zwar Ende August bei einer Besichtigungsfahrt
     mit Hitler entlang dem Westwall: Colonel General Wilhelm Adam, S. 3;
     bestätigt von Generalleutnant a. D. Gerhard Engel in Protokoll .. Halder,
     S. 81.
149 Jodl, Tagebuch, Trial XXVIII, 378, zit. bei Krausnick, Vorgeschichte, S. 327.
150 Hoßbach, S. 129, 171–173.
151 Foerster, S. 142–143.
152 Foerster, S. 145; vgl. Krausnick, Vorgeschichte, S. 333–335; Ritter, Goerdeler,
     S. 486 Anm. 44.
153 Trial XXV, 477; Foerster, S. 151–152; Hoßbach, S. 193.
154 Ludwig Beck, Studien, Stuttgart 1955, S. 53; vgl. Foerster, S. 148–150.
155 Beck, Studien, S. 60–64.
156 So in seinem am 24. April 1940 vor der Mittwochsgesellschaft gehaltenen
     Vortrag »Betrachtungen über den Krieg« (Studien, S. 118–120) und in sei-
     nem im Juni 1942 ebenfalls vor der Mittwochsgesellschaft gehaltenen Vor-
     trag über »Die Lehre vom totalen Kriege« (Studien, S. 251–258). Zur Mitt-
     wochsgesellschaft, einer Runde von Gelehrten, die alle zwei Wochen zu
     Vorträgen zusammenkamen, vgl. Eberhard Zeller, Geist der Freiheit: Der
     zwanzigste Juli, München [5]1965, S. 497–498.
157 Beck, Studien, S. 257.
158 Beck, Studien, S. 258.
159 Waldemar Erfurth, »Generaloberst a. D. Halder zum 70. Geburtstag (30. 6.
     1954)«, Wehrwissenschaftliche Rundschau 4 (1954), S. 242–243; Weizsäcker,
     Erinnerungen, S. 174; Krausnick, Vorgeschichte, S. 335–339 stützt sich auf
     das reichhaltige Zeugenschrifttum (ZS) im Archiv des Instituts für Zeitge-
     schichte in München; s. auch Kurt Sendtner, »Die deutsche Militäroppo-
     sition im ersten Kriegsjahr«, Vollmacht des Gewissens I, Frankfurt/M.–
     Berlin 1960, S. 397–405, 486–490.
160 Gisevius II, 23, 26 (Sonderausgabe, S. 345); Weizsäcker, Erinnerungen, S. 174;
     Halder, Aussagen in Protokoll .. Halder, S. 68; Krausnick, Vorgeschichte,
     S. 339; Erfurth, S. 243; Trials of War Criminals before the Nuernberg Mili-
     tary Tribunals under Control Council Law No. 10, vol. X (The High Com-
     mand Case), Washington 1951, S. 543.
161 Vgl. die Aussagen von General Adolf Heusinger in Protokoll .. Halder,
     S. 100; Rothfels, Opposition, S. 69, 83.
162 [Franz] Halder, Kriegstagebuch, Bd. I, Stuttgart 1962, S. 362, 374–375; Her-

mann Graml, »Die deutsche Militäropposition vom Sommer 1940 bis zum Frühjahr 1943«, Vollmacht des Gewissens II, Frankfurt/M.–Berlin 1965, S. 421 bis 425; Deutsch, S. 182–183.

163 Diese Widersprüche werden Halder nicht ganz bewußt gewesen sein, doch lassen sie gewisse Vorbehalte ihm gegenüber geboten erscheinen. Kosthorst z. B., bes. S. 51–56, spricht Halder »hohe Glaubwürdigkeit« zu und warnt eindringlich vor ungerechten Vorwürfen gegen ihn; aber sein Beleg für Halders Entschlossenheit zum Handeln (1938) ist hauptsächlich, »daß es Teilnahme im hohen Maße bedeutet, wenn Halder bereit war, den Auslösungsbefehl für einen von anderen im einzelnen vorbereiteten Staatsstreich zu geben und damit einen in der Geschichte seines Amtes unerhörten revolutionären Schritt zu tun.« Das war wenig sinnvoll für jemanden, der von sich selbst ständig sagte, er habe gar keine richtige Befehlsgewalt gehabt; vgl. Protokoll.. Halder, passim; Trial XX, 596. Man vgl. auch Halders Behauptungen mit seiner Haltung 1939/40, unten, S. 145–214. – Mit Gisevius gehört Otto John zu den bekanntesten Kritikern Halders aus der Widerstandsbewegung; er hat sich mehrfach über dessen angebliche Untätigkeit geäußert: In seinem unveröffentlichten Manuskript Some Facts and Aspects of the Plot against Hitler, Masch., London 1948, S. 23–24; in Der 20. Juli 1944, Masch., London o. J., S. 4; in »Zum Jahrestag der Verschwörung gegen Hitler – 20. Juli 1944«, Wochenpost Nr. 138, 18. Juli 1947, S. 4. Johns Vorwurf, der Staatsstreichversuch von 1938 sei wegen Halders Wankelmütigkeit gescheitert, ist jedoch zu wenig differenziert und beruht auch mehr auf Erzählungen Dritter als auf eigener Anschauung. Allerdings konstatiert auch Oberst a. D. Friedrich Wilhelm Heinz, der an den Planungen 1938 unmittelbar beteiligt war (s. unten, S. 121–125), einen Mangel an Härte und Unbeugsamkeit bei Halder und wirft ihm vor, immerzu von Canaris und Oster die Ermordung Hitlers verlangt, selbst aber nichts getan zu haben: Friedrich Wilhelm Heinz, Von Wilhelm Canaris zur NKWD, Masch., o. O. o. J. [ca. 1949], S. 82–83, 119–120, NA Mikrofilm Nr. R 60.67. Ebenso Gisevius II, 30 und Sonderausgabe, S. 347: Halder habe immer nur erste Schritte getan, ohne je den zweiten zu wagen. Dagegen berichtet Halder, er sei selbst ständig zum Handeln gedrängt worden, auch von Canaris; gegen den Vorwurf, er haben den Staatsstreich nicht energisch genug betrieben, verteidigt er sich mit dem Hinweis, er habe ständig die Gefahr des Bürgerkrieges vor Augen gehabt, für den ihm gegebenenfalls die Verantwortung aufgeladen worden wäre: Halder, Aussage im OKW-Prozeß, Trials of War Criminals X, 545; Halder, Aussagen in Protokoll.. Halder, S. 62; Bor, S. 120; Halders Bericht bei Hjalmar Schacht, Abrechnung mit Hitler, Berlin–Frankfurt/M. [1949], S. 79–80.

164 Halder, Aussagen in Protokoll.. Halder, S. 69; Krausnick, Vorgeschichte S. 341.

165 Krausnick, Vorgeschichte, S. 341–342; [Franz] Halder, Kriegstagebuch, Bd. III, Stuttgart 1964, S. 534; Wolf Keilig, Das deutsche Heer 1939–1945: Gliederung – Einsatz – Stellenbesetzung (Loseblattwerk), Bad Nauheim 1956 ff., S. 211/117 macht Halder für damals irrtümlich zum Chef des Stabes der 6. Division, die in Bielefeld lag.

166 Gisevius II, 72 (Sonderausgabe, S. 375); Charakteristik: Krausnick, Vorge-

schichte, S. 342; Hermann Graml, »Der Fall Oster«, VfZ 14 (1966), S. 26–39;
Annedore Leber, Das Gewissen steht auf: 64 Lebensbilder aus dem deutschen Widerstand, Berlin–Frankfurt/M. ⁹1960, S. 155–156.

167 Schacht war seit Ende 1937 nicht mehr Wirtschaftsminister, jedoch weiterhin
Reichsminister ohne Geschäftsbereich. Am 22. Januar 1943 wurde er vorläufig,
am 23. Juli 1943 endgültig »amtsenthoben«: Bertold Spuler, Regenten und
Regierungen der Welt: Minister-Ploetz, Teil II, Band 4, Würzburg ²1964,
S. 151. Zu Schachts Verbindung mit der Verschwörung: Schwerin von Kro-
sigk, S. 182–183; Aussagen Schachts in Protokoll.. Halder, S. 121–122, wo
Schacht auch die Richtigkeit der Darstellung Gisevius' im wesentlichen bestätigt; Schacht, Abrechnung, S. 79–81 (ebenso); Berichte über Zeugenaussagen für bzw. gegen Schacht in dessen Spruchkammerverhandlung: »Der
›Mann der Vernunft‹: Starke Entlastungsaussagen im Schacht-Prozeß«, Die
Welt, 24. April 1947; »Ersing belastet Schacht«, Der Tagesspiegel, 24. April
1947; »Entlastungszeugen im Schacht-Verfahren«, Der Tagesspiegel, 25. April
1947; »Für und wider Schacht: CDU-Vorsitzende Kaiser und Müller als Zeugen geladen«, Die Welt, 26. April 1947; »Dokumente im Schacht-Verfahren«,
Der Tagesspiegel, 26. April 1947; »Schacht und der 20. Juli: Widersprüchliche
Zeugenaussagen in Stuttgart«, Die Neue Zeitung, 28. April 1947; »Kaiser
über Schacht: Kein aufrichtiger Gefolgsmann Hitlers, aber umstrittene Rolle«, Die Welt, 29. April 1947; »Für und wider Schacht: Beteiligung in
der Widerstandsbewegung umstritten«, Die Welt, 30. April 1947; ferner
Krausnick, Vorgeschichte, S. 343; Ritter, Goerdeler, S. 490 Anm. 59.
    Es ist heute noch schwierig, ein genaues Bild der Staatsstreichvorbereitungen
von 1938 zu erarbeiten, da sich schon 1945 die wenigen überlebenden Hauptbeteiligten über manche Einzelheiten nicht einig waren – eine alltägliche Erfahrung, die durch die ungeheure Fülle der folgenden Ereignisse und durch
den notwendig geheimen Charakter aller Bemühungen noch begreiflicher
wird. Eine im wesentlichen zuverlässige Rekonstruktion ist dennoch wenigstens in den Hauptzügen möglich, da die Hauptquellen unabhängig voneinander entstanden und genügend ausführlich sind: Gisevius II und Sonderausgabe; Protokoll.. Halder mit den Aussagen Halders und anderer Zeugen;
Heinz, Canaris; Spiegelbild, S. 430–431; [Walter] Huppenkothen, Der 20. Juli
1944, Masch.-Abschr., o. O. [1953], IfZ ZS 249/II; Krausnick, Vorgeschichte, passim, mit Verwendung vieler unveröffentlichter Zeugnisse.

168 Gisevius II, 20–21.

169 Schacht, Aussagen in Protokoll.. Halder, S. 121; Gisevius II, 28 (Sonderausgabe, S. 346).

170 Gisevius II, 28 (Sonderausgabe, S. 346).

171 Gisevius II, 29 (Sonderausgabe, S. 347); Aussagen Gisevius' im Nürnberger
Prozeß, Trial of the Major War Criminals before the International Military
Tribunal: Nuremberg 14 November 1945–1 October 1946, vol. XII, Nürnberg
1947, S. 212; Schacht, Abrechnung, S. 81; vgl. Eduard Wagner, Der General-
quartiermeister: Briefe und Tagebuchaufzeichnungen, München–Wien 1963,
S. 62–63.

172 Nach Schachts Erinnerung war es »eines Sonntags«: Aussagen Schachts, Protokoll.. Halder, S. 122. Es kommen wohl nur der 28. August und der 4. September in Frage; man kann nicht annehmen, daß Halder noch am 27. August

mit Oster und schon am nächsten Tage mit Schacht gesprochen hätte, noch ehe er sich in seine neue Stellung eingearbeitet hatte. Nach Krausnick, Vorgeschichte, S. 343 Anm. 403 soll Schacht »als Zeitpunkt dieses Besuches [Halders] einen Sonntag Anfang September« genannt haben, was jedoch an der von Krausnick herangezogenen Stelle (Schacht, Abrechnung, S. 81) nicht der Fall ist. Tatsächlich nennt Schacht als Zeitpunkt lediglich »Sommer 1938« (Abrechnung, S. 79). Nach einer auch von Krausnick zitierten Angabe Halders für Schachts Verteidiger im Nürnberger Prozeß berichtete Halder: daß »kurz nach meinem Dienstantritt im September 1938 auf Vermittlung von General Oster Präsident Schacht« zu ihm gekommen sei und zwar zusammen mit Oster und Gisevius (Schacht, Abrechnung, S. 80). Bei diesem überaus knappen und auch von Schacht als »unvollständig« bezeichneten Bericht bezog sich Halder auf die zweite Besprechung; die erste erwähnte er nur implizit (er habe Schacht vor dieser (zweiten) Besprechung nur »von amtswegen« gekannt). Auf die Begegnung im Winter 1937/38 könnte er sich allerdings auch bezogen haben; aber dann hätte er gleichwohl seinen Besuch bei Schacht unterdrückt, an dessen Stattfinden nichts außer den unvollständigen und ungenauen Berichten Halders zu Zweifeln Anlaß gibt; vgl. Schacht, Abrechnung, S. 79–80. Gisevius berichtete nach dem Protokoll des Nürnberger Prozesses, Trial XII, S. 211–212: Wenige Tage nach seinem Amtsantritt habe Halder sich auf eigene Initiative hin mit Oster besprochen, der Schacht als Partner für politische Gespräche empfohlen habe, worauf Halder Oster um Vermittlung gebeten habe und dieser durch Gisevius an Schacht herangetreten sei; es sei dann Ende Juli 1938 zu einem Besuch Halders bei Schacht gekommen. In den Nürnberger Protokollen steht so manches, was mißverstanden oder gar nicht gesagt worden ist, angesichts der anderweitigen Bestätigung wird man aber die Bestimmung »wenige Tage nach seinem Amtsantritt« festhalten dürfen und kommt also wiederum auf den 4. September als den bewußten Sonntag.

173 Gisevius II, 29–30 (Sonderausgabe, S. 347); hier heißt es »Übernahme der Regierungsgeschäfte«, und in Gisevius' Nürnberger Aussage ist von einer »führenden Position« für Schacht die Rede (Trial XII, S. 212). Schacht selbst berichtete in Protokoll.. Halder, S. 122, Halder habe ihn gefragt, ob er sich »für die außenpolitischen Angelegenheiten« zur Verfügung stellen würde.

174 Schacht, Aussagen in Protokoll.. Halder, S. 122.

175 Gisevius II, 30 (Sonderausgabe, S. 347); Trial XII, 212, 288–290; Heinz, Canaris, S. 98.

176 Nach Gisevius' Aussage in Nürnberg (Trial XII, S. 212) könnte es schon am 5. September gewesen sein, jedenfalls sehr kurz nach Halders Gespräch mit Schacht, wonach Halder Oster schon am nächsten Morgen nach einem Sachverständigen für Polizeifragen fragte. Nach Gisevius, Sonderausgabe, S. 348 (nicht in der ersten Ausgabe, Bd. II, S. 31) war die Besprechung »an einem Abend der ersten Septemberwoche«.

177 Gisevius II, 32 (Sonderausgabe, S. 349); Trial XII, 212.

178 Gisevius II, 43, 50; Trial XII, 212.

179 Gisevius II, 35–36 (Sonderausgabe, S. 350–351); Trial XII, 213.

180 Schacht, Abrechnung, S. 79–80; Gisevius II, 30, 35–39 (Sonderausgabe, S. 347, 350–352).

181 Gisevius II, 36 (Sonderausgabe, S. 350–351); vgl. Foerster, S. 115–116; Röhricht, S. 119; Ritter, Goerdeler, S. 492 Anm. 73.
182 Gisevius II, 31, 44 (Sonderausgabe, S. 348); Schacht, Aussagen in Protokoll . . Halder, S. 122; vgl. Ritter, Goerdeler, S. 490 Anm. 59.
183 Gisevius II, 33–34 (Sonderausgabe, S. 349, jedoch ohne den letzten Gedanken).
184 Gisevius II, 33–34 (Sonderausgabe, S. 350).
185 Gisevius II, 38 (Sonderausgabe, S. 351–352); Aussagen Gisevius' in Trial XII, 213.
186 Sendtner, S. 401; vgl. unten, S. 121–122, 167.
187 Gisevius II, 39 (Sonderausgabe, S. 352).
188 Gisevius II, 67 (Sonderausgabe, S. 371); Domarus, S. 888–889.
189 Domarus, S. 900–905.
190 Gisevius sagte in Nürnberg aus, »einige Wochen lang« habe man von Halder nichts mehr gehört; als die außenpolitische Lage sich immer mehr zugespitzt habe, sei man ungeduldig geworden: Trial XII, 213; ebenso Gisevius II, 42–43. In der Sonderausgabe, S. 355 ist als Zeitpunkt für Schachts Besuch bei Halder Mitte September angegeben. Diese Angaben bestätigen zugleich die Annahme, daß die erste Besprechung zwischen Schacht und Halder am 4. September stattgefunden habe.
191 Gisevius II, 43 (Sonderausgabe, S. 355).
192 Schlabrendorff, Offiziere, S. 38.
193 Gisevius II, 43 (Sonderausgabe, S. 355). Die Besprechung fand sicherlich nach dem 12. September, frühestens am 13. September abends statt, aber nicht nach dem 13. September, sofern die Angaben bei Gisevius II, 64–76 (Sonderausgabe, S. 367–378) zutreffen.
194 Gisevius' Aussagen in Trial XII, 213; Gisevius II, 43 (Sonderausgabe, S. 355).
195 Gisevius II, 44 (Sonderausgabe, S. 356); Gisevius in Trial XII, 213: 48 Stunden vorher werde Halder es mit Sicherheit wissen.
196 Gisevius II, 44 (Sonderausgabe, S. 356).
197 Jodl, Tagebuch, Trial XXVIII, 376.
198 Jodl, Tagebuch, Trial XXVIII, 376–379. Vgl. das Protokoll über die Besprechung in Trial XXV, 464–469 und 485–486, auch zum Folgenden.
199 Gisevius II, 44; Gisevius' Aussagen in Trial XII, 214.
200 Gisevius II, 44, 49; Gisevius' Aussagen in Trial XII, 214. In Gisevius, Sonderausgabe, S. 360, fehlt die an den beiden vorgenannten Stellen gemachte Angabe, *nun erst* habe Oster sich dazu bestimmen lassen, Witzleben zu gewinnen. Es heißt in der Neuausgabe auch nicht mehr, Witzleben habe erst jetzt die Hintergründe der Fritsch-Krise erfahren, sondern im Juni, zu welcher Zeit er auch über den gegen die Tschechoslowakei geplanten Krieg unterrichtet worden sei. Wenn die bisherigen Zeitberechnungen des Verf. und die Reihenfolge der Ereignisse von Anfang bis Ende September in Gisevius' Liste (Gisevius II, 64–76, bes. 67–68 bzw. Sonderausgabe, S. 369–378, 370 bis 371) stimmen, so muß Witzleben schon vor diesem Gespräch mit Halder in den engeren Kreis der Verschwörer mit einbezogen gewesen sein. Andere Zeugnisse bestätigen dies. Nach Heinz, Canaris, S. 96, 98 war es vor allen Oster, dessen Wohnung Schauplatz der entscheidenden Besprechungen gewesen sei, der Witzleben gewonnen hat; Beck und Goerdeler seien auch beteiligt gewesen.

Schacht behauptet, *er* habe Witzleben gewonnen, und zwar schon im Frühsommer 1938: Schacht, Aussagen in Protokoll.. Halder, S. 121; bestätigt
von Oberstleutnant Dr. Reinhard Brink, der 1940–1942 in Witzlebens Stab
tätig war: Schacht, Abrechnung, S. 158–159; ferner von Gisevius in seinen
Nürnberger Aussagen: Trial XII, 214.

Der Widerspruch zwischen Schacht, Brink und Gisevius (in seinen Nürnberger Aussagen) einerseits und Gisevius II, 49–50 (Sonderausgabe, S. 360)
andererseits wird daher rühren, daß zwar Witzleben längst grundsätzlich zur
Beteiligung bereit war, daß er aber zur Teilnahme an einem konkreten Plan,
der ja auch jetzt erst entstand, erst in der von Oster vermittelten Unterredung mit Schacht bestimmt wurde. Dies auch gegen Ritter, Goerdeler, S. 490
Anm. 61: Nach Gisevius II, 50 hätte Oster Witzleben gewonnen; offenbar
ein Mißverständnis, da nach Gisevius II, 51 Schachts Darlegungen gegenüber
Witzleben und Brockdorff-Ahlefeldt von entscheidender Bedeutung waren.

201 Gisevius II, 49 (Sonderausgabe, S. 360); Keilig, 211/368.
202 Gisevius II, 50 (Sonderausgabe, S. 360); Schacht, Abrechnung, S. 79, Schacht,
Aussagen in Protokoll.. Halder, S. 121; vgl. Der Prozeß gegen die Hauptkriegsverbrecher vor dem Internationalen Militärgerichtshof Nürnberg
14. November 1945–1. Oktober 1946, Bd. XXXIII, Nürnberg 1949, S. 354.
203 Gisevius II, 50 (Sonderausgabe, S. 360); Gisevius' Aussagen in Trial XII, 214.
204 Gisevius II, 51 (Sonderausgabe, S. 361); Krausnick, Vorgeschichte, S. 344.
205 Das ist auch die Reihenfolge bei Gisevius II, 66–69 (Sonderausgabe, S. 370
bis 371), obwohl man vorher (Gisevius II, 44–51; Sonderausgabe, S. 355 bis
361; ferner Gisevius' Aussagen in Trial XII, 214) den Eindruck gewinnen
mußte, erst sei das zweite Gespräch zwischen Schacht und Halder und danach der Besuch Witzlebens bei Schacht gewesen. Schacht erinnerte sich
1948 ebenfalls, daß zuerst Halder, dann Witzleben zu ihm kamen und er
selbst dann zu Halder ging: Aussagen in Protokoll.. Halder, S. 122; ähnlich Schacht, Abrechnung, S. 159–160 und Schacht, Aussagen in Protokoll..
Halder, S. 121: ständige Zusammenarbeit Schachts mit Witzleben in den
Sommermonaten 1938, dann erst mühsame Gewinnung Halders.
206 Gisevius II, 51 (Sonderausgabe, S. 361); Gisevius in Trial XII, 214.
207 Gisevius II, 52 (Sonderausgabe, S. 361).
208 Bor, S. 122.
209 Halder, Aussagen in Protokoll.. Halder, S. 62.
210 Gisevius II, 52 (Sonderausgabe, S. 362); Bor, S. 121; Schacht, Abrechnung,
S. 79, 159.
211 Schacht, Abrechnung, S. 159.
212 Gisevius II, 53–55.
213 Gisevius II, 55–56.
214 Gisevius II, 58 (Sonderausgabe, S. 362–363).
215 Aussagen von General Burkhart Müller-Hillebrand in Protokoll.. Halder,
S. 88; Gisevius II, 59 (Sonderausgabe, S. 363). In der ersten Ausgabe (Gisevius II, 38–39) hatte Gisevius noch die irrige Behauptung, Halder selbst habe
»Befehlsgewalt über die Truppe« gehabt; sie ist aber in der Sonderausgabe
(S. 352) weggelassen. 1939 bestimmte ein neues Handbuch für den Generalstabsdienst im Kriege, Generalstabsoffiziere haben lediglich Gehilfen zu
sein, nicht mehr verantwortliche Teilhaber der Entschlüsse der Befehlshaber

(Krausnick, Vorgeschichte, S. 372). Vgl. ferner die Aussagen von Manstein in Trial XX, 596.

216 Gisevius II, 59.

217 Gisevius II, 59–62.

218 Gisevius II, 63.

219 Halder, Protokoll .. Halder, S. 69; Krausnick, Vorgeschichte, S. 344, 346.

220 Gisevius II, 63 (Sonderausgabe, S. 365); Schacht, Abrechnung, S. 80 (Bericht Halders).

221 Vgl. zur Charakteristik Brauchitschs Hermann Foertsch, Schuld und Verhängnis: Die Fritsch-Krise im Frühjahr 1938 als Wendepunkt in der Geschichte der nationalsozialistischen Zeit, Stuttgart 1951, S. 203; Ritter, Goerdeler, S. 251–252; Deutsch, S. 34–35.

222 Halder, Aussagen in Protokoll .. Halder, S. 69; Bor, S. 121. Ritter ist demnach im Irrtum mit seiner im übrigen unbelegten Mitteilung: »Der Generalissimus Brauchitsch sollte den Putsch auslösen ..« (Goerdeler, S. 192).

223 Bor, S. 121.

224 Vgl. unten, S. 128.

225 Gisevius II, 63 (Sonderausgabe, S. 365); Schacht, Abrechnung, S. 79–80, 159 bis 160. Vgl. den Bericht Becks über den Umsturzplan, den dieser 1939 Sauerbruch gab: Sauerbruch, S. 533–534. Ferner Halders Aussagen im OKW-Prozeß, Trials of War Criminals X, 543–544.

226 Gisevius II, 63 (Sonderausgabe, S. 362); Heinz, Canaris, S. 98. Die »kommenden vierzehn Tage« hat Gisevius so nach seinem Bericht (II, 63) verbracht; er muß also schon um den 5. oder 6. September herum mit seiner Arbeit begonnen haben. In der Sonderausgabe, S. 365 ist allerdings nur noch undeutlich von »jenen dramatischen Wochen« die Rede.

227 Gisevius II, 61, 63 (Sonderausgabe, S. 364–365).

228 Dies nach Auskunft von Major a. D. Josef Wolf, mündliche Mitteilungen an d. Verf. vom 27. Feb. 1965, der während der letzten Jahre des Krieges die Führer-Nachrichten-Abteilung im Führer-Hauptquartier leitete, die u. a. für die ständige Aufrechterhaltung der Nachrichtenverbindungen der obersten Führung des Reiches und der Wehrmacht zuständig war.

229 Gisevius II, 61 (Sonderausgabe, S. 364); Bor, S. 121.

230 Gisevius II, 62 (Sonderausgabe, S. 364).

231 Gisevius II, 63–64 (Sonderausgabe, S. 365).

232 Halder, Aussagen in Protokoll .. Halder, S. 6, 69, 71; vgl. Krausnick, Vorgeschichte, S. 345.

233 Joachim Kramarz, Claus Graf Stauffenberg 15. November 1907–20. Juli 1944: Das Leben eines Offiziers, Frankfurt/M. 1965, S. 60–61, 71.

234 Ebenda; Gisevius II, 71 (Sonderausgabe, S. 374); Krausnick, Vorgeschichte, S. 346; Sauerbruch, S. 533–534.

235 Halder, Aussagen in Protokoll .. Halder, S. 69; Krausnick, Vorgeschichte, S. 345.

236 Halder, Aussagen in Protokoll .. Halder, S. 70; Krausnick, Vorgeschichte, S. 358–359; Stellenbesetzung in Trial XXV, 477.

237 Nach Krausnick, Vorgeschichte, S. 345 erklärte sich jedoch General Adam schon spätestens im August 1938 Halder gegenüber zur aktiven Teilnahme an einem Putsch bereit.

238 Margarethe von Hase, Mitteilungen an d. Verf. vom 3., 8. und 31. März 1964; Krausnick, Vorgeschichte, S. 309, 344 Anm. 407a.

239 Gisevius II, 67 (Sonderausgabe, S. 371); E[lisabeth] Gärtner-Strünck, Aktennotiz, Masch., Frankfurt/M. 20. April 1964; Rhona Churchill, »Widow Strunk [sic] goes to Nuremberg«, Daily Mail, 28. März 1946; Krausnick, Vorgeschichte, S. 346.

240 Hoßbach, S. 136.

241 Albert Krebs, Fritz-Dietlof Graf von der Schulenburg: Zwischen Staatsraison und Hochverrat, Hamburg 1964, S. 137, 154.

242 Krebs, S. 84–86, 89, 111–113, 132–135.

243 Krebs, S. 163.

244 Krebs, S. 95, 158, 164; Albrecht von Kessel, Verborgene Saat: Das »Andere« Deutschland, Masch., Vatikanstadt 1944–1945, S. 76, 105.

245 Nach Halder, Aussagen in Protokoll .. Halder, S. 69, wäre sogar ihr aktiver Einsatz zugesagt gewesen. Gisevius II, 66 berichtet, man habe Helldorf offen zur Beteiligung aufgefordert und dieser habe sie zugesagt (vgl. Sonderausgabe, S. 370); in der Sonderausgabe, S. 361–362 dagegen heißt es, man habe Helldorf vorsichtig und anscheinend nicht vollständig eingeweiht. Der damalige Leiter der Berliner Politischen Polizei, Regierungspräsident Paul Kanstein, berichtet von der Festlegung einer nur neutralen Haltung der Berliner Polizei bei einer Besprechung, bei welcher auch der Kommandeur der Schutzpolizei, General von Kamptz, zugegen gewesen sei; Krebs, S. 170. Vgl. Krausnick, Vorgeschichte, S. 345. Schulenburg selbst scheint überzeugt gewesen zu sein, daß es in Berlin zu einem Kampfe kommen würde: am 22. September schickte er Frau und Kinder überstürzt aufs Land, »wegen der Unsicherheit der Lage in Berlin«, und am 28. September telephonierte er ihnen, sie können nun wieder kommen (Krebs, S. 170); Schulenburgs Besorgnis mag freilich ebenso der Kriegsgefahr gegolten haben, da man im Falle des Kriegsausbruchs sofortige Bombenangriffe erwartete.

246 Gisevius II, 55–57 (Sonderausgabe, S. 340–341).

247 Gisevius II, 38 (Sonderausgabe, S. 351–352).

248 Ebenda. Nach dem Kriege erklärte Halder, er habe den Meuchelmord immer abgelehnt als ersten Schritt auf das Ziel, für das die Widerstandsbewegung kämpfte, wenn er auch »die heißherzige Jugend« verstehe. Damals, 1948, mußte Halder natürlich erklären, warum er nicht bei einer der vielen Gelegenheiten, die er hatte, Hitler selbst getötet habe. Aussagen Halders in Protokoll .. Halder, S. 78a, 78c; ferner die Aussage von Dr. Hermann Pünder, Protokoll .. Halder, S. 104–105, wonach Halder 1934 und 1935 gegen offene Gewaltanwendung und gegen Mord gesprochen habe, offenbar mit den von Gisevius verzeichneten Motivierungen; Sendtner, Militäropposition, S. 401. Weiteres zu dieser Frage s. unten, S. 167, 176, 179.

249 Otto John, »Männer im Kampf gegen Hitler (VII): Hans von Dohnanyi«, Blick in die Welt 2 (1947) H. 12, S. 16–17; Otto A. W. John, »Am achten Jahrestag der Verschwörung«, Das Parlament, 20. Juli 1952, S. 2. Pechel, S. 151 berichtet ausdrücklich, man wollte Hitler nicht ermorden, sondern vor Gericht stellen. Ferner Rainer Hildebrandt, Wir sind die Letzten: Aus dem Leben des Widerstandskämpfers Albrecht Haushofer und seiner Freunde, Neuwied–Berlin o. J., S. 93; Gisevius II, 57 (ausführlicher in Sonderausgabe,

S. 341). Gisevius ist nicht ganz fair in seinem Hohn auf diese Gedanken; denn er selbst war ja der Auffassung, daß das Regime auch zu überwinden war, ohne daß Hitler sofort festgenommen oder gar getötet wurde; Gisevius II, 55–56 (Sonderausgabe, S. 340–341), bestätigt von Heinz, Brief an den Verf. 22. März 1966.

250 Hierzu: Ritter, Goerdeler, S. 195–196, 491 Anm. 64 auf Grund von brieflichen Mitteilungen Heinz' sowie von Bestätigungen dritter Beteiligter; ferner briefliche Mitteilungen Heinz' an den Verf.; Heinz, Canaris, S. 98 bis 100; Aussagen Heinz' bei Sendtner, Militäropposition, S. 436–439. Gert Buchheit, Der deutsche Geheimdienst: Geschichte der militärischen Abwehr, München 1966, S. 146–149 erwähnt die beiden zuletzt genannten Quellen nicht, verwendet aber persönliche Mitteilungen Heinz'. S. ferner Hildebrandt, S. 93.

251 Dazu die Aussagen von Fregattenkapitän Franz Maria Liedig in Headquarters United States Forces European Theater Military Intelligence Service Center, Special Interrogation Report (CSIR) No. 6: Events of 20 July 44, Hoover Library Ts Germany, USA 7 F 697, jetzt auch zugänglich in NA; Heinz, Canaris, S. 101; Ritter, Goerdeler, S. 168–169, 491 Anm. 64; vgl. Kap. VI. Die in einem Verfassungsentwurf von Professor SchmidNoerr niedergelegten Gedanken gehen noch wesentlich weiter in dieser Absage an alle »Parteiungen«; Friedrich Alfred SchmidNoerr, Dokument des Widerstandes: Entwurf einer deutschen Reichsverfassung (geschrieben im Sommer 1937), Sonderdruck aus »Voran und beharrlich«, Heft 33/34 (1961), passim.

252 Wheeler-Bennett, S. 386 Anm. 2.

253 Heinz, Canaris, S. 102–104; Ritter, Goerdeler, S. 296–299; Krausnick, Vorgeschichte, S. 348–349; auch zum Folgenden. Ritter, Goerdeler, S. 195–196, 491 Anm. 64 bringt dazu noch eine Bestätigung des Heinzschen Berichts von I. K. H. Prinzessin Wilhelm von Preußen, die sich erinnert, wie »vor Mitte August« in Klein-Obisch einen ganzen Tag lang eine Verfassungsdenkschrift mit Prinz Wilhelm beraten wurde, die der Kreis Oster–Schulenburg–Heinz ausgearbeitet hatte. Krebs, der Biograph Schulenburgs, berichtet hiervon nichts; dagegen zitiert er (S. 176) Hassell, S. 214–215, als Beleg dafür, daß Schulenburg die Rückkehr des Kronprinzen persönlich scharf ablehnte.

254 Heinz, Canaris, S. 103–104; Ritter, Goerdeler, S. 296–299.

255 Ritter, Goerdeler, S. 195; Krausnick, Vorgeschichte, S. 347; Heinz, Canaris, S. 99; Heinz an Verf. 8. März 1966. Goerdelers Teilnahme wird nur von Heinz, Canaris, S. 99 berichtet. Nach Ritter, Goerdeler, S. 160 kann Goerdeler nicht dabei gewesen sein. Buchheit, Geheimdienst, S. 147 erwähnt ihn – auf Grund von Heinz' Bericht – auch nicht, dafür aber noch Major Groscurth und Dohnanyi.

256 Heinz, Canaris, S. 99; Krausnick, Vorgeschichte, S. 347.

257 Heinz, Canaris, S. 78, 96, 98; Ritter, Goerdeler, S. 195–196; Heinz an d. Verf. 8. März 1966. Joachim G. Leithäuser, Wilhelm Leuschner: Ein Leben für die Republik, Köln 1962, S. 179. Von Hermann Maaß sind auch spätere aktive Bemühungen um die Ausführung eines Attentates gegen Hitler bezeugt: Gotthold Müller an d. Verf. 18. Nov. 1966. Liedig berichtet in Special Interrogation Report (CSIR) No. 6 von dem »Verhaftungsplan« erst für 1939.

258 Leithäuser, S. 182; John, Männer im Kampf IV.
259 Heinz, Canaris, S. 123–124, 133; vgl. dazu die bei Gisevius, Sonderausgabe, S. 407 zit. Äußerungen von Lahousen. Buchheit, Geheimdienst, S. 148 nennt auf Grund persönlicher Mitteilungen Heinz' als Stoßtruppteilnehmer noch Konrad Graf von Finkenstein, Albrecht Erich Günther, Hans-Jürgen Graf von Blumenthal (nach dem 20. Juli 1944 hingerichtet), Haubold Graf von Einsiedel, den späteren Hauptmann Freiherr Treusch von Buttlar-Brandenfels, Graf von der Recke, den späteren Leutnant Bistrick (Baulehrregiment Brandenburg), und die Studentenführer Junker und Hoffmann. Halder, Kriegstagebuch I, 32.
260 Heinz, Canaris, S. 98; Krausnick, Vorgeschichte, S. 347; Buchheit, Geheimdienst, S. 148.
261 Heinz, Canaris, S. 99. Hildebrandt, S. 93 nennt die Gruppe um Heinz »Sozialrevolutionäre«.
262 [Erwin Lahousen, damals als Oberstleutnant d. G. ebenfalls in der Abwehr tätig], Sidelights on the Development of the »20 July« in the Foreign Countries/Intelligence Service (Amt Ausland/Abwehr) for the Period of Time from the End of 1939 to the Middle of 1943, Masch., o. O. o. J. (vermutlich August 1945), S. 2, NA Record Group 238.
263 Heinz, Canaris, S. 99–100; Heinz an d. Verf. 8. März 1966; Krausnick, Vorgeschichte, S. 348 zit. dazu auch Hildebrandt, S. 93; Buchheit, Geheimdienst, S. 148.
264 Heinz, Canaris, S. 104; Lahousen, S. 2.
265 Halder, Aussagen in Protokoll .. Halder, S. 69; Krausnick, Vorgeschichte, S. 342–343.
266 Kordt, Nicht, S. 258–259.
267 Vgl. oben, S. 74–94.
268 Kordt, Nicht, S. 262. Ganz unzutreffend ist die Behauptung Wheeler-Bennetts, S. 423, auf Chamberlains Besuch vom 15. September hin haben die Verschwörer ihre Pläne endgültig aufgegeben; vgl. Ritter, Goerdeler, S. 491 Anm. 66.
269 Ritter, Goerdeler, S. 196–197; Krausnick, Vorgeschichte, S. 362.
270 Kordt, Nicht, S. 259.
271 Ritter, Goerdeler, S. 199; Krausnick, Vorgeschichte, S. 362–363.
272 Gebhardt IV, 240.
273 DBFP II, no. 1111.
274 Jodl, Tagebuch, Trial XXVIII, 388, zit. bei Krausnick, Vorgeschichte, S. 365. Ritter, Goerdeler, S. 201; Domarus, 937; Gisevius, Aussagen, Trial XII, 218 bis 219; Gisevius II, 73 (Sonderausgabe, S. 376); Colvin, Vansittart, S. 263; William L. Shirer, Berlin Diary: The Journal of a Foreign Correspondent 1934–1941, New York 1941, S. 142–143; Wiedemann, S. 176–177; Kordt, Nicht, S. 259–260, 265–268; Weizsäcker, S. 188.
275 DBFP II, no. 1127 zit. bei Ritter, Goerdeler, S. 200; s. auch Kordt, Nicht, S. 270.
276 Krausnick, Vorgeschichte, S. 365.
277 Ebenda.
278 Vgl. Krausnick, Vorgeschichte, S. 325–326.
279 Documents on German Foreign Policy 1918–1945, Series D (1937–1945), vol. VII, Washington 1956, no. 192 und 193; Documents on British Foreign

Policy 1919–1939, Third Series, vol. VII, London 1954, Nr. 314; Trial of the
Major War Criminals before the International Military Tribunal: Nuremberg 14 November 1945–1 October 1946, vol. XXVI, Nürnberg 1947, S. 338
bis 344, und vol. XLI derselben Publikation, Nürnberg 1949, S. 16–25. Vgl.
unten, S. 143–146.

280 Jodl, Tagebuch, Trial XXVIII, 387.

281 Aussagen Gisevius', Trial XII, 218.

282 Jodl, Tagebuch, Trial XXVIII, 387.

283 Jodl, Tagebuch, Trial XXVIII, 388.

284 Weizsäcker, S. 187; Krausnick, Vorgeschichte, S. 367.

285 Nebgen, S. 107 auf Grund des Berichts von Hammersteins Sohn Ludwig
von 1965.

286 Gisevius II, 74 (Sonderausgabe, S. 376); Gisevius, Aussagen, Trial XII, 219;
nach Kordt, S. 268–269, der Oster die Schriftstücke gab, war es erst am 28.
früh; vgl. Ritter, Goerdeler, S. 200–201.

287 Gisevius, Aussagen, Trial XII, 219; Kordt, S. 269, 278; vgl. Krausnick, Vorgeschichte, S. 367.

288 Jodl, Tagebuch, Trial XXVIII, 388; Krausnick, Vorgeschichte, S. 367.

289 Gisevius, Aussagen, Trial XII, 219; Gisevius II, 74 (Sonderausgabe, S. 377).

290 Kordt, Nicht, S. 270.

291 Kordt, Nicht, S. 263, 270.

292 Gisevius II, 74 (Sonderausgabe, S. 377).

293 Kordt, Nicht, S. 271; Bor, S. 122 legt die im letzten Moment verhinder-
te Putschauslösung auf den 14. September: »Pünktlich, am 14. September, gab Halder das Stichwort zur Auslösung des Staatsstreiches.« Dies ist
mit Sicherheit nicht richtig, obwohl man durchaus auch schon Mitte September mit dem Ausbruch des Konfliktes rechnen konnte; vgl. Gisevius II, 68
(Sonderausgabe, S. 372); Kordt, Nicht, S. 258. Den Erinnerungen des Freiherrn
von Weizsäcker zufolge (S. 193) hätten ebenfalls konkrete Pläne für den
14. September bestanden; nach Pechel, S. 151, war der »Termin .. auf Anfang
September festgelegt, sobald Hitler von Berchtesgaden nach Berlin kommen
würde«. Bor wäre dann nur insofern im Irrtum, als er den 14. September
als den einzigen Tag hinstellte, an dem die Auslösung unmittelbar bevorstand.
    Gegen die Annahme des 14. September als eines vorgesehenen Auslöseta-
ges spricht: 1) Nur Halder in Bor, S. 122, und Weizsäcker, S. 193, berichten
dieses Datum. Pechel, S. 151: »Anfang September«. Halder berichtet überall
sonst nur von *einer* Gelegenheit, bei der die Auslösung befohlen werden
sollte oder schon befohlen war; sie läßt sich überall, außer bei Bor, jeweils
für Ende September verstehen. 2) Halder wollte erst und nur dann auslösen,
wenn Hitler Einmarsch und also Krieg befohlen hätte; das konnte auf keinen
Fall vor dem 30. September oder (ursprünglicher Termin:) 1. Oktober sein,
wie Halder genau wußte.
    Unzutreffend ist mit Sicherheit auch Halders Aussage (Protokoll .. Hal-
der, S. 70), Hitler sei überraschend von Berchtesgaden zurückgekehrt und
Halder habe darauf Witzleben zu sich befohlen; Hitler war mindestens seit
dem 26. September, an welchem Tage er im Sportpalast eine große Rede
hielt, in Berlin (Domarus, S. 921–933), wahrscheinlich aber schon seit dem

24. September (Kordt, Nicht, S. 262). Ähnlich ungenau ist der Bericht Halders, den Schacht wiedergibt (Abrechnung, S. 80–81). Auch Gisevius ist begreiflicherweise nicht in allen Punkten zutreffend unterrichtet, z. B. II, 68 (Sonderausgabe, S. 372), wo es heißt, Hitler habe sich erst in der ersten Septemberhälfte zur Bekanntgabe – an sich schon ein ungenauer Ausdruck – des Termins »für das Losschlagen« entschlossen; der Termin für den Abschluß der Vorbereitungen für den Fall Grün lag seit dem Frühjahr fest. Gleichwohl ist angesichts der Ungenauigkeit Halders, die ihn häufig verschiedene und zeitlich auseinanderliegende Ereignisse zusammenziehen läßt, der Darstellung Gisevius' der Vorzug zu geben. Der von Halder so dramatisch geschilderte Vorgang, er habe gerade dem in seinem Dienstzimmer anwesenden General von Witzleben den Befehl zum Losschlagen geben wollen, da sei sein Adjutant Rittmeister Hauser hereingetreten mit der Meldung vom Zustandekommen der Münchner Konferenz, wird sich wohl eher nicht so abgespielt haben; Witzleben dürfte kaum stundenlang in Halders Zimmer gewartet haben. Berichte Halders: Aussagen, Protokoll .. Halder, S. 3, 70; Kurt Assmann, Deutsche Schicksalsjahre: Historische Bilder aus dem Zweiten Weltkrieg und seiner Vorgeschichte, Wiesbaden ²1951, S. 471 bis 472; Schacht, Abrechnung, S. 80–81. Nach Kordts Bericht, S. 278 soll Halder die Marschbefehle »an Truppenteile in Potsdam und Hof« schon ausgegeben gehabt haben, als die Meldung von der Einberufung der Münchner Konferenz eintraf.

294 S. hierzu Hitlers eigene Anweisung in Trial XXV, 475.

295 DBFP II, no. 615; vgl. Spier, S. 127.

296 Wendt, S. 7 und passim, verteidigt die englische und die französische Regierung gegen diesen Vorwurf seitens Kordt, Schacht, Gisevius, Rothfels, Ritter und Krausnick. So begreiflich das Gefühl der Opposition war, im Stich gelassen worden zu sein, so nötig ist es auch, besonders angesichts der offen verkündeten außenpolitischen Zielsetzungen der Opposition, für die Haltung der westlichen Regierungen Verständnis aufzubringen. Vgl. oben, S. 74–94. Die in den Vorwürfen gegen England und Frankreich nicht ausgesprochene, aber implizite Argumentation, Hitlers Regime sei von Grund aus böse und deshalb mit allen Mitteln zu bekämpfen gewesen, würde einer Kreuzzugspolitik das Wort reden, welche andere Völker zu ethisch »richtigem«, nicht-bösem Verhalten zu zwingen suchte. Der Vergleich mit der Politik westlicher Mächte gegenüber der Sowjetunion und »Rotchina« drängt sich da auf.

V. Staatsstreichpläne 1939–1940

1 Bruno Gebhardt, Handbuch der deutschen Geschichte, Bd. IV, Stuttgart ⁸1963, S. 242, auch zum Folgenden.

2 Gebhardt IV, 244–249, auch zum Folgenden. Vgl. Walther Hofer, Die Entfesselung des Zweiten Weltkrieges: Eine Studie über die internationalen Beziehungen im Sommer 1939, Fischer Bücherei, Frankfurt/M.–Hamburg 1960, passim.

3 Vgl. Erich Kordt, Nicht aus den Akten: Die Wilhelmstraße in Frieden und

Krieg, Stuttgart 1950, S. 290; Helmut Krausnick, »Judenverfolgung«, in Martin Broszat, Hans-Adolf Jacobsen, Helmut Krausnick, Konzentrationslager, Kommissarbefehl, Judenverfolgung, Olten–Freiburg i. Br. 1965, S. 281.

4 Helmut Krausnick, »Vorgeschichte und Beginn des militärischen Widerstandes gegen Hitler«, Vollmacht des Gewissens I, Frankfurt/M.–Berlin 1960, S. 368–371.

5 Krausnick, Vorgeschichte, S. 373.

6 Krausnick, Vorgeschichte, S. 376; Wolf Keilig, Das deutsche Heer 1939–1945: Gliederung–Einsatz–Stellenbesetzung (Loseblattwerk), Bad Nauheim 1956 ff., S. 211/368.

7 Gisevius fuhr am 20. August hin. Hans Bernd Gisevius, Bis zum bitteren Ende: Vom Reichstagsbrand bis zum 20. Juli 1944, vom Verfasser auf den neuesten Stand gebrachte Sonderausgabe (künftig zit. als Sonderausgabe), Hamburg o. J., S. 395–396.

8 Krausnick, Vorgeschichte, S. 376.

9 John W. Wheeler-Bennett, The Nemesis of Power: The German Army in Politics 1918–1945, New York [2]1964, S. 427, auf Grund einer Aussage Halders im Februar 1946.

10 Krausnick, Vorgeschichte, S. 376.

11 Gisevius, Sonderausgabe, S. 384.

12 Trial of the Major War Criminals before the International Military Tribunal: Nuremberg 14 November 1945–1 October 1946, vol. XII, Nürnberg 1947, S. 221.

13 Gisevius, Sonderausgabe, S. 383–384.

14 Krausnick, Vorgeschichte, S. 376; Aussagen Halders in Protokoll aus der Verhandlung Halder [vor der] Spruchkammer X München [15.–21. Sept. 1948], verf. Protokoll B der Anklagebehörde der Spruchkammer München X, Aktenzeichen BY 11/47, S. 6, IfZ; Peter Bor, Gespräche mit Halder, Wiesbaden 1950, S. 124.

15 Walter Warlimont, Inside Hitler's Headquarters 1939–45, New York 1964, S. 24–25, 590 Anm. 34 (die deutsche Ausgabe stand dem Verf. nicht zur Verfügung). Nach Warlimont wären die Zeittafeln erst 1939 (Sommer?) eingeführt worden. Demnach, und wie Warlimont ausdrücklich feststellt, ist Halders Behauptung unrichtig, daß Hitler die Zeittafeln aus Mißtrauen gegen das OKH eingeführt habe und um jederzeit feststellen zu können, wo sich jede Division des Heeres befand und was sie tat. An Hitlers Mißtrauen ist freilich nicht zu zweifeln, aber der zweite Punkt folgt daraus nicht notwendigerweise.

16 Vgl. Bor, S. 125; Halder in Protokoll .. Halder, S. 6–7.

17 S. unten, Kap. X.

18 Mitteilungen von Konteradmiral a. D. Karl-Jesko von Puttkamer an Dr. Heinrich Uhlig, IfZ ZS 285.

19 [Franz] Halder, Kriegstagebuch, Bd. I, Stuttgart 1962, S. 30–34; Halder, Aussagen in Protokoll .. Halder, S. 6–7; Bor, S. 125. Die von Halder berichtete Wiederholung dieses Vorgangs am 30. August geht aus seinem Kriegstagebuch (I, 44–46) nicht hervor, vielmehr ist hier der (richtige) Angriffstag – 1. 9. – genannt.

20 Otto John, »Männer im Kampf gegen Hitler (IV): Wilhelm Leuschner«,

Blick in die Welt 2 (1947) H. 9, S. 20; Joachim G. Leithäuser, Wilhelm Leuschner: Ein Leben für die Republik, Köln 1962, S. 182; Eberhard Zeller, Geist der Freiheit: Der zwanzigste Juli, München ⁵1965, S. 114; Elfriede Nebgen, Jakob Kaiser: Der Widerstandskämpfer, Stuttgart 1967, S. 114–115.

21 Hierzu und zum Folgenden: Albrecht von Kessel, Verborgene Saat: Das »Andere« Deutschland, Masch., Vatikanstadt 1944–1945, S. 139–140.

22 Otto Kopp, »Die Niederschrift von Hans Walz ›Meine Mitwirkung an der Aktion Goerdeler‹« in Otto Kopp (Hrsg.), Widerstand und Erneuerung: Neue Berichte und Dokumente vom inneren Kampf gegen das Hitler-Regime, Stuttgart 1966, S. 107–108.

23 Kopp, Niederschrift Walz, S. 109–110.

24 Gerhard Ritter, Carl Goerdeler und die deutsche Widerstandsbewegung, Stuttgart ³1956, S. 204–213.

25 Ritter, Goerdeler, S. 216–219, auch zum Folgenden.

26 Ritter, Goerdeler, S. 219–222.

27 Ebenda. Gisevius vertrat ungefähr dieselbe Auffassung: Trial XII, 221.

28 Ritter, Goerdeler, S. 222–223.

29 Ritter, Goerdeler, S. 223–225. Hermann Graml, »Die außenpolitischen Vorstellungen des deutschen Widerstandes«, in Der deutsche Widerstand gegen Hitler: Vier historisch-kritische Studien, hrsg. v. Walter Schmitthenner und Hans Buchheim, Köln–Berlin 1966, S. 27–29, wird Goerdeler sicher nicht gerecht, wenn er feststellt: »Goerdelers Revisionspolitik verwandelte sich allmählich in Großmachtpolitik, nicht ohne erste greifbare Beimischungen eines fürsorglich-patriarchalisch gemeinten mitteleuropäisch-imperialen Denkens – in Ausmaß und Stil wiederum eine bezeichnende Verbindung nationalliberal-großdeutschen und preußisch-etatistischen Geistes.« Richtig ist an diesem Satz lediglich, daß im Ausland der *Eindruck* entstehen konnte, ja mußte, den der Satz beschreibt.

30 Ritter, Goerdeler, S. 225.

31 Ebenda.

32 Ritter, Goerdeler, S. 496 Anm. 30 prüft in diesem Zusammenhang die Frage, ob Schairer, wie Gisevius behauptet (Hans Bernd Gisevius, Bis zum bittern Ende, Bd. II, Zürich 1946, S. 100, jedoch nicht mehr in der Sonderausgabe), Goerdelers Prognosen über die innere Schwäche Deutschlands in Paris und London bekannt gemacht und u. a. mit Daladier gesprochen habe; Ritter zitiert einen Brief Schairers an ihn, in dem beide Fragen verneint werden.

33 Gisevius in Trial XII, 221; Ritter, Goerdeler, S. 224.

34 Gisevius in Trial XII, 221.

35 Trial XII, 222.

36 Ebenda.

37 Trial XII, 222; Ritter, Goerdeler, S. 225.

38 Ritter, Goerdeler, S. 225, äußert gewisse Zweifel, ob dieser letzte Teil der Botschaft wirklich mit Goerdelers Zustimmung und Wissen, wenn überhaupt, übermittelt worden sei, wie Gisevius in Nürnberg berichtete (Trial XII, 222). Möglicherweise glaubte der Optimist Goerdeler, Hitler werde mit dem Korridor und Danzig zufrieden sein, wenn er sie bekomme. Für die westlichen Regierungen aber muß es seit Prag mehr als klar gewesen sein, daß Hitler nie nur das wollte, was er gerade verlangte.

39 Ritter, Goerdeler, S. 229–230; vgl. Wheeler-Bennett, 440–441 (ungenau und gehässig).

40 Der britische Journalist Ian Colvin soll nach Wheeler-Bennett, S. 437, am 29. März 1939 unter anderem Botschaften der deutschen Opposition an die britische Regierung übermittelt und so wesentlich zur Versteifung der britischen Haltung beigetragen haben. Colvin selbst berichtet nicht darüber: Ian Colvin, Master Spy, New York 1951, S. 87. Vgl. Ritter, Goerdeler, S. 229 und 497 Anm. 36.

41 Hierzu und zum Folgenden: Documents on German Foreign Policy 1918–1945, Series D, vol. VI, Washington 1956 (künftig zit. DGFP), Nr. 497; David Astor, »The mission of Adam von Trott«, The Manchester Guardian Weekly, 7. Juni 1956, S. 7; Hans Rothfels, Die deutsche Opposition gegen Hitler: Eine Würdigung, Fischer Bücherei, Frankfurt/M.–Hamburg 1958, S. 141 bis 145, 191 Anm. 50; ders., »Trott und die Außenpolitik des Widerstandes«, VfZ 12 (1964), S. 300–303; ders., »The German Resistance in Its International Aspects«, International Affairs 34 (1958), S. 482–483; Wheeler-Bennett, S. 441–443 (er hat damals selbst mit Trott gesprochen).

42 Hierzu: Fabian von Schlabrendorff, Offiziere gegen Hitler, Fischer Bücherei, Frankfurt/M.–Hamburg 1959, S. 42–44; Rothfels, Opposition, S. 138; Wheeler-Bennett, S. 441–443.

43 Eugen Spier, Focus: A Footnote to the History of the Thirties, London 1963, S. 127.

44 Gemeint ist zweifellos, obzwar es Schlabrendorff nicht ausdrücklich sagt, für den Fall, daß die außenpolitischen Voraussetzungen dafür so gegeben seien, wie das die Opposition für nötig hielt.

45 Wheeler-Bennett, S. 441.

46 Rudolf Pechel, Deutscher Widerstand, Erlenbach–Zürich 1947, S. 153, 292 bis 293; Fritz Rieter, »Zwanzig Jahre nach dem Attentat auf Hitler«, Schweizer Monatshefte 44 (1964), S. 313 in seinen einleitenden Bemerkungen zum nachträglichen Abdruck des Artikels; Ulrich von Hassell, »Das Ringen um den Staat der Zukunft«, Schweizer Monatshefte 44 (1964), S. 314–327.

47 Hierzu: Kordt, S. 310–319; Ernst von Weizsäcker, Erinnerungen, München 1950, S. 234–235, 244–262.

48 Kordt, S. 336.

49 Kordt, S. 337.

50 Ritter, Goerdeler, S. 235.

51 Ritter, Goerdeler, S. 236.

52 Friedrich Wilhelm Heinz, Von Wilhelm Canaris zur NKWD, Masch. auf Mikrofilm, o. O. o. J. (ca. 1949), S. 110, NA R 60.67; Kessel, S. 138 bestätigt diese Absichten allgemein.

53 Generalsekretär des Britischen Gewerkschaftsbundes.

54 Leithäuser, S. 184.

55 Ferner Testimony of Mr. Louis P. Lochner, taken at Berlin, Germany, on 25 July 1945, by Colonel John H. Amen, IGD, NA Record Group 238; Louis P. Lochner, What About Germany? New York 1942, S. 1–5 mit Teilabdruck der Niederschrift; Lochner an d. Verf. 12. Jan. 1967; Documents on British Foreign Policy 1919–1939, Third Series, vol. VII, London 1954, Nr. 314; Halder, K.T.B. I, 23–26; Ulrich von Hassell, Vom andern Deutsch-

land: Aus den nachgelassenen Tagebüchern 1938–1944, Fischer Bücherei, Frankfurt/M. 1964, S. 66; Gisevius, Sonderausgabe, S. 397; Ritter, Goerdeler, S. 498–500 Anm. 55 mit einigen quellenkritischen Ausführungen.

Hierzu neuerdings auch Winfried Baumgart, »Zur Ansprache Hitlers vor den Führern der Wehrmacht am 22. August 1939: Eine quellenkritische Untersuchung«, VfZ 16 (1968), S. 120–149; Baumgart ist jedoch entgangen, daß Lochner schon am 25. Juli 1945, also nicht erst am 25. Juli 1949 im Manstein-Prozeß, vor Nürnberger Vernehmern erklärt hatte, er habe die Niederschrift von Hermann Maaß erhalten.

56 Kordt, S. 322–329; Weizsäcker, S. 244–262.

57 Jodl, Tagebuch, in Trial of the Major War Criminals before the International Military Tribunal: Nuremberg 14 November 1945–1 October 1946, vol. XXVIII, Nürnberg 1948, S. 390; Kordt, S. 328–329.

58 Kordt, S. 337–338.

59 Hierzu und zum Folgenden: Keilig, 40/1939/4, 41/1; Gisevius, Sonderausgabe, S. 391–394; Aussagen Gisevius' in Trial XII, 224; Georg Thomas, »Gedanken und Ereignisse«, Schweizer Monatshefte 25 (1945), S. 542–543 (dies sind die Erinnerungen von Thomas, die den meisten Autoren, die über die Opposition schreiben, nur in mimeographierter Form bekannt sind und daher von ihnen als unveröffentlicht bezeichnet werden); Schlabrendorff, Offiziere, S. 46–47; Fabian von Schlabrendorff, The Secret War against Hitler, New York 1965, S. 110–111.

60 Schlabrendorff, Offiziere, S. 46 nennt dieselben Männer, nur ohne Wittke und Gisevius.

61 Thomas, S. 542–543. Gisevius in Trial XII, 224–225 weicht hiervon insofern ab, als er Beratung, Unterbreitung und Zurückweisung *beider* Denkschriften als vor dem 25. August geschehen darstellt. In Wirklichkeit scheint die Vorlage der zweiten Denkschrift – Gisevius sagt Memorandum, kann aber damit nur die Tabellen und Übersichten meinen, von denen Thomas spricht – chronologisch und sachlich fast unlösbar mit all den anderen mehr oder minder hektischen Bemühungen jener Tage zur Rettung des Friedens verknüpft gewesen zu sein. In Gisevius II, 112–114 und in der Sonderausgabe, S. 391 bis 393 ist die Darstellung von Thomas übernommen. Schlabrendorff, Offiziere, S. 47 und Secret War, S. 111 scheint der Auffassung zu sein, daß auch diese Darlegungen Thomas' nicht über Keitel hinausgelangt seien.

62 Gisevius' Aussagen, Trial XII, 224; Gisevius II, 112–114 (Sonderausgabe, S. 403–404).

63 Gisevius, Sonderausgabe, S. 404.

64 Gisevius' Aussagen, Trial XII, 224–225; Gisevius II, 132–133; ders., Sonderausgabe, S. 404–406; Aussage Schachts, Protokoll .. Halder, S. 123.

65 Gisevius' Aussagen, Trial XII, 225; Gisevius, Sonderausgabe, S. 407–408.

66 Kordt, S. 329; Weizsäcker, S. 257; Gisevius, Sonderausgabe, S. 408, bringt dafür außerdem die Bestätigung der Haltung Canaris' durch Lahousen, nicht jedoch eine Aufhellung der etwas vagen Phrase Canaris': »Alles würde nun seinen wunschgemäßen Gang nehmen.« War damit das Rebellieren oder die Gehorsamsverweigerung der militärischen Führer gemeint, oder das Insichzusammenfallen der NS-Diktatur?

67 Gisevius, Sonderausgabe, S. 409–410; Gisevius' Aussage in Trial XII, 225.

68 Hassell, S. 72–75; Weizsäcker, S. 260–261. Wheeler-Bennett, S. 453, fragt, zu welchem Zwecke das geschehen sein möge, und gibt selbst die Antwort, das Ergebnis hätte nur entweder ein Zurückweichen Polens oder ein Zurückweichen Hitlers gewesen sein können, beides höchst unwahrscheinlich. Zu der Frage, wie wahrscheinlich oder unwahrscheinlich eine polnische Kompromißbereitschaft seit dem Abschluß des Beistandspaktes mit Großbritannien noch war, steuert Wheeler-Bennett lediglich die Bemerkung bei, dieser Pakt sei von der Opposition im Auswärtigen Amt als provokativ empfunden worden. So bleibe nur noch die Annahme, meint Wheeler-Bennett, daß die Opposition im Auswärtigen Amt die deutschen Revisionsforderungen an Polen eben mit friedlichen Mitteln erfüllt sehen wollte, und fügte warnend hinzu, man dürfe nie vergessen, daß »diese Männer, obwohl aufrichtig [genuine] in ihrer Feindschaft gegenüber Hitler und in ihrem Wunsche, den Frieden zu erhalten, auch gute deutsche Patrioten gewesen« seien!

69 Schlabrendorff, Offiziere, S. 45–46; ders., Secret War, S. 105–106.

70 Schlabrendorff, Offiziere, S. 45–46; ders., Secret War, S. 105–106; Pechel, S. 153; Halder, K.T.B. I, 61 Anm. 4; Kunrat Freiherr von Hammerstein, Spähtrupp, Stuttgart 1963, S. 79; vgl. Hans-Adolf Jacobsen, Fall Gelb: Der Kampf um den deutschen Operationsplan zur Westoffensive 1940, Wiesbaden 1957, S. 4. Hammerstein war Oberbefehlshaber der Armee-Abteilung A vom 9. Sept. bis 10. Okt. 1939: Kriegstagebuch Nr. 1 der Armee-Abteilung A, BA W2h (NA Microcopy T-312, Roll 1612); »Armeegruppe A« bei Keilig, 211 bis 218 ist unrichtig, ebenso der dort angegebene Zeitraum 10.–21. Sept. 1939. Erich Kosthorst, Die deutsche Opposition gegen Hitler zwischen Polen- und Frankreichfeldzug, Bonn ³1957, S. 21 bezeichnet Hammersteins Plan kurz als Utopie, offenbar in der Annahme, die Einzelpläne und Vorbereitungen, die nicht zu ermitteln waren, hätten auch nicht existiert. Oder sollte der Versuch utopisch gewesen sein, einen Besuch Hitlers herbeizuführen? Vgl. Allen Welsh Dulles, Verschwörung in Deutschland, Kassel 1949, S. 74, wo, wie auch an anderen Stellen dieses Buches, Berichte von Zeugen, hier von Schlabrendorff, oberflächlich und unrichtig wiedergegeben (oder übersetzt?) sind.

71 Sir George Ogilvie-Forbes hat dies nach dem Kriege gegenüber Wheeler-Bennett schriftlich bestätigt; Wheeler-Bennett, S. 458 Anm. 4.

72 Wheeler-Bennett, S. 459; vgl. Otto A. W. John, »Am achten Jahrestag der Verschwörung«, Das Parlament, 20. Juli 1952, S. 2: Hitler sollte ohne Gerichtsverfahren »unschädlich« gemacht werden.

73 Pechel, S. 154; vgl. Hassell, S. 78. Dulles, S. 90, berichtet einen fast gleichlautenden Ausspruch von Beck, aber erst für die Zeit Ende 1942/ Anfang 1943; Rothfels, Opposition, S. 78 übernahm Becks Ausspruch von Dulles und stellte ihn in den Zusammenhang des Herbstes 1939; Wheeler-Bennett, S. 459 verwechselte die beiden Aussprüche und bemerkte, Dulles habe den von Pechel als Hammersteins Ausspruch berichteten Satz irrtümlich Beck zugeschrieben.

74 Halder, K.T.B. I, 84; Max Domarus, Hitler: Reden und Proklamationen 1932–1945, 2 Bde., Neustadt a. d. Aisch 1962/1963, S. 1347–1354, 1366–1368, 1376, 1434; Hans Baur, Ich flog Mächtige der Erde, Kempten 1956, S. 187; Walther Hubatsch, »Das dienstliche Tagebuch des Chefs des Wehrmachtführungsamtes im Oberkommando der Wehrmacht, Generalmajor Jodl, für

die Zeit vom 13. Okt. 1939 bis zum 30. Jan. 1940«, Die Welt als Geschichte 13 (1953), S. 64.

75 Ritter, Goerdeler, S. 239.

76 Vgl. die Mitteilung Canaris' an den Verbindungsoffizier der Abwehr beim Generalstab des Heeres, Major Groscurth, die dieser in seinem Kriegstagebuch unter dem 23. Sept. 1939 festgehalten hat: »Admiral Canaris teilt mit, daß die Einsatzkommandos bei 14. Armee (Woyrsch) geradezu grauenvoll sich betätigten. Eingreifen sei erforderlich.« [Helmuth Groscurth], Tagebuch [der] Verb. Gruppe OKW Ausl. Abw. zu OKH ab 1. 9. 39–26. 9. 39, BA EAP 21 X 15/1. Das Tagebuch soll demnächst in der Schriftenreihe der Vierteljahrshefte für Zeitgeschichte veröffentlicht werden (es ist also nicht, wie Hans-Adolf Jacobsen, der Bearbeiter des Kriegstagebuches von General Halder, wahrscheinlich auf Grund vorzeitiger Verlagsankündigungen annahm – Halder, K. T. B. I, 37 Anm. 13 –, schon 1962 erschienen).

77 Hierzu und zum Folgenden: Rothfels, Opposition, S. 141–145; ders., German Resistance, S. 483–484; ders., »Adam von Trott und das State Department«, VfZ 7 (1959), S. 318–332 mit der Denkschrift und anderen Dokumenten; ders., Trott und die Außenpolitik, S. 300–318, wo ebenfalls Niederschriften von Trott abgedruckt sind; Margret Boveri, Wir lügen alle: Eine Hauptstadtzeitung unter Hitler, Olten–Freiburg i. Br. 1965, S. 636–641. Alexander B. Maley, »The Epic of the German Underground«, Human Events 3 (1946), Nr. 9, 27. Feb. 1946, S. 4–5. Die Darstellung von Wheeler-Bennett, S. 486 bis 488, der seine persönliche Verbindung mit Trott anläßlich von dessen Mission im Spätjahr 1939 verschweigt, wird durch keinerlei Quellenangabe gestützt; »phantasievoll« und »verständnislos« sind für einige Stellen noch wohlwollende Bezeichnungen.

78 Boveri, S. 638.

79 Wenn sich Scheffer, der von dieser Meinungsverschiedenheit fast zwanzig Jahre später berichtete, richtig erinnerte, daß nämlich Trott einen entsprechenden Satz gestrichen haben wollte und ihn auch unterdrückt habe, so kann es sich um ein Mißverständnis oder aber, noch wahrscheinlicher, um eine Frage der Schicklichkeit und der Taktik gehandelt haben. Trott hatte eigentlich dieselben Gedanken, aber schriftlich niedergelegt und ausdrücklich auf die Opposition bezogen hätten sie ihn wohl doch zu sehr kompromittiert. Vgl. Boveri, S. 639; Rothfels, Adam von Trott, S. 321, 329, 332. Es ist auch denkbar, daß nicht im Entwurf die Rede von der vorzuziehenden Niederlage war, sondern daß Trott ohne Erfolg auf der Aufnahme eines solchen Passus bestand und diesen, wie aus den bekanntgewordenen Dokumenten deutlich hervorgeht, dann dem Sinne nach mündlich vorgetragen hat; Rothfels deutet dies auch an mit der Bemerkung, Trott habe sich in einem sehr charakteristischen Punkte sogar von der Denkschrift distanziert: Adam von Trott, S. 318–319.

80 Boveri, S. 639–640; Rothfels, Adam von Trott, S. 321; Rothfels, Trott und die Außenpolitik, S. 306; Ritter, Goerdeler, S. 257.

81 Rothfels, Adam von Trott, S. 321–322.

82 Boveri, S. 640; Mary Alice Gallin O. S. U., Ethical and Religious Factors in the German Resistance to Hitler, Washington 1955, S. 110–111.

83 Rothfels, Adam von Trott, S. 322–329, auch zum Folgenden.

84 Gallin, S. 110–111, 205.
85 Gallin, S. 111, 205.
86 Vgl. Gallin, S. 205.
87 S. dazu auch Hans Rothfels, »Zwei außenpolitische Memoranden«, VfZ 5 (1957), S, 390–391.
88 Hans Mommsen, »Gesellschaftsbild und Verfassungspläne des deutschen Widerstandes«, in Der deutsche Widerstand gegen Hitler: Vier historisch-kritische Studien, hrsg. v. Walter Schmitthenner und Hans Buchheim, Köln–Berlin 1966, S. 94–95.
89 Maley, S. 5.
90 Rothfels, Trott und die Außenpolitik, S. 305, 313–315.
91 Rothfels, Trott und die Außenpolitik, S. 306, 316–318.
92 Rothfels, Adam von Trott, S. 332. Nach Abschluß des Manuskripts der vorliegenden Arbeit ist eine Spezialstudie über die Tätigkeit der Opposition zwischen Ende September 1939 und Anfang Mai 1940 erschienen: Harold C. Deutsch, The Conspiracy against Hitler in the Twilight War, Minneapolis 1968. Deutsch stützt sich u. a. auf die vom Verf. ebenfalls ausgewerteten Diensttagebücher des ins OKH als Verbindungsoffizier vom OKW/Amt Ausland/Abwehr entsandten Major, später Oberstleutnant d. G. Helmuth Groscurth. Von diesen wurde 1960 in den National Archives in Washington, D. C. eine Schreibmaschinenabschrift angefertigt und darauf ein Durchschlag davon samt der Handschrift an das Bundesarchiv in Koblenz abgegeben, wo sich d. Verf. Anfang 1963 Kopien herstellen ließ. Dies gegen die irrtümlichen Vorstellungen Deutschs (S. VIII und 73) über den Weg der Diensttagebücher. Zudem konnte Deutsch die wertvollen privaten Tagebücher Groscurths benützen, die d. Verf. nicht zugänglich waren, und ferner eine Anzahl in mehr als 20 Jahren zusammengetragener mündlicher und schriftlicher Mitteilungen. Diese sind allerdings zum Teil Wiederholungen früherer Niederschriften (wie z. B. der Aussagen von [Franz Maria Liedig], Special Interrogation Report (CSIR) No. 6: Events of 20 July 44, Masch., o. O. [1945], Hoover Library Ts Germany USA 7 F 697), was Deutsch oft entgangen ist. Sein Werk konnte noch während der Drucklegung dieses Ms. zur Überprüfung, Ergänzung und gelegentlich zur Berichtigung herangezogen werden; es wurde jeweils zitiert, wenn Deutsch zu abweichenden oder vollständigeren Ergebnissen gelangt ist als d. Verf. Zur Frage des Erfolges der Mission Trotts vermutet Deutsch, S. 157, die Mission habe in London die Geneigtheit zu positivem Bescheid auf die Sondierungen Dr. Müllers (s. unten, S. 203–207) günstig beeinflußt.
93 Kordt, S. 339–340; Weizsäcker, S. 273.
94 Kordt, S. 367.
95 New York Times, 5. Sept. 1939, S. 6.
96 Domarus, 1389–1392; Weizsäcker, S. 267–268.
97 Abgedruckt in Trial of the Major War Criminals before the International Military Tribunal: Nuremberg 14 November 1945–1 October 1946, vol. XXXVII, Nürnberg 1949, S. 466–486, und Walther Hubatsch, Hitlers Weisungen für die Kriegführung 1939–1945: Dokumente des Oberkommandos der Wehrmacht, Frankfurt/M. 1962, S. 32–33; vgl. Kosthorst, S. 33.
98 Halder, K.T.B. I, 84–90; Jacobsen, Fall Gelb, S. 8. Zur Besprechung am

27. Sept. 1939: Deutsch, S. 69–70 nennt auch Keitel, Warlimont, Raeder und Göring als anwesend, doch geht das aus der von ihm zit. Quelle – Halder, K.T.B. I, 86–90 – nicht hervor.

99 Zusammenfassender Bericht über die Ansprache in den Papieren der Abt. z.b.V. des OKW/Amt Ausland/Abwehr, der Verbindungsgruppe der Abwehr beim OKH, übermittelt von Oberst Oster: [Helmuth Groscurth], Kriegstagebuch der Abt. z.b.V. 27. 9.–14. 11. 39, 25. Okt. 1939 und Anlage 13, BA EAP 21 X 15/1.

100 Domarus, S. 1395–1399; Wheeler-Bennett, S. 463–466; Kosthorst, S. 27.

101 Halder, K.T.B. I, 114; Wheeler-Bennett, S. 464–466.

102 Vgl. Kordt, S. 355–356.

103 The Parliamentary Debates, Official Report, 5th Series: House of Commons, vol. 352, London 1939, 12. Okt. 1939, Spalten 565–566.

104 Kordt, S. 367–368, 442–443; zu dem Mißverständnis Rothfels, Opposition, S. 139 und 202 Anm. 7; Wheeler-Bennett, S. 467–469.

105 Kosthorst, S. 82–83, zitiert dafür unveröffentlichte Dokumente aus dem Weizsäcker-Prozeß. Nach diesen haben Besprechungen zwischen Theo Kordt und Conwell Evans in Bern am 25., 27. und 29. Oktober stattgefunden. Vgl. Deutsch, S. 160–163. Zur Fortsetzung der Kontakte s. unten, S. 197–198.

106 Zum Obigen und zum Folgenden: S. Payne Best, The Venlo Incident, London 1950, S. 7–46; Wheeler-Bennett, S. 476–479; Wheeler-Bennett benützte niederländische Quellen und die Nürnberger Prozeßakten, namentlich einen von Reichsminister des Innern Frick und von dem Reichsführer SS und Chef der Deutschen Polizei Himmler unterzeichneten Bericht vom 29. März 1940, ferner einen Bericht der Staatspolizeileitstelle Düsseldorf vom 9. November 1939, beide StA Nürnberg, NG 4672. Kurt Sendtner, »Die deutsche Militäropposition im ersten Kriegsjahr«, in Vollmacht des Gewissens I, Frankfurt/M., Berlin 1960, S. 456–457 Anm. 76 bringt einen Bericht von Stevens; ferner Walter Schellenberg, Memoiren, Köln 1956, S. 79–95.

107 Hassell, S. 76–80.

108 Oster hatte sich von dem Schweden über seine Besprechungen mit Göring berichten lassen und über die Verbindungsgruppe beim OKH auch den Chef des Generalstabes unterrichtet. Groscurth-Tagebuch, 27. Okt. 1939 und Anlage 15, BA EAP 21 X 15/1.

109 Hassell, S. 82–84.

110 Hassell, S. 84.

111 Hassell, S. 82, 89.

112 Gisevius, Sonderausgabe, S. 413.

113 Hierzu und zum Folgenden: Christine v[on] Dohnanyi, Aufzeichnungen, Masch., o. O. o. J., IfZ ZS 603; John, Männer IV; Hassell, S. 84; Nebgen, S. 114–115; vgl. Emil Henk, Die Tragödie des 20. Juli 1944: Ein Beitrag zur politischen Vorgeschichte, Heidelberg ²1946, S. 10–15, wo die Vorgänge teilweise aus durch Beteiligung gewonnener, aber doch ungenauer Kenntnis angedeutet werden. Deutsch, S. 88–91 gibt einen guten Überblick über Dohnanyis Laufbahn.

114 Heinz Boberach (Hrsg.), Meldungen aus dem Reich, Neuwied 1965, S. 8–9 und Anm. 1.

115 Dohnanyi; Otto John, »Männer im Kampf gegen Hitler [I]«, Blick in die

Welt 2 (1947) H. 6; ders.; Männer im Kampf IV; ders., Some Facts and Aspects of the Plot against Hitler, Masch., London 1948, S. 28 (hier spricht John nur von »Zusammenarbeit« und »Zusammenbringen«, was schon während des Polenfeldzuges begonnen habe). Vgl. Kosthorst, S. 19. Leuschner ist also nicht, wie Jakob Kaiser und Habermann, erst in der zweiten Hälfte des Jahres 1941 mit Beck zusammengetroffen, wie Nebgen, S. 124–127 annimmt.

116 Dohnanyi; vgl. Henk, S. 9.

117 Dohnanyi. S. ferner die Aufzeichnungen von Frau Christine von Dohnanyi von 1945/46 zu den nach dem 20. Juli 1944 von der Gestapo in Zossen aufgefundenen Akten, einschließlich der »Chronik« Dohnanyis, die abgedruckt sind bei Eberhard Bethge, Dietrich Bonhoeffer: Theologe, Christ, Zeitgenosse, München 1967, S. 1096–1101; vgl. Deutsch, S. 89–90, der den Abdruck nicht erwähnt; ferner die bei Ritter, Goerdeler, S. 501 Anm. 10 zit. Aussage Huppenkothens in dessen Schwurgerichtsprozeß in München im Februar 1951, wonach die in Zossen aufgefundenen Akten von der Gestapo vernichtet worden sind; und [Walter] Huppenkothen, Der 20. Juli 1944, Masch.-Abschrift, o. O. [1953], S. 2, IfZ ZS 249/II; Franz Sonderegger, Brief an den Präsidenten des Landgerichts München I vom 14. Jan. 1951, Kopie im IfZ.

118 Kordt, S. 355; Ritter, Goerdeler, S. 243–245.

119 Kosthorst, S. 32.

120 Ein Exemplar fand sich in den Groscurth-Papieren: BA EAP 21 X 15/2; wenigstens ein weiteres wird sich bei den am 22. September 1944 von der Gestapo in dem Zossener Panzerschrank gefundenen Papieren befunden haben: Franz Sonderegger an den Präsidenten des Landgerichts München I 14. Jan. 1951, S. 2–3, Kopie im IfZ. Nach Graml, Vorstellungen, S. 257 Anm. 5 ff. lautet die Signatur in dem dem BA eingegliederten Militärarchiv, wo sich die Papiere befinden, jetzt: H 08–104/2. Der Verf. hat die von ihm bei der Bearbeitung der Papiere festgestellten damals gültigen Signaturen beibehalten. Im BA können die Akten sowohl anhand der neuen als auch der alten Signaturen aufgefunden werden. – Der Leserkreis der Denkschrift ist nicht mehr festzustellen, aber es ist nicht zu bezweifeln, daß sie Brauchitsch oder wenigstens Halder vorgelegt, zumindest aber von Groscurth zu seinen Vorträgen bei Halder verwendet wurde. Vgl. Groscurth-Tagebuch, passim; Sendtner, Militäropposition, S. 412. Das bei den Groscurth-Papieren befindliche Exemplar der Denkschrift enthält eine Reihe kritischer, ja bissiger und unfreundlicher Randbemerkungen, die man – da Groscurth doch wohl wußte, wer der Verfasser der Schrift war – als Tarnung für den Verwahrer eines so defätistischen Papieres aufzufassen hat.

121 BA EAP 21 X 15/2.

122 Hassell, S. 108; Keilig, 32/6, 211/193–194; Halder, K.T.B. I, 20; Jacobsen, Fall Gelb, S. 2–3. Bis 1. Sept. hieß die HGr C »HGr 2«.

123 Hans-Adolf Jacobsen, »Das ›Halder-Tagebuch‹ als historische Quelle«, Festschrift Percy Ernst Schramm zu seinem siebzigsten Geburtstag von seinen Schülern und Freunden zugeeignet, hrsg. v. Peter Classen und Peter Scheibert, B. II, Wiesbaden 1964, S. 259–260. Abdruck der Denkschrift mit dem Begleitschreiben an Brauchitsch bei Kosthorst, S. 159–166; vgl. Halder, K.T.B. I, 104. Kosthorst behauptet auf S. 44, auch der Oberbefehlshaber der Heeresgruppe B, Generaloberst von Bock, habe eine Abschrift erhalten, bringt dafür aber kei-

nen Beleg, während der im Begleitschreiben an Brauchitsch enthaltene Verteiler nur vier Ausfertigungen erwähnt: die erste für Brauchitsch, die zweite für Halder, die dritte für Leeb selbst, die vierte – zugleich der Entwurf – für Leebs Ia, Oberst i. G. Vincenz Müller. Der Verteidiger Leebs vor dem Nürnberger Gericht, Dr. Laternser, berichtet jedoch, die Denkschrift sei Bock vorgelegt worden und stellt dies in seinem Bericht als bewiesene Behauptung dar: [Hans] Laternser, Verteidigung deutscher Soldaten: Plädoyers vor alliierten Gerichten, Hamburg 1950, S. 298. Vgl. ferner Jacobsen, Fall Gelb, S. 44–45.

124 Der Brief ist abgedruckt bei Kosthorst, S. 167–168; vgl. Jacobsen, Fall Gelb, S. 45.

125 Kosthorst, S. 47–48; Laternser, S. 298. Jacobsen, Fall Gelb, S. 15, 44–45 erwähnt die Denkschrift Bocks nur indirekt.

126 Halder, K.T.B. I, 99; wahrscheinlich hat auch schon am 4. Oktober eine solche Besprechung stattgefunden, an der auch Leeb teilgenommen hat, aber für eine bestimmte Annahme reicht die Andeutung in Halder, K.T.B. I, 97, nicht aus.

127 Die an Brauchitsch gerichtete Denkschrift Rundstedts ist abgedruckt bei Kosthorst, S. 169–173; vgl. Halder, K.T.B. I, 117; Jacobsen, Fall Gelb, S. 45.

128 Vgl. dazu die bei Halder, K.T.B. I, 84 resp. 98 wiedergegebenen Erfahrungen von Bock resp. Generalmajor Friedrich-Wilhelm von Chappuis (damals Chef des Generalstabes des XIV. A. K.) im Polenfeldzug, wonach die Infanterie »auch nicht annähernd« den Kampfwert der 1914 ins Feld gestellten Truppen habe.

129 Halder, K.T.B. I, 105. Bis zur Bearbeitung des Originals des Tagebuches durch Kosthorst und durch Hans-Adolf Jacobsen war wegen einer inkorrekten Abschrift die unrichtige und auch dem ganzen Zusammenhang widersprechende Version im Umlauf, wonach es hieß: »OB 3 Möglichkeiten: Angriff abwarten, grundlegende Veränderungen.« Dabei hätte eine der »3 Möglichkeiten« gefehlt. Siehe dazu Kosthorst, S. 40 Anm. 46a; Halder, K.T.B. I, 105 Anm. 1. »OB« könnte sich in diesem Zusammenhang auch auf die Oberbefehlshaber von Armeen, Armeekorps oder Heeresgruppen beziehen. Brauchitsch wird in Halders Tagebuch meist als »ObdH« bezeichnet, an vielen Stellen aber auch nur als »OB«, während in ebenfalls vielen Fällen die Abkürzung sich nicht oder nicht eindeutig auf den ObdH bezieht. Vgl. Jacobsen, Fall Gelb, S. 26.

130 Halder, Aussagen im OKW-Prozeß, Trials of War Criminals before the Nuernberg Military Tribunals under Control Council Law No. 10, vol. X (The High Command Case), Washington 1951, S. 545; Dohnanyi, S. 6. Vgl. Kosthorst, S. 41; Jodl in Walther Hubatsch, »Das dienstliche Tagebuch des Chefs des Wehrmachtführungsamtes im Oberkommando der Wehrmacht, Generalmajor Jodl, für die Zeit vom 13. Okt. 1939 bis zum 30. Jan. 1940«, Die Welt als Geschichte 12 (1952), S. 280; Hassell, S. 94.

131 Jodl in Hubatsch, Tagebuch, S. 280.

132 Keilig, 80/10, 211/264.

133 Halder, K.T.B. I, 106; Deutsch, S. 72–74.

134 Hierzu und zum Folgenden: Deutsch, S. 72–73 (der die Besprechung vom 25. Okt. offenbar irrtümlich auf den 30. Okt. legt); Halder, K.T.B. I, 113–117.

135 Deutsch, S. 74–77; Einzelheiten s. unten, S. 215 im Zusammenhang mit Osters Warnungen.

136 Groscurth-Tagebuch, 20. Okt. 1939, BA EAP 21 X 15/1.

137 Sendtner, S. 405, auf Grund der Aussagen Halders in seinem Spruchkammerverfahren.

138 John, Männer im Kampf IV; Deutsch, S. 47.

139 Hierzu und zum Folgenden: Deutsch, S. 196–197, 217–218, 288. Auch Deutsch spricht nur von »Halder's half-intention to kill Hitler personally«.

140 Kordt, S. 356–357; Hasso von Etzdorf, Aussagen in Halders Spruchkammerverfahren, Protokoll .. Halder, S. 139; [Hasso von Etzdorf], Niederschrift der Unterredung zwischen Herrn Ministerialdirigent Dr. v. Etzdorf, Bonn, Auswärtiges Amt, Länderabteilung (Ermekeilstraße 27, Block E), und Herrn Dr. H. Krausnick, im Auftrage des Instituts für Zeitgeschichte München, durchgeführt am 26. September 1953 in Bonn, Masch.-Abschr., 12. Juni 1958, IfZ ZS 322; Ritter, Goerdeler, S. 246; Kosthorst, S. 57, auf Grund der Erinnerungen und Mitteilungen Halders; vgl. Sendtner, S. 405. Huppenkothen, 20. Juli, S. 3; Sonderegger an Landgericht, S. 2; Dohnanyi, S. 7; Sendtner, S. 413 Anm. 33 auf Grund der Aussagen von Dr. Josef Müller; Deutsch, S. 201, 204. Nach den auch sonst oft vagen Aussagen Halders vor der Spruchkammer (Protokoll .. Halder, S. 32) hätte es sich lediglich um Überlegungen gehandelt; dies mag für Halder selbst zutreffen, die anderen Verschwörer waren entschlossener. Ritter, Goerdeler, S. 503 Anm. 23, konstatiert die Ungenauigkeit der Angaben Huppenkothens, billigt ihnen aber »viel innere Wahrscheinlichkeit« zu. Deutsch, S. 199 verwendet auch Mitteilungen der damaligen Sekretärin Groscurths; die Angaben Huppenkothens sind nach seiner wohlfundierten Meinung in den meisten Fällen besonders zuverlässig (Deutsch, S. 118–119, 200).

141 Hoepner war Kommandeur des XVI. A.K., zu dem die 1. Panzerdivision gehörte, welche seit 23. Sept. in Thüringen lag; Keilig 103/2, 211/159.

142 Keilig 211/111, 90/4; dem XIX. A.K. unterstand die 2. Panzerdivision: Keilig 90/4, 103 I/1; Dohnanyi, S. 7.

143 Kosthorst, S. 57. Diese wären also zum Frontheer zu rechnen und somit nicht dem Befehlshaber des Ersatzheeres, General d. Art. Fromm unterstellt gewesen.

144 Sowohl der von Groscurth ausgearbeitete Aktionsplan als auch diese Studie sind verloren. Die Studie ist 1944 von der Gestapo gefunden, aber wahrscheinlich 1945 verbrannt worden. Der Plan Groscurths oder jedenfalls die damals unter Kontrolle Halders befindlichen Pläne dürften schon im November 1939 vernichtet worden sein; vgl. Anm. 148 und 149.

145 Sonderegger an Landgericht, S. 2; Huppenkothen, 20. Juli, S. 3. Vgl. dazu Sendtner, S. 413 Anm. 33, der auf Grund von Mitteilungen von Dr. Josef Müller Ausarbeitungen Osters – als »Skizzen« – erwähnt, »die eine Art Programm für die beim Staatsstreich durchzuführenden Maßnahmen darstellten«, sie aber eben nur für Skizzen und Entwürfe, nicht für ein demjenigen von 1938 an Reife und Brauchbarkeit vergleichbares Aktionsprogramm hält. Ritter, Goerdeler, S. 502 Anm. 13 erklärt, die von Halder befohlenen Vorbereitungen Groscurths müßten zunächst – bis etwa 2. November – unabhängig von und ohne Einweihung der Gruppe Beck-Oster-Gisevius

betrieben worden sein; dagegen seien sie Etzdorf und anderen Angehörigen des Auswärtigen Amtes bekannt gewesen und Goerdeler habe »wohl schon vor dem 29. 10. etwas davon erfahren, als er Hassell nach Berlin zu kommen bat.« Wenn alle diese Verschwörer etwas wußten, ist – ohne sonstigen zwingenden Grund oder Beleg – nicht anzunehmen, daß Oster davon nichts wußte. Nach Gisevius, Sonderausgabe, S. 415 hat Gisevius am 1. November von einer von der Gruppe im OKH geplanten »Großaktion« erfahren, doch wohl von Oster oder Groscurth. Halder mag versucht haben, die ständige Unterrichtung Osters zu unterbinden, aber Groscurth dürfte sich kaum an eine entsprechende Weisung gehalten haben.

146 Huppenkothen, 20. Juli, S. 3; Dohnanyi, S. 7; Sendtner, S. 413 Anm. 33. Deutsch, S. 201 nimmt an, daß Hitler, Göring, Goebbels, Ribbentrop, Himmler, Heydrich und »Dietrich« getötet werden sollten.

147 Huppenkothen, 20. Juli, S. 3–4; Groscurth-Tagebuch, 15. Nov. 1939; Sendtner, S. 413 Anm. 33 nennt auf Grund der Mitteilungen von Dr. Müller das Panzerregiment von Stargard. Vgl. Kosthorst, S. 62, 94. [Leo Freiherr] Geyr von Schweppenburg, The Critical Years, London 1952 (enthält gegenüber der deutschen Ausg. – Erinnerungen eines Militärattachés: London 1933–1937, Stuttgart 1949 – wichtige Zusätze), S. 203–204 berichtet, er habe das Ansinnen des damaligen Oberquartiermeisters I, General Karl-Heinrich von Stülpnagel, sich an einem Staatsstreich zu beteiligen, als unmöglich abgelehnt, weil die Mehrheit der Offiziere nach dem Sieg über Polen zu sehr an Hitler hingen und auch die Truppe ihnen nicht gehorcht hätte.

148 Sie wurden wenigstens zum Teil 1944 von der Gestapo aufgefunden und aus der Erinnerung von Huppenkothen und Sonderegger beschrieben: Huppenkothen, 20. Juli, S. 3–4; Sonderegger an Landgericht, S. 2; ferner Deutsch, S. 202–203, auch zum Folgenden.

149 Huppenkothen, 20. Juli, S. 4; vgl. zu Canaris' Tagebuch Deutsch, S. 305 Anm. 155.

150 Ritter, Goerdeler, S. 246 u. Anm. 13.

151 Kordt, S. 358–366, daselbst Abdruck des erhalten gebliebenen Fragments; dasselbe im BA EAP 21 X 15/2.

152 Die Betonung des in der Revolution von oben ganz unvermeidlichen autoritären Elements und die verschiedenen Erklärungen, wonach »die Volksstimmung« für den Umsturz entweder günstig genug oder aber nicht so wichtig sei, haben gelegentlich zu schweren Mißverständnissen der politischen Absichten der Opposition geführt. Gewiß gab es starke Abneigung gegen die durch das »System« von Weimar scheinbar diskreditierten demokratischen und parlamentarischen politischen Formen im Verfassungsdenken der Widerstandskreise, aber man darf sie nicht mit den die Volksstimmung betreffenden Argumenten ad hominem (d. h. Halder und Brauchitsch) abstrakt und außerhalb ihres historischen Zusammenhanges belegen. Vgl. Mommsen, S. 123–126; s. unten, S. 181, 190, 193, 209, 344, 348.

153 Die weitere Ausführung und ein Abschnitt über eine künftige deutsche Verfassung gehören zu den verlorenen Teilen der Denkschrift: Kordt, S. 366; das Exemplar im BA, EAP 21 X 15/2, S. 13–15 enthält noch die für einen öffentlichen Aufruf bestimmten Grundsätze, welche bei Kordt fehlen.

154 Brief Groscurths an Witzleben vom 31. Okt. 1939, BA EAP 21 X 15/2; Deutsch, S. 207.

155 Halder, K.T.B. I, 111; Jacobsen, Fall Gelb, S. 39.

156 Halder, K.T.B. I, 112.

157 Groscurth-Tagebuch, 25. Okt. 1939.

158 Halder, K.T.B. I, 113; Jodl in Hubatsch, Tagebuch, S. 280; Jacobsen, Fall Gelb, S. 39. Für den Ort der Besprechung: Am 24. u. 26. Okt. war Hitler in der Reichskanzlei, der 25. war ein Mittwoch; vgl. Domarus, S. 1402–1403; daß Hitler sich für so wenige Stunden nach Berchtesgaden begeben hätte, ist unwahrscheinlich und wäre auch bei Domarus oder Halder vermerkt.

159 Halder, K.T.B. I, 114; Jodl in Hubatsch, Tagebuch, S. 282; Jacobsen, Fall Gelb, S. 40–41; Domarus, S. 1403.

160 Halder, K.T.B. I, 114–115.

161 Halder, K.T.B. I, 115; Jodl in Hubatsch, Tagebuch, S. 282.

162 Halder, K.T.B. I, 115–116; Kosthorst, S. 60–62; vgl. Jacobsen, Fall Gelb, S. 45; Sendtner, S. 406–411. Von wochenlangen Frontreisen Stülpnagels, die man aus den Aussagen Halders vor der Spruchkammer entnehmen könnte (Protokoll .. Halder, S. 31–32), kann wohl kaum die Rede sein, wie auch Sendtner feststellt. Wohl mag Stülpnagel aber in diesen Wochen wiederholt an die Front gefahren sein. Nach Halders Aussage in Trials of War Criminals X, 858, hätten Frontreisen Stülpnagels erst nach dem 23. November stattgefunden; ebenso Ritter, Goerdeler, S. 505 Anm. 38. Es muß sich hierbei um *weitere* Frontreisen Stülpnagels handeln. Vgl. Deutsch, S. 208.

163 Halder, Aussagen in Protokoll .. Halder, S. 31.

164 Halder, K.T.B. I, 115–116. Deutsch, S. 208–209 hält für ausgeschlossen, daß auf das so negative Ergebnis von Stülpnagels Reise der einzige wirklich weitgehende Entschluß Halders zum Staatsstreich gefolgt sein könne, und folgert, daß daher die Reise Stülpnagels mit diesem so negativen Ergebnis später stattgefunden haben müsse. Es ist wohl möglich, daß der hinsichtlich der Umsturzbereitschaft der angesprochenen Generale negativste Bericht, den Stülpnagel an Halder gab, erst Ende November zu datieren ist, wie Halder selbst in Trials of War Criminals X, 858 aus frischerer Erinnerung als später gegenüber Kosthorst und Deutsch berichtet hat. Aber zwingend ist das Argument nicht. Denn: hier datiert Halder unzutreffend *alle* Frontreisen Stülpnagels in die Zeit von Ende November und danach; wenn die Logik Deutschs anzuwenden wäre, müßten auch die anderen schweren Mißerfolge Halders aus der Zeit kurz vor dem 5. Nov. in eine spätere Periode zu verlegen sein; weitere Widersprüche s. Deutsch, S. 212–215. Ferner kannte Halder längst die Haltung von Generalen wie Bock, Rundstedt, Manstein, wie Deutsch, S. 211 auch feststellt, ebenso wie er die abweichende Haltung von Generalen wie Leeb und Witzleben kannte. Zur gleichen Zeit wie der nicht ganz gesicherte Bericht Stülpnagels erreichten Halder die Denkschriften von Leeb, Bock und Rundstedt (vgl. oben, S. 161–164), von denen nur die von Leeb Bereitschaft zum Umsturz erkennen ließ. Der vielleicht unsicherste Faktor in Deutschs Kalkulation ist der wirkliche Grad der Entschlossenheit Halders zu irgendeinem Zeitpunkt, den man immer nur vermuten kann, da es bei Halder nie zu einem »Durchbruch nach vorn« gekommen ist.

165 Protokoll .. Halder, S. 31–32; Kosthorst, S. 60–62. In der Spruchkammeraussage ist das begreiflicherweise etwas dramatisiert und ohne Erwähnung Leebs, wenn auch im ganzen zutreffend gesagt.

166 Kosthorst, S. 61.

167 Kosthorst, S. 62; Jacobsen, Fall Gelb, S. 45; vgl. Hassell, S. 108; vgl. Sendtner, S. 410 Anm. 28.

168 Deutsch, S. 212 Anm. 99 hat dieses Datum als so gut wie sicher ermittelt; Sendtner, S. 419 u. Kosthorst, S. 62, neigen eher zu den ersten Novembertagen.

169 Mitteilung Haseloffs bei Sendtner, S. 424–425. Kosthorst, S. 62, auf Grund einer Mitteilung von Röhricht, die dieser aber in seinem Buche (Edgar Röhricht, Pflicht und Gewissen: Erinnerungen eines deutschen Generals 1932 bis 1944, Stuttgart 1965, S. 153–159) nicht wiederholt, sondern lediglich indirekt und sehr allgemein für die Zeit um den 23. November andeutet.

170 Sendtner, S. 425.

171 Kosthorst, S. 62–63.

172 S. unten, S. 203–207.

173 Kosthorst, S. 93.

174 BA EAP 21 X 15/2.

175 Ob der Vermerk in Groscurths Tagebuch für 31. Oktober, 18 Uhr, »Besprechung des Abteilungschefs [Groscurth] mit General Halder über innenpolitische Lage«, als Hinweis darauf gewertet werden kann, ließ sich nicht feststellen.

176 United States of America Congressional Record: Proceedings and Debates of the 76th Congress, Second Session, vol. 85, part 1, Washington 1939, S. 1024–1027.

177 Keesing's Contemporay Archives: Weekly Diary of Important World Events, vol. no. III, 1937–1940, Keynsham, Bristol [1937–1940], S. 3772.

178 Halder, K.T.B. I, 117; Jacobsen, Fall Gelb, S. 45–46.

179 Halder, K.T.B. I, 117–118.

180 Halder, K.T.B. I, 119.

181 Halder, K.T.B. I, 119; Gisevius, Sonderausgabe, S. 414–417; Ritter, Goerdeler, S. 247–248; Sendtner, S. 475–476. Ritter, Gordeler, S. 503 Anm. 21 zit. Gisevius II, 154–156, wonach die Besprechung Thomas–Halder am 2. November stattgefunden habe; dies ist mit großer Sicherheit unrichtig. In der Sonderausgabe, S. 416, legt Gisevius die Unterredung auf den 4. November, was mit Halders Aufzeichnung übereinstimmt, aber bedeutet, daß Gisevius seine angeblich zeitgenössischen Zettel geändert hat.

182 Hierzu und zum Folgenden: Sendtner, S. 413–414; Kosthorst, S. 95; Kessel, S. 179; Gisevius, Sonderausgabe, S. 415–417; Deutsch, S. 215–218; Ritter, Goerdeler, S. 248, 504 Anm. 25. Goerdeler war in Stockholm und kehrte am 4. Nov. zurück. Abweichend von Sendtner, Kosthorst und Ritter hat Deutsch, S. 215–217 und 217 Anm. 113 anhand des Privattagebuches und eines Briefes von Groscurth mit großer Sicherheit ermittelt, daß Halder das »Stichwort« schon am 31. Okt., vor seiner Frontreise, gegeben haben müsse. Wenn er am 5. Nov. losschlagen wollte (falls Hitler dann den endgültigen Angriffsbefehl gab, der sieben Tage vor dem Angriff ergehen mußte), konnte er nicht erst bei seiner Rückkehr am 3. Nov. das »Stichwort« für die Auffrischung der alten Pläne von 1938 und für die sonstigen Vorbereitungen zum Staatsstreich geben. Dies auch gegen Deutsch, S. 220; übrigens stellt Deutsch selbst fest, daß die Datierungen von Gisevius (auf die er sich hier stützt) oft unzuverlässig sind.

183 Kessel, S. 179. Dazu paßt, was Deutsch, S. 222–223 mitteilt: Dr. Werner
    Haag vom Auswärtigen Amt bot sich den Verschwörern über Etzdorf und
    Groscurth an mit dem Plan, Hitler bei einer feierlichen Gelegenheit, etwa
    einer Kranzniederlegung, mit in den Blumen verborgenem Sprengstoff um-
    zubringen. Das Angebot wurde als zu wenig aussichtsreich abgelehnt. Es war
    anzunehmen, daß Blumen und Kränze untersucht werden würden, ehe Hit-
    ler sie zum Niederlegen in die Hand bekam, der Trick war zu bekannt.
184 Kordt, S. 369–376; Gisevius, Sonderausgabe, S. 463; Etzdorf, S. 4; Kosthorst,
    S. 87–88; Sendtner, S. 412. Einzelheiten zu beiden Attentatversuchen siehe
    unten, Kap. VIII, 3. Halders Haltung war widersprüchlich: er war gegen ein
    Attentat, mit dem er oder die Armee belastet werden und welches an pein-
    liche Vorgänge wie den Kapp-Putsch erinnern könnte, bekundete jedoch sein
    Verständnis für den Fall, wie er sagte, daß die heißherzige Jugend sich zu so
    etwas durchringen würde, und anscheinend sprach er selbst auch spontan von
    einem Attentat. Halder, Aussagen in Protokoll ... Halder, S. 78a, 78c; Ritter,
    Goerdeler, S. 249–250. Vgl. die oben, S. 113, 167 berichteten Äußerungen
    Halders.
185 Jacobsen, Fall Gelb, S. 46, 141.
186 Hierzu und zum Folgenden: Halder, K.T.B. I, 119–120; Halder in Proto-
    koll .. Halder, S. 15–16; Aussage Brauchitschs in Trial of the Major War
    Criminals before the International Military Tribunal: Nuremberg 14 No-
    vember 1945–I October 1946, vol. XX, Nürnberg 1948, S. 575; Groscurth-
    Tagebuch, 5. Nov. 1939; Helmuth Greiner, Die Oberste Wehrmachtführung
    1939–1943, Wiesbaden [1951], S. 66–69; Kordt, S. 372; Wheeler-Bennett,
    S. 470–471 (Berichtigungen bei Deutsch, S. 227 Anm. 140); Kosthorst, S. 98
    bis 99; Jacobsen, Fall Gelb, S. 46–47; Deutsch, S. 226–229.
187 Halder, K.T.B. I, 120; Jacobsen, Fall Gelb, S. 46–49; Deutsch, S. 229. In seinen
    Aussagen vor der Spruchkammer (Protokoll .. Halder, S. 16) sagte Halder,
    er habe »erst viel später .. von diesem zurückhaltenden Mann [Brauchitsch]
    Bruchstücke des Besprechungsinhaltes erfahren.« Dem widerspricht Halders
    Tagebuch. Charakteristisch ist die Divergenz für Halders Art, in der Erinne-
    rung – zweifellos ohne Absicht – vieles anders zu berichten, selbst wenn
    Belege für das Gegenteil leicht beizubringen sind. Ähnlich steht es mit Hal-
    ders Behauptung, Brauchitsch sei zwischen 5. und 22. Nov. 1939 nicht mehr
    von Hitler empfangen worden; dem K.T.B. I, 120–131 zufolge war Brauchitsch
    in dieser Zeit wenigstens dreimal bei Hitler.
188 Wheeler-Bennett, S. 471; Zeller, S. 57 ohne Beleg; Sendtner, S. 414 über-
    nahm den Vorgang offenbar von Zeller; Ritter, Goerdeler, S. 249, 504 Anm. 27
    verweist dafür auf Wheeler-Bennett, S. 471, der seine Darstellung auf Aussa-
    gen Brauchitschs und Halders stützt. Kosthorst, S. 99 ohne Belege bzw. anschei-
    nend lt. Halder; Deutsch, S. 228–229. In seinen Aussagen vor der Spruchkam-
    mer hat Halder in einigen Punkten die Besprechungen vom 5. Nov. und
    vom 23. Nov. verwechselt; seine Zuordnung der Vorgänge zur jeweiligen
    Konferenz ist daher nur bedingt zuverlässig; Protokoll .. Halder, S. 15–17.
189 Jacobsen, Fall Gelb, S. 49.
190 Gisevius, Sonderausgabe, S. 418; Kosthorst, S. 99–100; Sendtner, S. 415 ohne
    Beleg. Groscurth schrieb am 4. Nov. 1939 in sein Diensttagebuch: »20.00 [Uhr]
    Abt. Chef [Groscurth] bespricht mit O.Qu. I [Stülpnagel] etwa notwendige

Sicherung des Hauptquartiers. Nichts zu veranlassen.« Vgl. Deutsch, S. 219.
Wurde die vorhandene »Sicherung« als genügend betrachtet, verließ man
sich auf die ohnehin heranzuziehenden Truppen? Wollte man Aufsehen
vermeiden? Oder war dies einer der Fälle, in denen von Halder wohl Worte,
aber keine Taten zu bekommen waren? Der Gesamtkomplex der Anlagen in
Zossen unterstand dem OKW, und mit dessen Billigung hätte die Gestapo
wohl in das OKH eindringen können, wenn keine besonders zuverlässigen
Einheiten zur Gegenwehr zur Verfügung standen.

In zahlreichen Darstellungen wird noch ein Vorgang berichtet, der sich an
demselben Tage zugetragen haben soll: Zeller, S. 496–497 Anm. 24 mit dem
Hinweis auf Kessel als Quelle; ferner Dulles, S. 76–77 vermutlich auch auf
Grund von Kessel; Sendtner, S. 415 mit starken Zweifeln an der Authentizi-
tät des Vorganges; nach Rainer Hildebrandt, Wir sind die Letzten: Aus dem
Leben des Widerstandskämpfers Albrecht Haushofer und seiner Freunde,
Neuwied, Berlin o. J., S. 78, hätte Albrecht Haushofer ihm den Vorgang im
Herbst 1940 erzählt. In Kessels Aufzeichnungen, S. 179–180 lautet die entsprechende Stelle: »Am 5. November hatte der General, in dessen Händen
alle Fäden zusammenliefen – seinen Namen habe ich nicht erfahren und
auch nicht danach gefragt –, seinen üblichen Vortrag bei Hitler. Am Schluß
des Vortrages fragte ihn dieser [sic] plötzlich, was er vorhabe. Der General,
noch nicht stutzig, zählte ihm ruhig eine Reihe von Dienstgeschäften auf,
die er zu erledigen habe. Darauf Hitler: ›Nein, das meine ich nicht, ich sehe
es Ihnen doch an, daß Sie sonst noch etwas vor haben.‹ Der General, sich
mit Mühe meisternd, heuchelt Erstaunen und Unverständnis und wird in
Gnaden entlassen. Er stürzt davon und erklärt dem Generalstab, es müsse
alles verraten sein. Äußerster Schrecken befällt alle Beteiligten, sofort werden die notwendigen Maßnahmen eingeleitet, um jede Spur des Plans zu
verwischen, die Truppen erhalten den Befehl, an die Westfront abzurücken.
Nach einigen Tagen stellt sich heraus, daß nichts verraten worden war, Hitler nichts hatte wissen können.« Nach Gisevius, Sonderausgabe, S. 418 wäre
Brauchitsch »der General« gewesen. Vom Verlauf der Besprechung selbst
abgesehen paßt der Vorgang auf Brauchitschs Vortrag am 5. Nov. Aber den
Kern der Sache, Hitlers Äußerung, die auf einen bestimmten Verdacht schlie-
ßen ließ, wird man für eine apologetische Legende halten müssen, die ihren
Weg in das Auswärtige Amt und so zu Kessel gefunden hat. Vgl. den von
Deutsch, S. 204 nach Erinnerungen Th. Kordts berichteten Vorgang.

191 Ritter, Goerdeler, S. 502 Anm. 19 auf Grund der Aussagen von Zeugen im
Huppenkothen-Prozeß; Deutsch, S. 232. Später, als Dohnanyi verhaftet war,
drängte er auf Vernichtung der Papiere, aber nun wollte sie Beck als Belege
für das Wollen, den Geist und den frühen Beginn der Opposition erhalten
wissen. Schließlich wurden sie am 22. September 1944 von der Gestapo in
Zossen entdeckt.

192 Halder, K.T.B. I, 120–122; Groscurth-Tagebuch, 5.–9. Nov. 1939.

193 Groscurth-Tagebuch, 5. Nov. 1939; Deutsch, S. 213–232.

194 Gisevius, Sonderausgabe, S. 418.

195 Deutsch, S. 235–236 nimmt an, Halders Nerven haben versagt; die Vorgänge
von 1938 und andere Episoden zeigen, daß dies »Versagen« nicht einmalig,
sondern die Regel war.

196 Gisevius, Sonderausgabe, S. 149, als Zeuge dieses Vorgangs; Groscurth hat das Detail weder in seinem dienstlichen noch in seinem privaten Tagebuch festgehalten; Deutsch, S. 233 Anm. 151.
197 Gisevius, Sonderausgabe, S. 419; Deutsch, S. 234.
198 Heinz, Canaris, S. 51; Karl Heinz Abshagen, Canaris: Patriot und Weltbürger, Stuttgart 1949, S. 132; Gisevius, Sonderausgabe, S. 420.
199 Gisevius, Sonderausgabe, S. 419.
200 Groscurth-Tagebuch, 6. Nov. 1939; Groscurths Privattagebuch, zit. bei Deutsch, S. 237, bestätigt im wesentlichen den Bericht von Gisevius, Sonderausgabe, S. 420–422.
201 Gisevius, Sonderausgabe, S. 421.
202 Gisevius, Sonderausgabe, S. 421; Groscurth-Tagebuch, 6. Nov. 1939. Die Angaben von Gisevius und Groscurth zu diesen Vorgängen stimmen fast genau überein, von relativ geringen Abweichungen bei Datumangaben abgesehen. Gisevius konnte bei der Abfassung seines Buches das Tagebuch Groscurths nicht kennen. Weitere Bestätigung auf Grund holländischer Quellen bei Deutsch, S. 96.
203 Groscurth-Tagebuch, 6. Nov. 1939; Gisevius, Sonderausgabe, S. 421–422, wonach Witzleben am folgenden Morgen noch selbst mit Canaris telephoniert hat.
204 Gisevius, Sonderausgabe, S. 422; vgl. Kosthorst, S. 107 auf Grund von Gisevius II, 140–142 (Sonderausgabe, S. 422–424) u. Halder; Halder, K.T.B. I, 126. Kosthorst, S. 107 Anm. 40, bezweifelt, daß Oster und Gisevius am 8. November nach Kreuznach gefahren seien und meint, es müsse am 7. gewesen sein, mit der Begründung, daß der »Anruf« in Witzlebens Hauptquartier, den Gisevius erlebte, von dem dieser berichtete und der die Verschiebung aller Marschbewegungen um 72 Stunden anordnete, am 7. November eingegangen sein müsse; denn am 7. November habe das OKH die Weisung zum Anhalten aller Bewegungen erhalten. Vgl. dazu Jacobsen, Fall Gelb, S. 49. Das Anhalten und eine Verschiebung um *48 Stunden* fanden tatsächlich am 7. Nov. statt; am 8. Nov. wurde Verschiebung um *72 Stunden* angeordnet. Groscurth-Tagebuch, 7. und 8. Nov. 1939.
205 Gisevius, Sonderausgabe, S. 422; Deutsch, S. 96. Einzelheiten zu Osters Mitteilungen an Sas s. unten, S. 215–219.
206 Gisevius, Sonderausgabe, S. 422.
207 Gisevius, Sonderausgabe, S. 422; Deutsch, S. 238–239 auf Grund der damaligen Aufzeichnungen Müllers: Vincenz Müller, Ich fand das wahre Vaterland, Berlin 1963, S. 369.
208 Gisevius, Sonderausgabe, S. 423. Das war also nur zwei oder drei Tage vor Halders angeblichem Entschluß zum Staatsstreich.
209 Ebenda. Diese Auffassung hat auch Halder immer wieder vorgebracht; vgl. z. B. Trials of War Criminals X, 546, 858.
210 Gisevius, Sonderausgabe, S. 423–424; Halder, K.T.B. I, 126; Deutsch, S. 249 bis 252, auch zum Folgenden.
211 Halder, K.T.B. I, 121–122; Groscurth-Tagebuch, 7. und 8. Nov. 1939; Jodl in Hubatsch, S. 285; Baur, S. 183; Ritter, Goerdeler, S. 250.
212 Halder, K.T.B. I, 122; Groscurth-Tagebuch, 8. Nov. 1939; Jacobsen, Fall Gelb, S. 49 und 277 Anm. 25; Deutsch, S. 72–79 und 243–244 nach Rothfels, Oppo-

sition, S. 195–196 Anm. 84. Auf Grund einer überarbeiteten Ausgabe des Werkes von Rothfels, die dem Verf. nicht zur Verfügung stand, nennt Deutsch auch noch die belgische Gesandtschaft. Die Warnungen an Belgien führten nach Deutsch, S. 244 dazu, daß König Leopold mit dem Auto von Brüssel nach Den Haag fuhr und dort mit Königin Wilhelmine das Friedensvermittlungsangebot verabredete.

213 Groscurth-Tagebuch, 8. Nov. 1939.
214 Ebenda.
215 Groscurth-Tagebuch, 9. Nov. 1939. Heinz, Canaris, S. 117–119, berichtet, Canaris habe schon am Nachmittag des 8. November das Attentat vorausgesagt, aber auch, daß Hitler die Offensive erst in der Nacht vom 8. auf den 9. November abgeblasen habe. Beides ist unrichtig. Ritter, Goerdeler, S. 250, bezeichnet es als »kaum noch zweifelhaft«, daß das Attentat nur ein Propagandatrick gewesen sei. Dr. Anton Hoch (Institut für Zeitgeschichte, München), der sich intensiv mit der Erforschung dieses Anschlages beschäftigt hat und demnächst eine Arbeit darüber vorlegen wird, ist der dem Verf. freundlicherweise mitgeteilten Überzeugung, daß Elser völlig allein und ohne Hintermänner sein Attentat vorbereitet und ausgeführt habe. Näheres siehe unten im Kapitel VIII.
216 Vgl. Groscurth-Tagebuch, 10. Nov. 1939; Gisevius, Sonderausgabe, S. 424 bis 427.
217 Jacobsen, Fall Gelb, S. 49.
218 Hierzu und zum Folgenden: Gisevius, Sonderausgabe, S. 425–426; Deutsch, S. 256.
219 Hierzu und zum Folgenden: Gisevius, Sonderausgabe, S. 426–429; Deutsch, S. 241–242.
220 Kosthorst, S. 49; Berichtigung des Datums Kosthorsts (10. Nov.) bei Jacobsen, Fall Gelb, S. 50 und 277 Anm. 28; Laternser, S. 298–299; Groscurth-Tagebuch, 9. Nov. 1939.
221 Laternser, S. 299.
222 Laternser, S. 299; Kosthorst, S. 49, 106–107.
223 Hierzu und zum Folgenden: Halder, K.T.B. I, 121–123; Jodl in Hubatsch, Tagebuch, S. 285–287; Jacobsen, Fall Gelb, S. 49–51.
224 Halder, K.T.B. I, 131–132; Jodl in Hubatsch, Tagebuch, S. 59; Protokoll .. Halder, S. 16–17; Aussage Halders im OKW-Prozeß, Trials of War Criminals X, 545–548; vgl. Röhricht, S. 149–152; Kordt, S. 376–377; Sendtner, S. 418 bis 423. Die Darstellung bei Wheeler-Bennett, S. 474, ist nur teilweise richtig; irrig ist z. B. die Mitteilung, Hitler habe nach seiner Hauptansprache Brauchitsch gleich noch dabehalten zu einer persönlichen Lektion über den Geist von Zossen.
225 Jodl in Hubatsch, Tagebuch, S. 59; Halder, K.T.B. I, 131; Kosthorst, S. 108 bis 109; Jacobsen, Fall Gelb, S. 59–63. Die Rede ist (in drei verschiedenen inoffiziellen Versionen) erhalten: Trial of the Major War Criminals before the International Military Tribunal: Nuremberg 14 November 1945–1 October 1946, vol. XXVI, Nürnberg 1947, S. 327–336; Hans-Adolf Jacobsen, 1939–1945: Der zweite Weltkrieg in Chronik und Dokumenten, Darmstadt 1959, S. 133–139; Domarus, S. 1421–1427; Documents on German Foreign Policy 1918–1945, Series D (künftig zit. als DGFP), vol. VIII, Washington

1954, Nr. 384. Einer Fußnote an der zuletzt genannten Stelle zufolge wurde die Niederschrift, deren Autorschaft unbekannt ist, 1945 in den OKW-Akten in Flensburg aufgefunden. Halder gab aus dem Gedächtnis den Inhalt wieder im OKW-Prozeß: Trials of War Criminals X, 548, 856–858. Halders Darstellung in diesem Prozeß stimmt mit dem in seiner Spruchkammerverhandlung gegebenen Abriß im wesentlichen überein, ebenso mit der vorerwähnten Version. Ausführlich zu dieser Frage Jacobsen, Fall Gelb, S. 60, wo auch die anderen Versionen und Überlieferungen genannt sind.

226 Trial XXVI, 330.
227 Halder, K.T.B. I, 131; Jodl in Hubatsch, Tagebuch, S. 59. Halder nennt als Zeitpunkt 14.30 Uhr, Jodl 13.30 Uhr. Jacobsen, Fall Gelb, S. 63–64 und 281 Anm. 39 (übernimmt Halders Zeitangabe); Inhalt der Ausführungen Hitlers ebenda.
228 Hierzu und zum Folgenden: Brauchitschs Aussage in Trial XX, 575; Halders Aussagen in Trials of War Criminals X, 857; Protokoll .. Halder, S. 16–17; Halder, K.T.B. I, 132. Jacobsen, Fall Gelb, S. 64; vgl. Ritter, Goerdeler, S. 255.
229 Er selbst berichtete später, daß Hitler den Vorwurf erhoben habe: Protokoll .. Halder, S. 16–17.
230 Kosthorst, S. 50, 105.
231 Aussage Halders im OKW-Prozeß, Trials of War Criminals X, 545–546, 858.
232 Hierzu und zum Folgenden: Thomas, S. 543, 546–548; Halder, K.T.B. I, 133; Huppenkothen, 20. Juli, S. 4; Hassell, S. 92–95.
233 Gisevius, Sonderausgabe, S. 431. Halders Tagebucheintrag über den Vortrag von Thomas lautet: »Popitz. Schacht – Thomas. [Anmerkung:] ObdH.« Nirgends wird berichtet, daß Thomas nicht allein bei Halder gewesen sei; der Eintrag wird also besagen, Thomas habe sich auf Popitz und Schacht berufen, um seinen Darlegungen Gewicht zu geben. Thomas, S. 548 nannte noch Goerdeler, Beck und Oster, nicht aber Schacht. Kosthorst, S. 111 Anm. 53 erklärt das damit, daß Thomas Halder gegenüber nur die Namen genannt habe, die ihm am wirksamsten erschienen seien. Vgl. Deutsch, S. 266–268.
234 Bor, S. 125.
235 Hassell, S. 94–95; Huppenkothen, 20. Juli, S. 4.
236 »Eine Wendung im bisherigen Krieg?« Masch., o. O. 20. Nov. 1939, BA EAP 21 X 15/2.
237 Bei den Feierlichkeiten anläßlich der Wiedereröffnung der Kriegsakademie in Berlin am 15. Oktober 1935.
238 »Betrachtung über die deutsche Lage um die Jahreswende 1939/40«, BA EAP 21 X 15/2.
239 BA EAP 21 X 15/2. Vgl. die Analyse bei Mommsen, Gesellschaftsbild, S. 90 bis 91.
240 Groscurth-Tagebuch, 18., 19., 20., 21. Dez. 1939; Deutsch, S. 281–283.
241 Halder, K.T.B. I, 145 und Anm. 1 zu 22. 12. 39; vgl. Hassell, S. 108.
242 Halder, K.T.B. I, 160.
243 Groscurth-Tagebuch, 5. Jan. 1940; Durchschlag eines Briefes von Groscurth an Ulrich Graf Schwerin von Schwanenfeld (damals Adjutant bei Witzleben) vom 17. Feb. 1940, BA EAP 21 X 15/2. Nach Halder, K.T.B. I, 160 und Anm. 1 gab es von Blaskowitz eine Denkschrift unter dem Datum 6. Feb. 1940. Aber am 18. Jan. 1940 schon äußerte sich Canaris zu Halder

über Blaskowitz' Berichte und über die Zustände in Polen. Groscurth vermutete sicher mit Recht, daß die Verwendung geheimer Berichte von Blaskowitz bei seiner Westreise zu Groscurths »Sturz« als Leiter der Abt. z. b. V. des Amtes Ausland/Abwehr beim OKH beigetragen habe. Er wurde jedoch schon am 1. Feb. 1940 dienstenthoben, so daß es sich keinesfalls um diese spätere Denkschrift Blaskowitz' gehandelt haben kann. S. dazu auch Groscurth-Tagebuch, 1. Feb. 1940; vgl. Deutsch, S. 180.

244 BA EAP 21 X 15/2.

245 Vgl. oben, Anm. 152.

246 Halder, K.T.B. I, 152–153; vgl. unten, Abschn. 4.

247 Vgl. oben, Anm. 152.

248 Hassell, S. 100.

249 Hassell, S. 100, 106; Kosthorst, S. 117–118. Offenbar sind die Gedanken ein Widerschein der Versuche Osters und Gisevius', Witzleben wieder irgendwie für die Opposition zu aktivieren.

250 Hassell, S. 102.

251 Hassell, S. 96–97, 103–106; Jodl in Hubatsch, Tagebuch, S. 61–69 (dort sind auch die ständigen Verschiebungen jeweils notiert); Halder, K.T.B. I, 137 bis 237; Jacobsen, 1939–1945, S. 23; Jacobsen, Fall Gelb, S. 90–93, 141 (hier Tabelle mit allen Angriffsterminen und ihren Verschiebungen).

252 Halder, K.T.B. I, 159; Huppenkothen, 20. Juli, S. 4 auf Grund der Vernehmungen nach dem 20. 7. 44 und einer Aufzeichnung Becks, die der Gestapo in die Hände fiel; Schlabrendorff, Offiziere, S. 49. Kosthorst, S. 118, möchte ein früheres Datum annehmen, weiß aber nicht, welches und hat auch keinen Beleg außer einer vagen Erinnerung Halders und der Meinung, daß »es am 16. Januar in der Luft hängen würde.« Weiterer Bericht über die Unterredung bei Kosthorst, S. 118–120, ohne Belege, jedoch anscheinend auf Grund der Mitteilungen Halders an Kosthorst. Vgl. ferner Deutsch, S. 275–276.

253 Halder, K.T.B. I, 159 Anm. 4; Kosthorst, S. 118.

254 Huppenkothen, 20. Juli, S. 4; Schlabrendorff, Offiziere, Ș. 49–50; Kosthorst, S. 118–119.

255 Kosthorst, S. 119, auch zum Folgenden.

256 Nach Schlabrendorff, Offiziere, S. 50 begründete Halder seine Ablehnung damit, daß Brauchitsch anderer Auffassung sei und nicht glaube, das Heer werde einen Staatsstreich ausführen, und schließlich kämpfe England nicht nur gegen Hitler, sondern zugleich gegen das deutsche Volk. Nach dem viel späteren Bericht Halders, den Kosthorst, S. 119 wiedergibt, hätte Halder zu Beck gesagt: Brauchitschs Zögern nehme er gar nicht so ernst, er könnte ihn schon mitreißen. Aber die Sache könne doch nur Erfolg haben, wenn eine breite deutsche Front dahinterstehe und zur Weiterführung des Umsturzes entschlossen sei. An dieser Front fehle es; ohne diese Basis und Breite wäre das Unternehmen so etwas wie der Kapp-Putsch, und für einen Putsch mit so geringen Erfolgschancen könne er den guten Namen des Oberbefehlshabers des deutschen Heeres nicht riskieren. Vgl. zu Halders Haltung oben, S. 185.

257 Halder, K.T.B. I, 195.

258 S. unten, S. 211, 213.

259 Der Bericht, ohne Datum und Unterschrift, stammt vielleicht von Graf von

Helldorf; BA EAP 21 X 15/2; Groscurth-Tagebuch, 13. Jan. 1940, BA EAP 21 X 15/1; vgl. weitere Einzelheiten des Gesprächs aus Groscurths privatem Tagebuch bei Deutsch, S. 285.

260 Groscurth-Tagebuch, 5. Jan. 1940.

261 Hierzu und zum Folgenden: Abdruck des Erlasses bei Jacobsen, 1939–1945, S. 569–570; Theodor Groppe, Ein Kampf um Recht und Sitte: Erlebnisse um Wehrmacht, Partei, Gestapo, Trier ²1959, passim; Halder, K.T.B. I, November 1939–Januar 1940, passim; Groscurth-Tagebuch, Nov. 1939–Jan. 1940, passim; Groscurth an Schwerin von Schwanenfeld, 17. Feb. 1940, BA EAP 21 X 15/2.

262 Halder, K.T.B. I, 160; hierzu und zur Untätigkeit Brauchitschs auch Deutsch, S. 180–189.

263 Halder, K.T.B. I, 170–171.

264 Groscurth-Tagebuch, 26., 27., 29., 31. Jan. 1940.

265 Groscurth-Papiere, BA EAP 21 X 15/2. Zur Ablösung Groscurths s. ferner Etzdorf, Niederschrift. – Die 75. Div. unterstand – wenigstens nach dem Stand vom 10. Mai 1940 – Witzlebens 1. Armee, die ihrerseits zu Leebs HGr C gehörte: Halder, K.T.B. I, Kartenbeilage »Lage West vom 10. 5. 1940«.

266 Groscurth-Tagebuch, 1. Feb. 1940; Halder, K.T.B. I, 202–203; Deutsch, S. 284 bis 287.

267 Hassell, S. 94, 97.

268 Bericht des schwedischen Gesandten Richert vom 5. Januar 1940, in Übers. abgedr. in »›Widerstand ist vaterländische Pflicht‹: Aus den Akten des Schwedischen Ministerium [sic] des Äußeren«, Politische Studien 10 (1959), S. 435 bis 439.

269 Kosthorst, S. 126–129.

270 Ritter, Goerdeler, S. 258; Sumner Welles, The Time for Decision, New York 1944, S. 90, 120–121; Welles war in Berlin vom 1. bis 5. März; Kopp, Niederschrift Walz, S. 111.

271 Ebenda.

272 Ritter, Goerdeler, S. 258.

273 Ebenda.

274 Ritter, Goerdeler, S. 258–259. Die Namen der beiden Abgesandten und des Begleiters von Dr. Wirth sind bei Ritter nicht genannt; entweder kannte er sie selbst nicht, oder er mußte sie aus irgendwelchen Rücksichten verschweigen, worüber er aber nichts erwähnt.

275 Ritter, Goerdeler, S. 259.

276 Ritter, Goerdeler, S. 259–260.

277 Ebenda.

278 Vgl. dazu oben, S. 74–94.

279 Es scheint sich um ein Versagen des ehemaligen Reichwehrministers Geßler zu handeln, der aber bestreitet, überhaupt etwas damit zu tun gehabt zu haben. Hassell, S. 126 und 129 dagegen berichtet unter dem 22. März und unter dem 6. April von entsprechenden persönlichen Mitteilungen Geßlers an ihn. S. dazu Ritter, Goerdeler, S. 260 und S. 507 Anm. 49; vgl. über Wirth auch Deutsch, S. 132 Anm. 91.

280 Hierzu und zum Folgenden: Kordt, S. 379–383; Ritter, Goerdeler, S. 260–261; Deutsch, S. 158–166; vgl. oben, S. 142, 154–156.

281 Groscurth-Tagebuch, 15. Nov. 1939.

282 Kosthorst, S. 90.

283 Kordt, S. 381, wo der Brief im Wortlaut abgedruckt ist.

284 Ritter, Goerdeler, S. 261.

285 Hierzu und zum Folgenden: Hassell, S. 103, 112–115; J[ames] Lonsdale Bryans (in Hassells Tagebuch »Mr. X.«), Blind Victory (Secret Communications, Halifax-Hassell), London 1951, S. 36–81; J[ames] Lonsdale Bryans, »Zur britischen amtlichen Haltung gegenüber der deutschen Widerstandsbewegung«, VfZ 1 (1953), S. 348–350; Ritter, Goerdeler, S. 261–263; Wheeler-Bennett, S. 488–490; Sendtner, S. 472–473.

286 Lonsdale Bryans, Zur britischen amtlichen Haltung, S. 348 behauptet, Halifax habe ihm sofort vollen diplomatischen Charakter zuerkannt, was aber sicherlich zu weit geht, er konnte ja nicht einmal eine schriftliche Instruktion erhalten, mit der er sich gegenüber Hassell hätte legitimieren können.

287 Nach Ritter, Goerdeler, S. 261, hätte es sich um einen Wunsch der Opposition gehandelt; aber Hassell, S. 113, bezeichnet diesen Punkt ausdrücklich als das »Ziel von X«.

288 Abgedruckt bei Hassell, S. 114–115.

289 Graml, Vorstellungen, S. 33; Nebgen, S. 120.

290 Graml, Vorstellungen, S. 33–34.

291 Vgl. Graml, Vorstellungen, S. 34. Wheeler-Bennett, S. 489 hat diesen Punkt übersehen.

292 Vgl. Ritter, Goerdeler, S. 262.

293 Lonsdale Bryans, Zur amtlichen britischen Haltung, S. 349–350, auch zum Folgenden; ferner Ritter, Goerdeler, S. 263.

294 Vgl. zur Mission Dr. Müllers unten, S. 203–207. Ritter, Goerdeler, S. 263 nimmt an, es habe sich um die Botschaft an Dr. Wirth gehandelt. Hassell, S. 131 berichtet aber, er habe Lonsdale Bryans geantwortet, er glaube zu wissen, um welchen anderen Weg es sich da handle, nämlich um eine »ernsthafte Aktion«, »die auf unserer Seite an die gleiche Gruppe gelangt sei, mit der ich in Verbindung stehe.« Demnach könnte es sich nicht um die Botschaft an Dr. Wirth handeln, da diese ja nicht an die Verschwörer in Deutschland gelangt ist. Wheeler-Bennett, S. 490 nimmt ohne weiteres an, daß es sich um die Vatikan-Gespräche handelte. Dies wiederum ist nach Sendtner, S. 472 Anm. 88, höchst unwahrscheinlich, weil die Vatikan-Gespräche schon im Januar abgeschlossen wurden, also die Zeitangabe »eine Woche vorher« nicht stimmen kann. Deutsch, S. 170 nimmt an, Cadogan habe sich versprochen und »Woche« statt »Monat« gesagt, also sich auf die Bestätigung der britischen Haltung bezogen, die im März an Dr. Müller gelangt war. Ebensogut könnte sich Lonsdale Bryans verhört oder irrtümlich erinnert haben.

295 Hassell, S. 130–131; Ritter, Goerdeler, S. 263 auf Grund ungenauen Lesens: 15. April.

296 Ritter, Goerdeler, S. 263.

297 Hassell, S. 131–132. Was Deutsch, S. 170 dazu berichtet – Hassell habe gesagt, das sei nicht das, was die Opposition brauche – findet sich nicht an der von Deutsch angegebenen Stelle.

298 Vgl. Ritter, Goerdeler, S. 265, der das angebliche Imstichgelassensein der Opposition eine Legende nennt.

299 Hierzu und zum Folgenden sind die Hauptquellen: Bericht von Dr. Müller
    über seine Besprechungen am Vatikan zwischen 6. und 12. November 1939,
    BA EAP 21 X 15/2 (Groscurth-Papiere); der sogenannte X-Bericht, der von
    Dohnanyi verfaßt und im Frühjahr 1940 Halder und Brauchitsch vorgelegt
    wurde, anscheinend am 22. Sept. 1944 bei den Zossener Akten von der Ge-
    stapo aufgefunden, von Halder während der Haft nochmals durchgesehen,
    danach aber verschwunden und wahrscheinlich 1945 mit anderen Gestapo-
    akten verbrannt worden ist (vgl. Ritter, Goerdeler, S. 264; Aussagen Müllers
    im Huppenkothen-Prozeß, [Josef Müller], »Für das anständige Deutschland«,
    Telegraf, 15. Okt. 1952; Sendtner, S. 464–469); Hassell, S. 124, 129; Halder,
    Aussagen in Protokoll .. Halder, S. 32–34, 75; Thomas, S. 546–547; Spiegel-
    bild, S. 509; Gisevius, Aussagen in Trial XII, 229–231; Robert Leiber SJ,
    »Pius XII. †«, Stimmen der Zeit 163 (1958), S. 98–99; John, Some Facts, S. 29
    bis 31; Huppenkothen, 20. Juli, S. 4–5; Sonderegger an Landger. München I,
    S. 2–4; Aussagen Sondereggers vor dem Arbeitskreis Europäische Publikation
    e. V. am 15. Okt. 1952, IfZ ZS 303/II; Dohnanyi, S. 7–8; eine offizielle Bestä-
    tigung der Vermittlung durch den Heiligen Stuhl im Osservatore Romano,
    Nr. 36, 11. Feb. 1946, zit. bei Sendtner, S. 460–462 und Kosthorst, S. 133.
    Außerdem nun weitere, von Deutsch, S. 111–148 erschlossene Quellen. Fer-
    ner Darstellungen bei Ritter, Goerdeler, S. 248, 502–503 Anm. 20, S. 263–266;
    Sendtner, S. 442–506; Kosthorst, S. 130–146; Gert Buchheit, Der deutsche
    Geheimdienst: Geschichte der militärischen Abwehr, München 1966, S. 294
    bis 296.
300 Ritter, Goerdeler, S. 120, 248; Wheeler-Bennett, S. 492; Deutsch, S. 111–114.
301 Nach Sendtner, S. 450 jedoch erst etwa Anfang November, nachdem die Be-
    reitschaft der Engländer zu Verhandlungen schon festgestellt war. Ebenso
    Buchheit, S. 294, ohne Einzelbelege.
302 Ritter, Goerdeler, S. 248; Sendtner, S. 445; vgl. Kosthorst, S. 131.
303 Spiegelbild, S. 509; Deutsch, S. 114.
304 BA EAP 21 X 15/2. Freilich ist darin auch die Erwähnung des für den Fall
    eines deutschen Regierungswechsels zu erwartenden Wohlwollens der West-
    mächte enthalten, was sich wohl nicht so leicht hätte erklären lassen.
305 Sendtner, S. 445; Kosthorst, S. 131 ist nur sicher, daß es vor November 1939
    geschah; vgl. Buchheit, S. 293–294 und Deutsch, S. 117–119.
306 Kosthorst, S. 133.
307 Sendtner, S. 446; Kosthorst, S. 132–133.
308 Sendtner, S. 446. Die genauen Daten für Dr. Müllers Reisen konnten bisher
    nicht festgestellt werden, auch nicht von Deutsch, da Dr. Müller sich nicht
    mehr an sie erinnert: Sendtner, S. 445; Deutsch, S. 117–119. Solange die Ak-
    ten des Vatikan und des britischen Foreign Office zu diesen Kontakten noch
    sekretiert bleiben, wird man in manchen Punkten auf unsichere Annah-
    men angewiesen bleiben. Über das Wesentliche freilich gibt es keinerlei
    ernste Zweifel. Zur Bereitschaft des Vatikans zu Mittlerdiensten meint
    Sendtner, S. 446 durchaus einleuchtend, sie könne nicht ohne das aus-
    drückliche Einverständnis Papst Pius' XII. erklärt worden sein. Kosthorst,
    S. 132 dagegen spricht sich über diese allgemeine Fühlungnahme und Fest-
    stellung der Bereitschaft höchst vage aus und berichtet dann, Ende Oktober
    habe Dr. Müller den Auftrag erhalten, mit dem Ersuchen um *Friedens-*

vermittlung, also etwas sehr Spezifisches, an Pius XII. heranzutreten. Eine Antwort könne Dr. Müller frühestens nach dem 1. November erhalten haben, weil der Papst erst am 31. Oktober von seiner Sommerresidenz Castel Gandolfo nach Rom zurückgekehrt sei und also Pater Leiber ihm erst dann Vortrag gehalten haben könne. Das ist nicht zwingend. Pater Leiber erinnert sich mit Bestimmtheit, daß *sachliche* Verhandlungen, die also über Technisches und allgemeine Bereitschaft hinausgingen und den Gegenstand der Vermittlung betrafen, nicht vor dem 31. Oktober 1939, dem Tag der Rückkehr des Papstes von Castel Gandolfo, stattfanden. Dies schließt die Möglichkeit allgemeiner Erklärungen nicht aus; denn nach Sendtner, S. 448 bis 449, hatte der Papst nur nicht die Gewohnheit, auf seiner Sommerresidenz ausländische Diplomaten zu empfangen, konnte sich also wohl von Pater Leiber haben vortragen lassen, was allerdings Kosthorst, S. 132, unter Berufung auf eine »Quelle X«, womit Pater Leiber gemeint sein muß, ausschließt. Siehe hierzu auch den von Huppenkothen in seinem Prozeß 1952 zitierten Aktenvermerk vom 18. Oktober, wonach Dr. Müller gerade aus Rom zurückgekommen war: Ritter, Goerdeler, S. 502 Anm. 20.

309 Sendtner, S. 446; Deutsch, S. 111.

310 Nach Deutsch, S. 119 war das nach dem 5. und vor dem 18. Okt., an welchem Tag Müller schon von seiner zweiten Romreise zurückkam.

311 Kosthorst, S. 132; vgl. Deutsch, S. 120 Anm. 50, 121–122 Anm. 56; Sendtner, S. 448 hält für wahrscheinlich, daß auch auf diese Frage die Antwort schon kurz nach der Oktobermitte vorlag. Deutsch, S. 119 bestätigt diese Vermutung.

312 Kosthorst, S. 132–133; Sendtner, S. 448.

313 Kosthorst, S. 132–133; Sendtner, S. 448; Groscurth-Tagebuch, 20. Okt. 1939; Deutsch, S. 119 auf Grund der Aussagen Huppenkothens, der die Notizen Dohnanyis genau kannte und nach dem Urteil Deutschs ein hervorragendes Gedächtnis besitzt. Vgl. oben, S. 176: bei seinem Besuch bei Halder am 4. Nov. verwendete Thomas schon Teilergebnisse der Mission Dr. Müllers. In der Frage der Daten folgt d. Verf. Deutsch, S. 119.

314 Sendtner, S. 449; Kosthorst, S. 133; Deutsch, S. 124–126. Weitere Gesprächspartner Dr. Müllers in Rom waren Prälat Dr. Ludwig Kaas, früher Zentrumsführer, 1934 emigriert; Monsignor Dr. Johann Schönhöffer von der Propaganda Fides; Pater Dr. Ivo Zeiger SJ, Rektor des Collegium Germanicum in Rom. In Dr. Müllers Bericht sind sie unter durchsichtigen Decknamen genannt: »Onkel Ludwig« ist Prälat Dr. Kaas; »Giovanni« ist Msgr. Schönhöffer; usw. Zum Folgenden: Die von Dr. Müller aufbewahrten Schriftstücke Pater Leibers sind nach dem Zeugnis Huppenkothens nicht mit den anderen Zossener Papieren in die Hände der Gestapo gefallen; Deutsch, S. 147–148; vgl. Ritter, Goerdeler, S. 264; Sendtner, S. 453–454; Kosthorst, S. 134 lt. Müllers Rundfunkvortrag in Günther Weisenborn, Der lautlose Aufstand: Bericht über die Widerstandsbewegung des deutschen Volkes 1933–1945, Hamburg 1953, S. 241–242.

315 Sendtner, S. 449–450; vgl. Bericht Dr. Müllers über »Besprechungen in Rom beim Vatikan« (wie Groscurth darüberschrieb), BA EAP 21 X 15/2.

316 Sendtner, S. 456–458; Müller, Besprechungen. Deutsch, S. 136–137, 157, 173–174.

317 Kosthorst, S. 134; Sendtner, S. 460; vgl. Groscurth-Tagebuch, 2. Jan. 1940. In den Berichten darüber, worin dieses Ereignis bestanden habe, herrscht Mangel an Übereinstimmung; alle schriftlichen Unterlagen sind verlorengegangen. Dr. Müller und seine Freunde haben die ihnen zugegangenen Mitteilungen auch nicht nur weitergereicht, sondern auch kommentiert, wobei sachlicher Inhalt und Kommentar leicht ineinander übergehen konnten. Schließlich wurde ein konkreter Zweck verfolgt, nämlich die Aktivierung Halders und Brauchitschs. Es ging da nicht um die reine Wissenschaft, sondern um den Staatsstreich, eine gewisse Tendenz zur Schönfärberei war also unvermeidlich. Das Wesentliche läßt sich gleichwohl noch gut erkennen, und es erweist sich als eine für den Umsturz durchaus brauchbare Grundlage. Dies nach Sendtner, S. 455; Ritter, Goerdeler, S. 264; vgl. Deutsch, S. 289–315.

318 Müllers Aussage im Huppenkothenprozeß, Telegraf, 15. Okt. 1952; Sendtner, S. 448, 460–462; Deutsch, S. 137–139 (mit Hypothesen zur Frage der französischen Haltung), 297.

319 Müller, Besprechungen.

320 Ebenda.

321 Sendtner, S. 462–463.

322 Sendtner, S. 468–469. Kosthorst, S. 136–137, teilt mit: Halder, »dessen gutes Gedächtnis sich wiederholt erwiesen« habe, erinnere sich auf Grund der ihm später über Dr. Müllers Sondierungen vorgelegten Unterlagen, daß nicht nur alle Ostfragen (Korridor; ehemalige Tschechei wiederherzustellen, aber als deutsches Einflußgebiet) und das Schicksal Österreichs ganz »im deutschen Sinne gelöst werden« sollten, sondern auch »im Westen die deutsche Grenze von 1914 wiederhergestellt werden«, also Elsaß und Lothringen Frankreich weggenommen werden sollte! Da sich sonst niemand an eine solche Zusicherung erinnert, die auch Kosthorst grotesk erscheint, andererseits aber Halders Gedächtnis so gut ist, beschließt Kosthorst, diesen Punkt »zunächst außer Ansatz« zu lassen. Auch im Folgenden ist er nicht in der Lage, den Widerspruch aufzulösen. Pater Leiber bezeichnet in Pius XII., S. 98–99 die Behauptung einer Zusage des Papstes auf Wiederherstellung der deutschen Grenzen von 1914 gegenüber Polen als »gänzlich frei erfunden. Der Papst hätte zu einer Auflösung oder Aufteilung Polens nie und nimmer seine Hand gereicht«. Es könne sich da nur um eine Fälschung handeln.

    Dr. Otto John kannte wahrscheinlich die Bedingungen schon aus Berichten Dr. Müllers, vielleicht auf dem Umweg über Oster oder Dohnanyi, jedenfalls aber nicht erst aus dem X-Bericht; John, Some Facts, S. 29, berichtet nichts, was irgendwie die Westgrenze betrifft, dagegen ganz allgemein als Angebot der Westmächte die Wiederherstellung des nach Abschluß des Münchner Abkommens gültigen Zustandes. Vgl. auch Ritter, Goerdeler, S. 264.

323 Ritter, Goerdeler, S. 264; Kosthorst, S. 135; Sendtner, S. 464.

324 Vgl. Kosthorst, S. 134–135; Halder in Protokoll .. Halder, S. 33.

325 Hassell, S. 124; Sendtner, S. 464–467; Thomas, S. 546.

326 Thomas, S. 546–548. Thomas sprach nie von einem »X-Bericht«, sondern immer von dem »Bericht aus Rom«; er hatte im April 1940 einen Bericht an Halder überbracht, aber nicht selbst gelesen; vgl. Kosthorst, S. 135–136.

Nach seinem eigenen Bericht kannte Thomas lediglich aus der Zeit der Verhöre eine ihm von Huppenkothen vorgelegte »Aktennotiz« Dohnanyis, die mit dem X-Bericht identisch sein *konnte* – nur konnte es Thomas nicht wissen, weil er den an Halder überbrachten Bericht im April 1940 nicht gelesen hatte. Sendtner, S. 467 nimmt an, ohne einen Beleg zu haben, Thomas habe den X-Bericht gekannt. In diesem Zusammenhang verdient Erwähnung, daß Hassells Tagebucheintrag vom 19. März 1940, S. 124 nur »außerordentlich interessante Papiere über Gespräche eines katholischen Vertrauensmannes mit dem Papst« erwähnt, die Dohnanyi und Oster Hassell an diesem Tag vorgelegt hatten, aber nicht einen bestimmten »Bericht« oder eine zusammenfassende Ausarbeitung. Kosthorst, S. 134–135 und Sendtner, S. 469 nehmen wiederum ohne Beleg an, Hassell habe den X-Bericht gesehen. Ferner: dem Bericht von Frau von Dohnanyi, S. 8 zufolge hat Dohnanyi »in einem Memorandum an die Generale, das ihnen zugleich mit dem Ergebnis der Friedensfühler – dem sogenannten X-Bericht – übermittelt wurde«, zu der verbreiteten Sorge vor einer neuen Dolchstoßlegende eingehend Stellung genommen; dies könnte die von Thomas erwähnte Aktennotiz gewesen sein.

327 Bei Kosthorst, S. 136 heißt es auf Grund der Erinnerungen Halders »Tschechei«, bei Halder in Protokoll .. Halder, S. 33 »Tschechoslowakei«.

328 Kosthorst, S. 134–146 befaßt sich eingehend und auf Grund mündlicher Mitteilungen Halders mit dem X-Bericht und verwickelt sich in Widersprüche, weil er Halder einmal für glaubwürdig, ein anderes Mal für unglaubwürdig hält. Vgl. Sendtner, S. 464–471; Leiber, S. 98; Deutsch, S. 300 bis 302. Halder in Protokoll .. Halder, S. 33: »Ich habe diesen Bericht stundenlang in den Verhören der Gestapo vor mir liegen gehabt und immer wieder durchgelesen. Er ist mir infolgedessen in der Erinnerung scharf haften geblieben.« Kosthorst, S. 134–135 teilt mit, Halder glaube, in den Verhören sei ihm der X-Bericht vorgelegt worden (den er kennen mußte, da er ihn im April 1940 genau gelesen hatte; s. unten, S. 211–212), aber das sei nicht wahrscheinlich, weil er das fragliche Dokument nicht in die Hand bekommen habe und ihm 1940 »offensichtlich ein stark modifizierter Text vorgelegt« worden sei. Das ist wenig überzeugend. Entscheidend ist jedoch die Frage, ob das, was Halder im April 1940 vorgelegt wurde, und das, was man ihm im Verhör zeigte, dasselbe war. Weiter unten, S. 137–138 besteht Kosthorst dann wieder auf der Zuverlässigkeit des Halderschen Gedächtnisses.

Halders Tendenz, die man nur eindeutig widerlegen könnte, wenn man den X-Bericht hätte, ist durchweg dahin gerichtet, das Unseriöse und Unglaubwürdige des X-Berichtes hervorzukehren. Halder weist darauf hin, daß der Bericht weder Überschrift noch Unterschrift gehabt und daß er phantastische Zusagen enthalten habe, die für »uns Soldaten« wenigstens zum Teil längst uninteressant geworden waren, und von denen besonders im Fall von Elsaß-Lothringen auch der politisch weniger Bewanderte sofort sehen mußte, daß sie niemals durchgeführt werden konnten. Damit wäre denn klar, warum der X-Bericht nicht die gewünschte Wirkung, nämlich den Umsturz durch das Heer haben konnte. Ernste Bedenken an der Richtigkeit der Darstellung Halders sind also angezeigt.

Deutsch, S. 300–302 neigt zu der Auffassung, die Halder am 4. April 1940 vorgelegte Version des X-Berichtes habe die unglaubliche Erwähnung Elsaß-Lothringens nicht enthalten; Halder habe, vielleicht unbewußt, in seinen Nachkriegsberichten der Tendenz Raum gegeben, den X-Bericht abzuwerten, da er ja darauf seine endgültige Absage an die Opposition erteilt hatte. Vgl. die Übersicht über die Aussagen betr. den Inhalt des X-Berichtes bei Deutsch, S. 302.

Gegen Halders Darstellung vom Inhalt des Berichtes spricht auch die Bereitschaft Hassells – sofern er den Bericht gekannt haben sollte –, das Papier an Halder zu überbringen, und schließlich – dieses wichtige Argument ist Deutsch entgangen – die Tatsache, die jedenfalls Halder stets berichtete, daß er, Halder, das von ihm beschriebene Dokument in empfehlender Weise an Brauchitsch weitergereicht habe. Das wird man ihm wohl nicht zutrauen sollen.

329 Leiber, S. 98.
330 Sendtner, S. 474; Kosthorst, S. 136; Huppenkothen, 20. Juli, S. 5; Halder, K.T.B. I, 245.
331 Solche Vermutungen äußern Kosthorst, S. 139–141 und Sendtner, S. 483–486, 489. Deutsch, S. 303–304 führt als mögliche Erklärung außer der Mission von Sumner Welles noch den (vermuteten) Wunsch an, den nächsten Ansturm auf die Generale zum Zeitpunkt des erwarteten Scheiterns der Expedition gegen Norwegen zu unternehmen. Dafür gibt es, wie auch Deutsch feststellt, keine Anhaltspunkte, und überdies ist fraglich, ob die Westmächte sich nach diesem offensiven Vorgehen nicht von ihrer Stillhaltezusage entbunden betrachtet hätten.
332 Vgl. Groscurth-Tagebuch, 16. Nov. 1939, 2. Jan. 1940, 12. Jan. 1940, 19. Jan. 1940, 1. Febr. 1940; Hassell, S. 111–112, 123.
333 Hassell, S. 109–110.
334 Hassell, S. 111.
335 Hassell, S. 111–115.
336 Hassell, S. 112–115, 119–121, 123; Welles, S. 90, 120–121; vgl. Keesing's Contemporary Archives 1937–1940, S. 3963.
337 Hassell, S. 121.
338 Hassell, S. 115, 122.
339 Hassell, S. 123.
340 Ritter, Goerdeler, S. 265–267.
341 Die Mitteilung von Deutsch, S. 307, die Beck-Oster-Gruppe habe von Goerdelers Besuchen bei Halder nichts gewußt, ist unbelegt.
342 Hassell, S. 123–124.
343 Hassell, S. 124.
344 Hassell, S. 125–126; Halder, K.T.B. I, 231 (hier steht nur »Besprechung mit Dr.«, aber nach dem Zusammenhang und den Angaben bei Hassell kann kein Zweifel daran bestehen, daß es sich um Goerdeler handelte).
345 Halder, K.T.B. I, 231.
346 Hassell, S. 125.
347 Kosthorst, S. 143.
348 Hassell, S. 125–126.
349 Ebenda.

350 Der Brief ist nicht erhalten, sein Datum nicht bekannt, doch ist er mehrfach belegt. S. dazu Ritter, Goerdeler, S. 266 und Anm. 62; Schlabrendorff, S. 50; ferner Huppenkothen, 20. Juli, S. 4 (hier ist als Datum »Ostern 1940« angegeben, das wäre der 24. oder 25. März); Hjalmar Schacht, Abrechnung mit Hitler, Berlin, Frankfurt/M. [1949], S. 162 (»April 1940«); Thomas, S. 546; Hassell, S. 128–129. Ein dritter Besuch Goerdelers bei Halder, der von Deutsch, S. 306–307 für den 1. April angenommen wird, ist kaum belegt. Indirekt könnte er aus Hassells Bemerkung, S. 128–129, erschlossen werden, Goerdeler habe ihm berichtet, daß Halder bei der Erwähnung seiner großen Verantwortung geweint habe, und gegenüber Kosthorst (S. 141) hat Halder von drei Besuchen Goerdelers berichtet. Aber Goerdeler kann sein Wissen aus dritter Hand gehabt haben, und Halders Gedächtnis ist nicht unfehlbar.

351 Kosthorst, S. 144, knüpft an die Darstellung von Goerdelers und Hassells Kontakten mit Halder die Bemerkung, dem X-Bericht sei so bei Halder kein guter Boden bereitet gewesen und erweckt, sicherlich ohne Absicht, den Eindruck, der Boden wäre ohne diese Kontakte besser gewesen. Das kann ohne Selbsttäuschung niemand glauben, der die Ereignisse des 5. Nov. 1939 kennt.

352 Halder, K.T.B. I, Dezember 1939 – März 1940, passim und S. 237; Oster und Dohnanyi erzählten Hassell davon am 3. April; Hassell, S. 129.

353 Halder, K.T.B. I, 227.

354 Halder, K.T.B. I, 230–231.

355 Halder, K.T.B. I, 231.

356 Halder, K.T.B. I, 240–244.

357 Halder, K.T.B. I, 245; Aussagen in Protokoll .. Halder, S. 32–33; Hassell, S. 129; Huppenkothen, 20. Juli, S. 5; Sendtner, S. 474–477; Kosthorst, S. 136; Wheeler-Bennett, S. 493 Anm. 1, ist im Irrtum mit seiner Angabe, das Datum der Überreichung des X-Berichtes sei nicht bekannt.

358 Hassell, S. 134.

359 Halder, Aussage in Protokoll .. Halder, S. 33; Wheeler-Bennett, S. 492. Brauchitsch wäre also entgangen, daß eine Weltanschauung nicht einfach in der Luft schwebt, sondern von Menschen gedacht und vertreten wird, ihnen also notfalls auch ausgeredet werden könnte; ferner, daß es sich ja in der Hauptsache nicht um die Weltanschauung eines »Millionenvolkes«, sondern Hitlers handelte, der u. a. die eigenartige Auffassung fanatisch vertrat, man müsse die Bevölkerung Deutschlands mehren, damit diese in der Lage sein würde, sich den ihr zustehenden Lebensraum zu erkämpfen; vgl. oben, S. 56. Zur »Westgrenze von 1914«: Nach der Niederlage Frankreichs, aber auch noch im Juni 1943 glaubte auch Jakob Kaiser, Straßburg und das Elsaß könnten bei Deutschland bleiben, wenn dieses sich rechtzeitig selbst befreie; Nebgen, S. 159–160.

360 Halder, K.T.B. I, 248.

361 Huppenkothen, 20. Juli, S. 5.

362 Halder, K.T.B. I, 259.

363 Halder, K.T.B. I, 268.

364 Schlabrendorff, S. 50. Vgl. Wheeler-Bennett, S. 493.

365 Hassell, S. 129, 133–134; Ritter, Goerdeler, S. 268, 510 Anm. 67. Bei Hassell, S. 129, heißt es in einer vom Hrsg. eingefügten Anmerkung, Groscurth sei für die Rundreise ausersehen gewesen, was jedoch nach dessen Versetzung

wenig wahrscheinlich war und wohl auf einer Verwechslung mit seiner Rundreise im Dezember 1939 beruht.

366 Wahrscheinlich am 29. oder 30. April; Sendtner, S. 498–505; vgl. Sonderegger, Bl. 8; Deutsch, S. 336, 341. Nach Kosthorst, S. 145, ohne besonderen Beleg oder Erörterung der Abweichung seiner Darstellung von derjenigen Sendtners: ».. am 1. oder 2. Mai ..«

367 Sendtner, S. 492–506. Einzelheiten über weitere Warnungen und Kontakte Dr. Müllers bei Deutsch, S. 331–349. Über Quellen, aus denen geplante Angriffstermine dem Gegner bekannt wurden, s. Sendtner, S. 495–506, 518–531; ferner den Bericht des schwedischen Gesandten in Berlin, Richert, vom 5. Jan. 1940 über Mitteilungen von Ewald von Kleist-Schmenzin, »›Widerstand ist vaterländische Pflicht‹«, S. 435–439.

368 »Deutsche Gespräche über das Recht zum Widerstand«, in Vollmacht des Gewissens I, Frankfurt/M., Berlin 1960, S. 31–42.

369 Siehe zum Zusammenhang der Widerstandstätigkeit Osters die eingehende Studie von Hermann Graml, »Der Fall Oster«, VfZ 14 (1966), S. 26–39; ferner Dulles, S. 80–84; Buchheit, Geheimdienst, S. 286–289, 296–307; Sendtner, S. 507–517; Deutsch, S. 51–55, 92–101, auch auf Grund belgischer und holländischer Quellen.

370 Deutsch, S. 74–77, 143–145, auch zum Folgenden.

371 Deutsch, S. 96–97 auf Grund holländischer und belgischer Quellen.

372 Halder, K.T.B. I, 151, 161–162, 165, 281–282.

373 Deutsch, S. 319–323.

374 Halder, K.T.B. I, 283.

375 Sendtner, S. 510; Graml, Fall, S. 36.

376 Sendtner, S. 510–511.

377 Halder, K.T.B. I, 286; Sendtner, S. 511; Graml, Fall, S. 37–39.

378 Hierzu und zum Folgenden: Sendtner, S. 511–515; Graml, Fall, S. 37–39. Deutsch, S. 326 nimmt ohne Beleg an, daß Beck von den Beziehungen zwischen Oster und Sas nicht unterrichtet gewesen sei.

379 Das von Graml genannte Motiv der Verlängerung der Frist, welche den Generalen zum Putschen zur Verfügung stehen würde, wenn die Offensive verraten und daraufhin als zu wenig aussichtsreich abgeblasen wurde, überzeugt nicht recht, es sei denn für die kurzen Wochen zwischen Mitte Oktober und 7. November, an welchem Tage Oster Sas sagte, er rechne nicht mehr mit einem Umsturzversuch der Generale; Graml, Fall, S. 38.

380 Sendtner, S. 516–517.

381 Graml, Fall, S. 39.

382 Ebenda.

383 Hierzu und zum Folgenden: Gebhardt IV, 260–287, 306.

384 Vgl. hierzu Peter Tompkins, Italy Betrayed, New York 1966.

385 Hierzu und zum Folgenden: Gebhardt IV, 282–288, 304–309, 318–323.

VI. Innenpolitische Pläne

1 John W. Wheeler-Bennett, The Nemesis of Power: The German Army in Politics 1918–1945, Second Edition, London–New York 1964, S. 493.

2 Ulrich von Hassell, Vom andern Deutschland: Aus den nachgelassenen Tagebüchern 1938–1944, Fischer Bücherei, Frankfurt/M. 1964, S. 191, 200.

3 Hassell, S. 293.

4 Eberhard Zeller, Geist der Freiheit: Der zwanzigste Juli, München ⁵1965, S. 361; Annedore Leber, Das Gewissen steht auf: 64 Lebensbilder aus dem deutschen Widerstand 1933–1945, Berlin, Frankfurt/M. ⁹1960, S. 126.

5 Joachim Kramarz, Claus Graf Stauffenberg 15. November 1907 – 20. Juli 1944: Das Leben eines Offiziers, Frankfurt/M. 1965, S. 201.

6 Fabian von Schlabrendorff, Offiziere gegen Hitler, Fischer Bücherei, Frankfurt/M. 1959, S. 154.

7 Albert Krebs, Fritz-Dietlof Graf von der Schulenburg: Zwischen Staatsraison und Hochverrat, Hamburg 1964, S. 234, 239.

8 Hans Rothfels, Die deutsche Opposition gegen Hitler: Eine Würdigung, Fischer Bücherei, Frankfurt/M.–Hamburg, 1958; Gerhard Ritter, Carl Goerdeler und die deutsche Widerstandsbewegung, Stuttgart ³1956; Zeller, Geist der Freiheit; Hans Mommsen, »Gesellschaftsbild und Verfassungspläne des deutschen Widerstandes«, in Walter Schmitthenner und Hans Buchheim (Hrsg.), Der deutsche Widerstand gegen Hitler: Vier historisch-kritische Studien, Köln–Berlin 1966, S. 73–167; Ger van Roon, Neuordnung im Widerstand: Der Kreisauer Kreis innerhalb der deutschen Widerstandsbewegung, München 1967.

9 Hassell, S. 332–348; Ritter, Goerdeler, Anhang (mehrere teils vollständig abgedruckte Dokumente); Theodor Steltzer, Von deutscher Politik: Dokumente, Aufsätze und Vorträge, hrsg. v. Friedrich Minssen, Frankfurt/M. 1949, S. 154–169 (Kreisauer Dokumente); dasselbe in Theodor Steltzer, Sechzig Jahre Zeitgenosse, München 1966, Anhang; Wilhelm Ritter von Schramm (Hrsg.), Beck und Goerdeler: Gemeinschaftsdokumente für den Frieden 1941–1944, München 1965 (mit schweren Mißverständnissen des Hrsg.); Roon, Anhang (in der Einleitung eine gute Quellen- und Literaturübersicht).

10 Franz Josef Furtwängler, Männer, die ich sah und kannte, Hamburg 1951, S. 215–216; Otto John, »Männer im Kampf gegen Hitler (II)«, Blick in die Welt 2 (1947), H. 7; ders., »Männer im Kampf gegen Hitler (IV): Wilhelm Leuschner«, Blick in die Welt 2 (1947), H. 9, S. 20.

11 Elfriede Nebgen, Jakob Kaiser: Der Widerstandskämpfer, Stuttgart 1967, S. 88–89, 64–65, 97, 188–189; Jakob Kaiser, »Kämpfer der Gewerkschaftseinheit: Zum Todestage von Wilhelm Leuschner – 29. September 1944«, Neue Zeit, 28. Sept. 1945. Durch den Deutschen Gewerkschaftsbund und (bisher) die Vorherrschaft dreier großer Parteien sind diese Vorstellungen wenigstens in der Bundesrepublik einigermaßen verwirklicht worden.

12 Mommsen, S. 82–85; vgl. Hans Rothfels, »Trott und die Außenpolitik des Widerstandes«, VfZ 12 (1964), 322.

13 Mommsen, S. 92.

14 Friedrich Alfred SchmidNoerr, »Dokument des Widerstandes: Entwurf einer Deutschen Reichsverfassung«, Voran und beharrlich, Heft 33/34, Sommer 1961, S. 1–12.

15 Vgl. Mommsen, S. 162–163.

16 Abgedruckt bei Hassell, S. 332–336; dazu »Gesetz über die Wiederherstellung geordneter Verhältnisse im Staats- und Rechtsleben« (hauptsächlich von

Popitz), Hassell, S. 336–344; »Richtlinien zur Handhabung des Gesetzes über den Belagerungszustand« (hauptsächlich von Popitz; das Gesetz selbst ist verlorengegangen), Hassell, S. 345–348. Ferner dazu Rothfels, Opposition, S. 109–111; Ritter, Goerdeler, S. 315–317; Mommsen, S. 126–132.

17 Vgl. Mommsen, S. 128.

18 Hassell, S. 336–344; vgl. Mommsen, S. 128–132.

19 Ritter, Goerdeler, S. 315–317.

20 Die Richtlinien sind abgedruckt bei Hassell, S. 345–348.

21 Bei Ritter, Goerdeler, im Anhang: »Gedanken eines zum Tode Verurteilten – September 1944 im Gefängnis«, S. 569–576; Auszug aus »Das Ziel«, S. 577 bis 578; Friedensplan, S. 585; Friedensplan, wahrscheinlich vom Spätsommer 1943, S. 586–592; Geheime Denkschrift für die Generale vom März 1943, S. 593–611; Entwurf von Goerdelers Brief an Generalfeldmarschall von Kluge vom 25. Juli 1943, S. 612–616. Bei Schramm, Beck und Goerdeler: »Das Ziel«, S. 81–166 (zur Urheberschaft Goerdelers, im Gegensatz zur These von Schramm, vgl. Mommsen, S. 266–267 Anm. 68; zur Datierung im Gegensatz zu Ritter und Schramm Mommsen, S. 269–270 Anm. 109); ferner eine Denkschrift, welche der Hrsg. Schramm »Der Weg« nennt und nicht datieren kann, S. 167–232; »Regierungserklärung«, S. 233–246 (früher schon von Ritter veröffentlicht: »Das Regierungsprogramm vom 20. Juli 1944«, Die Gegenwart I (1946), H. 12/13, S. 11–14); Rundfunkansprache, S. 247–253; Friedensplan Goerdelers, hier als »Ausarbeitung Goerdelers«, S. 255–264. In Spiegelbild einer Verschwörung: Die Kaltenbrunner-Berichte an Bormann und Hitler über das Attentat vom 20. Juli 1944. Geheime Dokumente aus dem ehemaligen Reichssicherheitshauptamt, hrsg. vom Archiv Peter für historische und zeitgeschichtliche Dokumentation, Stuttgart 1961: Auszug aus »Das Ziel«, S. 119 bis 123; Friedensplan Goerdelers (hier ohne Titel), S. 249–255; »Das Regierungsprogramm vom 20. Juli 1944«, hier als »Regierungserklärung«, S. 147 bis 156; Rundfunkansprache, hier unter dem Titel »Rundfunk«, S. 213–217. Eine Anzahl der genannten Dokumente sind auch noch an anderen Stellen veröffentlicht. Viele Denkschriften und Dokumente aus dem Nachlaß Goerdelers befinden sich unveröffentlicht im Bundesarchiv in Koblenz.

22 Hierzu und zum Folgenden: Ritter, Goerdeler, S. 280–288; Mommsen, S. 132 bis 146; vgl. Constantin von Dietze, »Die Universität Freiburg im Dritten Reich«, Mitteilungen der List Gesellschaft Fasc. 3 (1960/61) Nr. 3, S. 95–105; Nebgen, S. 128.

23 Schramm, Beck und Goerdeler, S. 81–166; Ritter, Goerdeler, S. 569–576 (Goerdeler, »Gedanken...«). Auch im Folgenden stützt sich die Darstellung auf diese beiden Quellen.

24 Nebgen, S. 90–91, 95.

25 Vgl. dazu die nach den Feststellungen der Gestapo geplante Organisation der Einheitsgewerkschaft in BA EAP 105/26, nach Bl. 113 (nicht in Spiegelbild); Nebgen, S. 90–91, 95, 122, 128, 149–150. Nebgen, S. 122 bezeichnet die Aussagen Leuschners vor der Gestapo, wie sie in Spiegelbild, S. 383 ff. wiedergegeben sind, zumindest betr. die geplante Gewerkschaftsorganisation als zutreffend. S. ferner Ritter, Goerdeler, S. 292. Gegen die angebliche Auffassung von Mommsen, S. 162, daß damit eine Art demokratischer Ständestaat von Kaiser, Leuschner und Habermann angestrebt worden sei, wendet

sich Nebgen, S. 90–91, obwohl Mommsen an der angegebenen Stelle nichts dergleichen behauptet; zudem bringt Nebgen das an der Sache vorbeigehende Argument, die erstrebte Organisation der Einheitsgewerkschaft nach Berufsverbänden habe nichts mit ständestaatlichen Ideen zu tun.

26 Nebgen, S. 64–65. Zum Folgenden auch [Hans] Walz, Gedanken zur politischen Zielsetzung von Carl Goerdeler, Masch., [Stuttgart] Mai 1968.

27 Nebgen, S. 151–155, auch zum Folgenden.

28 Vgl. Mommsen, S. 138–139.

29 Ritter, Goerdeler, S. 299.

30 Zum Kreisauer Kreis gibt es nun ein grundlegendes und gründliches, freilich auch mit mancherlei Unzulänglichkeiten behaftetes Werk von Ger van Roon, Neuordnung im Widerstand: Der Kreisauer Kreis innerhalb der deutschen Widerstandsbewegung, München 1967. Hier werden wesentliche bisher unbekannte Dokumente veröffentlicht, Quellen und Literatur sind in großem Umfang, jedoch nicht vollständig, erfaßt. Die Einleitung gibt einen Überblick über die bisherigen Quellenveröffentlichungen, deren wichtigste sich schon bei Steltzer, Politik, S. 154–169 und ders., Sechzig Jahre, S. 298–320 finden, und über die Literatur zur Widerstandsbewegung. Wichtige Bemerkungen und Korrekturen zu Roon bringt Eugen Gerstenmaier, »Der Kreisauer Kreis: Zu dem Buch Gerrit van Roons ›Neuordnung im Widerstand‹«, VfZ 15 (1967), 221–246. Dazu ferner Eugen Gerstenmaier, mündliche Mitteilungen an d. Verf. vom 17. Aug. 1965. Zu den Kreisauer Tagungen: Roon, S. 248–256.

31 Den Gedanken, die Programme der Kreisauer seien durch Mehrheitsbeschlüsse verabschiedet worden, lehnt Dr. Eugen Gerstenmaier, einer der am intensivsten an den Beratungen Beteiligten, entschieden ab; es habe sich, sofern überhaupt Beschlüsse gefaßt worden seien, stets um freie Übereinkünfte gehandelt. Gerstenmaier, Kreisauer Kreis, S. 227. Bei der letzten Redaktion der Entwürfe im Sommer 1944 durch Dr. Haubach und Dr. Gerstenmaier fehlten Dr. Mierendorff, der im Dezember 1943 bei einem Luftangriff in Leipzig ums Leben gekommen war, und Graf von Moltke, der im Januar 1944 verhaftet worden war. Gerstenmaier, Mitteilungen.

32 Vgl. Mommsen, S. 132–146; »Grundsätze für die Neuordnung« und »Reichsaufbau« s. Steltzer, Sechzig Jahre, S. 298–303. Vgl. Gerstenmaier, Kreisauer Kreis, S. 239–241.

33 Vgl. dazu die wenig zuverlässigen Angaben bei Werner Münchheimer, »Die Verfassungs- und Verwaltungsreformpläne der deutschen Opposition gegen Hitler zum 20. Juli 1944«, Europa-Archiv 5 (1950), S. 3188–3195; Albert Krebs, Fritz-Dietlof Graf von der Schulenburg: Zwischen Staatsraison und Hochverrat, Hamburg 1964, S. 269–285; Mommsen, S. 101–104 mit kritischer Stellungnahme dazu; Roon, S. 394–396, zit. einen im Kreisauer Kreis beratenen Kartenentwurf mit Ländereinteilung, der in je einem Exemplar im Besitz von Dr. Paulus van Husen und Gräfin Yorck von Wartenburg erhalten ist; Bestätigung der Autorschaft Schulenburgs bei Gerstenmaier, Kreisauer Kreis, S. 228.

34 Vgl. Mommsen, S. 145–146. Roon, S. 407–408, der das reichhaltigste bisher zusammengetragene Quellenmaterial zum Kreisauer Kreis zur Verfügung hatte, geht leider auf diese Fragen nicht ein.

35 Wie Roon, S. 408 zu dem folgenden Schluß kommen konnte, ist unerfindlich: »Die Zusammensetzung des Reichsrates sollte eine Honorierung
    des föderativen Elements verbürgen.« Der Zentralismus ist doch offensichtlich. Mommsen, S. 146 stellt sogar fest, die Kreisauer Konstruktion hätte
    »die nationalsozialistische Gleichschaltung der Länder als fait accompli angesehen.« Auch Ritter, Goerdeler, S. 308 übersieht merkwürdigerweise den
    starken Zentralismus des Kreisauer Entwurfes und meint: »Der künftige
    Reichstag wird also ebenso wie der ›Reichsrat‹ völlig von den Vertretern des
    Länderpartikularismus beherrscht.«
36 Vgl. Mommsen, S. 139–140.
37 Hierzu und zum Weiteren Gerstenmaier, Kreisauer Kreis, S. 239–241; Gerstenmaier, Mitteilungen.
38 Gerstenmaier, Kreisauer Kreis, S. 240.
39 Gerstenmaier, Kreisauer Kreis, S. 240–241.
40 Das Zwangmäßige und Illiberale daran scheint Roon, S. 428–429, ganz entgangen zu sein.
41 Im Kreisauer Entwurf vom 9. August 1943 heißt es: »Schlüsselunternehmen
    des Bergbaues, der eisen- und metallschaffenden Industrie, der Grundchemie
    und Energiewirtschaft werden in das Eigentum der öffentlichen Hand überführt werden.« S. Abdruck bei Roon, S. 566; Steltzer, Sechzig Jahre, S. 304;
    Gerstenmaier, Kreisauer Kreis, S. 229 meint gleichwohl, »als ganzes« würden
    sich »die Kreisauer« keineswegs für die in dem Aufrufentwurf vom 14. Juni
    1943 »von Mierendorff proklamierte ›Enteignung der Schlüsselbetriebe der
    Schwerindustrie … als Grundlage der sozialistischen Ordnung der Wirtschaft‹ ausgesprochen« haben. Demnach wäre der zitierte Kreisauer Entwurf
    vom August 1943 auch nicht repräsentativ für die Ansichten »der Kreisauer«.
    Kurz und gut: Solche Dokumente gibt es eigentlich gar nicht. Nach der
    Darstellung Gerstenmaiers wird man, wie schon ausgeführt, dem Kreis am
    ehesten gerecht, wenn man ihn nicht als in den Einzelauffassungen einheitliche Gruppe ansieht, sondern als Gruppe freiwillig zusammenarbeitender
    Persönlichkeiten mit eigenen Überzeugungen, und als Gruppe, in welcher
    außer der Förderung des Umsturzes auch vielerlei Gedanken diskutiert,
    aber nicht staats- und verfassungsrechtliche Maßnahmen beschlossen wurden. So kann hier auch nicht die Frage beantwortet werden, was nach dem
    Staatsstreich geworden wäre, sondern nur, welche Gedanken in verschiedenen Gruppierungen nach Verwirklichung drängten.
42 Vgl. Mommsen, S. 137.
43 Mommsen, S. 117, 142.
44 Mommsen, S. 157. Vgl. Kap. X, Abschn. 5; Peter Hoffmann, »Claus Graf
    Stauffenberg und Stefan George: Der Weg zur Tat«, Jahrbuch der Deutschen
    Schillergesellschaft 12 (1968), S. 520–542. Leider trägt Kramarz in seinem Buch
    über Stauffenberg zu diesen Fragen nichts oder wenig bei.

VII. Kontakte zu den Kriegsgegnern 1940–1944

1 Ger van Roon, Neuordnung im Widerstand: Der Kreisauer Kreis innerhalb
   der deutschen Widerstandsbewegung, München 1967, S. 301–302.

2 Roon, Neuordnung, S. 305–306.

3 Walter Stubbe, »In memoriam Albrecht Haushofer«, VfZ 8 (1960), S. 237. Stubbe war Assistent bei A. Haushofer. Siehe ferner zu Albrecht Haushofer: Rainer Hildebrandt, Wir sind die Letzten: Aus dem Leben des Widerstandskämpfers Albrecht Haushofer und seiner Freunde, Neuwied/Berlin o. J.; Edmund A. Walsh, »Die Tragödie Karl Haushofers«, Neue Auslese 2 (1947) H. 3, S. 27–28; Edmund A. Walsh SJ, Total Power: A Footnote to History, Garden City, New York 1948, S. 52–59; Ursula Michel, Albrecht Haushofer und der Nationalsozialismus: Ein Beitrag zur Zeitgeschichte, Diss. Kiel 1964; In memoriam Albrecht Haushofer: Gedenkworte von Adolf Grimme, Carl F. v. Weizsäcker, Walter Stubbe, hrsg. v. Rolf Italiaander, Hamburg 1948; Rolf Italiaander, Besiegeltes Leben. Begegnungen auf vollendeten Wegen: Gerhart Hauptmann, Ulrich von Hassell, Albrecht Haushofer, Goslar 1949, S. 11–53.

4 Hildebrandt, S. 34–39; Stubbe, S. 238–239.

5 Hildebrandt, S. 51–53; Stubbe, S. 239. S. unten.

6 Michel, S. 49–53, 64–66, 119–127, 154, 161, 206, 214.

7 Michel, S. 233 und Anhang, S. 53.

8 Hildebrandt, S. 130.

9 Zit. bei Stubbe, S. 240.

10 Zit. bei Stubbe, S. 241.

11 Stubbe, S. 243–244.

12 Italiaander, S. 29; Stubbe, S. 250; Michel, S. 244–262.

13 Documents on German Foreign Policy 1918–1945, Series D (künftig zit.: DGFP), vol. XI, Washington 1960, no. 12.

14 Heß an Karl Haushofer 10. Sept. 1940, DGFP XI, no. 46; [Albrecht Haushofer], Gibt es noch Möglichkeiten eines deutsch-englischen Friedens? Masch., o. O. 8. Sept. 1940, im BA Nachlaß Haushofer/HC 833; abgedruckt bei Stubbe, S. 246–248; Michel, S. 244.

15 Michel, S. 244. Abdrucke bei Stubbe, S. 246–248; DGFP XI, no. 61, ferner no. 76.

16 DGFP XI, no. 46.

17 DGFP XI, no. 76, wo alle genannten Schriftstücke in englischer Übersetzung abgedruckt sind. Die deutsche Version des Schreibens an Heß vom 19. Sept. im BA Nachlaß Haushofer/HC 833; Abdruck bei Stubbe, S. 248–249.

18 DGFP XI, no. 76, Enclosure 2 und Anm. 7, no. 93, no. 94; hiernach wäre Stubbe, S. 250 im Irrtum mit seiner Annahme, der Brief habe den Duke of Hamilton nie erreicht; vgl. Trial of the Major War Criminals before the International Military Tribunal Nuremberg 14 November 1945 – 1 October 1946, vol. XXXVIII, Nürnberg 1949, S. 175; Michel, S. 251–254.

19 Stubbe, S. 250; Hildebrandt, S. 109–110 (der der Fakten nicht immer sicher ist und oft nur tastend und vermutend berichten kann).

20 DGFP XI, no. 76, Enclosure 2 Anm. 7; Trial XXXVIII, 175 (Dok. 116-M: Bericht von Wing Commander the Duke of Hamilton über sein Gespräch mit Heß am 11. Mai 1941).

21 Stubbe, S. 250–251 meint, Haushofer habe nach November 1940 seine wirkliche Absicht, nämlich mit offizieller Deckung als inoffizieller Bote, in Wirklichkeit als Repräsentant der Opposition mit Großbritannien Fühlung zu nehmen, durchsetzen können; Beleg und Termin nennt Stubbe nicht.

22 Bericht Albrecht Haushofers an Hitler über seine Tätigkeit im Auftrage von Heß, niedergeschrieben auf dem Obersalzberg am 12. Mai 1941, BA Nachlaß Haushofer/HC 833; abgedruckt in Stubbe, S. 252–255 und Documents on German Foreign Policy 1918–1945, Series D, vol. XII, Washington 1962, no. 500. Dazu die Berichtigungen von Prof. Burckhardt bei Stubbe, S. 251–253, Anm. 25. Bei der Niederschrift seines Berichtes, kurz nach Heß' Flug nach England, war Haushofer verhaftet und in Lebensgefahr. Er mußte sich vor Hitler rechtfertigen und zugleich nachweisen, daß ihn für Heß' Flug keine Verantwortung traf – ein äußerst schwieriges Unterfangen, das die Entstellungen in Haushofers Bericht weitgehend erklärt.

23 Ulrich von Hassell, Vom andern Deutschland: Aus den nachgelassenen Tagebüchern 1938–1944, Fischer Bücherei, Frankfurt/M. 1964, S. 162; vgl. Hildebrandt, S. 110. Möglicherweise hat Burckhardt Hassell oder seiner Frau die Grüße an Haushofer aufgetragen; vgl. Stubbe, S. 251–252; Hassell, S. 182 bis 183.

24 Hassell, S. 165.

25 Stubbe, S. 251.

26 Nach dem Bericht von Hildebrandt, S. 111, hat er seinem im Auswärtigen Dienst tätigen ehemaligen Schüler Heinrich Stahmer den Auftrag gegeben, diese Einladung zu beschaffen. Nach DGFP XI, S. 1260 war Stahmer jedoch seit September 1940 mit dem Rang eines Gesandten der deutschen Botschaft in Tokio zugeteilt. Vgl. Stubbe, S. 251, wonach Stahmer Legationssekretär war und den Vortrag vermitteln wollte.

27 Stubbe, S. 251.

28 James Leasor, The Uninvited Envoy, New York–Toronto–London 1962, passim; vgl. Max Domarus, Hitler: Reden und Proklamationen 1932–1945, Neustadt a. d. Aisch 1962/63, S. 1709–1718; Hildebrandt, S. 112–115.

29 Stubbe, S. 251; vgl. Hassell, S. 182.

30 A[lbrecht] H[aushofer], Englische Beziehungen und die Möglichkeit ihres Einsatzes, Masch., Obersalzberg 12. Mai 1941, BA Nachlaß Haushofer/HC 833.

31 Hassell, S. 182; Stubbe, S. 253 Anm. 25.

32 Vgl. Hildebrandt, S. 113.

33 Hassell, S. 191, 200.

34 Hans Rothfels, Die deutsche Opposition gegen Hitler: Eine Würdigung, Fischer Bücherei, Frankfurt/M.–Hamburg 1958, S. 155; Abdruck der Charta in Hans-Adolf Jacobsen, 1939–1945: Der zweite Weltkrieg in Chronik und Dokumenten, Darmstadt ⁵1961, S. 264–265.

35 Rothfels, Opposition, S. 155.

36 Hassell, S. 194–195.

37 Hassell, S. 222–223.

38 Ebenda.

39 Hierzu: Hassell, S. 179, 190, 199–201, 203–204; Korrespondenz zwischen RSHA bzw. Himmlers Persönlichem Stab und dem Auswärtigen Amt 6. Nov. 1941–15. Jan. 1942 mit Anlagen, BA NS 19/414; Mother Mary Alice Gallin, Ethical and Religious Factors in the German Resistance to Hitler, Washington, D. C. 1955, S. 123–124, 204; vgl. Rothfels, Opposition, S. 151, 204–205 Anm. 29.

40 Rothfels, Opposition, S. 204–205 Anm. 29 vermutet, bei der »Proposition«

habe es sich um den Gedanken einer monarchischen Restauration gehanddelt, und stützt sich dabei auf den Bericht eines Mitglieds des Nachrichtendienstes der amerikanischen Marine (Alexander B. Maley, »The Epic of the German Underground«, Human Events (Washington) III (1946) no. 9, February 27, 1946, S. 6). Hiernach hat Stallforth erst am 1. Dezember Washington erreicht und Präsident Roosevelt nicht vor dem 7. Dezember gesprochen. Das schließt nicht aus, daß Stallforth ohne persönliche Anwesenheit in Washington schon positive Reaktionen auf Hassells Vorschläge erhalten hat. Gegen die Annahme, es habe sich um monarchische Restaurationsgedanken gehandelt, spricht das Fehlen jeglicher Erwähnung derselben durch Maley, Stallforth (bei Gallin, S. 124) und Hassell; auch aus der zit. Korrespondenz des RSHA mit dem Auswärtigen Amt geht nur hervor, daß der Gegenstand des Kontaktes die Herbeiführung einer Zusammenkunft führender Amerikaner mit Hassell und »irgendeiner autorisierten Persönlichkeit« gewesen sei. Aus dem ganzen Zusammenhang ergibt sich, daß Hassell anscheinend versuchte, gewissermaßen mit offizieller Billigung für die Ziele der Opposition, also u. a. die Beendigung des Krieges zu arbeiten – wie Haushofer.

41 Maley, S. 6.

42 Hierzu und zum Folgenden: Louis P. Lochner, Stets das Unerwartete: Erinnerungen aus Deutschland 1921–1953, Darmstadt 1955, S. 355–357; Rothfels, Opposition, S. 145–147; Gallin, S. 145–147; Gallin, S. 124; Lochner an Mr. Lauchlin Currie, 19. Juni 1942, Franklin D. Roosevelt Library, Hyde Park, N. Y., Papers of President Franklin D. Roosevelt O. F. 198–a.

43 Allen W. Dulles, Verschwörung in Deutschland, Kassel 1949, passim; Gallin, Quellenverzeichnis, S. 203–207.

44 Zum Ganzen dieser Kontakte: Roon, Neuordnung, S. 295–322; Eberhard Bethge, Dietrich Bonhoeffer: Theologe, Christ, Zeitgenosse, München 1967, passim, bes. S. 811–866. Roon bringt zahllose Einzelheiten, die in einer breiteren Erzählung (wozu jedoch das Material wieder nicht ausreicht) ihren guten Platz hätten, so aber als Fragmente ohne Zusammenhang wirken; überhaupt ist die Arbeit von Roon eher Sammlung von Einzelheiten als organische Darstellung einer zusammenhängenden Entwicklung.

45 Abdruck mit Vorbemerkung von Hans Rothfels: »Zwei außenpolitische Memoranden der deutschen Opposition (Frühjahr 1942)«, VfZ 5 (1957), S. 392–395 bzw. 388–392. Möglicherweise stand derselbe Kreis hinter dem Memorandum, der Lochner mit seiner Mission betraut hatte; Hinweise auf den Zusammenhang der Lochner-Mission, des Trott- bzw. Kreisau-Memorandums und der Begegnung von Schönfeld und Bonhoeffer mit dem Bischof von Chichester in Stockholm finden sich verschiedentlich in den Dokumenten, wo es wiederholt heißt, die Opposition habe sich im Herbst 1941 »kristallisiert«; so z. B. im Memorandum Trotts (Rothfels, Memoranden, S. 394) und im Bericht des Lord Bischofs (Dietrich Bonhoeffer, Gesammelte Schriften, Bd. 1, München 1958, S. 373).

Nach der Erinnerung von Eugen Gerstenmaier, »Der Kreisauer Kreis: Zu dem Buch Gerrit van Roons ›Neuordnung im Widerstand‹«, VfZ 15 (1967), S. 236–237 kam die Anregung zu dem Memorandum von Schönfeld. Gerstenmaier schrieb einen Entwurf im Winter 1941/42 und übergab diesen an Trott und Haeften mit der Bitte um Überarbeitung. Trott, Haeften und

Gerstenmaier saßen dann mehrere Abende darüber, Schönfeld nahm ihn schließlich nach Genf mit, wo er möglicherweise noch von Schönfeld selbst und von Albrecht von Kessel, damals Konsul am Deutschen Konsulat, überarbeitet wurde. Gerstenmaier betont gegen Roon, Neuordnung, S. 302 (»eine Kreisauer Arbeit«) ausdrücklich, das Memorandum stamme nicht »aus dem Kreisauer Kreis«, sondern von Persönlichkeiten, die zu diesem gehörten, und es habe dann im Kreisauer Kreis die außenpolitische Diskussion mitbestimmt. Der wichtige Unterschied wird oft übersehen. Vgl. Kap. VI, 5.

46 George K. A. Bell, »Die Ökumene und die innerdeutsche Opposition«, VfZ 5 (1957), S. 369.

47 Keesing's Contemporary Archives: Weekly Diary of Important World Events, vol. III, 1937–1940, Bristol [1937–1940], S. 3700.

48 Vgl. Gerstenmaier, Kreisauer Kreis, S. 237.

49 Hierzu: Ausführliche Schilderung der Vorgänge durch den Bischof samt seinem Briefwechsel mit Außenminister Eden darüber in Bell, Ökumene, S. 362–378; Memorandum von Hans Schönfeld und Vorbemerkung von Rothfels, Memoranden, S. 388–397; Memorandum des Bischofs für den britischen Außenminister, Memorandum Schönfelds für den Bischof, Briefe Bonhoeffers an den Bischof, Briefwechsel des Bischofs mit Eden abgedruckt in Bonhoeffer I, S. 372–389, 488–503. Ferner: Maley, S. 6; Rothfels, Opposition, S. 147–150; Roon, Neuordnung, S. 308–314; Bethge, S. 813–866.

50 Bethge, S. 1127–1128.

51 Zu den einzelnen Kontakten Bonhoeffers Bethge, S. 815–819.

52 Bethge, S. 824–835.

53 Bethge, S. 848–850.

54 Gerhard Ritter, Carl Goerdeler und die deutsche Widerstandsbewegung, Stuttgart ³1956, S. 328 meint, Goerdeler sei hinter Schönfelds Kontaktversuch gestanden, was Rothfels, Opposition, S. 204 Anm. 22 als unwahrscheinlich bezeichnet. Ferner zum Folgenden Elfriede Nebgen, Jakob Kaiser: Der Widerstandskämpfer, Stuttgart 1967, S. 134.

55 Vgl. dazu Hassell, S. 279.

56 Hassell, S. 228.

57 Bethge, S. 850–866.

58 Bethge, S. 834.

59 Bell, Ökumene, S. 369.

60 Foreign Relations of the United States, Diplomatic Papers, 1944, vol. I: General, Washington 1966, S. 484–579.

61 Hans Bernd Gisevius, Wo ist Nebe? Erinnerungen an Hitlers Reichskriminaldirektor, Zürich 1966, S. 221.

62 Dulles, Verschwörung, S. 164–166, mit wörtlicher Wiedergabe von Bemerkungen Trotts, auch zum Folgenden; ferner Roon, Neuordnung, S. 311–312, der Mitteilungen von Schulze-Gaevernitz verwendet.

63 Hassell, S. 287. Vgl. zu weiteren Kontaktversuchen im Zusammenhang mit Himmler: Foreign Relations 1944 I, 484–579.

64 Dulles, Verschwörung, S. 40.

65 Hierzu Roon, Neuordnung, S. 317–322. Die Vorgänge liegen zum Teil noch im dunkeln. Roon: »Längst nicht alle Gespräche, die Trott dort geführt hat, sind bis heute bekannt.«

66 Ebenda.

67 Vgl. Wilhelm Wengler, »Vorkämpfer der Völkerverständigung und Völker-
rechtsgelehrte als Opfer des Nationalsozialismus: 9. Graf von Moltke (1906–
1945)«, Die Friedens-Warte 48 (1948), S. 297–305. Wengler war damals
wissenschaftlicher Hilfsarbeiter in der Abwehr und fuhr zusammen mit
Moltke nach Istanbul; Roon, Neuordnung S. 318.

68 Vgl. dazu seinen Brief an Professor Lionel Curtis in Oxford von 1942, worin
er schrieb: »›Wir hoffen, daß Ihr Euch darüber klar seid, daß wir bereit sind,
Euch zu helfen, den Krieg und den Frieden zu gewinnen.‹« Helmuth J. Graf
von Moltke, Letzte Briefe aus dem Gefängnis Tegel, Berlin ⁹1963, S. 22. Die
Gefahr des Mißverständnisses ist bei solchen Formulierungen groß. Moltke
dachte nicht daran, seinen Beitrag etwa durch Verrat militärischer Geheimnisse zu leisten. Vielmehr dachte er an die gemeinsame Bewältigung der gemeinsamen, menschlichen Aufgaben, und er dachte an den Beitrag, der von
innen und von Deutschen zum Sturz des Hitlerregimes geleistet werden
konnte. An die Erringung strategischer, territorialer, wirtschaftlicher und
politischer Vorteile für Deutschland durch militärische Anstrengungen dachte
er allerdings nicht, da er sie unter den gegebenen Umständen für unrecht
hielt. Zur Abwehr der Mißverständnisse s. auch Gerstenmaier, Kreisauer
Kreis, S. 238–239.

69 Dies und das Folgende nach Karl Brandt, Gedenkrede zum Gedächtnis der
Toten des 20. Juli 1944 gehalten anläßlich der Feier am 20. Juli 1965 .. zu
Berlin, mimeogr., Frankfurt/M. 1965, S. 9; ders. an d. Verf. 11. Mai und
6. Aug. 1968. Gert Buchheit, Der deutsche Geheimdienst: Geschichte
der militärischen Abwehr, München 1966, S. 427 berichtet auf Grund
von Albert C. Wedemeyer, Der verwaltete Krieg, Gütersloh/Westf. 1959,
S. 470–471 und Franz von Papen, Der Wahrheit eine Gasse, München
1952, S. 594 ff.: Admiral Canaris sei zusammen mit Botschafter von Papen in Ankara an den US-Marineattaché George H. Earle herangetreten,
mit dem Vorschlag, in Verbindung mit einem demnächst auszuführen-
den Staatsstreich ein Kapitulationsangebot zu unterbreiten. Präsident
Roosevelt habe darauf erwidern lassen, alle derartigen Gesuche seien an
General Eisenhower zu richten. Die bisher verfügbaren Unterlagen (anhand
der in Washington noch sekretierten Dokumente müßte es sich natürlich
leicht klären lassen) erlauben nicht den Schluß, daß es sich bei dem von
Prof. Brandt berichteten Kontaktversuch um denjenigen gehandelt habe, von
dem Wedemeyer und Papen Mitteilungen machen.

70 Brandt an d. Verf. 11. Mai 1968 berichtet, dies sollte in einer Kabinettsitzung
geschehen.

71 Abgedruckt bei Roon, Neuordnung, S. 591–593. Nach Gerstenmaier, Kreisauer
Kreis, S. 243, hat Moltke nicht damit *gerechnet*, bald verhaftet zu werden, wie
Gerstenmaier ausdrücklich im Gegensatz zu Roon betont. Das schließt entsprechende Befürchtungen Moltkes nicht aus, waren doch schon seit Monaten Bonhoeffer und Dohnanyi in den Händen der Gestapo, wie übrigens
auch Mitglieder der holländischen und dänischen Widerstandsbewegungen,
mit denen Moltke Verbindung gehabt hatte.

72 Roon, Neuordnung, S. 321–322.

73 Hassell, S. 271; Roon, Neuordnung, S. 313, 316–317; Bericht des amerika-

nischen Gesandten in Stockholm, Johnson, an den Secretary of State, Cordell Hull, vom 12. Sept. 1944, Foreign Relations 1944 I, 550–551. Zu Trott s. nun auch die Biographie von Christopher Sykes, Troubled Loyalty: A Biography of Adam von Trott zu Solz, London 1969.

74 Ähnliche Winke mit der Gefahr der russischen Vorherrschaft in Europa, aber auch mit der Möglichkeit eines Sonderfriedens im Osten wurden von Hassell und dem ehemaligen deutschen Botschafter Friedrich Werner Graf von der Schulenburg damals erwogen; Hassell, S. 297.

75 So Bertold Spuler, Regenten und Regierungen der Welt: Minister-Ploetz, Teil II, Band 4, ²1964, S. 510; Roon, Neuordnung, S. 313 hat »John Günther«.

76 Roon, Neuordnung, S. 316, nennt ihn einen »Minister der Churchill-Regierung«; von Spuler, S. 267–271 wird er in dem von Churchill 1940–45 geführten Kabinett nicht genannt; Who's Who 1961, New York 1961: Walter Turner Monckton, 1957 zum 1st Viscount Monckton of Brenchley erhoben, 1940 Deputy Under-Secretary of State for Foreign Affairs, 1941–42 Director-General of British Propaganda and Information Services in Kairo. Vgl. Hans Rothfels, »Trott und die Außenpolitik des Widerstandes«, VfZ 12 (1964), S. 309.

77 Anscheinend Frau Inga Kempe, geb. Carlgren, die im Februar 1958 an Frau Clarita von Trott zu Solz über Trotts Schwedenkontakte berichtete; Rothfels, Trott, S. 309; Johnson an Secretary of State 12. Sept. 1944, Foreign Relations 1944 I, 551.

78 Diese und einige andere Auslandskontakte Trotts sind neuerdings beschrieben worden von Christopher Sykes, Troubled Loyalty; vgl. bes. S. 399–406. Allerdings hat Sykes die wichtigen in Foreign Relations 1944 I veröffentlichten Quellen nicht benützt, und in Dingen, die Trott nicht unmittelbar betreffen, enthält sein Buch oft ein Übermaß an Ungenauigkeiten.

79 Abgedruckt in Rothfels, Trott, S. 318–322; dazu die Bemerkungen von Rothfels, Trott, S. 308–309; vgl. Roon, Neuordnung, S. 309, der etwas polemisch betont, daß in dem Dokument die Wir-Form verwendet werde und daß es sicher nicht allein von Trott verfaßt sei. Vgl. Gerstenmaier, Kreisauer Kreis, S. 237.

80 Rothfels, Trott, S. 309. Der Erinnerung von Dr. Wilhelm Hoffmann zufolge, der im Einvernehmen mit der Opposition mehrfach in die Schweiz reiste, war Trott am 25. Juni in Stuttgart. Roon, Neuordnung, S. 307–308, 311, 317 bringt über diese letzten Kontakte nur noch vage Mitteilungen, denen man das Fehlen gründlicher Recherchen anmerkt. Rothfels konnte schon 1964 bedeutend präzisere Feststellungen machen, mußte aber hinzufügen, daß über den Auslandskontakten Trotts nach Oktober 1943 Dunkel schwebe. Inzwischen sind von der amerikanischen Regierung zahlreiche Dokumente veröffentlicht worden, die Licht in das Dunkel bringen, in Foreign Relations of the United States 1944 I, 484–579.

81 Memoranden Roosevelts, mit seinem Kommentar zur Forderung der bedingungslosen Kapitulation, vom 17. Januar und 1. April 1944, Foreign Relations 1944 I, 493–494, 501–502.

82 Foreign Relations 1944 I, 513–514.

83 Churchill an Roosevelt, 25. Mai 1944, Foreign Relations 1944 I, 517–518.

84 Stalin an Roosevelt, 26. Mai 1944, Foreign Relations 1944 I, 519.

85 Stalin an Roosevelt, 26. Mai 1944 und Churchill an Roosevelt, 25. Mai 1944, Foreign Relations 1944 I, 519, 517–518.

86 Zum März-Besuch s. die folgenden in allen wesentlichen Punkten übereinstimmenden Berichte: Johnson an Cordell Hull, 12. und 14. Sept. 1944, Foreign Relations 1944 I, 550–553; Bericht von Willy Brandt im Stockholmer *Dagens Nyheter*, 12. Sept. 1944, Inhaltswiedergabe in den Akten des AA in Bonn, Inland IIg 59; ferner Bericht über Gespräche zwischen Albrecht von Kessel, Legationssekretär Erster Klasse an der deutschen Botschaft beim Vatikan, und W. H. C. Frend von der britischen Psychological Warfare Branch des Allied Forces Headquarters, in der Zeit zwischen 22. Juli und 2. August 1944 in Rom, Foreign Relations 1944 I, 532–537; Albrecht von Kessel, Verborgene Saat: Das »Andere« Deutschland, Masch., Vatikanstadt 1944/45, S. 257; Abdruck eines Auszuges des Ms. in Rothfels, Trott, S. 322–323. Kessel ist seinem Bericht zufolge nur über den März-Besuch direkt von Trott unterrichtet worden und zwar in der zweiten Maihälfte 1944 in Venedig, nachdem eine frühere Verabredung in Genf nicht eingehalten werden konnte. Kessels Bericht wird sich also, auch wo dies nicht ohne weiteres deutlich ist, nur auf den März-Besuch beziehen.

87 Vgl. unten, S. 444.

88 Diese angebliche Auffassung Stauffenbergs, offenbar aus der Zeit vor der Invasion, berichtete Trott der Gestapo, nachdem die Vollstreckung seines Todesurteils ausgesetzt worden war, um von ihm noch »eine weitergehende Klärung« zu bekommen; Spiegelbild einer Verschwörung: Die Kaltenbrunner-Berichte an Bormann und Hitler über das Attentat vom 20. Juli 1944. Geheime Dokumente aus dem ehemaligen Reichssicherheitshauptamt, Stuttgart 1961, S. 249, 367, 505, 507. Es ist nicht zweifelhaft, daß Trott gefoltert worden ist. Den Berichten der Gestapo muß man aber auch aus anderen Gründen stets mit Mißtrauen begegnen. Nicht nur kann Trott irgendetwas zugegeben haben, was keinen Lebenden belastete, aber auch nicht den Tatsachen entsprach; der Berichterstatter der Gestapo kann auch selbst ein Interesse gehabt haben, das Zusammengehen mit dem Westen gegen Rußland als möglich hinzustellen, wozu die abschätzige Beurteilung der Stauffenbergschen Auffassung durch Trott vielleicht als das psychologisch richtige Mittel erschien. Ohne zuverlässigere Zeugnisse über Stauffenbergs Ansichten wird sich die Frage nicht entscheiden lassen.

89 Vgl. die Berichte über Kontakte Himmlers und Ribbentrops mit den Alliierten, Foreign Relations 1944 I, 484–579.

90 Foreign Relations 1944 I, 497–498, 506–507.

91 Bericht von Schulze-Gaevernitz bei Dulles, Verschwörung, S. 171–174; vgl. Berichte von Dulles an das Office of Strategic Services in Washington vom März und Mai 1944, Foreign Relations 1944 I, 505–507, 510–513.

92 Hierzu: Johnson an Secretary of State 26. Juni und 14. Sept. 1944, Foreign Relations 1944 I, 523–525, 552–553; Rothfels, Trott, S. 309–310; Roon, Neuordnung, S. 316–317. Nach einem Bericht Schulze-Gaevernitz' an Roon, Neuordnung, S. 311–312 Anm. 29, soll Trott im Juni auch noch einmal in der Schweiz mit Dulles' Mitarbeiter zusammengetroffen sein, wovon jedoch sonst nirgends berichtet wird.

93 Vgl. Roon, Neuordnung, S. 317, der von diesem Kontaktversuch keine genaue

Kenntnis hat, obwohl schon Rothfels, Trott, S. 309 auf Grund der Quellen davon berichten konnte. Vgl. Theodor Steltzer, Sechzig Jahre Zeitgenosse, München 1966, S. 158.

94 Vgl. z. B. Foreign Relations 1944 I, 510 Anm. 90, 537–540, 571–572.

95 Hans Bernd Gisevius, Bis zum bitteren Ende: Vom Reichstagsbrand bis zum 20. Juli 1944, vom Verfasser auf den neuesten Stand gebrachte Sonderausgabe, Hamburg o. J., S. 465; Gerhard Ritter, »Lesson of the German Resistance: An Address by Dr. Gerhard Ritter«, WLB 9 (1955) No. 1–2, S. 4; Gallin, S. 132.

96 Roon, Neuordnung, S. 149, 317; Zeller, S. 151.

97 Ritter, Goerdeler, S. 322–325.

98 Dulles, Verschwörung, S. 157–184 berichtet darüber. Es taucht da immer die Frage auf, inwieweit Staatsgeheimnisse und militärische Geheimnisse verraten worden sind. Um reinen Verrat scheint es sich, soweit man auf Grund der Quellen sehen kann, bei dem Kontakt gehandelt zu haben, den ein Mitarbeiter des Auswärtigen Amtes, Fritz Kolbe, zu Dulles unterhielt, der ihn bezeichnenderweise gar nicht erwähnt: Gallin, S. 128–129. Kolbe brachte Dulles 1943 und 1944 etwa alle drei Monate Mikrofilme von Akten des AA. Er wollte aus religiösen Motiven zur Niederlage des Regimes beitragen.

99 Dulles, Verschwörung, S. 166–167; Gisevius, Sonderausgabe, S. 452–455.

100 Hermann Graml, »Der Fall Oster«, VfZ 14 (1966), S. 26–27.

101 Rothfels, Opposition, S. 156; Roon, Neuordnung, S. 308, 311–312; Dulles, Verschwörung, S. 121, 168–171, 174–175; Foreign Relations 1944 I, 511–513; Gallin, S. 129; Gerstenmaier, Kreisauer Kreis, S. 245.

102 Foreign Relations 1944 I, 497–498.

103 Theodor Steltzer, Von deutscher Politik: Dokumente, Aufsätze und Vorträge, Frankfurt/M. 1949, S. 80–81, Abdruck der Denkschrift S. 81–96; ebenso in Steltzer, Sechzig Jahre, S. 285–297; s. ferner Roon, Neuordnung, S. 328 bis 329. Steltzer war im Kriege Transportoffizier beim Wehrmachtbefehlshaber Norwegen in Oslo; Steltzer, Sechzig Jahre, S. 120–148; Roon, Neuordnung, S. 139, 324.

104 Hassell, S. 299; Ritter, Goerdeler, S. 337–338.

105 Walter Baum, »Marine, Nationalsozialismus und Widerstand«, VfZ 11 (1963), S. 30. Ritter, Goerdeler, S. 396, 550 Anm. 104: »Es gibt Gründe, zu vermuten ..« Hauptmann d. R. Hermann Kaiser berichtete der Gestapo von zwei Verbindungen Stauffenbergs zu den Alliierten (Spiegelbild, S. 126).

106 Spiegelbild, S. 175; dort kursiv gesetzt.

107 Wohl den Regierungspräsidenten von Potsdam, Gottfried Graf von Bismarck-Schönhausen, wie auch Ritter, Goerdeler, S. 550 Anm. 104 annimmt; vgl. Spiegelbild, S. 247–248 und Index.

108 Unverständlich ist auch, warum Goerdeler Bismarck damit belastete, der noch am Leben war und übrigens später freigesprochen wurde; vgl. Volksgerichtshof-Prozesse zum 20. Juli 1944: Transkripte von Tonbandfunden, hrsg. vom Lautarchiv des Deutschen Rundfunks, Masch. vervielf., Frankfurt/M. 1961, S. 104–105. Graf Bismarck-Schönhausen ist 1955 verstorben; Ritter hat ihn anscheinend nicht befragt. Fabian von Schlabrendorff, der mit der Familie Bismarck verschwägert ist, hält die ganze Sache für unwahrscheinlich; Schlabrendorff an d. Verf. 30. Mai 1968. Vgl. den Bericht von Generallt. Dr. Speidel

über eine Kontaktmöglichkeit mit dem Hauptquartier Eisenhowers im Frühsommer 1944 über den kriegsgefangenen Colonel J. E. Smart, der früher in Eisenhowers Stab gewesen war; Hans Speidel, Invasion 1944: Ein Beitrag zu Rommels und des Reiches Schicksal, Tübingen ⁵[1964], S. 87 f. (Smart an d. Verf. bestreitet die Version Speidels.) Ferner berichtet Frau Elisabeth Wagner, die Witwe des Generalquartiermeisters, dieser habe etwa eine Woche vor dem 20. Juli 1944 geäußert, »daß man jetzt das Ergebnis der Verhandlungen mit Eisenhower über die Sorbonne nicht mehr abwarten könne, da es höchste Zeit zum Handeln sei.« Eduard Wagner, Der Generalquartiermeister: Briefe und Tagebuchaufzeichnungen, München, Wien 1963, S. 235–236. Zeller, S. 341–342 berichtet wie Ritter von Stauffenbergs ungeklärten angeblichen Verbindungen zu Churchill und Eisenhower. Stauffenbergs Biograph Kramarz trägt zu dieser wichtigen Frage nichts bei und erwähnt auch nicht Ritter, der sich eingehend damit befaßt hat: Joachim Kramarz, Claus Graf Stauffenberg 15. November 1907–20. Juli 1944: Das Leben eines Offiziers, Frankfurt/M. 1965, S. 175–181.

109 Hierzu: Roon, Neuordnung, S. 323–344; Ger van Roon, »Oberst Wilhelm Staehle«, VfZ 14 (1966), S. 209–223; Bericht Albrecht von Kessels vom Juli 1944, Foreign Relations 1944 I, 536.

110 Roon, Neuordnung, S. 323–324.

111 Roon, Neuordnung, S. 326–327.

112 Roon, Neuordnung, S. 339 auf Grund des Berichtes einer dänischen Kontaktperson Moltkes aus dem Jahre 1962.

113 Roon, Neuordnung, S. 329–334.

114 Roon, Staehle, S. 209–223.

115 Spiegelbild, S. 363; Hermann Reinecke, mündliche Mitteilungen an d. Verf. vom 30. April 1965.

116 Ritter, Goerdeler, S. 376.

117 Ritter, Goerdeler, S. 379.

118 Ritter, Goerdeler, S. 381 auf Grund von Hans Bernd Gisevius, Bis zum bittern Ende, Bd. II, Zürich 1946, S. 275–281 (Sonderausgabe, S. 446–448, 457–464) und Dulles, Verschwörung, S. 107, 171–175, 211–223 (Ritter nennt nach einer anderen Ausgabe andere Seitenzahlen) weitgehend auf Grund der Berichte von Gisevius. Vgl. dazu mehr oder minder phantasievolle Geschichten wie Karl Michel, »Stauffenberg: Der neue Dynamismus. Ein Beitrag zur Geschichte des Offiziersputsches gegen Hitler«, Die Tat (Zürich), 25. Nov. 1946; ders., Ost und West: Der Ruf Stauffenbergs, Zürich 1947. Ferner nun Kurt Finker, Stauffenberg und der 20. Juli 1944, Berlin [1967], besonders S. 184–218. Finker versucht, mit Hilfe von Äußerungen Goerdelers in der Haftzeit, von Gisevius und von Dulles in deren Büchern nachzuweisen, daß Stauffenberg a) politisch links- und ostorientiert gewesen sei, jedenfalls viel mehr, als rechts und nach Westen, und b) Verbindung zum NKFD gesucht und indirekt auch gehabt habe. Dafür bringt aber Finker nur wissenschaftlich wertlose, nicht-schlüssige Belege und Zeugnisse hauptsächlich von Oberst Job von Witzleben (einem in Ostdeutschland prominenten Neffen des Generalfeldmarschalls), von Georg Lindemann (Sohn des Generals Fritz Lindemann; Aussagen vor der Gestapo), und dann wieder von Job von Witzleben angeblich auf Grund von Mitteilungen von Oberstleutnant i. G. Klamroth

an Job von Witzleben, sowie von der Schwester von Oberst i. G. Ritter
Mertz von Quirnheim, Frau Gudrun Korfes. Alle Belege besagen *höchstens*,
daß Stauffenberg Verbindung zum NKFD *gesucht* habe. Als Beweis wird
dann z. B. angeführt, daß Stauffenberg ostorientiert gewesen sein müsse, da
er doch Frieden an allen Fronten gewollt habe; S. 200, vgl. S. 109 und 246.
Obwohl Finker selbst im Text seines Buches ständig gegen Historikerkolle-
gen und deren Quelleninterpretationen polemisiert, stützt er sich für wesentliche Behauptungen selbst oft auf sehr vage und sogar nichtssagende
Quellen oder doch solche, deren Wahrheitsgehalt wegen ihrer Herkunft
(Gestapobericht z. B.) äußerst zweifelhaft sein muß. Bisher Unbekanntes
bietet Finker zu diesem Punkt nicht.

119 Ausführlich hierzu und zur Frage der russischen Freiwilligen, die auf deutscher Seite kämpften, soweit sie Stauffenberg berührt, Kramarz, S. 101–111.

120 S. oben, S. 286.

121 Ritter, Goerdeler, S. 382 und 546 Anm. 74.

122 Rothfels, Opposition, S. 163–164 und 206 Anm. 61.

123 Vgl. Gisevius II, 278 (für April 1944) und Sonderausgabe, S. 448.

124 Vgl. Ritter, Goerdeler, S. 547 Anm. 76.

125 Ritter, Goerdeler, S. 385–386.

126 Hassell, S. 287–288.

127 S. oben, S. 285.

128 Spiegelbild, S. 308.

129 Spiegelbild, S. 308; Ritter, Goerdeler, S. 386–387; Bestätigung bei Edgar
Röhricht, Pflicht und Gewissen: Erinnerungen eines deutschen Generals
1932 bis 1944, Stuttgart 1965, S. 206–207: Bericht über ein Gespräch mit
Tresckow im Januar 1944, in dem Tresckow für die ernsthafte Erwägung
der Verständigung mit dem Osten eintrat, da offenbar vom Westen nichts zu
erwarten, Rußland aber auf dem Kontinent der Sieger des Krieges sein werde.

130 Ritter, Goerdeler, S. 386–389, auch zum Folgenden; vgl. Peter Kleist, Zwischen
Hitler und Stalin 1939 bis 1945: Aufzeichnungen, Bonn 1950, S. 239–280.

131 Zu diesen Ergebnissen ist auch die Gestapo gekommen, die sich gewiß nicht
gescheut hätte, auch hier Machenschaften zu wittern, wenn es dazu Anlaß
gegeben hätte: Spiegelbild, S. 492–495, 502–508.

132 Annedore Leber, Das Gewissen steht auf: 64 Lebensbilder aus dem deutschen
Widerstand 1933–1945, Berlin, Frankfurt/M. 9 1960, S. 134–136. Zum Folgenden: Otto John, Some Facts and Aspects of the Plot against Hitler, Masch.,
London 1948, S. 41–47; ders., »Zum Jahrestag der Verschwörung gegen Hitler –
20. Juli 1944«, Wochenpost: Zeitung für Kriegsgefangene (London) Nr. 138,
18. Juli 1947, S. 4–6; Berichte Johns über seine Spanien-Reisen im Februar
und März 1944, Abschriften im Besitz von Dr. Walter Bauer, Fulda; Bericht
von Allen W. Dulles aus Bern von Ende Januar, Foreign Relations 1944 I,
496–498; Anklageschrift vom 20. Dez. 1944 gegen Dr. Klaus Bonhoeffer, Dr.
Rüdiger Schleicher, Dr. Hans John, Friedrich Justus Perels und Dr. Hans Kloß,
Abschrift im Besitz der Stiftung »Hilfswerk 20. Juli 1944«. Vgl. Buchheit,
Geheimdienst, S. 427–437.

133 John, Berichte.

134 Bericht Dulles', Foreign Relations 1944 I, 498; John, Facts, S. 44–45; ders.,
Zum Jahrestag, S. 5.

135 Buchheit, Geheimdienst, S. 427 auf Grund von Wedemeyer, S. 470–471 und Papen, S. 594 ff. Vgl. oben, S. 590.

136 Hierzu und zum Folgenden: John, Zum Jahrestag, S. 5; ders., Facts, S. 41–47; ders., »Am achten Jahrestag der Verschwörung«, Das Parlament, Sonderausgabe »20. Juli«, 20. Juli 1952, S. 2; eine etwas abweichende Version von Johns Bericht über den 20. Juli bei Heinrich Fraenkel und Roger Manvell, Der 20. Juli, Frankfurt/M.–Berlin ²1965, S. 227–230; Kramarz, S. 179–181. Kramarz berichtet von dem Optimismus Stauffenbergs hinsichtlich der Verhandlungsmöglichkeiten nach dem Umsturz und von dem Kontakt, den er mit dem Hauptquartier Eisenhowers hergestellt zu haben glaubte, aber nicht, durch wen der Kontakt zustande gekommen war. Vgl. Spiegelbild, S. 126–127, 249, 367, 505, 507.

137 Neben den oben genannten Quellen so auch Ritter, Goerdeler, S. 395–396 nach John W. Wheeler-Bennett, The Nemesis of Power: The German Army in Politics 1918–1945, New York ²1964, S. 626, der es ebenfalls von John hat.

138 Zeller, S. 362–363.

139 Vgl. unten, S. 295.

140 In Johns Bericht Zum Jahrestag, S. 5 werden diese Auffassungen Hansen zugeschrieben, der sie aber offenbar als Stauffenbergsche Ansichten referierte; in dem bei Fraenkel und Manvell, S. 227–230 abgedruckten Bericht Johns werden sie direkt Stauffenberg zugeschrieben.

141 Nach einem von Kramarz, S. 182 wiedergegebenen Bericht soll Stauffenberg mit Leber beraten haben, ob man nicht zur Vermeidung großer Verluste den westlichen Truppen nach deren Landung den Weg durch die deutschen Minenfelder weisen solle, um so vielleicht auch den Zusammenbruch der Ostfront aufzuhalten. Kramarz erwähnt nicht, daß Leber und Stauffenberg selbst, die darüber sprachen, zu dem Ergebnis kamen, der Gedanke sei unrealistisch; vgl. Julius Leber, Ein Mann geht seinen Weg: Schriften, Reden und Briefe, hrsg. von seinen Freunden, Berlin–Frankfurt/M. 1952, S. 286. Dagegen ging von Goerdeler und Beck Ende März 1944 ein Vorschlag aus, der Anfang April 1944 über Gisevius an Dulles gelangte, wonach die deutschen Befehlshaber im Westen Befehl erhalten sollten, den Widerstand dort einzustellen und eventuell die Landung gegnerischer Fallschirm- oder Luftlandetruppen zu erleichtern. Als Gegenleistung wünsche man die Erklärung westlicher Bereitschaft zu Friedensverhandlungen unmittelbar nach dem Umsturz: Ritter, Goerdeler, S. 393–394. Demnach waren die Führer der Opposition tatsächlich schon damals der Anerkennung des Grundsatzes der bedingungslosen Kapitulation sehr nahe gekommen.

Gegen Ende Mai soll Stauffenberg nach Kramarz, S. 180–181 und 188 durch den Kriegstagebuchführer im Stabe des Chefs H Rüst u BdE, Hauptmann d. R. Hermann Kaiser, Stauffenbergs Verbindungsmann zu Goerdeler, ein Programm der deutschen Forderungen für die Verhandlungen mit dem alliierten Oberkommando haben entwerfen lassen. Ritter, Goerdeler, S. 550–551, Anm. 104 schreibt ebenfalls das Programm Stauffenberg zu; ähnlich Zeller, S. 340–341. Von hier übernahmen es die Herausgeber von 20. Juli 1944, Bonn ⁴1961, S. 94–95. Kramarz unterließ die Frage, ob sich die Liste in Kaisers Tagebuch fand, oder ob Kaiser sie erst in den Vernehmungen der Gestapo wiedergab; er unterließ auch eine kritische Prüfung des Inhalts der Liste; die in Spiegelbild nicht abgedruckten Prozeßberichte und Urteile, die vieles Quellenmaterial enthalten, hat Kramarz nicht bearbeitet.

Wenn man das Programm liest, wird man schwerlich glauben können, es sei ein Programm Stauffenbergs gewesen. Es lautete, nach dem Zitat im Urteil des VGH gegen Kaiser in der Verhandlung vom 17. Jan. 1945, BA EAP 105/30 (Abweichungen von dem Abdruck in Spiegelbild, S. 126–127, der Kramarz als Vorlage diente, sind im Folgenden in [] angemerkt):

»1. sofortiges Einstellen des Luftkriegs,

2. Aufgabe der feindlichen [›feindlichen‹ fehlt in Spiegelbild] Invasionspläne,

3. Vermeidung weiterer Blutopfer,

4. die Erhaltung der dauernden Verteidigungsfähigkeit im Osten nach [›nach‹ fehlt in Spiegelbild, dort statt dessen ein Komma] Räumung aller besetzten Gebiete im Norden, Westen, Süden [in Spiegelbild: ›.. Westen und Süden(!)‹],

5. Vermeiden jeder Besetzung des Reiches,

6. freie Regierung mit eigener selbstgewählter Verfassung [Spiegelbild: ›freie Regierung, selbständige selbstgewählte Verfassung‹],

7. vollkommene Mitwirkung bei der Abfassung von [Spiegelbild: ›bei der Durchführung der‹] Waffenstillstandsbedingungen und [Spiegelbild: Komma statt ›und‹] bei der Vorbereitung und [Spiegelbild: ›der‹ statt ›und‹] Gestaltung des Friedens,

8. Garantie der Reichsgrenzen von 1914 im Osten; Erhaltung der Alpen- und Donaugaue und des Sudetengaues und Autonomie Elsaß–Lothringens [Spiegelbild: ›Reichsgrenze von 1914 im Osten, Erhaltung Österreichs und der Sudeten beim Reich, Autonomie Elsaß–Lothringen, Gewinnung Tirols bis Bozen, Meran‹],

9. tatkräftiger Wiederaufbau mit Mitwirken [Spiegelbild: ›Mitwirkung‹] am Wiederaufbau Europas,

10. Selbstabrechnung mit Verbrechern im Volk!!! [Spiegelbild: ›(!)‹]

11. Wiedergewinnung von Ehre, Selbstachtung und Achtung !!! [Spiegelbild: statt ›!!!‹ folgt ein Punkt.]«

Nach dem Gestapo-Bericht in Spiegelbild, S. 126, handelt es sich bei dem wiedergegebenen Programm um eine Notiz, die Kaiser am 25. Mai »für Stauffenberg« ausgearbeitet hat. »Für Stauffenberg« heißt noch nicht »im Auftrag Stauffenbergs«, und der Bericht stammt vom 2. August, als Goerdeler noch nicht verhaftet war. Nach der ausführlichen Darstellung Freislers im Urteil gegen Kaiser vom 17. Januar 1945 aber trug Kaiser das Programm in sein Tagebuch unter dem 25. Mai (ein Schreibfehler »25. 1.« berichtigt sich durch das darauf Folgende im Text des Urteils) als »eine Gegenüberstellung derjenigen Punkte ein, die nach seiner Verräterauffassung für den Plan Stauffenbergs sprechen, und wagt es, als Vorteile dieses Verrates zu nennen: .. [Im Urteil des VGH folgt hier das eben wiedergegebene Programm.]«

Der Plan Stauffenbergs war der Umsturz, nicht diese Liste von Forderungen. Der Schluß, daß die von Kaiser »für Stauffenberg« ausgearbeiteten Punkte Stauffenbergs Auffassungen wiedergeben, ist nicht zwingend und nicht naheliegend; er wird unhaltbar im Lichte der Äußerungen Kaisers in seinem Prozeß. Er sagte da aus, »das alles sei nur die Abschrift des Inhalts eines Briefes, den er damals im Auftrage von Goerdeler an Graf von Stauffenberg überreicht habe.« Damals lebte Goerdeler noch, wenn auch Kaiser dies vielleicht nicht sicher wußte, aber warum sollte er jetzt Goerdeler belasten und nicht den sicher toten Stauffenberg? Andererseits konnte die Gestapo kaum Interesse an Belastungsmaterial gegen Goerdeler haben, der längst alles gestanden hatte und verurteilt worden war. Man wird also wohl *dafür* gegenüber Kaiser keinen Zwang angewendet haben. Tatsächlich sollte die Liste seinerzeit dazu dienen, Stauffenberg anzutreiben. Am 26. Mai 1944, einen Tag nach dem Tagebucheintrag Kaisers, fand in dessen Dienstzimmer eine Besprechung zwischen Goerdeler und Stauffenberg statt, nach welcher Goerdeler zu Kaiser sagte: Stauffenberg brauche man nicht anzutreiben, dieser habe eine Gewaltaktion ehrenwörtlich versprochen (Urteil gegen Kaiser). Der Optimismus Goerdelers wird bestätigt durch Gisevius, Sonderausgabe, S. 473: Goerdeler glaubte am 12. Juli 1944 noch, daß die Alliierten nach einem innerdeutschen Umsturz nicht auf der bedingungslosen Kapitulation bestehen werden.)

142 Speidel, S. 55–59, 98.
143 In seiner Niederschrift An Eye Witness's Account of the 20th July 1944 Plot Against Hitler That Failed, Masch., London 5. Juli 1946, S. 1 (s. ferner S. 2, 10) schrieb John: »I had repeatedly tried to convince them [Stauffenberg und Hansen] that they must be prepared for ›Unconditional Surrender‹ in order to put an end to the war. They seemed to be unable to envisage it.« Dagegen in dem vermutlich später abgefaßten Ms. Der 20. Juli 1944, London o. J., S. 11 über die Vorwürfe, die er sich am 20. Juli gemacht habe: »Es bleibt die Tatsache, daß ich bewußt und absichtlich gegen mein besseres Wissen, also vorsätzlich, die bestehenden Illusionen über die Möglichkeit eines Verhandlungsfriedens nicht nur nicht zerstört, sondern unterhalten habe.« Der Widerspruch läßt sich nur zum Teil klären, wenn man annimmt, daß hier – wie der Zusammenhang nahelegt – in erster Linie »die Generale« gemeint sind, und ferner, daß John glaubte, die Illusionen »unterhalten« zu haben dadurch, daß er Verhandlungen einzuleiten versuchte und einen Kontakt mit den Westalliierten für möglich erklärte (er selbst hatte ja einen hergestellt).
144 John, Account, S. 1.
145 Aussage von Peter Graf Yorck von Wartenburg vor der Gestapo und vor dem Volksgerichtshof, Der Prozeß gegen die Hauptkriegsverbrecher vor dem Internationalen Militärgerichtshof Nürnberg 14. November 1945 – 1. Oktober 1946, Bd. XXXIII, Nürnberg 1949, S. 423.
146 Gisevius, Sonderausgabe, S. 475–476, 482–484. Oberst Hansen hat aus Stauffenbergs Frage anscheinend ein viel weitergehendes Programm gemacht oder herausgelesen, wenn er am 13. Juli 1944 zu Gisevius sagte, Stauffenberg »denke .. an den gemeinsamen Siegeszug der grau-roten [deutschen und russischen] Armeen gegen die Plutokratien.« Gisevius, Sonderausgabe, S. 482.

VIII. Attentatversuche 1933–1942

1 Geheimer Bericht des Oberreichsanwalts an den Reichsminister der Justiz vom 1. Juni 1933 und Schriftwechsel zwischen Justizministerium und Reichs-

kanzlei darüber, BA R 43 II/1519; vgl. Max Domarus, Hitler: Reden und Proklamationen 1932–1945, Neustadt a. d. Aisch 1962/1963, S. 216–217.

2 Hierzu und zum Folgenden: Günther Weisenborn (Hrsg.), Der lautlose Aufstand: Bericht über die Widerstandsbewegung des deutschen Volkes 1933 bis 1945, rororo, Hamburg 1962, S. 301–302, Anm. 4; Wolfgang Abendroth, »Das Problem der Widerstandstätigkeit der ›Schwarzen Front‹«, VfZ 8 (1960), S. 186; vgl. Henry Picker, Hitlers Tischgespräche im Führerhauptquartier 1941–1942, hrsg. von P. E. Schramm, Stuttgart 1963, S. 306; helmut hirsch 21. 1. 1916–4. 6. 1937, schriften des bundes deutscher jungenschaften 31, Bad Godesberg [1967], S. 3–4, 8–9, 15–21, 26–29, 36–50 mit ausführlichen Auszügen aus dem Urteil des VGH; [William E. Dodd], Ambassador Dodd's Diary 1933–1938, New York 1941, S. 402–404, 410–412, 414. Otto Dietrich, 12 Jahre mit Hitler, München 1955, S. 183 betont ausdrücklich, es seien nur die beiden Attentate des 8. November 1939 und des 20. Juli 1944 gegen Hitler verübt worden. Dietrich war 1933–1945 Hitlers Pressechef. Er hat recht, wenn er mit seiner Feststellung meint, es haben nur in zwei Fällen die beabsichtigten Explosionen stattgefunden; aber Hitler selbst wußte von weiteren durchaus ernsten Versuchen: Picker, S. 306.

3 Picker, S. 211; Abendroth, S. 186; BA an d. Verf. 25. Feb. 1969.

4 Stapo Oppeln an Gestapa Berlin 5. März 1937, Abschrift in BA RG 1010/3183.

5 Alhard Gelpke, Exposé Nr. 2: Über einige Comités, die während der Hitlerzeit im Dienste des Abendlandes wirkten, Masch., o. O. Mai 1956, Hoover Library Ts Germany G 321; The Times, 5. Feb. 1936, S. 12; 6. Feb. 1936, S. 14; 7. Feb. 1936, S. 13; 13. Feb. 1936, S. 12; 10. Dez. 1936, S. 13; 15. Dez. 1936, S. 15. Vgl. Emil Ludwig, Der Mord in Davos, Amsterdam 1936; Domarus, S. 572–575.

6 Gelpke, Exposé Nr. 2.

7 Hierzu und zum Folgenden: Gelpke, Exposé Nr. 2; Bericht Nr. 28 [über ein Tischgespräch mit Hitler am 6. Sept. 1941], Masch., Führerhauptquartier 7. Sept. 1941, von Rosenbergs Verbindungsmann bei Hitler (nicht in Picker), BA R 6 o. Nr.; Führerinformation [des Reichsministers der Justiz] 7. Sept. 1942, Masch., BA R 22/4089; Führerinformation [des Reichsministers der Justiz] 1942 Nr. 131, Berlin 14. Okt. 1942, BA R 22/4089; Lagebericht des Oberreichsanwalts beim Volksgerichtshof an den Reichsminister der Justiz vom 3. Okt. 1942, BA R 22/3090; Dr. Heinz Boberach (Bundesarchiv) an d. Verf. 25. Nov. 1968. Vielleicht meinte Hitler in dem Tischgespräch vom 3. Mai 1942 (Picker, S. 306, 387) Bavaud mit dem Schweizer, der ihm drei Monate lang auf dem Berghof nachgestellt habe und schließlich durch die Aufmerksamkeit eines Bahnbeamten verhaftet worden sei.

8 S. oben, S. 49–53.

9 Franz Sonderegger an den Präsidenten des Landgerichts München I, 14. Jan. 1951, Kopie im IfZ; Rudolf Pechel, Deutscher Widerstand, Erlenbach–Zürich 1947, S. 82–84; Ernst Niekisch, Gewagtes Leben: Begegnungen und Begebnisse, Köln–Berlin 1958, S. 155, 249–250; Fabian von Schlabrendorff, Offiziere gegen Hitler, Fischer Bücherei, Frankfurt/M.–Hamburg 1959, S. 76 bis 77, 141; Eberhard Zeller, Geist der Freiheit: Der zwanzigste Juli, München ⁵1965, S. 177; Weisenborn, S. 99, 158–160; Harald Poelchau, Die letz-

ten Stunden: Erinnerungen eines Gefängnispfarrers aufgezeichnet von Graf Alexander Stenbock-Fermor, Berlin 1949, S. 96–99.

10 Dies und das Folgende vor allem nach Botho von Wussow, Einige Sätze zu dem SS-Bericht über den 20. Juli 1944, der in den Nordwestdeutschen Heften veröffentlicht wurde u. z. 1947 Heft 1/2, Masch.-Abschrift, o. O. 1947.

11 Albert Zoller, Hitler privat: Erlebnisbericht seiner Geheimsekretärin, Düsseldorf 1949, S. 177; Trial of the Major War Criminals before the International Military Tribunal: Nuremberg 14 November 1945 – 1 October 1946, Bd. XXVI, Nürnberg 1947, S. 339.

12 Trial XXVI, 332.

13 Picker, S. 306.

14 Picker, S. 386–387.

15 Picker, S. 258.

16 Picker, S. 307–308.

17 Picker, S. 258.

18 Darstellung der Lebensweise Hitlers und der Sicherheitsvorkehrungen zum Schutze seiner Person s. unten, Exkurs.

19 Vgl. S. 122, 702 Anm. 250, 257, 259 und die dort genannten Quellen. Ob und inwieweit auch Nikolaus von Halem mit diesem Versuch in Verbindung stand, ist bisher nicht bekannt.

20 Hans-Adolf Jacobsen, Fall Gelb: Der Kampf um den deutschen Operationsplan zur Westoffensive 1940, Wiesbaden 1957, S. 279 Anm. 4.

21 Vgl. oben S. 125–129.

22 Hierzu und zum Folgenden: Erich Kordt, Nicht aus den Akten: Die Wilhelmstraße in Frieden und Krieg, Stuttgart 1950, S. 370–376; Hans Bernd Gisevius, Bis zum bitteren Ende: Vom Reichstagsbrand bis zum 20. Juli 1944, vom Verfasser auf den neuesten Stand gebrachte Sonderausgabe, Hamburg o. J., S. 463; Niederschrift der Unterredung zwischen Herrn Ministerialdirigent Dr. v. Etzdorf, Bonn, Auswärtiges Amt, Länderabteilung (Ermekeilstraße 27, Block E), und Herrn Dr. H. Krausnick, im Auftrage des Instituts für Zeitgeschichte München, durchgeführt am 26. September 1953 in Bonn, IfZ ZS 322; Friedrich Wilhelm Heinz an d. Verf. 8. März 1966; Erich Kosthorst, Die deutsche Opposition gegen Hitler zwischen Polen- und Frankreichfeldzug, Bonn ³1957, S. 87–88; Kurt Sendtner, »Die deutsche Militäropposition im ersten Kriegsjahr«, Vollmacht des Gewissens I, Frankfurt/M.–Berlin 1960, S. 412; Erwin Lahousen, Zur Vorgeschichte des Anschlages vom 20. Juli 1944, IfZ ZS 658.

23 Kordt, S. 371. Am 11. Nov. wäre das Attentat vermutlich noch rechtzeitig, aber nicht verfrüht gekommen, weil da der Angriffsbefehl, wenn er für 12. Nov. gegeben war, kaum noch widerrufen werden konnte.

24 Gisevius, Sonderausgabe, S. 416; Harold C. Deutsch, The Conspiracy against Hitler in the Twilight War, Minneapolis 1968, S. 225, auch zum Folgenden.

25 Lahousen, Vorgeschichte.

26 Als von Oster vermutete Quellen des Sprengkörpers, den Elser verwendet hat, sind bei der Gesprächswiedergabe durch Kordt, S. 373 angedeutet: Laboratorium der Abwehr auf dem Quenzgut bei Brandenburg unter Major Marguerre; Görings »Forschungsapotheke«; »die Firma Himmler–Heydrich«. Lahousen, Vorgeschichte nennt noch ein Labor der Abwehr II in Tegel.

27 [Erwin] Lahousen, Tagebuch (OKW-Abwehr Aug. 1939–[3. Aug. 1943]), NA
OKW 2280 (Mikrofilm), Abschrift im IfZ (Archiv-Nr. 154/59), S. 26–27. So ein
zeitgenössisches Tagebuch hat natürlich als Quelle nur begrenzten Wert. Es
wird sich nicht entscheiden lassen, ob Lahousen sich mit dem Tagebucheintrag sichern wollte und ob er die Weisung – die unter den Umständen selbstverständlich war – ganz ohne Augenzwinkern gab.

28 Vgl. den Bericht von Paul Leverkuehn Der geheime Nachrichtendienst der
deutschen Wehrmacht im Kriege, Frankfurt/M. [2]1957, S. 32, wonach Himmler persönlich nach dem 8. November mit einem Adjutanten dem Abwehr-
Laboratorium in Tegel einen unerwarteten Besuch machte.

29 Hierzu ist in nächster Zeit eine eingehende Untersuchung von Dr. Anton
Hoch zu erwarten. Die folgende kurze Darstellung beruht auf: Aktenstücken
der Gestapo München, BA RG 1010/3035; Franz Xaver Rieger, Schilderung
des Aufgriffs des Georg Elser, Täter des Münchener Attentats vom 8. November 1939, Masch., Konstanz 15. Dez. 1939, und Waldemar Zipperer, Schilderung des Aufgriffs des Georg Elser, Täter des Münchner Anschlags vom
8. November 1939, Masch., Konstanz 15. Dez. 1939, MFA W 01–6/301 (OKW
788); [Kurt Geißler], Befragung [von Krim.-Dir. Kurt Geißler] über das
Bürgerbräu-Attentat 1939, o. O. 19. Dez. 1939, BA NS 20/65; Völkischer Beobachter, 7., 8., 9. und 10. Nov. 1939; [Helmuth Groscurth], Kriegstagebuch
Abt. z.b.V. 27. 9.–14. 11. 39, BA EAP 21 X 15/1, 8., 9., 15. Nov. 1939; Bericht
Nr. 28 [von Alfred Rosenbergs Verbindungsmann über ein Tischgespräch
bei Hitler am 6. Sept. 1941], Masch., Führerhauptquartier 7. Sept. 1941, BA
R 6 o. Nr; Friedrich Wilhelm Heinz, Von Wilhelm Canaris zur NKWD,
Masch., o. O. o. J. [ca. 1949], NA Reel No. R 60.67, S. 117–119; Hans Baur,
Ich flog Mächtige der Erde, Kempten 1956, S. 183–185; Leverkühn, S. 32;
Walter Schellenberg, Memoiren, Köln 1959, S. 90–95; Picker, S. 210, 306;
Domarus, S. 1404–1416; Hans Bernd Gisevius, Wo ist Nebe? Erinnerungen an Hitlers Reichskriminaldirektor, Zürich 1966, S. 195–200, 209–212,
214–215 auf Grund des Berichtes von Nebe; S. Payne Best, The Venlo Incident, London 1950, Reprod. eines Briefes von Heinrich Müller (Leiter von
Amt IV/Gestapo im RSHA) an den Kommandanten des KZ Dachau vom
5. April 1945 zwischen S. 208 und 209; Nerin E. Gun, The Day of the Americans, New York 1966, S. 113–115, 147–153; Hans Langemann, Das Attentat:
eine kriminalwissenschaftliche Studie zum Kapitalverbrechen, Hamburg
[1956], S. 292–296, verwendet einen Bericht des damaligen Gruppenchefs im
Reichskriminalpolizeiamt (RKPA), Kriminalrat Hans Lobbes; ferner mündliche Mitteilungen eines damals an der Untersuchung beteiligten Chemikers
des Kriminaltechnischen Instituts des RKPA an d. Verf. vom 30. Juli 1968.

30 Heinz, Canaris, S. 118 behauptet, Canaris habe ihm und Oster am 8. Nov.
nachmittags erzählt, die Westoffensive sei endgültig für den 12. Nov. befohlen, und zur Entflammung der bisher fehlenden Begeisterung sei ein teuflischer Trick, etwa ein Attentat in München, eine Zugentgleisung o. ä.
geplant. Erst auf der Rückreise nach Berlin in der Nacht vom 8. auf 9. Nov.
habe sich Hitler entschlossen, den Angriff abzublasen. Tatsächlich war der
Angriffstermin schon am 7. Nov. verschoben worden; s. Kap. V, S. 183. Hitler
selbst (Picker, S. 210–211) meinte noch 1942, vor allen sei Otto Strasser für
den Anschlag verantwortlich.

31 Völkischer Beobachter, 7. Nov. 1939.

32 Völkischer Beobachter, 7., 8., 9., 10. Nov. 1939.

33 Baur, S. 183–185; Bericht Nr. 28 [von Alfred Rosenbergs Verbindungsmann über ein Tischgespräch bei Hitler am 6. Sept. 1941, nicht in Picker], Masch., Führerhauptquartier 7. Sept. 1941; hier sagte Hitler, die Rettung bei dem Anschlag verdanke er »lediglich dem Umstand, daß im letzten Augenblick wegen des schlechten Wetters die Benutzung des Flugzeuges unterblieb und dafür entsprechend früher mit dem Sonderzug gefahren wurde.« So erinnert sich auch der Pilot Baur, nur dramatisiert er nicht so den »letzten Augenblick« und weiß nichts von einem Sonderzug. Vgl. Kursbuch der Deutschen Reichsbahn, Sommerfahrplan 1939 (gültig bis 30. November in diesem Jahr), Berlin 1939, S. 5, 7. Hätte Hitler einen Sonderzug benützt, so fehlte die Erklärung für die Kürzung der sonst sehr langen Rede und für das im Vergleich zu den früheren Veranstaltungen, bei denen Hitler noch im Gespräch mit Alten Kämpfern zu verweilen pflegte, vorzeitige Weggehen. Nach Heinrich Hoffmann, Hitler Was My Friend, London 1955, S. 119, wäre Hitler auch durch innere Unruhe zu früherem Weggehen veranlaßt worden.

34 Nach Allen Welsh Dulles, Verschwörung in Deutschland, Kassel 1949, S. 77 soll es Photographien von der Feier geben, die neben Hitler einen SS-Mann mit der Uhr in der Hand zeigen – wofür aber die einfache Erklärung die wäre, daß Hitler den Zug nicht verpassen wollte.

35 Rieger; Zipperer.

36 Best, Repr. S. 208 u. 209; Schreibweisen sic.

37 Eugen Gerstenmaier, mündliche Mitteilungen an d. Verf. vom 17. Aug. 1965; ders., »Der Kreisauer Kreis: Zu dem Buch Gerrit van Roons ›Neuordnung im Widerstand‹«, VfZ 15 (1967), S. 233 (hier legt Gerstenmaier den Plan in das Jahr 1942, während nach seinem mündlichen Bericht der Plan seit Sommer 1940 verfolgt und 1942 aufgegeben wurde); Fabian von Schlabrendorff (Hrsg.), Eugen Gerstenmaier im Dritten Reich: Eine Dokumentation, Stuttgart 1965, S. 27, 31; Ger van Roon, Neuordnung im Widerstand: Der Kreisauer Kreis innerhalb der deutschen Widerstandsbewegung, München 1967, S. 189–193; Albert Krebs, Fritz-Dietlof Graf von der Schulenburg: Zwischen Staatsraison und Hochverrat, Hamburg 1964, S. 191–202.

38 Baur, S. 192; Domarus, S. 1534; Kriegstagebuch des Oberkommandos der Wehrmacht (Wehrmachtführungsstab), Bd. IV, Frankfurt/M. 1961, S. 1869; vgl. Picker, S. 134, 480; [Franz] Halder, Kriegstagebuch, Bd. I, Stuttgart 1962, S. 22, 24, 28.

39 Aussage Schachts in Protokoll aus der Verhandlung Halder [vor der] Spruchkammer X München [15.–21. Sept. 1948], Protokoll B der Anklagebehörde der Spruchkammer München X, Az BY II/47, S. 124.

40 Graf von Waldersee an d. Verf. 21. und 30. Juli 1965; Marianne Gräfin Schwerin von Schwanenfeld, Ulrich-Wilhelm Graf Schwerin von Schwanenfeld, Masch., Heidelberg o. J.; vgl. Rudolf Pechel, Deutscher Widerstand, Erlenbach–Zürich 1947, S. 156.

41 Ulrich von Hassell, Vom andern Deutschland: Aus den nachgelassenen Tagebüchern 1938–1944, Fischer Bücherei, Frankfurt/M. 1964, S. 159–160; Wolf Keilig, Das deutsche Heer 1939–1945: Gliederung – Einsatz – Stellbesetzung, Bad Nauheim 1956 ff., 211/333.

42 Vgl. Gerhard Ritter, Carl Goerdeler und die deutsche Widerstandsbewegung, Stuttgart ³1956, S. 274.

43 Graf von Waldersee hält es für möglich, daß die Truppen schon im Anmarsch waren. K.T.B. 1. 1. 41–30. 6. 41 [des] H. Gru. Kdo. D Ia, NA Microcopy T-311, Roll 12; vgl. [Franz] Halder, Kriegstagebuch, Bd. II, Stuttgart 1963, S. 389.

44 Waldersee; Schwerin.

45 Achim Oster, mündliche Mitteilungen an d. Verf. vom 26. Mai 1964.

46 SS-Gruppenführer Heinrich Müller an SS-Oberführer Johann Rattenhuber und Reichsführer SS Heinrich Himmler, Fernschreiben vom 7. Mai 1942, BA NS 19/421.

IX. Tresckow und die Heeresgruppe Mitte

1 Hermann Graml, »Die deutsche Militäropposition vom Sommer 1940 bis zum Frühjahr 1943«, Vollmacht des Gewissens II, Frankfurt/M.–Berlin 1965, S. 421–425; s. oben, S. 189, 194.

2 S. dazu Heinrich Uhlig, »Der verbrecherische Befehl«, Vollmacht des Gewissens II, Frankfurt/M.–Berlin 1965, S. 287–410, bes. S. 304–305.

3 Abdruck des Kommissarbefehls bei Hans-Adolf Jacobsen, 1939–1945: Der zweite Weltkrieg in Chronik und Dokumenten, Darmstadt 1959, S. 571–573; siehe ferner Hans-Adolf Jacobsen, »Kommissarbefehl und Massenexekutionen sowjetischer Kriegsgefangener« in Martin Broszat, Hans-Adolf Jacobsen, Helmut Krausnick, Konzentrationslager, Kommissarbefehl, Judenverfolgung, Olten–Freiburg i. Br. 1965, S. 161–279.

4 Graml, Militäropposition, S. 430–431; Uhlig, S. 391–392.

5 Graml, Militäropposition, S. 427, 429–431, 447; H[ans] R[othfels], »Ausgewählte Briefe von Generalmajor Helmuth Stieff (hingerichtet am 8. August 1944)«, VfZ 2 (1954), S. 291–305.

6 Guides to German Records Microfilmed in Alexandria, Va., No. 52, Records of German Field Commands: Army Groups (Part II), Washington 1966, S. 45.

7 Nicht »Chef des Generalstabes der Heeresgruppe Mitte«, wie ihn z. B. Joachim Kramarz, Claus Graf Stauffenberg 15. November 1907–20. Juli 1944: Das Leben eines Offiziers, Frankfurt/M. 1965, S. 144, nannte.

8 Eberhard Zeller, Geist der Freiheit: Der zwanzigste Juli, München ⁵1965, S. 193–194.

9 Handliste der Generalstabsoffiziere 1943, OKH/HPA Amtsgr. P 3, NA Microcopy T-78 Roll R 57. Gleiche Urteile sind wiedergegeben bei Zeller, S. 194 bis 195.

10 Fabian von Schlabrendorff, Offiziere gegen Hitler, Fischer Bücherei, Frankfurt/M.–Hamburg 1959, S. 44.

11 Weisung Hitlers für die HGr. Mitte vom 20. Dez. 1941, Jacobsen, 1939–1945, S. 286–287.

12 Hierzu und zum Folgenden: Wolfgang Foerster, Generaloberst Ludwig Beck: Sein Kampf gegen den Krieg, München 1953, S. 171 Anm. 96; Friedrich Hoßbach, Zwischen Wehrmacht und Hitler 1934–1938, Göttingen ²1965, S. 195; Schlabrendorff, Offiziere, S. 56–58; Handliste; Listen über verhaftete, ent-

lassene und verurteilte Generalstabsoffiziere (1944–1945), OKH/HPA Ag P 3, BA EAP 105/2; Spiegelbild einer Verschwörung: Die Kaltenbrunner-Berichte an Bormann und Hitler über das Attentat vom 20. Juli 1944. Geheime Dokumente aus dem ehemaligen Reichssicherheitshauptamt, Stuttgart 1961, S. 378 bis 379; R. Chr. Frhr. v. Gersdorff, Bericht über meine Beteiligung am aktiven Widerstand gegen den Nationalsozialismus, Masch., München 1963; [Erich] v[on] Manstein, Richtigstellung zur Darstellung der Haltung des Feldmarschalls v. Manstein im Buch »Offiziere gegen Hitler«, Masch. o. O. [etwa 1950], Sammlung John, Mappe 4; Mitteilungen der Stiftung »Hilfswerk 20. Juli 1944«, Frankfurt/M., Philipp Freiherr von Boeselager, mündliche Mitteilungen an d. Verf. vom 19. Nov. 1964; Oberst i. G. Berndt von Kleist an d. Verf. 26. Febr. 1965; Zeller, S. 198–203. Vgl. auch Peter C. Hoffmann, »The Attempt to Assassinate Hitler on March 21, 1943«, Canadian Journal of History/Annales Canadiennes d'Histoire II (1967), S. 67–83.

13 Vgl. Amt V [des RSHA], Betrifft: Selbstmord des Majors Ulrich von Oertzen, Ia der Korps-Abteilung E der 2. Armee, im Dienstgebäude des Wehrkreiskommandos III, Masch., Berlin 22. Juli 1944, BA R 58/1051; Kriminaltechnisches Institut der Sicherheitspolizei, Abteilung: Chemie, Selbstmord des Majors Ulrich von Oertzen, Masch.-Durchschlag, [Berlin] 23. Juli 1944, BA R 58/1051.

14 Handliste; Erich Herrlitz, mündliche Mitteilungen an d. Verf. vom 14. Jan. 1965; Johann Sinnhuber (1944 Kom. Gen. LXXXII. A. K.) an d. Verf. 27. Jan. 1964.

15 Eberhard von Breitenbuch, mündliche Mitteilungen an d. Verf. vom 8. Sept. 1966.

16 Schlabrendorff, Offiziere, S. 52.

17 Graml, Militäropposition, S. 432–437.

18 Graml, Militäropposition, S. 432, nennt irrtümlich Mai; das gilt nur für den Erlaß über die Einschränkung der Gerichtsbarkeit. Vgl. den Abdruck des Kommissarbefehls bei Jacobsen, 1939–1945, S. 571–573.

19 Abdruck bei Uhlig, S. 388–391.

20 Rudolf-Christoph Freiherr von Gersdorff, Aussagen vor dem Militärgerichtshof Nr. V im Fall XII (Vereinigte Staaten gegen Leeb u. a.), 16. April 1948, Protokoll S. 2120–2178, StA Nürnberg. Diese »Aussage« zitiert anscheinend auch Graml, Militäropposition, S. 432 ff., allerdings ohne Angabe der Herkunft, neben einem weiteren »Bericht« Gersdorffs. S. ferner Gersdorff, Beitrag zur Geschichte des 20. Juli 1944, Masch., Oberursel 1946.

21 Graml, Militäropposition, S. 433.

22 Gersdorff, Aussagen im Fall XII, S. 2130; Graml, Militäropposition, S. 433 bis 434.

23 Graml, Militäropposition, S. 434.

24 Gersdorff, Aussagen im Fall XII, S. 2134–2135; auf Grund der Berichte von Arthur Nebe, der eine Zeitlang Einsatzgruppenleiter war, auch Hans Bernd Gisevius, Wo ist Nebe? Erinnerungen an Hitlers Reichskriminaldirektor, Zürich 1966, S. 240–246.

25 Graml, Militäropposition, S. 435.

26 Gersdorff, Aussagen im Fall XII, S. 2158–2159; Gisevius, Nebe, S. 240–246; Graml, Militäropposition, S. 441–442; Harold C. Deutsch, The Conspiracy

against Hitler in the Twilight War, Minneapolis 1968, S. 123.

27 Gersdorff, Aussagen im Fall XII, S. 2133–2134.

28 Gersdorff, Aussagen im Fall XII, S. 2167; Schlabrendorff, Offiziere, S. 62–63; Herrlitz; Graml, Militäropposition, S. 441–442.

29 Kriegstagebuch Nr. 1 (Band Dezember 1941) des Oberkommandos der Heeresgruppe Mitte, geführt von Hauptmann d. R. z. V. Petersen, Anlage zu Seite 1943, Bericht von Major i. G. Frhr. von Gersdorff vom 9. 12. 1941, Kopie im IfZ.

30 Graml, Militäropposition, S. 443.

31 Georg Thomas, »Gedanken und Ereignisse«, Schweizer Monatshefte 25 (1945), S. 543–544; Ulrich von Hassell, Vom andern Deutschland: Aus den nachgelassenen Tagebüchern 1938–1944, Fischer Bücherei, Frankfurt/M. 1964, S. 200; Graml, Militäropposition, S. 451 mit dem Hinweis, daß Thomas entgegen dem Bericht Schlabrendorffs, Offiziere, S. 67, nicht mit dem Chef des Generalstabes der HGr. Süd, General von Sodenstern, gesprochen habe.

32 Hassell, S. 186–187.

33 Lt. Oster vor der Gestapo, Spiegelbild, S. 431, zit. von Graml, Militäropposition, S. 449.

34 Schlabrendorff, Offiziere, S. 64–66.

35 Ebenda. Vgl. Rudolf Pechel, Deutscher Widerstand, Erlenbach–Zürich 1947, S. 155, der diese Überlegungen auf Ende Dezember 1941 datiert; nach Schlabrendorff, Offiziere, S. 66–67 und Hassell, S. 204–205 müßte es Mitte Oktober gewesen sein. Schlabrendorffs Auftraggeber kann damals nicht Kluge gewesen sein, wie der Herausgeber des Hassell-Tagebuches meint, sondern nur Tresckow.

36 [Franz] Halder, Kriegstagebuch, Bd. III, Stuttgart 1964, S. 390; Schlabrendorff, Offiziere, S. 66; Hassell, S. 222.

37 Schlabrendorff, Offiziere, S. 66–67.

38 Hassell, S. 204–205.

39 Hassell, S. 205.

40 Hassell, S. 205–207, 211–212.

41 Hassell, S. 214–217; Halder III, 354–356.

42 Hassell, S. 218–222.

43 Hassell, S. 223.

44 Hassell, S. 224–229; Wolf Keilig, Das deutsche Heer 1939–1945: Gliederung – Einsatz – Stellenbesetzung, Bad Nauheim 1956 ff., 211/368; Halder III, 422.

45 Hassell, S. 228; Schlabrendorff, Offiziere, S. 72, 75.

46 Schlabrendorff, Offiziere, S. 61.

47 Vgl. Keilig, 211/168.

48 Schlabrendorff, Offiziere, S. 70.

49 Schlabrendorff, Offiziere, S. 70–71; Hermann Kaiser (als Hauptmann d. R. Kriegstagebuchführer im Stabe des Chefs der Heeresrüstung und Befehlshabers des Ersatzheeres), Tagebuch, 6. April 1943, in »Generäle: Neue Mitteilungen zur Vorgeschichte des 20. Juli«, Die Wandlung I (1945/46), S. 528 bis 537. Hitler selbst bestätigte die Dotation, als er sich in einer Lagebesprechung am 31. Aug. 1944 über Kluges Verrat beklagte; Helmut Heiber (Hrsg.), Hitlers Lagebesprechungen: Die Protokollfragmente seiner militärischen Konferenzen 1942–1945, Stuttgart 1962, S. 618.

50 Schlabrendorff, Offiziere, S. 71.
51 Schlabrendorff, Offiziere, S. 71–72; Gersdorff, Beitrag.
52 Schlabrendorff, Offiziere, S. 74–75; Hassell, S. 245, 251. Graml, Militäropposition, S. 464 datiert »wahrscheinlich im Oktober«.
53 Hassell, S. 249–251; Gerhard Ritter, Carl Goerdeler und die deutsche Widerstandsbewegung, Stuttgart ³1956, S. 358.
54 Schlabrendorff, Offiziere, S. 75.
55 Schlabrendorff, Offiziere, S. 76, 90.
56 Schlabrendorff, Offiziere, S. 76.
57 So präzise und klar, wie es Schlabrendorff, Offiziere, S. 89–92 zusammenfassend darstellt, war die Arbeitsteilung zwischen dem »Feldheer« und der Zentrale um Oster in Wirklichkeit nicht.
58 Schlabrendorff, Offiziere, S. 88–90.
59 Gersdorff, Beitrag.
60 Vgl. z. B. die Äußerung Stauffenbergs bei Kramarz, S. 201 und die Tresckows bei Schlabrendorff, Offiziere, S. 154; ferner Gersdorff an d. Verf. 23. Jan. 1966; Axel Freiherr von dem Bussche an d. Verf. 9. Feb. 1966.
61 Bussche 9. Feb. 1966.
62 Gersdorff, Beitrag; ders., Bericht; ders., mündliche Mitteilungen an d. Verf. vom 25. Mai 1964 (künftig zit. als Mitteilungen I).
63 Hierzu und zum Folgenden: Gersdorff, Beitrag; ders., Bericht; ders., Mitteilungen I; ders., mündliche Mitteilungen an d. Verf. vom 16. Nov. 1964 (künftig zit. als Mitteilungen II); Herrlitz; Oberstleutnant a. D. Wilhelm Hotzel an d. Verf. August 1965; Schlabrendorff, Offiziere, S. 93–95. Die Aufgaben der Abwehr-Abteilungen waren analog der Organisation des Amtes Ausland/Abwehr verteilt: Abwehr I war für Offensivspionage zuständig und verfügte in der Gruppe über das Frontaufklärungskommando (FAK) 103 (Feindaufklärung), das von Oberstleutnant Erich Herrlitz geführt wurde; Abwehr II hatte das FAK 203 (Sabotage und Zersetzung) unter Oberstleutnant Wilhelm Hotzel; Abwehr III verfügte über das FAK 303 (Spionageabwehr) unter Oberstleutnant Tarbuck. Alle drei wurden, abgesehen von einer kurzen Zeit der Zusammenfassung unter Oberst Dr. Steffan, gegenüber dem Ic/AO von Oberstleutnant Herrlitz, dem Dienstältesten, vertreten.
64 Gersdorff, Beitrag; Spiegelbild, S. 128. Die Quelle für einen Teil der Informationen über die Sprengmittel kann d. Verf. nicht bekanntgeben, weil der Informationsgeber noch in geheimnisschutzbedürftiger Stellung tätig ist; großenteils aber wurde dem Verf. Verwendung und Zitat freigegeben vom britischen Ministry of Defence (Brief vom 23. Nov. 1964). Viele Einzelheiten finden sich in Field Engineering and Mine Warfare Pamphlet No 7: Booby Traps, London 1952, S. 26–28.
65 S. Abbildung im Anhang, S. 899.
66 Vgl. German Explosive Ordnance (Bombs, Fuzes, Rockets, Land Mines, Grenades and Igniters), Washington, D. C. 1953, passim.
67 S. Abbildung im Anhang, S. 899.
68 Hierzu Alexander von Pfuhlstein, Meine Tätigkeit als Mitglied der Berliner Verschwörerzentrale der deutschen Widerstandsbewegung vom 1. Oktober 1936–20. Juli 1944, mimeogr., Kreuzwertheim am Main 1946; ders., 12 Abhandlungen über persönliche Erlebnisse, Masch., Kreuzwertheim am Main

1946, IfZ ZS 592; [Erwin Lahousen], Sidelights on the Development of the
»20 July« in the Foreign Countries/Intelligence Service (Amt Ausland/Ab-
wehr) for the Period of the Time from the End of 1939 to the Middle of 1943,
Masch., o. O. (wahrscheinlich Aug. 1945), NA Record Group 238; ders., Zur
Vorgeschichte des Anschlages vom 20. Juli 1944, Masch., München 1953, IfZ
ZS 652; ders., Tagebuch (OKW-Abwehr Aug. 1939–[3. Aug. 1943]), NA OKW
2280; Friedrich Wilhelm Heinz, Von Wilhelm Canaris zur NKWD, Masch.,
o. O. [ca. 1949], Mikrofilm NA Reel No. R 60.67; Paul Leverkuehn, Der geheime Nachrichtendienst der deutschen Wehrmacht im Kriege, Frankfurt/M.
²1957; Dr. Johannes Erasmus (1944 Ia in der Div. »Brandenburg«) an d. Verf.
29. Aug. 1965; Spiegelbild, S. 370–371, 405–406; Gert Buchheit, Der deutsche
Geheimdienst: Geschichte der militärischen Abwehr, München 1966, S. 307
bis 329. Buchheit, S. 307–308 hält die Verwendung der »Brandenburger« als
Einsatzgruppe im Staatsstreich für »von vornehein« unmöglich und stützt
sich für diese unbegründete Behauptung lediglich auf Karl Heinz Abshagen,
Canaris: Patriot und Weltbürger, Stuttgart 1949, S. 237, der aber auch keine
Belege bringt. – Hitler hielt sich vom 23. Nov. 1942 bis 17. Feb. 1943 in der
»Wolfschanze« bei Rastenburg auf, vom 19. Feb. bis 13. März in seinem
Hauptquartier »Wehrwolf« bei Winniza, dann kurz in Berlin und nochmals
in der »Wolfschanze«; Kriegstagebuch des Oberkommandos der Wehr-
macht (Wehrmachtführungsstab), Bd. III, Frankfurt/M. 1963, S. 136, 207;
Heiber, S. 143, 181, 498; Max Domarus, Hitler: Reden und Proklamationen
1932–1945, Neustadt a. d. Aisch 1962/1963, S. 2314; Baur, S. 231.

69 Vgl. Listen über verhaftete, entlassene und verurteilte Generalstabsoffiziere,
BA EAP 105/2; Marianne Gräfin Schwerin von Schwanenfeld, Ulrich-Wil-
helm Graf Schwerin von Schwanenfeld, Masch., [Heidelberg] o. J.; Pfuhl-
stein, Tätigkeit; Heinz, Canaris, S. 149–151; Heinz an d. Verf. 8. März 1966.
Heinz wurde im April 1943 als Kommandeur des IV. Regiments der Div.
Brandenburg in Serbien eingesetzt.

70 Keilig, 211/250.

71 Heinz, Canaris, S. 149–151 beschuldigt Pfuhlstein dieses »Verrats« der Division an Jodl und Warlimont, mit denen Pfuhlstein gegen Canaris intrigiert
habe. Von Heinz wird Pfuhlstein als überaus ehrgeizig geschildert. Er soll
nach Heinz auch Nationalsozialisten als Ordonnanzoffiziere bevorzugt und
einen hauptamtlichen NS-Funktionär als Kommandeur des I. Regiments eingesetzt haben. Dem allem widerspricht die Beurteilung Pfuhlsteins durch
Canaris am 1. Nov. 1943 als unermüdlicher Förderer der Schlagkraft seiner
Division, in der er sich abschließend für die vorläufige Belassung Pfuhlsteins
in seiner Stellung ausspricht: Handliste des HPA Amtsgr. P 3 für 1943.

72 Lahousen, Sidelights, S. 3; nach Lahousen hätte Canaris an die Verwendbarkeit fest geglaubt, Oster jedoch nicht; Heinz an d. Verf. 8. März 1966. In
ihren Aussagen vor der Gestapo machten weder Pfuhlstein noch Heinz einen
solchen Unterschied. Sie waren in ihren Aussagen im übrigen zurückhaltend;
sie betonten den Pessimismus Canaris' und Osters und deren Überzeugung,
daß eine »Änderung« der Führung nötig sei, um wieder vernünftige militärische Führungsverhältnisse zu schaffen, berichteten aber nichts über wirklich gravierende Tätigkeiten ihrer ehemaligen Vorgesetzten. Spiegelbild,
S. 370–371, 405–407.

73 Hierzu und zum Folgenden: Major d. R. Philipp Freiherr von Boeselager, mündliche Mitteilungen an d. Verf. vom 19. Nov. 1964; Akten über die Aufstellung des Reiterregiments »Boeselager« im Archiv Boeselager, Schloß Kreuzberg; Cord v. Hobe, Walter Görlitz, Georg von Boeselager: Ein Reiterleben, Düsseldorf 1957, S. 96–101; Schlabrendorff, Offiziere, S. 93; Gersdorff, Beitrag; Herrlitz.

74 Archiv Boeselager, Akte 10a.

75 Vgl. Kaiser, Tagebuch, Jan.-Feb. 1943, passim.

76 Vgl. Ritter, Goerdeler, S. 350.

77 Boeselager; Hobe, S. 97–98; Schlabrendorff, Offiziere, S. 131–132; Kleist an d. Verf. 26. Feb. 1965; Walther Schmidt-Salzmann an d. Verf. 14. Feb. 1966; Gersdorff, Beitrag; ders., Mitteilungen I. Nach Schlabrendorff a. a. O. und an d. Verf. 22. Okt. 1966 wäre eine Erschießung Hitlers erst nach dem 13. März 1943 geplant gewesen, aber die Boeselager nahestehenden Quellen berichten den Plan schon für die Zeit davor ausdrücklich. Auch Breitenbuch berichtet für 1943 und 1944 den Plan eines Kollektivattentats.

78 Vgl. Konrad Lorenz, Das sogenannte Böse: Zur Naturgeschichte der Aggression, Wien 1963, S. 319; Dieter Ehlers, Technik und Moral einer Verschwörung: Der Aufstand am 20. Juli 1944, Bonn 1964, S. 118–124.

79 Die Zeugen aus der näheren Umgebung bestreiten, daß Hitler sich so geschützt habe. Einerseits ist das begreiflich, da es dem Nimbus ihres Herrn schadet. Andererseits ist es unerheblich, weil die Überzeugung davon bei den Verschwörern nun einmal bestand und die Ereignisse bestimmte. Vgl. Exkurs.

80 Hierzu: »Ein ›Plan Lanz‹ war Rommel bekannt«, Passauer Neue Presse, 21. Juli 1949, S. 3; Hubert Lanz, Ein Attentatsplan auf Hitler im Februar 1943, Masch., München 1965; Christine von Dohnanyi, Aufzeichnungen, S. 9, IfZ ZS 603; Hyacinth Graf von Strachwitz an d. Verf. 8. Jan. 1965 und 20. Jan. 1966; ders., Aufzeichnung für die Personalakten, Masch.-Abschrift, Garmisch 1945; Generalmajor a. D. Paul W. Loehning, damals Kommandant von Charkow, Eidesstattliche Erklärung, Neu-Ulm 26. Aug. 1946; Hans Speidel [Erklärung], Hs., Freudenstadt 19. Mai 1946; ders. an d. Verf. 10. Juli 1965; Baur, S. 230–231; K.T.B. des OKW III, 136–137; Domarus, S. 1988.

81 Wilhelm von Schramm, Aufstand der Generale: Der 20. Juli in Paris, Kindler Taschenbücher, München ²1964, S. 23 ist also über die Widerstandstätigkeit Speidels unvollständig unterrichtet, wenn er ihn als bis April 1944 »nicht mehr und nicht weniger ›oppositionell‹ als die meisten höheren Generalstabsoffiziere des Heeres« bezeichnet.

82 Hierzu und zum Folgenden: Baur, S. 231; Hermann Teske, Die silbernen Spiegel: Generalstabsdienst unter der Lupe, Heidelberg 1952, S. 173.

83 Schlabrendorff, Offiziere, S. 86; Kaiser, Tagebuch, 19. Feb. 1943.

84 Schlabrendorff, Offiziere, S. 90. Viele der Angaben vor allen von Schlabrendorff fand d. Verf. bestätigt und ergänzt in Auszügen aus dem Tagebuch eines an zentraler Stelle in der Verschwörung tätigen Offiziers; die Auszüge sind dem Verf. 1963 zur Auswertung zur Verfügung gestellt, die Genehmigung dazu aber aus unerfindlichen Gründen zurückgezogen worden, als der Verf. die Besitzer bat, noch weitere erhaltene Tagebuchfragmente einsehen zu dürfen. So bleibt dem Verf. nur übrig, auf das ganz außerordentliche Gewicht hinzuweisen, welches die Mitteilungen von Schlabren-

dorff durch das Wissen um die Bestätigung in zeitgenössischen Aufzeichnungen aus dem Zentrum des Geschehens besitzen.

85 Spiegelbild, S. 329; Josef Wolf (Kdr. d. Führer-Nachrichten-Abteilung), mündliche Mitteilungen an d. Verf. vom 27. Feb. 1965.

86 Hierzu: Schlabrendorff, Offiziere, S. 90–92; Lahousen, Vorgeschichte; Hotzel; Herrlitz; Gersdorff an d. Verf. 22. März 1966; Dohnanyi, S. 9–10; Otto John, »Männer im Kampf gegen Hitler (VII): Hans von Dohnanyi«, Blick in die Welt 2 (1947) H. 12, S. 17.

87 Möglicherweise ist Tresckow erst jetzt auf die »Clam« gestoßen. Ungefähr um dieselbe Zeit nahm man von dem Gedanken eines Kollektivattentats vorläufig Abstand. Lahousen glaubt nicht, daß der mitgebrachte Sprengstoff »beim Schlabrendorff-Attentatsversuch Verwendung gefunden« hat, aber Lahousen konnte das kaum beurteilen, es sei denn auf Grund von Erzählungen Beteiligter oder auf Grund späterer Ermittlungen über die der Gestapo bekanntgewordenen Versuche. Zu diesen zählen aber die vom 13. und 21. März nicht, und die »Clam« wurde später nicht mehr verwendet. Die Beteiligten erzählten auch Freunden möglichst nichts. Vgl. Dohnanyi, S. 9–10.

88 Helmuth Greiner, Die Oberste Wehrmachtführung 1939–1943, Wiesbaden 1951, S. 441. Welche Rolle Schmundt und durch ihn Tresckow zur Beeinflussung Hitlers in dieser Richtung gespielt haben, ist nicht klar. Nach Schlabrendorff, Offiziere, S. 92–93 könnte man in den Bemühungen Tresckows und Schmundts die Hauptveranlassung für Hitlers Frontreise sehen.

89 Hierzu: K. T. B. des OKW III, 207; Teske, S. 172–173; Schlabrendorff, Offiziere, S. 95–99; Gersdorff, Mitteilungen I; Erich Kempka, mündliche Mitteilungen an d. Verf. vom 19. August 1965.

90 So lückenlos, wie Teske sich erinnert, standen sie aber nicht, wie Photographien im Besitz von Philipp Freiherr von Boeselager zeigen.

91 Ob Tresckow an diesem Tag oder bei anderer Gelegenheit versucht hat, einen Sprengkörper in die Seitentasche von Hitlers Auto zu praktizieren, ist nicht mehr festzustellen. Nach Schlabrendorff, Offiziere, S. 95, wurde es nicht am 13. März 1943 versucht, während Gersdorff, Mitteilungen I, meint, es sei an diesem Tag gewesen. Oberleutnant Walter Frentz, damals Filmberichter der Luftwaffe, mündliche Mitteilungen an d. Verf. vom 1. Juni 1965, berichtet von einem Frontbesuch Hitlers Anfang 1943, wie er glaubt, in Minsk, wobei dem Arzt Professor Dr. Karl Brandt ein Päckchen mitgegeben worden sei, welches dieser in der »Wolfschanze« zur internen Post gegeben habe; dort sei es vom RSD geöffnet und kontrolliert worden, wobei man eine Zeitzünderbombe entdeckt habe. Niemand sonst aus der Umgebung Hitlers erinnert sich an diesen Vorfall, der doch gewiß nicht alltäglich war.

92 Vgl. K. T. B. des OKW III, 207.

93 In Schlabrendorff, Offiziere, S. 95, 98 ist immer von Cognac-Flaschen die Rede, in anderen Ausgaben heißt es Cointreau, so auch in der neuesten Ausgabe (Fabian von Schlabrendorff, The Secret War against Hitler, New York-Toronto-London 1965, S. 233), wo ausdrücklich auf die eckige Form der Flaschen hingewiesen ist, die auch tatsächlich allein der Form der paarweise verpackten Haftminen entspricht. Ferner zu dem Vorgang Gersdorff

an d. Verf. 15. Jan. 1965; Fabian von Schlabrendorff, mündliche Mitteilungen an d. Verf. vom 6. Aug. 1968.

94 Hierzu und zum Folgenden: Völkischer Beobachter (Münchner Ausgabe) 11. März 1940, 17. März 1941, 16. März 1942, 22. März 1943; Reichsgesetzblatt: Teil I, 1943, Berlin 1943, S. 137: »Erlaß des Führers über den Heldengedenktag 1943. Vom 12. März 1943. In diesem Jahre ist der 21. März Heldengedenktag. Führer-Hauptquartier, den 12. März 1943. Der Führer Adolf Hitler Der Reichsminister und Chef der Reichskanzlei Dr. Lammers.« Ferner Schlabrendorff, Offiziere, S. 99; Gersdorff, Beitrag; ders., Bericht; ders., Mitteilungen I und II; Minutenprogramme für die Heldengedenktagfeiern 1940 (BA NS 10/126) und 1941 (MFA W 01-6/321); die für 1942 und 1943 wurden bisher nicht aufgefunden; Deutsche Wochenschau Nr. 655/1943 (14/1943), BA Filmarchiv; Daily Digest of World Broadcasts (From Germany and German-occupied territory), Part I No. 1343 für die Zeit von 00.01 am Sonntag, 21. März bis 00.01 am Montag, 22. März 1943 (Greenwich Mean-Time), BBC [London], 22. März 1943; BBC Monitoring Service an d. Verf. 8. Dez. 1965; Oberstleutnant a. D. Ernst John von Freyend (Adjutant Keitels), mündliche Mitteilungen an d. Verf. vom 14. Mai 1964; Konteradmiral a. D. Karl Jesko von Puttkamer (Marineadjutant Hitlers), mündliche Mitteilungen an d. Verf. vom 5. März 1964; Major a. D. Gerhard von Szymonski (Luftwaffenadjutant Keitels), mündliche Mitteilungen an d. Verf. vom 2. Juli 1964; Robert Bergschmidt (damals Referent für Großveranstaltungen im Propagandaministerium) an d. Verf. 9. Feb. 1965; Großadmiral a. D. Karl Dönitz an d. Verf. 5. Dez. 1964; Kapitänleutnant Freiwald (damals Adjutant von Dönitz, heute als Flottillenadmiral Kommandant der Flottenbasis Wilhelmshaven) an d. Verf. 7. Jan. 1965; Frentz; Oberstleutnant a. D. Walter Froneberg (damals im OKW, Allgemeine Abteilung, Referat IIc) an d. Verf. 3. Mai 1965; John von Freyend an d. Verf. 31. Mai 1965; Gen. d. Inf. a. D. Hermann Reinecke (damals Chef des Allgemeinen Wehrmacht-Amtes) an d. Verf. 16. Dez. 1964, 19. April 1965, 20. Dez. 1965; ders., mündliche Mitteilungen an d. Verf. vom 30. April 1965; Frau Charlotte de Blanc (Schwester der Vorzimmerdame von Oberst Hans Friede, dem Leiter der Allg. Abt. im OKW) an General Reinecke 15. Juli 1965; Oberst Dr. Alfred von Reumont (1941–1942 und wieder ab Ende 1943 im Allgemeinen Wehrmacht-Amt) an d. Verf. 14. März 1965; Schlabrendorff an d. Verf. 22. Okt. 1966; ders., mündliche Mitteilungen an d. Verf. vom 19. Juli 1964; K. T. B. des OKW III, 232; German Explosive Ordnance, passim; vgl. auch Hoffmann, Attempt, S. 67–83.

95 German Explosive Ordnance, S. 283–327; Field Engineering, S. 19–23, 26–28.

96 Zur Frage der Uhrzeit des Beginns: Daily Digest of World Broadcasts No. 1343 und BBC Monitoring Service an d. Verf. 8. Dez. 1965: 13.00 Uhr englischer Sommerzeit; das entsprach 12.00 Uhr Greenwich Mean Time (GMT). 12.00 Uhr GMT ist 13.00 Uhr Mitteleuropäischer Zeit (MEZ). In Deutschland aber galt die Sommerzeit erst vom April ab: Reichsgesetzblatt 1940 Teil I, 232–233; Reichsgesetzblatt 1942 Teil I, 593–594; Reichsgesetzblatt 1943 Teil I, 542; Reichsgesetzblatt 1944 Teil I, 198. Also war 13.00 Uhr englischer Sommerzeit zugleich 13.00 Uhr MEZ in Berlin.

97 Nach den Berichten von Szymonski und John von Freyend, Adjutanten

von Keitel, waren diese schon vor dem Haupteingang des Zeughauses mit Gersdorff zusammengetroffen und dort bis zur Ankunft Hitlers im Gespräch geblieben. Diese Szene ist Gersdorff jedoch nicht erinnerlich und auch auf dem Wochenschaufilm nicht zu sehen. Es ist nach allen anderen Berichten nicht anzunehmen, daß die Teilnehmer nicht vor dem Eintreten Hitlers an ihren Plätzen waren, sondern hinter ihm hergingen.

98 In Gersdorff, Mitteilungen I und II: eine Art Museumsoffizier der Abwehrgruppe der Heeresgruppe Mitte.

99 Gersdorff, Mitteilungen II; Strachwitz an d. Verf. 20. Jan. 1966.

100 Daily Digest.

101 Nach den Berichten von Gersdorff hat Hitler in der unplanmäßigen Pause einige zwischen Zeughaus und Ehrenmal an der Westseite des Zeughauses aufgestellte russische Beutepanzer besichtigt. – Für das Mißlingen des Anschlages hat Gersdorff früher auch andere als die hier festgestellten Gründe gegeben: 1. Schmundt habe ihm bei Beginn der Besichtigung gesagt, es stehen nur höchstens 8–10 Minuten dafür zur Verfügung (Beitrag).Wenn das tatsächlich geschehen ist, vielleicht auf Gersdorffs begreiflicherweise besorgte Frage hin, so müßte es nach dem Eintritt Hitlers in die Ausstellungsräume gewesen sein, also auch nach dem Ingangsetzen der Zündung. Die Mitteilung selbst war also nicht die Ursache des Fehlschlages. 2. Bei Schlabrendorff, Offiziere, S. 99 steht: »Große Schwierigkeiten bereitete die Beschaffung eines kurzfristigen Zünders. Gersdorff fand eine Lösung, konnte aber das Sprengmittel nicht zünden, weil Hitler wohl zu der Veranstaltung erschien, sie aber nach einer kurzen Ansprache gleich wieder verließ.« Die Ungenauigkeit dieses Berichtes steht in Schlabrendorffs Buch nicht allein und ist überdies offensichtlich; alle Berichte der Teilnehmer, einschließlich der vom BBC-Monitoring Service *gleichzeitig* festgehaltenen Rundfunkübertragung, bestätigen im wesentlichen die Darstellung Gersdorffs, wie sie oben verwendet worden ist, wenngleich nur wenige Eingeweihte die Panne bei der Besichtigung bemerkten. Von der Suche nach Zündern hatte in Gersdorffs erstem Bericht (Beitrag) nichts gestanden, aber dann war Schlabrendorffs Buch erschienen, welches in der ersten Ausgabe das Mißlingen mit der Nichtbeschaffung geeigneter Zünder erklärte, was ja in dem Sinne stimmt, daß keine Simultanzünder gefunden werden konnten (dem Verf. stand nur die englische Erstausgabe zur Verfügung: They almost Killed Hitler, New York 1947, S. 61). Von da an erwähnte Gersdorff auch die Suche nach Zündern und Schlabrendorff änderte seine Version in »Gersdorff fand eine Lösung«. In jedem Falle war Schlabrendorff nur kursorisch unterrichtet. Gersdorff sprach aus Bescheidenheit nicht gern über den Vorgang, und für andere wäre es taktlos gewesen, nach Einzelheiten zu forschen, ganz abgesehen davon, daß man damals andere Sorgen hatte und längst neue Versuche plante. 3. In einem Gespräch mit John von Freyend und Szymonski in dessen Hause in Köln, der ein entfernter Vetter Gersdorffs war, hatte Gersdorff Anfang der fünfziger Jahre bestritten, die Zündung betätigt zu haben. Damals und wohl auch in dem Bericht vom 1. Januar 1946 (Beitrag), tat er dies aus Rücksicht auf die noch Lebenden, insbesondere Graf von Hardenberg und Szymonski. Er wollte, nachdem die Sache mißlungen und er selbst nun einmal am Leben geblieben war, nicht als einer angesehen werden, der auch seine Freunde geopfert hätte, um den

Verbrecher Hitler mit seinem Anhang zu beseitigen – obwohl wenigstens Graf von Hardenberg ebenfalls zum Opfer seines Lebens bereit gewesen wäre (Gersdorff an d. Verf. 22. März 1966). Nach dem Kriege sah alles anders aus, und das Verständnis für Attentäter und Verschwörer sowie für die damalige Lage nahm rasch ab. – Die Glaubwürdigkeit des Freiherrn von Gersdorff wird durch diese Umstände nicht beeinträchtigt, wie d. Verf. sich vielfach überzeugen konnte. In allen wesentlichen Punkten, auch in solchen, die er niemals zu beweisen hoffen konnte (z. B. die tatsächliche Beschaffenheit der Haftminen, oder die unprogrammäßige Abkürzung der Besichtigung), konnte die Darstellung des Freiherrn von Gersdorff einwandfrei belegt werden.

102 Dr. E. K. Freiherr von Gersdorff an d. Verf. 2. und 10. Dez. 1964.

103 Guides No. 52, S. 94.

104 Vgl. [Erich] v[on] Manstein, Richtigstellung zur Darstellung der Haltung des Feldmarschalls v. Manstein im Buch »Offiziere gegen Hitler«, Masch., o. O. o. J.

105 Trial of the Major War Criminals before the International Military Tribunal: Nuremberg 14 November 1945–1 October 1946, vol. XX, Nürnberg 1948, S. 625, und vol. XII, Nürnberg 1947, S. 240–241.

106 Gersdorff, Beitrag; ders. an Krausnick 19. Okt. 1956, IfZ ZS 47/II; ders., Mitteilungen I; ders., Bericht; vgl. Schlabrendorff, Offiziere, S. 126–127; Manstein, Richtigstellung; ders., Persönliche Notizen, Masch., Bridgend 1947; Trial XX, 625.

107 Sinn hat die Bemerkung nur, wenn Manstein damit schon von vornherein eine Regierung der Opposition als legal bezeichnete.

108 Manstein, Notizen; Schlabrendorff, Offiziere, S. 127.

109 Bericht Gersdorffs bei Graml, Militäropposition, S. 473–474.

110 Kaiser, Tagebuch, 6. April 1943, Generäle, S. 531–532. Stark vereinfachend und nur auf Grund einer Aussage Goerdelers vor der Gestapo berichtet Kramarz, S. 144, Kluge sei im September 1943 gewonnen worden, was so unrichtig ist.

111 Vgl. Kaiser, Tagebuch, passim.

112 Schlabrendorff, Offiziere, S. 100; Ritter, Goerdeler, S. 365, 540 Anm. 43 nach Mitteilungen von Frau von Tresckow.

113 Handliste der Generalstabsoffiziere; Keilig, 211/342 weicht in den Daten jeweils um wenige Tage ab.

114 Vgl. Kaiser, Tagebuch, 6. April 1943, Generäle, S. 531–532.

115 Heinz Guderian, Erinnerungen eines Soldaten, Heidelberg 1951, S. 272–273.

116 Kaiser, Tagebuch, 20. Feb. 1943, Generäle, S. 531.

117 Ritter, Goerdeler, S. 353–358.

118 Ritter, Goerdeler, zw. S. 352 und 353 (Faksimile-Wiedergabe), 358.

119 Vgl. Kaisers Aussage in Spiegelbild, S. 100–101.

120 Ferdinand Sauerbruch, Das war mein Leben, München 1960, S. 550; Hassell, S. 274; nach Kunrat Freiherr von Hammerstein, Spähtrupp, Stuttgart 1963, S. 211 wurde Beck am 8. März 1943 operiert.

121 Kaiser, Tagebuch, 6. April 1943, Generäle, S. 532.

122 Helmut von Gottberg (damals Oberleutnant und Adjutant im Inf.-Ers.-Btl. 9 in Potsdam) an d. Verf. 16. Juni 1966; Hassell, S. 273.

123 Albert Krebs, Fritz-Dietlof Graf von der Schulenburg: Zwischen Staatsraison
     und Hochverrat, Hamburg 1964, S. 237, 245.
124 Hierzu: Hassell, S. 273, 289; Schlabrendorff, Offiziere, S. 101–102; Hans Bernd
     Gisevius, Bis zum bitteren Ende: Vom Reichstagsbrand bis zum 20.
     Juli 1944, vom Verfasser auf den neuesten Stand gebrachte Sonderausgabe, Ham-
     burg o. J., S. 443–446; Ritter, Goerdeler, S. 352; Kaiser, Tagebuch, 6. April 1943,
     Generäle, S. 532; Ger van Roon, Neuordnung im Widerstand: Der Kreisauer
     Kreis innerhalb der deutschen Widerstandsbewegung, München 1967, S. 74,
     287; Franz Sonderegger (ehem. Gestapo-Beamter) an den Präsidenten des
     Landgerichts München I, 14. Jan. 1951, Bl. 8, Kopie im IfZ; Buchheit, Ge-
     heimdienst, S. 418–433; ausführlich nun auch Eberhard Bethge, Dietrich
     Bonhoeffer: Theologe, Christ, Zeitgenosse, München 1967, S. 877–885, 897
     bis 929.
125 Von ganz ähnlicher Tätigkeit des damals ebenfalls im OKW/Amt Ausland/
     Abwehr eingesetzten Dr. Artur Sommer berichtete vor kurzem ausführlich
     Edgar Salin, »Über Artur Sommer, den Menschen und List-Forscher«, Mittei-
     lungen der List Gesellschaft Fasc. 6 (1967), S. 81–90.
126 M[artin] Bormann an den Reichsschatzmeister der NSDAP 17. Jan. 1939, Ber-
     lin Document Center.
127 Bethge, S. 877–885.
128 Keitel an Oster 16. Dez. 1943, MFA OKW 149.
129 Gisevius, Nebe, S. 230–233, 221.
130 Hierzu: Schlabrendorff, Offiziere, S. 101; Pfuhlstein, Tätigkeit, S. 6; vgl.
     Hermann Bösch, Heeresrichter Dr. Karl Sack im Widerstand: Eine historisch-
     politische Studie, München 1967, S. 85–88; Gisevius, Nebe, S. 263–265.
131 Sack war seit 1. Oktober 1942 in seiner Stellung im OKH und führte bis
     21. Dez. 1942 die Bezeichnung »Chefrichter des Heeres«; dann wurde er zum
     Ministerialdirektor ernannt. Seit 1. Mai 1944 lautete sein Titel »General-
     stabsrichter«. Bösch, S. 61–62. Vorher war Sack bis November 1939 am Reichs-
     kriegsgericht tätig gewesen, dann auf eigenen Wunsch als Rechtsberater zur
     Heeresgruppe A (Rundstedt) an die Front versetzt worden, wo er Tresckow
     kennenlernte; Ende August 1941 wurde er in die Wehrmachtrechtsabteilung
     des OKW als Gruppenleiter berufen. Bösch, S. 61–64.
132 S. dazu Heinz Höhne, Der Orden unter dem Totenkopf: Die Geschichte der
     SS, Gütersloh 1967, bes. Kap. 17.
133 Hierzu und zum Folgenden: Ritter, Goerdeler, S. 360–362, der auch die haupt-
     sächlichen Quellen nennt (S. 539 Anm. 40): Allen Welsh Dulles, Verschwö-
     rung in Deutschland, Kassel 1949, S. 185–210, wo die Anklageschrift gegen
     Popitz und Langbehn abgedruckt ist; Urteil gegen Popitz und Langbehn
     vom 3. Okt. 1944, Abschrift aus dem Besitz von Dr. H. v. zur Mühlen; dazu
     Walter Schellenberg, Testimony, Nürnberg 13. Nov. 1945, S. 13–19, StA
     Nürnberg NG 4718; Spiegelbild, S. 351; Hassell, S. 279. T[heodor] E[schen-
     burg], »Die Rede Himmlers vor den Gauleitern am 3. August 1944«, VfZ 1
     (1953), S. 375–376. Goerdeler hatte die Möglichkeit in seinem Briefentwurf
     an Kluge vom 25. Juli ebenfalls angedeutet. Vgl. zum Termin Himmlers
     Terminkalender, 26. Aug. 1943, BA EAP 21-b/1–5 (NA Microcopy T-84, Roll
     R 25).
134 Kaiser, Tagebuch, 7. Juni 1943, 19. Juli 1943 und 20. Feb. 1943 in Generäle,

S. 531: Lt. Schulenburg und Olbricht war Fromm »faul, ohne Kühnheit, gehe auf die Jagd, lasse sich in den Kompetenzen immer mehr an die Wand drängen.« GFM von Bock warnte im Juli 1943 vor Fromm, er sei nicht verläßlich; Dulles, Verschwörung, S. 187. Hassell, S. 252, 261, 262 nennt Fromm wechselweise »miles gloriosus«, »Wetterfahne« mit tapferen Ansichten, und »Konjunkturist« (weil er meinte, jetzt im Frühjahr 1943, da sich die Lage an der Ostfront gebessert habe, sei »es«, nämlich der Umsturz, nicht mehr nötig). Dabei wußte Fromm spätestens seit 1942, daß der Krieg nicht mehr zu gewinnen war: Hammerstein, S. 209; Alix von Winterfeldt (ehem. Vorzimmerdame bei Fromm), mündliche Mitteilungen an d. Verf. vom 30. Aug. 1966. Generalleutnant (später General der Infanterie) Günther Blumentritt schrieb über Fromm in seinen Bemerkungen zu Schlabrendorffs Buch, Stellungnahme zu dem Buch »Offiziere gegen Hitler«. Nach einem Erlebnisbericht von Fabian v. Schlabrendorff bearbeitet und herausgegeben von Gero v. S. Gaevernitz 1946 Europa Verlag Zürich, o. O. 1946: »Ich *bedaure* jeden Kameraden vom 20. Juli. Ich *muß* aber bei Fromm bemerken, daß er schon lange vor dem Krieg stets zu sagen pflegte: ›Wir liegen immer richtig.‹ Er war ein *starker*, ehrgeiziger Mann, diplomatisch spielend .. Fromm konnte gar nicht genug ›Ämter‹ erhalten.« Ritter, Goerdeler, S. 358–359 nennt Fromm »Streber und Opportunist«. Gelobt werden an Fromm fast nur seine Klugheit und sein diplomatisches Geschick.

135 Hassell, S. 267–268: Hammerstein, schon todkrank, warnte vor ungenügender Vorbereitung und Organisation des Staatsstreiches. Zu dem fast unlösbaren Zusammenhang zwischen Amt und Stellung, der in Deutschland besonders kraß entwickelt scheint, vgl. die Abhandlung von Ehlers, S. 36–37.

136 Hammerstein, S. 199.

137 Kaiser, Tagebuch, passim.

138 Hassell, S. 287; Ritter, Goerdeler, S. 333–336.

139 Ritter, Goerdeler, S. 359–360, 612–616 (Abdruck); auszugsweiser Abdruck des Briefes auch schon in Generäle, S. 535–537.

140 Schlabrendorff, Secret War, S. 164–165; Schlabrendorff, Offiziere, erwähnt den Vorgang an der entsprechenden Stelle (S. 75) nicht; Ritter, Goerdeler, S. 360.

141 Kaiser, Tagebuch, 20. Feb. 1943, Generäle, S. 531.

142 Schlabrendorff, Offiziere, S. 101.

143 Kaiser, Tagebuch, 6. April 1943, **Generäle, 531.**

144 Vgl. oben, S. 350.

145 Ritter, Goerdeler, S. 336, 363.

146 Schlabrendorff, Offiziere, S. 100–105.

147 Ritter, Goerdeler, S. 365.

148 Vgl. Spiegelbild, S. 88 nach Aussagen von Stieff und Schulenburg.

149 Von »Falko«, lt. Kaisers Tagebuch einem Angehörigen des Stabes des BdE.

150 »Orgieff« lt. Kaisers Tagebuch.

151 Ritter, Goerdeler, S. 363.

152 Ebenda.

153 Rothfels, Briefe, S. 291–305; Annedore Leber, Das Gewissen entscheidet, Berlin–Frankfurt/M. [4]1960, S. 247–250 (ebenfalls hauptsächlich Auszüge aus Briefen Stieffs).

154 Rothfels, Briefe, S. 305 Anm. 18 auf Grund eines Briefes von Stieff an seine Frau vom 28. Feb. 1943, worin er mitteilte, man sei an ihn herangetreten, um ihn zur Teilnahme an einem Attentat gegen Hitler zu bewegen; Stieffs Aussagen vor der Gestapo, Spiegelbild, S. 87–88, und vor dem VGH, Der Prozeß gegen die Hauptkriegsverbrecher vor dem Internationalen Militärgerichtshof Nürnberg 14. November 1945–1. Oktober 1946, Bd. XXXIII, Nürnberg 1949, S. 307–308.

155 Spiegelbild, S. 88; Rothfels, Briefe, S. 305; Aussagen Stieffs, Prozeß XXXIII, 308.

156 Rothfels, Briefe, S. 305. Die Frage ist berechtigt, aber nicht eindeutig zu beantworten, ob aus diesen Worten zwar der Entschluß zur Teilnahme, aber auch der Entschluß, nicht selbst ein Attentat auszuführen, zu entnehmen ist.

157 Spiegelbild, S. 88.

158 Spiegelbild, S. 88; Ritter, Goerdeler, S. 363. Die von Ritter vorgebrachten Vermutungen, Kluge habe sich noch nicht ganz entschieden gehabt, und Stieff habe Kluge in seinen Aussagen nicht belasten wollen, da er damals noch lebte, dürften beide zutreffen, die erste schon deshalb, weil Kluge immer geschwankt hat und also nie ganz entschlossen war. Jedoch läßt das unter dem 21. August in einem Brief geäußerte Vertrauen Stieffs in das Gelingen auf mehr schließen; Leber, Gewissen entscheidet, S. 250.

159 Ritter, Goerdeler, S. 363; vgl. Spiegelbild, S. 410–412 mit ausführlichem Bericht Goerdelers über die Besprechung; Schlabrendorff, Offiziere, S. 126.

160 Das war im Jahre 1943 zweifellos utopisch und mit bloßem Optimismus kaum mehr zu erklären. In seiner Aussage vor der Gestapo, in der Goerdeler dieses Programm aufstellte, behauptete er, er habe es Kluge gegenüber im September 1943 als ausführbar bezeichnet, und Jakob Wallenberg habe es ihm einen Monat später als die englische Auffassung mitgeteilt; Spiegelbild, S. 411; Ritter, Goerdeler, S. 363–364. Es liegt die Vermutung sehr nahe, daß Goerdeler a) Kluge gegenüber weit mehr in Aussicht gestellt hat, als er verantworten konnte, und b) gegenüber der Gestapo noch mehr übertrieben hat in der auch sonst durch Goerdeler selbst ausführlich dokumentierten Hoffnung, jetzt, im September 1944, noch als Vermittler eines Friedens dienen zu können. Vgl. Ritter, Goerdeler, S. 426–445. Am 8. September 1944 war Goerdeler zum Tode verurteilt worden; die Hoffnung, sein Leben als wichtige Quelle für Verbindungen, Auskünfte und fachmännischen Rat noch so lange zu fristen, bis die Befreiung durch die Alliierten erfolgen würde, wird nicht ohne Einfluß auf sein Verhalten und auf seine Aussagen gewesen sein. Kluge hatte inzwischen, am 18. August 1944, Selbstmord begangen, konnte also nun – Goerdeler machte seine Aussagen am 21. September – getrost belastet werden; Hans Speidel, Invasion 1944: Ein Beitrag zu Rommels und des Reiches Schicksal, Tübingen-Stuttgart [5][1964], S. 159.

161 Ritter, Goerdeler, S. 337; vgl. Hammerstein, S. 219.

162 Ritter, Goerdeler, S. 365 betont den Ausfall Kluges als Grund für das Nichtstattfinden des Staatsstreiches im Herbst 1943 um eine Nuance zu stark. Roon, S. 284 berichtet auf Grund von Mitteilungen von Dr. Hans Lukaschek von einem Plan, wonach am 13. August 1943 Hitler in seinem Hauptquartier »Wolfschanze« festgesetzt werden sollte, was aber mißlungen sei, weil

Hitler nicht gekommen sei. Um die Einzelheiten oder die Nachprüfung dieses Berichtes hat sich Roon nicht gekümmert. Gerstenmaier, Kreisauer Kreis, S. 231 übernimmt den Bericht Lukascheks als »verläßlich«, »wie ich glaube«. Dem Verf. liegt ein von Prof. Rothfels freundlicherweise überlassener Auszug aus Lukascheks Bericht vor, worin ebenfalls von dem für 13. August 1943 geplanten Anschlag die Rede ist; danach hatte Lukaschek sein Wissen von Moltke. »Er [Moltke] berichtete, daß Hitler mit Göring und Himmler am 13. 8. nach Wolfsschanze, dem Hauptquartier in Ostpreußen, kommen würde. Die Panzerdivision, die die Bewachung dort führte, sei fest in der Hand von zur Tat entschlossenen Männern. Hitler und Genossen würden dort gefangengesetzt und anschließend vor ein Gericht gestellt werden ... Er [Moltke] überreichte mir eine Urkunde, in der ich zum Reichskommissar für die Ostprovinzen ernannt wurde .. Nun – Hitler kam am 13. 8. nicht nach Wolfsschanze. Die betreffende Panzerdivision wurde, wie üblich, verlegt.«

Tatsächlich war Hitler den ganzen August über in der »Wolfsschanze«, mit Ausnahme des 27., s. unten, S. 655. Der Bericht entbehrt also der tatsächlichen Grundlage. Wer führte die Panzerdivision? Es mußte sich um »Großdeutschland« handeln. Unbegreiflich ist, daß weder Roon noch Gerstenmaier an der Überreichung der »Urkunde« Anstoß nahmen; so ein seltsamer und unsinniger Vorgang müßte doch erklärt werden, vollends, da anscheinend kein anderer Beteiligter ein solches Papier erhalten hat. Ebenso seltsam ist, daß niemand außer Lukaschek von Moltke über den Plan unterrichtet worden zu sein scheint, der auch sonst nirgends belegt ist. Wenn es sich um eine Geheimabmachung zwischen Moltke und dem zuverlässigen Kommandeur der Panzerdivision handelte, dann waren jedenfalls beide über Hitlers Aufenthalt unglaublich schlecht unterrichtet. Damit wäre noch nicht erklärt, warum Moltke nur eine einzige »Ernennung« ausgesprochen haben sollte.

Berichte Lukascheks sind auch sonst unzuverlässig. Z. B. benützt Roon, S. 288 Angaben Lukascheks für seine Mitteilungen über Besprechungen der Kreisauer im April 1944; damals sollte Yorck Lukaschek gesagt haben, Stauffenberg sei »Stabschef des Heimatheeres« geworden, was in Wirklichkeit erst am 20. Juni / 1. Juli eintrat; vgl. unten, S. 380, 445–446.

163 Prof. Dr. Rudolf Fahrner an Prof. Dr. Walter Baum 25. Juli 1962, IfZ ZS 1790.
164 Vgl. Kaiser, Tagebuch 1943, passim.
165 General der Kavallerie a. D. Rudolf Koch-Erpach an d. Verf. 9. Mai 1964; vgl. die Übersicht im Anhang, S. 897.
166 [Franz] Halder, Kriegstagebuch, Bd. III, Stuttgart 1964, S. 345.
167 Halder, K.T.B. III, 347–348.
168 Generalmajor a. D. Ludwig Freiherr Rüdt von Collenberg (Dez. 1942 bis Sept. 1944 Chef Gen St im Wehrkreis VIII) an d. Verf. 3. Feb. 1964; Generalmajor a. D. Hellmuth Reinhardt (damals als Oberst Chef des Stabes bei Gen. Olbricht im OKH/AHA) an d. Verf. 12. Nov. 1967.
169 Die zit. 83. Ausfertigung befindet sich im MFA unter der Signatur WK XVII/99. In Spiegelbild, S. 160–166 ist die 218. Ausfertigung abgedruckt, die lt. Verteiler zum Vorrat des AHA gehörte, zusammen mit einer Anordnung Stauffenbergs vom 11. Feb. 1944, die in den Aktenstücken des MFA fehlt.

Der Abdruck beruht jedoch auf Abschriften, die mit Archivexemplaren der sogenannten Kaltenbrunner-Berichte zur Aufbewahrung in das Archiv der NSDAP in München gegeben wurden; der Abdruck vermerkt nicht, daß die Vorlagen Abschriften waren. Dieselben Vorlagen wurden zum Abdruck benützt in 20. Juli 1944, 1. u. 2. Aufl. bearb. v. Hans Royce, neubearb. u. erg. v. Erich Zimmermann und Hans-Adolf Jacobsen, Bonn 1961, S. 80–87. Kramarz, S. 146–152 geht auf die »Walküre«-Befehle und die vielen wichtigen, mit ihnen zusammenhängenden Fragen kaum ein; nicht nur fehlt die Entstehungsgeschichte (bzw. der Beleg für ein paar sehr stark vereinfachende Sätze auf S. 146), sondern man vermißt auch Aufschluß über den eventuellen Anteil Stauffenbergs an der Neufassung.

170 Zur Zahl dieser Ausländer vgl. Zeller, S. 303, der sie aus einer Veröffentlichung des Deutschen Instituts für Wirtschaftsforschung in Berlin aus dem Jahre 1954 belegt: 1942 seien es schon über 4 Millionen gewesen, 1944 etwa 8 Millionen.

171 S. unten, S. 364–366.

172 Koch-Erpach.

173 S. unten, Kap. XI, 2.

174 Spiegelbild, S. 26–28, 50–53 und 76–82 druckt die Listen bzw. Ernennungsbefehle ab; Aussagen über den Zweck der Verbindungsoffiziere Spiegelbild, S. 145, 334. Kramarz, S. 153 erwähnt nur diese Verbindungsoffiziere, also die zweite Kategorie. Zu den Verbindungsoffizieren s. ausführlich unten, Kap. X, 4. Vgl. Listen über verhaftete, entlassene und verurteilte Generalstabsoffiziere.

175 Über die Haltung des Chefs des Generalstabes, Oberst i. G. Wolfgang Hassenstein, konnte leider nichts festgestellt werden. Er wurde am 30. Jan. 1945 hingerichtet: Stellenbesetzungskartei des HPA/P 3, NA Microcopy T-78, Roll R 55.

176 S. z. Ganzen unten, Kap. X, 5 und XI, 3 und 4.

177 Spiegelbild, S. 145, 334; Namen der VO: Spiegelbild, S. 26–28, 50–53, 76–82.

178 Hierzu und zum Folgenden: Heinz-Günther Albrecht, Die militärischen Vorbereitungen der damaligen Führungsstelle der Widerstandsbewegung im Generalkommando Berlin im Hinblick auf den geplanten Regierungssturz, Masch., o. O. 1946/47; ders. an d. Verf. 27. Aug. 1967; Ehrengard Gräfin von Rantzau (geb. Gräfin von der Schulenburg), Erinnerungen an die Vorbereitungen zum 20. Juli 1944, Masch., o. O. o. J.; Bruno Mitzkus, Um den 20. Juli und das Ende im Wehrkreiskommando III Berlin, Masch., Bad Homburg v. d. H. 1947; Frau Margarethe von Hase, mündliche Mitteilungen an d. Verf. vom 31. März 1964; Helmut von Gottberg (damals Oberleutnant und IIa des Inf. Ers. Batl. 9 in Potsdam) an d. Verf. 22. Apr. 1966; Helmuth Schwierz, Bericht über meine Tätigkeit am 20. Juli 1944 und über meine nachfolgende Inhaftierung durch die Gestapo, Masch., Siegen i. W. o. J.; ders. an d. Verf. 25. März 1965; Carl-Hans Graf von Hardenberg-Neuhardenberg, eidesstattliche Erklärung über Generalmajor von Rost, Kempfeld/Hochwald 12. Aug. 1946; Amt V [des RSHA], Betrifft: Selbstmord des Majors Ulrich von Oertzen.. vom 22. Juli 1944, BA R 58/1051; Wolfgang Müller, »Was geschah am 20. Juli 1944?« Das freie Wort 3 (1952) Nr. 29, 19. Juli 1952.

179 Stauffenbergs Werdegang s. Kap. X.

180 Hierzu hat als erster Eberhard Zeller den Versuch gemacht, die erreichbaren
Quellen zusammenzufassen: Zeller, S. 253–255, 262–264, 270. Kramarz, S. 146
bis 154 konnte noch diese oder jene Einzelheit beitragen. S. ferner Hammerstein, S. 267; Schlabrendorff, Offiziere, S. 104–111; vgl. Krebs, Schulenburg,
S. 259–268.

181 Schlabrendorff, Offiziere, S. 103; Nina Gräfin von Stauffenberg an d. Verf.
30. Juli und 13. Aug. 1968. Zeller, S. 255 berichtet, Stauffenberg habe
die Operation verschoben und sich wahrscheinlich so kurzfristig entschlossen, nach Berlin zu fahren, weil er die Nachricht erhalten habe, daß
Tresckow noch einige Wochen in Berlin sein könne; Kramarz, Stauffenberg, S. 135 übernimmt diese bloße Vermutung, macht sie zur positiven
Feststellung und gibt die Quelle nicht an. Von Frau von Tresckow waren
leider keine Auskünfte zu erhalten. – Nach Schlabrendorff, Offiziere, S. 100
war Tresckow vor dem Antritt seiner Stelle als Rgts-Kdr. »volle zehn Wochen«, also etwa seit Anfang August, in Neubabelsberg, das zu Potsdam gehörte, wo er in der Wohnung seiner Schwester wohnte. Weder Zeller noch
Kramarz berücksichtigten diese Mitteilung.

182 Ritter, Goerdeler, S. 367 und 541 Anm. 48 betont auf Grund von Mitteilungen von Frau von Tresckow die Vorarbeit Tresckows; Stauffenberg habe
die von Tresckow im August und September 1943 vorbereiteten Befehle,
den Mobilmachungskalender, die Besetzungspläne, Aufrufe und »geheime
Truppenanweisungen« übernommen. Das ist sicher richtig, bezieht sich
aber doch nur auf die »Walküre«-Befehle, so wie sie eben im September 1943
vorlagen, nicht auf ihre Abänderungen, nicht auf die späteren Versionen der
Aufrufe, die die Brüder Stauffenberg mit Professor Fahrner entwarfen (s.
unten, Kap. X, 4), und nicht auf die Organisation des Netzes der Politischen
Beauftragten und der Verbindungs-Offiziere des OKH zu den Wehrkreiskommandos.

183 Dies jedenfalls ist aus Schlabrendorff, Offiziere, S. 108 zu entnehmen; bestätigt von Hammerstein, S. 267 auf Grund eines Berichtes von Bussche, den
Hammerstein Ende 1943 oder Anfang 1944 erhalten hat: Als Bussche im
November 1943 zu der ersten geplanten Uniformvorführung (vgl. unten,
Kap. X, 2) nach Ostpreußen fuhr, also in seinen und Hitlers vermeintlichen
Tod, habe er sich die Freiheit genommen, einen ihm von Stauffenberg für
einen höheren Offizier im FHQu bestimmten Briefumschlag zu öffnen, und
der habe einen nachher zu verbreitenden Aufruf an Volk und Wehrmacht
enthalten, wonach die SS Hitler umgebracht habe. Lange habe Bussche nicht
verstanden, daß diese Version wahrscheinlich für die Aufrechterhaltung der
Fronten, also für einen glatten Ablauf des Staatsstreiches, notwendig gewesen
wäre.

184 Vgl. Ritter, Goerdeler, S. 373.

185 Zeller, S. 262–263; Kramarz, S. 148 nennt die fraglichen Entwürfe in Verkennung ihrer grundlegenden Bedeutung »Zusatzbefehle«. – Gelegentlich
tauchen noch Kisten mit Dokumenten der Gestapo und anderer NS-Dienst-
stellen auf; vgl. Simon Wiesenthal, The Murderers among Us, New York–
Toronto–London–Sydney 1967, Kap. 5. Es besteht auch eine entfernte Möglichkeit, daß gewisse Aktenbestände in die Hände der Roten Armee gefal-

len sind und entweder noch in Rußland oder in Ostdeutschland unter Verschluß liegen.

186 Den Inhalt dieser Befehle, mit der Variante, daß jeder Weisung »»jeweils eine kurze Rechtsbegründung und Sinnbegründung«« angefügt war, berichtete Professor Fahrner aus der Erinnerung gegenüber Kramarz, S. 150–151, als den Inhalt der Aufrufe und Befehle, welche er im Herbst 1943 mit den Brüdern Stauffenberg ausgearbeitet habe. Die bei Zeller, S. 328–329 skizzierten Aufrufe berücksichtigt Kramarz nicht, obwohl ihr Inhalt ebenfalls von Fahrner berichtet wurde.

187 Prof. Fahrner berichtete den Inhalt der mit Claus und Berthold Graf von Stauffenberg ausgearbeiteten Entwürfe an Zeller, S. 328–329 auf Grund von Aufzeichnungen, die er sich 1945 in der Kriegsgefangenschaft gemacht hatte. Der Inhalt weist große Ähnlichkeit auf mit dem in Goerdelers Papieren von der Gestapo gefundenen Entwurf »Aufruf an die Wehrmacht«, abgedruckt in Spiegelbild, S. 199–203. Natürlich hatten die meisten der Entwürfe aus dem Umkreis Goerdeler-Beck-Stauffenberg ähnlichen Inhalt. Vgl. Wilhelm Ritter von Schramm (Hrsg.), Beck und Goerdeler: Gemeinschaftsdokumente für den Frieden 1941–1944, München 1965, S. 233–253.

188 Schlabrendorff, Offiziere, S. 107–108; Hammerstein, S. 267; Rantzau; Kramarz, S. 147–148; Nina Gräfin von Stauffenberg an d. Verf. 30. Juli 1968.

189 Hierzu und zum Folgenden: Bericht von Gräfin von Hardenberg bei Kramarz, S. 148; kürzer bei Hammerstein, S. 267; ferner Nina Gräfin von Stauffenberg an d. Verf. 30. Juli 1968.

190 Schlabrendorff, Offiziere, S. 108.

X. Stauffenberg und das Ersatzheer

1 Joachim Kramarz, Claus Graf Stauffenberg 15. November 1907–20. Juli 1944: Das Leben eines Offiziers, Frankfurt/M. 1965, S. 15–18.

2 Eberhard Zeller, Geist der Freiheit: Der Zwanzigste Juli, München ⁵1965, S. 249–253.

3 Walter Baum, »Marine, Nationalsozialismus und Widerstand«, VfZ 11 (1963), S. 25.

4 Handliste der Generalstabsoffiziere 1943, OKH/HPA Amtsgr. P 3, NA Microcopy T-78, Roll R 57; Nina Gräfin von Stauffenberg an d. Verf. 30. Juli 1968.

5 Theodor Pfizer, »Die Brüder Stauffenberg«, in Robert Boehringer: Eine Freundesgabe, hrsg. v. Erich Boehringer und Wilhelm Hoffmann, Tübingen 1957, S. 487–509; Zeller, S. 225–255; Kramarz, passim. Ferner: Ludwig Thormaehlen, »Die Grafen Stauffenberg, Freunde von Stefan George«, in Robert Boehringer: Eine Freundesgabe, S. 685–696; Max Rehm, »Claus Schenk Graf von Stauffenberg: Generalstabsoffizier, Widerstandskämpfer gegen Hitler 1907–1944«, in Lebensbilder aus Schwaben und Franken, Bd. 9, hrsg. v. Max Miller und Robert Uhland, Stuttgart 1963, S. 412–423. S. ferner Peter Hoffmann, »Claus Graf Stauffenberg und Stefan George: Der Weg zur Tat«, Jahrbuch der Deutschen Schillergesellschaft 12 (1968), S. 520–542. Unzureichend und unkritisch, gut nur (aber nicht immer), wo – ohne Hinweis – aus der Literatur abgeschrieben: Bodo Scheurig, Claus Graf Schenk von Stauffen-

berg, Berlin 1964. Außerdem gibt es jetzt das Werk eines ostdeutschen Historikers über Stauffenberg: Kurt Finker, Stauffenberg und der 20. Juli 1944, Berlin [1967]. Finker läßt die Opposition gegen Hitler insgesamt in etwas milderem Licht erscheinen, als die bisherigen ostdeutschen Historiker. Aber der Versuch, Stauffenberg und seine engeren Freunde als mit dem Kommunismus und dem Nationalkomitee »Freies Deutschland« und überdies mit einer vorrangigen Verständigung mit der Sowjetunion sympathisierend zu reklamieren, muß als gescheitert bezeichnet werden. Vgl. oben, S. 747–748. Biographisch bringt Finker außer einigen kleinen Details nichts Neues, ebenso wenig zum Ablauf des Attentat- und Staatsstreichversuches des 20. Juli 1944 – dem Höhepunkt im Leben seines Helden. In der Hauptsache stützt sich Finker dafür auf Zeller und auf die sehr kursorische Darstellung von Kramarz, neuere Ergebnisse der Forschung ignoriert er (z. B. zit. er kein einziges Mal aus den VfZ, in denen u. a. Briefe von Stieff, Denkschriften von Trott und eine Abhandlung über das Attentat erschienen sind – sollten die VfZ ihm, dem Professor und Militärhistoriker in Potsdam, nicht zugänglich gewesen sein?).

Obwohl Kramarz einen guten Anfang gemacht hat, gibt es also noch keine den zu stellenden Ansprüchen genügende Stauffenberg-Biographie.

6 So z. B. Generalmajor a. D. Dietrich Beelitz an d. Verf. 28. April 1964; vgl. eine Mitteilung in ähnlichem Sinne bei Kramarz, S. 36. Kunrat Freiherr von Hammerstein, Spähtrupp, Stuttgart 1963, S. 267 scheint so einem Mißverständnis zum Opfer gefallen sein, wenn er meint, Stauffenberg sei 1939 noch nicht »ablehnend« gewesen. Hans Bernd Gisevius, Bis zum bitteren Ende: Vom Reichstagsbrand bis zum 20. Juli 1944, vom Verfasser auf den neuesten Stand gebrachte Sonderausgabe, Hamburg o. J., S. 458 und 481 behauptet kurzerhand, Stauffenberg sei »lange Zeit ein glühender Anhänger der nationalsozialistischen Bewegung« gewesen und berichtet vom 13. Juli 1944 eine Äußerung von Oberst Hansen, wonach mit Stauffenberg, »dem überzeugten Nationalsozialisten«, früher »im Hauptquartier«, also in den Jahren 1941 und 1942, nicht zu reden gewesen sei. Vgl. unten, S. 376. Gisevius kannte Stauffenberg, den er so gnadenlos beurteilt, erst seit der Nacht vom 12. auf 13. Juli 1944. Sein Bericht über Stauffenbergs angeblichen Nationalsozialismus beruht also auf Hörensagen, wurde aber gleichwohl seit 1946, seit dem ersten Erscheinen des Buches von Gisevius, immer wieder kolportiert. – Gisevius fühlte sich mit Recht als »früherer« Verschwörer, und im Juli 1944 fand er sich von dem inneren Kreis der Offiziergruppe ausgeschlossen, die er gewissermaßen als Usurpatoren der Opposition ansah, obwohl doch nur sie den Umsturz herbeiführen konnten. Die Situation und die Herkunft der beiden Gruppierungen – Stauffenberg und seine Freunde einerseits, Gisevius, Helldorf, Nebe andererseits – macht die vorhandenen Ressentiments mehr als hinreichend verständlich. Dazu kommt noch das sehr begreifliche Mißtrauen Gisevius' gegenüber Stauffenbergs unbestimmten, wenn auch hochherzigen politischen und sozialen Ideen. Aus seiner Herkunft, Haltung und Persönlichkeit heraus war es Gisevius zudem offenbar unmöglich, Stauffenberg gerecht zu werden; vgl. Gisevius, Sonderausgabe, S. 474–479.

7 Beelitz, mündliche Mitteilungen an d. Verf. vom 21. April 1964; Karl Diet-

rich Bracher, Wolfgang Sauer, Gerhard Schulz, Die nationalsozialistische Machtergreifung: Studien zur Errichtung des totalitären Herrschaftssystems in Deutschland 1933/34 , Köln–Opladen ²1962, S. 739. Vgl. Carl Zuckmayer, Als wär's ein Stück von mir: Horen der Freundschaft, Frankfurt/M. 1966, S. 452.

8 Zeller, S. 519 Anm. 19; Hermann Foertsch, Schuld und Verhängnis: Die Fritsch-Krise im Frühjahr 1938 als Wendepunkt in der Geschichte der nationalsozialistischen Zeit, Stuttgart 1951, S. 22.

9 Kramarz, S. 42–43.

10 Kramarz, S. 41–46 hat die Vorgänge abschließend untersucht; zu den irreführenden Mitteilungen bei Scheurig s. Kramarz, S. 44 Anm. 5.

11 Nach Kramarz, S. 45 Anm. 9 ist das Datum für den Vorgang unsicher, er könne sich auch viel später, am 6. März 1933, zugetragen haben. Möglich war er zweifellos sofort nach der »Machtergreifung«. Zur Staatsflagge machte man die Hakenkreuzfahne jedoch erst durch einen übrigens widerrechtlichen »Erlaß« des Reichspräsidenten vom 12. März 1933 (Bracher–Sauer–Schulz, S. 147); endgültig wurde sie es durch Gesetz vom 15. Sept. 1935 (Reichsgesetzblatt Teil I, 1935, Nr. 100, zit. bei Kramarz, S. 45–46). Nach der Erinnerung des damaligen Ordonnanzoffiziers im Stabe des R. R. 17, Max Theodor Freiherr von Süßkind-Schwendi, fand der Vorgang im Februar statt; Freiherr von Süßkind-Schwendi an d. Verf. 22. Jan. 1966. Süßkind-Schwendi bestätigt auch, daß nicht Stauffenberg damals Zugführer des Minenwerfer-Zuges der Schweren Schwadron des Reiterregiments 17 war, »sondern ein Herr, der erst ein knappes halbes Jahr vorher aus Norddeutschland in das Regiment hereinversetzt worden war.«

12 Süßkind-Schwendi.

13 Hierzu Zeller, S. 240–242 nach dem Bericht des mit den Brüdern Stauffenberg seit etwa 1934/35 befreundeten Prof. Dr. Rudolf Fahrner.

14 Kramarz, S. 25.

15 Pfizer, S. 487 auf Grund von Rainer Maria Rilke, Briefe, 2. Bd., Wiesbaden 1950, S. 125–126.

16 Vgl. Kramarz, S. 26.

17 Pfizer, S. 490; Kramarz, S. 24–32.

18 Robert Boehringer, Mein Bild von Stefan George, München, Düsseldorf ²1967, S. 188–191. Kramarz, S. 32 erwähnt 12 Freunde, mit denen die Brüder Stauffenberg am Totenbett Georges gestanden seien, ohne die Quelle dafür anzugeben (wahrscheinlich ist es Pfizer, S. 490); Boehringer dagegen war selbst dabei. Die falsche Zahl 12 kann allzu leicht zu verfälschender Legendenbildung führen.

19 Kramarz, S. 48–49.

20 Kramarz, S. 49–50; Nina Gräfin von Stauffenberg an d. Verf. 13. Aug. 1968.

21 Bericht eines Buchhändlers in Wuppertal, bei dem Stauffenberg einzukaufen pflegte: Kurt Nettesheim an d. Verf. 22. Aug. 1968; vgl. Hoffmann, Stauffenberg, S. 533–535.

22 Zeller, S. 240, 242–244; Kramarz, S. 70, 72–73; Bestätigung von Nina Gräfin von Stauffenberg an d. Verf. 12. Feb. 1964.

23 Nettesheim.

24 Nina Gräfin von Stauffenberg an d. Verf. 11. Sept. 1968.

25 Nettesheim. Ähnlich Zeller, S. 242–243.

26 Zeller, S. 243–244; auch zum Folgenden.

27 Kramarz, S. 68, 113–114; Finker, S. 64.

28 Zeller, S. 243.

29 Ger van Roon, Neuordnung im Widerstand: Der Kreisauer Kreis innerhalb der deutschen Widerstandsbewegung, München 1967, S. 286, auch zum Folgenden.

30 Zeller, S. 244–249; Prof. Julius Speer (seit Jan. 1941 in der Abt. Organisation der Versorgungstruppen beim Generalquartiermeister im OKH unter Major i. G. Finckh) an d. Verf. 22. Feb. 1966. Göring hat z. B. geprahlt, er werde Stalingrad aus der Luft versorgen, bis es entsetzt wäre; vgl. Ferdinand Prinz von der Leyen, Rückblick zum Mauerwald: Vier Kriegsjahre im OKH, München 1965, S. 86.

31 Speer berichtet, Stauffenberg habe sich deshalb selbst an die Front gemeldet; ähnlich Manstein bei Kramarz, S. 116.

32 Zeller, S. 244.

33 Kramarz, S. 113.

34 Kramarz, S. 114–115.

35 Hammerstein, Spähtrupp, S. 191; Kramarz, S. 115–116.

36 Hierzu und zum Folgenden: Nina Gräfin von Stauffenberg an d. Verf. 30. Juli, 13. Aug. 1968, 19. Jan. 1969; Dr. J. Rohwer an d. Verf. 7. Jan 1969. Wolf Keilig, Das deutsche Heer 1939–1945: Gliederung – Einsatz – Stellenbesetzung, Bad Nauheim 1956 ff., 36/17; Kramarz, S. 121–129, 132–135. Kramarz, S. 132–135 bringt die Zeitfolge der Aufenthalte Stauffenbergs im Sommer 1943 etwas in Verwirrung.

37 Hierzu und zum Folgenden: So z. B. Ludolf Gerhard Sander (Oberstleutnant und Wehrmacht-Nachrichten-Offizier im FHQu, der wie Stauffenberg von der Kavallerie herkam), mündliche Mitteilungen an d. Verf. vom 24. und 25. April 1964. Gisevius, S. 481; Ferdinand Sauerbruch, Das war mein Leben, München 1960, S. 430–433 berichtet, Stauffenberg habe bis zu seinem Tode ein durch das Auge eingedrungenes Geschoß im Hinterkopf gehabt; Nina Gräfin von Stauffenberg an d. Verf. 11. Sept. 1968 bezweifelt dies.

38 Kramarz, S. 132; Hoffmann, Stauffenberg, passim; Gerhard Ritter, Carl Goerdeler und die deutsche Widerstandsbewegung, Stuttgart ³1956, S. 367, auch zum Folgenden.

39 Zeller, S. 489–490 ohne Angabe der Quelle; Bestätigung durch Prof. Fahrner bei Kramarz, S. 200–201; dem Sinne nach und teils sogar wörtlich findet sich der »Eid« auch in dem Gedicht »Vorabend: Berthold – Claus« in Alexander Schenk Graf von Stauffenberg, Denkmal, Düsseldorf–München 1964, S. 21–25.

40 Zeller, S. 227; Kramarz, S. 223–225 bringt Auszüge aus der Schrift nach dem Abdruck in Wissen und Wehr 19 (1938), S. 459–476.

41 Zeller, S. 330, 525 Anm. 1.

42 Kramarz, S. 154.

43 Kramarz, S. 155 behauptet ohne Beleg, Stieff habe regelmäßig Zutritt zu den Lagebesprechungen gehabt. In den vom Verf. bearbeiteten Quellen hat sich dafür kein Anhaltspunkt ergeben. Die Annahme, Stieff habe ständig Zutritt gehabt, geht wohl auf seine Aussage vor der Gestapo zurück, er habe den Anschlag nicht ausführen *wollen*, bzw. auf seine Erklärung den Mit-

verschwörern gegenüber, es sei unmöglich, den Sprengstoff unbemerkt in das Besprechungszimmer zu bringen; Spiegelbild einer Verschwörung: Die Kaltenbrunner-Berichte an Bormann und Hitler über das Attentat vom 20. Juli 1944. Geheime Dokumente aus dem ehemaligen Reichssicherheitshauptamt, Stuttgart 1961, S. 89–90 bzw. Schlabrendorff, Offiziere, S. 132. Helmut Heiber (Hrsg.), Hitlers Lagebesprechungen: Die Protokollfragmente seiner militärischen Konferenzen 1942–1945, Stuttgart 1962, S. 13, 35–47 nennt Stieff nicht unter den dort aufgeführten regelmäßigen Teilnehmern der Lagebesprechungen.

44 Der Prozeß gegen die Hauptkriegsverbrecher vor dem Internationalen Militärgerichtshof Nürnberg 14. November 1945–1. Oktober 1946, Bd. XXXIII, Nürnberg 1949, S. 310–312; Spiegelbild, S. 89–90; H[ans] R[othfels], »Ausgewählte Briefe von Generalmajor Helmuth Stieff (hingerichtet am 8. August 1944)«, VfZ 2 (1954), S. 291–305. Prof. Dr. Rudolf Fahrner berichtete in einem Brief an Prof. Dr. Walter Baum vom 25. Juli 1952, IfZ ZS 1790: Als er im Oktober 1943 von den Brüdern Stauffenberg nach Berlin gerufen wurde, sollte das Attentat unmittelbar bevorstehen, Stieff hätte sich zur Ausführung bereit erklärt. Fahrners Bericht kann auf dem Mißverständnis beruhen, daß Stieffs Erklärung, er werde sich die Sache überlegen, schon für die Zusage genommen wurde. Doch war anscheinend die Auffassung, Stieff könne oder werde das Attentat ausführen, in den Kreisen der Opposition weit verbreitet. Aus dem Umkreis von General Karl Heinrich von Stülpnagel in Paris wird sie z. B. auch berichtet von Erich Weniger, »Zur Vorgeschichte des 20. VII. 1944: Heinrich von Stülpnagel«, Die Sammlung 4 (1949), S. 490.

45 Berichte eines Angehörigen der von Meichßner geleiteten Berliner Standortstaffel des WFSt, Rittmeister Dr. Paulus van Husen, bei Kramarz, S. 163. Dem Zusammenhang nach muß das Gespräch vor der Invasion der Normandie stattgefunden haben, und nach Ende Februar, weil sich zur Zeit des Gespräches das FHQu in Berchtesgaden befand und die Unterhaltung im Zug »›in das Führerhauptquartier in Berchtesgaden‹« geführt wurde.

46 Helmut von Gottberg an d. Verf. 22. April 1966; vgl. Albert Krebs, Fritz-Dietlof Graf von der Schulenburg: Zwischen Staatsraison und Hochverrat, Hamburg 1964, S. 289.

47 Hammerstein, Spähtrupp, S. 234–235; Krebs, S. 289.

48 S. oben, S. 345.

49 Hierzu und zum Folgenden: Axel [Freiherr] von dem Bussche, »Eid und Schuld«, Göttinger Universitätszeitung 2 (1947) Nr. 7, 7. März 1947, S. 1–4; Bussches Aussagen als Zeuge im OKW-Prozeß in Nürnberg, »Freiheitskämpfer gegen Hitler«, Die Zeit, 22. Juli 1948, S. 3; Bussche, Interview mit Daniel Schorr in der CBS-Fernseh-Sendung The Twentieth Century: The Plots Against Hitler, Part II (1. Dez. 1964); ders., Bericht auf der Schallplatte Der stille Befehl: Der Widerstand in Deutschland gegen Hitlers Tyrannei, harmonia mundi Schallplattengesellschaft Nr. PL 50115, Münster/Westf. o. J.; Bussche an d. Verf. 9. und 10. Feb. und 1. März 1966, 18. Sept. 1967; Allen Welsh Dulles, Verschwörung in Deutschland, Kassel 1949, S. 93; Krebs, S. 215; Heinz-Günther Albrecht, Die militärischen Vorbereitungen der damaligen Führungsstelle der Widerstandsbewegung im Generalkommando

Berlin im Hinblick auf den geplanten Regierungssturz, Masch.-Abschr. einer Niederschrift von 1946/47; ebenfalls zum Folgenden Gottberg an d. Verf. 22. April 1966; vgl. zum Verbot der Ritterlichkeit Werner Kienitz, Der Wehrkreis II vor dem Zusammenbruch des Reiches: Erlebnisse und Betrachtungen, Masch., Hamburg 1953, BA Ost-Dok. 8 Po 22; Max Domarus, Hitler: Reden und Proklamationen 1932–1945, Neustadt a. d. Aisch 1962/1963, S. 2045.

50 Hammerstein, Spähtrupp, S. 235; zum Vorigen und Folgenden s. Anm. 49.

51 T[heodor] E[schenburg], »Die Rede Himmlers vor den Gauleitern am 3. August 1944«, VfZ 1 (1953), S. 357–394; Prozeß XXXIII, 313.

52 Über die weitere Disposition des englischen Sprengstoffes und über andere Einzelheiten der Sprengstoffbeschaffung s. den nächsten Abschnitt.

53 Hierzu: Aussagen Knaaks vor der Gestapo (»nunmehr«) kurz vor dem 30. August 1944, Spiegelbild, S. 318–319; ferner Spiegelbild, S. 88–89, 128 bis 129. Vgl. Kriegstagebuch des Oberkommandos der Wehrmacht (Wehrmachtführungsstab) 1940–1945, Bd. IV, Frankfurt/M. 1961, S. 856–857; Albert Praun, Soldat in der Telegraphen- und Nachrichtentruppe, Würzburg [1966], Kartenbeilage S. 24. Sowohl Knaak als auch der von Kuhn zu Knaak entsandte Oberleutnant d. R. von Hagen haben sich in den späteren Vernehmungen und Verhandlungen bemüht, möglichst viel zu verschweigen und zu verschleiern. Deshalb sind weder die scheinbar so präzisen Gestapo-Berichte noch das Stenogramm der Verhandlung vor dem VGH vom 7. und 8. Aug. 1944 ganz zuverlässig: Prozeß XXXIII, 299–530, bes. 305–342.

54 Nach seiner eigenen Aussage vor dem VGH, Prozeß XXXIII, 329–334 flog Hagen zur HGr Mitte; die war wohl in Minsk, Orscha war weiter östlich und nur 4–5 km hinter der Hauptkampflinie. Bussche meint, Hagen sei zu einem Pionierpark in der Nähe von Smolensk geflogen. Smolensk war aber damals schon wieder in russischer Hand.

55 Bussche an d. Verf. 9. Feb. 1966 und 18. Sept. 1967.

56 Was Zeller, S. 335 dazu auf Grund der Aussagen von Knaak und Stieff vor der Gestapo (Spiegelbild, S. 89, 318–319) schreibt – man habe wieder neues Material besorgen müssen, weil das eben beschaffte wegen des 4½ Sekunden lang mit Geräusch laufenden Zünders sich als ungeeignet erwiesen habe –, ist so nicht richtig. Bussche hatte für seinen Versuch gerade dieses Material haben wollen und eigens beschaffen lassen. Die übrigen Verschwörer mögen es wohl für ungeeignet erachtet haben, aber die dahin gehende Erklärung Stieffs war eine Schutzbehauptung: Er habe ja nur ungeeignetes Material besorgt.

57 Albrecht, Vorbereitungen.

58 »Das Spiel ist aus – Arthur Nebe: Glanz und Elend der deutschen Kriminalpolizei«, Der Spiegel 4 (1950) Nr. 12, 23. März 1950, S. 31.

59 Zeller, S. 334–335 auf Grund eines Berichtes von Bussche.

60 Aus drei Quellen wird berichtet, ein Attentatversuch im Dezember 1943 sei am Nichterscheinen Hitlers bzw. an der Absage eines Termins gescheitert. Trott sagte zu Kessel in Venedig in der zweiten Hälfte des Mai 1944, im Dezember 1943 und im Februar 1944 seien je ein Attentatversuch am Nichterscheinen Hitlers gescheitert; Hans Rothfels, »Trott und die Außenpolitik des Widerstandes«, VfZ 12 (1964), S. 322, nach Kessels 1944 und 1945 in der

Deutschen Botschaft am Vatikan abgefaßtem Bericht und »Tagebuch«. Kessel scheint auch die Quelle gewesen zu sein für Dulles, S. 93, der berichtet, am 26. Dezember 1943 habe Stauffenberg einen Versuch zur Ermordung Hitlers unternommen. Vgl. Ulrich von Hassell, Vom andern Deutschland: Aus den nachgelassenen Tagebüchern 1938–1944, Fischer Bücherei, Frankfurt/M. 1964, S. 301; Ritter, S. 375, 540 Anm. 44. Ferner gab Major Freiherr von Leonrod vor der Gestapo an, Stauffenberg habe ihn im Dezember für die Verschwörung als Verbindungsoffizier des OKH zum Wehrkreis VII geworben und ihm gesagt, er werde vielleicht noch vor Weihnachten gebraucht werden; Spiegelbild, S. 54, 258, 262; vgl. Kramarz, S. 156–157. Schließlich wurde im Urteil des VGH gegen Goerdeler festgestellt, daß dieser für die Tage 25.–27. Dezember 1943 »vorgewarnt« gewesen sei; Spiegelbild, S. 533; Volksgerichtshof-Prozesse zum 20. Juli 1944: Transkripte von Tonbandfunden, Masch. vervielf., [Frankfurt/M.] 1961, S. 113. Vgl. zum Ganzen die wenig gesicherten Ausführungen bei Zeller, S. 336 auf Grund von Dulles, S. 93 und Spiegelbild, S. 90 (wo nichts dergleichen steht): Stauffenberg sei Ende Dezember in Vertretung Olbrichts zu einer Besprechung im FHQu gewesen, die aber abgesagt worden sei, weil Hitler schon nach Berchtesgaden abgereist gewesen sei. Hitler war aber nach Heinz Linge, Record of Hitler's Activities 11 August 1943–30 December 1943, Masch.-Transskript o. O. 1952, NA Record Group 242 Misc. Box 13, den ganzen Dezember über in der »Wolfschanze«. Zum Vorigen und zum Folgenden auch Anm. 49.

61 Ewald Heinrich von Kleist, mündliche Mitteilungen an d. Verf. vom 19. Juli 1964; Kleist an d. Verf. 15. Sept. 1964 und 14. Sept. 1967; Gotthold Müller, Meine Beziehungen zum Grafen Fritz von der Schulenburg, Masch., Stuttgart 1961; Zeller, S. 336–337 anscheinend auf Grund eines nicht erwähnten Berichtes von Kleist; Krebs, S. 289; Hammerstein, Spähtrupp, S. 234–235.

62 Albrecht, Vorbereitungen, auch zum Folgenden; ferner Anm. 61.

63 Vgl. dazu Aussagen eines Unbekannten vor dem VGH: es sei immer wieder versucht worden, »solche Besichtigungen anzusetzen«, bis das Führerhauptquartier dann [nach Berchtesgaden verlegt worden sei]; Volksgerichtshof-Prozesse, S. 122–123. Prof. Dr. Hans Karl von Hasselbach (einer von Hitlers Ärzten) schrieb dem Verf. unter dem 11. Okt. 1965, eine andere Vorführung, bei der Panzer und neue Felduniformen gezeigt wurden, habe am 20. April 1944 in der Nähe von Schloß Kleßheim bei Salzburg an der Autobahn stattgefunden, wobei Hitler Soldaten mit Handschlag begrüßt habe. Ein Attentat sei geplant gewesen.

Von einem weiteren Plan berichten die damaligen Majore im OKH/Chef Heeres-Nachrichten-Wesen, Heinz Burchardt, Zugehörigkeit zur Widerstandsbewegung vom 20. Juli 1944, Masch.-Abschr., München 1946, im Bes. v. Friedrich Degner; ders., Kurze Darstellung der Ereignisse, Masch., Bonn-Dottendorf 1966; und Friedrich Degner, mündliche Mitteilungen an d. Verf. vom 24. und 25. Aug. 1965, auf Grund von Mitteilungen des Obersten Hahn (Chef des Stabes bei Fellgiebel) an sie: Hitlers Flugzeug sollte auf dem Flug von Berchtesgaden nach Rastenburg abgeschossen werden. Näheres war bisher nicht festzustellen.

Endlich berichtete noch Rudolf Pechel, Deutscher Widerstand, Erlenbach-Zürich 1947, S. 164–166, von einem Versuch eines Leutnants Johann Hofmann und dessen Vater Oberst Josef Hofmann, bei einer Uniformvorführung vor Hitler am 20. Februar 1944 diesen zu töten; die Vorführung sei plötzlich um zwei Stunden vorverlegt worden, während die »Höllenmaschine« auf 11.05 Uhr, in Erwartung des Beginns um 11 Uhr, eingestellt gewesen sei. Das Sturmgepäck, das die Vorrichtung enthielt, sei dann wieder abgeliefert worden und sei auf einem Hof der »Reichskanzlei« explodiert. Vater und Sohn seien zum Tode bzw. zu Zuchthaus verurteilt worden. Ohne Angabe der Herkunft wurde der Bericht übernommen von Georges Blond, The Death of Hitler's Germany, New York 1954, S. 13.

64 Spiegelbild, S. 90; Domarus, S. 2117.

65 Schlabrendorff, Offiziere, S. 133.

66 Schlabrendorff, Offiziere, S. 133; vgl. Adolf Heusinger, mündliche Mitteilungen an d. Verf. vom 6. Aug. 1964, wo die Annäherungsversuche und die Einweihung Heusingers in die Verschwörung bestätigt werden.

67 Hierzu: Spiegelbild, S. 90; Schlabrendorff, Offiziere, S. 132; Roon, S. 157 bis 158, ohne Einzelbelege.

68 Hierzu: Eberhard von Breitenbuch, mündliche Mitteilungen an d. Verf. vom 8. Sept. 1966; ders. an d. Verf. 8. Nov. 1966; Schlabrendorff, Offiziere, S. 137; Zeller, S. 337–338 auf Grund eines Berichtes von Breitenbuch.

69 Vgl. oben, S. 355.

70 Also nicht, wie Zeller, S. 338, nach offenbar ungenauerem Bericht Breitenbuchs schrieb, *für* 9. März.

71 Für die einwandfreie Identifizierung ist die Beschreibung Breitenbuchs aus der Erinnerung nicht genau genug. Es gab mehrere ähnliche Sprengkörper im deutschen Heer, die jedoch nicht aus der Schweiz beschafft werden mußten. Tresckow erwähnte dies vielleicht im Gedanken an das Nichtfunktionieren des Säurezünders am 13. März 1943, wovon Breitenbuch nichts wußte, was aber Tresckow sicher auf der Seele lag. Noch wahrscheinlicher ist, daß der Sprengkörper aus deutschen Beständen stammte, der Zünder aber nicht, sondern vielleicht aus der Schweiz. Ein Zünder der von Breitenbuch beschriebenen Art – zur Einstellung auf 1 Sekunde, 3 Sekunden und 3 Minuten – hat sich in deutschen Beständen nicht feststellen lassen; German Explosive Ordnance (Bombs, Fuzes, Rockets, Land Mines, Grenades and Igniters), Washington, D. C. 1953, S. 283–317. Dagegen spricht vieles dafür, daß der von Tresckow und Oertzen mitgebrachte und Breitenbuch angebotene Sprengkörper die deutsche Gewehrsprenggranate war: Die Maße stimmen einigermaßen mit der Beschreibung Breitenbuchs überein, und es war sehr wohl möglich, das Gerät mit einem chemischen oder elektrischen Zünder zu kombinieren; German Explosive Ordnance, S. 332–334, 309–312. Oertzen hat sich nach seiner Verhaftung am 22. Juli 1944 mit einer Gewehrsprenggranate das Leben genommen und die Annahme, es sei dieselbe, die er fünf Monate vorher Breitenbuch angeboten hatte, ist nicht zu weit hergeholt; s. hierzu den Bericht des Kriminaltechnischen Instituts der Sicherheitspolizei, Abteilung Chemie, Selbstmord des Majors Ulrich von Oertzen, Masch.-Durchschl., [Berlin] 23. Juli 1944, BA R 58/1051. Auch Tresckow hat mit einer Gewehrsprenggranate Selbstmord begangen; Schlabrendorff, Offiziere, S. 154. Schlabrendorff nennt den Sprengkörper »Gewehrgranate«, aber die eigentlichen Gewehrgranaten ließen sich nicht von Hand abziehen, es war die Ge-

wehrsprenggranate, die auch als Handgranate verwendbar war; German Explosive Ordnance, S. 331–337.

72 Ob der Zünder ein Geräusch gemacht hätte, konnte Breitenbuch nicht berichten, weil keine Versuchsexemplare zur Verfügung standen.

73 Breitenbuch, Mitteilungen.

74 Ebenda.

75 Vgl. dazu Sauerbruch, S. 432–433: Sauerbruch habe Stauffenberg noch Anfang Juli 1944 dringende Vorstellungen gemacht wegen seines Gesundheitszustandes, in welchem er sich den Belastungen des Umsturzversuches keinesfalls aussetzen dürfe, weil seine Urteils- und Tatkraft davon negativ beeinflußt werden könnte.

76 S. oben, Kap. IX, Abschnitt 2.

77 Dr. E. K. Freiherr von Gersdorff an d. Verf. 2. und 10. Dez. 1964; Rudolf-Christoph Freiherr von Gersdorff, mündliche Mitteilungen an d. Verf. vom 16. Nov. 1964 (künftig zit. als Mitteilungen II).

78 Hierzu und zum Folgenden: Spiegelbild, S. 54–55, 84, 89–91, 93, 128–130, 170, 194, 318–319; Prozeß XXXIII, 311–312, 330–335, 339–341, großenteils ebenfalls auf Grund der Gestapo-Berichte, teils auf Grund von Aussagen in der Verhandlung; Philipp Freiherr von Boeselager, mündliche Mitteilungen an d. Verf. vom 19. Nov. 1964; Bussche an d. Verf. 9. Feb. und 1. März 1966, 18. Sept. 1967, teils nach dem Bericht von Maj. i. G. Kuhn; [Rudolf-Christoph] Frh. v. Gersdorff, Beitrag zur Geschichte des 20. Juli 1944, Masch., Oberursel 1. Jan. 1946; ders., mündliche Mitteilungen an d. Verf. vom 25. Mai 1964 (künftig zit. als Mitteilungen I); ders., Mitteilungen II; Reproduktionen und Photographien der gefundenen Zünderreste sowie des zu dem weggeworfenen Sprengstoff gehörenden Zünders, NA EAP 105/14, Record Group 242; Kommentar dazu von einem Fachmann, der ungenannt bleiben will, an d. Verf. vom 5. Aug. 1964. Vgl. unten, S. 395–396, 899. Zeller, S. 335 stützt sich lediglich auf die Gestapo-Berichte; Kramarz, S. 161, 183 behandelt die Sprengstofffrage nur en passant.

79 In den Berichten der Gestapo heißt es meistens Lager »Fritz«, eine frühere Bezeichnung; vgl. K. T. B. des OKW IV, 1869.

80 Die Darstellung bei Schlabrendorff, Offiziere, S. 129 (aus 2. Hand), wonach die Aufmerksamkeit der Sicherheitsorgane durch Selbstzündung und Explosion des Sprengstoffes erregt worden sein soll, wird in den übrigen Quellen nicht bestätigt; Bussches Darstellung stammt direkt von Kuhn.

81 Nach einer Äußerung Schraders, die im Bericht der Gestapo vom 3. August 1944, Spiegelbild, S. 129 zitiert wird, hätte Freytag-Loringhoven das Material dann im Mauersee versenkt. Die Gestapo glaubte das aber nicht, sondern meinte, es sei vielmehr dies das beim Attentat verwendete Material. Dazu Gersdorff, Beitrag, der berichtet, Freytag-Loringhoven habe Sprengstoff und Zünder derselben Art besorgt, wie Gersdorff sie seinerzeit in Smolensk für Tresckow beschafft hatte.

82 Zitat aus einem Vernehmungsprotokoll (nicht aus einem der sog. Kaltenbrunner-Berichte), welches Freisler in der Verhandlung gegen Stieff am 7. August 1944 wörtlich zitierte; Prozeß XXXIII, 311. Nach der Aussage Knaaks in Spiegelbild, S. 318–319 handelte es sich um »3 Sprengbüchsen mit Brennzünder«. Stieff hat sehr weitgehende Aussagen vor der Gestapo ge-

macht, die er vor Gericht abzuschwächen suchte. Allein der Umfang der Aussagen Stieffs vor der Gestapo legt den Verdacht der Folterung nahe, um so mehr als Stieff gegenüber Freisler durchaus aufrechte Haltung gezeigt hat. Vgl. dazu unten, S. 626. Knaak hatte ebenfalls ein Interesse daran, die Bedeutung des Materials herunterzuspielen. – Nach Bussche handelte es sich um Standardsprengladungen für Brückensprengungen. Die Übereinstimmung und der Unterschied zum Plastikmaterial sind also trotz der verschiedenen Bezeichnungen deutlich.

83 Nach Prozeß XXXIII, 339 etwa am 25. Mai.

84 Hagen berichtete in seiner Vernehmung vor dem Volksgerichtshof am 7. August 1944, er habe mit Kuhn Ende November 1943 *zwei* Pakete mit Sprengstoff bei dem hölzernen Turm im Lager »Mauerwald« versteckt; dies bestätigt Bussche auf Grund des Berichtes von Major i. G. Kuhn. Beide Pakete kamen in die Heereswesen-Abteilung, eines blieb vorläufig dort, das andere bekam Kuhn sogleich zurück. Was mit dem anderen geschehen ist, ist unklar, es dürfte aber auch wieder in die Hände der Verschwörer gelangt sein. Ein weiteres Paket englischen Plastiksprengstoffs – »eine *Originalpackung englisches Hexogen* und alles erforderliche Zubehör« – wurde (1943) von Oberst i. G. Henning von Tresckow an der Ostfront besorgt; Spiegelbild, S. 128. Dies kann aber auch eines der beiden erwähnten Pakete gewesen sein. Das zweite ist wahrscheinlich dasjenige gewesen, welches Georg Freiherr von Boeselager durch seinen Bruder Philipp Freiherr von Boeselager in einem Koffer zu Generalmajor Stieff hat bringen lassen. Als Stieff im November in Urlaub ging, hat er den Koffer dem Diplomaten H. H. von Herwarth zum Aufbewahren gegeben, der ihn seinerseits zeitweise an General der Kavallerie Ernst August Köstring, den ehemaligen Militärattaché in Moskau, abgab; Boeselager, Mitteilungen. Auch der von Freiherr von Gersdorff bei seinem Bruder in Breslau aufbewahrte Sprengstoff kann zur Ahnenreihe des Stauffenbergschen Materials gehören, es war ebenfalls Plastikmaterial. Gersdorff holte es im Januar 1944 wieder bei seinem Bruder ab und nahm es mit zu einer Besprechung mit Stauffenberg, Tresckow, Schlabrendorff und Freytag-Loringhoven; Kramarz, S. 161 nach einem Bericht von Gersdorff.

85 Spiegelbild, S. 129–130, 194.

86 Hierzu und zum Folgenden: Mündliche Mitteilungen (sign. Niederschrift im Besitz d. Verf.) eines an der Untersuchung nach dem 20. Juli 1944 beteiligten Chemikers an d. Verf. vom 30. Juli 1968; aus triftigen persönlichen Gründen wünscht der Genannte anonym zu bleiben.

87 Vgl. unten, S. 476–478.

88 Vgl. die Abbildungen der Zünder und des nach dem Attentat aufgefundenen Sprengstoffpakets im Anhang. Die Rissigkeit der Sprengmasse dürfte daher rühren, daß die darin eingelassenen rohrartigen Körper, nämlich englische Tetrylübertragungsladungen, einfach ohne vorherige Aushöhlung hineingedrückt worden sind. In die Übertragungsladungen wurden dann erst die Zünder eingesetzt. Eigentlich brauchte man die Übertragungsladungen für das leicht zündbare Material gar nicht, wollte aber zweifellos möglichst sicher gehen und eine Wiederholung des Mißerfolges vom 13. März 1943 vermeiden. Dazu gehört auch, daß das beim Attentat verwendete Spreng-

stoffpaket zwei Zeitzünder enthielt, was die Erfolgssicherheit erhöhen mußte, wenn beide Zünder in Gang gesetzt waren.

89 S. zu Fellgiebels Charakteristik die unten in Anm. 92 angeführten Quellen.

90 Praun, S. 225.

91 Verlegt wurde damals der größte Teil des OKH, viele Abteilungen hatten den Umzug schon vollzogen, darunter eine Anzahl der eben genannten Gruppen und Abteilungen des Stabes Chef HNW. Dazu übereinstimmend Angehörige der betroffenen Abteilungen: Arntz, Beichele, Burchardt, Degner, Jalaß (s. unten Anm. 92); ferner Militärischer Bericht Nr. 1217 des schweizerischen Geheimdienstes Hansamann vom 16. Juli 1944, mitgeteilt von Peter Dietz, Schaffhausen: das HQ im Raum Rastenburg scheine abgebaut zu werden, schon seien Flakverbände nach Westen in Marsch gesetzt, die bisher im Raum Rastenburg stationiert gewesen seien. – Fellgiebel hatte seine Vertrauensleute in beiden Zentren sitzen, aber die Umschaltvorgänge mögen hie und da als lästig oder störend empfunden worden sein. Es ist auch denkbar, daß bei Anwesenheit der genannten Eingeweihten in »Mauerwald« die dortigen Maßnahmen am 20. Juli straffer durchgeführt worden wären, insbesondere die Stillegung der Verstärkerämter. Vielleicht erklärt sich so der von Johann A. Graf v. Kielmansegg (damals in der Org.-Abt. des OKH) berichtete Ausruf Hahns kurz nach 15 Uhr am 20. Juli, dieser Tag sei für das Attentat der allerungünstigste gewesen, weil da gerade alle Verbindungen über »Zeppelin« bei Zossen umgeschaltet werden sollten: Johann A. Graf [von] Kielmansegg, »›An jedem anderen Tag, nur heute nicht…‹ Am 20. Juli 1944 im Hauptquartier: Ein Erlebnisbericht«, Die Zeit, 21. Juli 1949. Das Obige auch zur Berichtigung der auf begrenzterem Quellenmaterial beruhenden Interpretation in Peter Hoffmann, »Zu dem Attentat im Führerhauptquartier ›Wolfsschanze‹ am 20. Juli 1944«, VfZ 12 (1964), S. 279–280, Anm. 124.

92 Zu den Fragen des Nachrichtenwesens im Zusammenhang mit den Staatsstreichversuchen standen dem Verf. folgende Quellen zur Verfügung: Mündliche Mitteilungen an den Verf. von Hellmuth Arntz vom 21. Nov. 1964; von Heinz Burchardt vom 13. Juli 1965; von Friedrich Degner vom 24. und 25. Aug. 1965; von Kurt Haßel vom 11. Dez. 1964; von Hans Hornbogen (damals als Leutnant Leiter des Nachrichtenbetriebes in der Führer-Nachrichten-Abteilung im FHQu »Wolfschanze«) vom 14. Jan. 1965, dazu schriftliche Ergänzungen vom 4. April 1965; von Major Erich Jalaß (damals als Oberleutnant im Stabe von General Fellgiebel im OKH-Lager »Mauerwald«) vom 24. Juni 1965; von Josef Wolf (damals als Major Kommandeur der FNA in der »Wolfsschanze«) vom 27. Feb. 1965; von General Heusinger vom 6. Aug. 1964; von Oberst Sander vom 24. und 25. April 1964; ferner schriftliche Mitteilungen an d. Verf. von Oberpolizeirat a. D. Albert Beichele (damals als Oberstleutnant Leiter der Gruppe III (Drahtnachrichten-Verbindungen) im Amt Chef HNW) vom 18. Juni 1965, 14. Jan. 1966 und 31. Dez. 1967; von General Heinz Burchardt, Kurze Darstellung der Ereignisse, vom 9. Feb. 1966; von Gerhart Goebel vom Fernmeldetechnischen Zentralamt der Deutschen Bundespost vom 21. Jan. 1966; von Oberregierungsrat Christian Hofmann (damals als »Obfkm.« in der Gruppe II (Gerät) im Amt Chef HNW) vom 16. Jan. 1965; von Postoberamtmann

Werner Jesek (damals aus dem Postdienst abgeordnet und als Unteroffizier in der FNA tätig) vom 24. Mai 1965; von Generalmajor a. D. Erich Kohlhauer (damals als Oberst Nachrichtenführer der HGr Mitte, früher im OKW/WNV) vom 7. März 1965; von Postoberamtmann Karl Kuhnert (damals als Amtmann technischer Beamter in der Heeresnachrichtenbetriebsleitung [HNB] des OKH) vom 1. Dez. 1964 und 17. Jan. 1965; von Brigadegeneral Herbert Maultzsch (bis 10. Juli 1944 als Oberstleutnant im Amt Chef HNW) vom 10. Mai 1965; von Postamtsrat a. D. Emil Pestinger (damals technischer Beamter in der HNB des OKH) vom 20. und 31. Dez. 1964 und 19. Jan. 1965; von Oberstleutnant Alfons Waberseck (damals als Major Referent für Drahtnachrichtenverbindungen im Amt Chef HNW) vom 4. Feb. 1965; [Senor] Wille (damals als Telegraphenoberinspektor Betriebsleiter der Reichspost in Zossen), Niederschrift über die Vorgänge beim Postamt Zossen 10 am 20. 7. 1944, Masch., [Zossen August 1944]; Wolf an d. Verf. 18. Dez. 1968; Auszug aus dem Fernsprechverzeichnis des OKH/Gen. St. d. H., Stand vom 1. März 1944, S. 41–42, mitgeteilt von Oberpolizeirat a. D. Beichele; ferner Rolf Göhring, »General Fellgiebel: Leben, Wirken und Tod eines genialen Vorkämpfers der Nachrichtentruppe«, Impulse, Juni 1960, S. 8–10; Praun, passim; Schlabrendorff, Offiziere, S. 125–126; Aussagen von Generalmajor Stieff in Prozeß XXXIII, 318–319; Spiegelbild, S. 98–99, 146, 225–226, 329–330, 376–378, 407; Zeller, S. 280–281, 310–313. S. die Skizzen im Anhang, S. 894–896.

93 Deutsches Fernkabelnetz (Maschenkarte) aus OKW/WFSt/Ag WNV/KFA IIc in den Papieren von Major Wolf; T[räger-]F[requenz]-Skizze aus OKL/Gen. Nafü. 2. Abt. II, ebenda; Leitungsskizze der Verbindungsmöglichkeiten »Wolfschanze«–Berlin, Stand vom 9. Aug. 1943 (der nach Auskunft von Maj. Wolf bis 20. Juli 1944 unverändert blieb) ebenda, abgedruckt im Anhang, S. 896.

94 Praun, S. 222.

95 So als prominenter Überlebender Schlabrendorff, Offiziere, S. 125; ferner Gisevius, Sonderausgabe, S. 509, 518; als prominenter Darsteller John W. Wheeler-Bennett, The Nemesis of Power: The German Army in Politics 1918–1945, New York [2]1964, S. 642; ferner Ludwig Jedlicka, Der 20. Juli 1944 in Österreich, Wien–München 1965, S. 59; Jürgen v. Kempski, »Betrachtungen zum 20. Juli«, Merkur III (1949), S. 807–816; Alexander Graf Stauffenberg, Die deutsche Widerstandsbewegung und ihre geistige Bedeutung in der Gegenwart, Rede im Amerika-Haus in Erlangen am 20. Juni [sic] 1951, mimeogr., o. O. o. J., im Besitz der Stiftung; Emil Henk, Rede anläßlich der Gedenkfeier zum 20. Juli 1944 am 24. 7. 1960, mimeogr., Frankfurt/M. 1961, im Besitz der Stiftung; Kunrat Frhr. v. Hammerstein, Flucht: Aufzeichnungen nach dem 20. Juli, Olten–Freiburg i. Br. 1966; S. 116; neuerdings auch Finker, S. 376 Anm. 31. Vgl. Zeller, S. 535 Anm. 53; Hoffmann, Attentat, S. 279 Anm. 124.

96 Spiegelbild, S. 329.

97 Beichele an d. Verf. 31. Dez. 1967 vermutet sogar, daß die bestehende, aber nicht benützte Vermittlung »Alarich« in Zossen eigens als Geheimvermittlung der Verschwörer eingerichtet worden sei, die am Tage des Umsturzes in Betrieb genommen werden sollte, während dann die anderen Vermitt-

lungen abgeschaltet wären. Bestätigung dafür von Eingeweihten fehlt allerdings.

98 Zu den Kabelschächten besonders Jesek; ferner Bauzeichnungen der Kabelschächte aus den Papieren von Major Wolf, gezeichnet von Jesek.

99 Schematische Darstellung »T-Verbindungen Wolfschanze, Stand vom 21. 1. 43«, aus den Papieren von Major Wolf.

100 Leutnant [Karl-Friedrich] Albrecht, Auswertung der Aufbauübung der Vermittlung »Zeltstadt« am 1. u. 2. 10. 43, Masch., [Wolfschanze] 2. Okt. 1943, sowie Skizzen über Anordnung der Fahrzeuge, Verkabelung und Schaltschema, jeweils in den Papieren von Major Wolf; dazu Wolf, Mitteilungen.

101 Beichele an d. Verf. 18. Juni 1965; Kuhnert an d. Verf. 1. Dez. 1964. Kuhnert wurde am 5. Juli 1944 telegraphisch von der Heeresgruppe Nord ins OKH/ Chef HNW zurückberufen und war überrascht, als er später in Zossen eintraf, dort »den größten Teil aller ehemaligen Chef-HNW-Angehörigen, wie z. B. Oberstleutnant von der Osten-Sacken (der sich nach dem 20. 7. in Zossen [richtig: in Lötzen] erschoß), Major Binder, Major Waberseck und viele andere mehr wiederzutreffen«. Den meisten wurde erst später klar, daß Fellgiebel seine alten Vertrauten hatte um sich haben wollen. Die Geheimhaltung und die Praxis der Teileinweihung führte dazu, daß nur wenige wußten, worum es ging, und daß auch diese wieder nur wenige andere Eingeweihte kannten.

102 Spiegelbild, S. 329 auf Grund der Aussagen von Oberst Hahn.

103 Degner, Mitteilungen.

104 Deutsches Fernkabelnetz; Spiegelbild, S. 146; Mitteilungen von Arntz in einem alliierten Vernehmungsbericht von 1945 oder 1946, o. O. o. J., aus der Sammlung John, Mappe 5, S. 6.

105 Wolf an d. Verf. 18. Dez. 1968.

106 Vgl. Zeller, S. 361; Gisevius, Sonderausgabe, S. 485.

107 Dr. Sydney Jessen an Prof. Walter Baum 20. Sept. 1957, IfZ ZS 1484; Baum, S. 26–28.

108 Dies nach dem Bericht von Degner; bestätigt von Burchardt, Zugehörigkeit und Darstellung, wonach Burchardt jedoch in einen solchen Plan erst am 13. oder 14. Juni eingeweiht wurde. Anderweitige Bestätigung der Eisenbahnfahrt fehlt bisher. Vgl. zur Beschaffung von Sprengstoff für ein »Attentat auf Stalin« oben, S. 396.

109 Burchardt hat 13. oder 14. Juni, es muß aber nach den Berichten über die Verlegung »Mauerwald«–»Zeppelin« im Juli gewesen sein; so. oben Anm. 91.

110 Burchardt an d. Verf. 9. Feb. 1966; ebenso Degner, Mitteilungen. Hans Hornbogen, der am 20. Juli als Oberleutnant LdN in der Vermittlung der »Wolfschanze« war, als Fellgiebel von dort aus nach Berlin und nach »Mauerwald« telephonierte, berichtete auch dementsprechend von einem »völlig unverständlichen Code«, in welchem Fellgiebel gesprochen habe, so daß er, Hornbogen, nichts Brauchbares von dem Gesprächsinhalt erfassen konnte.

111 Es scheint, daß die Spannungen zwischen Haßel und Hahn einen Niederschlag gefunden haben in den Berichten mancher ehem. Nachrichtenoffiziere, bei denen gelegentlich Mißtrauen durchklingt.

112 Keilig, 56, I/2–3; Praun, S. 221, 227.

113 Keilig, 45/5; Praun, S. 226.

114 Keilig, 55/7; Praun, S. 227, mit einigen Abweichungen, denen wegen der häufigen Ungenauigkeit Keiligs der Vorzug gegeben wird. Die Bezeichnungen haben während des Krieges auch wiederholt gewechselt.

115 Sie befand sich nicht im Keller, wie es gelegentlich in Berichten heißt; z. B. Zeller, S. 389. Wolfram Röhrig (damals, im Sommer 1944, als Leutnant LdN in der Bendlerstraße), mündliche Mitteilungen an d. Verf. vom 29./30. Juni 1965.

116 Die Darstellung folgt hier hauptsächlich den Mitteilungen Haßels, auch im Folgenden. Er ist für viele Vorgänge der einzige noch lebende Zeuge und hat natürlich in seinem Bericht gegenüber der Gestapo (Spiegelbild, S. 376–378) nur die allerknappsten Angaben gemacht.

117 Nach Haßels Erinnerung fragte er schon damals General Olbricht, ob da nicht ein anderer Zweck dahinterstecke, worauf Olbricht ihn in großen Zügen eingeweiht – »wir kennen uns doch« – und ihm geraten habe, einmal mit Oertzen oder Stauffenberg zu sprechen. Dies läßt allerdings auf einen späteren Termin, etwa November 1943, schließen. Stauffenberg und Olbricht haben im Herbst 1942 noch nicht so zusammengearbeitet, wie es nach der Mitteilung Haßels der Fall gewesen sein müßte. Denkbar ist auch, daß Haßel im Januar oder Februar 1943 Gelegenheit gehabt hat, mit Stauffenberg und Oertzen zu sprechen; vgl. Kramarz, S. 121.

118 Spiegelbild, S. 376–377.

119 Dies nach dem Bericht Haßels an d. Verf. Weitere Einzelheiten zu den Vorgängen unten, Kap. XI, 2 und 5. In Spiegelbild, S. 377 heißt es, Olbricht habe Haßel unterrichtet und dieser »wie üblich« Thiele; als Haßel diese Aussage vor der Gestapo machte, wußte er, daß Olbricht nicht mehr lebte, da dieser schon am Abend des 20. Juli erschossen worden war, und er wußte nicht oder konnte nicht sicher sein, ob Thiele noch lebte. Vermutlich hat Haßel die Aussage vor dem 4. September gemacht, an welchem Fellgiebel, Thiele und Hahn hingerichtet wurden; der Bericht in Spiegelbild, S. 376 bis 378 stammt vom 11. September.

120 Prof. Dr. Rudolf Fahrner an Prof. Dr. Walter Baum 25. Juli 1962, IfZ ZS 1790.

121 Vgl. zum Ganzen: Baum, Marine, S. 33–39; ferner Ritter, Goerdeler, S. 406.

122 Kienitz, Wehrkreis II, S. 6; Generalmajor a. D. Anton Glasl (damals als Oberst i. G. Chef des Stabes im Wehrkreis XVIII), mündliche Mitteilungen an d. Verf. vom 4. Dez. 1964; Generalmajor a. D. Max Ulich (damals als Oberst i. G. Chef des Stabes im W. K. VII) an d. Verf. 6. April 1964; vgl. Peter Hoffmann, »Der 20. Juli im Wehrkreis II (Stettin): Ein Beispiel für den Ablauf des Staatsstreichversuches im Reich«, Aus Politik und Zeitgeschichte, 14. Juli 1965, S. 26.

123 Jakob Kaiser, »Deutschlands Teilung war vermeidbar«, Das Parlament, 20. Juli 1954; vgl. Elfriede Nebgen, Jakob Kaiser: Der Widerstandskämpfer, Stuttgart 1967, S. 165, 177. Nach Ritter, Goerdeler, S. 543 Anm. 61 wurden die P. B. seit Herbst 1943 auf Drängen Stauffenbergs zusammengesucht, aber die Initiative stammte zweifellos von Beck; dies bestätigt Nebgen, S. 177 mit dem Zusatz, Fritz-Dietlof Graf von der Schulenburg sei die treibende Kraft gewesen. Ritter, Goerdeler, S. 374–375 und 545 Anm. 68 bezweifelt die Soli-

dität und den Umfang der von Emil Henk nach dessen eigenem Bericht auf-gebauten »Organisation«; vgl. Emil Henk, Die Tragödie des 20. Juli 1944, Heidelberg 1946, S. 46–51 (»tausend zuverlässige Männer« im Gebiet zwischen Heidelberg und Kassel). Zur Frage der Existenz einer oder mehrerer Organisationen von Vertrauensleuten, die gegebenenfalls helfen sollten, eine Massenbewegung in Gang zu setzen, vgl. auch Finker, S. 171–172. – Zum Folgenden auch Nebgen, S. 180–181.

124 Telephonisch wäre es kaum schneller, eher langsamer gegangen, und das offizielle Fernschreiben gab eine bessere Grundlage für die Autorität der Offiziere in den Wehrkreisen, die oft sehr viel ranghöhere Offiziere beeinflussen sollten. Die Behauptung, die Liste sei der Gestapo unnötigerweise in die Hände gefallen, ist unsinnig, da die Fernschreiben in allen Wehrkreisen und an anderen Stellen, z. B. in der »Wolfschanze«, eingingen und vorlagen.

125 Spiegelbild, S. 26–28, 50–53, 76–82, 145, 333–334, 256–261, und viele andere Stellen (vgl. Register); Listen über verhaftete, entlassene und verurteilte Generalstabsoffiziere (1944–1945), OKH/HPA P 3, BA EAP 105/2; Ritter, Goerdeler, S. 372–373, 620–621; Zeller, S. 273–289. Ferner Einzelhinweise im Folgenden.

126 Amt V (des RSHA), Betrifft: Selbstmord des Majors Ulrich von Oertzen, Ia der Korps-Abteilung E der 2. Armee, im Dienstgebäude des Wehrkreiskommandos III, Masch., Berlin 22. Juli 1944, BA R 58/1051; Zeller, S. 383.

127 Vgl. F. Zimmermann, Ludwig Freiherr von Leonrod: Ein Lebensbild aus der Tragödie unserer Tage, Waldsassen o. J., S. 18–21.

128 Spiegelbild, S. 259, 296.

129 Vgl. Spiegelbild, S. 312.

130 Personalakten der Stiftung »Hilfswerk 20. Juli 1944«; Spiegelbild, S. 312–313.

131 Vgl. Jedlicka, S. 115.

132 Vgl. die bei Günther Weisenborn, Der lautlose Aufstand: Bericht über die Widerstandsbewegung des deutschen Volkes 1933–1945, rororo-Taschenbuchausgabe, Hamburg 1962, S. 308 Anm. 21 geäußerte Vermutung, wonach ein Gewerkschaftssekretär Georg Conrad Kißling 1936 nach schweren Mißhandlungen durch die Gestapo Selbstmord begangen habe.

133 Vgl. Alfred Späth, »Zum Andenken an Nikolaus Graf von Üxküll«, VfZ 8 (1960), S. 188–192.

134 Spiegelbild, S. 395.

135 Philipp Frh. v. Boeselager, mündl. Mitteilungen an d. Verf. vom 19. Nov. 1964.

136 Die bisher umfassendste Darstellung der Ereignisse in Frankreich wurde zuerst 1953 und in ergänzter und überarbeiteter Fassung 1964 veröffentlicht: Wilhelm von Schramm, Aufstand der Generale: Der 20. Juli in Paris, Kindler Taschenbücher, München 1964. Zur Tätigkeit Schulenburgs in Paris berichtet ausführlich Krebs, S. 249–258. Vgl. Ritter, Goerdeler, S. 397–398.

137 Schramm, S. 11–13.

138 Schramm, S. 14.

139 Schramm, S. 15.

140 Schramm, S. 19–23; s. oben, S. 329–332. Schramm, S. 23 kennt die frühere Tätigkeit Speidels nicht und meint, dieser sei erst im April 1944 in der Opposition aktiv geworden.

141 Schramm, S. 32; Vernehmung von Alexander von Falkenhausen durch Mr. Ortmann auf Veranlassung von Mr. Dobbs SS-Section am 6. Nov. 1946 von 13.30–15.30 Uhr, Interrogation Nr. 175, Masch. (Photokopie), [Nürnberg] 1946, IfZ ZS 888.

142 Friedrich Wilhelm Heinz, Von Wilhelm Canaris zur NKWD, Masch., (ca. 1949), NA Mikrofilm Nr. R 60.67; Wolf Jobst Siedler, Behauptungen, Berlin 1965, S. 60–61 ohne Quellenangabe.

143 Schramm, S. 24, 28; Hans Speidel, Invasion: Ein Beitrag zu Rommels und des Reiches Schicksal, Tübingen ⁵[1964], S. 83–84.

144 Speidel, S. 84–87; Schramm, S. 30.

145 Speidel, S. 84; Karl Kaufmann, mündliche Mitteilungen an d. Verf. vom 15. Jan. 1965; Schramm, S. 32.

146 Speidel, S. 91–93.

147 Speidel, S. 97, 112–113; Domarus, S. 2106–2107.

148 Speidel, S. 112–113.

149 Speidel, S. 117–118.

150 Speidel, S. 119.

151 Schramm, S. 35 und 37 nimmt ohne jeden Beleg an, daß Rommel Hitler verhaften lassen wollte.

152 Schramm, S. 38.

153 Schramm, S. 38; Keilig, 211/206.

154 Schramm, S. 38.

155 Speidel, S. 133–134. Nach dem Gespräch mit Rommel konnte Hofacker seinen Mitverschworenen in Paris berichten, der Feldmarschall sei zum Handeln völlig bereit, er sei kaum zu halten gewesen und habe am liebsten gleich losschlagen wollen. Schramm, S. 47.

156 Speidel, S. 135–136.

157 Speidel, S. 136–139.

158 Schramm, S. 185–186.

159 Speidel, S. 134–135; Schramm, S. 48–52.

160 Cord v. Hobe, Walter Görlitz, Georg von Boeselager: Ein Reiterleben, Düsseldorf 1957, S. 99–100; Philipp Freiherr von Boeselager an d. Verf. 15. Jan. 1965; Ritter, Goerdeler, S. 400–401.

161 Speidel, S. 132.

162 Jedlicka, S. 12.

163 Adolf Schärf, Erinnerungen aus meinem Leben, Wien 1963, S. 166–168; Keesing's Contemporary Archives: Weekly Diary of Important World Events, vol. V 1943–1945, Keynsham, Bristol [1943–1945], S. 6074.

164 Schärf, S. 167; Nebgen, S. 147–149.

165 Jedlicka, S. 23–29, stützt sich auf Adolf Schärf, Österreichs Erneuerung 1945 bis 1955, Wien 1955, S. 19 f. (die Angaben sind wiederholt in Schärf, Erinnerungen, S. 166–168), ferner auf Otto Molden, Der Ruf des Gewissens: Der österreichische Freiheitskampf 1938–1945, Wien, München 1958, S. 148–151; s. ferner Lois Weinberger, Tatsachen, Begegnungen und Gespräche, Wien 1948, S. 124–143; Nebgen, S. 35–39, 82–93, 120–121, 140–141, 143–144, 147 bis 149, 157–158, auch zum Folgenden.

166 Jedlicka, S. 31 auf Grund von Weinberger, S. 144, und Spiegelbild, S. 358 bis 359; s. unten, S. 422–423.

167 Karl Szokoll, »Der 20. Juli 1944 in Wien«, Die Presse, 31. Jan. und 7. Feb. 1948, abgedr. (mit der Angabe 1. u. 7. Feb. 1948) bei Jedlicka, S. 136–140. Bestätigung vom Chef des Generalstabes, Oberst i. G. a. D. Heinrich Kodré in einem Brief vom 22. Sept. 1964 an d. Verf.

168 Jedlicka, S. 33–45; Prozeß XXXIII, 434–438; Szokoll; Kodré an d. Verf. 22. Sept. 1964.

169 Kodré in Jedlicka, S. 123.

170 Jedlicka, S. 43–44.

171 Ritter, Goerdeler, S. 372–373.

172 Spiegelbild, S. 256.

173 Quellen sind hauptsächlich Spiegelbild, S. 26–28, 50–53, 76–82, 256–261 und passim; ferner die Prozeßberichte und Urteile, die mit weiteren Anmerkungen jeweils einzeln zitiert werden; Nebgen, S. 177–181.

174 Meistens erscheint er deshalb mit dem Namen Dohna-Tolksdorf. Vgl. das »Mordregister« in 20. Juli 1944, hrsg. v. d. Bundeszentrale für Heimatdienst, Bonn ⁴1961, S. 210–211; Spiegelbild, S. 518; Handliste des OKH/HPA P 3; Keilig, 211/67; Annedore Leber, Das Gewissen entscheidet: Bereiche des deutschen Widerstandes von 1933–1945 in Lebensbildern, Berlin–Frankfurt/M. ⁴1960, S. 238–241; Hans Rothfels, Die deutsche Opposition gegen Hitler: Eine Würdigung, Fischer Bücherei, Frankfurt/M.–Hamburg 1958, Register.

175 Willisen an Institut für Zeitgeschichte 1. Sept. 1965.

176 Willisen; vgl. Annedore Leber, Das Gewissen steht auf: 64 Lebensbilder aus dem deutschen Widerstand 1933–1945, Berlin–Frankfurt/M. ⁹1960, S. 149 bis 150. Vorlage an den Reichsleiter. Betrifft: Verhandlung vor dem Volksgerichtshof gegen weitere Verräter des 20. Juli 1944, Masch.-Durchschlag, Berlin 23. Feb. 1945, BA EAP 105/30; vgl. Bodo Scheurig, Ewald von Kleist-Schmenzin: Ein Konservativer gegen Hitler, Oldenburg 1968, S. 185–186, 235 Anm. 62.

177 Leber, Gewissen entscheidet, S. 208–210; Prozeßbericht in Spiegelbild, S. 558 bis 559.

178 Albrecht Fischer, »Erlebnisse vom 20. Juli 1944 bis 8. April 1945«, in Otto Kopp (Hrsg.), Widerstand und Erneuerung: Neue Berichte und Dokumente vom inneren Kampf gegen das Hitler-Regime, Stuttgart 1966, S. 121–130; Prozeßbericht und Urteil im BA EAP 105/31.

179 Fischer, Erlebnisse, S. 149–152; Prozeßbericht und Urteil im BA EAP 105/31.

180 Prozeßbericht in Spiegelbild, S. 545–546; Walter Hammer, Hohes Haus in Henkers Hand: Rückschau auf die Hitlerzeit, auf Leidensweg und Opfergang Deutscher Parlamentarier, Frankfurt/M. 1956, S. 63; vgl. Hejo Schmitt, »Bernhard Letterhaus: Porträt eines Widerstandskämpfers«, DR 83 (1957), S. 155 bis 158; Nebgen, S. 178.

181 Vgl. Hammer, S. 43–44.

182 Vgl. Roon, S. 116–122 und passim.

183 Vgl. Leber, Gewissen entscheidet, S. 70–72; Hammer, S. 96–97; Nebgen, S. 179.

184 Vgl. Nebgen, S. 178 und Ritter, Goerdeler, S. 620.

185 Prozeßbericht im BA EAP 105/31; Hammer, S. 70–71; Nebgen, S. 180.

186 Bertold Spuler, Regenten und Regierungen der Welt: Minister-Ploetz, Bd. 4, Würzburg ²1964, S. 558–563; Nebgen, S. 180.

187 Hammer, S. 34–35; Nebgen, S. 180.
188 Vgl. Spuler, S. 419, 406; Hammer, S. 92–93; Nebgen, S. 178.
189 Prozeßbericht und Urteil im BA EAP 105/30.
190 Prozeßbericht und Urteil im BA EAP 105/30–31; Hammer, S. 65; Nebgen, S. 180.
191 Vgl. Prozeßbericht im BA EAP 105/31; Hammer, S. 85; Leber, Gewissen entscheidet, S. 67–68; Nebgen, S. 180.
192 Vgl. Prozeßbericht und Urteil im BA EAP 105/30–31; Nebgen, S. 178 bezeichnet die Schilderung der Gewinnung Koßmanns in Spiegelbild, S. 381 als zutreffend.
193 Vgl. Jedlicka, S. 76–77, 115; Nebgen, S. 178–179; Seitz' Nominierung scheint mit diesem nicht eindeutig vereinbart gewesen zu sein.
194 Jedlicka, S. 77–79, 115; Nebgen, S. 178–179.
195 Jedlicka, S. 78–79.
196 Jedlicka, S. 79–81.
197 Vgl. Prozeßbericht in Spiegelbild, S. 545 und im BA EAP 105/31.
198 Spiegelbild, S. 28.
199 Ritter, Goerdeler, S. 367.
200 Ritter, Goerdeler, S. 368.
201 Der Gestapo-Beamte Franz Sonderegger berichtete in seinem Brief an den Präsidenten des Landgerichts München I vom 14. Jan. 1951 (Kopie im IfZ), Dohnanyi habe auf die Frage nach dem Zweck der Sammlung des in Zossen aufgefundenen Materials geantwortet, man müsse beim Gelingen des Umsturzes den Generalen beweisen können, was die Nichtmilitärs geleistet hätten, sonst würden die Generale das ganze Verdienst (und damit die Macht) für sich allein in Anspruch nehmen. Über das ständige Bemühen Generaloberst Becks, Vorgänge im Zusammenhang mit der Opposition in Dokumenten festzuhalten, berichten Gisevius, Sonderausgabe, passim, und Wolfgang Foerster, Generaloberst Ludwig Beck: Sein Kampf gegen den Krieg, München 1953, passim.
202 Vgl. Krebs, S. 239; Eugen Gerstenmaier, »Der Kreisauer Kreis: Zu dem Buch Gerrit van Roons ›Neuordnung im Widerstand‹«, VfZ 15 (1967), S. 224; Gisevius, Sonderausgabe, S. 488.
203 Schlabrendorff, Offiziere, S. 154. Vgl. Hassell, S. 293.
204 Hierzu und zum Folgenden: Ritter, Goerdeler, S. 369 auf Grund des Urteils gegen Goerdeler, das inzwischen abgedruckt ist in Spiegelbild, S. 530–542; Ritter, Goerdeler, S. 618. Nebgen, S. 165.
205 Hassell, S. 260; Brief Dr. Eugen Gerstenmaiers an den ältesten Sohn Hassells, Wolfgang Ulrich von Hassell vom 25. Juni 1946, Hassell, S. 331–332; Gerstenmaier, Kreisauer Kreis, S. 245; Roon, S. 270–271, 277; Aussagen Gisevius' in Trial of the Major War Criminals before the International Military Tribunal: Nuremberg 14 November 1945 – 1 October 1946, vol. XII, Nürnberg 1947, S. 240–242; Gisevius, Sonderausgabe, S. 441. Schulenburg ist bei Roon nicht als Teilnehmer genannt, dagegen bei Hassell und Gerstenmaier an W. U. von Hassell, Hassell, S. 260, 331.
206 Nebgen, S. 136–138, auch zum Folgenden; s. oben, Anm. 205; Spiegelbild, S. 393–394.
207 Vgl. dazu oben, Kap. VI und Hans Mommsen, »Gesellschaftsbild und Ver-

fassungspläne des deutschen Widerstandes«, in Der deutsche Widerstand gegen Hitler: Vier historisch-kritische Studien, hrsg. von Walter Schmitthenner und Hans Buchheim, Köln–Berlin 1966, S. 73–167.

208 Gerstenmaier, Kreisauer Kreis, S. 245.

209 Roon, S. 277; vgl. Ursula von Kardorff, Berliner Aufzeichnungen aus den Jahren 1942 bis 1945, München 1962, S. 161.

210 Roon, S. 281.

211 Roon, S. 283–284.

212 Vgl. Gerstenmaier, Kreisauer Kreis, S. 231.

213 Vgl. oben, S. 421–423. Zu nennen wären etwa die Namen Lehndorff, Leonrod, Üxküll, Dohna, Lukaschek, Dahrendorf.

214 Roon, S. 286 will eine lose Verbindung konstatieren; Gerstenmaier, Kreisauer Kreis, S. 236. Vgl. Roon, S. 288 über einen Besuch Delps bei Stauffenberg Anfang 1944. Roon, S. 286 Anm. 54 weist die angeblich zu starke Betonung der Bedeutung dieser Verbindung bei Kramarz, S. 139 zurück, geht aber damit ins Leere, da Kramarz an dieser Stelle die Bedeutung der Verbindung nicht bewertet. Will Roon die Verbindung nur als weniger eng gelten lassen, so läuft das auf die Zurückweisung der bei Kramarz zit. Zeugnisse einer Tochter des Grafen Üxküll, Olga von Saucken, der Witwe des Grafen Yorck, Dr. Marion Gräfin Yorck von Wartenburg, sowie des von Roon oft als Autorität angeführten Dr. Paulus van Husen hinaus.

215 Das Argument von Gerstenmaier, Kreisauer Kreis, S. 230–231, wonach Moltke seinen Brief so abgefaßt habe, daß die vereinbarte Linie der Verteidigung der Kreisauer vor dem VGH nicht gestört werde, und daß diese Linie gewesen sei, den Kreis als ungefährlichen Schwatzverein hinzustellen, überzeugt nicht. Moltke sprach in seinem Brief vom 10. Januar 1945 ausdrücklich von den »Schutzbehauptungen, die wir alle aufgestellt haben: Polizei weiß, dienstliche Ursache, Eugen hat nichts kapiert, Delp ist immer gerade nicht dabei gewesen«; Freisler habe sie mit Recht gestrichen. Helmuth J. Graf von Moltke, Letzte Briefe aus dem Gefängnis Tegel, Berlin [9]1963, S. 40–41; vgl. Roon, S. 139. Wenn das in die Hände der Gestapo fiel, wie sollte es nicht alles, was Moltke und die Kreisauer sagten, völlig unglaubwürdig machen? Die von Gerstenmaier behauptete und in seiner eigenen Verteidigung eingehaltene Linie wurde in dem Brief von Moltke selbst aufgegeben. Moltke betont auch in dem Briefe gar nicht, daß er nichts getan habe, als denken, sondern er betont, daß er für das Denken gehenkt werde, und daß er es vorziehe, für diese »Schuld« zu sterben statt für irgendeine andere. Hat Moltke nicht für die Augen der Gestapo geschrieben, so hat er doch auch nicht seine eigene Handlungsweise zutreffend dargestellt, sondern auseinandergesetzt, was er nach dem Ergebnis von Ermittlungen, Anklage und Verhandlung getan haben und wofür er getötet werden sollte.

216 Roon, S. 271, 274–275, auch zum Folgenden; vgl. Hans Mommsen, »Pläne und Träume zum Tag X«, Der Spiegel 21 (1967) Nr. 36, 28. Aug. 1967, S. 94 bis 97 (Rezension des Buches von Roon); Nebgen, S. 175–176, auch zum Folgenden.

217 Roon, S. 274. Zur Geschichte des NKFD vgl. Bodo Scheurig, Freies Deutschland: Das Nationalkomitee und der Bund Deutscher Offiziere in der Sowjetunion 1943–1945, München [2]1961; Finker, S. 203–218.

218 Anton Ackermann, »Legende und Wahrheit über den 20. Juli 1944«, Einheit 2
(1947), S. 1172–1182, wo das Eindringen von Gestapo-Spitzeln bestritten
wird; ebenso Albert Norden, »Die Bedeutung des 20. Juli«, Die Weltbühne 2
(1947) Nr. 13, S. 553–560 und Werner Plesse, »Zum antifaschistischen Widerstand in Mitteldeutschland 1939–1945«, Zeitschrift für Geschichtswissenschaft 2 (1954), S. 813–843; neuerdings noch die *sehr* kurze Darstellung von
Finker, S. 176, der gleichfalls verschweigt, *warum* »Anfang Juli alle Beteiligten verhaftet wurden.« Bericht eines Zeugen: Rudolf Schmid, »Die Ereignisse des 22. Juni 1944: Wer kennt den Gestapospitzel Heim?« Telegraf,
3. Jan. 1947; mündliche Mitteilungen desselben an Ritter, Goerdeler, S. 109,
471 Anm. 19; mündliche Mitteilungen von Frau Rosemarie Reichwein an
Ritter ebd.; Annedore Leber, »Dr. Leber und Stauffenberg«, Telegraf, 16. Juni
1946; dies., Den toten, immer lebendigen Freunden: Eine Erinnerung zum
20. Juli 1944, Berlin 1946, S. 11–12; aus naher Sicht Otto John, »Männer im
Kampf gegen Hitler (VI): Carl Mierendorff, Theodor Haubach, Adolf Reichwein«, Blick in die Welt 2 (1947) H. 11, S. 14–15; ebenfalls aus unmittelbarer Kenntnis Gustav Dahrendorf, »Irrungen um Thomas«, Hamburger
Echo, 4. Sept. 1946; ders., »Dr. Julius Leber: Mensch und Kämpfer«, Telegraf,
7. Jan. 1947; auf Grund von Aussagen und Dokumenten Franklin L. Ford,
»The Twentieth of July in the History of the German Resistance«, American
Historical Review 51 (1946), S. 609–626; vgl. James L. Henderson, Adolf
Reichwein: Eine politisch-pädagogische Biographie, Stuttgart 1958, S. 159 bis
164; unbegründete Vermutungen bei Michal [sic] Vyvyan, »The German
›Opposition‹ and Nazi Morale«, The Cambridge Journal 2 (1948/49), S. 148
bis 168. Verschiedentlich wurde behauptet, Ferdinand Thomas sei der Gestapospitzel gewesen, zuerst anscheinend auf Grund eines Berichtes von Dahrendorf; in seiner Zuschrift »Irrungen um Thomas« an das Hamburger Echo,
4. Sept. 1946, hat Dahrendorf das dann insoweit richtiggestellt, als nicht Thomas der Spitzel gewesen sei, sondern ein Unbekannter, der gelegentlich unter
dem falschen Namen Thomas aufgetreten sei. Roon berichtet merkwürdigerweise in seinem Abschnitt über Kontakte des Kreisauer Kreises mit den Kommunisten, S. 274–275, kaum darüber, dagegen ausführlich in einem Abschnitt
über die Tätigkeit des Kreises nach der Verhaftung Moltkes, S. 288–289. Vgl.
die Vermutungen bei Hedwig Maier, »Die SS und der 20. Juli 1944«, VfZ 14
(1966), S. 305, wonach man »unterstellen« könne, »daß in dieser kurz vor
dem Attentatversuch Stauffenbergs abgehaltenen Sitzung auch von der notwendigen ›Initialzündung‹ die Rede war«; sicherlich habe Leber den Kommunisten und also auch dem anwesenden Gestapospitzel gesagt, daß ein Attentat nahe bevorstehe. Für diese schwerwiegende Behauptung bringt H. Maier
keinen Beleg, die entgegenstehenden Zeugnisse läßt sie unberücksichtigt.

219 Leber, Dr. Leber und Stauffenberg; Bestätigung bei Schmid, Ereignisse.

220 Vgl. Ritter, Goerdeler, S. 371.

221 Hierzu Dr. Heinrich von zur Mühlen an Dr. Otto John 28. Mai 1948 und
John an zur Mühlen 11. Juni 1948, Sammlung John Mappe 4; Ritter, Goerdeler, S. 369–370 und 541–542 Anm. 54, 391 und 549 Anm. 96, teils auf Grund
der Anklageschrift gegen Goerdeler u. a., teils auf Grund von Mitteilungen
von Dr. Otto John und Dr. Günter Gereke [sic]; Nebgen, S. 132–133; vgl.
John W. Wheeler-Bennett, The Nemesis of Power, ²1964, S. 603.

222 Vgl. Prozeß XXXIII, 358.

223 Nach dem Bericht Gerekes an zur Mühlen war die entscheidende Besprechung zwischen Gereke und Witzleben am 19. Juli; andere waren vorausgegangen.

224 Ludwig Bergsträßer, »Erinnerungen an Wilhelm Leuschner«, Das Parlament 20. Juli 1954, S. 8; s. auch das Urteil gegen Goerdeler, Leuschner, Josef Wirmer, Hassell und Lejeune-Jung vom 8. Sept. 1944 in Spiegelbild, S. 530–542.

225 Ritter, Goerdeler, S. 374; Nebgen, S. 128 für Goerdelers Zusammenarbeit mit Kaiser, Leuschner und Habermann seit Ende 1941.

226 Das von Leuschner zum Ausdruck gebrachte Mißtrauen gegenüber dem Militär ist sicher verständlich und von seinem Gesichtspunkt aus auch berechtigt gewesen. Seit Jahren geschah nichts, und er erfuhr kaum etwas von den Vorbereitungen. Auch Nebgen, S. 184 konstatiert für Anfang 1944 »Unmut« bei vielen über die ständigen Verschiebungen des Losschlagens. In den Vernehmungen durch die Gestapo aber und in dem Bericht darüber kam es ganz übertrieben zum Ausdruck und so, als sei es der einzige Diskussionsbeitrag Lebers gewesen. Spiegelbild, S. 179, 211–212; Ritter, Goerdeler, S. 390–391 und 549 Anm. 96.

227 Vgl. oben, S. 287–288. Das Urteil des VGH gegen Kaiser vom 17. Jan. 1945, BA EAP 105/30, zit. Tagebucheintragungen Kaisers; Spiegelbild, S. 118.

228 Schlabrendorff, S. 111; Nebgen, S. 140; Gisevius, Sonderausgabe, S. 472, 484. Bei Gisevius, Sonderausgabe, S. 472–479 (vgl. auch S. 457–464) folgt dann eine teilweise hemmungslose Polemik gegen Stauffenberg. Z. B.: »Stauffenberg will die Militärdiktatur der ›wahren‹ National-Sozialisten, wobei für ihn der Tonfall auf den Sozialisten liegt... Weder will er auf das Totalitäre verzichten noch auf das Militärische, noch auf den Sozialismus.« Politiker sei Stauffenberg gewesen, nicht bloß idealistischer Soldat, er habe Ambitionen gehabt, möglichst bald Becks Nachfolger als Inhaber der höchsten Staatsgewalt zu werden, und er habe eine undefinierte Art von Revolution angestrebt, die »ein rasendes Tempo annehmen«« werde und niemand könne wissen, habe Stauffenberg selbst gesagt, was dann alles daraus entstehen werde (S. 460 nach Zeller). Stauffenberg sei, heißt es bei Gisevius weiter, erst im Zeichen von Stalingrad zur Fronde *hinübergewechselt* (S. 458, 478). Wegen seiner politischen Ambitionen sei Stauffenberg auch vom Schauplatz des Attentats weggefahren, ohne sich vom Erfolg zu überzeugen (S. 463 bis 464). Stauffenbergs Unentbehrlichkeit für den Staatsstreich in Berlin erwähnt Gisevius in diesem Zusammenhang mit keinem Wort, und ebenso wenig erklärt er, was Stauffenberg durch Dableiben hätte erreichen können, außer dem eigenen Tod oder der Verhaftung. Die herabsetzende Form macht Gisevius unglaubwürdig; aber sachlich ist die Kritik an Stauffenbergs vagen politischen Vorstellungen berechtigt.

229 Ritter, Goerdeler, S. 366–367, 396.

230 Ritter, Goerdeler, S. 540–541 Anm. 46.

231 Ebenda.

232 Vgl. Kramarz, S. 163; Aussagen von Fritz-Dietlof Graf von der Schulenburg und Dr. Cäsar von Hofacker in Spiegelbild, S. 521–522; Ritter, Goerdeler, S. 372, 541 Anm. 52. Zum Folgenden auch Nebgen, S. 139, 164, 174, 184.

233 Urteil gegen H. Kaiser, BA EAP 105/30, auf Grund des Tagebuches von H.

Kaiser; Gisevius, Sonderausgabe, S. 474 behauptet das Gegenteil: Goerdeler sei von Stauffenberg nicht unterrichtet worden. Das geht wohl auf Klagen Goerdelers zurück, und bei Gisevius darf man trotz aller sonstigen Zuverlässigkeit skeptisch sein, wenn die Rede auf Stauffenberg kommt.

234 Ritter, Goerdeler, S. 408.

235 Roon, S. 288.

236 Spiegelbild, S. 118, 211–212; Ritter, Goerdeler, S. 390–391 und 549 Anm. 96.

237 Roon, 289 auf Grund der Rede von Lukaschek, aber auch auf Grund von Mitteilungen Husens, nach welchen »schließlich alle mit dem Schritt einverstanden« waren; dies bemerkt Roon jedoch nur in einer Fußnote, läßt aber im Text den Eindruck bestehen, als hätten alle den Schritt abgelehnt. Da dies auf Lukascheks Bericht beruht, ist es zweifelhaft. Leuschner lehnte Kontakte mit Kommunisten u. a. gerade auf Grund seiner Erfahrungen im KZ ab; Nebgen, S. 175–176. Zum Folgenden Nebgen, S. 173–174.

238 Der Verf. folgt im wesentlichen der Darstellung bei Ritter, Goerdeler, S. 368 bis 371, 617–619; »nach Ritter, Goerdeler, a. a. o., S. 617 ff und Kaltenbrunner-Berichte vom Juli und August 1944« zusammengestellt, aber ungenau und unzuverlässig, ist eine Tabelle in 20. Juli 1944, S. 39, die von da wieder abgedruckt wurde in Hans-Adolf Jacobsen, 1939–1945: Der zweite Weltkrieg in Chronik und Dokumenten, Darmstadt 1959, S. 727. Völlig unzureichend ist die »Regierung des 20. Juli 1944« bei Spuler, S. 155–156.

Der »Stand der Regierungsbildung« vom Januar 1943 beruht hauptsächlich auf einer Dr. Otto Schniewind von Goerdeler vorgelegten Liste, der Stand vom August 1943 auf einer Aufstellung, die Oberregierungsrat Friedrich Freiherr von Teuchert von Berlin nach Paris mitbrachte, wo er in der Militärverwaltung tätig war; ferner Roon, S. 271 (für Leber als Innenminister). Die Liste nach dem Stand vom Januar 1944 beruht auf Mitteilungen des ehemaligen christlichen Gewerkschaftsführers Josef Ersing an Professor Ritter und auch auf Aussagen, die Josef Wirmer vor der Gestapo machte.

Ganz nach den Ermittlungen der Gestapo und von dieser ohne Rücksicht auf den Zeitpunkt der Gültigkeit der jeweiligen Besetzung zusammengestellt sind die Listen in den Berichten vom 27. Juli 1944 (Spiegelbild, S. 59 bis 61), vom 14. August 1944 (Spiegelbild, S. 210) und in der Anlage zum Gestapobericht vom 6. September 1944 (BA EAP 105/25). Die letztgenannte ist eine graphische Darstellung, die in Spiegelbild, S. 361 nicht abgedruckt ist; s. den Abdruck in John J. McCloy II, Die Verschwörung gegen Hitler: Ein Geschenk an die deutsche Zukunft, Stuttgart 1963, S. 131; bei Ritter, S. 617 bis 619 Anm. 1 ist diese Zusammenstellung irrtümlich als Anlage zum Gestapobericht vom 29. Sept. 1944 bezeichnet, weil sie seinerzeit, als Ritter die Berichte in Alexandria, Virginia bearbeitete, in der Ordnung, in welcher sie dort aufbewahrt wurden und welche auch der vor der Rückgabe an die Bundesrepublik hergestellte Mikrofilm einhält, nach dem Bericht vom 29. September 1944 und nach den darin genannten Anlagen folgt, wo sie aber nicht hingehört.

Der Stand vom Juli 1944 beruht auf Mitteilungen von Jakob Kaiser an Ritter; ferner Gisevius, Sonderausgabe, S. 473, 489–490; Paul Löbe, [Antwort auf einen Artikel von Horst Lommer], Der Tagesspiegel, 30. April 1947; Nebgen, S. 166–171.

In der folgenden Zusammenstellung sind Vornamen und Titel weggelassen, damit die Liste übersichtlich bleibt; vgl. Index.

239 Ritter, Goerdeler, S. 389–390, 404; Kramarz, S. 182–183, vgl. S. 173; Spiegelbild, S. 112; Nebgen, S. 198.

240 Schlabrendorff, Offiziere, S. 88; Nebgen, S. 164, 184.

241 Vgl. Gerstenmaier, Kreisauer Kreis, S. 235; oben, S. 428–430.

242 Gerstenmaier, Kreisauer Kreis, S. 228–236; Roon, S. 157–158, 278–289.

243 Roon, S. 157–158; Spiegelbild, S. 90.

244 Kramarz, S. 164 auf Grund einer Mitteilung von Oberst Peter Sauerbruch; Schlabrendorff, Offiziere, S. 132.

245 Eugen Gerstenmaier, mündliche Mitteilungen an d. Verf. vom 17. Aug. 1965; ders., Kreisauer Kreis, S. 232–233.

246 Roon, S. 139.

247 Gerstenmaier, Kreisauer Kreis, S. 232–233; ders., Mitteilungen; Eberhard Bethge, Dietrich Bonhoeffer: Theologe, Christ, Zeitgenosse, München 1967, S. 847.

248 Gerstenmaier, Mitteilungen; ders., Kreisauer Kreis, S. 232–233. Irrige Auffassungen über den Kreisauer Kreis und über Moltkes Einstellung z. B. bei Zeller, S. 130–132, 152; Dieter Ehlers, Technik und Moral einer Verschwörung: Der Aufstand am 20. Juli 1944, Bonn 1964, S. 102. Ritter, Goerdeler, z. B. S. 305, 321 spricht vom »Moltke-Kreis«. Auch Rothfels, Opposition, S. 133–135 hielt sich – notgedrungen – hauptsächlich an Moltkes Brief aus dem Gefängnis Tegel vom Januar 1945 und den ihm dazu von der Gräfin von Moltke gegebenen Kommentar, betont aber die Bereitschaft Moltkes zur Teilnahme an Umsturzbemühungen, die durch seine Beteiligung an der Besprechung vom 8. Januar 1943 zum Ausdruck kam; außerdem ist Rothfels auf Grund von Moltkes eigenen Worten und auf Grund der Haltung der anderen Kreisauer nach dem Januar 1944, nach Moltkes Verhaftung, der Meinung, daß Moltke, wäre er in Freiheit geblieben, wahrscheinlich an den Attentatvorbereitungen aktiven Anteil genommen hätte.

249 Gerstenmaier, Mitteilungen; ders., Kreisauer Kreis, S. 232; Schramm, S. 20.

250 Gerstenmaier, Mitteilungen.

251 Roon, S. 336. Diese Erwähnung Moltkes wie auch seine Stellungnahme ist im Index bei Roon nicht aufgenommen und anscheinend auch Gerstenmaier, Kreisauer Kreis, S. 230–236 entgangen. Roon bringt kein Wort der Erklärung der schreienden Diskrepanz zwischen diesem Ausspruch und seiner Behauptung auf S. 285: »An dieser Stelle soll aber auch eindeutig festgestellt werden, daß Moltke, wie auch Goerdeler, immer gegen ein Attentat war.« In der Fußnote 44 zu diesem Satz räumt Roon zugleich ein, daß Moltke das Attentat (oder meint Roon wirklich, wie er schreibt, bloß die Frage danach?) »nicht nur schlechthin als ›nicht erlaubt‹ abgewiesen« habe. Vgl. Gerstenmaier, Kreisauer Kreis, S. 233.

252 Moltke, S. 39–40.

253 Moltke, S. 54; vgl. oben, S. 428–429.

254 Gerstenmaier, Kreisauer Kreis, S. 234. Roon, S. 290 berichtet von diesem letzten Gespräch auf Grund des Berichtes von Gerstenmaier an ihn und kommt zu dem Schluß, Moltke scheine Gerstenmaier schließlich zugestimmt zu haben, daß das Attentat erlaubt, wenn nicht gar nötig sei (Roon sagt es

nicht genau), fügt dem aber unbegreiflicherweise hinzu: »Daraus darf jedoch nicht geschlossen werden, daß er schließlich doch einverstanden war.« Was darf dann daraus geschlossen werden? Vgl. Gerstenmaier, Kreisauer Kreis, S. 233.

Ebenso unhaltbar und unbegreiflich ist das Urteil Roons, S. 289, nach der Verhaftung am 4. bzw. 5. Juli 1944 seien Reichwein und Leber schwer gefoltert worden, ihre Freunde haben den Zugriff der Gestapo auf Grund etwa erpreßter Aussagen befürchtet: »Darum bemühten sie sich, das Militär zu einer baldigen Aktion zu bewegen.« Gleichermaßen zurückzuweisen ist Roons Behauptung im selben Absatz: »Jetzt erschien ihnen das Attentat als der letzte mögliche Ausweg, ohne deswegen ihre grundsätzliche Ablehnung aufzugeben.« So war es eben gerade nicht. Nicht erst, »als es uns selber an den Kragen ging«, wie es Gerstenmaier, Kreisauer Kreis, S. 232 ausdrückt, sondern als das Ausmaß des Krieges, des Mordens, der Verbrechen so ungeheuer wurde, daß die Haltung des passiven Widerstandes unverantwortlich erscheinen mußte, und das war nicht erst im Sommer 1944 so, haben auch die Befürworter unblutiger Methoden – bis auf ganz vereinzelte Ausnahmen, wie Steltzer – ihre Ablehnung von Staatsstreich und Attentat aufgegeben.

255 Zeller, S. 244 nach dem Bericht von Professor Julius Speer; vgl. oben, S. 375–376.

256 Vgl. zur Bereiterklärung Stauffenbergs Sauerbruch, S. 431; Alix von Winterfeldt (Sekretärin bei Gen. Obst. Fromm), mündliche Mitteilungen an d. Verf. vom 30. Aug. 1966; Kramarz, S. 183, 189.

257 Schlabrendorff, S. 140; vgl. oben, S. 418.

258 Helmuth Spaeter, Die Geschichte des Panzerkorps Großdeutschland, Bd. II, Duisburg-Ruhrort 1958, S. 548; The Bormann Letters: The Private Correspondence between Martin Bormann and His Wife from January 1943 to April 1945, London 1954, S. 56–58.

259 Zeller, S. 364 nach dem Bericht von Fahrner.

260 Delia Ziegler (damals Sekretärin bei Stauffenberg), Bericht über den 20. 7. 1944, Masch., o. O. o. J. (vermutlich 1946), S. 2; im selben Sinne berichtet Erwin Topf, »Klaus Graf Stauffenberg«, Die Zeit, 18. Juli 1946.

261 Zeller, S. 359, 361.

262 Leber, Gewissen steht auf, S. 126.

263 Kramarz, S. 201 nach dem Bericht von Bernd von Pezold.

264 Nina Gräfin von Stauffenberg an d. Verf. 30. Juli 1968: Rechte Hand und Klein- und Ringfinger der linken fehlten. Karl Schweizer (der Fahrer Stauffenbergs), mündliche Mitteilungen an d. Verf. vom 18. Juni 1965: die rechte Hand, Zeige- und wahrscheinlich Mittelfinger der linken fehlten. Sauerbruch, S. 430: der rechte Arm und drei Finger der linken Hand fehlten.

265 Sauerbruch, S. 431.

266 Kramarz, S. 163 nach dem Bericht des damaligen Rittmeisters Dr. Paulus van Husen. Da die Unterredung zwischen Stauffenberg und Meichßner, deren Zeuge Husen gewesen ist, im Zug nach Berchtesgaden zum FHQu stattgefunden hat und dieses von Februar bis Anfang Juli mit geringen Unterbrechungen auf dem »Berghof« war, kann sie irgendwann zwischen Ende Februar und Anfang Juli stattgefunden haben. Husen erinnert sich nicht mehr genauer an den Zeitpunkt; Husen an d. Verf. 16. Jan. 1968.

267 Handliste.
268 Spiegelbild, S. 94; Prozeß XXXIII, 334–335; vgl. Zeller, S. 345; vgl. auch oben,
    S. 395.
269 Spiegelbild, S. 90–91; Prozeß XXXIII, 316–320. Kramarz, S. 187 übernimmt
    unbesehen von Zeller, S. 355 dessen unbelegte Behauptung, Oberst i. G.
    Eberhard Finckh habe Rommel am 25. Juni gemeldet, Stauffenberg plane in
    Berlin ein Attentat.
270 Spiegelbild, S. 19.
271 Aussage Yorcks vor dem VGH, Prozeß XXXIII, 426. Hagen sagte vor der
    Gestapo, Stauffenberg habe ihm schon um den 25. Mai gesagt, er habe mit
    dem von Hagen überbrachten Sprengstoff ein Attentat auf Hitler vor;
    Prozeß XXXIII, 339. Zusammenhang und Ausdruck lassen hier auch die
    Deutung zu, daß Stauffenberg ein solches Attentat wohl veranlassen, nicht
    jedoch unbedingt selbst ausführen wollte.
272 Kramarz, S. 189.
273 Zit. aus Kaisers Tagebuch im Urteil gegen Kaiser vom 17. Jan. 1945, BA
    EAP 105/30.
274 Schlabrendorff, Offiziere, S. 138–139, auch zum Folgenden; Hobe, S. 98–101;
    Boeselager, Mitteilungen.
275 Nebgen, S. 193, auch zum Folgenden.
276 Zeller, S. 364–365.
277 Kramarz, S. 194–195 zit. den Bericht von Dr. Paulus van Husen über ein
    Gespräch in dessen Wohnung zwischen ihm, Stauffenberg, Yorck und Luka-
    schek: »›Als Stauffenberg dann zum Schlafwagen aufbrach, war sein letztes
    Wort: ›Es bleibt also nichts übrig, als ihn umzubringen.‹ Ich glaube, daß sich
    Stauffenberg in diesem Gespräch die letzte Bestätigung für seinen Entschluß
    abgerungen hat.‹« Das Datum des Gesprächs kann bei Kramarz indirekt
    aus einer Anmerkung als 14. Juli ermittelt werden. Husen an d. Verf. 16. Jan.
    1968 nennt auch den 14. Juli, aber es besteht große Wahrscheinlichkeit, daß
    er sich irrt, wie auch Kramarz vermutet. Es könnte sich dann um den Vor-
    abend eines anderen Besuches von Stauffenberg im Hauptquartier gehandelt
    haben, z. B. um den 6. oder 10. Juli. S. dazu unten, S. 450–452.
278 Spiegelbild, S. 90.
279 Spiegelbild, S. 130.
280 Vgl. Zeller, S. 368.
281 Sauerbruch, S. 432; der Fahrer Stauffenbergs erinnert sich an einen Besuch
    Stauffenbergs bei Sauerbruch etwa 6 Wochen vor dem 20. Juli: Schweizer,
    Mitteilungen.
282 Schlabrendorff, Offiziere, S. 144–145; Kramarz, S. 184–185.
283 »SS-Bericht über den 20. Juli: Aus den Papieren des SS-Obersturmbannfüh-
    rers Dr. Georg Kiesel«, Nordwestdeutsche Hefte 2 (1947) H. 1/2, S. 17; vgl.
    [Walter Huppenkothen], Aussage Huppenkothen: Personelle Zusammen-
    setzung und Aufgabenverteilung der Sonderkommission 20. Juli 1944,
    Masch.-Abschr., o. O. o. J. (vor März 1953), IfZ ZS 249/III.
284 Kramarz, S. 185 nach dem Bericht eines Obersten a. D. J. R., mit dem
    Kramarz gesprochen hat und der seinen Namen nicht ganz preisgeben will.
    Ebenso schon Gisevius, Sonderausgabe, S. 479–480, 486 für 13. Juli 1944;
    Fromm zu Olbricht: »›Na, wenn Ihr schon euren Putsch macht, dann vergeßt

mir wenigstens den Wilhelm Keitel nicht.«« Kramarz erwähnt die Stelle nicht. Ferner berichtete Dr. Clemens Plaßmann in einem Brief an Frau Annemarie Koch, die Witwe des von der Opposition als Reichsgerichtspräsident vorgesehenen Dr. Hans Koch, vom 10. März 1947 (Persönliche Berichte, im Bes. d. Stiftung »Hilfswerk 20. Juli 1944«), Dr. Koch habe ihm seinerzeit diese Äußerung Fromms wiedergegeben: »»Wenn Ihr Euer komisches Attentat macht, vergeßt mir meinen Freund Wilhelm Keitel nicht!«« Solche Zeugnisse und die nachfolgenden Überlegungen hindern natürlich nicht, daß selbst Fromm nahestehende Zeugen glauben (wie etwa sein Persönlicher Adjutant Rittmeister Heinz-Ludwig Bartram, 20. Juli 1944, Masch., o. O. [1954], BA H 90–3/4, S. 7), er sei in die Staatsstreichvorbereitungen nicht eingeweiht gewesen. Das heißt nur, daß diese Zeugen nichts von Fromms Wissen wußten, und im engeren Sinne, d. h. in die Einzelheiten war Fromm ja wirklich nicht eingeweiht und wollte es zweifellos auch nicht sein.

285 Winterfeldt.
286 [Günther] Blumentritt, Stellungnahme zu dem Buch »Offiziere gegen Hitler«. Nach einem Erlebnisbericht von Fabian v. Schlabrendorff bearbeitet und herausgegeben von Gero v. S. Gaevernitz 1946 Europa Verlag Zürich, Masch., o. O. November 1946, S. 19, Sammlung John Mappe 2; vgl. oben, S. 350 und 766–767 Anm. 134.
287 Hassell, S. 261–262.
288 »Generäle: Neue Mitteilungen zur Vorgeschichte des 20. Juli«, Die Wandlung 1 (1945/46), S. 531.
289 Hammerstein, Spähtrupp, S. 209.
290 Botho v. Wussow, Einige Sätze zu dem SS-Bericht über den 20. Juli 1944, der in den Nordwestdeutschen Heften veröffentlicht wurde u. z. 1947 Heft 1/2, Masch.-Abschrift, o. O. Frühjahr 1947, Orig. im Besitz der Gräfin Schwerin von Schwanenfeld.
291 Vgl. Urteil gegen Kaiser, BA EAP 105/30; Kramarz, S. 184; Winterfeldt.
292 Prozeßbericht von Dr. Hopf an Bormann vom 7. oder 8. März 1945, BA EAP 105/30. Dies kann natürlich die Ausflucht für eine viel drastischere Äußerung gewesen sein.
293 Prozeß XXXIII, 416.
294 Gisevius in Trial XII, 259–260; Gisevius, Sonderausgabe, S. 497; Ritter, Goerdeler, S. 408.
295 Leber, Den toten, S. 11–12; [Julius Leber], Ein Mann geht seinen Weg: Schriften, Reden und Briefe, Berlin–Frankfurt/M. 1952, S. 292.
296 Eine Zusammenstellung von Indizien, die sich freilich bei näherem Zusehen zum Teil als bloße Behauptungen von Nachkriegsautoren erweisen, versuchte Hedwig Maier, »Die SS und der 20. Juli 1944«, VfZ 14 (1966), S. 299 bis 316. Die Abhandlung wurde ohne gründliches Quellenstudium geschrieben und die Verf. erweist sich oft als schlecht unterrichtet.
297 Harold C. Deutsch, The Conspiracy against Hitler in the Twilight War, Minneapolis 1968, S. 129–136; Reinhard Heydrich an Außenminister Joachim von Ribbentrop 6. Nov. 1941, Masch.-Durchschl. mit Anlagen, BA NS 19/414; vgl. oben, S. 262–264.
298 Hassell, S. 236, 269, 273–274, 281, 292; Bethge, S. 877–885; Maier, S. 302, 308 (hier ohne Beleg die Behauptung, Dohnanyi sei nach einigen Monaten

wieder auf freien Fuß gesetzt worden, wofür es sonst keinen Anhaltspunkt gibt); Anklageschrift gegen Langbehn und Popitz bei Dulles, S. 205; Lagi Countess Ballestrem-Solf, »Tea Party«, in Eric H. Boehm, We Survived, New Haven, Connecticut 1949 (photomech. Neudruck Santa Barbara, California 1966), S. 135–136; Ritter, Goerdeler, S. 371; Aussagen des ehem. Gestapobeamten Franz Sonderegger gegenüber Vertretern der Europäischen Publikation e. V., München 15. Okt. 1952, IfZ ZS 303 II, S. 12–14; vgl. E[schenburg], S. 375–376.

299 Spiegelbild, S. 363; Hermann Reinecke, mündliche Mitteilungen an d. Verf. vom 30. April 1965; s. oben S. 430 (zu Reichwein und Leber); Maier, S. 311 nennt für Lebers Verhaftung fälschlich und ohne Beleg den 9. Juni 1944.

300 Der Kontakt Himmlers mit Popitz ist nicht so ungeklärt, wie es Hedwig Maier, S. 304 scheint: vgl. oben, S. 349–350. Die Verfasserin (Landgerichtsdirektorin) ist in diesem Punkt besonders schlecht unterrichtet, z. B. mit der Behauptung (S. 310), daß »aus Himmlers engster Umgebung« niemand mehr am Leben sei. Noch zur Zeit der Abfassung des Artikels befaßte sich mindestens ein deutsches Gericht mit dem ehemaligen SS-Obergruppenführer Karl Wolff, und auch der ehemalige SS-Obergruppenführer Gottlob Berger lebte damals noch; eine andere Frage ist freilich ihre Bereitschaft zu Auskünften. Von der bei Dulles, S. 190–207 abgedruckten Anklageschrift gegen Popitz und Langbehn, in der die Kontakte ausführlich geschildert sind, nimmt Hedwig Maier keine Notiz.

301 Urteil des VGH gegen Nebe vom 2. März 1945, BA EAP 105/30; Gisevius, Sonderausgabe, S. 497; Ritter, Goerdeler, S. 408. Nebgen, S. 192–193: Goerdeler selbst erfuhr am 18. Juli davon.

302 Diese Hauptthese von Hedwig Maier ist unbestritten, aber nicht neu; durch Befragungen und gründliche Untersuchungen hätte sie vielleicht erhärtet werden können.

303 Vgl. unten, S. 573.

304 Dem Verf. mitgeteilt von Herrn Peter Dietz, Schaffhausen. Vgl. die inzwischen auszugsweise veröffentlichten Berichte eines anderen schweizerischen Dienstes, der ebenfalls verschiedentlich zutreffend über die deutsche Opposition berichtete: Kurt Emmenegger, Qn wußte Bescheid: Erstaunliche Informationen eines Schweizer Nachrichtenmannes aus den Kulissen des Hitlerkrieges, Zürich 1965, S. 44–51.

305 Gespräch mit dem früheren schweizerischen Militärattaché in Berlin, Burckhardt, heute Direktor in der Maschinenfabrik Bührle in Zürich-Oerlikon, Juli 1966, geführt von Herrn Peter Dietz.

306 Zeller, S. 343 berichtet ohne Beleg von einer angeblichen Reuter-Meldung von etwa Mitte Juni 1944, wonach schon der Offizier aus dem deutschen Generalstab bestimmt sei, der Hitler töten solle. Eine Durchsicht der Times für Juni 1944 hat dafür keinen Anhaltspunkt ergeben. Hans Baur, Ich flog Mächtige der Erde, Kempten 1956, S. 250 erwähnt ein entsprechendes Gerücht für Frühjahr 1944; nach Nicolaus von Below, »Hitlers Adjutant über den 20. Juli im FHQ: Ein Augenzeugenbericht«, Echo der Woche, 15. Juli 1949, S. 5 zeigte Hitler diesem im Februar 1944 eine ausländische Pressemeldung, wonach ein Attentäter, ein Offizier des Generalstabes, schon bestimmt sei. Von hier wird Zeller sein Wissen haben. Eine Durchsicht der Times für

Februar 1944 hat ebenfalls keine Bestätigung gebracht, aber die Meldung kann auch aus einer anderen Quelle stammen.

307 Gisevius, Sonderausgabe, S. 465–466.

308 Dazu s. unten, S. 462–463.

309 Die Kritiker der Vorbereitungen, z. B. Gisevius, Sonderausgabe, S. 463, 479 bis 482, sollten einmal versuchen, die Vorbereitungen nachzuvollziehen, den Ablauf des Staatsstreiches in seiner Voraussehbarkeit und Unberechenbarkeit gedanklich zu bewältigen und evtl. bessere, durchführbare Vorschläge zu machen.

310 [Kurt] Peschel, [Aufzeichnung], Masch., [Wolfschanze] 22. Juli 1944, BA EAP 105/34; Oberst i. G. a. D. Franz Herber an den Verf. 25. Jan. 1966; Spiegelbild, S. 91; Kramarz, S. 185, 190 erwähnt hier weder Peschels Aufzeichnungen, noch die Stelle in Spiegelbild und beruft sich nur auf Nina Gräfin von Stauffenberg und Frau Annedore Leber, obwohl Ritter, Goerdeler, S. 553 Anm. 120 den Bericht Peschels schon vollständig abgedruckt hat; Zeller S. 346 und 350 berichtet ohne Beleg von diesem Besuch Stauffenbergs im Hauptquartier.

311 Bartram, S. 7–8.

312 Spiegelbild, S. 91.

313 Fabian von Schlabrendorff hatte 1944 durch zwei Besuche im Hauptquartier »Wolfschanze« und anhand von Auskünften des im Stabe Jodls tätigen Oberstleutnants d. R. Dietrich von Bose schon Erkundigungen angestellt; Schlabrendorff, Offiziere, S. 130; ders., mündliche Mitteilungen an d. Verf. vom 6. Aug. 1968. Zum Folgenden Nina Gräfin von Stauffenberg an d. Verf. 11. Sept. 1968.

314 Spiegelbild, S. 91; Prozeß XXXIII, 317–319.

315 Peschel; Spiegelbild, S. 130.

316 S. oben, S. 445. Zeller, S. 367 berichtet von Äußerungen Stauffenbergs, wonach er sich nun endgültig entschlossen hätte, das Attentat selbst durchzuführen und auch anschließend in Berlin den Staatsstreich zu leiten, wozu er nach etwa zwei Stunden glaubte dort eintreffen zu können, aber leider erweist sich Zellers Beleg dafür als allzu dürftig; denn die angeführte Autorität schöpft ihrerseits aus ungenannten Quellen: Sebastian Haffner, »Beinahe«: Die Geschichte des 20. Juli 1944«, Neue Auslese 2 (1947) H. 8, S. 1–12. Doch findet sich bei Zeller, S. 368 ein etwas zuverlässigerer Anhaltspunkt für den Zeitpunkt von Stauffenbergs Entschluß, aus einem Bericht von Urban Thiersch zum 8. Juli: »Stauffenberg werde es selber tun. Er [Thiersch?] möchte seinen Vorgesetzten Oberst Hansen davon unterrichten.«

317 Hierzu und zum Folgenden: Prozeß XXXIII, 319–320, 358–359, 384–394, 427, 432, 437; Spiegelbild, S. 44, 49, 91, 125, 130, 146; Urteil gegen Hauptmann d. R. Hermann Kaiser, BA EAP 105/30; Einstellungsverfügung im Verfahren gegen Ewald Heinrich von Kleist u. a., BA EAP 105/30; Peschel; Gisevius, Sonderausgabe, S. 468; Kramarz, S. 190–191 kennt nur die aus Spiegelbild und Prozeß XXXIII angeführten Stellen und bringt persönliche Mitteilungen von Prof. Dr. Percy Ernst Schramm, die jedoch, was Kramarz nicht vermerkt, im wesentlichen schon gedruckt waren in K. T. B. des OKW IV, 1754 Anm. 1; Zeller, S. 369 berichtet ganz kurz auf Grund der Stellen in Spiegelbild. Zwei Stellen in Spiegelbild, S. 125 und 146, lassen das Datum einer

Zusammenkunft von Klamroth, Stieff, Fellgiebel und Stauffenberg offen: »um den 10. 7. 1944« bzw. »am 10. oder 11. Juli 1944«; das rührt von einer Unsicherheit der Vernommenen oder der Vernehmenden her. Auf Grund der anderen Quellen kommt für die Zusammenkunft nur der 11. Juli in Frage, nirgends gibt es einen Anhaltspunkt dafür, daß Stauffenberg zweimal, am 10. und am 11. Juli, die Reise von Berlin nach Berchtesgaden und zurück gemacht hätte.

318 So berichteten übereinstimmend Olbricht, Yorck von Wartenburg und Klausing, die es alle selbst von Stauffenberg erfahren hatten; s. Anm. 317.

319 Gisevius, Sonderausgabe, S. 484.

320 Spiegelbild, S. 130; Gisevius, Sonderausgabe, S. 468. Die Annahme, Stauffenberg habe schon vor Beginn der Besprechung gewußt, daß Himmler nicht kommen würde, wird weiter bestätigt durch Olbrichts Äußerung zu Hoepner in Berlin am 11. Juli, die dieser der Gestapo berichtete: »Man könne ganz plötzlich vor einer neuen Situation stehen, und deshalb habe er [Olbricht] ihn – Hoepner – für diesen Tag nach Berlin geholt. Allerdings sei ihm eben die Mitteilung zugegangen, daß die vorgesehene Besprechung im Führerhauptquartier wohl nicht stattfinde, weil der Reichsführer-SS nicht eingetroffen sei.« Spiegelbild, S. 44.

321 Über Himmlers und Görings Gewohnheiten, besonders hinsichtlich ihrer Teilnahme an Lagebesprechungen, herrscht viel Unklarheit. Below, Adjutant, machte die unzutreffende Mitteilung, 1944 sei es schon fast eine Ausnahme gewesen, wenn Himmler und Göring bei der »Lage« fehlten. Hedwig Maier, S. 305 nahm neuerdings noch an, Himmler habe »in der Regel« an Lagebesprechungen teilgenommen, übrigens auf Grund von Heiber, S. 13, wo das gar nicht steht; hier heißt es nur, Göring, Dönitz, Himmler nahmen »ebenso an den Besprechungen teil« wie etwa herbefohlene Frontbefehlshaber u. a., wenn sie sich »gerade im Führerhauptquartier« aufhielten. Göring, Dönitz und Himmler hatten ihre eigenen Hauptquartiere, und zwar in einiger Entfernung vom »Berghof« oder von der »Wolfschanze«, bzw. Berlin. Das von Hedwig Maier für Stauffenbergs Attentatversuch angegebene Datum – 12. Juli – ist übrigens auch falsch. Zu den Gewohnheiten Himmlers und Görings, Linge, Record; Heinrich Himmler Telephontagebuch, Hs., 21. Aug.–22. Nov. 1943, BA EAP 21–b/1–5; ders., Terminkalender, Hs., 2. Jan.–16. Dez. 1943, 3. Jan.–31. Mai 1944, BA EAP 21–b/1–5; ders., Notizen über Besprechungen mit Hitler u. a., Hs., Mai 1934–Dez. 1944, BA NS 19/275 und NS 19/331; ferner General a. D. Adolf Heusinger an d. Verf. 9. Sept. 1967; Konteradmiral a. D. Karl Jesko von Puttkamer an d. Verf. 10. Sept. 1967.

322 Nach Spiegelbild, S. 125 wäre es im »Berchtesgadener Hof« gewesen, s. aber Schramm in K.T.B. des OKW IV, 1754 Anm. 1 und bei Kramarz, S. 191. Ferner Dipl.-Ing. Otto Reheußer (damals Telegraphenbaureferent d. OPD München), mündliche Mitteilungen an d. Verf. 7. Aug. 1968.

323 Urteil gegen Kaiser; Gisevius, Sonderausgabe, S. 474 behauptet, Goerdeler sei nicht vorher unterrichtet worden.

324 Prozeß XXXIII, 350, 358–359.

325 Das Spiel ist aus, S. 23; Volksgerichtshof-Prozesse, S. 51; Gisevius, Sonderausgabe, S. 507.

326 Einstellungsverfügung 12. Dez. 1944; Hammerstein, Spähtrupp, S. 263.
327 Prozeß XXXIII, 433. Vor dem VGH zitierte Hoepner Olbricht aus einem Telephongespräch vom Freitagabend, 14. Juli: »›Heute‹, sagte er, ›ist Stauffenberg hin‹.« Prozeß XXXIII, 394. Demnach wäre Stauffenberg schon am Freitag, 14. Juli ins Führerhauptquartier abgereist und wohl mit der Eisenbahn gefahren, wie sich mit allen Einzelheiten auch sein Fahrer erinnert: er habe am 14. abends Stauffenberg zum Schlesischen Bahnhof gefahren. Schweizer, Mitteilungen; ders. an d. Verf. 2. Nov. 1967: 15. Juli; Husen: 14. Juli. General Reinecke erinnert sich, mit Stauffenberg im Kurierzug in der Nacht vom 15. auf 16. Juli nach Berlin zurückgefahren zu sein; Reinecke an d. Verf. 31. Mai 1964 und 7. Nov. 1967. Zwar muß die Aussage Hoepners, Olbricht habe ihm gesagt, »heute« sei Stauffenberg zur »Wolfschanze« gereist, für den 14. Juli gelten, wenn man den Zusammenhang wörtlich nimmt; es ist aber mindestens offen, ob Hoepner nicht von zwei verschiedenen Telephongesprächen sprach, und mißverständliche Ausdrucksweise ist in dem Verfahren, in dem Rede und Antwort so rasch wechselten, in dem Freisler die Angeklagten ständig unterbrach und anschrie, und in dem auch der Stenograph nicht alles richtig notierte, leicht möglich und tatsächlich häufig gewesen. Man darf an diese Quelle nicht dieselben Maßstäbe anlegen wie an ein mittelalterliches Manuskript, ganz abgesehen davon, daß der Prozeß überhaupt nicht der Wahrheitsfindung dienen sollte, sondern der physischen und bürgerlichen Vernichtung der Beschuldigten.
Hoepner sagte: »› Heute‹, sagte er [Olbricht], ›ist Stauffenberg hin‹.« Hoepner berichtete das als Äußerung aus einem Telephongespräch vom 14. Juli, aber zugleich als Antwort auf Freislers Vorhalt, Olbricht habe telephonisch zu Hoepner gesagt oder angedeutet: »›Aber es kann heute passieren!‹« Hieraus und aus dem weiteren Zusammenhang geht hervor, daß es sich doch um den 15. Juli handelt. Hoepner hat damals sehr oft mit Olbricht telephoniert. Der Vernehmungsbericht in Spiegelbild, S. 44 klärt die Sache auf; dort heißt es, bei seiner Ankunft in Berlin am 15. Juli habe Hoepner von Olbricht erfahren, daß Fromm und Stauffenberg an diesem Tag zum Führerhauptquartier geflogen seien. Hoepner war gekommen, nachdem ihn Olbricht am Abend vorher dazu aufgefordert hatte. Es muß sich also bei dem oben wiedergegebenen Zitat aus einem angeblichen Telephongespräch zwischen Hoepner und Olbricht vom 14. Juli um eine Verwechslung mit einem Gespräch am 15. Juli handeln.
Nur wenige Sätze später in der Vernehmung Hoepners vor dem VGH zitierte Freisler aus einem Bericht der Gestapo über eine Vernehmung Hoepners dessen Worte (die in Spiegelbild, S. 44 nur indirekt wiedergegeben sind): »Olbricht sagte mir, Fromm und Stauffenberg wären zum Führerhauptquartier geflogen; wenn dabei etwas Neues passierte, wäre es ihm lieb gewesen, wenn ich bei ihm gewesen wäre, damit er mir das gleich sagen könnte.« Prozeß XXXIII, 394. Darauf Hoepner: »Das stimmt!«
So bleibt als Zeugnis für die Eisenbahnfahrt zur »Wolfschanze« am 14. Juli, wenn man von der ungenauen und mißverständlichen Aussage Hoepners vor dem VGH absieht, die er gewissermaßen selbst im gleichen Zusammenhang wieder korrigiert hat, nur noch die Erinnerung Husens und des Fahrers Schweizer, der wohl der Einzelheiten und Umstände, nicht aber des Da-

tums völlig sicher ist. Beider Erinnerung kann sich auf einen anderen Tag beziehen. Franz Herber (Generalstabsoffizier im AHA), Was ich am 20. 7. 44 in der Bendlerstraße erlebte, Masch., o. O. o. J. (vermutlich 1948), BA H 90–3/4 berichtete, er sei »einige Tage vor dem Attentat im gleichen Schlafwagenabteil [mit Stauffenberg] ins Hauptquartier gefahren.« Aber auf die Frage nach Einzelheiten teilte Herber in einem Brief an d. Verf. vom 25. Jan. 1966 mit: »1. In den *ersten Juliwochen* 1944 machte ich mit Graf Stauffenberg keine gemeinsamen Reisen. Vorher war ich einmal mit ihm im Hauptquartier des OKH, bei einem zweiten Mal steht in meinem Tagebuch ›in der Reichskanzlei‹ und in ›Frankenstrupp‹. Ich glaube mich erinnern zu können, daß dies der Deckname für das Hauptquartier des OKH [bei Berchtesgaden] war. 2. Die erste Reise begann in Berlin am 29. 5. abends, Rückkehr am 31. 5. mittags. Die zweite Reise begann am 9. 6. abends in Berlin, Rückkehr am 12. 6. morgens. 3. Beide Male fuhren wir mit dem Nachtzug von Berlin aus allein gemeinsam im Schlafwagen. ... 8. Bei beiden Reisen fuhr ich mit St. im Schlafwagen zurück.«

Die anderen Quellen berichten von einem Flug zur »Wolfschanze«: Spiegelbild, S. 130; Klausing in Prozeß XXXIII, 394, 397, 427. Auch hier ist die Möglichkeit ungenauer Ausdrucksweise und Erinnerung nicht ganz auszuschließen. Schließlich aber hat Oberleutnant Geisberg vom Stab des Kommandanten des FHQu in einem schriftlichen Bericht vom 23. Juli 1944 gemeldet, daß er Fromm, Stauffenberg und Klausing am 15. Juli am Flugplatz Rastenburg abgeholt habe; BA EAP 105/34 bzw. NA Microcopy T-84, Roll 21, auch zum Folgenden; dazu ebenda ein bestätigender Bericht vom Kommandanten Streve vom 23. Juli 1944. Die Art und das Datum der Hinreise Stauffenbergs zum Führerhauptquartier müssen danach als geklärt gelten.

328 S. oben, S. 398, 408.
329 S. die Skizzen im Anhang.
330 S. Skizze im Anhang. In vielen nach 1945 erschienenen Berichten über den 20. Juli und die vorangegangenen Versuche hieß es, der gewöhnliche Ort der Lagebesprechung sei ein Bunker gewesen, *nur am 20. Juli* habe man wegen der Hitze (oder aus anderen Gründen) in einer leicht gebauten Baracke getagt. So z. B. Walter Theimer, »Die Verschwörung des 20. Juli: Tragisches Versagen ... in Berlin«, Die Welt, 19. Juli 1947, S. 3; Dulles, S. 20; Rothfels, Opposition, S. 86; Chester Wilmot, Der Kampf um Europa, Frankfurt/M.–Berlin 1954, S. 390 erklärt ausdrücklich, die Lagebesprechung am 15. Juli habe »im Bunker« stattgefunden. Adolf Heusinger, Befehl im Widerstreit: Schicksalsstunden der deutschen Armee 1923–1945, Tübingen 1950, S. 352 beschrieb als Ort der Lagebesprechung am 20. Juli einen Anbau an Hitlers eigenen Bunker in der »Wolfschanze«, der in der Tat bis zur Verlegung des Führerhauptquartiers nach Berchtesgaden im Februar 1944 benützt worden war, und trug damit wesentlich zur allgemeinen Verwirrung bei. Die Darstellung bei Wheeler-Bennett, S. 637 ist ebenfalls irreführend. Auch der Zwillingsbruder von Berthold, Alexander Schenk Graf von Stauffenberg, hat zur Verbreitung der Legende von der am 20. Juli verlegten Lagebesprechung beigetragen, mit der abenteuerlichen Variante, die Verschwörer hätten den Betonbunker vorsorglich nachgebaut und darin Sprengversuche »mit eindeutigem Erfolg« angestellt; statt im Bunker habe die Besprechung dann im »Teehaus«,

einer leicht gebauten Baracke stattgefunden. Alexander Graf von Stauffen-
berg, Der zwanzigste Juli 1944, Masch., o. O. 1946, im Besitz der Gräfin
Schwerin von Schwanenfeld. Neuerdings hat Baum, S. 31 die Legende von
der wegen der Hitze in eine Baracke verlegten Lagebesprechung wiederholt.
Tatsächlich fanden vom 15. bis 20. Juli je einschließlich alle »Morgenlagen«
in der Baracke bei dem damals von Hitler bewohnten Gästebunker statt, die
Abendlagen in ebendiesem Bunker. S. dazu Exkurs, S. 660; vgl. Hoffmann,
Attentat, S. 257.

331 Geisberg; Photographie von Heinrich Hoffmann aus dem Besitz von General Büchs im Anhang.

332 Peschel.

333 Mangels klarer Quellenbelege ist man für diese wichtige Frage auf Indizien
angewiesen. Der Vorgang am 20. Juli läßt die eben geäußerte Annahme freilich zwingend erscheinen; s. unten, S. 467–468.

334 Spiegelbild, S. 21.

335 Heinrich Himmler, handschriftliche Notizen über Besprechungen mit Hitler
u. a., Mai 1934 bis Dez. 1944, BA NS 19/275 und 331.

336 Dazu ausführlich unten, S. 456–457. Nach unbelegter Mitteilung von Kramarz,
S. 197 Anm. 23 soll denn auch Beck ausdrücklich verlangt haben, daß nun
das Attentat auf alle Fälle ausgelöst werde.

337 Spiegelbild, S. 49; Gisevius, Sonderausgabe, S. 491–493 stellt nach seinem
Bericht selbst Vermutungen an zu der Frage, warum Stauffenberg überhaupt
noch einmal telephoniert hat, und schließt auf »Kopflosigkeit« und »psy-
chische Ladehemmung«. Auf S. 498 bringt Gisevius eine ganz erstaunliche
Erklärung für die Nichtauslösung am 15. Juli, angeblich nach einer Erzählung
Becks, die man ihm aber bei aller sonstigen Glaubwürdigkeit im Sachlichen
doch nicht abnehmen kann: Stauffenberg habe Beck berichtet, Stieff sei nervös geworden und habe die Tasche mit dem Sprengstoff – ob er gezündet
war oder nicht, scheint Beck nicht berichtet zu haben – aus dem Besprechungszimmer getragen, während Stauffenberg mit der Bendlerstraße telephonierte.
Stieff war aber gar nicht in der Besprechung, sondern nur bei einer kurzen
Zusammenkunft zwischen Generaloberst Fromm und Generalleutnant Heusinger dabei, erst nachher traf er Stauffenberg wieder auf dem Parkplatz
(s. unten, S. 456). Vor dem VGH verteidigte Stieff sich damit, er habe das
Attentat Stauffenbergs am 6. und am 11. Juli dadurch verhindert, daß er
Stauffenberg eindringlich abgemahnt und ihn dann nicht aus den Augen
gelassen habe, für den 15. Juli aber nimmt Stieff nur in Anspruch, Stauffenberg abgeraten zu haben; man kann nicht annehmen, daß er es unterlassen
hätte, darauf hinzuweisen, wenn er am 15. Juli sogar die Sprengstofftasche
aus dem Besprechungszimmer geschafft hätte. Gisevius' Version sieht daher
sehr nach einem ungenauen Niederschlag der Schutzbehauptungen aus, die
Stieff vor dem VGH und vor der Gestapo vorgebracht hat. Prozeß XXXIII,
319–320.

Nach den Aussagen von Oberst Hahn vor der Gestapo hatte General
Eduard Wagner ihn beauftragt, »Fellgiebel vor allem einzuschärfen, daß das
Attentat nur ausgeführt werden sollte, wenn der Reichsführer-SS dabei war.
Hahn hat sich dieses Auftrages von Wagner nach seiner Ankunft am
15. 7. entledigt und auch Stieff entsprechend verständigt.« Spiegelbild, S. 330.

Als Schutzbehauptung ist so etwas wertlos und also so nicht zu erklären. Andererseits bestimmte aber nicht Wagner, was getan werden sollte, sondern allenfalls Beck. So ist auch dies kein Anhaltspunkt dafür, daß Stauffenberg wegen Himmlers Abwesenheit nicht gezündet habe.

Kramarz, S. 197 Anm. 23 stellt fest, die »bisher in allen Darstellungen erscheinende Behauptung, Stauffenberg habe am 15. Juli die Bombe nicht gezündet, weil weder Himmler noch Göring anwesend gewesen seien, geht auf Gisevius (S. 352) zurück«. Das ist so nicht richtig. Z. B. heißt es bei Schlabrendorff, Offiziere, S. 146, der Grund für die Nichtauslösung sei gewesen, daß Hitler unerwartet das Besprechungszimmer verlassen habe und nicht wiedergekommen sei; Himmler und Göring seien diesmal dagewesen. Die Darstellung stammt wie die von Gisevius nur aus zweiter oder dritter Hand, gehört aber doch zu »allen Darstellungen«, die Kramarz summarisch anzieht, aber nicht nennt. Zeller, S. 371–372 schreibt ferner ganz unbestimmt über die Gründe der Nichtauslösung, und auch Ritter, Goerdeler, S. 405 stellt die *Frage*, ob Himmlers Abwesenheit der Grund gewesen sei und fügt an, »nach dem einzigen Ohrenzeugenbericht«, den es gebe (mit dem er wohl Helldorf über Gisevius meint, aber nicht nennt), müsse die Antwort »ja« lauten. Nur um noch ein weiteres Beispiel anzuführen, sei auf Heinrich Fraenkel und Roger Manvell, Der 20. Juli, Frankfurt/M.–Berlin ²1964, S. 84–85 verwiesen, die für ihre Behauptung, Himmler und Göring seien wieder nicht dagewesen, auch keine Belege bringen.

Zeller, S. 371 berichtet noch von einem mitaufgetretenen Oberst, der vielleicht gegen Himmler eine Bombe habe werfen sollen, »wenn man einem sonst nicht verbürgten Einzelbericht folgen darf«, der aber auch bei Zeller nicht »verbürgt«, jedenfalls nicht genannt ist.

338 Spiegelbild, S. 45; Gisevius, Sonderausgabe, S. 491; Yorck berichtete vor dem VGH, »es wurde gesagt«, Stauffenberg habe telephonieren müssen und als er zurückgekommen sei, sei die Sitzung schon zu Ende gewesen; Prozeß XXXIII, 427.

339 Gisevius, Sonderausgabe, S. 491 berichtet auf Grund des Berichtes von Helldorf, Haeften habe den [ersten] Anruf Stauffenbergs entgegengenommen und »Weisungen« gegeben, worüber dann Helldorf, Olbricht und Hoepner, die alle um das Telephon herumstanden, »empört« waren, trotzdem sie natürlich sachlich derselben Ansicht gewesen seien. Vgl. die Aussagen Hoepners vor der Gestapo in Spiegelbild, S. 44–45: Hoepner habe aus einem Telephongespräch zwischen Mertz und Olbricht entnommen, »daß Mertz soeben mit Stauffenberg telephoniert hätte und dabei erfuhr [sic], daß die Besprechung im Führerhauptquartier, aus der Stauffenberg kurz herausgegangen war, vorzeitig abgebrochen wurde«. Dies widerspricht nicht der Mitteilung von Berthold Graf von Stauffenberg, sein Bruder habe nicht zünden können, weil er selbst vortragen mußte, wenn man beide Erklärungen als Teilerklärungen nimmt: Stauffenberg hätte dann die Lagebesprechung kurz verlassen, um zu telephonieren oder sich gar doch noch den Sprengstoff zu verschaffen, fand dann bei seiner Rückkehr die Lagebesprechung unerwartet früh beendet und sich selbst als Vortragenden an der Reihe. Wahrscheinlich ist es aber nicht, daß er noch den Sprengstoff holen wollte, die Unsicherheit, ob es noch zur Explosion kommen würde, war doch zu groß. Wenn aber

die obige Annahme richtig ist, daß Stauffenberg vor der Lagebesprechung wußte, daß er danach selbst vortragen müßte, dann war ein weiterer Versuch ohnehin ausgeschlossen.

Übrigens beweist der Vorgang keineswegs, wie Ritter, Goerdeler, S. 406 schreibt und offenbar von Gisevius, Sonderausgabe, S. 493 übernommen hat, »daß auch eine so entschlossene Soldatennatur wie er [Stauffenberg] nicht gänzlich gefeit war gegen jenes Versagen seelisch-geistiger Kräfte, das der menschlichen Natur in entscheidenden Augenblicken so leicht zum Verhängnis wird«. Das Versagen müßte erst noch nachgewiesen werden.

340 Geisberg schreibt, »nach der Lage« habe sich Fromm mit einigen anderen Herren entfernt. Da er draußen gewartet hatte, wußte er nicht, daß in der verflossenen Zeit nicht nur die »Morgenlage«, sondern auch zwei »Sonderbesprechungen« stattgefunden hatten.

341 Geisberg schreibt in seinem Bericht, der Sonderzug »Braunschweig« sei an der Moysee-Haltestelle gestanden. Der Sonderzug »Braunschweig« war der Zug Keitels; vgl. oben, S. 399. Hitlers Zug hieß »Brandenburg«. Außerdem gab es noch »Franken I« und »Franken II«, die Sonderzüge des WFSt.

342 Geisberg; Spiegelbild, S. 130–131.

343 Spiegelbild, S. 130–131; Geisberg: »Kurz vor Abfahrt des Sonderzuges Braunschweig führte Oberst Graf Stauffenberg noch ein Telephongespräch mit Berlin. Wir fuhren dann zu dritt, also Oberst Graf Stauffenberg, Hauptmann Klausing und ich zum Feldmarschall-Zug. Dort führte ich die Herren zum Speisewagen und übergab sie an Hauptmann Starke.«

344 Reinecke an d. Verf. 30. Mai 1964 und 7. Nov. 1967.

345 Urteil gegen Hermann Kaiser, BA EAP 105/30; Ritter, Goerdeler, S. 404–405; Gisevius, Sonderausgabe, S. 487. Kramarz, S. 197 beachtet diese Quellen nicht und übernimmt aus dem sehr herabsetzenden Bericht der Gestapo in Spiegelbild, S. 362 die Behauptung, Goerdeler sei am 15. Juli verärgert bei (dem Hauptmann und Angehörigen der Abwehr) Strünck gesessen, ohne benachrichtigt zu werden. Tatsächlich wurden Beck, Gisevius und Strünck ebenso wenig benachrichtigt, daß das Attentat nicht stattgefunden hatte, sei es, weil man es nicht wagte, wie Gisevius, S. 495 andeutet, sei es, weil Olbricht zu beschäftigt war, den durch die Voralarmierung entstandenen Auftrieb zu unterdrücken.

346 Prozeßbericht von Dr. Lorenzen an Bormann vom 2. März 1945 vom Prozeß gegen Nebe, BA EAP 105/30; Das Spiel ist aus, S. 23–26; vgl. Gisevius, S. 468.

347 Ebenda; Hammerstein, Spähtrupp, S. 263.

348 So berichtet Ritter, Goerdeler, S. 405 und 554 Anm. 125; doch heißt es hier irrtümlich: »Olbricht hatte absichtlich schon zwei Stunden vor Eintreffen der Nachricht vom Obersalzberg [sic] alarmiert, um allen Gegenmaßnahmen der SS zuvorzukommen.« Zeller, S. 371 ebenso, ohne Beleg, vermutlich von Ritter übernommen. Belege für die Zeit 11 Uhr finden sich bei Gisevius, Sonderausgabe, S. 486; Spiegelbild, S. 45; Prozeß XXXIII, 394.

349 Hierzu und zum Folgenden: Bruno Mitzkus (ehem. Ia im W. K. III), Um den 20. Juli und das Ende im Wehrkreiskommando III, Berlin, Masch., Bad Homburg v. d. H. 1947; Wolfgang Müller, »Was geschah am 20. Juli 1944?« Das freie Wort 3 (1952) Nr. 29, 19. Juli 1952; Bericht des Amtes V des RSHA über

den Selbstmord von Major Ulrich von Oertzen; Fritz Harnack, mündliche Mitteilungen an d. Verf. vom 29. Aug. 1966; Prozeß XXXIII, 394; Gisevius, Sonderausgabe, S. 486; Spiegelbild, S. 45, 91, 158. Otto Hitzfeld (damals als Generalleutnant Kdr. d. Schule Döberitz), Brief an Gert Buchheit vom 5. Juli 1966, unterz. Durchschl. IfZ ZS 1858.

350 Gisevius, Sonderausgabe, S. 495 berichtet als einziger aus erster Hand von der Besprechung, kennt jedoch nur die Tatsache ihres Stattfindens, nicht ihren Inhalt. Zeller, S. 372–373 berichtet ohne Beleg, Stauffenberg und Beck haben die »Mängel« des 15. Juli besprochen, und Stauffenberg habe Beck sein Wort gegeben, das nächste Mal auf alle Fälle zu handeln. Nach allem, was über den 15. Juli ermittelt wurde, konnte Stauffenberg aber gar nicht wissen, ob er ein solches Versprechen würde einhalten können. Kramarz, S. 198 berichtet wie Zeller, jedoch auf Grund von Wheeler-Bennett, S. 634 (er benützte die deutsche Ausgabe, daher seine Seitenzahl 655). Wheeler- Bennett hat für seine Behauptung jedoch auch keinen Beleg. Es ist erstaunlich, wie kritiklos Autoritäten manchmal von einander abschreiben. Bezeichnend ist die Art, wie Gisevius, Sonderausgabe, S. 498 berichtet, Stauffenberg habe »tatsächlich den Sprung verweigert« und schiebe nun die Schuld »auf seinen Altersgenossen, den General Stieff«; ausgerechnet Stieff, einer der Haupttreiber, solle, wie Gisevius offen bezweifelt, die Tasche aus der Besprechung herausgetragen haben. Doch hat Gisevius' Bericht, wie man sieht, die hauptsächlichen Darstellungen stark beeinflußt, auch wenn die Autoren eigentlich gegenüber Gisevius kritisch eingestellt waren. Aus wenigstens ebenso naher Kenntnis wie Gisevius berichtet Hammerstein, Spähtrupp, S. 269, Beck habe Stauffenberg *befohlen*, das Attentat zu unterlassen, wenn er dabei nicht am Leben bleiben könnte, weil nur er Kraft und Stellung zur Durchführung des Staatsstreiches in Berlin besitze.

351 Spiegelbild, S. 91, 101, 175; Ritter, Goerdeler, S. 408–409 auf Grund eines Teils der in Spiegelbild abgedruckten Verhörberichte, erwähnt nur beide Brüder Stauffenberg, Trott, Schulenburg und Hofacker; Zeller, S. 373 berichtet vollständiger; ebenso Kramarz, S. 198–199, ebenfalls auf Grund der Gestapo-Berichte; sonst scheint es keine Quellen zu geben.

352 Spiegelbild, S. 91–92, 101; Gisevius, Sonderausgabe, S. 493–500; Hammerstein, Spähtrupp, S. 264.

353 Speidel, S. 91–93, 133–141.

354 Spiegelbild, S. 136; s. oben, S. 418.

355 Spiegelbild, S. 101, kursiv.

356 S. oben, S. 396–410.

357 Speidel, S. 92, 139.

358 Gisevius, Sonderausgabe, S. 493–500; Nebgen, S. 192–193.

359 Leber, Gewissen steht auf, S. 126; Krebs, S. 297; Hammerstein, Spähtrupp, S. 266; Gisevius, Sonderausgabe, S. 499; Frau Margarethe von Hase, mündliche Mitteilungen an d. Verf. vom 31. März 1964.

360 Z. B. in letzter Zeit noch von Baum, S. 31.

361 Speidel, S. 140–141.

362 Hierzu: Gisevius in Trial XII, 259–260; Gisevius, Sonderausgabe, S. 497–498; Nebe gab vor dem Volksgerichtshof zu, am 17. oder 18. Juli Gisevius von der beabsichtigten Verhaftung Goerdelers Mitteilung gemacht zu haben;

Urteil gegen Nebe. Ferner Hammerstein, Spähtrupp, S. 270–271; vgl. Spiegelbild, S. 363. Gisevius nennt einen »Oberst St.«, der auf der Folter Goerdeler
als Kandidat für die Nachfolge Hitlers genannt habe, und charakterisiert ihn
als Schwätzer, was sicher nicht ganz gerecht ist, wenn er seine Aussagen erst
auf der Folter machte. War vielleicht Oberst Staehle gemeint? Ritter, Goerdeler, S. 411 übergeht die Frage nach der Identität des Verhafteten, der immerhin den Anlaß für den angeblichen Haftbefehl gegen seinen Helden, Goerdeler, gegeben haben sollte.

363 Gisevius, Sonderausgabe, S. 496.

364 Sollte Helldorf wirklich so wenig unterrichtet gewesen sein – Schulenburg
oder Nebe müßten ihn eigentlich auf dem Laufenden gehalten haben –, so
müßte man allerdings zugeben, daß seine Vergangenheit nicht vertrauen-
erweckend war. Gisevius selbst gibt weiter unten, Sonderausgabe, S. 503,
Helldorfs eigene Auffassung wieder: »Helldorff sieht sogar ein, daß er persönlich auf die Dauer untragbar ist. Schon nach wenigen Tagen wird er
abtreten müssen. Diese Einsicht finde ich erfreulich ..« Andererseits über-
treibt Gisevius die angebliche Nichtunterrichtung Helldorfs und anderer so,
daß der Eindruck entsteht, als lege er seinen eigenen Unwillen darüber,
daß er nicht so ganz im innersten Zentrum der Verschwörung mitbeteiligt
und durch seine lange Abwesenheit nicht mehr so vollständig unterrichtet
war, Leuten wie Helldorf, Nebe, Hansen und sogar Beck in den Mund.

365 Gisevius, Sonderausgabe, S. 498.

366 Gisevius, Sonderausgabe, S. 501.

367 Gisevius, Sonderausgabe, S. 498.

368 Frau von Hase.

369 Frau von Hase; [Alexander von Hase], Zur Sache Remer (Aussage für die
Staatsanwaltschaft Oldenburg), Masch., o. O. [1950]; Müller, Was geschah;
Gisevius, Sonderausgabe, S. 480–481.

370 Burchardt, Zugehörigkeit.

371 Spiegelbild, S. 158.

372 Oberst a. D. Hans-Werner Stirius an d. Verf. 2. Feb. 1967.

373 Ritter, Goerdeler, S. 408; Nebgen, S. 192–193, auch zum Folgenden.

374 Spiegelbild, S. 21, 92, 110, 146; Prozeß XXXIII, 429, 437. Zeller, S. 374 berichtete auf Grund von Spiegelbild, S. 21, was dort nicht steht, am Nachmittag des 18. Juli sei in Berlin die »Aufforderung« an Stauffenberg eingetroffen, am 20. zum Vortrag im Hauptquartier zu erscheinen; in einer Anmerkung aber gibt Zeller, S. 529 Anm. 42 den Bericht Heusingers, S. 350 bis
352 wieder, wonach Keitel am 19. Juli bei der Lagebesprechung vorgeschlagen habe, Stauffenberg noch einmal kommen zu lassen, um ihn über die
Möglichkeit des Freimachens weiterer Kräfte für die Ostfront zu hören. Zu
diesem Widerspruch gibt Zeller keinen Kommentar, obwohl er mit einiger
Berechtigung hätte sagen können, daß die Erinnerungen Heusingers oft an
Genauigkeit zu wünschen übrig lassen. Auch Ernst John von Freyend (Adjutant Keitels), mündliche Mitteilungen an d. Verf. vom 14. Mai 1964, berichtet, Stauffenberg sei am 19. Juli für den 20. Juli in die »Wolfschanze« bestellt
worden, was allerdings ebenso wie der Bericht Heusingers die Möglichkeit
offen läßt, daß er auch schon am 18., nur vielleicht nicht so endgültig, dazu
aufgefordert worden war.

375 Baum, S. 31–32. Baum folgt ganz dem Bericht Jessens in seinem Urteil, die Auslösung am 20. Juli, an dem Himmler und Göring fehlten und außerdem die Lagebesprechung in einer Baracke statt wie sonst im Bunker stattgefunden habe, gehe auf dieses Gerücht zurück, welches also den Erfolg des Stauffenbergschen Anschlages verhindert habe. Dem Verf. liegt ein Bericht von Jessen vor (Aufzeichnung, Masch., o. O. 1946) aus dem Besitz der Stiftung »Hilfswerk 20. Juli 1944«, der mindestens in allen wesentlichen Punkten mit demjenigen identisch ist, der von Baum benützt wurde und der sich im IfZ in München befindet. Aus der vom Verf. gegebenen Schilderung der Zeit zwischen 1. und 18. Juli geht hervor, daß die Schlußfolgerungen Jessens nicht so stimmen können. Kramarz, S. 199 setzt sich mit dieser Frage nicht auseinander.

376 Tatsächlich ist das Gerücht, wie erwähnt, nicht über den Kreis hinausgelangt, in dem es entstanden war. Erst am 30. August 1944 war es der Gestapo mit Sicherheit genau bekannt: Bericht vom 30. August 1944, BA EAP 105/24; Spiegelbild, S. 318–320 druckt diesen Teil des Berichtes wegen der darin enthaltenen persönlichen Angaben über noch Lebende nicht ab. Der Berichterstatter straft darin ausdrücklich Hitlers Behauptung von der »ganz klein[en] Clique ehrgeiziger, gewissenloser und zugleich verbrecherischer dummer Offiziere« Lügen, indem er feststellt, allein bei dem Kreis, in dem sich Haeften und Jessen bewegten, handle es sich um einen »an sich sehr weitschichtigen« Personenkreis. Vgl. Hitlers Ansprache bei Domarus, S. 2127–2129; 20. Juli 1944, S. 185–186.

377 Spiegelbild, S. 55, 117.

378 Dafür spricht auch, daß anscheinend die Warnung Kranzfelders der Festlegung bzw. Voranmeldung des Termins für Stauffenberg vorausging; gegen 17 Uhr wurde der »Termin« bekannt, und ebenfalls gegen 17 Uhr traf Kranzfelder schon wieder in der »Koralle« ein. In diesem Punkt also hätte Jessen recht, wie sich auch aus dem Folgenden ergibt.

379 Spiegelbild, S. 117; im Orig. unterstr., im Abdruck kursiv.

380 Jessen, Aufzeichnung.

381 Stirius an d. Verf. 2. Feb. 1967, auch zum Folgenden. Zeller, S. 375 und Kramarz, S. 200 berichten, der 19. Juli sei verlaufen wie jeder andere Tag auch.

382 Heinz Pieper, mündliche Mitteilungen an d. Verf. vom 24. Juli 1965.

383 Bericht eines Teilnehmers G. A. in »Letzte Begegnung mit Graf Stauffenberg«, Stuttgarter Zeitung, 20. Juli 1950, zit. bei Zeller, S. 375–376 und 529 Anm. 43.

384 Prozeß XXXIII, 359; Zimmermann, S. 21.

385 Prozeß XXXIII, 395–396.

386 Prozeß XXXIII, 485–486 (Aussagen Hases).

387 Schweizer; Spiegelbild, S. 170, 194.

388 Kramarz, S. 200.

389 Zeller, S. 376 berichtet offenbar auf Grund der Mitteilungen Schweizers, die Zeller etwa 1948 von Schweizers Schwester erhalten hat, gibt aber keine Quelle an; er nennt eine Kirche in Dahlem. Schweizer glaubte sich 1965 zu erinnern, daß es eine Kirche in Steglitz war, zu der er Stauffenberg eigens hinfahren mußte.

390 Zeller, S. 376; Kramarz, S. 200; jeweils ohne Einzelbeleg. Bestätigung durch

Aussage Berthold Graf von Stauffenbergs am 22. Juli: Sein Bruder habe ihm am Abend des 19. Juli die Mappe mit dem Sprengstoff gezeigt, und er habe ihn am nächsten Morgen zum Flugplatz begleitet. Spiegelbild, S. 21.

XI. 20. Juli 1944

1 Karl Schweizer, mündliche Mitteilungen an d. Verf. vom 18. Juni 1965; Spiegelbild einer Verschwörung: Die Kaltenbrunner-Berichte an Bormann und Hitler über das Attentat vom 20. Juli 1944. Geheime Dokumente aus dem ehemaligen Reichssicherheitshauptamt, Stuttgart 1961, S. 21.

2 Schweizer. Spiegelbild, S. 112 druckt unvermittelt im Anschluß an einen Bericht über Vernehmungen von Yorck, Trott und H. Kaiser ein Stück des Tatortberichtes der Sonderkommission 20. 7. 1944 des RSHA/Amt IV vom 26. Juli ab, der eigentlich zu S. 86 gehört; der Herausgeber hat einfach den in Washington bei den National Archives gekauften Mikrofilm abgedruckt und die darin herrschende Unordnung übernommen.

3 Dies kann entnommen werden aus dem Bericht in Spiegelbild, S. 86, 112. Herr Oberstudienrat Max Müller, der 1942 auf dem Flugplatz Rastenburg eingesetzt war, hat darüber Berechnungen angestellt und sie d. Verf. unter dem 26. Nov. 1967 mitgeteilt; ferner Mitteilungen von Herrn Max Müller an die Stiftung »Hilfswerk 20. Juli 1944« vom 31. Okt. 1967. Voraussetzung war, daß die in Spiegelbild, S. 22, 84, 86 angegebenen Zeiten und die von Müller angenommene Abflugzeit 7 Uhr zutreffen. Die langsame »Ju 52« – Höchstgeschwindigkeit 290 km/Stunde – hätte dann für die 555 km etwa drei Stunden gebraucht, bei einem Durchschnitt von etwa 180 km/Stunde. Schweizer erinnert sich, daß der Abflug bis etwa 8 Uhr verzögert worden sei; dann wäre die »Ju 52« nahe an der Höchstgeschwindigkeit geflogen. Oberst d. G. Meichßner berichtete an den Kriegstagebuchführer des WFSt, Prof. Schramm, auf Grund einer von Oberst der Luftwaffe Aldinger erhaltenen Information, Stauffenberg habe für Hin- *und* Rückflug das Flugzeug des Generalquartiermeisters General Wagner benützt; [Percy Ernst Schramm], »Mitteilungen des Oberst d. G. Meichsner [sic], Abt.-Leiter der Abt. Org., 23. 7., 9 Uhr«, StA Nürnberg PS 1808, abgedruckt in Herbert Kraus, Die im Braunschweiger Remerprozeß erstatteten moraltheologischen und historischen Gutachten nebst Urteil, Hamburg 1953, S. 148–150. Es kann also beide Male die »He 111« gewesen sein. Da diese schon 1940 eine Höchstgeschwindigkeit von 500 km/Stunde entwickelte, ist allerdings nicht ganz verständlich, warum Stauffenberg und Haeften nicht schon etwa um 14.15 Uhr wieder in Berlin waren. S. dazu unten, S. 490–491.

4 Zu den Sperrkreisen und den Verwirrungen hinsichtlich ihrer Bezeichnung vgl. Skizze im Anhang und unten, S. 659, 665–667. Heinz Pieper, mündliche Mitteilungen an d. Verf. vom 24. Juli 1965 berichtet, er habe einen Kurierfahrer, den Fahnenjunker Erich Kretz, zum Flugplatz geschickt, aber Kretz selbst erinnert sich nur, Stauffenberg und Haeften *mittags* zur Verfügung gestanden zu sein und sie zum Flugplatz *zurück*gebracht zu haben: Erich Kretz, mündliche Mitteilungen an d. Verf. vom 29. Aug. 1965 und vom 31. Aug. 1966 (künftig zit. als Mitteilungen I bzw. II). Vgl. Helmuth Spae-

ter, Die Geschichte des Panzerkorps Großdeutschland, Bd. II, Duisburg-Ruhrort 1958, S. 564. Zur Lage des heute nicht mehr erkennbaren Flugplatzes: Gedächtnisskizze von Max Müller vom 31. Okt. 1967. Vgl. zu den ganzen Vorgängen des 20. Juli 1944 im Führerhauptquartier Peter Hoffmann, »Zu dem Attentat im Führerhauptquartier ›Wolfsschanze‹ am 20. Juli 1944«, VfZ 12 (1964), S. 266–284. Die damaligen Feststellungen können inzwischen durch neu gewonnene Quellen wesentlich erweitert werden. Zur Landungszeit: Spiegelbild, S. 84. Oberstleutnant a. D. Ernst John von Freyend (Adjutant Keitels, damals Major), mündliche Mitteilungen an d. Verf. vom 14. Mai 1965, behauptet mit Bestimmtheit, Stauffenberg sei schon um 9 Uhr oder etwas früher in Rastenburg gelandet, hat aber von Stauffenbergs Eintreffen erst telephonisch nach dessen Ankunft im Kasino des Sperrkreises II erfahren; ebenso der damalige Oberstleutnant i. G. Otto Lechler, damals Bearbeiter für Organisationsfragen beim Chef des Heeresstabes General Buhle, mündliche Mitteilungen an d. Verf. vom 5. Juni 1964; ebenso auch der damalige Major Eduard Ackermann (ebenfalls bei Buhle tätig), mündliche Mitteilungen an d. Verf. vom 20. Nov. 1964. John von Freyend, Lechler und Ackermann (dieser vielleicht abhängig von Lechler) sind die einzigen Zeugen, die von der frühen Ankunftzeit berichten, und gerade sie sind mit Stauffenberg nicht vor etwa 11 Uhr in Berührung gekommen. Ebenfalls ergibt sich aus dem Weiteren, daß Stauffenberg eineinhalb Stunden oder länger gefrühstückt haben müßte, wenn die Ankunftzeit 9 Uhr oder früher richtig wäre. Der auf Grund des Berichts der Tatortkommission verfaßte Gestapo-Bericht vom 26. Juli 1944 und der von ihrem Leiter, dem damaligen Kriminalrat Dr. Bernd Wehner, 1950 auf Grund seiner Erinnerung und nochmaliger Befragungen seiner Kollegen verfaßte Bericht dagegen geben 10.15 Uhr an: Spiegelbild, S. 84; [Bernd Wehner], »Das Spiel ist aus – Arthur Nebe: Glanz und Elend der deutschen Kriminalpolizei«, Der Spiegel 4 (1950) Nr. 12, 23. März 1950, S. 31. Wehner und seine Kommission haben damals natürlich nicht nur die Angehörigen des Führerhauptquartiers, sondern auch das Flugplatzpersonal befragt. Der in Spiegelbild, S. 84–86 und 112–113 abgedruckte »Bericht zum Attentat auf den Führer am 20. Juli 1944« stammt *nicht* unmittelbar von Dr. Wehner oder seiner Kommission, sondern verwertet nur deren Ermittlungsergebnisse; Dr. Bernd Wehner an d. Verf. 27. Okt. 1965 und 4. Dez. 1967. Dr. Wehner weiß nicht, was mit *seinem* Bericht geschehen ist, nachdem er ihn eingereicht hatte, hält aber für möglich, daß ungenaue Auszüge davon gemacht wurden, was manche Unstimmigkeit und Unvollständigkeit erklären würde. Pieper; Dr. Wilhelm Tobias Wagner, damals als Oberarzt (Z) Leiter der Wehrmachtzahnstationen in den Führerhauptquartieren, der am anschließenden Frühstück teilnahm, mündliche Mitteilungen an d. Verf. vom 29. Juli 1965; Dr. Erich Walker, damals Oberstabsarzt im Stabe des Kdt. des FHQu und des FBB, der gleichfalls am folgenden Frühstück teilnahm, mündliche Mitteilungen an d. Verf. vom 25. Juli 1965. Die vermutliche Flugzeit von eineinhalb bis zwei Stunden und die Mitteilung Schweizers über die Verschiebung des Abfluges sprechen dafür, daß 9 Uhr die *geplante* und übliche Ankunftzeit des Kurierflugzeuges war und so den Zeugen in Erinnerung geblieben ist, die Stauffenbergs Besprechungen mit

Keitel und Buhle zu arrangieren hatten. Übrigens werden von vielen Zeugen für zahlreiche Vorgänge des 20. Juli frühere als die wirklichen Zeiten angegeben; vgl. z. B. unten, Anm. 11, zum Beginn der Lagebesprechung.

5 Im Bericht der Untersuchungskommission, Spiegelbild, S. 84 heißt es: »Generalmajor Stieff, Chef Organisationsabteilung OKH, und Oberleutnant von Haeften, Ordonnanzoffizier Stauffenbergs, kamen gleichzeitig [auf dem Flugplatz an].« In Berlin erfuhr Oberst d. G. Meichßner über die näheren Umstände von Stauffenbergs Flug aus einer Orientierung durch Oberst der Luftwaffe Aldinger, »daß das von Stauffenberg benutzte Flugzeug das des Gen. Qu. gewesen war und daß dieses gleichzeitig von dem General Stief [sic] und dem Maj. d. G. Rall benutzt worden war.« [Schramm], Mitteilungen Meichßner. Sonst gibt es keine Hinweise dafür, daß Stieff von Berlin mitgeflogen wäre.

6 Pieper; Spaeter II, 564; Wagner; Walker; Oberst i. G. Herbert Kandt (II a im Stabe des Wehrkreiskommando I) an d. Verf. vom 11. Feb. und 13. März 1964; Thadden ist 1945 gestorben. Walker nennt noch den Kommandanten Oberstleutnant Streve, ebenso Spiegelbild, S. 84–85, beide wohl irrtümlich; Spaeter nennt noch Haeften, offenbar ebenfalls irrtümlich, läßt aber Wagner und Walker weg.

7 Die frühe Ankunft und das Warten Thaddens und seines Begleiters ist ein weiterer Hinweis auf die Verspätung Stauffenbergs und auf den *geplanten* früheren Zeitpunkt seines Eintreffens.

8 Lechler; Wagner; Walker. Pieper und Spaeter II, 564 (dieser offenbar auf Grund von Piepers Bericht) behaupten, Stauffenberg sei mit dem Kurierwagen gefahren, der die ganze Zeit beim Kurhaus gewartet habe; Pieper habe bemerkt, die Tasche sei aber schwer, worauf Stauffenberg gesagt habe, da seien auch Muster des Waffenamtes drin. Dr. Walker erinnert sich, daß Jansen die Bemerkung über die Tasche gemacht habe. Niemand berichtet, Stauffenberg habe *zu dieser Zeit* zwei Taschen bei sich gehabt. Als er zu den Besprechungen ging und Haeften nicht bei ihm war, der die andere Tasche haben mußte, kann Stauffenberg also schwerlich die Tasche mit dem Sprengstoff bei sich gehabt haben, sondern es muß die mit den Besprechungsunterlagen gewesen sein. So berichten denn auch Walker und die anderen Zeugen, die zuverlässiger sind als Pieper, und unabhängig von diesem, Stauffenberg sei mit Jansen zu Fuß gegangen; Walker fügt hinzu, Jansen habe die Bemerkung vom Gewicht der Tasche gemacht und Stauffenberg habe darauf gesagt, ja, es gebe heute viel zu besprechen. [Wehner], *Das Spiel ist aus,* S. 31 berichtet als einziger, Stauffenberg habe zwischen Kasino und Keitel/WFSt-Baracke (vgl. Skizze im Anhang) noch Fellgiebel getroffen; da Leutnant Jansen vor seinem Tode (1966) nicht gefunden werden konnte, gibt es dafür sonst keinen Anhaltspunkt. Der WNO Oberstleutnant Ludolf Gerhard Sander, mündliche Mitteilungen an d. Verf. vom 24. und 25. April 1964, berichtet, daß Fellgiebel an diesem Tage schon um 8 Uhr bei ihm in der »Wolfschanze« erschienen sei, ganz auffallenderweise, doch weiß er nichts von der von Wehner erwähnten Zusammenkunft Fellgiebels und Stauffenbergs.

9 Spiegelbild, S. 85; Briefe vom 11. Feb. und 13. März 1964 an d. Verf. vom Begleiter Thaddens, Oberst i. G. Kandt.

10 Also nicht im selben Gebäudekomplex, wie es in Hoffmann, Attentat, S. 267 auf Grund weniger vollständiger Quellen hieß. Spiegelbild, S. 85; John von Freyend; Lechler; Sander; Wehner.

11 Zum *Zeitpunkt* der Lagebesprechung: Nicolaus von Below, damals als Oberst Luftwaffen-Adjutant bei Hitler, mündliche Mitteilungen an d. Verf. vom 15. Mai 1964; ders., »Hitlers Adjutant über den 20. Juli im FHQu: Ein Augenzeugenbericht«, Echo der Woche, 15. Juli 1949, S. 5; Heinz Buchholz (Stenograph), Das Attentat auf Adolf Hitler am 20. Juli 1944: Augenzeugenbericht von Regierungsrat Heinz Buchholz, ehemaliges Mitglied des Stenographischen Dienstes im F. H. Qu., Masch., Berchtesgaden 14. Juli 1945, University of Pennsylvania Library 46 M-25; ders., zit. in Percy Knauth, »The Hitler Bomb Plot«, Life 18 (1945) Nr. 22, 28. Mai 1945, S. 17–18, 20, 23 und in Percy Knauth, Germany in Defeat, New York 1946, S. 175–182; Herbert Büchs, damals Major im WFSt, mündliche Mitteilungen an d. Verf. vom 1. Juli 1964; John von Freyend; Konteradmiral a. D. Karl Jesko von Puttkamer, damals Marine-Adjutant bei Hitler, mündliche Mitteilungen an d. Verf. vom 5. März 1964; [Percy Ernst Schramm], »Mitteilungen des Stellv. Chefs WFSt [General der Art. Warlimont] 21. 7. 44 20 Uhr«, Kriegstagebuch des WFSt, Wolfschanze 22. 7. 1944, StA Nürnberg PS 1808, abgedruckt in Kraus, S. 142–145; Heinz Waizenegger, damals Oberstleutnant d. G. und Erster Generalstabsoffizier beim Chef des WFSt, mündliche Mitteilungen an d. Verf. 9. Sept. 1963; Wehner. Alle diese sind sich einig, daß die Lagebesprechung von der gewöhnlichen Zeit 13 Uhr auf 12.30 Uhr vorverlegt wurde. Nur General d. Fl. Karl Heinrich Bodenschatz, damals Ständiger Verbindungsoffizier Görings bei Hitler, gab bei einer Vernehmung nach dem Kriege 12.45 Uhr als Zeit des Beginns am 20. Juli 1944 an (Sammlung John, Mappe 5); Adolf Heusinger, Befehl im Widerstreit: Schicksalsstunden der deutschen Armee 1923–1945, Tübingen 1950, S. 352: 12 Uhr; und Heinz Aßmann, damals Kapitän zur See, Ia op M im WFSt, in Kurt Assmann, Deutsche Schicksalsjahre: Historische Bilder aus dem zweiten Weltkrieg und seiner Vorgeschichte, Wiesbaden ²1951, S. 453–460: Lagebeginn verlegt von 12.30 auf 12 Uhr. Bodenschatz, Heusinger und Aßmann sind auch sonst weniger zuverlässig.

12 Nach dem Bericht Johns von Freyend war Haeften erst jetzt wieder aufgetaucht, als er zwischen 11 und 12 Uhr bei John erschienen war und dieser ihn in den Aufenthaltsraum gesetzt hatte. Nach Lechler wäre er schon mit Stauffenberg zu Buhle gekommen, aber vielleicht verwechselt Lechler in der Erinnerung Haeften und Jansen.

13 John von Freyend; Lechler; ähnlich, doch ohne weitere Details, Spiegelbild, S. 85 und [Wehner], Das Spiel ist aus, S. 31; auch zum Folgenden. In der Aktentasche mit dem Sprengstoff befand sich auch ein Hemd, wie Berthold Graf von Stauffenberg zwei Tage später der Gestapo berichtete; Spiegelbild, S. 21.

14 S. hierzu auch oben, S. 453–454, unten, S. 477–478; ferner die Abb. im Anhang.

15 Below, Adjutant; John von Freyend; Lechler; Puttkamer; Sander; [Percy Ernst Schramm], »Vorgänge im FHQu am 20. 7. 44 (Attentat auf den Führer)«, StA Nürnberg PS 1808, abgedruckt in Kraus, S. 139–141; [Schramm], Mitteilungen Warlimont.

16 Albert Bormann an d. Verf. 15. Nov. 1964.
17 John von Freyend.
18 Zum Wetter: Aßmann, S. 454; Below, Adjutant; Büchs; John von Freyend;
   Sander; Vizeadmiral a. D. Hans-Erich Voß, damals als Konteradmiral
   Ständiger Vertreter des Ob. d. Marine im FHQu, an d. Verf. 17. März 1964.
   Sie sind sich alle einig, daß es ein warmer Tag mit Temperaturen von mindestens 20–25° C war. Zur Zündverzögerung: s. oben, S. 323.
19 Below, Adjutant; [Schramm], Mitteilungen Warlimont.
20 [Schramm], Mitteilungen Warlimont; H[einz] W[aizenegger], »Der 20. Juli
   1944 im ›Führerhauptquartier‹ / Von einem Augenzeugen«, Stuttgarter Zeitung, 20. Juli 1949, S. 3; Below, Adjutant.
21 Einige Zeugen berichten, Stauffenberg sei schon zu Beginn der Besprechung
   dagewesen und nicht zu spät gekommen: Aßmann, S. 455; Below, Adjutant;
   [Schramm], Vorgänge; Waizenegger, Mitteilungen. Die anderen sind sich
   aber einig, daß Keitel und Stauffenberg sowie Buhle (den nicht alle erwähnen) etwas zu spät gekommen seien: Buchholz, Attentat; Buchholz bei
   Knauth, S. 177; Heusinger, Befehl, S. 353; John von Freyend; Puttkamer;
   [Schramm], Mitteilungen Warlimont; Dr. Franz von Sonnleithner, damals
   als Gesandter I. Klasse und Ministerialdirigent Vertreter des Ständigen Beauftragten des Reichsaußenministers beim Führer, mündliche Mitteilungen
   an d. Verf. vom 16. Jan. 1964, hat die Variante, Stauffenberg sei allein gekommen; Voß an d. Verf. 17. März 1964. Naturgemäß schwanken auch die
   Zeitangaben für die Verspätung etwas: es werden zwischen fünf und zehn
   Minuten angegeben.
22 Aßmann, S. 455; Buchholz, Attentat; Puttkamer; Sonnleithner; [Schramm],
   Mitteilungen Warlimont.
23 Vgl. die im Anhang wiedergegebene Photographie, auf der Göring u. a. den
   zerschmetterten Tisch besichtigen; John von Freyend. Voß an d. Verf.
   17. März 1964 berichtet den Vorgang ohne Erwähnung der Rolle Johns von
   Freyend und meint sich zu erinnern, daß er zwischen Heusinger und Brandt
   gestanden sei, ehe er Stauffenberg Platz machte. Das ist deshalb höchst unwahrscheinlich, weil Heusinger bei seinem Vortrag der Assistenz Brandts
   durch Vorlage von Karten und anderen Unterlagen bedurfte; außerdem
   wäre damit noch nicht gesagt, daß Stauffenberg in die Lücke hätte treten
   können. Nach der Erinerung von Voß standen an der Längsseite weit mehr
   Personen, als tatsächlich dort Platz finden konnten.
24 Adolf Heusinger, mündliche Mitteilungen an d. Verf. vom 6. Aug. 1964.
   Johns Bericht, er habe Stauffenberg zwischen Heusinger und Brandt »placiert«, kann also höchstens für die ersten Augenblicke von Stauffenbergs Anwesenheit zutreffen; John selbst berichtet, daß das noch nicht der endgültige
   Standort Stauffenbergs war. Die zeitgenössischen Berichte enthalten keinerlei Hinweis darauf, daß die Tasche von der Innen- an die Außenseite gestellt
   worden wäre, es hat also *damals* auch niemand eine solche Behauptung aufgestellt: mündliche Mitteilungen eines Sachverständigen des Kriminaltechnischen Instituts im Reichskriminalpolizeiamt an d. Verf. vom 30. Juli 1968.
   Außer dem Bericht in Spiegelbild, S. 83–86 und 112–113 existiert eine Aufzeichnung von ehemaligen Mitgliedern der Tatortkommission, darunter Dr.
   Wehner, in der die Standorte der Teilnehmer und der Aktentasche eingezeich-

net sind: Alexander Harder, Kriminalzentrale Werderscher Markt: Die Geschichte des »Deutschen Scotland Yard«, Bayreuth 1963, zwischen S. 352 und 353. Jedoch ist diese Skizze erst später, wahrscheinlich für Wehners Bericht von 1950, Das Spiel ist aus, angefertigt worden; schwerlich hätte damals z. B. jemand »Adolf Hitler« statt »Führer« eingetragen. Dr. Wehner an d. Verf. 4. Dez. 1967. Ferner gibt es eine nach Abschluß der Tatortermittlungen angefertigte Skizze, die dem Volksgerichtshof am 7. August 1944 vorlag und während der Vernehmung von Generalmajor Stieff auf den damals vom Prozeßverlauf hergestellten Film kam: Der 20. Juli 1944 vor dem Volksgerichtshof, BA Film Nr. 3023–2; vgl. Der Prozeß gegen die Hauptkriegsverbrecher vor dem Internationalen Militärgerichtshof Nürnberg 14. November 1945–1. Oktober 1946, Bd. XXXIII, Nürnberg 1949, S. 322–324, wo Freisler ausführlich die ihm vorliegenden Photographien und Skizzen beschreibt. Ferner: Aßmann, S. 455; Below, Adjutant; Heusinger, Befehl, S. 353; Heusinger, Mitteilungen; Puttkamer; Sonnleithner; Voß an d. Verf. 17. März 1964; W[aizenegger], 20. Juli; Waizenegger, Mitteilungen; Das Spiel ist aus, S. 32. Am 13. Feb. 1959 schrieb Voß an Hans Hagen (den Offizier, der am 20. 7. 44 in Berlin den Major Remer so wesentlich beeinflußte), *er* habe Stauffenbergs Tasche mit dem Fuß unter den Tisch und dichter an den Tischsockel herangeschoben; Hans W. Hagen, Zwischen Eid und Befehl: Tatzeugenbericht von den Ereignissen am 20. Juli 1944 in Berlin und »Wolfschanze«, München ²1959, S. 68 Anm. 5a. Professor Dr. Hans Karl von Hasselbach, einer von Hitlers Ärzten, schrieb d. Verf. unter dem 11. Okt. 1965, Voß habe ihm 1965 berichtet, daß *er* selbst Stauffenbergs Tasche von da weggestellt habe, wo Stauffenberg sie placiert hatte, und daß er *dann* auf die andere Seite des Tisches gegangen sei; an d. Verf. schrieb Voß unter dem 17. März 1964, er sei auf die andere Seite des Tisches gegangen, um auf der Karte den Namen einer Ortschaft besser lesen zu können. Die Erzählung Voß' gegenüber Hasselbach wird auf einem Mißverständnis beruhen; Voß an d. Verf. und John von Freyend stimmen darin überein, daß Voß mit der Aktentasche nichts zu tun hatte, ehe er um den Tisch herum ging. Von den primären Zeugen berichtet als einziger Buchholz (Attentat und in Knauth, S. 178), die Aktentasche sei zunächst an der Innenseite des Sockels abgestellt und nach Stauffenbergs Weggang von Oberst i. G. Brandt an die Außenseite gestellt worden. Es ist wohl möglich, daß er als einziger das gesehen hat; aber er war mit dem Stenographieren beschäftigt und saß am diagonal entgegengesetzten Ende des Tisches. Brandt selbst ist tot. Erheblich ist die Frage der Ortsveränderung der Tasche für die Art der Attentatausführung durch Stauffenberg nicht. Er konnte den Erfolg unmöglich von dem genauen, vorherbestimmten Standort der Aktentasche abhängig machen. Der Plan war, alle Teilnehmer der Lagebesprechung zu töten, außer Hitler mindestens – sofern sie teilnahmen – Himmler und Göring. Da niemand wissen konnte, wo diese stehen würden, mußte die Explosion zur Tötung aller Anwesenden ausreichen. Weiter ist fraglich, ob Hitler getötet worden wäre, wenn die Tasche mit dem *einen* Sprengstoffpaket innen gestanden wäre. Nur vier der sechs bis acht Personen, die der Tasche so nahe waren, wie Hitler es gewesen wäre, wenn sie innen gestanden wäre, sind umgekommen, und nur zwei von ihnen innerhalb 48 Stunden (s. dazu unten, S. 476–477).

War der Standort der Tasche bzw. Hitlers, eventuell Himmlers und Görings in bezug zu ihr im Augenblick der Explosion des Sprengstoffes also sehr vom Zufall abhängig, so gilt das *nicht* im selben Maße für die Sprengstoff*menge*. Hier hatten – bei der Zurücklassung der Hälfte des mitgebrachten Sprengstoffes – willensbestimmte Handlungen des Attentäters offenbar größeren Einfluß. Zur vermutlichen Wirkung der doppelten Sprengstoffmenge: Hans Langemann, Das Attentat: Eine kriminalwissenschaftliche Studie zum politischen Kapitalverbrechen, Hamburg [1956], S. 348–349 und Anm. 57; Dr. Albert Widmann, damals Sprengstoffsachverständiger des Kriminaltechnischen Instituts des Reichskriminalpolizeiamtes, in Das Spiel ist aus, S. 30–31.

25 John von Freyend; Sonnleithner; Below, Adjutant; ähnlich Das Spiel ist aus, S. 32, wonach aber Stauffenberg dem diensttuenden Telephonisten gesagt habe, er *erwarte* ein Gespräch aus Berlin. Puttkamer berichtet, Adam habe später ausgesagt, Stauffenberg habe kein Gespräch angemeldet; Sander, der kurz nach dem Attentat mit Adam sprach und dessen Bericht anhörte, berichtet auch nichts von einem von Stauffenberg *angemeldeten* Gespräch, dagegen davon, daß er auf Anweisung Fellgiebels in der Lagebaracke anrufen und Stauffenberg nach der Besprechung ausrichten lassen mußte, er möge nachher noch zu Sander kommen – so wüßte dann Stauffenberg, wo er Fellgiebel und Haeften und damit auch das Auto finden würde. Hinausgerufen wurde Stauffenberg nur nach den weniger zuverlässigen Berichten von Buchholz, Attentat und bei Knauth, S. 178, und von Voß an d. Verf. 17. März 1964. Nach Heusinger, Mitteilungen, flüsterte er Brandt etwas zu und ging dann hinaus; nach Heusinger, Befehl, S. 353, sagte Stauffenberg leise zu Keitel: »Herr Feldmarschall, ich erledige noch rasch ein Telephongespräch und komme gleich wieder. Keitel nickt, Stauffenberg geht zu Oberst Brandt. Leise zu Brandt: ich lasse meine Mappe solange hier. Ich muß noch schnell telephonieren.« Dies stimmt genau überein mit dem Bericht von John von Freyend.

26 Hasselbach.

27 Sander; Hasselbach; Prozeßaussage Fellgiebels lt. Gen. d. Inf. a. D. Hermann Reinecke, damals Beisitzer beim VGH, an d. Verf. 31. Mai 1964.

28 Spiegelbild, S. 85; Sander.

29 Spiegelbild, S. 85; Sander; vgl. Das Spiel ist aus, S. 32.

30 Spiegelbild, S. 85; Sander.

31 Dies nach den Darstellungen Sanders gegenüber der Tatortkommission, Spiegelbild, S. 85–86, und gegenüber d. Verf.; ferner [Schramm], Mitteilungen Warlimont. Die Beschaffung des Autos ist in der Untersuchung nicht völlig aufgeklärt worden, wo natürlich so manches von den Beteiligten verschleiert worden ist; jeder wollte so wenig wie möglich mit dem Entkommen Stauffenbergs zu tun gehabt haben. Auch sei daran erinnert, daß der ursprüngliche Bericht der Tatortkommission nicht ohne Änderungen und Auslassungen in den Gestapo-Berichten wiedergegeben ist. Sicher ist aber, daß Sander um die Beschaffung eines Autos bemüht war, dies geht auch aus den Berichten anderer mittelbarer oder unmittelbarer Zeugen im FHQu hervor: Nach dem Fortsetzer des Diensttagebuches von Schmundt, in Tätigkeitsbericht des Chefs des Heerespersonalamts General der Infan-

terie Schmundt, begonnen: 1. 10. 1942 [fortgef. bis 29. 10. 1944], NA Micro-copy T-78, Roll 39, IfZ MA 474, auszugsweise abgedruckt bei Hans-Adolf Jacobsen, 1939–1945: Der zweite Weltkrieg in Chronik und Dokumenten, Darmstadt 1959, S. 475–478 hätte Fellgiebel das Auto beschafft; nach Warli-monts Bericht, den [Schramm], Mitteilungen Warlimont am 22. Juli nie-derschrieb, hätte Sander das Auto beschafft; ebenso »hieß es allgemein«, Sander habe Stauffenberg das Auto beschafft, lt. Erich Schüler, damals Schlüsseloffizier in der FNA, mündliche Mitteilungen an d. Verf. vom 16. Juli 1965. Der Kurierfahrer Erich Kretz berichtete, er sei zwischen 12 und 13 Uhr zum Sperrkreis I geschickt worden, entweder von Pieper oder von Möllendorff, habe sich dort Stauffenberg zur Verfügung gestellt, und zwar habe er ihn direkt an der Lagebaracke abgeholt; Kretz, Mitteilungen II. Da-mit wäre klar, wie Stauffenberg sagen konnte, er habe schon ein Auto, und zugleich wäre die Tatsache erklärt, daß Haeften es nirgends hatte finden können. Jedoch: vor die Frage gestellt, ob er Stauffenberg an der Lagebaracke oder an der Adjutantur abgeholt habe, entschied sich Kretz stets für die Lagebaracke, beschrieb aber sowohl gegenüber dem Verf. (Mitteilungen I) als auch gegenüber Herrn Peter Dietz (Telephonisches Gespräch mit Erich Kretz, 27. Feb. 1966, Niederschrift im Bes. d. Verf.) die Lage der Adjutantur als diejenige der Lagebaracke. Erst als ihm d. Verf. eine Skizze vorlegte, zeigte er darauf auf die Lagebaracke selbst. Kretz erinnerte sich nicht, daß Stauffen-berg nach dem Verlassen der Lagebaracke und vor dem Verlassen des Sperr-kreises noch mit Fellgiebel gesprochen habe. Das braucht er aber auch nicht gesehen zu haben, während er beim Auto wartete. Er erinnert sich auch nicht, nach dem Einsteigen Stauffenbergs irgendwo gehalten zu haben, außer an der Wache. Dagegen erklärte er d. Verf. in zwei Gesprächen, zuerst sei Haeften zum Auto gekommen und dann erst Stauffenberg. Alles, außer Kretz' geographischer Erinnerung angesichts der ihm vorgelegten Skizze, spricht also dafür, daß er Stauffenberg und Haeften bei der Adjutan-tur, nicht bei der Lagebaracke abholte, und daß er die Adjutantur für die Lagebaracke hielt. Nimmt man aber Kretz' Fahrerdienste für Stauffenberg (lt. Kretz und Pieper) sowie Stauffenbergs Erscheinen bei Fellgiebel und Sander auf Grund der Zeugenaussagen und Ermittlungsberichte – Spiegelbild, S. 85 bis 86; Aßmann, S. 459; Buchholz, Attentat; Hasselbach; Sander; Wilhelm Scheidt, »Wahrheit gegen Karikatur: Eine deutsche Antwort an Gisevius«, Neue Politik 9 (1948) Nr. 11, 27. Mai 1948, S. 1–2; Schmundt; [Schramm], Mitteilungen Warlimont; Das Spiel ist aus, S. 32; Otto Dietrich, 12 Jahre mit Hitler, Köln [1955], S. 267, der angibt, der Parkplatz des von Stauffen-berg für die Fahrt zum Flugplatz benützten Autos sei 150 m von der Lage-baracke entfernt gewesen; Dietrichs Pressebaracke war im Sperrkreis I, etwa 100 m südlich von der Lagebaracke – für erwiesen an, so *muß* Kretz einer Erinnerungslücke zum Opfer gefallen sein. Die nicht einheitliche Anwendung der Bezeichnung »Lagehaus« dürfte zu der Verwirrung wesent-lich beigetragen haben: In dem Rundschreiben von [Albert] Bormann und Schmundt über die Schaffung eines Sperrkreises A innerhalb des Sperrkreises I vom 20. September 1943 werden als zum Sperrkreis A gehörend die Häuser »8: Persönliche Adjutantur des Führers«, »13: Adjutantur der Wehrmacht beim Führer«, »813: HPA usw., Lagehaus« aufgeführt; BA EAP 105/33. Im

Bericht der Sonderkommission, Spiegelbild, S. 85, ist immer vom »Bunker 88« die Rede, womit lt. Sander das Gebäude der Persönlichen Adjutantur gemeint ist. Alle die eben genannten Gebäude sind in einem Komplex zusammengebaut gewesen. Lagebesprechungen fanden bis März 1944 in Hitlers eigenem Bunker statt, nicht in dem Gästebunker, den er im Juli 1944 bewohnte, und zu Zeiten fanden sie auch im OKW-Gebäude statt. Im Juli 1944 wurden sie in der »Lagebaracke« abgehalten, doch erst seit ziemlich kurzer Zeit, seit 15. Juli. Die Verwirrung ist begreiflich und kann allein zum Zweifel an der Glaubwürdigkeit der Zeugen keinen Anlaß geben. Vgl. Hoffmann, Attentat, S. 275 Anm. 101. Alle Widersprüche werden sich wohl nicht auflösen lassen.

32 Spiegelbild, S. 86; Sander; ders. in Annedore Leber und Freya Gräfin von Moltke, Für und wider: Entscheidungen in Deutschland 1918–1945, Berlin, Frankfurt/M. 1961, S. 205; Kretz, Mitteilungen II; Albert Praun, Soldat in der Telegraphen- und Nachrichtentruppe, Würzburg [1966], S. 220 auf Grund der Erzählung Sanders vom August 1944; Prozeßaussage Fellgiebels lt. Reinecke an d. Verf. 31. Mai 1964.

33 S. Stauffenbergs von Hoepner – zweifellos nicht ganz wörtlich – wiedergegebenen Bericht in Prozeß XXXIII, 402; Dietrich, S. 265–267; Eberhard Zeller, Geist der Freiheit: Der zwanzigste Juli, München ⁵1965, S. 432.

34 Spiegelbild, S. 86; Kretz, Mitteilungen I und II.

35 Spiegelbild, S. 86; Kretz, Mitteilungen I und II; Das Spiel ist aus, S. 32 berichtet im wesentlichen ebenso, nur heißt hier die Außenwache Süd »Tor III«; Pieper. Von den spanischen Reitern, die Wehner in Das Spiel ist aus erwähnt, ist Kretz nichts bekannt. S. den Lageplan des FHQu im Anhang.

36 Spiegelbild, S. 86; Kretz, Mitteilungen I und II; Das Spiel ist aus, S. 32.

37 Kretz, Mitteilungen I und II; Dietz.

38 Spiegelbild, S. 84; Kretz, Mitteilungen I und II; Sachverständiger; Abbildungen im Anhang.

39 Kretz, Mitteilungen I und II.

40 Spiegelbild, S. 86; [Schramm], Mitteilungen Meichßner, gibt noch genauer »13.13 Uhr« an.

41 Büchs.

42 Aßmann, S. 455 (nennt Buhle nicht, aber auch niemand anderen); Puttkamer (ist nicht sicher, ob Buhle oder Heusinger nach Stauffenberg fragte); Below, Adjutant (Keitel habe Stauffenberg vermißt und gesucht); Sander (Buhle habe Adam dreimal nach Stauffenberg gefragt).

43 Diese Zeit geben alle zeitgenössischen Quellen an: Bericht in Spiegelbild, S. 83 (»gegen 12.50 Uhr«); [Schramm], Mitteilungen Warlimont; [Schramm], Vorgänge; Schmundt. Spätere Berichte geben meist, aber nicht immer frühere Zeiten an: Buchholz bei Knauth, S. 178 (»exactly 12:45«); Buchholz, Attentat (»etwa um 12.45 Uhr«); Below, Adjutant (12.40 Uhr); Spaeter II, 563 (»genau 12.42 Uhr deutscher Zeit«); W[aizenegger], 20. Juli (12.40 Uhr); Waizenegger, Mitteilungen (12.40 Uhr); Dietrich, S. 266 (gegen 12.50 Uhr).

44 Von den vierundzwanzig leben nur noch zwölf, zwei von ihnen wollen keine Auskünfte mehr geben. Einer der Verstorbenen hat aber einen genauen Bericht hinterlassen und von den schweigsamen Überlebenden könnte nur

einer, der Persönliche Adjutant SS-Hauptsturmführer Otto Günsche, noch
brauchbare Auskünfte geben. Die einzige zeitgenössische Quelle hierzu ist
die abschließende Skizze der Ermittlungsbehörden, die dem Volksgerichtshof vorlag und während der Vernehmung von Generalmajor Stieff auf den
damals hergestellten Film kam: Der 20. Juli 1944 vor dem Volksgerichtshof,
BA Film Nr. 3023-2; vgl. Prozeß XXXIII, 322-324. Dem Ereignis sehr
nahe ist noch der Bericht von Buchholz (Juli 1945), aber die übrigen Berichte
– Aßmann, Below, Heusinger, Puttkamer, Sonnleithner, Voß, Waizenegger,
um die hauptsächlichen zu nennen – wurden wenigstens einige Jahre nach
dem Ereignis niedergelegt. Das Spiel ist aus, S. 28 nennt statt Buchholz
Haagen als zweiten Stenographen, aber dieser Bericht ist auch sonst nicht
fehlerfrei: Waizenegger ist auf der entgegengesetzten Seite des Raumes
eingezeichnet, wo er wohl gewöhnlich bei Jodl stand, aber eben nicht im
Augenblick der Explosion (s. unten); »Buhl« ist gegenüber Hitler statt auf
der Ostseite eingezeichnet, Berger heißt »Bergert«, Günsche heißt »Günther«
usw. S. ferner Hoffmann, Attentat, S. 271-272.

45 Heusinger war früher von Tresckow um Beteiligung an der Verschwörung angegangen worden, hatte aber weder eine aktive Rolle übernommen,
noch eine völlig ablehnende Haltung gezeigt. Er sollte vor dem Anschlag gewarnt werden und vermutet, daß dies nicht geschah, weil Tresckow selbst
nicht oder nicht zeitig genug vorgewarnt war. Heusinger, Mitteilungen.

46 Z. B. in Das Spiel ist aus, S. 30. Ein Sachverständiger der Tatortkommission
berichtete, daß Hitler als einziger die für den hier verwendeten Sprengstoff
eigentümliche rein-blaue Färbung der Stichflamme beobachtet habe; vgl.
oben, S. 396.

47 Hasselbach; [Heinz] Linge, »Kronzeuge Linge berichtet: F. H. Qu. 20. Juli
1944 12⁵⁰ Uhr«, Revue Nr. 12, 24. März 1956, S. 26-30; Albert Zoller, Hitler
privat: Erlebnisbericht seiner Geheimsekretärin, Düsseldorf 1949, S. 184;
Kurt Haase, damals Sanitätsoberfeldwebel im FHQu, mündliche Mitteilungen an d. Verf. vom 9. Aug. 1965; Vernehmung des Julius Schaub am
12. 3. 1947 von 15.30-16.00 durch Dr. Kempner, IfZ ZS 137.

48 Dr. Widmann in Das Spiel ist aus, S. 29-31; Langemann, S. 349 Anm. 57;
Sachverständiger, mündliche Mitteilungen an d. Verf. vom 30. Juli 1968;
Hans Bernd Gisevius, Wo ist Nebe? Erinnerungen an Hitlers Reichskriminaldirektor, Zürich 1966, S. 173 auf Grund des Berichts, den ihm Nebe am 27. Juli
auf der Flucht von den Ermittlungsergebnissen der Tatortkommission gab.

49 Hasselbach; Haase.

50 Hasselbach; Zoller, S. 184-186.

51 Haase; Linge; Rudolf Semmler, Goebbels – the man next to Hitler, London
1947, S. 141.

52 Schmundt, S. 172, 274.

53 Schmundt; Spiegelbild, S. 83; Hoffmann, Attentat, S. 273.

54 Spiegelbild, S. 84; Das Spiel ist aus, S. 31 gibt für den Zünder 10 Minuten
Verzögerung an; Kretz, Mitteilungen I und II; Sachverständiger.

55 Spiegelbild, S. 50; Wehner an d. Verf. 27. Okt. 1965; das behauptete und
verbreitete später vor allen Hans Bernd Gisevius, Bis zum bitteren Ende:
Vom Reichstagsbrand bis zum 20. Juli 1944, vom Verfasser auf den neuesten
Stand gebrachte Sonderausgabe, Hamburg o. J., S. 509.

56 S. oben, S. 398–405.

57 Sachverständiger; Reproduktionen in NA Record Group 242; Oberstleutnant Faber (Bundeswehrbeschaffungsamt Koblenz), mündliche Mitteilungen an d. Verf. vom 2. Juli 1964.

58 Ob der Feldwebel Vogel dazu wesentliches berichten könnte, ist fraglich, jedenfalls ist er bisher nicht aufgefunden.

Eberhard Zeller, Geist der Freiheit: Der zwanzigste Juli, München [3]1956, S. 284 hat noch in dieser 3. Auflage seines grundlegenden Werkes die Vermutung geäußert, ein gewisser Offizier im FHQu, der ganz kurz vor dem 20. Juli plötzlich versetzt worden sei, habe eigentlich die zweite Sprengladung in die Lagebesprechung bringen sollen, durch seine Versetzung sei also vielleicht das Attentat mißlungen. In der 4. und 5. Auflage, München 1963 bzw. 1965, hat Zeller diese Vermutungen nicht mehr wiederholt. Nach den Feststellungen des Verf. handelte es sich bei dem plötzlich versetzten Offizier um den Persönlichen Adjutanten SS-Obersturmbannführer Friedrich Darges, der sich im FHQu auf verschiedene Weise mißliebig gemacht hatte. Am 18. Juli zog er sich den Zorn Hitlers zu, als er bei der »Morgenlage« unaufmerksam war und während eines Vortrags mit anderen Offizieren sprach; The Bormann Letters: The Private Correspondence between Martin Bormann und His Wife from January 1943 to April 1945, London 1954, S. 58. Es hieß auch, er habe Fliegen gefangen, und nach einer anderen Version, er habe gelacht, als Hitler nach einem Insekt schlug und es verfehlte. Nach einer von Büchs mit großer Bestimmtheit berichteten Version hatte Darges den Auftrag, mit einer Fliegenklappe Insekten zu bekämpfen, sei aber gegen eine einzelne Fliege, die ständig Hitler umsummte, nicht zum Schlag gekommen. Hitler habe immer wütender zu Darges hingesehen, dieser habe ein Grinsen nicht ganz unterdrücken können. Jedenfalls mußte er sich an die Front versetzen lassen. In großen Zügen stimmen die vom Verf. eingeholten Berichte überein: Below, Büchs, John von Freyend, Puttkamer, Sonnleithner, Waizenegger; vgl. Hoffmann, Attentat, S. 284. Darges selbst ging in einem Brief an d. Verf. vom 10. März 1965 auf eine entsprechende Frage nicht ein, schrieb aber am Schluß: »Im Gegensatz zu den anderen Angehörigen der ehem. Adjutantur gelang es mir immer wieder zu dem Fronttruppenteil zu kommen, dem ich bereits 1942 angehört hatte, der Pz. Div. Wiking.« Vgl. ferner Helmut Heiber (Hrsg.), Hitlers Lagebesprechungen: Die Protokollfragmente seiner militärischen Konferenzen 1942–1945, Stuttgart 1962, S. 36. Sehr wahrscheinlich hat zuerst W[aizenegger], 20. Juli, den Anlaß zu der Vermutung Zellers gegeben, indem er von der Versetzung des (ungenannten) Offiziers und dem nach dem Anschlag gegen diesen wie auch gegen die Bauarbeiter der Organisation Todt gerichteten Verdacht berichtete.

59 Hierzu und zum Folgenden: Professor Dr. Hellmuth Arntz (seit 1943 als Oberleutnant Ordonnanzoffizier bei General Fellgiebel), mündliche Mitteilungen an d. Verf. vom 21. Nov. 1964; Below, Adjutant; ders., Mitteilungen; »Fuehrer Conferences on Naval Affairs, 1939–1945«, Brassey's Naval Annual 59 (1948), S. 407; Hans Hornbogen, mündliche Mitteilungen an d. Verf. vom 14. Jan. 1965 mit schriftlichen Ergänzungen vom 4. April 1965; Werner Jesek (als Postbeamter in der Führer-Nachrichten-Abteilung, zur

Zeit des Attentats im Wählvermittlungsraum des Nachrichtenbunkers im Sperrkreis I), schriftliche Mitteilungen an d. Verf. vom 24. Mai 1965; Sander, Mitteilungen; ders., Bericht in Leber und Moltke, S. 205–206; Schaub; Vizeadmiral a. D. Hans-Erich Voß an Prof. Dr. Walter Baum 4. April 1957, IfZ ZS 1786; Konteradmiral a. D. Gerhard Wagner an d. Verf. 17. Nov. 1964; Major a. D. Josef Wolf, mündliche Mitteilungen an d. Verf. vom 27. Feb. 1965; Oberst Wolfgang Müller, Erich Fellgiebel, Masch.-Abschrift, o. O. o. J., aus dem Besitz von Walther-Peer Fellgiebel (Oberst Müller war nicht, wie in Hoffmann, Attentat, S. 279 Anm. 124 angegeben, im Stabe Fellgiebels tätig, sondern in der In 2 [Infanterie] im OKH, sein Büro war in Döberitz). [Hellmuth Arntz], [Bericht über General Erich Fellgiebel], Masch.-Abschrift, o. O. o. J., aus dem Bes. v. Walther-Peer Fellgiebel.

60 Heinz Burchardt, Zugehörigkeit zur Widerstandsbewegung vom 20. Juli 1944, Masch.-Abschrift, München 1946, im Bes. v. F. Degner, und ders., Kurze Darstellung der Ereignisse, Masch., Bonn-Dottendorf 9. Feb. 1966.

61 Friedrich Degner, mündliche Mitteilungen an d. Verf. vom 24. und 25. Aug. 1965; Degner an d. Verf. 1. Okt. 1968.

62 Spiegelbild, S. 330, legt den ersten Anruf Fellgiebels bei Hahn auf 13 Uhr. Burchardt: »Daß dies [die Nachrichtensperre] allerdings schon vor dem Befehl [Hitlers oder seiner Umgebung] und aus einem anderen Grunde erfolgt war, hofften wir verschleiern zu können, war ja die zeitliche Differenz nicht sehr groß.« Bestätigung der Warnung vor 12 Uhr: Kurt Albrecht, damals Leutnant in »Zeppelin«, an d. Verf. 30. Jan. 1969; ferner Herrmann Graske, damals Hptm. in »Zeppelin«, an Oberst a. D. Gottfried Kecker Jan. 1969 u. Kecker an d. Verf. 27. Jan. 1969.

63 Vgl. Praun, S. 219–222.

64 Wolf.

65 Arntz; Sander, Mitteilungen.

66 Sander, Mitteilungen.

67 Sander, Mitteilungen, auch zum Folgenden. Wolf berichtet dagegen, man habe Himmler nicht persönlich erreichen können, doch bezieht sich sein Bericht auf die Zeit etwa eine Viertelstunde nach dem hier beschriebenen, also auf ein weiteres Gespräch.

68 Sander, Mitteilungen; Wolf; zum Folgenden außerdem Oberst i. G. Kandt an d. Verf. 11. Feb. und 13. März 1964.

69 Dies nach Konteradmiral Wagner und Fuehrer Conferences, S. 407, ferner Sander, Mitteilungen, auch zum Folgenden. Voß an Prof. Baum 4. April 1957 berichtet lediglich, daß er Below mit der Benachrichtigung beauftragt habe, wobei offen bleibt, ob Below das selbst getan hat oder durch jemand anderen.

70 Hornbogen. Sander weiß nichts von *diesem* Gespräch, war aber auch nicht ständig in der Vermittlung anwesend. Für den Ablauf des Umsturzversuches ist es von geringer Bedeutung, ob Thiele die Nachricht Fellgiebels von diesem persönlich oder durch eine seiner Sekretärinnen erhalten hat. Gesichert erscheint auf Grund der Erinnerungen von Arntz, Hornbogen und Sander, daß Thiele die Nachricht bekommen hat. Die beiden Sekretärinnen Thieles, Fräulein Ansorge und Fräulein Meier (mündliche Mitteilungen an d. Verf. vom 26. Feb. 1965 bzw. 21. Juni 1965), berichten folgendermaßen und übereinstimmend: sie erinnern sich an nichts mehr; sie wissen nicht, wann

ihr Chef in den fraglichen Stunden zwischen 12 und 16 Uhr in seinem Büro war und wann nicht; sie wissen nichts von Telephongesprächen mit der »Wolfschanze«; sie haben in der kritischen Zeit keinerlei relevante Wahrnehmungen gemacht. So berichteten sie schon früher gegenüber Frau Annedore Leber und anderen Forschern (Sander, Mitteilungen; Zeller, S. 434). Der Verdacht läßt sich nicht von der Hand weisen, daß sie ihren ehemaligen Chef decken wollen. Tatsächlich wird diesem durch das Schweigen seiner ehemaligen Untergebenen nicht einmal die Wohltat menschlichen Verstehens zuteil. Sein Verhalten wird nun nur von außen, ohne das mildernde Urteil der ihm Nahestehenden, beurteilt werden können; denn daran, daß er die Nachricht aus der »Wolfschanze« erhalten, aber nicht weitergegeben hat, kann nach den Quellen kein Zweifel bestehen (Arntz, Hornbogen, Sander; weitere Belege aus dem Berliner Umkreis siehe im nächsten Abschnitt dieses Kapitels).

71 Arntz, Aussagen in Vernehmungen durch alliierte Behörden nach Kriegsende, Sammlung John, Mappe 5; ders. an d. Verf. 24. Nov. 1964 bezeichnet etwas abweichend *dieses* als das erste Gespräch Fellgiebels mit Hahn seit der Explosion, während eines zweiten müsse er gerade im Kasino nach Hauptmann Jahnke (s. unten, S. 485) gesucht haben, es war aber wohl umgekehrt. Sander, Mitteilungen berichtet nicht von den Gesprächen Fellgiebels mit Hahn, er wird gerade nicht in der Vermittlung gewesen sein. Die auf den Aussagen Hahns beruhenden Feststellungen in Spiegelbild, S. 330 sind, wie schon erläutert, verschleiernd und unzuverlässig. Daß nach den Worten »Es ist etwas Furchtbares geschehen« nicht Komma, Punkt oder Semikolon folgen dürfen, wird von Arntz und Beichele (s. Anm. 80) aus der persönlichen Kenntnis von Fellgiebels sarkastischer Art ausdrücklich bestätigt.

72 Sander, Mitteilungen; Wolf.

73 Arntz, Mitteilungen.

74 Sander, Mitteilungen; Spiegelbild, S. 85; Hornbogen; Pieper; Wolf.

75 Sander, Mitteilungen. Wolf an d. Verf. 18. Dez. 1968. Wolf meint, Adam sei bezeichnenderweise und aus eigenem Antrieb von ihm sofort zu M. Bormann gegangen, obwohl der Dienstweg über Sander geführt hätte.

76 Sander, Mitteilungen: 20 000 Mark und Häuschen; Wolf: 30 000 Mark, Häuschen und Beförderung zum Oberwachtmeister; Semmler, S. 143: 15 000 Mark.

77 Spiegelbild, S. 86.

78 Dies nach Below, Mitteilungen, sowie Wolf und Hornbogen entgegen der früheren Feststellung in Hoffmann, Attentat, S. 278, nur Sander und Fellgiebel hätten nach außen telephonieren können, was ausschließlich auf dem Bericht Sanders beruht hatte.

79 S. oben, S. 398–405.

80 Arntz, Mitteilungen; Praun, S. 222. In seiner Aussage gegenüber alliierten Vernehmern sagte Arntz, er habe das Amt »Leopold« abschalten lassen sollen; nach Albert Beichele (damals als Oberstleutnant Gr.-Ltr. III/Drahtnachrichten-Verbindungen im Amt Chef HNW in Zossen) an d. Verf. 31. Dez. 1967 und 24. April 1968 war dies die friedensmäßige Bezeichnung für die Standortvermittlung (Militäramt) in Lötzen, die nun, während des Krieges, ein Teil des umfangreicheren Amtes »Emma« war.

81 Praun, S. 222.
82 S. den nächsten Abschnitt.
83 Arntz; Beichele an d. Verf. 18. Juni 1965 und 14. Jan. 1966; »Entscheidende
Minuten am 20. Juli«, Hamburger Allgemeine Zeitung, 20. Juli 1949, S. 1–2;
Generalmajor a. D. Kurt Haßel (damals Chef der Amtsgruppe Nachrichtenwesen im OKH, Olbricht unterstellt), mündliche Mitteilungen an d. Verf.
vom 11. Dez. 1964; Postamtsrat a. D. Emil Pestinger (damals in der Bendlerstraße) an d. Verf. 31. Dez. 1964; Praun, S. 218–219; Sander, Mitteilungen.
Joachim Kramarz, Claus Graf Stauffenberg 15. November 1907–20. Juli 1944:
Das Leben eines Offiziers, Frankfurt/M. 1965, S. 207 bringt keinerlei Beleg
für seine Behauptung, Thiele habe die von Fellgiebel erhaltene Durchsage
deshalb nicht weitergegeben, weil sie ihm »sehr vage erschien«.
84 Arntz, Mitteilungen.
85 Burchardt, Zugehörigkeit; ders., Darstellung; Degner; bestätigt von Herrn
Gerhart Goebel vom Fernmeldetechnischen Zentralamt der Deutschen Bundespost an d. Verf. 21. Jan. 1966. Herr Oberpostdirektor Dipl.-Ing. Goebel
hat d. Verf. zur Aufhellung der Vorgänge in Berlin und Zossen wesentliche
Dokumente und Mitteilungen zugänglich gemacht u. d. Verf. ist ihm zu
besonderem Dank verpflichtet. Dank Herrn Goebel stützt sich d. Verf. für
das Folgende auch auf einen Bericht aus Zossen, der von dem damals dort
verantwortlichen Betriebsleiter der Reichspost, einem Telegraphen-Oberinspektor, stammt: [Senor] Wille, Niederschrift über die Vorgänge beim Postamt Zossen 10 am 20. 7. 1944, Masch. [Zossen 9. Aug. 1944]. »Postamt
Zossen 10« war die Bezeichnung der Reichspost für die von ihr installierte
Anlage des Heeres in Zossen. Der Bericht Willes ist damals vom Präsidenten
der Reichspostdirektion in Berlin, Prof. Dr. Dr. Kurt Timm, nicht weitergeleitet worden, damit nicht bisher Unbelastete in die Verfolgungen verwickelt wurden, damit der Nachrichtenbetrieb nicht mehr zu sehr gestört
wurde, und auch damit gewisse Fehlleistungen einiger Postbediensteter nicht
unnötig bekannt wurden.
86 Das bestätigt auch ein Uneingeweihter, Oberstleutnant a. D. Beichele (Anm.
80 und 87). Zu demselben Ergebnis kam Zeller, S. 435 auf Grund der Mitteilungen von Prof. Arntz: Fellgiebel hat am Nachmittag des 20. 7. 44,
auch nach dem Befehl zur Aufhebung der Sperre in der »Wolfschanze«, die
Nachrichtenverbindungen »›ausschließlich durch zuverlässige eigene Kräfte‹
benützen lassen«; dies gilt für »Mauerwald« und für »Zeppelin«. Die Vermutung Zellers, S. 436, die Leitungen zwischen Berlin und Ostpreußen seien
zeitenweise auch für Fellgiebel und andere gesperrt gewesen, ist widerlegt
durch die Mitteilungen von Burchardt, Degner (auch zum Folgenden) und
Beichele; vgl. unten, Anm. 88. In der Annahme, die plangemäße Übermittlung des Stichwortes nach Berlin sei gelungen und betr. die Mitteilungen
Wagners nach Paris ist Zeller, S. 437–438 durchaus auf der richtigen
Spur.
87 Hierzu und zum Folgenden: Beichele an d. Verf. 14. Jan. 1966 und 31. Dez.
1967; Wille. Oberstleutnant a. D. Beichele erinnert sich mit Sicherheit, daß
»Alarich« das insgeheim eigens für den Tag des Staatsstreiches vorbereitete
und geschaltete Vermittlungsamt gewesen sei; vgl. oben, S. 398. »Anna-Bu«,
»Emma-Bu« usw. bedeutete »Anna-Bunker«, d. h. »Anna-Zossen« bzw.

»Emma-Bunker« d. h. »Emma-Zossen« usw.: da das ganze Hauptquartier Anfang Juli hätte verlegt werden sollen, womit auch schon begonnen worden war, gehörte zur Vorbereitung die Errichtung derselben Vermittlungen mit identischer Organisation und Schaltung in Zossen, wohin das Hauptquartier übersiedeln sollte.

88 Hierzu und zum Folgenden: [Eduard] Wagner, Der Verlauf des 20. Juli (aus dem Gedächtnis), Masch., [Zossen] 21. Juli 1944, Photokopie im IfZ ED 95; Spiegelbild, S. 330; Wille; Prof. Dr. Dr. Kurt Timm, mündliche Mitteilungen an d. Verf. vom 7. Aug. 1968; Beichele an d. Verf. 14. Jan. 1966 und 31. Dez. 1967; s. S. 560. General Wagner hat wahrscheinlich gegen 14 Uhr mit der Bendlerstraße, vielleicht mit General Olbricht, telephoniert. Wenn das zutrifft, so muß General Olbricht ebensoviel Verantwortung wie Generalleutnant Thiele zufallen dafür, daß nicht sofort, auch gegen den Willen Fromms und notfalls nach dessen Verhaftung, die vorbereiteten Umsturzbefehle ausgegeben worden sind. Es ist wohl denkbar, daß sich Olbricht auf die Nachricht vom Fehlschlag hin entschloß, jede Entscheidung bis zur Rückkehr Stauffenbergs aufzuschieben – was psychologisch begreiflich, aber unvernünftig gewesen wäre. Es fehlt jedoch bisher ein Beleg für ein solches Telephongespräch zwischen Bendlerstraße und Zossen; ob die hier und da in Berichten der Beteiligten mitgeteilten zu frühen Zeiten für die Auslösung von »Walküre« damit zusammenhängen, konnte bisher nicht geklärt werden. Vgl. unten, Anm. 99. Auch auf anderen Wegen ist die Nachricht vom mißglückten Attentat und vom Überleben Hitlers schon vor 14 Uhr nach Berlin gelangt, sei es vor Eintreten der Nachrichtensperre oder außerhalb der Sperre: Schon zwischen 13 und 14 Uhr rief ein bei Berlin (vermutlich Potsdam) eingesetzter LdN bei Oberleutnant Hornbogen, dem LdN in der »Wolfschanze« an und fragte, ob es wahr sei, daß Hitler tot sei, worauf Hornbogen mitteilte, Hitler lebe; Hornbogen. Hornbogen erinnert sich, daß die Dienststelle von Oberst d. G. Meichßner (die Org. Abt. des OKW/WFSt in Potsdam) an die Vermittlung angeschlossen war, von der aus der LdN angerufen hat, und daß der Anrufer ein Hauptmann Gehre gewesen sei. (Hauptmann Dr. Ludwig Gehre, Mitarbeiter des Amtes Ausland/Abwehr und Mitverschwörer, kann es schwerlich gewesen sein, da er schon seit der Verhaftung von Kiep, Moltke u. a. auf der Flucht war. Spiegelbild, S. 225; Zeller, S. 282.)

89 S. Anm. 88, auch zum Folgenden.

90 Burchardt, Zugehörigkeit; ders., Darstellung.

91 Beichele an d. Verf. 10. Sept. 1965 und 31. Dez. 1967.

92 Beichele an d. Verf. 14. Jan. 1966.

93 Fuehrer Conferences, S. 407: Flugzeit Dönitz' von Berlin nach Rastenburg am 20. 7. 44 ca. 2 Stunden; ebenso die Flugzeit der Gestapo- und Kriminalpolizei-Leute Dr. Kaltenbrunner, Dr. Wehner, Kopkow u. a. am 20. 7. 44 von Tempelhof nach Rastenburg: Kurz nach dem Mittagessen, frühestens gegen 13.15 Uhr (da die Nachricht von Himmler kommen mußte, der sie selbst erst fünf oder zehn Minuten nach dem Attentat erhielt), erhielt Dr. Wehner den telephonischen Auftrag, sich sofort zum Flug nach Rastenburg bereit zu machen. Er fuhr von Weißensee in seine Wohnung, dann zu Nebe zum Werderschen Markt und von da nach Tempelhof; von der Ab-

fahrt vom Werderschen Markt bis zum Abflug dauerte es knapp zwanzig Minuten, es muß also nach all dem mindestens gegen 14 Uhr gewesen sein. Ebenso mündliche Mitteilungen des Sachverständigen an d. Verf. 30. Juli 1968. Nach Gisevius, Sonderausgabe, S. 508 war der Abflug für 14.30 Uhr angesetzt. Das Flugzeug war eine Junkers »Ju 52«, die langsamer war, als die »He 111«; man landete in Rastenburg gegen 16.30 Uhr. Das Spiel ist aus, S. 27. Die Mitteilung von Heinz Höhne, Der Orden unter dem Totenkopf: Die Geschichte der SS, Gütersloh 1967, S. 496, wonach Himmler um 16.30 Uhr in Berlin angekommen sei, ist wertlos: Himmler wurde von den Kriminalisten noch in der »Wolfschanze« angetroffen (Das Spiel ist aus, S. 27); Höhne stützt sich auf »Zeller, a. a. O., S. 249«, offenbar in der 3. Auflage von 1956, während er bis dahin nach der 5. Auflage von 1965 zitiert hatte, ohne die verschiedenen Auflagen auseinanderzuhalten; an beiden Stellen steht nichts von Himmlers Flug nach Berlin. Zeller, S. 382–383, gibt Stauffenbergs Flugzeit ohne Beleg mit zweieinhalb Stunden an, die Abflugzeit mit 13.15 Uhr, die Ankunftzeit »nach der einen [Darstellung]«, die es darüber gibt, und die Zeller nicht nennt (er meint sehr wahrscheinlich den Gestapo-Bericht in Spiegelbild, S. 22), mit etwa 15.45 Uhr, nach einer anderen aber mit 16.05 Uhr. Diese andere Darstellung, die übrigens nicht 16.05 Uhr, sondern »gegen 16 Uhr« angibt, findet sich in Leber und Moltke, S. 114–115 und stammt von Major i. G. a. D. Friedrich Georgi, einem Schwiegersohn Olbrichts, der sich in den Abendstunden des 20. 7. 44 in der Bendlerstraße aufgehalten hat und also auch nicht besser unterrichtet sein muß als die anderen Zeugen. Seiner Mitteilung, Olbricht habe unabhängig und vor Stauffenbergs Mitteilung von dem erfolgreichen Attentat die Auslösung von »Walküre« befohlen, widersprechen gewichtige andere Quellen, wie unten zu sehen sein wird. (Kramarz, S. 207 bringt auf Grund eines Berichtes von Georgi die Einzelheit, daß auf Georgis Schreibtisch an diesem Nachmittag, etwa zwischen 14 und 15 Uhr, vielleicht auch nach 15 Uhr, ein Befehl geflattert sei, wonach Stauffenbergs »He 111« abzuschießen sei, um den Attentäter an der Flucht ins Ausland zu hindern. Georgi habe als Eingeweihter den Befehl nicht weitergegeben.)

Als sicher muß man annehmen, daß Stauffenberg frühestens kurz vor 15 Uhr gelandet ist. Eine wesentlich kürzere Flugzeit als zwei Stunden erscheint nach allen Berichten unwahrscheinlich. Wenn die »He 111« so schnell geflogen ist, wie es möglich, tunlich und erlaubt war, also vermutlich zwischen 350 und 400 km/h je nach den Windverhältnissen, wäre eine Flugzeit von etwa eineinhalb Stunden plausibel, Landung also etwa 14.45 Uhr, da der Zeitpunkt des Abfluges, 13.15 Uhr, gesichert erscheint. Ein Gestapo-Bericht vom 24. Juli 1944 meldet allerdings, Stauffenberg und Haeften seien »gegen 15.45 Uhr« gelandet; Spiegelbild, S. 22. Ebenfalls gesichert ist der Zeitpunkt von Stauffenbergs Eintreffen in der Bendlerstraße: etwa 16.30 Uhr (s. unten, S. 491).

Warum Stauffenberg von 15 bis 16.30 Uhr gebraucht hat, um in die Bendlerstraße zu kommen, könnten – falls sie zutreffen – folgende Mitteilungen erklären: Die Sekretärin von General Olbricht, Frl. Delia Ziegler, erinnert sich, Oberleutnant von Haeften habe zwischen 14 und 15 Uhr vom Flugplatz aus angerufen, man solle sofort den Fahrer Schweizer zur Abholung hinschicken, der also demnach nicht bereitstand, was wieder auf einen anderen Flugplatz als Rangsdorf schließen läßt; Delia Ziegler an d. Verf. 8. Jan. 1968. Jedoch bürgt Frl. Ziegler ausdrücklich nicht für die Genauigkeit des von ihr angegebenen Zeitpunktes. Oberst d. G. Meichßner, Chef der Org.-Abt. des OKW/WFSt in Potsdam, berichtet ähnlich, einer Orientierung am 20. 7. 44 durch Oberst der Luftwaffe Aldinger zufolge habe Stauffenberg bei der Landung in Berlin kein Auto vorgefunden und daher von der Luftwaffe eines bekommen, mit dem er zum Schellhaus gefahren sei; dort sei er von einer Wache mit mehreren Offizieren erwartet worden. [Schramm], Mitteilungen Meichßner. Major Remer, der damalige Kommandeur des Wachbataillons in Berlin, sagte dazu 1946 in der Kriegsgefangenschaft: »Wie Karlchen Miesnick Revolution macht. Stauffenberg 1¹/₂ h auf Flugplatz ohne Benzin für das Auto!« [Wilhelm Grenzendörfer], Notizen von der Schilderung des Generalmajors Remer von den Vorgängen am 20. Juli 1944 in Berlin, gehalten am 24. Juni 1946 in dem englischen Internierungslager 2221/Q in Belgien, Xerokopie im Besitz d. Verf. Wenn also diese Mitteilungen zutreffen und erklären, warum Stauffenberg erst gegen 16.30 Uhr in die Bendlerstraße kam, so erklären sie doch noch nicht, warum er erst gegen 16 Uhr dort angerufen hat – es sei denn, er habe wegen der Nachrichtensperre keine Verbindung bekommen können. Zu diesem Punkt fehlen bisher Belege.

94 Aus den Plänen der Verschwörer für den »Tag X« geht hervor, daß Stauffenberg und Fromm von einem Panzerspähwagen auf dem Flugplatz *Tempelhof* abgeholt werden sollten; Spiegelbild, S. 40; BA EAP 105/20. Man nahm an, daß sie jeweils zusammen ins Hauptquartier fliegen würden. Rangsdorf als Landeort nennen: die Gestapo (nach Erkundigung in Rastenburg), Spiegelbild, S. 22, 86; Freisler in der VGH-Verhandlung vom 7. Aug. 1944, bestätigt von Graf Yorck von Wartenburg, und Hoepner in seiner Aussage vom selben Tage, Prozeß XXXIII, 429 bzw. 401; Below, Adjutant; Schmundt, Tätigkeitsbericht, S. 164; ein ohne Angaben von Quellen verfaßter Bericht eines von Wülckenitz, »Was am 20. Juli 1944 wirklich geschah: Pläne, Rollen, Handlungen der Militärs«, Der Tagesspiegel, 20. Juli 1946; dies sind also hauptsächlich »ostpreußische« oder sekundäre Quellen. Schweizer: nicht Rangsdorf. Semmler, S. 135, 143: Tempelhof. Wilhelm von Schramm, Aufstand der Generale: Der 20. Juli in Paris, Kindler-Taschenbücher, München 1964, S. 68 gibt ohne Beleg Staaken als Landeort an. Eugen Gerstenmaier, »The Church Conspiratorial«, in Eric H. Boehm (Hrsg.), We Survived: The Stories of Fourteen of the Hidden and Hunted of Nazi Germany, New Haven, Connecticut 1949, S. 185 bringt die sonst ebenfalls nirgends festgestellte Variante, Stauffenberg sei in Berlin-Adlershof gelandet (Adlershof-Johannisthal hieß ein Flugplatz bei Treptow). Die einzigen authentischen Quellen stimmen also indirekt darin überein, daß Rangsdorf nicht der Landeplatz war.

95 Georgi in Leber und Moltke, S. 114; dem Inhalt nach zu urteilen, beruht Georgis Bericht nicht, wie Zeller, S. 383 schreibt, auf neueren Erkundigungen, sondern hauptsächlich auf dem Protokoll der VGH-Verhandlung vom 7. und 8. August 1944 sowie auf den Gestapoberichten.

96 Prozeß XXXIII, 401–402; Georgi in Leber und Moltke, S. 115.

97 Hierzu und zum Folgenden: Aussagen Hoepners vor dem VGH, Prozeß XXXIII, 399; s. oben, Anm. 88; Georgi in Leber und Moltke, S. 114. Es ist also *nicht* richtig, daß Thiele, wie Gisevius, Sonderausgabe, S. 516 bis 517 schreibt, mit der von Fellgiebel erhaltenen Nachricht vom Attentat zu Olbricht und Hoepner *geeilt* sei. Was bei Gisevius dann folgt, sind ohnehin unhaltbare Spekulationen.

98 Prozeß XXXIII, 400; vgl. Gisevius, Sonderausgabe, S. 516–517. Woher Olbricht seine Mitteilung hatte, ist nicht klar. Sie konnte aus einer der oben genannten Quellen stammen, aber auch schon von Stauffenberg oder Haeften. Thiele mußte sein Wissen schon seit kurz nach 13 Uhr haben. Es ist zweifelhaft, aber möglich, daß er jetzt mit der »Wolfschanze« telephoniert hat; gerade zu dieser Zeit wies er Major Degner in Zossen an, die »Störung« zu beheben (s. oben, S. 490). Thiele gehörte als Verschwörer zu dem Personenkreis, der auf alle Fälle telephonieren durfte; er mußte seit etwa 13 Uhr den Ausgang des Attentats kennen. Vielleicht merkte er erst jetzt, daß trotzdem eine Nachrichtensperre bestand. Offenbar hat Thiele jetzt nur mitgeteilt, was er schon seit kurz nach 13 Uhr wußte.

99 Prozeß XXXIII, 400. Abdruck der vorbereiteten Befehle (mit Ungenauigkeiten) in Spiegelbild, S. 28–30, 37–41; Druckvorlagen waren die den Gestapo-Berichten beigefügten Abschriften im BA EAP 105/21.

Über den Zeitpunkt des Beginns der Auslösung von »Walküre« für Berlin und die umliegenden Schulen sowie der darauffolgenden Herausgabe der Fernschreiben, die Hitlers Tod den Wehrkreiskommandeuren bekanntgaben, herrscht in den vorliegenden Quellen, von wenigen Ausnahmen abgesehen, Übereinstimmung. Generalleutnant Karl Freiherr von Thüngen, damals Wehrersatz-Inspekteur I im Wehrkreis III, gab vor der Gestapo an, Polizeipräsident Graf von Helldorf sei in die Bendlerstraße gerufen worden und gegen 16.15 Uhr bei Olbricht eingetroffen; Spiegelbild, S. 57. Gisevius, Sonderausgabe, S. 510: etwa 16.30 Uhr. Jedoch war der erste Anruf von Olbricht, daß es soweit sei, schon zwischen 15.45 und 16.00 Uhr bei Helldorf eingegangen. Eine Sekretärin von Generaloberst Fromm erinnert sich, daß die Tätigkeit Olbrichts im Sinne des Umsturzes an diesem Nachmittag etwa um 15.30 Uhr begonnen habe: Alix von Winterfeldt, mündliche Mitteilungen an d. Verf. vom 30. Aug. 1966. In der Stadtkommandantur gingen gegen 16 Uhr bzw. »nach 3 Uhr« die ersten Nachrichten und Anweisungen ein; Bernardis und Hase vor dem VGH, Prozeß XXXIII, 438, 487; Margarethe von Hase, schriftliche Mitteilungen an d. Verf. vom 3. und 8. März 1964. Dies wird bestätigt durch den Zeitpunkt, zu dem beim Wachbataillon die Befehle aus der Kommandantur eingingen: Um 16.10 Uhr nach [Otto Ernst] Remer, Der Ablauf der Ereignisse am 20. 7. 1944 wie ich sie als Kommandeur des Wachbtl. Großdeutschland erlebte, Berlin 22. Juli 1944, BA EAP 105/32, abgedruckt in 20. Juli 1944, hrsg. v. d. Bundeszentrale für Heimatdienst, Bonn ⁴1961, S. 145–152; um 16.15 Uhr nach dem Bericht des Chefs der 4. Kompanie des Wachbtl., Rudolf Schlee, Bericht, Berlin 23. Juli 1944, BA EAP 105/32, abgedruckt in 20. Juli 1944, S. 152–155; kurz nach 16.10 Uhr lt. [Hans W.] Hagen, »Tatbericht über meine Tätigkeit als Verbindungsoffizier des Wachbataillons ›Großdeutschland‹ zum Reichsministerium für Volksaufklärung und

Propaganda am 20. Juli 1944«, Berlin (vor 25. Juli 1944), Spiegelbild, S. 12–15 und 20. Juli 1944, S. 155–159; Mitteilungen Hagens in Volkmar Hoffmann, »›Nie wieder bin ich solch einem Menschen begegnet‹: 20. Juli – 20 Jahre danach / Interview mit Stauffenbergs Sekretärin und anderen Beteiligten / ›Ich würde es wieder tun‹«, Frankfurter Rundschau, 18. Juli 1964, S. 3.

Remer hat nach dem Kriege abweichende Darstellungen gegeben: Am 24. Juni 1946 schilderte er in der Kriegsgefangenschaft die Vorgänge des 20. Juli, wovon sich ein Mitgefangener Notizen anfertigte: Grenzendörfer. Hier gibt Remer an, der Befehl von der Kommandantur sei ihm um 14.30 Uhr zugegangen und er habe sich sofort hinbegeben. In seinem Prozeß 1949 sagte Remer ebenfalls aus, das Stichwort »Walküre« sei schon um 14.30 Uhr von der Stadtkommandantur aus bei ihm eingegangen und gegen 15 Uhr habe er sich schon bei Hase gemeldet (Der Oberstaatsanwalt bei dem Landgericht [Oldenburg] – 9 Js 164/49, Anlage zur Vernehmung); in Remers Buch, 20. Juli 1944, Hamburg-Neuhaus/Oste 1951, S. 8 heißt es »am frühen Nachmittag«. Hagen hat ebenfalls kurz nach dem Krieg eine andere Zeit angegeben, nämlich (indirekt) etwa 15 Uhr; sein Vortrag sei zu dieser Zeit beendet und Remer von seiner Fahrt zur Stadtkommandantur schon um 16 Uhr zurück gewesen: Hans W. Hagen, Größere und kleinere Fehler beim Bericht: »Remer und der 20. Juli 1944« von Otto John, o. O. o. J. (nach 1949), im Besitz der Stiftung »Hilfswerk 20. Juli 1944«, Persönliche Berichte II. Otto John, Remer und der 20. Juli 1944, Masch., o. O. o. J., BA H 91-1/2, hatte offenbar auf Grund flüchtiger Benützung des Hagen-Berichtes (Tatbericht) die dort angegebenen Zeiten verwendet. In seinen Mitteilungen von 1964 an Volkmar Hoffmann gab Hagen dann wieder an, der »Walküre«-Befehl sei kurz nach 16 Uhr beim Wachbtl. eingegangen.

Ein Angehöriger des Stabes Olbrichts, Major i. G. Fritz Harnack, erinnert sich mit Bestimmtheit, den Befehl zur Auslösung von »Walküre« schon gegen 14 Uhr von Mertz, dem Chef des Stabes des AHA, erhalten zu haben: [Fritz Harnack], Bericht über die Vorgänge des 20. 7. 44 in der Bendlerstraße, Masch., Braunschweig 20. 7. 48; ders., mündliche Mitteilungen an d. Verf. vom 29. Aug. 1966. Oberpostdirektor Dipl.-Ing. Gerhart Goebel an d. Verf. 16. Dez. 1968 gab den Bericht eines Ingenieurs Rudolf Jakob wieder, wonach am 20. 7. 44 schon von 15.15 Uhr ab das Funkhaus in der Masurenallee von Truppen der Verschwörer besetzt gewesen sei, wozu also auch der Befehl schon früher gegeben worden sein müßte. Ebenso Jakob an d. Verf. 28. Jan. 1969. Alle Berichte, die solche früheren Zeiten angeben, stammen aus der Zeit nach dem Kriege.

Angesichts der übrigen Zeugnisse läßt sich die Abweichung in den Angaben kurz nach dem Ereignis und nach Ende des Krieges teils als Verschiebung in der Erinnerung erklären, teils als Niederschlag von Vorwarnungen und einleitenden Gesprächen und Maßnahmen. In den Tagen unmittelbar nach dem 20. 7. 44 hätten sich falsche Angaben nicht halten lassen, es wäre leicht gewesen, sie durch Befragungen anderer Zeugen zu widerlegen; ein plausibles Motiv für absichtlich falsche Darstellung nach dem Krieg läßt sich nicht erkennen.

Im Stv. Gen. Kdo. III. A. K. am Hohenzollerndamm war zwischen 15 und 16 Uhr bekannt, daß ein Attentat auf Hitler stattgefunden habe, und gerüchtweise verlautete auch, es sei »Walküre« ausgelöst: Bruno Mitzkus (Ia), Um den 20. Juli und das Ende im Wehrkreiskommando III, Berlin, Masch., Bad Homburg v. d. H. 1947; Dr. Martin Sobczyk, damals als Oberstleutnant Leitender Abwehroffizier im W. K. III, mündliche Mitteilungen an d. Verf. vom 27. Aug. 1965. Gegen oder um 16 Uhr lag der »Walküre«-Befehl vor in der Heeres-Feuerwerker-Schule I (Alexander Maître, damals als Hauptmann Lehrer für Artilleristik, an d. Verf. 19. Feb. 1965); ebenso in der Panzertruppen-Schule in Krampnitz, übermittelt durch Major von Oertzen bzw. Oberstleutnant Bernardis; Wolfgang Müller, »Was geschah am 20. Juli 1944?« Das freie Wort, 19. Juli 1952. In Cottbus beim Pz. Gren. Ers. Rgt. »Großdeutschland« ging der »Walküre«-Befehl noch vor 16.25 Uhr ein; Hans-Werner Stirius, damals als Oberst Kdr. des Pz. Gren. Ers. u. Ausb. Regt. »Großdeutschland« und stellv. Kdr. der Brigade, an d. Verf. 2. Feb. 1967.

100 Harnack, Bericht; ders., Mitteilungen. Remer und Hagen berichteten zwar kurz nach dem Kriege ebenso, aber kurz nach dem 20. 7. 44 berichteten sie anders, so daß sie Harnacks Darstellung nicht stützen. Die übrigen Berichte lauten dahin, die erwähnte Besprechung sei etwa um 16 Uhr oder kurz danach abgehalten worden: Franz Herber, damals als Oberstleutnant i. G. Ib im Stabe des AHA, Was ich am 20. 7. 44 in der Bendlerstraße erlebte, Masch., o. O. o. J. (vermutlich 1948), BA H 90–3/4; Herber gibt »kurz nach 17 Uhr« an als die Zeit, zu welcher Harnack nach Erhalt des Befehls von Mertz zu Herber gekommen sei, um dessen nach der Ordnung erforderliche Beteiligung bei der Herausgabe der »Walküre«-Befehle zu veranlassen, da aber die Befehle schon spätestens kurz nach 16 Uhr bei verschiedenen Stellen eingingen, muß sich Herber um etwa eine Stunde irren. Ferner hierzu: Delia Ziegler in Volkmar Hoffmann; Bernardis vor dem VGH, Prozeß XXXIII, 438 bis 439; Karl Pridun, damals als Oberstleutnant i. G. Leiter der Abteilung Ia 1 im AHA, Vermerk. Betrifft: 20. Juli 1944, Stellungnahme, Masch., Bregenz 1953, IfZ ZS 1769.

101 Bericht des Amtes V im RSHA, Betrifft: Selbstmord des Majors Ulrich von Oertzen, Ia der Korps-Abteilung E der 2. Armee, im Dienstgebäude des Wehrkreiskommandos III, Masch., Berlin, 22. Juli 1944, BA R 58/1051; [Bruno] Mitzkus, Bericht über die Ereignisse im stellv. Generalkommando III. A. K. am 20. Juli 1944, Masch., o. O. 9. Aug. 1945, Stiftung »Hilfswerk 20. Juli 1944«, Persönliche Berichte I; Bernardis vor dem VGH, Prozeß XXXIII, 438; Abdruck der Befehle in Spiegelbild, S. 28–30, 37–41.

102 Hase vor dem VGH, Prozeß XXXIII, 487; Hagen in Spiegelbild, S. 12, 38–40; Remer, Ablauf; Schlee. Nach Gisevius, Nebe, S. 155–158, war Hayessen ungenügend vorbereitet und eingeweiht, daher ziemlich ratlos.

103 Hoepner vor dem VGH, Prozeß XXXIII, 401; Prozeßbericht von Dr. Hopf an Martin Bormann über die VGH-Verhandlung gegen Fromm vom 7. März 1945, BA EAP 105/30; Heinz-Ludwig Bartram, damals als Rittmeister Adjutant bei Fromm, 20. Juli 1944, Masch., o. O. [1954], BA H 90-3/4; Fabian von Schlabrendorff, Offiziere gegen Hitler, Fischer Bücherei, Frankfurt/M.- Hamburg 1959, S. 148–151, der einen persönlichen Bericht von Fromm wiedergibt, den er von diesem teils im Gefängnis erhalten, teils aus der Anklageschrift gegen Fromm entnommen hat.

104 Prozeß XXXIII, 402.

105 »Gegen 16 Uhr« heißt es im Bericht über Fromms Prozeß. Dieselbe Zeit läßt sich ungefähr aus den Aussagen Hoepners entnehmen. Bartram gibt etwas abweichend eine Zeit nach 16.15 Uhr an, sagt aber ein paar Zeilen später auch, Olbricht habe sich »gegen 16 Uhr« bei Fromm melden lassen.

106 Ob Keitel bei diesem Gespräch mit Fromm auch erfahren hat, daß Witzleben und Hoepner führend im Komplott waren, ist unklar, aber unwahrscheinlich. Wie unten bei der Darstellung der Gegenmaßnahmen zu zeigen sein wird, wußte Keitel spätestens kurz vor 16.15 Uhr von der Verwendung der Namen Fromms, Witzlebens und Hoepners bei der Ausgabe der »Walküre«-Befehle. Er kann davon durch Anrufe von Kommandeuren oder Stabsoffizieren erfahren haben, die schon im Besitz der Befehle waren, oder durch das Abfangen der telephonisch bzw. fernschriftlich durchgegebenen Berliner Befehle im Führerhauptquartier, wo inzwischen eine möglichst umfassende Überwachung aller Nachrichtenverbindungen eingeleitet worden war; Sander, Mitteilungen; Waizenegger, Mitteilungen; Wolf. Vgl. Kramarz, S. 212–213, wo auf Grund des Berichtes von Oberst Rudolf Langhaeuser einige Einzelheiten der Nachrichtenübermittlung aus der Bendlerstraße mitgeteilt werden.

Nach dem Bericht des Adjutanten Fromms, Bartram, erklärte Olbricht dem Befehlshaber nach dessen Gespräch mit Keitel, es sei eine neue Regierung verantwortungsbewußter Männer gebildet worden, welche an die Stelle des bisherigen Regimes treten solle, und ob er sich als BdE beteilige. Weiter berichtete Bartram, Fromm habe Keitel gefragt, ob vom Ersatzheer irgendetwas zu veranlassen sei. Daran fügt Bartram jedoch, ohne eine Unterbrechung durch andere Vorgänge zu erwähnen, Ereignisse an, die sich erst bedeutend später, gegen 17 Uhr, zugetragen haben. Es ist also zum Ablauf der Dinge den aus frischerer Erinnerung gegebenen Berichten Hoepners und Fromms zu folgen, sofern nicht Schutzbehauptungen darin zu sehen sind.

107 Prozeß XXXIII, 401–402.

108 Hierzu und zum Folgenden: Meldung der Ag N/HNV vom 22. Juli 1944, Spiegelbild, S. 63–65; Aussagen Klausings vor dem VGH, Prozeß XXXIII, 433; Wolfram Röhrig, mündliche Mitteilungen an d. Verf. vom 29./30. Juni 1965; Amtsrat a. D. Emil Pestinger, damals in der HNB in der Bendlerstraße tätig, an d. Verf. 20. Dez. 1964. Kramarz, S. 212–213 berichtet auf Grund von Mitteilungen von Oberst Langhaeuser, dem Amtsvorgänger von Oberstleutnant i. G. Sadrozinski als G. Ltr. I im Stabe des Chefs H Rüst u BdE, Langhaeuser sei, zufällig in der Bendlerstraße anwesend, von dem herzkranken Sadrozinski mit Fernschreiben zum LdN geschickt worden; das war schon später, etwa um 18 Uhr. Oberstleutnant i. G. Bernardis war magenkrank und hatte am 20. 7. 44 nach seiner Aussage vor dem VGH einen schweren Anfall; vgl. Prozeß XXXIII, 438. Der Einsatz kranker Offiziere in so wichtigen Stellen beleuchtet die verzweifelte Kriegslage und zugleich die begrenzten Energien der Staatsstreichpartei. – Aus den angeführten Stellen im Prozeß XXXIII, aus Spiegelbild, S. 182, und aus dem Abschiedsbrief Klausings im BA NS 6/50 könnte man den Eindruck erhalten, daß Klausing nur naiv Befehle befolgt habe und sozusagen von anderen Verschwörern übervorteilt worden sei. Der Eindruck wäre falsch. Die bewußte, aktive Beteiligung Klausings bestätigt Axel von dem Bussche, »Eid und Schuld«, Göttinger Universitätszeitung 2 (1947) Nr. 7, 7. März 1947, S. 4.

109 In der Meldung der Ag N/HNV sind bis zu diesem Punkt des Berichts schon zwei Feststellungen falsch: 1. Der erste Satz des ersten Schreibens, »Der Führer Adolf Hitler ist tot«, wurde nicht gestrichen, sondern mit dem übrigen Text abgesetzt und ist auch bei den Empfängern angekommen. Die Behauptung des Berichts, Klausing habe nach etwa zehn Minuten das Schreiben noch einmal überbracht, nun aber sei der Satz gestrichen gewesen und Röhrig habe ihn dann noch so gründlich ausgestrichen, daß er gar nicht mehr lesbar gewesen sei, diente nach der Erinnerung Röhrigs zur Verschleierung der Bereitwilligkeit, mit der er, seine Untergebenen und zum Teil auch seine Vorgesetzten die Beförderung der Schreiben betrieben. Es ist natürlich denkbar, daß einer der Verschwörer – Olbricht, Hoepner oder Beck? – noch vor der Rückkunft Stauffenbergs und unter dem Eindruck der Nachrichten aus dem FHQu den Satz streichen und später wieder einfügen ließen. Dem widersprechen die Berichte aus den Wehrkreiskommandos, wie im nächsten Abschnitt dieses Kapitels zu sehen sein wird. Originale der *ersten* Version sind bisher nicht aufgetaucht. Alle erhaltengebliebenen bisher bekannten Kopien sind spätere Versionen, Abschriften oder Aufnahmekopien aus einzelnen W.-K.-Kdos. Auch der Abdruck im Mitteilungsblatt der Arbeitsgemeinschaft ehemaliger Offiziere Nr. 12/1968 u. Nr. 1–2/1969 wiederholt nur frühere Veröffentlichungen *ohne* die *erste* Version.

Freisler zitierte in der Verhandlung des VGH am 7. Aug. 1944 ausdrücklich den Satz als den ersten des fraglichen Befehles; Prozeß XXXIII, 362. Vgl. den Abdruck aus unbekannter Provenienz bei Gerhart Binder, Epoche der Entscheidungen, Stuttgart-Degerloch 1960, S. 433. Es wird dann in dem Bericht weiter festgestellt, aber keineswegs erklärt, daß dasselbe Fernschreiben angeblich um 18.30 Uhr *nochmals,* also zum dritten Male zu Röhrig gebracht worden sei und dieser es immerhin, wenn auch zögernd, an Marine- und Luftwaffen-Dienststellen habe absetzen lassen. In diesem Schreiben war der Satz »Der Führer Adolf Hitler ist tot« nicht gestrichen und es wurde noch um 19.28 Uhr beim Chef des Stabes der Seekriegsleitung so aufgenommen; MFA, Akten der Skl II M 1005/11. Das zu berichten hatte nur Sinn, wenn man die Tendenz zugrundelegt: Röhrig war ein braver, loyaler Soldat, der sich Befehlen von Vorgesetzten im Rahmen seiner Möglichkeiten widersetzte, als er sah, daß sie gegen das Regime gerichtet waren; er hat die verdächtigen Schreiben nur schleppend befördert und das gefährlichste Schreiben mit dem fatalen Satz von Hitlers Tod, »lediglich an Marine und Luftwaffe«, welche die darin enthaltenen Befehle gar nicht ausführen konnten; er hat Marine und Luftwaffe überdies noch »später über die hier [in der Bendlerstraße] herrschenden Zweifel eingehend unterrichtet« bzw. unterrichten lassen.

2. Ferner ist die Behauptung unrichtig und muß als Schutzbehauptung angesehen werden, das erste Fernschreiben sei erst in der Zeit von 17.35 bis 21.03 Uhr befördert worden; vielmehr ist sofort mit dem Absetzen begonnen worden. Schon der Absetzvermerk »16.45« des ersten der Meldung der Ag N/HNV beigelegten Fernschreibens widerspricht ferner der Behauptung, es sei erst eine Stunde nach seinem Eingang bei Röhrig abgesetzt worden (Spiegelbild, S. 65). Auf den beim Eingang der Fernschreiben bei den Empfängern hergestellten Aufzeichnungen wurde außer der Eingangszeit auch die vom Absender angegebene Absendezeit angegeben, so z. B. in Prag für

das erste Schreiben die Absendezeit 16.45 Uhr, für das zweite die Absendezeit 18 Uhr: Ferdinand Schaal, »Der 20. Juli 1944 in Prag: Der Attentatstag im Spiegel militärischer Befehle«, Schwäbische Zeitung (Überlingen), 26. Juli 1952.

Die weitere Behauptung, das Absetzen des zweiten Schreibens sei »nicht mehr mit der Eile wie bei dem ersten« betrieben worden, wird sogar schon im nächsten Satz desselben Berichts und auch durch den Absetzvermerk auf der Abschrift des Schreibens widerlegt: Im Bericht heißt es, das Schreiben sei von 18.30 bis 21.22 Uhr abgesetzt worden, also in weniger als drei Stunden, während das erste, etwa gleich lange Schreiben in mehr als dreieinhalb Stunden abgesetzt worden sei. Angeblich soll auch das Absetzen eines dritten Schreibens verzögert worden sein, weil die Leitungen noch durch das erste und dritte belegt waren, wogegen eigenartigerweise die Belegung der Leitungen durch das erste auf die Geschwindigkeit beim Absetzen des zweiten Schreibens keinerlei Einfluß gehabt zu haben scheint, da es ja sogar – immer nach der Meldung der Ag N/HNV – schneller ging. Das Absetzen begann auch nicht erst um 18.30 Uhr, sondern dem Vermerk auf der mit der Meldung eingereichten Abschrift zufolge schon um 18.00 Uhr. Die auf den Schreiben angegebenen Zeiten sind, wenn es sich um die Absetzkopie handelt, die Zeiten für den tatsächlichen Beginn des Absetzens (Wolf). Nach dem Bericht der Fernschreiberin Vera Noack in Klaus Haetzel, »Die längste Schicht am Fernschreiber«, Telegraf, 19. Juli 1964, S. 8 wurde etwa von 20.30 bis 21.30 Uhr ein Fernschreiben nicht weiterbefördert, das »›an sämtliche Wehrmachtstellen‹« gerichtet war; aber darin stand, daß der Führer lebe usw. Das Zurückhalten, ganz im Sinne der Verschwörung, zu diesem späten Zeitpunkt ist immerhin bemerkenswert. Auch wurde ja das Absetzen der Auslösebefehle selbst nach dem gefärbten Bericht der Ag N/HNV, Spiegelbild, S. 63–65 wenigstens bis nach 21 Uhr nicht unterbrochen. Das angebliche Eingreifen von Oberst Köllner kam zu einer Zeit, als der Staatsstreich längst rückläufig war und gehört in die Gesamttendenz des Berichtes, die Beteiligten zu rechtfertigen.

Die Widersprüche sind also zahllos und man hat offenbar mit Erfolg versucht, der Gestapo Sand in die Augen zu streuen mit einem Wust von Zeitangaben, Daten und Einzelheiten, während andererseits die Gestapo nicht so sehr an der Aufklärung aller Einzelheiten der Vorgänge wie an der Vernichtung der Opposition und an der Ergreifung aller gefährlichen, führenden »Staatsfeinde« interessiert war.

Vom Verf. früher gegebene Darstellungen waren von der Annahme ausgegangen, daß die in der Meldung der Ag N/HNV angegebenen Zeiten dokumentiert, unfälschbar und ungefälscht gewesen seien und die in den Abschriften der Fernschreiben aufgetauchten Widersprüche auf Abschreibfehlern beruhten: Peter Hoffmann, »Zum Ablauf des Staatsstreichversuches des 20. Juli 1944 in den Wehrkreisen«, Wehrwissenschaftliche Rundschau 14 (1964), S. 377–397; ders., »Der 20. Juli im Wehrkreis II (Stettin): Ein Beispiel für den Ablauf des Staatsstreichversuches im Reich«, Aus Politik und Zeitgeschichte, 14. Juli 1965, S. 25–37. Hinsichtlich der Absetzzeiten und der Frage des ersten Satzes des ersten Schreibens (»Der Führer Adolf Hitler ist tot«) sind diese Darstellungen als überholt anzusehen.

110 Degner; Dr.-Ing. Claus-Peter Goetzke, damals als Oberleutnant d. R. technischer Leiter des Nachrichtenbunkers in der Bendlerstraße, an d. Verf. 14. Juli 1964.

111 S. Abdruck in Spiegelbild, S. 65–66.

112 Spiegelbild, S. 63–64.

113 Zeller, S. 439–440 folgt für die Tätigkeit Röhrigs offenbar nur der Meldung der Ag N/HNV, wie es auch der Verf. in früheren Veröffentlichungen getan hat, bis er in einer Besprechung mit Röhrig auf die Widersprüche in der Meldung gestoßen ist. Die angeblich absichtlich langsame Abwicklung ist zumindest für die Zeit bis gegen 21 Uhr eine für die Gestapo erfundene Fiktion. Ordensverleihung und Beförderungen, soweit sie stattfanden, beweisen nichts, als daß die Fiktion wirksam war.

114 Vgl. oben, Anm. 108; Abdruck in Spiegelbild, S. 66–67.

115 Abdruck der Ernennungsbefehle, auch für die Politischen Beauftragten, in Spiegelbild, S. 76–82.

116 Abdruck des Befehls in Spiegelbild, S. 68.

117 Abdruck in Spiegelbild, S. 70–75.

118 Röhrig, Mitteilungen.

119 Röhrig, Mitteilungen; Botschaftsrat Dr. Georg Röhrig an d. Verf. 15. März 1966.

120 In einem sonst nicht ernstzunehmenden Blatt erschien 1965 ein Artikel aus Tatsachen, Legenden und mißverstandenen Äußerungen, wonach Röhrig einem Reporter gegenüber erklärt haben sollte, er habe die Durchgabe der Fernschreiben der Verschwörer absichtlich verzögert: Peter G. Eder, »Deutschland, deine Helden. 21 Jahre danach: Wer war was am 20. Juli 1944? Zeitung sprach mit Zeugen des Aufstandes«, Zeitung, 19. Juli 1965, S. 17–21. Es handelte sich um ein Telephoninterview, das Röhrig dem Reporter unklugerweise gewährt hatte und das dieser dann verfälscht wiedergegeben hat. In ihrer Ausgabe vom 16. August 1965, mit der sie übrigens ihr Erscheinen einstellte, mußte die Zeitung eine Berichtigung veröffentlichen: Wolfram Röhrig, »Keine bewußte Initiative«, Zeitung, 16. August 1965, S. 57.

121 Genauer läßt sich der Zeitpunkt auf Grund der Quellen bis jetzt nicht festlegen. Hierzu und zum Folgenden: Hoepner vor dem VGH, Prozeß XXXIII, 402–404; Gisevius, Sonderausgabe, S. 511–514; Bartram; Schlabrendorff, Offiziere, S. 149–151 nach dem Bericht Fromms, im wesentlichen bestätigt im Bericht von Dr. Hopf an Bormann über die VGH-Verhandlung gegen Fromm, BA EAP 105/30.

122 Prozeß XXXIII, 402. Vgl. die Aussage von Generalleutnant von Thüngen in seinem Prozeß vor dem VGH, es habe geheißen, Hitler sei auf einer Bahre herausgetragen worden; Volksgerichtshof-Prozesse zum 20. Juli 1944, Transkripte von Tonbandfunden, [Frankfurt/M.] 1961, S. 77. Dasselbe berichtete ein Unbekannter vor dem VGH aus dem Munde Stauffenbergs selbst während dessen Auseinandersetzung mit Fromm: ».. aber jedenfalls wurde vom Generaloberst [Fromm] gefragt, waren Sie dabei? ... worauf Stauffenberg erklärte, er sei im Nebenzimmer gewesen, habe die Explosion – ich weiß nicht, ob diese Worte gefallen sind, aber so etwa dem Sinn nach muß es gewesen sein – gehört, habe nach dem Arzt rufen hören – auf diesen Satz kann ich mich noch besinnen – .. und habe selbst gesehen, wie der Führer weg-

getragen worden sei... Und dann schloß noch etwa ein Satz an, es sei also keine Hoffnung mehr oder es sei aus gewesen... F[reisler:] Damit bekräftigte er, als mit den eigenen Augen gesehen, der Führer sei tot. [Aussagender:] Jawoll.« Einige Sätze später im selben Verhör sagte der Unbekannte: »Stauffenberg erklärte mit einer ganz kolossalen Sicherheit, der Führer ist tot.« Volksgerichtshof-Prozesse, S. 80–81; ebenso Fromms Bericht über die Behauptungen Stauffenbergs bei Schlabrendorff, Offiziere, S. 149.

123 Schlabrendorff, Offiziere, S. 149. Wahrscheinlich hat Fromm zwischen seinen beiden Gesprächen mit Stauffenberg noch einmal mit Keitel telephoniert und dabei mit den Worten geendet: »Herr Feldmarschall, ich kann mich also darauf verlassen, daß der Führer lebt.« Ewald Heinrich von Kleist an d. Verf. 2. Okt. 1968. Nach Gisevius, Sonderausgabe, S. 514–515 hat Olbricht den schon eingetroffenen Generaloberst Beck zu einem Versuch veranlassen wollen, Fromm doch noch zur Teilnahme am Staatsstreich zu gewinnen, aber Beck hatte abgelehnt, weil das zu sehr nach Überrumpelung aussehen würde.

124 Schlabrendorff, Offiziere, S. 149; Bartram trotz einigen Abweichungen im wesentlichen ebenso; Bestätigung bei Gisevius, Sonderausgabe, S. 513–514.

125 Schlabrendorff, Offiziere, S. 150; Bericht über die VGH-Verhandlung gegen Fromm, BA EAP 105/30. Nach dem Bericht von Ewald Heinrich von Kleist an Volkmar Hoffmann sollte Fromm nach dem (zweiten) Telephongespräch mit Keitel zu Olbricht und Stauffenberg gesagt haben, während Haeften und Kleist im Hintergrund standen: »»Hitler ist nicht tot! Unter diesen Umständen betrachte ich mich als Mitverschworenen außer Kurs gesetzt.«« Das ist nicht richtig; Kleist an d. Verf. 2. Okt. 1968; auch zum Folgenden.

126 Gisevius, Sonderausgabe, S. 521.

127 Prozeß XXXIII, 403–404; Schlabrendorff, Offiziere, S. 151.

128 Wagner, Verlauf, auch zum Folgenden.

129 Ob Wagner wirklich angesichts des Mißlingens nicht mitmachen wollte, wird sich vielleicht ähnlich wie bei Thiele nie klären lassen, wenn nicht noch Zeugen aus seiner Umgebung gefunden werden. Im Lichte der folgenden, vermutlich zutreffenden Behauptung Wagners wird man wohl annehmen müssen, daß er nicht mitmachen wollte. Vgl. Burchardt, Zugehörigkeit und ders., Darstellung: »Von Wagner, der in der Zwischenzeit vom Mißlingen des Attentats auch Kenntnis erhalten haben mußte, kam Höpfner unverrichteter Dinge und ohne auf einen Umsturz hindeutende Weisungen zurück.«

130 Gisevius, Sonderausgabe, S. 512; Volksgerichtshof-Prozesse, S. 47–51.

131 Gisevius, Sonderausgabe, S. 513–514.

132 Volksgerichtshof-Prozesse, S, 49–51.

133 Volksgerichtshof-Prozesse, S. 48, 51.

134 Einstellungsbescheid des Oberreichsanwalts beim Volksgerichtshof im Ermittlungsverfahren gegen Ewald Heinrich von Kleist, Georg Sigismund von Oppen und Hans Fritzsche wegen Hoch- und Landesverrats vom 12. Dez. 1944, Az. O J 41/44 gRs., BA EAP 105/30; Kunrat Freiherr von Hammerstein, Spähtrupp, Stuttgart 1963, S. 270–271, 279 nach dem Bericht seines Bruders Ludwig, wo als Zeit des Telephonanrufs einmal 16.30 Uhr und einmal 16.15 Uhr angegeben ist. Ferner Volkmar Hoffmann.

135 Gisevius, Sonderausgabe, S. 515; Hammerstein, Spähtrupp, S. 270. Nach
    dem Bericht von Elfriede Nebgen, Jakob Kaiser: Der Widerstandskämpfer,
    Stuttgart 1967, S. 192–194 muß Goerdelers Aufenthalt am 20. 7. 44 in der
    Bendlerstraße genau bekannt gewesen sein.
136 Gisevius, Sonderausgabe, S. 521.
137 Otto John, Der 20. Juli 1944, Masch., London o. J., S. 13; mit geringen Ab-
    weichungen ebenso in anderen Berichten, vor allen: Otto John, An Eye
    Witness's Account of the 20th July 1944 Plot against Hitler that Failed,
    Masch., [London] 1946; ders., »Zum Jahrestag der Verschwörung gegen Hit-
    ler – 20. Juli 1944«, Wochenpost, 18. Juli 1947, S. 4–6; ders., Some Facts and
    Aspects of the Plot against Hitler, Masch., London 1948, S. 61. Gisevius,
    Nebe, S. 158–160 und Sonderausgabe, S. 474–479 berichtet, Hansen habe
    mit dem schlecht vorbereiteten Putsch nichts zu tun haben wollen und sei
    »ostentativ auf Urlaub gefahren«.
138 John, Zum Jahrestag; ders., Some Facts; Hammerstein, Spähtrupp, S. 279
    bis 280.
139 Hierzu und zum Folgenden: Eugen Gerstenmaier, mündliche Mitteilungen
    an d. Verf. vom 17. Aug. 1965; ders., »Zur Geschichte des Umsturzversuches
    vom 20. Juli 1944«, Neue Zürcher Zeitung, 23. und 24. Juni 1945; hiernach
    zahlreiche Abdrucke u. a. unter dem Titel »Entscheidende Stunden in der
    Bendlerstraße: Der Ablauf der Ereignisse im Oberkommando der Wehr-
    macht«, Die Welt, 19. Juli 1946 und in Der 20. Juli 1944: Beiträge zur Ge-
    schichte der deutschen Widerstandsbewegung, Schriften des Südkurier Nr. 1,
    Konstanz o. J.; ferner Gerstenmaier, Church Conspiratorial, S. 183–189,
    mit Bestätigung der Zeit 17 Uhr für die Rundfunkmeldung. Vgl. Eugen
    Gerstenmaier, »Die Kreisauer und der 20. Juli« in Eugen Gerstenmaier,
    Reden und Aufsätze, Bd. II, Stuttgart 1962, S. 238–243; Fabian von Schlabren-
    dorff (Hrsg.), Eugen Gerstenmaier im Dritten Reich: Eine Dokumentation,
    Stuttgart 1965, S. 23.
140 Hammerstein, Spähtrupp, S. 279; Spiegelbild, S. 377; Schramm, Aufstand,
    S. 55–57; vgl. unten, Abschn. 4 dieses Kapitels.
141 Hammerstein, Spähtrupp, S. 281; Mitzkus, Bericht; Prozeß XXXIII, 409;
    Gisevius, Sonderausgabe, S. 525–526.
142 Aussage von Graf Yorck von Wartenburg, Prozeß XXXIII, 430; Aussage
    von Thüngen, Volksgerichtshof-Prozesse, S. 74–76; Urteil des VGH gegen
    Thüngen vom 5. Okt. 1944, BA EAP 105/30; Mitzkus, Bericht, gibt an, Thün-
    gen sei mit Hase »cr 19 h« gekommen; Hase kam aber nicht schon kurz
    nach 19 Uhr (s. Abschn. 5); ferner Gisevius, Sonderausgabe, S. 526–528, 530.
143 Hierzu und zum Folgenden: Mitzkus, Bericht; Joachim von Wiese und
    Kaiserswaldau, damals als Oberst IIa im Wehrkreiskommando III mit
    Dienstsitz in der Ulanenkaserne in Fürstenwalde, an d. Verf. 10. Aug. 1964;
    Harnack; Bericht des Amtes V des RSHA über Oertzens Selbstmord vom
    22. Juli 1964, BA R 58/1051.
144 Der Abdruck der Liste in Spiegelbild, S. 28–30 ist ungenau; vgl. also die
    Druckvorlage, BA EAP 105/20.
145 Dies und das Folgende auf Grund der Berichte von Mitzkus; vgl. zum
    Zögern Herfurths auch Spiegelbild, S. 196.
146 So z. B. auch im Standort Potsdam; [Schramm], Mitteilungen Meichßner.

147 Stirius.

148 U. a. hat Wilhelm von Schramm, S. 7, 94 darauf hingewiesen, daß der Staatsstreich in Berlin zu sehr »vom Schreibtisch aus geleitet« worden sei.

149 Zeitplan und Befehle sind mit Fehlern abgedruckt in Spiegelbild, S. 37–41; vgl. die Druckvorlagen im BA EAP 105/20.

150 Aussagen Hases, Prozeß XXXIII, 487–488.

151 Haßel; vgl. Spiegelbild, S. 377–378.

152 Hierzu und zum Folgenden: Hase vor dem VGH, Prozeß XXXIII, 487–488; Frau von Hase, Mitteilungen; Remer, Ablauf; Hagen, Tatbericht; Schlee; Holm Erttel, »»Meine Herren, es ist so weit!‹ Eine Erinnerung an den 20. Juli 1944«, Das freie Wort, 19. Juli 1952; vgl. Hammerstein, Spähtrupp, S. 201; Vermerk von VGH-Berichterstatter Dr. Hopf für Bormann 24. Okt. 1944, und Kaltenbrunner an Parteikanzlei/München 27. Okt. 1944, BA EAP 105/32. Das Wachbataillon lag in Moabit, nicht in Döberitz, wie John W. Wheeler-Bennett, The Nemesis of Power: The German Army in Politics 1918–1945, New York ²1964, S. 655 mitteilt; ebenso (Döberitz statt Moabit) u. a. das ganz flüchtig gearbeitete Buch von Heinrich Fraenkel und Roger Manvell, Der 20. Juli, Berlin–Frankfurt/M.–Wien ²1965, S. 116.

153 Remer, Ablauf; bestätigt durch die Aussagen Schönes in seinem Prozeß am 10. Okt. 1944, Vermerk von Dr. Hopf für Bormann 24. Okt. 1944, BA EAP 105/32.

154 Vielleicht hat Hagen schon die erste Rundfunkmeldung zwischen 17 und 18 Uhr gehört; s. unten, S. 519–520. Man ist für seine Tätigkeit auf seinen, Remers und Goebbels' Bericht (Rundfunkansprache vom 26. Juli 1944, Völkischer Beobachter, Berliner Ausgabe, 27. Juli 1944, S. 1; ferner Semmler, S. 132 bis 138) angewiesen; diese können wohl in gewissen Tendenzen, z. B. Angabe früherer als der tatsächlichen Zeitpunkte für das Aufkommen der Zweifel, gefärbt sein, schwerlich aber in den übrigen Tatsachenbehauptungen, die ja damals voll nachprüfbar waren und deren Fälschung für Remer und Hagen schlimme Folgen hätte haben müssen. Eine Absprache zwischen Hagen und Remer kann nur allgemeiner Art gewesen sein, da sich in wichtigen Einzelheiten, besonders in den Zeitangaben, starke Abweichungen finden.

155 In Hagens Bericht heißt es »zu meinem Minister Goebbels oder zum SD«. Daß er den SD schon zu diesem Zeitpunkt erwähnte, darf bezweifelt werden, wohl aber empfahl sich später die Erwähnung des SD, der nun mächtiger denn je geworden war. Hagen besteht noch heute darauf, er habe wirklich Generalfeldmarschall von Brauchitsch in voller Uniform durch die Stadt fahren sehen, ein Irrtum sei ausgeschlossen, es könne nicht etwa Witzleben gewesen sein: Hagen, Größere und kleinere Fehler. Witzleben war etwa um die fragliche Zeit, 14.15 Uhr, unterwegs nach Zossen. Wo war Brauchitsch? Die Gestapo-Berichte gehen auf Hagens Behauptung nicht ein. Ist sie nicht geprüft worden?

156 Hierzu und zum Folgenden: Kurt Delius an d. Verf. 28. Juli 1965; Stirius; Generalmajor a. D. Hermann Schulte-Heuthaus an d. Verf. 20. Sept. 1965.

157 Nach einem bei Finker, S. 266–268 abgedruckten Zeugnis hatte denselben Befehl auch eine Pz-Aufklärungskompanie in Potsdam-Nedlitz, die ihn auch ausgeführt habe. Delius erinnert sich, daß »inzwischen«, also gegen 18 Uhr, der Brigade-Kommandeur Oberst Schulte-Heuthaus wieder zurückgekehrt sei;

Schulte-Heuthaus erinnert sich nur, tagsüber unterwegs gewesen zu sein; Stirius (der seinerseits den Tag als den bittersten seines militärischen Lebens bezeichnet) habe die »Walküre«-Befehle ausgeführt. Stirius berichtet nichts von der Rückkehr des Kommandeurs, betont aber, daß auch seine Erinnerung nicht lückenlos und unfehlbar sei. Der Verf. folgt dem Bericht Delius', da dieser sonst in allen wesentlichen Punkten mit Stirius übereinstimmt.

158 Wolfgang Müller, Gegen eine neue Dolchstoßlüge: Ein Erlebnisbericht zum 20. Juli 1944, Hannover ²1947, S. 42–43; Spiegelbild, S. 459–460; Dr. Georg Röhrig an d. Verf. 15. März 1966. Müller berichtet, Hitzfeld sei eingeweiht gewesen; aber Hitzfeld verwahrt sich energisch dagegen. Hierzu Otto Hitzfeld an Gert Buchheit 5. Juli 1966 (Abschrift); ders. an Institut für Zeitgeschichte, München, 25. Sept. 1966; Wolfgang Müller an Hitzfeld 15. Okt. 1966 (Abschrift); Hitzfeld an Müller 18. Okt. 1966 (Abschrift); alle im IfZ ZS 1858. Müller scheint lediglich einem Mißverständnis zum Opfer gefallen zu sein: als auf telephonische Anfrage Hitzfeld sagte, die Befehle des OKH seien auszuführen (auch gegen die SS), glaubte Müller, Hitzfeld sei auf der Seite der Verschwörer und eingeweiht. Ausführliche Bestätigung der Vorgänge in Döberitz auf Grund zeitgenössischer Aufzeichnungen von Obstlt. a. D. H. Hüttner, damals Taktiklehrer in Döberitz, an d. Verf. 25. Jan. 1969. S. ferner Karl Schober, »Eine Chance blieb ungenutzt«, in Darauf kam die Gestapo nicht: Beiträge zum Widerstand im Rundfunk, Berlin 1966, S. 54–55 berichtet, der »Walküre«-Alarm sei schon vor 14 Uhr in Döberitz eingegangen. Er stellt selbst die Unwahrscheinlichkeit dieser Zeit fest und fügt hinzu, der Weg, auf dem der Alarm nach Döberitz gelangt sei, sei ungeklärt, aber er erinnere sich mit Sicherheit an die Zeit vor 14 Uhr. Vgl. einen ähnlichen Bericht bei Finker, S. 378 Anm. 39. Da sich Harnack vom OKH/AHA ähnlich erinnert, wäre möglich, daß beide etwas wußten, was die meisten anderen nicht erfuhren, aber auch, daß beide sich irren.

159 Hierzu und zum Folgenden: Otto Freundorfer (damals als Abteilungsleiter beim Reichsprogramm im Funkhaus tätig), mündliche Mitteilungen an d. Verf. vom 18. Feb. 1965; Paul Gnuva (ebenfalls damals im Funkhaus tätig) an d. Verf. 6. April 1965; Bericht von Major Jacob an seinen späteren Divisionskommandeur Generalmajor Ferdinand Brühl, niedergeschrieben (hs.) von diesem am 25. April 1947 im Gefangenenlager Brigend in England, Sammlung John Mappe 5; Schober, S. 54–55; Utz Utermann (damals im Funkhaus tätig) an den Verf. März 1965; Finker, S. 268–269; Müller, Dolchstoßlüge, S. 42–47 erwähnt in seinem Erlebnisbericht die Aktion Jacobs nicht, hat also anscheinend nichts Genaues darüber erfahren. Wheeler-Bennett, S. 654–655 verwendet den Bericht Jacobs in der Wiedergabe von Generalmajor Brühl; im übrigen besitzt Wheeler-Bennett nur begrenzte Klarheit über die Vorgänge. Nach dem Bericht von Ing. Rudolf Jakob (Goebel an d. Verf. 16. Dez. 1968 und Jakob an d. Verf. 28. Jan. 1969) hätten schon um 15.15 bzw. 15.20 Uhr etwa 40 Mann auf Geheiß der Verschwörer das Funkhaus besetzt.

160 Über die Zeit des Eintreffens beim Funkhaus schwanken die Angaben, wie immer. Auf Grund des vorliegenden Materials ist die Zeit zwischen 17 und 18 Uhr anzunehmen; vgl. Finker, S. 378 Anm. 39. Schober gibt an, es sei ein ganzes Bataillon von etwa 400 Mann zum Funkhaus gerückt; aus dem

Kreise der Funkhausangehörigen wird nur von 80–100 Mann berichtet; möglicherweise waren die übrigen 300 Mann zu anderen Punkten, z. B. dem Sender Tegel, unterwegs, ehe sie von Gegenbefehlen abgefangen wurden.

161 Haßel; Spiegelbild, S. 377.

162 Vgl. dazu den bei Kramarz, S. 212 wiedergegebenen Bericht eines gewissen Oberst a. D. R. K., der mit einer Gruppe von Funkern und Angehörigen der Propaganda-Abteilung (Wehrmacht-Propaganda-Abt. d. OKW?) den Deutschlandsender und den Sender Nauen besetzen sollte; Oberst R. K. habe sich (anscheinend etwa um 17 Uhr) bei Stauffenberg und Olbricht gemeldet, aber keinen Einsatzbefehl erhalten mit· der Begründung, daß es noch zu früh sei. Anscheinend hat Oberst R. K. nicht berichtet, ob bzw. warum er auch später nicht den Befehl bekam.

163 Haßel; Wagner, Verlauf.

164 Fritz Theil an Marion Gräfin von Dönhoff 28. Mai 1948, Masch.-Abschr., und ders., [Bericht], Masch., unterz., Godesberg o. J. (vermutlich 1956), beide im Besitz der Stiftung.

165 Wagner, Verlauf; Spiegelbild, S. 146.

166 S. unten, Abschn. 5. Hüttner (Anm. 158) bestätigt die Berichte Müllers bis in die Einzelheiten.

167 Nach Müller, Was geschah, hielt sich Gorn aber noch in der Schule auf.

168 Befehl-Abschrift als Anlage zu den Gestapo-Berichten im BA EAP 105/20; Abdruck in Spiegelbild, S. 40; dem Sinne nach ebenso bei Wolfgang Müller, »Die Wehrmacht am 20. Juli: Neue Forschungsergebnisse zu Deutschlands Schicksalstag vor fünf Jahren«, Main-Post, 21. Juli 1949, darin Verwendung eines Berichts von Oberst Glaesemer vom 23. Oktober 1945; Müller, Was geschah. Vgl. [Schramm], Mitteilungen Meichßner.

169 S. Anm. 168.

170 Harald Momm, mündliche Mitteilungen an d. Verf. vom 19. Aug. 1968; Wagner, Mitteilungen. Später suchte Momm der Gestapo zu erklären, er habe »Sau« gesagt, und das sei eben ein Jagdausdruck; nach Degradierung und Versetzung in die Einheit »Dirlewanger« erwarb sich Momm seinen alten Rang zurück.

171 John von Freyend; Momm. Momm sagte darauf in seiner forschen Art: »Ja, klar, die Zossen reinführen, absatteln!« John von Freyend meint, das müsse gegen 17 oder 18 Uhr gewesen sein. Momm erinnert sich nur vage an diese Einzelheiten.

172 Zur Dienststellung Bolbrinkers: Wolf Keilig, Das deutsche Heer 1939 bis 1945: Gliederung – Einsatz – Stellenbesetzung, Loseblattwerk, Bad Nauheim 1956 ff., 211/38.

173 Vgl. Heinz Guderian, Erinnerungen eines Soldaten, Heidelberg 1951, S. 307 bis 308. Zu einer persönlichen Intervention Guderians ist es nach dessen eigenem Bericht nicht gekommen, es fehlen dafür auch anderweitige Anhaltspunkte. Jedoch scheint es, daß sein Chef des Stabes, Generalmajor Thomale, mit Generalmajor Bolbrinker in Verbindung stand, während dieser seine Entscheidungen traf. Otto Skorzeny, Geheimkommando Skorzeny, Hamburg 1950, S. 207 berichtet, er habe im Lauf des Abends den »General der Panzertruppen B.« getroffen, also vermutlich Bolbrinker, der gesagt habe, alle Panzertruppen aus Wünsdorf seien nach Berlin marschiert und haben

sich in der Nähe des Fehrbelliner Platzes versammelt, wo er sie gut in der Hand behalten könne. Er, B., habe einen Befehl, die Panzer gegen die Berliner Kasernen der Waffen-SS zu bewaffneter Aufklärung einzusetzen. Skorzeny riet ab und meinte, ein Bürgerkrieg sei doch zu vermeiden.

174 Müller, Was geschah: 20 Minuten, auch zum Folgenden.

175 Walter Bruns, Vor, am und nach dem 20. Juli 1944, Masch., o. O. o. J. (zwischen 1945 und 1948), Sammlung John Mappe 5, auch zum Folgenden.

176 Dem Bericht nach fuhr er um 19.30 Uhr ab, aber wenn er, wie er weiter mitteilt, anschließend in die Hermann-Göring-Straße ging und dort Hase vorfand, muß er wesentlich später als 19.30 Uhr die Schule in Treptow verlassen haben. Vgl. Finker, S. 281 und 379 Anm. 48; ferner unten, Abschn. 5, S. 585–586.

177 Der Bericht von Zeller, S. 390, unbelegt, wonach die HWS I und die HFS I ihre Stellungen beim Schloß bzw. beim Zeughaus schon »bis 19 Uhr« einzurichten begannen, trifft demnach nicht zu. Müller, Dolchstoßlüge, S. 46.

178 Hierzu und zum Folgenden: Helmuth Schwierz, Bericht über meine Tätigkeit am 20. Juli 1944 und über meine nachfolgende Inhaftierung durch die Gestapo, Masch., Siegen i. W. o. J. (vermutlich 1963); Schwierz an d. Verf. 15. und 25. März 1965; Martin Korff, damals als Major Kdr. des Fahnenjunkerlehrgangs des HFS I, mündliche Mitteilungen an d. Verf. vom 25. Feb. 1965; Maître an d. Verf. 19. Feb. und 15. März 1965; Personalaktenauskunft der Zentralnachweisstelle des Bundesarchivs vom 29. Juni 1965. Wilhelm Küpper, damals als Oberst (W) Unterrichtsleiter an der HFS I, an d. Verf. 28. April 1965; Bescheinigung der Geheimen Staatspolizei/Staatspolizeistelle für den Landespolizeibezirk Berlin vom 16. Sept. 1944 über Schwierz' Haftzeit zur Vorlage beim Wirtschaftsamt; [Wilhelm] Burgdorf an das Stellv. Generalkommando IX. A. K. 3. Okt. 1944, Masch.-Abschrift, betr. Bewährungskommando für Schwierz an der Front.

179 Maître berichtet von 14 Stoßtrupps, der Beförderungsvorschlag der HFS I vom 12. Sept. 1944 für Major Korff wegen besonderer Verdienste bei der Niederschlagung des Putsches, in der Personalaktenauskunft des BA, erwähnt 10 Stoßtrupps.

180 Nach Korff hieß er Hoffmann; Bestätigung nirgends. Nach den Listen über verhaftete, entlassene und verurteilte Generalstabsoffiziere, BA EAP 105/2, war ein Oberstleutnant (a) Walter Horstmann, geb. 18. 1. 1900 (Stellung nicht angegeben) im Zusammenhang mit dem 20. 7. 44 verhaftet.

181 Korff; Maître: im Gästehaus des Ministeriums.

182 Das muß also etwa nach 18.45 Uhr gewesen sein. Maître scheint demnach nicht selbst bis zu Goebbels vorgedrungen zu sein, hat aber möglicherweise mitgeteilt, daß er den Auftrag zur Verhaftung von Goebbels habe. Vgl. Semmler, S. 133, der so berichtet, aber sein Wissen nicht aus eigener Anschauung hat und manches falsch wiedergibt.

183 Sein Bericht weicht in einigen Einzelheiten von demjenigen Maîtres ab, was sich teilweise daraus erklärt, daß sie nicht gemeinsam handelten.

184 Dies nach einem von Zeller, S. 391 und 530–531 (Anm. 17) verwendeten Bericht des einen der beiden Oberst Jäger unterstellten Führer des Stoßtrupps, Major d. R. Klapper; ferner Hase vor dem VGH, Prozeß XXXIII, 488–493; Spiegelbild, S. 45; Remer, Ablauf.

185 Orig. in den Papieren von Major Wolf. Vgl. hierzu [Schramm], Mitteilungen Warlimont: »Die erste [Nachricht über das Verhalten der Berliner Stellen] erfolgte kurz vor 17 Uhr durch einen Anruf des Chef H Rüst und BdE, Gen. Oberst Fromm, über dessen Verhalten bis zur Stunde [21. Juli] noch keine Klarheit gewonnen ist. Er teilte dem Chef OKW mit, in Berlin liefen verschiedene Gerüchte um, und fragte, ob er den Belagerungszustand verhängen solle. Dieser [Keitel] antwortete ihm, dazu läge kein Anlaß vor. Auf die Gegenfrage, ob Stauffenberg in Berlin sei, lautete die Antwort, der wäre doch im FHQu.« Das muß vor 16.30 Uhr gewesen sein, nach den anderen Anhaltspunkten zu urteilen (s. oben, S. 498–500) etwa um 16 Uhr. Zum Zeitpunkt der Ernennung Himmlers zum Ob. d. Ersatzheeres heißt es bei Schramm, S. 9 »bereits am Nachmittag des 20. 7.«

186 Z. B. [Schramm], Mitteilungen Warlimont; ders., Mitteilungen Meichßner; er spricht von der Meldung um 18.30 Uhr ausdrücklich als einer Wiederholung. Ähnlich Röhrig, Mitteilungen; Bernardis in Prozeß XXXIII, 439. Vor 18 Uhr: Skorzeny, S. 205. Bestätigung für die Rundfunkmeldung *vor* 18 Uhr auch bei Franklin L. Ford, »Der 20. Juli«, Die Amerikanische Rundschau 3 (1947), H. 11, S. 5 (Übersetzung des vom gleichen Autor auf Grund seiner im amerikanischen Geheimdienst OSS erlangten Kenntnisse veröffentlichten Artikels »The Twentieth of July in the History of the German Resistance«, AHR LI (1945/46), S. 609–626).

187 17.42 Uhr Double British Summer Time entsprach 15.42 Uhr Greenwich Mean Time; dies entsprach 16.42 Uhr Mitteleuropäischer Zeit; deutsche Sommerzeit demnach 17.42 Uhr. Daily Digest of World Broadcasts, Part I, No. 1830, vom 21. Juli 1944 für die Zeit von 00.01 Uhr, Donnerstag, 20. Juli bis 00.01 Uhr Freitag, 21. Juli 1944, hrsg. vom Monitoring Service der BBC; zur deutschen Sommerzeit Reichsgesetzblatt, Teil I, Jahrgang 1943, Berlin 1943, S. 542; Jahrgang 1944, Berlin 1944, S. 198.

188 Sander, Mitteilungen; Wolf.

189 Vgl. den vorigen Abschn. Anm. 185. [Schramm], Vorgänge.

190 [Schramm], Mitteilungen Warlimont.

191 Wagner, Verlauf. Der Fortsetzer des Diensttagebuchs des Chefs des Heerespersonalamts notierte ([Schmundt], S. 164–165), offenbar falsch unterrichtet, schon gegen 14 Uhr sei im Führerhauptquartier bekannt geworden, daß die Führer der Revolte Witzleben als Reichsverweser, Hoepner als Chef H Rüst u BdE, und Beck als Chef des OKW einsetzen wollten. Da sich dieser Bericht an den von der Verhaftung Fromms durch die Verschwörer anschließt, müßte die Zeit, sofern die Reihenfolge der Ereignisse eingehalten wurde, nach 16 Uhr sein. Aber der Berichterstatter teilt dann auch mit (und hier müßte er besser unterrichtet gewesen sein, weil er selbst in der Nähe war), Generalleutnant Burgdorf sei eine Stunde nach dem Attentat, also etwa um 14 Uhr, in die »Wolfschanze« gekommen, um die Geschäfte des (schwerverletzten) Chef HPA zu übernehmen. Dem Zusammenhang nach hätte GFM Keitel ihm sofort oder kurz darauf den Auftrag gegeben, sämtliche Wehrkreisbefehlshaber anzurufen und ihnen in Keitels Auftrag durchzusagen, alle aus der Bendlerstraße kommenden und von Hoepner, Witzleben, Olbricht oder Fromm unterzeichneten Befehle seien ungültig, es gelten nur die Befehle des Reichsführers SS und des Chefs des OKW, die

»Walküre«-Maßnahmen seien einzustellen und enge Verbindung mit den
Gauleitern, Höheren SS- und Polizeiführern aufzunehmen, also dasselbe,
was auch in dem oben, S. 519 zit. Funkspruch Keitels stand. Für solche
Unterrichtung vor 16 Uhr und für die Auslösung von »Walküre« vor diesem
Zeitpunkt gibt es aber keine Anhaltspunkte, außer den offenbar fehler-
haften und teils auch in sich uneinheitlichen Erinnerungen von Remer und
Harnack. Auch der Fortsetzer des Schmundt-Tagebuches bringt noch viele
andere falsche Mitteilungen, von unrichtigen Zeitangaben abgesehen.

192 Gisevius, Sonderausgabe, S. 533; vgl. [Schramm], Vorgänge; Schramm, Auf-
    stand, S. 75.

193 Original mit hs. Vermerken von Major Wolf und Oberstleutnant Sander
    sowie einem Richtigkeitsvermerk von einem Oberst d. G. in den Papieren
    von Major Wolf.

194 Listen des HPA, BA EAP 105/2; Spiegelbild, S. 372; Oberst i. G. Kandt, II a
    im Stabe des Wehrkreiskommandos I, der ungenannt bleiben möchte, an
    d. Verf. 11. Feb. und 13. März 1964. Zum ganzen Hoffmann, Ablauf, S. 377
    bis 397; die hierin enthaltenen Angaben konnten inzwischen durch weitere
    Forschungen zum Teil wesentlich ergänzt oder berichtigt werden. Bei den
    in den bisher zur Verfügung stehenden Akten angegebenen Absetzzeiten
    für die Fernschreiben ist größere Skepsis angebracht, als dem Verf. sei-
    nerzeit bei Abfassung des Artikels bewußt war. Auf genaue Zeitangaben
    für das Absetzen von Fernschreiben muß einfach verzichtet werden, da
    die Zeiten in dem Bericht der Ag N/HNV, Spiegelbild, S. 63–65 zur Ent-
    lastung der Beteiligten und zur Verwirrung der Gestapo unrichtig ange-
    geben sind. – Die vollständige Bezeichnung der Wehrkreiskommandos,
    die territoriale und Ersatztruppenkorps-Kommandos zugleich waren, lautet
    (z. B.) »Wehrkreiskommando I und Stellvertretendes Generalkommando
    I. Armee-Korps«; der Einfachheit halber wird im folgenden der zweite Teil
    gewöhnlich weggelassen.

195 Gen. d. Art. a. D. Albert Wodrig an d. Verf. 11. März 1964. Wodrig spricht
    von Funksprüchen aus Berlin und erinnert sich, sie schon »etwa gegen
    16° nachm.« erhalten zu haben. Oberst i. G. Kandt berichtet, Thadden
    sei »unmittelbar nach dem Attentat« nach Königsberg zurückgefahren,
    die Fahrzeit betrage etwa eine Stunde. Selbst bei einer Fahrzeit von zwei
    Stunden wäre Thadden demnach schon etwa um 15 Uhr in Königsberg
    gewesen. Die Befehle aber waren vor seiner Ankunft schon da. Da es keiner-
    lei Anhaltspunkte gibt für eine so frühe Ausgabe der Fernschreiben mit der
    Verkündung von Hitlers Tod, muß eine Verschiebung der Erinnerung bei
    General Wodrig angenommen werden. Oberst i. G. Kandt geht bei der
    Berechnung von dem Verlassen der »Wolfschanze« durch Thadden »un-
    mittelbar nach dem Attentat« aus, aber dieses »unmittelbar« ist nur eine
    Annahme von Oberst Kandt bzw. es beruht auf offenbar ungenauer Be-
    richterstattung Thaddens: wenn dieser schon vom Verdacht gegen Stauf-
    fenberg wußte, muß es mindestens nach 14 Uhr gewesen sein, als er
    wegfuhr; Thadden hat ja auch noch bei Streve zu Mittag gegessen, woran
    auch Stauffenberg teilnehmen sollte, was also nicht vor 13 Uhr beginnen
    konnte. Spiegelbild, S. 85. Für die Rückkehr Wodrigs vor 18 Uhr findet sich
    eine Bestätigung bei Prinz Louis Ferdinand von Preußen, Als Kaiserenkel

durch die Welt, Berlin 1952, S. 357: kurz vor 18 Uhr telephonierte Generalfeldmarschall a. D. Küchler, bei dem sich Louis Ferdinand gerade aufhielt, mit General Wodrig, der ihm erklärte, er habe aus Berlin den Befehl erhalten, den Gauleiter Koch zu verhaften, Hitler sei tot. Er habe aber sofort Keitel angerufen und erfahren, daß es damit nicht seine Richtigkeit habe.

196 Kandt an d. Verf. 11. Feb. 1964; Louis Ferdinand, S. 357.

197 Hierzu: Hoffmann, 20. Juli im Wehrkreis II, wodurch Hoffmann, Ablauf, S. 386 überholt ist. Hauptsächliche Quellen: Werner Kienitz, Der Wehrkreis II vor dem Zusammenbruch des Reiches: Erlebnisse und Betrachtungen, Masch., Hamburg 1953, BA Ost-Dok. 8 Po 22; ders., Bemerkungen zu den Bemerkungen des Herrn Oberst Staudinger über meine Ausarbeitung »Der Wehrkreis II vor dem Zusammenbruch des Reiches«, Masch., Hamburg 1954, BA Ost-Dok. 8 Po 22; Hans-Heinrich Staudinger, Bemerkungen zur Niederschrift von Herrn Gen. Kienitz: »Der Wehrkreis II vor dem Zusammenbruch des Reiches«, Masch., Schönböcken 1954, BA Ost-Dok. 8 Po 22; Staudinger an d. Verf. 31. Okt. 1964, 28. Jan. 1965, 12. Feb. 1965, 24. Sept. 1965; Oberst a. D. Walther Schroeder, damals IIa im Wehrkreiskommando II, an d. Verf. 9. Nov. 1964; Oberst von Uechtritz, damals Kommandeur der Nachrichtentruppen im W. K. II, an Staudinger 2. Juni 1954, BA Ost-Dok. 8 Po 22; Brigadegeneral Klaus Schubert, damals als Major i. G. Ia im Wehrkreiskommando II, an d. Verf. 30. Sept. 1964; Generalmajor a. D. Siegfried von Stülpnagel, damals Regimentskommandeur im W. K. II, an d. Verf. 1. Feb. und 7. April 1965. Hoffmann, 20. Juli im Wehrkreis II, S. 29 Anm. 19 ist durch Auskünfte des LdN in der Bendlerstraße, Wolfram Röhrig, und durch Prozeß XXXIII, 362 überholt.

198 S. dazu auch Prozeß XXXIII, 414; zum Folgenden Kienitz, Wehrkreis II, S. 8–9.

199 Generalmajor Siegfried von Stülpnagel an d. Verf. 7. April 1965 berichtet, er habe auf Kienitz' Referat der Berliner Befehle gesagt: »Da machen wir mit!« Kienitz an Staudinger 11. Jan. 1954 und Staudinger an d. Verf. 24. Sept. 1965 bestreiten das entschieden.

200 Der Politische Beauftragte für Mecklenburg, Landforstmeister Freiherr von Willisen, besteht in einem Brief an das Institut für Zeitgeschichte in München vom 1. Sept. 1965 darauf, daß Kienitz dem Gauleiter Hildebrand (von Mecklenburg) kurz nach Mitternacht telephonisch mitgeteilt habe, Willisen sei in einem Fernschreiben des OKH zum Politischen Beauftragten, also Nachfolger des Gauleiters, für Mecklenburg ernannt worden; Kienitz müsse gewußt haben, »was dieser sein Anruf bedeutete«. Für Willisens Behauptung fehlen Belege. Die weitere Behauptung, es handle sich dabei »um einen historischen Tatbestand, der inzwischen der deutschen Geschichte angehört«, ist auch nur eine Behauptung. Es gibt keinen Anlaß zum Zweifel an der Richtigkeit der Darstellung von Kienitz und Staudinger, und Willisen hat für seine Version lediglich das Wort des Gauleiters in jener Nacht. Willisens »Ernennung« ließ sich ohnehin nicht geheimhalten, die Fernschreiben wurden ja rasch, zum Teil noch in der Nacht, den Machthabern bekannt.

201 Hierzu und zum Folgenden: Werner Bühlmann an d. Verf. 2. März 1965; Dr. Wilhelm Sommerlad, damals als Oberst IIa im Wehrkreiskommando IV,

an d. Verf. 5. Okt. 1964; Dr. Ralph Jordan, damals in der Abwehrstelle des W. K. IV tätig, an d. Verf. 12. März 1965; Günther von Platen, damals als Major d. R. in derselben Abwehrstelle, an d. Verf. 17. März 1965; Hammerstein, Spähtrupp, S. 239–240. Nach Mitteilung von Dr. Jordan hat noch ein weiterer Angehöriger des Wehrkreiskommandos, Oberrat Ley, wie der O. v. D. aus Verwirrung und Aufregung, bei der Gestapo angerufen.

202 Dr. Sommerlad verweist dazu auf den damaligen Kdr. des Inf.-Ers.-Rgt. in Dresden, Oberst Paul Huth; jedoch berichtete dieser dem Verf., er sei zwar in der Nacht von seinem Ib mit der Attentatnachricht geweckt worden, habe aber keine Truppen alarmiert; Huth, mündliche Mitteilungen an d. Verf. vom 14. Jan. 1965.

203 Nach Keilig, 211/348 wegen seiner Haltung am 20. 7. 44. Dem widersprechen Adam und Tümpling, die auch hauptsächlich zum Verlauf des Abends in Stuttgart berichten: Kurt Adam an d. Verf. 5. April 1964 und 8. Jan. 1968; Walter Hindenach, damals als Oberst Ib im Wehrkreiskommando V, an d. Verf. 2. März 1964; Wolf von Tümpling, damals als Oberst IIa im Wehrkreiskommando V, an d. Verf. 4. Jan. 1968; Spiegelbild, S. 108. General Veiel und der Ia, Oberst i. G. Adolf Steiger, sind verstorben.

204 Der Gestapo-Bericht in Spiegelbild, S. 108 gibt noch ein praktisch inhaltloses Gespräch zwischen Veiel und Hoepner wieder, offenbar nach einem Bericht Hoepners: »»Hier Veil [sic], wer ist dort?‹ Antwort: ›Hier Hoepner, Veil, was gibt es?‹ Antwort Veil: ›Es ist gut.‹ Hoepner: ›Was heißt, es ist gut?‹ Veil abschließend: ›Nun, es ist gut.‹ Damit war das Gespräch beendet.‹«

205 Adam.

206 Tümpling.

207 Martin Bärtels an d. Verf. 4. Sept. 1965; ferner Friedrich Kuhn, damals als Oberst i. G. Ia im Wehrkreiskommando VI, an d. Verf. 25. Sept. 1964; Georg von Issendorff, damals als Oberst IIa im Wehrkreiskommando VI, an d. Verf. Jan. 1964. Herr Dr. Dr. h. c. Hermann Pünder, damals als Major d. R. ebenfalls im Wehrkreiskommando VI tätig, im übrigen aber hauptsächlich durch seine Freundschaft mit Dr. Goerdeler mit der Opposition verbunden, hat sich leider zu Auskünften über seine Erlebnisse am 20. Juli 1944 nicht bereit gefunden.

208 Hierzu und zum Folgenden: Max Ulich, damals als Oberst Chef des Generalstabes im Wehrkreiskommando VII, an d. Verf. 6. April 1964; Bruno Grosser, damals als Oberstleutnant Ia im Wehrkreiskommando VII, an d. Verf. 18. Juli 1964; Spiegelbild, S. 63; Otto Reheußer, damals Telegraphenbaureferent der Oberpostdirektion München, mündliche Mitteilungen an d. Verf. 7. Aug. 1968.

209 Grosser berichtet als Zeit für die Aufforderung, in Berlin anzurufen, »am 20. Juli Mittags«; aber Stauffenberg war ja frühestens um 16.30 Uhr in der Bendlerstraße, es kann also schwerlich vor 16 Uhr gewesen sein.

210 Hierzu und zum Folgenden: Heiber, S. 886 Anm. 1; Rudolf Koch-Erpach, mündliche Mitteilungen an d. Verf. vom 28. März 1964; Ludwig Freiherr Rüdt von Collenberg, damals als Generalmajor Chef des Generalstabes im Wehrkreiskommando VIII, an d. Verf. 3. und 15. Feb. 1964; Joachim Bergener, damals als Oberst IIa im Wehrkreiskommando VIII, an d. Verf. 12. Mai

1964; Kurt Schindler, damals als Oberstleutnant Leiter des Wehrmeldeamtes Glatz, an d. Verf. 19. und 24. Feb. 1964; Ger van Roon, Neuordnung im Widerstand: Der Kreisauer Kreis innerhalb der deutschen Widerstandsbewegung, München 1967, S. 120.

211 Spiegelbild, S. 68.

212 Rundschreiben Bormanns vom 20. Juli im BA EAP 105/31.

213 Roon, S. 120–121, gibt einen Bericht Lukascheks wieder, wonach Koch-Erpach den Befehl aus der Bendlerstraße erhalten habe, sich Lukaschek zu unterstellen, was so keinesfalls richtig ist; überdies kam der Befehlshaber erst etwa um 23 Uhr zurück, der Befehl über die Verbindungsoffiziere und Politischen Beauftragten muß aber schon wesentlich früher eingegangen sein und General Koch-Erpach dürfte andererseits gar keine Zeit gehabt haben, die Befehle alle zu lesen. Dann habe er, fährt Lukascheks Bericht fort, das Telegramm dem Gauleiter abgeliefert und Lukaschek sei am späten Abend verhaftet worden. Der Zusammenhang ist so sicher nicht richtig dargestellt. Der Gauleiter erhielt die Fernschreiben bzw. alles, was er von ihrem Inhalt wissen mußte, sehr bald schon aus dem Führerhauptquartier (von Bormann) mitgeteilt, in Berlin sammelte die Gestapo die Kopien der abgesetzten und der noch erreichbaren nicht abgesetzten Fernschreiben ein, und in den Wehrkreiskommandos wurden die vorhandenen Unterlagen in den folgenden Tagen ebenfalls beschlagnahmt. Der Eindruck, Lukaschek sei wegen (angeblicher) Liebedienerei Koch-Erpachs gegenüber dem Gauleiter verhaftet worden, wird also zu Unrecht erweckt.

214 Hierzu und zum Folgenden: Otto Schellert an d. Verf. 1. Feb. 1964 und 2. Jan. 1968; Claus-Henning von Plate, damals als Oberst i. G. Chef des Generalstabes im Wehrkreiskommando IX, an d. Verf. 11. Aug. 1964, 19. Aug. 1964 und 14. April 1966; Wilhelm Reutter, damals als Oberst IIa im Wehrkreiskommando IX, an d. Verf. 13. März 1964; Ludwig Kaiser, Was wissen wir vom 20. Juli? Masch., Kassel 1964; Otto Schoener, damals als Oberstleutnant im Wehrkreiskommando IX tätig, an d. Verf. 21. Juli 1965; Ludwig von Nida, bis März 1944 als Generalmajor Chef des Generalstabes im Wehrkreiskommando IX, »Der 20. Juli 1944 in Kassel: Die Vorbereitungen«, Hessische Allgemeine, 18. Juli 1964; Hans Beck, damals als Oberstleutnant Verbindungsoffizier der Wehrmacht zu den nichtmilitärischen Dienststellen im Wehrkreis IX, »Der 20. Juli 1944 in Kassel: Unternehmen Walküre läuft an«, Hessische Allgemeine, 18. Juli 1964; Bericht der Außenstelle Eisenach, SD-Abschnitt Weimar, des Sicherheitsdienstes des Reichsführers SS vom 26. Juli 1944, BA RG 1010/1602; Bericht des Kreisleiters von Eisenach an die Gauleitung in Weimar vom 26. Juli 1944, BA RG 1010/1602; Bericht des Gauleiters von Hessen, Jakob Sprenger, Abschrift ohne Datum, BA NS 19/188-F 42.

215 Das würde erklären, warum benachbarte Wehrkreise zu dieser Zeit aus Kassel erfuhren, dort werde nichts unternommen, sondern abgewartet.

216 Oberst Reutter war am 20. Juli nicht in Kassel und berichtet nur auf Grund des Berichtes Schellerts an ihn. Das Bedürfnis Schellerts, sich nach dem 20. Juli von jedem Verdacht zu reinigen, erklärt zweifellos die Variante in Reutters Bericht zu demjenigen Plates, daß Schellert bei seiner Rückkunft vollzogene Tatsachen vorfand und daß der Befehl zur Verhaftung der Gau-

leiter schon erteilt gewesen sei. Begreiflicherweise enthält der Bericht Reutters auch sonst gegenüber den anderen Quellen mancherlei Abweichungen und Ungenauigkeiten. General Schellert erinnert sich nicht, daß ihm der Funkspruch vorgelegt worden sei; Schellert an d. Verf. 2. Jan. 1968. Plate muß den Inhalt ohne Vorlage vorgetragen haben.

217 Hierzu und zum Folgenden: Friedrich-Wilhelm Prüter an d. Verf. 10. Feb. 1964; Tätigkeitsbericht des Wehrkreiskommandos, nach dem Kriege verfaßt von Major i. G. Bohnemeier, mitgeteilt von Oberstleutnant a. D. Hans Goverts an d. Verf. 3. Juni 1965; [Karl Kaufmann], damals Gauleiter in Hamburg, Der 20. Juli 1944 in Hamburg, Masch., [Bethel 1946]; der Bericht von Generalmajor Prüter wurde schon in Hoffmann, Ablauf, S. 386–387 verwendet und war damals die einzige zur Verfügung stehende Quelle.

218 Nach dem Bericht von Major i. G. Bohnemeier, der allerdings keine amtlichen Unterlagen zur Verfügung hatte und auch selbst nicht Zeuge war, liegen die Ereignisse etwa eineinhalb Stunden später: das erste Fernschreiben wäre gegen 18.15 Uhr gekommen, das zweite gegen 18.45 Uhr; erst gegen 19 Uhr sei Prüter gekommen. Dann seien der Gauleiter und andere Herren ins Wehrkreiskommando gebeten worden; vor ihrem Eintreffen sei um 19.30 Uhr ein Fernschreiben gekommen, das der Rundfunknachricht von Hitlers Überleben widersprach. Als die Hergebetenen sich versammelten, sei schon das vierte Fernschreiben gekommen, dieses aus der »Wolfschanze«, wonach Hitler doch am Leben und die Befehle aus der Bendlerstraße nicht zu befolgen seien.

219 Die unbelegte Darstellung bei Walter Görlitz, Der deutsche Generalstab: Geschichte und Gestalt 1657–1945, Frankfurt/M. 1950, S. 644, wonach Prüter mit dem Gauleiter erst einmal eine Flasche Wein geleert habe, ist offensichtlich übertrieben.

220 Dies nach der Darstellung Kaufmanns; er berichtet von einem Gespräch mit dem FHQu nach dem Eintreffen des Befehlshabers. Prüter dagegen berichtet, vor dem Eintreffen Wetzels noch mit Generalleutnant Burgdorf im FHQu telephoniert und nach dem Weggang des Gauleiters und der übrigen Würdenträger ein zwischen 19 und 20 Uhr eingegangenes Gespräch von Stauffenberg nicht mehr angenommen zu haben. Das kann aus zeitlichen Gründen nicht stimmen, wahrscheinlich verwechselt Prüter die beiden Gespräche, weshalb d. Verf. hier dem sonst übereinstimmenden Bericht Kaufmanns folgt, auch im Gegensatz zu Hoffmann, Ablauf, S. 387.

221 Kaufmann.

222 Hierzu und zum Folgenden: [Benno] Bieler, Bericht über die Vorgänge um den 20. Juli 1944 im Wehrkreis XI, Hs., Dorfmark 1964. Die anderen führenden Stabsoffiziere – Chef, Ia, IIa – waren alle schon gestorben, als d. Verf. im Jahre 1963 begann, nach überlebenden Zeugen zu forschen.

223 Fritz Kober, damals als Oberst IIa im Wehrkreiskommando XII, an d. Verf. 6. Sept. 1964. Die Angaben für diesen Wehrkreis sind auch deshalb so mager, weil die Hauptpersonen – Komm. Gen., Chef, Ia – alle nicht mehr leben.

224 Hierzu und zum Folgenden: Hans Liphart an d. Verf. 9. Sept. 1964; Zeller, S. 533 Anm. 32 auf Grund des Berichtes eines nicht näher identifizierten K. Weller. Auch für den Nürnberger Wehrkreis fehlt es an Quellen: Befehlshaber und Chef leben nicht mehr; der Ia, Major Günter Oppenländer, war

mit Wirkung vom 1. 7. 44 versetzt worden und der neue Ia, Oberstleutnant Günther Wiegand, hat seine Stelle wegen der Folgen einer Verwundung, an denen er noch litt, nie ausgefüllt (Wiegand an d. Verf. 14. Okt. 1964).

225 Zeller, S. 533 berichtet auf Grund des Berichtes von »K. Weller«, in Nürnberg habe General Wiktorin einem Divisionskommandeur, dem Generalmajor Johann Meyerhöfer, die Berliner Fernschreiben gezeigt und ihn zum Schweigen verpflichtet, dieser aber habe dem Gauleiter Kenntnis gegeben, der daher sogleich seine Kräfte mobilisieren konnte. Meyerhöfer hat am 1. August 1944 den Chef des Generalstabes im Wehrkreiskommando XIII, Oberst i. G. Kolbe abgelöst; Keilig, 211/220. Auch Liphart berichtet von Mißtrauen und Anzeigen. Doch ist nicht deshalb der Aufstandversuch in Nürnberg zusammengebrochen. Daß die Gauleiter und sonstigen Regimefunktionäre schon am Abend von Bormann unterrichtet wurden, daß die Rundfunknachricht auch ihnen bekannt wurde, wurde schon erwähnt. Immerhin ist die Episode bemerkenswert als Anzeichen dafür, daß das Wehrkreiskommando mit etwaigen Befehlen im Sinne des Staatsstreiches auf Widerstand gestoßen wäre, so wie es in Hannover General Bieler auch als sicher angenommen hat.

226 Hierzu und zum Folgenden: Julius Ringel an d. Verf. 5. Feb. 1964; ders., mündliche Mitteilungen an d. Verf. vom 2. Juli 1965; Anton Glasl, damals als Oberst i. G. Chef des Generalstabes im Wehrkreiskommando XVIII, mündliche Mitteilungen an d. Verf. vom 4. Dez. 1964; Franz Rendel, damals als Oberstleutnant Ia im Wehrkreiskommando XVIII, mündliche Mitteilungen an d. Verf. vom 9. Dez. 1964; ders. an d. Verf. 8. März 1965; Edgar Ryll, damals als Oberst IIa im Wehrkreiskommando XVIII, an d. Verf. 29. Juli 1964; Dr. Wolfgang Laue, damals Regierungspräsident von Salzburg und Vertreter des Gauleiters, mündliche Mitteilungen an d. Verf. vom 1. Sept. 1966; Hugo Manz, damals als Oberstleutnant Leiter der Gruppe Ic im Wehrkreiskommando XVIII, an d. Verf. 23. Okt. 1965; Dr. Gustav Scheel, damals Gauleiter von Salzburg, mündliche Mitteilungen an d. Verf. vom 14. Jan. 1965; Herbert Mader, damals SA-Führer in Salzburg, an d. Verf. 9. März 1965. Die Wehrkreise XIV, XV, XVI und übrigens auch XIX hat es nicht gegeben; der Wehrkreis XVII (Wien) wird im nächsten Abschnitt zu behandeln sein. Ludwig Jedlicka, Der 20. Juli 1944 in Österreich, Wien, München 1965, bringt trotz dem umfassenden Titel seines Werkes so gut wie nichts über die Vorgänge in Salzburg.

227 Hauptmann a. D. Heinz Eder, regelmäßiger Teilnehmer der Knobelrunde, der heute noch in Salzburg wohnt, schrieb dem Verf. unter dem 18. Jan. 1965, er könne sich zwar nicht an besondere Vorkommnisse und auch nicht mit Sicherheit an die Knobelrunde für den 20. Juli 1944 erinnern, aber das Hotel, in welchem das Kasino untergebracht war, sei nicht, wie Rendel mitteilte, das »Excelsior«, sondern das »Europa« gewesen.

228 Rendel berichtet ziemlich stark abweichend, er sei in Abwesenheit des Chefs des Generalstabes dessen Vertreter gewesen; er habe Glasl ohne Erfolg suchen lassen, dieser sei spazierengegangen, während Ringel beim Angeln gewesen sei. Er habe dann den Gauleiter angerufen und hergebeten, der auch bald ins Wehrkreiskommando gekommen sei. Ebenso berichtet Rendel die übrigen Vorkommnisse als seine eigene Tätigkeit, die Glasl und Ryll als diejenige Glasls berichten, jedoch sonst im Ganzen übereinstimmend.

229 Über die Frage, ob der Gauleiter in das Wehrkreiskommando kam oder ob Ringel und Glasl zum Gauleiter gingen, sind sich die Berichterstatter nicht ganz einig; es scheint daran zu liegen, daß nicht alle alles erfahren haben, was die anderen taten, und es gibt wohl auch Erinnerungslücken. Ringel und Ryll wissen nichts über die Verbindungsaufnahme zwischen Gauleitung und Wehrkreiskommando. Glasl berichtet, er habe den Gauleiter herbestellt und der sei auch gekommen; ebenso berichtet Rendel, nur mit der Variante, daß er den Gauleiter bestellt habe. Der damalige Regierungspräsident Dr. Laue legte sich nicht fest und erinnerte sich wohl nicht genau. Der Gauleiter selbst berichtet, er habe bei seiner Rückkunft von einer Reise in seiner Wohnung, die nicht in der Reichsstatthalterei in der Salzburger Residenz lag, Ringel und Glasl sowie den Vertreter des Höheren SS- und Polizeiführers, Schulz, den Regierungspräsidenten Dr. Laue und den Befehlshaber der Sicherheitspolizei vorgefunden. Des Gauleiters Adjutant Mader berichtet, Ringel habe ihn angerufen und sei später, nachdem er noch einmal Ringel angerufen hatte, von selbst in die Wohnung Scheels gekommen; den SS-Obergruppenführer Erwin Rösener habe er, Mader, hingebeten und der sei auch gekommen. Bei so widersprechenden, doch sicher nicht absichtlich unzutreffenden Berichten wird sich der Hergang in den Einzelheiten nicht mehr zweifelsfrei rekonstruieren lassen. Die Vorgänge können daher nur in allgemeiner Form wiedergegeben werden.

230 Hierzu und zum Folgenden: Mitteilungen von Frau Käthe von Boehmer an die Stiftung »Hilfswerk 20. Juli 1944« in Frankfurt/M. vom 1. Jan. 1953; Arno Helling, damals als Oberst IIa im Wehrkreiskommando XX, an d. Verf. 4. Sept. 1964; Listen des OKH/HPA/P 3, BA EAP 105/2. Der Chef des Generalstabes, Oberst Hans Saal, ist 1960 verstorben.

231 Der am 30. Jan. 1945 erschossene Chef d. Gen. St. im W. K. XXI, Oberst i. G. Wolfgang Hassenstein, war wahrscheinlich nicht eingeweiht; vgl. NA Microcopy T-78, Roll 55.

232 Wedige von der Schulenburg, damals als Oberst IIa im W. K. XXI, an d. Verf. 7. Dez. 1964; Abschriften der eingegangenen Fernschreiben im BA EAP 105/31.

233 Max Bork an d. Verf. 31. Jan. 1964; Horst Richter, damals als Hauptmann IIb im Stabe des Wehrbereichsbefehlshabers, an d. Verf. 18. Aug. 1965; Richter meint, die Fernschreiben aus Berlin seien schon zwischen 14 und 15 Uhr in Krakau eingegangen.

234 Höhne, S. 458–459 auf Grund von Charles Wighton, Heydrich: Hitler's Most Evil Henchman, London 1962, S. 268–278.

235 Hierzu und zum Folgenden: Hoffmann, Ablauf, S. 392–396, im wesentlichen auf Grund folgender Quellen: Ferdinand Schaal, »Der 20. Juli 1944 in Prag: Der Attentatstag im Spiegel militärischer Befehle«, Schwäbische Zeitung (Überlingen), 26. Juli 1952; Dr. Max Ziervogel, damals als Generalmajor Chef des Generalstabes in Prag, an d. Verf. 16. Mai 1964; Spiegelbild, S. 106–107. Dazu nun noch: Ziervogel an d. Verf. 29. Juli 1964; SS-Gruppenführer und Generalleutnant der Polizei a. D. Ernst Hitzegrad an d. Verf. 23. Aug. 1964; Fritz Bollhammer, damals als Hauptmann Ordonnanzoffizier des Kommandierenden Generals im Stellvertretenden Generalkommando XVII. A. K., Wien, »Erinnerungsniederschrift über die Vorgänge in der Nacht vom 20./21. Juli 1944« vom 24. bis 29. Juli 1944, in Jedlicka, S. 111–116.

236 Hitzegrad; Schaal.

237 Schaal; Ziervogel.

238 Dazu wird von Generalleutnant Ziervogel noch ein weiteres Stichwort »Johannes« erwähnt, das zu dem Komplex der Alarmauslösung gehörte; ebenso Spiegelbild, S. 106. Nach Ziervogels Bericht und nach den Feststellungen der Gestapo hätte Schaal die Stichworte »Odin« und »Johannes« *nach* dem Telephongespräch mit Berlin, nach Schaals eigenem Bericht aber schon davor ausgelöst. In Wien notierte der Ordonnanz-Offizier im dortigen Wehrkreiskommando, Hauptmann Bollhammer, um 19.48 Uhr die telephonische Mitteilung aus Prag: »Stichwort ›Odin‹ tritt in Kraft.« Jedlicka, S. 116.

239 Schaal; Ziervogel. Stauffenberg hat vielleicht nur den SD erwähnt, wenn die Erinnerung Schaals und seine Berichte zutreffen, weil er wußte, daß ein Kampf zwischen Heer und SS in Böhmen und Mähren hier zum Verlust der deutschen Position oder doch zu ganz unzuträglichen Verwicklungen führen müßte.

240 Schaal; Ziervogel; Hitzegrad.

241 Schaal; Ziervogel; Hitzegrad; Spiegelbild, S. 106.

242 Ziervogel; Hitzegrad; Schaal; Spiegelbild, S. 106.

243 Schaal; Ziervogel; Spiegelbild, S. 106–107.

244 Schaal; Ziervogel; Hitzegrad; Spiegelbild, S. 107.

245 Schaal; Ziervogel; Spiegelbild, S. 107.

246 Schaal; Ziervogel.

247 Schaal.

248 Daß Schaal aus der »Wolfschanze« noch nichts gehört hatte, war vielleicht eine Folge der »Sicherung« der Nachrichtenanlagen durch Oberst Ruprecht (Ziervogel), vielleicht aber auch die Folge der angeblichen Abschaltung des Wehrmachtnetzes im Protektorat durch die Waffen-SS (Spiegelbild, S. 107). Wenn überhaupt, so können diese Vermutungen jedoch nur teilweise zutreffen; denn um 21.45 Uhr telephonierte Schaal mit Berlin und um 22.10 Uhr mit der »Wolfschanze«.

249 Schaal; Ziervogel; Spiegelbild, S. 107.

250 So die Chronologie nach Schaal und Spiegelbild, S. 107; nach Hitzegrad wäre der Anstoß zur persönlichen Zusammenkunft schon früher von Frank ausgegangen, nach Ziervogel schon früher von Schaal. Im übrigen stimmen die angeführten Quellen jedoch überein; diese auch zum Folgenden.

251 Schaal; Ziervogel; Spiegelbild, S. 107. Hoffmann, Ablauf, S. 395 gab die Chronologie auf Grund des Berichtes von Ziervogel umgekehrt an, doch stützte sich Ziervogel hierzu auf Schaal und ist offenbar einem Irrtum zum Opfer gefallen.

252 Schaal; Hitzegrad.

253 Schaal; Hitzegrad.

254 Schubert an d. Verf. 1. Feb. 1964. Die wesentlichsten Quellen zu den Vorgängen in Wien sind verwertet und zum Teil abgedruckt bei Jedlicka, Der 20. Juli 1944 in Österreich. Darstellung: S. 50–70. Quellen: Robert Prinz Arenberg, Der Befreiungsversuch des 20. Juli 1944 im Generalkommando Wien, Abschrift einer Niederschrift von Anfang 1945, Jedlicka, S. 125–135; Fritz Bollhammer, damals Ordonnanzoffizier im Wehrkreiskommando XVII, Erinnerungsniederschrift über die Vorgänge in der Nacht vom 20./21. Juli

1944, Abschrift, Wien 24. bis 29. VII. 1944, Jedlicka, S. 111–116; Heinrich
Kodré, 20. Juli 1944 in Wien, Niederschrift nach Tonbandaufnahme, Wien
1962, Jedlicka, S. 117–124. Ferner Karl Szokoll, »Der 20. Juli 1944 in Wien«,
Die Presse, 31. Jan. und 7. Feb. 1948, auch bei Jedlicka (mit unrichtigem Er-
scheinungsdatum), S. 136–140. Ferner Kodré an d. Verf. 22. Sept. 1964.

255 Keilig, 105.

256 Nach Bollhammer in Jedlicka, S. 111, dauerte es etwa 20 Minuten bis zur
Entschlüsselung des Schreibens; damit war aber sicher nur die Niederschrift,
Abfertigung und Beförderung gemeint. Handentschlüsselung hätte viel
länger gedauert, der automatische Geheimschreiber aber gab beim Empfang
den entschlüsselten Text wieder. Jedlicka druckt den Anfang des Fernschreibens ab, S. 54; es fehlt der Satz »Der Führer Adolf Hitler ist tot«. Da
Jedlicka seine Vorlage nicht angibt, kann daraus noch nicht geschlossen werden, der erste Satz sei nach Wien nicht abgesetzt worden. Das Folgende und
die Erinnerungen von Kodré an Jedlicka, S. 118 und Szokoll, 20. Juli, bestätigen vielmehr das Gegenteil. Szokoll erwähnt ausdrücklich die Nachricht
von Hitlers Tod als zum Inhalt des ersten Fernschreibens gehörend.

257 Bollhammer in Jedlicka, S. 111; Kodré in Jedlicka, S. 118; Szokoll, 20. Juli gibt
eine stark vereinfachte Darstellung: »Etwas nach 17 Uhr ließ mich Oberst
Kodré, der Chef des Stellvertretenden XVII. Armeekommandos in Wien, im
ehemaligen Kriegsministerium am Stubenring zu sich bitten und empfing
mich mit den Worten: ›Bürgerkrieg ist!‹ Wissend blickte ich ihn an, dann
eilte ich hinauf in mein Büro und löste das Stichwort aus. Die großen,
schmiedeeisernen Tore des ehemaligen Kriegsministeriums am Stubenring
fielen krachend ins Schloß, der Wachkommandant ließ scharfe Munition und
Handgranaten ausgeben. Vor mir lag die Kopie des Telegramms, das vor
einer halben Stunde aus der Bendlerstraße in Berlin, dem Sitz des Aufstandes, an die siebzehn Wehrkreise und Oberkommanden der Frontarmeen
ausgesendet worden war... Der Führer Adolf Hitler ist tot. Eine gewissenlose Clique...«

258 Kodré in Jedlicka, S. 118.

259 Kodré in Jedlicka, S. 118; Bollhammer in Jedlicka, S. 112.

260 Bollhammer in Jedlicka, S. 112–113; Kodré in Jedlicka, S. 119.

261 Szokoll, 20. Juli.

262 Arenberg in Jedlicka, S. 128–131; Bollhammer in Jedlicka, S. 115.

263 Kodré in Jedlicka, S. 119; Szokoll, 20. Juli.

264 Spiegelbild, S. 105; Szokoll, 20. Juli, berichtet etwas weitergehend, »Querner
und Gotzmann erklärten sich bereit, an die Seite der neuen Machthaber zu
treten.« In Parteikreisen herrschte später ziemliche Enttäuschung über die
Haltung der Wiener Funktionäre und Führer; vgl. den bei Jedlicka, S. 68 bis
69 zit. Bericht von Reichsamtsleiter Helmuth Friedrichs mit Scharizers vernichtenden Beurteilungen der Persönlichkeiten und Fähigkeiten von Querner
(zu ruhig), Schumann (es rieselt der Kalk), Gotzmann (gesundheitlich fertig,
sturer Polizist), Goedicke (ein Greis), Hornung (Standortführer der Waffen-
SS; mehr Zivilist als Soldat). Da hier Parteileute berichteten, ging es ohne
große Hemmungen über die SS her, aber umgekehrt war man sicher nicht
wohlwollender, und das Verhalten sowohl der SS- wie der Parteileute war
im Sinne des Regimes schlapp gewesen.

265 Spiegelbild, S. 80; Jedlicka, S. 61; Bollhammer und Kodré geben in ihren Berichten keinen Zeitpunkt an.

266 Kodré in Jedlicka, S. 119–120.

267 Spiegelbild, S. 105–106.

268 Kodré in Jedlicka, S. 120; Bollhammer in Jedlicka, S. 115.

269 Kodré in Jedlicka, S. 120.

270 Spiegelbild, S. 70; Kodré in Jedlicka, S. 120.

271 Bollhammer in Jedlicka, S. 115–116; Kodré in Jedlicka, S. 120–121.

272 Kodré in Jedlicka, S. 120.

273 Szokoll, 20. Juli.

274 Bollhammer in Jedlicka, S. 116.

275 Bollhammer in Jedlicka, S. 115–116; Kodré in Jedlicka, S. 120–121; Spiegelbild, S. 105–106.

276 Kodré in Jedlicka, S. 121 erweckt den Eindruck, als seien sie zweimal bei ihm gewesen; es kann aber auch eine Wiederholung in der Erzählung sein, die ohnehin chronologisch nicht ganz einheitlich ist. Ferner Bollhammer in Jedlicka, S. 115; Arenberg in Jedlicka, S. 132 legt den Vorgang auf die Zeit gegen Mitternacht, soweit aus seinem Bericht zu entnehmen ist, was auch ungefähr zutreffen dürfte.

277 Kodré in Jedlicka, S. 121; Spiegelbild, S. 36.

278 Schramm, Aufstand, S. 53–56.

279 Schramm, Aufstand, S. 57.

280 Schramm, Aufstand, S. 57–58.

281 Speidel, S. 142; Schramm, Aufstand, S. 59.

282 Schramm, Aufstand, S. 64–65.

283 Schramm, Aufstand, S. 68–69. Vgl. die Übersicht im Anhang, S. 903.

284 Schramm, Aufstand, S. 69–70 gibt für das Eintreffen Boineburg-Lengsfelds keine Zeit an und weist auch nicht auf die Widersprüche in den von ihm benützten Quellen hin, gibt aber weiter unten der späteren in den Quellen erwähnten und wohl richtigen Zeit den Vorzug. S. Schramm, S. 100–102. Vgl. Karl Reichert, »Der 20. Juli 1944 in Paris«, Frankfurter Rundschau, 20. Juli 1948 (Interview mit Boineburg-Lengsfeld); hier heißt es, Boineburg-Lengsfeld sei um 18 Uhr zu Stülpnagel gerufen worden. Dagegen berichtet Elmar Michel, Pariser Erinnerungen, o. O. o. J. (vor 1953), IfZ Archiv-Nr. 860/53, Boineburg-Lengsfeld sei schon etwa um 16.30 Uhr bei Stülpnagel gewesen. Friedrich Freiherr von Teuchert, [Aufzeichnungen], Masch., München [1946], im Besitz der Stiftung »Hilfswerk 20. Juli 1944«, berichtet wiederum, Boineburg-Lengsfeld sei nicht lange nach 17 Uhr bei Stülpnagel gewesen.

285 Schramm, Aufstand, S. 70.

286 Reichert; Schramm, Aufstand, S. 72, 100–102. Nach Schramm, S. 93, lief die Verhaftungsaktion Punkt 22.30 Uhr an.

287 Schramm, Aufstand, S. 70–71.

288 Schramm, Aufstand, S. 73, 87; Walter Bargatzky, Persönliche Erinnerungen an die Aufstandsbewegung des 20. Juli 1944 in Paris, mimeogr., Baden-Baden 20. Okt. 1945, aus dem Besitz der Stiftung, S. 8 (weniger vollständig: Walter Bargatzky, »20. Juli in Paris: Die letzte Runde im Komplott gegen Hitler«, Stuttgarter Rundschau 4 (1949), H. 7, S. 12–13); Teuchert, S. 18. Nach Schramm, Aufstand, S. 73 haben inzwischen nicht nur diejenigen Bedienste-

ten im Stabe des Militärbefehlshabers, die in der Verschwörung keinerlei
Funktion ausüben sollten, das Gebäude verlassen, sondern auch viele, die
man eigentlich später gebraucht hätte; man habe versäumt, sie zu verständigen. Inwieweit das zutrifft, erläutert Schramm nicht. Sicher trifft es nicht
zu für die wichtigsten Eingeweihten, nämlich Bargatzky, Horst, Michel,
Teuchert und Thierfelder.

289 Speidel, S. 142–143.
290 Speidel gibt lediglich »zwischen 18 und 19 Uhr« an. Schramm, Aufstand,
    S. 74 macht ohne Hinweis auf den Widerspruch und ohne eigenen Beleg
    abweichende Angaben: Speidel hätte Kluge gesagt, Blumentritt habe »›so
    gegen 15.30 Uhr‹« angerufen, Bestätigung der Attentat- und Todesnachricht
    fehle noch, von anderer Seite sei keine Meldung gekommen. Ferner
    Schramm, Aufstand, S. 74–76, 80 auf Grund einer Aufzeichnung des Ordon-
    nanzoffiziers Hauptmann Ernst Maisch, auch zum Folgenden; vgl. Gisevius,
    Sonderausgabe, S. 536–537.
291 Schramm, Aufstand, S. 75 nach der Aufzeichnung Maischs. Vgl. dazu Stauf-
    fenbergs Äußerung »›Stieff ist ausgebrochen‹« bei Gisevius, Sonderausgabe,
    S. 533; ferner [Schramm], Vorgänge, Kraus, S. 139–141.
292 Schramm, Aufstand, S. 75–76.
293 Schramm, Aufstand, S. 76–77, 164.
294 Schramm, Aufstand, S. 78–80.
295 Schramm, Aufstand, S. 82.
296 Speidel, S. 143; Schramm, Aufstand, S. 83.
297 Schramm, Aufstand, S. 84.
298 Heiber, S. 618.
299 Schramm, Aufstand, S. 84–85.
300 Schramm, Aufstand, S. 87.
301 Schramm, Aufstand, S. 87–89.
302 Schramm, Aufstand, S. 89–90.
303 Schramm, Aufstand, S. 91–92.
304 Speidel, S. 144: »wie in einem Totenhause«.
305 Schramm, Aufstand, S. 92–93; bei dieser Gelegenheit soll Kluge gesagt haben,
    wie Hofacker später noch seinen Freunden in Paris erzählte: »›Ja, wenn das
    Schwein tot wäre!‹« Die Quelle teilt Schramm nicht mit, auch nicht, ob Dr.
    Horst die Äußerung gehört und bestätigt hat.
306 Schramm, Aufstand, S. 93.
307 Schramm, Aufstand, S. 100–102. Die Erklärung Schramms, S. 94, für den
    glatten Ablauf der Aktion in Paris, dort sei eben nicht nur vom Schreib-
    tisch aus »gehandelt« worden, trifft den Sachverhalt nur am Rande. In Berlin
    traten neue Herren auf – Witzleben, Hoepner, Beck –, der rechtmäßige bzw.
    gewohnte Befehlshaber verschwand spurlos (von außen gesehen), die Trup-
    pen mußten erst von außen herangeholt werden und kamen nur noch zum
    Ende des Putsches zurecht, die einzige in Berlin selbst verfügbare Truppe
    konnte von einem mißtrauischen NSFO und vom Reichsminister für Pro-
    paganda und Volksaufklärung »umgedreht« werden. Das alles sind Um-
    stände, die von den Pariser Verhältnissen sehr verschieden sind und nichts
    mit der Frage Schreibtisch oder persönlicher Einsatz zu tun haben. Wenn
    auch manche Kommandeure in und um Berlin nicht so entschlossen waren

wie die in Paris, so waren andererseits einige von ihnen am fraglichen Tage unterwegs, die Vertreter naturgemäß nicht so verantwortungsfreudig. Sodann ging es in Paris lediglich gegen SS und SD, nicht gegen die Regierung, wie in Berlin. Auch Remer u. a., die anfänglich alle Befehle der Verschwörer ausführten, saßen nicht am Schreibtisch, wohl aber hatten sie im Gegensatz zu Boineburg-Lengsfeld, Brehmer und Unger sehr bald Gegenbefehle. Endlich könnte man mit der von Schramm hier verwandten Argumentationsweise auch anführen, daß in Frankreich die höchsten Führer in den entscheidenden Stunden zwar nicht am Schreibtisch, wohl aber in La Roche-Guyon am Eßtisch saßen.

308 Schramm, Aufstand, S. 95.
309 Ebenda.
310 Schramm, Aufstand, S. 95–96.
311 Schramm, Aufstand, S. 96–97.
312 Schramm, Aufstand, S. 97.
313 Schramm, Aufstand, S. 139.
314 Schramm, Aufstand, S. 98–99.
315 Schramm, Aufstand, S. 118–119.
316 Schramm, Aufstand, S. 121–122; die Telephongespräche dieser Nacht sind in einem Auszug aus dem Kriegstagebuch des Ob. Marinegruppenkommando West abgedruckt in Fuehrer Conferences, S. 410–412. Schramm verwertet den Teilabdruck in Anthony Martienssen, Hitler and His Admirals, New York 1949, S. 213–219.
317 Fuehrer Conferences, S. 410–412, auch zum Folgenden.
318 Schramm, Aufstand, S. 106–109.
319 Schramm, Aufstand, S. 124–127.
320 Fuehrer Conferences, S. 412; Schramm, Aufstand, S. 122–123.
321 Schramm, Aufstand, S. 123–124.
322 Reichert.
323 Fuehrer Conferences, S. 412; Schramm, Aufstand, S. 124–125, 128–130.
324 Schramm, Aufstand, S. 131.
325 Mitzkus, Um den 20. Juli.
326 Gisevius, Sonderausgabe, S. 529–530; Mitzkus, Bericht.
327 Hierzu und zum Folgenden: Hagen, Tatbericht, Spiegelbild, S. 13–14; Remer, Ablauf.
328 So Frau von Hase, Mitteilungen; vgl. oben, S. 508.
329 Remer, Ablauf.
330 S. oben, Abschn. 2, S. 518–519.
331 Hagens und Remers Berichte widersprechen sich in diesem Punkt: Hagen behauptet, er sei bis ins Vorzimmer Hases vorgedrungen, habe von dort aus den Generalleutnant mit Remer sprechen hören, sei aus Mißtrauen gegen Hase nicht weitergegangen und habe zwei Leutnants des Wachbataillons, Siebert und Buck, über die Lage aufgeklärt; Buck sollte Remer melden, Hitler lebe, die Regierung sei in den alten Händen, Remer solle sofort zu Goebbels kommen und wenn er in zwanzig Minuten nicht dort sei, lasse Hagen die Kommandantur von der SS stürmen. Spiegelbild, S. 14–15. Remer dagegen berichtet, er habe erfolglos Verbindung mit Hagen gesucht, sei nach Rückkehr von seiner zweiten Inspektionsfahrt im Vorzimmer Hases

gesessen und dort von Leutnant Buck aufgesucht, hinausgerufen und über Hagens Mitteilungen unterrichtet worden. Remer, Ablauf. Verschleiert ist also der Zeitpunkt, zu dem Hagen bzw. Remer bzw. beide auf der Kommandantur waren und nicht zusammenkamen, verschleiert sind auch die Umstände, unter denen Hagen in die Kommandantur (angeblich) hinein und wieder heraus kam, und die Umstände und Überlegungen, unter denen Remer dazu kam, zu Goebbels zu fahren.

332 Angeblich hatte Remer Buck verboten, von einem Militärputsch zu sprechen. Was Buck dann tatsächlich zu Hase gesagt hat, berichtet Remer nicht, andere Zeugen fehlen. Remer, Ablauf.

333 Remer, Ablauf; Grenzendörfer; Korff. In seiner Aussage vor der Oberstaatsanwaltschaft bei dem Landgericht Oldenburg im Jahre 1949 (Aktenzeichen 9 Js 164/49) sagte Remer, er selbst habe Hase seine Entsendung zu Goebbels zur Klärung der Lage vorgeschlagen; in seinem Buch, 20. Juli 1944, S. 10–11 berichtete er dagegen, er habe sich Hases Befehl, Goebbels zu verhaften, mit dem Einwand entzogen, er könne das nicht, da doch Goebbels der Schirmherr des Wachbataillons sei. Vielleicht hat sich Hase in Wirklichkeit nicht so scharf ausgedrückt, wie Remer es in seinem Bericht vom 22. Juli 1944 darstellte. Andererseits geht aus der Tendenz des Berichts sehr deutlich hervor, daß Remer bis zu seinem Telephongespräch mit Hitler gegenüber der Haltung und den Befehlen des Soldaten Hase weit weniger mißtrauisch war als gegenüber Goebbels und seiner Umgebung.

334 Remer, Ablauf.

335 Ebenda.

336 Remer, Ablauf; Grenzendörfer; Hagen, Tatbericht in Spiegelbild, S. 15. Unklar sind die Zeitpunkte für die jeweiligen Ereignisse; es scheint sicher, daß sie in Hagens Bericht zu früh angesetzt sind. Um 18.35 Uhr kann Remer, wenn sein eigener Bericht zutrifft, noch nicht zu Goebbels geführt worden sein.

337 Hagen in Spiegelbild, S. 15.

338 Grenzendörfer; Remer, Ablauf.

339 In seinem Bericht schrieb Remer sogar »als anständiger nationalsozialistischer Offizier«. Goebbels konnte spätestens seit 16 Uhr ungehindert mit der »Wolfschanze« telephonieren, hatte aber sicher schon kurz nach 13 Uhr Nachricht über das Attentat. Es wurde auch von kompetenten Nachrichtenfachleuten berichtet, die damals an entsprechender Stelle tätig waren, daß Goebbels *während* der Sperre gleichfalls ungehindert telephonieren konnte: nach Praun, S. 222, weil die Sperre wegen Nichteinweihung des mittleren und unteren Personals nicht vollständig war; nach Gerhart Goebel (Fernmeldetechnisches Zentralamt der Bundespost) an d. Verf. 21. Jan. 1966, weil Goebbels eine direkte Leitung zum Führerhauptquartier gehabt habe, die über einen Sonderplatz im Fernamt Berlin-Winterfeldstraße geschaltet war. Nach der Aufhebung der Sperre überwachten in die Verschwörung Eingeweihte (Degner, Burchardt) und RSD-Beamte, Gestapoleute u. a. die Leitungen; viele Störungen und Gesprächsunterbrechungen erklären sich daraus. Auch Goebbels' Gespräch mit Hitler hätte so durch eine »Störung« eventuell unterbrochen werden können, wenn einer der Eingeweihten es mitgehört und seine Bedeutung erkannt hätte – aber nur, wenn ihm die

geheime Schaltung von Goebbels' Verbindung bekannt war, und das ist nicht wahrscheinlich.

Zum Folgenden: Remer, Ablauf; Grenzendörfer. Zeller, S. 424–425 bringt den angeblichen Wortlaut der Unterredung zwischen Hitler und Remer, aber ohne Angabe der Herkunft; ähnlich Gisevius, Sonderausgabe, S. 545. Remer, Ablauf, berichtete den Inhalt des Gespräches in Übereinstimmung mit der Aufzeichnung Grenzendörfers; ein weiterer Bericht stammt von Hitlers Diener: Linge, S. 30; hier heißt es, das Gespräch habe gegen 17 Uhr statt-gefunden, was keinesfalls stimmen kann, doch im übrigen berichtet Linge den Inhalt des Gesprächs wie Remer. Das Mißtrauen Remers kann nicht genug betont werden: hier stand das Wort Hases, den Remer für einen Ehrenmann hielt, gegen das von Goebbels, der gern den Mund ein bißchen voll nahm.

340 Paul Schmidt, Statist auf diplomatischer Bühne, Bonn 1949, S. 580–583; [Eugen] Dollmann, At FHQ After the Attempt, Bericht für brit. Vernehmer, mimeogr., o. O. o. J., Sammlung John Mappe 5; Eugen Dollmann, Call Me Coward, London 1956, S. 35–42.

341 Hornbogen; John von Freyend; Sander, Mitteilungen; Wolf.

342 Ziemlich sicher hat Goebbels längst vor der Vorsprache Remers bei ihm, spätestens sofort nach der Meldung Hagens, mit dem Führerhauptquartier telephoniert, doch fehlt ein unmittelbarer Beleg dafür, auch bei Zeller, S. 423, der genau 17.30 Uhr angibt. Vgl. Hagens Tatbericht in Spiegelbild, S. 14. Eben-so unbelegt ist die Annahme Zellers, S. 423, Hitler habe Goebbels beauftragt, sofort eine Rundfunkdurchsage über das Attentat zu veranlassen. Einiger-maßen sicher erscheint aber, daß Hagens Mitteilungen die Verlautbarungen beschleunigt und Sicherungsmaßnahmen gegen eine Besetzung der Funk-anlagen veranlaßt haben. Der Zusammenhang zwischen Hagens Meldung etwa um 17.30 Uhr und der Rundfunkmeldung um 17.42 Uhr liegt nahe.

343 Remer, Ablauf; Hagen, Tatbericht in Spiegelbild, S. 15; Rundfunkansprache Goebbels' vom 26. Juli 1944, Völkischer Beobachter, Berliner Ausgabe, 27. Juli 1944, S. 1. Die angebliche sofortige Beförderung zum Oberst berich-ten nur Linge und Dollmann, S. 41 (ohne Rangangabe); das kann nicht gut zutreffen, Hitler wußte ja noch gar nicht, wie sich Remer verhalten würde. Den Versuch, einen bewährten Frontsoldaten mit einer Beförderung zu be-stechen, wird man ihm aber wohl zutrauen dürfen. Auch Korff, der seinem Bericht zufolge das Gespräch zwischen Remer und Hitler bei Goebbels mit-hörte, berichtet nur die Einsetzung Remers zum faktischen Kommandanten von Berlin, womit alle in der Stadt zusammengezogenen Einheiten ihm unterstellt bzw. an seine Weisungen gebunden wurden.

344 Vgl. Jürgen von Kempski, »Betrachtungen zum 20. Juli«, Merkur III (1949), S. 807–816; Skizze im Anhang, S. 897. Die Frage, ob es in Berlin an entschlos-sener Führung in der Staatsstreichpartei gefehlt hat (von Stauffenberg abge-sehen), ist sehr delikat und nicht ohne weiteres mit ja oder nein zu beant-worten. Die von Gisevius, Nebe, S. 19 und von Schramm, Aufstand, S. 94 (»in Paris nicht vom Schreibtisch aus«) erhobenen Vorwürfe werden der Sache nicht gerecht. In Paris hatten die Befehlshaber, die die Putschbefehle ausführten, eben nicht fast gleichzeitig mit den Marschbefehlen Gegen-befehle und Gegennachrichten erhalten. Gewiß haben sich Hase, Olbricht,

Thüngen u. a. nicht persönlich an die Spitze von Truppen gesetzt: teils, weil gar keine da waren, und teils, weil nun einmal nicht jeder höhere Offizier ein klardenkender, tatkräftiger und mitreißender Führer ist.

345 Remer, Ablauf; Hase in Prozeß XXXIII, 490.

346 Remer, Ablauf.

347 Remer, Ablauf; Korff; Maître an d. Verf. 19. Feb. 1965.

348 Remer, Ablauf.

349 Müller, Wehrmacht; Müller, Was geschah; Remer, Ablauf; Keilig, 211/38.

350 Müller, Wehrmacht; Müller, Was geschah; Remer, Ablauf.

351 Remer, Ablauf; etwas abweichend mit der Behauptung (vielleicht ein Mißverständnis des Berichterstatters), Gehrke sei sogleich »festgesetzt« worden, bei Grenzendörfer.

352 Remer, Ablauf; Grenzendörfer; Bestätigung: Stirius an d. Verf. 2. Feb. 1967.

353 Schlee.

354 Remer, Ablauf.

355 Schlee.

356 Bericht von Helmuth Cords, Heidelberg 18. Sept. 1946, Durchschlag im Besitz von Helmuth Cords.

357 Schlee. Nach dem Bericht des LdN in der Bendlerstraße, Leutnant Röhrig, müßte dieser Hauptmann der Hauptmann Sieler gewesen sein, »ein fröhlicher Abenteurertyp«, der mehr neugierig und gewitzt als loyal war, aber für seinen angeblichen Anteil an der Niederwerfung des Putsches außer der Reihe zum Major befördert wurde, wie übrigens auch Schlee vorzugsweise Hauptmann geworden ist (BA/Zentralnachweisstelle PA 48231). Zu den Vorgängen um die Weitergabe der Befehle in der Bendlerstraße s. Abschn. 2, S. 497–498. Die Bezeichnung »OKW-Gebäude« ist irreführend, da sich nur wenige Dienststellen des OKW im Gebäude befanden, dagegen sehr viele des OKH, insbesondere die Dienststellen des Ersatzheeres.

358 Schlee; Remer, Ablauf.

359 Schlee.

360 Bartram; Schlee; Remer, Ablauf. Remer, Ablauf gebraucht einmal irrtümlich für den Aufenthaltsort von Goebbels an diesem Abend die Bezeichnung Propagandaministerium, spricht aber davor und danach immer von Goebbels' Wohnung; Hase spricht vom Propagandaministerium in Prozeß XXXIII, 493; Bruns sagt in seinem Bericht ebenfalls Propagandaministerium, gibt aber die Topographie der Wohnung Goebbels'; aus dem Bericht von Major Balzer, damals als Verbindungsoffizier der Abteilung für Wehrmachtpropaganda des OKW im Reichsministerium für Propaganda und Volksaufklärung, Aktennotiz für Chef OKW/Wpr persönlich, Masch.-Abschr., [Berlin] 21. Juni 1944 (muß Juli heißen), BA NS 6/31, ist ebenfalls zu entnehmen, daß Goebbels den ganzen Abend über in seiner Wohnung war.

361 Hierzu und zum Folgenden: Remer, Ablauf; Prozeß XXXIII, 490–494; Mitzkus, Bericht; ders., Um den 20. Juli.

362 [Percy Ernst Schramm], 3. Aufzeichnung über die Vorgänge des 20. 7. 44, K.T.B. des WFSt, Wolfschanze 22. Juli 1944, StA Nürnberg PS 1808, Abdruck in Kraus, S. 146–147.

363 Reinecke rief nach dem Gespräch mit Hase in der Bendlerstraße an und verlangte Fromm, aber da meldete sich Beck mit den Worten: »»Kluge, sind

Sie da?«« Dann sagte er, Fromm sei nicht zu sprechen und Reinecke halte sich besser aus der Sache heraus. Nun wußte Reinecke, daß Beck an der Verschwörung beteiligt war und fühlte sich im schweren Gewissenskonflikt zwischen Kameradschaft und Verehrung für Beck und dem Befehl, eventuell auf ihn schießen lassen zu müssen. Aber der Entscheidung wurde er enthoben, weil er gar keine Truppen in die Hand bekam. Reinecke an d. Verf. 31. Jan./2. Feb. 1967. Es kann keine Rede davon sein, daß Reinecke den Putsch niedergeschlagen oder auch nur wesentlich zu seiner Niederschlagung beigetragen hätte. Vgl. Zeller, S. 400; Rudolf Pechel, Deutscher Widerstand, Erlenbach–Zürich 1947, S. 243. Erst nach Mitternacht gab Reinecke auf Befehl Keitels noch einige Anweisungen betr. die Zurücknahme von Fernschreiben. Vgl. Spiegelbild, S. 65. Gegen 1 Uhr in der Frühe des 21. Juli fuhr Reinecke in die Bendlerstraße, und danach noch zu Goebbels.

364 Prozeß XXXIII, 493; Remer, Ablauf. Bestätigung: Hermann Reinecke, Mein Erlebnis im Zusammenhang mit den Vorgängen des 20. Juli 1944, Masch., Hamburg 1964; ders., mündliche Mitteilungen an d. Verf. vom 30. April 1965; ders. an d. Verf. 31. Jan./2. Feb. 1967. Unklar ist, ob Hase, wie er es im Prozeß darstellte, auf Befehl Reineckes handelte oder aus eigener Initiative, um vielleicht noch etwas für die Ausführung der Staatsstreichmaßnahmen zu erreichen.

365 Remer, Ablauf; ders., Aussagen vor der Staatsanwaltschaft Oldenburg; Bruns.

366 Stirius an d. Verf. 2. Feb. 1967.

367 Müller, Dolchstoßlüge, S. 44–47; Spiegelbild, S. 459–460. Bestätigung des Folgenden bis in die Einzelheiten von Hüttner (der selbst von Anfang an in Döberitz gegen den Putsch Stellung bezogen hatte) an d. Verf. 25. Jan. 1969.

368 Vgl. Abschn. 2, S. 511–512. Dort auch die Quellenbelege. Nach einem bei Finker, S. 268–269 abgedruckten Bericht des an der Funkhausbesetzung beteiligten Obergefreiten Walter Keirath hätte Jacob aus eigenem Entschluß die »»Geheimnummer von General Olbricht«« nicht gewählt, sondern statt dessen Goebbels angerufen und sich von diesem jedes Handeln im Sinne der Verschwörer ausreden lassen. Bestätigung für diesen Bericht fehlt bisher.

369 Nach dem von Generalmajor Brühl wiedergegebenen Bericht Jacobs (s. oben, S. 836 Anm. 159) wäre die SS nach der Auseinandersetzung wieder abgezogen; Schober, S. 56–61 berichtet vom gemeinsamen »Sichern«. Nach Schober war die SS-Truppe, die auf Intervention von Ministerialdirektor Fritzsche im Propagandaministerium zum Funkhaus beordert worden war, etwa 200 Mann stark gewesen, während Jacob ein Bataillon von etwa 400 Mann kommandierte.

370 Nach Remers Aussage vor der Oberstaatsanwaltschaft Oldenburg erhielt Jacob auch die spezielle Anweisung, niemanden an das Mikrophon zu lassen, der nicht im Programm vorgesehen war; Bestätigung der Unterstellung Jacobs unter Remer und der Anweisung, am Programm nichts zu ändern, auch bei Balzer. Vgl. Anm. 368.

371 Bruns; vgl. oben, S. 516.

372 Bruns. Die geographischen Angaben sowie der Bericht von Remer, Ablauf, zeigen, daß Bruns von der Wohnung Goebbels' in der Hermann-Göring-Straße sprach, nicht vom Propagandaministerium, obwohl er diese Bezeichnung benützte.

373 Müller, Dolchstoßlüge, S. 46; Obergefreiter Helmut Nake (HWS) bei Finker, S. 281 (vgl. S. 379 Anm. 48); vgl. oben, S. 585.

374 Bruns; Nake bei Finker, S. 281 und 379 Anm. 48, auch zum Folgenden.

375 Haßel, auch zum Folgenden; vgl. oben, S. 486–490. Vgl. die naturgemäß unvollständigen Darstellungen in Spiegelbild, S. 226, 330, 377.

376 Haßel; Spiegelbild, S. 377.

377 Haßel. Major Kempe kann sich leider an die Vorgänge des 20. Juli gar nicht mehr erinnern; Kempe an d. Verf. 2. Mai 1965.

378 Gerstenmaier, Zur Geschichte des Umsturzversuches; s. oben, S. 583–584.

379 Hierzu und zum Folgenden: Harnack, Bericht; Herber, Was ich .. erlebte; B[olko] von der Heyde, »Die Verschwörung des 20. Juli: Beteiligte sagen aus«, Die Welt, 31. Juli 1947, S. 2; Pridun. Harnack gibt als Zeit für diesen ersten Befehl »etwa gegen 14.00 Uhr« an, was aber nicht stimmen kann. Ob Mertz dabei schon eröffnete, daß Hitler einem Attentat zum Opfer gefallen sei, ist nicht klar; Harnack berichtet es, Herber nicht.

380 Hierzu und zum Folgenden: [Ernst Günter] von Roell, damals als Oberst Leiter der Gruppe II (oder IIa/II ?), Bericht über die Ereignisse des Nachm. und Abends des 20. 7. 1944, Masch., Berlin, 21. Juli 1944, BA H 90–3/2; etwas kürzer ebenso in der Aussage Hoepners vor dem VGH, Prozeß XXXIII, 407 bis 408. Kramarz, S. 211 berichtet auf Grund von Spiegelbild, S. 191, auch Beck habe eine Ansprache an die Gruppenleiter gehalten, doch finden sich dafür sonst nirgends Anhaltspunkte.

381 Kleber berichtete später, er habe zur Gruppe II unter Kennes gehört; aber Roell berichtet immer wieder, Kennes sei Leiter der Gruppe III gewesen, und Rohowsky und Kleber gehörten zu der Gruppe.

382 Volkmar Hoffmann; Kleist an d. Verf. 15. Sept. 1964 und 2. Okt. 1968; Hammerstein, Spähtrupp, S. 283.

383 Wagner, Verlauf.

384 Gisevius, Sonderausgabe, S. 525.

385 Wagner, Verlauf; Aussagen in Prozeß XXXIII, 370–371, 477–478; Ferdinand Prinz von der Leyen, Rückblick zum Mauerwald: Vier Kriegsjahre im OKH, München 1965, S. 150.

386 Delia Ziegler, »Wer schoß auf Stauffenberg?«, Die Welt, 21. Aug. 1947, S. 2; Gisevius, Sonderausgabe, S. 526 scheint die Szene irrtümlich in das Vorzimmer Stauffenbergs zu verlegen.

387 Gisevius, Sonderausgabe, S. 527; [Walter] Huppenkothen, Der 20. Juli 1944, Masch.-Abschrift, o. O. o. J. [1953], IfZ ZS 249/II, S. 1; John, Jahrestag. Huppenkothen gibt die Vorgänge um etwa eine Stunde zu früh an: gegen 16 Uhr sei die Rundfunkverlautbarung wiederholt worden, etwa gleichzeitig sollte er alle Beamten des RSHA, die nicht in ihren Dienststellen waren, veranlassen, sich dorthin zu begeben und auch selbst kommen, aber am Potsdamer Platz sei er mit der Straßenbahn nicht mehr weitergekommen; das muß also mindestens schon um 17 Uhr gewesen sein.

388 John, Jahrestag.

389 Gisevius, Sonderausgabe, S. 528.

390 Gisevius, Sonderausgabe, S. 528–529.

391 19 Uhr in der Sonderausgabe; in der Ausgabe von 1946, Bd. II, S. 387 gab Gisevius 18 Uhr an.

392 Gisevius, Sonderausgabe, S. 529–530.

393 Gisevius, Sonderausgabe, S. 530–531.

394 John, Eye Witness' Account, S. 7–8; John, Jahrestag.

395 John, 20. Juli, S. 23.

396 John, Eye Witness' Account, S. 8; ders., Jahrestag.

397 S. Abschn. 4, S. 562; Gisevius, Sonderausgabe, S. 536–537, demzufolge das Gespräch erst gegen 20 Uhr stattgefunden hätte, was aber Schramm auf Grund seiner Forschungen nicht übernimmt.

398 John, Eye Witness' Account, S. 8–11; ders., Jahrestag; ders., Some Facts, S. 64–69.

399 John, Eye Witness' Account, S. 11; ders., 20. Juli, S. 23; ders., Jahrestag.

400 John, 20. Juli, S. 23; im Sinne gleichlautend ders., Eye Witness' Account, S. 11; ders., Jahrestag; ders., Some Facts, S. 68. In seiner Zeitangabe, 23 Uhr, in 20. Juli, S. 24 irrt sich John; in Some Facts gibt er etwa richtig zwischen 21.30 und 21.45 Uhr an, und in allen Darstellungen, daß er das Haus vor Beginn der Gegenaktion verlassen habe.

401 Gisevius, Sonderausgabe, S. 531–532.

402 Zeller, S. 444.

403 Gisevius, Sonderausgabe, S. 532; Haßel; Wagner, Verlauf.

404 Prozeß XXXIII, 410–411.

405 Gisevius, Sonderausgabe, S. 532–535.

406 Gisevius, Sonderausgabe, S. 535.

407 Gisevius, Sonderausgabe, S. 537–538; Auszug aus dem Kriegstagebuch der H Gr Nord, in 20. Juli 1944, S. 139.

408 Gisevius, Sonderausgabe, S. 538–541, 551; John, Some Facts, S. 67; Roell; Adolf Bernt, »Der 20. Juli in der Bendlerstraße (Bericht eines Augenzeugen)«, Die Gegenwart 11 (1956), S. 598; Aussagen Witzlebens in Prozeß XXXIII, 360–370.

409 Gisevius, Sonderausgabe, S. 538.

410 Prozeß XXXIII, S. 370; Wagner, Verlauf; Gisevius, Sonderausgabe, S. 551.

411 Prozeß XXXIII, 409; [Schramm], Mitteilungen Meichßner; Rittmann, The Nature of An Insurrection, Extract from Interim No. 6, 27th Aug. 1945 (Auszug aus einem alliierten Vernehmungsbericht), aus der Sammlung John Mappe 5; ebenso mit geringen Abweichungen ders., Erlebnisbericht über die Ereignisse am 20. 7. 44 im OKH in der Bendlerstraße in Berlin, München 7. Feb. 1969; Bartram; John, Eye Witness' Account, S. 10; ders., Some Facts, S. 66. Die von Zeller, S. 446 gegebene Darstellung der Episode mit den drei Generalen beruht auf unzuverlässigen und unvollständigen Quellen.

412 Nach [Schramm], Mitteilungen Meichßner, hätte Generaloberst Hoepner diese Eröffnungen gemacht, verbunden mit der Aufforderung, die den Generalen unterstehenden Truppen für die neue Regierung mobil zu machen.

413 Rittmann; Hoepner in Prozeß XXXIII, 409; [Schramm], Mitteilungen Meichßner, nennt einen Gen. Strecker, der der dritte General gewesen sein könnte.

414 Hierzu und zum Folgenden: Bartram; Roell; Rittmann; Hopf, Vorlage an Herrn Reichsleiter Bormann: Betrifft: Prozeß um den Verrat am 20. 7. 1944 (gegen Fromm am 7. März 1945), Masch., Berlin 1945, BA EAP 105/30.

415 Nach Bartrams Bericht habe er den Rittmeister für übergeschnappt gehalten und kein Wort der Geschichte geglaubt.

416 Dies wieder nach dem Bericht von Bartram; hier heißt es auch, die »Abteilungschefs«, darunter Kennes, seien von Hoepner unterrichtet worden, während Roell berichtet, die »Gruppenleiter« seien durch Stauffenberg unterrichtet worden, was Hoepner in Prozeß XXXIII, 407, bestätigt. Kennes, Sadrozinski und Roell waren Gruppenleiter, so daß in diesem Punkt Bartrams Bericht nicht zutrifft; Roell schrieb den seinen am 21. Juli 1944, Bartram im Jahre 1954. Trotzdem kann die Unterrichtung sowohl durch Hoepner als auch durch Stauffenberg erfolgt sein.

417 Roell.

418 Vermutlich Irrtum; Burgdorf war ja in »Mauerwald« oder »Wolfschanze«.

419 Kramarz, S. 214 teilt den Bericht von Oberst Langhaeuser mit, für den sich bisher keine anderweitige Bestätigung gefunden hat: Langhaeuser habe Fromm gegen 18.20 Uhr auf einem Flur getroffen, sei von diesem in ein Dienstzimmer gezogen und mit der Behauptung traktiert worden, Fromm habe von seiner Wohnung aus mit Hitler und Keitel telephoniert, Hitler lebe also, Stauffenberg sei der Attentäter und Langhaeuser müsse sich aus dem Staube machen. Wie sehr es dafür noch an Bestätigung fehlt, wird auch im Folgenden deutlich werden.

420 Bartram; Rittmann; [Schramm], Mitteilungen Meichßner; auch zum Folgenden.

421 Bartram; Prozeß XXXIII, 416.

422 Hierzu und zum Folgenden: Harnack, Bericht; Herber, Was ich .. erlebte; Pridun; Prozeß XXXIII, 415–418, 439; Heyde; Ziegler, Wer schoß; Bernt, S. 598–599; vgl. Zeller, S. 394–395, 531; Urteil des VGH vom 17. Jan. 1945 gegen Hptm. d. R. Hermann Kaiser und Major Busso Thoma, BA EAP 105/30.

423 Ein direkter Beleg für diese angebliche Rundfunknachricht konnte nicht gefunden werden; eine Verwechslung mit Funksprüchen oder Fernschreiben über die Ernennung Himmlers ist möglich.

424 Nach Herbers Bericht wären der Wunsch seiner Kameraden nach Aufklärung und Olbrichts Befehl zufällig zusammengetroffen; Harnack und Pridun jedoch berichten, daß die Besprechung auf Initiative Herbers zustandegekommen sei.

425 Man hat Herber, Heyde, Pridun und Fließbach nach dem Kriege aus ihrer Tätigkeit beim Zusammenbruch des Staatsstreiches Vorwürfe gemacht, u. a., sie hätten sich zuerst beteiligt und seien später, als sie den Mißerfolg sahen, ihren Kameraden in den Rücken gefallen; so z. B. Ziegler, Wer schoß, und noch in der 5. Auflage Zeller, S. 449. Zur Charakteristik Herbers hat auch Leyen, S. 153 in ähnliche Richtung gehende Mitteilungen gemacht. Für die angebliche Bereitschaft zum Mittun hat der Verf. außer dem Bericht von Frl. Ziegler keine Anhaltspunkte gefunden, was nicht heißen muß, daß die Bereitschaft nicht vorhanden oder doch in den Augen der Verschwörer manifestiert war. Zweifellos ist auch die Frage der Beteiligung oder Nichtbeteiligung an einem Umsturzversuch gegen das NS-Regime seitens hoher Generalstabsoffiziere mit solchen Einblicken, wie sie Herber, Heyde, Pridun und Fließbach besaßen, in einem sehr bestimmten Sinne eine Charakterfrage. Dem Verständnis der Vorgänge nützt es aber nicht, wenn man von Nichtverschwörern mehr verlangt als von den Verschwörern und im Eifer Nichteingeweihte auf das einzelne und ungenaue Zeugnis einer ebenfalls Nicht-

eingeweihten hin des Verrats beschuldigt. Die Betreffenden befanden sich in einer Zwangslage, jedes andere Verhalten wäre ihnen vielleicht nachher als Feigheit oder Sympathie für die Verschwörer ausgelegt worden. Daß ihr Verhalten unerfreulich war, soll deswegen nicht bestritten werden. Dazu gehört auch, daß sie nach dem Kriege zum Teil wahrheitswidrig abgestritten haben, für ihr Verhalten befördert worden zu sein. Vgl. Schmundt, S. 223; Kunrat Frhr. v. Hammerstein, Flucht: Aufzeichnungen nach dem 20. Juli, Olten, Freiburg im Breisgau 1966, S. 51. Aber andererseits, abgesehen von anderen, allzu menschlichen Motiven, konnten sie die Beförderungen nicht ablehnen und zugleich die Behauptung ihres besonders loyalen Verhaltens aufrechterhalten. *Bevorzugt* befördert wurden nach den d. Verf. vorliegenden bzw. von ihm eingesehenen Personalakten: Maj. Herbert Fließbach am 1. 8. 44 mit Wirkung vom 26. 8. 44 zum Oberst; Oberstlt. Franz Herber am 1. 8. 44 zum Oberst; Oberstlt. Bolko von der Heyde am 1. 8. 44 zum Oberst; Oberstlt. Karl Pridun am 1. 8. 44 zum Oberst.

426 Nach Heyde waren die Waffen aus Küstrin beschafft worden, nach Bernt, S. 598, aus Spandau, und nach Ziegler, Wer schoß, aus Töpchin.

427 Ziegler, Wer schoß; Winterfeldt. Stauffenbergs Verletzung und seine Gegenwehr bestätigen Rittmann und als Augenzeuge Ludwig Freiherr von Hammerstein in Hammerstein, Spähtrupp, S. 281; Gerstenmaier, Mitteilungen. Gerstenmaier soll auch Schüsse abgegeben haben: Bolko von der Heyde, [Leserzuschrift]. Der Spiegel 27. Jan. 1969, S. 10.

428 Winterfeldt.

429 Winterfeldt; Buchholz, Attentat; Buchholz bei Knauth, S. 177; Hasselbach; Pieper; Spaeter II, 565; Dr. Wagner.

430 Winterfeldt.

431 Bernt, S. 599.

432 So Bernt und Bartram, dieser mit der Variante, er habe Fromm aus der Wohnung geholt, während Bernt berichtet, Bartram sei »ganz verstört an die Wand gelehnt« in der Nähe der Wohnung gestanden. Seine Lage kann man sich leicht ausmalen: Hier brach ein Putsch von selbst zusammen, durch den sein unmittelbarer Vorgesetzter und Befehlshaber abgesetzt worden war, und der konnte sich immer noch nicht zu irgendeiner Tätigkeit durchringen, Bartrams Loyalität und seine Verzweiflung über die Haltung Fromms konnten sich im Augenblick nur in Passivität erschöpfen.

433 Hoepner am 7. Aug. 1944 in Prozeß XXXIII, 416; etwa gleichlautend Herber, Was ich .. erlebte; Bernt, S. 599–600; Bartram.

XII. Untergang der Opposition

1 Der Prozeß gegen die Hauptkriegsverbrecher vor dem Internationalen Militärgerichtshof Nürnberg 14. November 1945–1. Oktober 1946, Bd. XXXIII, Nürnberg 1949, S. 417, 505–508; [Fritz Harnack], Bericht über die Vorgänge des 20. 7. 44 in der Bendlerstraße, Masch., Braunschweig 20. Juli 1948; Adolf Bernt, »Der 20. Juli in der Bendlerstraße (Bericht eines Augenzeugen)«, Die Gegenwart 11 (1956), S. 599–600; Ludwig Bartram, 20. Juli 1944, Masch., o. O. [1954], BA H 90–3/4; Franz Herber, Was ich am 20. 7. 44 in der Bendlerstraße erlebte, Masch., o. O. o. J., BA H 90–3/4; Fabian von Schlabrendorff, Offiziere

gegen Hitler, Fischer Bücherei, Frankfurt/M.–Hamburg 1959, S. 152–153.

2 Prozeß XXXIII, 417. In dem etwas fehlerhaften Abdruck der ebenfalls nicht fehlerfreien Prozeßniederschrift heißt es irrtümlich »Merz« und »Oberstleutnant von Haeften«. S. ferner Rudolf Schlee, Bericht, Masch.-Abschrift, Berlin 23. Juli 1944, BA EAP 105/32, Abdruck in 20. Juli 1944, bearb. v. Hans Royce, neubearb. u. erg. von Erich Zimmermann und Hans-Adolf Jacobsen, hrsg. v. d. Bundeszentrale für Heimatdienst, Bonn [4]1961, S. 152–155; [Peter] Thelen, Revolution ohne Truppen: Die letzten Stunden in der Bendlerstraße am 20. Juli 1944, Frankfurt 1965 (Entwurf eines unveröffentlichten Artikels, dem Verf. von Herrn Thelen freundlicherweise zur Benützung überlassen); Karl Pridun, Vermerk. Betrifft: 20. Juli 1944, Stellungnahme, Masch., Bregenz 1953, IfZ ZS 1769; Bartram; Harnack.

3 Bernt, S. 600.

4 Karl Schweizer, mündliche Mitteilungen an d. Verf. vom 18. Juni 1965.

5 Bernt, S. 600.

6 Bartram.

7 Schlee; [Otto Ernst] Remer, Der Ablauf der Ereignisse am 20. 7. 1944 wie ich sie als Kommandeur des Wachbtl. Großdeutschland erlebte, Masch.-Abschrift, Berlin 22. Juli 1944, BA EAP 105/32, Abdruck in 20. Juli 1944, S. 145–152. Schlee und Remer berichten übereinstimmend, daß Remer erst einige Zeit nach den Erschießungen in die Bendlerstraße gekommen sei; Bartram glaubt sich zu erinnern, daß er schon Remer auf der Treppe begegnet sei, was also ein Irrtum sein muß.

8 Schlee; Remer, Ablauf.

9 Dies nach dem Bericht von Bartram, der wie alle Berichte naturgemäß nicht immer zuverlässig ist; auch der »SS-Bericht über den 20. Juli: Aus den Papieren des SS-Obersturmbannführers Dr. Georg Kiesel«, Nordwestdeutsche Hefte 2 (1947), H. 1/2, S. 29 erwähnt den Gnadenschuß. Bernt, S. 600: »Später erfuhr ich, daß jemand noch auf ihn [Beck] geschossen habe.«

10 Schweizer; Thelen; vgl. Eberhard Zeller, Geist der Freiheit: Der Zwanzigste Juli, München [5]1965, S. 399 nach dem Bericht eines ungenannten Fahrers, der Zeuge der Erschießungen war.

11 Die Reihenfolge ist nicht gesichert, die bisher dem Verf. bekannten Zeugen weichen in ihren Angaben zu diesem Punkt voneinander ab. Schady ist 1945 gefallen. Zu den Erschießungen: Thelen, der einen Bericht von Schweizer verwendet; Schweizer; Alix von Winterfeldt, mündliche Mitteilungen an d. Verf. vom 30. Aug. 1966; Wolfram Röhrig, mündliche Mitteilungen an d. Verf. vom 29./30. Juni 1965; Schlee; Delia Ziegler, Bericht über den 20. 7. 1944, Masch., o. O. (ca. 1947), im Bes. d. Gräfin Schwerin von Schwanenfeld; Zeller, S. 399.

12 Zum Zeitpunkt: Schlee. Ein Fernschreiben Fromms an alle Wehrkreise und Militärbefehlshaber, wonach die Anführer des Putsches erschossen seien und er, Fromm, wieder die Befehlsgewalt übernommen habe, gelangte nach dem Bericht der Ag N/HNV, Spiegelbild einer Verschwörung: Die Kaltenbrunner-Berichte an Bormann und Hitler über das Attentat vom 20. Juli 1944. Geheime Dokumente aus dem ehemaligen Reichssicherheitshauptamt, Stuttgart 1961, S. 65, um 0.10 Uhr an den LdN Leutnant Röhrig, der nach dem selben Bericht sofort mit dem Absetzen begonnen habe. Die Abschrift in

Spiegelbild, S. 76 trägt den Absetzvermerk 0.21 Uhr; Bestätigung dieser Absetzzeit bei [Percy Ernst Schramm], Mitteilungen des Stellv. Chefs WFSt 21. 7. 44 20 Uhr, K. T. B. des WFSt, Wolfschanze 22. 7. 1944, StA Nürnberg PS 1808, abgedruckt in Herbert Kraus, Die im Braunschweiger Remerprozeß erstatteten moraltheologischen und historischen Gutachten nebst Urteil, Hamburg 1953, S. 142–145. Auf Zeitangaben für die Vorgänge von dem Vorstoß der Gruppe unter Herber bei Olbricht bis zur Erschießung der vier Führer des Umsturzes wurde bewußt verzichtet, weil die Angaben in den Quellen darüber zu sehr schwanken und auch die Begrenzung durch die Zeitpunkte 22.30 Uhr und 0.30 Uhr genügend erscheint. Die Erschießungen können kurz vor oder kurz nach Mitternacht erfolgt sein.

Der Ausruf Stauffenbergs wird so von Schweizer wiedergegeben, der in zwanzig Meter Entfernung Zeuge der Exekution war; er mußte zusammen mit anderen Fahrern den Hof erleuchten. Frau von Winterfeldt, damals Sekretärin im Vorzimmer Fromms, erinnert sich, durch das offene Fenster den Ausruf Stauffenbergs so gehört zu haben: »»Es lebe das geheiligte Deutschland!«« Röhrig bestätigt diese Version, meint jedoch, es könne auch diejenige Schweizers die richtige sein. Delia Ziegler, Bericht, erinnerte sich an diese letzten Worte Stauffenbergs: »»Heiliges Deutschland.«« Haeften hat Frl. Ziegler zufolge gerufen: »»Es lebe Deutschland.«« Zeller, S. 399 gibt den Ausruf Stauffenbergs ohne Beleg, anscheinend auf Grund des Berichtes eines Fahrers (Schweizers oder des Fahrers Olbrichts?) so wieder: »»Es lebe unser heiliges Deutschland.«« Neuerdings erinnerte sich auch Gerstenmaier, genau diese Worte gehört zu haben: Eugen Gerstenmaier, »»Den Dolch im Lorbeerstrauße tragen‹: Stefan Georges Einfluß auf Stauffenberg und den 20. Juli«, Christ und Welt, 19. Juli 1968, S. 22. Der Biograph Stauffenbergs, Joachim Kramarz, Claus Graf Stauffenberg 15. November 1907–20. Juli 1944: Das Leben eines Offiziers, Frankfurt/M. 1965, S. 220 konnte hierzu keine Feststellungen machen. Im Zusammenhang mit Stauffenbergs Zugehörigkeit zum Kreis um Stefan George ist auch die Vermutung aufgetaucht, der Ruf Stauffenbergs sei in Verbindung zu bringen mit dem Heimlichen oder Geheimen Deutschland, von welchem 1943 und 1944 unter dem Einfluß Stauffenbergs in Kreisen der Opposition gesprochen wurde; Edgar Salin, Um Stefan George: Erinnerung und Zeugnis, München–Düsseldorf ²1954, S. 324 Anm. 123. Theodor Pfizer, »Die Brüder Stauffenberg«, in Robert Boehringer: Eine Freundesgabe, hrsg. von Erich Boehringer und Wilhelm Hoffmann, Tübingen 1957, S. 490 berichtet von der Verpflichtung der Zwölf, unter ihnen die drei Brüder Stauffenberg, die sich am 4. Dezember 1933 am Totenbett Georges versammelt hätten, gegenüber dem wahren und nun, seit der Verfälschung durch die Nationalsozialisten, »dem ›geheimen‹ Deutschland«. Unzutreffend und zu unzuträglicher Legendenbildung geeignet ist die Zahl zwölf, es waren tatsächlich elf Personen und nicht alle von ihnen waren »Jünger«, aber natürlich war die Zahl ganz zufällig; s. Robert Boehringer (der damals dabei war), Mein Bild von Stefan George, München–Düsseldorf ²1967, S. 188 bis 191. Nina Gräfin von Stauffenberg an d. Verf. 11. Sept. 1968 schrieb, der Mentalität Stauffenbergs nach seien die Worte »»heiliges Deutschland‹« allein wahrscheinlich; denn in einem solchen Augenblick befasse sich niemand mit Gedanken von »geheimen« oder »heimlichen« Kreisen.

13 Röhrig; Thelen; Otto Skorzeny, Geheimkommando Skorzeny, Hamburg
   1950, S. 209.
14 Otto John, »Zum Jahrestag der Verschwörung gegen Hitler – 20. Juli 1944«,
   Wochenpost Nr. 138, 18. Juli 1947, S. 6.
15 Herber, Was ich .. erlebte; nach Zeller, S. 397 (ohne Beleg) war es 23.05 Uhr.
16 Kunrat Freiherr von Hammerstein, Spähtrupp, Stuttgart 1963, S. 281–282,
   285, auf Grund der Berichte von Ludwig von Hammerstein und Dr. Fritzsche;
   Zeller, S. 397 und 531 Anm. 24 auf Grund eines Berichtes von Dr. Fritzsche.
17 Hammerstein, Spähtrupp, S. 285–286.
18 Hammerstein, Spähtrupp, S. 283–284.
19 Eugen Gerstenmaier, »Zur Geschichte des Umsturzversuches vom 20. Juli
   1944«, Neue Zürcher Zeitung, 23. und 24. Juni 1945; Hammerstein, Spähtrupp, S. 284 nach dem Bericht von Kleist. Zeller, S. 532 Anm. 29 zit. dafür
   etwas indirekt Skorzeny, S. 209, wo aber nichts dergleichen steht. Es gibt auch
   sonst kaum Anhaltspunkte für die objektive Richtigkeit der Annahme Gerstenmaiers. Dagegen hatte Fromm mit seiner zündenden Ansprache eigentlich die Aktion abgeschlossen und war dann weggegangen, anscheinend,
   ohne weitere Exekutionen angeordnet zu haben. Schlee und Remer, die sie
   hätten ausführen lassen müssen, berichten nichts davon, und bei dem
   Standgericht wurden auch nur die ausdrücklich genannten Offiziere verurteilt, niemand weiß etwas von weiteren Verurteilungen. Trotzdem war
   natürlich in der gegebenen Lage alles möglich, und die Reden der Bewacher
   ließen nichts Gutes erwarten.
20 [Walter] Huppenkothen, Der 20. Juli 1944, Masch.-Abschrift o. O. [1953],
   S. 1, IfZ ZS 249/II.
21 Steusch oder Dreusch oder Heusch (unleserlich), SS-Sturmbannführer, Vermerk über den Ablauf der Ereignisse vom 20. 7. auf 21. 7. 44, soweit sie auf
   den mir erteilten Auftrag Bezug haben, Masch., Berlin 21. oder 22. Juli 1944,
   Berlin Document Center; Skorzeny, S. 206.
22 Ebenda.
23 Das gesamte Verhalten der SS war, wenn auch so wie in Paris nicht gerade
   entschlossen und tatkräftig, doch plausibel genug. Zu Vermutungen über ein
   Abwarten Himmlers, ob der Putsch vielleicht erfolgreich sein würde, reicht
   es nicht aus. Diese Vermutungen stehen und fallen mit der Frage, wieviel
   Himmler vorher vom Putsch gewußt und wieweit er mit den Verschwörern
   – aus welchen Gründen auch immer – sympathisiert habe. Vgl. oben, S. 447–449.
24 Skorzeny, S. 205–209.
25 Skorzeny, S. 207–209; Schlee berichtet, es sei »die Staatspolizei unter Ober-
   sturmbannführer Skorzeny« gewesen. Einige Gestapo-Beamte waren ohnehin
   im Haus, Achamer-Pifrader und sein Begleiter zumal, inzwischen hatte auch
   der Gestapo-Chef Heinrich Müller einen Fahndungstrupp zur Bendlerstraße
   entsandt, und schließlich hatte Kaltenbrunner auf die Nachricht von den Verhaftungen und von dem Standgericht ein Kommando der Gestapo zur Bendlerstraße geschickt. Huppenkothen, 20. Juli, S. 2, berichtet, dies sei auf ein
   Telephon Achamer-Pifraders aus der Bendlerstraße geschehen, worin dieser
   gegen 22 Uhr von den Erschießungen berichtet habe, was so beides nicht stimmen kann. Es könnte aber 23 Uhr gewesen sein, und Achamer-Pifrader könnte
   von den angeordneten Erschießungen berichtet haben, die jedoch tatsächlich

erst einige Minuten nach Mitternacht stattfanden, nach dem Bericht des anwesenden Schlee sogar erst »etwa am 21. 7. 44 um 0.30 Uhr«.

26 Skorzeny, S. 209; Harnack, Bericht; Herber.

27 Skorzeny, S. 210.

28 Hammerstein, Spähtrupp, S. 284.

29 Skorzeny, S. 210–211.

30 Bernt, S. 601; T[heodor] E[schenburg], »Die Rede Himmlers vor den Gauleitern am 3. August 1944«, VfZ 1 (1953), S. 382; Dr.-ing. Claus-Peter Goetzke, damals als Oberleutnant d. R. technischer Leiter des Nachrichtenbunkers im Bendlerblock, an d. Verf. 14. Juli 1965; Zeller, S. 402 bringt weitere Einzelheiten ohne Beleg, in der dritten Auflage seines Buches von 1956, S. 261 spricht er von »einem Bericht, für den wir bisher sonst keine Bestätigung haben«, gibt aber auch diesen Bericht nicht an. Er meint vermutlich die Darstellung von Gisevius, die dieser schon in der ersten Ausgabe seines Buches gab: Hans Bernd Gisevius, Bis zum bittern Ende, II. Bd., Zürich 1946, S. 416–417, deren Herkunft Gisevius weder hier noch in späteren Auflagen angibt, in seinem Buch Wo ist Nebe? Erinnerungen an Hitlers Reichskriminaldirektor, Zürich 1966, S. 59–60 aber als von Helldorf stammend bezeichnend.

31 Bernt, S. 601.

32 Spiegelbild, S. 23.

33 Aussage von SS-Gruppenführer Walter Huppenkothen, aus den Ermittlungsakten der Staatsanwaltschaft beim Landgericht München I, IfZ ZS 249/III; SS-Bericht, S. 31; vgl. Gisevius, Nebe, S. 155–160.

34 Bartram; Spiegelbild, S. 18.

35 Walter Bruns, Vor, am und nach dem 20. Juli 1944, Masch., o. O. (ca. 1945 bis 1948), Sammlung John, Mappe 5, S. 12–14; Remer, Ablauf.

36 Hierzu und zum Folgenden: [Bruno] Mitzkus, Bericht über die Ereignisse im stellv. Generalkommando III. A. K. am 20. Juli 1944, Masch., o. O. 9. Aug. 1945, im Besitz der Stiftung; Bruno Mitzkus, Um den 20. Juli und das Ende im Wehrkreiskommando III, Berlin, Masch., Bad Homburg v. d. H. April 1947, im Besitz der Stiftung; Bericht des Amtes V im RSHA, Betrifft: Selbstmord des Majors Ulrich von Oertzen, Ia der Korps-Abteilung E der 2. Armee, im Dienstgebäude des Wehrkreiskommandos III, Masch., Berlin 22. Juli 1944, BA R 58/1051; Bericht der Abteilung Chemie des Kriminaltechnischen Instituts der Sicherheitspolizei (Amt V D) an den Chef des Amtes V, Reichskriminaldirektor Nebe, vom 23. Juli 1944, BA R 58/1051; Dr. Martin Sobczyk, damals als Oberstleutnant Leitender Abwehroffizier im Wehrkreis III, mündliche Mitteilungen an d. Verf. vom 27. Aug. 1965; Joachim von Wiese und Kaiserswaldau, damals als Oberst IIa im Wehrkreiskommando III, an d. Verf. 10. Aug. 1964.

37 Prozeß XXXIII, 370; [Schramm], Mitteilungen Warlimont; Spiegelbild, S. 36 bis 37.

38 Als Tag der Verhaftung Canaris' gibt Skorzeny, S. 209, den 20. Juli, als Zeit etwa 22 Uhr an, die Verhaftung sei durch Schellenberg persönlich vorgenommen worden. Das erscheint fraglich. Walter Schellenberg, Memoiren, Köln 1959, S. 333–335 bestätigt, daß er die Verhaftung ausgeführt habe, aber erst »Anfang August 1944«. Gert Buchheit, Der deutsche Geheimdienst: Ge-

schichte der militärischen Abwehr, München 1966, S. 438, nennt den 23. Juli als Datum der durch Schellenberg ausgeführten Verhaftung Canaris' und gibt merkwürdigerweise Schellenbergs Memoiren als Quelle an. Ferner: Spiegelbild, S. 36: 21. 7. 44; Stiftung »Hilfswerk 20. Juli 1944«, Personalakten: 23. 7. 44.

39 Spiegelbild, S. 43.

40 Spiegelbild, S. 112, 33; Major Dr. Eckert, Meldung über Vorkommnisse im Stabe des Gen. Qu. [sic] am 21., 22. und 23. 7. 1944, [Zossen] 23. Juli 1944, IfZ ED 95; Ferdinand Prinz von der Leyen, Rückblick zum Mauerwald: Vier Kriegsjahre im OKH, München 1965, S. 155; Eduard Wagner, Der Generalquartiermeister: Briefe und Tagebuchaufzeichnungen, München und Wien 1963, S. 237–243.

41 Spiegelbild, S. 430–431; Franz Sonderegger, damals Kriminalkommissar der Gestapo, an den Präsidenten des Landgerichts München I 14. Jan. 1951, Kopie im IfZ; ders., Aussagen gegenüber Vertretern der Europäische Publikation e. V. in München am 15. Okt. 1952, Niederschrift im IfZ ZS 303 II; Aufzeichnungen von Christine von Dohnanyi 1945/46, IfZ ZS 603, abgedruckt nun bei Eberhard Bethge, Dietrich Bonhoeffer: Theologe, Christ, Zeitgenosse, München 1967, S. 1096–1101; Huppenkothen, 20. Juli, S. 2–6.

42 Hierzu und zum Folgenden: Ludolf Gerhard Sander, mündliche Mitteilungen an d. Verf. vom 24. und 25. April 1964; Kap. X, Abschnitt 2; Josef Wolf, mündliche Mitteilungen an d. Verf. vom 27. Feb. 1965; ders. an d. Verf. 18. Dez. 1968; Hellmuth Arntz, mündliche Mitteilungen an d. Verf. vom 21. Nov. 1964; Zeller, S. 435–436, auf Grund eines anderen Berichtes von Arntz.

43 Arntz.

44 Arntz; fast gleichlautend bei Zeller, S. 436.

45 Hans Rothfels, Die deutsche Opposition gegen Hitler: Eine Würdigung, Fischer Bücherei, Frankfurt/M.–Hamburg 1958, S. 14.

46 Spiegelbild, S. 91, 146. Zu den Folterungen als Augenzeuge u. a. Schweizer; ferner unten, S. 620–623.

47 Arntz; Albert Beichele, damals als Major Leiter der Gruppe III im OKH/Gen St d H/Chef HNW, an d. Verf. 18. Juni 1965 und 31. Dez. 1967.

48 Albert Praun, Soldat in der Telegraphen- und Nachrichtentruppe, Würzburg [1966], S. 220–221; Albert Beichele an d. Verf. 6. Feb. 1967.

49 Auskunft der Stiftung »Hilfswerk 20. Juli 1944« aus den Personalakten der Opfer; Spiegelbild, S. 23.

50 Praun, S. 221.

51 Spiegelbild, S. 33.

52 Spiegelbild, S. 87–92.

53 Spiegelbild, S. 54–55; Liste I des HPA betr. in den 20. Juli verwickelte Offiziere, BA EAP 105/2.

54 Werner Wolf Schrader (Sohn von Oberstleutnant Schrader) an Graf von Hardenberg 16. Nov. 1946; im Besitz der Stiftung; Spiegelbild, S. 129.

55 Handliste der Generalstabsoffiziere, OKH/HPA Ag P 3, 1943 (mit späteren Ergänzungen), BA/Zentralnachweisstelle.

56 Spiegelbild, S. 100, 126–127, 128–134 und folgende Berichte; SS-Bericht, S. 31.

57 Gerhard Ritter, Carl Goerdeler und die deutsche Widerstandsbewegung,

Stuttgart ³1956, S. 415, 557–558 Anm. 7, 416–419; Spiegelbild, S. 232; Elfriede Nebgen, Jakob Kaiser: Der Widerstandskämpfer, Stuttgart 1967, S. 192–194. Vgl. Paul Ronge, »Warum ich Helene Schwärzel verteidigte«, Nordwestdeutsche Hefte 1 (1946) H. 9, S. 14–15.

58 Spiegelbild, S. 63–65; Ritter, Goerdeler, S. 419–424. *Daran* kann die Behauptung des Vernehmungsbeamten Kriminalkommissar Franz Xaver Sonderegger, Goerdeler habe so viel und so viele verraten, daß es selbst den Vernehmenden peinlich wurde, nichts ändern, wenn auch das Hereinziehen vieler Mitwisser, die sonst vielleicht unbehelligt geblieben wären, unbestreitbar scheint. [Franz Xaver Sonderegger], Niederschrift der Unterredung des Herrn Franz Xaver Sonderegger .. am 12. Oktober 1952 mit Dr. Frhr. v. Siegler und Dr. Helmut Krausnick, im späteren Verlauf auch mit Dr. Hermann Mau im Institut für Zeitgeschichte München, IfZ ZS 303/I. Ritter, Goerdeler, S. 420 bzw. 560 Anm. 19 zit. Aussagen des ehemaligen Oberreichsanwalts Ernst Lautz vom 17. Juni 1948 (vgl. das Expl. im StA Nürnberg NG 5405), wonach auf Grund der Aussagen Goerdelers »umfangreiche neue Verhaftungen« möglich geworden und »beim Volksgerichtshof zahlreiche neue Verfahren eingeleitet« worden seien. Lautz abschließend: »Allerdings sind nur wenige dieser Verfahren zur Durchführung gelangt.« Goerdelers Kalkulation war also im ganzen richtig. Ritter gibt jedoch keinen genauen Überblick über den betroffenen Personenkreis und vor allem nicht über die Zahl der Hinrichtungen. Nach den Feststellungen von Kunrat Frhr. v. Hammerstein, Flucht: Aufzeichnungen nach dem 20. Juli, Olten–Freiburg i. Br. 1966, S. 55, 76, 143, wurde nur Fritz Elsas hingerichtet, weil Goerdeler auf seiner Flucht bei ihm übernachtet und dann darüber ausgesagt hatte. Zum Folgenden Nebgen, S. 195–224.

59 Dies ist das Ergebnis von Forschungen von Walter Hammer, »Die ›Gewitteraktion‹ vom 22. 8. 1944: Vor 15 Jahren wurden deutsche Parlamentarier zu Tausenden verhaftet«, Freiheit und Recht 5 (1959), H. 8/9, S. 15–18. Ein Rundschreiben der Gauleitung Franken vom 16. Aug. 1944 an alle Kreisleiter (BA Sammlung Schumacher 242) – ähnliche Schreiben dürften in den anderen Gauen ergangen sein – läßt jedoch Zweifel an den kategorischen Behauptungen Hammers zu. Es heißt darin u. a.: Es sei nach einer Anordnung des Leiters der Parteikanzlei, aus der wörtlich zitiert wird, die »›rücksichtslose Ausmerzung aller Verräter, Defaitisten und ähnlicher Handlanger des Feindes‹« nötig. »›Damit wirklich alle Hintermänner erfaßt werden, richte ich auf Veranlassung des Sicherheitshauptamtes an Sie die Bitte, mir beeilt alle Personen bzw. Zusammenhänge, die mit dem 20. 7. 1944 in Verbindung stehen könnten, mitzuteilen.

Ich bitte Sie ferner um beschleunigte Namhaftmachung aller sonstigen Personen, die in Vergangenheit oder Gegenwart durch ihr Verhalten Anlaß zu Zweifeln an ihrer nationalsozialistischen Haltung und weltanschaulichen Festigkeit gegeben haben. Selbstverständlich muß den Personalien eine Begründung, die eine Nachprüfung oder sogar sofortiges Zupacken ermöglicht, beigefügt werden.‹

Im Auftrag des Gauleiters bitte ich [Gaustabsamtsleiter Kunstmann] Sie, möglichst umgehend um Benennung aller Frauen und Männer, die weltanschaulich nicht fest sind und eine Gefahr bilden. Hierzu gehören insbesondere alle ehemaligen Freimaurer, Judenknechte und Führer und Funktionäre der ehemaligen Systemparteien.«

60 Spiegelbild, S. 346; Mitteilung der Stiftung; Hammerstein, Flucht, S. 197.

61 Spiegelbild, S. 563–573 druckt die Prozeßberichte und zwei der Urteile ab.

62 Spiegelbild, S. 244–245; Lorenzen, Vorlage an Herrn Reichsleiter Bormann. Betrifft: Volksgerichtshofprozesse 20. 7. (hier: gegen Nebe), Masch.-Abschrift, Berlin 2. März 1945, und Urteil des Volksgerichtshofes, 1. Senat, Berlin, vom 2. März 1945 gegen SS-Gruppenführer und Generalleutnant der Polizei Arthur Nebe, Masch.-Abschrift, Berlin 2. März 1945, Az 1 L 54/45 O J 10/45 gRS, beide BA EAP 105/30; Gisevius, Nebe, S. 160–174 beschreibt die Flucht seines Freundes Nebe ausführlich.

63 Die Behauptung in dem Urteil des VGH, Nebe habe geholfen, die Verhaftung Helldorfs zu ermöglichen, ist anderweitig nicht bestätigt. Nebe wurde gezwungen, der Festnahme Helldorfs bei einer Besprechung bei ihm, Nebe, zuzustimmen. Die Besprechung war verabredet worden, ehe Nebe erfuhr, daß Helldorf verhaftet werden sollte, und als er es wußte, hatte er keine Möglichkeit, ihn zu warnen. Ohnehin ist nicht anzunehmen, daß Helldorf überhaupt hätte fliehen können, oder geflohen wäre, selbst wenn er die Möglichkeit dazu gehabt hätte. Hierzu Gisevius, Nebe, S. 160–174.

64 Hans Bernd Gisevius, Bis zum bitteren Ende: Vom Reichstagsbrand bis zum 20. Juli 1944, vom Verfasser auf den neuesten Stand gebrachte Sonderausgabe, Hamburg o. J., S. 565; Gisevius, Nebe, S. 54; Alexander Harder, Kriminalzentrale Werderscher Markt: Die Geschichte des »Deutschen Scotland Yard«, Bayreuth 1963, S. 399–413.

65 Spiegelbild, S. 36; Ludwig Jedlicka, Der 20. Juli 1944 in Österreich, Wien-München 1965, S. 121.

66 Jedlicka, S. 121–123.

67 Mitteilung der Stiftung »Hilfswerk 20. Juli 1944«; Ger van Roon, Neuordnung im Widerstand: Der Kreisauer Kreis innerhalb der deutschen Widerstandsbewegung, München 1967, S. 336; Friedrich Wilhelm Heinz, Von Wilhelm Canaris zur NKWD, Masch., o. O. o. J. (ca. 1949), NA Mikrofilmrolle Nr. R 60.67, S. 188–189.

68 Wilhelm von Schramm, Aufstand der Generale: Der 20. Juli in Paris, Kindler Taschenbücher, München 1964, S. 131–134.

69 Schramm, S. 135, 137, 140–141.

70 Schramm, S. 143–151, 154–155, 175–176.

71 Schramm, S. 175–176.

72 Schramm, S. 180–183, 186, 192–193, 197; vgl. die Urteile und Prozeßberichte im BA EAP 105/31 (s. Quellenverzeichnis unter Urteil, Hopf und Lorenzen). Dr. Freiherr von Falkenhausen wurde am 15. Feb. 1945 aus der Haft entlassen mit der Maßgabe, daß er sofort zur Wehrmacht einzuziehen sei: Kaltenbrunner an Reichsfinanzminister Graf Schwerin von Krosigk 20. Feb. 1945, BA EAP 173–e–05.

73 Schramm, S. 200, 204.

74 Schramm, S. 210–226, 229.

75 Spiegelbild, passim; vgl. Leyen, S. 167, wo übrigens von 5000 Toten und 20 000 Verhafteten im Zusammenhang mit dem 20. Juli die Rede ist.

76 Ulrich von Hassell, Vom andern Deutschland: Aus den nachgelassenen Tage-

büchern 1938–1944, Fischer Bücherei, Frankfurt/M. 1964, S. 325; Gisevius, Sonderausgabe, S. 565–566; vgl. Ritter, Goerdeler, S. 414; Nebgen, S. 195–218.

77 E[schenburg], S. 385.

78 Vgl. die Akten über die »Sippe« Stauffenberg in BA EAP 105/34; ferner Markwart Graf Schenk von Stauffenberg, Angaben des Markwart Graf Schenk von Stauffenberg und seiner Familie über die Haft etc. anläßlich des 20. Juli 1944, Masch., Amerdingen 4. Jan. 1947, und ebensolche Angaben von Clemens Schenk Graf von Stauffenberg vom 27. Okt. 1946, Akten der Stiftung; Alexander von Hase, Zur Sache »Remer« (Aussagen für die Staatsanwaltschaft Oldenburg), Masch., o. O. [1950], Sammlung John Mappe 1.

79 Der Chef der Sicherheitspolizei und des SD Ernst Kaltenbrunner an d. Leiter der Parteikanzlei Reichsleiter Martin Bormann 25. Okt. 1944, BA EAP 105/34.

80 Georg Thomas, »Gedanken und Ereignisse«, Schweizer Monatshefte 25 (1945), S. 554–555; Markwart Graf Schenk von Stauffenberg; Kurt von Schuschnigg, Austrian Requiem, New York 1946, S. 263–292, bes. 284–289 (die deutsche Ausgabe, Ein Requiem in Rot-Weiß-Rot, Zürich 1946, stand d. Verf. nicht zur Verfügung); Nebgen, S. 227–228 berichtet von diesen Vorgängen auf Grund der Erzählungen von Frau Jakob Kaiser, die dabei war.

81 BA NS 19/34.

82 Ebenda.

83 Ebenda.

84 Spiegelbild, S. 394–395; vgl. S. 87–92, 175.

85 [Sonderegger], Niederschrift; Alfred Heueck, »Der Mann, der Roland Freisler sterben sah: Fabian v. Schlabrendorff berichtet vom Martyrium der Widerstandskämpfer«, Frankfurter Rundschau, 27. Sept. 1955 (Bericht vom Prozeß gegen den Gestapo-Beamten Huppenkothen); Thomas, S. 550–551; Schlabrendorff, Offiziere, S. 155–171; ausführlicherer Bericht über die Folterungen in der früheren Ausgabe, die dem Verf. zur Überprüfung der Seitenzahlen nicht zur Verfügung stand (Fabian von Schlabrendorff, Offiziere gegen Hitler, Zürich 1946); der Bericht ist jedoch in den englischen Ausgaben enthalten, auch in der neuesten: Fabian von Schlabrendorff, The Secret War Against Hitler, New York–Toronto–London 1965, S. 311–313. S. ferner Fabian von Schlabrendorff, »Eine Quelle? Die ›Kaltenbrunner-Berichte‹ über das Attentat vom 20. Juli 1944«, Frankfurter Hefte 17 (1962), S. 18–19; Hans Rothfels, »Zerrspiegel historischer Wahrheit«, Die Zeit, 20. Okt. 1961, S. 3; ders., »Zerrspiegel des 20. Juli«, VfZ 10 (1962), S. 62–67. Allgemein zu den Folterungen: Schweizer.

86 Thomas, S. 552; Heueck; Schlabrendorff, War, S. 313; Kurt Haßel, mündliche Mitteilungen an d. Verf. vom 11. Dez. 1964; SS-Bericht, S. 32; Bericht der Stiftung »Hilfswerk 20. Juli 1944« über die Verurteilung des ehem. Kriminalkommissars Josef Baumer, mimeogr., Kronberg i. T. 1959; Dr. Clemens Plaßmann an Frau Annemarie Koch 10. März 1947, Durchschlag in den Akten der Stiftung; Urteil der Großen Strafkammer des Landgerichts in Siegen vom 15. 12. 1953 gegen Regierungsrat a. D. Lic. Dr. phil. Karl Neuhaus, mimeogr. Abschr., o. O. o. J., Besitz der Stiftung.

87 Spiegelbild, S. 249.

88 Hubert Schorn, Der Richter im Dritten Reich: Geschichte und Dokumente. Frankfurt/M. 1959, S. 67–68, auch zum Folgenden.

89 Vertreter des Gestapo-Chefs Müller als Leiter der Sonderkommission 20. Juli.

90 Vorlage von Dr. Sonnenhol an Gruppenleiter Inland II im AA vom 11. Aug. 1944, Politisches Archiv des AA Inland II g 59.

91 Müller an Himmler 22. Dez. 1942, Fernschreiben-Abschrift, BA NS 19/416; Axel von Harnack, »Arvid und Mildred Harnack: Erinnerungen an ihren Prozeß 1942/43«, Die Gegenwart 2 (1947) Nr. 1/2, S. 16–17; Günther Weisenborn, Der lautlose Aufstand: Bericht über die Widerstandsbewegung des deutschen Volkes 1933–1945, rororo, Hamburg 1962, S. 194–195, 199.

92 Gesetz zur Änderung von Vorschriften des allgemeinen Strafverfahrens, des Wehrmachtstrafverfahrens und des Strafgesetzbuchs, vom 16. Sept. 1939, Reichsgesetzblatt 1939 Teil I, Berlin 1939, Nr. 183, S. 1841–1843.

93 Schorn, S. 171–172.

94 Hermann Reinecke, damals als Gen. d. Inf. Chef des Allgemeinen Wehrmachtamtes und Beisitzer beim VGH, mündliche Mitteilungen an d. Verf. vom 30. April 1965; ders. an d. Verf. 1. und 16. Feb. 1966; [Rudolf Schmundt], Tätigkeitsbericht des Chefs des Heerespersonalamts General der Infanterie Schmundt, begonnen: 1. 10. 1942 [fortgeführt bis 29. 10. 1944], NA Microcopy T-78 Roll 39, S. 187; Heinz Guderian, Erinnerungen eines Soldaten, Heidelberg 1951, S. 313–314; SS-Bericht, S. 32. Gelegentlich lehnte der Ehrenhof die Ausstoßung eines Kameraden ab, anscheinend vor allem auf die Bemühungen Guderians hin; Wolfgang Müller, Gegen eine neue Dolchstoßlüge: Ein Erlebnisbericht zum 20. Juli 1944, Hannover [2]1947, S. 91. Zeller, S. 539 Anm. 11 zit. Wilhelm Scheidt, »Gespräche mit Hitler«, Echo der Woche, 7. Okt. 1949, S. 5, wonach Hitler zu Scheidt gesagt habe: »»Diese Verbrecher . . werden aus der Wehrmacht ausgestoßen und kommen vor den Volksgerichtshof. Die sollen nicht die ehrliche Kugel bekommen, die sollen hängen wie gemeine Verräter!… Und innerhalb von zwei Stunden nach der Verkündung des Urteils muß es vollstreckt werden! Die müssen sofort hängen ohne jedes Erbarmen. Und das wichtigste ist, daß sie keine Zeit zu langen Reden erhalten dürfen. Aber der Freisler wird das schon machen. Das ist unser Wyschinski.«« Wyschinski war der Ankläger in den Moskauer Schauprozessen der dreißiger Jahre. Vgl. Eugen Dollmann, Call Me Coward, London 1956, S. 40.

95 Stenographische Niederschrift der Verhandlung vom 7. und 8. August in Prozeß XXXIII, S. 299–530; zur Auffindung der Niederschrift nach dem Kriege Allen Welsh Dulles, Verschwörung in Deutschland, Kassel 1949, S. 109. Ferner Reinecke an d. Verf. 16. April und 15. Okt. 1964; Filme Nr. 3023–1, 3023–2, 3179–1, 3179–3, 3179–4 mit Ausschnitten aus den Verhandlungen des Volksgerichtshofes im BA/Filmarchiv; Bericht des Kameramanns Erich Stoll in 20. Juli 1944, S. 214.

96 Reinecke an d. Verf. 15. Okt. 1964. Die Niederschrift der Verhandlung enthält darüber nichts und weist auch sonst einige Lücken auf. Zur Haltung der Angeklagten – auch Kaplan Wehrle, Werner Graf von der Schulenburg, Trott, Wirmer, Hassell – vgl. J[ohannes] D[ietrich] v[on] Hassell und W[olf] U[lrich] v[on] Hassell, Film des Prozesses nach dem 20. Juli 1944, Masch., o. O. 1946, im Besitz von Gräfin Schwerin von Schwanenfeld; vgl. Volksgerichtshof-Prozesse zum 20. Juli 1944: Transkripte von Tonbandfunden, [Frankfurt/M.] 1961, passim.

97 Prozeß XXXIII, 303–304.
98 Müller, S. 92. Zeller, S. 463 und 540 Anm. 16 zit. für den Ausspruch Müller; ohne Beleg, aber vermutlich ebenfalls auf Grund des Berichtes von Müller, findet er sich bei Annedore Leber, Das Gewissen entscheidet: Bereiche des deutschen Widerstandes von 1933–1945 in Lebensbildern, Berlin–Frankfurt/M. ⁴1960, S. 233. Niemand wagte offenbar, solche Äußerungen in das amtliche Verhandlungsprotokoll aufzunehmen.
99 Filme Nr. 3023–1 und 3179–2, BA/Filmarchiv.
100 Prozeß XXXIII, 307–309, 315, 322.
101 Prozeß XXXIII, 424.
102 Film Nr. 3179–1, BA/Filmarchiv.
103 Film Nr. 3179–1, BA/Filmarchiv; Oberarchivrat Dr. Heinz Boberach an d. Verf. 24. Okt. 1968. Müller, S. 92 gibt den Ausspruch so wieder: »›Ich stehe zu meinen Freunden vom 20. Juli. Ich verabscheue Mord, denn ich bin Christ. Aber in Hitler sehe ich das personifizierte Böse der Weltgeschichte.‹« G. v. N. (wahrscheinlich Gogo von Nostiz), »In memoriam Hans-Bernd von Haeften: Hingerichtet am 15. August 1944«, Zeitwende 20 (1948/49), S. 221 zitiert: »Für mich und meine Freunde war Adolf Hitler die Inkarnation des Bösen.« Vgl. Zeller, S. 463 und 540 Anm. 16; Paul Sethe, »Roland Freisler: Der Dämon der Justiz«, Schwäbische Zeitung, 7. Mai 1946, wiedergedruckt in Paul Sethe, In Wasser geschrieben: Porträts, Profile, Prognosen, Frankfurt/M. 1968, S. 21–22: »›Weil ich den Führer für den Vollstrecker des Bösen in der Geschichte halte.‹«
104 Müller, S. 92.
105 Hassell, S. 328; Müller, S. 92; Zeller, S. 502 Anm. 10 zit. für die Äußerung Maaß', der zusammen mit Julius Leber und Adolf Reichwein am 24. Oktober 1944 vor dem VGH stand, den anonymen Bericht »Märtyrer der Freiheit: Die Angeklagten des 20. Juli vor Gericht«, Schwäbische Zeitung, 10. Mai 1946; in Julius Leber, Ein Mann geht seinen Weg: Schriften, Reden und Briefe von Julius Leber, Berlin–Frankfurt/M. 1952, S. 293, bezieht sich der Hrsg. auf den Bericht von Dr. Paul Sethe, der am Prozeß teilgenommen hat; vgl. Anm. 103. Für Schulenburg zit. Zeller Ernst Jünger, Strahlungen, Tübingen ³1949, S. 569–570. Fellgiebels Äußerung berichtet Zeller, S. 463 ohne Beleg. Allgemein bestätigt Reinecke an d. Verf. 16. April 1964 die mutige Haltung der Angeklagten.
106 20. Juli 1944, S. 207–208.
107 Schlabrendorff, Offiziere, S. 164–165; Hopf, Fernschreiben an Reichsleiter Bormann betr. Prozeß vor dem VGH gegen Bolz, Pünder, Hermes, Kempner, Schlabrendorff, Staehle vom 21. Dez. 1944, Eingangskopie aus dem FHQu, BA EAP 105/30.
108 Schlabrendorff, Offiziere, S. 167–168; Heueck.
109 Schlabrendorff, Offiziere, S. 170–172; Heueck.
110 Hopf, Vorlage an Herrn Reichsleiter Bormann. Betrifft: Prozeß um den Verrat am 20. 7. 1944 [gegen Fromm] am 7. März 1945, Masch. [Berlin 7. März 1945], BA EAP 105/30.
111 Harald Poelchau, Die letzten Stunden: Erinnerungen eines Gefängnispfarrers, Berlin 1949, S. 53–54, 86–87, 100, 107–108; Poelchau erklärt für wahrscheinlich – offenbar auf Grund von Mitteilungen von Zeugen, er selbst

durfte in diesen Fällen die Verurteilten nicht begleiten, da ihnen geistlicher
Beistand ausdrücklich versagt war –, daß einige von Hitler namentlich genannte Verurteilte langsam erdrosselt wurden. Ebenso Ruth Andreas-Friedrich, Der Schattenmann: Tagebuchaufzeichnungen 1938–1945, Berlin 1947,
S. 178–180. Pölchau, S. 107 und Andreas-Friedrich, S. 178–180 bestätigen die
Filmaufnahmen am 8. Aug. 1944; man begann mit Aufnahmen der Verurteilten in ihren Zellen kurz vor der Hinrichtung. John W. Wheeler-Bennett, The Nemesis of Power: The German Army in Politics 1918–1945, London ²1964, S. 684, berichtet auf Grund von Untersuchungen der alliierten
Nachrichtendienste nach dem Kriege – er selbst gehörte einem britischen
an –, die Verurteilten seien mit der Wucht ihres Körpers fallengelassen
worden, jedoch habe eine besonders dünne Schlinge das Genick nicht gebrochen, sondern nur den Hals zugeschnürt und daher einen langen Todes-
kampf verursacht. Er bestätigt die Filmaufnahmen, die jedoch trotz der
Herstellung mehrerer Kopien nicht gefunden worden seien. Müller, S. 92
bis 93 berichtet auf Grund der Mitteilungen eines der Filmaufnahmegehil-
fen und eines Gefangenenwärters, jedoch ohne Einzelheiten betr. die Schnelligkeit oder Langsamkeit des Todes. Einer der Kameraleute, welche die Hinrichtungen filmen mußten, berichtete, daß die Verurteilten mit Wucht fallengelassen worden seien, seines Erachtens sei der Tod »sehr bald« eingetreten. Auch hier ist aber vom Bruch des Genicks nicht die Rede, sonst müßte
der Tod sofort eingetreten sein; Bericht von Sasse in 20. Juli 1944, S. 214 bis
215. Zeller, S. 540 Anm. 17 zit. Walter Hammer, »Dienst an der Wahrheit«,
Das freie Wort, 6. [richtig: 13.] Sept. 1952: die Erhängungen seien auf die
übliche Weise vollzogen worden. Hammer kennt allenfalls die Vorgänge im
Zuchthaus Brandenburg an der Havel so genau, daß er entsprechende Aussagen machen könnte. Man beachte auch seine Formulierung ».. daß der
Schmerz der Erhängten nur kurze Zeit währt«; demnach wäre er beträchtlich, denn beim Genickbruch hört er augenblicklich auf. In seinem Buch
Hohes Haus in Henkers Hand: Rückschau auf die Hitlerzeit, auf Leidensweg
und Opfergang Deutscher Parlamentarier, Frankfurt/M. 1956, S. 17 verweist
Hammer selbst betr. die Hinrichtungen in Plötzensee auf Zeller. Zu den
Methoden der Hinrichtung und ihren Eigenarten siehe Kurt Rossa, Todesstrafen: Ihre Wirklichkeit in drei Jahrtausenden, Oldenburg–Hamburg 1966,
passim, zum Hängen bes. S. 31–40. Vgl. »Der Henker des 20. Juli: Der
Scherge Hitlers in Hannover festgenommen«, Hannoversche Neueste Nachrichten, 24. Aug. 1946: Ein Artikel über den Scharfrichter Wilhelm Friedrich Röttger und die von ihm angewandte Erhängungsmethode. Die Filmaufnahmen und angeblich von der Firma Heinrich Hoffmann hergestellte
Photographien der Hinrichtungen sind bisher nirgends aufgetaucht, obwohl
gelegentlich Behauptungen erhoben werden, wonach sie gesehen worden
seien. Nach Auskunft des Filmarchivs des Bundesarchivs vom 20. Nov. 1964
ist man den Gerüchten in vielen Fällen nachgegangen, doch haben sie sich
stets als ohne Grundlage erwiesen, oder aber sie beruhten auf den veröffentlichten Photographien von den Nürnberger Hinrichtungen nach 1945. Es ist
anzunehmen, daß alle hergestellten Filmaufnahmen vernichtet worden
sind, aber es ist möglich, daß die Erben des Archivs von Heinrich Hoffmann,
eine Firma Copress in München, noch Photographien besitzen.

112 Friedrich Zipfel, Plötzensee, Berlin [4]1963, S. 21; Weisenborn, S. 268; Rossa, S. 49–55.

113 Ritter, Goerdeler, S. 420, 560 Anm. 23.

114 Lorenzen, Vorlage an Herrn Reichsleiter Bormann. Betrifft: Volksgerichtshofprozesse 20. 7. [hier: gegen Nebe 2. März 1945], Masch.-Abschrift, Berlin 2. März 1945, BA EAP 105/30.

115 Xerokopie der Sterbeurkunde im Besitz d. Verf.; Walter Hammer, der über die Verhältnisse im Zuchthaus Brandenburg an der Havel besonders gut unterrichtet ist, berichtet in »Das Ende des Generalobersten Fromm«, Rhein-Neckar-Zeitung, 17. Sept. 1946, Fromm habe bei der Erschießung gerufen »Es lebe der Führer« – und dieser Ruf sei für alle zur Erschießung Begnadigten vorgeschrieben gewesen.

116 Rudolf Pechel, Deutscher Widerstand, Erlenbach-Zürich 1947, S. 328 (Auszug aus dem »Mordregister« des Justizministeriums); Spiegelbild, S. 249.

117 Pechel, S. 328–336.

118 Ritter, Goerdeler, S. 416.

119 Pechel, S. 335–336; Schramm, S. 241–247 mit Abdruck eines Prozeßberichtes nach einer Abschrift im IfZ.

120 Hans Speidel, Invasion 1944: Ein Beitrag zu Rommels und des Reiches Schicksal, Tübingen 1949, S. 175–185; vgl. Zeller, S. 468–470.

121 Weisenborn, S. 240.

122 Ebenda; vgl. Walter Hammer, »Plötzensee«, Das freie Wort 3 (1952), 20. Sept. 1952.

123 Hammer, Gewitteraktion, S. 15. »Fuehrer Conferences on Naval Affairs, 1939–1945«, Brassey's Naval Annual 59 (1948), S. 405: ».. according to one source, based on names and places, more than 4, 980 Germans were exterminated by the Nazis in the purge which followed July 20.« Diese Zahl, woher sie auch stammen mag, enthält offenbar auch die in den Konzentrationslagern, in der Haft und sonst umgebrachten Personen. Hammer, Gewitteraktion, S. 15 und mit ihm Zeller, S. 541 Anm. 21 bezweifeln die Richtigkeit der Zahl und glauben, sie müsse mit der Gesamtzahl der Hinrichtungen von 1944 in Beziehung zu setzen sein. Auch die von Dr. Kiesel in SS-Bericht, S. 33 genannten Zahlen von 7000 im Zusammenhang mit dem 20. Juli Verhafteten und 700 verurteilten und hingerichteten Offizieren lassen sich aus den vorhandenen Quellen nicht bestätigen. Da nicht mehr als etwa 180 bis 200 Opfer überhaupt namentlich bekannt sind, erscheinen auch Kiesels Zahlen sehr unwahrscheinlich. Genaue Unterlagen fehlen.

124 Vgl. Harold C. Deutsch, The Conspiracy against Hitler in the Twilight War, Minneapolis 1968, S. 181–182, 305 Anm. 155.

125 S. den Brief des Gestapo-Chefs Müller an den Kommandanten des Konzentrationslagers Dachau, SS-Obersturmbannführer Weiter, vom 5. April 1945, abgedruckt bei S. Payne Best, The Venlo Incident, London 1950, zwischen S. 208 und 209. Zum Ganzen Bethge, Bonhoeffer, S. 1018–1039; ferner Buchheit, Geheimdienst, S. 437–448. Beide haben Quellen verwendet, die zum Teil jeweils dem anderen nicht zugänglich waren. Vgl. ferner Hermann Bösch, Heeresrichter Dr. Karl Sack im Widerstand: Eine historisch-politische Studie, München 1967, S. 88–89; Schlabrendorff, Offiziere, S. 171–172.

126 Huppenkothen mußte sich deshalb von 1951–1955 vor deutschen Gerichten

verantworten, die aber schließlich zu der Auffassung gelangten, daß er das
scheingerichtliche Verfahren unter den damaligen Verhältnissen, als man
oft weit weniger Federlesens machte, ehe man jemand umbrachte, im Sinne
seiner Befehle und der bestehenden Vorschriften und Verfahrensweisen für
rechtmäßig gehalten haben könne; Buchheit, Geheimdienst, S. 475 Anm. 9.
Ein in vielen Punkten unzutreffender Bericht eines Häftlingssanitäters des
Lagers Sachsenhausen, Max Geißler, ist abgedruckt in 20. Juli 1944, S. 215 bis
216; Zeller, S. 455 berichtet von der Hinrichtung Dohnanyis ohne Beleg.

127 Der Lagerarzt berichtet nach Bethge, Bonhoeffer, S. 1038, daß der Tod »»nach
wenigen Sekunden«« eingetreten sei. Wieviel Skepsis gegenüber den Aussagen von Lagerärzten angebracht ist, haben die Prozesse nach dem Kriege
deutlich gemacht, aber im Einzelfall brauchen sie deshalb nicht unbedingt
unglaubwürdig zu sein. Bethge übernimmt den Bericht wörtlich und ohne
Kommentar, hauptsächlich wohl wegen des völligen Mangels an sonstigen
verläßlichen Quellen. Auch Buchheit, Geheimdienst, S. 445–446 berichtet
keine Einzelheiten. Bösch, S. 5 berichtet ohne Beleg, die Verurteilten seien
»an Klaviersaiten gehenkt« worden. E. A. Bayne, »Resistance in the German
Foreign Office«, Human Events Nr. 14, 3. April 1946, S. 7 berichtete auf
Grund nicht im einzelnen genannter Geheimdienstberichte, Canaris sei gehängt worden, bis er beinahe tot war, dann wiederbelebt, dann wieder gehängt worden usw.; erst bei der sechsten Erdrosselung sei er getötet worden.

128 Vgl. Schuschnigg, S. 263–292.

129 Bethge, Bonhoeffer, S. 1039–1044.

130 Schon im Mai und Juni 1945 haben Eberhard Bethge und Dr. Heinz Haushofer genaue und ergebnisreiche Ermittlungen über das Schicksal der Insassen dieses Gefängnisses angestellt, von denen eine Gruppe zu den letzten Toten der Opposition gehört. Dazu kamen Berichte von Helmuth Cords
und Herbert Kosney, die beide dort gefangen waren und mit dem Leben
davon kamen. Kosney überlebte sogar seine »Liquidierung«. [Eberhard]
Bethge, Bericht über die Sonderabteilung der ehem. Staatspolizei im Zellengefängnis Moabit, Lehrterstr. 3, zusammengestellt am 14. 7. 1945, Photokopie im Besitz der Stiftung »Hilfswerk 20. Juli 1944«; Helmuth Cords, Brief
an einen nahen Freund vom 18. Sept. 1946, Photokopie im Besitz der Stiftung »Hilfswerk 20. Juli 1944«; Eingangsbuch über Häftlinge (des Zellengefängnisses Lehrterstraße), RUSI Mil. Mss. 479 (d. Verf. dankt dem Council of the Royal United Service Institution, London, für die Überlassung
einer Kopie des Eingangsbuches); diese und viele andere Quellen wurden
zusammenfassend verwertet von Peter Paret, »An Aftermath of the Plot
Against Hitler: the Lehrterstrasse Prison in Berlin, 1944–5«, Bulletin of the
Institute of Historical Research 32 (1959), S. 88–102. Vgl. ferner Prozeßberichte und Urteile im BA EAP 105/30–31; Bethge, Bonhoeffer, S. 1040.

131 Vgl. Kap. VII, Abschn. 9.

132 Ein Teil der Gefangenen war zwei Tage vorher von der Gestapo in die Obhut der Justizbehörden innerhalb des Gefängnisses transferiert worden (Eingangsbuch), deshalb vermutlich die Ausgabe der Papiere und Wertsachen.
Vielleicht aber diente die Maßnahme auch der Verhinderung eines Aufruhrs
im Gefängnis, der durch die Erkenntnis ausgelöst werden konnte, daß nicht
Entlassung, sondern Liquidierung vorgesehen war.

133 Bethge, Anlage 3 hält auch für möglich, daß statt Jennewein Dr. Edmund
Danecke zu der Gruppe gehörte; nach den Eintragungen im Eingangsbuch
über Häftlinge wurde Jennewein wie die anderen am 23. April Erschossenen
an diesem Tage den Justizbehörden überstellt.

134 Mitteilung der Stiftung »Hilfswerk 20. Juli 1944«; Paret, S. 99 Anm. 6; vgl.
Spiegelbild, S. 381.

135 Paret, S. 98 zit. dafür Otto Lasch, So fiel Königsberg: Kampf und Untergang
von Ostpreußens Hauptstadt, München 1958, S. 118.

136 Christa von Hofacker, Das schwere Jahr 1944/45 [Krottenmühl 1947], Abschrift im Besitz der Stiftung; A. Gräfin von Uxküll, Bericht, o. O. o. J., Abschrift im Besitz der Stiftung »Hilfswerk 20. Juli 1944«; dies., Aus einem
Schwesternleben, Stuttgart ²1956.

137 Hofacker.

Exkurs

1 Vgl. zu Hitlers Lebensweise: Die umfangreiche Memoiren-Literatur, z. B.
Otto Dietrich, 12 Jahre mit Hitler, München 1955; Hans Baur, Ich flog
Mächtige der Erde, Kempten 1956. Ernst Hanfstaengl, Unheard Witness,
Philadelphia–New York 1957, hier bes. S. 228; Fritz Wiedemann, Der Mann
der Feldherr werden wollte: Erlebnisse und Erfahrungen des Vorgesetzten
Hitlers im I. Weltkrieg und seines späteren Persönlichen Adjutanten, Vel-
bert-Kettwig 1964; Friedrich Hoßbach, Zwischen Wehrmacht und Hitler
1934–1938, Göttingen ²1965. Für die Kriegszeit sind die Tischgespräche und
die militärischen Lagebesprechungen aufschlußreich: Henry Picker, Hitlers
Tischgespräche im Führerhauptquartier 1941–1942, hrsg. von P. E. Schramm,
Stuttgart ²1963; Helmut Heiber (Hrsg.), Hitlers Lagebesprechungen: Die Protokollfragmente seiner militärischen Konferenzen 1942 bis 1945, Stuttgart 1962.

2 Wiedemann, S. 127–128. Die vorbereitenden Befehle für den Fall »Grün«
sahen ausdrücklich die »Auslösung« durch einen »Zwischenfall« vor: Trial
of the Major War Criminals before the International Military Tribunal
Nuremberg 14 November 1945 – 1 October 1946, vol. XXV, Nürnberg 1947,
S. 417, 422–423, 435.

3 Baur, S. 118, 123.

4 Baur, S. 104–105.

5 Baur, S. 124–125, auch zum Folgenden.

6 Baur, S. 125, 200–201, 215; Baur, mündliche Mitteilungen an d. Verf. vom
2. Juli 1965; vgl. Paul Leverkuehn, Der geheime Nachrichtendienst der deutschen Wehrmacht im Kriege, Frankfurt/M. ²1957, S. 32.

7 Baur, S. 193, 260–261. Die Schilderung bei Fabian von Schlabrendorff, Offiziere gegen Hitler, Fischer Bücherei, Frankfurt/M.–Hamburg 1959, S. 97,
stimmt also annähernd.

8 Baur, S. 106.

9 Picker, S. 306–307.

10 Erich Kempka, mündliche Mitteilungen an d. Verf. vom 19. Aug. 1965; Kriminalrat Friedrich Schmidt (ehem. Mitglied des RSD) an d. Verf. 8. Feb. 1966;
Hoßbach, S. 17.

11 Picker, S. 244, 307, 386–387.
12 Ebenda; bestätigt bei Dietrich, S. 161–162, 183–184; Wiedemann, S. 86.
13 Dietrich, S. 183.
14 Dietrich, S. 183–184.
15 Baur, S. 125.
16 Picker, S. 307.
17 Wiedemann, S. 85–86.
18 Vgl. Picker, S. 307–308; Wiedemann, S. 86.
19 Dietrich, S. 162.
20 Ebenda.
21 Picker, S. 307.
22 Schmidt; Kempka.
23 Picker, S. 308.
24 Kempka.
25 Kempka; Dietrich, S. 182.
26 Kempka.
27 Dietrich, S. 182.
28 Dietrich, S. 182–183.
29 Hoßbach, S. 17; Frau Maria Schiffler, mündliche Mitteilungen an d. Verf.
   vom 7. Sept. 1966 (Frau Schiffler war Hausmeisterin im Hause Prinzregentenplatz 16); Gregor Karl (ehem. Angehöriger der Dienststelle 1 des RSD) an
   d. Verf. 18. Mai 1966.
30 Dietrich, S. 200–201; Alexander Foote, Handbuch für Spione, Darmstadt
   1954, S. 29–30, 36–38; Hanfstaengl, S. 233; Picker, S. 123, 194; vgl. Wiedemann, S. 68–69.
31 Dietrich, S. 201; Picker, S. 244.
32 Hanfstaengl, S. 253–254.
33 Dietrich, S. 200.
34 Baur, S. 128–129.
35 Foote, S. 29–30, 36–38.
36 Hierzu und zum Folgenden: Kriminalrat a. D. Friedrich Schmidt an d. Verf.
   8. Febr. 1966 und 4. Okt. 1967; Karl.
37 Hanfstaengl, S. 228.
38 Damit soll nicht gesagt sein, daß die Beamten zur Mitgliedschaft in der
   NSDAP gezwungen wurden. Der Zwang ergab sich eher aus dem Wunsch,
   die ehrenvolle Aufgabe zu behalten, Beförderungsmöglichkeiten nicht zu
   verlieren, unerwünschte Versetzungen zu vermeiden. Sicher war es nicht
   lebensgefährlich, sich der Parteimitgliedschaft zu entziehen, aber es gehörte
   auch viel ethische und politische Überzeugungsfestigkeit dazu. Diese fehlt
   den meisten Menschen, nicht nur den meisten Deutschen, aber vielleicht
   noch wichtiger war die offenbare oder doch propagierte Einheit von Staat
   und Partei: es war in vielen Situationen fast das gleiche, Beamter und Par-
   teimitglied zu sein oder sein zu wollen.
39 S. dazu unten, S. 666–668.
40 Guides to German Records Microfilmed in Alexandria, Va., No. 39: Records of the Reich Leader of the SS and Chief of the German Police (Reichsführer SS und Chef der Deutschen Polizei) (Part III), Washington 1963,
   S. 28.

41 Schmidt; Schiffler; Wiedemann, S. 86.

42 Das Attentat auf Präsident Kennedy am 22. November 1963 in Dalles ist nicht nur, aber auch wegen solcher menschlicher Unzulänglichkeiten gelungen, ebenso das Attentat auf Premierminister Hendrik Verwoerd am 6. September 1966 in Cape Town. Ein früheres Attentat auf Verwoerd am 9. April 1960 und die Attentate auf den hervorragend bewachten Staatspräsidenten de Gaulle am 8. September 1961 und am 22. August 1962 (dieses bei Le Petit-Clamart) sind jeweils nur um Haaresbreite mißlungen. Vgl. Keesing's Contemporary Archives: Weekly Diary of Important World Events, vol. no. XII, 1959–1960, Keynsham, Bristol [1959–1960], S. 17454, 17829; dass. vol. no. XIII, 1961–1962, S. 19021–19023; dass. vol. no. XV, 1965–1966, S. 21589.

43 Foote, S. 37–38.

44 Baur, S. 98–99, 132; vgl. Hans Severus Ziegler, Adolf Hitler aus dem Erleben dargestellt, Göttingen 1964, S. 115.

45 Wiedemann, S. 69, 82; Dietrich, S. 213.

46 Wiedemann, S. 82; Dietrich, S. 211–212.

47 Wiedemann, S. 80; Dietrich, S. 212–213.

48 Wiedemann, S. 82.

49 Dietrich, S. 212–215.

50 Karl an d. Verf. 17. Feb. 1968.

51 S. oben, S. 299.

52 Dietrich, S. 215; Akten des SS-Flakkommando Obersalzberg, NA Microcopy T-405, Rolls 11, 12.

53 Dietrich, S. 222–223.

54 Dietrich, S. 223; Picker, S. 58–59.

55 Dietrich, S. 223.

56 Picker, S. 244; Karl; Schmidt.

57 Schmidt.

58 Schmidt.

59 Schmidt; Schiffler; Dr. Hans Knör (Amtsgerichtsdirektor a. D. und Hausbewohner), mündliche Mitteilungen an d. Verf. vom 6. Sept. 1966.

60 Hierzu und zum Folgenden: Schmidt; Knör, Schiffler; ferner ein Hausbewohner, der ungenannt bleiben will.

61 Schmidt; Knör; Schiffler.

62 Knör; nach der Erinnerung von Frau Schiffler war es sogar schon seit 1933 so, aber Kriminalrat Schmidt, der weit präzisere Angaben machen konnte, ist sicher, daß Bewohner auch noch einige Zeit nach 1934 selbst aufschließen konnten.

63 Vgl. Adreßbuch für München und Umgebung 1930, S. 715; 1931, S. 736; 1932, S. 748; Münchner Stadtadreßbuch 1933, S. 417; 1934, S. 448; 1935, S. 460; 1936, S. 469; 1937, S. 466; 1938, S. 477; 1939, S. 483; 1940, S. 498; 1941, S. 310; 1942, S. 512; 1943, S. 515; Schiffler; Knör.

64 Vgl. Adreßbücher; Schiffler.

65 Adreßbücher; Auskünfte aus dem Berlin Document Center, wo die Mitgliederkartei der NSDAP verwahrt wird; auch zum Folgenden.

66 Rudolf Heß, Anordnung Nr. 34/36 vom 9. März 1936, BA RG 1010/3183.

67 [Wilhelm Frick] an die Innenministerien der Länder, die Oberpräsidenten,

Regierungspräsidenten pp., 15. März 1936, BA RG 1010/3183.

68 Schmidt; Wiedemann, S. 85–86.

69 Picker, S. 307.

70 Minutenprogramm vom 15. Aug. 1938, MFA WK XIII/240.

70a Akten der SD-Dienststelle in Württemberg, HStA Stuttgart K 750 B 22.

71 Sicherungsplan im BA RG 1010/714 auch zum Folgenden. Abdruck der Rede, wie Picker sie aufzeichnete, bei Picker, S. 493–504; sie wird auch großenteils auf Schallplatten im BA verwahrt; vgl. Max Domarus, Hitler: Reden und Proklamationen 1932–1945, Neustadt a. d. Aisch 1962/63, S. 1886–1888.

72 Vgl. Domarus, S. 1885.

73 Einzelheiten zu Hitlers Tod bei H. R. Trevor-Roper, The Last Days of Hitler, 3rd ed., Collier Books, New York 1962, passim, und Lew A. Besymenski, Der Tod des Adolf Hitler: Unbekannte Dokumente aus Moskauer Archiven, Hamburg 1968, passim. Zu den Hauptquartieren, auch im Folgenden: Kriegstagebuch des Oberkommandos der Wehrmacht (Wehrmachtführungsstab), Bd. IV, Frankfurt/M. 1961, S. 1743–1745, 1752–1753, 1868–1870; [Rudolf Schmundt], Tätigkeitsbericht des Chefs des Heerespersonalamts General der Infanterie Schmundt, begonnen 1. 10. 1942 [fortgef. bis 29. 10. 1944], NA Microcopy T-78, Roll 39; »Fuehrer Conferences on Naval Affairs, 1939–1945«, Brassey's Naval Annual 59 (1948), S. 25–538; Anthony Martienssen, Hitler and His Admirals, New York 1949, S. 180–219; Heinrich Himmler, Terminkalender, 2. Jan.–16. Dez. 1943, 3. Jan.–31. Mai 1944, BA EAP 21-b/1–5, NA Microcopy T-84, Roll R 25; Heinrich Himmler, Telephontagebuch, 21. Aug.–22. Nov. 1943, BA EAP 21-b/1–5, NA Microcopy T-84, Roll R 26; [Martin Bormann and Gerda Bormann], The Bormann Letters: The Private Correspondence between Martin Bormann and His Wife from January 1943 to April 1945, London 1954, S. 56; Heinz Linge, Record of Hitler's Activities 11 August 1943–30 December 1943, transcribed by Gerhard L. Weinberg, 1952, NA Record Group 242, Miscellaneous Box 13, EAP 105/19; Alfred Jodl [Taschenkalender für 1944 mit hs. Eintragungen], NA Microcopy T-84, Roll R 149; Karl-Jesko von Puttkamer, mündliche Mitteilungen an d. Verf. vom 5. März 1964; Dr. Kurt Peschel (vom Stenographischen Dienst im Führerhauptquartier), Aufzeichnung vom 22. Juli 1944 über Anwesenheiten Stauffenbergs bei Besprechungen im FHQu. vom 1.–20. Juli 1944, BA EAP 105/34, NA Microcopy T-84, Roll 21; Konteradmiral Gerhard Wagner an d. Verf. 17. Nov. 1964; Baur, S. 187–188, 190–191, 193, 206–207, 216–217; Spiegelbild einer Verschwörung: Die Kaltenbrunner-Berichte an Bormann und Hitler über das Attentat vom 20. Juli 1944. Geheime Dokumente aus dem ehemaligen Reichssicherheitshauptamt, Stuttgart 1961, S. 130; Domarus, S. 2009, 2016–2017, 2021, 2049, 2060, 2090–2091, 2106–2107, 2167, 2314 (die Angaben sind teilweise ungenau, für November 1943 falsch); vgl. Heiber, S. 269, 387, 396, 567, 573; vgl. Peter Hoffmann, »Zu dem Attentat im Führerhauptquartier ›Wolfschanze‹ am 20. Juli 1944«, VfZ 12 (1964), S. 257–258, wo weitere Belege und die Frage einer Unstimmigkeit für Juli 1944 erörtert sind; Walter Warlimont, Im Hauptquartier der deutschen Wehrmacht 1939–1945: Grundlagen, Formen, Gestalten, Frankfurt/M. 1962, S. 468–469 vertrat die Auffassung, Hitler und das FHQu. seien am 9. Juli 1944 schon endgültig bis über den 20. Juli 1944 hinaus in die »Wolfschanze« umgezogen, hat aber dem

Verf. gegenüber unter dem 30. März 1964 sein Festhalten am 9. Juli als Tag
der Verlegung von Berchtesgaden nach Rastenburg dahin modifiziert, daß
ihm seine Unterlagen bei der Abfassung seines Buches einwandfrei erschienen sein müssen; vgl. auch Gerhard Buck, »Das Führerhauptquartier: Seine
Darstellung in der deutschen Literatur«, Jahresbibliographie der Bibliothek
für Zeitgeschichte/Weltkriegsbücherei Stuttgart, Jahrgang 38 (1966), Frank-
furt/M. 1968, S. 549–566.

74 Joseph Goebbels, Tagebücher aus den Jahren 1942–1943, Zürich 1948, S. 469.

75 Linge; Baur, S. 239 nennt irrtümlich September für diesen Besuch in Insterburg.

76 Hans Speidel, Invasion 1944: Ein Beitrag zu Rommels und des Reiches
   Schicksal, Tübingen [5][1964], S. 112–113, 118.

77 Baur, S. 206, 217, 254.

78 Helmuth Spaeter, Die Geschichte des Panzerkorps Großdeutschland, Bd. II,
   Duisburg-Ruhrort 1958, S. 548.

79 Hierzu und zum Folgenden: Akten des SS-Flakkommando Obersalzberg,
   NA Microcopy T–405, Rolls 11, 12.

80 Viele der im folgenden anzuführenden Quellen sind schon genannt in
   Hoffmann, Attentat, S. 254–261, 282–283, doch sind inzwischen noch viele
   dazugekommen. Alle bis 1964 veröffentlichten Beschreibungen und Lage-
   pläne der »Wolfschanze« sind ungenau: Spaeter II, 562; die hier veröffentlichte Skizze wurde übernommen in 20. Juli 1944, hrsg. v. d. Bundeszentrale
   für Heimatdienst, Bonn [4]1961, S. 119; die Skizze von Spaeter beruht auf eigenen Erinnerungen aus dem Jahre 1941 und Nachkriegsauskünften ehemaliger Angehöriger des für die Bewachung der Anlage eingesetzten Führer-Begleit-Bataillons, die jedoch nur Außendienst versehen haben. Vermutlich auf eigener Anschauung beruht die gleichfalls unzureichende und
   anonyme Skizze in »Vor fünf Jahren: 20. Juli 12.40 in der Wolfschanze.
   Ein Augenzeuge berichtet über die Vorgänge in Hitlers Hauptquartier«,
   Neue Frankfurter Illustrierte Nr. 14/1949, S. 9; sie gibt den Zustand von
   1944 höchstens annähernd und mit Lücken wieder. Eine für Polnisch
   lesende Touristen bestimmte Broschüre gibt nur ganz grobe Orientierung
   und keinerlei zutreffende Einzelheiten: Jerzy Jantar, Wilczy Szaniec:
   Dawna Kwatera Hitlera, Olsztyn 1963. Die beste bisher veröffentlichte
   Skizze erschien in der von Kriminaloberrat Dr. Bernd Wehner verfaßten
   Serie »Das Spiel ist aus – Arthur Nebe: Glanz und Elend der deutschen
   Kriminalpolizei«, Der Spiegel 4 (1950) Nr. 12, 23. März 1950, S. 27; sie be-
   ruht auf Nachkriegserinnerungen von Kriminalbeamten, vor allen von
   Dr. Wehner, der zur am 20. 7. 44 eingesetzten Tatortkommission gehörte,
   und weist ebenfalls Unrichtigkeiten auf; diese sind begreiflich, da die Be-
   amten nur wenige Stunden im Hauptquartier verbringen konnten. Als sehr
   brauchbar und in nahezu allen Einzelheiten zutreffend erwies sich eine im
   Winter 1945/46 angefertigte Erinnerungsskizze von Konteradmiral a. D. Karl
   Jesko von Puttkamer, im Kriege Adjutant der Wehrmacht (Marine) beim
   Führer und Obersten Befehlshaber der Wehrmacht und Oberbefehlshaber des
   Heeres. Die polnischen Behörden haben dem Verf. ein Einreisevisum verweigert, so daß er die Nachforschungen nicht durch eigenen Augenschein er-
   gänzen konnte. Deshalb ist er Herrn Peter Dietz, Schaffhausen, besonders

dankbar für die verdienstvollen Erhebungen, die er mit Hilfe der Puttkamer-schen Erinnerungsskizze und den in Hoffmann, Attentat zusammengefaßten Forschungsergebnissen an Ort und Stelle vorgenommen hat. Mit diesem und weiterem Material aus den Papieren von Major a. D. Josef Wolf, damals Kdr. d. FNA in der »Wolfschanze«, wurden die im Anhang wiedergegebenen Skizzen v. Verf. erstellt.

81 Hierzu vor allen Puttkamer und Warlimont, S. 187–188.

82 Vgl. die Photographien im Anhang.

83 Bormann Letters, S. 15–19.

84 Baur, S. 250; Puttkamer.

85 Nicolaus von Below (damals Oberst, Adj. d. Wehrmacht/Luftwaffe beim Führer), mündliche Mitteilungen an d. Verf. vom 15. Mai 1964: äußere Mauer ca. 60 cm stark, Betondecke ebenfalls. Ohne Maße ebenso Heinz Buchholz, Das Attentat auf Adolf Hitler am 20. Juli 1944: Augenzeugenbericht von Regierungsrat Heinz Buchholz, ehemaliges Mitglied des Stenographischen Dienstes im FHQu., Masch., Berchtesgaden 14. Juli 1945, University of Pennsylvania Library 46 M-25, Berchtesgaden Interrogations. Ebenso, mit wechselnden Maßangaben, die meisten anderen Zeugen für die Verhältnisse im Führerhauptquartier; vgl. Kap. XI Abschn. 1. Feststellungen an Hand der Reste der Baracke an Ort und Stelle durch Herrn Peter Dietz ergaben: Mauer aus roten Backsteinen, 45 cm stark; Betondecke 35 cm stark; Der Weg Stauffenbergs in der »Wolfsschanze« am 20. Juli 1944, Masch., Schaffhausen 1965. Aus nicht ganz sicherer Erinnerung im Jahre 1950 stammt sehr wahrscheinlich die Skizze des Lagezimmers in Alexander Harder, Kriminalzentrale Werderscher Markt: Die Geschichte des »Deutschen Scotland Yard«, Bayreuth 1963, zwischen S. 352 und 353; dazu Dr. Bernd Wehner an d. Verf. 4. Dez. 1967. Die Angaben bei Harder – Splitterschutz 60 cm stark, Betondecke 40 cm, ferner Namen der Lageteilnehmer und deren Standorte – stammen, den Handschriften nach zu urteilen, von verschiedenen ehem. Mitgliedern der Tatortkommission. Dr. Wehner identifizierte zwei Eintragungen, die mit großer Wahrscheinlichkeit von ihm stammen.

86 Baur, S. 250; Puttkamer; vgl. Hoffmann, S. 256 Anm. 16. Die Angaben aus der Erinnerung schwanken etwas, obwohl sich Adjutanten wie Puttkamer und Heinz Waizenegger (damals als Oberstleutnant d. G. Ia beim Chef des WFSt Generaloberst Jodl, mündliche Mitteilungen an d. Verf. vom 9. Sept. 1963) zum Teil sehr genau erinnern. Einen zutreffenden Eindruck vermitteln die Photographien vom heutigen Zustand der Bunker, zuerst veröffentlicht von P[eter] Dietz, »Mut und Angst: Zum Attentat in der ›Wolfschanze‹ am 20. Juli 1944«, Allgemeine Schweizerische Militärzeitschrift 130 (1964), S. 442–444; P[eter] Dietz, »Das Attentat auf Hitler am 20. Juli 1944«, Der Schweizer Soldat 40 (1964), S. 600–602; vgl. Peter Dietz, »Das Attentat auf Hitler: Bilder und Gedanken in einem ›Führerhauptquartier‹«, Schaffhauser Nachrichten, 18. Juli 1964.

87 Puttkamer; Below; Ernst John von Freyend (Oberstleutnant und Adj./Heer beim Chef OKW), mündliche Mitteilungen an d. Verf. vom 14. Mai 1964; Otto Lechler (Oberstleutnant und Generalstabsoffizier beim Chef des Heeresstabes beim Chef OKW, General d. Inf. Walther Buhle), mündliche Mitteilungen an d. Verf. vom 5. Juni 1964; vgl. Hoffmann, S. 256–257.

88 Spaeter II, 160–162, 546–550. Von April bis Sommer 1943 hieß es Führer-Grenadier-Bataillon, dann wieder Führer-Begleit-Bataillon, und im Sommer 1944 wieder Führer-Grenadier-Bataillon; im Juli 1944 hieß es in offiziellen Schriftstücken auch »Führer-Grenadier-Brigade« (s. unten, Anm. 91).

89 S. unten, S. 667–668.

90 Dr. Wehner nennt in seinem Bericht »Das Spiel ist aus«, Der Spiegel, 16. März 1950, S. 30 diese Zahl für Anfang 1944.

91 [Gustav] Streve (Kdt. d. FHQu), Merkblatt über das Verhalten bei Alarm für die Belegschaft der Sperrkreise und Sonderzüge, Masch., o. O. 14. Okt. 1943, BA EAP 105/33; ders., Merkblatt über das Verhalten bei Alarm für die Belegschaft der Sperrkreise und Sonderzüge während des Einsatzes in allen FHQu.-Anlagen, Masch., o. O. 5. Mai 1944, BA EAP 105/33; Grundlagen für die Befehlserteilung bei der Abwehr von Fallschirmjägern, aus der Zeit Herbst 1943 bis Sommer 1944, Masch.-Ms aus den Papieren von Major Wolf; [Heinz] Pieper (Bat.-Kdr. d. FBB), Erziehungs- und Ausbildungs-Richtlinien für das Führer-Grenadier-Bataillon, mimeogr., o. O. 10. Juli 1944, aus den Papieren von Major Wolf; [Rudolf] Schmundt, Befehl zur Verteidigung des Führer-hauptquartiers Wolfsschanze, Masch.-Abschr. [»Wolfschanze«] 18. Juli 1944, aus den Papieren von Major Wolf; Heinz Pieper, mündliche Mitteilungen an d. Verf. vom 24. Juli 1965; vgl. Auszug aus der Wachvorschrift des Führer-Begleit-Bataillons vom 31. Dez. 1942 bei Spaeter II, 162–164, 167.

92 Spaeter II, 548; Bormann, S. 56–58.

93 Nach General Herbert Büchs (damals Major und 2. Generalstabsoffizier im WFSt), mündliche Mitteilungen an d. Verf. vom 1. Juli 1964, war ein Bataillon Fallschirmjäger bei Insterburg stationiert, das vielleicht beim Näherrücken der Front dorthin verlegt oder aber zusätzlich zum Schutz des FHQu bereitgestellt wurde. Nach Baur, S. 252 wären erst nach dem 20. Juli 1944 Fallschirmjäger in der Nähe bereitgestellt worden, was mit der Erinnerung von Büchs übereinstimmen würde, aber nichts über die vorherige Anwesenheit von Luftlandetruppen, im Unterschied zu Fallschirmjägern, sagt.

94 Josef Möller (1943/44 als Oberleutnant Adjutant im Abteilungsstab der FLNA), mündliche Mitteilungen an d. Verf. vom 10. Dez. 1964.

95 [Gustav] Streve, Zusatz zum Alarmbefehl für FHQu. Truppen und Merk-blatt über Verhalten bei Alarm für Spkr.- und Sdr.-Zug-Belegschaft, gültig während Belegung »Wolfschanze«, [»Wolfschanze«] 23. Juli 1944, BA EAP 105/33. Dieses System galt schon vor dem 20. Juli 1944 (Möller); das Attentat Stauffenbergs hatte natürlich nichts mit dem Zusatzbefehl zu tun, der wahrscheinlich längst vorher konzipiert war.

96 Schmundt, Befehl.

97 Puttkamer; John von Freyend; Josef Wolf, mündliche Mitteilungen an d. Verf. vom 27. Feb. 1965.

98 In der Skizze im Anhang, S. 893, wurden diese inneren Unterteilungen nicht berücksichtigt: sie konnten nicht genau genug festgestellt werden, hätten die Übersichtlichkeit beeinträchtigt, und sie waren am 20. 7. 44 ohnehin nicht mehr in Kraft. Hoffmann, S. 263–264 auf Grund von Albert Bormann (NSKK-Gruppenführer) [und Rudolf] Schmundt, [Rundschreiben], [»Wolfschanze«] 20. Sept. 1943, BA EAP 105/33.

99 Hierzu und zum Folgenden: Eduard Ackermann, mündliche Mitteilungen an d. Verf. vom 20. Nov. 1964; Below, Mitteilungen; Büchs; Hans Karl von Hasselbach an d. Verf. 11. Okt. 1965; Adolf Heusinger, mündliche Mitteilungen an d. Verf. vom 6. Aug. 1964; Linge, Record of Hitler's Activities; John von Freyend; Erich Kempka, mündliche Mitteilungen an d. Verf. vom 19. Aug. 1965; Lechler; Pieper; Puttkamer; Ludolf Gerhard Sander, mündliche Mitteilungen an d. Verf. vom 24. und 25. April 1964; Friedrich Schmidt an d. Verf. 4. Okt. 1967; Franz von Sonnleithner, mündliche Mitteilungen an d. Verf. vom 16. Jan. 1964; Gerhard von Szymonski, mündliche Mitteilungen an d. Verf. vom 2. Juli 1964; K. T. B. d. OKW IV, 1699–1702; Wagner; Walter Warlimont, Randbemerkungen vom 30. Aug. 1964 zu Hoffmann, Attentat; Waizenegger; Wolf.

100 Nicolaus von Below, »Hitlers Adjutant über den 20. Juli im FHQ: Ein Augenzeugenbericht«, Echo der Woche, 15. Juli 1949, S. 5, berichtet, Hitler habe im Februar 1944 auf ein Attentatgerücht hin die »Beobachtung« aller ins Hauptquartier und in seine Nähe gebrachten Aktentaschen befohlen, doch sei der Befehl in der »Berghof«-Zeit (Februar bis Juli 1944) wieder in Vergessenheit geraten.

101 Hyacinth Graf von Strachwitz an d. Verf. 20. Jan. 1966.

102 Ackermann.

»Wolfschanze«, 15. Juli 1944; Begrüßung auf dem Vorplatz der »Lagebaracke«, im Hintergrund der frühere »Gästebunker«. Von links: Stauffenberg, Puttkamer, Bodenschatz, Hitler, Keitel; im Hintergrund ein RSD-Beamter (NA 242-HL-7233)

In der »Wolfschanze« vor dem früheren »Gästebunker«; Heusinger (2. v. r.) mit
Krebs, Kienzl, Buhle und Büchs (NA 242-HL-7233)

Oben: Nach dem Attentat am 20. Juli 1944; Göring (ganz r.) mit Schaub (3. v. r.),
Koller (3. v. l.) und Fegelein (Rücken zur Kamera) an dem zerstörten Lagetisch; im
Hintergrund die Lagebaracke (NA 242-HL-7233)
Unten: Lagezimmer nach dem Attentat; rechts die 5 Fenster an der Stirnseite der
Baracke.

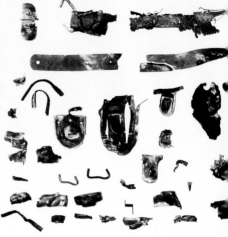

Einzelteile der Aktentasche Stauffenbergs
die in der Lagebaracke gefunden wurden
(NA EAP 105/16)

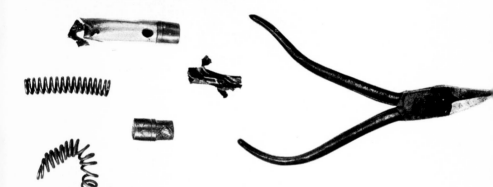

Links: In der Lagebaracke gefundene Zünderteile von Stauffenbergs »Bombe«
(NA EAP 105/16). – Rechts: Die von Stauffenberg zum Ingangsetzen des Zünders
benützte Flachzange, die für ihn so zurechtgebogen war, daß er sie mit drei Fingern
bedienen konnte; sie wurde auch in der Lagebaracke gefunden (NA EAP 105/16)

Sprengstoff mit Tetrylübertragungsladungen, wie er von
Stauffenberg am 20. Juli 1944
verwendet wurde. Die Abbildung zeigt das von Stauffenberg und Haeften bei ihrer
Fahrt zum Flugplatz Rastenburg weggeworfene Paket
(NA EAP 105/16)

Karten

Lage am 20. 7. 1944

Wehrkreise

Berlin und Umgebung

Plan von Berlin

Lage des Führer-Hauptquartiers

Führer-Hauptquartier »Wolfschanze«

Skizzen

F-Verbindungen Wolfschanze

T-Verbindungen Wolfschanze

Leitungsskizze

Befehlswege

Lagebaracke im Führer-Hauptquartier

Diensträume in der Bendlerstraße

Zeitzünder und Haftmine

Texte

Die ersten Fernschreiben aus der Bendlerstraße

Einige häufig genannte Stäbe

882

Aus: 20. Juli 1944, hrsg. v. d. Bundeszentrale für Heimatdienst, Bonn ⁴1961, Beilage.

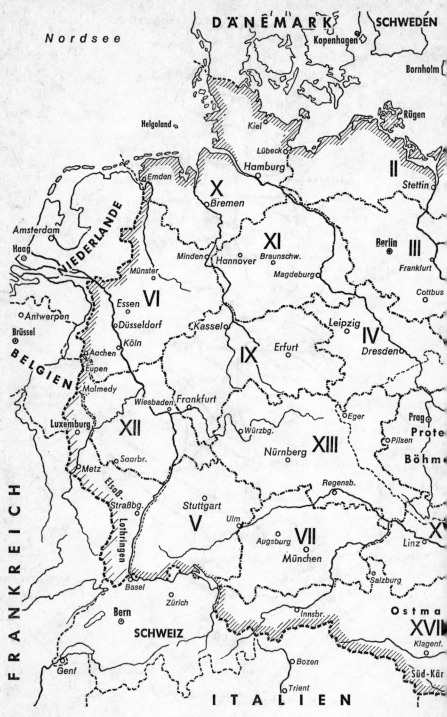

Nach einer W.-K.-Karte aus MGFA WK XIII/450.

DIE WEHRKREISE

////// Grenzen des Großdeutschen Reiches (1942)

–·–·– Grenzen der Wehrkreise

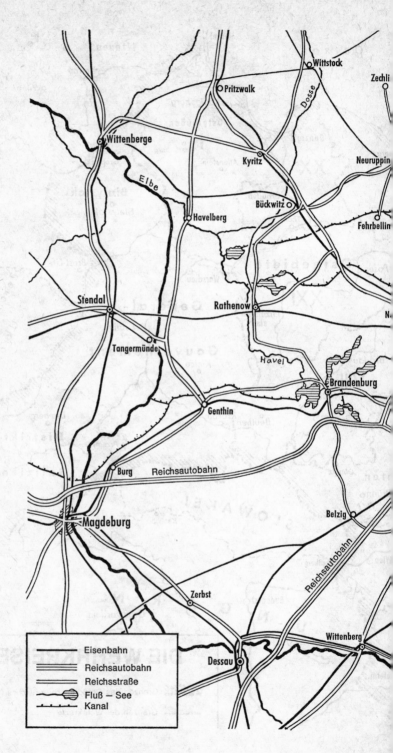

Wittstock
Zechli
Pritzwalk
Wittenberge
Dosse
Kyritz
Neuruppin
Elbe
Bückwitz
Havelberg
Fehrbellin
Stendal
Rathenow
N
Tangermünde
Havel
Brandenburg
Genthin
Burg
Reichsautobahn
Belzig
Magdeburg
Reichsautobahn
Zerbst
Wittenberg
Dessau

Eisenbahn
Reichsautobahn
Reichsstraße
Fluß — See
Kanal

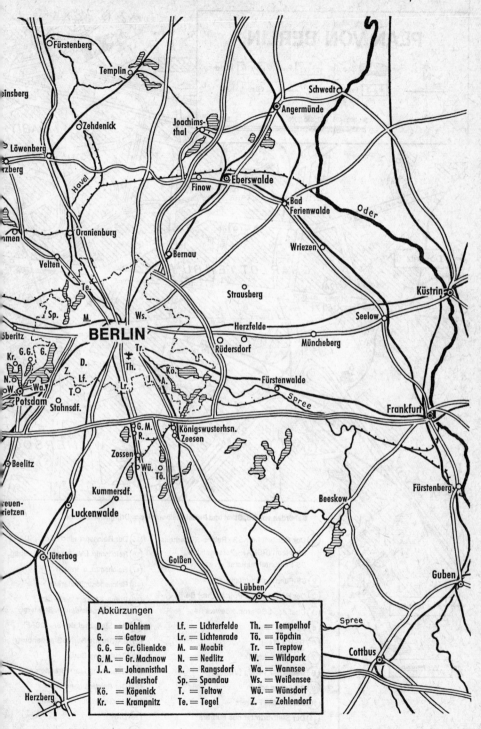

Abkürzungen

D.	= Dahlem	Lf.	= Lichterfelde	Th.	= Tempelhof
G.	= Gatow	Lr.	= Lichtenrade	Tö.	= Töpchin
G. G.	= Gr. Glienicke	M.	= Moabit	Tr.	= Treptow
G. M.	= Gr. Machnow	N.	= Nedlitz	W.	= Wildpark
J. A.	= Johannisthal	R.	= Rangsdorf	Wa.	= Wannsee
	Adlershof	Sp.	= Spandau	Ws.	= Weißensee
Kö.	= Köpenick	T.	= Teltow	Wü.	= Wünsdorf
Kr.	= Krampnitz	Te.	= Tegel	Z.	= Zehlendorf

888

PLAN VON BERLIN

N

◯ See   ⬚ Park   ⋀⋀ Wald
+ + + Friedhof   —— Eisenbahn

0 200 400 600 800 1000   2000m

MOABIT

Hütten-St.
Turm-St.

Spandauer Chaussee

Schloß-St.
Wilmers dorfer

Berliner-St.

March-St.

Altonaer

Döberitz

Reichs-St.

CHARLOTTENBURG

Bismarck-St.

Greifmann-S.

Hardenberg

Os

Kaiser-

Ad.Hitler Pl.

Mosuren-Damm

Messe-Damm

Kant-

St.

Savigny Pl.

Bhf. Zoo

Buda

Bhf. Charlottenbg.

Kurfürsten-

Damm

Tauentzien-

Nürnberger-St.

AVUS

Königs Allee

Paulsborner

Hohenzollern

St.

Fehrbell. Pl.

WILMERSDORF

Uhland-St.

Damm

Motz

Damm

Berliner

Kaiser-

Krampnitz

Wannsee

Behörden von SS, Staat und Partei (Reihenfolge = Dringlichkeitsfolge)

① Der Reichsführer SS · Reichs-Sicherheits-
  hauptamt (RSHA) · Personalstab
  SS-Personalhauptamt

② SS-Führungshauptamt

③ Der Höh. SS- und Polizeiführer Berlin

④ Chef des SS-Fernmeldewesens

⑤ SS-Hauptamt

⑥ RSHA (Teil)

⑦ Reichsdruckerei

⑧ Deutscher Verlag (VB.)

⑨ SS-Führerschule

⑩ Kanzlei des Führers[1]

⑪ Der Stellvertreter des Führers

⑫ Der Reichsorganisationsleiter

⑬ Der Reichspropagandaleiter

⑭ Der Reichsleiter für die Presse

⑮ Der Reichspressechef d. NSDAP

⑯ Reichsmin. f. Volksaufkl. u. Propag.

⑰ Reichsmin. d. Innern

⑱ Reichspostministerium

⑲ Preuß. Staatsministerium
  (Ministerpräsident u. Staatsrat)

⑳ Der Stabschef der SA (OSAF)

㉑ SA-Gruppe Berlin-Brandenburg

㉒ Gauleitung Berlin

㉓ Gauleitung Mark Brandenburg

㉔ Der Reichsjugendführer

㉕ HJ-Gebietsführung Berlin

㉖ DAF

㉗ SD-Leitabschnitt

㉘ Reichspropagandaamt

㉙ Auswärtiges Amt

Nach der Beilage in: 20. Juli 1944, hrsg. v. d. Bundeszentrale für Heimatdienst, Bonn ⁴1961

20. Juli 1944

1	Stadtkommandant v. Berlin (Gen. Lt. v. Hase)
2	Polizeipräsidium
3	OKH Bendlerstraße
4	Kdr. Gen. d. Wehrkreises III (Gen. v. Kortzfleisch)
5	Wachbtl. »Großdeutschland«
6	Ministerwohnung (Goebbels)
7	Funkhaus
8	Lustgarten (Schloß)

Regierungsviertel

Wichtige Gebäude
. Rathaus Berlin
Reichstagsgebäude
Brandenburger Tor
Ehrenmal
Strafanstalt Plötzensee
Deutschlandhalle

Lichterfelde

Rangsdort

Wünsdorf

Königswusterhausen

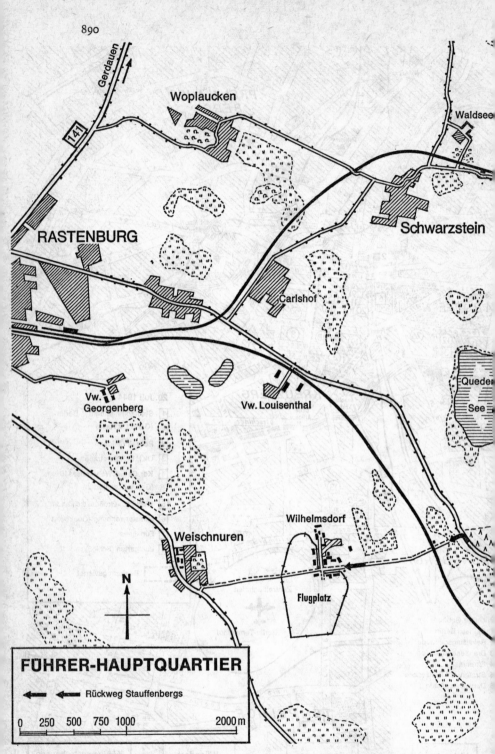

Gerdauen

141

Woplaucken

Waldsee

RASTENBURG

Schwarzstein

Carlshof

Vw. Georgenberg

Vw. Louisenthal

Queder See

Wilhelmsdorf

Weischnuren

N

Flugplatz

FÜHRER-HAUPTQUARTIER

Rückweg Stauffenbergs

0   250   500   750 1000   2000 m

Nach Meßtischblatt 1994 Rastenburg (Stand v. 1. 10. 38), [Berlin] o. J., und nach den Angaben in Kap. XI, 1 und im Exkurs.

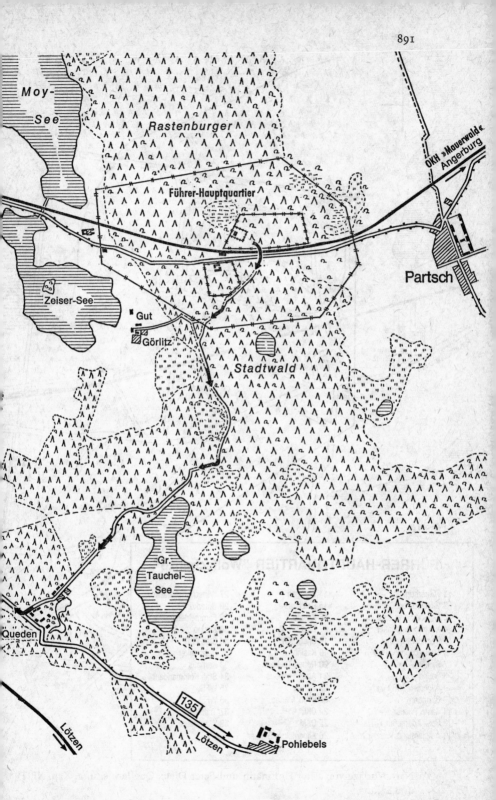

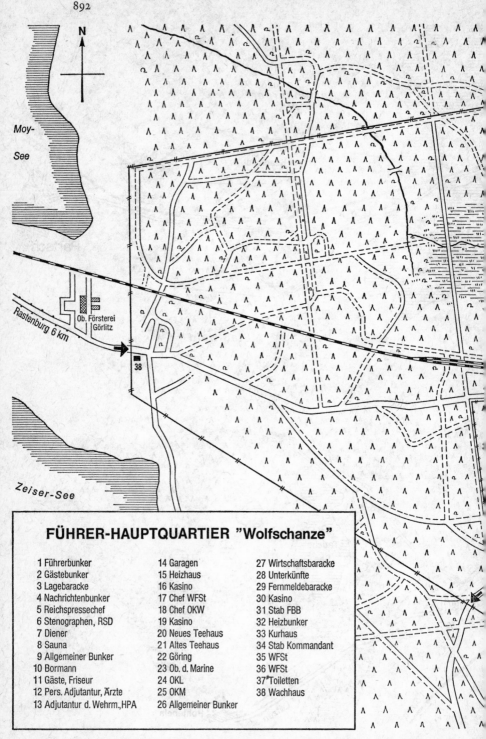

N

Moy-
See

Rastenburg 6 km

Ob. Försterei
Görlitz

38

Zeiser-See

FÜHRER-HAUPTQUARTIER "Wolfschanze"

1 Führerbunker	14 Garagen	27 Wirtschaftsbaracke
2 Gästebunker	15 Heizhaus	28 Unterkünfte
3 Lagebaracke	16 Kasino	29 Fernmeldebaracke
4 Nachrichtenbunker	17 Chef WFSt	30 Kasino
5 Reichspressechef	18 Chef OKW	31 Stab FBB
6 Stenographen, RSD	19 Kasino	32 Heizbunker
7 Diener	20 Neues Teehaus	33 Kurhaus
8 Sauna	21 Altes Teehaus	34 Stab Kommandant
9 Allgemeiner Bunker	22 Göring	35 WFSt
10 Bormann	23 Ob. d. Marine	36 WFSt
11 Gäste, Friseur	24 OKL	37 Toiletten
12 Pers. Adjutantur, Ärzte	25 OKM	38 Wachhaus
13 Adjutantur d. Wehrm., HPA	26 Allgemeiner Bunker	

Nach Vorlage von Peter Hoffmann und Peter Dietz. Quellen: s. u. a. Kap. XI, 1
und Exkurs.

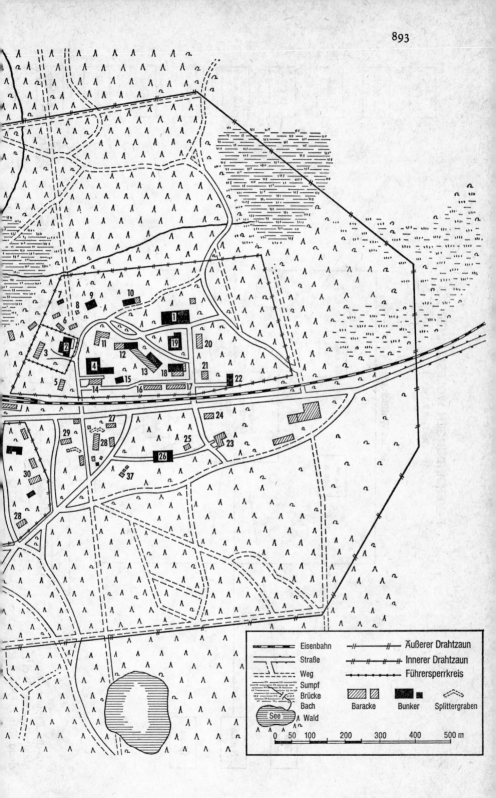

Eisenbahn
Straße
Weg
Sumpf
Brücke
Bach
See ʌ Wald

Äußerer Drahtzaun
Innerer Drahtzaun
Führersperrkreis

Baracke   Bunker   Splittergraben

0 50 100   200   300   400   500 m

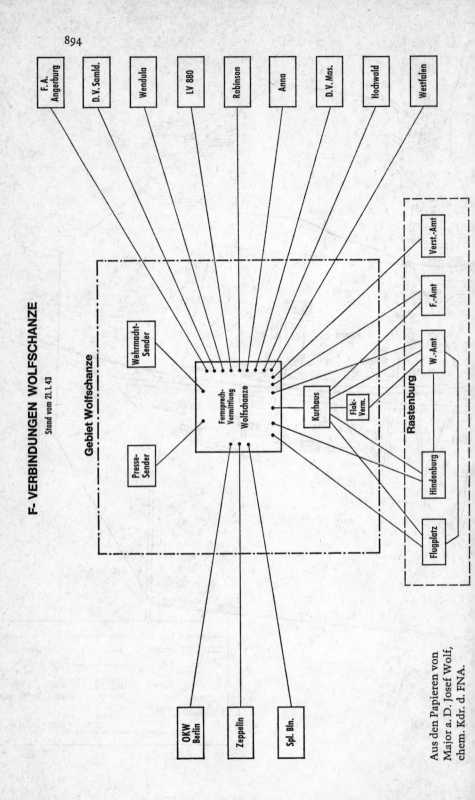

F- VERBINDUNGEN WOLFSCHANZE

Stand vom 21.1.43

894

Gebiet Wolfschanze

Rastenburg

Aus den Papieren von
Major a. D. Josef Wolf,
ehem. Kdr. d. FNA.

895

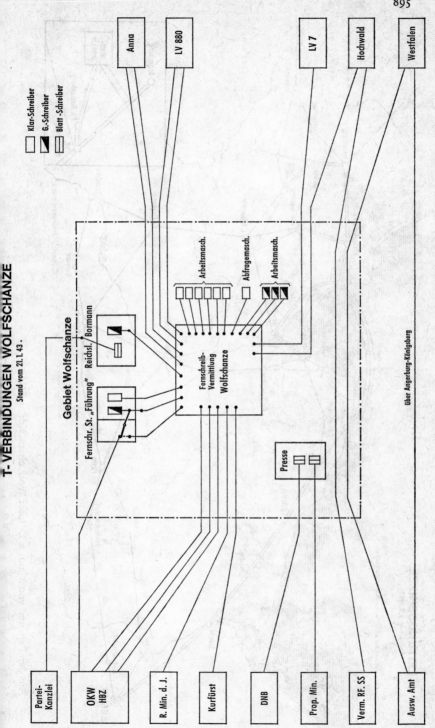

Aus den Papieren von Major a. D. Josef Wolf, ehem. Kdr. d. FNA.

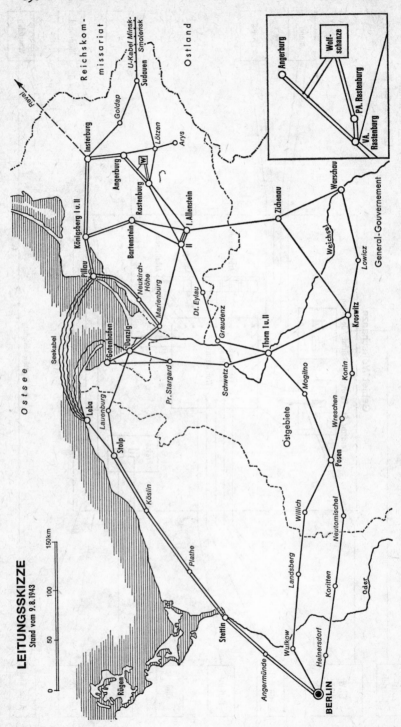

LEITUNGSSKIZZE
Stand vom 9.8.1943

0   50   100   150 km

Aus den Papieren von Major a. D. Josef Wolf, ehem. Kdr. d. FNA.

BEFEHLSWEGE (Teilübersicht)

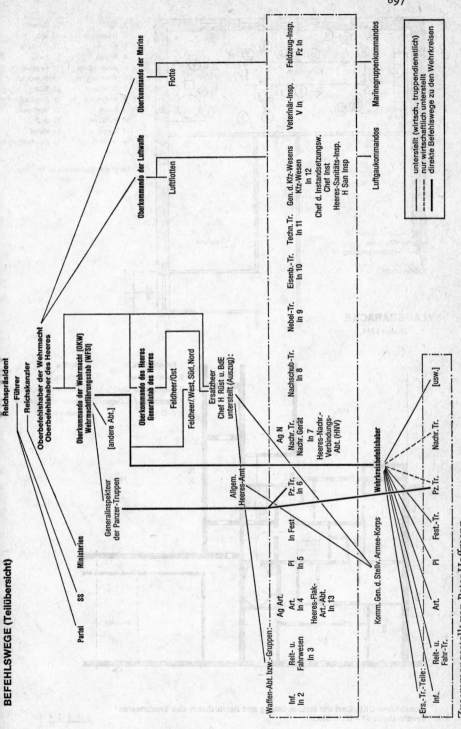

Zusammengestellt von Peter Hoffmann.

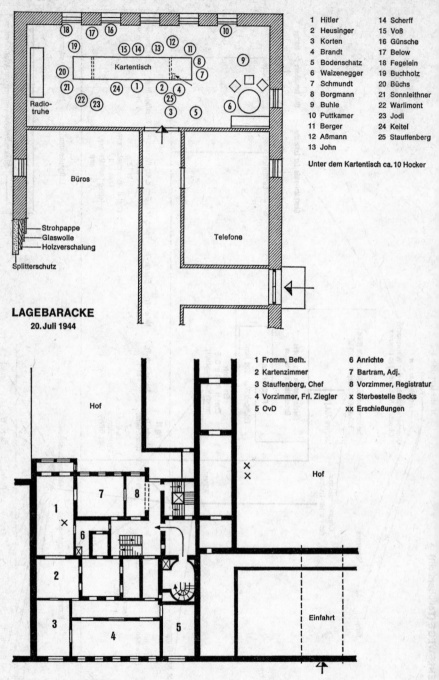

1	Hitler	14	Scherff
2	Heusinger	15	Voß
3	Korten	16	Günsche
4	Brandt	17	Below
5	Bodenschatz	18	Fegelein
6	Waizenegger	19	Buchholz
7	Schmundt	20	Büchs
8	Borgmann	21	Sonnleithner
9	Buhle	22	Warlimont
10	Puttkamer	23	Jodl
11	Berger	24	Keitel
12	Aßmann	25	Stauffenberg
13	John		

Unter dem Kartentisch ca. 10 Hocker

Kartentisch

Radio-truhe

Büros

Strohpappe
Glaswolle
Holzverschalung

Splitterschutz

Telefone

LAGEBARACKE
20. Juli 1944

1	Fromm, Befh.	6	Anrichte
2	Kartenzimmer	7	Bartram, Adj.
3	Stauffenberg, Chef	8	Vorzimmer, Registratur
4	Vorzimmer, Frl. Ziegler	x	Sterbestelle Becks
5	OvD	xx	Erschießungen

Hof

Hof

Einfahrt

**Diensträume OKH/Chef der Heeresrüstung und Befehlshaber des Ersatzheeres
Bendlerstraße 11—13, 1. Stock**

0 1 2 3 4 5m

899

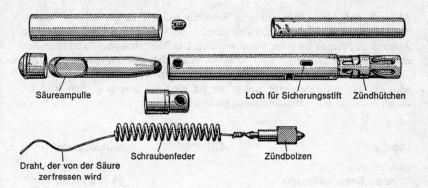

Säureampulle   Loch für Sicherungsstift   Zündhütchen

Draht, der von der Säure zerfressen wird   Schraubenfeder   Zündbolzen

Englischer chemischer Zeitzünder der von Tresckow/Schlabrendorff, Gersdorff und Stauffenberg verwendeten Art (NA EAP 105/16).

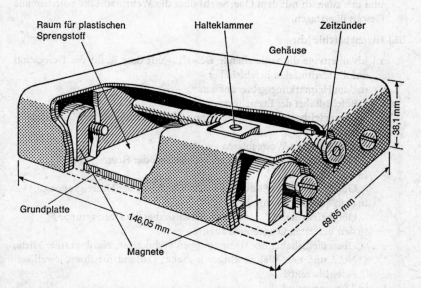

Raum für plastischen Sprengstoff   Halteklammer   Zeitzünder

Gehäuse

38,1 mm

Grundplatte   146,05 mm   69,85 mm

Magnete

Englische Haftmine »Clam«, wie sie von Tresckow/Schlabrendorff und Gersdorff verwendet wurde (Field Engineering and Mine Warefare Pamphlet No. 7: Booby Traps, London 1952).

Texte der ersten Fernschreiben aus der Bendlerstraße

Abdruck nach dem auszugsweisen Faksimileabdruck in Mitteilungsblatt der Arbeitsgemeinschaft ehemaliger Offiziere Nr. 12/1968, S. 9, 11, sowie nach dem Abdruck in Spiegelbild einer Verschwörung: Die Kaltenbrunner-Berichte an Bormann und Hitler, Stuttgart 1961, S. 66–69. Es handelt sich um spätere *Versionen* der ersten Fernschreiben, die Originale der ersten Versionen sind bisher verschollen. Wo nichts anderes angegeben ist, sind die ursprünglichen Vorlagen dieses Abdrucks mit Schreibmaschine geschrieben.

Geheim*   FRR^{II}**   HOKW*02165*

nach Eingang**

Geheime Kommandosache*   20. Juli 1944*/1900**

Fernschreiben!

J 2 0590

I.) Der Führer Adolf H i t l e r ist tot!   20,30**

Eine gewissenlose Clique frontfremder Parteiführer hat es unter Ausnutzung dieser Lage versucht, der schwerringenden Front in den Rücken zu fallen und die Macht zu eigennützigen Zwecken an sich zu reißen.

II.) In dieser Stunde höchster Gefahr hat die Reichsregierung zur Aufrechterhaltung von Recht und Ordnung den militärischen Ausnahmezustand verhängt und mir zugleich mit dem Oberbefehl über die Wehrmacht die vollziehende Gewalt übertragen.

III.) Hierzu befehle ich:

    1.) Ich übertrage die vollziehende Gewalt – mit dem Recht der Delegation auf die territorialen Befehlshaber –

        in dem Heimatkriegsgebiet auf den

           Befehlshaber des Ersatzheeres

           unter gleichzeitiger Ernennung zum Oberbefehlshaber im Heimatkriegsgebiet,

        in den besetzten Westgebieten auf den

           Oberbefehlshaber West (Oberbefehlshaber der Heeresgruppe D),

        in Italien auf den

           Oberbefehlshaber Südwest (Oberbefehlshaber der Heeresgruppe C),

        in dem Südostraum auf den

           Oberbefehlshaber Südost (Oberbefehlshaber der Heeresgruppe F),

        in den besetzten Ostgebieten auf die

           Oberbefehlshaber der Heeresgruppen Südukraine, Nordukraine, Mitte, Nord und den Wehrmachtbefehlshaber Ostland für ihren jeweiligen Befehlsbereich,

        in Dänemark und

        in Norwegen auf die

           Wehrmachtbefehlshaber.

2.) Den Inhabern der vollziehenden Gewalt sind unterstellt:
   a) sämtliche in ihrem Befehlsbereich befindlichen Dienststellen und Einheiten der Wehrmacht einschl. der Waffen-SS, des RAD und der OT,
   b) alle öffentlichen Behörden (des Reichs, der Länder und der Gemeinden), insbesondere die gesamte Ordnungs-, Sicherheits- und Verwaltungspolizei,
   c) alle Amtsträger und Gliederungen der NSDAP und der ihr angeschlossenen Verbände,
   d) die Verkehrs- und Versorgungsbetriebe.

3.) Die gesamte Waffen-SS ist mit sofortiger Wirkung in das Heer eingegliedert.

4.) Die Inhaber der vollziehenden Gewalt sind für Aufrechterhaltung der Ordnung und öffentlichen Sicherheit verantwortlich. Sie haben insbesondere zu sorgen für:
   a) die Sicherung der Nachrichtenanlagen,
   b) die Ausschaltung des SD.
   Jeder Widerstand gegen die militärische Vollzugsgewalt ist rücksichtslos zu brechen.

5.) In dieser Stunde höchster Gefahr für das Vaterland ist Geschlossenheit der Wehrmacht und Aufrechterhaltung voller Disziplin oberstes Gebot. Ich mache es daher allen Befehlshabern des Heeres, der Kriegsmarine und der Luftwaffe zur Pflicht, die Inhaber der vollziehenden Gewalt bei Durchführung ihrer schwierigen Aufgabe mit allen zu Gebote stehenden Mitteln zu unterstützen und die Befolgung ihrer Weisungen durch die untergeordneten Dienststellen sicherzustellen.
   Der deutsche Soldat steht vor einer geschichtlichen Aufgabe. Von seiner Tatkraft und Haltung wird es abhängen, ob Deutschland gerettet wird.

Gleiches haben alle territorialen Befehlshaber, die Oberkommandos der Wehrmachtteile und die den Oberkommandos unmittelbar unterstehenden Kommandobehörden des Heeres, der Kriegsmarine und der Luftwaffe.

Der Oberbefehlshaber der Wehrmacht
gez. v. Witzleben
Generalfeldmarschall   M.**

Der Chef der Heeresrüstung und   Berlin, den 20. Juli 1944
Befehlshaber des Ersatzheeres ***
   Stab   Nr. 4500/44 g.

Vorstehenden Erlass zur Kenntnis.

zurück an AHA/Stab **   J. A.

* Stempel   ** handschriftlich   *** handschriftlich gestrichen

[Stempel mit Abgabevermerken,   I.**   HOKW*02160**
großenteils unleserlich]   20. Juli 1944* / 18.15**

Geheim*   nach Eingang**

Geheime Kommandosache*

mit Anschriftenübermittlung
an
     Stellv. Gen. Kdo. I.–XIII.   KR*
     (III durch Kurier)
     XVII., XVIII., XX., XXI. A. K.   1552

1.) Walküre 2. Stufe für W. Kdo. I–XIII, XVII, XVIII, XX, XXI unter Rückgriff auf sämtliche Bestände des Feld- und Ersatzheeres, notfalls einschl. der Bestände der Zeugämter und Parke.

X-Zeit   20. 7.   18.00 Uhr

2.) Entnommene Waffen, Großgeräte und Kfz. der OKH-Bestände aus Zeugämtern und Parken sind sofort an AHA Stab Ib durch FS zu melden.

3.) Gliederung, Stärken und Aufkommensorte der aufgerufenen Einheiten sind bis 21. 7. 12.00 Uhr durch KR-Fernschreiben an AHA Stab I zu melden.

4.) Die im W. Kdo. Böhmen/Mähren und W. Kdo. Gen. Gouv. getroffenen Maßnahmen sind entsprechend durchzuführen. Die aufgerufenen Einheiten sind gemäß Ziffer 3.) an AHA Stab I zum 21. 7. 12.00 Uhr zu melden.

                        OKH Chef H Rüst und BdE
                        AHA Stab I Nr. 4996/44 g. Kdos. v. 20. 7. 44

                        J. A.

Nach Abgang:

                        Mertz**

    AHA Stab I(1)   1. Ausf.
           II   2. „
           Ib   3. „
      Jn 3   4. „

    * Stempel   ** handschriftlich

Einige häufig genannte Stäbe

(Stand Juli 1944)

OKH/Chef H Rüst u BdE (Ersatzheer)

Befehlshaber:	Generaloberst Friedrich *Fromm*
Adjutant:	Rittmeister Heinz *Bartram*
Chef des Stabes:	Oberst i. G. Claus Schenk Graf von *Stauffenberg*
Adjutant:	Oberleutnant d. R. Werner von *Haeften*
Ia:	bis 30. 6. 1944 Oberst Rudolf *Langhaeuser*, dann Oberstleutnant i. G. Joachim *Sadrozinski*
Ic:	Hauptmann d. R. Harald *Kriebitzsch*
IIa:	[nicht ermittelt]
K.T.B.-Führer:	Hauptmann d. R. Hermann *Kaiser*

OKH/AHA

Amtschef:	General der Infanterie Friedrich *Olbricht*
Chef des Stabes:	1940–1943 Oberst Hellmuth *Reinhardt* Okt. 1943–Juni 1944 Oberstleutnant i. G. Claus Schenk Graf von *Stauffenberg* Juni–20. Juli 1944 Oberst i. G. Albrecht Ritter *Mertz von Quirnheim*
Ia:	Oberstleutnant i. G. Bolko von der *Heyde*
Ia/I, Gruppenleiter:	Oberstleutnant i. G. Karl *Pridun*
Ia/I/1, Referatleiter:	Major i. G. Fritz *Harnack*
Ib:	Oberstleutnant i. G. Franz *Herber*
Ic:	Oberst Willy *Nürnberg*
IIa:	Oberstleutnant Fritz von der *Lancken*

Stellvertretendes Generalkommando III. A. K. und Wehrkreiskommando III

Befehlshaber:	General der Infanterie Joachim von *Kortzfleisch*
Chef des Stabes:	bis Mai 1944 Generalmajor Günther von *Rost* ab Mai 1944 Generalmajor Otto *Herfurth*
Ia (Stellv.):	Oberstleutnant Bruno *Mitzkus*
Ic:	Oberstleutnant Martin *Sobczyk*
IIa:	Oberst Joachim von *Wiese und Kaiserswaldau*
Kommandeur des Wehrmachtstreifendienstes	Oberstleutnant Friedrich Wilhelm *Heinz*

Wehrmachtstandort-Kommandantur Berlin

Kommandeur:	Generalleutnant Paul von *Hase*
Ia:	Oberstleutnant i. G. Hermann *Schöne*
Ia/org, Abt. Ltr.:	Major z. V. Adolf-Friedrich Graf von *Schack*

Ia/U, Abt. Ltr.:	Major d. R. Wolf Freiherr von *Massenbach-Salleschen*
IIa:	Oberstleutnant Dr. Holm *Erttel*

Oberbefehlshaber West (St. Germain)

Befehlshaber:	Generalfeldmarschall Gerd von *Rundstedt* ab 2. 7. 1944 Generalfeldmarschall Günther von *Kluge*
Chef des Stabes:	General der Infanterie Günther *Blumentritt*
Ia:	Oberst z. V. i. G. Bodo *Zimmermann*
Ic:	Major z. V. Dr. Reinhard *Brink*
IIa:	Oberst Richard *Abé*
Oberquartiermeister:	Oberst i. G. Eberhard *Finckh*

Militärbefehlshaber Frankreich

Befehlshaber:	General der Infanterie Karl-Heinrich von *Stülpnagel*
Chef des Stabes:	bis 10. 5. 44 Oberst i. G. Karl-Richard *Koßmann* dann Oberst i. G. Hans-Ottfried von *Linstow*
Ia:	Oberstleutnant i. G. Hans *Schwanbeck*
IIa:	Oberst Günther von *Scheven*
Höherer Nachrichten-führer:	Generalleutnant Hans *Oberhäußer*

Militärverwaltung beim Militärbefehlshaber Frankreich

Chef:	Ministerialdirektor Dr. Elmar *Michel*
unterstellt:	Regierungsrat Dr. Max *Horst* Kriegsverwaltungsoberrat Friedrich Freiherr von *Teuchert* Kriegsverwaltungsrat Dr. Rudolf *Thierfelder*

Kommandant von Groß-Paris

Kommandant:	Generalleutnant Hans Freiherr von *Boineburg*
Chef des Stabes:	Oberst Friedrich von *Unger*
Ia:	[nicht ermittelt]
IIa:	[nicht ermittelt]

Oberbefehlshaber der Heeresgruppe B (La Roche-Guyon)

Befehlshaber:	1. 1.–17. 7. 1944 Generalfeldmarschall Erwin *Rommel* dann Generalfeldmarschall Günther von *Kluge*
Chef des Stabes:	Generalleutnant Dr. Hans *Speidel*
Ia:	Oberst i. G. Hans-Georg von *Tempelhof*
IIa:	Oberst Lodegard *Freyberg*

Quellen und Literatur

I Unveröffentlichte Quellen

a. Archivalien *

[Adam, Wilhelm], Colonel General Wilhelm Adam, Masch., o. O. [England] o. J. [vor 1949], Sammlung John Mappe 3

Adam, Wilhelm, Eidesstattliche Erklärung Nr. 2: betrifft: Stimmung unter den höheren Generalstabsoffizieren bald nach der »Machtergreifung«, Masch., o. O. o. J., IfZ ZS 6

Akten über die Aufstellung des Reiterregiments »Boeselager«, Archiv der Familie Boeselager, Schloß Kreuzberg/Ahr

Akten des SS-Flakkommandos Obersalzberg, NA Microcopy T–405 Rolls 11, 12

Akten über die Sippe Stauffenberg, BA EAP 105/34

Akten der Geheimen Staatspolizei, Staatspolizeileitstelle München, November 1939, BA RG 1010/3085

Albrecht, [Karl-Friedrich], Auswertung der Aufbauübung der Vermittlung »Zeltstadt« am 1. u. 2. 10. 43, [Wolfschanze] 2. Okt. 1943, Papiere Wolf

Amt V [des RSHA], Betrifft: Selbstmord des Majors Ulrich von Oertzen, Ia der Korps-Abteilung E der 2. Armee, im Dienstgebäude des Wehrkreiskommandos III, Masch., Berlin 22. Juli 1944, BA R 58/1051

Anklageschrift des Oberreichsanwalts Lautz vom 20. Dez. 1944 gegen Dr. Klaus Bonhoeffer, Dr. Rüdiger Schleicher, Dr. Hans John, Friedrich Justus Perels und Dr. Hans Kloß, Masch.-Abschrift, Stiftung

Appendix »G«. Eye Witness Account of One of the Trials of the Principal Conspirators. Information obtained from PW KP/229533 Fw Sonderführer Goetsch-Gyx Fallschirm AOK (Propaganda Kompanie), Masch., o. O. o. J., Sammlung John Mappe 5

[Arntz, Hellmuth], [Aussagen in britischem Bericht über Vernehmungen], mimeogr., o. O. [1945], Sammlung John Mappe 5 [Arntz, Hellmuth], [Bericht über General Erich Fellgiebel], Masch.-Abschr., o. O. o. J.

Außenstelle Eisenach, SD-Abschnitt Weimar des Sicherheitsdienstes des Reichsführers SS, Bericht, Masch., Eisenach 26. Juli 1944, BA RG 1010/1602

Balzer, Aktennotiz für Chef OKW/Wpr persönlich, Masch.-Abschrift, [Berlin] 21. Juni 1944 [richtig: 21. Juli 1944], BA NS 6/31

Bargatzky, Walter, Persönliche Erinnerungen an die Aufstandsbewegung des 20. Juli 1944 in Paris, mimeogr., Baden-Baden 20. Okt. 1945, Stiftung

Bartram, Heinz-Ludwig, 20. Juli 1944, Masch., o. O. [1954], BA H 90–3/4

---

* Hierunter sind auch Dokumente aus privaten Händen angeführt (außer Mitteilungen an den Verfasser); wo nicht anders angegeben, befinden sich die Originale oder Kopien im Besitz des Verfassers.

[Beck, Ludwig], Zur Kriegslage nach Abschluß des polnischen Feldzuges, Masch., o. O. o. J., BA EAP 21–X–15/2

[Beck, Ludwig], Das deutsche Friedensangebot vom 6. 10. 39 und der mögliche weitere Kriegsverlauf, Masch., o. O. 10. Okt. 1939, BA EAP 21–X–15/2

[Beck, Ludwig], Zwischenpause nach dem Mißerfolg des deutschen Friedensangebotes, Masch., o. O. 31. Okt. 1939, BA EAP 21–X–15/2

[Beck, Ludwig], Eine Wendung im bisherigen Krieg? Masch., o. O. 20. Nov. 1939, BA EAP 21–X–15/2

[Beck, Ludwig], Die russische Frage für Deutschland, eine Skizze, Masch., o. O. [Herbst 1939], BA EAP 21–X–15/2

[Beck, Ludwig], Betrachtung über die deutsche Lage um die Jahreswende 1939/40, Masch., o. O. 2. Jan. 1940, BA EAP 21–X–15/2

Beck, Rudolf, Beiträge zur Lebensgeschichte und Charakteristik des Generaloberst Ludwig Beck, Masch., o. O. o. J., Sammlung John Mappe 3

Becker, Hellmut, Plaidoyer für Ernst von Weizsäcker, mimeogr., Nürnberg Nov. 1948, StA Nürnberg

Bericht Nr. 28 [von Alfred Rosenbergs Verbindungsmann über ein Tischgespräch bei Hitler am 6. Sept. 1941], Masch., FHQu. 7. Sept. 1941, BA R 6 o. Nr.

Bericht der Stiftung »Hilfswerk 20. Juli 1944« über die Verurteilung des ehemaligen Kriminalkommissars Josef Baumer, Abschrift mimeogr., Kronberg i. T. 1959, Stiftung

Bertaux, Pierre, [Auszüge aus dem Tagebuch 1938]

Bescheinigung zur Vorlage beim Wirtschaftsamt, ausgestellt von der Geheimen Staatspolizei, Staatspolizeileitstelle für den Landespolizeibezirk Berlin, Berlin [Sept. 1944], Orig. im Besitz von H. Schwierz

Bethge, [Eberhard], Bericht über die Sonderabteilung der ehem. Geheimen Staatspolizei im Zellengefängnis Moabit, Lehrterstr. 3, zusammengestellt am 14. 7. 1945, Masch., o. O., Stiftung

Beurteilungen von Gen. Stabs Offizieren bzw. Offizieren die zur Gen. Stabs Ausbildung kommandiert wurden, [1944/45], NA Microcopy T–78 Roll R 52

Blumentritt, [Günther], Stellungnahme zu dem Buch »Offiziere gegen Hitler«. Nach einem Erlebnisbericht von Fabian v. Schlabrendorff bearbeitet und herausgegeben von Gero v. S. Gaevernitz 1946 Europa Verlag Zürich, Masch., [England] Nov. 1946, Sammlung John Mappe 2

[Bodenschatz, Karl], The Attempt as seen by eye witnesses [Zusammenfassung britischer Vernehmungen], mimeogr., o. O. o. J., Sammlung John Mappe 5

Boehmer, Käthe von, [Mitteilungen an die Stiftung »Hilfswerk 20. Juli 1944«], Masch., o. O. 1. Jan. 1953, Stiftung

Bormann, Albert und [Rudolf] Schmundt, Rundschreiben, Masch., [Wolfschanze] 20. Sept. 1943, BA EAP 105/33

Bormann, M[artin], Brief an den Reichsschatzmeister [der NSDAP], Masch., München 17. Jan. 1939, Berlin Document Center

Bormann, [Martin], Rundschreiben (Fernschreiben) an die Gauleiter, Absetzkopien aus dem FHQu., Wolfschanze 20. Juli 1944, BA EAP 105/31

Bormann, M[artin], Fernschreiben an Dr. Friedrichs in der Parteikanzlei in München, Absetzkopie aus dem FHQu., [Wolfschanze] 20. Okt. 1944, BA EAP 105/32

Brandt, Karl, Gedenkrede zum Gedächtnis der Toten des 20. Juli 1944 gehalten anläßlich der Feier am 20. Juli 1965 im Hof des früheren Reichskriegsministeriums in der Stauffenberg-Straße zu Berlin, mimeogr., Frankfurt/M. Juli 1965, Stiftung

Brühl, [Ferdinand], Niederschrift des Berichts von Major Jacob, Hs., Bridgend 25. April 1947, Sammlung John Mappe 5

Bruns, Walter, Vor, am und nach dem 20. Juli 1944, Masch., o. O. o. J. [zwischen 1945 und 1948], Sammlung John Mappe 5

Buchholz, Heinz, Das Attentat auf Adolf Hitler am 20. Juli 1944: Augenzeugenbericht von Regierungsrat Heinz Buchholz, ehemaliges Mitglied des Stenographischen Dienstes im FH.Qu., Masch., Berchtesgaden 14. Juli 1945, University of Pennsylvania Library 46 M–25 Berchtesgaden Interrogations

Burchardt, Heinz, Zugehörigkeit zur Widerstandsbewegung vom 20. Juli 1944, Masch.-Abschrift, München 1946, im Bes. von F. Degner

Burchardt, Heinz, Eidesstattliche Erklärung, Masch., München 17. März 1947, sign., im Bes. von F. Degner

[Burckhardt, Peter], Gespräch mit dem früheren schweizerischen Militärattaché in Berlin, Burckhardt, heute Direktor in der Maschinenfabrik Bührle in Zürich-Oerlikon, Juli 1966, geführt von Herrn Peter Dietz, Masch., o. O. [1966]

Burgdorf, [Wilhelm], Brief an das Stellv. Generalkommando IX. A. K. vom 3. Okt. 1944, Masch.-Abschrift, Besitz von H. Schwierz

Cords, Helmuth, Brief an einen ungenannten Freund vom 18. Sept. 1946, Stiftung

Daily Digest of World Broadcasts (From Germany and German-occupied territory), Part I, No. 1343 [für 21. März 1943], mimeogr., [London] 22. März 1943

Daily Digest of World Broadcasts, Part I, No. 1830 [für 20. Juli 1944], mimeogr., [London] 21. Juli 1944

Dohnanyi, Christine v[on], Aufzeichnungen, Masch.-Abschrift, o. O. o. J., IfZ ZS 603

Dollmann, [Eugen], At FHQ After the Attempt [Anhang zu einem zusammenfassenden Bericht über britische Vernehmungen], mimeogr., o. O. o. J., Sammlung John Mappe 5

Eckert, [Max], Meldung über Vorkommnisse im Stabe des Gen. Qu. am 21., 22. und 23. 7. 1944, Masch., [Zossen] 23. Juli 1944, IfZ ED 95

Eingangsbuch über Häftlinge [des Zellengefängnisses Lehrterstraße], Berlin 1944 bis 1945, London RUSI Mil. Mss. 479

Einstellungsverfügung im Ermittlungsverfahren gegen Ewald Heinrich von Kleist, Georg Sigismund von Oppen und Hans Fritzsche wegen Hoch- und Landesverrats, Oberreichsanwalt beim Volksgerichtshof O J 41/44 gRs, Masch.-Abschrift, Berlin 12. Dez. 1944, BA EAP 105/30

[Erinnerungsalbum für die Angehörigen des Heeresgruppenstabes der Heeresgruppe »Mitte«, gewidmet von Generalfeldmarschall Günther von Kluge], o. O. o. J., Archiv der Familie Boeselager, Schloß Kreuzberg/Ahr

[Etscheit, Alfred], Die innere und äußere Lage, Masch.-Abschrift, Berlin 1. Jan. 1940, BA EAP 21–X–15/2

[Etzdorf, Hasso von und Erich und Theodor Kordt], Das drohende Unheil, Masch., o. O. o. J. [1939], BA EAP 21–X–15/2

[Etzdorf, Hasso von], Niederschrift der Unterredung zwischen Herrn Ministerialdirigent Dr. v. Etzdorf, Bonn, Auswärtiges Amt, Länderabteilung (Ermekeilstraße 27, Block E), und Herrn Dr. H. Krausnick, im Auftrage des Instituts für

Zeitgeschichte München, durchgeführt am 26. September 1953 in Bonn, Masch.-Abschrift, 12. Juni 1958, IfZ ZS 322

[Etzdorf, Hasso von], s. auch Krausnick

F-Verbindungen Wolfschanze: Stand vom 21.1.43, Skizze, o.O.o.J., Papiere Wolf

Fahrner, Rudolf, Brief an Prof. Dr. Walter Baum vom 25. Juli 1962, Masch., IfZ ZS 1790

[Falkenhausen, Alexander Freiherr von], Vernehmung von Alexander von Falkenhausen durch Mr. Ortmann auf Veranlassung von Mr. Dobbs SS-Section am 6. Nov. 1946 von 13.30–15.30 Uhr, Interrogation Nr. 175, Masch. (Photokopie], [Nürnberg 1946], IfZ ZS 888

Deutsches Fernkabelnetz (Maschenkarte], OKW/WFSt/Ag WNV/KFA IIc, Stand vom 15. Feb. 1945, o. O. 1945, Papiere Wolf

Fernschreiben [»Der Führer Adolf Hitler ist tot.«], Aufnahmekopie der Skl. [Berlin] 20. Juli [1944] 19.28 [Uhr], MFA III M 1005/11

Fernschreiben der Verschwörer aus der Bendlerstraße, Masch.-Abschriften der im W.K. XXI eingegangenen Fernschreiben, [Posen] 20. Juli 1944, BA EAP 105/31

Fernsprechverzeichnis des OKH/Gen. St. d. H., Stand vom 1. März 1944, Auszug aus dem Exemplar im Besitz von A. Beichele

Filme von Volksgerichtshofverhandlungen, Nr. 3023–1, 3023–2, 3179–1, 3179–3, 3179–4, [Berlin 1944], BA Filmarchiv

[Freytag-Loringhoven, Bernd Freiherr von], Meine Begegnungen mit Wessel Freytag-Loringhoven während des Krieges, Masch., o. O. o. J., Stiftung

[Frick, Wilhelm], Brief an die Innenministerien der Länder, die Herren Ober- und Regierungspräsidenten pp., Masch.-Abschrift, [Berlin] 15. März 1936, BA RG 1010/3183

Friedrichs, [Helmuth], Fernschreiben an Herrn Reichsleiter Bormann im Führerhauptquartier vom 24. Okt. 1944, Absetzkopie aus der Partei-Kanzlei München, BA EAP 105/32

[Fromm, Friedrich] Sterbeurkunde für den ehemaligen Generaloberst Friedrich Fromm, Nr. 853/1945, Masch., Brandenburg (Havel) 17. April 1946

Führerinformation [des Reichsministers der Justiz] 7. Sept. 1942, Masch., [Berlin 7. Sept. 1942], BA R 22/4089

Führerinformation [des Reichsministers der Justiz] 1942 Nr. 131, Berlin 14. Okt. 1942, BA R 22/4089

Führerinformation 1944 Nr. 181 des Reichsministers der Justiz vom 18. Juli 1944, StA Nürnberg NG 1249

Gärtner-Strünck, Elisabeth, Brief an Dr. H. Krausnick vom 27. März 1962, IfZ ZS 1811

Gärtner-Strünck, E[lisabeth], Aktennotiz, Masch., Frankfurt/M. 20. April 1964, Stiftung

Geisberg, [Wilhelm], Meldung, Masch., [Wolfschanze] 23. Juli 1944, BA EAP 105/34

[Geißler, Kurt], Befragung [von Kriminaldirektor a. D. Kurt Geißler] über das Bürgerbräuattentat 1939, Masch., o. O. 19. Dez. 1960, BA NS 20/65

Gelpke, Alhard, Exposé Nr. 2: Über einige Comités, die während der Hitlerzeit im Dienste des Abendlandes wirkten, Masch., o. O. Mai 1956, Hoover Library Ts Germany G 321

Gersdorff, Rudolf-Christoph Freiherr von, [Aussagen vor dem Militärgerichtshof Nr. V im Fall XII (Vereinigte Staaten gegen Leeb u. a.) am 16. April 1948],
mimeogr. Protokoll S. 2120–2178, StA Nürnberg

Gersdorff, [Rudolf-Christoph] Fr[ei]h[er]r v[on], Beitrag zur Geschichte des
20. Juli 1944, Masch., Oberursel 1. Jan. 1946, Stiftung

[Gersdorff, Rudolf-Christoph Freiherr von], Unterhaltung mit General Rudolph
v. Gersdorff am 15. 1. 1953, abends: Gedächtnisprotokoll, Masch.-Durchschlag,
o. O. o. J., IfZ ZS 47/II

Gersdorff, R[udolf] Chr[istoph] [Freiherr von], Brief an Dr. [Helmut] Krausnick
vom 19. Okt. 1956, Masch., IfZ ZS 47/II

Gersdorff, R[udolf] Chr[istoph] Fr[ei]h[er]r v[on], Bericht über meine Beteiligung
am aktiven Widerstand gegen den Nationalsozialismus, Masch., München 1963

Gersdorff, R[udolf] Chr[istoph] Fr[ei]h[er]r v[on], Richtigstellung von Behauptungen des Dr. Max Domarus, die dieser in seinen Kommentaren zu dem von
ihm herausgegebenen Dokumentationswerk »Hitler, Reden und Proklamationen 1932–1945« über den deutschen Widerstand gegen das nat. soz. Regime
aufgestellt hat, Masch., München 1964

Gesamtliste der Generalstabsoffiziere des Heeres (1945), OKH/HPA Ag P 3, NA
Microcopy T–78 Roll 51

[Grenzendörfer, Wilhelm], Notizen von der Schilderung des Generalmajors
Remer von den Vorgängen am 20. Juli 1944 in Berlin, gehalten am 24. Juni
1946 in dem englischen Internierungslager 2221/Q in Belgien, Masch., o. O.
o. J., im Besitz von Dr. Paul Collmer

[Groscurth, Helmuth], Tagebuch Verb. Gruppe OKW Ausl. Abw. zu O.K.H.
ab 1. 9. 39–26. 9. 39, Hs., BA EAP 21–X–15/1

[Groscurth, Helmuth], Kriegstagebuch Abt. z. b. V. [des OKW Amt Ausland/Ab-
wehr zum OKH] 27. 9.–14. 11. 39, Hs., BA EAP 21–X–15/1

[Groscurth, Helmuth], Kriegstagebuch Abt. z. b. V. [des OKW Amt Ausland/
Abwehr zum OKH] 15. November 1939 [–1. Feb. 1940], Hs., BA EAP 21–X–15/1

Groscurth, [Helmuth], Brief an Generaloberst Erwin von Witzleben, Masch.-
Durchschlag, 31. Okt. 1939, BA EAP 21–X–15/2

Groscurth, [Helmuth], Brief an Graf Schwerin von Schwanenfeld, Masch.-
Durchschlag, 17. Feb. 1940, BA EAP 21–X–15/2

Grundlagen für die Befehlserteilung bei der Abwehr von Fallschirmjägern,
Masch., o. O. o. J. [1943/44], Papiere Wolf

Hagen, Hans W., Größere und kleinere Fehler beim Bericht: »Remer und der
20. Juli 1944« von Otto John, Masch., o. O. o. J., Stiftung

[Halder, Franz, Spruchkammerverfahren] s. Protokoll

Handliste der Generalstabsoffiziere 1943, OKH/HPA Ag P 3, NA Microcopy
T–78 Roll R 57 und BA Zentralnachweisstelle

Handliste der Generalstabsoffiziere [1944], OKH/HPA Ag P 3, H 8/6a, NA Microcopy T–78 Roll R 48

Handkartei der Generalstabsoffiziere, OKH/HPA Ag P 3, NA

Hardenberg-Neuhardenberg, Carl-Hans Graf v[on], Eidesstattliche Erklärung
[über Generalmajor von Rost], Masch., Kempfeld/Hochwald 12. Aug. 1946,
Stiftung

[Harnack, Fritz], Bericht über die Vorgänge des 20. 7. 44 in der Bendlerstraße,
Masch., Braunschweig 20. Juli 1948, im Besitz von F. Harnack

[Hase, Alexander von], Zur Sache »Remer«, Aussage für die Staatsanwaltschaft Oldenburg, Masch., o. O. [1950], Sammlung John Mappe 1

Hassell, J[ohann] D[ietrich] v[on] und W[olf] U[lrich] v[on] Hassell, Film des Prozesses nach dem 20. Juli 1944, Masch., o. O. 1946, im Besitz von Gräfin Schwerin von Schwanenfeld

[Hassell, Ulrich von] s. Korrespondenz

Haubach, Theodor, Briefe, BA Nachlaß Alma de l'Aigle

[Haushofer, Albrecht], Gibt es noch Möglichkeiten eines deutsch-englischen Friedens? Masch.-Durchschlag, o. O. 8. Sept. 1940, BA HC 833

[Haushofer, Albrecht], Brief an Rudolf Heß, o. O. 19. Sept. 1940, Masch.-Durchschlag, BA HC 833

H[aushofer], A[lbrecht], Englische Beziehungen und die Möglichkeit ihres Einsatzes, Masch., Obersalzberg 12. Mai 1941, BA HC 833

Heinz, Friedrich Wilhelm, Von Wilhelm Canaris zur NKWD, Masch., o. O. o. J. [ca. 1949], NA Mikrofilm No. R 60.67

Herber, Franz, Was ich am 20. 7. 44 in der Bendlerstraße erlebte, Masch., o. O. o. J. [ca. 1948], BA H 90–3/4

Heß, Rudolf, Anordnung Nr. 34/36, Masch.-Abschrift, o. O. 9. März 1936, BA RG 1010/3183

Heydrich, [Reinhard], Brief betr. Anwendung verschärfter Vernehmungsmittel an die Leiter der Staatspolizei(leit)stellen, Kommandeure der Sicherheitspolizei und des SD [usw.], Masch.-Durchschlag, Berlin 6. Okt. 1941, BA NS 19/34

Heydrich, [Reinhard], Brief an Reichsaußenminister von Ribbentrop, Masch.-Durchschlag mit Anlagen und zwei weiteren Briefen, Berlin 6. Nov. 1941, BA NS 19/414

Himmler, Heinrich, [Telephontagebuch], Hs., 21. Aug.–22. Nov. 1943, BA EAP 21–b/1–5

Himmler, Heinrich, [Terminkalender], Hs., 2. Jan.–16. Dez. 1943, 3. Jan.–31. Mai 1944, BA EAP 21–b/1–5

Himmler, Heinrich, [Notizen über Besprechungen mit Hitler u. a.], Hs., Mai 1934–Dez. 1944, BA NS 19/275 und NS 19/331

Himmler, Heinrich, Brief an Göring, Masch., 29. Juli 1942, BA EAP 104/3

Hitzfeld, Otto, Brief an Gert Buchheit, Masch.-Durchschlag, 5. Juli 1966, IfZ ZS 1858

Hitzfeld, Otto, Brief an Institut für Zeitgeschichte, Masch., 25. Sept. 1966, IfZ ZS 1858

Hitzfeld, Otto, Brief an Wolfgang Müller, 18. Okt. 1966, Masch.-Abschrift, IfZ ZS 1858

[Hofacker, Christa von], Das schwere Jahr 1944/45, Masch.-Abschrift, Krottenmühl 1947, Stiftung

[Hofacker, Christa von], Auszug aus Aufzeichnungen 1944/45 von Christa v. Hofacker, geb. 1931, die mit anderen Kindern nach dem 20. Juli 1944 in Bad Sachsa i. Harz interniert war, mimeogr., Kronberg i. T. 1958, Stiftung

Hopf, [Werner], [Fernschreiben an Reichsleiter Bormann betr. Volksgerichtshofverhandlung am 21. Dez. 1944 gegen Bolz, Pünder, Hermes, Kempner, Schlabrendorff, Staehle], Eingangskopie aus dem FHQu. 21. Dez. 1944, BA EAP 105/30

Hopf, [Werner], Fernschreiben an Reichsleiter Bormann [betr. Volksgerichtshof-

verhandlung am 18. Jan. 1945 gegen Klimpel und Palombini], Masch.-Abschrift,
Berlin 18. Jan. 1945, BA EAP 105/31

Hopf, [Werner], [Fernschreiben] an Reichsleiter Bormann [betr. Volksgerichtshofverhandlung am 18. Jan. 1945 gegen H. Kaiser, Thoma, Lüdemann, Lösner,
Schatter, Ulrich, Lehmann, Landwehr, Lilje], Eingangskopie aus dem FHQu.
18. Jan. 1945, BA EAP 105/31

Hopf, [Werner], Vorlage an Herrn Reichsleiter Bormann. Betrifft: Prozeß um den
Verrat vom 20. 7. 1944 [gegen Lt. Lindemann am 22. Jan. 1945], Masch., Berlin
22. Jan. 1945, BA EAP 105/31

Hopf, [Werner], Vorlage an Herrn Reichsleiter Bormann. Betrifft: Prozeß um den
Verrat vom 20. 7. 1944 [gegen Lüninck, Nieden, Maschke, Koßmann, Richter,
Lenz, Zitzewitz, Noske, Korsch], Masch., Berlin 19. Jan. 1945, BA EAP 105/31

Hopf, [Werner], Vorlage an Herrn Reichsleiter Bormann. Betrifft: Prozeß um den
Verrat am 20. 7. 1944 [gegen Fromm am 7. März 1945], Masch., [Berlin 7. März
1945], BA EAP 105/30

Huppenkothen, [Walter], Der 20. Juli 1944, Masch.-Abschrift, o. O. [1953],
IfZ ZS 249/II

[Huppenkothen, Walter], Aussage Huppenkothen: Personelle Zusammensetzung
und Aufgabenverteilung der Sonderkommission 20. Juli 1944, Masch.-Ab-
schrift aus den Ermittlungsakten der Staatsanwaltschaft beim Landgericht
München I, photok. für IfZ 24. März 1953, IfZ ZS 249/III

[Jacob, Friedrich], s. Brühl

Jahresbeurteilungen 1945: Chefs der Gen. St. und Ia's der Generalkommandos,
sowie Chefs d. Gen. St. Korück 583 u. 584 [1944/45], NA Microcopy T–78 Roll
R 52

Jesek, [Werner], Schaltschacht Süd Wolfschanze, Zeichnungspause, [Wolfschanze]
10. Nov. 1942, Papiere Wolf

Jesek, [Werner], Lage der Kabelschächte Wolfschanze, Zeichnungspause, [Wolf-
schanze] 11. Nov. 1942, Papiere Wolf

Jessen, Sydney, Aufzeichnung, Masch.-Abschrift, o. O. 1946, Stiftung

Jessen, Sydney, Brief an Prof. Dr. Walter Baum vom 20. Sept. 1957, IfZ ZS 1484

Jodl, Alfred, [Taschenkalender für 1944 mit hs. Eintragungen], NA Microcopy
T–84 Roll R 149

John, Otto, Bericht. Betrifft: Spanien/Portugal, Masch.-Abschrift, Feb./März 1944,
im Besitz von Dr. Walter Bauer

John, Otto, Bericht [aus Madrid, für Oberst Hansen], Masch.-Abschrift, März
1944, im Besitz von Dr. Walter Bauer

John, Otto, Remer und der 20. Juli 1944, Masch., o. O. o. J., BA H 91–1/2

John, Otto, Der 20. Juli 1944, Masch., London o. J., Sammlung John

John, Otto, An Eye Witness's Account of the 20th July 1944 Plot against Hitler
that Failed, Masch., [London] 1946, Sammlung John

John, Otto A. W., Some Facts and Aspects of the Plot against Hitler, Masch.,
London 1948, Sammlung John

John, Otto, Brief an Dr. Heinrich von zur Mühlen vom 11. Juni 1948, Sammlung
John Mappe 4

Der 20. Juli vor dem Volksgerichtshof, o. O. o. J., Film Nr. 3023–2, BA Filmarchiv

[Kaiser, Hermann] s. Urteil

Kaiser, Ludwig, Was wissen wir vom 20. Juli? Masch., Kassel 1964, Stiftung

Kaltenbrunner, Ernst, Brief an den Leiter der Parteikanzlei Reichsleiter Martin
    Bormann vom 25. Okt. 1944, Masch., BA EAP 105/34
Kaltenbrunner, [Ernst], Brief an Reichsfinanzminister Graf Schwerin von Krosigk,
    Masch., o. O. Feb. 1945, BA EAP 173-e-05
[Kaufmann, Karl], Der 20. Juli 1944 in Hamburg, Masch. [Bethel 1946], im Besitz
    von K. Kaufmann
Keitel, [Wilhelm], Brief an Generalmajor [Hans] Oster vom 16. Dez. 1943, Masch.-
    Durchschlag, MFA OKW 149
Keitel, [Wilhelm], Blitz-Funkspruch an den Befehlshaber im Wehrkreis IX,
    Herrn General der Infanterie Schellert, Kassel, Masch., [Wolfschanze] 20. Juli
    [1944], Papiere Wolf
Kessel, Albrecht von, Verborgene Saat: Das »Andere« Deutschland, Masch.,
    Vatikanstadt 1944/45, im Besitz von Gräfin Schwerin von Schwanenfeld
Kienitz, Werner, Der Wehrkreis II vor dem Zusammenbruch des Reiches: Erleb-
    nisse und Betrachtungen, Masch., Hamburg Mai 1953, BA Ost-Dok. 8 Po 22
Kienitz, [Werner], Bemerkungen zu den Bemerkungen des Herrn Oberst Staudin-
    ger über meine Ausarbeitung »Der Wehrkreis II vor dem Zusammenbruch des
    Reiches«, Masch., Hamburg März 1954, BA Ost-Dok. 8 Po 22
Kienitz, Werner, Brief an Oberst i. G. a. D. Hans-Heinrich Staudinger vom
    11. Jan. 1954, im Besitz von H.-H. Staudinger
[Kleist, Ewald Heinrich von] s. Einstellungsverfügung; Vorlage.
[Korrespondenz betr. Botschafter a. D. Ulrich von Hassell zwischen dem RSHA
    bzw. dem Persönlichen Stab Himmlers und dem Auswärtigen Amt, 6. Nov.
    1941–15. Jan. 1942 mit Anlagen], BA NS 19/414
[Krausnick, Helmuth], [Niederschrift über den Inhalt eines ihm von Dr. Hasso
    von Etzdorf vorgelesenen Fragmentes aus dem Groscurth-Tagebuch vom
    14. Feb. 1940], Masch., Bonn 26. Sept. 1953, IfZ ZS 322
Kriegstagebuch Nr. 1, Band Dezember 1941, des Oberkommandos der Heeres-
    gruppe Mitte, geführt von Hauptmann d. R. z. V. Petersen, Anlage zu S. 943,
    Masch., o. O. 9. Dez. 1941, IfZ
Kriegstagebuch Nr. 1 [der Armee-Abt. A] 11. Sept. 1939–10. Okt. 1939, NA
    Microcopy T–312 Roll 1612
K.T.B. 1. 1. 41–30. 6. 41 [des] H. Gru. Kdo. D Ia, NA Microcopy T–311 Roll 12
K.T.B. (Text) 1.–31. 7. 44 der HGr D, NA Microcopy T–311 Roll 16
K.T.B., Tagesmeldungen 16. 5. 1944–31. 12. 1944, Befehlshaber im Heeresgebiet
    Generalgouvernement/Ia, NA Microcopy T–501 Roll 222
[Lagebericht des Oberreichsanwalts beim Volksgerichtshof an den Reichsmini-
    ster der Justiz vom 3. Okt. 1942], Masch., [Berlin 3. Okt. 1942], BA R 22/3090
Lahousen, [Erwin], Tagebuch (OKW-Abwehr Aug. 1939–[3. Aug. 1943]), NA
    OKW 2280
[Lahousen, Erwin], Sidelights on the Development of the »20 July« in the
    Foreign Countries/Intelligence Service (Amt Ausland/Abwehr) for the Period
    of Time from the End of 1939 to the Middle of 1943, Masch., o. O. o. J. [ca.
    1945], NA Record Group 238
Lahousen, Erwin, Zur Vorgeschichte des Anschlages vom 20. Juli 1944, Masch.-
    Durchschlag, München 1953, IfZ ZS 652
[Lautz, Ernst], Erklärung unter Eid, Masch., Nürnberg 17. Juni 1948, StA Nürn-
    berg NG 5405

Leitungsskizze [der Kabel zwischen Berlin und Wolfschanze]: Stand vom 9. 8. 1943, Zeichnungspause, [Wolfschanze 1943], Papiere Wolf (s. Anhang, S. 896)

Lewinski, Erich von, genannt von Manstein s. Manstein

[Liedig, Franz Maria], Die Bedeutung des russisch-finnischen Zusammenstoßes für die gegenwärtige Lage Deutschlands, Masch., o. O. [1939], BA EAP 21–X–15/2

[Liedig, Franz Maria], Special Interrogation Report (CSIR) No. 6: Events of 20 July 44, Masch., o. O. [1945], Hoover Library Ts Germany USA 7 F 697

Linge, Heinz, Record of Hitler's Activities 11 August 1943–30 December 1943, Masch., Transskript, o. O. 1952, NA Record Group 242 Misc. Box 13

Liste der besonderen Maßnahmen gegen die Bekennende Kirche (Stand vom Dezember 1939), Masch., o. O. o. J., BA EAP 21–X–15/1

[Listen über verhaftete, entlassene und verurteilte Generalstabsoffiziere, 1944–1945], OKH/HPA Ag P 3, Masch., o. O. o. J., BA EAP 105/2

Listen s. auch Beurteilungen; Gesamtliste; Handliste

Lochner, Louis P., Brief an Mr. Lauchlin Currie vom 19. Juni 1942, Franklin D. Roosevelt Library O.F. 198–a

[Lochner, Louis P.], Testimony of Mr. Louis P. Lochner, taken at Berlin, Germany, on 25 July 1945, by Colonel John H. Amen, IGD, Masch., Berlin 25. Juli 1945, NA Record Group 238

Loehning, Paul W., Eidesstattliche Erklärung, Masch., Neu-Ulm 26. Aug. 1946, Orig. im Besitz von Graf von Strachwitz

Lorenzen, [Sievert], Fernschreiben an Reichsleiter Bormann [betr. Volksgerichtshofverhandlung am 9. Jan. 1945 gegen Moltke, Delp, Reisert, Sperr, Fugger von Glött], Eingangskopie aus dem FHQu., [Wolfschanze] 9. Jan. 1945, BA EAP 105/31

Lorenzen, [Sievert], [Fernschreiben] an Reichsleiter Bormann [betr. Volksgerichtshofverhandlung am 10. Jan. 1945 gegen Moltke, Gerstenmaier, Delp, Reisert, Sperr, Fugger von Glött], Eingangskopie aus dem FHQu., [Wolfschanze] 10. Jan. 1945, BA EAP 105/31

Lorenzen, [Sievert], [Fernschreiben] an Reichsleiter Bormann [betr. Volksgerichtshofverhandlung am 12. Jan. 1945 gegen Frank, Fischer, Röchling, G. Frh. v. Falkenhausen], Eingangskopie aus dem FHQu., [Wolfschanze] 12. Jan. 1945, BA EAP 105/31

Lorenzen, [Sievert], [Fernschreiben] an Reichsleiter Bormann [betr. Urteilsverkündung des VGH am 12. Jan. 1945 gegen Delp, Reisert, Sperr, Fugger von Glött, Moltke, Gerstenmaier, Hermes, Kempner], Eingangskopie aus dem FHQu., [Wolfschanze] 12. Jan. 1945, BA EAP 105/31

Lorenzen, [Sievert], [Fernschreiben] an Reichsleiter Bormann [betr. Volksgerichtshofverhandlung am 13. Jan. 1945 gegen Schwartz, Schwamb, Hermann, Timm], Eingangskopie aus dem FHQu., [Wolfschanze] 13. Jan. 1945, BA EAP 105/31

Lorenzen, [Sievert], [Fernschreiben] an Reichsleiter Bormann [betr. Volksgerichtshofverhandlung am 15. Jan. 1945 gegen Haubach, Groß, Steltzer], Eingangskopie aus dem FHQu., [Wolfschanze] 15. Jan. 1945, BA EAP 105/31

Lorenzen, [Sievert], Vorlage an Herrn Reichsleiter Bormann. Betrifft: Volksgerichtshofprozesse 20. 7. [hier: Verhandlung gegen Nebe am 2. März 1945], Masch.-Abschrift, Berlin 2. März 1945, BA EAP 105/30

Lorenzen, [Sievert], Vorlage an Herrn Reichsleiter Bormann. Betrifft: Volksgerichtshofprozesse 20. Juli [hier: Verhandlung gegen Hahn, Menge, Stöhr am 27. Feb. 1945], Masch., Berlin 7. März 1945, BA EAP 105/30

Magee, Warren E. und Hellmut Becker, Gesuch um Abänderung des am 14. April 1949 vom Amerikanischen Militärgericht Nr. IV im Fall 11 verkündeten Urteils gegen Ernst von Weizsäcker und sofortige Haftentlassung, mimeogr., Nürnberg 28. April 1949, StA Nürnberg

Manstein, [Erich] von, Persönliche Notizen, Masch., Bridgend 20. Mai 1947, Sammlung John Mappe 3

Manstein, [Erich] v[on], Richtigstellung zur Darstellung der Haltung des Feldmarschalls v. Manstein im Buch »Offiziere gegen Hitler«, Masch., o. O. o. J., Sammlung John Mappe 4

Michel, Elmar, Pariser Erinnerungen, Masch. o. O. o. J., IfZ Archiv Nr. 860/53

Militärischer Bericht Nr. 1217 [des schweizerischen Geheimdienstes Hans Hausamann], [Berlin] 16. Juli 1944, Masch.-Abschrift im Besitz von Peter Dietz

Minutenprogramm. Betr.: Führerbesuch beim Heer. 19. und 20. 8. 38, Masch., Stettin 15. Aug. 1938, MFA WK XIII/240

Minutenprogramm für den Heldengedenktag in Berlin (10. 3. 1940), Masch.-Abschrift, o. O. o. J., BA NS 10/126

Minutenprogramm für den Gedenktag zu Ehren der Gefallenen im Zeughaus zu Berlin (16. 3. 1941), Masch., Berlin 12. März 1941, MFA W 01–6/321

Mitgliederkartei der NSDAP, Berlin Document Center

Mitzkus, [Bruno], Bericht über die Ereignisse im stellv. Generalkommando III. A.K. am 20. Juli 1944, Masch., o. O. 9. Aug. 1945, Stiftung

Mitzkus, Bruno, Um den 20. Juli und das Ende im Wehrkreiskommando III, Berlin, Masch., Bad Homburg v. d. H. April 1947, Stiftung

Mühlen, Heinrich von zur, Brief an Dr. Otto John vom 28. Mai 1948, Sammlung John Mappe 4

Müller, Brief an SS-Sturmbannführer Sanders im RSHA betr. Remer vom 20. Okt. 1944, BA EAP 105/32

Müller, Vermerk für Herrn Reichsleiter Bormann. Betreff: Oberst Remer, Masch., [Wolfschanze] 6. Nov. 1944, BA EAP 105/32

Müller, Gotthold, Meine Beziehungen zum Grafen Fritz von der Schulenburg, Masch.-Durchschlag, Stuttgart 1961, Stiftung

Müller, [Heinrich], [Fernschreiben] an SS-Oberführer [Hans] Rattenhuber und Reichsführer-SS und Chef der Deutschen Polizei [Heinrich] Himmler, Berlin 7. Mai 1942, BA NS 19/421

Müller, [Heinrich], Brief an alle Befehlshaber d. Sicherheitspolizei u. d. SD [usw.] betr. verschärfte Vernehmung, Masch.-Durchschlag, Berlin 12. Juni 1942, BA NS 19/34

Müller, [Heinrich], Brief an Heinrich Himmler vom 22. Dez. 1942, Fernschreiben-Abschrift, BA NS 19/416

[Müller, Josef], [Bericht über Besprechungen im Vatikan] 6.–9. 11. [1939], Masch., o. O. 1939, BA EAP 21–X–15/2

Müller, Max, Brief an die Stiftung »Hilfswerk 20. Juli 1944« vom 31. Okt. 1967, Stiftung

Müller, Max, [Skizze zur Lage des Behelfsflugplatzes bei Rastenburg], Beilage zum Brief an die Stiftung »Hilfswerk 20. Juli 1944« vom 31. Okt. 1967, Stiftung

Müller, Wolfgang, Erich Fellgiebel, Masch.-Abschrift, o. O. o. J.

Müller, Wolfgang, Brief an Otto Hitzfeld vom 15. Okt. 1966, Masch.-Abschrift, IfZ ZS 1858

Oberreichsanwalt/Leipzig, Brief an den Reichsminister der Justiz/Berlin vom
1. Juni 1933 [mit kleinen Anlagen], BA R 43 II/1519
Personalakten der Stiftung »Hilfswerk 20. Juli 1944«
Peschel, [Kurt], [Aufzeichnung], Masch., [Wolfschanze] 22. Juli 1944, BA EAP
105/34 (NA Microcopy T–84 Roll 21)
Pfuhlstein, Alexander von, Meine Tätigkeit als Mitglied der Berliner Verschwö-
rerzentrale der deutschen Widerstandsbewegung vom 1. Oktober 1936–20. Juli
1944, mimeogr., Kreuzwertheim/M. Mai 1946, Stiftung
Pfuhlstein, Alexander von, 12 Abhandlungen über persönliche Erlebnisse, Masch.,
Kreuzwertheim/M. 1946, IfZ ZS 592
Pieper, [Heinz], Erziehungs- und Ausbildungs-Richtlinien für das Führer-Grena-
dier-Bataillon, mimeogr., FHQu. 10. Juli 1944, Papiere Wolf
Plaßmann, Clemens, Brief an Frau Annemarie Koch vom 10. März 1947, Masch.,
Pers. Ber. I, Stiftung
Pridun, Karl, Vermerk. Betrifft: 20. Juli 1944, Stellungnahme, Masch., Bregenz
30. Okt. 1953, IfZ ZS 1769
Protokoll aus der Verhandlung Halder [vor der] Spruchkammer X München
[15.–21. Sept. 1948], mimeogr., [München 1948]
[Prozeßberichte] s. Hopf; Lorenzen
[Puttkamer, Karl-Jesko von], Niederschrift zur Unterredung [von Dr. Heinrich
Uhlig] mit Konteradm. a. D. v. Puttkamer am 21. 3. 53, Masch., Köln 21. März
1953, IfZ ZS 285
Rantzau, Ehrengard Gräfin [von], Erinnerungen an die Vorbereitungen zum
20. Juli 1944, Masch., o. O. o. J., Stiftung
Remer, [Otto Ernst], Brief an Heerespersonalamt vom 8. Aug. 1944 betr. vor-
zugsweise Beförderung des Oberleutnant Schlee, BA Zentralnachweisstelle
PA 48231
[Remer, Otto Ernst], [Aussagen vor der Staatsanwaltschaft Oldenburg am 28. Okt.
1949, Az. 9 Js 164/49], Photokopie, Sammlung John Mappe 5
[Reproduktionen von Photographien (Reste der am 20. 7. 44 verwendeten Zün-
der und Sprengladung, das aufgefundene Paket Sprengstoff, Bilder der Zerstörungen)], NA Record Group 242, EAP 105/14 (s. Anhang)
Rieger, Franz Xaver, Schilderung des Aufgriffs des Georg Elser, Täter des
Münchener Attentats vom 8. November 1939, Masch., Konstanz 15. Dez.
1939, MFA W 01–6/301 (OKW 788)
[Rittmann, Kurt], The Nature of An Insurrection: Extract from Interim No. 6,
27th Aug. 1945, Masch., o. O. [1945], Sammlung John Mappe 5
Roell, [Ernst Günter] von, Bericht über die Ereignisse des Nachm. und Abends
des 20. 7. 1944, Masch.-Durchschlag, Berlin 21. Juli 1944, BA H 90–3/2
[Rosenhagen, Werner], [Bericht über den Tod von Generaloberst Freiherr von
Fritsch vom 26. Sept. 1939 in Brief von] Oberstleutnant Dr. Hesse im OKW/W.Pr.
IIe an OKW/W.Pr. vom 27. Sept. 1939, Masch.-Abschrift, BA EAP 21–X–15/1
Rundschreiben Nr. 43/44 der Gauleitung Franken der NSDAP, Stabsamt, Masch.,
Nürnberg 16. Aug. 1944, BA Sammlung Schumacher 242
[Schaub, Julius], Vernehmung des Julius Schaub am 12. 3. 1947 von 15.30–16.00
durch Dr. Kempner, Masch., [Nürnberg 1947], IfZ ZS 137
Schellenberg, Walter, Testimony, Masch., Nürnberg 13. Nov. 1945, StA Nürn-
berg NG 4718

Schmidt, Friedrich, Brief an den Vorsitzenden der Lagerspruchkammer Hammelburg vom 21. April 1947, Masch.-Durchschlag, im Besitz von F. Schmidt

Schmundt, [Rudolf], Befehl zur Verteidigung des Führerhauptquartiers Wolfsschanze, [Wolfschanze] 18. Juli 1944, Masch.-Abschrift, Papiere Wolf

[Schmundt, Rudolf], Tätigkeitsbericht des Chefs des Heerespersonalamts General der Infanterie Schmundt begonnen: 1. 10. 1942 [fortgeführt bis 29. 10. 1944], Masch., Mikrofilm IfZ MA 474

Schrader, Werner Wolf, Brief an Graf von Hardenberg vom 16. Nov. 1946, Stiftung

Schwerin von Schwanenfeld, Marianne Gräfin, Ulrich-Wilhelm Graf Schwerin von Schwanenfeld, Masch., Heidelberg o. J., Stiftung

Schwierz, Helmuth, Bericht über meine Tätigkeit am 20. Juli 1944 und über meine nachfolgende Inhaftierung durch die Gestapo, Masch., Siegen i. W. o. J. [ca. 1963], im Besitz von H. Schwierz

Selbstmord des Majors Ulrich von Oertzen (Bericht des Kriminaltechnischen Instituts der Sicherheitspolizei, Abt. Chemie), Masch.-Durchschlag, [Berlin] 23. Juli 1944, BA R 58/1051

Selbstmord des Majors Ulrich von Oertzen s. auch Amt V

Selbstmordstatistik für das Deutsche Reich (aus dem RSHA), o. O. [1942–1944], BA EAP 173–a–10/64

[Sicherheitsvorkehrungen bei Hitlers Besuch in Stuttgart am 1. April 1938], Akten der SD-Dienststellen in Württemberg, HStA Stuttgart K 750 B. 22

[Sicherungsplan für 30. Mai 1942], Masch., [Berlin Mai 1942], BA RG 1010/714

Sonderegger, Franz [Xaver], Brief an den Präsidenten des Landgerichts München I vom 14. Jan. 1951, Kopie im IfZ

[Sonderegger, Franz Xaver], Niederschrift der Unterredung des Herrn Franz Xaver Sonderegger, geboren 19. Juli 1898, wohnhaft in Alt-Leiningen/ü. Grünstadt/Pfalz, Obere Bahnhofstr. 124, derzeit Trier Paulinstr. 15/b. Michel, durchgeführt am 12. Oktober 1952 mit Dr. Frhr. v. Siegler und Dr. Helmut Krausnick, im späteren Verlauf auch mit Dr. Hermann Mau im Institut für Zeitgeschichte München, Masch., [München 1952], IfZ ZS 303/I

Sonderegger, Franz [Xaver], [Niederschrift von Aussagen gegenüber Vertretern der Europäische Publikation e. V. in München am 15. Okt. 1952], Masch., [München 1952], IfZ ZS 303/II

Sonnenhol, [Gustav Adolf], [Vorlage an Gruppenleiter Inland II im Auswärtigen Amt], Masch., Berlin 11. Aug. 1944, AA Pol. Archiv Inland II g 59

Speidel, Hans [Erklärung], Hs., Freudenstadt 19. Mai 1946, im Besitz von Graf von Strachwitz

Sprenger, [Jakob], Bericht, Masch.-Abschrift, o. O. o. J., BA NS 19/188–F 42

Staatspolizei Oppeln an Geheime Staatspolizei Berlin 5. März 1937, Masch.-Abschrift, BA RG 1010/3183

Staudinger, Hans-Heinrich, Bemerkungen zur Niederschrift von Herrn Gen. Kienitz: »Der Wehrkreis II vor dem Zusammenbruch des Reichs«, Masch., Schönböcken bei Lübeck 19. Feb. 1954, BA Ost-Dok. 8 Po 22

Stauffenberg, Clemens Schenk G[ra]f v[on], Zu Anfrage zwecks Ergänzung der Karthotek über Zusammenhänge mit dem 20. Juli 1944, Masch., Jettingen 27. Okt. 1946, Stiftung

Stauffenberg, Markwart Graf Schenk von, Angaben des Markwart Graf Schenk von Stauffenberg und seiner Familie über die Haft etc. anläßlich des 20. Juli 1944, Masch., Amerdingen 4. Jan. 1947, Stiftung

[Stauffenberg] s. auch Akten

[Stellenbesetzungskartei des OKH/HPA Ag P 3], NA Microcopy T–78 Roll R 55

Steusch [?], Vermerk über den Ablauf der Ereignisse vom 20. 7. auf 21. 7. 44, soweit sie auf den mir erteilten Auftrag Bezug haben, Masch., [Berlin Juli 1944], Berlin Document Center

Strachwitz, Hyazinth Graf [von], Aufzeichnung für die Personalakten, Masch.-Abschrift, Garmisch Mai 1945, im Besitz von Graf von Strachwitz

Streve, [Gustav], Merkblatt über das Verhalten bei Alarm für die Belegschaft der Sperrkreise und Sonderzüge, Masch., [Wolfschanze] 14. Okt. 1943, BA EAP 105/33

Streve, [Gustav], Merkblatt über das Verhalten bei Alarm für die Belegschaft der Sperrkreise und Sonderzüge während des Einsatzes in allen FHQu.-Anlagen, Masch., o. O. 5. Mai 1944, BA EAP 105/33

Streve, [Gustav], Zusatz zum Alarmbefehl für FHQu. Truppen und Merkblatt über Verhalten bei Alarm für Sprk.- und Sdr.-Zug-Belegschaft – gültig während Belegung »Wolfschanze« –, Masch., [Wolfschanze] 23. Juli 1944, BA EAP 105/33

T-Verbindungen Wolfschanze: Stand vom 21. 1. 43, Zeichnungspause, o. O. o. J., Papiere Wolf (s. Anhang, S. 895)

Teuchert, Friedrich Freiherr von, [Aufzeichnungen über den 20. Juli 1944], Masch., München [1946], Stiftung

Theil, Fritz, Brief an Marion Gräfin von Dönhoff, Bukarest 28. Mai 1948, Masch.-Abschrift, Stiftung

Theil, Fritz, [Bericht], Masch., Bad Godesberg o. J., Stiftung

Thelen, [Peter], Revolution ohne Truppen: Die letzten Stunden in der Bendler-straße am 20. Juli 1944, Masch., Frankfurt 1965, im Besitz von P. Thelen

Thormaehlen, Ludwig, [Niederschrift über Claus Graf Schenk von Stauffenberg], Masch., [Bad Kreuznach 1946], im Besitz von Dr. W. Greischel

T[räger-]F[requenz]-Skizze: Stand vom 12. Jan. 1945, [verbessert] auf den Stand vom 5. April 1945, o. O. 1945, Papiere Wolf

Uechtritz, [Karl-Ernst von], Brief an Hans-Heinrich Staudinger vom 2. Juni 1954, BA Ost-Dok. 8 Po 22

Uexküll[-Gyllenband], G[rä]f[i]n [von], Bericht, Masch.-Abschrift, o. O. o. J., Stiftung

[Urteil der Großen Strafkammer des Landgerichts in Siegen vom 15. Dez. 1953 gegen Regierungsrat a. D. Lic. Dr. phil. Karl Neuhaus], mimeogr. Abschrift, o. O. o. J., Stiftung

[Urteil des Volksgerichtshofes, 1. Senat, vom 5. Okt. 1944 gegen Thüngen], Masch.-Abschrift, Az. 1 L 348/44 O J 6/44 g Rs, [Berlin 5. Okt. 1944], BA EAP 105/30

[Urteil des Volksgerichtshofes, 1. Senat, vom 21. Dez. 1944 gegen Bolz und Pünder], Masch.-Abschrift, Az. 1 L 460/44 O J 47 und 1 L 486/44 O J 48/44 g Rs, [Berlin 21. Dez. 1944], BA EAP 105/30

[Urteil des Volksgerichtshofes, 1. Senat, vom 12. Jan. 1945 gegen Fischer und Frank], Masch.-Abschrift, Az. 1 L 18/45 O J 42/44 g Rs, [Berlin 12. Jan. 1945], BA EAP 105/31

[Urteil des Volksgerichtshofes, 1. Senat, vom 28. Feb. 1945 gegen Hahn, Menge,

Stöhr], Masch.-Abschrift, Az. 1 L 48/45 O J 55/44 g Rs, [Berlin 28. Feb. 1945], BA EAP 105/30

[Urteil des Volksgerichtshofes, 1. Senat, vom 19. Jan. 1945 gegen Lüdemann], Masch.-Abschrift, Az. 1 L 496/44 O J 50/44 g Rs, [Berlin 19. Jan. 1945], BA EAP 105/30

[Urteil des Volksgerichtshofes, 1. Senat, vom 17. Jan. 1945 gegen H. Kaiser und Thoma], Masch.-Abschrift, Az. 1 L 454/44 O J 7/44 g Rs, [Berlin 17. Jan. 1945], BA EAP 105/30

[Urteil des Volksgerichtshofes, 1. Senat, vom 2. März 1945 gegen Nebe], Masch.-Abschrift, Az. 1 L 54/45 O J 10/45, [Berlin 2. März 1945], BA EAP 105/30

[Urteil des Volksgerichtshofes, 1. Senat, vom 19. Jan. 1945 gegen Nieden, Maschke, Koßmann], Masch.-Abschrift, Az. 1 L 468/44 O J 40/44 g Rs, [Berlin 19. Jan. 1945], BA EAP 105/30

[Urteil des Volksgerichtshofes, 1. Senat, vom 3. Okt. 1944 gegen Popitz und Langbehn], Masch.-Abschrift, Az. 1 L 349/44 O J 26/44 g Rs, [Berlin 3. Okt. 1944], Stiftung

[Urteil des Volksgerichtshofes, 1. Senat, vom 19. Jan. 1945 gegen Richter, Lenz, Korsch], Masch.-Abschrift, Az. 1 L 510/44 O J 53/44 g, [Berlin 19. Jan. 1945], BA EAP 105/30

[Urteil des Volksgerichtshofes, 1. Senat, vom 12. Jan. 1945 gegen Röchling und G. Frh. v. Falkenhausen], Masch.-Abschrift, Az. 1 L 465/44 O J 42/44 g Rs, [Berlin 12. Jan. 1945], BA EAP 105/31

Vansittart, Robert Gilbert Baron, [Affidavit betr. die Gebrüder Erich und Theodor Kordt, deutsch], Masch., London 12. Aug. 1948, StA Nürnberg NG 5786

Vansittart, Robert Gilbert Baron, [Affidavit betr. die Gebrüder Erich und Theodor Kordt, deutsch], Masch., London 31. Aug. 1948, StA Nürnberg NG 5786–A

Vorlage an den Reichsleiter. Betrifft: Verhandlung vor dem Volksgerichtshof gegen weitere Verräter des 20. Juli 1944 [hier: am 23. Feb. 1945 gegen E. H. v. Kleist], Masch.-Durchschlag, Berlin 23. Feb. 1945, BA EAP 105/30

Voß, Hans-Erich, Brief an Prof. Dr. Walter Baum vom 4. April 1957, IfZ ZS 1786

Wagner, [Eduard], Der Verlauf des 20. Juli (aus dem Gedächtnis), Masch., [Zossen] 21. Juli 1944, IfZ ED 95

Walküre [-Befehl mit Anlagen und späteren Zusätzen], Masch., Berlin 31. Juli 1943, MFA WK XVII/91

Walküre [-Ergänzungsbefehl], Masch., Berlin 6. Okt. 1943, MFA WK XVII/91

Walz, [Hans], Gedanken zur politischen Zielsetzung von Carl Goerdeler, Masch., [Stuttgart] 1968

[Weisung der Geheimen Staatspolizei betr. Telephonüberwachung für Wilhelm Leuschner], Masch.-Durchschlag, Berlin 8. Juni 1938, BA II A 2/38g

Wille, [Senor], Niederschrift über die Vorgänge beim Postamt Zossen 10 am 20. 7. 1944, Masch., [Zossen ca. 9. Aug. 1944]

Willisen, Achim Fr[ei]h[er]r v[on], Brief an das Institut für Zeitgeschichte München vom 1. Sept. 1965, IfZ ZS 1857

Deutsche Wochenschau Nr. 655/1943 (14/1943), BA Filmarchiv

Wolf, Josef, Papiere aus dem FHQu. (Handakten)

Wussow, Botho v[on], Einige Sätze zu dem SS-Bericht über den 20. Juli 1944, der in den Nordwestdeutschen Heften veröffentlicht wurde u. z. 1947 Heft 1/2, Masch., o. O. 1947, im Besitz von Gräfin Schwerin von Schwanenfeld

Ziegler, Delia, Bericht über den 20. 7. 1944, Masch., o. O. o. J. [ca. 1947], im Besitz von Gräfin Schwerin von Schwanenfeld

Zipperer, Waldemar, Schilderung des Aufgriffs des Georg Elser, Täter des Münchner Anschlags vom 8. November 1939, Masch., Konstanz 15. Dez. 1939, MFA W 01–6/301

b. Niederschriften mündlicher und schriftlicher Mitteilungen an den Verfasser, soweit nicht anders angegeben Masch. und vom Urheber bestätigt und signiert; die Daten geben den Zeitpunkt der Mitteilung bzw. der Abfassung

Ackermann, Eduard, 20. Nov. 1964

Albrecht, Heinz-Günther, Die militärischen Vorbereitungen der damaligen Führungsstelle der Widerstandsbewegung im Generalkommando Berlin im Hinblick auf den geplanten Regierungssturz, o. O. 1946/47, Masch.-Abschrift vom Juni 1966

Ansorge, [Charlotte], 26. Feb. 1965, nicht sign.

Arntz, Hellmuth, 21. Nov. 1964

Baur, Hans, 2. Juli 1965

Beelitz, Dietrich, 21. April 1964

Below, Nicolaus von, 15. Mai 1964

Berger, Gottlob, 21. Jan. 1965, nicht sign.

Bertaux, Pierre, 9. Juni 1965

Bieler, [Benno], Bericht über die Vorgänge um den 20. Juli 1944 im Wehrkreis XI, Hs., Dorfmark 1964

Boeselager, Philipp Freiherr von, 19. Nov. 1964

Bothe, Karl Heinz, 25. Juni 1965

Breitenbuch, Eberhard von, 8. Sept. 1966

Büchs, Herbert, 1. Juli 1964

Burchardt, Heinz, 13. Juli 1965, nicht sign.

Burchardt, Heinz, Kurze Darstellung der Ereignisse, Masch., Bonn–Dottendorf 9. Feb. 1966

Degner, Friedrich, 24. und 25. Aug. 1965, korrig., erg. u. unterz. 14. Okt. 1966

Dietz, Peter, Der Weg Stauffenbergs in der »Wolfsschanze« am 20. Juli 1944, Masch., Schaffhausen 1965

Dietz, P[eter], Stauffenbergs Weg am 20. 7. 1944 im Sperrkreis I der »Wolfsschanze«: Aufnahme nach der Erinnerungs-Skizze v. Puttkamer im Areal Ende Juli 1965, Skizze, [Schaffhausen 1965]

Dietz, Peter, Telephonisches Gespräch mit Erich Kretz, Masch., Zürich 27. Feb. 1966

Faber, [Walter], 2. Juli 1964

Frentz, Walter, 1. Juni 1965

Freundorfer, Otto, 18. Feb. 1965

Gersdorff, Rudolf-Christoph Freiherr von, 25. Mai 1964; 16. Nov. 1964

Gerstenmaier, Eugen, 17. Aug. 1965

Glasl, Anton, 4. Dez. 1964

Haase, Kurt, 9. Aug. 1965

Harnack, Fritz, 29. Aug. 1966

Hase, Margarethe von, 31. März 1964
Haßel, Kurt, 11. Dez. 1964
Herrlitz, Erich, 14. Jan. 1965
Heusinger, Adolf, 6. Aug. 1964
Hornbogen, Hans, 14. Jan. 1965
Hummel Edler von Hassenfels, Helmut, 9. Sept. 1966, nicht sign.
Huth, Paul, 14. Jan. 1965
Jalaß, Erich, 24. Juni 1965
Jesek, Werner, 24. Mai 1965
John von Freyend, Ernst, 14. Mai 1964
Kaufmann, Karl, 15. Jan. 1965, nicht sign.
Kempka, Erich, 19. Aug. 1965
Kleist, Ewald Heinrich von, 19. Juli 1964
Knör, Hans, 6. Sept. 1966
Koch-Erpach, Rudolf, 28. März 1964
Korff, Martin, 25. Feb. 1965
Kretz, Erich, 29. Aug. 1965, nicht sign.; 31. Aug. 1966
Lanz, Hubert, Ein Attentatsplan auf Hitler im Februar 1943, München 1965
Laue, Wolfgang, 1. Sept. 1966, nicht sign.
Lechler, Otto, 5. Juni 1964
Maletzky, Hermann, 4. Aug. 1965
Meyer, [Ilse-Dörte], 21. Juni 1965, nicht sign.
Möller, Josef, 10. Dez. 1964
Momm, Harald, 19. Aug. 1968
Oster, Achim, 26. Mai 1964, nicht sign.
Pieper, Heinz, 24. Juli 1965
Puttkamer, Karl-Jesko von, 5. März 1964
Reheußer, Otto, 7. Aug. 1968, nicht sign.
Reinecke, Hermann, 30. April 1965
Reinecke, Hermann, Mein Erlebnis im Zusammenhang mit den Vorgängen des
    20. Juli 1944, Hamburg 14. März 1964
Rendel, Franz, 9. Dez. 1964
Ringel, Julius, 2. Juli 1965, nicht sign.
Rittmann, Kurt, Erlebnisbericht über die Ereignisse am 20. 7. 44 im OKH in der
    Bendlerstraße in Berlin, München 7. Feb. 1969
Röhrig, Wolfram, 29./30. Juni 1965
Sachverständiger, 30. Juli 1968
Sander, Ludolf Gerhard, 24. und 25. April 1964
Scheel, Gustav Adolf, 14. Jan. 1965
Schiffler, Maria, 7. Sept. 1966
Schlabrendorff, Fabian von, 19. Juli 1964; 6. Aug. 1968
Schüler, Erich, 16. Juli 1965, nicht sign.
Schweizer, Karl, 18. Juni 1965
Sobczyk, Martin, 27. Aug. 1965
Sonnleithner, Franz von, 16. Jan. 1964
Szymonski, Gerhard von, 2. Juli 1964
Timm, Kurt, 7. Aug. 1968
Wagner, Wilhelm Tobias, 29. Juli 1965

Waizenegger, Heinz, 9. Sept. 1963

Warlimont, Walter, [Randbemerkungen zu Peter Hoffmann, »Zu dem Attentat im Führerhauptquartier ›Wolfsschanze‹ am 20. Juli 1944«, VfZ 12 (1964), S. 254 bis 284, hs., Gmund am Tegernsee 30. Aug. 1964]

Winterfeldt, Alix von, 30. Aug. 1966

Wolf, Josef, 27. Feb. 1965

c. Briefe an den Verfasser

Adam, Kurt, 5. April 1964; 8. Jan. 1968

Albrecht, H[einz]-G[ünther], 11. Mai 1966; 1. Aug. 1966; 27. Aug. 1967

Albrecht, Kurt, 30. Jan. 1969

Arntz, Hellmuth, 24. Nov. 1964

Bärtels, Martin, 4. Sept. 1965

Baur, Hans, 10. Jan. 1969

Beelitz, Dietrich, 28. April 1964

Beichele, Albert, 18. Juni 1965; 14. Jan. 1966; 6. Feb. 1967; 31. Dez. 1967; 24. April 1968

Bergener, Joachim, 12. Mai 1964

Bergschmidt, Robert, 9. Feb. 1965

Boberach, Heinz, 24. Okt. 1968

Boeselager, Philipp Freiherr von, 15. Jan. 1965

Bohnemeier s. Goverts

Bork, Max, 31. Jan. 1964

Bormann, Albert, 15. Nov. 1964

Brandt, Karl, 11. Mai 1968; 6. Aug. 1968

Breitenbuch, Eberhard von, 8. Nov. 1966

British Broadcasting Corporation, 8. Dez. 1965

Bühlmann, Werner, 2. März 1965

Bussche, Axel Freiherr von dem, 9. Feb. 1966; 10. Feb. 1966; 1. März 1966; 18. Sept. 1967

Darges, Friedrich, 10. März 1965

Degner, Friedrich, 1. Okt. 1968

Delius, Kurt, 28. Juli 1965

Dönitz, Karl, 5. Dez. 1964

Eder, Heinz, 18. Jan. 1965

Erasmus, Johannes, 29. Aug. 1965

Freiwald, [Kurt], 7. Jan. 1965

Froneberg, Walter, 3. Mai 1965

Gersdorff, E. K. Freiherr von, 2. Dez. 1964; 10. Dez. 1964

Gersdorff, Rudolf-Christoph Freiherr von, 15. Jan. 1965; 23. Jan. 1966; 22. März 1966

Gnuva, Paul, 6. April 1965

Goebel, Gerhart, 21. Jan. 1966

Goetzke, Claus-Peter, 14. Juli 1964

Gottberg, Helmut von, 22. April 1966; 16. Juni 1966

Goverts, Hans, 3. Juni 1965

Grosser, Bruno, 18. Juli 1964
Hase, Margarethe von, 3. März 1964; 8. März 1964
Hasselbach, Hans Karl von, 11. Okt. 1965
Heinz, Friedrich Wilhelm, 8. März 1966; 22. März 1966; 3. Mai 1966
Helling, Arno, 4. Sept. 1964
Herber, Franz, 25. Jan. 1966
Heusinger, Adolf, 9. Sept. 1967
Hindenach, Walter, 2. März 1964
Hitzegrad, Ernst, 23. Aug. 1964
Hofmann, Christian, 16. Jan. 1965
Hotzel, Wilhelm, Aug. 1965
Hüttner, Hartmut, 25. Jan. 1969
Issendorff, Georg von, Jan. 1964
Jakob, Rudolf, 28. Jan. 1969
John von Freyend, Ernst, 31. Mai 1965
Jordan, Ralph, 12. März 1965
Kandt, Herbert, 11. Feb. 1964; 13. März 1964
Karl, Gregor, 18. Mai 1966; 17. Feb. 1968
Kecker, Gottfried, 27. Jan. 1969
Kempe, Ludwig, 2. Mai 1965
Kleist, Berndt von, 26. Feb. 1965
Kleist, Ewald Heinrich von, 15. Sept. 1964; 14. Sept. 1967; 2. Okt. 1968
Kober, Fritz, 6. Sept. 1964
Koch-Erpach, Rudolf, 9. Mai 1964
Kodré, Heinrich, 22. Sept. 1964
Kohlhauer, Erich, 7. März 1965
Küpper, Wilhelm, 28. April 1965
Kuhn, Friedrich, 25. Sept. 1964
Kuhnert, Karl, 1. Dez. 1964; 17. Jan. 1965; Mai 1965
Liphart, Hans, 9. Sept. 1964
Lochner, Louis P., 12. Jan. 1967; 9. Feb. 1967
Mader, Herbert, 9. März 1965
Maître, Alexander, 19. Feb. 1965; 15. März 1965
Manz, Hugo, 23. Okt. 1965
Maultzsch, Herbert, 10. Mai 1965
Ministry of Defence, London, 23. Nov. 1964
Müller, Gotthold, 18. Nov. 1966
Müller, Max, 26. Nov. 1967
Nettesheim, Kurt, 22. Aug. 1968
Pestinger, Emil, 20. Dez. 1964; 31. Dez. 1964; 19. Jan. 1965
Plate, Claus-Henning von, 11. Aug. 1964; 19. Aug. 1964; 14. April 1966
Platen, Günther von, 17. März 1965
Prüter, Wilhelm, 10. Feb. 1964
Reinecke, Hermann, 16. April 1964; 31. Mai 1964; 15. Okt. 1964; 16. Dez. 1964;
    19. April 1965; 20. Dez. 1965; 2. Feb. 1967; 7. Nov. 1967
Reinhardt, Hellmuth, 12. Nov. 1967
Rendel, Franz, 8. März 1965
Reumont, Alfred von, 14. März 1965

Reutter, Wilhelm, 13. März 1964
Richter, Horst, 18. Aug. 1965
Ringel, Julius, 5. Feb. 1964
Röhrig, Georg, 15. März 1966
Rüdt von Collenberg, Ludwig Freiherr, 3. Feb. 1964; 15. Feb. 1964
Ryll, Edgar, 29. Juli 1964
Schellert, Otto, 1. Feb. 1964; 2. Jan. 1968
Schindler, Kurt, 19. Feb. 1964; 24. Feb. 1964
Schlabrendorff, Fabian von, 22. Okt. 1966; 30. Mai 1968
Schmidt, Friedrich, 8. Feb. 1966; 6. Okt. 1966; 4. Okt. 1967
Schmidt-Salzmann, Walther, 14. Feb. 1966
Schoener, Otto, 21. Juli 1965
Schroeder, Walther, 9. Nov. 1964
Schubert, Albrecht, 1. Feb. 1964
Schubert, Klaus, 30. Sept. 1964
Schulenburg, Wedige von der, 7. Dez. 1964
Schulte-Heuthaus, Hermann, 20. Sept. 1965
Schweizer, Karl, 2. Nov. 1967
Schwierz, Helmuth, 25. März 1965
Sinnhuber, Johann, 27. Jan. 1964
Smart, Jacob-Edward, 22. Jan. 1969
Sommerlad, Wilhelm, 5. Okt. 1965
Speer, Julius, 22. Feb. 1966
Speidel, Hans, 10. Juli 1965
Staudinger, Hans-Heinrich, 13. Okt. 1964; 28. Jan. 1965; 12. Feb. 1965; 24. Sept. 1965
Stauffenberg, Nina Gräfin von, 12. Feb. 1964; 30. Juli, 13. Aug., 11. Sept. 1968
Stirius, Hans-Werner, 2. Feb. 1967
Strachwitz, Hyacinth Graf von, 8. Jan. 1965; 20. Jan. 1966
Stülpnagel, Siegfried von, 1. Feb. 1965; 7. April 1965
Süßkind-Schwendi, Max Theodor Freiherr von, 22. Jan. 1966
Tümpling, Wolf von, 4. Jan. 1968
Ulich, Max, 6. April 1964
Utermann, Utz, März 1965
Voß, Hans Erich, 17. März 1964
Waberseck, Alfons, 4. Feb. 1965
Wagner, Gerhard, 17. Nov. 1964
Waldersee, [Alfred] Graf von, 21. Juli 1965; 30. Juli 1965
Warlimont, Walter, 30. März 1964
Wehner, Bernd, 27. Okt. 1965; 4. Dez. 1967
Wiegand, Günther, 14. Okt. 1964
Wiese und Kaiserswaldau, Joachim von, 10. Aug. 1964
Wodrig, Albert, 11. März 1964
Wolf, Josef, 18. Dez. 1968
Zentralnachweisstelle des Bundesarchivs, 29. Juni 1965; 30. Juli 1965; 23. Dez. 1965; 11. Aug. 1966; 22. Aug. 1968; 26. März 1969
Ziegler, Delia, 8. Jan. 1968
Ziervogel, Max, 16. Mai 1964; 29. Juli 1964

II Veröffentlichte Quellen

A., G., »Letzte Begegnung mit Graf Stauffenberg«, Stuttgarter Zeitung 20. Juli 1950

Adreßbuch für München und Umgebung 1930, 1931, 1932, München o. J.

Adreßbuch s. auch Münchner Stadtadreßbuch

Andreas-Friedrich, Ruth, Der Schattenmann: Tagebuchaufzeichnungen 1938 bis 1945, Berlin 1947

Arenberg, Robert Prinz, »Der Befreiungsversuch des 20. Juli 1944 im Generalkommando Wien«, in Ludwig Jedlicka, Der 20. Juli 1944 in Österreich, Wien–München 1965, S. 125–135

Aßmann, Heinz, [Bericht über den 20. Juli 1944 in der »Wolfschanze«] in Kurt Assmann, Deutsche Schicksalsjahre: Historische Bilder aus dem zweiten Weltkrieg und seiner Vorgeschichte, Wiesbaden ²1951

Assmann, Kurt, Deutsche Schicksalsjahre: Historische Bilder aus dem zweiten Weltkrieg und seiner Vorgeschichte, Wiesbaden ²1951

Astor, David, »The mission of Adam von Trott«, The Manchester Guardian Weekly 7. Juni 1956, S. 7

Ballestrem-Solf, Lagi Countess, »Tea Party«, in Eric H. Boehm (ed.), We Survived, New Haven, Connecticut 1949, S. 132–149

Bargatzky, Walter, »20. Juli in Paris: Die letzte Runde im Komplott gegen Hitler«, Stuttgarter Rundschau 4 (1949), H. 7, S. 12–13

Baur, Hans, Ich flog Mächtige der Erde, Kempten 1956

Beck, Hans, »Der 20. Juli 1944 in Kassel: Unternehmen Walküre läuft an«, Hessische Allgemeine 18. Juli 1964

Beck, Ludwig, Studien, Stuttgart 1955

Bell, George K. A., »Die Ökumene und die innerdeutsche Opposition«, VfZ 5 (1957), S. 362–378

Below, Nicolaus von, »Hitlers Adjutant über den 20. Juli im FHQ: Ein Augenzeugenbericht«, Echo der Woche 15. Juli 1949, S. 5

Völkischer Beobachter 1939–1944, Berliner Ausgabe

Bergsträsser, Ludwig, »Erinnerungen an Wilhelm Leuschner«, Das Parlament 20. Juli 1954, S. 8

Bernt, Adolf, »Der 20. Juli in der Bendlerstraße (Bericht eines Augenzeugen)«, Die Gegenwart 11 (1956), S. 597–601

Best, S. Payne, The Venlo Incident, London 1950

Besymenski, Lew A., Der Tod des Adolf Hitler: Unbekannte Dokumente aus Moskauer Archiven, Hamburg 1968

Boberach, Heinz (Hrsg.), Meldungen aus dem Reich, Neuwied 1965

Bodenschatz, Karl, »Hitler prophezeite Bruderkrieg«, Der Hausfreund für Stadt und Land 26. Juni 1954, S. 2

Boehm, Eric H. (ed.), We Survived: The Stories of Fourteen of the Hidden and the Hunted of Nazi Germany, New Haven, Connecticut 1949

Böhm-Tettelbach, Hans, »Ein Mann hat gesprochen«, Rheinische Post 10. Juli 1948, S. 2

Boelcke, Willi A. (Hrsg.), Kriegspropaganda 1939–1941: Geheime Ministerkonferenzen im Reichspropagandaministerium, Stuttgart 1966

Boineburg[-Lengsfeld], Hans von, »Der 20. Juli 1944 in Paris« s. Reichert

Bollhammer, Fritz, »Erinnerungsniederschrift über die Vorgänge in der Nacht vom 20./21. Juli 1944«, in Ludwig Jedlicka, Der 20. Juli 1944 in Österreich, Wien–München 1965, S. 111–116

Bonhoeffer, Dietrich, Gesammelte Schriften, 2 B., München 1958/59

Bor, Peter, Gespräche mit Halder, Wiesbaden 1950

[Bormann, Martin und Gerda Bormann], The Bormann Letters: The Private Correspondence between Martin Bormann and His Wife from January 1943 to April 1945, London 1954

Brandt, Karl, Tenth Anniversary of the Assassination of the German Elite: A Memorial Address, Washington 1954

Brandt, Karl, Gedenkrede zum Gedächtnis der Toten des 20. Juli 1944 gehalten anläßlich der Feier am 20. Juli 1965 im Hof des früheren Reichskriegsministeriums in der Stauffenberg-Straße zu Berlin, mimeogr., Frankfurt/M. 1965

Burckhardt, Carl J., Meine Danziger Mission 1937–1939, München ²1960

Bussche, Axel von dem, »Eid und Schuld«, Göttinger Universitätszeitung 7. März 1947, S. 1–4

[Bussche, Axel Freiherr von dem], [Interview mit Daniel Schorr in der CBS-Fernsehsendung The Twentieth Century: The Plots Against Hitler, Part II, gesendet 1. Dez. 1964]

Bussche, Axel Freiherr von dem, [Bericht auf der Schallplatte] Der stille Befehl: Der Widerstand in Deutschland gegen Hitlers Tyrannei, harmonia mundi Schallplattengesellschaft, Nr. PL 50115, Münster/W. o. J.

[Bussche, Axel Freiherr von dem] s. auch »Freiheitskämpfer gegen Hitler«

Delp SJ, Alfred, Im Angesicht des Todes, Frankfurt/M. ⁴1954

Dietrich, Otto, 12 Jahre mit Hitler, Köln [1955]

The Parliamentary Debates: Official Report, 5th Series, House of Commons, vol. 351/352, London 1939

Documents on British Foreign Policy 1919–1939, First Series, Second Series, and Third Series, London 1947 ff.

Documents on German Foreign Policy 1918–1945, Series D (1937–1945), Washington 1949 ff.

[Dodd, William E.], Ambassador Dodd's Diary 1933–1938, New York 1941

Evangelische Dokumente zur Ermordung der »unheilbar Kranken« unter der nationalsozialistischen Herrschaft in den Jahren 1939–1945, Stuttgart 1964

Dollmann, Eugen, Call Me Coward, London 1956

Domarus, Max, Hitler: Reden und Proklamationen 1932–1945, 2 B. [Seiten durchnumeriert], Neustadt a. d. Aisch 1962/63

Emmenegger, Kurt, Qn wußte Bescheid: Erstaunliche Informationen eines Schweizer Nachrichtenmannes aus den Kulissen des Hitlerkrieges, Zürich 1965

Erttel, Holm, »›Meine Herren, es ist so weit!‹ Eine Erinnerung an den 20. Juli 1944«, Das freie Wort 19. Juli 1952

E[schenburg], T[heodor], »Die Rede Himmlers vor den Gauleitern am 3. August 1944«, VfZ 1 (1953), S. 357–394

German Explosive Ordnance (Bombs, Fuzes, Rockets, Land Mines, Grenades and Igniters), Washington 1953

Field Engineering and Mine Warfare Pamphlet No. 7: Booby Traps, London 1952

Fischer, Albrecht, »Erlebnisse vom 20. Juli 1944 bis 8. April 1945«, in Otto Kopp (Hrsg.), Widerstand und Erneuerung: Neue Berichte und Dokumente vom inneren Kampf gegen das Hitler-Regime, Stuttgart 1966, S. 122–166

Foertsch, Hermann, Schuld und Verhängnis: Die Fritsch-Krise im Frühjahr 1938 als Wendepunkt in der Geschichte der nationalsozialistischen Zeit, Stuttgart 1951

Foote, Alexander, Handbuch für Spione, Darmstadt 1954

Foreign Relations of the United States. Diplomatic Papers: 1944, vol. I, Washington 1966

Forschbach, Edmund, »Edgar Jung und der Widerstand gegen Hitler«, Civis 6 (1959), S. 82–88

»Freiheitskämpfer gegen Hitler«, Die Zeit 22. Juli 1948, S. 3

»Fuehrer Conferences on Naval Affairs, 1939–1945«, Brassey's Naval Annual 59 (1948), S. 25–538

Furtwängler, Franz Josef, Männer, die ich sah und kannte, Hamburg 1951

»Generäle: Neue Mitteilungen zur Vorgeschichte des 20. Juli«, Die Wandlung 1 (1945/46), S. 528–537

[Gerstein, Kurt], »Augenzeugenbericht zu den Massenvergasungen«, VfZ 1 (1953), S. 177–194

[Gerstein, Kurt], Dokumentation zur Massenvergasung, Bonn 1955

Gerstenmaier, Eugen, »Zur Geschichte des Umsturzversuches vom 20. Juli 1944«, Neue Zürcher Zeitung 23. und 24. Juni 1945

Gerstenmaier, Eugen, »Entscheidende Stunden in der Bendlerstraße: Der Ablauf der Ereignisse im Oberkommando der Wehrmacht«, Die Welt 19. Juli 1946

Gerstenmaier, Eugen, »The Church Conspiratorial«, in Eric H. Boehm (ed.), We Survived, New Haven, Connecticut 1949, S. 172–189

Gerstenmaier, Eugen, »Die Kreisauer und der 20. Juli«, in Eugen Gerstenmaier, Reden und Aufsätze, B. II, Stuttgart 1962, S. 238–243

Gerstenmaier, Eugen, Reden und Aufsätze, 2 B., Stuttgart 1956, 1962

Gerstenmaier, Eugen, »Der Kreisauer Kreis: Zu dem Buch Gerrit van Roons ›Neuordnung im Widerstand‹«, VfZ 15 (1967), S. 221–246

Gerstenmaier, Eugen, »›Den Dolch im Lorbeerstrauße tragen‹: Stefan Georges Einfluß auf Stauffenberg und den 20. Juli«, Christ und Welt 19. Juli 1968, S. 22

»Gesetz gegen heimtückische Angriffe auf Staat und Partei und zum Schutz der Parteiuniform«, vom 20. Dez. 1934, Reichsgesetzblatt Teil I 1934, Berlin 1934, S. 1269

Geyr von Schweppenburg, [Leo] Frh., Erinnerungen eines Militärattachés: London 1933–1937, Stuttgart 1949

Geyr von Schweppenburg, [Leo Frh.], The Critical Years, London 1952

Gisevius, Hans Bernd, Bis zum bittern Ende, 2 B., Zürich 1946

Gisevius, Hans Bernd, Bis zum bitteren Ende: Vom Reichstagsbrand bis zum 20. Juli 1944, vom Verfasser auf den neuesten Stand gebrachte Sonderausgabe, Hamburg o. J.

Gisevius, Hans Bernd, Wo ist Nebe? Erinnerungen an Hitlers Reichskriminaldirektor, Zürich 1966

Goebbels, Joseph, Tagebücher aus den Jahren 1942–1943, Zürich 1948

»Dr. Goerdeler an General Olbricht: Ein Dokument zur Vorgeschichte des Attentats vom 20. Juli 1944«, Die Wandlung 1 (1945/46), S. 172–175

Greiner, Helmuth, Die Oberste Wehrmachtführung 1939–1943, Wiesbaden [1951]

Groppe, Theodor, Ein Kampf um Recht und Sitte: Erlebnisse um Wehrmacht, Partei, Gestapo, Trier 1947 ([2]1959)

Guderian, Heinz, Erinnerungen eines Soldaten, Heidelberg 1951

Guides to German Records Microfilmed at Alexandria, Va. No. 39. Records of the Reich Leader of the SS and Chief of the German Police (Reichsführer SS und Chef der Deutschen Polizei) (Part III), Washington 1963

Guides to German Records Microfilmed at Alexandria, Va. No. 52. Records of German Field Commands: Army Groups (Part II), Washington 1966

Gun, Nerin E., The Day of the Americans, New York 1966

Haetzel, Klaus, »Die längste Schicht am Fernschreiber: ›Telegraf‹-Reporter sprach mit einer Augenzeugin des dramatischen Geschehens am 20. Juli 1944«, Telegraf 19. Juli 1964, S. 8

Hagen, [Hans W.], »Tatbericht über meine Tätigkeit als Verbindungsoffizier des Wachbataillons ›Großdeutschland‹ zum Reichsministerium für Volksaufklärung und Propaganda am 20. Juli 1944«, in Spiegelbild einer Verschwörung: Die Kaltenbrunner-Berichte an Bormann und Hitler über das Attentat vom 20. Juli 1944. Geheime Dokumente aus dem ehemaligen Reichssicherheitshauptamt, Stuttgart 1961, S. 12–15, und in 20. Juli 1944, Bonn [4]1961, S. 155 bis 159

Hagen, Hans W., Zwischen Eid und Befehl: Tatzeugenbericht von den Ereignissen am 20. Juli 1944 in Berlin und »Wolfsschanze«, München [2]1959

Halder, [Franz], Kriegstagebuch, B. I–III, Stuttgart 1962, 1963, 1964

Hammerstein, Kunrat Freiherr von, Spähtrupp, Stuttgart 1963

Hammerstein, Kunrat Frh. v., Flucht: Aufzeichnungen nach dem 20. Juli, Olten–Freiburg i. Br. 1966

Hanfstaengl, Ernst, Unheard Witness, Philadelphia–New York 1957

Hassell, Ulrich von, »Das Ringen um den Staat der Zukunft«, Schweizer Monatshefte 44 (1964), S. 314–327

Hassell, Ulrich von, Vom andern Deutschland: Aus den nachgelassenen Tagebüchern 1938–1944, Fischer Bücherei, Frankfurt/M. 1964

Heiber, Helmut (Hrsg.), Hitlers Lagebesprechungen: Die Protokollfragmente seiner militärischen Konferenzen 1942–1945, Stuttgart 1962

Henk, Emil, Die Tragödie des 20. Juli 1944: Ein Beitrag zur politischen Vorgeschichte, Heidelberg [2]1946

Henk, Emil, »Sozialdemokratischer Widerstand im Raum Mannheim«, in 100 Jahre SPD in Mannheim: Eine Dokumentation, Mannheim 1967, S. 68–73

Heueck, Alfred, »Der Mann, der Roland Freisler sterben sah: Fabian v. Schlabrendorff berichtet vom Martyrium der Widerstandskämpfer«, Frankfurter Rundschau 27. Sept. 1955

Heusinger, Adolf, Befehl im Widerstreit: Schicksalsstunden der deutschen Armee 1923–1945, Tübingen 1950

Heyde, B[olko] von der, »Die Verschwörung des 20. Juli: Beteiligte sagen aus«, Die Welt 31. Juli 1947, S. 2

Heyde, Bolko von der, [Leserbrief], Der Spiegel Nr. 5, 27. Jan. 1969, S. 10

Hildebrandt, Rainer, Wir sind die Letzten: Aus dem Leben des Widerstandskämpfers Albrecht Haushofer und seiner Freunde, Neuwied–Berlin o. J.

Hillgruber, Andreas (Hrsg.), Staatsmänner und Diplomaten bei Hitler: Vertrauliche Aufzeichnungen über Unterredungen mit Vertretern des Auslandes 1939–1941, Frankfurt/M. 1967

Himmler, Heinrich s. Eschenburg

helmut hirsch, 21. 1. 1916–4. 6. 1937. schriften des bundes deutscher jungenschaften, Bad Godesberg [1967]

Hofer, Walther, Der Nationalsozialismus: Dokumente 1933–1945, Fischer Bücherei, Frankfurt/M. 1957

Hoffmann, Heinrich, Hitler Was My Friend, London 1955

Hoffmann, Volkmar, »›Nie wieder bin ich solch einem Menschen begegnet‹: 20. Juli – 20 Jahre danach/Interview mit Stauffenbergs Sekretärin und anderen Beteiligten/›Ich würde es wieder tun‹«, Frankfurter Rundschau 18. Juli 1964, S. 3.

Hoßbach, Friedrich, Zwischen Wehrmacht und Hitler 1934–1938, Göttingen ²1965

Hubatsch, Walther, »Das dienstliche Tagebuch des Chefs des Wehrmachtsführungsamtes im Oberkommando der Wehrmacht, Generalmajor Jodl, für die Zeit vom 13. Okt. 1939 bis zum 30. Jan. 1940«, Die Welt als Geschichte 12 (1952), S. 274–287 und 13 (1953), S. 58–71

Hubatsch, Walther, Hitlers Weisungen für die Kriegführung 1939–1945: Dokumente des Oberkommandos der Wehrmacht, Frankfurt/M. 1962

Italiaander, Rolf, Besiegeltes Leben, Goslar 1949

Jacobsen, Hans-Adolf, 1939–1945: Der zweite Weltkrieg in Chronik und Dokumenten, Darmstadt 1959

[Jodl, Alfred] s. Hubatsch

John, Otto, »Männer im Kampf gegen Hitler«, Blick in die Welt 2 (1947) H. 6

John, Otto, »Männer im Kampf gegen Hitler (II)«, Blick in die Welt 2 (1947) H. 7

John, Otto, »Männer im Kampf gegen Hitler (IV): Wilhelm Leuschner«, Blick in die Welt 2 (1947) H. 9, S. 20

John, Otto, »Männer im Kampf gegen Hitler (V): Helmuth James Graf von Moltke«, Blick in die Welt 2 (1947) H. 10

John, Otto, »Männer im Kampf gegen Hitler (VI): Carl Mierendorff, Theodor Haubach, Adolf Reichwein«, Blick in die Welt 2 (1947) H. 11, S. 14–15

John, Otto, »Männer im Kampf gegen Hitler (VII): Hans von Dohnanyi«, Blick in die Welt 2 (1947) H. 12, S. 16–17

John, Otto, »Zum Jahrestag der Verschwörung gegen Hitler – 20. Juli 1944«, Wochenpost 18. Juli 1947, S. 4–6

John, Otto A. W., »Am achten Jahrestag der Verschwörung«, Das Parlament 20. Juli 1952, S. 2

Jünger, Ernst, Strahlungen, Tübingen ³1949

Der 20. Juli 1944: Beiträge zur Geschichte der deutschen Widerstandsbewegung, Konstanz o. J.

20. Juli 1944, hrsg. v. d. Bundeszentrale für Heimatdienst, Bonn ⁴1961

[Kaiser, Hermann, Tagebuch] s. »Generäle:..«

Kaiser, Jakob, »Kämpfer der Gewerkschaftseinheit: Zum Todestage von Wilhelm Leuschner – 29. September 1944«, Neue Zeit 28. Sept. 1945

Kaiser, Jakob, »Der Aufstand des Gewissens«, Neue Zeit 2. Feb. 1947, S. 3–4

Kaiser, Jakob, »Deutschlands Teilung war vermeidbar«, Das Parlament 20. Juli 1954, S. 2

Kardorff, Ursula von, Berliner Aufzeichnungen aus den Jahren 1942 bis 1945, München 1962

Keesing's Contemporary Archives: Weekly Diary of Important World Events,
vol. no. III, 1937–1940, Keynsham, Bristol [1937–1940]
vol. no. V, 1943–1945, Keynsham, Bristol [1943–1945]
vol. no. XII, 1959–1960, Keynsham, Bristol [1959–1960]
vol. no. XIII, 1961–1962, Keynsham, Bristol [1961–1962]
vol. no. XV, 1965–1966, Keynsham, Bristol [1965–1966]

Keilig, Wolf, Das deutsche Heer 1939–1945: Gliederung – Einsatz – Stellenbesetzung, Loseblattwerk, Bad Nauheim 1956ff.

Kielmansegg, Johann A. Graf [von], »»An jedem anderen Tag, nur heute nicht...«:
Am 20. Juli 1944 im Hauptquartier/Ein Erlebnisbericht«, Die Zeit 21. Juli 1949

[Kiesel, Georg] s. »SS-Bericht..«

Kleist, Peter, Zwischen Hitler und Stalin 1939–1945: Aufzeichnungen, Bonn 1950

Kodré, Heinrich, »20. Juli 1944 in Wien«, in Ludwig Jedlicka, Der 20. Juli 1944 in Österreich, Wien–München 1965, S. 117–124

Kopp, Otto, »Die Niederschrift von Hans Walz ›Meine Mitwirkung an der Aktion Goerdeler‹«, in Otto Kopp (Hrsg.), Widerstand und Erneuerung: Neue Berichte und Dokumente vom inneren Kampf gegen das Hitler-Regime, Stuttgart 1966, S. 98–120

Kopp, Otto (Hrsg.), Widerstand und Erneuerung: Neue Berichte und Dokumente vom inneren Kampf gegen das Hitler-Regime, Stuttgart 1966

Kordt, Erich, Nicht aus den Akten: Die Wilhelmstraße in Frieden und Krieg, Stuttgart 1950

Kraus, H[erbert] (Hrsg.), Die im Braunschweiger Remerprozeß erstatteten moral-theologischen und historischen Gutachten nebst Urteil, Hamburg 1953

Kr[ausnick], H[elmut], »Goerdeler und die Deportation der Leipziger Juden«, VfZ 13 (1965), S. 338–339

Kriegstagebuch des Oberkommandos der Wehrmacht (Wehrmachtführungsstab) 1940–1945, B. I–IV, Frankfurt/M. 1965, 1963, 1963, 1961

Kursbuch der Deutschen Reichsbahn: Sommerfahrplan 15. Mai–7. Okt. 1939, Berlin 1939

L'Aigle, Alma de, Meine Briefe von Theo Haubach, Hamburg 1947

Lasch, Otto, So fiel Königsberg: Kampf und Untergang von Ostpreußens Hauptstadt, München 1958

Laternser, [Hans], Verteidigung deutscher Soldaten: Plädoyers vor alliierten Gerichten, Bonn 1950

Leber, Annedore, »Dr. Leber und Stauffenberg«, Telegraf 16. Juni 1946

Leber, Annedore, Den toten, immer lebendigen Freunden: Eine Erinnerung zum 20. Juli 1944, Berlin 1946

[Leber, Julius], Ein Mann geht seinen Weg: Schriften, Reden und Briefe von Julius Leber, Berlin–Frankfurt/M. 1952

Leiber SJ, Robert, »Pius XII. †«, Stimmen der Zeit 163 (1958), S. 81–100

Leverkuehn, Paul, Der geheime Nachrichtendienst der deutschen Wehrmacht im Kriege, Frankfurt/M. ²1957

Leyen, Ferdinand Prinz von der, Rückblick zum Mauerwald: Vier Kriegsjahre im OKH, München 1965

[Linge, Heinz], »Kronzeuge Linge berichtet: F.H.Qu. 20. Juli 1944 12⁵⁰ Uhr«, Revue 24. März 1956, S. 26–30

Lochner, Louis P., What About Germany? New York 1942

Lochner, Louis P., Die Mächtigen und der Tyrann (Tycoons and Tyrant): Die deutsche Industrie von Hitler bis Adenauer, Darmstadt 1955

Lochner, Louis P., Stets das Unerwartete: Erinnerungen aus Deutschland 1921–1953, Darmstadt 1955

Löbe, Paul [Bemerkungen zum 20. Juli 1944], Der Tagesspiegel 30. April 1947

Lonsdale Bryans, J[ames], Blind Victory (Secret Communications, Halifax–Hassell), London 1951

Lonsdale Bryans, J[ames], »Zur britischen amtlichen Haltung gegenüber der deutschen Widerstandsbewegung«, VfZ 1 (1953), S. 347–356

Louis Ferdinand, Prinz, von Preußen, Als Kaiserenkel durch die Welt, Berlin 1952

Mader, Julius, »Dokumentenfund zum 20. Juli 1944«, Mitteilungsblatt der Arbeitsgemeinschaft ehemaliger Offiziere, Nrn. 11–12/1968, 1–2/1969, S. 13–15, 9–12, 5–8, 11–13

Martienssen, Anthony, Hitler and His Admirals, New York 1949

Meßtischblatt 1994 Rastenburg (Stand v. 1. 10. 38), [Berlin] o. J.

Meßtischblatt 640 Groß Stürlack Neue Nr. 1995 (Stand v. 1. 10. 38), [Berlin] o. J.

Moltke, Helmuth J. Graf von, Letzte Briefe aus dem Gefängnis Tegel, Berlin ⁹1963

[Müller, Josef], »Für das anständige Deutschland«, Telegraf 15. Okt. 1952

Müller, Vincenz, Ich fand das wahre Vaterland, Berlin 1963

Müller, Wolfgang, Gegen eine neue Dolchstoßlüge: Ein Erlebnisbericht zum 20. Juli 1944, Hannover ²1947

Münchheimer, Werner, »Die Verfassungs- und Verwaltungsreformpläne der deutschen Opposition gegen Hitler zum 20. Juli 1944«, Europa-Archiv 5 (1950), S. 3188–3195

Münchner Stadtadreßbuch 1933–1937, München o. J.

Münchner Stadtadreßbuch 1938–1943, München 1937–1943

»In memoriam Hans-Bernd von Haeften: Hingerichtet am 15. August 1944«, Zeitwende 20 (1948/49), S. 220–224

Neubronn, Alexander Freiherr von, »Als ›Deutscher General‹ bei Pétain«, VfZ 4 (1956), S. 227–250

Nida, Ludwig von, »Der 20. Juli 1944 in Kassel: Die Vorbereitungen«, Hessische Allgemeine 18. Juli 1964

Niekisch, Ernst, Hitler – ein deutsches Verhängnis, Berlin 1932

Niekisch, Ernst, Gewagtes Leben: Begegnungen und Begebnisse, Köln, Berlin 1958

Papen, Franz von, Der Wahrheit eine Gasse, München 1952

Pfizer, Theodor, »Die Brüder Stauffenberg«, in Robert Boehringer: Eine Freundesgabe, hrsg. v. Erich Boehringer und Wilhelm Hoffmann, Tübingen 1957, S. 487–509

Picker, Henry, Hitlers Tischgespräche im Führerhauptquartier 1941–1942, Stuttgart ²1963

Poelchau, Harald, Die letzten Stunden: Erinnerungen eines Gefängnispfarrers aufgezeichnet von Graf Alexander Stenbock-Fermor, Berlin 1949

Praun, Albert, Soldat in der Telgraphen- und Nachrichtentruppe, Würzburg [1966]

Der Prozeß gegen die Hauptkriegsverbrecher vor dem Internationalen Militärgerichtshof Nürnberg 14. November 1945–1. Oktober 1946, 42 B., Nürnberg 1947–1949

Reichert, Karl, »Der 20. Juli 1944 in Paris«, Frankfurter Rundschau 20. Juli 1948

Reichsgesetzblatt Teil I 1934, 1935, 1938, 1940, 1942, 1943, 1944, Berlin 1934, 1935, 1938, 1940, 1942, 1943, 1944

Remer, [Otto Ernst], »Der Ablauf der Ereignisse am 20. 7. 1944 wie ich sie als Kommandeur des Wachbtl. Großdeutschland erlebte«, in 20. Juli 1944, hrsg. von der Bundeszentrale für Heimatdienst, Bonn ⁴1961, S. 145–152

Remer, Otto Ernst, 20. Juli 1944, Hamburg–Neuhaus/Oste 1951

Rilke, Rainer Maria, Briefe: Zweiter Band 1914 bis 1926, Wiesbaden 1950

Röhricht, Edgar, Pflicht und Gewissen: Erinnerungen eines deutschen Generals 1932 bis 1944, Stuttgart 1965

Röhrig, Wolfram, »Keine bewußte Initiative«, Zeitung 16. Aug. 1965, S. 57

R[othfels], H[ans] (Hrsg.), »Ausgewählte Briefe von Generalmajor Helmuth Stieff (hingerichtet am 8. August 1944)«, VfZ 2 (1954), S. 291–305

R[othfels], H[ans] (Hrsg.), »Zwei außenpolitische Memoranden der deutschen Opposition (Frühjahr 1942)«, VfZ 5 (1957), S. 388–397

R[othfels], H[ans] (Hrsg.), »Adam von Trott und das State Department«, VfZ 7 (1959), S. 318–332

Rothfels, Hans, »Trott und die Außenpolitik des Widerstandes«, VfZ 12 (1964), S. 300–323

Saefkow, Aenne, »Helden des antifaschistischen Widerstandes«, Neues Deutschland 18. Sept. 1947

Sander, Ludolf G., »Oberstleutnant Ludolf G. Sander zu den Vorgängen im Führerhauptquartier am 20. Juli 1944«, in Annedore Leber und Freya Gräfin von Moltke, Für und wider: Entscheidungen in Deutschland 1918–1945, Berlin–Frankfurt/M. 1961, S. 205–206

Sauerbruch, Ferdinand, Das war mein Leben, München 1960

Schaal, Ferdinand, »Der 20. Juli 1944 in Prag: Der Attentatstag im Spiegel militärischer Befehle«, Schwäbische Zeitung [Überlingen] 26. Juli 1952

Schacht, Hjalmar, Abrechnung mit Hitler, Berlin–Frankfurt/M. [1949]

[Schacht, Hjalmar] »Der ›Mann der Vernunft‹: Starke Entlastungsaussagen im Schacht-Prozeß«, Die Welt 24. April 1947

[Schacht, Hjalmar] »Ersing belastet Schacht«, Der Tagesspiegel 24. April 1947

[Schacht, Hjalmar] »Entlastungs-Zeugen im Schacht-Verfahren«, Der Tagesspiegel 25. April 1947

[Schacht, Hjalmar] »Für und wider Schacht: CDU-Vorsitzende Kaiser und Müller als Zeugen geladen«, Die Welt 26. April 1947

[Schacht, Hjalmar] »Dokumente im Schacht-Verfahren«, Der Tagesspiegel 26. April 1947

[Schacht, Hjalmar] »Schacht und der 20. Juli: Widersprüchliche Zeugenaussagen in Stuttgart«, Die Neue Zeitung 28. April 1947

[Schacht, Hjalmar] »Kaiser über Schacht: Kein aufrichtiger Gefolgsmann Hitlers, aber umstrittene Rolle«, Die Welt 29. April 1947

[Schacht, Hjalmar] »Für und wider Schacht: Beteiligung in der Widerstandsbewegung umstritten«, Die Welt 30. April 1947

Schärf, Adolf, Österreichs Erneuerung 1945–1955, Wien 1955

Schärf, Adolf, Erinnerungen aus meinem Leben, Wien 1963

Scheidt, Wilhelm, »Wahrheit gegen Karikatur: Eine deutsche Antwort an Gisevius«, Neue Politik 9 (1948) Nr. 7–11, 1., 15., 29. April 1948, 13., 27. Mai 1948, S. 1–4, 1–3, 1–3, 1–3, 1–2

Scheidt, Wilhelm, »Gespräche mit Hitler«, Echo der Woche 9. Sept. 1949, S. 5

Schellenberg, Walter, Memoiren, Köln 1959

Schlabrendorff, Fabian von, Offiziere gegen Hitler, Zürich 1946

Schlabrendorff, Fabian von, Offiziere gegen Hitler, Fischer Bücherei, Frankfurt/M.–Hamburg 1959

[Schlabrendorff, Fabian von], They Almost Killed Hitler, New York 1947

Schlabrendorff, Fabian von, The Secret War against Hitler, New York 1965

Schlabrendorff, Fabian von (Hrsg.), Eugen Gerstenmaier im Dritten Reich: Eine Dokumentation, Stuttgart 1965

Schlee, Rudolf, »Bericht«, in 20. Juli 1944, hrsg. v. d. Bundeszentrale für Heimatdienst, Bonn ⁴1961, S. 152–155

Schlotterbeck, Friedrich, Je dunkler die Nacht, desto heller die Sterne: Erinnerungen eines deutschen Arbeiters 1933 bis 1945, Berlin ²1948

Schlotterbeck, Friedrich, ... Wegen Vorbereitung zum Hochverrat hingerichtet..., Stuttgart [²1946]

Schmid, Rudolf, »Die Ereignisse des 22. Juni 1944: Wer kennt den Gestapospitzel Heim?« Telegraf 3. Jan. 1947

SchmidNoerr, Friedrich Alfred, »Dokument des Widerstandes: Entwurf einer deutschen Reichsverfassung (geschrieben im Sommer 1937)«, Voran und beharrlich Heft 33/34, Sommer 1961

Schmidt, Paul, Statist auf diplomatischer Bühne 1923–45: Erlebnisse des Chefdolmetschers im Auswärtigen Amt mit den Staatsmännern Europas, Bonn 1949

Schober, Karl, »Eine Chance blieb ungenutzt«, in Darauf kam die Gestapo nicht: Beiträge zum Widerstand im Rundfunk, Berlin 1966, S. 52–66

[Schramm, Percy Ernst], »Vorgänge im FHQu am 20. 7. 44 (Attentat auf den Führer)«, in Herbert Kraus, Die im Braunschweiger Remerprozeß erstatteten moraltheologischen und historischen Gutachten nebst Urteil, Hamburg 1953, S. 139–141

[Schramm, Percy Ernst], »Mitteilungen des Stellv. Chefs WFSt 21. 7. 44, 20 Uhr«, in Herbert Kraus, Die im Braunschweiger Remerprozeß erstatteten moraltheologischen und historischen Gutachten nebst Urteil, Hamburg 1953, S. 142–145

[Schramm, Percy Ernst], »3. Aufzeichnung über die Vorgänge des 20. 7. 44«, in Herbert Kraus, Die im Braunschweiger Remerprozeß erstatteten moraltheologischen und historischen Gutachten nebst Urteil, Hamburg 1953, S. 146–147

Schr[amm, Percy Ernst], »Mitteilungen des Oberst d. G. Meichsner, Abt.-Leiter der Abt. Org., 23. 7., 9 Uhr«, in Herbert Kraus, Die im Braunschweiger Remerprozeß erstatteten moraltheologischen und historischen Gutachten nebst Urteil, Hamburg 1953, S. 148–150

[Schramm, Percy Ernst], »Mitteilung des Oberst Frhr. v. Süsskind (Ic/Abwehr)«, in Herbert Kraus, Die im Braunschweiger Remerprozeß erstatteten moraltheologischen und historischen Gutachten nebst Urteil, Hamburg 1953, S. 150

Schramm, Wilhelm Ritter von (Hrsg.), Beck und Goerdeler: Gemeinschaftsdokumente für den Frieden 1941–1944, München 1965

Schuschnigg, Kurt von, Austrian Requiem, New York 1946

Schuschnigg, Kurt von, Ein Requiem in Rot-Weiß-Rot, Zürich 1946

Schwerin von Krosigk, Lutz Graf, Es geschah in Deutschland: Menschenbilder unseres Jahrhunderts, Tübingen–Stuttgart ³1952

Semmler, Rudolf, Goebbels – the man next to Hitler, London 1947

Sethe, Paul, »Roland Freisler: Der Dämon der Justiz«, Schwäbische Zeitung 7. Mai 1946

Sethe, Paul, In Wasser geschrieben: Porträts, Profile, Prognosen, Frankfurt/M. 1968

Shirer, William L., Berlin Diary: The Journal of a Foreign Correspondent 1934–1941, New York 1941

Skorzeny, Otto, Geheimkommando Skorzeny, Hamburg 1950

Speidel, Hans, Invasion 1944: Ein Beitrag zu Rommels und des Reiches Schicksal, Tübingen ³1950

Spiegelbild einer Verschwörung: Die Kaltenbrunner-Berichte an Bormann und Hitler über das Attentat vom 20. Juli 1944. Geheime Dokumente aus dem ehemaligen Reichssicherheitshauptamt, Stuttgart 1961

Spier, Eugen, Focus: A Footnote to the History of the Thirties, London 1963

Spranger, Eduard, »Generaloberst Beck in der Mittwochsgesellschaft: Zu dem Buch: Ludwig Beck ›Studien‹«, Universitas 11 (1956), S. 183–193

»SS-Bericht über den 20. Juli: Aus den Papieren des SS-Obersturmbannführers Dr. Georg Kiesel«, Nordwestdeutsche Hefte 2 (1947) H. 1/2, S. 5–34

Stauffenberg, [Claus] Graf Schenk von, »Gedanken zur Abwehr feindlicher Fallschirmeinheiten im Heimatgebiet«, Wissen und Wehr 19 (1938), S. 459–476

Steltzer, Theodor, Von deutscher Politik: Dokumente, Aufsätze und Vorträge, Frankfurt/M. 1949

Steltzer, Theodor, Sechzig Jahre Zeitgenosse, München 1966

[Stieff, Helmuth] s. Rothfels

Szokoll, Karl, »Der 20. Juli 1944 in Wien«, Die Presse 31. Jan. und 7. Feb. 1948

Teske, Hermann, Die silbernen Spiegel: Generalstabsdienst unter der Lupe, Heidelberg 1952

Thomas, Georg, »Gedanken und Ereignisse«, Schweizer Monatshefte 25 (1945), S. 537–559

Thormaehlen, Ludwig, »Die Grafen Stauffenberg, Freunde von Stefan George«, in Robert Boehringer: Eine Freundesgabe, hrsg. von Erich Boehringer und Wilhelm Hoffmann, Tübingen 1957, S. 685–696

The Times, London 1936, 1944

Topf, Erwin, »Klaus Graf Stauffenberg«, Die Zeit 18. Juli 1946

Trial of the Major War Criminals before the International Military Tribunal: Nuremberg 14 November 1945–1 October 1946, 42 vols., Nürnberg 1947–1949

Trials of War Criminals before the Nuernberg Military Tribunals under Control Council Law No. 10, 15 vols., Washington 1949–1953

Üxküll, A[lexandrine] Gräfin von, Aus einem Schwesternleben, Stuttgart 1956

United States of America Congressional Record: Proceedings and Debates of the 76th Congress, Second Session, vol. 85, Part I, Washington 1939

Volksgerichtshof-Prozesse zum 20. Juli 1944: Transkripte von Tonbandfunden, [Frankfurt/M.] 1961

»Vor fünf Jahren: 20. Juli 1940 in der Wolfsschanze. Ein Augenzeuge berichtet über die Vorgänge in Hitlers Hauptquartier«, Neue Frankfurter Illustrierte Juli 1949, Nr. 14, S. 9–11, 26–27

Wagner, Eduard, Der Generalquartiermeister: Briefe und Tagebuchaufzeichnungen, München–Wien 1963

W[aizenegger], H[einz], »Der 20. Juli 1944 im ›Führerhauptquartier‹/Von einem Augenzeugen«, Stuttgarter Zeitung 20. Juli 1949, S. 3

[Walz, Hans] s. Kopp

Warlimont, Walter, Im Hauptquartier der deutschen Wehrmacht 1939–1945: Grundlagen. Formen, Gestalten, Frankfurt/M. 1962

Wedemeyer, Albert C., Der verwaltete Krieg, Gütersloh/W. 1958

Weinberger, Lois, Tatsachen, Begegnungen und Gespräche: Ein Buch um Österreich, Wien 1948

Weizsäcker, Ernst von, Erinnerungen, München 1950

Welles, Sumner, The Time for Decision, New York–London 1944

Wengler, Wilhelm, »Vorkämpfer der Völkerverständigung und Völkerrechtslehre
als Opfer des Nationalsozialismus: 9. H. J. Graf von Moltke (1906–1945)«, Die
Friedens-Warte 48 (1948), S. 297–305

»»Widerstand ist vaterländische Pflicht«: Aus den Akten des Schwedischen Ministerium des Äußeren«, Politische Studien 10 (1959), S. 435–439

Wiechert, Ernst, »Der Dichter und seine Zeit«, Deutsche Blätter [Santiago de
Chile] 1 (1943) H. 6, S. 4–8

Wiedemann, Fritz, Der Mann der Feldherr werden wollte: Erlebnisse und Erfahrungen des Vorgesetzten Hitlers im 1. Weltkrieg und seines späteren Persönlichen Adjutanten, Velbert–Kettwig 1964

Ziegler, Delia, »Wer schoß auf Stauffenberg?« Die Welt 21. Aug. 1947, S. 2

Ziegler, Hans Severus, Adolf Hitler aus dem Erleben dargestellt, Göttingen 1964

Zoller, Albert, Hitler privat: Erlebnisbericht seiner Geheimsekretärin, Düsseldorf
1949

III Literatur

Almond, Gabriel A., »The German Resistance Movement«, Current History 10
(1946), S. 409–419, 519–527

Baum, Walter, »Marine, Nationalsozialismus und Widerstand«, VfZ 11 (1963),
S. 16–48

Baumgärtel, Friedrich, Wider die Kirchenkampflegenden, Neuendettelsau/Mfr.
[2]1959

Baumgart, Winfried, »Zur Ansprache Hitlers vor den Führern der Wehrmacht
am 22. August 1939: Eine quellenkritische Untersuchung«, VfZ 16 (1968), S.
120–149

Bayne, E. A., »Resistance in the German Foreign Office«, Human Events III
(1946) Nr. 14, S. 1–8

Bethge, Eberhard, Dietrich Bonhoeffer: Theologe, Christ, Zeitgenosse, München
1967

Bierbaum, Max, Nicht Lob, nicht Furcht: Das Leben des Kardinals von Galen
nach unveröffentlichten Briefen und Dokumenten, Münster [5]1962

Binder, Gerhart, Epoche der Entscheidungen: Eine Geschichte des 20. Jahrhunderts, Stuttgart-Degerloch 1960

Blond, Georges, The Death of Hitler's Germany, New York 1954

Boehringer, Robert, Mein Bild von Stefan George, München–Düsseldorf [2]1967

Bösch, Hermann, Heeresrichter Dr. Karl Sack im Widerstand: Eine historisch-
politische Studie, München 1967

Boveri, Margret, Wir lügen alle: Eine Hauptstadtzeitung unter Hitler, Olten-
Freiburg i. Br. 1965

Bracher, Karl Dietrich, Wolfgang Sauer, Gerhard Schulz, Die nationalsozialistische Machtergreifung: Studien zur Errichtung des totalitären Herrschaftssystems in Deutschland 1933/34, Köln–Opladen [2]1962

Braubach, Max, Der Weg zum 20. Juli 1944: Ein Forschungsbericht, Köln–Opladen 1953

Brentano, [Heinrich] von, Gedenkrede des Bundesministers Dr. von Brentano bei der Enthüllung der Ehrentafel für die Opfer des 20. Juli im Auswärtigen Amt am 20. Juli 1961, [Bonn] 1961

Broszat, Martin, Hans-Adolf Jacobsen, Helmut Krausnick, Konzentrationslager, Kommissarbefehl, Judenverfolgung, Olten–Freiburg i. Br. 1965

Broszat, Martin, »Nationalsozialistische Konzentrationslager 1933–1945«, in Martin Broszat, Hans-Adolf Jacobsen, Helmut Krausnick, Konzentrationslager, Kommissarbefehl, Judenverfolgung, Olten–Freiburg i. Br. 1965, S. 9–160

Buchheim, Hans, Die SS – das Herrschaftsinstrument: Befehl und Gehorsam, Olten–Freiburg i. Br. 1965

Buchheit, Gert, Ludwig Beck, ein preußischer General, München 1964

Buchheit, Gert, Der deutsche Geheimdienst: Geschichte der militärischen Abwehr, München 1966

Buck, Gerhard, »Das Führerhauptquartier: Seine Darstellung in der deutschen Literatur«, Jahresbibliographie der Bibliothek für Zeitgeschichte/Weltkriegsbücherei Stuttgart, Jahrgang 38 (1966), Frankfurt/M. 1968, S. 549–566

Bullock, Alan, Hitler: Eine Studie über Tyrannei, Düsseldorf 1959

Bullock, Alan, Hitler: A Study in Tyranny, New York–Evanston [2]1964

Celovsky, Boris, Das Münchener Abkommen 1938, Stuttgart 1958

Churchill, Rhona, »Widow Strunk goes to Nuremberg«, Daily Mail 28. März 1946

Churchill, Winston S., The Second World War, 6 B., London 1948

Colvin, Ian, Master Spy: The Incredible Story of Admiral Wilhelm Canaris, New York 1951

Colvin, Ian, Admiral Canaris: Chef des Geheimdienstes, Wien–München–Zürich 1955

Colvin, Ian, Vansittart in Office: An historical survey of the origins of the second world war based on the papers of Sir Robert Vansittart Permanent Under-Secretary of State for Foreign Affairs 1930–38, London 1965

Dahrendorf, Gustav, »Irrungen um Thomas«, Hamburger Echo 4. Sept. 1946

Dallin, David J., Die Sowjetspionage: Prinzipien und Praktiken, Köln 1956

Darauf kam die Gestapo nicht: Beiträge zum Widerstand im Rundfunk, Berlin 1966

»Das Spiel ist aus – Arthur Nebe: Glanz und Elend der deutschen Kriminalpolizei«, Der Spiegel Nr. 12, 23. März 1950, S. 23–32

Deutsch, Harold C., The Conspiracy against Hitler in the Twilight War, Minneapolis 1968

Dietz, P[eter], »Mut und Angst: Zum Attentat in der ›Wolfsschanze‹ am 20. Juli 1944«, Allgemeine Schweizerische Militärzeitschrift 130 (1964), S. 442–444

Dietz, P[eter], »Das Attentat auf Hitler am 20. Juli 1944«, Der Schweizer Soldat 40 (1964), S. 600–602

Dietz, Peter, »Das Attentat auf Hitler: Bilder und Gedanken in einem ›Führerhauptquartier‹«, Schaffhauser Nachrichten 18. Juli 1964

Dietze, Constantin von, »Die Universität Freiburg im Dritten Reich«, Mitteilungen der List Gesellschaft Fasc. 3 (1960/61) Nr. 3, S. 95–105

Donohoe, James, Hitler's Conservative Opponents in Bavaria 1930–1945: A Study of Catholic, Monarchist, and Separatist Anti-Nazi Activities, Leiden 1961

Dulles, Allen Welsh, Verschwörung in Deutschland, Kassel 1949

Dulles, Allen, The Secret Surrender, New York–Evanston–London 1966

Eder, Peter G., »Deutschland, deine Helden. 21 Jahre danach: Wer war was am 20. Juli 1944? Zeitung sprach mit Zeugen des Aufstandes«, Zeitung 19. Juli 1965, S. 17–21

Ehlers, Dieter, Technik und Moral einer Verschwörung: Der Aufstand am 20. Juli 1944, Bonn 1964

»Ein ›Plan Lanz‹ war Rommel bekannt«, Passauer Neue Presse 21. Juli 1949, S. 3

»Entscheidende Minuten am 20. Juli«, Hamburger Allgemeine Zeitung 20. Juli 1949, S. 1–2

Erb, Alfons, Bernhard Lichtenberg: Dompropst von St. Hedwig zu Berlin, Berlin 1946

Erfurth, Waldemar, »Generaloberst a. D. Halder zum 70. Geburtstage (30. 6. 1954)«, Wehrwissenschaftliche Rundschau 4 (1954), S. 241–251

E[schenburg], T[heodor], »Zur Ermordung des Generals Schleicher«, VfZ 1 (1953), S. 71–95

Feiling, Keith, The Life of Neville Chamberlain, London 1947

Finker, Kurt, Stauffenberg und der 20. Juli 1944, Berlin [1967]

Flicke, W. F., Spionagegruppe Rote Kapelle, Wels 1957

Foerster, Wolfgang, Generaloberst Ludwig Beck: Sein Kampf gegen den Krieg, München 1953

Ford, Franklin L., »The Twentieth of July in the History of the German Resistance«, AHR LI (1945/46), S. 609–626

Ford, Franklin L., »Der 20. Juli«, Die Amerikanische Rundschau 3 (1947) H. 11, S. 5–17

Fraenkel, Heinrich [und] Roger Manvell, Der 20. Juli, Berlin–Frankfurt/M.–Wien ²1965

Franz, Helmut, Kurt Gerstein: Außenseiter des Widerstandes der Kirche gegen Hitler, Zürich 1964

Gallin O.S.U., Mother Mary Alice, Ethical and Religious Factors in the German Resistance to Hitler, Washington 1955

Gebhardt, Bruno, Handbuch der deutschen Geschichte, B. 4, Stuttgart ⁸1963

»Deutsche Gespräche über das Recht zum Widerstand«, in Vollmacht des Gewissens I, hrsg. v. d. Europäischen Publikation e. V., Frankfurt/M.–Berlin 1960, S. 13–136

Glondajewski, Gertrud [und] Heinz Schumann, Die Neubauer-Poser-Gruppe: Dokumente und Materialien des illegalen antifaschistischen Kampfes (Thüringen – 1939 bis 1945), Berlin 1957

Göhring, Rolf, »General Fellgiebel: Leben, Wirken und Tod eines genialen Vorkämpfers der Nachrichtentruppe«, Impulse Juni 1960, S. 8–10

Görlitz, Walter, Der deutsche Generalstab: Geschichte und Gestalt 1657–1945, Frankfurt/M. 1950

Graml, Hermann, »Die deutsche Militäropposition vom Sommer 1940 bis zum Frühjahr 1943«, in Vollmacht des Gewissens II, hrsg. v. d. Europäischen Publikation e. V., Frankfurt/M.–Berlin 1965, S. 411–474

Graml, Hermann, »Die außenpolitischen Vorstellungen des deutschen Widerstandes«, in Der deutsche Widerstand gegen Hitler: Vier historisch-kritische Studien, Köln-Berlin 1966, S. 15–72

Graml, Hermann, »Der Fall Oster«, VfZ 14 (1966), S. 26–39

Haffner, Sebastian, »›Beinahe‹: Die Geschichte des 20. Juli 1944«, Neue Auslese 2 (1947) H. 8, S. 1–12

Hammer, Walter, »Das Ende des Generalobersten Fromm«, Rhein-Neckar-Zeitung 17. Sept. 1946

Hammer, Walter, »Dienst an der Wahrheit«, Das freie Wort 3 (1952), 13. Sept. 1952

Hammer, Walter, »Plötzensee«, Das freie Wort 3 (1952), 20. Sept. 1952

Hammer, Walter, »Die ›Gewitteraktion‹ vom 22. 8. 1944: Vor 15 Jahren wurden deutsche Parlamentarier zu Tausenden verhaftet«, Freiheit und Recht 5 (1959) H. 8/9, S. 15–18

Hammer, Walter, Hohes Haus in Henkers Hand: Rückschau auf die Hitlerzeit, auf Leidensweg und Opfergang Deutscher Parlamentarier, Frankfurt/M. ²1956

Harder, Alexander, Kriminalzentrale Werderscher Markt: Die Geschichte des »Deutschen Scotland Yard«, Bayreuth 1963

Harnack, Axel v., »Arvid und Mildred Harnack: Erinnerungen an ihren Prozeß 1942/43«, Die Gegenwart 2 (1947) Nr. 1/2, S. 15–18

Harnack, Axel von, Ernst von Harnack (1888–1945): Ein Kämpfer für Deutschlands Zukunft, Schwenningen 1951

Henderson, James L., Adolf Reichwein: Eine politisch-pädagogische Biographie, Stuttgart 1958

Henk, Emil, Rede anläßlich der Gedenkfeier zum 20. Juli 1944 am 24. 7. 1960, mimeogr., Frankfurt/M. 1961

»Der Henker des 20. Juli: Der Scherge Hitlers in Hannover festgenommen«, Hannoversche Neueste Nachrichten 24. Aug. 1946

Herfeldt, Olav, Schwarze Kapelle: Spionagefall Berlin-Vatikan, Wels-München 1960

Hobe, Cord v. [und] Walter Görlitz, Georg von Boeselager: Ein Reiterleben, Düsseldorf 1957

Höhne, Heinz, Der Orden unter dem Totenkopf: Die Geschichte der SS, Gütersloh 1967

Hofer, Walther, Die Entfesselung des Zweiten Weltkrieges: Eine Studie über die internationalen Beziehungen im Sommer 1939, Fischer Bücherei, Frankfurt/M.–Hamburg 1960

Hoffmann, Peter, »Zu dem Attentat im Führerhauptquartier ›Wolfsschanze‹ am 20. Juli 1944«, VfZ 12 (1964), S. 254–284

Hoffmann, Peter, »Zum Ablauf des Staatsstreichversuches des 20. Juli 1944 in den Wehrkreisen«, Wehrwissenschaftliche Rundschau 14 (1964), S. 377–397

Hoffmann, Peter, »Der 20. Juli im Wehrkreis II (Stettin): Ein Beispiel für den Ablauf des Staatsstreichversuches im Reich«, Aus Politik und Zeitgeschichte 14. Juli 1965, S. 25–37

Hoffmann, Peter C., »The Attempt to Assassinate Hitler on March 21, 1943«, Canadian Journal of History/Annales Canadiennes d'Histoire II (1967), S. 67 bis 83

Hoffmann, Peter, »Claus Graf Stauffenberg und Stefan George: Der Weg zur Tat«, Jahrbuch der Deutschen Schillergesellschaft XII (1968), S. 520–542

Hoffmann, Wilhelm, Nach der Katastrophe, Tübingen–Stuttgart 1946

Italiaander, Rolf (Hrsg.), In memoriam Albrecht Haushofer: Gedenkworte von Adolf Grimme, Carl F. v. Weizsäcker, Walter Stubbe, Hamburg 1948

Jacobsen, Hans-Adolf, Fall Gelb: Der Kampf um den deutschen Operationsplan zur Westoffensive 1940, Wiesbaden 1957

Jacobsen, Hans-Adolf, »Das ›Halder-Tagebuch‹ als historische Quelle«, Festschrift Percy Ernst Schramm zu seinem siebzigsten Geburtstag von seinen Schülern und Freunden zugeeignet, hrsg. v. Peter Classen u. Peter Scheibert, B. II, Wiesbaden 1964, S. 251–268

Jacobsen, Hans-Adolf, »Kommissarbefehl und Massenexekution sowjetischer Kriegsgefangener«, in Martin Broszat, Hans-Adolf Jacobsen, Helmut Krausnick, Konzentrationslager, Kommissarbefehl, Judenverfolgung, Olten–Freiburg i. Br. 1965, S. 161–279

Jantar, Jerzy, Wilczy Szaniec: Dawna Kwatera Hitlera, Olsztyn 1963

Jedlicka, Ludwig, Der 20. Juli 1944 in Österreich, Wien–München 1965

Kempski, Jürgen von, »Betrachtungen zum 20. Juli«, Merkur III (1949), S. 807–816

Kielmansegg, [Johann A.] Graf [von], Der Fritschprozeß 1938: Ablauf und Hintergründe, Hamburg 1949

Kliem, Kurt, Der sozialistische Widerstand gegen das Dritte Reich dargestellt an der Gruppe »Neu Beginnen«, Masch., Diss. Marburg 1957

Kluke, Paul, »Der Fall Potempa«, VfZ 5 (1957), S. 279–297

Knauth, Percy, »The Hitler Bomb Plot«, Life Nr. 22, 28. Mai 1945, S. 17–18, 20, 23

Knauth, Percy, Germany in Defeat, New York 1946

Kosthorst, Erich, Die deutsche Opposition gegen Hitler zwischen Polen- und Frankreichfeldzug, Bonn ³1957

Kosthorst, Erich, Jakob Kaiser: Der Arbeiterführer, Stuttgart–Berlin–Köln–Mainz 1967

Kramarz, Joachim, Claus Graf Stauffenberg 15. November 1907–20. Juli 1944: Das Leben eines Offiziers, Frankfurt/M. 1965

Krausnick, Helmut, »Vorgeschichte und Beginn des militärischen Widerstandes gegen Hitler«, in Vollmacht des Gewissens I, hrsg. v. d. Europäischen Publikation e. V., Frankfurt/M.–Berlin 1960

Krausnick, Helmut, »Judenverfolgung«, in Martin Broszat, Hans-Adolf Jacobsen, Helmut Krausnick, Konzentrationslager, Kommissarbefehl, Judenverfolgung, Olten–Freiburg i. Br. 1965, S. 281–448

Krebs, Albert, Fritz-Dietlof Graf von der Schulenburg: Zwischen Staatsraison und Hochverrat, Hamburg 1964

Langemann, Hans, Das Attentat: Eine kriminalwissenschaftliche Studie zum politischen Kapitalverbrechen, Hamburg [1956]

Leasor, James, The Uninvited Envoy, New York–Toronto–London 1962

Leber, Annedore, Das Gewissen steht auf: 64 Lebensbilder aus dem deutschen Widerstand 1933–1945, Berlin–Frankfurt/M. ⁹1960

Leber, Annedore, Das Gewissen entscheidet: Bereiche des deutschen Widerstandes von 1933–1945 in Lebensbildern, Berlin–Frankfurt/M. ⁴1960

Leber, Annedore und Freya Gräfin von Moltke, Für und wider: Entscheidungen in Deutschland 1918–1945, Berlin–Frankfurt/M. 1961

Leithäuser, Joachim G., Wilhelm Leuschner: Ein Leben für die Republik, Köln 1962

Lorenz, Konrad, Das sogenannte Böse: Zur Naturgeschichte der Aggression, Wien 1963

Ludwig, Emil, Der Mord in Davos, Amsterdam 1936

Lühe, Irmgard von der, Elisabeth von Thadden: Ein Schicksal unserer Zeit, Düsseldorf–Köln 1966

»Märtyrer der Freiheit: Die Angeklagten des 20. Juli vor Gericht«, Schwäbische Zeitung 10. Mai 1946

Maier, Hedwig, »Die SS und der 20. Juli 1944«, VfZ 14 (1966), S. 299–316

Maley, Alexander B., »The Epic of the German Underground«, Human Events III (1946) Nr. 9, 27. Feb. 1946, S. 1–8

Matthias, Erich, »Der Untergang der Sozialdemokratie 1933«, VfZ 4 (1956), S. 179–226, 250–286

Mau, Hermann, »Die ›Zweite Revolution‹: Der 30. Juni 1934«, VfZ 1 (1953), S. 119–127

Mau, Hermann und Helmut Krausnick, Deutsche Geschichte der jüngsten Vergangenheit 1933–1945, Tübingen–Stuttgart 1956

McCloy II, John J., Die Verschwörung gegen Hitler: Ein Geschenk an die deutsche Zukunft, Stuttgart 1963

Melnikow, Daniil, Der 20. Juli 1944: Legende und Wirklichkeit, Hamburg ²[1968]

Michel, Karl, »Stauffenberg: Der neue Dynamismus. Ein Beitrag zur Geschichte des Offiziersputsches gegen Hitler«, Die Tat 25. Nov. 1946

Michel, Karl, Ost und West: Der Ruf Stauffenbergs, Zürich 1947

Michel, Ursula, Albrecht Haushofer und der Nationalsozialismus: Ein Beitrag zur Zeitgeschichte, Masch., Diss. Kiel 1964

Miller, Max, Eugen Bolz: Staatsmann und Bekenner, Stuttgart 1951

Molden, Otto, Der Ruf des Gewissens: Der österreichische Freiheitskampf 1938–1945, Wien–München 1958

Mommsen, Hans, »Der Reichstagsbrand und seine politischen Folgen«, VfZ 12 (1964), S. 351–413

Mommsen, Hans, »Gesellschaftsbild und Verfassungspläne des deutschen Widerstandes«, in Der deutsche Widerstand gegen Hitler: Vier historisch-kritische Studien, Köln–Berlin 1966, S. 73–167

Mommsen, Hans, »Pläne und Träume zum Tag X«, Der Spiegel Nr. 36, 28. Aug. 1967, S. 94–97

Müller, Wolfgang, »Die Wehrmacht am 20. Juli: Neue Forschungsergebnisse zu Deutschlands Schicksalstag vor fünf Jahren«, Main-Post 21. Juli 1949

Müller, Wolfgang, »Was geschah am 20. Juli 1944?« Das freie Wort 3 (1952), 19. Juli 1952

Nebgen, Elfriede, Jakob Kaiser: Der Widerstandskämpfer, Stuttgart–Berlin–Köln–Mainz 1967

Norden, Albert, »Die Bedeutung des 20. Juli«, Die Weltbühne 2 (1947), S. 553 bis 560

Paetel, Karl O., »Deutsche im Exil: Randbemerkungen zur Geschichte der politischen Emigration«, Außenpolitik 6 (1955), S. 572–585

Paret, Peter, »An Aftermath of the Plot Against Hitler: the Lehrterstrasse Prison in Berlin, 1944–5«, Bulletin of the Institute of Historical Research 32 (1959), S. 88–102

Pechel, Rudolf, »Tatsachen«, Deutsche Rundschau 69 (1946), S. 173–180

Pechel, Rudolf, Deutscher Widerstand, Erlenbach–Zürich 1947

Peterson, Edward Norman, Hjalmar Schacht: For and Against Hitler. A Political-Economic Study of Germany 1923–1945, Boston 1954

Pfeifer, Edda, Beiträge zur Geschichte der österreichischen Widerstandsbewegung des konservativen Lagers 1938–1940: Die Gruppen Karl Roman Scholz, Dr. Karl Lederer und Dr. Jakob Kastelic, Masch., Diss. Wien 1963

Plesse, Werner, »Zum antifaschistischen Widerstand in Mitteldeutschland 1939–1945«, Zeitschrift für Geschichtswissenschaft 2 (1954), S. 813–843

Portmann, Heinrich, Kardinal von Galen: Ein Gottesmann seiner Zeit, Münster i. W. [7/8]1959

Proß, Harry, Literatur und Politik: Geschichte und Programme der politisch-literarischen Zeitschriften im deutschen Sprachgebiet seit 1870, Olten–Freiburg i. Br. 1963

Rehm, Max, »Claus Schenk Graf von Stauffenberg: Generalstabsoffizier, Widerstandskämpfer gegen Hitler 1907–1944«, in Lebensbilder aus Schwaben und Franken B. 9, Stuttgart 1963, S. 412–423

Reichhardt, Hans J., »Möglichkeiten und Grenzen des Widerstandes der Arbeiterbewegung«, in Der deutsche Widerstand gegen Hitler: Vier historisch-kritische Studien, Köln–Berlin 1966, S. 169–213

Reventlow, Gräfin von, Albrecht Bernstorff zum Gedächtnis, Privatdruck, Altenhof 1952

Rieter, Fritz, »Zwanzig Jahre nach dem Attentat auf Hitler«, Schweizer Monatshefte 44 (1964), S. 313

[Ritter, Gerhard], »Lesson of the German Resistance: An Address by Dr. Gerhard Ritter«, Wiener Library Bulletin 9 (1955) Nr. 1–2, S. 4

Ritter, Gerhard, Carl Goerdeler und die deutsche Widerstandsbewegung, Stuttgart [3]1956

Rönnefarth, Helmuth K. G., Die Sudetenkrise in der internationalen Politik: Entstehung–Verlauf–Auswirkung, 2 Teile, Wiesbaden 1961

Ronge, Paul, »Warum ich Helene Schwärzel verteidigte«, Nordwestdeutsche Hefte 1(1946) H. 9, S. 14–15

Roon, G. van, »Oberst Wilhelm Staehle: Ein Beitrag zu den Auslandskontakten des deutschen Widerstandes«, VfZ 14 (1966), S. 209–223

Roon, Ger van, Neuordnung im Widerstand: Der Kreisauer Kreis innerhalb der deutschen Widerstandsbewegung, München 1967

Rossa, Kurt, Todesstrafen: Ihre Wirklichkeit in drei Jahrtausenden, Oldenburg–Hamburg 1966

Rothfels, Hans, »The German Resistance in Its International Aspects«, International Affairs 34 (1958), S. 477–489

Rothfels, Hans, Die deutsche Opposition gegen Hitler: Eine Würdigung, Fischer Bücherei, Frankfurt/M.–Hamburg 1958

R[othfels], H[ans], »Die Roten Kämpfer: Zur Geschichte einer linken Widerstandsgruppe«, VfZ 7 (1959), S. 438–460

Rothfels, Hans, »Zerrspiegel historischer Wahrheit«, Die Zeit 20. Okt. 1961, S. 3

Rothfels, Hans, »Zerrspiegel des 20. Juli«, VfZ 10 (1962), S. 62–67

Salin, Edgar, Um Stefan George: Erinnerung und Zeugnis, München–Düsseldorf [2]1954

Salin, Edgar, »Über Artur Sommer, den Menschen und List-Forscher«, Mitteilungen der List Gesellschaft Fasc. 6 (1967) Nr. 4/5, S. 81–90

Scheurig, Bodo, Freies Deutschland: Das Nationalkomitee und der Bund Deutscher Offiziere in der Sowjetunion 1943–1945, München [2]1961

Scheurig, Bodo, Claus Graf Schenk von Stauffenberg, Berlin 1964

Scheurig, Bodo, Ewald von Kleist-Schmenzin: Ein Konservativer gegen Hitler, Hamburg 1968

Schmitt, Hejo, »Bernhard Letterhaus: Porträt eines Widerstandskämpfers«, Deutsche Rundschau 83 (1957), S. 155–158

Schorn, Hubert, Der Richter im Dritten Reich: Geschichte und Dokumente, Frankfurt/M. 1959

Schorr, Helmut J., Adam Stegerwald: Gewerkschaftler und Politiker der ersten deutschen Republik. Ein Beitrag zur Geschichte der christlich-sozialen Bewegung in Deutschland, Recklinghausen 1966

Schramm, Wilhelm Ritter von, Aufstand der Generale: Der 20. Juli in Paris, Kindler-Taschenbücher, München [2]1964

Sendtner, Kurt, »Die deutsche Militäropposition im ersten Kriegsjahr«, in Vollmacht des Gewissens I, hrsg. v. d. Europäischen Publikation e. V., Frankfurt/M.–Berlin 1960, S. 385–532

Siedler, Wolf Jobst, Behauptungen, Berlin 1965

Spaeter, Helmuth, Die Geschichte des Panzerkorps Großdeutschland, B. II, Duisburg-Ruhrort 1958

Späth, Alfred, »Zum Andenken an Nikolaus Graf von Üxküll«, VfZ 8 (1960), S. 188–192

Spuler, Bertold, Regenten und Regierungen der Welt: Minister-Ploetz, Teil II, B. 4, Würzburg [2]1964

Stauffenberg, Alexander Graf von, Der zwanzigste Juli 1944, Masch., o. O. 1946

Stauffenberg, Alexander Graf, Die deutsche Widerstandsbewegung und ihre geistige Bedeutung in der Gegenwart, mimeogr., o. O. [1951]

Stauffenberg, Alexander Schenk Graf von, Denkmal, Düsseldorf–München 1964

Stockhorst, [Erich], Fünftausend Köpfe: Wer war was im Dritten Reich, Velbert–Kettwig 1967

Strauch, Rudi, Sir Nevile Henderson: Britischer Botschafter in Berlin von 1937 bis 1939, Bonn 1959

Stubbe, Walter, »In memoriam Albrecht Haushofer«, VfZ 8 (1960), S. 236–256

Stutterheim, Kurt von, Die Majestät des Gewissens: In memoriam Albrecht Bernstorff, Hamburg 1962

Sykes, Christopher, Troubled Loyalty: A Biography of Adam von Trott zu Solz, London 1969

Theimer, Walter, »Die Verschwörung des 20. Juli: Tragisches Versagen … in Berlin«, Die Welt 19. Juli 1947, S. 3

Theimer, Walter, »Wilhelm Leuschner: ›Einigkeit!‹« Das Parlament 20. Juli 1952, S. 3

Trevor-Roper, Hugh Redwald, »Hitlers Kriegsziele«, VfZ 8 (1960), S. 121–133

Trevor-Roper, H[ugh] R[edwald], The Last Days of Hitler, New York [3]1962

Uhlig, Heinrich, »Der verbrecherische Befehl«, in Vollmacht des Gewissens II, hrsg. v. d. Europäischen Publikation e. V., Frankfurt/M.–Berlin 1965, S. 287–410

Vogel, Heinrich, Der Prediger von Buchenwald: Das Martyrium Paul Schneiders. Geboren am 29. August 1897. Gestorben am 18. Juli 1939, Berlin [2]1954

Vyvyan, Michal, »The German ›Opposition‹ and Nazi Morale«, The Cambridge Journal 2 (1948/49), S. 148–168

Walsh SJ, Edmund A., »Die Tragödie Karl Haushofers«, Neue Auslese 2 (1947) H. 3, S. 19–29

Walsh SJ, Edmund A., Total Power: A Footnote to History, Garden City, New York 1948

[Wehner, Bernd], »Das Spiel ist aus . .« s. »Das Spiel ist aus . .«

Weisenborn, Günther, Der lautlose Aufstand: Bericht über die Widerstandsbewegung des deutschen Volkes 1933–1945, Hamburg 1953

Weisenborn, Günther, Der lautlose Aufstand: Bericht über die Widerstandsbewegung des deutschen Volkes 1933–1945, rororo-Taschenbuch, Hamburg 1962

Weizsäcker, Carl Friedrich von, Die Tragweite der Wissenschaft, B. I, Stuttgart ²1966

Wendt, Bernd-Jürgen, München 1938: England zwischen Hitler und Preußen, Frankfurt/M. 1965

Weniger, Erich, »Zur Vorgeschichte des 20. VII. 1944: Heinrich von Stülpnagel«, Die Sammlung 4 (1949), S. 475–492

Wheeler-Bennett, John W., The Nemesis of Power: The German Army in Politics 1918–1945, New York ²1964

Who's Who 1961: An Annual Biographical Dictionary with Which Is Incorporated »Men and Women of the Time«, New York 1961

Wiesenthal, Simon, The Murderers Among Us, New York–Toronto–London–Sydney 1967

Wilmot, Chester, Der Kampf um Europa, Frankfurt/M.–Berlin 1954

Wirmer, E[rnst], Ansprache am 20. Juli 1958 am Denkmal in der Stauffenbergstraße anläßlich der Gedenkfeier in Berlin 1958, mimeogr., Kronberg i. T. 1958

Wülcknitz, von, »Was am 20. Juli 1944 wirklich geschah: Pläne, Rollen, Handlungen der Militärs«, Der Tagesspiegel 20. Juli 1946

Zeller, Eberhard, Geist der Freiheit: Der zwanzigste Juli, München [1952], ²1954, ³1956, ⁴1963, ⁵1965

Zimmermann, F., Ludwig Freiherr von Leonrod: Ein Lebensbild aus der Tragödie unserer Tage, Waldsassen o. J.

Zipfel, Friedrich, Plötzensee, [Berlin] ⁴1963

Zipfel, Friedrich, Kirchenkampf in Deutschland 1933–1945, Berlin 1965

Zuckmayer, Carl, Als wär's ein Stück von mir: Horen der Freundschaft, Frankfurt/M. 1966

Abkürzungen

AHA	Allgemeines Heeresamt
AHR	American Historical Review
BA	Bundesarchiv (Koblenz)
DR	Deutsche Rundschau
FBB	Führer-Begleit-Bataillon
FFA	Führer-Flak-Abteilung
FLNA	Führer-Luft-Nachrichten-Abteilung
FNA	Führer-Nachrichten-Abteilung
HNB	Heeres-Nachrichten-Betriebsleitung
HNW	Heeres-Nachrichten-Wesen
HPA	Heeres-Personal-Amt
HStA	Hauptstaatsarchiv (Stuttgart)
IfZ	Institut für Zeitgeschichte (München)
MFA	Militärgeschichtliches Forschungsamt (Freiburg)
NA	National Archives (Washington)
NKFD	Nationalkomitee »Freies Deutschland«
NSFO	Nationalsozialistischer Führungsoffizier
OKH	Oberkommando des Heeres
OKW	Oberkommando der Wehrmacht
OSS	Office of Strategic Services
Papiere Wolf	Handakten des Kommandeurs der FNA, Major Josef Wolf
RKPA	Reichskriminalpolizeiamt
RUSI	Royal United Service Institution (London)
StA	Staatsarchiv (Nürnberg)
Stiftung	Stiftung »Hilfswerk 20. Juli 1944« (Frankfurt/M.)
VfZ	Vierteljahreshefte für Zeitgeschichte
VGH	Volksgerichtshof
WFSt	Wehrmachtführungsstab
WLB	Wiener Library Bulletin
WNV	Wehrmacht-Nachrichtenverbindungen
WNW	Wehrmacht-Nachrichtenwesen

Abkürzungen

AHA — Allgemeine Heeresamt
AHR — American Historical Review
BA — Bundesarchiv (Koblenz)
DR — Deutsche Rundschau
FBB — Führer-Begleit Bataillon
FFA — Führer-Flak-Abteilung
FLNA — Führer-Luft-Nachrichten-Abteilung
FNA — Führer-Nachrichten-Abteilung
HNBB — Heeres-Nachrichten-Betriebsbatterie
HNW — Heeres-Nachrichten-Wesen
HPA — Heeres-Personal-Amt
HStA — Hauptstaatsarchiv (Stuttgart)
IfZ — Institut für Zeitgeschichte (München)
MGFA — Militärgeschichtliches Forschungsamt (Freiburg)
NA — National Archives (Washington)
NKFD — Nationalkomitee «Freies Deutschland»
NSFO — Nationalsozialistischer Führungsoffizier
OKH — Oberkommando des Heeres
OKW — Oberkommando der Wehrmacht
OSS — Office of Strategic Services
Führer-Wolf — Hauptquartier des Kommandeur der 17. [?] Armee Hans Hans Wolf
RKPA — Reichskriminalpolizeiamt
RUSI — Royal United Service Institution (London)
SA — Sturmabteilung (P=number)
Schörner — Schörner «Hilfswerk» zu Juli 1944, Frankfurt/M
WZ — Vierteljahreshefte für Zeitgeschichte
VGH — Volksgerichtshof
WFSt — Wehrmachtführungsstab
WL — Wiener Library Bulletin
WNV — Wehrmacht-Nachrichtenverbindungen
WVHA — Wehrmacht-Wirtschafts-... samt

Personen-, Orts- und Stichwortverzeichnis

Einige besonders häufig vorkommende Namen, z. B. Hitler, wurden nicht vollständig in das Verzeichnis aufgenommen, sondern nur mit einigen ausgewählten, besonders wichtigen Stellen. Begriffe wie Staatsstreich, die den Gegenstand des Werkes bilden, wurden ganz weggelassen. Andererseits sind viele Einträge noch weiter aufgeschlüsselt und zum Teil mit Querverweisen versehen.

Generalstreik 18, 19, 42, 159, 166
Genf 138, 259–261, 263, 266, 269, 272, 280, 285, 742, 745
Genfer Konvention 96
Georg VI., König von Großbritannien 258, 260
George, Stefan 367, 374, 434, 774, 861
Georgi, Friedrich, Major i. G. 604, 824, 825
Gerbohay, Marcel, Priesterschüler 299
Gereke, Dr. Günter, Reichskommiss. f. Arbeitsbeschaffung 431, 593, 791, 792
Gerlach, Erwin, Generalmajor 363
Gerland, Karl, Gauleiter von Kurhessen 535–537
Gersdorff, Dr. E. K. Freiherr von, Rechtsanwalt 341, 393, 781
Gersdorff, Rudolf-Christoph Freiherr von, Oberst i. G. 313, 315, 316, 329, 332, 343, 394, 618, 764, 780, 781
–, Sprengstoffbeschaffung 322–324
–, Attentatversuch 335–341
–, Bemühung um Manstein 342
Gerstein, Kurt, SS-Obersturmführer 41
Gerstenmaier, Dr. Eugen, wissenschaftlicher Hilfsarbeiter im Kirchlichen Außenamt der Evangelischen Kirche bzw. in der Abteilung Information des Auswärtigen Amts 51, 52, 253, 266, 268, 279, 306, 425–427, 438–440, 496, 503, 571, 588, 601, 604, 605, 622, 737, 738, 741, 742, 769, 789, 790, 794, 861, 862
Gerüchte (über bevorstehende Attentate) 447–450
Geßler, Dr. Otto, Reichswehrminister 422, 726
Gestapo s. Geheime Staatspolizei
Gewehrsprenggranate (s. auch Sprengstoff) 608, 609, 779
Gewerkschaften 19, 26, 27, 39, 52, 117, 229, 230, 242–245, 250, 253, 264, 269, 270, 273, 419, 422, 426, 432, 736
Geyer s. Geyr
Geyr von Schweppenburg, Leo Freiherr von, Generalleutnant 168
Gies, Dr. Robert, SS-Standartenführer, Ministerialrat 549–552

Gisevius, Dr. Hans Bernd, Regierungsrat, Vizekonsul 63–66, 94, 110, 111, 121, 125, 128, 132, 133, 138, 144–146, 168, 176, 179–182, 291, 293, 295, 296, 316, 347, 425, 435, 449, 455, 457, 459, 460, 496, 501–503, 571
–, Staatsstreichvorbereitungen 1938 112–119
–, Umsturzbemühungen 1939 168, 176–182
–, Kontakte zu Dulles 286–287
–, Flucht 615
Glaesemer, Wolfgang, Generalmajor 514, 515, 578, 579, 837
Glasl, Anton, Oberst i. G. 543–545, 845, 846
Glatz 843
Gleichschaltung 21, 23, 24, 26–29, 31
Glienicke 457
Gneisenau, August Graf Neidhart von, Feldmarschall 371, 374
Godesberg s. Bad Godesberg
Goebbels, Dr. Joseph, Reichsminister für Volksaufklärung und Propaganda 30, 92, 168, 193, 273, 286, 304, 305, 339, 351, 366, 367, 383, 391, 456, 460, 506, 508, 509, 538, 540, 566, 573–580, 582, 585, 591, 592, 594, 603, 604, 606, 608, 625, 633, 641, 717, 835, 838, 850 bis 855
–, Versuche, ihn am 20. Juli zu verhaften 517–519
Goebel, Gerhart, Oberpostdirektor 822
Goedecke, Hermann, Oberleutnant 513
Goedicke, Bruno, SS-Brigadef. 555, 848
Goerdeler, Anneliese, geb. Ulrich, Frau von Dr. Carl Goerdeler 632
Goerdeler, Dr. Carl, Reichskommissar für die Preisgestaltung, Oberbürgermeister von Leipzig 25, 53, 63–65, 74, 92, 111, 117, 122–124, 132, 136–139, 144, 157, 158, 168, 176, 186, 190, 192, 193, 196, 197, 214, 215, 226, 229, 234, 236, 240–250, 253, 254, 262, 271, 273, 287, 288, 291–293, 295, 307, 312, 317 bis 320, 368, 398, 412, 414, 416, 419, 421, 422, 424, 430–437, 444, 448, 452, 456–459, 461, 502, 526, 560, 561, 613,

-, Attentatversuch 332–335
-, Folterung 621, 622
Schlange-Schöningen, Dr. Hans, Ost-
siedlungskommissar 436
Schlee, Rudolf, Leutnant 508, 579–581,
603, 854, 860
Schleicher, Kurt von, Generalmajor,
Reichskanzler 42, 44
Schleicher, Dr. Rüdiger, Ministerialrat
293, 632, 634
Schlesien 120, 289, 306, 323, 422
Schlieffen, Alfred Graf von 100
Schlotterbeck, Friedrich 40
Schmid, Carl Christian, Regierungs-
präsident 66
Schmid, Dr. Carlo, Professor, Kriegs-
oberverwaltungsrat 289
Schmid, Dr. Rudolf, Arzt 429
Schmidhuber, Dr. Wilhelm, Kauf-
mann, Honorarkonsul 345, 346
SchmidNoerr, Dr. Friedrich Alfred,
Professor 123, 188, 227, 231–234, 702
Schmidt, Charlotte 66
Schmidt, Friedrich, Kriminaldir. 646
Schmidt, Otto 59, 62, 63, 681
Schmidt, Dr. Paul, Dolmetscher 51
Schmidt, Wilhelm 635
Schmidt-Salzmann, Walter, Rittmei-
ster 313, 329
Schmitt, Ludwig, 1942 wegen angebli-
cher Vorbereitung eines Sprengstoff-
anschlages hingerichtet 298
Schmundt, Rudolf, Generalleutnant
72, 100, 143, 314, 329, 333, 336, 337,
339, 388, 406, 417, 474–479, 481, 643,
666, 667, 680, 762, 764, 815, 816
Schneppenhorst, Ernst, Gewerkschafts-
führer 635
Schniewind, Dr. Otto, Ministerialdi-
rektor a. D., Bankier 435, 793
Schönau 658
Schönberg 632
Schöne, Hermann, Oberstleutnant i. G.
388, 508, 574, 581, 582, 585, 608, 835,
903
Schöneberg 607
Schönfeld, Dr. Hans 52, 266, 267, 289,
448, 741, 742

-, englische Kontakte 269–276
Schönhöffer, Dr. Johann 729
Scholl, Hans, Student 40, 49, 328, 345,
380
Scholl, Inge, Studentin 40, 49, 328, 345,
380
Scholl, Sophie, Studentin 40, 49, 328,
345, 380
Scholz-Babisch, Friedrich, Rittmeister
d. R. 413, 533
Schopenhauer, Arthur 38
Schrader, Werner, Oberstleutnant 166,
394, 395, 613, 780, 864
Schram, Eduard, Hauptmann z. V. 554
Schramm, Dr. Percy Ernst, Professor
799, 809, 850, 851
Schramm, Dr. Wilhelm Ritter von
416, 439, 520
Schreck, Julius, Fahrer Hitlers 644
Schroth, Walther, General der Infan-
terie 625
Schubert, Albrecht, General der Infanterie 553, 559
Schubert, Klaus, Major i. G. 525
Schühle, Hugo, Großhändler 650
Schulenburg, Ehrengard Gräfin von,
Sekretärin 363, 369
Schulenburg, Friedrich Werner Graf
von der, Botschafter 292, 293, 435,
689, 744
Schulenburg, Fritz-Dietlof Graf von
der, Vizepolizeipräsident, Oberleutnant d. R. 66, 121, 122, 128, 132, 168,
227, 249, 299, 306, 345, 353, 372, 375,
380, 382, 383, 388, 398, 434–436, 452,
457, 459, 461, 502, 503, 513, 571, 590,
592–594, 604, 613, 619, 627, 701, 702,
737, 767, 785, 786, 789, 792, 806, 807,
869
– treibt Umsturzvorbereitungen voran 412, 421, 424–426, 428, 429
– bemüht sich in Paris um Staatsstreich von Westen her 414, 415
Schulendorf 463
Schulte-Heuthaus, Hermann, Oberst
461, 509, 510, 835, 836
Schulz, Erich, 1940 wegen angeblichen
Attentatversuches hingerichtet 298

Stalingrad 110, 225, 226, 328, 330, 345, 380, 409, 439, 595, 665, 775, 792
Stallforth, Federico, Kaufmann 263, 741
Standrecht 119, 497, 862
Stanford 12, 278
Stapo s. Geheime Staatspolizei
Stargard 717
Starke, Hauptmann 805
Starnberg 530
Staudinger, Hans-Heinrich, Oberst i. G. 524–526, 841
Stauffenberg, Dr. Alexander Schenk Graf von, Professor 371, 372, 374, 619, 636, 802
Stauffenberg, Dr. Berthold Schenk Graf von, Marineoberrichter 121, 227, 254, 287, 367, 371, 372, 374, 376, 407, 411, 442, 443, 454, 457, 459, 462, 465, 466, 589, 593, 604, 619, 771, 772, 776, 802, 804, 806, 809, 812
Stauffenberg, Caroline Schenk Gräfin von, geb. Gräfin von Uexküll-Gyllen-band, Mutter von Claus Graf Stauffenberg 619, 636
Stauffenberg, Claus Schenk Graf von, Oberst i. G. 13, 166, 227, 254, 283, 287, 288, 291, 321, 371–601 (häufige Nennungen), 602–605, 607, 609, 610, 618, 619, 636, 745–751, 759, 769–773, 775, 776, 778–781, 785, 790–793, 796, 799–817, 823–826, 830, 832, 833, 837, 839, 840, 842, 844, 847, 850, 853, 856, 858, 861, 867, 879, 890, 903
–, Werdegang 371–376
–, politische Einstellung 372–376, 773, 792
– und außenpolitische Sondierungen 294–296, 749–750
– und die »Walküre«-Pläne 355–370
–, Bemühungen um ein Attentat 378–387
– wird Chef des Stabes bei Fromm 380, 445–446
–, Begegnung mit J. Kaiser 434
–, erste Begegnung mit Hitler 450, 451
–, 15.–20. Juli 1944 457–465
–, Beziehungen zu Goerdeler 432 bis 434, 436
– auf der Regierungsliste 436
–, erster und zweiter Attentatversuch 451–457
–, Attentat am 20. Juli 466–484
–, Landung in Berlin 490, 491, 824, 825
–, Leitung des Staatsstreiches 486–601
–, Attentatbericht 832–833
–, Erschießung 602, 603
Stauffenberg, Hans Christoph Freiherr von 376
Stauffenberg, Melitta Schenk Gräfin von 636
Stauffenberg, Nina Schenk Gräfin von geb. Freiin von Lerchenfeld 370, 374, 378, 450, 619, 799
Stawitzki, Kurt, Kriminalkommissar, SS-Obersturmbannführer 622
Steffan, Dr. Hans, Oberst 759
Stegerwald, Adam, Vorsitzender der christlichen Gewerkschaften 436
Steglitz 808
Steiermark 544
Steiger, Adolf, Oberst i. G. 529, 842
Steinaecker, Hans-Joachim von, Oberst 635
Steinort 662
Stellvertretendes Generalkommando s. Wehrkreis
Steltzer, Dr. Theodor 52, 287, 288, 434, 438, 632, 635, 746, 795
Stern von Gwiazdowski, Oberst 147
Sternberg 358
Stettin 363, 413, 422, 523, 524, 651
Stevens, R. H., Major 156, 157, 181, 713
Stevenson, Ralph Skrine, Sachbearbeiter für Völkerbundsfragen im Foreign Office 89, 690
Stieff, Helmuth, Generalmajor 327, 333, 334, 353, 355, 383, 384, 386, 388, 405, 442, 445, 451–453, 456, 500, 520, 521, 563, 564, 626, 628, 767, 768, 773, 777, 780, 781, 800, 803, 806, 811, 814, 818, 850
– lehnt Attentatausführung ab 379, 775, 776

Ernst Nolte

Der Faschismus in seiner Epoche

Die Action Française – Der italienische Faschismus – Der Nationalsozialismus.
9. Tausend. 635 Seiten. Leinen.
Das vorliegende Buch betrachtet zum ersten Mal den Faschismus als Ganzes
und macht auf überzeugende Weise deutlich, daß es sich bei ihm um das
kennzeichnendste Phänomen der Weltkriegsepoche handelt.

Ernst Nolte

Die Krise des liberalen Systems und die faschistischen Bewegungen

475 Seiten. Leinen.
In diesem Buch geht es nicht um die Interpretation und Definition des Faschismus, sondern um seine Entstehung aus den Voraussetzungen des »liberalen Systems« als der charakteristischen gesellschaftlichen Lebensform
Europas.

Joachim Fest

Das Gesicht des Dritten Reiches

Profile einer totalitären Herrschaft
20. Tausend. 515 Seiten. Leinen.
»Der wissenschaftliche Apparat des Buches läßt keine Wünsche offen. Ausführliche Anmerkungen, die eine Fundgrube an Wissen darstellen, erweisen den Verfasser auf der Höhe der Forschung, die er offenbar in voller
Breite durchgearbeitet hat.«   Frankfurter Allgemeine Zeitung

R. PIPER & CO VERLAG MÜNCHEN

Raymond Cartier

Der Zweite Weltkrieg

2 Bände. 1130 Seiten mit 262 Abbildungen und 55 Karten. 18. Tausend.
Leinen in Schuber.

Margret Boveri

Tage des Überlebens

Berlin 1945.
338 Seiten. Leinen.
»...zweifellos der klarste ... authentische Bericht, den es für 1945 über Ereignisse und Erlebnisse in Deutschlands Hauptstadt gibt, ein Dokument
ebenso scharfer und genauer Beobachtung wie schonungsloser Analyse...
Für spätere Generationen ein Lehr- und Lebensbuch«.

Frankfurter Allgemeine Zeitung

Christian Petry

Studenten aufs Schafott

Die Weiße Rose und ihr Scheitern.
258 Seiten. Piper-Paperback.
Das Buch will durch eine entmythologisierende Darstellung der Geschichte
der Weißen Rose die Frage beantworten, ob in ihrem Namen damals wie
heute politische Revolution und politische Taten möglich, ja überhaupt
sinnvoll wären.

Dieter Wagner / Gerhard Tomkowitz

»Ein Volk, ein Reich, ein Führer«!

Der Anschluß Österreichs 1938.
392 Seiten mit 33 Abbildungen. Leinen.
Die Absicht des Buchs ist es, die Vielschichtigkeit der Ereignisse, die sich
gleichzeitig an verschiedenen Orten mit verschiedenen Personen abspielten,
einzufangen und das Bild eines folgenreichen historischen Vorgangs lebendig werden zu lassen.

R. PIPER & CO VERLAG MÜNCHEN